Theodor Mommsen

Römische
Kaisergeschichte

THEODOR MOMMSEN

Römische Kaisergeschichte

Nach den Vorlesungs-Mitschriften von
Sebastian und Paul Hensel 1882/86

Herausgegeben von
Barbara und Alexander Demandt

WBG
Wissen *verbindet*

Die erste Auflage dieses Werkes erschien 1992
in der Reihe
C.H. BECK KULTURWISSENSCHAFT

Mit 16 Tafeln

Lizenzausgabe für die Wissenschaftliche Buchgesellschaft

ISBN 978-3-534-26871-9

2., verbesserte Auflage 2005

©Verlag C. H. Beck oHG, München, 1992
Satz: Otto Gutfreund GmbH, Darmstadt
Druck: Druckerei C. H. Beck, Nördlingen
Gedruckt auf säurefreiem, alterungsbeständigem Papier
(hergestellt aus chlorfrei gebleichtem Zellstoff)
Printed in Germany

www.wbg-wissenverbindet.de

INHALT

Römische Kaisergeschichte I
Von Augustus bis Vespasian
Wintersemester 1882/83 [MH.I]

Römische Kaisergeschichte II
Von Vespasian bis Diocletian
Sommersemester 1883 [MH.II]

EINLEITUNG

Im Jahre 1902, wenige Monate vor seinem Tode, erhielt Theodor Mommsen den Nobelpreis für Literatur.[1] Zum ersten Male wurde damals ein Deutscher mit dieser Ehre bedacht, zum ersten und bisher einzigen Male ein Historiker (wenn wir von Churchill absehen), und zwar für ein Geschichtswerk, das damals bereits knapp 50 Jahre lang vorlag und niemals vollendet wurde. Mommsens «Römische Geschichte» ist ein Torso.

Über die Entstehungsgeschichte des Werkes, das inzwischen in 16. Auflage vorliegt, berichtet Mommsen in einem Brief vom 19. März 1877 an Gustav Freytag. Danach begann Mommsen, der als „Revolutionär" seine Leipziger Professur verloren hatte, die Arbeit 1849 auf Vorschlag der Verleger Karl Reimer und Salomon Hirzel[2], die durch einen Vortrag von ihm über die Gracchen beeindruckt waren. Mommsen übernahm den Auftrag gemäß einem Brief von 1850 an Wilhelm Henzen[3] *teils meiner Subsistenz wegen, teils weil die Arbeit mich sehr anmutet.* Die ersten drei Bände [die Bücher 1 bis 5], geschrieben in Leipzig und Zürich, erschienen 1854 bis 1856. Sie schildern die Geschichte Roms bis zum Siege Caesars bei Thapsus in Africa am 6. April 46, d.h. bis zum Übergang von der Republik zur Monarchie. Diese selbst aber fehlt.

1. Warum fehlt der IV. Band?

Vorgesehen war indessen die Darstellung auch der Kaisergeschichte bis zum Zerfall des Imperiums in der Völkerwanderung [die Bücher 6 und 7]. Dies versprach Mommsen jedenfalls noch in der Einleitung zum V. Band, die er durch alle, zu seinen Lebzeiten erschienenen Auflagen beibehielt. Die gebildete Welt wartete voller Ungeduld. Jacob Burckhardt, gespannt auf die Verteidiger des von Mommsen angegriffenen Cicero, schrieb am 10. Mai 1857 an Wilhelm Henzen: *Noch begieriger aber wäre ich auf Mommsens Fortsetzung, die Kaiserzeit, und diese wird wohl noch eine Weile auf sich warten lassen.*[4] Mehrfach hat Mommsen der Erwartung des Publikums zusätzlichen Auftrieb gegeben. 1866 wollte er seine Kaiserzeitvorlesung in England und

[1] Der folgende Text basiert wesentlich auf meinem Artikel im «Gymnasium» 93, 1986.

[2] Dieselben, die 1838 Jakob Grimm bewogen hatten, das Deutsche Wörterbuch in Angriff zu nehmen.

[3] Hartmann 1908, 58f.

[4] Ähnlich Adolf Stahr im Vorwort zu seiner Sueton-Übersetzung bei Langenscheidt (um 1857).

Frankreich drucken lassen, weil er – wie so oft – Geld benötigte.[5] Am 12. Juli 1869 bedauerte er gegenüber Degenkolb, daß er die *große Zeit* Diocletians und Constantins nicht unverzüglich darstellen könne.[6] 1874 erwog er, einen zweiten Ruf nach Leipzig anzunehmen, unter anderem deswegen, weil er dort hoffen konnte, seine *Geschichte zu Ende zu schreiben.*[7] Und zu seinem 60. Geburtstag 1877 verteilte er hundert Exemplare eines Heftes mit zwei Aufsätzen[8] unter dem ironischen Titelblatt: «Römische Geschichte von Theodor Mommsen. Vierter Band». Darunter das Motto zu Goethes «Episteln» *Gerne hätt' ich fortgeschrieben, aber es ist liegen blieben.*[9] Die beiden Aufsätze waren offenbar als Teile oder Vorarbeiten des IV. Bandes gedacht, ebenso wie die Abhandlungen über Caesars Militärsystem[10] und über Boden- und Geldwirtschaft in der römischen Kaiserzeit.

Nachdem sich Mommsen Ende 1883 entschlossen hatte, wieder an die «Römische Geschichte» zu gehen[11], verbreitete sich das begreifliche Gerücht, er säße am IV. Band. Die zeitgenössische Korrespondenz spiegelt die Spannung.[12] Im Februar 1884 meldete Dilthey[13] dem Grafen Yorck: *Mommsen schreibt nun doch die Kaisergeschichte. Aber er ist müde und recht staubig von dem Weg auf den Landstraßen der Philologie, Inskriptionen und Partheipolitik. Und es ist nicht zu denken, wie Jemand die Zeit des anhebenden Christenthums ohne alle Religion soll schreiben können, ja selbst ohne Heimweh des Geistes nach dem unsichtbaren Reich. Selbst das Jugendalter der germanischen Stämme darzustellen, halte ich ihn nicht für fähig.* Die Antwort des Grafen Yorck vom 3. März[14] lautet: *Mommsen schreibt wirklich an der Kaisergeschichte und studirt – Kritik des Urchristenthums!* Solche Stimmen gibt es mehrfach. *Ich kann verraten,* so Theodor Storm am 8. Juni 1884 an Gottfried Keller, *daß er jetzt die Kaisergeschichte schreibt.*[15] Am 12. Oktober 1884 wandte sich Storm an Mommsen, seinen Jugendfreund, selbst: *Darum freue ich mich auf Band I Ihrer Kaisergeschichte, wo ich wieder in meiner Art mitgehen kann.*[16]

Nichts spricht dafür, daß die gelehrte Welt sich geirrt hätte. Am 4. Februar 1884 sandte Mommsen an Wilamowitz einen Entwurf, der auch die innere Geschichte der Kaiserzeit, nach Dynastien gegliedert, enthielt.[17] In seiner Antwort lieferte Wilamowitz am 11. Februar (sic) 1884 Einschübe für das sechste Buch[18] und kennzeichnete seine Bemerkungen über Achaia mit „M.

---

[5] Wickert III 1969, 416

[6] Wucher 1968, 202

[7] Wickert IV 1980, 18

[8] Der letzte Kampf der römischen Republik, Ges.Schr.IV 333 ff.; Trimalchios Heimath und Grabschrift, Ges.Schr.VII 191 ff. Beides aus Hermes 13, 1877/8.

[9] Ausg. letzter Hand I 1827, 333; Mommsens Heft wurde 1927 und 1954 nachgedruckt. Wickert III 1969, 674.

[10] Wickert III 1969, 674; s. u.

[11] Schwartz 1935, 164

[12] Wucher 1956, 136

[13] Dilthey 1923 Nr. 32

[14] a. O. Nr. 33

[15] Goldammer 1967, 136

[16] Teitge 1966, 125

[17] Malitz 1983, 132 f.

[18] Das Datum bei Schwartz Nr. 179 berichtigt Bammel 1969, 225 f.

Römische Geschichte IV".[19] Mommsen hatte also damals vor, den IV. Band
fertigzustellen, und faßte erst im Laufe der Arbeit den Entschluß, die Kaisergeschichte nebst der Schilderung Italiens zunächst auszusparen. Daß er trotz
dieses Konzeptwechsels daran festhielt, den IV. Band, d. h. die Bücher 6 und
7, nachzureichen, ergibt sich daraus, daß er seine Geschichte der römischen
«Provinzen von Caesar bis Diocletian» unter den Serientitel «Römische Geschichte Band 5 [Buch 8]» stellte. Das bestätigt der undatierte Brief Nr. 176
an Wilamowitz.[20] Die Bemerkung Eduard Nordens[21]: *Nach 1877 deuten
keine Spuren auf weitere Arbeit am vierten Band,* war bloß die *offizielle
Familienlegende.*[22] Mommsen hat den Plan nie aufgegeben, und seine Erfüllung wurde stets erwartet. Selbst in der Laudatio des Nobelpreises[23] wird die
Hoffnung auf die Vollendung der «Römischen Geschichte» noch ausgesprochen.

Als Mommsen am 1. November 1903 starb, war der IV. Band nicht geschrieben. Mommsens Kaisergeschichte gehört somit – wie Kants «System
der reinen Philosophie», Goethes «Nausikaa» und Nietzsches «Wille zur
Macht» – zu den ungeschriebenen Büchern der deutschen Literatur. Andere
haben die Lücke zu schließen versucht. Gustav Friedrich Hertzbergs, auf
Duruy gestützte «Geschichte des Römischen Kaiserreiches» von 1880, Hermann Schillers «Geschichte der Römischen Kaiserzeit I/II» von 1883 und
Alfred von Domaszewskis «Geschichte der römischen Kaiser» von 1909
wurden, letztere vom Verlag, als Ersatz für Mommsen offeriert, aber vom
Publikum nicht als ein solcher akzeptiert. Victor Gardthausen rechtfertigte
sein Werk über «Augustus und seine Zeit» (1891 ff) mit der fehlenden Darstellung durch Mommsen. Seitdem ist die Kaiserzeit im Rahmen der römischen Geschichte[24], unter bestimmten Aspekten[25] oder in Ausschnitten[26]
behandelt worden; eine aus den Quellen erarbeitete Gesamtdarstellung aus
deutscher Feder fehlt.

Die Gründe dafür sind heute leichter einzusehen als zu Mommsens Zeit.
Die inzwischen schwer überschaubare Spezialliteratur war damals noch zu
bewältigen. Warum also schrieb Mommsen nicht weiter? *Wir berühren hier
eines der bekanntesten Rätsel, welche die Geschichte unserer Wissenschaft
uns aufgibt, ein Problem, an dessen Lösung sich bis zum heutigen Tag Wis-
sende und Unwissende versuchen: warum hat Mommsen den vierten Band,
der die Geschichte der römischen Kaiser enthalten sollte, nicht geschrieben?*[27]
Bei verschiedenen Gelegenheiten hat er selbst einzelne Motive benannt, die
ihn an der Fortsetzung gehindert haben. Sie sind von unterschiedlichem
Charakter. Zu den objektiven Gegebenheiten gehört die Quellenlage. Die
erzählenden Autoren berichten vornehmlich über Kaiser und Hof, Dinge,

[19] Schwartz 1935, 218
[20] Schwartz 1935, 190f.
[21] Norden 1933/66, 654
[22] Bammel 1969, 224
[23] Prix Nobel 1902, 34 ff.
[24] Kornemann 1938/39; Heuß 1960
[25] Bleicken 1978
[26] Bengtson 1967 (bis 284); Christ
1988 (bis 337); Demandt 1989 (ab 284)
[27] Wickert 1954, 11

die Mommsen kaum interessierten, die er aber hätte nacherzählen müssen. James Bryce, der Historiker Amerikas[28], schrieb 1919: *As to Mommsen, I asked him in Berlin in 1898 why he did not continue his History of Rome down to Constantine or Theodosius; but he raised his eyebrows and said ‚What authorities are there beyond Court tittle tattle?' For his book on the Provinces of the Empire he had at least materials in the inscriptions and in antiquities, and it is a very valuable book, though doubtless dry.*[29] Das wichtige Material der Inschriften wurde nur langsam erschlossen, an sie ist wohl zu denken, wenn Ferrero (1909) eine weitere Klage Mommsens über die Quellenlage zur Kaiserzeit referiert. In einem Brief vom 1. Mai 1861 an Otto Jahn heißt es: *Meine Verpflichtung gegen das C. I. L. kann ich und werde sie einhalten; habe ich ihm zu Liebe die Fortsetzung meiner Geschichte vorläufig und wer weiß ob nicht auf immer aufgegeben, so könnte man mir wohl auch zutrauen, daß ich das Unternehmen nicht leichtsinnig scheitern lassen werde*[30], und im Mai 1883 schrieb Mommsen an Minister von Goßler: *Die Vollendung meines Geschichtswerkes hat mir stets im Sinn und auf der Seele gelegen; ich habe die Arbeit unterbrochen..., weil ich einsah, daß sie in Verbindung mit dem, was für mich damit zusammengehörte, neben dem Inschriftenwerk nicht durchzuführen war.* Auch Schmidt-Ott[31] gegenüber sagte er dies. Das Corpus Inscriptionum Latinarum, die *alte Erbsünde*[32], zog Mommsens Interesse stärker auf sich als die Darstellung der Kaiserzeit. Daß sie ohne jene Quellenarbeit geradezu undurchführbar war, wird man mit Wucher[33] bestreiten dürfen.

Neben dem Quellenproblem macht auch die Darstellung des Stoffes Schwierigkeiten. Der rote Faden ist schwer zu finden. Mommsen vermißte in der Kaiserzeit jene Entwicklung, die für die Geschichte der Republik kennzeichnend ist. *Die Institutionen können wir einigermaßen begreifen; den Werdeprozeß hat schon das Altertum nicht gekannt und wir werden ihn nie erraten.*[34]

In den Bereich der subjektiven Gründe kommen wir mit der eher scherzhaften Bemerkung, die der spätere Präsident der Columbia-Universität Nicholas Murray Butler überliefert.[35] Er hörte bei seinem Berlin-Aufenthalt 1884/85 Mommsen während einer Abendgesellschaft bei Eduard Zeller sagen, *that the reason, why he had never continued his Römische Geschichte through the imperial period was, that he had never been able to make up his mind, as to what it was, that brought about the collapse of the Roman Empire and the downfall of Roman civilization.*

---

[28] «The American Commonwealth», I–III, 1888

[29] Fisher II 1927, 225

[30] Rink + Witte 1983, 272

[31] Schmidt-Ott 1952, 38

[32] Mommsen am 3. April 1876 an Degenkolb: Wucher 1968, 127

[33] Wucher 1953, 415

[34] Wucher 1968, 132. Dieses Motiv erachtete F. Sartori (1961, 8) als entscheidend für das Fehlen des IV. Bandes.

[35] Butler 1939, 125

Ernsthafter ist ein Motiv, das durch Mommsen bezeugt ist: seine abflau-
ende Leidenschaft, ohne die ihm keine Geschichtsschreibung möglich
schien. Im April 1882 schrieb er aus einer Villa in Neapel an seine Tochter
Marie, die Frau von Wilamowitz: *In eine solche Villa möchte ich auch ziehen, und bald, nicht zur Vorbereitung auf das Sterben, was sich wohl immer
von selber macht, sondern um zu versuchen, ob ich nicht an meine jungen
Jahre – oder besser jüngere – denn recht jung war ich nie – wieder anbandeln
könnte. Wie ein Traum, den man nicht loswerden kann, geht mir der Gedanke nach, auf sechs bis acht Monate hierher zu ziehen und einen Versuch
zu machen, ob ich nicht noch schreiben kann, was die Leute lesen mögen; ich
glaube es eigentlich nicht, nicht daß ich mich altersschwach fühle, aber die
heilige Hallucination der Jugend ist hin, ich weiß jetzt leider, wie wenig ich
weiß, und die göttliche Unbescheidenheit ist von mir gewichen – die göttliche
Grobheit, in der ich noch immer einiges leisten könnte, is a poor substitute.*[36]
Ganz ähnlich heißt es in einem Brief vom 2. Dezember 1883 an den Schwiegersohn Wilamowitz: *Mir fehlt nur die Unbefangenheit oder Unverschämt-
heit des jungen Menschen, der über alles mitspricht und abspricht und sich in
sofern vortrefflich zum Historiker qualifiziert.*[37] Dasselbe sagte er mit anderen Worten vor der Neuauflage der italienischen Übersetzung: *Non ho più
come da giovane, il coraggio dell'errare.*[38]

Diese Bemerkungen wurzeln in Mommsens Auffassung von Wesen und
Aufgabe der Historiographie als *politischer Pädagogik* im *Dienst der natio-
nal-liberalen Propaganda*, die *cum ira et studio* ihr *Totengericht* hält – so
seine eigenen Formulierungen.[39] Daß die Leute eben dieses haben wollten,
beweist die kühle Reaktion auf den V. Band. Der junge Max Weber war zwar
davon angetan, wenn er schrieb: *Er ist noch ganz der Alte*[40] (d. h. der Junge),
aber Mommsen erzielte mit dem V. Band nur noch einen *succès d'estime*,
einen Achtungserfolg.[41] Trotzdem wurde Mommsen, als der Band erschienen war, *ungezählte Mal nach dem IV. Band gefragt.* Seine Antwort: *Ich
habe nicht mehr die Leidenschaft, Caesars Tod zu schildern.*[42] Mommsen
fürchtete, den Lesern nicht das bieten zu können, was sie von ihm erwarte-
ten. 1894 allerdings meinte Mommsen, das Publikum (*Gesindel*) verdiene gar
nicht, daß man sich seinetwegen Mühe gebe.[43]

1889 schrieb er: *Ob nach all diesen Pflichtarbeiten für RG.IV noch Lust
und Kraft bleibt, weiß ich nicht; das Publikum verdient es nicht, daß man
sich dafür Mühe gibt, und ich ziehe die Forschung der Darstellung vor.*[44]
Damit fassen wir ein viertes Bündel von Motiven. Mommsen hat sich wieder
und wieder abfällig über die *bleierne Langeweile* und die *öde Leere* der

---

[36] Malitz 1983, 126 f.

[37] Schwartz 1935, 164

[38] Bolognini 1904, 259

[39] Wucher 1953, 423; 428 f.; ders.,
1968, 41 ff.

[40] Weber 1936, 165 vom 16. Juni 1885

[41] Hirschfeld 1904/13, 947; Momigliano 1955, 156

[42] Hartmann 1908, 80

[43] Hartmann 1908, 141

[44] Wickert III 1969, 670; Heuß 1956,
253 ff.; Sartori 1963, 86

Kaiserzeit[45], über die *Jahrhunderte einer faulenden Kultur* (s. u.), die *Versumpfung des geistigen, die Verrohung des sittlichen Lebens* geäußert.[46]

Das einzige dynamische Element, das Christentum, stand ihm, dem Pastorensohn, als *homo minime ecclesiasticus*[47] innerlich so fern, daß er in seiner Jugend sich lieber Jens als Theodor nennen ließ.[48] Dies ist ein fünftes Motiv aus seinem Munde. *Er hat es geradezu ausgesprochen, daß er seine Römische Geschichte wahrscheinlich zum Abschluß gebracht haben würde, wenn er Harnack früher kennengelernt hätte.*[49]

Harnack war es dann auch, der Mommsen zu seinem Schlußwort über die Kaiserzeit herausgefordert hat. Auf der Berliner Schulkonferenz im Juni 1900[50] hatte Harnack empfohlen, diese Geschichtsperiode stärker zu berücksichtigen. Für Harnack war das die Zeit des Urchristentums und der Kirchenväter. Darauf sagte Mommsen: *Wir haben alle Ursache, dankbar zu sein für die Anregung, die uns geworden ist, daß die römische Kaisergeschichte beim Unterricht mehr berücksichtigt werden sollte als es bisher geschehen ist. Auch ich bin im allgemeinen dafür, aber speziell glaube ich, daß Modalitäten und Beschränkungen eintreten müssen. Allgemein ist der Unterricht auf diesem Gebiete teils unausführbar, teils gefährlich, weil die Überlieferung zu sehr in Hofklatsch und noch schlimmeren Dingen besteht. Meine Ansicht ist, daß der Unterricht speziell gerichtet werden müßte einmal auf die Cäsarisch-Augusteische Zeit, auf die die republikanische hinausläuft – daß die Behandlung dieser letzteren wesentlich verkürzt werden muß, ist schon betont worden –, zweitens auf die Constantinische Epoche. Was dazwischen liegt, halte ich einer fruchtbaren Behandlung in der Schule nicht für fähig.*

Später heißt es im Protokoll: *Dr. Mommsen: Eigentlich kann diese Angelegenheit nur in engerem Kreise besprochen werden. Ich würde Herrn Harnack vollständig beistimmen, wenn es möglich wäre, eine Geschichte der Menschheit unter den römischen Kaisern zu schreiben. Was die Civilisation damals im allgemeinen erreicht hat, diesen Weltfrieden einerseits, diese im ganzen genommen, trotz aller Mißstände, glücklichen Zustände der Bevölkerung unter den besseren Kaisern – daran sehen wir zum Teil heute noch hinauf. Die Zeit, wo neben jeder Kaserne ein Badehaus stand – Herr Harnack hat darauf hingewiesen – soll bei uns auch noch kommen, wie auch vieles andere von dem, was damals war. Es ist kein Ideal, sondern es ist eine Realität. Aber wenn nun gefragt wird: was war denn die beste Zeit unter der römischen Kaiserepoche?, so antworten die alten Römer selbst: die ersten zehn Jahre der Regierung Neros.[51] Nun stellen Sie einmal das in der Weise*

---

[45] RA.1905, 352; Malitz 1983, 133

[46] Wilamowitz 1918/72, 35 ff.; Wucher 1968, 134

[47] Hartmann 1908, 81. Über Mommsens Verhältnis zum Christentum s. u.

[48] Teitge 1966, 32

[49] Zahn-Harnack 1950; Croke 1985, 279. Ebenso schon Bolognini 1904, 258

[50] Verhandlungen 1901, 142; 147 f.

[51] Anspielung auf Aurelius Victor (5,2): *quinquennium tamen tantus fuit* (sc. Nero), *augenda urbe maxime, uti merito Traianus saepius testaretur procul*

*dar, daß es für die Lehrer möglich und für die Kinder begreiflich wird, daß
die ersten zehn Jahre der Regierung Neros die beste Zeit, eine der glücklichsten
Epochen der Menschheit gewesen ist! Ist das möglich? Wenn jeder Lehrer mit
dem Ingenium auszustatten wäre, das dazu gehört, um diesen unter der Schale
elender Hofgeschichten sich verbergenden Kern herauszuschälen, dann ginge
es freilich. Ich beschäftige mich, seit ich denken kann, mit dieser Zeit. Mir ist es
nicht gelungen, diesen Kern vorzulegen und ich würde mir, wenn ich Lehrer
wäre, die Aufgabe, Kaisergeschichte im allgemeinen zu lesen, verbitten. So
sehr ich es daher bedaure, in den Wein des Herrn Harnack etwas Wasser
schütten zu müssen, muß ich doch sagen: ich kann nicht mit.*

Die nur *in engerem Kreise* benennbaren Einwände gegen die Behandlung
der Kaiserzeit betreffen vermutlich die bei Sueton, Martial, Juvenal und
anderen Autoren berichteten Skandale und Intimitäten, den sittenlosen Hofklatsch, den Mommsen meinte aussparen zu müssen. Ist das der wahre
Grund für Mommsens Verzicht auf die Darstellung der Kaiserzeit?

*Questo quasi classico tema del perchè il Mommsen non scrisse la storia
dell'impero*[52] hat der Forschung keine Ruhe gelassen. Mommsens Selbst-
zeugnisse sind unterschiedlich gewichtet und um eine Reihe von weitergehenden Mutmaßungen bereichert worden. Eine naheliegende Handhabe bot
der Brand in Mommsens Haus am 12. Juli 1880 (s. u.). Diese Auffassung hat
wenig Anklang gefunden. Diskutiert werden andere Annahmen. Neumann[53], Hirschfeld[54] und Hartmann[55] unterstrichen das Fehlen der Inschriften. So dachte Fowler[56] und auch Eduard Norden[57]: *Der vierte Band blieb
ungeschrieben, weil die Zeit für ihn noch nicht reif war.* Entschiedener dann
Wilhelm Weber[58]: Mommsen *resignierte vor der Gewalt der Probleme,* während Hermann Bengtson[59] die Überzeugung vertrat, daß Mommsens Bild
vom Principat, wie er es im «Staatsrecht» entwickelt hatte, *auf die römische
Kaisergeschichte übertragen, zu einer im Grunde unhaltbaren Auffassung
des Kaisertums hätte führen müssen.*

Wilamowitz[60] betonte, Mommsen habe seine «Römische Geschichte» gar
nicht aus eigenem Antrieb, sondern bloß auf äußeren Druck hin geschrieben. Am Herzen gelegen habe ihm allein Caesar; über den erreichten Höhepunkt von Caesars Alleinherrschaft hinaus sei keine künstlerisch vertretbare
Fortsetzung mehr möglich gewesen. Ähnlich Eduard Meyer[61]: *Der entscheidende Grund, weshalb er sein Werk nicht fortgeführt und den vierten Band
nie geschrieben hat: von seinem Caesar führt zu Augustus kein Weg.* Dieser,
schon 1909 von Ferrero ausgeführten Ansicht schlossen sich Albert Wu-

*differre cunctos principes Neronis quin-
quennio.* Die Verdopplung ist ein *lapsus
memoriae* Mommsens.

[52] Momigliano 1955, 155
[53] Neumann 1904, 226
[54] Hirschfeld 1904/13, 946 f.
[55] Hartmann 1908, 62

[56] Fowler 1909/20, 260
[57] Norden 1933/66, 655
[58] Weber 1937, 334
[59] Bengtson 1955, 94
[60] Wilamowitz 1918, 29 ff.; 1927/59,
70 f.; 1928, 180
[61] Meyer 1922, 327

cher[62], Alfred von Klement[63], Hans Ulrich Instinsky[64] und Zwi Yavetz[65] an. Dieter Timpe[66] verwies auf die Analogie zwischen dem Italien des Jahres 46 und Mommsens Gegenwart und meinte, *daß die originelle Eigenart des Werkes auch seine innere Grenze bestimmte und der Brückenschlag zur Kaiserzeit... nur schwer zu gewinnen war.* Lothar Wickert[67] meinte hingegen, Mommsens Angst vor einem publizistischen Mißerfolg habe die Fortsetzung blockiert. Als objektiven Grund hierfür vermutet Wickert die Schwierigkeit, Kaisergeschichte und Reichsgeschichte zur Einheit zu verbinden. *Der vierte Band hätte vielleicht die Feinschmecker delektiert, er wäre, das bedarf keines Wortes, auch wissenschaftlich einwandfrei gewesen; aber neben den fünften Band gestellt und inhaltlich von diesem getrennt, hätte er für unsere Sicht einen Rückschritt bedeutet oder doch das Verharren auf einem Standpunkt, der glücklich überwunden schien, den Verzicht auf einen echten Fortschritt.*[68] Als subjektiven Grund erinnert Wickert an Mommsens schwindende Leidenschaft. Arnaldo Momigliano[69] verwies darauf, daß mit dem Staatsrecht und den Provinzen die für Mommsen wesentlichen Seiten der Kaiserzeit sowieso abgehandelt gewesen wären.

Andere Autoren bemühten die Wissenschaftsgeschichte des Faches, die Entwicklung von der belletristischen Historiographie des 18. und frühen 19. Jahrhunderts zur wissenschaftlichen Detailforschung des späten 19. und frühen 20. Jahrhunderts. Diese Entwicklung wurde im Falle Mommsens von Fueter[70] und Heuß[71] als Fortschritt begrüßt, von Toynbee[72] und Collingwood[73] als Rückschritt bedauert. Auch Joachim Fest hat sich 1982 in seiner Berliner Mommsenrede zu dieser Auffassung bekannt. In sehr groben Zügen kann man eine derartige Schwerpunktverlagerung innerhalb der Historiographie wohl feststellen, aber sie liefert in unserem Zusammenhang eigentlich keine Erklärung, denn dabei bleibt offen, weshalb gerade Mommsen – im Unterschied etwa zu Burckhardt und Gregorovius – sich für die Verwissenschaftlichung der Geschichte eingesetzt hat.

Beliebt sind daneben die ideologisch-politischen Erklärungsversuche. Adolf Erman überliefert in einem Brief vom 1. Dezember 1917 an Wilamowitz die angeblich von Paul de Lagarde verbreitete Ansicht, Mommsen hätte die Darstellung wegen seines gestörten Verhältnisses zum Christentum abgebrochen.[74] Ähnlich dachten wieder Grant[75] und Bammel.[76] Instinsky[77] verwies auf den Gegensatz zwischen dem universalen Imperialismus Roms und

[62] Wucher 1953, 424 f.; 1968, 128
[63] Klement 1954, 41
[64] Instinsky 1954, 443 f.
[65] Yavetz 1979, 29
[66] Timpe 1984, 56
[67] Wickert III 1969, 422
[68] Wickert 1954, 12
[69] Momigliano 1955, 155 f.
[70] Fueter 1911, 553

[71] Heuß 1956, 98. Ohne Wertung ebenso Bringmann 1991, 76
[72] Toynbee 1934/48, 3 f.
[73] Collingwood 1946/67, 127; 131
[74] Calder 1983, 59
[75] Grant 1954, 85
[76] Bammel 1969, 229
[77] Instinsky 1954, 444

Mommsens Nationalstaatsgedanken. Nach Srbik[78] lag die Kaiserzeit dem *liberal republikanischen Fühlen* Mommsens fern. Ähnlich meinte Wucher[79], Mommsen habe als Liberaler kein inneres Verhältnis zum Kaisertum finden können. Es sei klar, *daß die Kaiserzeit keinen Platz im Herzen des Republikaners hatte.* Dieser Ansicht schlossen sich Heinz Gollwitzer[80] und Karl Christ[81] an. Ihr steht freilich nicht nur der vergleichsweise liberale Charakter des römischen Kaisertums entgegen, den Mommsen[82] ausdrücklich anerkannt hat, sondern auch das Bekenntnis Mommsens zur Hohenzollernmonarchie, wie er es in seinen Kaisergeburtstagsreden wiederholt öffentlich abgelegt hat. Noch 1902 hat er das deutsche Kaisertum verteidigt.[83]

Angelsächsische Forscher glaubten, Mommsen habe an der *quälenden politischen Neurose* gelitten, die Gegenwart erlebe eine neue Spätantike, und darum habe er den Zeitgenossen diese *furchterregende Grabinschrift* ersparen wollen, so Highet[84] und Lasky.[85] Mommsen hat die Parallele oft gezogen[86], gerade sie hätte jedoch einen denkbaren, ja dankbaren Ansatz für eine Römische Kaisergeschichte in nationalliberaler Absicht geboten.

Aus marxistischer Sicht erklärte Maschkin in seinem Vorwort zur russischen Ausgabe von Mommsens V. Band[87], die römische Kaiserzeit habe Mommsen aus Enttäuschung über das preußisch-deutsche Kaisertum nicht beschreiben können. Dies wiederholt Johannes Irmscher.[88] Ähnlich lesen wir bei Jürgen Kuczynski[89], Mommsen sei sich zu schade gewesen, die Kaisergeschichte und mit ihr den *scheußlichen Niedergang* jenes Ausbeutersystems schildern zu müssen. Statt dessen hätte er lieber die *unterdrückten Völker* der progressiven Provinzen behandelt. Kuczynski übersieht, daß für Mommsen der Aufschwung der Provinzen nicht trotz, sondern wegen der römischen Herrschaft stattgefunden hat.

Die Vielfalt der Meinungen gestattet keine Bilanz. Unter den genannten Motiven, die Mommsen abgehalten haben, den IV. Band zu schreiben, läßt sich nicht einmal eine verläßliche Rangfolge aufstellen. Sie alle mögen mehr oder weniger mitgewirkt haben. Die Akzentuierung besagt meist mehr über den Autor als über Mommsen. Ohne Frage haben sich seine Interessen verschoben. Daß sich die Arbeitspläne im Laufe eines langen Gelehrtenlebens ändern, ist wohl nicht grundsätzlich erklärungsbedürftig, und daß Vorhaben unausgeführt bleiben, läßt sich in vielen Historikerbiographien aufweisen, denken wir nur an die gigantischen Projekte des jungen Ranke.[90] Einzelne der referierten Annahmen lassen sich widerlegen. So stehen den

---

[78] Srbik 1951/64, 131

[79] Wucher 1953, 427; 1968, 135

[80] Gollwitzer 1952, 61

[81] Christ 1976, 50

[82] Mommsen RA. 1905, 109

[83] Hartmann 1908, 255; Schöne 1923, 17: *schlechthin monarchische Gesinnung*; Weber 1929, 26.

[84] Highet 1949/67, 476

[85] Lasky 1950, 67

[86] Mommsen RA. 1905, 104ff.

[87] Maschkin 1949, 6

[88] Irmscher 1990, 234. Maschkin wird nicht genannt.

[89] Kuczynski 1978, 113ff.

[90] Oncken 1922

Zeugnissen für eine Abneigung Mommsens gegenüber der Kaiserzeit zwei Befunde entgegen. Es ist zum einen Mommsens stupende Forscherarbeit, die ganz überwiegend der Kaiserzeit gegolten hat, denken wir zum einen ans Corpus Inscriptionum, an Staats- und Strafrecht, sowie an die Editionen der Gesetze und der «Auctores Antiquissimi», und zum anderen an Mommsens Lehrtätigkeit an der Berliner Universität.[91] Mommsens Kollegs – von den Übungen abgesehen – in den Jahren 1861 bis 1887 behandeln nach Ausweis der Vorlesungsverzeichnisse beinahe ausschließlich, nämlich zwanzig Semester lang, die römische Kaisergeschichte:

1. SS 1863	–	Geschichte der frühen Kaiserzeit
2. WS 1863/64	–	Geschichte der frühen Kaiserzeit (vgl. u. Nachschrift Nr. 1)
3. SS 1866	–	Römische Kaisergeschichte (vgl. u. Nachschrift Nr. 2)
4. WS 1868/69	–	Römische Kaisergeschichte (vgl. u. Nachschriften Nr. 3 und 4)
5. SS 1869	–	Verfassung und Geschichte Roms unter Diocletian und seinen Nachfolgern
6. WS 1870/71	–	Römische Kaiserzeit von Augustus an (vgl. u. Nachschrift Nr. 5)
7. SS 1871	–	Über die Geschichte und das Staatswesen Roms unter Diocletian und seinen Nachfolgern
8. WS 1872/73	–	Römische Kaisergeschichte (vgl. u. Nachschrift Nr. 6)
9. WS 1874/75	–	Geschichte der römischen Kaiserzeit
10. SS 1875	–	Über das Staatswesen und die Geschichte Roms unter Diocletian und seinen Nachfolgern
11. SS 1877	–	Über das Staatswesen und die Geschichte Roms seit Diocletian
12. WS 1877/78	–	Römische Kaisergeschichte (vgl. u. Nachschrift Nr. 7)
13. SS 1879	–	Römische Geschichte von Diocletian an (Möglicherweise ausgefallen, vgl. Mommsen an seine Frau am 28. IV. 1879 bei Wickert IV 1980, 229)
14. WS 1882/83	–	Römische Kaisergeschichte (vgl. u. Nachschrift Nr. 8, 9, 10)
15. SS 1883	–	Römische Kaisergeschichte, Fortsetzung der im letzten Semester gehaltenen Vorträge (vgl. u. Nachschrift Nr. 11, 12)
16. SS 1884	–	Geschichte und Verfassung Roms im 4. Jh.
17. WS 1884/85	–	Geschichte und Verfassung Roms im 4. Jh.
18. SS 1885	–	Geschichte und Verfassung Roms im 4. Jh.
19. WS 1885/86	–	Geschichte und Verfassung Roms im 4. Jh. (vgl. u. Nachschrift Nr. 13)

---

91 Demandt 1979, 77ff.

20. SS 1886 — Geschichte und Verfassung Roms im 4. Jh. (Die Vorlesung fand statt, obwohl Mommsen auf eigenen
Wunsch mit dem 20. VIII. 1885 von Vorlesungen entbunden worden war, Wickert IV 1980, 230. Vgl. u.
Nachschrift Nr. 13)

Die Hälfte dieser Lektionen galt der Spätantike. Mommsen hat sowohl zu
Sir William Ramsay als auch zu Monsignore Duchesne gesagt, wenn ihm ein
zweites Leben geschenkt würde, dann würde er dieses der Spätantike widmen[92], obschon er in ihr bloß Niederlagen, Zerfall und eine lange Agonie
erblickte.[93] Daraus wird klar, daß sein Verhältnis zur Kaisergeschichte weniger durch Abneigung als durch eine taciteische Haßliebe gekennzeichnet ist,
die emotionale Aversion mit intellektueller Zuwendung verbindet. Das Umgekehrte erlebte die Republik. *Geschichte der römischen Republik lese ich
nicht*, schrieb Mommsen 1864 an Wattenbach[94], und tatsächlich fehlt die
Republik unter seinen Vorlesungsthemen an der Friedrich-Wilhelms-Universität. Daraus ließe sich geradezu folgern, daß Mommsen die Kaiserzeit
unter anderem deswegen nicht herausgab, um weiter über sie lesen zu können. Mommsens rhetorische Leistung auf dem Katheder ist von Dove[95]
bestritten worden, doch gibt es auch positive Stimmen (s. u.).

So umstritten wie die Gründe für das Fehlen des IV. Bandes ist auch die
Frage nach dessen Wünschbarkeit. Am 15. Oktober 1879 schrieb Treitschke
seiner Frau: *Wie schade, daß Mommsen sich nicht entschließt, diese Zeit
gewaltiger und noch fast ganz unbekannter geistiger Kämpfe*[96] *zu schildern.*
1891 wandte sich eine Gruppe von Verehrern Mommsens aus verschiedenen
Fakultäten an ihn mit dem *sehnlichen Wunsch... es möge uns von Ihnen
auch der vierte Band der römischen Geschichte zu Ihren übrigen Gaben noch
geschenkt werden.* 1899 berichtete die Presse über Mommsens Absicht, dies
zu tun, und Mommsen erhielt wiederum Bittbriefe.[97] C. Bardt schrieb von
dem *vielbegehrten* vierten Band[98]; Guglielmo Ferrero (1909) überliefert ein
Wort seines Lehrers in Bologna, *daß alle Welt sich in dem Wunsch eine, das
monumentale Werk endlich vollendet zu sehen.* Giorgio Bolognini[99] sprach
von einer *deplorevole lacuna.* Karl Johannes Neumann[100] beklagte, daß die
Kabinettstücke der Kaisercharakteristiken ungeschrieben geblieben seien.
George Peabody Gooch[101] meinte, der beispiellose Wert des «Staatsrechts»
und des fünften Bandes über die Provinzen steigere das Bedauern, daß
Mommsen seiner römischen Geschichte niemals die Krone aufgesetzt habe.
*Wir hätten mit dem IV. Band eine wundervolle Porträtgalerie der Kaiser,
eine meisterhafte Darstellung des römischen Rechts im Reichsganzen, eine*

---

[92] Croke 1985, 285
[93] Mommsen RA. 1905, 176
[94] Wickert IV 1980, 227
[95] Wickert IV 1980, 231
[96] Rom gegen die Christen

[97] Wickert III 1970, 670
[98] Bardt 1903, 36
[99] Bolognini 1904, 258
[100] Neumann 1904, 229
[101] Gooch 1913/1959, 467

brillante Schilderung des frühen Christentums. Ebenso meinte Hans Ulrich Instinsky[102], Mommsen hätte mit seinem Band über die Kaiserzeit *alle sonst vorhandene Literatur darüber sachlich wie als literarische Leistung unendlich übertroffen.* Zuletzt äußerte sich so A. G. Quattrini im Vorwort zur italienischen Ausgabe des V. Bandes der «Römischen Geschichte» (dall' Oglio, Milano o. J.) über das Fehlen des IV. Bandes: *questa perdita è sensibilissima.*

Dieser Ansicht stand die des Grafen Yorck[103] entgegen. Er schrieb am 18. Juni 1884 an Dilthey: *Mommsen ist seit der Jämmerlichkeit seines letzten öffentlichen Briefes als unmöglicher Historiker überführt. Was er etwa, von historisch-philologischer Erdarbeit abgesehen, noch schreibt, ist nach meiner Ansicht gleichgiltig. Daten mag er gerade rücken, Fakten mag er richtiger wie bisher lokalisiren, die Werthung wird immer eine verrückte sein, ich möchte beinahe sagen, wegen mangelnder Aufrichtigkeit. In der Historie aber ist die richtige Darstellung gebunden an die richtige Werthung.*

Ähnliche Skepsis, wenn auch anders akzentuiert, begegnet bei Wilamowitz. Er hatte seinen Schwiegervater in den Jahren 1882 bis 1893 immer wieder bedrängt, den Band zu schreiben. Am 2. Dezember 1883 etwa heißt es: *Ich hoffe auch, ein wenig beitragen zu können, daß Du den Entschluß der Fortarbeit, der ja immer ein neuer sein muß, immer wieder faßt. Ich möchte Dir die Lust immer neu machen... Schon als Obersekundaner, als ich bei verbotenem Licht nachts Deine Republik las, würde ich für die Kaiser gern ein paar eigene Lebensjahre hingegeben haben. Du wirst doch glauben, daß ich's jetzt, wenn auch schon mit grauen Haaren, ebensogern täte.*[104]

Später änderte Wilamowitz seine Meinung.[105] Zum 80. Geburtstag 1897 will er Mommsen dafür beglückwünscht haben, daß er den Band nicht geschrieben hätte.[106] Alles Wesentliche stünde nämlich einerseits im «Staatsrecht», andererseits im V. Band. Mit dem Verzicht hätte die *echte Wissenschaftlichkeit des Gelehrten... über die Verlockungen eines äußerlichen schriftstellerischen Erfolges gesiegt.*[107] Wilamowitz berichtet 1918, er hätte einmal eine Nachschrift der Kaiserzeitvorlesung von 1870 gesehen, und charakterisiert Mommsens Darstellung derartig abfällig, daß es bedenklich scheinen mußte, sie zu veröffentlichen. Diese Auffassung sprach auch mit, als Wilamowitz 1928 der Preußischen Akademie davon abriet, eine andere, von einem ungenannten Italiener angebotene Nachschrift einer Kaiserzeitvorlesung Mommsens zu kaufen. Wilamowitz meinte, eine Publikation wäre *peinlich* und ginge ihm wider die Pietät.[108] Der erste Text scheint verschollen, der zweite ist im Sommer 1991 in Göttingen von Uwe Walter wiederdeckt worden (s. u. Mitschriften Nr. 4 und 5).

---

102 Instinsky 1954, 444
103 Dilthey 1923 Nr. 37
104 Schwartz 1935, XIV; 166 f.; 137; 152; 160; 189; 479 ff.
105 Malitz 1985, 41; 53
106 Wilamowitz 1918/1972, 37 ff.
107 a. O. 30
108 Calder + Schlesier 1985, 161 ff.

Wilhelm Weber[109] glaubte, die Kaisergeschichte wäre ein *Fremdkörper* im Werk Mommsens geworden, und das habe er auch selbst zugegeben. *Aus einer Weisheit, die mit eigener Größe die Grenzen erkannte und setzte, hat er verzichtet.* Mommsen habe sich so sehr in die Detailarbeit vergraben, daß er *das Gesamtbild der gewaltigen Vorgänge in sein Denken nicht mehr einfügen konnte. Die weltgeschichtliche Stellung und Bedeutung der Kaiserzeit hat er noch nicht übersehen,* darum *resignierte er vor der Gewalt der Probleme.*[110] In ähnlichem Sinne äußerte sich Wucher. Er meinte, Mommsen sollte *nicht nur unseres Verständnisses, der Billigung, sondern auch unserer Dankbarkeit sicher sein* für den Verzicht darauf, den IV. Band herauszubringen. Darin zeige sich Mommsens Größe. Wucher stützt sein Urteil auf eine hypothetische Konstruktion, wie Mommsens Bild der Kaiserzeit ausgesehen hätte. Er erklärt, *daß der vierte Band ein Pamphlet geworden wäre: eine Darstellung grau in grau, schwarz auf schwarz.*[111] Im selben Sinne äußerte sich Alfred Heuß[112]: Mommsen *beließ es (zum Glück) bei der Lücke des vierten* Bandes. Heuß folgt dann Wickert, der den vierten Band für eigentlich unnötig erklärte: unzulänglich hätte auch mancher andere diese Aufgabe lösen können, befriedigend niemand.[113]

2. Die Hensel-Nachschriften

Die Frage, wie das Bild der Kaiserzeit ausgefallen wäre, wenn Mommsen die Bücher 6 und 7 im IV. Band publiziert hätte, läßt sich aus dem, was der V. Band und die sonstigen zahlreichen Äußerungen Mommsens über die Kaiser bieten, kaum verläßlich ermitteln. Schon die Verteilung des Stoffs auf die Bücher 6 und 7 ist unklar. Wucher dachte an eine Gliederung in Principat und Dominat.[114] Mommsen selbst sah in der Vorrede zum V. Band für Buch 6 vor, den *Kampf der Republikaner gegen die durch Caesar errichtete Monarchie und deren definitive Feststellung,* für Buch 7 *das monarchische Regiment in seiner Eigenart und die Fluktuationen der Monarchie so wie die durch die Persönlichkeiten der einzelnen Herrscher bedingten allgemeinen Regierungsverhältnisse.* So auch Karl Johannes Neumann.[115]

Hilfreich wären Mommsens Konzepte zur Vorlesung, doch sind diese nicht erhalten. Die Versuche zur Kaiserzeit, die Hirschfeld in seinem Nachlaß gefunden hat[116], schienen verloren (s. u.). Überliefert sind hingegen einige Vorlesungsmitschriften.[117] Sie sind jedoch so lückenhaft und voller Hör- und

[109] Weber 1937, 334

[110] Weber 1929, 16; 19

[111] Wucher 1953, 427 ff.; 1968, 137

[112] Heuß 1986, 613

[113] Wickert 1954, 18

[114] Wucher 1968, 127

[115] Neumann 1904, 228 f.

[116] Hirschfeld 1913, 947. Ein wichtiges Fragment, das Hirschfeld zu den Vorarbeiten für den IV. Band rechnete, ist abgedruckt in Mommsens Ges.Schr.V 589 ff., s. u. zu MH.II 105.

[117] Ehrenberg 1960/65; Wickert IV 1980, 341; s. u.

Verständnisfehler, daß an eine Publikation nicht zu denken war, und umfassen lediglich die hohe, nicht die späte Kaiserzeit.

Die Darstellung des 4. Jahrhunderts fehlte völlig, doch hat hier ein glücklicher Zufall Abhilfe geschaffen.[118] 1980 habe ich in dem Nürnberger Antiquariat Kistner die einzig bisher bekannte vollständige Nachschrift der Kaiserzeitvorlesung Mommsens, einschließlich der Spätantike, gefunden. Teil I besteht aus drei Heften (von ursprünglich vier?, s. u.) mit der Überschrift auf dem Etikett: „Geschichte der römischen Kaiser W 1882/83 S. Prof. Mommsen". Unten rechts auf dem Umschlag steht: „Paul Hensel, Westend bei Berlin, Ahornallee 40". Sie enthalten die Geschichte Roms von Caesars africanischem Kriege, den Mommsen als *den Anfang der Monarchie und das Ende der Republik* betrachtete [MH.I 1], bis zum Bataveraufstand 69/70 n. Chr.; mithin auch die Zeit von 46 bis 30 v. Chr., von der Wilamowitz[119] behauptete, Mommsen habe nie versucht, sie zu erzählen. Eine Leseprobe bietet Tafel L.

Teil II ist gebunden und trägt das Exlibris von Paul Hensel (s. Taf. P). Der Text stammt jedoch von anderer Hand (es ist die von Sebastian Hensel, s. u.) als Teil I und umfaßt auf 367 Seiten die Zeit von Vespasian bis Carus, 69 bis 284 n. Chr. Der Rückentitel lautet „Mommsen, Römische Kaisergeschichte II. Theil". Daß es sich um das Kolleg von 1883 handelt, ist nur aus der Entstehungsgeschichte der Mitschrift zu erschließen (s. u.). Vier Karikaturen stehen vor dem Text (Taf. A–D), zwischendurch gibt es noch eine autobiographische Einlage mit einer humoristischen Reisebeschreibung und einer Federkarikatur: Hensel auf der Reise von Berlin über Halle und den Kyffhäuser nach Frankenhausen. Hensel fährt in einem eselbespannten Nachttopf auf Rädern (s. Taf. E). Eine Leseprobe bietet Tafel M.

Teil III ist ebenfalls als Buch gebunden. Auf dem Rückentitel steht: „Mommsen, Diocletian bis Honorius". Auf dem Innendeckel wieder das Exlibris von Paul Hensel, dieselbe Handschrift wie Teil II (d. h. Sebastian Hensel, s. u.), drei Karikaturen. Die erste zeigt eine Fotomontage: Paul Hensel mit Lorbeerkranz (Taf. F). Darunter zwei Zeilen einer Postkarte Mommsens vom 24. März 86 an Friedrich Leo in Rostock (zum Text s. u.). Die zweite Karikatur, in Aquarell, zeigt Mommsen von hinten im Kastanienwäldchen (Taf. G), dazu der Text: *Bis hierher nach dem Heft von Ludo Hartmann, durch den ich ganz zufällig erfuhr, daß Mommsen las. Von hier ab nach eigener Nachschrift. Es war doch schön, wenn man in der Morgenfrische, durch die herrliche Kastanienallee hinter der Universität dem Colleg zuschritt und den Alten, ein Manuskript unter dem Arm, einherschreiten sah* [MH.III 31]. Die dritte karikiert Paul Hensel als Corpsstudenten (Taf. H): *Gott sei Dank! Das ver-verfluchte Co-Colleg ist aus, jetzt gehts nach Hei-Hei-Heidelberg* [MH.III 242]. Eine Leseprobe bietet Tafel N.

---

[118] Die Entdeckungsgeschichte beschreibt (mit einigen Zuspitzungen) Jürgen Busche 1982.

[119] Wilamowitz 1918/1972, 36

Aus einer Eintragung gegen Ende der Mitschrift [MH.III 209] *23. July 86*
ist das Jahr zu ersehen. Das Vorlesungsverzeichnis meldet zum Sommersemester 1886 „Geschichte und Verfassung Roms im 4. Jh.; Montag, Dienstag,
Donnerstag und Freitag 8–9 Uhr privatim, 28. April bis 15. August." Meine
frühere Annahme, daß der Text mit dem Sommersemester auch beginnt[120],
war voreilig (s. u.).
Die Überlieferungsgeschichte der Mitschriften war nicht einfach zu rekonstruieren. Den ersten Anhalt gab der Name auf den Heften. Es handelt
sich um den späteren Erlanger Philosophieprofessor Paul Hensel (1860–
1930), er war Schüler von Wilhelm Windelband und wie dieser Neukantianer. Mit dem Namen Hensel fassen wir ein Stück Berliner Familiengeschichte. Zu ihrem Verständnis müssen wir drei Generationen Hensel unterscheiden: den Philosophen Paul, dessen Vater Sebastian und wiederum dessen Vater Wilhelm Hensel. Zur Verdeutlichung diene die Stammtafel
(Taf. I).[121]
Sebastian Hensel war der einzige Sohn von Wilhelm Hensel, dem preußischen Hofmaler[122], und Fanny Mendelssohn Bartholdy, der Schwester des
Komponisten. Wilhelm Hensels Leben hat Theodor Fontane im Teil «Spreeland» seiner «Wanderungen durch die Mark Brandenburg» beschrieben.
Wilhelm hat an den Freiheitskriegen teilgenommen; in der 48er Revolution
stand er auf seiten seiner Brotherren. Sein Ruhm gründet sich auf die Bleistiftzeichnungen berühmter Zeitgenossen, die sich jetzt im Kupferstichkabinett der Staatlichen Museen Preußischer Kulturbesitz in Dahlem befinden.
Unter den Porträtierten befinden sich neben Goethe, Hegel, Humboldt,
Schinkel usw. auch die großen Historiker der Zeit, Boeckh, Droysen, Ranke
usw., nicht aber Mommsen. Dies könnte politische Gründe haben, Mommmsen war vielleicht doch zu liberal. Auch seinen Sohn Sebastian hat Wilhelm
Hensel mehrfach gezeichnet (Taf. J). Die Zeichnungen sind 1956 von der
Familie Hensel verkauft worden, und damals kamen, nach mündlicher Mitteilung von Cécile Lowenthal-Hensel, der Tochter Pauls, auch die Mommsen-Nachschriften in das erwähnte Nürnberger Antiquariat, wo sie dann 25
Jahre geschlummert haben. Einer der Inhaber ist mit der Familie Hensel
verschwägert (s. Taf. I).
Sebastian Hensel, dem wir die Teile 2 und 3 verdanken, hat eine 1903
durch seinen Sohn postum publizierte Autobiographie verfaßt. Er war
Landwirt in Ostpreußen, zog aber, da seine Frau das Klima nicht ertrug,
1872 nach Berlin. Dort übernahm er die Leitung des Hotels „Kaiserhof", der
wenige Tage nach der Eröffnung abgebrannt ist. Sebastian war 1880 bis 1888
Direktor der Deutschen Baugesellschaft. Erbittert über die Bauskandale und

---

[120] Demandt 1986, 507; 511
[121] Quelle für sie ist der Ausstellungskatalog «Die Mendelssohns in Berlin»

1984, sowie eine mündliche Auskunft
von Cécile Lowenthal-Hensel.
[122] C. Lowenthal-Hensel 1986; dieselbe in: (W. Hensel) 1981, 12 ff.

Großschiebereien der Gründerzeit suchte Sebastian Erholung in seinen drei „Oasen": in der Mendelssohnschen Familiengeschichte, die 1879 erschien und zahlreiche Auflagen erlebte, in der Malerei und bei Mommsen. Er schreibt darüber:

Und eine dritte Oase waren die Vorlesungen über die römische Kaiserge-schichte, die ich zwei Winter und ein Sommersemester[123] *bei Mommsen hörte und die ein grosser, einziger Genuss waren. Ich hatte Mommsen auf einer Gesellschaft bei Delbrücks*[124] *kennengelernt, und das Glück wollte, dass ich durch einen Witz Gnade vor seinen Augen fand. Ich stand mit Frau Del-brück plaudernd an einem Kaminsims, auf das eine Menge Weingläser, dar-unter einige feingeschliffene Römer, gestellt waren. Mommsen trat hinzu und warf durch eine ungeschickte Armbewegung eins dieser Rheinweingläser herunter. Er entschuldigte sich sehr, darauf sagte ich: Herr Professor, wir verdanken Ihnen so viele ganze Römer, daß wir Ihnen auch einen zerbro-chenen zu Gute halten können. ...*

Nun hatte ich es immer bedauert, dass Mommsen nicht die römische Kai-sergeschichte geschrieben hatte; seine römische Geschichte war stets eines meiner Lieblingsbücher gewesen. Da traf es sich im Wintersemester 1882/83 so glücklich, dass er die Kaisergeschichte, und zwar morgens von acht bis neun las, so dass ich sie vor Beginn meiner Bureaustunden hören konnte; man mußte nur etwas früh aufstehen; aber der Genuss dieser Stunden war ein unvergleichlicher. Ich hatte meinen Platz ganz vorn am Katheder, so dass ich vortrefflich hören, und vor allen Dingen auch ihn und sein ausdrucksvol-les Gesicht genau sehen konnte. Wenn er dann da oben stand und über einen großen Kaisersünder Gericht hielt, dann war der Eindruck manchmal ein dämonischer und ganz überwältigender. Manchmal liess er sich auch wohl durch sein Temperament hinreissen, und er sagte mehr und ging weiter, als er gewollt hatte. So einmal, als er sich in eine Rage über Konstantin den Grossen hineinredete, und den Armen so zerpflückte, dass nicht ein gutes Haar an ihm blieb. Die nächste Stunde kam er dann noch einmal auf ihn zurück und setzte ihm an Stelle des ausgerissenen Schopfes ein dürftiges Perrückchen kärglichen Lobes wieder auf. Immerhin ist mir Mommsens und Treitschkes durch Hass und Liebe mitunter getrübtes Urteil tausendmal lieber, als Rankes kühle farblose sogenannte Unparteilichkeit. ...

Nur eins war mir auffallend und erschien mir wie eine grosse Lücke: Mommsen erwähnte des Christentums im ganzen Kolleg nicht mit einem Worte.[125] *– Als aber der fünfte Band seiner Geschichte im Druck erschien,*

[123] Richtig: zwei Winter- und zwei Sommersemester, nämlich Winter 1882/83, Sommer 1883, Winter 1885/86 und Sommer 1886, vgl. die Mitschriften Nr. 9, 12, 13, s.u.

[124] Gemeint ist der Bankier Gottlieb Adelbert Delbrück (1822–1890), Mitbe-

gründer des «Kaiserhofs». Adelbert war der Bruder von Berthold, dem Vater des späteren Historikers Hans Delbrück.

[125] Dies widerspricht den von Seba-stian Hensel selbst angefertigten Mit-schriften, s.u.

war ich enttäuscht: für den, der das Kolleg gehört hatte, machte es einen
farblosen Eindruck, etwa wie ein Kupferstich gegen das Gemälde gehalten,
nach dem er gemacht ist.[126]

Sebastian Hensel hatte fünf Kinder, Paul war das dritte. Paul war viel
krank, machte eine Buchhändlerlehre durch, konnte aber das Abitur nachholen. Ehe er sich der Philosophie verschrieb[127], hörte er Geschichte, er
erscheint in der Matrikel der Friedrich-Wilhelms-Universität 1881 bis 1883.
Aus dieser Zeit, vom 25. Oktober 1882, stammt ein Brief Pauls an Mommsens Schüler[128] Christian Hülsen, den Archäologen:

Was Sie aber vielleicht interessieren wird, das ist die Nachricht, daß
Mommsen über römische Kaiser liest und daß Papa sich die Berechtigung
zum Besuch dieser Vorlesung verschafft hat, so daß nun der Vater mit dem
Sohne zusammen auf der Kollegbank sitzend die Worte der Weisheit in sich
aufnehmen werden. Aufrichtig gesagt, so etwas imponiert mir, es ist ein
vierstündiges Kolleg von 8–9 Uhr morgens, und ich glaube nicht, daß ich in
Papas Alter noch die Elasticität haben würde, mich jeden Morgen um halb
sieben den Armen des Morpheus zu entreißen, um Kolleg zu hören.

Vom selben Tag stammt ein unpublizierter Brief Sebastian Hensels an
Mommsen[129]:

Westend Ahorn Allee 40
d. 25st Octbr 82

Verehrter Herr Professor!
Inliegend übersende ich die Quittung der Quaestur und bitte ganz erge-
benst, mir einen möglichst günstig gelegenen Platz für Ihre Vorlesung erthei-
len zu wollen. Am angenehmsten wäre es mir, wenn ich neben meinem Sohn
Paul sitzen könnte.

Hochachtungsvoll
Ihr ergebener
S. Hensel

Im Anschluß an die Vorlesung überreichte Hensel Mommsen die 1882 er-
schienene 3. Auflage seiner «Geschichte der Familie Mendelssohn» (1. Aufl.
1879, 2. Aufl.1880) mit dem Begleitschreiben:

Berlin den 27 März 83

Verehrter Herr Professor!
Gestatten Sie, daß ich Ihnen beifolgende Kleinigkeit zu Füßen lege; ich
wollte so gern für das viele und Unschätzbare, was Sie mir im Lauf des
Semesters von dem Ihrigen gegeben haben, Ihnen auch etwas von dem Mei-
nigen geben. Es ist ja auch ein kleines Stück Geschichte, und wenn auch nicht

---

[126] S. Hensel 1903/04, 416f.
[127] Rickert 1930
[128] Schwartz 1935, 81
[129] Die im folgenden abgedruckten
Briefe Hensels an Mommsen liegen in

der Handschriftenabteilung der Deutschen Staatsbibliothek in Berlin (Ost),
Nachlaß Mommsen. Ihrem Leiter,
Herrn Dr. sc. H.-E. Teitge, danke ich für
die Erlaubnis, sie zu veröffentlichen.

so großartig als die von der Sie handelten, so doch im Ganzen erfreulicher.
Nehmen Sie es freundlich auf.
 Darf ich Sie zugleich bitten, mir für nächstes Semester wieder einen Platz
zu reservirn. Ich setze dabei voraus, daß Sie wieder von 8–9 lesen. Falls (?)
im selben Auditorium so wäre mir etwa Platz 5 oder 6 am erwünschtesten,
aber auch, wenn diese vergeben sein sollten, 2–4.
 Schon im voraus Ihnen meinen besten Dank sagend und mich freuend auf
die neuen Genüsse die mir bevorstehn

Ihr ergebener
S. Hensel

Paul Hensel hat durch Mommsens Kolleg bleibende Eindrücke empfangen. *Von dieser Vorlesung zehre ich noch heute,* sagte er immer wieder.[130]
Aber ich (d.h. Paul) *interessierte mich schon als Knabe für alles Römische,*
und so kam mein Vater auf den Gedanken, mir die Geschichte Caesars
zu Weihnachten zu schenken, die Kaiser Napoleon III geschrieben hatte.
Meinen Sie, daß sich dieses Werk für meinen Paul eignet? fragte er Momm-
sen. Die Antwort war verblüffend: Wie alt ist Ihr Paul doch gleich? Sechzehn
Jahre? Da ist er drüber 'naus! Die Begegnung muß 1876/77 stattgefunden
haben.
 Die Glockner gegenüber gemachte Aussage bestätigt ein weiteres Jugend-
zeugnis Pauls. In einem anderen Brief an Hülsen, ebenfalls aus (Berlin-)
Westend, vom 8. Dezember 1882 heißt es: *Was wir von dem Kolleg erwartet*
haben, leistet Mommsen allerdings so vollkommen wie möglich. Es ist ganz
staunenswert, wie unter seiner belebenden Hand alle die Facta, die man ja
z. T. schon weiß, Gestalt bekommen und wandeln und lebendig sind. Es ist
wie eine Neuschöpfung einer versunkenen Welt, und ich habe während mei-
ner ganzen Studentenzeit nichts so Anziehendes mitgemacht wie dies Kolleg.
Mit dem Sommer wird mein Studium in Berlin aufhören, ich gedenke eine
Hauslehrerstelle in Wiesbaden anzunehmen und dort in Ruhe eine größere
Arbeit vorzunehmen und fertigzustellen…
 In einer Fußnote bemerkt die Herausgeberin der Briefe, Paul Hensels
zweite Frau Elisabeth, 1947: *Eine genaue Nachschrift dieses Kollegs, also*
gleichsam der IV. Band von Mommsens römischer Geschichte, ist im Besitz
der Herausgeberin. Offenbar hat kein Altertumswissenschaftler diesen Passus gelesen, sonst wären die Nachschriften wohl schon eher bekanntgeworden.[131]
 Die Entstehungsgeschichte der Mitschriften ist damit klar. Als Paul sich
schon nicht mehr in Berlin befand – er volontierte seit dem 1. Oktober 1885

---

[130] Glockner 1972, 58 f.
[131] Nach eigenem Zeugnis hatte sie
Gerhard Wirth, der in seiner Erlanger
Zeit mit Fanny Kistner, geb. Hensel (s.

Stammtafel), befreundet war, einmal in
der Hand, ihnen jedoch keinen besonderen Wert beigemessen, ähnlich wie Wilamowitz zuvor, s. o.

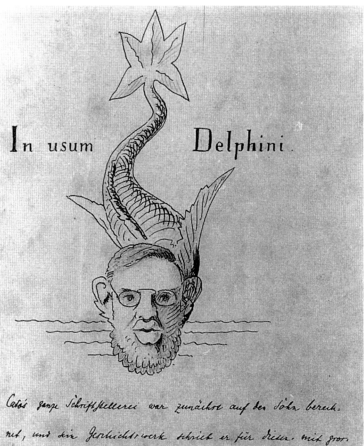

In usum Delphini.

Catos ganze Schriftstellerei war zunächst auf den Sohn berechnet, und das Geschichtswerk schrieb er für diesen mit grossen, deutlichen (?) Buchstaben eigenhändig ab.

Mommsen. Römische Geschichte.
Bd I. S. 864

A   Titelblatt von Sebastian Hensels Mitschrift der Vorlesung von Theodor Mommsen, Römische Kaisergeschichte II, Sommersemester 1883, S. 1

Arma in Armis cum tibi
Saeculum meum in Scrinia
voco

B   Paul und Sebastian Hensel. Fotomontage aus Sebastian Hensels Mitschrift von
Theodor Mommsens Vorlesung Römische Kaisergeschichte II, Sommersemester 1883,
S. 2

C Sebastian Hensel hört Theodor Mommsen. Aquarellkarikatur aus Sebastian Hensels Mitschrift von Theodor Mommsens Vorlesung Römische Kaisergeschichte II, Sommersemester 1883, S. 3

D   Sebastian Hensel offeriert seinem als Memnonkoloß dargestellten Sohn Paul die Mitschrift von Theodor Mommsens Vorlesung Römische Kaisergeschichte II, Sommersemester 1883, S. 4. Aquarellkarikatur von Sebastian Hensel

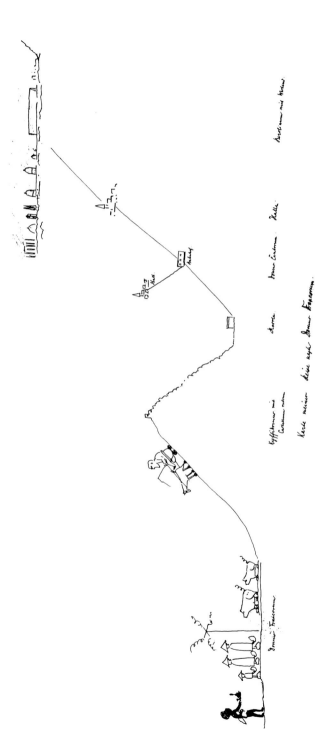

E   Sebastian Hensel auf dem Weg von Berlin nach Frankenhausen. Federzeichnung
aus Mommsen – Hensel II, S. 346 f.

F   Vorsatz zu Sebastian Hensel, Mitschrift von Theodor Mommsens Vorlesung Geschichte und Verfassung Roms im 4. Jh. n. Chr., Winter 1885/86 und Sommer 1886.
Aufgeklebter Postkarten-Text: 24. III. 1886. Ihnen geht es wohl wieder besser, was
mich freut. Ihr Schwiegerpapa hört bei mir mit einem Eifer, der jüngeren Leuten zu
wünschen wäre. Ihr M.
Mommsen an Prof. F. Leo in Rostock

G   Mommsen im Kastanienwäldchen. Aquarellkarikatur aus Sebastian Hensels Mitschrift von Theodor Mommsens Vorlesung Geschichte und Verfassung Roms im 4. Jh.
n. Chr., Winter 1885/86 und Sommer 1886, S. 32

H   Selbstkarikatur von Sebastian Hensel aus dessen Mitschrift von Theodor Mommsens Vorlesung Geschichte und Verfassung Roms im 4. Jh. n. Chr., Winter 1885/86 und
Sommer 1886, S. 243

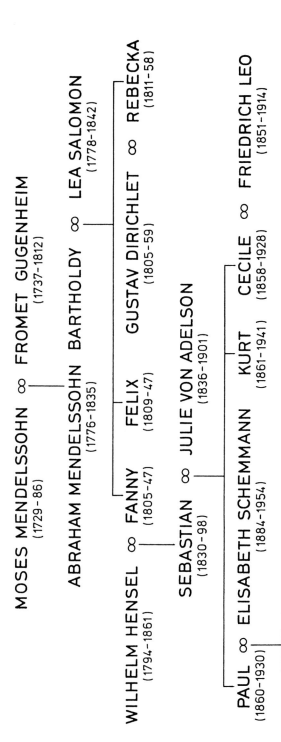

MOSES MENDELSSOHN ∞ FROMET GUGENHEIM
(1729–86)　　　　　　　　　　　(1737–1812)

ABRAHAM MENDELSSOHN BARTHOLDY ∞ LEA SALOMON
(1776–1835)　　　　　　　　　　　　　　　　(1778–1842)

WILHELM HENSEL ∞ FANNY　　FELIX　　GUSTAV DIRICHLET ∞ REBECKA
(1794–1861)　　　　(1805–47)　(1809–47)　(1805–59)　　　　(1811–58)

SEBASTIAN ∞ JULIE VON ADELSON
(1830–98)　　　(1836–1901)

PAUL ∞ ELISABETH SCHEMMANN　　KURT　　CECILE ∞ FRIEDRICH LEO
(1860–1930)　(1884–1954)　　　　(1861–1941)　(1858–1928)　(1851–1914)

CECILE ∞ ERNST LOWENTHAL　　FANNY ∞ ALBRECHT KISTNER
(*1923)　　(*1904)　　　　　　(*1918)　　(1900–1974)

I Stammtafel der Familie Mendelssohn-Hensel

J Sebastian Hensel, gezeichnet von Wilhelm Hensel. Vorlage: Preußische Bildnisse des 19. Jhs. Zeichnungen von Wilhelm Hensel. Ausstellungskatalog der Nationalgalerie Berlin-West, 1981, S. 30

K   Anonyme Mitschrift der Vorlesung von Th. Mommsen, Geschichte der römischen Kaiser, Wintersemester 1882/83, Nachlaß Wickert, S. 37 (AW.37, entspricht MH.I 41 f.)

L Paul Hensel, Mitschrift der Vorlesung von Th. Mommsen, Geschichte der römischen Kaiser, Wintersemester 1882/83, Heft 1 S. 41 f. (MH.I 41 f., entspricht AW.37)

M   Sebastian Hensel, Mitschrift der Vorlesung von Th. Mommsen, Römische Kaisergeschichte, Sommersemester 1883 (MH.II), S. 135

N Sebastian Hensel, Mitschrift der Vorlesung von Th. Mommsen, Römische Kaisergeschichte, Sommersemester 1886 (MH.III), S. 240f.

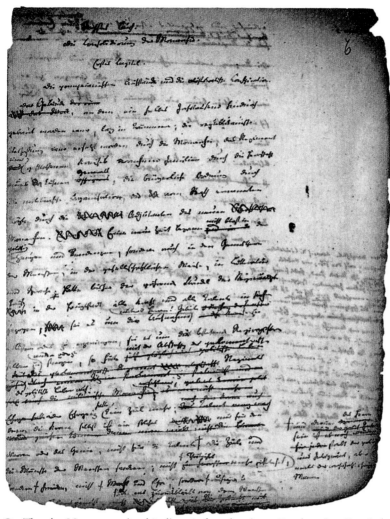

O   Theodor Mommsen, eigenhändiger Anfang des vierten Bandes seiner Römischen
Geschichte (Akademie-Fragment aus dem Hausbrand 1880)

P   Exlibris Paul Hensel

an der Freiburger Bibliothek, habilitierte sich in Straßburg bei Windelband und lehrte später in Erlangen Philosophie[132] –, hat der Vater die Teile II und III für den abwesenden Sohn ausgearbeitet. Dies bestätigen die Bilder aus Teil 2. Das Vorsatzblatt zeigt einen Delphin mit dem Kopf Paul Hensels und einer Schwanzflosse, die in ein Ahornblatt ausläuft (Taf. A). Das spielt an auf die Ahornallee. In Großbuchstaben steht darüber *In usum Delphini.* Darunter ein Zitat in lateinischer Schrift: *Catos ganze Schriftstellerei war zunächst auf den Sohn berechnet, und sein Geschichtswerk schrieb er für diesen mit großen, deutlichen (?) Buchstaben eigenhändig ab. Mommsen, Römische Geschichte Bd. I 869.*[133] Das Fragezeichen stammt von Sebastian Hensel und ist als durchaus unbegründeter Zweifel an der Deutlichkeit seiner eigenen Handschrift gedacht.

Das nächstfolgende Bild ist eine Fotomontage (Taf. B). Das Goethe-Schiller-Denkmal in Weimar hat zwei neue Köpfe bekommen, es sind die von Sebastian und Paul mit dem blau-weiß-roten Band und dem Tönnchen des Corps Westfalia in Heidelberg. Sebastian hatte 1851 in Stuttgart die Herausforderung durch einen polnischen Kommilitonen zum Duell angenommen und dies als Heidelberger Westfale absolviert.[134] Die Sockelinschrift, frei nach Schillers «Don Carlos» (I 9) *Arm in Arm mit dir, so fordr' ich mein Jahrhundert in die Schranken* in schönstem Küchenlatein *Arma in Armis cum tibi Saeculum meum in scrinia voco.* Das dritte Blatt, ein Aquarell, zeigt Sebastian vor der Sphinx Mommsen, dessen Worte mitschreibend (Taf. C). Auf Blatt vier, abermals ein Aquarell, dediziert Sebastian seine Mitschrift dem als Memnonkoloß abgebildeten Sohne Paul (Taf. D).

Vor Beginn des Wintersemesters 85/86 schrieb Hensel abermals an Mommsen:

Berlin den 9. September 85
Sehr geehrter Herr Professor!
Wie mir mein Sohn sagt, werden sie im nächsten Wintersemester Kaisergeschichte des 4. Jahrhunderts lesen.
Wenn dem so ist, und die Stunden wieder dieselben wie früher sind, 8–9 Morgens, so wäre es mir sehr erwünscht, dieselben wieder hören zu dürfen.
Wollen Sie die große Freundlichkeit haben, die dafür erforderlichen Formalitäten mir anzugeben und mir einen guten Platz anzuweisen.
In der frohen Hoffnung so genußreicher Stunden
Ihr ergebener
S. Hensel
Wohnung
Westend, Ahornallee 40

---

[132] Eine lebendige Charakteristik Paul Hensels liefert Ludwig Curtius, Deutsche und antike Welt, 1950/58, 226f.

[133] In den späteren Auflagen: RG. I

S. 872 f. Mommsen referiert Plutarch, Cato Maior 20,7.

[134] S. Hensel 1904, 142 f.

Mommsen hat offenbar nicht sofort geantwortet, darum wiederholte Sebastian Hensel seine Bitte, nachdem das Semester am 16. Oktober bereits angefangen hatte, am 2. November 1885:

Sehr geehrter Herr Professor!
Vor längerer Zeit wandte ich mich an Sie, mit der Bitte, mir den Zutritt zu ihrem Colleg über das IV Jahrhundert römische Kaisergeschichte zu ermöglichen und mir gütigst einen Vorderplatz dazu anzuweisen.
Da ich fürchte, mein Brief möchte während Ihrer Abwesenheit verloren gegangen sein, wiederhole ich meine Bitte, falls das Colleg Morgens von 8–9 gelesen wird; zu andrer Zeit würde es mir zu meinem sehr lebhaften Bedauern nicht möglich sein das Colleg zu hören.

Hochachtungsvoll
S. Hensel

Westend Ahorn Allee 40

Aus diesen beiden Briefen ergibt sich, daß der Text des dritten Teiles [MH.III] über die Spätantike nicht erst mit dem Sommersemester 1886, sondern bereits mit dem Wintersemester 1885/86 einsetzt und ebenso wie der Anonymus Wickert [AW] zu 1882/1883 (Mitschrift Nr. 9) nicht ein, sondern zwei Semester umfaßt. Aus dem Thema der Vorlesungsankündigung (s. o.) und aus dem Text der Mitschrift, die keine Zäsur aufweist, ist das nicht ersichtlich, aber zwei andere Indizien bestätigen das. Es ist zum ersten die aus den Briefen und aus der zitierten Notiz über Ludo Moritz Hartmann [MH.III 31] erkennbare Tatsache, daß Hensel den Anfang der Vorlesung verpaßt hat. Zum anderen ist es der Text einer zerschnittenen, in Teil III eingeklebten Postkarte Mommsens, die er nach dem am 15. März abgeschlossenen Wintersemester, am 24. März 1886 an Friedrich Leo in Rostock sandte (Taf. F). Mommsen schreibt in mikroskopisch kleiner Schrift: *Ihnen geht es also wieder besser, was mich freut. Ihr Schwiegerpapa hört bei mir mit einem Eifer, der jüngeren Leuten zu wünschen wäre. Ihr M.* Der Schwiegerpapa Leos ist niemand anderes als Sebastian Hensel. Leo war mit dessen Tochter Cécile verheiratet (s. Stammtafel Taf. I). Auf Drängen Mommsens hat Leo die Edition von Venantius Fortunatus für die Monumenta Germaniae übernommen. Am Abend vor der Hochzeit mit Cécile Hensel, Pauls Schwester, erhielt Leo ein Paket Korrekturen mit der Bitte um postwendende Erledigung. Zweifellos hat sich Leo durch das Heiraten nicht von der Philologie abhalten lassen.[135]

Nach dem bisherigen Kenntnisstand gab oder gibt es folgende Nachschriften von Mommsens Kaiserzeit-Vorlesung.

1. WS 1863/64, Geschichte der frühen Kaiserzeit, mitgeschrieben von Ettore De Ruggiero. Dazu Santo Mazzarino (1980, 167): *...ho trovato*

---

[135] Leo 1960, XVII

appunti, redatti in italiano, dal De Ruggiero, di lezioni del Mommsen 'sugli imperadori romani' (più precisamente: sul principato da Tiberio a Traiano) tenute nel semestre 1863/4. Diese Notizen seien allerdings nicht *estremamente curati* (vgl. Mazzarino 1974, 23 ff.).

2. SS. 1866, Römische Kaisergeschichte. Anonyme Mitschrift unter dem Titel «Die römische Reichsverfassung von Aurelian bis Constantin», datiert 25. VII. 66 bis 1. VIII. 66, 19 Seiten. Besitz: Max Planck-Gymnasium Göttingen (= AG).

3. WS. 1868/69, Römische Kaisergeschichte, mitgeschrieben von G. Hertlein, 270 S., von Caesar bis Vespasian. 1960 im Besitz von Studienrat Emlein in Heidelberg (Ehrenberg 1960/65, 616).

4. WS. 1868/69, Römische Kaisergeschichte, mitgeschrieben von stud. iuris Gustav Adolf Krauseneck. 1928 von Wilamowitz begutachtet (Calder 1985, s.o.). 205 Seiten. Besitz: althistorisches Seminar der Universität Göttingen (= MK).

5. WS. 1870/71, Caesar bis mindestens Septimius Severus (Wilamowitz 1918/1972, 30f. Wilamowitz nennt das Jahr 1870, doch hat Mommsen im Sommer 1870 nach Ausweis des Kollegverzeichnisses nicht gelesen). Verschollen.

6. WS. 1872/73, Römische Kaisergeschichte, mitgeschrieben von L. Schemann (dem Autor von: Paul de Lagarde. Ein Lebens- und Erinnerungsbild, 2. Aufl. 1920). Von Caesar bis Vespasian. Partien daraus bietet Wickert (IV 1980, 341–348). Besitz: Universitätsbibliothek Freiburg. Dazu schrieb Schemanns Tochter Bertha[136]: *In Berlin tritt der erste „große Mann" in Ludwig Schemanns Bereich: Theodor Mommsen. Er las damals seine römische Kaisergeschichte im Kolleg: begeistert schreibt der Student nach und bewahrt zeitlebens mit großem Stolz sein sauber und korrekt abgefaßtes Kollegheft als Ersatz für den bekanntlich nicht im Druck erschienenen vierten Band der römischen Geschichte – ebenso wie seine eigene, von Mommsens Hand durchkorrigierte Doktorarbeit über die römischen Legionen im Zweiten Punischen Kriege.*

7. WS. 1877/78, Römische Kaisergeschichte, mitgeschrieben von C. Berliner, 252 S. Von Caesar bis Vespasian. Besitz: Ehrenberg (Ehrenberg 1960/65, 616. Dort auch Textproben, teilweise groteske Hörfehler).

8. WS 1882/83, Römische Kaisergeschichte, mitgeschrieben von O. Bremer, 60 S. Caesar bis Vespasian. Besitz: Nachlaß L. Wickert (Ehrenberg 1960/65, 616).

9. WS. 1882/83, Römische Kaisergeschichte, mitgeschrieben von Paul Hensel, drei Hefte zu 84, 63 und 68 S. Von Caesar bis Vespasian. Besitz: Demandt (= MH.I s.o.).

---

[136] B. Schemann, Aus Ludwig Schemanns Leben und Schaffen. In: F. Kerber (Hg.), Volkstum und Reich. Ein Buch vom Oberrhein, 1938 S. 173–180, S. 176f.

10. WS. 1882/83, Römische Kaisergeschichte, (und ab AW. S. 184)
    SS. 1883, Römische Kaisergeschichte, Fortsetzung der im letzten Seme-
    ster gehaltenen Vorträge, anonym, 343 S. Von Caesar bis Diocletian.
    Besitz: Nachlaß L. Wickert (= AW).
11. SS. 1883 (29. IV. bis 2. VIII.), Römische Kaisergeschichte, Fortsetzung
    der im letzten Semester gehaltenen Vorträge, mitgeschrieben von dem
    Archäologen Erich Pernice (1864 bis 1945) – so Ehrenberg 1960/65, 616;
    ohne Autorenvermerk im Exemplar, Vespasian bis Diocletian, 275 S.
    Besitz: Deutsches Archäologisches Institut, Rom. Signatur: M 428 m
    Mag. (= MP)
12. SS. 1883, Römische Kaisergeschichte, Fortsetzung der im letzten Seme-
    ster gehaltenen Vorträge, mitgeschrieben von Sebastian Hensel, 367 S. ,
    von Vespasian bis Diocletian. Besitz: Demandt (= MH.II, s. o.).
13. WS. 1885/86 und SS. 1886, Geschichte und Verfassung Roms im 4. Jh.,
    mitgeschrieben von Sebastian Hensel, 241 S. , von Diocletian bis Ala-
    rich.[137] Besitz: Demandt (= MH.III, s. o.).

3. Das Akademie-Fragment

Der Fund der Hensel-Nachschriften erlaubte die Vermutung, daß sich
Mommsens Konzepte für das Kolleg erhalten haben könnten. Die Suche
danach war vergeblich. Auch das Archiv der Akademie der Wissenschaften
in Berlin (Ost) besitzt sie nicht. Dort liegt indes die Handschrift des V. Bandes der Römischen Geschichte. Als ich sie am 5. März 1991 durchsah, um
Materialien für die Fußnoten zu finden, entdeckte ich im Anhang den Faszikel 47/1, betitelt *Ein weiteres Ms. zur röm. Gesch.* Es handelt sich um 89
nachträglich paginierte Seiten, meist um Faltblätter in Heftgröße, mit brei-
tem, teilweise vollgeschriebenem Rand, durch viele Streichungen und Verbesserungen als Entwürfe erkennbar. Die allseits verkohlten Kanten (s. Taf.
O) erweisen das Bündel, wie auch andere Mommseniana des Archivs, als
Reste aus dem Hausbrand bei Mommsen vom 12. Juli 1880.
    Am 18. des Monats schrieb Nietzsche aus Marienbad an Peter Gast (bür-
gerlich Heinrich Köselitz): *Haben Sie von dem Brande von Mommsen's
Hause gelesen? Und daß seine Excerpten vernichtet sind, die mächtigsten
Vorarbeiten, die vielleicht ein jetzt lebender Gelehrter gemacht hat? Er soll
immer wieder in die Flammen hineingestürzt sein, und man mußte endlich
gegen ihn, den mit Brandwunden bedeckten, Gewalt anwenden. Solche Unternehmungen wie die Mommsen's müssen sehr selten sein, weil ein ungeheures Gedächtniß und ein entsprechender Scharfsinn in der Kritik und Ordnung eines solchen Materials selten zusammen kommen, vielmehr gegen*

---

[137] Der Rückentitel Hensels „Von
Diocletian bis Honorius" stammt nicht
von Mommsen, der Alarich als epochal
erachtete: MH.III 223 ff.

*einander zu arbeiten pflegen. – Als ich die Geschichte hörte, drehte sich mir
das Herz im Leibe um, und noch jetzt leide ich physisch, wenn ich dran
denke. Ist das Mitleid? Aber was geht mich Mommsen an? Ich bin ihm gar
nicht gewogen.*

Über den Hausbrand bei dem *allverehrten Mitbürger* Mommsen in Char-
lottenburg, Marchstraße 6, berichten am 12. Juli 1880 die Vossische Zeitung
(Abend-Ausgabe), am 13. Juli die National-Zeitung (Beiblatt), wieder die
Vossische Zeitung (Morgen-Ausgabe und Abend-Ausgabe), die Neue Preußische Zeitung und die Germania, und am 14. Juli abermals die Vossische
Zeitung (Morgen-Ausgabe). Danach hatte Mommsen am 12. Juli bis morgens um 2 Uhr im 2. Oberstock seines Hauses gearbeitet. Durch eine Gasex-
plosion entstand Feuer, das um 3 Uhr von Arbeitern der Porzellanfabrik
bemerkt wurde. Mit Handspritzen löschten die freiwillige Charlottenburger
und die Turner-Feuerwehr. Mommsen selbst mußte von der Polizei an weiteren Bergungsversuchen gehindert und dann von den Angehörigen aus der
Brandstätte herausgetragen werden, nachdem er sich Brandwunden an der
linken Hand und im Gesicht zugezogen hatte. Vor allem die Augen wurden
in Mitleidenschaft gezogen. Mehrere junge Doktoren durchsuchten nach-
mittags den Schutt. Es verbrannten – so die Presse – 40000 Bücher, die
großenteils auf den Fluren aufgestellt waren, darunter Handschriften der
Berliner und der Wiener Bibliothek, der Palatina in Heidelberg und angeblich auch des Vatikans sowie *alle Manuskripte und Kollektaneen Mommsens,*
teils *über römische Geschichte als Staatswissenschaft,* teils *neuere Arbeiten,
die noch im Werden begriffen waren.* Unter den Verlusten ist namentlich eine
wichtige Jordanes-Handschrift zu beklagen.[138]

In den Zeitungsberichten und bei Mommsen selbst ist von einem Verlust der
Kaisergeschichte noch nicht die Rede, wohl aber in einer bei Alfred von
Klement und Hermann Glockner[139] übermittelten Tradition: Er spricht von
dem *Teil der römischen Geschichte, der den vierten Band bilden sollte, aber nicht
veröffentlicht wurde, weil das halbfertige Manuskript verbrannte: die römische
Kaiserzeit.* Wegen der unverbürgten Überlieferung habe ich diese Geschichte
unter den Gründen für das Fehlen des IV. Bandes nicht angeführt.[140]

---

[138] Mommsen schreibt dazu: *Infelicis-
simo casu accidit ut funesto incendio,
quod proximo anno accidit paucis diebus
post absolutam textus impressionem, una
cum domo mea quattuor illi libri toti et
cum his maiore ex parte Vindobonensis
n.203 interirent.* MGH. AA. V 1, 1882,
p. LXXII. Zum Hausbrand siehe Wilamowitz an Usener vom 15. Juli 1880,
Usener nennt in seinem vorangegange-
nen Brief vom 14. Juli 1880 an Wilamowitz noch eine ausführliche Mitteilung

der Kölner Zeitung. Vgl. auch Richard
Schöne (1840–1922), Erinnerungen an
Theodor Mommsen zum 30. November
1917, hg. von Hermann Schöne, 1923,
30f. Adelheid Mommsen, Mein Vater,
1936/92, 82ff. Mommsens wohnten
während der Reparaturarbeiten bei
Schönes.

[139] Klement 1954, 41 (*Fama*); Glockner 1972, 58

[140] Demandt, 1986

Der Faszikel 47/1[141], im Staatsarchiv Dresden vorzüglich restauriert, enthält nach einer ersten Sichtung unter anderem Notizen zur Geschichte der römischen Republik, ein Konzept zur römischen Verfassungsgeschichte, datiert *Zürich 1852* und den Entwurf zum Anfang des IV. Bandes der Römischen Geschichte, für den Mommsen die Bücher 6 und 7 vorgesehen hatte, wie er 1885 in der Einleitung zum V. Band schreibt, der Buch 8 enthält, nachdem in den ersten drei Bänden die Bücher 1 bis 5 vorgelegt worden waren. Der Text umfaßt 3 Doppelblätter, 12 Seiten, von denen 2 unbeschrieben sind. Er beginnt mit der Überschrift *Sechstes Buch. Die Consolidirung der Monarchie. Erstes Capitel. Die pompeianischen Aufstände und die aristokratische Conspiration.* (s. Taf. O)

Es folgt der als Einführung in die Kaisergeschichte gedachte vierseitige Text. Er enthält eine allgemeine Charakteristik der Zeit. Daran schließt sich auf zehn Seiten die Darstellung der Unruhen in Syrien in den Jahren 46 und 45 und die der Kämpfe Caesars gegen die Söhne des Pompeius in Spanien bis zur Schlacht bei Munda am 17. März 45 v. Chr. Mommsen hatte seinen III. Band (Buch 5) mit der Schlacht bei Thapsus am 6. April 46 v. Chr. enden lassen. Hier setzt unser Bericht ein.

Vermutlich handelt es sich bei dem Konvolut um die bei Hirschfeld (s. o.) erwähnten Materialien. Sie beweisen, daß Mommsen bereits vor 1880 den Versuch unternommen hat, die Kaisergeschichte zu schreiben. Daß er mehr als die erhaltenen 10 Seiten zu Papier gebracht hat, ist deswegen unwahrscheinlich, weil die letzten beiden Seiten des vierten Faltblattes leer sind. Dennoch ist nicht auszuschließen, daß Weiteres verbrannt ist. Wann der Text verfaßt ist, wissen wir nicht. Eine Anspielung auf die Erfurter Union vom März 1850 an späterer Stelle und der Helvetismus, wenn Pompeius nicht als *General*, sondern als *Divisionär* bezeichnet wird, lassen an Mommsens Zeit in Zürich denken.

4. Mommsens Bild der Kaiserzeit

Die Hensel-Mitschriften erlauben es, Mommsens Vorstellung von der Kaiserzeit zu präzisieren und genauer als bisher in die Wissenschaftsgeschichte einzuordnen.[142] Sie zeigen einerseits, wie weit Mommsen das Bild vorgeprägt hat, das seine Schüler Otto Seeck (1895ff.), Ludo Moritz Hartmann (1903/10; 1908/21), Alfred von Domaszewski (1909), Hermann Dessau (1924/30) und Ernst Kornemann (1930) dann ausgeführt haben[143], und machen andererseits klar, in welch hohem Maße Mommsen Edward Gibbon

---

[141] Für die Erlaubnis zur Publikation danke ich den Herren Knobloch und Clauß.

[142] Zum Bild der Kaiserzeit in der Ära

Mommsens überhaupt: A. Heuß, ANRW.II 1, 1974, 66ff.; Bringmann 1991.

[143] Christ 1982, 66ff. Kornemanns Vier-Augen-Metapher: MH.I 168; III 163; 197

verpflichtet war.[144] In der Einleitung zum V. Band der «Römischen Geschichte» wünscht Mommsen für eine Darstellung der Zeit Diocletians *eine
besondere Erzählung und einen anderen Weltrahmen, ein bei schärferem
Verständnis des Einzelnen in dem großen Sinn und mit dem weiten Blick
Gibbons durchgeführtes selbständiges Geschichtswerk* (RG.V 5). Wilamowitz schrieb an Mommsen am 27. Oktober 1883: *Du wirst des Mondscheins
und der Verwüstung nicht als Reizmittel zu einer neuen 'history of the fall
and decline (sic) of the Roman Empire' bedürfen: aber auch ohne Sentimentalität würde Rom der beste Ort sein, um mit Gibbon die Konkurrenz zu
wagen.*[145] Mommsen erklärte 1886 in der Vorlesung [MH.III 3] Gibbons
«History» für das *bedeutendste Werk, das je über römische Geschichte geschrieben wurde*. Schon dreißig Jahre zuvor hatte er den Wunsch nach dem
vierten Band abgewehrt mit dem Hinweis auf Gibbon.[146] 1894 wurde
Mommsen nach London eingeladen, um an der Feier zu Gibbons 100. Todestag teilzunehmen. Er lehnte ab.[147]

Bei aller Sympathie für Gibbons aufklärerische Haltung wertet Mommsen, wie nicht anders zu erwarten, die behandelten Charaktere doch in eigener Weise. Die führenden Persönlichkeiten erhalten, ähnlich wie in der «Römischen Geschichte», eine prägnante Charakteristik. Mommsen zeigt, wie
sich das ungleiche Paar Caesar und Augustus wiederholt in Diocletian und
Constantin. Beidemale optiert Mommsen gegen den berühmten Erben, gegen Augustus und gegen Constantin. Er schätzt die tragische Rolle eines
Caesar, eines Diocletian höher [MH.III 68]. Tragisch nicht nur, weil beide
gescheitert sind, sondern eher noch, weil sie durch ihre Erben in den Schatten gedrängt wurden. Mommsen plädiert jeweils für die zu Unrecht ver-
kannten wahren Neuschöpfer. Gleichwohl findet er auch für Augustus und
Constantin anerkennende Worte.

Überraschend ist die – 1885 widerrufene (RG.V 397ff.) – Abwertung von
Trajan, dem *maßlose, grenzenlose Eroberungslust* [MH.II 295] und Streben
nach *Scheinglorie* zugesprochen wird [MH.II 298], und von Hadrian, der
eine *widerwärtige Art, ein gehässiges, neidisches, feindseliges Naturell* besessen habe [MH.II 299], gegenüber der – 1885 nicht wiederholten (RG.V 172)
– ungemein positiven Wertung von Septimius Severus, dem *klugen Staatsmann* [MH.II 306], der *vielleicht der tüchtigste aller Kaiser* gewesen sei.
Mommsen lobte im Sommer 1883 insbesondere den Britannienzug, es *war
vielleicht die patriotischste, vernünftigste Unternehmung der Kaiserzeit*
[MH.II 116f.], weil Septimius Severus das anstrebte, was Caesar für Gallien
erreicht hatte. Das Urteil ist nicht recht einsichtig, da von der Romanisierung Britanniens wenig übrigblieb. 1882 nannte Mommsen die Eroberung

---

[144] Vgl. Hartmann 1908, 148; Croke
1990
[145] Schwartz 1935, 160; 189
[146] Wickert III 633

[147] Den englischen Text von Mommsens Brief bietet Croke 1990, 56; eine
deutsche Version: Imelmann 1909.

Britanniens *schädlich* [MH.I 72], Anfang 1883 *nicht zum Nutzen des Reiches* [MH.I 175]. Die Wertschätzung des Septimius Severus wiederholt sich in der Einleitung zum V. Band der Römischen Geschichte, wo als Höhepunkt der Kaiserzeit die Regierung dieses Herrschers genannt wird (RG.V 4f.).

Die erwartete Abstinenz vom Hofklatsch[148] bestätigt sich nicht, Familien- und Privatangelegenheiten des Kaiserhauses werden zwar nicht so breit nacherzählt wie in der Vorlesung von 1868/69 [MK], aber gleichwohl gebührend gewürdigt. *Man muß sich in diese häuslichen Details mengen; sie haben viel politischen Einfluß gehabt* [MH.I 98]. Ab Nero fehlt allerdings eine fortlaufende Geschichte der Kaiser, und es folgt eine Darstellung der „Kriegstheater", ähnlich der geographischen Gliederung des V. Bandes der Römischen Geschichte.

Zu erwarten war eine Wiederholung des widersprüchlichen Gesamturteils über den Principat, der als *Republik mit monarchischer Spitze* [MH.I 32] erscheint, der als *eine Form der Monarchie* [MH.I 93], aber nicht als *eine einfache Monarchie* [MH.II 331], sondern als *konstitutionelle Monarchie* [MH.I 119; II 355] oder *Dyarchie* [MH.I 49] bezeichnet wird, obschon der Senat dem Kaiser nicht gleichberechtigt gegenüberstand [so aber MH.I 94], da die diskretionäre Gewalt des Kaisers auch im *imperium legitimum... an die Allmacht streifte* [MH.I 37] und an keine Kontrolle gebunden war [MH.I 42]. *Das Prinzip des Principats war das höchst persönliche Regiment* [MH.II 350], aber der Princeps ist *nichts als ein Verwaltungsbeamter... mit ausschließlicher Gewalt* [MH.II 331; vgl. Ges.Schr.IV 160]. Wie reimt sich das? Es geht auch nicht auf, wenn Mommsen von der *demokratischen Mission* des Monarchen Caesar und seiner Nachfolger spricht [MH.I 39] und zugleich Republik wie Principat als Aristokratien bestimmt [MH.II 1]; wenn er die Langeweile und Inhaltsleere der Kaiserzeit anprangert, ja das *Zeitalter der Politik* mit Augustus enden läßt [MH.I 31] und trotzdem den *Fortschritt* [MH.II 2] unter der Kaiserherrschaft und den Frieden (s. u.) lobt. Die kaiserzeitliche Aristokratie erscheint ihm bedeutend besser als die republikanische, die *Veränderung, welche in der Kaiserzeit vor sich ging*, so meint Mommsen im Hinblick auf das Städtewesen, sei *entschieden zum Besseren* gewesen [MH.II 1; 104]. Und trotzdem lesen wir: *Die monarchische Ordnung des Principats war unverträglich mit der freien Liebe zum Vaterlande* [MH.II 99]. In Mommsens Geschichtsbild dominiert das Politische, sein Interesse für das Zivilisatorische, Kulturelle und Religiöse steht zurück. Eine Darstellung der Pax Romana fehlt. Er schildert nur das – mehrfach so genannte – Kriegstheater.

Erstaunlich ist, welches Gewicht Mommsen auf die Finanzen legt. In kaum vorstellbarer Weise plagt er die Studenten mit Geldpolitik und Steuerwesen, mit Paritäten und Emissionen in allen ihren numerischen Einzelheiten. Hof und Zivilverwaltung, Militär und Architektur werden unter der

---

[148] Wilamowitz 1928, 160

Rubrik *Einnahmen und Ausgaben* abgehandelt, deren Vorrang programmatisch herausgestellt wird [MH.II 22 ff.]. Aus dem perfektionierten Steuerwesen erklärt sich Mommsens positive Wertung der spätrömischen Bürokratie, des *Beamten- und Rechtsstaates* Diocletians [MH.II 354], ganz im Gegensatz dann zu dem negativen Urteil nach Max Weber. Die «Historia Augusta», von der Mommsen (Ges.Schr.VII 303 f.) schrieb, *daß diese Biographien die elendesten Sudeleien sind, die wir aus dem Alterthum haben*, wird ausgiebig als Quelle herangezogen.

Unter den manifesten Irrtümern im Principatsteil verblüfft, daß Mommsen Augustus zum Schöpfer der römischen Flotte erhebt [MH.I 63], daß er die Wagenrennen außerhalb Roms abstreitet [MH.I 70], daß er den Messiasgedanken im alten Judentum negiert [AW.174 = MH.I 231], daß er die kommunalen Zölle leugnet [MH.II 94], daß er die Bildungspolitik der Kaiser ignoriert [MH.II 102], daß er die erste Nennung der Goten mit Caracalla verbindet [MH.II 273] und daß er den obergermanisch-rätischen Limes nicht als römische Militärgrenze anerkennt [MH.II 128], zu deren Erforschung er selbst wenig später wesentlich beigetragen hat. Sein Argument ist bezeichnend: eine so lange Linie wäre nicht zu verteidigen, wäre daher militärischer Unfug, und ein solcher sei den Römern nicht zuzumuten. Die unrichtige Einstufung der Senatsfunktionen [MH.II 355 ff.] beruht auf Mommsens Dyarchie-These.

Im Dominatsteil irrt Mommsen, wenn er eine arianische Mehrheit auf dem *Nicenum* 325 behauptet [MH.III 144], wenn er den Alamannen die Fähigkeit abspricht, römische Städte zu erobern [MH.III 165], wenn er die erste Nennung von Paris mit Julian verbindet [MH.III 201 f.], wenn er die ersten zahmen Kamele unter Valentinian annimmt [MH.III 201 f.], wenn er Valentinian als Arianer bezeichnet [MH.III 203; 220] oder wenn er die „deutsche" Ulfilas-Bibel als die älteste Bibelübersetzung überhaupt ansieht [MH.III 213]. Rätselhaft ist Mommsens zweimalige Bemerkung, Ostrom sei in den Perserkriegen untergegangen [MH.III 151; 222]. Soweit die Vorlesungen zum 5. Bande der «Römischen Geschichte» parallel laufen, wäre zu fragen, welche dort vorgenommenen Richtigstellungen auf den Rat von Wilamowitz zurückzuführen sind.

Es scheint, wie wenn Mommsen die *heilige Hallucination der Jugend*, den *coraggio dell'errare*[149] wiedererlangte, sobald er vor Studenten sprach. Sein Wort, *es gäbe nichts Leichtsinnigeres auf der Welt als das Kolleglesen*[150], bezeugt, daß der alte Mommsen auf dem Katheder weniger Skrupel hatte als am Schreibtisch. Demgemäß fassen wir in unserem Text einen temperamentvolleren, sozusagen jüngeren Mommsen als in dem gedruckten Material aus derselben Zeit. Die Kühle des V. Bandes herrscht in den Vorlesungen nicht durchgehend. Auf der anderen Seite hat Mommsen manche spätere Einsichten vorweggenommen, so die architektonische Grundbedeutung von *consi-*

[149] Bolognini 1904, 259   [150] Curtius 1950, 333

storium [MH.III 49], die Einrichtung der höfischen Heermeisterstellen unter
dem späten Constantin, die der regionalen unter Constantius II[151] und die
römische Herkunft des Ulfilas, der gewöhnlich als Halbgote gilt [MH.III
212]. In Einzelheiten kann auch die neueste Forschung noch von Mommsens
Deutungen spätantiker Ämter lernen, auf diesem Sektor erweist sich sein
juristisches Fingerspitzengefühl modernen Autoren überlegen, etwa in seinen Ausführungen über den Beginn der Trennung von Administration und
Justiz.

Bemerkenswert sind schließlich Mommsens Ausführungen über das Christentum[152], das er mitnichten überging, wie Sebastian Hensel (s. o.) behauptete. Mommsen [MH.I 232ff.] kennzeichnete das Judentum durch Nationalität und Ritual, das Christentum durch Menschheitsidee und Humanität. Aus dem Gott des Zorns sei ein Gott der Liebe geworden. Trotzdem
fehlt es nicht an kritischen Tönen. *Das Christentum war eine plebejische
Religion, und so war auch ihr Stil plebejisch* [MH.III 104], der christliche
Glaube ein *Köhlerglaube*, aber ein Köhlerglaube für *Grafen und Barone*,
und darum historisch wirksam [MH.III 109]. Die Auswirkungen auf Kunst
und Staat bedauert Mommsen. Die Kirche schien ihm ein *Staat im Staate*,
ihre Hierarchie ein *im höchsten Grade staatsgefährliches Prinzip* [MH.III
107], der Episkopat eine *Neben-* oder gar *Gegenregierung* [MH.III 142]. Mit
dem Ausdruck *Pfaffengeschmeiß* [MK.134] traf Mommsen nicht nur Astrologen und Isispriester unter Tiberius. Polytheismus und Christentum werden paritätisch behandelt; was Mommsen ablehnt, ist der aufgeklärte *Indifferentismus* eines Marc Aurel. *Damit schafft man nichts* [MH.III 62; 203].
Ein Politiker soll also die Religion als Werkzeug benutzen, und dabei kommt
es auf die Eignung an. Das Heidentum, meint Mommsen, war ein untauglich
gewordenes Instrument. Darum kritisiert er den von ihm sonst so geschätz-
ten Julian. Er versuchte, *die Weltuhr zurückzustellen* [MH.III 59], und hätte
doch wissen müssen, daß es mit dem alten Glauben vorbei war [MH.III
179]. Der bevorstehende Sieg der Kirche über den Staat ist Mommsen denkbar unsympathisch – viele der *besten Männer der Zeit* begegneten sowohl
dem Christentum als auch Mithras *mit gebildeter, weltmännischer Verachtung* [MH.III 157] –, aber hier eröffnet sich wieder der für sein Urteil
kennzeichnende Konflikt zwischen (hegelianisch gesprochen) dem höheren
Recht der Geschichte und dem Charakter.

Mommsens Interesse an der Spätantike ist im Grunde dasselbe wie sein
Interesse an der römischen Geschichte überhaupt. Es ist einerseits die gene-
tische, andererseits die typologische Beziehung auf die eigene Zeit. Erstere
kennen wir aus den Schlußbemerkungen des III. Bandes seiner «Römischen
Geschichte», die im Schlußwort der Vorlesung nur variiert wird. Mommsen

---

[151] MH.II 365 f.; RE. Suppl. XII 1970,
561 f.; 576
[152] Wickert IV 1980, 180 ff. Zum

Christentum sonst: Mommsen, Strafrecht 595 ff.; Ges.Schr. III 389 ff.; 423 ff.;
431 ff.; 447 ff.; VI 540 ff.; 546 ff.; 570 ff.

verfolgte die Geschichte der Goten, Vandalen und Franken unter dem Aspekt der *Verschmelzung* [MH.III 239]. Sebastian Hensel schreibt 1886: *Letztes Colleg 30. July: Es erscheinen eine Menge noch nie gesehener Gesichter und werden sich testieren lassen, daß sie das Kolleg gewissenhaft geschwänzt haben.*

Trotz der Betonung der Kontinuität im Völkerleben war sich Mommsen dessen bewußt, daß der römische Staat und die antike Kultur im 5. Jahrhundert zu Ende gegangen waren. Die von Butler überlieferte, oben zitierte Bemerkung Mommsens, er habe nie den Grund für den Zusammenbruch begriffen, war natürlich ironisch. Denn Mommsen hat zu diesem Thema sehr bestimmte Stellungnahmen abgegeben.[153] Sie werden in unserer Vorlesung weitergeführt. Mommsen betrachtete die Kaiserzeit als Appendix zur Republik. Schon im 2. Jahrhundert vor Christus hatten die Römer sich nach Mommsen das Grab geschaufelt, einerseits durch den Ruin des bäuerlichen Mittelstandes, andererseits durch die Unterwerfung fremder Nationen, mit denen eine innere Verschmelzung nicht möglich gewesen sei. *Die römische Kaiserzeit zeigt uns das römische Volk bis ins höchste Greisenalter, bis es in sich selbst zusammenbricht; denn nicht die Barbaren haben Rom umgestoßen* – so Mommsen 1872/73.[154] Dem Reich widerfuhr im Großen zu Beginn der Völkerwanderung, als die Legionen mit Germanen aufgefüllt wurden, was Italien am Ende der Antoninenzeit im Kleinen erlebte, als es den Waffendienst an die Provinzialen, zumal der Donauländer, abgab: *Wenn ein Land sich wehrlos macht und sich dem Schutz anderer überläßt, dann wird es eben unterjocht* [MH.II 268]. Ohne das Militär hält das Reich nicht: *Der eigentliche Grund des späteren römischen Unglücks ist in dem Verfall der militärischen Zucht zu suchen* [MH.II 311].

Die Kaiserzeit ist der *politisch, militärisch, ökonomisch und sittlich vollständige Bankerott der damaligen Civilisation.*[155] Orientalisierung und Barbarisierung, Imperialismus und Pazifismus – all das war dem liberalen Nationalisten Mommsen ein Greuel und Grund genug zum Zerfall. Sein Urteil ist aber gespalten. 1868 erklärte er den Studenten [MK.110]: *In militärischer und administrativer Beziehung kann man beim Übergang von der Republik zur Monarchie nur von einem Fortschritt sprechen.*

Auf der einen Seite ist die Nationalität der spätrömischen Völker und Stämme eine seiner wichtigsten Urteilskategorien, indem er von nationaler Einheit, nationalen Interessen, nationaler Politik bei ihnen in positivem Sinn redet. Auf der anderen Seite zeigt Mommsen für Roms expansive Politik mehr als Verständnis, wenn er von der *zivilisatorischen* bzw. *kulturhistorischen Mission* der römischen Waffen [MH.II 204ff.; 237] spricht, den Versuch des Augustus, die Elbgrenze zu erreichen, und den Angriff des Septi-

---

[153] Demandt 1984, 403ff.   [155] Mommsen RA.107
[154] Wickert IV 1980, 342; MH.II 315.
Anders jedoch MH.II 140.

mius Severus auf Schottland bejaht [MH.I 79; II 117]. Die Friedenspolitik
der Kaiser wird als *Stagnation* kritisiert [MH.I 102; 131, II 112; 115;
vgl.RA.106]. Auslösende Wirkung für den Zerfall des Imperiums hatte dann
in Mommsens Augen einerseits der angebliche finanzielle Ruin [MH.II 105],
andererseits *die Militärmonarchie in der unvermeidlichen Steigerung ihres
Selbstvernichtungsprozesses*, der die Untertanen *nach der allgemeinen Schablone nivellierte*.[156] Wenn es heißt: *Das Kaiserreich war – weit entfernt,
soldatisch zu sein – vielleicht die friedlichste und friedliebendste Zeit, die die
Welt jemals in so räumlicher und zeitlicher Ausdehnung gesehen hat* [MH.II
63] oder: *Die Republik war der Krieg, das Kaiserreich war der Friede* [MH.I
135], so hat gerade der Friede die Erschlaffung bewirkt.[157] *Die unbedingte
Friedenspolitik war für den Staat eigentlich fehlerhaft, die Regierungen mit
starker Aktion sind durchschnittlich die besten* [MH.I 191]. Mommsen
schätzte eine kräftige und mannhafte Politik, die arrondiert und okkupiert –
soweit das die Kräfte irgend erlauben [MH.III 94]; weder einen Trajan, der
zu viel, noch einen Hadrian oder Pius, die zu wenig kämpften [MH.II 299;
301].

Mehrfach sieht Mommsen in der spätrömischen Geschichte Parallelen zu
seiner eigenen Zeit. Den kaiserlichen Großgrundbesitz vergleicht er in seiner
bedenklichen Ausdehnung mit den Grundstücken der Londoner Immobi-
lien-Magnaten [MH.II 86], das Fehlen von Staatsschulden dagegen zeichnet
für ihn den Principat vor der modernen Finanzpolitik aus [MH.II 90]. Die
Staatsaufsicht über die Städte scheint ihm ebenso heilsam wie das Ende der
deutschen Freien Reichsstädte *mit ihrer kurzsichtigen und engherzigen
Kirchturmspolitik* [MH.II 105], das Leben der Römer in Gallien und Britannien erinnert ihn an das der Engländer in Indien [MH.II 150], Roms Kämpfe
gegen die Sahara-Nomaden an die des französischen Marschalls Bugeaud
[MH.II 203], das kleinliche Legitimitätsdenken von Constantius II findet er
in der eigenen Zeit wieder [MH.III 153]. Überraschend ist die Würdigung
Napoleons [MH.II 159] und, nach dem von Bismarck gegen Mommsen
geführten Charlottenburger Beleidigungsprozeß von 1882, die positive Wendung von 1886 über den Kanzler [MH.III 41], obschon der Seitenhieb gegen
den *Minister-Absolutismus*[158] offenbar ein versteckter Vergleich zwischen
Stilicho und Bismarck ist. Das *tout comme chez nous* [MH.III 136] steht oft
zwischen den Zeilen. Richtig vermutete Wucher: *Das innige Verhältnis von
Geschichte und Gegenwart hätte sich gewiß auch an der Kaiserzeit bewiesen*.[159]

Mommsens Annahme einer Wesensverwandtschaft zwischen Römertum
und Germanentum und die einer Fremdartigkeit des Keltentums gegenüber

---

[156] Mommsen, Ges.Schr.V 492
[157] Mommsen RA.106
[158] Wucher 1951, 263. Max Weber (Ju-
gendbriefe 1963, 346) am 18. IV. 1892:
der *geradezu kindische Bismarckhaß* bei

*Männern wie Mommsen z. B. in wirklich
deprimierenden Formen sich äußernd
und steigernd.*
[159] Wucher 1968, 136

beiden [MH.II 169; 183f.; 285] widerspricht der germanisch-keltischen Koalition gegen Rom im Civilis-Aufstand. Sein Urteil scheint bestimmt durch die Konstellation von 1870/71, als Deutschland im Kampf gegen Frankreich auf die Sympathie Italiens hoffte. Paritätisch urteilt Mommsen, wenn er die schwierige Romanisierung der gallischen Landbevölkerung vergleicht mit den Erfahrungen der Franzosen im Elsaß und der Preußen in Posen und Oberschlesien [MH.II 160]. Die deutschen *Klientelstaaten* Preußens dienen als Verständnis-Muster für die mit Rom verbündeten Barbarenfürsten [MH.II 20].

Die Identität von Germanen und Deutschen steht für Mommsen außer Frage. Zwar distanziert sich Mommsen von der damals durch alle politischen Lager gehenden Germanenverklärung und tritt damit in Gegensatz zu Freytag und Dahn, zu Gregorovius, Engels und Treitschke. Das aber entspricht nur seinem zwielichtigen Bild der Deutschen und ihrer Fähigkeit zur Politik. Unter Augustus ist es das *erste Mal, daß unser Vaterland in die Weltgeschichte eintritt* [MH.I 79], mit Arminius beginnt das deutsche *Nationalgefühl. Damals kann man zum ersten Mal von deutscher Eintracht und deutscher Zwietracht reden* [MH.I 129]. In der Bildung des Alamannen-Bundes sah Mommsen sodann einen Versuch, die deutsche Einheit herzustellen. *Es war, wenn man so sagen darf, der Gedanke der deutschen Einheit, der sich zum ersten Mal offenbarte und der schon in dieser unvollkommensten Form genügte, die Weltgeschichte... in neue Bahnen zu drängen* [MH.II 141]. Aber der *Sonderfluch* der Deutschen[160] , der innere Zwist, offenbart sich ebenfalls in der Kaiserzeit: *Deutsche standen und entschieden gegen Deutsche, wie so oft in der Geschichte* [MH.III 155]. In seiner Vorlesung von 1886 führt er aus, was er 1877[161] als den *Sonderfluch* der deutschen Nationalität bezeichnet hatte, die extremen Gegensätze innerhalb der politischen Anschauungen, die ihm *flammenden Zorn* und *brennende Scham* erregten. Als Trost stellte er dem *Sonderfluch* ein *Sondergut* entgegen, damit meinte er 1877 Persönlichkeiten wie Friedrich den Großen. – Wir dürfen, so denke ich, zu diesem deutschen Sondergut auch eine Persönlichkeit wie Theodor Mommsen hinzurechnen.

5. Die Prinzipien der Edition

Julius Wellhausen schrieb am 15. Dezember 1884 an Mommsen: *Die Welt interessiert sich vielleicht weniger für die Römischen Kaiser als für Theodor Mommsen, und nicht so sehr für die Geschichte als für Ihre Auffassung derselben.*[162] Das gilt heute erst recht und liefert den Grund für den Entschluß zur Edition. Auch Wilamowitz[163] sah das primäre Interesse an einer

---

[160] Mommsen RA.69
[161] RA.1905, 69

[162] Bammel 1969, 240
[163] Calder + Schlesier 1985, 162

Veröffentlichung der Vorlesungsmitschriften in dem Einblick, den sie uns in Mommsens eigene *geschichtliche Entwicklung* bieten. *Sollte ein Abdruck erfolgen, so müßte eine sorgfältige Durchsicht und Redaktion erfolgen, auch die Zitate nachgeschlagen werden.* Dafür sei ein *sachkundiger und taktvoller Mann* vonnöten.

Ob die vorliegenden Blätter eine vergleichbare Bedeutung gewinnen wie andere postum publizierte Vorlesungen – denken wir an Hegels «Geschichtsphilosophie» (1837), seine «Philosophie des Rechts» (1983), an Niebuhrs «Römische Geschichte» (1844), an Boeckhs «Encyclopädie und Methodologie der philologischen Wissenschaften» (1877), Treitschkes «Politik» (1897), Burckhardts «Weltgeschichtliche Betrachtungen» (1905), Max Webers «Wirtschaftsgeschichte» (1923), an Kants «Ethik» (1924) und an Droysens «Historik» (1937), – das bezweifle ich. Denn die genannten Werke sind überwiegend aus inhaltlichen Gründen gedruckt und gelesen worden, während Mommsens Kaisergeschichtsvorlesung wohl nur das wissenschaftsgeschichtlich interessierte Publikum erreichen wird. Die Veröffentlichung dient dazu, unser Bild von Mommsen zu bereichern, den Arnold Joseph Toynbee für den neben Edward Gibbon größten Historiker überhaupt erklärt hat.[164]

Es versteht sich, daß die Nachschriften – *pace* Elisabeth Hensel *et* Ludwig Schemann – nicht den Anspruch erheben können, den IV. Band der «Römischen Geschichte» darzustellen, sie lassen sich allenfalls *ad libitum* als Ersatz für diesen betrachten. Mommsens testamentarisches Verbot, seine Kollegs zu publizieren[165], kann uns ebensowenig binden wie der letzte Wille Jacob Burckhardts, sein Nachlaß – einschließlich der «Weltgeschichtlichen Betrachtungen» – sei einzustampfen.[166] Glücklicherweise hat sich schon Augustus nicht an das Testament Vergils gehalten: *iusserat haec rapidis aboleri carmina flammis.*[167] Mommsen [MH.I 112] war freilich der Meinung, Vergil hätte gut daran getan, die «Aeneis» selbst zu verbrennen.

Die hohe Qualität der Hensel-Nachschriften ergibt sich aus einem Textvergleich mit den zugänglichen Paralleltexten, insbesondere zwischen Nr. 9 [= MH.I] und 10 [= AW], sowie zwischen Nr. 11 [= MP] und 12 [= MH.II]. MH.I erweckt den Eindruck, von Paul Hensel im Hörsaal mitgeschrieben worden zu sein; die gebundenen MH.II und III aber sind, wie Sebastian Hensel bemerkt, bis zum letzten Rest ausgearbeitet [MH.III 209]. Die Schrift ist in allen Teilen sauber und lesbar, Eigennamen und altsprachliche Zitate zumeist korrekt. Als editorischer Grundsatz galt, einerseits den überlieferten Wortlaut möglichst wenig zu verändern, andererseits eine lesbare Darstellung zu schaffen. Da die Vorlage kein von Mommsen autorisierter

---

[164] A. J. Toynbee, Experiences, 1969, 109 f.

[165] Hirschfeld 1904/13, 947

[166] P. Ganz (ed.), Jacob Burckhardt, Über das Studium der Geschichte, 1982, 13

[167] E. Diehl (ed.), Die Vitae Vergilianae, 1911, S. 18 (Donat-Sueton 38)

Text ist, sondern von anderen teils im Hörsaal aufgezeichnet, teils am Schreibtisch ausgearbeitet wurde, sind die Herausgeber von der Pflicht einer wortgetreuen Wiedergabe entbunden. Nicht die Edition des von Hensel Geschriebenen, sondern die Rekonstruktion des von Mommsen Gesagten war das Ziel. Falls der Text Hensels hinreichendes Interesse findet, mag ihn ein Philologe später *verbatim* mit *apparatus criticus* edieren. Wir wünschen der Kaisergeschichte zunächst einmal Leser und suchten darum eine Form, die Mommsens Kritik *ex Elysio* nicht zu scheuen braucht. Dabei gestaltete sich die Arbeit für die drei Teile, gemäß der unterschiedlichen Überlieferung, durchaus verschieden.

MH.I enthält sinnentstellende Hör- und Schreibfehler, zumal bei Eigennamen und Fachausdrücken (Münz-Typ: *Christophorus* statt *Cistophorus*), die nicht auf Mommsen zurückgehen können. Ebenso sind Abkürzungen und Stichworte, unvollständige Sätze und undeutsche Wortfolge, unmotivierter Tempuswechsel und häufige Wortwiederholung aus der Zeitnot beim Mitschreiben zu erklären. Die Vorliebe für Wörter wie *freilich, allerdings, namentlich* und *auch*, sowie der allzu häufige Satzanfang mit *Es...* kann ebensowenig authentisch sein. Hier mußte behutsam, aber durchgehend gebessert werden. Die Satzlänge wurde normalisiert, Interpunktion und Orthographie standardisiert, der Text in Abschnitte gegliedert und mit Zwischentiteln versehen, die bisweilen am Rande stehen. Ebenso habe ich mehrfach Jahreszahlen eingefügt, Personennamen vervollständigt und zu antiken Ortsnamen das moderne Äquivalent hinzugesetzt. Unangetastet blieb Mommsens Schatz an Fremdwörtern, auch wenn sie uns nicht mehr vertraut sind. In der Regel werden sie in den Fußnoten erklärt. Die bald in griechischen, bald in lateinischen Buchstaben geschriebenen griechischen Begriffe habe ich latinisiert.

Ein willkommenes Korrektiv bot die parallele Mommsenmitschrift des Anonymus Wickert [AW, s. o.], die mir der Besitzer zur Auswertung großzügigerweise überlassen hat. Der Text ist weniger fehlerhaft und stilistisch besser, dafür aber beträchtlich kürzer. Zur Illustration diene der beigefügte Textvergleich (vgl. Taf. K und L).

[AW.37] Die ältere Gerichtsordnung kennt nicht die Appellation sondern nur die Cassation. Augustus führte die Appellation ein, nur die Geschworenen-Sprüche scheinen ausgenommen gewesen zu sein. Die Appellation konnte an

[MH.I 41 f.] Die ältere Ordnung kennt nur Kassation eines gegebenen Urteils; das Bestehen der Appellation, daß eine höhere Instanz ein rechtskräftiges Urteil an die Stelle eines früheren setzen kann, ist ihr vollständig unbekannt. Die Appellation an höhere Instanzen und zuletzt an die Person des Princeps und den Senat ist eine Einrichtung des Augustus und sie läßt sich für alle Zweige des Gerichtsverfahrens mit Ausnahme der Geschworengerichte, nachweisen. Wich-

den Kaiser stattfinden, auch an die Consuln u. Senat. Die Todesstrafe wurde wieder eingeführt, indem die Entscheidung über Leben und Tod in die Hand des Kaisers und des Senats resp. der Consuln gelegt wurde. Auch wurden dem Augustus discretionäre Gewalten übertragen, ebenso wie unter Sulla u. dem Triumvirat. Aber die Anwendung dieser discret. Gewalten scheint sich nur auf die Dinge erstreckt zu haben, bei denen das Volk mit dem Kaiser übereinstimmte. Früher wurde jedem Proconsul ein bestimmtes Amtsgebiet zugeteilt, das Proconsulat erhielt Augustus für das ganze Reich. (vgl. Taf. K)

tig war das besonders für das Kriminalverfahren, das ja mit Wiedereinführung der Todesstrafe wesentlich verschärft worden war. Dafür hat man nun in den titularen Befugnissen des Princeps gar keinen Anhalt. Und so ist dies gewiß noch bei vielen praktisch ausgeübten Competenzen der Fall, auf die hier indessen nicht einzugehn ist.

Die Übertragung der Gewalt an den Kaiser in der lex regia schließt nun damit, daß er tun konnte, was ihm das Wohl des Staates zu erfordern schien. Dies ist virtuell eine unumschränkte Gewalt wie sie die des Sulla war und wir können auch einzelne Beispiele davon anführen. So als im Jahre 727 sich bei der Wahl der Beamten Bestechungen allzu sehr bemerkbar machten, kassirte Augustus einfach die Wahlen und ernannte aus eigener Machtvollkommenheit neue Beamte. Aber das war doch nur ein äußerstes ungern und selten angewendetes Mittel; man suchte ohne das auszukommen und griff nur dazu, wenn die Stimme der Besseren im Volke für die außerordentliche Maßregel war.

Allerdings aber muß man zugeben, daß die Summe der sich im princeps vereinigenden legalen Gewalten nahe an Totalität grenzt. Namentlich gehört in diese Kategorie die sich über das ganze Reich ausdehnende proconsul. Gewalt, die in der Republik im Frieden ganz unerhört gewesen wäre und selbst durch die weitreichende Competenz des Pompeius gegen die Seeräuber nicht erreicht worden ist. (vgl. Taf. L)

Der Anonymus Wickert [AW] hat offenbar mehr gedacht und weniger geschrieben. Gleichwohl überliefert er zahlreiche Ergänzungen, die in den Hensel-Text übernommen wurden. Sie sind meist so kleinteilig, daß ein Herkunftsverweis das Druckbild zerrissen hätte. Nur die größten sind als solche angemerkt. Das letzte Viertel der Vorlesung vom Winter 1882/83 ist überhaupt nur bei AW vorhanden, zu den erhaltenen drei Heften Paul Hensels muß es ein viertes gegeben haben. Die zahlreichen wörtlichen Übereinstimmungen bezeugen die – sorgsam bewahrten – *ipsissima verba* Mommsens.

Die Mitschrift der Vorlesung Kaiserzeit II vom Sommer 1883 durch Erich Pernice [MP] ist sehr knapp, aus ihr werden einige Ergänzungen in den Fußnoten aufgeführt. Die Zählung der Seiten entspricht dem Original im Deutschen Archäologischen Institut zu Rom (s. o.). Einige Zusätze in den Fußnoten aus Mommsens Vorlesungen von 1866 (Anonymus Gottingensis) und 1868/69 (Mommsen-Krauseneck, Mitschriften 2 und 4, s. o.) sollten das Bild abrunden. Eine längere Passage [MH.II 315 bis 342] stammt von Kurt Hensel, dem zweiten Sohn Sebastians, später Mathematiker in Marburg. Kurt diente als Korreferent, während der Vater auf Familienbesuch im Harz war.[168] Über Kurts späteres Verhältnis zu Mommsen informiert folgender Brief aus der Staatsbibliothek Berlin-Ost:

Berlin W.
Kurfürstendamm 36
d. 1. 7. 1901

Verehrter Herr Professor
Frau Professor von Willamowitz (sic) hat mich davon benachrichtigt, daß Sie geneigt sind, am Dienstag d. 2. d. Mts. einem Photographen eine Sitzung zu gewähren, und daß es Ihnen angenehm ist, wenn ich Sie nicht abhole. Dürfte ich nun die Bitte an Sie richten, am Dienstag um 10 Uhr bei dem Hof-Photograph Noack Unter den Linden 45 III Treppen (das zweite Haus von der Friedrichstraße) sein zu wollen? Ich werde bereits eine halbe Stunde früher dort sein und Alles so vorbereiten, daß Sie möglichst wenig Unbequemlichkeit haben.
Ich bin in tiefster Verehrung Ihr ergebenster

D. Kurt Hensel

In MH.II war weniger zu bessern. Immerhin mußten auch in diesen Teilen Irrtümer des Mitschreibenden berichtigt werden. Wo diese auf Mommsen selbst zurückgehen könnten, habe ich das in den Fußnoten vermerkt. Bisweilen verweise ich dort auf Fortschritte der Forschung. Das Gesagte durchgehend auf den neuesten Stand zu bringen, hätte die Edition überfrachtet. Das hat Mommsen nicht einmal mit den späteren Auflagen seiner «Römischen Geschichte» selbst getan: er ließ den Text der 2. Auflage unverändert immer wieder abdrucken. Soweit wie möglich habe ich die von Mommsen benutzten Quellen ermittelt und in den Fußnoten – sie stammen alle von mir – angegeben. Das war nicht immer leicht, zumal bei den Inschriften, die Mommsen wie keinem Althistoriker sonst zu Gebote standen. Die wörtlichen, von Mommsen aus dem Gedächtnis wiedergegebenen Zitate wurden gegebenenfalls um die korrekte Form bereichert. Seine singuläre Quellenkenntnis erlaubte es Mommsen, auf Sekundärliteratur weitgehend zu verzichten. Er nennt Bergk, Bethmann Hollweg, Jacob Burckhardt, Albert

---

[168] Siehe den privaten Einschub MH.II 342 ff.

Duncker, Gibbon, Henzen, Hertzberg, Hirschfeld, Hübner, Imhoof-Blumer, Kiepert, Marquardt, Missong, Nitzsch, Ranke, Richter, Seeck, Tillemont und Wilmanns. Ich habe die von Mommsen benutzten Werke nicht immer in der ihm vorliegenden Auflage heranziehen können, so daß bei den Stellennachweisen bisweilen der Anschein eines Anachronismus entsteht.

Zur Kontrolle der Editionstechnik diene späteren Bearbeitern die jeweils innerhalb der drei Teile [MH.I, II, III, ebenso AW] angegebene Originalpaginierung. Den Titel «Römische Kaisergeschichte» hat Mommsen seiner Vorlesung mehrfach selbst gegeben (s. o.).

Die Hensel-Nachschriften sollen, wie das schon Wilamowitz 1928 gefordert hat, der Staatsbibliothek Berlin übereignet werden; über den Verbleib des Anonymus Wickert hat der Eigentümer testamentarisch verfügt, daß er nach dem Tode seiner Frau an seinen Sohn Dr. Konrad Wickert in Erlangen kommt. Die Entzifferung der teilweise schwer lesbaren, in Privatstenogramm geschriebenen Texte und ihre erste maschinenschriftliche Umschrift der Manuskripte verdanke ich meiner Frau. Hilfe erfuhr ich von Geza Alföldy, Horst Blanck, Jochen Bleicken, Manfred Clauss, Werner Eck, Karin Fischer, Stefan Gläser, Werner Herrmann, Sven Kellerhoff, Martin König, Hartmut Leppin, Cécile Lowenthal-Hensel, Burghard Nickel, Helena Oechsner, Annette Pohlke, Werner Portmann, Maria R.-Alföldi, Sven Rugullis, Heinrich Schlange-Schöningen und Uwe Walter; die Bearbeitung erleichterte eine Unterstützung durch die Fritz-Thyssen-Stiftung. Ihnen allen danke ich.

Für ihre Zustimmung zur Veröffentlichung danke ich Frau Fanny Kistner-Hensel und Frau Cécile Lowenthal-Hensel.

Lindheim, Pfingsten 1992   *Alexander Demandt*

Die Erstauflage hat ein großes Echo ausgelöst. 1992 erschien die von Thomas Wiedemann betreute englische Übersetzung bei Routledge in London, 1995 die Mommsen gewidmete Monographie der Unione Internazionale degli Istituti di Archeologia in Roma (Conferenze 12), 2002 die russische Fassung bei Juventa in St. Petersburg. Meine Einleitung inspirierte Heiner Müller 1993 zu seinem elegischen Poem »Mommsens Block«, publiziert als »Drucksache 1« im Berliner Ensemble sowie in »Sinn und Form« 1993, 206 ff. Zur Vorlesung vom WS 1882/83 gibt es noch eine knappe, von uns nicht berücksichtigte Mitschrift von Hermann Runge im Meinecke-Nachlaß des Preußischen Geheimen Staatsarchivs, Berlin. Des Doppeljubiläums 2002/03 wurde gedacht in Basel, Berlin, Frankfurt, Garding, Kiel und Rom. Im vorliegenden Text wurden Versehen behoben und auf S. 56 Neuerscheinungen nachgetragen.

Zehlendorf, 11.X.2004   *Alexander Demandt*

ABKÜRZUNGEN UND LITERATUR

Hier werden lediglich die mehrfach benutzten, in den Fußnoten abgekürzt zitierten Werke aufgeführt. Einmal genannte erscheinen nur *suo loco*.

AA: Auctores Antiquissimi
AdW: Akademie der Wissenschaften
AE: L'Année Epigraphique, 1928 ff.
AF: Akademie-Fragment Mommsens zu RG. IV
AG: Anonymus Gottingensis, s. o. Mitschrift 2
ANRW: Aufstieg und Niedergang der römischen Welt, hg. v. H. Temporini u. W. Haase, 1972 ff.
a. u. c.: ab urbe condita
AW: Anonymus Wickert, zitiert nach Manuskript-Seiten, s. o. Mitschrift 10
Bammel, E., Judentum, Christentum und Heidentum. Julius Wellhausens Briefe an Mommsen 1881–1902, Zeitschrift für Kirchengeschichte 80, 1969, 221–254.
Bardt, C., Theodor Mommsen, 1903
Bengtson, H., Theodor Mommsen, Die Welt als Geschichte 15, 1955, 87 ff.
Bengtson, H., Grundriß der Römischen Geschichte I, 1967
Bf: Bischof
BJ: Bonner Jahrbücher 1895 ff.
Bleicken, J., Verfassungs- und Sozialgeschichte des Römischen Kaiserreiches 1/2, 1978
BMC: British Museum Catalogue of Greek Coins, 1873 ff.
Boehlich, W. (ed.), Der Berliner Antisemitismusstreit, 1965.
Bolognini, G., Teodoro Mommsen, Archivio Storico Italiano, V serie 33, 1904, 253 ff.
Bringmann, K., Zur Beurteilung der römischen Kaiserzeit in der deutschen Historiographie des 19. Jahrhunderts. In: E. Gabba + K. Christ (edd.), L'impero Romano fra storia generale e storia locale, 1991, S. 57 ff.
Burckhardt, J., Die Zeit Constantins des Großen, 1853/80
Burckhardt, J., Briefe an seinen Freund Friedrich von Preen 1864–1893, 1922.
Burckhardt, J., Briefe III, 1955.
Busche, J., Mommsens Darstellung der Kaiserzeit, Frankfurter Allgemeine Zeitung, 25. IX. 1982.
Butler, N. M., Across the Busy Years. Recollection and Reflections I, 1939.
Calder III, W. M. (ed.), U. v. Wilamowitz, Selected Correspondence 1869–1931, Antiqua 23, 1983.
Calder III, W. M. + R. Schlesier, Wilamowitz on Mommsen's «Kaisergeschichte», Quaderni di storia 21, 1985, 161 ff.
CD: De civitate Dei, Schrift Augustins
Chastagnol, A., La préfecture urbaine à Rome sous le Bas-Empire, 1960
Christ, K., Von Gibbon zu Rostovtzeff. Leben und Werk führender Althistoriker der Neuzeit, 1972.
Christ, K., Theodor Mommsen und die «Römische Geschichte». In: Ders. (ed.), Theodor Mommsen. Römische Geschichte, VIII, 1976, 7–66.

Christ, K., Krise und Untergang der Römischen Republik, 1979/²1984.

Christ, K., Römische Geschichte und deutsche Geschichtswissenschaft, 1982.

Christ, K., „... die schwere Ungerechtigkeit gegen Augustus". Augustus, Mommsen und Wilamowitz. In: Tria Corda I (Festschrift Arnaldo Momigliano), 1983, 89–100.

Christ, K., Geschichte der römischen Kaiserzeit, 1988.

Chron. Min.: Chronica Minora in den Auctores Antiquissimi (AA) der Monumenta Germaniae Historica (MG): Chron. Min. I: AA IX 1892; Chron. Min. II: AA XI 1894; Chron. Min. III: AA XIII 1898.

CIC: Corpus Iuris Civilis, edd. P. Krüger, Th. Mommsen, R. Schoell, 1894 ff.

CIL: Corpus Inscriptionum Latinarum, 1863 ff.

Coarelli, F., Guida archeologica di Roma, 1974

Collingwood, R. G., The Idea of History, 1946/1967.

Croke, B., Mommsen and Byzantium, Philologus 129, 1985, 274–285.

Croke, B., Theodor Mommsen and the Later Roman Empire, Chiron 20, 1990, S. 159 ff.

Croke, B., Mommsen and Gibbon, Quaderni di storia, 32, 1990, 47 ff.

CRR: H. A. Grueber, Coins of the Roman Republic in the British Museum, 1910.

CTh: Codex Theodosianus, edd. P. Krüger, P. M. Meyer. Th. Mommsen, 1904 f.

Curtius, L., Deutsche und antike Welt – Lebenserinnerungen, 1950.

Demandt, A., Alte Geschichte an der Berliner Universität 1810–1960. In: Berlin und die Antike, Aufsätze, 1979, 69–97.

Demandt, A., Mommsens ungeschriebene Kaisergeschichte, Jahrbuch der Berliner wissenschaftlichen Gesellschaft 1983, 147–161.

Demandt, A., Der Fall Roms. Die Auflösung des Römischen Reiches im Urteil der Nachwelt, 1984.

Demandt, A., Die Hensel-Nachschriften zu Mommsens Kaiserzeit-Vorlesung, Gymnasium 93, 1986, 497–519.

Demandt, A., Die Spätantike. Römische Geschichte von Diocletian bis Justinian (284–565). Handbuch der Altertumswissenschaft III 6, 1988.

Demandt, A., Theodor Mommsen. In: W. W. Briggs + W. M. Calder (edd.), Classical Scholarship. A Bibliographical Encyclopedia, 1990, 285 ff.

Demandt, A., Alte Geschichte in Berlin 1810–1960. In: R. Hansen + W. Ribbe (edd.), Geschichtswissenschaft in Berlin im 19. und 20. Jahrhundert, 1992, S. 149–209

Denecke, L. + T. Brandis, Die Nachlässe in den Bibliotheken der Bundesrepublik Deutschland, ²1981.

ders.: derselbe, zuvor genannte Autor

Dessau: H. Dessau (ed.), Inscriptiones Latinae Selectae, 1892 ff.

Dessau, H., Geschichte der römischen Kaiserzeit, I/II, 1924/30.

Dig: Digesten im CIC. Bd. I

(Dilthey, W.), Briefwechsel zwischen Wilhelm Dilthey und dem Grafen Yorck von Wartenburg 1877–1897, 1923.

Dittenberger s. OGIS

Domaszewski, A. v., Geschichte der römischen Kaiser, I/II, 1909.

Ehrenberg, V., Theodor Mommsens Kolleg über römische Kaisergeschichte, Heidelberger Jahrbücher 4, 1960, 94 ff.

Ehrenberg, V., Polis und Imperium, 1965.

Ferrero, G., Warum blieb Mommsens römische Geschichte ein Torso? Berliner Tageblatt, 30. Okt. 1909, Abendausgabe.

Fest, J., Wege zur Geschichte. Über Theodor Momsen, Jacob Burckhardt und Golo Mann, 1992

Fest, J., Theodor Mommsen. Zwei Wege zur Geschichte, Frankfurter Allgemeine Zeitung, 31. VII. 1982.

FGrH: F. Jacoby (ed.), Die Fragmente der griechischen Historiker, 1923 ff.

FHG: Fragmenta Historicorum Graecorum, ed. C. Müller, 1853–1884.

FIRA: Fontes Iuris Romani Antejustiniani, ed. S. Riccobono et alii, 1941 ff.

Fisher, H. A. L., James Bryce, II, 1927.

Fowler, W. W., Theodor Mommsen. His Life and Work (1909). In: Ders., Roman Essays and Interpretations, 1920, 250–268.

Fueter, E., Geschichte der Neueren Historiographie, 1911.

Galsterer, H., Theodor Mommsen, In: M. Erbe (ed.), Berlinische Lebensbilder: Geisteswissenschaftler, 1989, 175 ff.

Glockner, H., Paul Hensel, der Sokrates von Erlangen, 1972.

Goldammer, P. (ed.), Der Briefwechsel zwischen Theodor Storm und Gottfried Keller, ²1967.

Gollwitzer, H., Der Cäsarismus Napoleons III. im Widerhall der öffentlichen Meinung Deutschlands, Historische Zeitschrift 173, 1952, 23–75.

Gooch, G. P., History and Historians in the Nineteenth Century, 1913/1959.

Grant, M., Ein großer deutscher Historiker. Zu Th. Mommsens 50. Todestag, Englische Rundschau 1954, Nr. 6, 84 ff.

Harnack, A., Geschichte der königlich preußischen Akademie der Wissenschaften zu Berlin, 1900. I Darstellung (daraus nach Seiten zitiert); II Urkunden und Aktenstücke (daraus nach Nummern zitiert).

Hartmann, L. M., Der Untergang der antiken Welt, 1903/1910.

Hartmann, L. M., Theodor Mommsen. Eine biographische Skizze, 1908.

Hartmann, L. M. + J. Kromayer, Römische Geschichte, 1903/1921.

(Haym, R.), Ausgewählter Briefwechsel Rudolf Hayms, ed. H. Rosenberg, 1930.

HE: Historia Ecclesiastica

Hensel, P., Sein Leben in Briefen, ed. Elisabeth Hensel, 1947.

Hensel, S., Ein Lebensbild aus Deutschlands Lehrjahren (1903), ed. P. Hensel, ²1904.

(Hensel, W.), Preußische Bildnisse des 19. Jahrhunderts. Zeichnungen von Wilhelm Hensel (Ausstellungskatalog der Nationalgalerie Berlin-West), Berlin 1981.

Heuß, A., Theodor Mommsen und das 19. Jahrhundert, 1956.

Heuß, A., Theodor Mommsen über sich selbst. Zur Testamentsklausel, Antike und Abendland 6, 1957, 105–118.

Heuß, A., Das spätantike römische Reich kein „Zwangsstaat"? GWU 37, 1986, 603 ff.

HF: Historia Francorum Gregorii Turonensis

Highet, G., The Classical Tradition. Greek and Roman Influences on Western Literature, 1949/67.

Hiller von Gaertringen, F. + D., s. Schwartz.

Hirschfeld, O., Theodor Mommsens römische Kaisergeschichte (1885). In: Ders., Kl. Schr., 1913, 926 ff.

Hirschfeld, O., Gedächtnisrede auf Theodor Mommsen (1904). In: Ders., Kl. Schr., 1913, 931–965.

Hirschfeld, O., Die kaiserlichen Verwaltungsbeamten bis auf Diocletian, 1876/1905

HLL: R. Herzog + P. L. Schmidt, Handbuch der lateinischen Literatur der Antike, 1989 ff.

Imelmann, T., Mommsen über Gibbon, Der Tag, 12. XI 1909. Illustrierte Unterhaltungsbeilage 266, S. 4.

Instinsky, H. U., Theodor Mommsen und die Römische Geschichte, Studium Generale 7, 1954, 439–445.

Irmscher, J., Theodor Mommsen – Gelehrter und Demokrat. In: Hestiasis (Festschrift S. Calderone), 1990, 221 ff.

Jh: Jahrhundert

Jones, A. H. M., The Later Roman Empire, I-IV, 1964.

JRS: Journal of Roman Studies

Kg: König

Klement, A. v., Nachwort zu: Th. Mommsen, Römische Geschichte IV, 1877/1927/ 1954, 41 ff.

Kolb, F., Diocletian und die Erste Tetrarchie, 1987

Kornemann, E., Doppelprincipat und Reichsteilung im Imperium Romanum, 1930.

Ks: Kaiser

Kuczynski, J., Theodor Mommsen. Porträt eines Gesellschaftswissenschaftlers.: In ders., Studien zu einer Geschichte der Gesellschaftswissenschaften, IX, 1978.

Lasky, M. J., Warum schrieb Mommsen nicht weiter?, Der Monat 2, 1950, 62–67.

l. c.: loco citato

Leo, F., Ausgewählte Schriften I, ed. Ed. Fraenkel. 1960.

Lowenthal-Hensel, C., Wilhelm Hensel und sein zeichnerisches Werk, Jahrbuch Stiftung Preußischer Kulturbesitz 23, 1986, 57 ff.

Lülfing, H. (ed.), Gelehrten- und Schriftsteller-Nachlässe in den Bibliotheken der DDR, I-III, 1959–1971.

mag. mil: magister militum

Malitz, J., Nachlese zum Briefwechsel Mommsen-Wilamowitz, Quaderni di storia 17, 1983, 123–150.

Malitz, J., Theodor Mommsen und Wilamowitz, in: W. M. Calder III (et alii), Wilamowitz nach 50 Jahren, 1985, 31–55.

Marquardt, J., Römische Staatsverwaltung, ²1881 f.

Maschkin, N. A. (ed.), Vorwort zu Th. Mommsen, Römische Geschichte V (russisch), 1949.

Mazzarino, S., Antico, tardoantico ed èra costantiana, I 1974, II 1980.

Die Mendelssohns in Berlin. Eine Familie und ihre Stadt (Ausstellungskatalog Staatsbibliothek Berlin), 1984.

Meyer, Ed., Caesars Monarchie und das Prinzipat des Pompeius, ³1922.

MGH: Monumenta Germaniae Historica

MH: Mommsen-Hensel, s. o. Einleitung S. 35

MK: Mommsen-Krauseneck s. o. Mitschrift 4.

Michaelis, A., Geschichte des Deutschen Archäologischen Instituts 1829–1879, 1879.

Momigliano, A., Contributo alla storia degli studi classici, 1955.

Mommsen, Th., Abriß des römischen Staatsrechts, 1893

Mommsen, Th., Gesammelte Schriften, ed. O. Hirschfeld, 1905 ff. (zitiert: Ges. Schr.).

Mommsen, Th., Geschichte des römischen Münzwesens, 1860.

Mommsen, Th., Reden und Aufsätze, 1905 (zitiert: RA), 1905.

Mommsen, Th., Römische Forschungen I 1864; II 1879 (zitiert: RF)

Mommsen, Th., Römische Geschichte I 1854; II 1855; III 1856; V 1885 oder später (gleiche Paginierung; zitiert: RG).

Mommsen, Th., Römische Geschichte IV, 1877/1927/1954.

Mommsen, Th.,Römisches Staatsrecht, ³1887–1888.

MP: Mommsen-Pernice s. o. Mitschrift Nr. 11.

ND: Notitia Dignitatum, ed. O. Seeck, 1876.

Neumann, K. J., Theodor Mommsen, Historische Zeitschrift 92, 1904, 193–238.

Nietzsche, F., Friedrich Nietzsches Briefe an Peter Gast, hg. von Peter Gast, 1908.

Norden, E., Geleitwort zu: Th. Mommsen, Das Weltreich der Caesaren, 1933. In: Ders., Kleine Schriften zum klassischen Altertum, 1966, 651–661.

OGIS: W. Dittenberger, Orientis Graeci inscriptiones selectae I/II, 1903/05

Oncken, H., Aus Rankes Frühzeit, 1922

PL: Migne, Patrologia Latina

PLRE: Prosopography of the Later Roman Empire, edd. A. H. M. Jones, J. R. Martindale, J. Morris, I 1971, II 1980.

PPO: Praefectus Praetorio

Prix Nobel, 1902.

RAC: Reallexikon für Antike und Christentum, ed. Th. Klauser, 1950ff.

RE: Pauly + Wissowas Real-Encyclopädie der classischen Altertumswissenschaft, 1893ff.

RF: Römische Forschungen, s. Mommsen

RG: Römische Geschichte, s. Mommsen

RIC: Roman Imperial Coinage, ed. H. Mattingly + E. A. Sydenham, 1923ff.

Riccobono, S. (ed.), Acta Divi Augusti, 1945

Rickert, H., Paul Hensel, Kant-Studien 35, 1930, 183–194.

Rink, B. + Witte, R., Einundzwanzig wiederaufgefundene Briefe Mommsens an Jahn, Philologus 127, 1983, 262ff.

Rodenwaldt, G., Archäologisches Institut des Deutschen Reiches 1829–1929, 1929.

Sartori, F., Mommsen storico e politico, Paideia 16, 1961, 3ff.

Sartori, F., Di Teodoro Mommsen, Paideia 18, 1963, 81ff.

Schmidt, L., Die Westgermanen I, 1938

Schmidt, L., Die Ostgermanen, 1941.

Schmidt-Ott, F., Erlebtes und Erstrebtes 1860–1950, 1952.

Schmitthenner, W. (ed.), Augustus. WdF 123, 1969.

Schöne, R., Erinnerungen an Theodor Mommsen zum 30. November 1917, 1923.

Schwartz, E. (ed.), Mommsen und Wilamowitz. Biefwechsel 1872–1903, 1935.

Seeck, O., Geschichte des Untergangs der antiken Welt, I-VI, 1895ff.

Seeck, O.,Regesten der Kaiser und Päpste 311–476, 1919.

SHA: Scriptores Historiae Augustae

SQAW: Schriften und Quellen der Alten Welt, herausgegeben von der Deutschen Akademie der Wissenschaften zu Berlin-Ost, 1956ff.

Srbik, H. Ritter v., Geist und Geschichte vom deutschen Humanismus bis zur Gegenwart, II, 1951/64.

s.v.: sub voce (unter dem Stichwort)

Syme, R., The Roman Revolution, 1939/60.

Taeger, F., Charisma II, 1959.

Teitge, H. E. (ed.), Theodor Storms Briefwechsel mit Theodor Mommsen, 1966.

Timpe, D., Theodor Mommsen. Zur 80. Wiederkehr der Verleihung des Nobelpreises, Nordfriesland 18, 1984, 50–58.

Toynbee, A. J., A Study of History, I, 1934/48.

Treitschke, H. v., Briefe, III 2 (1871–1896), 1920.

Usener, H. und Wilamowitz-Möllendorff, U. v., Ein Briefwechsel 1870–1905, Leipzig und Berlin 1934

VC: Vita Constantini des Euseb

Verhandlungen über Fragen des höheren Unterrichts, 1900, Halle 1901.

VS: Vitae Sophistarum des Eunap

Weber, W., Theodor Mommsen. Zum Gedächtnis seines 25. Todestages, Stuttgart 1929

Weber, W., Theodor Mommsen. In: Die großen Deutschen. Neue Deutsche Biographie, V 1937, 326–337.

Wenskus, R., Stammesbildung und Verfassung, 1961.

Wickert, L., Theodor Mommsen. Lebendige Gegenwart. Gedächtnisrede gehalten zur Feier des 50. Todestages am 1. November 1953, Berlin (Colloquium) 1954

Wickert, L., Beiträge zur Geschichte des Deutschen Archäologischen Instituts 1879–1929, 1979.

Wickert, L., Theodor Mommsen. Eine Biographie, I 1959; II 1964; III 1969; IV 1980.

Wilamowitz, U. v., Theodor Mommsen. Warum hat er den vierten Band der Römischen Geschichte nicht geschrieben?, Internationale Monatsschrift für Wissenschaft, Kunst und Technik 12, 1918, 205–219, und: Kleine Schriften VI, 1972, 29–39.

Wilamowitz, U. v., Geschichte der Philologie, 1927/59.

Wilamowitz, U. v., Erinnerungen 1848–1914, 1928.

Wolfram, H., Geschichte der Goten, 1980.

Wucher, A., Mommsen als Kritiker der deutschen Nation, Saeculum 2, 1951, 256–270.

Wucher, A., Mommsens unvollendete römische Geschichte, Saeculum 4, 1953, 414–436.

Wucher, A., Theodor Mommsen. Geschichtsschreibung und Politik, 1968.

Yavetz, Z., Caesar in der öffentlichen Meinung, 1979.

Zahn-Harnack, A. v., Mommsen und Harnack, Die Neue Zeitung 6, Nr. 81 vom 5. IV. 1950, S. 2.

Nachträge

Karl Christ, Rezension zu Mommsens Kaisergeschichte in: Göttingische Gelehrte Anzeigen, 245, 1993, 201–236

Alexander Demandt (u.a. Hgg.), Theodor Mommsen. Wissenschaft und Politik im Kaiserreich, 2005

Barbara Demandt, Die Züricher Manuskripte von Theodor Mommsen aus dem Archiv der Berliner Akademie der Wissenschaften, in: Klio 75, 1993, S. 438 ff.

Wolfgang Ernst (Hg.), Die Unschreibbarkeit von Imperien. Theodor Mommsens Römische Kaisergeschichte und Heiner Müllers Echo, 1995.

Theodor Mommsen, i Cesari e la decadenza di Roma. Unione Internazionale degli Istituti di Archeologia, Storia e Storia dell' Arte in Roma, Conferenze 12, Rom 1995.

(Theodor Mommsen) Aus dem Freund ein Sohn. Theodor Mommsen und Ulrich von Wilamowitz Moellendorf. Briefwechsel 1872–1903. Hg. v. W. M. Calder III u. R. Kirsten, I/II, 2003

Stefan Rebenich, Theodor Mommsen. Eine Biographie, 2002.

DAS AKADEMIE-FRAGMENT

*Der folgende Text ist ein handschriftlicher Entwurf Mommsens für den IV. Band seiner Römischen Geschichte im Archiv der Akademie der Wissenschaften zu Berlin (Ost), Nachlaß Mommsen 47/1. Mommsens Abkürzungen sind aufgelöst, Rechtschreibung und Zeichensetzung modernisiert. Sternchen ** rahmen Mommsens eigene Marginalien ein. Pünktchen ... bezeichnen unleserliche oder zerstörte Wörter. Spitze Klammern < > enthalten von uns vermutete, zumeist verbrannte Wörter Mommsens, Fußnoten und kursiver Text in spitzen Klammern sind Zusätze der Herausgeber. Runde Klammern () stammen von Mommsen. Vom Autor durchgestrichene Teile des Textes bleiben unberücksichtigt. Kleinere, durch Einfügungen oder Streichungen entstandene syntaktische Fehler wurden berichtigt. Durch Aufklappen der Faltblätter stimmt die archivalische Paginierung nicht mit der Beschriftungsfolge durch Mommsen überein, die hier wiederhergestellt wurde.*

<S. 6 rechts>   *Sechstes Buch*
Die Konsolidierung der Monarchie

Erstes Kapitel
Die pompeianischen Aufstände und die aristokratische Konspiration

Das Gebäude, an dem ein halbes Jahrtausend hindurch gebaut worden war, lag in Trümmern. Die republikanische Verfassung war ersetzt worden durch die Monarchie, das Regiment eines geschlossenen Kreises vornehmer Familien durch die Herrschaft eines kühnen Generals, die bürgerliche Ordnung durch die militärische Organisation, die vom Rat ernannten Vögte durch die Adjutanten des neuen Monarchen. Eine neue Zeit begann, nicht bloß in den politischen Satzungen und Tendenzen, sondern auch in den Gemütern der Menschen, in der gesellschaftlichen Weise, in Literatur und Sprache. Hatte bisher der gärende Strudel der Regierungsjunta in der Hauptstadt alle Kraft und alle Talente in sich gezogen, sei es um die Aufnahme unter die Herren und Gebieter zu erlisten oder zu erzwingen, sei es um die bestehende Regierungsform selber zu ändern oder zu stürzen, so hörte mit der Abschaffung des parlamentarischen Regiments das politische Leben auf. Der Ehrgeiz hatte kein Ziel mehr; denn die Krone selbst ist ein solches nur für den Narren oder das Genie, nicht für die Talente; und Diener des Herrn zu

sein, erstrebt der politische Parvenu und Intrigant, aber niemals der wahrhaft freie <?> Mann. * Die Ziele und die Wünsche der Menschen sanken;
nicht auf Tätigkeit mehr richtete man sich, sondern auf Frieden, nicht auf
Macht und Ehre, sondern auf ruhigen und <satten> Lebensgenuß, nicht auf
das, was zurückbleibt von dem Menschen<, sondern auf die Gegenwart
allein.
Wenig ist es, was das Bild der Zeit dem Betrachter *S. 7 links>* erträglich und
gelegentlich erfreulich macht. Regierung und Regierte fingen an, genügsam
zu werden. Die Grenzen zu erweitern, schien kaum ein Gewinn; das Gefühl,
daß das Reich sich überwachsen habe, war vielmehr allgemein in der Nation,
und man war eher geneigt, sich allmählich zu beschränken. Wie die Regenten die Waffen, so ließen die Talente Griffel und Feder ruhen; für die ernste
Mühe wissenschaftlicher Arbeit und poetischer Komposition fehlte es nicht
an Geist, noch weniger an Bildung, aber wohl an Eingebung, und das genial-
ste Kunstwerk dieser Epoche ist ein liederlicher Roman.[1] * Man verzichtete
darauf, die Zivilisation zu steigern; auf der Höhe, wo dieselbe am Anfang
dieser Periode stand, stockte sie auch. Doch lebhaft und mit jedem folgenden
Geschlecht lebhafter empfand man es, daß die Gegenwärtigen die Epigonen besserer Geschlechter waren. Eifrig indes war man bemüht – und es ist das
<die>erfreulichste, bei weitem die folgenreichste Tendenz dieser Epoche –
den Gewinn der vorherigen Forschung und Bildung zu realisieren, <zu
kommerz>ialisieren, zu popularisieren. Die griechisch-römische Zivilisation,
wie sie sich im Augenblick in Rom und Italien entwickelt hatte, ward in ihr[2]
Eigentum des gesamten römischen Reiches. Aber die <schöpf>erische Kraft
war ausgegangen und man begnügte sich, leidlich zu existieren. Die Verwaltung der Staatsgeschäfte wurde anstatt einer Ehrenpflicht des Bürgers
eben nur ein Mittel der Existenz; die Bürokratie, dieser Todfeind des freien
bürgerlichen Lebens, ward allmählich herangezogen, bis unter den weit-
schattenden Ästen dieses Giftbaumes in den niedrigsten wie in den höchsten
Kreisen erst die letzten Regungen der Freiheit und zuletzt auch jede Behag-
lichkeit und Anmut des Lebens erstarb, die Militärherrschaft in den Sultanis-
mus überging, und die Erde in der Tat zum Jammertal ward, dem rasch zu
entrinnen, ein beneidenswertes Los war, und wo es nur galt, bis zur wirklichen Erlösung sich hinüberzuträumen in das jenseits der Wolken aufbehal-
tene und reich mit allen phantastischen Farben der Sehnsucht ausge-
schmückte Paradies.
<S. 7 rechts> Allein wenn auch also mit Caesar die neue Zeit begann, so
war es doch vollkommen unmöglich, von dem alten zu dem neuen Geist der
Zeit einen raschen Übergang zu finden. Zu tief war die Kluft, die beide
voneinander schied, zu gewaltig die Gärung, die die Krise begleitete. Es ist
eine merkwürdige, aber doch erklärliche Erscheinung, daß in der Generation, die die neue Zeit einleitete, vor allem in Caesar selbst, weit mehr die

---

[1] Gemeint ist Petrons Satyrikon   [2] d. h. in dieser Epoche

schöpferische Regsamkeit der alten Zeit lebendig ist als die Erstarrung und Befriedigung der neuen Zeit. Um so leichter erklärt es sich, wenn während des ersten Abschnitts dieser neuen Epoche noch vielfach rückgreifende Bestrebungen sich geltend machen und alte durch die Begründung der Monarchie für immer beseitigte Parteien noch versuchen, den Krieg gegen dieselbe in Verschwörung und Aufständen zu erneuern. Wenn es bloß die Aristokratie war, die solche Versuche machte, und die Demokratie sich dem neuen Herrentum willig und unbedingt unterwarf, so erklärt sich dies einfach daraus, daß die Demokratie, wie sie in Rom aufgefaßt ward, eben nichts anderes war als das Bestreben, das parlamentarische durch ein Demagogenregiment zu ersetzen, und folglich die Alleinherrschaft des römischen Perikles ihre Zwecke, soweit sie überhaupt vorgedacht und politisch möglich waren, vollständig erfüllte. Der Gedanke, den Parlamentarismus der Adelskoterien, wie er im römischen Senat seinen Ausdruck fand, durch eine andere Art des parlamentarischen Regiments zu ersetzen, ist der römischen Demokratie nie ge<kommen> und konnte es nicht, weil die ökonomische Entwicklung des Landes <S. 6 links> den Mittelstand aufgezehrt hatte und folglich nur die Wahl stand zwischen einem Regiment der vornehmen Klassen und einem Regiment des Proletariats, das in der hauptstädtischen Plebs wie im Militär repräsentiert war. Dagegen die Nobili von Rom und bis zu einem gewissen Grad auch die durch Caesars administrative Reformen schwer betroffene hohe Finanz waren keineswegs gemeint, sich bei den Entscheidungen von Pharsalus und Thapsus zu beruhigen. Waren auch die Spitzen, die Lentuler, Domitier, Marceller, vor allem Cato, in dem Bürgerkrieg miteinander gefallen oder doch definitiv von der politischen Schaubühne abgetreten, so war doch die Masse der Aristokratie, namentlich die jüngere Generation, durch die Milde des Siegers verschont geblieben und nährte im stillen die Hoffnung einer vollständigen Restauration.

Mit dieser Gärung mischte sich ein anderes Element erstehender bürgerlicher Krisen. Von dem monarchischen Prinzip ist bei unbestrittener politischer Entwicklung die Erblichkeit unzertrennlich. Die Meister römischer Demagogie hatten, seit G. Gracchus sie ins Leben gerufen hatte, instinktmäßig sich als Knospe der Monarchie bewährt durch ihre Erblichkeitstendenzen, davon die Geschichte der Gracchen und des Marius – noch nach Caesars Tode trat ein falscher Sohn des Marius auf * Liv.<epit.>116 * – Belege genug aufwies, so ging denn auch mit dem Tode des Pompeius die pompeianische Partei keineswegs zu Grunde. Sondern es traten seine Söhne Gnaeus und Sextus sofort und offen auf als die Erben seiner Hoffnungen und Ansprüche. Es hatte somit die neue Monarchie, trotz ihrer Siege über die Verfassungspartei und Pompeius den Großen, aus dieser neuen, teils gegen die Anhänger des alten Regiments, teils gegen <die persönlichen Anhänger der Pompeianer zu führenden> Doppel<kampagne erwachsende Gefahren zu bestehen.>

<*S. 8 rechts*> Die Militärinsurrektionen machten den Anfang. Bei der un-
geheuren Ausdehnung des Reiches, die eine verhältnismäßig geringe Truppenmacht von den Küsten des atlantischen Ozeans bis zum Euphrat zu
verzetteln nötigte, waren sie überhaupt schwierig zu verhüten; und bei der
ungeheuren Zahl alter Soldaten und Offiziere, die unter Pompeius während
seiner mehr als dreißigjährigen Feldherrnlaufbahn gedient hatten und an
ihm, dem ebenso tüchtigen Divisionär als mäßigem Obergeneral, mit Begeisterung hingen, konnten dergleichen Versuche kaum ausbleiben. Es kam
hinzu, daß Caesar in seiner gewöhnlichen sicheren Weise sich begnügt
hatte, die gedienten Legionen des Pompeius aufzulösen, wogegen von den
weniger erprobten die zwei im diesseitigen Spanien und mehrere der pharsa-
lischen im Osten in wenig veränderter Formation beibehalten waren. In der
Tat begannen dann auch die ersten Insurrektionsversuche, schon bevor durch
die Schlacht von Thapsus die letzte in den Händen der Verfassungspartei
befindliche Provinz von Caesar besetzt worden war, und knüpften eben an
mit diesen Legionen. * Dio 47,26.27; App.<*civ.*> 3,77; 4,58; Liv. <*epit.*> 114;
Jo.<*sc.Jos.ant.*>14,11;bJ<*sc.bellumJudaicum*>1,10;<*Cic.*>proDeiot. 9,25*
Als in den ersten Monaten des Jahres 708 <46 *v. Chr.*> über Caesars in der Tat
gefährliche Lage in Africa arg übertriebene Gerüchte nach dem Osten gelangten, benutzte dies der alte Offizier des Pompeius, Q. Caecilius Bassus,
der sich <*S. 9 links*> in Tyros verborgen hielt. Unter Vorweisung eines falschen Schreibens des Oberfeldherrn in Africa Scipio, in dem er Caesars
Niederlage und Tod berichtete und als gesetzlichen Statthalter von Syrien
Bassus zu seinem Stellvertreter ernannte, bemächtigte er sich zunächst der
Stadt Tyros und wußte bald auch die Soldaten der einzigen in Syrien stehenden Legion großenteils auf seine Seite zu bringen. * nur 1 Legion: <*Cic.*> ad
fam. 12, 11; 12; App. <*civ.*> 3,77 (1 zugenommen) zwei Strab. 16,752; meh-
rere? b. Alex. 66 *
Der von Caesar eingesetzte Statthalter Syriens, Sextus Caesar, ein junger
leichtsinniger Mensch, den nichts empfahl, als daß sein Vater ein Vetter
Caesars war, wußte sich nicht zu helfen und ward von seinen eigenen Leuten
erschlagen. Selbst als die Nachricht von dem Sieg bei Thapsus kam, verlor
Bassus den Mut nicht * Strab. 16,752 *. Er trat in enge Verbindung mit den
Stämmen des Libanos und der syrischen Wüste, mit Ptolemaios, Mennaios'
Sohn, dem Herrn von Chalkis am Libanos, mit den arabischen Scheichs
Jamblichos von Hemesa, Alchaidamnos in der östlichen Wüste und anderen,
schloß ein Bündnis mit den Parthern und verschanzte sich sodann in Apa-
meia am oberen Orontes, wo ihm seine orientalischen Bundesgenossen den
Rücken deckten * und er bei der unvergleichlichen Lage der Stadt auf einer
ungemein fruchtbaren, leicht zu verteidigenden Halbinsel des Orontes weder durch Gewalt noch durch Hunger zu bezwingen war *. So erwartete er
festen Fußes den Angriff, und als dann Caesars neuer Statthalter C. Antistius
Vetus erschien, warf er sich in seine Festung und hielt sich, bis der Sohn des
Partherkönigs, Pacorus, erschien * <*Cic.*> ad. Att. 14,9 * und den Feldherrn

Caesars nötigte, die Belagerung mit großem Verlust aufzuheben (Dez. *709* = *45 v. Chr.*). Caesar sah sich genötigt, ein stärkeres Heer von 3 Legionen unter C. Statius Murcus gegen ihn zu senden; allein auch dieser strengte umsonst sich an und, nachdem er seinen Kollegen aus Pontus, Q. Marcius Crispus, herbeigerufen, leistete Bassus der vereinten Macht beider von sechs Legionen unerschrockenen Widerstand.

<*S. 9 rechts*> Noch ernster war der Stand der Dinge im südlichen Spanien, * <*Cic.*> ad fam. 12,18,1 * wo nicht bloß ein namenloser Offizier, nicht einmal senatorischen Rangs, des Pompeius beide Söhne und der kriegserfahrene Labienus an die Spitze der Insurrektion getreten waren. Auch hier war es nicht die militärische Aristokratie, von der die Verschwörung ausging, sondern ein angesehener Provinziale, der Cordubenser T. Quinctius Scapula. * b.Hisp.33; <*Cic.ad*> fam.9,13; Dio 43,29 (cf. Annius Scapula, b.Alex.55) * Die beiden Legionen und die Stadtgemeinde, die im Jahre *706* (*48 v. Chr.*) gegen Caesar sich aufgelehnt hatten, fürchteten nicht mit Unrecht, daß die Rechenschaft nur aufgeschoben sei; die pompeianischen Verschwörungen, die in dem Heer bestanden und schon zu einer neuen, wenn auch nur vorübergehenden Schilderhebung für den ehemaligen Feldherrn geführt hatten, waren nur beschwichtigt, keineswegs unterdrückt. Im Laufe des Jahres *707* (*47 v. Chr.*) setzten die Verschworenen sich mit der Regierung von Utica in Verbindung und verlangten, daß einer ihrer alten Generale, Afranius oder Petreius, nach Spanien gesandt werden möge * Liv. <*epit.*> 113 *; da indes beide ablehnten, fiel die Wahl auf den älteren Sohn des Pompeius.

Gnaeus Pompeius stand damals etwa im dreißigsten Jahre und hatte in dem letzten Bürgerkrieg mit Auszeichnung das ägyptische Geschwader geführt. Übrigens war er ein ungeschlachter und unanständiger Mensch * <*Cic.*> ad fam. 15,19 *, der die Ursache der bisherigen Niederlagen in der allzugroßen Milde seiner Partei suchte und der nun die Gelegenheit gern ergriff, was er Energie nannte, <sich> in der unglücklichen Provinz zu betätigen. Indes hielt ihn teils die Belagerung von Ebusus * <*Cic.*> ad.Att.12,2 *, teils eine Krankheit längere Zeit auf den balearischen Inseln auf, und da inzwischen nach der Katastrophe von Thapsus (6. April *708* = *46 v. Chr.*) Caesar die Flotte von Sardinien unter C. Didius nach Spanien gesandt hatte (Juni *708*), um dort die Gärung zu unterdrücken * Dio 43,28; b.Afr. fin.<*98*> *; so schlugen die Verschwörer los, ohne Pompeius' Eintreffen abzuwarten.

<*S. 8 links*> Die beiden ehemals pompeianischen Legionen zogen <?> zu ihnen, aber die Ritter T. Scapula und Q. Aponius übernahmen den Oberbefehl; Caesars Statthalter im diesseitigen Spanien Trebonius mußte mit dem Rest der Truppen seine Provinz verlassen * Ztbst. <= *Zeitbestimmung: bell.*> Hisp.1 *, und als bald darauf Cn. Pompeius im diesseitigen Spanien vor Karthago <*sc. Nova*> landete und die Stadt belagerte, begrüßte Baetica * Mzn

<sc. *Münzen*> Riccio, Pomp.12.15[3] * schon in voller Waffenrüstung den neuen Oberfeldherrn. Es wendete sich dorthin, wer der africanischen Katastrophe entronnen war: Labienus, Attius Varus, Pompeius' zweiter Sohn Sextus <und> Arabio, der Sohn des Fürsten von Cirta Massinissa, * cf. Dio 43,26[4] *; Q. Fabius Maximus und Q. Pedius, die Caesar zur Unterdrückung des Aufstandes mit Truppen nach Spanien sandte, hatten selber Mühe, das diesseitige Spanien zu schützen, und mußten auf die Offensive verzichten. Die Rüstungen <sc. *der Pompeianer*> wurden rastlos und energisch in Güte oder Gewalt gefördert und die waffenfähigen Sklaven frei erklärt und eingestellt; vier Legionen, die beiden varronischen, eine aus den Verschworenen der jenseitigen Provinz und eine aus den Trümmern der africanischen Armee gebildete * <*bell.*> Hisp.7;34 *, waren zuverlässig und der Waffen gewohnt, und eine andere aus den Einwohnern der Provinz oder ehemaligen Sklaven ausgehobene war wenigstens durch ihre Masse beträchtlich. * Darunter zählten über 3000 Männer des Ritterstandes, teils Römer, teils Provinzialen in dem Insurgentenheer (<*bell.*> Hisp.31). Auch eine Flotte ward aufgestellt, deren Führung Varus übernahm.*

Caesar sah sich genötigt, im Spätherbst des Jahres 708 <46 *v. Chr.*> – das Jahr von 445 Tagen – selbst nach Spanien zu gehen und der immer aufwallenden Flut selber Einhalt zu tun. Seine Ankunft im Lager in Obulco (Porcuna zwischen Cordova und Jaen) * Strabo 3,160 * und ein glückliches Seegefecht, das Didius bei Carteia (in der Bai von Gibraltar) der Flotte des Pompeius lieferte * Ukrt <*Übersichtskarte?*> 2,1,346 *, beschränkte Pompeius auf das Binnenland von Baetica. Caesar marschierte geradewegs zur Hauptstadt von <*S. 10 rechts*> Baetica Corduba, wo Sextus Pompeius den Oberbefehl führte, und zwang den Feind, die schon fast zum Ziel gelangte Belagerung von Ulia (Montemayor zwischen Cordova und Antequera) aufzugeben. Allein die Schlacht, die Caesar wünschte, ward von Pompeius verweigert. Um ihn dazu zu nötigen, griff Caesar vor den Augen des feindlichen Heeres die Stadt Ategua an und bezwang sie nach der hartnäckigsten Gegenwehr (19. Juli 709 = 45 *v. Chr.*). Die Zuversicht, namentlich der Provinzialen, sank; Pompeius' Terrorismus, die massenweise Hinrichtung der Anhänger Caesars in den von diesem bedrohten Städten, die strengsten und unbilligen Maßregeln gegen Desertion und Abfall * – sein Stützen auf die lusitanischen Barbaren gegen die Römer und Provinzialen, Val.Max.9,2,4 – * förderten ihn <sc. *den Abfall*> eher, als sie ihn hinderten. Langsam zurückweichend verlor er <sc. *Pompeius*> allmählich Terrain; schon war er vom Baetis abgedrängt gegen die Höhen der Sierra Nevada. Als endlich auch Urso (Osuna) vom Feind bedroht war, entschloß er sich, von Munda (Monda, 6 Leugen von Malaga) auszurücken und vor Tage hinter der Stadt zur Schlacht sich zu stellen, in der

---

[3] Gennaro Riccio, Le monete delle antiche famiglie di Roma, Napoli 1843,

[4] richtig: 43,30

Voraussetzung, daß Caesar ihn in seiner starken Stellung auf einem vorn durch einen sumpfigen Bach verteidigten Hügel anzugreifen um so weniger wagen werde, als sein Heer keineswegs mehr das alte war, nachdem er den Triumph gefeiert und die Veteranen aus dem gallischen Krieg großenteils entlassen hatte. Die Reiterei und die großenteils aus Africa berufenen leichten Truppen, an denen Caesar unendlich überlegen war, vermochten auf diesem Terrain nicht viel, und die Legionen waren an Zahl wie an Kampfgewohnheit dem Feind nicht gewachsen. Caesar hatte nicht mehr als erst größtenteils unerprobte Legionen * <*bell.*> Hisp.28 *. Trotz alledem wagte es Caesar, von der Ebene aus den sumpfigen Bach zu überschreiten und den Hügel hinauf den Angriff zu machen. Es war ein furchtbarer Kampf * der Kern der pompeianischen Legionen hatte nirgend Verluste. * Caesar hat in all den 52 Feldschlachten, die er schlug, stets um den Sieg, hier aber um sein Leben kämpfen müssen.

<*S. 11 links*> Die kleine Schar Freiwilliger aus der zehnten Legion, die auf dem rechten Flügel stand, gewann endlich die Oberhand. Die Feinde zogen Truppen von ihrem rechten Flügel weg, um den wankenden linken zu unterstützen, und die überlegene Reiterei Caesars benutzte dies, um den geschwächten rechten⁵ Flügel der Feinde anzugreifen. Der Feldherr selbst bezahlte mit seiner Person; da er die Krieger weichen sah, führte er sein Pferd fort * Frontin.2,8,13 *, und den Soldaten zurufend, ob sie ihren alten Feldherrn den Knaben ausliefern wollten * Plut.Caes.56 *, stürzte er sich zu Fuß, gefolgt von seinen Offizieren, gegen die feindlichen Speere.

Ein Angriff auf das pompeianische Lager, den Caesars leichte africanische Truppen ausführten, trug zum Siege Caesars bei, namentlich, weil die Soldaten, als sie die nach dem Lager gesandte Verstärkung fortziehen sahen, glaubten, daß die Flucht beginne * Flor. <IV2>, Dio <43,38>. Il est un moment dans les combats, ou la plus petite manœuvre décide; c'est la goutte d'eau, qui fait le trop-plein. Napoleon 204 *

Der Sieg ward also endlich errungen, aber mit Opfern, gegen die die Verluste bei Pharsalos und Thapsus gering waren; über 1000 Soldaten waren tot. Wie jeder Sieg, den Caesar gewann, war auch dieser entscheidend. Der Kern der Soldaten und Offiziere, unter ihnen Labienus und Varus, waren auf dem Schlachtfeld gefallen und der Widerstand, den Munda, wohin die Trümmer der Armee sich geworfen, Corduba, wo die Überläufer, als die Stadt sich ergab, diese in Brand steckten, * Hispalis, wo die schon eingelassene caesarische Besatzung wieder von einem lusitanischen Haufen überfallen und niedergemetzelt ward *, und einige andere Städte noch zu leisten wagten, war hoffnungslos, bald überwunden. Scapula gab in Corduba sich selbst den Tod. Die beiden Brüder indes entkamen, Gnaeus mit schwerer Wunde, vom Schlachtfeld, Sextus aus Corduba, und irrten flüchtig in Spanien herum, wo der ältere von dem Flottenführer Didius erst seiner Flotte beraubt und

---

⁵ richtig: „linken", bell. Hisp. 31, 5

dann, da er mit einer lusitanischen Escorte zu Lande seine Flucht fortsetzte, von dessen Leuten eingeholt und nach heftiger Gegenwehr niedergemacht ward bei Lauro (unweit Valencia). Doch gelang es den Lusitanern bald darauf, es dem Flottenführer zu vergelten, indem sie mit starker Macht erschienen, ihm die Schiffe verbrannten und ihn mit den Seinigen niederhieben. Der jüngere Bruder führte in den pyrenäischen Bergen ein irres Räuberleben. * App.<*civ.*> 2,105 * <*S. 11 rechts und 10 links sind leer*>.

RÖMISCHE KAISERGESCHICHTE I
VON AUGUSTUS BIS VESPASIAN

Wintersemester 1882/83 (MH.I)

*Nach der Mitschrift von Paul Hensel,
ergänzt aus Anonymus Wickert (AW)*

1. AUGUSTUS
(44 v. Chr. – 14 n. Chr.)

a) Die Konsolidierung der Monarchie

[MH.I 1] Die Bestimmung des römischen Staates wurde erst unter den Kaisern erreicht.[1] Zwar blieben die Grenzen im wesentlichen dieselben, doch ist es nicht nur das juristische Römertum, das in der Kaiserzeit noch wuchs, sondern auch – ein wenig – das nationale. Das Werk der Hellenisierung und Romanisierung, der innere Ausbau, ist ein Hauptverdienst der Kaiserzeit. Erfreulich ist ihre Betrachtung nicht. Man muß aus dem Wust teils höfischer, teils Kloakenschriftsteller mit unendlicher Mühe das historische Material loslösen. Sehr selten sind die Zeiten des Silberblicks, des Regimentes großer und edler Männer. Es ist eine unerfreuliche, ernste Zeit.[2]

[1] Zum folgenden: Syme 1939/60; Christ 1979, S. 424 ff.; ders. 1988

[2] Ausführlicher noch kennzeichnete Mommsen die Kaiserzeit in der durch L. Schemann mitgeschriebenen Vorlesung von 1872/73, die Wickert IV S. 341 ff. in Auszügen wiedergibt: *Die Geschichte der Kaiserzeit verläuft, gleich der der republikanischen Periode, in ungestört selbständiger Entwicklung, ohne durch Eingreifen fremder Nationen oder übermächtige Erscheinungen gestört zu werden. Dies kann in neuerer Zeit nur von Nordamerika gesagt werden. Die römische Geschichte ist allerdings gewissermaßen farb- und leblos, sie trägt den Charakter der Allgemeingültigkeit. Nur am Wendepunkt der beiden großen Perioden steht der allgewaltige Caesar: die Kaiserzeit hat ebensowenig Männer ersten Ranges aufzuweisen, als die Republik. Die römische Kaiserzeit zeigt uns das römische Volk bis ins höchste Greisenalter, bis es in sich selbst zusammenbricht; denn nicht die Barbaren haben Rom umgestoßen. In der Kaiserzeit sehen wir die Römer ohne Streben, ohne* Hoffnung, ohne eigentliche politische Ziele. Man beschränkt sich auf Konservierung der Grenzen. Die freudige Zeit des Werdens ist dahin, jegliche Probleme sind dahingeschwunden. Früher hatten die Staatsmänner wenigstens, wenn auch verwerfliche, Ideale: jetzt aber haben sie gar keine Ideale mehr. Die ganze Epoche, so lang sie auch ist, bleibt eine Epoche des Status quo. Immerhin bleibt die römische Kaisergeschichte ein interessantes Gebiet, und es ist nur freudig zu begrüßen, daß neuerdings dasselbe, nicht ohne Glück, bearbeitet worden ist. Die Kaiserzeit ist auch insofern wichtig, als unsere Kultur zum großen Teil auf ihr fußt: Der Gang, den die klassischen Studien auf den Schulen nehmen, stammt aus den Schulen der Kaiserzeit. Rechtlich sind zum ersten Male in jener Zeit die Gesetze des Absolutismus formuliert worden. Die großen Gegensätze des Germanismus und Romanismus, die noch heute die Existenz der Welt bedingen, entwickeln sich ebenfalls in der Kaiserzeit: in ihr liegt die Wurzel dieses gewaltigen Problems.*

Den Anfang der Monarchie und das Ende der Republik bildet Caesars afrikanischer Krieg. Seitdem steht die römische Monarchie als vollendete Tatsache da. Zwar war schon auf dem Felde bei Pharsalus der letzte Feldherr der Republik gefallen[3], aber erst mit dem afrikanischen Kriege, mit Caesars Sieg bei Thapsus[4], schließt dieser Feldzug vollständig ab. Niemand stand mehr gegen die neue Monarchie im Feld. Die republikanische Partei ging damit von einer Partei für die Erhaltung des Bestehenden in die Rolle der Opposition über. Zwar loderten noch mitunter die Flammen auf, Caesar mußte selbst nach Spanien ziehen, um eine Schilderhebung für Pompeius niederzuschlagen, und als er umgebracht wurde, wollte er gegen Quintus Caecilius Bassus nach Syrien aufbrechen, der sich gegen Caesars Regiment auflehnte und gegenüber Sextus Julius, dem Statthalter, im Vorteil geblieben war.[5]

Die republikanische Partei siegte durch den Mord auf dem Forum.[6] Sie traf Caesars Herz, aber weiter brachte sie es nicht. Es war eine grauenvolle, weil lächerliche und erfolglose Tat. [MH.I 2] Es ist eigentümlich, daß Brutus infolge des vor einem halben Jahrtausend von den römischen Bürgern geleisteten Eides[7] die Tat vollzog, wie ein Henker das Urteil eines Gerichteten. Und wie ein Henker ging er nach der Tat nach Hause. Was weiter geschehen sollte, daran dachte niemand. Als *magister equitum* diente Marcus Aemilius Lepidus dem Diktator Caesar. Er stand mit einer Legion vor den Toren Roms und war im Begriff, mit ihr nach Spanien aufzubrechen. Einige Verschworene wollten sich allerdings der Stadt und der Anhänger Caesars bemächtigen, aber dagegen erhob sich Marcus Brutus. Obwohl er städtischer Praetor war, hielt er sich nicht einmal für berechtigt, den Senat zu berufen; das war Antonius' Sache, der damals zweiter Konsul war.

Man hätte denken sollen, daß mit dem Tyrannen auch die Akte desselben fielen. Verhandelt wurde darüber, aber als man zum Deliberieren kam, brach sich dieser Vorschlag an einer charakteristischen Opposition. Alle Beamten und designierten Beamten hätten abdanken müssen; dazu konnte man sich nicht entschließen. Der Senat beschloß daher, an Caesars Personalentscheidungen festzuhalten.[8] Dieser Umstand bedingte die nächste Geschichte Roms. Im folgenden Kriege wurden alle Ämter nach Angabe Caesars besetzt. Lepidus, ein total unfähiger Mann, war nur deshalb Triumvir, weil er *magister equitum* bei Caesar war und das Heer nach Spanien zu führen hatte. Auch alle andern Ämter waren so besetzt. Dies durchaus gleichgültige

---

[3] Pompeius war nach Ägypten entkommen und wurde dort ermordet.

[4] 6. April 46. Mit diesem Ereignis hatte Mommsen den 3. Band seiner Römischen Geschichte abgeschlossen.

[5] Erhebung des Bassus 46 in Syrien: App.civ.III 77; IV 58f. S.o. AF.9 links

[6] Caesars Ermordung am 15. März 44: App.civ.II 117ff.; Plut.Caes.60ff.; Suet.Caes.81ff. Ausführlicher sprach Mommsen 1868 über das Attentat (MK.7ff.)

[7] Livius II 1,9

[8] App.civ.III 34

Moment gab den Ausschlag; die einzige Ausnahme bildet Caesar minor[9], er allein gewann einen dauernden Einfluß.

[MH.I 3] Von einem festen Plan ist nicht die Rede; das drückt sich in dem allgemeinen Frieden aus. Die Mörder und die Freunde des Gemordeten wurden über dem Begräbnis handelseins, nichts gegeneinander zu unternehmen. Der erste, der aus dieser Nichtigkeit einen Vorteil zog, war Marcus Antonius. Er hat in großen und schweren Zeiten Beweise hoher Klugheit gegeben. Allerdings ging er auf jenen faulen Frieden ein; mit einer republikanischen Pose beseitigte er für alle Zeiten die Diktatur.[10] Dadurch war die Tätigkeit Caesars als staatsfeindlich dargestellt. Trotzdem folgte Antonius mit sicheren Schritten den Bahnen seines Herrn und Meisters Caesar, um sich der Herrschaft zu bemächtigen. Lepidus ging mit seiner Legion in seine Provinz.

Den Ausschlag gab auch jetzt die Statthalterschaft Oberitaliens *(Gallia cisalpina*[11]*)*, denn im eigentlichen Italien durfte kein Militär stehen. *Gallia cisalpina* war *de iure* Provinz, *de facto* aber wie Italien von Bürgern bewohnt. Der Statthalter war Decimus Brutus; er hatte Italien in der Hand. Er war von Caesar dazu designiert, und das war ein hoher Beweis von Vertrauen. Decimus Brutus war in die Provinz zum Heer gegangen, als er sah, daß in Rom die Dinge für ihn schlecht standen. Er mußte beseitigt werden, und Antonius tat genau dasselbe, was Caesar getan hatte. Der Senat lehnte seinen Antrag ab; er war den Legitimisten[12] nicht ungünstig. Antonius ließ sich die Provinz trotzdem überweisen, und zwar durch Plebiscit.[13] Damit war der Krieg erklärt. Antonius schickte sich zur Bemächtigung Oberitaliens an; die Truppen dazu erhielt er inkonsequenterweise vom Senat. Es waren die für den Partherfeldzug bestimmten Legionen Caesars, sie standen in Makedonien. Auf des Senats Befehl kamen sie zurück nach *Brundisium.*

Hier trat ihm ein Konkurrent in den Weg, Caesars Sohn. Er war vom [MH.I 4] Diktator adoptiert worden. Es war kein geringer Mann, der in Caesars Fußstapfen zu gehen suchte. Octavian hatte nichts als Caesars Namen, und er war doch nur Schwestersohn.[14] Aber er fühlte, welche Gewalt in diesem Namen lag, und beschloß, sich nicht nur desselben, sondern auch der Herrschaft zu bemächtigen. Er tat das voll Entschlossenheit. Zunächst bemühte er sich um Einfluß auf das Militär. Das sind Zeichen eines klaren Blicks für die tatsächlichen Verhältnisse. Er suchte die Truppen dem Antonius abzuknöpfen, und da Antonius seinerseits das Mittel der Bestechung

---

[9] Hensel verwendet (ähnlich MK) im folgenden die Namen Caesar der Sohn, Caesar minor, Caesar und Octavian ohne Unterschied und System. Um Verwechslungen zu vermeiden, schreiben wir grundsätzlich Octavian, Mommsen sprach wohl in der Regel – bisweilen (MH.I 23) mißverständlich – von „Cae-

sar". D. Kienast, Augustus. Princeps und Monarch, 1982

[10] App.civ.III 25

[11] Lateinische Ortsnamen sind kursiv gesetzt

[12] d.h. den Caesarmördern.

[13] App.civ.III 30

[14] Richtig: Sohn der Nichte Caesars.

verschmähte, so verkauften sich zwei der vier Legionen an Octavian.[15] Dieser machte unter den alten Soldaten des Vaters in Campanien und Etrurien bedeutende Aushebungen. So hatte er eine große Streitmacht. Dennoch suchte er sich mit Antonius ins Benehmen zu setzen, um gegen die Legitimisten zu ziehen. Das scheiterte an Antonius, der die Herrschaft nicht teilen wollte. Es folgte der neunte Bürgerkrieg nach Ciceros Zählung.[16] Die Legitimisten waren die schwächeren. Decimus Brutus warf sich nach *Mutina* (Modena)[17], wurde von Antonius belagert, aber ertrug die Belagerung mit Ausdauer. Drei Statthalter mit Militärgewalt waren unter den Mördern Caesars: der von Oberitalien, der von Illyricum und der von Syrien. Sie hatten sich in ihre Gouvernements begeben und mobil gemacht. Im Osten hatten sie Erfolg. Griechenland war in ihrer Hand. Anders im Westen. Sextus Pompeius hatte sich aus Spanien entfernt und stand an der Spitze einer Flotte. Der übrige Westen war von Cäsarianern besetzt, die sich aber dem *status quo* in Rom angeschlossen hatten. So Lucius Munatius Plancus, Asinius Pollio und Marcus Lepidus. Sie hatten nicht Farbe bekannt.

In Italien lehnte sich Marcus Antonius im Lauf des September gegen diesen [MH.I 5] Status auf, wie wir gesehen haben. Der Senat hatte für alle Fälle unter der Führung der Konsuln des nächsten Jahres, Pansa[18] und Hirtius, Rüstungen in Rom veranlaßt. Cicero wollte keinen Vergleich mit Antonius schließen.[19] Er suchte mit seinen Philippiken den Senat von seinem quasi Rechtsboden abzudrängen, und angesichts der Vorgänge in *Mutina* hatte er durchaus nicht Unrecht. Ein Regiment, das jetzt noch paktierte, war *eo ipso* verloren, und Cicero hatte, da er die Brücke hinter sich abgebrochen hatte, allen Grund, den Senat zur Aktion zu drängen. Hirtius wurde zur bewaffneten Intervention nach Oberitalien gesandt.

Zuletzt aber mußte sich der Senat entscheiden. Unter dem Einfluß des Sieges von Cassius über Dolabella und in der Erwartung, sich mit Lepidus und Plancus ins Einverständnis setzen zu können, namentlich aber in der Hoffnung, Octavian durch Bestätigung seines usurpierten Kommandos zu gewinnen, stellte sich der Senat auf die Seite der Legitimisten. Man hoffte, den Octavian als Proprätor unter die Befehle des Konsuls Hirtius stellen und ihm so seine Truppen abnehmen zu können.

Es war ein wunderbarer Kampf.[20] Hirtius und Pansa, Offiziere Caesars, und Octavian fochten gegen den Nachfolger Caesars, gegen Antonius, und entsetzten *Mutina* nach hartem Kampf, in welchem Hirtius und Pansa fielen. So standen an der Spitze der Senatstruppen Decimus Brutus in *Mutina* und Octavian vor den Toren der Stadt. Marcus Brutus hatte es in der Hand gehabt, von Makedonien aus in Italien einzugreifen. Daß er es unterließ, war

[15] App.civ.III 45
[16] Richtig: der fünfte, *hoc bellum (sc. Mutinense) quintum civile geritur*: Cic. Phil.VIII 3,8

[17] App.civ.III 49
[18] Hensel: *Plancus*
[19] App.civ.III 50
[20] App.civ.III 70f.

kurzsichtig; das verhängnisvolle Kommando Octavians wäre nicht nötig gewesen. Nach dem Sieg handelte der Senat kopflos.

Antonius hatte mit großem Geschick gefochten, aber er war den vier feindlichen Heeren gegenüber, zum Teil alten Truppen, zu sehr im Nachteil. [MH.I 6] Daß er entkam²¹, war die Schuld der Gegner, geschah zum Teil aus militärischer Unfähigkeit Brutus', zum Teil durch Unzuverlässigkeit Octavians. Daran war aber der Senat schuld. Er hatte sofort nach dem Tode der Konsuln den Prokonsul Decimus Brutus an die Spitze beider Heere gestellt. Das war staatsrechtlich gesehen richtig, diplomatisch ein toller Schnitzer. Octavian war nicht gesinnt, das Kommando abzutreten, und Teile der Truppen der Konsuln gingen zu ihm über. Die Soldaten waren aber nicht geneigt, die Verfolgung des Antonius mit Eifer zu betreiben; es ist merkwürdig, wie der gemeine Soldat die Vereinigung aller Cäsarianer wollte.

Dazu kam die Unfähigkeit des Decimus Brutus. Sein Heer war unzuverlässig und ausgehungert. Die Übernahme des Konsularheeres machte Schwierigkeiten. So konnte er erst einige Tage später nachmarschieren. Der Rückzug des Antonius ging durch ganz Oberitalien zu Lepidus, seinem einzigen Halt.²² Wenn nicht die Fehler und der böse Wille der Gegner gewesen wären, so hätte Antonius, trotz allen militärischen Talentes, vernichtet werden können. So entkam er zu Lepidus²³ und wurde gut aufgenommen. Dieser wurde jetzt ein entscheidender Faktor. Wies er Antonius zurück, so war dieser verloren. Aber Lepidus und Plancus hatten den Senat angerufen, er solle doch Frieden halten. Eine seltsame Zumutung. Aber das zeigte, daß Lepidus und Plancus durchaus nicht sicher für die Regierung waren. So fand Antonius denn auch bei seinem Freunde Aufnahme. Wahrscheinlich hatte eine Truppenabteilung des Lepidus schon vor *Mutina* für die Legitimisten gekämpft.

Italien war zunächst von Truppen entblößt. Decimus Brutus stand Lepidus gegenüber, das hätte auch Octavian tun sollen, aber er tat es nicht und ging nach Rom. [MH.I 7] Dort hatte man das Konsulat nicht wieder besetzt, und das war ein arger Fehler. Ein zufälliger Senator leitete von 5 zu 5 Tagen als Interrex die Geschäfte. Warum dies? Vielleicht wünschte Cicero das Konsulat und wollte sich nur einen General suchen, der es mit ihm teilte.

Octavianus schickte eine Abteilung seiner Soldaten als Bürger nach Rom zu den Comitialwahlen.²⁴ Der Senat wollte Gewalt mit Gewalt vertreiben, hatte aber keine Truppen außer einer hispanischen Legion; der Versuch, die Stadt gegen die Cäsarianer zu halten, mißlang schmählich, da die aufgestellten Truppen fraternisierten. Die Comitienwahl fiel auf Caesar Octavianus; noch nicht 20 Jahre alt, wurde er Konsul.²⁵

²¹ App.civ.III 72
²² App.civ.III 83
²³ Er verwaltete *Hispania citerior* und *Gallia Narbonensis*.

²⁴ App.civ.III 88 ff.
²⁵ App.civ.III 94, am 19. August 43: Dessau 108.

Jetzt wurde die Restaurationspolitik aufgegeben. Die Bestrafung der Caesarmörder wurde beantragt und beschlossen.[26] Das war ein großer Schritt; damit war die Vereinigung von Octavian und Antonius gegeben, der ja dem Caesarmörder Decimus Brutus gegenüberstand. Es kam nur noch auf den Abschluß der Vereinigung an, wenn sie damals noch nicht vollzogen war. Es ist uns ja leider in der ganzen alten Geschichte nicht gegeben, hinter die Kulissen zu sehen; aber es können keine Zweifel sein, daß bald nach *Mutina* eine stillschweigende Übereinkunft zwischen Octavian, Antonius und Lepidus stattgefunden hat. Bald schlossen sich Plancus und Pollio an. Datiert wurde der Kontrakt erst vom 13. November[27], das war die persönliche Ratifikation. Bestanden hat er schon früher.

In Italien regierten die Cäsarianer unbedingt. Der jetzt geschlossene Triumvirat[28] ist eine Kopie des Triumvirats Caesars von Lucca. Man nennt ihn den zweiten Triumvirat. Rechtlich ist das nicht korrekt, *tresviri reipublicae constituendae* hat es in der Republik nicht gegeben; sachlich ist es richtig. Das, was [MH.I 8] damals persönliche Verabredung gewesen war, trat jetzt kraß unter legalen Formen an das Tageslicht.

Eins der ersten Gesetze, die Antonius beantragt hatte[29], war die Abschaffung der Diktatur (s. o.). Das wurde dem Wort nach eingehalten; praktisch jedoch diktierte jetzt dieser dreiköpfige Triumvirat, der gesetzlich von der Bindung an die Gesetze befreit war. Das war eine juristische Stellung, aber eine, die sich über alle Gesetze stellte. Die Beschlüsse der Triumvirn hatten gleiches Recht wie die Volksbeschlüsse. Wie das Volk kein Unrecht tun kann, so können auch die Triumvirn kein Unrecht tun. Jeder Triumvir übte für sich allein ohne Befragung der andern die volle Gewalt aus. Triumvirat und Diktatur ist dasselbe.

Zunächst wurde die Gewalt auf fünf Jahre festgestellt. Das war lang genug, um die Gegenpartei zu exterminieren, kurz genug, um den Staat umzustürzen. Es ist wichtig, das Heer zu betrachten. Die Offiziere waren politische Männer, die Soldaten zum Teil alte Veteranen. In allen damaligen Kriegen war der Soldat der Friedensengel, noch mehr im „Schwiegermutterkrieg", dem perusinischen. Denn damals spielte der Unteroffizier (*centurio*) eine ganz andre Rolle als bei unserm Heer. Diese Leute wollten die Vereinigung aller Cäsarianer, wollten den Krieg nicht. Man hatte allgemein den

---

[26] App.civ.III 95
[27] 43 v. Chr.: App.civ.IV 2. Das Tagesdatum überliefern die *Fasti Colotiani*: Inscriptiones Italiae XIII 1, S. 274. Es ist der 27. November.
[28] W. Kolbe, Der zweite Triumvirat (1914). In: Schmitthenner 1969, S. 12 ff.
[29] 1868/69 nannte Mommsen noch andere Gesetze des Antonius: *Caesars großer Plan war es gewesen, Rom von der*

Pöbelherrschaft zu befreien, was unter anderem auch die Übertragung der Gerichtsbarkeit an die höheren Stände beweist. Da diese Verordnung reaktionär aussah, so hob sie Antonius wieder auf und führte dann eine Demokratie ein mit einer Beimischung von Militarismus, worin sich sein plumpes Wesen als Politiker vortrefflich offenbart. (MK.13)

richtigen Instinkt, daß es mit der Republik doch vorbei war. Hauptsächlich war es allerdings der nackte Vorteil, der den Soldaten antrieb. Das Ziel der Soldaten war schon in der Republik die bürgerliche Stellung nach dem Dienst. Caesar hatte dies System vervollkommnet. Die neuen Machthaber haben dies noch viel mehr getan. Antonius hatte 100, Octavianus 500 Denare pro Mann versprochen.[30] Diese Verheißungen erfüllten sich aber nicht, wenn nicht der Sieg durch Vereinigung der Feldherrn errungen wurde. [MH.I 9] Und angesichts der Dinge im Osten war eine solche Einigung nötig. Inzwischen war das Heer des Decimus Brutus durch die Macht der Versprechungen teils zu Antonius, teils zu Octavian gegangen.

Das gibt den Schlüssel zu der scheinbar mutwilligen Grausamkeit der Proskriptionen.[31] Wie kam es dazu, da doch Italien fast ganz unterworfen war? Sie waren eine mutwillige Grausamkeit. Teilweise wurden allerdings diese Greuel durch das Vorbild Sullas[32] heraufbeschworen. Aber es müssen doch auch praktische Gründe gewesen sein, die die Machthaber bestimmten.[33] Es ist falsch, wenn man die Verantwortung auf Antonius allein wälzt. Allerdings hatte er damals die Oberhand unter den dreien. Man muß gleichwohl nicht einen der Triumvirn auf Kosten der andern weißwaschen wollen; in moralischer Beziehung ist dies gleichgültig; historisch ist nur die Frage der Präponderanz wichtig. Und da war die Führung entschieden bei Antonius.

Das folgt aus der Verteilung der Rollen. Die Triumvirn hatten 43 Legionen. Octavian und Antonius hatten je 20, Lepidus 3. Das zeigt, wie Lepidus Beiwerk war, sogar bei den Ehrenbezeugungen wurde er vergessen. Lepidus sollte 42 v. Chr. Konsul werden und Italien besetzen; Octavian bekam *Africa* und Sizilien, Antonius Gallien und Spanien.[34] Sizilien war in der Hand des Sextus Pompeius; auch in *Africa* gab es noch Republikaner. Dagegen waren Gallien und Spanien ganz in der Hand der Cäsarianer, und das war die Herrschaft des Antonius. Seine Länder waren vor den Feinden gesichert. Er hatte die Führung über die zwei andern Triumvirn und damit wohl auch die Leitung der Proskriptionen. Aber Octavian hat doch die Anerkennung der Parität durchgesetzt; er sollte einen selbständigen Krieg führen. Zunächst lag die Führung des Ostkrieges bei Antonius. Seine Provinz Oberitalien, die noch als Teil Galliens galt, war zunächst bedroht.

Erst jetzt kam die Größe Octavians zutage. Man hatte nach dessen Sieg eine Wiederholung der sullanischen Listen erwartet. [MH.I 10] Das war nicht geschehen, wenigstens nicht in großem Maßstab. Octavian wollte die

---

[30] App.civ.III 44; 48

[31] App.civ.IV 5 f.; Plut.Cic.46.

[32] Proskriptionen Sullas gegen die Popularen unter Marius und Cinna 81 v. Chr.: App.civ.I 95; Plut.Sulla 30ff.

[33] 1868/69 sagte Mommsen: *Aber was die Proskriptionen anbelangt, so sind diese nicht so sehr eine politische als vielmehr eine finanzielle Maßregel, da man sofort viel Geld erforderte. Auch trafen dieselben selten bedeutende Männer – es wäre denn Cicero.* (MK.26)

[34] App.civ.IV 2

neue Monarchie nicht mit Morden schänden. Sicherheit der Person und des Eigentums sah er als den Grundpfeiler monarchischer Gewalt. Antonius war nicht schlecht und grausam. Er war ein guter Kamerad, aber nicht hochherzig, ein eher gemeiner Charakter. Den Adel der Seele wie Octavian[35] besaß er nicht. Octavian stellte sich wahrscheinlich anders zu der Sache. Er wollte die Erbmonarchie, und so konnten ihm die Proskriptionen nicht willkommen sein; aber eingewilligt hat er vielleicht, weil er mußte. Im August, als Octavian sich zum Konsul wählen ließ, hatte er die Macht in Italien, während Antonius in Gallien war. Octavian verfuhr während dieser Zeit nur gegen die Caesarmörder hart. Das war die Pflicht, die er dem Vater schuldig war. Die Verhandlung gegen die Mörder verlief aber in legalen Formen. Auch Sextus Pompeius wurde in die Untersuchung mit hineingezogen. Er war der natürliche Feind der julischen Dynastie, mit ihm konnte sie nicht paktieren. Darüber hinaus geschah nichts. Cicero blieb unbehelligt, von Proskriptionen war nicht die Rede. Man ließ gehen, wer gehen wollte, und viele gingen in den Osten.

Im November, nach dem Triumvirat, wurden ohne Urteil und Recht 17 angesehene Männer, darunter Cicero, hingerichtet.[36] Es lag den Triumvirn daran, eine Schreckensherrschaft auszuüben, jede Oppositionsregung niederzuschlagen. Zunächst aber brauchte man Geld, um die Soldaten auszuzahlen, um für den neuen Krieg im Osten zu rüsten. Der Schatz war durch Auszahlung an die Bürger nach dem Testament Caesars erschöpft. Ebenso verfuhren Marcus Brutus und Cassius im Osten; Rhodos wurde von Cassius[37], Lykien von Marcus Brutus geplündert.[38] Den Triumvirn kam es namentlich auf das Vermögen der Geächteten an; es waren keine [MH.I 11] gefährlichen Leute, die umgebracht wurden; die waren im Osten. Man proskribierte angesehene Leute – oft allerdings war persönlicher Haß das Motiv –, deren Güter die Kassen füllen sollten. Allerdings blieb die Realisierung der Güter eine so schwierige Sache, daß der Zweck nur unvollkommen erreicht wurde. Man zahlte die Soldaten aus und setzte die Flotte instand. Aber man mußte den Truppen ein neues Pfandobjekt geben, der schwerste Kampf stand ja noch bevor. Den einzelnen Mann wollte man gewinnen und das im großartigen Maßstab. Dazu wurden Besteuerung und Konfiskation angewendet. Vermögen von 100000 Sesterzen wurden mit einem Jahreszins von 10 % besteuert. 18 Städte Italiens wurden ganz nach Zufall zur Aufteilung ihrer gesamten liegenden Habe an die Soldaten bestimmt. In der Auswahl dieser Städte läßt sich absolut kein Prinzip der Rache oder des politischen Interesses nachweisen. Es war eine finanzielle Politik, aber sie half.

Zunächst mußte man sich mit Sextus Pompeius auseinandersetzen. Er war

[35] Hensel: *Caesar*, aber gemeint ist so wie vor- und nachher wohl Octavian.
[36] App.civ.IV 6; 19f.; Plut.Cic.47ff.

[37] App.civ.IV 65 ff.
[38] App.civ.IV 76ff.; Plut.Brut.30ff.; Dio XLVII 33f.

der letzte Sproß des pompeianischen Hauses. Aber zum Prätendenten hatte er weder Talent noch Lust. Als man ihm die Rückgabe seines Erbguts in Aussicht stellte, zeigte er sich zufrieden. Er verließ Spanien und schiffte sich nach Italien ein. Das war während des mutinensischen Krieges. Da ließ ihn Octavian ächten, und seine Landung in Italien und eine Rückkehr nach Spanien waren gleich unmöglich. Darum ging er nach Sizilien.[39] Der nun beginnende Krieg ist die genaueste Kopie des cäsarischen Krieges gegen Pompeius. Aber dort war alles Klarheit und Plan, hier herrschte Verwirrung. Ein Einfall in Oberitalien war durch die Schuld des Marcus Brutus versäumt worden. [MH.I 12] Auch im folgenden Jahr (42 v. Chr.[40]) kam man nicht aneinander. Die Triumvirn sowohl wie die Republikaner waren mit ihren Finanzen beschäftigt. Aber wozu räumte Marcus Brutus Griechenland und ging nach Asien? Vielleicht deshalb: Die größere Truppenmacht war bei den Cäsarianern; das mußten die Republikaner durch Verlegung des Kriegsschauplatzes möglichst weit nach Osten auszugleichen suchen. Ihre beiden Feldherrn waren uneinig. Cassius wollte wahrscheinlich nach Syrien ziehen, denn bei der geringen Flotte der Cäsarianer und der weiten Entfernung wäre es unmöglich gewesen, dort mit 43 Legionen aufzutreten. Eine Offensive war ausgeschlossen, damit hätten sie dem Gegner doch zu viel vorgegeben. Was noch hätte geschehen können, war ein kühner Angriff von Sizilien auf Unteritalien. Beides war möglich, aber die Legitimisten adaptierten die Fehler beider Pläne, der Offensive und der Defensive.

Derweilen war Antonius mit acht Legionen in Griechenland gelandet.[41] Bald nachher gingen Brutus und Cassius über den Hellespont und trafen Antonius in Makedonien bei *Philippi*. Octavian hatte inzwischen versucht, sich in Sizilien festzusetzen. Er befürchtete dort eine Landung der Gegner, gab aber nach einem *échec* den Plan auf, denn er war mit der Landung in Makedonien überflüssig geworden. Es war für Octavian von der äußersten Wichtigkeit, bei dem Entscheidungsschlag zugegen zu sein. Er setzte ohne Schwierigkeit über, obschon die Gegner das Meer beherrschten.

Trotz dieser Kopflosigkeit waren die Truppen doch ziemlich gleich. [MH.I 13] An Reitern waren die Republikaner überlegen, sie besaßen 20000 gegenüber den 11000 der Cäsarianer. Die Legitimisten waren überhaupt im Vorteil. Allerdings zeigten sich die Spuren der Unzufriedenheit in ihrem Lager bei *Philippi*. Um so eifriger agierten die Emigranten, das Heer war im Ganzen sehr zuverlässig. Namentlich in den Munizipien hatte die Republik tiefe Wurzeln geschlagen. Cassius war sehr beliebt, schon durch seinen Partherkrieg. Die Republikaner hatten das Meer für sich und so sichere Zufuhren und Verpflegung. Die Cäsarianer konnten ihre ganzen Streitkräfte nicht auf den Kampfplatz bringen. Ein großer Nachschub, die martische Legion,

---

[39] App.civ.IV 84f.; Cic.Phil.XIII 12; Vell.II 73.

[40] Hensel gibt die Jahre *ab urbe con-* dita und gelegentlich *vor Christus* an. Wir verwenden das letztere.

[41] App.civ.IV 87; Dio XLVII 35 ff.

wurde im Herbst 42 unter Domitius Calvinus auf der See von den Legitimisten vertilgt.[42] Für die Verpflegung waren die Cäsarianer bei dem herannahenden Winter auf das arme Hinterland angewiesen. Eine Verzögerung der Schlacht war zum Nutzen der Republikaner. Die erste Schlacht lieferte kein Resultat.[43] Brutus siegte über Octavian, Antonius schlug Cassius. Jeder eroberte des anderen Lager. Der Tag endete durchaus nicht mit einer *déroute*. Beide Heere sammelten sich, aber ein Zufall führte den Tod des Cassius herbei. Er glaubte, sein Genosse Brutus sei ebenfalls besiegt worden und tötete sich. Das war ein schwerer Schlag. Der einzige wirkliche Feldherr bei den Republikanern war damit gefallen. Nun hätte man zuwarten müssen; die Cäsarianer konnten die Schlacht nicht erzwingen. Aber Brutus war kein Feldherr. Der Halt war mit Cassius aus dem Heer gewichen. Die Soldaten wollten an den Feind kommen, und Brutus besaß nicht die Autorität, sie zu hindern. Aus einem kleinen Anlaß entwickelte sich die Entscheidungsschlacht. Antonius siegte, er machte Octavian Luft, und der Erfolg war perfekt. Der Gegner löste sich nicht vollständig auf, er verschaffte Brutus eine Anstandspause, die er zum Tode benutzte. [MH.I 14] Der ganze Entscheidungskampf im Spätherbst 42 v. Chr hat 4 bis 6 Wochen gedauert. Damit war das Geschick Roms entschieden.[44] Nur die Flotte setzte aussichtslos den Kampf noch fort.[45]

Der eigentliche Sieger war Antonius; Octavian hatte nur teilgenommen und war zweimal geschlagen worden. Das zeigt sich auch in den Festsetzungen nach der Schlacht. Es entstand das Institut der Prätorianer in Rom.[46] Allerdings war auch schon früher um die Person des Feldherrn eine Garde gewesen (Stabswache – *cohors praetoria*). Aber das waren höchstens 500 Mann, zum Teil aus den persönlichen Freunden gebildet. Die Prätorianer hatten 10000 Mann[47] mit bevorzugter Stellung. Das entstand damals. Mit 19 Legionen waren die Cäsarianer über die Adria gegangen; daraus waren 40 Legionen geworden. Von diesen behielten sie 11, die andern wurden entlassen. Unter ihnen waren alte Soldaten, sie baten um Erlaubnis, den Dienst weiter zu führen. Das waren die ersten Prätorianer. *Gallia cisalpina* wurde als Provinz aufgelöst und Italien inkorporiert.[48]

Zuerst mußte man die Soldaten honorieren. Sie konnten jetzt ihren Wech-

[42] App.civ.IV 115f.; Plut.Brut.47,1; Dio XLVII 47,4.

[43] Plut.Brut.38ff.; Ant.22; App.civ.IV 88ff.; Suet.Aug.13.

[44] Dazu Mommsen 1868/69: *Der Sieg von Brutus und Cassius hätte wohl auch zum Absolutismus geführt, da ja Brutus sein Bildnis auf die Münzen prägen ließ. Es lag daher kein Entscheidungskampf vor für die eine oder andere Verfassung,* *sondern für die eine oder andere Person.* (MK.21)

[45] App.civ.V 2

[46] App.civ.V 3

[47] Hensel setzt dahinter „(Legion)", obschon die Prätorianer nicht als Legion formiert waren, sondern in neun Kohorten; Mommsen: Ges.Schr.VI 6ff.

[48] Dio XLVIII 12,5

sel zur Einlösung präsentieren und bekamen ihn in Gestalt von 5000 Denaren, die Centurionen das Fünffache. Die Zusage an Ländereien blieb bestehen. Man hatte die Kasse des Feindes genommen. Sie reichte nicht hin, darum mußten die Provinzen und Italien herhalten. Auch mußte man an Sextus denken. Das wurde von Octavian übernommen, während Antonius nach dem Osten ging. Wozu geschah das? Man kommt [MH.I 15] in Verlegenheit. Vielleicht war der Vorgang des großen Caesar hier für den kopierenden Feldherrn Antonius maßgebend. Aber während Caesar Pompeius verfolgen mußte, war dies nach dem Tode von Brutus und Cassius eine Torheit. Sehr unangenehm war die Einlösung der Expropriationen für die Soldaten in Italien.[49] Für die Städte bedeutete das eine große Ungerechtigkeit, und die Soldaten konnte man doch nicht vollständig befriedigen. Ferner mußte man vom Land aus das Meer besiegen. Die Kriegsführung war um so peinlicher, als Sextus durch Sperren des Meeres leicht eine Hungersnot in Italien veranlassen konnte.[50] Dem wollte Antonius, der ohne weiten Blick war, aus dem Wege gehen. Er wollte sich nicht dies *odium* aufladen und übertrug es dem Octavian, den er als seinen Unterfeldherrn ansah und der es bei der jetzigen Situation auch war.

Antonius nahm 6, Octavian 5 Legionen. Dem Antonius waren sie überflüssig, vielleicht dachte er schon an den Partherkrieg nach Analogie zu Caesar. Die Parther waren mit den Republikanern in Verbindung getreten[51], und das gab einen Grund, den Krieg zu beginnen.

Antonius band Octavian nach allen Richtungen die Hände. Im Westen blieb dem Antonius Gallien, wo eine Reihe seiner besten Truppen (Plancus usw.) stand. Octavian bekam Spanien, aber das war ein ungenügendes Gegengewicht gegen Gallien. Auch *Africa* war zwischen Octavian und Antonius geteilt. Italien erhielt auf Andringen Octavians die Alpengrenze, damit war Oberitalien militärfrei und dem Einfluß Galliens unmittelbar entzogen.[52] Die frühere Stellung Oberitaliens übernahm die *Gallia Narbonensis*, dort standen – von Rom aus gesehen – die ersten Truppen. [MH.I 16] Ob für den Osten etwas festgesetzt wurde, ist unbestimmt, aber daß Antonius mit seinen 6 Legionen dort herrschte, liegt auf der Hand. Dazu kam nun auch die Stellung im Westen, in Gallien. Sein Bruder fungierte in diesem Jahr (41 v. Chr.) als Konsul in Rom[53], und trotz des Triumvirates war das ein sehr wichtiger Posten.

Octavian erschien Anfang 41 in Italien, um die militärische Regulierung vorzunehmen und die Soldaten zu belohnen.[54] Leider fehlen allzu viele Angaben, aber die Konfiskationen fanden statt, ja wurden ausgedehnt noch auf andre Städte; auch griffen die Veteranen über in die angrenzenden Grundstücke, so in *Cremona* und *Mantua*. Das wirkte zerstörend auf den Mittel-

49 Suet.Aug.13,3; App.civ.V 12f.
50 App.civ.V 15; 18; Dio XLVIII 18,1
51 Dio XLVIII 24,4ff.
52 App.civ.V 3. Der Plan stammt von Caesar, l.c.

53 Lucius Antonius, zweiter Consul war Publius Servilius Isauricus.
54 App.civ.V 12; Suet.Aug.13,3.

stand Italiens. Aber bezeichnend ist es, daß die vier großen Dichter Horaz, Vergil, Tibull und Properz[55] von diesen Konfiskationen ganz unmittelbar betroffen wurden; das legt ein starkes Zeugnis ab. Manche Bürgerschaften ließen sich sogar belagern, als die Veteranen kamen. Die Veteranen wurden nicht befriedigt. Empfindlich war der Mangel an barem Geld, an Betriebskapital, und darin wurde Octavian von Antonius im Stich gelassen. Ohne bares Geld konnten die Veteranen ihren Grundbesitz nicht behaupten. Schwierig wurde der Krieg gegen Sextus Pompeius, der Italien die Zufuhr abschnitt und sich in Unteritalien festzusetzen suchte. Octavian bezeichnete diesen Krieg später als Sklavenkrieg[56], und unrichtig ist dies nicht. Denn in großen Massen flohen die Sklaven nach Sizilien. Freigelassene standen an der Spitze der Flotten des Sextus Pompeius[57], und das ist bezeichnend.

[MH.I 17] Dazu kamen die politischen Verwicklungen in Italien. Lucius Antonius und Fulvia, die herrschsüchtige Gattin des Antonius, führten in Italien dessen Sache.[58] Ihr, die den Schwager beherrschte, war es unerträglich, Octavian in Italien schalten zu sehen. Dazu trat aber noch ein andres Moment, die Eifersucht. Im Herbst 41 traf Antonius mit Kleopatra in Kilikien zusammen[59] und ließ sich sehr bald von ihr bestricken, auch darin Erbe Caesars. Antonius vergaß die Dinge in Italien vollständig und ging nach Ägypten, ohne durch ein Wort in Italien einzugreifen. Fulvia, von Eifersucht angestachelt, wollte ihn nun auf alle Weise aus Ägypten fortschaffen.

Soldaten und Bürger waren, wie gesagt, unzufrieden.[60] Lucius Antonius trug an, die Expropriationen aufzuheben, die Soldaten in Geld abzufinden. Sein Bruder würde sie mit den Schätzen Asiens belohnen. Das fand bei den Soldaten wenig Anklang; das war zu plump. Das Geld stand erst in weiter Aussicht; sie konnten daraufhin ihr Vermögen nicht aufgeben. Aber die Expropriierten griffen zu. Lucius ließ durch die Comitien die Beschlüsse ratifizieren und Truppen zum Schutze der Grundbesitzer ausheben. Octavian gerierte sich als Vertreter des Marcus Antonius. In *Gabii* traten Abgesandte des Heeres (Unteroffiziere) zusammen, sie prüften die Urkunden und entschieden sich für Octavian.[61]

Lucius fügte sich nicht, und es kam zum Krieg. So wurde in den ersten Bürgerkrieg ein zweiter eingeschachtelt. Octavian wurde einen Augenblick aus Rom verdrängt, dann ging es Lucius Antonius ebenso. Octavian hat Lucius in *Praeneste*, danach in *Perusia* belagert. Die Entscheidung lag bei den Feldherren des Marcus Antonius in Gallien. Fulvia drängte, aber diese Männer wußten nicht, was sie tun sollten. Nirgends machten sie Ernst.

[55] Horaz ep.II 2,50f.; Verg.ecl.1,4; 9,28; Georg. II 198; Servius, Vita Verg. ↗; Tibull I 1,19; Properz IV 1,127f.
[56] Mon.Anc.V 25; Dio XLVII 12,3.
[57] Menas/Menodoros; Menekrates,

Demochares, Apollophanes, vgl. Vell. II 73,1.
[58] App.civ.V 14
[59] App.civ.V 8; Plut.Ant.25ff.
[60] App.civ.V 14ff.
[61] App.civ.V 23

[MH.I 18] *Perusia* fiel 40 v. Chr.[62] Lucius Antonius geriet in die Hände Octavians. Es geschah ihm und Fulvia nichts, denn Octavian vertrat ja die Sache des Marcus Antonius.[63] Dafür büßten die unglücklichen Städter mit schauerlicher Schlächterei, teilweise waren allerdings die Soldaten erbittert durch den Widerstand der Städte. Dadurch war Octavians Stellung sehr verstärkt. Er hat sich einen tüchtigen Stab gebildet. Obwohl tapfer, war er ohne eigentlich strategischen Blick. Hier gelang es ihm, sich die geeigneten Männer heranzubilden, namentlich Quintus Salvidienus Rufus und Marcus Agrippa. Der erstere war vielleicht noch das größere Talent, aber seine Loyalität schien später verdächtig, und er wurde hingerichtet.[64]

Auch jetzt noch waren die Generale des Marcus Antonius in Gallien die stärkere Partei. Octavian begab sich deshalb dorthin, und hier begegnete ihm ein großer Glücksfall. Der Oberfeldherr Quintus Fufius Calenus starb, und der junge Sohn folgte ihm ohne Autorität. Es gelang Octavian, ihn zu bestimmen, ihm die Truppen zu übergeben.[65] Einige Generale weigerten sich, den Pakt anzuerkennen. Aber Gallien war für Antonius verloren, die widerstrebenden Legionen marschierten unter den treuen Antonianern Ventidius Bassus und Asinius Pollio nach *Brundisium* ab.

Marcus Antonius schien sich aufzuraffen. Er bekam zwei böse Nachrichten, erstens vom parthischen Krieg. Die Parther hatten 40 v. Chr. die Offensive ergriffen, was allerdings unerhört war. Es war dies außerdem gewissermaßen eine Erneuerung des republikanischen Krieges. Mit den Parthern erschien Quintus Labienus nebst vielen Republikanern.[66] Vorerst hatten sie großen Erfolg. Syrien und Asien waren unverteidigt; die Parther [MH.I 19] drangen rasch vor. Dazu kamen zweitens die Nachrichten aus Italien und Gallien. Zunächst schien Antonius den Krieg gegen Octavian aufnehmen zu wollen, wie sehr er auch den Seinen Unrecht gab. Aber er konnte doch seine brundisischen Truppen nicht im Stich lassen. Die Dinge lagen nicht ungünstig. Domitius Ahenobarbus stellte sich mit der republikanischen Flotte unter den Befehl des Antonius[67]; er konnte kaum anders handeln. Auch Sextus Pompeius trug dem Antonius seine Kooperation an; er wollte in *Thurii* landen. Allerdings war dies eine unangenehme Hilfe für Antonius als Caesarianer, dem Beschützer der Caesarmörder gegenüber. Es kam zu Scharmützeln. *Brundisium* wollte Antonius nicht aufnehmen.[68] Sofort aber traten auch hier durch die Stimmung der Soldaten Vermittlungen ein. Zwar ist das nicht speziell überliefert[69], liegt jedoch auf der Hand. Schließlich konnte ja Antonius das Verhalten Octavians nicht ernsthaft mißbilligen. Dazu kam der Partherkrieg; wäre es jetzt in Italien zum Krieg gekommen, so hätte Quintus Labienus Parthicus den Vorteil gehabt.

---

[62] App.civ.V 33 ff.; Suet.Aug.14 f.
[63] App.civ.V 48
[64] App.civ.V 66
[65] App.civ.V 51

[66] App.civ.V 65; Plut.Ant.33 f.; Festus brev. 18
[67] App.civ.V 55
[68] Plut.Ant.35; App.civ.V 56
[69] Doch: App.civ.V 59

Der Brundisische Frieden hat einen ganz anderen Charakter. Es war eine Verschiebung zu Gunsten Octavians eingetreten. Zwischen beiden hatte es nie wirkliche Kollegialität gegeben. Antonius war immer voll Eifersucht auf Octavian gewesen. Nun sollte eine wirkliche sittliche Basis des Verhältnisses eintreten. Namentlich war dies das Verdienst des Maecenas, dessen Name hier zum ersten Mal erscheint.[70] Maecenas war die rechte Hand Octavians, einer jener Männer, die charakteristisch für die Monarchie werden sollten. Ohne daß sein Name in den Fasten vorkommt, hatte er doch den allergrößten Einfluß. Auf Antonius' Seiten verhandelte Asinius Pollio, der berühmte Historiker.[71] [MH.I 20] Auch er war ein ehrenwerter Charakter und ein überzeugter Monarchist[72], dem Antonius ergeben, aber echt römisch gesinnt. Zwischen ihnen kam der Friede zustande.

Zunächst wurde die Abgrenzung vorgenommen.[73] Der Westen sollte zu Octavian, der Osten zu Antonius kommen. Grenze wurde das adriatische Meer. *Africa* erhielt der unbedeutende Lepidus. Die Niederwerfung der Sklaven in Sizilien sollte Octavian, die der Parther Antonius übernehmen. Zum Schutz dieser Abmachung wurde Octavia, die edle Schwester Octavians und ihm aufs engste verbündet, mit Antonius vermählt; bei Antonius war es wichtig, welche Frau Einfluß auf ihn erhalten sollte, und zum Teil gelang dies. Die Schwäger lernten sich zum ersten Mal kennen und schätzen. Der Frieden war entschieden ein Schritt zum Besseren und wurde so aufgefaßt.

Im Herbst 40 gab es eine glänzende Triumphfeier in Rom. Sie wurde in die Fasten eingetragen.[74] Das war noch nicht vorgekommen, daß Feste gefeiert wurden, weil ein Bürger sich mit einem andern versöhnt hatte, aber die Volksstimmung sanktionierte es. *Magnus ab integro saeclorum nascitur ordo*, Vergil[75] hat es im ganzen richtig vorausgesehen.[76]

Im Frühling 39 vor Christus wurde in *Misenum* mit Sextus Pompeius Friede geschlossen.[77] Scribonia, die neue Gemahlin Octavians, eine Ver-

---

[70] App.civ.V 64. Maecenas hatte bereits bei *Mutina* mitgekämpft. Das Verdienst am Frieden von Brindisi gebührt nach App.civ.V 60ff. dem Lucius Cocceius Nerva

[71] App.civ.V 64

[72] So AW.17. Pollio war tatsächlich Republikaner.

[73] App.civ.V 64f.; Plut.Ant.30f.

[74] CIL.I 1, 2. Aufl. S. 180; Mon. Anc.4; App.civ.V 66

[75] Verg.ecloga IV 5

[76] 1868/69 sagte Mommsen zum Frieden von 41 v.Chr.: *Da kam auch die Familienverbindung der beiden Monarchen zustande, indem Octavians Schwester Octavia des Antonius Gattin wurde.*

– *Virgilius spricht nun besonders von der bevorstehenden Geburt eines Kindes, womit das goldene Zeitalter nach dem eisernen beginnen sollte, und mit diesem Kinde meint er bestimmtermaßen dasjenige, welches Octavia erwartete. Die Ansicht früherer Kommentatoren, daß er von einem Kinde spreche, welches Pollio erwartete, ist gänzlich ungerechtfertigt.* – *Besonders beachtenswert ist für uns diese Mitteilung des Dichters, da sie den einzigen chronologischen Anhaltspunkt gewährt, wonach der brundisische Vertrag in den Anfang des Jahres 714 fällt.* (MK.33)

[77] Plut.Ant.32

wandte des Sextus Pompeius[78], hatte ihn vermittelt. Es war aber nur die Karikatur eines Friedens. Wie sollte mit dem Räuberheer ein Frieden gehalten werden? Man konnte dem Sextus Pompeius die ersehnte Rückkehr aus Sizilien nicht gestatten, aber 70 ½ Million Denare wurden ihm bewilligt zur Entschädigung des väterlichen Erbgutes. Er wollte als dritter in das Triumvirat aufgenommen werden unter Beseitigung des Lepidus. Urteilt man der Sache nach, wurde er vierter Triumvir. Er nannte sich *praefectus orae maritimae*[79], behielt Sardinien, Korsika und Sizilien und sollte noch Griechenland bekommen, aber ohne offizielle Stellung. [MH.I 21] Kollege wurde er dem Namen nach nicht, untergeben war er auch nicht. Das konnte nicht dauern. Allerdings drängte die öffentliche Stimmung auf Frieden hin, um die Zufuhr aus Sizilien frei zu haben. So mußte sich Octavian vorläufig fügen. Antonius gab Griechenland jedoch nicht frei. Sextus entzweite sich mit dem Freigelassenen Menas[80], der sich durch den Frieden aufgeopfert sah, und dieser lieferte Sardinien und Korsika samt den Schiffen an Octavian aus. So haben beide Triumvirn den Vertrag gebrochen. Der Frieden war eben nur ein Spektakelstück, für das liebe Publikum abgeschlossen; Sextus Pompeius hat vielleicht daran geglaubt. Er war ein roher, ungebildeter Mensch. Ihm lag eigentlich an der Politik nichts, aber jetzt griff er wieder zu den Waffen.

Im Osten sah es günstig aus. Antonius wollte sich sofort gegen die Parther wenden, aber zunächst hielt er seine Flitterwochen ab[81] und schickte Ventidius Bassus voraus. Dieser räumte sehr rasch auf, warf die Parther aus dem römischen Gebiet und beendete den Krieg vielleicht sehr gegen den Willen des Antonius.

Octavian scheiterte 38 v. Chr. bei der Landung in Sizilien, die er mit unzulänglichen Mitteln versucht hatte. Bei *Cumae* und *Messana* unterlag seine Flotte.[82] Er sah die Notwendigkeit einer Seemacht ein. Im Orient kämpfte auch dieses Jahr Ventidius Bassus allein. Er schlug die Parther nochmals, und damit war der Friede wiederhergestellt. Antonius, der in Athen weilte, rief Bassus ab, aber dieser hatte doch den Ruhm davon. Labienus, der *Imperator Parthicus*[83], war gefallen.[84]

Im Jahre 37 herrschte allgemeine Ruhe. In Italien rüstete Agrippa energisch, namentlich zur See, um gegen Sizilien aufzutreten. Die Triumvirn kamen in Tarent zusammen, sie suchten das Einverständnis zu festigen.[85] [MH.I 22] Antonius überließ Octavian Teile seiner Flotte zur Unterstützung gegen Sextus Pompeius, Octavian gab Antonius Kerntruppen zum Angriffskrieg gegen die Parther. Beide waren in bestem Einvernehmen.

---

[78] App.civ.V 53
[79] Vell. II 73,2; den vollen Titel bieten die Münzen: CRR.II 560 ff.
[80] So Dio XLVIII 45,5. *Menodoros* bei App.civ.V 78 ff.
[81] Winter 39/38 in Athen: App.civ.V 76; Plut.Ant.33

[82] App.civ.V 81 ff.
[83] Dio XLVIII 26,5
[84] Er wurde 39 in Kilikien gefangen: Dio XLVIII 40,6; Plut.Ant.33,4.
[85] App.civ.V 93 ff.

36 v. Chr. wurde der Kampf wieder aufgenommen, es war ein sehr schwerer, trotzdem auch Lepidus aufgeboten wurde. Agrippa kommandierte die Flotte. Überall, wo Octavian selbst auftrat, scheiterte er. Bei Taormina erlitt er einen ernsthaften *échec*.[86] Dennoch blieb der Sieg bei der Überzahl der Angreifer, wie dies auf die Länge nicht anders möglich war. Die Entscheidungsschlacht wurde im Herbst bei Naulochos von Agrippa geschlagen; die Flotte wurde vertilgt, so daß auch das Landheer nicht mehr standhielt, und damit war Sextus Pompeius beseitigt.[87] Das war ein ungeheurer Erfolg für Octavian. Er erschien als Retter Italiens vor der Hungersnot. Dazu kam noch ein großer Glücksfall, ähnlich dem des Todes von Calenus (s.o.). Lepidus war ebenfalls erschienen, und die Truppen des Sextus kapitulierten vor ihm. Lepidus verweigerte jedoch ihre Auslieferung an Octavian. Augenblicklich hatte er die Überzahl in Sizilien und wollte nun Front machen gegen Octavian. Aber er vermochte nichts über seine Truppen; er konnte sie nicht in den Kampf bringen; sie stellten sich unter die Befehle Octavians, der schlau darauf hingewirkt hatte durch mutiges persönliches Herangehen.[88] Man hatte nicht nötig, Lepidus zu strafen, Octavian ließ ihn einfach laufen und gönnte ihm sogar das erschlichene Oberpontifikat.[89] Damit war der ganze Westen in seiner Hand. Es war ein vollkommenes Duovirat entstanden, obwohl es nie als solches erwähnt wird.

Im Orient ging der Partherkrieg fort.[90] Antonius wollte die Offensive aufnehmen, um die Niederlage des Crassus auszuwetzen. Außerdem wirkte wieder Caesars Vorbild. Aber der Krieg verlief nicht glücklich. Dies Jahr ist der Wendepunkt des Antonius. Er kehrte zu Kleopatra zurück.[91] Es ist psychologisch total [MH.I 23] unbegreiflich. Octavia war schöner und jünger als Kleopatra[92], und scheinbar lebte er mit ihr in glücklicher Ehe. Aber bei dem ersten Zusammentreffen mit Kleopatra wurde das alte Verhältnis hergestellt. Dies zeigt doch auch, daß Antonius nicht von dem Metall eines Caesar[93] war, sondern eine im ganzen minderwertige Natur. Urteilt man über dies Verhältnis, so ist zu bedenken, daß der parthische Krieg völlig vergessen wurde. Antonius mußte suchen, möglichst bald an den Feind zu kommen. Aber statt im Frühjahr 36 ging er erst im Sommer zur Armee. Er stützte sich namentlich auf Artavasdes von Armenien; das war die Operationsbasis des Heeres. Die Vorgänge sind nicht klar; Antonius klagte ihn als Verräter an, Octavian leugnete dies und betrachtete das Verfahren gegen den Artavasdes als schmachvoll. Und wirklich scheint der Armenier nicht wesentlich schuldig. Antonius zog durch Armenien nach Medien und belagerte

---

[86] App.civ.V 109ff.

[87] Suet.Aug.16; App.civ.V 118ff. Die Schlacht wurde zwischen den Gegnern verabredet.

[88] Dio XLIX 12

[89] App.civ.V 123ff.

[90] Zum Partherkrieg des Antonius:

Dio XLIX 25ff.; Plut.Ant.37ff. H. Buchheim, Die Orientpolitik des Triumvirn M. Antonius, 1960.

[91] Plut.Ant.36f.; Dio XLIX 34

[92] Plut.Ant.57,3

[93] Ob der Vater oder der Sohn gemeint ist, bleibt unklar.

Vera (Phraata, Phraaspa); während der Belagerung wurden zwei Legionen unter Statianus vollständig niedergehauen.[94] Die Belagerung scheiterte, und Antonius mußte zurück. Es war ein höchst geschickter Marsch von 27 Tagen vor einem überlegenen Feind. Er brachte gleichwohl nur drei Viertel des Heeres wieder ins Reich, und so schloß der Feldzug mit einer Niederlage. Außerdem hatte Antonius falsche Siegesbulletins ausgesprengt, und dazu kam sein Verfahren gegen Artavasdes. Bloß durch Strapazen kamen in Armenien noch 8000 Mann um. Wäre er ein Verräter gewesen, so hätte Artavasdes leicht das Heer vernichten können; er ließ es aber ohne Widerstand abziehen. Im folgenden Jahr wurden daraus die Konsequenzen gezogen.

Es kommt nun die Frage, wie Octavian die Sache ansah. Man nimmt allgemein an, er habe sich von vornherein zum Alleinherrscher machen wollen. Jetzt trat diese Möglichkeit an ihn heran. Wir können nur aus den Tatsachen schließen, [MH.I 24] und da müssen wir annehmen, daß er mit Antonius zusammen regieren wollte. Allerdings hat Octavian allein die Erbschaft des Lepidus angetreten, und Antonius empfand dies begreiflicherweise als ein Unrecht.

Andererseits war aber Lepidus doch zu unbedeutend, um die ganze Herrschaft des Westens, die Octavian erhalten hatte, zu tangieren; auch cedierte er ja dem Antonius Ägypten als von ihm erobert, wenn auch nicht zum Reich gehörig. Überhaupt muß man sich hüten, die Monarchie als die einzig mögliche Form des Regiments anzusehen; Octavian hat selbst einmal den Plan gehabt, den Osten und Westen unter seine Enkel zu teilen, und dies ist ein natürlicher Gedanke. Das Reich war zu groß für eine Kraft.

Außerdem ließ sich Octavian in andre langwierige Unternehmungen ein. 35 v. Chr. ging er daran, die Nordgrenze Italiens sicherzustellen, und das ist höchst anerkennenswert; denn hier lag nicht sein persönliches Interesse. Er wandte sich nach Dalmatien und sicherte dort die gefährdete Landbrücke zum Osten (s. u.).

Octavia versuchte, so gut sie konnte, die Laune des Antonius zu brechen und ihn wieder mit Octavian zusammenzuführen. Sie zeigte dem Antonius an, daß sie zu ihm kommen werde, und führte ihm große Truppenmassen, 2000 schwere Reiter, zu, sicher mit Wissen des Bruders.[95] Dieser wollte wohl das alte Verhältnis wiederherstellen. Antonius schrieb Octavia, sie möchte nur in Italien bleiben. Das konnte man freilich nicht voraussehen. Zunächst beschäftigte sich Antonius mit der erneuten Aufnahme des parthischen Krieges. Sehr begreiflich. Aber erst 34 v. Chr. ging er ins Feld. Es war eine unauslöschliche Schande für ihn. Er rückte in Armenien ein, als Freund wie das vorige Mal.[96] Als sich Artavasdes einstellte, wurde er gefangen und angeklagt, ohne [MH.I 25] Erfolg allerdings. Aber man bemächtigte sich damit seines Landes. Das war der Erfolg des ganzen Krieges.

94 Dio XLIX 25
95 App.civ.V 138
96 Plut.Ant.37

Münzen[97] mit der Umschrift *Armenia devicta* zeigen die Porträts von Antonius und Kleopatra. Die Umschrift *Cleopatrae reginae regum, filiorum regum* (man konnte nicht *matri* ergänzen nach römischem Sprachgebrauch) kann man übersetzen: der Großkönigin Kleopatra und ihrer Söhne, die auch Könige sind. Antonius also ist Gemahl der Kleopatra. Ein Triumph in Alexandria[98] wurde gefeiert; das war ein empörender Vorgang. Alles römische Gepränge wurde nach Ägypten übertragen. Antonius fuhr dort zum Kapitol. Dann wurde der Osten als Großkönigtum über Ägypten und die anderen Länder an Kleopatra übertragen mit dem Caesarion als Mitregenten – widerliche Verhandlungen.[99] Caesarion war ein „echter" Sohn Caesars, also der eigentliche Rivale des Octavianus. Auch die Kinder des Antonius mit der Kleopatra wurden bedacht: Ptolemaeus Philadelphus, Kleopatra Selene und Alexander Helios. Dies bedeutete eine völlige Aufteilung des Reiches, das konnte sich Rom nicht gefallen lassen. Es war der Anfang vom Ende des Antonius. Der Senat erklärte der Kleopatra den Krieg[100], und das war in Ordnung, obwohl nur eine Form.

Jetzt wurde Antonius von Octavia förmlich geschieden, die Vermählung mit Kleopatra geschlossen, Octavia aus dem Haus des Gatten in Rom auswiesen.[101] Damit vollzog sich der Bruch zwischen den Schwägern auch in staatsrechtlicher Bedeutung. Die *tresviri* waren auf 5 Jahre bestellt (bis 38 v. Chr.). Sie hatten die Gewalt nicht niedergelegt und sich nach dem Termin in Tarent noch für 5 Jahre (bis 33 v. Chr.) verabredet. Dieser Termin war erreicht, und so trat die Frage nach der Zukunft in den Vordergrund. Aber sehr starke staatsrechtliche Bedeutung hat sie nicht. So ist auch jetzt von der Beendigung des Triumvirats die Rede, aber vom Zurücktreten der Beamten ist nichts bekannt. Antonius bezeichnete sich nicht als *triumvir iterum*, sondern nur als *triumvir* (während er sich *consul iterum* nannte). Der Triumvirat war ohne Frage der Diktatur Sullas nachgebildet, die dauert, bis es dem Diktator beliebt, abzutreten. [MH.I 26] Die zehn Jahre waren ein Pauschquantum, das man auch überschreiten konnte, aber nicht wie eine Amtsdauer, mit deren Ablauf der Beamte *ipso iure* in das Privatleben tritt. Die Überlegung konnte nur sein, ob man freiwillig von der Diktatur abdizieren solle.

Leider versagt nun der Bericht Appians.[102] Octavian hat wahrscheinlich das Ende des Einvernehmens nicht herbeiführen wollen, aber Antonius war entschlossen, es zum Bruch zu bringen und sich zum Alleinherrscher zu machen.[103] Namentlich zeigt sich dies in dem Verhältnis gegen äußere Feinde. Octavian war in schwere Kriege in Dalmatien verwickelt[104], ohne

---

97 CRR.II S. 525 Nr. 179
98 Dio XLIX 40,3 f.; Plut.Ant.50,4
99 Dio XLIX 41
100 Dio L 4,4 f.
101 Plut.Ant.57
102 Appian endet (civ.V 144) mit dem

Tode des Sextus Pompeius 35 v. Chr. in Milet und einem Ausblick auf Octavians Illyrien-Krieg.
103 Anders Syme 1939, 270 f.
104 Dio XLIX 36

sich auf einen Bürgerkrieg vorzubereiten. Er drang vor bis zur Save. Antonius stand mit den Parthern im Kampf, aber vor dem Kriegsbeginn kapitulierte er mit den Feinden. Mit Artavasdes von Medien schloß er Frieden und Bündnis und überließ ihm ein großes Stück Armeniens. Dafür mußte Artavasdes den Römern Reiter stellen.[105] Die Kriegserklärung entsprach ganz dem Naturell des Antonius. Auch hier handelte er nach dem Vorgang Caesars. Die beiden Konsuln des Jahres 32 v. Chr., Gnaeus Domitius Ahenobarbus und Gaius Sosius, waren treue Anhänger des Antonius.[106] Vor dem Senat setzten sie auseinander, Antonius wolle die Gewalt aufgeben, wenn Octavian dies zuvor ebenfalls getan habe. Sie klagten über die Beeinträchtigung des Antonius durch die Deposition des Lepidus. Es wird versichert, die Konsuln sollten die Schenkungen des Antonius vom Senat bestätigen lassen. Unmöglich ist es nicht, die Akte waren in Ägypten öffentlich vollzogen worden; aber wollte er es, so war dies höchst unklug. Dagegen mußte sich alles Nationale in Rom auflehnen. Die Konsuln wagten dies dann auch nicht. Ob sie dies überhaupt gesollt haben, ist nicht festzustellen.

[MH.I 27] Der Senat stand unter dem Einfluß Octavians. Eine Anzahl Senatoren ging jedoch mit den beiden Konsuln nach Ephesus.[107] Darin wiederholt sich die Flucht der Volkstribunen zu Caesar. Nur die Waffen konnten entscheiden. Die Initiative hat aber Antonius ergriffen, und zwar in plumpster Art.

Beide Seiten gingen in die Offensive.[108] Sie marschierten einander entgegen nach Griechenland. Antonius war der stärkere; er hatte von langer Hand gerüstet. Er beabsichtigte, sein Heer auf 30 Legionen zu bringen. Sicher hatte er über 100000 Mann auf den Beinen mit Hoffnung auf Zuzug. Octavian war bedeutend schwächer zu Lande; zur See war er indessen, wie es scheint, der stärkere. Er besaß die sizilischen und die afrikanischen Einheiten, außerdem seine eigene Flotte unter der Führung des Agrippa. Antonius hatte keinen geschickten Admiral. Das zeigt übrigens weiter, daß er den Landkrieg wollte.[109] Die Entscheidung stand lange Zeit aus. Im Frühling 32 v. Chr. fand die Kriegserklärung statt. Antonius stand in Kleinasien. Wenn er wollte, so konnte er leicht die entschiedensten Vorteile erringen und bis nach Italien vordringen. So hätte er Octavian ganz unvorbereitet treffen und schlagen können. Dennoch ging er nach Griechenland und nahm sein Hauptquartier in *Patrae*. Bald aber war eine Überfahrt unmöglich; Agrippa besetzte Korfu, und so konnte Octavian das Landheer nach Griechenland führen. Er lagerte sich Antonius gegenüber.

Aber nicht die Waffen entschieden, sondern Kleopatra. Trotz aller Vorstel-

---

[105] Dio XLIX 44,1 f.; Plut.Ant.53,6
[106] Dio L 2,2; Suet.Aug.17
[107] Dio L 2,6. Es müssen über 300 gewesen sein: Syme 1939, S. 278.

[108] Das folgende im wesentlichen nach Dio L.
[109] Hensel schreibt *Krieg*, das gibt hier keinen Sinn.

lungen begleitete sie den Antonius ins Lager. Sie folgte ihm wie ein böser Geist, beherrschte ihn vollkommen, bestimmte den Krieg. Plancus und Titius[110], Ahenobarbus und Sosius[111], die treuesten Anhänger, verließen Antonius in Verzweiflung, weil gegen Kleopatra nicht aufzukommen war. Sie soll die Schlacht bei Actium nur haben schlagen lassen, um besiegt zu werden und sich nach Ägypten zurückzuziehen. So dominierte auch in der Schlacht ihr Einfluß. Leider sind die Berichte sehr parteiisch gegen Kleopatra. [MH.I 28] Wenn man die Schlacht auf See schlug, war das ihr Einfluß gegen den Rat aller Freunde, aber ihr einen kindischen Verrat beizumessen, ist doch unzulässig. Daß sie als Ägypterin die Flotte vorzog, das ist klar. Man kann nicht zweifeln, daß sie wirklich hoffte, mit ihrer ägyptischen Flotte zu siegen. Aber wenn dies eine Torheit war, so ist der Verlauf der Schlacht noch unbegreiflicher. Octavian nahm die Schlacht auf der Stelle an, und sie wendete sich zu Agrippas Gunsten. Damit war noch nichts verloren. Antonius brauchte die Flotte nicht, er konnte mit aller Aussicht auf Erfolg an seine treuen Landsoldaten appellieren. Kleopatra wendete sich verständlicherweise zur Flucht, und unverständlicherweise folgte Antonius sofort.[112] Er ließ den Rest der Flotte und das ganze Heer zurück. Man könnte an Verzauberung glauben. So war die Schlacht verloren, ohne daß Octavian den Sieg erfochten hatte. Hier ist die Geschichte des Antonius eigentlich zu Ende.

Von einer Fortsetzung des Krieges war nicht die Rede. Die Landsoldaten warteten sieben Tage lang auf ihn und kapitulierten dann, ohne es zur Schlacht kommen zu lassen. Octavian folgte nach Ägypten. Antonius schlug die Vorhut Octavians bei Alexandria, aber das war auch das letzte. Die meisten Truppen des Antonius gingen zu Octavian über. Kleopatra suchte ihren Frieden unter Preisgabe des Antonius. Dieser tötete sich, aber ihr Plan mißlang; sie bezauberte Octavian nicht. Als sie ihre Abführung nach Rom voraussah, tötete sie sich mit ihren Dienerinnen.[113]

Man kann dem Antonius ein gewisses Bedauern nicht versagen. Als gutmütiger, treuer, tapferer Mann hat er sich unter Caesar in erster Linie politisch und militärisch ausgezeichnet. Aber er war zum Dienen, nicht zum Herrschen bestimmt. Durch sein ganzes Wesen geht ein Zug von Roheit und Gemeinheit. Er war ein schöner Mann, allerings ein Herkules, kein Apoll. Er war nur halbgebildet, prahlte mit falschen Bildungsfetzen, [MH.I 29] und mit ähnlichem Prunk gelang es Kleopatra, ihn zu fangen. Seine Reden sollen buntscheckig gewesen sein, das entspricht ganz seinem Naturell. Er mischte Cato und Sallust mit asianischer Beredsamkeit. Und damit verträgt sich auch gut sein Mangel an allem römischen Nationalstolz; kein anderer Römer

---

[110] Nach Plutarch (Ant.58) wechselten sie bereits 32 die Seiten und verrieten Octavian das Testament des Antonius.
[111] Der Seitenwechsel des Sosius ist nicht belegt. Er wurde bei Actium gefangen und begnadigt: Dio L 14,2; LI 2,4.
[112] Dio L 33
[113] Plutarch, Ant.71ff.

konnte auf dem Kapitol in Alexandria seine Triumphe feiern, kein anderer römisches Land an Fremde aufteilen.[114] Es war ein großer Glücksfall, daß der Bürgerkrieg so beendet wurde, einer jener Glücksfälle, an denen Rom zu reich war. Nur der ganz gemeine Canidius Crassus, der sich mit Kleopatra gutzustellen wußte, blieb bei Antonius.[115] Hätte Antonius gesiegt, so wäre der Sieg der Kleopatra zugefallen und Rom als Staat beseitigt gewesen.[116]

Die Reorganisation des Staates durch Augustus ist eine schwierige Frage; der Historiker hat zu schweigen, der Staatsrechtslehrer zu sprechen. Es war eine eigentümlich verfugte Sache um diese Verfassung; keine Definition paßt auf die Sache, keine Sache auf den Namen. Von chronologischer Reihenfolge ist ganz abzusehen, da bald die eine, bald die andere Aufgabe des Verfassungskörpers in Angriff genommen wurde.

Augustus ist am 23. Sept. 63 v. Chr. unter Ciceros Konsulat geboren. Er starb am 19. Aug. 14 n. Chr., 76 Jahre alt. 56 Jahre hat er die Zügel der Regierung in der Hand gehabt. Seit wenigen Monaten ist bekannt, von wann an er selbst den Anfang seiner Regierung datierte. Es ist die Übernahme des Konsulats am 19. Aug. 43 v. Chr.[117]

Diese lange Amtsführung war ein großer Glücksfall. Fassen wir seine Tätigkeit näher ins Auge, so liegt der Vergleich mit Caesar nahe. Er war

---

[114] 1868/69 sagte Mommsen: *Antonius war eine sinnliche, physisch überkräftige Natur, der somit auch ein tüchtiger Soldat war, ohne je eine politische Überzeugung zu hegen. Eine aufgeregte Jugendzeit, in den vielen Kämpfen seiner Zeit Mann geworden, hatte diesen Charakter geprägt. Diese rohe Natur war begabt, aber nicht frei gebildet und daher ein vorzüglicher praktischer Militär, insbesondere Kavallerieoffizier. – Daß er kein bedeutender Politiker werden konnte, hinderte schon der Mangel an dem edlen Nationalgefühl, bewirkte Antonius' großer Indifferentismus. Er war Caesarianer – aber nicht eine ideale demokratische Denkweise war sein Motiv, sondern seine Eitelkeit und Gier nach Macht. Besonders schmeichelte es seinem Hochmut, einen König nach orientalischer Weise vorzustellen – aber auch dies begründete nicht der Ehrgeiz, sondern es war mehr rohe Sinnlichkeit und Freude an Üppigkeit, die er mit sich brachte. Dieser außerordentliche Gefallen nun,*

den Antonius an dem Leben als orientalischer Machthaber fand, sowie sein Verhältnis zu Kleopatra erregte in ihm den Wunsch, den Sitz seines Herrschens nach Alexandrien zu verlegen. Daher sann er danach, die Reichseinheit aufzulösen, im Falle des Gelingens wäre dann dieses entscheidende politische Ereignis 300 Jahre früher erfolgt. (MK.11)

[115] Plut.Ant.63 ff.; 71

[116] In der von L. Schemann mitgeschriebenen Vorlesung Mommsens von 1872/73 heißt es: *Kleopatra (geb. 685, also 39 J. alt gestorben) ist eine unheimliche, dämonische Erscheinung. Einerseits eine Sirene, der niemand, auch der Diktator Caesar nicht, widerstehen konnte, anderseits ein Weib, das uns alle Bosheit, die die Mythologie solchen Erscheinungen beilegt, in erschreckender historischer Realität zeigt.* Wickert IV S. 344.

[117] Dessau 108. Mommsen, Ges. Schr.IV 259 ff. (von 1882).

diesem durchaus nicht gleich an Genialität, an Naturell und an Geburt.
Augustus stammte aus dem Mittelstand, aus dem munizipalen Adel von
Velitrae und war entfernt mit den vornehmen Octaviern verwandt.
Sein Vater Octavius hatte es bis zum Praetor gebracht, [MH.I 30] sonst kein
curulisches Amt bekleidet.

Augustus war der Enkel von Julia, der Schwester
des Diktators, die mit Marcus Atius Balbus verheiratet war, und Sohn von
deren Tochter Atia, die den genannten Octavius zum Manne hatte.[118] Augustus war mithin Caesars nächster männlicher Verwandter. Deshalb wurde er
von diesem auch adoptiert nach der römischen Sitte, daß der kinderlose,
vornehme Mann den nächsten männlichen Verwandten adoptiert. Daß Caesar ihn als Vollender seines Werks betrachtet hätte, dafür liegt kein Zeugnis
vor.

Augustus[119] war wie sein Großoheim ein schöner Mann[120], klein, blaß und
blond, ebenmäßig gebaut, mit glänzenden Augen, deren Einfluß zu sehen er
liebte. Im übrigen durchaus nicht imposant. Seine Gesundheit war schwach,
er litt unter Nervenleiden und Erkältung, konnte Hitze und Kälte nicht
vertragen. Er trug vier Hemden und einen dicken Rock und ging nie ohne
Hut. Er hatte durchaus etwas Bürgerliches an sich. Frauenschönheit ließ ihn
– anders als Caesar – im wesentlichen kalt[121], persönliche Eitelkeit war ihm
ganz fremd. Frugal in seinen Gewohnheiten, hielt er sowohl im Essen wie im
Trinken Maß. Sein Zeitvertreib war Angeln und Würfeln. Er liebte Kinder,
war ein guter Familienvater und trug von der Familie gewebte Kleider. Seine
Enkel unterrichtete er selbst und hatte sie stets bei sich. So war er gutmütig,
allem Wilden, Genialen sehr abgeneigt.

Wollen wir über seine Sittlichkeit sprechen, so ist das schwierig. Heraus-
gehoben mag werden, daß er von einem gewissen Aberglauben nicht frei
war. Gläubig im alten Sinne war er nicht, das war niemand zu der Zeit. Was
er zur Restauration der Kirche (*sic*) tat, war Politik. Aber der Glauben an
omina, glückliche und unglückliche Tage, war bei ihm sehr ausgeprägt,
Träume beachtete er. Wenn man die Verhältnisse der damaligen Moral bedenkt, kann man ihm nichts Bedeutendes vorwerfen. Seine Heirat mit der
Livia war eine Neigungsheirat, und ob sie gleich eine Entführung war, so
[MH.I 31] ist die Tatsache der Ehe für die damalige Zeit sehr anzuerkennen.
Seine häusliche Politik ist für ihn verhängnisvoll geworden; von ihm rührt
die Richtung der Monarchie auf das dynastische Prinzip her.

Auf dem Gebiet der Literatur hatte er Einfluß. Als feingebildeter Dilettant
kannte er die Grenzen seines Könnens; nie hat er versucht, was er nicht
leisten konnte. Er war der griechischen und lateinischen Bildung vollkommen kundig. Er vermied jedoch, griechisch zu sprechen und namentlich zu
schreiben. Er wußte, daß eine fremde Sprache doch immer eine fremde

---

[118] Suet.Aug.4,1
[119] Das folgende im wesentlichen weiter nach Sueton.

[120] So AW.28
[121] Anders Sueton Aug.62f.; 69; 71.

bleibt, und legte sich eine weise Beschränkung auf. In gleicher Absicht machte er Front in der lateinischen Sprache gegen den Archaismus des Tiberius und den Neologismus des Maecenas. Sein gesunder Sinn richtete sich auf die Mitte; sein Vorbild war Caesar, zu dessen Anmut und Grazie er allerdings nie gelangt ist. Seine Kommentarien über den dalmatischen Krieg fanden wenig Verbreitung, trotz der Person des Autors. Verse zu schreiben hat er wohl auch versucht, wie es damals Mode war, aber durchaus beiläufig. Er beschützte auch Talente, die ihm abgeneigt waren. Sein „Rechenschaftsbericht"[122], den wir noch haben, zeigt, daß er in seinem Stil vor allem auf minutiöse Deutlichkeit und Klarheit sah. Die Bedeutung des Staates erkannte er vollkommen und suchte ein neues Zeitalter der Kunst und Literatur heraufzuführen, da das Zeitalter der Politik doch vorbei war.

Das Feldherrntalent Caesars war Augustus versagt. Tapfer und fähig zu organisieren, war er gleichwohl persönlich erfolglos. Darum resignierte er früh und delegierte die wirklichen Kommandos treuen Feldherrn. Weit mehr leistete er als Staatsmann. Auch hier aber war er keine geniale Natur, sondern besaß nur die Geschicklichkeit, einen Kompromiß zwischen zwei für sich genommen [MH.I 32] unmöglichen Dingen herzustellen: zwischen caesarischer Monarchie und alter Republik. Daraus erwuchs eine dritte Unmöglichkeit, eine Republik mit monarchischer Spitze, die aber doch 300 Jahre bestanden hat. Stets betrachtete er sich als Sohn seines Vaters, als Nachfolger des Dictators. So war er bemüht, den unausführbaren großen Plan Caesars in das Menschenmögliche zu übersetzen. Caesars Staat war nur mit einem Genie an der Spitze möglich, war nur von individueller Möglichkeit; der Ausbau durch Augustus war auf Dauer berechnet und hat gedauert.[123]

[122] Die «Res gestae divi Augusti» oder das «Monumentum Ancyranum». Mommsen, Ges.Schr.IV 247 ff.

[123] Ausführlicher noch charakterisierte Mommsen Augustus in der von Ludwig Schemann mitgeschriebenen Vorlesung von 1872/73 (s. o. Einl. 2), publiziert bei Wickert IV S. 342 ff.: *Caesar Augustus eine zierliche, schöne Gestalt, wohlgebaut, nicht kräftig. Blaß, blond, mit leuchtenden Augen. Gleichgültig gegen seine äußere Erscheinung. Schwächliche Gesundheit, er galt als brustkrank. Die schweren Krankheiten gerade in der Entscheidungszeit haben ihn nicht gehemmt. Empfindlich gegen Kälte und Sonne, fürchtete sich vor einem Gewitter. Nicht ein eigentlich großer Mann. Augustus war der griechischen Bildung teilhaftig, doch nicht in dem Maße wie andere. Wenn er griechisch zu reden hatte, setzte er es sich lateinisch auf. Er liebte und pflegte die Literatur, schrieb zwei Mal seine Kommentarien. Er versuchte sich selbst in der Dichtkunst: seine Erfolge behandelte er als tragischer Dichter mit einer gewissen Ironie. In den Reden, und überhaupt im Stile des Augustus ist das Hervorragende nicht die Genialität, sondern die Korrektheit. Die Altertümlichkeiten sind ebenso streng vermieden wie die Neuerungen. (Man nehme dagegen nur den orientalischen Schwulst des Antonius.) Augustus vermied es, unvorbereitet zu reden, aus Vorsicht konzipierte er immer, was er zu sagen hatte. Er zog die briefliche Verhandlung der mündlichen vor, und selbst mit seiner Gattin Li-*

via verhandelte er in wichtigen Fragen oft brieflich.

Im gewöhnlichen Leben erscheint Augustus gutmütig und bequem. Er bedachte, daß das regierende Haus ein Vorbild für das ganze Familienleben sein müsse und hielt deswegen viel auf häusliche Sitte. Er spielte gerne, namentlich mit Kindern. Er liebte körperliche Anspannung, war leidenschaftlicher Angler. Als Wirt wie als Gast war Augustus immer gerne gesehen, gab aber selbst im Bechern kein gutes Beispiel.

Augustus bewerkstelligte eine gewisse Restauration der bestehenden Theologie, vermied es streng, den Freigeist zu protegieren; religiös war er etwas beschränkt.

Augustus war eine kluge und gute (durchaus milde und versöhnliche), nicht aber eine geniale, großartige Natur. Wir finden ihn als Politiker nicht neuernd, sondern sich an das Alte haltend. Er verzichtete auf das Recht des Selbstherrschers und lehnte sich an politische Notabilitäten an. Er hat nie ganz auf sich selbst gestanden: Ursprünglich stützte er sich auf die Caesarische Diktatur, dann auf das Bündnis mit Antonius, dann auf Agrippa, später Tiberius, ja sehr vielfach auf seine Gattin Livia. Anders der Diktator: Dieser hat die großen Gedanken, die er in sich hegte, niemandem von seiner Umgebung ausgesprochen. Trotz solcher Anlehnung verfiel Augustus niemals in ein eigentliches Vertrauenssystem, wie wir es in der späteren Kaiserzeit «urspr. geschr.: später in der Kaiserzeit, das ist das Richtige»in so entsetzlicher Weise finden. Auch verkannte er niemals die Verpflichtung, Treue zu halten. Er hat allen jenen Persönlichkeiten ein stetes Interesse bewahrt. So dem Agrippa: dieser war sein Jugendfreund, es war immer ein enges, persönliches Verhältnis. Natürlich besaß dabei Augustus ein sehr strenges monarchisches Selbstgefühl. Er ließ sich von diesen Männern, die an sich seine Freunde waren, nichts bieten, und auch

Livia wurde nur unter der Bedingung absoluter Diskretion zu seinen vertrauten Angelegenheiten zugezogen.

Vom Diktator Caesar kann man sagen: wenn irgend jemand in jener Zeit überhaupt herrschen mußte, so war er es. Von Augustus gilt dies durchaus nicht. Er war nicht etwa unter seiner Umgebung derjenige, welcher zum Herrschen am meisten berufen gewesen wäre. Gewiß war auch er der geborene Herrscher: aber wenn er nicht Neffe, später Adoptivsohn Caesars gewesen wäre, nicht seinen Namen und die daran hängende Tradition übernommen hätte, so hätte er es schwerlich zur Monarchie gebracht. Sein dynastisches Selbstgefühl war wesentlich ein erbliches.

In seiner militärischen Politik ist er ebenso vorsichtig wie in seiner staatlichen konservativ. Während Caesar an eine Vermehrung des Reiches sehr ernstlich dachte, lag dieser Gedanke dem Augustus fern. Nur die Nordgrenze erweiterte er, weil in der Tat damals Italien keine Nordgrenze hatte, aus Vorsicht. Eroberungen sind unter Augustus nur zufällig, keineswegs aber prinzipiell gemacht worden.

Man hat Augustus Grausamkeit, Zweizüngigkeit, Verstecktheit vorgeworfen. Gewiß finden wir Akte in seinem Leben, die auf solche Eigenschaften hindeuten. Aber diese finden sich bei jedem Herrscher in der Lage des Augustus. Wichtiger ist der Vorwurf einer gewissen Halbheit, die namentlich in militärischer Beziehung hervorgehoben wird. Augustus hat in der Tat in einer für den Staat gefährlichen Weise den Militäretat beschränkt. Die Varusschlacht ist die unmittelbare Folge und gerechte Strafe der schwächlichen Militärpolitik des Augustus.

Augustus hat nicht, wie sein großer Vater, die Monarchie auch formell eingeführt. Er wollte unversöhnliche Dinge zusammenfassen: die alte Republik ernstlich restaurieren und die neue Monarchie ernstlich gründen. Von Hause aus

Die Gewalt, wie er sie zunächst mit Antonius und Lepidus übernahm, war konstituierender Natur. Alle alten Institutionen waren in Frage gestellt, die Machthaber konnten alles neu aufstellen ohne weitere Bestätigung, ganz nach ihrem Willen. Der Ablauf des Triumvirates war ohne faktische Bedeutung; es endete nur, wenn der Triumvirat selbst abdizierte, wie Augustus es nach dem sizilischen Frieden wollte. Er blieb aber, und so übernahm er als letzter übriger *triumvir rei publicae constituendae* nach Antonius' Fall die konstituierende Gewalt beider Kollegen. Am 13. Jan. 27 v. Chr. gab er diese Gewalt formell an den Senat zurück.[124] Es war die alte Befugnis des Triumvir, die er dem Senat zurückgab. Äußerlich signalisierte sich das dadurch, daß die Comitien schon 28 v. Chr. wieder Beamte wählten. Drei Tage darauf, am 16. Januar, gab der Senat dem Octavian den Beinamen Augustus.[125]

b) Der Princeps

Die neue Ordnung[126] ist die *res publica restituta*, wie Augustus sie nennt, eine Republik mit monarchischer Spitze.[127] Zunächst beruht die Republik auf der Volkssouveränität, auf Volksvertretern. Die Ordnung des Principats hat eigentlich drei Väter: Caesar, Augustus und Tiberius; Augustus baute an dem Plan Caesars, Tiberius an dem Augustus' fort. Aber es ist nicht zu leugnen, daß in Augustus' [MH.I 33] Naturell eine Zaghaftigkeit lag, eine Scheu vor dem Ziehen der letzten Konsequenzen, welche Tiberius nicht kannte.

Man verstand noch immer unter den Bürgern der römischen Gemeinde (*populus Romanus*) die Männer, die sich auf dem Marsfeld in ihren Stimmabteilungen zusammenfanden. Das war eine gute Einrichtung für eine Landschaft; für einen Weltstaat wie Rom war es eine Unmöglichkeit. So waren denn auch die Comitien zur leeren Maschine geworden; wenn eine Sache an

fehlte ihm jede Initiative, schon im Beginne seiner Politik, die zuletzt immer mehr in Greisenhaftigkeit und Quietismus ausartet. Die Ruhe, das Stillstehen in den letzten Jahren des Augustus, nur durch das Gewitter der Varusschlacht unterbrochen, bereitete auf einen Weltbrand, eine entscheidende Katastrophe vor. Augustus' Werk ist nicht ohne Verwandtschaft mit der Bundesverfassung des Fürsten Metternich. Wenn er auf dem Totenbette das Publikum aufforderte, ihm Beifall zu klatschen für seine 60 Jahre lang gespielte Rolle, so hatte er darin recht: aber es war eben eine Rolle, *die er gespielt hatte. Augustus war von Hause aus Kronprinz, und als solcher hat er allerdings seine Pflicht erfüllt.*

[124] Dio LIII 3 ff.

[125] Dio LIII 16,6; Mon.Anc.34; Suet.Aug.7,2

[126] Zum Wesen des Principats: Mommsen RA.104ff.; ders., Staatsrecht II 2, 745ff.; Abriß 148ff.

[127] 1868 heißt es über Octavian: *Mit großer berechnender Klugheit bildete er das Zwitterding eines Staates, in dem die alte Republik mit einer absoluten Militärmonarchie verschmolzen war.* (MK)

die Comitien kam, war sie virtuell auch bereits erledigt (so benutzte auch
mein Kollege auf dem Gebiet der römischen Geschichtsforschung Nitzsch
das Plebiscit[128]).
Die alte Volkssouveränität äußerte sich erstens in der Gerichtsbarkeit.
Dies antiquierte sich zuerst. In den Privatprozeß hat das Volk nie eingegriffen, aber der Kriminalprozeß war formal in den Händen der Comitien.[129]
Das war längst antiquiert und durch die Quaestionen ersetzt worden. Aber
dieses Substitut hatte nicht das Recht, über Leib und Leben zu urteilen.
Nur Geldstrafen und Verbannung konnte es verfügen. Die Monarchie
führte das äußerste Strafmittel wieder ein durch doppelte Gerichtsbarkeit,
einerseits der Konsuln mit dem Senat, andererseits des Princeps.[130] Der *populus Romanus* wurde formell noch immer als Grundlage betrachtet; aber
den rechtlichen Ausdruck fand dieses im Senat und im Princeps, einer
oligarchischen und einer monarchischen Behörde anstelle jener republikanischen Instanz. Diese neuen Faktoren hatten dieselbe Freiheit wie die
Beschlüsse der Comitien; auch brauchten sie sich nicht an das Gesetz zu
binden, konnten von Strafen dispensieren und nicht vorgesehene Strafen
zuerkennen.
Die Volkssouveränität lag zweitens in der Gesetzgebung. Daran wurde
zunächst *de iure* nicht gerüttelt; *de facto* aber blieb sie doch sehr beschränkt.
[MH.I 34] Die Gesetze hatten damals nicht die Wichtigkeit, die sie heute
haben. Man kannte kein Budget, das heute als jährliches Gesetz den Mittelpunkt des Interesses abgibt; der Staat hatte keinen Revenuen von Steuern der
Bürger, sondern nur Einkünfte aus den Provinzen, welche wie Domänen
behandelt wurden, er lebte also nach Renten und war deshalb von Bewilligung durch die Gesetzgebung unabhängig. Es konnte im Senat darüber
verhandelt werden, aber erforderlich war es für den Princeps nicht, und es
geschah immer nur vereinzelt.
Ihren Hauptpunkt hatte die Gesetzgebung zur Zeit der Kaiser im Privatrecht. Entscheidungen über Vormundschaft, Erbschaft, Ehe und Freilassung
wurden noch immer durch das Volk bestätigt. Man konnte auf dem Markt
schlecht opponieren; eine Versammlung, die nur Ja oder Nein sagen konnte,
ohne Amendements, ohne Debatte, konnte nicht viel anderes tun, als die
vorbereiteten Gesetze anzunehmen. Die eigentliche Opposition war sozusagen eine Büro-Opposition, sie lag im Senat. Diese Rechte der Comitien
blieben also wohl wegen ihrer Unschädlichkeit erhalten. *Leges agrariae* wurden nicht mehr debattiert, man verhinderte solche Vorlagen, von denen der
Parteikampf emporlodern konnte. Immerhin aber war diese Anerkennung
des Prinzips eine höchst gefährliche Lücke in der Verfassung des Augustus.
Erst Tiberius beseitigte sie. Seit dem Jahre 19 n. Chr. finden wir keine Co-

---

[128] K. W. Nitzsch, Geschichte der römischen Republik, I 1884 (postum publiziert), 65.

[129] Mommsen, Strafrecht 151 ff.
[130] J. Bleicken, Senatsgericht und Kai-
sergericht, 1962

mitialgesetze mehr[131], und an ihre Stelle tritt das *senatus consultum*. So ist das römische Volk als gesetzgebender Faktor beseitigt. Die Volkssouveränität knüpfte sich an die Wahlen. Sie waren am lebendigsten geblieben, ihnen war am schwersten beizukommen. Das war das eigentliche Leben des römischen Bürgers. Es waren ja die Beamtenwahlen auch Wahlen zum Senat, schon der Quaestor hatte dort einen [MH.I 35] Sitz auf Lebenszeit. Offenbar wollte Augustus diese Wahlen beseitigen, konnte es aber nicht vollkommen. Er führte die Commendationen ein, um dem *princeps* Einfluß zu verschaffen. Es wurde festgesetzt, daß es dem *princeps* freistehen solle, Personen aufzustellen, *quorum extra ordinem ratio habebitur*.[132] Das heißt, der wahlleitende Beamte nahm nur die Stimmen an, welche für die empfohlenen Personen abgegeben wurden. Ausnahme war die Wahl der *consules*, die Rückkehr zur gesetzlichen Bindung wurde ja durch die Wahl der *consules* designiert. Die Commendation wurde äußerst sparsam angewendet, *de iure* war sie allerdings unbeschränkt.

Der erste Regierungsakt des Tiberius war, daß er die Beamten in der Senatscurie wählen und dann die Wahl auf dem Marsfeld verkündigen ließ.[133] Das war die notwendige Konsequenz dieser Entwicklung. Dadurch kam auch das Commendationsrecht in bessere Verfassung. Die Beamten wurden so teilweise vom Kaiser ernannt, teilweise vom Senat gewählt.

Nun zum Principat! Wie entsteht er? Auf welchen Rechten ist er basiert? Das ist schwierig zu beantworten.[134] Er beruht zum Teil auf Volkswahlen und muß durchaus als Magistrat aufgefaßt werden, da nie *de iure* der Gedanke der Erbfolge Platz gegriffen hat.[135] Man hat nie daran gedacht, das zu ratifizieren, was die Praxis doch schon längst etabliert hatte. Eine rechtliche Kontinuität für den Principat ist nicht vorhanden. Starb der Kaiser und hatte keinen Mitregenten, so ruhte das Amt, nach Aurelianus 5 Monate[136], nach Claudius 4 Tage.[137]

Der Principat setzt sich aus verschiedenen Institutionen zusammen, die nicht auf gleichem Rechtstitel beruhten. Zu unterscheiden sind militärische (proconsularische) und bürgerliche (tribunizische) Gewalt. Das militärische

---

[131] Im «Staatsrecht» III 346 nennt Mommsen noch Comitialgesetze von 19, 23 und 24 n.Chr.

[132] Vgl. die «Lex de imperio Vespasiani» (Dessau 244): *quibusque extra ordinem ratio habeatur*.

[133] Tac.ann.I 15

[134] Dio LIII 17f.; L. Wickert, princeps, RE.XXII 1954, 1998ff.

[135] 1868 nannte Mommsen den Kaiser den *ersten Staatsbeamten* auf dem *höchsten*

Posten in der Beamtenlaufbahn (MK.202). Mommsen, Staatsrecht II 749ff.

[136] Aur.Vict.36,1

[137] Irrtum. Claudius' Tod am Morgen des 13. Oktober 54 konnte nur wenige Stunden verheimlicht werden: Tac.ann. XII 69. Nach dem Tode von Claudius Gothicus regierte sein Bruder Quintillus weiter. Möglicherweise dachte Mommsen an die beiden Tage vor der Regierung des Claudius: Suet.11.

imperium war eine Magistratur[138], der *imperator* wurde aber nie vom Volk gewählt, sondern von den Soldaten ausgerufen. [MH.I 36] Erworben wurde das *imperium* durch spontane Übernahme des Herrschers auf Grund des Volkswillens, für dessen Formulierung jedes Organ fehlt. Wie hat Augustus das *imperium* bekommen? Er stand ja schon als Feldherr an der Spitze eines Heeres, als er Proconsul wurde. Er tat dies, weil er sich berufen glaubte, das Werk Caesars fortzuführen, und sein Recht beruhte darauf, daß ihn die Soldaten als *imperator* anerkannten. Rechtlich war also auch eine Schilderhebung[139] gegen den *imperator* zulässig; freilich ist dies nie faktisch ausgesprochen worden. Eine Berufung durch den Senat, die man bei den Alten findet, ist keine Ernennung (das konnte der Senat gar nicht), sondern eine Aufforderung, sich *imperator* zu nennen. Und bezeichnend genug geschieht die Akklamation durch das Heer, 14 Gardisten[140] riefen Otho aus.[141]

Dies ist der mystische Zug an Augustus, daß er sich als Gott hat feiern lassen.[142] Er brauchte die Glorie um seinen Stern. [MH.I 37] Deshalb steckt ein tiefer Sinn in dem *Divi Filius*. Hier liegt das Rätsel der Stellung des Augustus. Dennoch ist hervorzuheben, daß seine Position eine magistratische ist. Alles, was der Princeps ausführt, bewegt sich im Kreise republikanischer Ämter. Er steht nicht über den Gesetzen, sondern die Gesetze stehen über ihm. Stellt man das Reich des Augustus und das des Diocletian gegeneinander, so ist das erste ein *imperium legitimum* (*legibus circumscriptum*), der letztere ist *princeps legibus solutus*.[143] Es ist nichts falscher, als die Anschauungen des Corpus Iuris auf die Monarchie des Augustus und seiner Nachfolger zu übertragen. Das Corpus ist wesentlich im 3. Jahrhundert, zur Zeit Caracallas, entstanden. Wir haben aber die *lex regia* (*de imperio Vespasiani*), worin die kaiserliche Macht klargestellt ist.[144] Der Kaiser soll von den Gesetzen entbunden sein, von welchen die Kaiser von Augustus ab befreit gewesen sind (etwa von der Bestimmung, daß der Proconsul nicht in Rom bleiben kann). Es sind nur einzelne Gesetze, von denen die Kaiser entbunden waren. Von denen er nicht befreit war, denen mußte er gehorchen. Wollte er es nicht, so mußte er eine Dispensation auswirken. Das Testament des Augustus verstieß gegen das Eherecht.

---

[138] Nach Mommsens Theorie im «Staatsrecht» (I 116ff.; II 74ff.) setzt das *imperium* vielmehr eine Magistratur voraus (Diktatur, Konsulat oder Prätur) und bezeichnet deren Amtsgewalt über Leben und Tod.

[139] Metaphorisch gemeint.

[140] Plut.Otho 25 nennt *nicht mehr als 23 Soldaten*.

[141] Hensel fährt fort: *Hier ist keine Lücke!! Oscar Schwarz in Reue!!* Er läßt eine halbe Seite frei, offenbar hat er das Vorstehende nach der Mitschrift des ge-

nannten Kommilitonen nachgetragen. Ein Vergleich mit der Wickert-Nachschrift zeigt, daß bei Hensel nichts Wesentliches fehlt.

[142] Mommsen, Staatsrecht II 755ff.

[143] Diese Formel wurde von Ulpian (Dig. I 31,3) für die Kaiser des Principats aufgestellt, deren Wille Rechtskraft besaß (Dig. I 4,1). Dio (LIII 18,1) meldet das schon für Augustus.

[144] Dessau 244. MK.56: Dieses Gesetz zeigt den *Weg zur absoluten Monarchie* an.

Allerdings hat die neue Magistratur eine so weite Kompetenz, daß sie an die Allmacht streift. Die Bande der Annuität, der Kollegialität und der Spezialität, die festesten Bande der republikanischen Verfassung, waren bei Augustus durchbrochen.

Zur Annuität: Der stetige Wechsel in der Magistratur machte einen dauernden Einfluß unmöglich. Das hört nun auf. Augustus besaß das *imperium extraordinarium* zuerst nicht lebenslänglich, sondern er ließ es von 5 auf 10 Jahre prolongieren oder prolongierte es selbst. Erst Tiberius beseitigte die zeitliche Beschränkung. Das war ein großer Schritt. Denn durch den limitierten Zeitraum war die Gewalt als eine außerordentliche bezeichnet. Der Vorbehalt des Tiberius, die Herrschaft niederlegen zu können, war doch bloß Vorwand. [MH.I 38] *Imperator* war bei Augustus Teil des Eigennamens geworden, statt *Gaius Julius Caesar* nannte er sich *Imperator Caesar*[145], damit war der Titel ein lebenslänglicher geworden.

Zur Kollegialität: Sie war einer der Hauptstützpunkte der republikanischen Verfassung. Immer gab es zwei Gewalten, die kooperieren konnten, sich aber gegenseitig in Schach hielten. Das liegt auch in der Stellung eines *princeps (civium Romanorum)*. Er war der *primus inter pares*. Das bedeutet die Anerkennung der Gleichheit mit den anderen, aber zugleich die Beseitigung der Kollegialität. Eine eigentümliche Inkonsequenz ist die Einrichtung zweier Kronprinzen als *principes (iuventutis)*.[146] Das Prinzip war da, wurde aber nicht konsequent durchgeführt. Augustus stellte sich oft einen Kollegen zur Seite, früher Antonius, später den höchst gehorsamen Agrippa. Ebenso wollte er es wahrscheinlich mit seinen beiden Adoptivsöhnen machen und hat er es mit Tiberius gemacht. Tiberius fiel dies nicht ein; er behielt die formale Leitung stets in der Hand.

Zur Spezialität: Alle Kompetenzen waren in der Republik scharf abgegrenzt. Jeder, auch der untergeordnete Beamte, ist innerhalb seiner Befugnisse autonom; er kann und muß seine Mitwirkung bei Befehlen der höheren Beamten verweigern, wenn solche rechtswidrig sind. Allerdings setzt sich auch der Principat aus einer Summe einzelner Spezialitäten zusammen, aber diese Summe repräsentiert fast die Allmacht.[147] Der Kaiser personifiziert die Staatsgewalt. Dennoch hat er nicht das Recht, die heilige Stadtmauer (*pomerium*) vorzurücken. Dasselbe gilt für die Erweiterung der Grenze Italiens. Erst Kaiser Claudius erhielt das Recht.[148] Auch die censorischen Rechte liegen nicht innerhalb der Grenzen der Kaisergewalt, sondern sind ihm, so bei Domitian, übertragen.[149] Aber abgesehen von diesen Fällen hat er viele

---

[145] R. Syme, Imperator Caesar. Eine Studie zur Namengebung (1958). In: Schmitthenner 1969, S. 264ff.

[146] Dio LV 9,9; Tac.ann.I 3; Mommsen, Staatsrecht II 1141f.

[147] Dio LIII 17f.

[148] Die Erweiterung des *pomerium* setzte eine Erweiterung des Reiches voraus: Tac.ann.XII 23f.; Dessau 213; 244,15. Mommsen, Der Begriff des Pomerium, RF.II 23ff.

[149] Dessau 1998: *censor perpetuus*; Dio LXVII 4,3.

Befugnisse. Sie bestehen aus zwei Faktoren: aus dem proconsularischen Imperium und der tribunizischen Gewalt. [MH.I 39] Beide hängen nicht zusammen. Der Senat ernannte den Kaiser nicht, sonst wäre er die höhere Behörde, und das geht nicht. Durch das *imperium* wurde der Tribunat nicht erworben; das erfolgt im Wege des Volksbeschlusses. Das Gesetz beruht auf Abstimmung. Es ist ein Personalgesetz für den bereits vorhandenen Imperator; es überträgt ihm den Tribunat und einige andere Befugnisse. Das Gesetz wurde zunächst in den Comitien beschlossen, und das erhielt sich am längsten; auch als die Wahl der Beamten unter Tiberius in den Senat gelegt wurde, blieb dieser legislatorische Akt den Comitien. Diese Doppelstellung ist der Grund des augusteischen Systems, herübergenommen ist es aber von Caesar. Es ist die demokratische Mission, die das neue Volkshaupt erfüllen wollte. Auch diese Verknüpfung ist spezifisch cäsarisch.

Nun zum Imperium, technisch der proconsularen Gewalt.[150] Das höchste militärische Kommando war mehr und mehr von den Consuln auf die Proconsuln übergegangen. Es war an die Provinzen gekommen, da in Italien keine Truppen standen. Das ließ Augustus so, er schmälerte den Proconsuln ihre militärische Gewalt nicht, aber sie hatten keine Truppen mehr. Sie alle schwuren auf den Namen des *imperator*. Der Senat hatte zwar in *Africa* Legionen, sie konnten jedoch vom Kaiser abkommandiert werden. Er besaß das *imperium* auch in den proconsularischen (senatorischen) Provinzen. Die Proconsuln konnten nur über geliehene Truppen kommandieren, und das ist oft vorgekommen.

Das Amt des Proconsul blieb auf seinen Länderbezirk beschränkt. Davon war der Kaiser entbunden.[151] Selbst wenn Truppen in Italien standen, kommandierte er sie. Das stehende Heer wurde eine rechtliche Institution. Der Kaiser ernannte auch die Offiziere. Das ist der schwerwiegendste Teil seiner Befugnisse. Das Schwert regierte. Aber je mehr er dies einsah, desto mehr achtete er darauf, seine bürgerliche Stellung zu erhalten.

In der rechtlichen Begründung der zivilen Gewalt des Kaisers zeigt sich ein gewisses Schwanken zwischen Konsulat und Tribunat. Das erste hatte keinen Bestand. Bis 23 v. Chr. hat sich Augustus immer wieder zum Konsul wählen lassen. Dann gab er das Amt ab und übernahm es nur vorübergehend.[152] [MH.I 40] Es paßte schon wegen seiner Kollegialität nicht in die neue Ordnung des monarchischen Prinzips. Man kann nicht sagen, Augustus habe den Konsulat mit dem Tribunat vertauscht. Allerdings hat er mit Niederlegung des Konsulats einige Änderungen im Amt des Tribunats eingeführt, so die Jahreszählung. Das war richtig; denn wenn ein Monarch seine Jahre nicht zählt, ist er kein Monarch; früher wurde dies durch den Konsulat erreicht. Die relative Wertschätzung aber, in der Tribunat und Konsulat standen, kann man leicht daraus erkennen, daß, während Augustus noch den

---

[150] Syme, s. o.

[151] Dio LIII 32,5 f.

[152] Dio LIII 32,3 ff.

Konsul-Titel vor der *tribunicia potestas* in seinem Titel aufführte, sich dies
schon bei Tiberius änderte und die höchste Würde der Republik der *tribunicia potestas* sich beugen mußte. Und diese Änderung drückt das Wertverhältnis der beiden Befugnisse für den Principat sehr treffend aus.[153]
Die tribunizische Gewalt ist nun keine tuende, sondern eine hindernde.
Der Tribun ist, um in moderner Sprache zu reden, der offizielle Chef der
Opposition, der man diesen legalen Ausdruck gegeben hatte, um so ein
revolutionäres Vorgehen zu hindern. In diesem Sinn war das Amt nun unnütz geworden, da von einer überwiegenden Beamtengewalt keine Rede
mehr ist. Die große Bedeutung des Amtes lag für den *princeps* nicht eigentlich in dem Amt selbst, sondern in den Befugnissen, mit welchen dasselbe
ausgerüstet war. Der Tribun konnte die Gemeinde und den Senat berufen,
Gesetze machen, ein *senatus consultum* provozieren, und diese Rechte
konnte und wollte der *princeps* nicht entbehren; auch die Befugnis, im Notfall eingreifen zu können, war eine sehr wichtige Kompetenz. Das *ius intercessionis*, die überwiegende Stellung des Imperators den anderen Beamten
gegenüber kam hierin zum Ausdruck.
Allerdings erfahren wir höchst selten, *quo iure* eine Handlung des Kaisers
geschah. Es wäre dies auch unpolitisch gewesen. Der Principat sollte eben
den Außenstehenden als eine fest geschlossene Masse, nicht als ein Konglomerat von [MH.I 41] Einzelbefugnissen erscheinen. Die Menge sollte gar
nicht auf den Gedanken kommen, zu spekulieren, nach welchem Recht die
einzelne Handlung des *princeps* sich ableiten ließe. So werden auch Befugnisse mit dem Tribunat verbunden, die nie darin gewesen sind. Der Tribunat
ist eine rein städtische Behörde, aber in der *lex regia* wurde ausdrücklich
erklärt, daß Krieg und Frieden in der Hand des Kaisers sein solle[154]; und das
ist auch in der Praxis genau befolgt worden. Die auswärtige Politik geht den
Tribunen nichts an. Höchstens wurde einmal dem Senat in Angelegenheiten
der äußeren Politik referiert; sonst ist dieselbe entsprechend dem Spezialgesetz ganz in den Händen des Kaisers.
Hinsichtlich seiner Funktion in der Gerichtsbarkeit[155] ist es nicht unmöglich, daß hier eine Anlehnung an den Tribunat vorlag; darüber hinaus ging es
jedenfalls nicht; und in der Tat ist die Reform des Gerichtswesens als eine
wesentlich neue Tat aufzufassen. Die ältere Ordnung kennt nur Kassation
eines gegebenen Urteils durch den Volkstribun. Die Appellation[156], wodurch
eine höhere Instanz ein rechtskräftiges Urteil an die Stelle eines früheren

---

[153] Mommsen, Staatsrecht II 869ff.;
MK.67: Jede Monarchie suche sich
durch Gottesgnadentum und Volkswillen zu rechtfertigen. Dies habe Augustus
durch die sakrosankte *tribunicia potestas*
genial verbunden. H. Last, Über die
Tribunicia Potestas des Augustus (1951).
In: Schmitthenner 1969, S. 241ff.

[154] Dessau 244. Der betreffende Passus ist verloren, er scheint unmittelbar
vor dem erhaltenen Text gestanden zu
haben: *foedusve cum quibus volet facere
liceat.* Mommsen, Staatsrecht II 954ff.
[155] Mommsen, Staatsrecht II 958ff.
[156] Dig. XLIX 1

setzen kann, ist ihr vollständig unbekannt. Die Appellation an höhere Instanzen, an die Konsuln, den Senat und zuletzt an den Princeps, ist eine
Einrichtung des Augustus, und sie läßt sich für alle Zweige des Gerichtsverfahrens mit Ausnahme der Geschworenengerichte nachweisen. Wichtig war
das besonders für das Kriminalverfahren, das ja mit Wiedereinführung der
Todesstrafe wesentlich verschärft worden war. Die Entscheidung über Leben und Tod lag in der Hand der Konsuln, des Senats und des Kaisers. Dafür
hat man nun in den titularen Befugnissen des Princeps gar keinen Anhalt.
Und so ist dies gewiß noch bei vielen praktisch ausgeübten Kompetenzen
der Fall, auf die hier indessen nicht einzugehen ist.

[MH.I 42] Die Übertragung der Gewalt an den Kaiser in der *lex regia*
schließt nun damit, daß er tun konnte, was ihm das Wohl des Staates zu
erfordern schien. Diese diskretionäre Gewalt ist virtuell unumschränkt[157],
wie die des Sulla und der Triumvirn es war, und wir können auch einzelne
Beispiele davon anführen. So als im Jahre 27 v.Chr. sich bei der Wahl der
Beamten Bestechungen allzusehr bemerkbar machten, kassierte Augustus
einfach die Wahlen und ernannte aus eigener Machtvollkommenheit neue
Beamte.[158] Aber das war doch nur ein äußerstes, ungern und selten angewendetes Mittel. Man suchte ohne das auszukommen und griff nur dazu,
wenn die Stimme der Besseren im Volke für die außerordentliche Maßregel
war.

Allerdings aber muß man zugeben, daß die Summe der sich im *princeps*
vereinigenden legalen Gewalten nahe an Totalität grenzt. Namentlich gehört
in diese Kategorie die sich über das ganze Reich ausdehnende proconsularische Gewalt, die in der Republik im Frieden ganz unerhört gewesen wäre
und selbst durch die weitreichende Kompetenz des Pompeius gegen die
Seeräuber nicht erreicht worden ist.[159]

Charakteristisch für die kaiserliche Gewalt ist es, daß sie keinen Namen
hat.[160] Am ersten wäre noch Proconsul ein Titel gewesen, der dieser Macht
entsprochen hätte. Aber gerade diesem Titel wichen die Kaiser aus; erst
Trajan gebrauchte ihn, aber auch dies nur, wenn er im Lager und nicht in der
Stadt war.[161] Entsprechend führte ihn Lucius Verus beim Heer, nicht aber
der in der Stadt bleibende Kaiser Marcus. Als im dritten Jahrhundert das
Kaisertum sich immer [MH.I 43] mehr auf das Militär gründet, ist das
sicherste Zeichen dafür der häufiger werdende Gebrauch des Proconsul-
Titels. Auch den Titel *tribunus plebis* konnte der Kaiser nicht führen; denn

[157] Wie Mommsen dies mit dem angeblich konstitutionellen Charakter des
Principats (MH.I 32; 119; MH.II 355)
vereinbaren kann, ist unklar.

[158] Dio LIII 21,7

[159] Auch die Außenpolitik fiel in die
Kompetenz des Princeps: *Ein Satz von
außerordentlicher Wichtigkeit für eine*

*absolute Monarchie ist es, daß die Volks-
vertretung in auswärtigen Angelegenheiten durchaus kein Wort mitzureden habe
– wie heute galt dies auch vom römischen
Absolutismus.* (MK.61)

[160] L. Wickert, princeps, RE.XXII
1954, 1998ff.

[161] Mommsen, Staatsrecht II 846f.

er ist es nicht. Er hat das Höhere, nämlich die *tribunicia potestas*.[162] Die Intercession eines Kollegen in der Volksversammlung gegen ihn war unmöglich, da er die ganze Macht repräsentierte.

Formell war die kaiserliche Macht im Principat zusammengefaßt; materiell aber war das durchaus nicht der Fall. Augustus nannte sich einfach *princeps*, doch war das kein Titel.[163] Ganz bezeichnend ist es, daß dieser Begriff nicht in den offiziellen Fasten erscheint (mit Ausnahme des Tiberius) und mit der Zeit vollkommen in Vergessenheit geriet. Und das hatte auch seinen Grund. Denn wenn der Begriff irgend etwas bedeutete, so bedeutete er *princeps civium Romanorum* und mußte so in dem Grade, als das Hauptgewicht auf das Militär fiel, als eine lediglich zivile Stellung mehr und mehr in Abnahme kommen. Und so ist in dem Begriff durchaus nicht die imponierende Machtfülle zu ahnen, die der *princeps* wirklich in sich schloß. Der Begriff umfaßt viel zu wenig. Für Augustus' Gewalt gab es keine titulare Bezeichnung.

An die Stelle des Titels tritt nun der umgestaltete Eigenname[164], an die Stelle der Einheit der Macht die der Person. Der Geschlechtsname fällt fort. Augustus hieß eigentlich Gaius Julius Caesar, doch erscheint er nur noch als C. Caesar. Dasselbe tritt bei Marcus Vipsanius Agrippa hervor, der, als er Mitregent wurde, nie mehr mit seinem vollen Namen auftrat, und nur noch Marcus Agrippa genannt wurde. Er war eben *collega*, wenn auch nur *minor*. Dem Herrscher fehlt das Unterscheidende des Bürgers, der Gentilname. Neu ist der Beiname *Augustus*, den Octavian drei [MH.I 44] Tage nach der Rückgabe der Vollmacht des Triumvirats bekam.[165] Es ist eine sakrale Bezeichnung und enthält die Anerkennung der Göttlichkeit der so genannten Person. So faßte Augustus es auf. Überhaupt war seine Stellung gegenüber dem Sakralwesen eigentümlich. An sich ist die Stellung des *princeps* ja nicht sakral, aber es war eine feste Anschauung des römischen Geistes, daß *honores* und *sacerdotia* Hand in Hand gehen müßten; daß folglich die höchste zivile und sakrale Gewalt in einer Hand vereint sein müßten. Auch hier folgte Augustus dem Vorbild Caesars, welcher bereits das Pontifikat als erste Machtstufe benutzt hatte. Dies Amt konnte Augustus dem Lepidus indes nicht abnehmen; denn die Würde eines Oberpriesters wurde nur mit dem Tode frei. Erst nach dem Tode des Lepidus (12 v. Chr.) ließ sich Augustus zum *summus pontifex* machen[166], nachdem er schon früher Mitglied fast aller priesterlicher Korporationen geworden war. So war alles, was von sakralen Ehren vorhanden war, auf ihn vereinigt, und es ist ganz verfehlt zu glauben, daß der Titel *Divi filius* ihm gegen seinen Willen aufgedrängt worden oder daß die göttliche Verehrung durch das ganze Reich ohne sein Wissen und Willen geschehen wäre. Es ist durchaus nicht unmöglich, daß er jenen uns

---

[162] *Tribunus plebis* konnte nur ein Plebejer werden, die Kaiser waren von Amts wegen Patrizier: Dio LIII 17,10.

[163] „*Princeps*" ist das lateinische Wort für „*Monarch*". (MK.69)

[164] R. Syme a. O.

[165] Am 16. Jan. 27 v. Chr.: Dio LIII 16,6ff.; Suet.Aug.7,2.

[166] Dio LIV 27,2; Suet. Aug.31,1

unsinnig scheinenden Gedanken, er sei ein Gott, wirklich und im Ernst
gehabt hat. Hinzudeuten scheint darauf jener fatalistische Glauben an seinen
Stern.[167] Der Name *Augustus* ist ein Eigenname, tritt seit Tiberius aber nur bei
regierenden [MH.I 45] Herrschern auf.[168] Es ist die zweite vermehrte Auflage des *imperator* und bedeutet, daß diese sakrale Stellung mit der des
Kaisers verbunden ist und bleibt. Er wurde nie von seinem Mitregenten
geführt. Es ist ferner keine Ausnahme, daß ihn Frauen führten[169]; *Augustus*
drückt einfach „von Gottes Gnaden" aus.
Daß für die Zählung der Regentenjahre die *tribunicia potestas* diente, ist
erwähnt. Einen eigentümlichen Weg schlug man ein, vermittelst desselben
Amtes Majestätsverbrechen zu ahnden.[170] Der Regent mußte das Bedürfnis
haben, Verbrechen gegen seine Person spezifisch von denen gegen andere
Bürger zu scheiden. Aber eine solche Stellung läßt sich nicht von heute auf
morgen bilden. Da half die sakrosankte Stellung des Volkstribunen. Es war
seit 500 Jahren das schwerste Verbrechen, einen Tribun zu verletzen, und es
ist höchst wahrscheinlich, daß diese Stellung, die ja eine Analogie zu der
eximierten Stellung königlicher Personen hat, Augustus dazu führte, das
Tribuniziat[171] zu übernehmen.

Was das äußere Abzeichen[172] der Würde betrifft, so hätte hier leicht die
militärische Stellung aushelfen können. Augustus war berechtigt, die Beam-
tentracht zu tragen, aber das war nichts Unterscheidendes. So beanspruchte
er als einziger Feldherr den Feldherrnmantel, das *paludamentum*. Die anderen Kommandierenden hatten zwar militärische Befugnisse, waren aber
nicht Feldherren. Das *paludamentum* wurde allerdings nur in den Provinzen, nie im Stadtbezirk getragen. Ein anderes war es mit dem Lorbeerkranz.
Das war Triumphatorenrecht, und bei den Festen trugen ihn auch andere
Männer, die triumphiert hatten. Caesar hat sich das Recht geben lassen, ihn
[MH.I 46] stets zu tragen, und auch hierin folgte ihm Augustus. Es wurde
die unterscheidende Tracht des Kaisers und später den Privaten verboten.

Auch das Schwert trug Augustus als Feldherr, es wurde Abzeichen des
princeps, allerdings nicht in Rom. Das Kaiserbild auf den Münzen kommt
gleichfalls vom Feldherrnamt. Das war eine bedeutungsvolle Neuerung.
Schon in der späteren Republik beanspruchten Feldherren wie Brutus und
Cassius das Recht, Münzen zu prägen und mit ihrem Kopf zu versehen. Auf
Münzen des *proconsul Africae* erscheinen die Köpfe des *princeps* und des
proconsul, der ja gleichfalls *imperator* war.[173] Sie stammen aus der Zeit, wo

[167] Suet. Aug.94,12
[168] Augustus nannte sich selbst *Imperator Caesar Divi filius Augustus*: Suet.
Aug.7; Dessau 83 ff.
[169] Mommsen, Staatsrecht II 821 ff.
[170] Mommsen, Strafrecht 538 ff.
[171] So statt *Tribunat*

[172] A. Alföldi, Die monarchische Repräsentation im römischen Kaiserreiche,
1934/70
[173] Die bekanntesten Münzen dieser
Art zeigen Quinctilius Varus als *proconsul Africae*: Mommsen, Ges.Schr.IV
183 ff.; ders. Staatsrecht II 261 f.;

der Kaiser die Gleichstellung seiner Person und des Senats beachtete. Mit dem Münzrecht als solchem hat dies nichts zu tun; alle Kommunen, der Senat usw., prägten zunächst ruhig fort.[174]

c) Die Institutionen

Leider sind wir oft von der Vorstellung beherrscht, daß ein Zusammenwirken unserer konstitutionellen Kräfte dem Verhältnis von *princeps* und Senat entspricht.[175] Der Senat ist – anders als unsere Landtage – keine Vertretungs-, sondern eine Verwaltungsbehörde. Seine Stellung wurde dadurch geschwächt, daß die Verwaltung geteilt wurde. Wie setzte sich der Senat zusammen? Im allgemeinen noch so wie in der Republik. Augustus stellte das Senatsregiment zum großen Teil wieder her, in ältere Wege einlenkend. Wie Caesar den Senat behandeln wollte, ist nicht zu entscheiden; wahrscheinlich sehr *en bagatelle* hinabdrückend, indem er das Recht der Senatorenernennung selbst in Anspruch nahm. Damit drückte er das Ansehen des Senats [MH.I 47] rapide hinab. Augustus reinigte den Senat von unsauberen Elementen.[176] Zunächst mußten die ungehörigen, ökonomisch verkommenen Personen ausgeschieden werden. Das tat er vollkommen rücksichtslos in Ausübung der ihm übertragenen censorischen Gewalt. Das ging nicht ohne persönliche Gefahr.

Augustus nahm nicht das Recht in Anspruch, Senatoren zu ernennen. Der Senat ernennt nicht den Kaiser, der Kaiser nicht den Senator. Das Recht, in den Senat einzutreten, wurde durch die Quaestur erworben, beruhte also auf den Comitien. Der Eintritt war lebenslänglich und wurde dies in aller Form durch Abschaffung der Censur.[177] Man kann also hier von Volkswahl sprechen, aber die Bewerber um das Amt des Quaestors waren immer junge Adlige. *De iure* wurde gewählt, *de facto* vererbte sich das Amt des Senators. Es ist ganz ungewöhnlich, wenn ein senatorisch geborener Mann nicht in den Senat eintrat. Diese Tendenz zur Erblichkeit verstärkte Augustus, indem er den senatorischen Titel *clarissimus vir* auf dessen Frau (*clarissima femina*) und sein Kind (*clarissimus puer*) übertrug.

Die Comitien waren vollkommen bedeutungslos und wurden bald von Tiberius in den Senat verlegt [s.o.]. So wählte der Senat sich selbst. Auch hier ist also Tiberius konsequent in der Weiterführung gewesen. Absetzen konnte der Kaiser den Senator nicht, abgesehen von den genannten Ausnahmen. Für gewöhnlich nahm er das Censorenrecht nicht in Anspruch. Ein-

---

M. Grant, From Imperium to Auctoritas, 1946, S. 230 mit Tafel VII 30 f.
[174] Zur späteren Organisation s. u.
[175] Zum Senat unter den Kaisern: Mommsen, Staatsrecht II 894 ff.; 937 ff.; III 1252 ff.; ders. Abriß 270 ff.

[176] Dio LIV 13 f.; Suet. Aug. 37; Mommsen, Staatsrecht II 946
[177] Der republikanische Censor besaß das Recht, unwürdige Senatoren aus dem *album senatorium* zu streichen: Plut. Cato maior 16 ff.

fluß auf die Ernennung hatte er durch die Empfehlung (*commendatio*), aber
dieser Einfluß war in der Praxis gemildert. Daß z.B. ein alter Mann die
Quaestur bekleidete, war ganz außergewöhnlich. [MH.I 48] Der Kaiser
konnte einen alten Mann nicht in den Senat bringen, ohne ihm die früheren
Grade zu erlassen; dieses Erlassungsrecht ruht aber wiederum beim Senat.
So ist Maecenas nicht im Senat gewesen (Tac.ann.III 30).

Der Senat bildete eine wohlgefestigte Aristokratie, die damals noch in
vollem Glanz und in dem Genuß ihres kolossalen Vermögens stand. Erst
unter Claudius und Nero gehen diese alten republikanischen Familien zu
Ende. Der Senat zählte unter Augustus 600 Köpfe, gegenüber den 1000
Caesars.[178]

Die Kompetenz des Senats ist die Teilnahme am Regiment. Die sehr ungeschickte Geschäftsordnung[179] und die große Zahl der Senatoren machte aber
Verhandlungen unmöglich. Der Kaiser beriet sich mit wenigen Vertrauensmännern aus dem Senat. Eine Debatte *in pleno* war unmöglich, es gab nur
den Aufruf nach der Liste. Meist wurden dem Senat fertige Sachen vorgelegt.

Die republikanische Zentralverwaltung war so geordnet, daß im Mutterland Italien nichts davon empfunden wurde.[180] Jede Gemeinde hatte ihre
eigene Jurisdiktion, ihre Polizei, ja ihre Militärverwaltung. Eigentlich waren
all die kleinen Städte ja Staaten, denen man nur einige Rechte entzogen hatte.
In der Kaiserzeit sorgte der Princeps für die Wege. Aber der Satz blieb
bestehen, daß, wo ein höchstes Eingreifen nötig war, die höchste Instanz der
Senat ist, so bei Zwietracht zwischen Städten, bei Privilegienverteilung usw.
Wollte sich irgendwo eine Körperschaft organisieren, so bekam sie den Bescheid vom Senat.

Die Hauptsache war die Verwaltung der Provinzen. Von dort kamen die
Steuern. Italien zahlte äußerst wenig, lieferte auch wenig Rekruten. Die
Truppen standen in der Provinz. 27 v.Chr. [MH.I 49] wurden die Provinzen
zwischen Kaiser und Senat aufgeteilt.[181] Einige übernahm der Kaiser auf
Lebenszeit, die anderen der Senat. Die Statthalter der senatorischen Provinzen wurden weder vom Senat noch vom Kaiser ernannt. Vielmehr wurden
sie jedes Jahr unter den Anwärtern, den gewesenen Praetoren und Konsuln
ausgelost.

Man hat gesagt, der Kaiser habe das militärische Imperium übernommen.
Das ist nur halb wahr. Für die erste Konstituierung ist der Satz falsch, denn
da wollte Augustus auch die Militärgewalt teilen. Die Soldaten sollten kaiserlich sein, das Kommando nicht. Ursprünglich waren die senatorischen
Provinzen ebenfalls militärisch. Armeen standen an Rhein, Donau und Euphrat, in *Africa*, Ägypten und Spanien. Die Donauländer verwaltete vorerst
der Senat, ebenso *Africa* (Karthago). Dort standen kaiserliche Legionen unter dem Kommando der Prokonsuln. In Spanien war die Armee im Norden

---

178 Dio LIV 13,4
179 Mommsen, Staatsrecht III 905 ff.
180 Mommsen, Abriß 281 ff.
181 Dio LIII pass.

(*Tarraconensis*) unter dem Kaiser, *Baetica* und das spätere Lusitanien unter dem Senat (letzteres ist bestritten). Es überwiegt die Militärgewalt des Kaisers, aber der Senat war durchaus nicht leer ausgegangen. Allerdings änderten sich die Sachen. *Illyricum* kam zum Kaiser, ebenso Spanien. Unter Tiberius hatte der Senat nur in *Africa* Soldaten.

Auch noch in anderen Punkten zeigt sich die Dyarchie. Wir haben zwei Reichshauptkassen, das *aerarium populi Romani* und den *fiscus* (Geldkorb) *Caesaris*.[182] Das *aerarium* ist uralt, dahin kamen die alten Steuern, die Einkünfte der Senatsprovinzen. Daneben nun die *fisci*, das war eigentlich das Privateigentum des Kaisers; zwischen Privateigentum und Krongut wurde aber kein Unterschied gemacht. [MH.I 50] Man hat Grund anzunehmen, daß, obwohl der *princeps* einen Teil der Einnahmen an sich zog, sein Teil an den Ausgaben (Heer usw.) größer war und daß die Aussage, Augustus habe viele Millionen seines Vermögens ausgegeben, ganz richtig ist.

Beim *aerarium populi Romani* verringerten sich Einnahmen und Ausgaben. Denn Heer, Wege und Getreide (*annona*) wurden vom Kaiser bezahlt. Am Ende der Regierung des Augustus blieben dem Aerar nur Ausgaben für Spiele und Gehälter für Beamte (*salarium*). Das war sehr wenig und lieferte einen beträchtlichen Überschuß, der dann meist durch Senatsbeschluß dem Kaiser übergeben wurde. Der Kaiser konnte nicht selbst die Kasse in Anspruch nehmen. Die schreiendsten Übelstände in der Verwaltung des Aerars wurden beseitigt. Die Aufsicht wurde den Quaestoren aus der Hand genommen und einer senatorischen Kommission übertragen. Da dies noch tollere Mißbräuche ergab, wurde sie den Praetoren, reiferen Männern, übergeben.

Dazu wurde eine Veteranenkasse gegründet. Nach seiner langen Dienstzeit von 20 bis 25 Jahren hatte der Veteran die *praemia veteranorum* zu beanspruchen. Das war nicht unbillig. Dazu wurde das *aerarium militare* gegründet. Schon der Name erweist es als Teil des Staatsschatzes. Aber Augustus übergab es nicht dem Senat (*praetores aerarii*[183]), sondern übernahm sie selbst. Und dies war der Weg, den überhaupt das Aerar nehmen sollte. Immer mehr kam es unter die Gewalt des Kaisers.

Der *fiscus Caesaris* ist keine Staatskasse, sondern das Privatvermögen des Kaisers, freilich im weitesten Sinne. Die Abgaben aus den kaiserlichen Provinzen und ein Teil der nicht kaiserlichen, senatorischen flossen in diese [MH.I 51] Kasse und traten vorläufig aus dem Staatseigentum heraus. Man muß sich an die Feldherren der Republik erinnern. Alles, was Beute hieß, war Eigentum des Feldherrn, aber er mußte es zum Wohl des Staates verwenden. In welcher Weise er das tat, war ihm überlassen. Der Kaiser war oberster Feldherr der Republik. Wahrscheinlich hat man die Abtretung der Provinzen an den Kaiser als eine Übergabe des Bodens aufgefaßt. Es

---

[182] Mommsen, Staatsrecht II 997 ff.   [183] Seit Nero sind es die *praefecti aerarii*. Dessau 1001.

herrschte die privatrechtliche Anschauung, daß der *populus Romanus* all diese Provinzen wirklich besaß, und dies geht auf den Kaiser über. Uns kommt das sonderbar vor. Aber z.B. eine Hypothek kennt ja das römische Recht nicht; es kennt nur die *fiducia*. Und nach Folge einer solchen *fiducia* übernahm der Kaiser auf vorläufig 10 Jahre den Grund und Boden. Danach wurde er Eigentümer der Provinzen. In Ägypten ist dies ohnehin klar; da war der Kaiser *eo ipso* Nachfolger der Pharaonen, die ja Herren des ganzen Bodens waren.[184]

Aber nicht nur die Einnahmen waren an den Kaiser übergegangen, sondern ebenso die Ausgaben, vor allem der Sold der Truppen und später die *annona*. Beide brachten steigende Kosten. Wie die Steuereinnahmen verteilt wurden, das ist nicht klar. Es ist sicher, daß überall, auch in den Senatsprovinzen, die Steuererhebung vom Kaiser geleitet wurde. Das war eine Folge der entsetzlichen Mißbräuche der Prokonsuln.[185] An ihre Stelle traten *procuratores Augusti* (Steuererheber). Wie sich aber die weitere Verteilung regulierte, das weiß man nicht.

Ein enorm wichtiger Punkt bei der Beurteilung der römischen Kaiser ist das Münzwesen.[186] Auch hier zeigt sich die Entwicklung der Verfassung. Seit 27 v. Chr. hatten Kaiser und Senat in ganz gleicher Weise das Recht der Prägung, allerdings nur formell. Der Kaiser prägte massenhaft; der Senat münzte sparsamer. [MH.I 52] 15 v. Chr. trat eine Änderung ein. Die Kleinmünze wurde wieder eingeführt, die die Oligarchie hatte verfallen lassen. Der Denar war sehr stark vorhanden, halbe Denare sind schon viel seltener; kleineres Geld ganz selten. Auch diesen großen Übelstand reformierte Augustus. Bis zum Quadrans herab wurde nun häufig geprägt. Der Kaiser prägt Gold und Silber, das Kupfer fiel dem Senat zu.[187] Das stabilisierte die tatsächlichen Verhältnisse. Es war höchst bedeutend in formaler Beziehung, in materieller war es kaum eine Einbuße. Der Senat war verpflichtet, das nötige Kupfer zu schlagen und tat dies seitdem regelmäßig. Beim Gold und Silber sollte nicht gewonnen werden und wurde nicht gewonnen; die Prägung war keine Einnahmequelle. Die Kleinmünze wurde dagegen Scheidemünze, und dabei wurde namhaft gewonnen. Der Gewinn daran floß in das *aerarium*.

Die Kupferprägung schloß eine Gefahr in sich. Man konnte jede schuldige Summe in Gold, Silber oder Kupfer (Scheidemünze) zahlen; das war formales römisches Recht. Hätte der Kaiser die Kupferprägung in der Hand gehabt, so hätte das schädlich werden können. Die neue Regelung war, wenn auch nicht eine Stärkung des Senats, so doch eine Beschränkung des Kaisers. Und diesem Umstand ist die lange Stabilität des Kurrentes zu danken, die erst im dritten Jahrhundert durch den Bimetallismus untergraben wurde. Es ist dies ein Glanzpunkt der Regierung des Augustus.

---

[184] Strabo XVII 1,12
[185] Beispielsweise die Ausplünderung Siziliens durch Verres: Mommsen RG.III 97; 542.

[186] Mommsen, Staatsrecht II 1025 ff.
[187] K. Kraft, Senatus Consulto (1960). In: Schmitthenner 1969, S. 336 ff.

In betreff der republikanischen Beamten blieb die Sache, wie sie war. Aber der Kaiser kam ohne viele Beamte nicht aus. Eigentliche Hilfsbeamte aber, wie sie die Republik hatte, konnte der *princeps* nicht brauchen. Das lehrt das Schicksal der Quästur. Sie beschränkte den republikanischen Feldherrn. Der Quästor zahlte auf seinen Befehl, war aber [MH.I 53] nachher dem Senat verantwortlich. Jeder verfassungswidrige Befehl des Feldherrn kam so ans Tageslicht. Das blieb so in den senatorischen Provinzen, vertrug sich jedoch nicht mit dem Amt des *imperator* und wurde sofort beseitigt. Der Kaiser hatte wohl Quästoren um sich, aber sie kamen nicht mit in die Provinzen[188]; dort galt allein der Vertreter des Kaisers. Die Quästoren wurden in Rom bei der bürgerlichen Verwaltung beschäftigt; der Kaiser war nicht zur Verrechnung verpflichtet und konnte keine Unterbeamten brauchen, die einer solchen Rechenschaft unterlagen.

Die Beamten des Kaisers waren meist Offiziere. Alle Legionen standen ja unter seinem Kommando; jede Legion bekam ihre Spitze in einem *legatus legionis* anstatt der koordinierten sechs. Die Befehlshaber der Legionen regierten zugleich die Provinzen, in denen sie standen. Daneben verlangte die Steuererhebung viele Beamten. Die fühlbarste Beschränkung der kaiserlichen Gewalt lag in der Stellenbesetzung. Bei der Auswahl war der Kaiser an gewisse ständische Qualifikationen gebunden. Er durfte nur wohlgeborene Leute, nur Gentlemen, verwenden. Hierin liegt eine starke oligarchische Beimischung. Dieser Grundsatz der neuen Herrschaft bleibt bis zum Ende des Jahrhunderts, und als er fällt, fällt die Monarchie mit. Die indirekte Mitherrschaft der Senatoren- und Ritterschaft ist ein ganz wesentliches Moment. Die 600 Senatoren und 5000 Ritter bildeten eine feste Masse, aus denen Augustus sich seine höheren Beamten wählen mußte, und daran ist stets festgehalten worden.[189]

[MH.I 54] Es fällt uns schwer, uns in diese Ordnung hineinzufinden; eines Menschen Kraft kann da nicht viel leisten. Wie war die Hilfsarbeiterschaft organisiert?[190] Im allgemeinen verschwinden die Subalternen vor unserem Blick, der Chef tritt selbständig hervor. Dennoch war die Tätigkeit der Subalternbeamten viel anstrengender als heute. Sie bestanden aus Freigelassenen, ja Sklaven. So gab es keinen Finanzminister, das Amt lag in den Händen eines tadellosen Halbfreien (*a rationibus*). Damit war strammste Disziplin gegeben. Es ist durchaus nicht ausgeschlossen, daß diese Sklaven wichtige Leute waren. Oft traten sie mit großem Prunk und vielen Untersklaven auf[191], aber Bürger waren sie nicht und den Bürgern nicht verantwortlich, nur ihrem Herrn verpflichtet.

---

[188] Quinctilius Varus als Quästor des Augustus im Osten: W. John, RE.XXIV 1963, 908 f.

[189] Mommsen bezeichnete nach MK.71 f. die *künstliche Schaukelpolitik* zwischen Geburts- und Geldadel, d. h.

zwischen Senatoren und Rittern, deren Gegensatz zur Revolution geführt habe, als Grundlage der römischen Monarchie.

[190] Mommsen, Abriß 204 ff.

[191] Mommsen denkt wohl an Musicus Scurranus: Dessau 1514; s. u. MH.II 180.

Das hätte nun eigentlich zur absolutesten Monarchie, ja zum Dominat führen müssen. Daß das nicht geschah, lag an den Militärverhältnissen. Die Offiziersstellen blieben für *cives Romani*, ja Ritter und Senatoren reserviert, *servi* und *liberti* waren streng ausgeschlossen. Das Heer behielt somit vorerst seinen exklusiven aristokratischen Charakter. Auch dies war unter Caesar anders, seine ägyptischen Legionen standen unter Freigelassenen.

Es wurde der Satz aufgestellt, daß der *legatus legionis* den Senatorenrang erfordert (ein nichtsenatorischer heißt *pro legato*), und erst recht galt das für die Kommandos über ihm, für Statthalter der Provinzen, wo Militär stand, wie Gallien. Das wurde auch bei Teilungen der Provinzen beibehalten. Die höchsten Kommandos der Provinzen wurden an die höchste Rangklasse des Senates (Consulare) geknüpft, das Regimentskommando an die vorherige Bekleidung der Prätur. Das war eine sehr wesentliche Beschränkung, man [MH.I 55] hatte damit nur die Auswahl unter wenigen Männern. Es ist bemerkenswert, daß späterhin die Zeit des Konsulats auf ein halbes Jahr verkürzt und damit die Auswahl von zwei auf vier Kandidaten verdoppelt wurde.[192] Augustus hatte nur 50 bis 60 Personen konsularischen Ranges zur Verfügung. Dagegen ließ er statt der 40 Prätoren Caesars alljährlich nur 20 wählen. Auch dies ist nicht bedeutungslos für die wachsende Geltung des Senats.

Aber der Senat wurde auch mit Mißtrauen behandelt. Einzelne Stellungen blieben Senatoren versagt. Namentlich gilt dies für alle Militärstellungen in Italien und Ägypten. Ägypten war Domäne des Kaisers. Kein Senator betrat es ohne seine Erlaubnis. Das zeigt die Anklage des Germanicus.[193] Ähnlich in Italien und den Alpenprovinzen; hier führte kein Senator den Offiziersdegen.

Während früher die Rekrutierung von Nichtrömern außergewöhnlich war, wurden die Völker jetzt sehr zum Dienst in den Kohorten herangezogen. Aber sie wurden nicht von Senatoren kommandiert. Die Stellung der *tribuni militum* in den Legionen wurde meist an Ritter, seltener an Senatoren vergeben.

Die übrigen Verwaltungspositionen wurden nicht mit einfachen Bürgern, sondern mit Angehörigen des Ritterstandes besetzt.[194] Ein *eques Romanus equo publico* mußte 400000[195] Sesterzen, d.h. 100000 Denare besitzen. Darüber hinaus verlangte man gute Geburt. Freigelassene konnten kein Ritteramt bekleiden, ebensowenig Senatoren, und das wurde jetzt sehr stramm durchgeführt. Der Senatorensohn schied aus dem Ritterverband aus und wurde *clarissimus puer*, benötigte aber die kaiserliche Ernennung und dafür wiederum die erwähnten Qualifikationen. Der Ritterstand bildete eine

---

[192] Mommsen, Staatsrecht II 82 ff.
[193] Tac.ann.II 59,2; Suet.Tib.52,2; Dio LIII 13
[194] Dio LIII 15,2 ff.; Mommsen, Staatsrecht III 552 ff.

[195] Suet.Caes.33; Tib.59; Mommsen, Staatsrecht III 499 f. Hensel schreibt irrig: *400000 Denare, ca. 100000 Goldmark.*

zweite Aristokratie, der senatorischen [MH.I 56] entgegengestellt. Die Zahl der *equites* betrug etwa 5000 bis 6000, das Zehnfache der Senatoren. Die Zahlen sind gleitend; von Beschränkung ist nicht die Rede, der Kaiser kann kreieren, so viel er will. Diese Kategorie stellt das Gros der Oberoffiziere. Der *eques* kann nicht Gemeiner werden, sonst muß er den *equus* abgeben. Daran hält Augustus streng fest. Auch das Garde- und Flottenkommando lag in der Hand der *equites*. Die Offiziere beaufsichtigten vielfach die Steuererhebung der ritterlichen Prokuratoren, bei diesem Geschäft war oft militärische Hilfe nötig. Wenn der Statthalter krank war, vertrat ihn der Prokurator; das setzt militärische Befugnisse voraus. Später war der *praefectus annonae* auch *eques*.

Die Amtstätigkeit des Statthalters sollte eigentlich keine finanziellen Aufgaben einschließen. Das stellte Augustus durch scharfe Kontrolle wieder her. Eine so tolle Plünderung der Provinzen wie unter der Republik wurde nicht mehr gelitten. Die Justiz wurde in dieser Beziehung sehr strenge. Durch Ausrüstungsgelder wurde dafür gesorgt, daß niemand Schaden durch das Amt litt. Die Beamten senatorischen Ranges blieben nur ein Jahr im Amt und konnten sich nicht gerade bereichern. Die *equites* wurden allerdings sehr hoch salariert und blieben oft jahrelang in ihrer Stellung. Sie konnten reich werden, wurden reich und bildeten eine Vorschule für den Senat, in den die Hochkommenden eintraten. Das Mitregiment der einzelnen Senatoren und *equites* ist vielleicht wichtiger als die formale Mitregierung des Senats im Ganzen.

Im Heer[196] wurde auf das Nationale gesehen. Vom Dienst in den Legionen blieben Ausländer streng ausgeschlossen, denn das römische Bürgerrecht war Vorbedingung dafür. Wehrdienst war allgemeine Untertanenpflicht.[197] Die Truppen aus römischen Bürgern – es handelt sich um Legionen zu 5–6000 Mann – besaßen entschieden den Vorrang; die Einheiten aus [MH.I 57] Nichtbürgern, höchstens 1000 Mann stark, rangierten tiefer.

Eine eigentliche Abrüstung des Heeres, eine Zurückführung des Normalzustandes, war schon in der Republik ganz aufgegeben worden. Allein der Krieg in Spanien machte das unmöglich. Was Augustus einführte, war nicht das stehende Heer, sondern der stehende Dienst. Es hat wahrscheinlich vor ihm keine eigentlichen Berufssoldaten gegeben. Man hatte zwar bedeutende Heere, aber nie dauernden Dienst. Eine Verpflichtung dazu war nicht vorhanden. In den Bürgerkriegen wurde rasch und schnell ausgehoben, die Armeen waren wie aus dem Boden gestampft da. Das verschwand in der Kaiserzeit. Man war in der peinlichsten Verlegenheit, wenn man zusätzlich Truppen brauchte. Man versetzte dann lieber Legionen von einem Land in das andere, durch Konskription konnte man die Sache nicht mehr schaffen.

[196] J. Kromayer + G. Veith, Heerwesen und Kriegführung der Griechen und Römer, 1928, 470 ff.

[197] Mommsen, Staatsrecht III 240 ff.

In der Militärverwaltung sind zwei Perioden zu unterscheiden, die nach 27 v. Chr. und die nach 6 n. Chr. Die ersten Einrichtungen standen unter dem Druck des Bürgerkrieges und dem Bedürfnis nach Ruhe. Daraus entstand ein bleibender Fehler in der Militärorganisation. Durch die zwanzigjährige Dienstzeit[198] wurde allerdings die große Masse des Volkes entlastet; aber man verlor dadurch die Reserve gedienter, aber noch waffenfähiger Reservisten. Man hatte ein gutes Heer von Berufssoldaten, aber dahinter nichts. Dann wurde der Satz aufgegeben, daß nur der Bürger dienen könne.[199] Was früher den Italikern bewilligt war, konnten jetzt alle Reichsangehörigen [MH.I 58] beanspruchen. So wurden jetzt jene *cohortes* und *alae* (zu etwa 500 Mann) als *auxiliaria legionum* eingerichtet. Sie wurden den Legionen attachiert, diese bestanden aus Bürgern. Auch der Dienst wurde intensiviert. Das lag schon in der langen Dienstzeit; um so mehr wurde der Eintritt für den Ungeübten erschwert. Auch die gänzlich verfallene Reiterei wurde reformiert. Augustus betrachtete die Legion wieder als gemischtes Corps. Trotz der geringen Anzahl der Reiter (120 pro Legion) war das doch ein Fortschritt gegenüber den numidischen und germanischen Reitersöldnern der letzten Republik. Hier traten helfend die *alae* der *auxiliaria* ein. Genau kennen wir das Verhältnis von Bürgern und Nichtbürgern nicht. 27 v. Chr. stellte Augustus die Zahl der Legionen auf 18 fest. Da die Truppen nie vollzählig waren, waren es zusammen ungefähr 100000 Mann. Die Zahl der Auxiliaren ist nicht bestimmt, man setzt sie aber ziemlich gleich mit den Legionen an, eher noch etwas niedriger, damit der nichtbürgerliche Teil nicht überwog. Diese Zahl von 200000 Mann reichte für das weite Reich mit seinen unruhigen Nachbarn und unterworfenen Völkern, namentlich in Spanien, durchaus nicht hin. Das zeigte sich im germanischen Kriege. 6 n. Chr. wurden sofort 8 Legionen neu errichtet, und bei diesen 25 Legionen[200] blieb es bis Diocletian mit merkwürdiger Stabilität.[201] Wahrscheinlich hat Augustus den Schreck des dalmatischen Aufstandes in jener erregten Senatssitzung geschickt benutzt, um die Heeresorganisation zu beschleunigen. Es bleibt sonderbar, daß ein Staat wie der römische ein höheres Militärbudget nicht ertragen konnte. Zum Teil erklärt es sich dadurch, daß ja der römische Bürger nicht besteuert wurde. [MH.I 59] Aber es bleibt dabei, daß es im wesentlichen finanzielle Bedenken waren, die die Heeresorganisation verhindert haben.

Im allgemeinen adaptierte Augustus die *ordre de bataille* Caesars. Sie beruht auf dem Schutz der Grenzen und gefährlicher Punkte des Binnenlandes durch dauernde Garnisonen. Das Heer ist eine Summe von Festungsgarnisonen; das war ein schreiender Fehler. Zur Verteidigung der einen Grenze mußte man sogleich die andere Seite entblößen. Es waren eben politische

---

[198] Dio LVII 6,5
[199] Mommsen, Ges.Schr.VI 20 ff.
[200] Die Liste: Tac.ann.IV 5.

[201] Nicht ganz, sowohl die Flavier als auch die Kaiser des 2. Jahrhunderts stellten neue Legionen auf, siehe MH.II 8 f.

Rücksichten, die das geboten. Caesar hatte diesen Fehler dadurch vermieden, daß er eine Feldarmee versammelte, zunächst zum parthischen Krieg. Daß dann das Heer entlassen werden sollte, ist möglich, aber durchaus nicht wahrscheinlich. Augustus stützte die Verteidigung auf Euphrat, Donau und Rhein oder Elbe.

Eine große Lücke klaffte zwischen Syrien und der Donau. Kleinasien war nicht geschützt. Auch hier scheint übertriebene Ökonomie im Spiel gewesen zu sein. Caesar hatte eine bithynisch-pontische Armee aufgestellt. Augustus schaffte sie ab und suchte in den Klientelstaaten ein Surrogat. Dann stand in Syrien das nötige Militär, es war absolut nicht zu entbehren. Zwei größere Quartiere gab es, im Norden und Westen von Spanien. 27 v. Chr. begann der asturisch-cantabrische Krieg.[202] Daher wurde die Senatsprovinz gut ausgestattet; vielleicht zu viel.

Die Provinz *Africa* mußte gegen die wilden Völker geschützt werden. Ebenso war Alexandrien stets durch eine große Garnison im Zaum zu halten.[203] Auch war es dem Kaiser wichtig, hier eine Art Hausarmee mit nichtsenatorischem Kommando zu halten. Die Verteilung wechselte, aber im allgemeinen hatte die Rheinarmee acht Legionen, die an der Donau sechs, die am Euphrat vier.[204] Die Armeen [MH.I 60] rivalisierten, so im Vierkaiserjahr 68/69 n. Chr. Das war ein Kampf der Armeen untereinander um den Principat.

In Italien begegnen zwei Unterschiede zwischen Caesar und Augustus. Caesar hatte aus politischen Rücksichten ein Militärkommando in Cisalpinien (Norditalien) gelassen, allerdings nur eine Legion, die aber zugleich die Nordgrenze deckte. Dieser Legionskommandant war Herr von Italien. Das beseitigte Augustus vollkommen. Wie kann man aber nun die Grenze schützen? Zuerst wagte man sich in die Alpen hinein und demütigte die Völker auf beiden Abhängen. Das war der raetisch-vindelicische Krieg (15 v. Chr.).[205] Bayern, Tirol und die Ostschweiz wurden fest in die Hand genommen. Bis auf einzelne, nicht[206] leicht zu beherrschende Alpentäler kehrte dort Ruhe ein, das ist ein großes Verdienst des Augustus. Norditalien war gesichert.

Ein großes Legionskommando in Bayern zu organisieren, war politisch nicht tunlich. Der Procurator von Rätien erhielt nur Auxiliartruppen, die nicht ein solches Gewicht besaßen wie die Legionen. *Noricum* war vermutlich zunächst als Klientelstaat eingerichtet. Seine Könige hatten nicht einmal Auxiliartruppen, sondern nur im Lande aufgebotene Soldaten, waren also ungefährlich. Wallis, das für Italien bedrohlich werden konnte, wurde unter Tirol (Rätien) gestellt. In den cottischen Alpen mit der Hauptstadt *Susa* regierte ein kleiner König auf einer Stufe mit den Prätoren. Savoyen kam zur

---

[202] Dio LIII 25
[203] Tac.ann.IV 5 nennt je zwei Legionen.
[204] Dazu drei in Spanien, das ergibt 25: Tac.ann.IV 5.
[205] Dio LIV 22; Horaz c.IV 4; 14
[206] fehlt bei MH

Gallia Narbonensis. Es gab hier kein großes Kommando. Das größere Kommando begann einerseits am Bodensee, gegen die Germanen, andererseits an der Drau, gegen die Illyrer gerichtet.

Nun zu Italien selbst! Caesar hatte hier ohne Truppen den Militärherrscher gespielt und hat diese Torheit mit dem Leben bezahlt. Das sollte [MH.I 61] nicht noch einmal geschehen. Legionen nach Rom zu holen, war untunlich. Aber die Garde²⁰⁷ wurde hinverlegt, das Hauptquartier war das *praetorium (qui in praetorio militant)*. Diese Garde war nach der Schlacht bei Philippi (42 v.Chr.) eingerichtet worden. Früher hatten die 500 Mann Garde gar nichts zu bedeuten; jetzt waren sie eine Macht.²⁰⁸ Augustus schuf neun doppelt starke Kohorten (9000 Mann ohne *auxilia*; das war natürlich), also gut eine Legion.²⁰⁹ Die Garde wurde nicht als geschlossene Einheit aufgefaßt, sie stand unter zwei vollkommen koordinierten *praefecti praetorio*. Man wollte den straffen Korpsgeist nicht aufkommen lassen. Das ist auch ein Gegensatz gegen Caesar. Die frühere philippensische Garde bestand aus altgedienten Leuten. Das gab Augustus auf. Er nahm junge freiwillig geworbene Leute aus den alten latinischen Landstrichen. Das machte sie der latinischen Bevölkerung genehm.

Es ergibt sich daraus, daß die Prätorianer der Sache nach die Garnison Roms waren. *De iure* waren sie das Hauptquartier des Kaisers und konnten, wenn er nach auswärts ging, ihn begleiten. Faktisch geschah das nicht. Bei seinen vielen Reisen hat Augustus sich nicht mit dem ganzen Train belastet. Erst Domitian und die späteren Kaiser nahmen die Prätorianer mit ins Feld. Augustus zog nur 1000 Mann in den stadtrömischen Dienst. Die anderen lagen nicht in, sondern um Rom. Erst unter Tiberius wurden sie in die *castra praetoria* eingewiesen, in der Hauptstadt embastilliert.²¹⁰ Augustus hat auch hier nur den Anfang des Notwendigen gemacht. Die 10., 11. und 12. Kohorte wurden als *cohortes urbanae* bezeichnet, und damit waren die Prätorianer *de facto* auf 12000 Mann gebracht. Diese blieben auch im Kriege stets in der Stadt.

[MH.I 62] Neben den Prätorianern stand in Rom die Löschmannschaft (*vigiles*). Sie wurde in späterer Zeit von Augustus eingerichtet. Das Löschwesen war bös verfallen. Anderswo gab es freiwillige Feuerwehren mit militärischer Bedeutung (*collegia fabrum sive centonariorum*). In der Hauptstadt schienen solche munizipalen Freiheiten unmöglich. Augustus suchte Magistrate mit der Leitung zu betreuen, das hat versagt. Selbst eine energisch geführte Feuerwehr unter jährlich wechselndem Kommando von zwei Kommandanten konnte nichts leisten. 6 n.Chr. richtete Augustus ein Löschkorps von 8000 Mann (7 Kohorten) ein.²¹¹ Sie wurden in 7 Lagern auf die 14

---

²⁰⁷ Mommsen, Ges.Schr.VI 1 ff.

²⁰⁸ Mommsen 1866 (AG.2): *Garden sind notwendige Werkzeuge des Absolutismus.*

²⁰⁹ unter Einschluß der Hilfstruppen

²¹⁰ Tac.ann.IV 2; Suet.Tib.37

²¹¹ Mommsen, Staatsrecht II 1055

Regionen verteilt und unterstanden dem *praefectus vigilum*; er stammte, ebenso wie die Hauptleute, aus dem Ritterstand. Das war nicht lediglich eine administrative Maßregel. Dagegen spricht die Zahl der Männer und das Jahr der Aufstellung, denn gleichzeitig erfolgte die Armeeorganisation. Die hauptstädtische Besatzung war damit verdoppelt. Der Löschdienst blieb immer etwas untergeordnet gegenüber dem Soldatendienst; daher konnte man *vigiles* nur aus niederen Schichten rekrutieren. Es waren Freigelassene und niedere Bürger, aber nie Sklaven.

Als der Chef der *cohortes urbanae* erscheint nicht ein Stadtkommandant, sondern der Kaiser; als sein Organ griff Augustus auf die ältere Einrichtung der *praefectura urbis* zurück. Sie soll schon unter Romulus bestanden haben.[212] Wenn der Kaiser als höchster Magistrat abwesend war, wurde ein Stadtpräfekt ernannt. Stabil wurde das Amt erst unter Tiberius. Die lange Abwesenheit des Kaisers leitete das ein.

[MH.I 63] Eine der segensreichsten Wirkungen des Augustus war die Gründung einer Flotte. Seit dem pyrrhischen Kriege hatte es eine solche nicht mehr gegeben.[213] Darin lag ein großer Gegensatz gegen die Oligarchie. Ein Feind zur See war nicht zu fürchten, aber man benötigte eine Seepolizei. Daher genügten kleine Galeeren. In allen erforderlichen Provinzen entstanden Spezialflotten, so auf dem Nil, dem Rhein und der Donau. Sie waren allerdings nicht sehr stark, aber unterstützten das Landheer. Dazu kamen zwei Hauptflotten für Italien in Ravenna und Misenum.[214] Diese hat Augustus ebenfalls eingerichtet, sie sind aus dem Kriege gegen Sextus Pompeius hervorgegangen. Hier begegnet eine eigentümliche Einrichtung. Die italische Flotte war mit Sklaven und Freigelassenen bemannt, wurde also zum kaiserlichen Hauswesen gehörig betrachtet. Das ist ein sonderbares Verlassen des Prinzips des bürgerlichen Soldatenstandes.

Eine andere Ausnahme bildet die reitende Wache aus Germanen, die speziellste Leibwache, die gleichfalls den kaiserlichen Damen zugebilligt war. Diese Deutschen standen wahrscheinlich noch höher als die Prätorianer, sie waren faktisch Soldaten, rechtlich Sklaven. Auch hier sah man darauf, Germanen von den Völkern innerhalb der Reichsgrenzen zu nehmen. Und das zeigt, daß Augustus wiederum die Präzedenzien Caesars nicht unbeachtet ließ. Caesar hatte eine spanische Leibwache. Es herrschte doch immer Argwohn gegen Italiker. Später trat die Flotte in die Armee ein und war nicht mehr Institution des kaiserlichen Hauses, ebenso die Germanen (*equites singulares*). Beide Korps bestanden nicht mehr aus Sklaven. Dies geschah aber erst unter Claudius.[215]

---

[212] Livius I 59,12; Tacitus.ann.VI 11; Mommsen, Staatsrecht II 1059 ff.

[213] Die erste römische Flotte entstand nicht im pyrrhischen, sondern im Ersten Punischen Krieg 261: Polyb.I 20,9 ff. Mit der 67 v. Chr. erbauten Kriegsflotte hat

Pompeius die Seeräuber besiegt und dann sein Heer nach Asien gebracht.

[214] Suet.Aug.49; Tac.ann.IV 5

[215] H. Bellen, Die germanische Leibwache der römischen Kaiser des julisch-claudischen Hauses, 1981

Die Flotten machten bald reinen Tisch auf dem Meer. Außer einigen Zeiten des dritten Jahrhunderts[216] war das Meer vollkommen frei von Seeräubern. [MH.I 64] Andererseits diente die Flotte als Besatzung dem Schutz Italiens, die eine nach Norden, die andere nach Süden. Beide Flotten hatten Unterhauptquartiere in Rom. Dort gab es *castra Misenatium* und *Ravennatium*. Dadurch konnte man die Besatzung verstärken. Ihre Stärke ist auf eine Legion zu veranschlagen. Alles in allem betrug die Besatzung Italiens vielleicht 40000 Mann. Revidieren wir nun diese Maßregeln, so zeigt sich, daß das Prinzip, die Hauptstadt von Truppen zu entblößen, verlassen wurde. Auch in den anderen Großstädten wie Lyon und Karthago entstanden *cohortes urbanae*. In Ägypten garnisonierte eine Legion ständig in Alexandrien. Die Truppenzahl war sehr gering, doch muß man auch die Munizipalmiliz veranschlagen. Jeder Bürgermeister hatte die Befugnis des *tribunus militum* für den Notfall, und man kann annehmen, daß dies in unruhigen Gegenden wie Spanien angewendet worden ist.[217]

Die administrativen Reformen des Augustus werden auch auf militärischem Gebiet durch politische Rücksichten abgeschwächt. Wenn eine Armee eine Garde hat, kann das schädlich oder nützlich sein. Hier war es sehr schädlich. Denn in allem war die Garde bevorzugt, namentlich im Avancement. Der ausgediente Legionär hatte Anspruch auf die *praemia veteranorum* nach 20 Jahren, der Gardist brauchte nur 16 Jahre zu dienen und konnte dann mit 36 Jahren als *avantageux* weiterdienen. Dazu wurde das bevorzugte Korps der *evocati* eingerichtet, aus dem Legionsunteroffiziere hervorgingen. Das war eine ganz eminente Bevorzugung und erregte bösen Neid.

Während die Grenzlegionen immer zu schlagen hatten, [MH.I 65] kamen die Prätorianer fast nie an den Feind. Der Gardist war Friedens- und Paradesoldat. So wurde die Garde zur Brutstätte der Revolutionen. Man hätte besser einen Turnus innerhalb der Legionen einführen sollen. Aber dafür waren die popularen und republikanischen Vorurteile zu stark. Diese nicht durchbrochen zu haben, war ein verhängnisvoller Fehler des Augustus. Seine Einrichtungen tragen vielfach den Charakter der Schwäche.

Die übrigen italischen Zustände lassen zahlreiche Änderungen zum Besseren erkennen. Der Staat wird eine besser funktionierende Maschine. Die eigentlich städtische Verwaltung, vor allem das Bauwesen, war in total verfallenem Zustand. Schuld war die fehlende Censur, die nur noch auf dem Papier stand. Augustus konnte sie nicht beleben; vermutlich war ihm das nicht unangenehm. Die Ädilen und Censoren leisteten nicht das, was die Weltstadt verlangte. Bei der Censur hatte man von dem Prinzip der Annuität abgesehen. Man baute nur aus Sparpfennigen und machte den Anschlag immer auf

[216] Aurel.Vict.33,3; Zos.I 71,2

[217] Nach der Lex Ursonensis: Dessau 6087, 103

5 Jahre. Aber die Censur war verfallen. Augustus verfuhr in doppelter Weise. Die Censur mußte erstens zum Zweck der Aushebung die Reichsschatzung aufstellen und zweitens die Sorge für den Bauplan tragen. Das erste nahm Augustus selbst in die Hand. Politisch war das nicht richtig. Beim zweiten half er aus eigenen Mitteln. Nicht nur das *forum Augusti* mit dem *templum Martis* ist sein Werk[218]; viel wichtiger war die Restauration der öffentlichen Bauten. Der noch heute imponierende Anblick Roms ist das Werk der Kaiser insbesondere von Vespasian, Trajan und Hadrian. Augustus hat 82 Tempel hergestellt.[219] Das ist ohne Rechtstitel geschehen. Aber neben dieser Tätigkeit steht eine andere, daß er auch die Baubehörden erneuerte, und [MH.I 66] zwar nicht nur für Rom, sondern auch für Italien, obgleich dies eigentlich außerhalb seiner Sphäre lag.

Die Chausseen[220] waren nötig zur Beherrschung des Landes, das war der wichtige Gedanke der Republik gewesen. Durch Chausseen war das Land erobert worden, und nie hat die Republik die Last des Straßenbaus auf die Munizipien abzuwälzen versucht. Das Land der Chausseen ist *solum publicum populi Romani*. Die Konsuln selbst führten die Aufsicht (noch heute *via consularis*). All das lag in bösem Verfall, und Augustus mußte helfen. Die flaminische Straße übernahm er selbst, andere Große stellten andere wieder her.[221] Daneben trat eine feste Behörde zur Instandhaltung. Dabei ging Augustus von der Zentralisierung ab; sie war nicht möglich. Eine Reihe von Spezialbeamten wurde eingesetzt. Der Bau von Landstraßen hatte eine politische Seite, es war direkt eine militärische Tätigkeit. Dennoch ging das den *imperator* eigentlich nichts an; er griff hier in die Machtsphäre des Senats ein, und dies erklärt die Form der Einrichtung. Die Beamten (*curatores*) wurden von Augustus ernannt. Es waren sämtlich Senatoren, die Augustus zuerst durch den Senat auswählen lassen wollte. Die sechs bis acht großen Heerstraßen bekamen seit 20 v. Chr. ihre besonderen *curatores*.

Etwas später wurden die Wasserleitungen[222] in die Hand einer senatorischen Fünfmännerkommission gegeben. An ihrer Spitze stand ein *curator aquarum*. Ähnlich ernannte Augustus für die *opera publica* einzelne Beamte (*curatores operum publicorum*). Diese hatten nicht neue Steinbauten auszuführen, sondern nur bestehende zu restaurieren. [MH.I 67] Tiberius fügte gleich nach dem Tode des Augustus die Tiberregulierung durch *curatores ripae et alvei* hinzu.[223]

Ein schwieriges Kapitel war die Verpflegung Roms.[224] Auch hier hatte Augustus die Arbeit zu übernehmen, ohne ein Inventarium zu erhalten. Die Getreidespenden waren ein Fluch, dem er sich nicht entziehen konnte. Es

[218] Suet.Aug.29,1
[219] Mon.Anc.20
[220] O. Hirschfeld, Die römischen Meilensteine. In: Ders., Kl.Schr. 1913, S. 703 ff.; Th. Pekary, Untersuchungen zu den römischen Reichsstraßen, 1968

[221] Dio LIII 22,1
[222] Hauptquelle ist Frontinus, De aquaeductibus urbis Romae. Mommsen, Staatsrecht II 1044 ff.
[223] Dessau 5926
[224] Mommsen, Staatsrecht II 1037 ff.

war ein verhängnisvoller Fehler schon der Republik, die *plebs* der Hauptstadt an billiges Korn zu gewöhnen. Das Getreide wurde von der Regierung unter dem italischen Selbstkostenpreis verkauft oder gar verschenkt, und das bedeutete den systematischen Ruin des italischen Landbauern. Augustus sah diesen Schaden sehr wohl ein. Er wollte die *frumentationes publicae* abschaffen; aber das hätte nur das sofortige Auftreten eines Prätendenten zur Folge gehabt. Man kann ein hohes Unrecht oft nicht einfach abschaffen. Teilweise warfen sich die Italiker auf Gemüse- und Weinbau, meist verfielen die Bauernstellen. Zur Getreidefürsorge bedurfte es einer guten Behörde. Das hatte die Republik versäumt und somit einen doppelten Fehler gemacht. Der *praefectus annonae* bahnte den Weg zum Throne, das lehrt die Laufbahn des Pompeius.[225] Das Geschäft mußte also vom Monarchen selbst ausgehen; sonst wäre es politischer Selbstmord gewesen.

22 v. Chr. übernahm Augustus zuerst die *cura annonae*, trotzdem es eigentlich ein städtisches Amt war.[226] Durch die Erhöhung der Zahl der Ädilen von vier auf sechs durch Caesar war nichts getan. Die jungen, jährlich wechselnden Leute hatten nicht einmal feste Fonds und waren überall vom Senat abhängig. Das ging nicht. Augustus übernahm das Amt als Herr Ägyptens und [MH.I 68] zahlte gewissermaßen aus eigener Tasche. Seinen Vertreter als *curator annonae* suchte Augustus im Senat durch Losung zu finden, aber das ging nicht. Gegen Ende der Regierung finden wir das Merkwürdige, daß der *praefectus annonae* an die Stelle der *curatores annonae* tritt.[227] Er war *eques* und Vertrauensmann des Kaisers. Der Senat hatte sich nicht mehr darum zu kümmern. Wann dies allerdings genau geschehen ist, wissen wir nicht.

Die *cura annonae* umfaßte die Sorge für die kaiserlichen Magazine und ihre Füllung. Dadurch wurde der Zufall in seiner Wirkung für die Hauptstadt abgeschafft. Die Spenden (*frumentationes publicae*) hingen nicht notwendig damit zusammen. Diese entsetzliche Erbschaft hat man aus der Ochlokratie übernehmen müssen. Es geschah indes nicht ganz ohne Gegenwehr. Die Republik hatte von der Bedürftigkeit abgesehen, jeder Bürger bekam etwas. Die Verteilung war unbegrenzt, das Gesindel konzentrierte sich in Rom. Diese *sentina* (Hefe) führte Caesar zum großen Teil ab zur Kolonisation nach Karthago und Korinth und fixierte die Liste der Getreideempfänger auf 150000.[228] So war nicht jeder mehr im Stande, sich *publice* ernähren zu lassen. Augustus ließ die Sache zuerst laufen, wie sie wollte. Aber 2 v. Chr. ging er wieder auf Caesars Bestimmung zurück und stellte die Liste auf 200000 Personen fest.[229] Es war dies eine Armenversorgung, jedoch außer aller Proportion. Nur aus übertriebenen politischen Rücksichten ließ

[225] Cic.Att.IV 1,7; Dio XXXIX 9; LIV 1,3
[226] Dio LIV 1
[227] Mommsen, Ges.Schr.IV 193 ff.
[228] von 320000: Suet.Jul.41
[229] Dio LV 10; Suet.Aug.40 ff.; Mon. Anc.15

Augustus die *panes et circenses*[230] bestehen. Mit dieser Einrichtung hängen die Geldgeschenke beim Triumph und durch Testamente zusammen, sie wurden ebenfalls aus der Republik übernommen. So spendete Augustus gemäß dem Testament Caesars.[231]

[MH.I 69] Unter die Kategorie der Geldgeschenke gehören noch die *congiaria*. Schon während der Republik empfingen die siegreichen Soldaten mitunter Geldgeschenke; es war dies aber eine auf den Soldatenstand beschränkte Leistung, die aus der Beute bestritten wurde. Auf die Bürger im allgemeinen dehnte es erst Caesar aus, der dem hauptstädtischen Pöbel 400 Sestertien (ca. 100 Mark) pro Kopf austeilte.[232] Es war dies eine verhängnisvolle Maßregel. Einmal getan, konnte der Schritt nicht mehr zurückgenommen werden. Augustus[233] bildete diese Einrichtung zum System aus und suchte im Interesse der neuen Monarchie zu wirken, indem er bei Festen seines Hauses Geldspenden ausgab. So empfing, als Caius und Lucius Caesar die *toga virilis* nahmen, der Pöbel jedesmal ein Volkstrinkgeld (*congiarium*). Die Spende wurde an die Getreideverteilung geknüpft und an 200 bis 300000 Personen verteilt. Während früher *uterque ordo*[234] nur faktisch davon ausgeschlossen war, ist dies nun auch rechtlich der Fall. Auf diese Geldspenden allein hat Augustus im Laufe seiner Regierung 120–150 Millionen Mark verwandt. Erwägt man die beständige Geldklemme, in der sich das *aerarium* unter Augustus befand, so muß man darin eine große Schwäche des Regiments erkennen, eine Schwäche, die als bleibende Last auf dem Imperium blieb.

[MH.I 70] Auch bei den Volksbelustigungen (*circenses*) wurde die Hauptstadt bevorzugt.[235] Es gab namentlich drei Arten: Bühnenspiele, Gladiatorenkämpfe und *circenses* im engeren Sinn (Wagenkämpfe). Die beiden ersten Arten der Spiele waren, obschon nicht in offizieller Art, über das ganze römische Reich verbreitet. Staat und Kommunen wetteiferten darin. In der ersten Kaiserzeit traten entschieden die Bühnenspiele in den Vordergrund, auch in der Hauptstadt. Erst unter Claudius wurden Gladiatorenspiele in den amtlichen Festkalender aufgenommen. Immerhin waren sie schon früher zahlreich genug, erforderten jedoch eine kaiserliche Erlaubnis.

Allein auf die Hauptstadt wurden die *circenses* beschränkt.[236] Nur Rom hatte einen Zirkus und Jockeys. An die Stelle der Wahlkämpfe waren die Wettkämpfe getreten, und die Kaiser hatten ein Interesse daran, das Volk auf dieser Bahn zu erhalten. Für irgend etwas muß der Mensch sich schließlich

---

[230] Juvenal X 81
[231] W. Schmitthenner, Oktavian und das Testament Cäsars, 1952
[232] Suet.Jul.38
[233] Mon.Anc.15; Suet.Aug.41
[234] Senatoren und Ritter

[235] L. Friedländer, Darstellungen aus der Sittengeschichte Roms, 10. Aufl. II S. 1 ff.
[236] Irrtum Mommsens. Wagenrennen sind auch andernorts bezeugt: Tac. ann.XV 23; Pollack, circus, RE.III 2, 1899, S. 2583 ff.

begeistern. Die aus constantinischer Zeit bekannten Clubs der Grünen und der Blauen finden sich schon unter Augustus[237]; der Ausdruck *factio* bedeutet prägnant diese Parteiungen der Rennbahn. Warum gab es keine Jockeys in den Munizipien? Die Antwort ist einfach. In Rom hatte man eine starke Polizei, in den Munizipien nicht. Wenn wir bedenken, zu welchen Gewalttätigkeiten diese Kämpfe in Pompeji[238] führten, sehen wir den Grund klar ein. Die Regierung [MH.I 71] konnte dieses Treiben, welches in der Hauptstadt als ein Ersatz für die Wahlaufregung geduldet werden mußte, in den Munizipien, wo eine derartige Entschuldigung nicht vorlag, nicht zulassen. Es war ein *reservatum otiosum*. Erst mit Diocletian änderte sich das.

Der Verdienst der Jockeys war ein sehr hoher. Einer verdiente 300 000, ein anderer gar 6 Millionen Mark. Augustus verstand es aber, wie in republikanischer Zeit, diese exorbitanten Lasten von der Staatskasse auf Private abzuwälzen. Er bürdete sie der Magistratur auf, vom Prätor an aufwärts. Augenscheinlich stand dahinter die Absicht, den Eintritt in den Senat, der ja durch die Ädilität erlangt wurde, nicht allzusehr zu erschweren. Somit zahlte die hohe Aristokratie diese Steuer. Soviel wir sehen können, waren die Zuschüsse aus der Staatskasse zur Bestreitung der Spiele gering. Das Halten von Gladiatorenbanden war Privaten in Rom untersagt.[239]

Die Bevölkerung Roms ist in dieser Zeit das Schlimmste, was sich denken läßt. Rom war gänzlich industrielos, nur einzelne Zweige des großen Handels, die wenig Hände beschäftigten, florierten. Alle Kommunalfreiheit fehlte, Rom war die unfreieste Gemeinde im Reich. Dazu kam die unglückselige Friedensgarnison, die nichts zu tun hatte und lediglich der Faulheit und dem Müßiggang anheimfiel, sowie die große Masse der kleinen Staatspensionäre, die sich immer als das souveräne Volk fühlten. Für alle besseren Bestrebungen waren die Ventile geschlossen. Dem Pöbel blieben nur noch die Leidenschaften des Zirkus und, nahm man ihm diesen, die Revolte. Eine Revolution aber war von dieser [MH.I 72] Seite aus nicht zu befürchten, die Plebs war zu entnervt dafür.

Was den Principat vor allem so anrüchig gemacht hat, das ist die völlige Öde, die Leere, die Geistesarmut.[240] Sie ist das Schreckliche. Aber nicht erst die Monarchie hat jene Verrohung herbeigeführt, wie es die republikanische Phrase wollte, das hatte sich vielmehr schon unter der Republik genugsam vorbereitet. Wohl aber verkörperten Cajus (Caligula), Commodus und andere nur die Plebs auf dem Thron. Schon unter der Republik gab es ja nie ein

---

[237] Ovid amor.III 2,78; Plin.NH.VII 186; Dessau 5277ff.; Pollack, factiones, RE.VI 2, 1909, S. 1954ff.
[238] Tac.ann.XIV 17
[239] Es galt als ehrlos: Dessau 6085 Z. 123. In der Hungersnot des Jahres 6 n.Chr. wurden u.a. die *lanistarum familiae* aus Rom entfernt (Suet.Aug.42,3;

Dio LV 26,1), also waren sie nicht grundsätzlich gesetzwidrig.
[240] Dieses einseitige Urteil Mommsens widerspricht dem, was er selbst von einzelnen Autoren wie Petron, Marc Aurel und Ammian sagt, und ignoriert das, was die Kaiserzeit an Fachliteratur, insbesondere in der Jurisprudenz hinterlassen hat.

eigentlich freies Geistesleben, selbst bei Cicero nicht. Unter den Kaisern indes tritt bald ein vollständiger geistiger Marasmus ein, sogar bei dem Cicero kongenialen Plinius. Von der Hauptstadt aus griff der Verfall von Sprache und Bildung auf die Provinzen über.

d) Die Provinzen

Nun zur Verwaltung der Provinzen! Augustus hatte die Eroberungspolitik von seinem Adoptivvater geerbt. Caesar beabsichtigte, die Grenzen des Reiches vorzuschieben. Dies gehörte notwendig zu seiner Politik. Der Untergang der Freiheit sollte durch äußeren Glanz vergoldet werden. Aus der Dichtung unter Augustus ersehen wir, daß der expansive Gedanke sehr bedeutend war. Augustus wollte ihm nicht gerade entgegentreten, aber er suchte ihn durch Scheinerfolge zu befriedigen. Und seine Politik ist verständig. Die späteren Eroberungen waren teils schädlich, so die von Britannien[241], teils nicht haltbar, so das Land jenseits des Euphrat. Wohl aber wollte Augustus in Germanien Lorbeeren ernten. [MH.I 73] Die Eroberungspolitik folgte aus der politischen Stellung des Imperators. Die Republik wurzelte noch tief in den Herzen der tüchtigsten Munizipalen; das haben die Schlachtfelder von Philippi und Pharsalus gezeigt; und das einzige Mittel, die Wünsche in andere Bahnen zu lenken, bestand darin, für die verlorene innere Freiheit den Ruhm äußerer Gewinne zu geben.

Ferner war der römische Monarch im wesentlichen Feldherr, darauf ruhte zum größten Teil seine Macht. Das Sitzen in Rom, die *socordia*, verdarb den Princeps. Das begriff Augustus besser als irgendein anderer, außer Trajan und Hadrian. Der Schwerpunkt des Reiches lag nicht mehr in Rom, sondern in den Provinzen. Das bedachte später Diocletian, indem er fliegende Hauptstädte einrichtete. Augustus wandelte hier auf den Spuren seines Vaters. Überall reiste er mit Agrippa herum. Man kann aus seinen Aufenthalten seit 27 v. Chr. ein gutes Stück Geschichte lernen. Nach der Einführung der neuen Ordnung ging er sogleich auf kurze Zeit nach Gallien, dann für zwei Jahre nach Spanien. 24 v. Chr. kam er nach Rom zurück, wo er zwei Jahre blieb. 22 ging er nach Sizilien und weiter nach Syrien, 19 kehrte er zurück. 16 bis 13 v. Chr. war er in Gallien, 10 und 8 v. Chr. nochmals. Ebenso reiste Agrippa, er ging 20 v. Chr. nach Spanien, war dann lange Zeit in Kleinasien und am Schwarzen Meer. An der Donau wirkte Tiberius. Bei diesen Reisen handelt es sich vielfach um direktes militärisches Eingreifen. Aber wesentlich war die Anwesenheit des Kaisers für die Organisation der Provinzen, für die Kantonierung und die Schatzung; das war sein spezielles Amt.

[MH.I 74] Sizilien gehört durch die Natur der Dinge zu Italien. Das hat

---

[241] Anders urteilt Mommsen MH.II 116f.

man in der Republik nicht gesehen. Erst Caesar erteilte der Insel latinisches Recht und gewann somit die griechische Insel für Rom. Latein wurde Geschäftssprache. Augustus führte das weiter. Die ganze Insel bekam römisches Bürgerrecht.[242] Allerdings blieb die römische Provinzialverfassung bestehen. Sie mußte zentral regiert werden, schon mit Rücksicht auf die Piraterie. Aber das machte keinen großen Unterschied, praktisch war Sizilien mit Italien vereint. Im übrigen war der Insel nicht aufzuhelfen. Sie war von der Republik zu Tode gewirtschaftet worden. Das zeigt sich in kleinen Umständen. Nicht eine Chaussee ist in Sizilien gebaut worden. Kolonisiert wurde nur an den Küsten, und die Städte dort blühten auf – namentlich *Catania* und *Panhormus* (Palermo) –, aber der Ackerbau im Inneren des Landes war vernichtet. Wahrscheinlich waren die Sklavenkriege unter Sextus Pompeius daran schuld.

Auch in Spanien war Augustus tätig. Er unterwarf die Halbinsel vollständig. Denn in der letzten Zeit der Republik standen der Norden und Westen unter sehr loser Herrschaft; es gab keine römischen Ansiedlungen. Die Asturer und Kantabrer leisteten 26 und 25 v. Chr. hartnäckigen Widerstand.[243] 20 v. Chr. beendete Agrippa die Pazifikation; große Kolonien wurden gegründet, so *Asturica Augusta* (Astorga). Die Militärkolonie *Legio Septima* (Leon) bildete sich vom Hauptquartier zur Stadt aus. Wichtiger waren die Maßregeln ziviler Natur. Man findet überall augusteische Kolonien; sie dienten dem Zweck, Veteranen zu versorgen, und hatten mit der allgemeinen Stellung der Provinz nichts zu tun. Aber merkwürdig ist, daß Städte römisches oder latinisches Recht empfingen, ohne Kolonisten zu haben. Ein Sechstel oder Achtel der Städte hatte diese Rechte. [MH.I 75] Das heißt, daß die Städte mit Hilfe dieses Rechts von oben herab romanisiert worden sind, Augustus plante demgemäß die Romanisierung. Und der Plan wurde konsequent durchgeführt bis zu Vespasian, der die ganze Halbinsel auf diese Weise latinisierte. Zunächst war Spanien vollständig in der Hand des Kaisers; später, zu Anfang der Regierung des Tiberius, wurde der Südosten (*Baetica*) als Friedensprovinz dem Senat gegeben und sehr rasch kultiviert. *Lusitania* blieb kaiserlich.

Unter dem Namen *Africa* ist die Nordküste mit Ausnahme Ägyptens zu betrachten. Caesar hatte Karthago als Kolonie neu gegründet, das rasch aufblühte und zur Großstadt wurde. Der König von Westafrika, Juba von Numidien (Algerien), war in den Sturz des Pompeius verwickelt worden. Nur Mauretanien (Marokko) behielt seinen eigenen Herrscher, weil dieser für Caesar gefochten hatte. Augustus stellte das Königreich nominell unter Jubas I Sohn Juba II wieder her, der ein Verwandter des Augustus war.

---

[242] Daß dies unter Augustus geschah, ist nicht belegt.
[243] Dio LIII 25; A. Schulten, Los Cantabros y Astures, 1943; W. Schmitt-

henner, Augustus' spanischer Feldzug und der Kampf um den Prinzipat (1962). In: Ders. 1969, S. 404 ff.

Kleopatra, die Tochter des Antonius, war seine Frau. Juba war romanisiert und stand als Archäologe[244] von Fez durchaus in dem Ideenkreis eines Römers. Er regierte als ein Vikar des römischen Volkes. In seinem Gebiet, in Mauretanien und Numidien wurden römische Kolonien angelegt. Darum kann auch eine spätere Grenzverschiebung nicht befremden. 25 v. Chr. entstand eine neue Organisation. Ganz Westafrika wurde zu Rom gezogen. Marokko fiel an Juba. Im Osten trat Juba dagegen *Cirta* (Constantine) dem Statthalter ab. Der Grund liegt in der Organisation von *Cirta*, wo eine große Kolonie von römischen Bürgern entstand. *Cirta* war schon seit Caesar, unter seinem Parteigänger Publius Sittius[245], halb römisch, und es scheint beabsichtigt gewesen zu sein, diese Stadt in den Provinzialverband zu fügen. Juba war ursprünglich König von Numidien, seit 25 König von *Mauretania Tingitana*. Sein Gebiet reichte an den Atlantischen Ozean. [MH.I 76] Fortan wird in diesem Gebiet ein hoher Grad an geistiger und politischer Entwicklung sichtbar. Dieser Umschwung wurde namentlich in Rücksicht auf Rom und die *annona* eingeführt. Die Bewirtschaftung war höchst intensiv. In ganz geringen Entfernungen finden sich noch heute Städtetrümmer. Ihrem Schutz diente auch hier ein Hauptquartier. Es wurde allmählich von *Tevessa* (Lambesi) vorgeschoben, in dem Maß, wie das Hinterland sich romanisierte. Kyrene blieb verhältnismäßig untergeordnet, es fehlte an kulturfähigem Hinterland.

Ägypten galt nicht als Provinz im strengen Sinn, sondern war in Personalunion mit dem Kaiser verbunden. Jeder Princeps war in den Augen der Ägypter König (*basileus*), sein Stellvertreter Vizekönig (*basilikos*). Die Verwaltung erstreckte sich allmählich über die Grenzen Ägyptens und wurde wichtig für die Verwaltung aller kaiserlichen Domänen. In der äußeren Politik des Augustus ist Ägypten eine wichtige Ausnahme. Hier gab es Offensivkriege am oberen Nil jenseits von Syene. Gaius Petronius besiegte die Nubier und marschierte bis *Meroe* (Khartum).[246] Bleibende Eroberungen waren es nicht; aber es wurde ein Frieden, wahrscheinlich ein handelspolitischer Vertrag geschlossen.

Auch in Arabien verfolgte Augustus eine ähnliche Politik, war aber nicht glücklich. Viel erobert haben die Römer nicht, nur Teile der *Petraea* beherrschten sie eine Zeit lang. Augustus wollte *Arabia Felix* erobern; Gaius Aelius Gallus marschierte bis gegen Aden, um die Herrschaft über das Rote Meer zu sichern. Auch auf der anderen Seite wurde operiert. Die Expedition verlief durch natürliche Hindernisse unglücklich.[247] [MH.I 77] Aber der Feldzug zeigt doch die Ziele des Augustus, und wahrscheinlich war er nicht ohne Frucht. Denn der indische Handel nahm einen hohen Aufschwung, römische Münzen gingen massenweise nach Indien. Der indische Handel lief

---

[244] Juba hatte antiquarische Interessen und verfaßte historische Werke, aus denen Plutarch in den Viten von Romulus und Numa zitiert.

[245] (Caes.) bell.afr.25

[246] Strabo XVII 1,54ff; Dio LIV 5,4; Plin.NH.VI 181

[247] Strabo XVI 4,22ff; Josephos, Ant. Iud.XV 9,3; Dio LIII 29,3ff.

nicht mehr über Syrien, sondern über Ägypten. Alexandria blühte rasch auf,
die kaiserliche Domäne ist das große Emporium des indischen Handels
geworden. In Asien war der *status quo* festzuhalten. Die Friedenspolitik des Augustus bewährte sich hier. Am Euphrat lag eine große Armee; Kleinasien aber
war ungedeckt. Als Surrogat dienten Klientelkontingente. Der eigentliche
Schwerpunkt der römischen Herrschaft war Galatien mit seiner kriegerisch
tüchtigen Bevölkerung. Ihr König Amyntas war auf seiten des Antonius
gewesen. 25 v. Chr. starb er, und sein Reich wurde zur römischen Provinz
erklärt, dazu gehörten das östliche Phrygien, Lykaonien, Pisidien und Isau-
rien.[248] Legionen bekam der neue Statthalter nicht wegen Soldatenmangels,
wahrscheinlich aber Kohorten und Alen. Hier half das militärisch geordnete
Volksmaterial aus; die Galater waren römisch geschult. Daneben finden wir
als kleine Klientelstaaten Kappadokien, Kommagene (am oberen Euphrat)
und Armenien. Dieses wichtige Land wollte Augustus unter dauernde römische Herrschaft bringen; das war das Ziel römischer Politik gegen die Parther. An der Küste des Schwarzen Meeres wurde das Klientelkönigtum
Polemons[249] gegründet (Krim und Ostpontos), das war das alte Königtum
des Mithridates. Die Herrschaft über die Krim, das bosporanische Königreich, war eine feste Vormauer römischer Herrschaft.

Die Parther waren der einzige Nachbarstaat, mit dem Rom auf gleichem
Fuß verkehrte.[250] Es war unmöglich, ihn abhängig zu machen. Nie ist der
Arsakidenstaat Klientelstaat Roms geworden. Dies Verhältnis ließ Augustus
bestehen, hier befolgte er durchweg eine Friedenspolitik. [MH.I 78] Das war
schwierig, denn Rom hatte zwei schwere Niederlagen erlitten. Die Legions-
adler, die man verloren hatte, waren eine fortdauernde Schmach.

Gleich nach *Actium* passierte Augustus Syrien, paktierte aber mit den
Parthern und zog nicht gegen sie. 20 v. Chr. folgte eine weitere Aktion. Es
gelang ihm, von den Parthern die Wiedergabe der Feldzeichen zu erlangen.[251]
Augustus behandelte dies als einen großen Erfolg. Er ließ die Adler feierlich
auf das Kapitol bringen (daher die Münzen[252] mit der Umschrift *signa restituta*). Es wurde dies als genügende Revanche angesehen. Weil der Partherstaat fortwährend durch dynastische Streitigkeiten zerrüttet war, hatte er
guten Grund, sich mit Rom gut zu stellen. So gab man dort die Oberherrschaft über Armenien auf. Tigranes wurde von Rom belehnt, alles war friedlich erreicht. Tiberius rückte in Armenien ein und installierte den König.
Augustus war vollständig befriedigt.

---

[248] Dio LIII 26,3
[249] Dio LIII 25,1; LIV 24,4ff.
[250] A. Oltramare, Augustus und die
Parther (1938). In: Schmitthenner 1969,
S. 118ff.
[251] Mon.Anc.29; Velleius II 91,1; Dio
LIV 8,2

[252] RIC.I S. 63. Die Umschriften lauten: SIGNIS RECEPTIS und SIGNIS
PARTHICIS RECEPTIS. Die Szene ist
auf dem Brustpanzer des Augustus von
Primaporta im Vatikan dargestellt.

Um Christi Geburt kam dieses Verhältnis jedoch ins Schwanken. 6 v. Chr. fand es Augustus nötig, zur Einsetzung des vertriebenen Tigranes eine Expedition zu unternehmen. Tiberius weigerte sich, und in Folge dieser häuslichen Zerwürfnisse unterblieb die Expedition.[253] Man wartete noch einige Jahre, bis man einen geeigneten Mann hatte, der zugleich Prinz war. Als dann Gaius Caesar so weit war (er zählte damals 20 Jahre), kam er 1 v. Chr. an die Spitze des Heeres.[254] Zunächst löste er seine Aufgabe. Er setzte Ariobarzanes ein. Auf einer Euphratinsel fand eine Unterredung statt zwischen Gaius Caesar und dem Großkönig. Die Parther fügten sich. Dann aber kam es doch noch zum Schlagen, weil die Armenier sich gegen den ihnen aufgedrungenen König empörten. Vielleicht wünschte Augustus, daß Gaius sich militärisch bewährte. Er belagerte *Artagira*, wurde tödlich verwundet und starb 3 n. Chr. Aber die Expedition gelang. Der *status quo ante* war hergestellt. Kaum aber wandten die Römer [MH.I 79] den Rücken, so wurde Ariobarzanes vertrieben. Die Parther mengten sich ein, und fortwährend kämpften die Anhänger der beiden Parteien.[255] Eine solche Herrschaft nur durch den Einfluß des fernen Rom aufrechtzuerhalten, war unmöglich. Es war eine verfehlte Politik, verfehlt durch den Mangel einer disponablen Heeresmacht.

Vitale Wichtigkeit für das Reich besaß der Kriegsschauplatz in Europa. Das Imperium war doch ein europäisches, spezieller ein italisches Reich. So konnte sich Augustus in *Africa* und Asien im ganzen defensiv verhalten, wenn er auch in Armenien große Fehler beging. Anders war es bei der Donau- und Rheinlinie, die sich stets gegenseitig bedingten. Diese beiden Linien sollten nämlich durch die Elblinie ersetzt werden. Es ist das erste Mal, daß unser Vaterland in die Weltgeschichte eintritt. Das war die große Aufgabe des Augustus, diese Grenze zu sichern und aufzubauen, eine sehr richtige Politik seinerseits, wiederum in Fortsetzung des großen caesarischen Gedankens. Auch hier hatte die Republik viel versäumt. Die Küsten hatte man allerdings schon früh in Besitz, aber zwischen Makedonien und Oberitalien klaffte ein großer, kaum bezwungener Zwischenraum. Augustus ging bereits 35/4 v. Chr. daran, Dalmatien zu erobern.[256] Von Istrien aus zuerst das Kulpatal hinauf, dann rückschwenkend nach Dalmatien hinein, bezwang er langsam das Land, und trotz der noch ein ganzes Jahrhundert nötigen römischen Besatzung blieb *Illyricum Superius* bei den Römern.

Sehr wenig wissen wir von den Vorgängen 38/7 v. Chr. in Gallien. Agrippa besiegte nicht nur die Aquitaner, das gehört nach Spanien, sondern [MH.I 80] er überschritt wieder den Rhein und gab Anlaß zur Gründung von Köln.[257] Er verpflanzte die Ubier, die sich schon früh den Römern gefügt

[253] Dio LV 9
[254] Dio LV 10,17ff; Velleius II 101; Mon.Anc.33
[255] Dio LV 10a; Strabo XI 14,6
[256] Dio XLIX 36
[257] Dio XLVIII 2,3; Strabo IV 3,4; Tac.Germ.28

hatten, auf das linke Rheinufer und gab ihnen ein *oppidum* als Mittelpunkt in der *ara (Augusti)*. So entstand *Ara Ubiorum*. Köln²⁵⁸ wurde von da an Hauptstützpunkt der Römer, sein späterer Name lautet *Colonia Claudia Ara Agrippinensis*, denn die jüngere Agrippina ist dort geboren. Diese Maßregel war von großer Bedeutung. Die Römer setzten sich am Rhein fest, wie es wahrscheinlich der Plan Caesars vorsah. Dies scheint auf lange Zeit konsolidierend gewirkt zu haben, wahrscheinlich gab sich Augustus zunächst mit der Save- und Rheinlinie zufrieden. Für die untere Donau geschah wenig. Allerdings erfahren wir auch dort von Bewegungen. Es organisierte sich der getische Dakerstaat. Aus einem kleinen Volk wurden sie durch eine theokratisch-politische Reform mächtig. Das war nicht gefahrlos für die Römer; es entstand eine geeinte große Nation. Als Augustus von dort zum Krieg gegen Antonius abmarschierte, erwartete man in Italien einen Geteneinfall; sie waren mit Antonius verbündet. Marcus Licinius Crassus, der Enkel des Triumvirn, sandte von Mösien aus eine Expedition gegen die Geten und triumphierte 29 v. Chr. über sie.²⁵⁹ Die Savegrenze wurde festgestellt, die Rheingrenze konsolidiert. Zwanzig Jahre lang hören wir von Gallien nichts Ernsteres; der Krieg des Messalla gegen die Aquitaner 27 v. Chr. war ein Vorspiel des spanischen Krieges.²⁶⁰ Der Anlaß, der zum Kriege gegen die Germanen führte, war die *clades Lolliana* 16 v. Chr.²⁶¹ Die Germanen überschritten den Rhein und erbeuteten den Adler der [MH.I 81] fünften Legion. Das war ein schmerzlicher *échec*, aber doch nicht mehr. Wie kommt es, daß dieser Zufall Augustus' ganze Politik bestimmte und zu einer Offensive führte? Der wahre Grund lag in der Politik Caesars. Weniger wird Agrippa gewirkt haben, er ordnete sich auch hier unter. Desto mehr wirkte Drusus. Man glaubte, daß er der eigene Sohn des Augustus war²⁶²; aber das ist wahrscheinlich eine leere Rede. Er wurde aber im Haus des Augustus geboren und von ihm zärtlich geliebt, während Tiberius ihm stets widerwärtig war. Drusus war in jeder Weise populär, liberal wie jeder Kronprinz.²⁶³ Es wurde erwartet, daß er die Republik wieder einrichte. Drusus hat wahrscheinlich den Vater zum Krieg bestimmt.

16/15 v. Chr. fand der rätisch-vindelicische Krieg statt.²⁶⁴ Teils von Oberitalien, teils von der Donau aus wurde Bayern genommen. Große militärische Bedeutung hatte der Krieg nicht. Der ganz unerfahrene 23jährige Drusus stand an der Spitze, also war die Sache nicht sehr gefährlich. Es war ein Legaten-, kein Feldherrnkrieg; wir wissen wenig darüber. Desto bedeuten-

²⁵⁸ Doppelfeld, ANRW. II 4, 1975, 715 ff.
²⁵⁹ Dio LI 23 ff.
²⁶⁰ Tibull I 7,1 ff; II 1,33 f.
²⁶¹ Dio LIV 20,4 ff; Velleius II 97. Zur Germanenpolitik des Augustus sonst: Mommsen RA. 316 ff.

²⁶² Suet.Claud.1
²⁶³ Mommsen denkt an die Kronprinzenzeit von Friedrich III. und Wilhelm II.
²⁶⁴ Horaz carm.IV 4 u. 14; Dio LIV 22; Vell.II 95,2; Strabo VII 1,5. Mommsen RG.V 15 ff.; F. Staehlin, Die Schweiz in römischer Zeit, 1948, 107 ff.

der war er in politischer Beziehung. Der Nordabhang der Alpen wurde römisch. Drusus eröffnete vom Eisacktal aus die Brennerstraße, griff von Italien aus ein, während der vier Jahre ältere Bruder Tiberius vom Bodensee aus kooperierte, es war dies bedeutend weniger glänzend. Rätien wurde Provinz, erhielt aber keinen eigenen Statthalter. *Augusta Vindelicorum* (Augsburg) wurde gegründet, als Endpunkt der Brennerstraße. Es war ein Segen für Italien und sehr populär, aber nur das Vorspiel.

16 bis 13 v. Chr. war Augustus in Gallien.[265] Das ist bezeichnend für die geplante Doppelunternehmung. [MH.I 82] Hier ist eine Lücke in der Überlieferung, sie betrifft die Einrichtung von *Noricum* (Steiermark und Oberösterreich inclusive Wien). Wahrscheinlich geriet diese wichtige Provinz jetzt in Abhängigkeit von Rom. Sie wurde immer als *regnum Noricum*, d.h. als Klientelkönigtum, bezeichnet. Das deutet auf friedliche Übergabe der Oberherrschaft von einem König an Rom. Aber schon damals konnte man es als römische Provinz betrachten.

13. v. Chr. begann der große Krieg in Gallien und *Noricum*. Augustus bestimmte Drusus und Agrippa zu Feldherrn. Auch hier wurde kombinierend verfahren. Drusus war Oberfeldherr in Gallien, Agrippa in den Alpen.[266] Tiberius wurde zurückgesetzt. Man erwartete den Hauptkampf an der Donau. 12 v. Chr. starb Agrippa ganz plötzlich[267]; Tiberius kam nun an die Spitze der Donauarmee.[268] Es war eine undankbare Aufgabe. 11 v. Chr. wurde Illyricum vom Senat auf den Kaiser übertragen.[269] Diese Provinz war damit in den Kriegsplan einbezogen. Wahrscheinlich wurde damals ein eigenes Oberkommando an der Donaumündung eingerichtet; Mösien reichte von Belgrad bis zur Mündung. Lentulus führte einen ernsten Krieg gegen die Daker in der Folge des von Crassus begonnenen.

Seit der Einrichtung der Provinz Pannonien wurden Thrakien und Makedonien ruhige Provinzen. Oberillyricum wurde in die Provinz Dalmatien verwandelt und entwickelte sich bald zu einer der bedeutendsten Provinzen (Hauptstadt *Salona*). Nicht so sehr an sich waren diese Erwerbungen wichtig, sondern noch viel mehr zur Deckung [MH.I 83] und Beruhigung des Hinterlandes.

In den Jahren 12 und 11 v. Chr. führte Tiberius den pannonischen Krieg.[270] Er ist nicht sehr bekannt, aber wichtig durch seine Folgen. Die Savelinie wurde überschritten, an ihre Stelle trat als Grenze der römischen Herrschaft die Draulinie. *Petoevium* (Pettau) in der Oststeiermark wurde das Hauptlager. Es war kein glänzender Krieg, aber einer, der reich war an soliden Erfolgen. Dalmatien wurde damit beruhigtes Hinterland und Hauptsitz römischer Kultur. Bald konnten Truppen aus diesem Lande gezogen werden. Bisher hieß das Gebiet nördlich von Italien bis zur Donau

[265] Dio LIV 19–25
[266] Dio LIV 28,1
[267] Dio LIV 28,3

[268] Dio LIV 31,1; Vell.II 96,2
[269] Dio LIV 34,4
[270] Dio LIV 34,3 f; Suet.Tib.9

Ober- und Unterillyricum. Oberillyricum wurde jetzt Dalmatien, Unterillyricum Pannonien. *Noricum*[271] wurde zur Militärprovinz, Wien bzw. *Carnuntum* der vorgeschobenste Posten. Die Linie der Grenzbefestigungen
zwischen Pettau und Wien deutet schon auf Unternehmungen gegen Böhmen hin.

Nun die rheinischen Feldzüge des Drusus. Schon vor dem Tode des
Agrippa war Drusus mit außerordentlicher proconsularischer Gewalt ausgestattet nach dem Rhein abgegangen. 12 v.Chr. unternahm er aus eigener
Initiative eine Offensive, und zwar mit der Absicht, systematisch germanisches Gebiet zu okkupieren. Es sind drei Feldzüge zu unterscheiden. Der
erste führte an die Nordseeküste. Drusus kam bis an die Zuydersee und
schloß Verträge mit den Batavern und Friesen ab.[272] Dadurch wurde eine
Deckung der Nordgrenze des römischen Gallien herbeigeführt, und dies ist
das einzige bleibende Resultat der Eroberungen des Drusus.

[MH.I 84] Diesen Küstenvölkern fehlte ein eigentliches germanisches Nationalgefühl, sie wurden die treuesten Untertanen Roms und stellten fortan
die Leibwache des Kaisers. Für die Steuerfreiheit, die sie erhielten, mußten
sie zahlreiche Rekruten liefern, was aber durchaus nicht unpopulär war.[273]
Eine Kriegsflotte wurde gebaut, und als erster Römer befuhr Drusus mit
einer solchen die Nordsee. Nach den beiden lückenhaften Berichten[274] ist er
alles besiegend bis zum Jadebusen gekommen, so daß auf dieser Seite die
römische Grenze bereits bis zur Elbe ging.[275]

Es folgt der Krieg an der Lippe.[276] An beiden Ufern wurden Militärstraßen, an der Quelle die Feste *Aliso* angelegt.[277] Dies beweist, daß man das
Land dauernd okkupieren wollte. Die Gebiete der Cherusker und Chatten
wurden genommen, ein großes Rheinlager entstand bei Xanten (*Castra Vetera*).

Im Jahre darauf errichtete Drusus Standquartiere weiter südlich in Mainz
(*Moguntiacum*) und Bonn. Er besetzte die Mainlinie und baute die Taunus-
festungen. 9 v.Chr. kam es zur Fortsetzung des Krieges gegen die Markomannen am oberen Main, welche sich nach Böhmen zurückzogen.[278]
Drusus drängte nach bis zur Elbe, hatte hier eine merkwürdige Erscheinung, stürzte vom Pferd und starb.[279] Tiberius, der überhaupt das undankbare Amt eines Fortführers fremder Unternehmungen hatte, führte den
Plan des Drusus konsequent weiter.[280] Es galt, Gallien ebenso wie Dalma-

---

[271] ANRW.II 6, 1977, S. 183ff.
[272] Dio LIV 32
[273] Tac.Germ.29; ders.hist.IV 12; 17
[274] Dio LIV 32; Vell.II 97; Florus IV
12; Tac.ann.IV 72,1; ders.Germ.34
[275] Sie wurde erst 9 v.Chr. erreicht,
s.u.
[276] Dio LIV 33; Liv.per.140; Tac.ann.I
56,1

[277] Vell.II 120,4. Bei Dio LIV 33,4:
Elison
[278] Vell.II 108,1; Oros.VI 21,15
[279] Dio LV 1,2f. Eine übermenschlich
große Frau soll Drusus entgegengetreten
sein und ihn zum Rückzug aufgefordert
haben.
[280] Dio LV 6,5

tien[281] [MH.I 85] durch Vorschieben der militärischen Grenzen zum beruhigten Hinterland zu machen, und diese neue Linie sollte die Weser- oder Elbelinie sein. Daran wurde konsequent gearbeitet. Jahr auf Jahr, sechs Jahre hindurch wurden Expeditionen ausgeführt, die man doch nicht als bloße Razzias betrachten kann. Ohne große Feldschlachten rückte Tiberius dem Erfolg immer näher. Durch seine Züge 8/7 v.Chr. hat er wirklich Germanien zu einer unterworfenen Provinz gemacht. Da trat die Politik des kaiserlichen Hauses hindernd dazwischen. Es kam zum Zerwürfnis zwischen Augustus und Tiberius. Dieser verließ das Heer[282], und mit Recht klagte Augustus, daß er von Tiberius verraten sei (*se destitutum esse ab Tiberio dixit* [283]). Von nun an bleiben hier die Operationen vollständig liegen. Ganz entsprechend der augusteischen Principatspolitik konnte und sollte eine so wichtige Unternehmung eben nur von einem kaiserlichen Prinzen ausgeführt werden. Der einzige, der dazu imstande war, hatte die Aufgabe abgelehnt, so wurde sie überhaupt nicht in Angriff genommen.

Allerdings finden wir auch in den nächsten zehn Jahren einige kleinere Unternehmungen. Domitius Ahenobarbus ging von Pannonien aus über die Elbe. Die Hermunduren erhielten Wohnsitze in Bayern angewiesen.[284] Aber zu ernsten Unternehmungen kam es doch erst nach dem Tode des Gaius und Lucius, als nach seiner Adoption 4 n.Chr.[285] Tiberius wieder im Felde erschien. 4 n.Chr. ging er über die Weser, im Jahr darauf finden wir ihn an der Lippe beschäftigt, er blieb bis zum Dezember im Felde. Er war sehr energisch bei diesen Feldzügen. [MH.I 86] Das folgende Jahr 6 n.Chr. sollte die letzte Entscheidung bringen. Sie mußte gegen die Markomannen errungen werden. Diese hatten in Böhmen unter Marbod ein gewaltiges Reich gegründet.[286] Es ist jedoch möglich, daß man ihre Macht absichtlich dem Publikum gegenüber übertrieb, um den Krieg gegen sie zu motivieren. Aber es war jedenfalls eine nicht zu unterschätzende Macht, zum Teil (die Infanterie) römisch organisiert. Der Hauptschlag sollte von der Donau aus geführt werden. Bei dieser Armee befand sich Tiberius selbst; der Rheinarmee unter Gaius Sentius Saturninus kam eine bloß sekundäre Bedeutung zu.[287]

Es läßt sich erkennen, daß diese Berechnung auf politisch richtiger Grundlage beruhte. So wie die Grenzen jetzt waren, bildeten Rhein und Donau die zwei Katheten eines rechtwinkeligen Dreiecks. Sie erforderten sehr viel Truppen und waren zum Teil – so die Donaulinie – schwer zu decken. Viel mehr Sicherheit hätte die Besetzung der Hypotenuse gegeben, und diese wäre ungefähr durch die Elblinie repräsentiert worden. Und das

---

[281] Hier beginnt das zweite Heft von Paul Hensel: MH.Ib.

[282] Tiberius ging 6 v.Chr. nach Rhodos: Suet.Tib.10f.; Vell.II 99,4; Dio LV 9

[283] *neque ... vitrico (sc. Augusto) de-*

seri se etiam in senatu conquerenti veniam dedit (sc. Tiberius), Suet.Tib.10,2.

[284] Dio LV 10a

[285] Dio LV 13

[286] Vell.II 108

[287] Dio LV 28; Vell.II 109,5

war bei entschlossenem konzentriertem Anmarsch gar nicht so unausführbar. Schon stand Tiberius fünf Tagesmärsche jenseits der Donau, als alle seine Pläne durch den pannonisch-dalmatischen Aufstand durchkreuzt wurden, der in den vom Militär entblößten, nur höchst oberflächlich pazifizierten Landschaften ausbrach.[288] An diese Vorgänge, die Tiberius zur Rückkehr zwangen, knüpfte dann Augustus die schon erwähnte Armee-Reorganisation an.

[MH.I 87] An sich war der Krieg kein welthistorisches Ereignis, eher eine ganz gewöhnliche Reaktion, wie sie bis dahin in jeder, noch nicht gänzlich unterworfenen Nation entstanden ist. Dennoch betrachtete man den Aufstand als eine furchtbare Gefahr für Italien. Die Führer der Dalmater und der Breuker hießen beide Bato, darum spricht man vom *bellum Batonicum*.[289] Noch hatten die Römer nicht mit Marbod angebunden und konnten daher nach der Donau umkehren. Das ganze südliche und nördliche Donaugebiet war allerdings im Aufstand, aber die großen Städte wurden von den Donaukelten nicht genommen. Es war wie eine nationale Erhebung in den dalmatischen Gebirgen, im Winkel zwischen Drave und Save, wo die Breuken wohnten. Dort fiel die Entscheidung. Vier Jahre, von 6 bis 9 n. Chr., dauerte der Kampf, über den wir nichts wissen, der aber hartnäckig genug war. Der Adoptivsohn des Tiberius, der zwanzigjährige Germanicus, erfocht sich dort seine ersten Lorbeeren. Das wurde nachher von politischer Bedeutung.

Als man hier zu Ende war, hätte man mit der um acht Legionen vermehrten Streitmacht gegen Böhmen aufbrechen können. Aber fünf Tage, nachdem der Sieg aus Pannonien in Rom gemeldet war, kam die Nachricht von der Niederlage des Varus an, der mit drei Legionen vertilgt worden war.[290] Ein großer Schlag, aber an sich konnte er doch nur als retardierendes Element wirken.

Grundsätzlich ist die topographische Frage nicht sehr bedeutend, aber auch nicht schwierig. Der *saltus Teutoburgiensis* wird nur in einer einzigen Quelle, im Tacitus[291] genannt. Er lag zwischen den Quellen von Lippe und Ems, und das weist auf den Osning, parallel der Weser, den man als *saltus* bezeichnen kann. [MH.I 88] Daß die Katastrophe bei den Cheruskern stattfand, ist nicht glaublich. Man hat den Führer der Feinde mit dem Ort verwechselt. Richtig ist die Angabe[292], daß Varus an der Weser gelagert war. Wo, ist unbestimmt, aber die Römer setzten sich namentlich an der Lippe fest. *Aliso* lag in der Nähe von Paderborn. Von da an die Weser verlief die Straße über den Osning, und das führt darauf, das Lager bei Minden an der Weser zu bestimmen. Aber es handelt sich um einen Hinterhalt, eine Verlockung.

---

[288] Dio LV 29; Mommsen RG.V 35 ff.
[289] Dio LV 32 ff.; Vell.II 112 ff.
[290] Mommsen RG.V 39 ff.; ders. Ges.

Schr.IV 200 ff. Umfassend: W. John, RE.XXIV 1963, 922 ff.
[291] Tac.ann.I 60
[292] Dio LVI 18,5

Man berichtete dem Varus, ein entferntes Volk habe sich erhoben, er möge es zu Paaren treiben. Er brach mit einem großen Teil des Heeres auf, mit drei Legionen, zwei blieben an der Weser bei Minden im Lager zurück.²⁹³ Ganz entschieden ist er von der großen Heerstraße abgelockt worden. Wohin, ist ganz unbestimmt. Allzu weit aber vom Osning kann es nicht gewesen sein, denn der Rückmarsch hat nicht lange gewährt, und die Katastrophe war im Osning, in der Gegend von Osnabrück.²⁹⁴ Über die Katastrophe sind wir gut unterrichtet. Es sind genau dieselben Vorgänge wie in jedem Germanenkrieg. Drusus und Germanicus hatten ähnliche Schwierigkeiten, nur wurden sie besser überwunden. Auch Varus hätte eine totale Niederlage seiner gut disziplinierten Truppen verhüten können. Zuerst schlugen sie noch regelmäßig Lager, dann wurden sie immer unordentlicher und endlich fand man das Schlachtfeld. Der Grund der Katastrophe ist in persönlichen Momenten zu suchen. Varus führte drei Legionen, drei Alen und sechs Kohorten, also bei normaler Truppenstärke 20000 Mann; es waren aber sicherlich viel weniger, denn wir wissen von starken Detachements²⁹⁵, die vermutlich aus Alen, nicht aus Legionen bestanden. Man kann also maximal 15000 Mann ansetzen.²⁹⁶ Sehr wesentlich war die Entfernung von der Militärstraße. Dazu kommt noch die Jahreszeit, der Spätherbst. Es war schwer, [MH.I 89] auf ungebahnten Wegen zu marschieren. Hauptsächlich war die Truppe demoralisiert. Es waren wohl Rekrutenlegionen mit den Nummern 17, 18 und 19; diese Ziffern fehlen nachher, sie wurden nicht wieder vergeben. Diese drei Legionen hatten zu denen gehört, die neu errichtet worden waren. Das ist begreiflich. Die alten Legionen waren an der Donau; die neuen hatte man in das neue Germanien gesetzt. Natürlich war eine große Anzahl alter Soldaten und Centurionen darunter. Dann taten die Offiziere nicht ihre Schuldigkeit. Varus war mit einer kaiserlichen Prinzessin²⁹⁷ vermählt, und das wird bei der Beförderung mitgewirkt haben. Er war ein Friedensgeneral und kein richtiger Führer. Auch Augustus fühlte dies, als er von ihm Rückgabe der Legionen verlangte.²⁹⁸ Aber daß ein Legat des Varus die Reiter zusammennahm und abritt²⁹⁹, das war unerhört. Natürlich gingen beide Teile, Fußvolk und Reiterei, zugrunde.

Wir wundern uns zunächst darüber, daß man die Katastrophe in dem Grade tragisch nahm. Gewiß war es ein schmerzlicher Schlag für eine soldatische Nation, und es soll nicht geleugnet werden, daß dies mit Recht ge-

---

²⁹³ Irrtum, s.u. MH.I 90
²⁹⁴ Aufgrund von Münzfunden lokalisierte Mommsen (RG.V 43; Ges.Schr.IV 200ff.) das Schlachtfeld nicht im (heutigen) Teutoburger Wald, sondern im Wiehengebirge nördlich von Osnabrück, bei Barenaue. Jüngste Funde von W. Schlüter am Kalkrieser Berg bei Bramsche haben diese These glänzend bestätigt.

²⁹⁵ Dio LVI 19
²⁹⁶ RG.V 41 schätzt Mommsen die Opfer nicht viel über 20000.
²⁹⁷ Mit Claudia Pulchra, einer Enkelin von Octavia, der Schwester des Augustus: Tac.ann.IV 52; 66
²⁹⁸ Suet.Aug.23,2: *Quintili Vare, legiones redde!*
²⁹⁹ Vell.II 119,4

schah. Aber ein bleibender Verlust wurde es denn doch nicht. Daß drei
Adler und 15000 Mann die ganze Regierungspolitik ändern konnten, das ist
wunderbar. Ein solcher Umschwung trat aber ein.
Die Konsequenzen des Sieges waren bedeutend. Die Freiheitspartei der
Germanen gewann überall in Deutschland das Übergewicht. Den Kopf des
Varus sandte Arminius an Marbod[300], um sich mit den Sueven zum gemein-
samen Handeln zu vereinigen. Das hätte den Römern die Lage wesentlich
erschwert. Die Germanen begnügten sich auch nicht damit, die Gefallenen
auszurauben, sondern gingen nach *Aliso*, das [MH.I 90] nicht verproviantiert war und dessen Besatzung sich durchschlagen mußte.[301] Auch die beiden letzten Legionen aus dem Lager bei Minden gelangten unter Nonius
Asprenas glücklich nach *Castra Vetera* an den Rhein.[302] Hier waren sie nötig,
denn die Germanen in Gallien wurden ebenfalls ungeduldig. Das rechte
Rheinufer und die ganze Lippelinie waren verloren, eine bedenkliche Situation.
Aber um so mehr hätte man die Scharte energisch auswetzen müssen. Der
pannonische Krieg war beendet, und die Truppen waren disponibel. Tatsächlich rückte Tiberius zur Rheinarmee und ging über den Rhein. Er machte
einen Vorstoß und blieb 10 und 11 in Germanien.[303] Trotzdem ist ein völliger
Umschwung bemerkbar. *Aliso* wurde nicht wieder hergestellt.[304] Man beob-
achtet eine Defensive mit offensiver Form. Germanien war aufgegeben. Es
blieb nur ein Scheingermanien am linken Rheinufer, *Germania Superior* und
Inferior. Der Grund für den Umschwung lag in der inneren Politik.
Ranke[305] geht auf den Bericht des Florus[306] zurück, der erzählt, Varus habe
auf dem Tribunal gesessen und den Germanen Recht gesprochen, da seien
die Cherusker zu allen Toren hereingestürzt. Ranke verwirft den Bericht
vom Abmarsch des Heeres, aber das ist doch nicht richtig. Es stimmt zwar,
daß Florus früher lebte als Dio, aber es ist nicht abzusehen, weshalb ein
rhetorisierender Kompilator wie der spanische Ritter Florus einem Staatsmann wie Dio[307] nachgesetzt werden soll. Außerdem stimmt Florus nicht zu
Berichten der Zeitgenossen, namentlich des Velleius[308], und zu dem späteren,
dennoch zuverlässigen Tacitus[309], der die Ereignisse retrospektiv streift.
Tacitus berichtet von den drei verschiedenen Marschlagern, von der Heerstraße der Römer entfernt; das wäre unmöglich, wenn Varus im Hauptlager
[MH.I 91] überfallen und niedergehauen worden wäre. Der Bericht des
Florus ist eine Kompilation allgemeiner Gedanken, wie es ein Dramatiker

300 Vell.II 119,5

301 Dio LVI 22

302 Nach Velleius (II 120,3) führte
Asprenas die beiden Legionen *ad infe-
riora hiberna* herab; sie standen wohl
rheinauf irgendwo, nicht bei Minden:
Groag, RE.XVII 1936, 868 f.

303 Vell.II 120; Dio LVI 24,6; 25,2 f.

304 Anders Tac.ann.II 7; s.u. MH.I
127

305 Ranke, Weltgeschichte III 2, 1886,
275

306 Florus II 30,29 ff.

307 Dio LVI 18 ff.

308 Vell.II 117 ff.

309 Tac.ann.I 55 ff.

tut. Florus schreibt auch, die Reiterei habe sich gerettet; doch entnehmen wir Velleius, daß sie nachher allein niedergemacht worden ist. Die Katastrophe fand 9 n. Chr. statt. Im Jahr darauf marschierte Tiberius an die Rheingrenze, sicherte sie und machte offensive Vorstöße [s. o.]. 12 n. Chr. kam er nach Rom zurück und feierte einen Triumph *de Pannoniis Dalmatisque*, aber nicht *de Germania*, was man in späterer Zeit entschieden getan hätte.[310] Aber man glaubte doch, am Abschluß zu sein. Die Politik gegen Germanien wurde ganz geändert, Augustus begnügte sich mit den alten Grenzen. Das zeigt der Friedensvertrag des Tiberius mit Marbod. Tiberius war ja im Begriff, mit Marbod anzubinden, als die Katastrophe eintrat, von beiden Seiten war man bis dicht an Böhmen heran. Der Friedensvertrag bedeutete das Aufgeben des Planes, nicht nur gegen Böhmen, sondern auch den Verzicht auf die Elbelinie. Man begreift allerdings nicht, wie dieser Militärstaat, der so die *gloire* brauchte, die Adler verschmerzen konnte und die Niederlage nicht auswetzte, wie Tiberius, der sein Herz in diese Operation gegen Germanien verloren hatte, der darin seine Aufgabe sah, dieses Zurückweichen über sich gewinnen konnte. Von äußerem Zwang kann nicht die Rede sein. Freilich gab es militärische Schwierigkeiten. Augustus hatte nach Actium 18 Legionen, dann waren acht neue errichtet worden und davon wurden nun drei aufgerieben. Bei seinem Tode gab es nur 25 Legionen[311], d. h. zwei Legionen wurden wieder aufgestellt, eine blieb unersetzt.

[MH.I 92] Die beiden neuen Legionen erhielten die Nummern XXI und XXII. Die erstere bestand aus der *sentina*[312] der Stadt Rom, die sonst nie zum Dienst genommen wurde, und diese kam nach Germanien. Die letztere, die *legio Deiotariana*, bestand aus galatischen Truppen, wenigstens ist das höchst wahrscheinlich. Es waren neue, mit dem Bürgerrecht beschenkte fremde Soldaten. Das zeigt, wie es Augustus an Material fehlte. Auch das ist wieder unbegreiflich. Italien, Sizilien, die Narbonensis und viele einzelne Städte hatten doch römisches Bürgerrecht, wie konnte ein solcher Staat nicht ein Korps von 20000 Mann ersetzen?! Die Wahrheit ist, daß nach der actischen Schlacht Legionäre und Prätorianer nur noch angeworben, nicht mehr ausgehoben wurden. Das war ein verhängnisvoller Fehler, er erklärt diesen kolossalen Menschenmangel. Charakteristisch ist namentlich das Zurückgreifen auf die *sentina*. Andererseits konnte man wegen des noch unruhigen Galliens die Rheingrenze nicht aufgeben, und der Raum zwischen Rhein und Elbe hätte sehr viel Truppen nötig gehabt. Man hatte einfach nicht Leute genug.

Augustus wurde zu seinem Verzicht sicher noch durch andere Gründe bestimmt. Er war ja zu dem großen Germanenkrieg durch Tiberius und Drusus

---

[310] Das genaue Datum des Triumphes steht nicht fest, in Frage kommen der 23. Okt. 12 und der 16. Jan. 13: Suet. Tib. 20; Vell. II 121,3; CIL I² p. 231 (Fasti Praenestini).

[311] Tac. ann. IV 5

[312] Die „Hefe" des Volkes metaphorisch etwa bei Cic. Cat. II 7; fam. IX 15,3

gedrängt worden. Die entschlossene Offensive lag überhaupt nicht in seiner Absicht; nach der Varusschlacht kam er auf den alten Plan zurück und verbot die Fortsetzung des Krieges.[313] Augustus war damals nicht der schwache Greis, dem Tiberius die Hand führte, vielmehr stand dieser durchaus in einer abhängigen Stellung und hatte kaum das Recht eigener Willensäußerung. In [MH.I 93] militärischen Kreisen dürfte eine Mißbilligung rege geworden sein. Sie gipfelt später in Germanicus. Es ist merkwürdig, daß anstelle des Tiberius dann Germanicus zum Rhein geschickt wurde, um dieses ganz exzeptionell hohe Kommando über die zwei größten Armeen einzunehmen.[314] Militärische Gründe können es nicht gewesen sein. Fast sieht es so aus, als ob Augustus durch Germanicus die Eroberung Germaniens doch noch durchführen lassen wollte. Dies wäre begreiflich, aus dem gespannten Verhältnis des Augustus zu Tiberius, aber der Frieden mit Marbod spricht dagegen. Jedenfalls unterblieb jede auf Dauer berechnete Operation. Augustus[315] begnügte sich mit der Rheingrenze des Dictators Caesar, und die Varusschlacht behält ihren großen welthistorischen Wert. Sie bewahrte Germanien vor dem römischen Einfluß und zeigt zuerst, daß eine eigentliche Eroberungspolitik unter dem Principat nicht ausgeführt werden konnte, dazu steht er auf zu schwachen Füßen. Und das ist auch nicht ernsthaft versucht worden nach diesem großen *échec*. Die Eroberung von Britannien etc. waren doch nur Kleinigkeiten.

e) Familien- und Innenpolitik

Nun zu den inneren Verhältnissen der kaiserlichen Familie! Das Hervortreten der Familiengeschichte ist ein wesentlicher Teil des Principats, solange er neu war. Unzweifelhaft war er eine Form der Monarchie.

Es lag nahe, eine Sukzessionsordnung zu schaffen, das forderte der Bestand des Principats. Augustus ist hier weiter gegangen als der Vater. Caesar hatte das versäumt, vielleicht wegen seiner idealen Natur, die ganz in sich aufging. Wir wissen ja nicht, was er bei längerem Leben getan hätte, aber sein Regiment erscheint stets als ein rein persönliches.

Von Augustus gilt dies nicht. Er erwägt alles ruhig und verständig und sucht für das Notwendige die richtige Form zu schaffen. Er fand sie zunächst in der Mitregierung des Agrippa. 28 und 27 v. Chr. bekleideten beide gemeinschaftlich Konsulat und Censur.[316] [MH.I 94] Weder konnte der Princeps durch den Senat, noch durch das Volk bestimmt werden. Eine Bestimmung durch den Senat hätte den Princi-

[313] Tac.ann.I 9; 11
[314] Suet.Cal.1,1; Tac.ann.I 31
[315] Zum Ganzen: Mommsen, Die germanische Politik des Augustus (1871), in: ders., RA.316ff.

[316] 28 v. Chr. waren Augustus zum 6., Agrippa zum 2. Male Konsuln und beide Censoren. 27 waren beide abermals Konsuln, aber nicht Censoren.

pat aufgelöst, der auf einer gleichberechtigten Gegenüberstellung von Princeps und Senat beruhte. Das Plebiszit konnte erst recht nicht als vollziehend, sondern nur als verifizierend eintreten. Nur so konnte die Sache gemacht werden, daß der Princeps sich selbst einen Nachfolger bestimmte, einen gewählten Kronprinzen, und dies war die Stellung des Agrippa.[317] Dadurch wurde zugleich die Nichtigkeit der gewöhnlichen Kronprinzenstellung vermieden. Agrippa bekleidete eine Beamtenstellung, die ihn über alle Beamten und unmittelbar unter den Princeps stellte. Es war eine sekundäre Stellung, aber nur dem Princeps gegenüber. Auch der Mitregent hatte proconsulare und tribunizische Gewalt, er war *collega impar*. Es ist dies ein einzig dastehendes Faktum, Augustus hat es ersonnen, und darauf fußt der Principat nachher. Die Mitregierung des Kronprinzen geht durchs ganze zweite Jahrhundert. Die Adoption dagegen blieb ein untergeordnetes Moment.

Ganz wunderbar aber wurde dieser politische Gedanke vom dynastischen Prinzip durchkreuzt, und dieser Zwiespalt kam stets im Gemüt des Kaisers zum Durchbruch. Um dies zu bemerken, muß man sich mit den Damen des Hofes beschäftigen: der Schwester Octavia, der Gattin Livia, der Tochter Julia. Als der Triumvirat sich konsolidieren mußte, heiratete Antonius Octavia.[318] Sie war die edelste Gestalt in dieser schrecklichen Zeit. Damals wurde sie in allen Ehren der Livia gleichgestellt und behielt diesen Rang auch nach [MH.I 95] dem Sturz des Antonius. Sie ließ der Wissenschaft Schutz angedeihen und vermachte dem römischen Volk ihre Bibliothek per Testament.[319] Sie hatte Kinder aus beiden Ehen, aus der ersten mit Gaius Claudius Marcellus den Marcus Claudius Marcellus, den nächsten männlichen Erben des Augustus, ein vorzüglicher junger Mann. An ihn knüpfte sich der Gedanke der Nachfolge.[320] Daneben hatte sie mehrere Töchter, auch von Antonius, und zog zudem die Töchter von Kleopatra groß, als wären es Prinzessinnen.[321] So bildete sich früh ein kaiserlicher Hofkreis, innerhalb dessen politische Ehen geschlossen wurden.

Wenn je eine Frau schwer unter Verleumdung gelitten hat, so war es Livia.[322] Ungeheuerliches wurde von ihr erzählt.[323] Zufällig ist das allerdings nicht. Der Klatsch ersetzte die Teilnahme an der Politik, die dem römischen Bürger entzogen war. Nur wenige Vertraute wußten, was eigentlich vorging. Die Politik ist ein *arcanum imperii*. Die Interessenlosigkeit gegenüber der Politik führte zum bösartigen Klatsch. Und namentlich heftete er sich an Livia, für alle Unglücke und Todesfälle des kaiserlichen Hauses machte man sie verantwortlich. Das steigerte sich von Jahrhundert zu Jahrhundert, sie wurde zuletzt eine gewerbsmäßige Giftmischerin. Sie soll am Tod von Mar-

[317] 23 v. Chr. erhielt Agrippa den Siegelring des erkrankten Augustus: Dio LIII 30,2.
[318] 40 v. Chr.: App.civ.V 64
[319] Plut.Marcellus 30; Suet.gr.21
[320] Dio LIII 30,2

[321] Dio LI 15,7; Plut.Ant.54
[322] H. Willrich, Livia, 1911
[323] Vermutlich spielt Mommsen auf Suet.Aug.71 an: *ad vitiandas virgines promptior, quae sibi undique ab uxore conquirerentur.*

cus Marcellus, von Gaius und Lucius, ja von Augustus selbst schuld gewesen sein.[324] Marcellus weilte im Spätsommer in Rom und wurde Opfer der *perniciosa*.[325] Gaius starb an einer Wunde in Kleinasien, Lucius fern von Rom in *Massilia*. Ein Grund für diese Taten Livias soll nun immer die Sukzession des Tiberius sein; weiter detailliert wurde die Motivation der Anschläge nicht. Wie aber wäre es denkbar, daß dem Augustus dies alles entgangen sein soll? Augustus ist fast 77 Jahre alt gestorben[326], warum muß man da ein Verbrechen annehmen? Was konnte Livia da für ein Interesse haben?

Offenbar hat Livia während der 51 Jahre ihrer Ehe politischen Einfluß nie gehabt, nie gesucht.[327] [MH.I 96] Die Politik hatte mit ihrer Heirat nichts zu tun, es war eine Neigungsheirat in etwas unschicklicher Form.[328] Der 26jährige Augustus war sterblich in Livia verliebt und entführte sie ihrem Manne. Und diese Neigung hat fortgedauert. Nach dem Tode des Augustus sagte die alte Frau, sie habe dadurch eine glückliche Ehe gehabt, daß sie sich beständig innerhalb ihres Frauenkreises gehalten habe. Allerdings entfaltete sie auch eine äußere Wirksamkeit, die sich noch nach ihrem Tode in Senatsbeschlüssen zeigte. Sie übte das hohe Frauenrecht, überall helfend und lindernd einzugreifen, namentlich finanziell. Die Aristokratenfamilien waren fast immer in der Geldklemme. Da trat der Princeps helfend ein, und Livia half mit Aussteuern. Dafür wollte der Senat sie nach ihrem Tode *mater patriae* nennen, doch lebte sie in ihren letzten Jahren in Spannung mit Tiberius.[329] Dies ist die Stellung, die ihr die Geschichte anweist. Die meisten Fragen, auch die der Familie, wurden gegen die Wünsche der Livia entschieden, so die wiederholte Zurücksetzung des Tiberius. Aber gerade diese Nachgiebigkeit sicherte ihr ihre Stellung im Hause.

Julia war das einzige Kind des Augustus, 39 v. Chr. geboren von der Scribonia.[330] Es ist wenig über sie zu sagen. Schön, geistreich, anmutig, war sie der Mittelpunkt der literarischen Gesellschaft im Kreis der ovidischen *amores*. Das aber war ein Abgrund tiefer Unmoralität, und Julia hat die schlimme Seite des Hoflebens verkörpert.[331] Sie wurde dafür vom Schicksal genug gestraft. Ihrem Vater war sie ans Herz gewachsen, trotzdem er ihre Schwächen kannte. Augustus hatte zwei schwierige Dinge zu regieren, die *res publica* und seine Tochter. Allerdings beeinträchtigte diese Liebe nicht seine dynastischen Ideen. Nicht aus Tochterliebe wollte er sie zur Kaiserin Roms machen, vielmehr aus dem Glauben an das [MH.I 97] *Iulium sidus*[332],

---

[324] Tac.ann.I 3,4; 5,1; 6,3; Dio LV 10a, 10

[325] Im Sept. 23 v. Chr. in *Baiae* an einer Krankheit: Dio LIII 30,6; Prop.III 18. *Perniciosa febris* ist die Malaria.

[326] Suet.Aug.100

[327] Anders Dio LVII 12,3. 1868

nannte Mommsen Livia eine *durchaus politische Frau*. (MK.140, vgl. 99f.)

[328] Suet.Aug.69; Tib.4,3

[329] Suet.Tib.50; Tac.ann.I 14; IV 57

[330] Suet.Aug.63ff.

[331] s. u. MH.I 100

[332] An den Stern Caesars, Suet. Caes.88

und die letzte Trägerin dieses Stammes, die Enkelin[333] des Gottes, war Julia. Es ist derselbe Schicksalsgedanke, der uns überall bei Augustus entgegentritt. Augustus vermählte Julia 25 v. Chr. mit Marcellus, also möglichst früh. Sie war 14, er 20 Jahre alt. Man sieht, wie diese Heirat dem Augustus am Herzen lag. Es war ein politisches Ereignis ersten Grades. Der Schwiegersohn wurde sofort auffallend bevorzugt. Ohne Quästor gewesen zu sein, trat er in den Senat; er wurde für 23 zum Ädilen vorgesehen und sollte fünf Jahre vor der Zeit Konsul werden. Namentlich die Ädilität war eine Spitze gegen Agrippa. Dem Schwiegersohn war die Verwaltung der ganzen kaiserlichen Kasse übertragen. Offenbar führte Augustus den Marcellus als Nachfolger ein und zog den jungen Mann dem erfahrenen Genossen vor. Agrippa fühlte dies, verließ Rom und machte Streik.[334] Er ging nach Lesbos ins freiwillige Exil. Das verwundete Augustus tief, aber es war eine natürliche Konsequenz seines Handelns. Da legte sich das Schicksal ins Mittel. Marcellus starb noch 23 v. Chr. als Ädil an einem bösartigen Fieber.[335] Der Konflikt war beseitigt, Agrippa kehrte zurück und übernahm wieder die laufenden Geschäfte. Hier sprechen die Tatsachen sehr deutlich. Augustus hat seinen Fehler erkannt; er wies Agrippa den Platz des Marcellus an und vermählte ihm die Julia, allerdings eine wunderliche Heirat. Augustus und Agrippa waren im selben Jahr geboren, mehr als doppelt so alt wie die 18jährige Julia. Auch sonst paßten sie nicht recht zueinander. Agrippa war ein derber Kriegsmann, Julia war fein und zierlich. Aber zunächst schien das Ehebündnis glücklich. 20 v. Chr. wurde Gaius, 17 Lucius geboren. Das Verhältnis mit Augustus war das beste, was sich denken ließ. Es sind die Jahre der großen Reorganisation. Augustus adoptierte Gaius und Lucius. Die Söhne gingen in den Hausstand des Großvaters über.[336] Dieser wunderbare Vorgang [MH.I 98] läßt sich schwer erklären. Daß der Kaiser in den Knaben seine Nachfolger erkannte, ist begreiflich. Aber in erster Instanz hätte doch nach jedem Gesichtspunkt der Schwiegersohn stehen sollen. Dem Großvater wurden seine Enkel durch Adoption nicht näher gerückt. Das läßt sich nur durch den Glauben an das *Iulium sidus* (s. o.) begreifen; es sollte eine julische, nicht eine vipsanische Dynastie werden. Agrippa war niederer Herkunft.[337] Diese Komplikation, die für den Fall einer Thronsukzession verhängnisvoll war, schnitt der Tod ab. Agrippa starb 12 v. Chr. mit 51 Jahren.[338]

Welche Stellung kam nun der Witwe zu? Man muß sich in diese häuslichen Details mengen; sie haben viel politischen Einfluß gehabt. Schon zur Lebenszeit des Gatten war das Verhalten der Julia nicht tadellos gewesen [s. u. MH.I 100]. Daß sie Witwe blieb, daran war nicht zu denken; sie brauchte

---

333 MH: *Tochter*
334 MH: *Strike*. Zur Sache: Dio LIII 28 ff.; Vell.II 93,2; Jos.ant.XV 10,2.
335 Dio LIII 30,5

336 Suet.Aug.64,1; Dio LIV 18,1
337 Tac.ann.I 3; Seneca benef.III 32,4
338 Dio LIV 28

die Aufsicht des Ehemannes, der wenigstens das Schlimmste abwenden sollte. Vorübergehend wurde daran gedacht, sie mit einem Ritter zu vermählen, der auf Sukzession nicht Anspruch machen konnte. Das geschah nicht. Tiberius Claudius Nero, Livias Sohn aus erster Ehe, wurde ausgesucht. Darin wollte man den Einfluß der Mutter finden, die ihrem Sohn den Weg zum Thron bahnte. Das Gegenteil ist der Fall. Es wurde die undankbarste Rolle, die sich denken läßt. Dazu kam die unklare Stellung zu den Adoptivsöhnen, den designierten Thronerben. Tiberius konnte höchstens eine Art Vormundschaft beanspruchen, falls Augustus frühzeitig starb, und auch diese Zeit konnte nicht sehr lang sein; Gaius, der Älteste, war acht Jahre alt. [MH.I 99] Daraus erklärt sich die Aversion des Tiberius. Daß es kein angenehmes Amt war, erkennt man daran, daß Augustus seinen Lieblingssohn Drusus nicht dazu aussuchte. Außerdem waren Drusus und Tiberius bereits verheiratet, beide glücklich und mit Kindern gesegnet. Tiberius hatte von der Tochter Agrippas den jüngeren Drusus. Eine Ehe mußte gelöst werden, es war die des Tiberius. Der Wille des Kaisers geschah, 11 v.Chr. erfolgte die Heirat mit Julia.[339] Eine Kompensation bot die tribunizische Gewalt und überhaupt die größere politische Stellung, die Tiberius fortan einnahm; doch mit dem Vorbehalt, später entfernt zu werden, wenn die Kinder herangewachsen waren.

6 v.Chr. begab sich ein rätselhafter Vorfall. Tiberius ging nach Beendigung des germanischen Krieges plötzlich nach Rhodos, gegen den Willen des Augustus und der Livia [s.o. MH.I 85]. Er ließ Augustus in einer höchst kritischen Lage allein. Nur er konnte die germanische Armee führen; er war der einzige große Feldherr. Augustus bat ihn flehentlich, es nicht zu tun. Tiberius aber ging. Zwei Momente kommen in Betracht. Zum ersten vollendete Gaius sein 14. Lebensjahr und wurde à la Marcellus vorgezogen; er wurde *princeps iuventutis*, d.h. Kronprinz. Hier mußte es bald zum Klappen kommen, denn fünf Jahre später war Gaius in der Lage, den Platz des Tiberius einnehmen zu können. Zum anderen gab es wahrscheinlich ehelichen Zwist. Julia konnte Tiberius schlechterdings nicht leiden; er sie ebensowenig. Sie klagte über sein finsteres, unelegantes Wesen bei Augustus und schwärzte ihn an. Die Ehe blieb kinderlos.[340] Der eigentliche Skandal, die Veranlassung ist nicht bekannt, das ist auch gar nicht nötig. Es gingen Dinge vor, die Tiberius weder verhindern noch anzeigen konnte wegen der Liebe des Augustus zu seiner Tochter. So faßte er denn diesen Entschluß aus Verzweiflung; denn das war er. Augustus hat es ihm nie vergeben. Aber Tiberius konnte diese unmögliche Stellung nicht mehr erdulden; ja er enthielt sich vier Tage lang der Speise. So ließ man ihn ziehen.[341]

[339] Suet.Tib.7,2; Dio LV 9,7. P. Sattler, Julia und Tiberius (1962). In: Schmitthenner 1969, S. 486ff.

[340] Nachdem ein Söhnchen gestorben war: Suet.Tib.VII 3.
[341] Suet.Tib.10f.; Dio LV 9; Vell.II 99,4

[MH.I 100] 2 v.Chr. wurde dem Senat angezeigt, daß der Kaiser seine Tochter wegen Verstoßes gegen die guten Sitten auf die Insel *Pandateria* (Ventotene) verbannt habe.³⁴² Mehr hat die Welt nie erfahren, aber höchstwahrscheinlich war die Anklage ganz richtig. Julias Benehmen war nicht mehr zu konnivieren.³⁴³ Charakteristisch ist, daß der Livia keine Erwähnung geschieht. Augustus erfuhr den Skandal auf dem Wege des Polizeirapports, es gab nächtliche Gelage mit öffentlicher Prostitution auf dem Forum.³⁴⁴ Eine große Anzahl von Teilnehmern wurde am Leben gestraft, andere verbannt, so Ovid.³⁴⁵ Es sollen auch politische Elemente mitgewirkt haben (*consilia parricidae*)³⁴⁶, darauf deutet die Teilnahme des Julius Antonius, des Sohnes des Triumvirn.³⁴⁷ Möglich wäre es. Das ist das schwerste Geschick, das Augustus getroffen hat. Als er hörte, eine beteiligte Sklavin³⁴⁸ habe sich das Leben genommen, bedauerte er, daß es nicht seine Tochter war. Das bezeugt die Publizität, die er dem Verhältnis gab. Wie weit muß es gekommen sein, daß Augustus das *decorum* außer Acht ließ!

An der politischen Lage wurde durch diese Dinge nichts geändert. Es war eine der besten Seiten des Augustus, daß er im Kaiserhaus ein Muster an guter alter Sitte aufgestellt hatte.³⁴⁹ Das wurde allerdings durch die Katastrophe der Kaisertochter bös dupiert. Eine Reihe der angesehensten Familien war dadurch angegriffen. Die Ungnade gegen Tiberius dauerte fort. Seine tribunizische Gewalt wurde nicht erneuert, sein Exil war nun nicht mehr freiwillig³⁵⁰, trotz der Verbannung der Julia wurde er nicht zurückgerufen.

Auch auf die Kaisersöhne Gaius und Lucius fällt ein finsterer Schatten. Ob es wirklich Söhne des Agrippa waren, wagte man jetzt zu bezweifeln.³⁵¹ Aber an ihren Ehren wurde nichts [MH.I 101] geändert, ja die Söhne wurden jetzt praktisch beschäftigt. 1 v.Chr. wurde Gaius nach dem Orient gesandt, um die Verhältnisse zu ordnen.³⁵² Für 1 n.Chr. war ihm das Konsulat bestimmt. Allerdings ist dies mehr eine scheinhafte Beförderung. Es handelte sich im Orient um Fragen mehr sekundärer, nicht vitaler Natur. Weise Mentoren, so Lollius, wurden ihm beigegeben.³⁵³ Augustus hatte seine eigene Laufbahn im Auge, aber das war unter dem Druck äußerer Umstände geschehen, sie hatten den Charakter des Augustus entwickelt.

So stand Augustus scheinbar auf dem Gipfel seiner Pläne. Er war daran, den älteren der Jünglinge zum Mitregenten anzunehmen. Tiberius wurde

³⁴² Tac.ann.I 53; Dio LV 10,14
³⁴³ entschuldigen
³⁴⁴ Sen.ben.VI 32
³⁴⁵ Ovid trist.pass.; Hieron.chron. z.J.17
³⁴⁶ Plin.NH.VII 46/149
³⁴⁷ Dio LV 10; Sen.brev.IV 6; Tac. ann.IV 44.
³⁴⁸ Die Freigelassene Phoebe: Suet. Aug.65,2
³⁴⁹ Abgesehen von seinen bei Sueton Aug.69 und Martial XI 20 bezeugten *adulteria*.
³⁵⁰ Suet,Tib.12,1
³⁵¹ Macrobius II 5,9
³⁵² Dio LV 10,19
³⁵³ Suet.Tib.12; Tac.ann.III 48,2. Er hatte die Niederlage gegen die Sugambrer 16 v.Chr. erlitten.

2 n. Chr. zurückgerufen, aber unter kränkenden Bedingungen.[354] Denn Augustus holte zuerst die Meinung des Prinzen Gaius ein, mit seiner Erlaubnis durfte der Stiefvater unter ausdrücklichem Verzicht auf jede öffentliche Stellung nach Rom zurückkehren. Da trat der Friedensengel in Gestalt des Todes dazwischen. In der Zeit von 18 Monaten starben beide Jünglinge. Lucius, der Jüngere, endete zuerst auf der Rückkehr aus Spanien in Massilia, Gaius in Kilikien, ebenfalls auf der Rückkehr nach Italien.[355] An Gaius hatte Rom vermutlich nicht viel verloren. Er war mißmutig, finster, gewalttätig.[356] So hatte sich die ganze Lage verändert. Augustus mußte wieder über die Nachfolge entscheiden. Er schwankte lange zwischen dreien. Er besaß noch einen einzigen Enkel, Agrippa Postumus, geboren nach dem Tode Agrippas, damals war er 15 Jahre alt. Daneben stand, wenig älter, Germanicus, der Sohn des Drusus mit Antonia, auch er eng verwandt. Endlich Tiberius. Das dynastische Interesse sprach für Agrippa, Augustus' Neigung für Germanicus – er war 17 Jahre alt –, sein staatsmännischer Blick für Tiberius. Augustus entschied sich für alles zugleich, ein Entschluß wunderlichster Art. [MH.I 102] Augustus adoptierte Tiberius, der jetzt Tiberius Julius Caesar hieß, ferner den Agrippa als Agrippa Julius. Tiberius sollte den Germanicus adoptieren, trotzdem er bereits einen Sohn, den Drusus, hatte, der dadurch zum zweitgeborenen wurde.[357] Augustus sagte, er adoptiere Tiberius *rei publicae causa*.[358] In der Tat, aus Neigung tat er es nicht. Augustus war 67 Jahre alt und mußte für einen tüchtigen Mann sorgen, der am Rhein kommandieren konnte. Bei der Adoption des Agrippa Postumus dagegen sprach der Wunsch des Staates nicht mit; also mußte man annehmen, daß sein eigenes, das dynastische Interesse bestimmend war.

Daß Tiberius darauf einging, war nur natürlich. Er hatte keine Wahl in seiner abhängigen Stellung. Da trat eine neue Katastrophe ein. Wir wissen nur, daß 6 n. Chr. Agrippa Postumus abdiziert und verstoßen wurde, das Sohnesverhältnis wurde aufgelöst, er wurde verbannt und als Staatsgefangener betrachtet.[359] Hier hatte wohl Livia die Hand im Spiele. Beweise haben wir jedoch nicht. Daß Livia den Agrippa nicht gern sah, ist vollkommen begreiflich. Andererseits fiel die Verstoßung dem Augustus schwer. Agrippa war eine physisch kräftige, gemeine, brutale, unmoralische Natur und beschuldigte Augustus niederer Handlungen. Daß Livia nichts dazu tat, Agrippa zu halten, in dem sie mit Recht eine Gefahr für sich und den Staat erkannte, das ist begreiflich, aber verschuldet hat sie die Katastrophe nicht. So blieb nur Tiberius übrig. Waren diese Schicksalsschläge auch für Augu-

[354] Suet.Tib.15,1; Dio LV 10a, 10
[355] Gaius starb 4 n.Chr., Lucius 2 n.Chr. Innerhalb von 18 Monaten: Suet. Aug.65,1; *Intra triennium*: Suet.Tib. 15,2; Dio LV 10a,9.
[356] Augustus nennt ihn brieflich ein-

mal *meus asellus iucundissimus*: Gellius XV 7.
[357] Suet.Tib.15,2; Dio LV 13,1f.
[358] Suet.Tib.21,3
[359] Tac.ann.I 3,4. Agrippa kam nach *Planasia* bei Elba.

stus hart, für Rom bedeuteten sie wieder das wirklich wundervolle Walten des Glücks. Für die Entwicklung des Principats, für das Glück des Reiches war es ein Segen, daß nach dem Tode des Augustus ein herrschaftsfähiger [MH.I 103] Mann an die Spitze kam.

Es bleibt uns übrig, noch einen allgemeinen Überblick zu tun. Das Reich des Augustus war stets das Ideal späterer Regierungen. Der Gedanke, das Griechentum im Osten zu konservieren, im Westen die verschiedenen Völkerschaften in der lateinischen Nationalität aufgehen zu lassen, dies war der Gedanke Caesars, Augustus', des Principats. Die *urbs Roma* nahm eigentlich eine mehr passive Rolle ein. Sie wurde eine Luxusanstalt, die das gesamte Reich sich leistete. Es gab hier kein politisches Leben, keine Kommunalverwaltung. Die *plebs Romana* war eine große, vergnügungssüchtige Masse geworden, Rom war ein *caput mortuum*.

In anderen Städten war das wesentlich anders. Das Maß munizipaler Freiheit und Entwicklung war allgemein hoch. Ein Bild dafür ist Pompeji. Wie lebendig ist da das Komitialwesen; dort wurde lebhaft agitiert, unabhängig gewählt.[360] Die Beamten verfügten über die Polizei; nur vorübergehend wurde, gegen die Räuber, Militär requiriert. Die lateinische Kultur ging immer mehr auf die Provinzen über. So auf Sizilien, wo die lateinische Sprache eingeführt wurde; auf Südgallien, auf Teile von Spanien. In einem schrittweisen, aber sicheren Vorgehen wurden die Einwohner durch das Recht und den Unterricht in den Kreis lateinischer Interessen gezogen. Die Geschäftssprache der römischen Kolonien und der Städte mit römischem oder latinischem Bürgerrecht war das Lateinische. Im griechischen Sprachgebiet spürte man davon nichts. Wohl gab es dort einige lateinische Enklaven[361], aber sie waren in verschwindender Minorität. Der Osten blieb dem Griechentum reserviert.

Die Stellung der Aristokratie, der alten Familien festigte sich. Eine Demokratisierung des Staates fand nicht statt. Die Julier waren und blieben Patrizier. [MH.I 104] Allerdings trat neben die alte senatorische Geschlechteraristokratie eine neue Schicht von *equites Romani*, die ihre Stellung nur dem Kaiser verdankte. Es sind nicht die Kaufleute der Republik, es ist ein Beamtenadel, der durch seine Stellung beim Kaiser mit der alten Gesellschaft konkurrierte. Daneben entwickelten sich die Anfänge des einflußreichen Freigelassenenstandes.

Es ist ein Glück, daß aus der römischen Literatur dieser Zeit so unverhältnismäßig viel erhalten ist, und doch wäre es Vermessenheit, danach ein Bild dieses Staates geben zu wollen, der zugleich eine Welt war. Die erste Sorge war die Sicherung des Mittelmeeres vor Piraten, und diese Aufgabe hat Augustus vollständig gelöst. Auch in betreff der Landstraßen Italiens, die durch die lange Dauer des Krieges sehr unsicher geworden waren, wurde

---

[360] Dessau 6354 ff.   [361] So die Kolonien Korinth und Bervtos.

viel getan. An den bedrohten Stellen standen Militärposten, sonst übernahmen die munizipalen Behörden die Sicherung. Die Posten wurden indes zurückgezogen, sowie die Gefahr beseitigt war. In Süditalien baute Augustus jedoch keine Chausseen. Ähnlich wie in Sizilien verzweifelte er hier daran, das Innere des Landes (Apulien, Calabrien) für die Kultur zurückzugewinnen; die Verwüstung hatte zu große Dimensionen angenommen. Erst Trajan kümmerte sich um diese Landschaften. In den Provinzen wurde ebenfalls reichlich geschafft. Von Augustus rührt die Reichspost[362] her. Sie war indessen keine neue Einrichtung.[363] Den großen Staaten des Ostens war [MH.I 105] sie bekannt[364], und es ist eine der Unbegreiflichkeiten der Republik, daß sie dies wichtige Institut verkommen ließ. Allerdings darf man nicht an unsere heutige Post denken. Die alte diente nur der staatlichen Depeschen- und Beamtenbeförderung. Anfangs richtete Augustus Botenrelais, später noch Wagenrelais ein. Dieser *cursus publicus* tritt an die Stelle des unbehilflichen republikanischen Requisitionssystems. Allerdings wurde später diese *vehiculatio* zu einer schweren Kommunallast und führte zu Unregelmäßigkeiten in Dienst und Beförderung. In unwirtlichen Gegenden wurden *mansiones* zum Nachtquartier der Reisenden eingerichtet.

Auf dem Gebiet der verfallenen Sitten konnte die Regierung sehr wenig tun. Augustus suchte hier durch das Beispiel seines Hauses zu wirken, nicht ganz vergeblich. Daneben aber ging er auf gesetzlichem Wege vor. Seine Ehegesetze dienten aristokratischem Interesse.[365] Denn die Aristokratie fing an, sich der Ehe zu entwöhnen, sie wurde als lästige Pflicht behandelt. So schritt denn Augustus energischer gegen Ehe- resp. Kinderlosigkeit als gegen Ehescheidung ein. Es sind wesentlich Beschränkungen pekuniärer Natur, namentlich in Bezug auf die Testamentsfähigkeit, was bei den Gewohnheiten der Alten, alle Freunde testamentarisch zu bedenken, viel mehr einschnitt, als es in unseren Zeiten tun würde. *Coelibes* und *orbi* (Ehe- und Kinderlose) konnten keine Legate annehmen. Die Wichtigkeit dieser Maßregel erhellt für uns daraus, daß Augustus hierbei auf zähe Opposition stieß. Es ist dies fast beispiellos. Schon der Name dieses Gesetzes *de maritandis ordinibus* ist für die Tendenz bezeichnend.[366] Später folgte die *lex Papia Poppea*.[367]

[MH.I 106] Die Freilassung ist der fürchterlichste Übelstand der Sklaverei. Von Hause aus unbemittelt, durch Laune kreiert, oft auf unredlichen Erwerb angewiesen, war schon die Existenz dieses Standes eine furchtbare

---

[362] Suet.Aug.49,3; O. Seeck, cursus publicus, RE.IV, 1901, 1846ff.

[363] Caes.civ.III 101,3; (ders.) Hisp.2

[364] Herodot VIII 98; Xenophon, Kyrupaideia VIII 6,17

[365] Th. Mommsen, Strafrecht 691ff.; S. Riccobono, Acta Divi Augusti, 1945,

112ff.; H. Furneaux, The Annals of Tacitus, I 1883, 483ff.

[366] 18 v.Chr. Das Gesetz befiehlt den *ordines*, d.h. den Senatoren und Rittern, zu heiraten: Suet.Aug.34.

[367] 9 n.Chr.: Dio LVI 10,3

Landplage, zumal in Rom, wo die Freigelassenen trotz aller gesetzlichen Beschränkungen *de facto* doch das volle Bürgerrecht besaßen. Es war unmöglich, das Übel an der Wurzel zu fassen, *id est*: die Freilassung ganz zu verbieten, wenigstens insoweit als damit auch bürgerliche Rechte verbunden waren. Aber gegen den tollsten Unfug, das massenweise testamentarische Freilassen, war Augustus gewillt einzuschreiten.[368] Es wurde nach dem Vermögen eine Maximumskala eingeführt; moralisch anrüchige Personen, die während ihrer Sklavenzeit gebrandmarkt oder wegen eines schweren Verbrechens verurteilt waren, und Kinder blieben von der Freilassung überhaupt ausgeschlossen. Verlangt wurde eine *iusta causa* (*probatio*). Die Libertinen um ihre politischen Rechte zu bringen, war unmöglich. Aber sie wurden aus den *tribus*, d. h. aus dem Stimmrecht ausgeschlossen. Nur in Ausnahmefällen erlaubte Augustus ihnen die Teilnahme an der Abstimmung. Leider deckte man damit den Brunnen zu, nachdem das Kind hereingefallen war. Denn auch die *tribus* hatten keine politische Geltung mehr.

Entsprechend seiner ganzen aristokratischen Tendenz war Augustus vor allem bemüht, den Staatskult zu heben. Er war *pontifex maximus*[369] und beteiligte sich an allen religiösen Angelegenheiten sehr lebhaft. Er stellte das Privileg des Princeps auf, allen hohen religiösen Korporationen [MH.I 107] anzugehören. Nur der Monarch konnte Priesterämter kumulieren. Auch in den Religionskollegien führte er eine Teilung ein. Seit dieser Zeit können wir, der Scheidung unserer Orden in solche erster und zweiter Klasse entsprechend, eine Trennung der Korporationen in solche für Senatoren und solche für Ritter verfolgen. Eine Steuerung, die im Grunde auch auf Augustus zurückgeht. Daß die Religion kein inneres Leben mehr hatte, war klar – aber das war auch schon in der Republik nicht mehr der Fall. Augustus tat jedenfalls alles mögliche. Er stellte alte Gebräuche wieder her, so das Säkularfest.[370] Dem Eindringen neuer Kulte setzte Augustus kluger Weise keine Verbote, sondern mehr nationalrömische Verachtung entgegen. Er betrachtete sie als gemein und unrömisch – und diese Haltung war sehr erfolgreich. Allerdings mußte sich auch der Staat, wie er einmal war, gegen ausländische Kulte ablehnend verhalten. Es galt für gemein und nicht aristokratisch, sich an den fremden Zeremonien zu beteiligen. Daneben pflegte Augustus sozusagen den Kult der Vergangenheit. Das *Forum Augusti* enthielt eine Galerie hervorragender Männer der Republik.[371]

Die augusteische Zeit wird als die höchste Blüte der Literatur und vielleicht auch der Kunst betrachtet. Der Grund ist, daß die Autoren die letzten Glieder einer Kette sind, die mit ihnen abreißt. Nach Augustus herrscht

---

[368] Suet.Aug.40,3; Gaius I 13 (FIRA. II 11)

[369] Suet.Aug.31,1

[370] 17 v.Chr.; Mon.Anc.22; Th. Mommsen, Ges.Schr.VIII 567ff.

[371] Suet.Aug.31,5; SHA.Sev.Al.28,6; P. Zanker, Forum Augustum, o.J. (1969?)

gründlichste Langeweile. Niemand hatte später Interesse für Literatur. Es ist die letzte Epoche der freien römischen Entwicklung. Da man später nicht mehr schrieb[372], so war man auf die augusteische Tagesliteratur angewiesen, die, nicht ganz mit Recht, somit auch die späteren Generationen beherrschte. Sprache und Orthographie des Lateinischen wurden für die Folgezeit fixiert. Diese Bestrebungen gingen von der Schule des Varro aus, die archaische Tendenzen zeigte. [MH.I 108] Augustus vermied in Sprache und Schrift alle Archaismen.[373] Vielleicht hat er geradezu von Staats wegen in dieser Richtung gewirkt. Ebenso steckt in der antiquarischen Forschung viel Arbeit, allerdings ist viel verschollen. Verrius Flaccus ist uns ja noch im Festus erhalten, bezeichnenderweise in Form eines Reallexikons für den römischen Forschungskreis.[374] Man sieht, wie rege gearbeitet wurde. Auch das ist charakteristisch. Nach dem Verscheiden der Republik untersucht man eifrig unter dem philologischen Messer ihren Kadaver. Daraus kann man sehen, daß die alte Zeit wirklich ab und tot ist. Die Forschung wirkt im wesentlichen kompilatorisch. Die römische Legende wird populär.

Höchste Leistungen blieben der römischen Literatur fortan versagt, denn die Verbindung mit dem politischen Leben löste sich. In der Kaiserzeit verlor die Politik ihren Einfluß auf das Publikum, darum erscheint die Literatur im Vergleich zur Republik matt. Die Poesie zog sich vom Markt, auf dem sie gelebt, zurück und siechte von da ab dahin.

Am Stand der Dichter im allgemeinen änderte sich nichts. Vornehm war er in Rom nie gewesen, Leute verschiedener Herkunft fanden sich im *collegium poetarum* zusammen. Die besten Poeten rekrutierten sich bezeichnenderweise nicht aus dem Senatorenstande, auch nicht aus Rom, sondern aus dem gesunden Mittelstand der Munizipien. Nicht im Widerspruch damit steht, daß alle Talente nach Rom gezogen wurden. Vornehme Leute trifft man meist nur unter den Rhetoren: Asinius Pollio, Valerius Messala. Auch das ist begreiflich. Die Politik drängte ja die Vornehmen auf das Forum. In der Poesie dagegen haben die Vornehmen nur dilettiert.

Sehr ungünstig wirkte ferner die [MH.I 109] Stellung der Poesie zum Publikum. Ohne eine stete und starke öffentliche Kritik kann eine große poetische Leistung gar nicht gedacht werden. Früher hatte es dergleichen in Rom gegeben, denken wir an Catull, aber das änderte sich. Die Clique und die von ihr unzertrennliche Claque treten an Stelle des Publikums. Daß dies Zeitalter mit Recht das maecenatische genannt werden konnte, das ist eine schlimme Kritik. Maecenas, Asinius Pollio, Valerius Messala usw. machen die Literatur, genauer: sie lassen machen.[375] Überall wurde eifrig auf höheren Befehl gedichtet und rezitiert. Diese Rezitationen, diese Gönnerschaften,

[372] Anders richtig unten
[373] Suet.Aug.86
[374] Mommsen, Ges.Schr.VII 269 ff.

[375] H. D. Meyer, Die Außenpolitik des Augustus und die augusteische Dichtung, 1961

diese persönlichen Verhältnisse vertreten zum Teil unser Rezensententum, ihnen fehlt aber das Korrelat unserer heutigen öffentlichen Meinung. Und das Übelste war: wer in Rom für diesen sehr kleinen Kreis ein Dichter war, der war es auch für den *orbis terrarum*. Die Rhetorik war schon in der Republik zur Schmarotzerpflanze geworden. Das gesprochene Wort wurde sogleich zum geschriebenen, es waren Pamphlete, die ins Publikum geschüttet wurden. Diese Entwicklung erreicht unter dem Principat ein jähes Ende, und damit ist die ganze Wissenschaft der Rhetorik ebenfalls beendet. Es gab zwar noch unter Augustus große Redner, so Marcus Valerius Messala Corvinus[376] und Asinius Pollio[377], aber diese gehören doch noch der Republik an. Pollio war 15 Jahre älter als Augustus.

Mit der Geschichtsschreibung ist es besser bestellt. Aus dieser Zeit stammt das klassische Werk von Pollio über die Bürgerkriege, das uns im Auszug (glücklicherweise in einem genauen) bei Appian erhalten ist. So noch anderes. Eigentlich kann man Pollio nicht den augusteischen Geschichtsschreibern zurechnen, sein Werk ist zwar unter Augustus geschrieben, aber auch hier gilt, daß diese Schriften Nachklänge aus der Republik sind. Das [MH.I 110] bezeugt schon die unparteiische Bemessung von Lob und Tadel. Der rechte Historiker dieser Zeit aber ist Livius. Seine Bedeutung ist durch die neuere Forschung auf das zutreffende Maß zurückgeführt worden. Er enthält viele Mißverständnisse, der Pragmatismus geht ihm vollständig ab. Wir wissen jetzt, daß Livius keine umfassenden Quellenforschungen getrieben hat, daß die Qualität seiner Arbeit weit hinter der Quantität zurücksteht. Er reproduziert roh ohne eigene historische Anschauung, wie sie das große Werk des Polybios auszeichnet. Es ist eine rhetorische Leistung, und der Grund des Erfolges liegt in der Sprache. Man stand den früheren Arbeiten fremd gegenüber, etwa so wie wir gegenüber dem «Simplicius Simplicissimus». Die alten Chroniken waren nicht mehr brauchbar, sie waren auch ungeschickt gearbeitet. Man benötigte aber eine Landesgeschichte. So stieß Livius willkommen in die Lücke. Außerdem tritt uns bei Livius so recht der Cliquenerfolg entgegen. Kein weiteres Werk machte ihm Konkurrenz, und Livius wurde die rezipierte Darstellung der Bundesgeschichte. Besseres wurde allerdings nicht durch ihn verdrängt. Dem Bedürfnis nach einer Weltgeschichte wurde durch Pompeius Trogus entsprochen, sie liegt uns im Auszug von Justin vor. Ein geschicktes Zusammenflechten disparater Momente ist nicht zu leugnen. Auch hier gab es keine tiefere Forschung.

Das Drama fehlt ganz. Aber trotzdem wurden eifrige Versuche gemacht, Tragödien zu schaffen. Die alten Stücke, etwa des Pacuvius, verschwanden von der Bühne und aus der Lesewelt, neue wurden geschrieben. Der «Thyestes» des Varius, die «Medea» des Ovid wurden hoch gefeiert. Aber es blieben Lesestücke, keine Bühnenstücke. Mit der Komödie war das etwas anderes. Da diese absolut die Bühne fordert, so bricht sie zugleich zusam-

---

376 Tac.dial.18,2   377 Quintil.X 1,113

men, trotz der Bemühungen des Maecenas Melissus – bezeichnenderweise
ein Freigelassener, ein gelehrter Bibliothekar –, ein neues Genre, die *trabeata*, zu schaffen.[378] Wer sich behauptete, hielt sich durch die Schauspiele.
Alles Interesse [MH.I 111] verschlang die Pantomime, das Ballet. Das ist
doch eine furchtbare Kritik der neueren Zustände.
Um so reger ging es auf dem Gebiet der kleineren Poesie zu. Allerdings
entstand auch das lateinische Epos, das den Höhepunkt der römischen Poesie bezeichnet. Wie erklärt sich dieser Einfluß des Vergil? Er war kein geringes Talent, das zeigen deutlich die «Georgica», obwohl diese ja eigentlich ein
Lehrgedicht, also keine Poesie sind. Aber dieses Genre der Dichtkunst war
damals allgemein Mode, und es ist alles in allem doch ein ganz vorzügliches
Gedicht, namentlich an den Stellen, wo die Begeisterung für Augustus voll
und klar durchklingt. Geschrieben ist es während des sizilischen Krieges, ein
Aufatmen nach der entsetzlichen Zeit geht durch das Werk.
[MH.I 112] Die Fürstenstellung Vergils in der Poesie, die derjenigen Ciceros in der Prosa entspricht, ist ein ganz seltsames Problem, interessant auch
für den Historiker. Es ist ein trauriges Geschäft, den modernen Epiker
Vergil mit Homer zu vergleichen, aber dieser ist doch bewußt nachgeahmt,
und so muß man dabei verweilen. Vergil suchte Ilias und Odyssee zusam-
menzuschweißen und fügte ein ziemlich gemeines erotisches Motiv hinzu:
die Liebe zwischen Aeneas und Dido, in Anlehnung an die Sage von Medea.
In der zweiten Hälfte ist es ihm ähnlich gegangen. Da tritt an die Stelle des
Haus und Hof besitzenden Hektor der eifersüchtige Liebhaber Turnus. Bei
der modernen Umgestaltung sind die anderen großartigen Motive der republikanischen Sage weggelassen, alles ist auf das Mittelmaß des Zeitalters
zurückgedrückt. Nur wenn Vergil das neue Kaisertum feiert[379], bricht ein
wärmerer Ton durch. Seine Selbstkritik in dem Wunsch, das Gedicht zu
verbrennen[380], war vollständig berechtigt. Wenn das Werk gleichwohl Erfolg
hatte, beruht das auf mehreren Gründen. Der erste liegt in der Politik. Auf
das Ansuchen des Augustus entstanden, drückt es die synkretistische Richtung der Zeit, die Koalition zwischen Römern und Griechen aus. Denn die
Karthager[381] werden ja durchweg als Griechen, wie auch in den homerischen
Epen behandelt. Ebenso willkommen war die Verherrlichung der Monarchie. Augustus lehnte sich geistig an die sieben römischen Könige an.[382]
Drittens die Verherrlichung des iulischen Hauses in dessen Ahnherrn

---

[378] Melissus war Freigelassener des
Maecenas, daher der Name: Ovid pont.
IV 16,3; Suet.gramm.21. Die *trabeata*
(*fabula*) heißt nach dem Rittergewand
(*trabea*).
[379] Verg.Aen.I 254ff.; VI 789ff.; VIII
626ff.
[380] E. Diehl (ed.), Die Vitae Vergilianae, 1911, S. 18 (Donat-Sueton 38) u.

S. 20: *obtrectatores Vergilio numquam
defuerunt*.
[381] So Hensel. Sagte oder meinte
Mommsen „Trojaner"?
[382] Eher an jene Helden, die Rom
groß gemacht hatten: Suet.Aug.31,5.
Eine Anlehnung an die Könige verrät
nur die Wahl des Grabortes: App.civ.I
106.

Aeneas, das ist vielleicht das Wichtigste. [MH.I 113] Dazu kommt das philologische Element. Mit Recht wurde Vergil der *doctus poeta* genannt. Er hat viel studiert, zumal das Pontifikalrecht (*Amata* aus dem Vestakult[383]). Die philologische Richtung verlangte, daß man zu einem Gedicht einen Kommentar machen konnte. Die Aeneis wurde ein eminentes Schulbuch, wie man das brauchte, und ist es bis auf den heutigen Tag.

Horaz, etwas jünger als Vergil, Tibullus und Propertius stehen literarisch unendlich viel höher als Vergil. In den Gedichten des Horaz pulsiert das volle, lebendige Leben. So namentlich die *Ars poetica* mit ihrem freien geistreichen Geplauder, ebenso die Satiren. Weniger hervorragend sind die eigentlichen Oden, welche allerdings auch sehr schöne Gedichte enthalten, z. B. das *Carmen Saeculare*.[384] Es verbindet griechische Anmut mit dem vollen Bewußtsein von der Größe des Römerstaates. Von echter Liebesempfindung ist bei Horaz nicht recht die Rede, die Sklaverei hat sie zerstört.[385] Darin sind ihm Properz und noch mehr Tibull überlegen. Bei ihnen gibt es zarte Empfindung, das Beste, was die Römer poetisch geleistet haben.

Merkwürdig ist das schnelle Absterben dieser Talente. Zur selben Zeit, als Agrippa usw. hinschied, starben auch die Dichter. Es folgte eine andere Art der Poesie, die des alternden Augustus. Ovid tritt auf, den die Alten *ingeniosissimus* nannten.[386] Er ist der leichteste der Dichter, ihm fließen die Verse am besten. Ob er deswegen aber auch der beste Dichter ist, das ist fraglich. Alles Ringen mit der Sprache und dem Metrum ist vorbei. Der Inhalt ist nicht sehr tief. Nur die Hetärenpoesie, die *amores* und *ars amandi* sind lesbar. Und das ist doch ein sehr untergeordnetes Genre.[387] Charakteristisch ist die Katastrophe des Dichters in Verbindung mit der der Julia (s. o.). [MH.I 114] Sonst ist die Poesie Ovids nichts weiter als Reimerei.[388] Er war imstande, über alles fließend zu dichten, aber ohne jeden poetischen Gehalt. Sein gefeiertstes Werk, die «Medea», kennen wir nicht. Man kann sich dem Gedanken nicht verschließen, daß diese Ode[389] daraus entstand, daß Ovid nicht mehr in den republikanischen Traditionen lebte. Die Welt wurde leerer.

In der Kunst ist die Überhandnahme von Sammlungen hervorzuheben. Es entstanden die großen durch Octavia und Augustus gegründeten Bibliotheken, jede mit einer griechischen und lateinischen Abteilung.[390] Eine ähnliche Entwicklung zu einer Art Museum zeigt sich bei den großen Tempeln des Augustus. Darin waren uns die Alten überlegen: jedes Kunstwerk, einzeln aufgestellt, wirkt für sich ganz anders als in einem Museum. Augustus arbei-

---

[383] *Amata* war die Anrede der Vestalin durch den Pontifex Maximus (Gell.I 12) und Name der Frau des Latinus.

[384] Mommsen, RA.168ff.; 351ff.

[385] Gemeint: die Verfügbarkeit über die Sklavinnen.

[386] Sen.NQ.III 27,13

[387] 1868 sagte Mommsen von Ovid,

daß die unmoralischsten die besten seiner Sachen sind (MK.116)

[388] Genauer: „Versemacherei", der Reim ist nachantik.

[389] Richtig: Tragödie

[390] Suet.Aug.29,3; ders.,gramm.20; Plut.Marcellus 30

tete unermüdlich an der Sammlung solcher Kunstschätze. Agrippa führte das in seiner Rede *de tabulis signisque*[391] *publicandis* aus. Jedes Kunstwerk sollte Staatseigentum werden, eine großartige Idee. Natürlich kam das nicht zur völligen Ausführung, aber die neuen Bauwerke dienten zur Annäherung an das Ideal. Augustus selbst verfuhr in diesem Sinne, er stellte seine Erwerbungen öffentlich aus. Auf dem Gebiet der Baukunst entfaltete sich eine ungeheure Tüchtigkeit. Aber hervorragend große Künstler werden nicht genannt, und dies Schweigen sagt genug. Die Parole war Sammeln und Aufstellen, nicht Bilden. Die Münzen jedoch zeigen große Fortschritte, namentlich im Porträt. Zu dem Zweck bildlicher Darstellung wurde das *Forum Augustum*[392] gebaut und mit Porträtstatuen geschmückt.[393]

Die Architektur tritt in den Vordergrund, mit Recht. Die Unterstützung und Förderung dieser Kunst hängt hauptsächlich vom Staat ab. Es wurde fabelhaft gebaut, so wie später vielleicht nur unter Trajan. Zuerst entstanden Nutzbauten, insbesondere durch Agrippa.[394] Er hat die alten Wasserleitungen, bisher arg vernachlässigt, hergestellt und neue gebaut, nicht wie früher privatim gegen Bezahlung, sondern unentgeltlich. Auch dies ein Seitenstück zu den *panes et circenses*. Dazu kamen das Balbus- und das Marcellus-Theater, ein steinernes Amphitheater und Bauten für Volksversammlungen. Ähnlich die Foren, Basiliken und öffentlichen Plätze. Von den Tempeln ist namentlich das Pantheon zu nennen, durch Agrippa aufgeführt, ein überwältigendes Werk.[395]

---

[391] Hensel: *omnibus*, Plin.NH.XXXV 26

[392] Hensel schreibt, wohl irrig, *Forum Romanum*. P. Zanker, Forum Augustum, o.J. (1969?)

[393] Das folgende steht hier an der richtigen, bei Hensel an der verkehrten Stelle, in Heft Ib oben S. 123 [s.u.]. Hensel hat eine falsche Seite zum Mit-

schreiben aufgeschlagen und, als er seinen Irrtum bemerkte, den Text bis *überwältigendes Werk* [s.u.] in eckige Klammern gesetzt.

[394] Dio LIII 27; F. W. Shipley, Agrippa's Building Activities in Rome, 1933

[395] Der heutige Bau ist – trotz der Inschrift (Dessau 129) – von Hadrian errichtet: SHA.Hadr.19,10.

2. TIBERIUS
(14–37)

[MH.I 115] Die Nachwelt hat dem Augustus ein Denkmal bewahrt, wie es vielleicht nie wieder geschehen ist. Bei Tiberius[396] ist dies ganz anders. Unter ihm kamen die sittlichen Schwächen des Regiments zum Ausbruch. Es verlohnte sich, die Vergötterung des Augustus in allen Ständen, namentlich im Mittelstand zu untersuchen. Die Regierung des Tiberius ist durch die «Annalen» des Tacitus viel besser überliefert. Aber Tacitus und seine Quellen sind Parteischriften eminentester Art. Seine politischen und persönlichen Animositäten sind stark und lebhaft. Oft hat ihm der Haß die Feder geführt. Die Tatsachen sind gut überliefert, und daraus kann man Tacitus oft selbst widerlegen. Aber ihn aus anderen Quellen zu kontrollieren, davon kann nicht die Rede sein.

Was Tiberius als Mann und Feldherr in der ersten Regierungsepoche geleistet hat, das ist vergessen durch seine Zeit in *Capraea* (Capri); nur sie blieb lebendig und bestimmte das Bild des ganzen Mannes. Tiberius gehörte den hohen Kreisen der Aristokratie an, den Claudii Nerones, einem allerdings weniger illustren Zweige. Gewiß war er ebenso adlig wie die Octavier und Julier. Von den eigentümlichen Zügen der Claudier[397] hat er nichts. Er hatte seit seinem 4. Jahre im kaiserlichen Hause gelebt. Sein Vater war bald nach der Auflösung seiner Ehe mit Livia gestorben. So wuchs Tiberius als Mündel des Augustus auf und wurde stets als kaiserlicher Prinz und zum *palatium* gehörig betrachtet. Früh kam er in die Öffentlichkeit.

Er war eine große, stattliche Erscheinung, breitschultrig, mit stark behaartem Nacken. Das Äußere schon kündigte den Soldaten an. [MH.I 116] Gesund durch und durch, nahm er seit seinem 30. Jahre nie einen Arzt mit.[398] Und diese Kraft blieb ihm bis zur letzten Zeit. Aber er war kein schöner Mann; sein Gesicht wirkte mit großen düsteren Augen unheimlich und unerfreulich; später durch Geschwüre fast abschreckend. Tiberius verlor das Haupthaar früh, und nicht zuletzt deshalb mied er den Verkehr mit den Menschen.

In Bezug auf seine Anlagen war er vor allen Dingen ein sehr tüchtiger

---

[396] Eine Tiberius-Biographie im Geiste Mommsens schrieb sein Schüler Ernst Kornemann, 1960 postum von Hermann Bengtson veröffentlicht. Kornemann hat nach Bengtson (S. 5) Mommsens Kolleg über römische Kaisergeschichte gehört.

[397] *vetus et insita Claudiae familiae superbia* bescheinigt Tacitus (ann.I 4,3; vgl. Liv.II 56; Suet.Tib.2) dem neuen Kaiser. Mommsen RF.I 285 ff.

[398] Suet.Tib.68

Offizier. Durch persönlichen Mut und Talent war er dazu wie auserlesen. Erfahren im kleinen Dienst, von unermüdlicher Sorgfalt, nahm er auf das Gepäck und die Bewaffnung der Soldaten Rücksicht. Den Offizieren verbot er, unnötiges Gepäck mitzuführen. Er kümmerte sich nicht um den Kriegsrat, von dem er, wieder merkwürdig, nur nach der Varianischen Schlacht Gebrauch machte, wahrscheinlich *exempli causa*.[399] Tiberius war nicht glänzend, aber tüchtig und sah mehr auf die Sache als auf den Schein. Er wollte nicht Schlachten gewinnen, sondern das letzte Ziel, die Pazifikation, erlangen. In seinen Kriegen war es gute Politik, Schlachten zu vermeiden. Tiberius paßte besser in das Lager als auf das Forum. Er sprach ungern und langsam. Seine Konversation war schlecht, wenigstens nicht auf der Höhe.[400] Er war durchaus nicht schlagfertig, eher finster. Sein Eintreten scheuchte den Scherz zurück, selbst bei Augustus. Er eignete sich nicht für das höfische Leben. Die Frauen liebten ihn nicht, und ohne Frauengunst Rom zu regieren, war unmöglich. Daran ist er zum Teil gescheitert. Er soll schon früh seinen späteren Lastern gefrönt haben, namentlich in Rhodos. Aber das ist nicht beglaubigt, [MH.I 117] wir müssen das für sein früheres Leben entschieden ablehnen. Seine unnatürlichen Laster in den letzten Dezennien sind ekelhaft und abscheulich.[401] Immer war er ein starker Zecher, wie dies seiner soldatischen Natur entsprach. Schon früh hieß er Biberius Caldius Mero.[402] Aber auch dies paßt nicht zum feinen Salon des Augustus.

In Bezug auf Religion war Tiberius ungläubig und abergläubisch zu gleicher Zeit. Er hatte nicht den Glauben des Augustus an die eigene Göttlichkeit, hielt nichts vom Herrscherkult und war ein starker Rationalist.[403] Aber daneben betrieb er eifrig Astrologie. Auch dies klingt an das Lager an. Er stellte sich das Horoskop (*genitura*) und pflegte zu sagen: *omnia fato regi*. Auch an Vorzeichen und Wunder glaubte er im Einklang mit seiner ganzen finsteren Natur. Merkwürdig ist sein Einschreiten als Regent gegen die Wahrsager, die sogenannten Chaldäer.[404]

Tiberius war hochgebildet nach den Begriffen der damaligen Zeit.[405] Er bewunderte die alexandrinische Dichtung. Diese halbgelehrte Poesie, namentlich den Euphorion[406], verehrte er. Auch ihm galt das gelehrte Studium mehr als der ursprüngliche Reiz der Poesie. War er nicht vorbereitet, so sprach er gut; hatte er meditiert, so nwar er verzwickt und gelehrt, daß er

---

[399] Suet.Tib.18

[400] Dio LVII 1

[401] Suet.Tib.61 ff.; Tac.ann.VI 1

[402] Diese Verdrehung seines Namens, überliefert bei Sueton (Tib.42), spielt auf die Vorliebe des Prinzen für Glühwein an.

[403] Suet.Tib.26 f.; Taeger S. 262 ff.

[404] Tac.ann.VI 21 f.; Suet.Tib.14,4; 62,3; Dio LVII 15,7 ff.

[405] Zum folgenden: Suet.Tib.70 f.

[406] Dichter am Hofe von Antiochos III. Erhalten sind nur Reste. Sueton nennt neben Euphorion noch Rhianos und Parthenios.

unverständlich wurde. Gern unterhielt er sich mit Gelehrten und vexierte
sie mit Fragen, z.B. wie Achilles hieß, als er Weiberkleider trug. Tiberius schrieb auch selbst und überreichte seinem Stiefvater ein Gedicht auf
den jungen Lucius Caesar. Des Griechischen war er wohl kundig, sprach
es aber nicht gern; in der lateinischen Sprache war er Purist im strengsten
Sinn. Er verbot, in den Akten Fremdwörter zu verwenden, so das Wort
monopolium.
Die Stellung unter Augustus ist oben skizziert. Das rhodische Exil hat ihn
verbittert. Er hat sich nie mit Augustus gutstellen können; er mußte lange
warten, war ohne sein Zutun zuletzt doch Nachfolger geworden, aber ohne
Zweifel vollständig abhängig, solange Augustus lebte. [MH.I 118] Das Herz
des Augustus war nicht bei Tiberius, sondern bei Germanicus. Natürlich
erbitterte ihn das noch mehr. Wenige Monate vor dem Tode des Augustus
wurde ihm die gleiche Gewalt, wie sie der Kaiser besaß, in sämtlichen Provinzen übertragen.[407]
Der Thronwechsel erfolgte plötzlich. Augustus starb auf einer Reise nach
Campanien in *Nola.*[408] Tiberius war nicht anwesend, jedenfalls scheint es so.
Livia ließ ihn schleunigst aus Oberitalien kommen; ob er Augustus noch
lebend fand oder nicht, ist nicht ausgemacht. Die Fehler der Hauspolitik
rächten sich jetzt. Augustus hatte dem Tiberius zunächst den Agrippa Postumus beigesellt, den er allerdings nachher wieder verstieß. Aber dieser
Agrippa war nun eine furchtbare Gefahr für die Sukzession. Er sollte aus der
Verbannung entführt und zu den Soldaten gebracht werden, um eine Revolte
einzuleiten. Und dieser Aufruf wäre nicht ohne Folgen geblieben, das zeigen
die späteren Vorgänge (s. u.).
Wie faßte Tiberius seine Herrschaft auf? Es ist dies einer der vielen um-
strittenen Punkte. Er war zum Teil eminent für dies selbstherrliche Regiment
befähigt; ein tüchtiger Offizier war er, und durch eine gute Schule gegangen;
er war in einer viel glücklicheren Lage als sein Vater beim Herrschaftsantritt.
Und dennoch scheiterte er. Vor allem fehlte ihm mit seinen 56 Jahren die
Jugend. Er war zu lange Diener eines Herrn, eines herrischen Herrn gewesen; er hatte die goldene Zeit der Jugend zu weit hinter sich gelassen. Aber
auch anderes hinderte. Tiberius war sich zu sehr der Schwere seiner Aufgabe
bewußt, ihm fehlte der frische [MH.I 119] Mut des Wagens, der doch zuletzt
gerade in solcher Stellung Not tut, den wir in Augustus und Caesar bewundern. „Erst wägt, dann wagt", heißt es richtig, aber es war des Tiberius
Schicksal, nur zu wägen und nie zu wagen. *Quanta belua imperium esset,*
das wüßten die Leute nicht, pflegte er zu klagen.[409] Daher war Augustus
stets das Ideal des Tiberius. Warum? Tiberius war ein besserer Offizier und
Verwalter. Als Herrscher aber fehlte ihm jeder Glaube an sich selbst, er

---

[407] Suet.Tib.21
[408] Am 19. August 14: Tac.ann.I 5;
Suet.Aug.97 ff.; ders. Tib.22.

[409] Suet.Tib.24

wandelte in innerer und äußerer Politik ängstlich auf den Bahnen des Augustus.

Das zeigt sich gleich bei der Übernahme der Herrschaft. Überhaupt ist die Stellung des zweiten Herrschers die schwierigere. Genaugenommen gab es gar keinen Regierungswechsel. Tiberius war ja in der letzten Zeit dem Augustus gleichgeordnet gewesen, es war kein eigentlicher Thronwechsel, es war ein formeller, kein faktischer Prozeß. Tiberius trat denn auch sogleich als Kaiser auf, indem er die Parole ausgab. Ob der Kaiserwechsel vor die Comitien kam, wissen wir nicht, doch wurde im Senat darüber debattiert. Dies blieben allerdings nur leere Worte. Tiberius ist dennoch derjenige, der stets verfassungsmäßig regieren wollte, der konstitutionellste Monarch, den Rom gehabt hat. Nichts sollte geschehen ohne Mitwirkung des Senats, so wurde auch diese Frage dem Senat zur Diskussion gestellt. Das war vermutlich ein Fehler. Wahrscheinlich wünschte Tiberius eine echte Mitwirkung des Senats an der Regierung. ⁴¹⁰ Daß das nicht zum Ziel führte, war hauptsächlich Schuld des Tiberius. Es war eine peinliche Lage für beide Teile, die Sache war ja schon entschieden. Wie Tiberius dazu stand, das zeigte sich, als er sofort die temporäre Begrenzung des Principats beseitigte.⁴¹¹ Alles erkannte Tibe-

---

⁴¹⁰ Tac.ann.I 12; Dio LVII 2.

⁴¹¹ Eine ähnliche Charakteristik lieferte Mommsen in MK. 147 f., sowie in der von Ludwig Schemann 1872/73 mitgeschriebenen Vorlesung, publiziert von Wickert IV S. 344 ff.: *Bei Tiberius müssen wir äußerst vorsichtig urteilen. Er ist einer der bedeutendsten Männer, die je an der Spitze eines Staates gestanden haben. Sein Charakterbild ist in der Geschichte schwankend, verzerrt durch Haß und Parteiung. Die greisenhafte Fratze, die er in seiner allerletzten Periode zeigt, ist manchmal zur Gesamtbeurteilung untergelegt worden.*
Tiberius war stark und kräftig, eine durchaus militärische Erscheinung. Seine Bildung eine für seine Zeit ungewöhnlich tiefe (auch literarisch nicht indifferent, begünstigte namentlich die alexandrinisch-erotische Richtung der Poesie). Nicht ohne Gefühl, namentlich zeigt sich dies in seiner ersten Ehe. In tragischer Weise wurden ihm alle Verhältnisse, die auf gemütlichen Beziehungen beruhten, verbittert, darauf muß Tiberius' Herbigkeit des Herzens zurückgeführt werden.
«Bruch mit der Mutter Livia» Tiberius
hatte zuletzt nicht ein einziges reines menschliches Verhältnis mehr... Alle in Haß verwandelte Liebe ging denn schließlich in den Grundzug von Tiberius' Natur über und schuf jenes Schattenbild, wie wir es von Tiberius haben (auch bei Tacitus). Das Schicksal hat den Tiberius gewaltig durchgearbeitet, aber nicht erweicht, sondern verhärtet. Tiberius gehörte zu den Leuten, die nie eine Jugend gehabt, denen sich nie das Herz in erfreulicher, unbefangener Weise geöffnet hat. Seine Umgebung voll Niedertracht und Nichtswürdigkeit erfüllte ihn mit Menschenverachtung, die er aber immer mit energischem Pflichtgefühl verband (nicht „oderint, dum metuant", sondern „oderint, dum probent"). Das Zurschautragen der Gleichgültigkeit gegen das Publikum war ein arger politischer Fehler, niemand verzichtet ungestraft auf die Liebe seines Volkes.
Tiberius war natürlich, dem Geist der Zeit entsprechend, ohne eigentlich religiösen Glauben, durchaus rationalistisch angelegt. Dennoch beherrschte ihn durch und durch ein Fatalismus, der ihn selbst in politischen Handlungen öfter be-

stimmte. *Tiberius neigte zum Abstrusen, namentlich in Rhodos nahmen seltsame Neigungen in ihm überhand. Auch das Raffinement der Ausschweifungen, mit einer widerwärtigen Gelehrsamkeit gemischt, zeigt er hauptsächlich seit seinem Aufenthalt in Rhodos. In seiner letzten Periode tritt hierzu die Greisenhaftigkeit und macht so den Tiberius zu einem abschreckenden Bilde.*

Als Staatsmann wohl einer der größten Roms.... Wenn man Tiberius' finanzielle Verdienste würdigen will, so denke man nur an Augustus' ewige Geldnot.

Tiberius hatte den aufrichtigen Willen, verfassungsmäßig zu regieren.... alles verschmähte er, was nicht darauf hindeutete, daß der römische Staat ein Freistaat mit lebenslänglichem Chef sei.

Die Änderung der Comitien war ungemein wichtig, ein Ausbau der Augustischen Verfassung. Tiberius entzog die Wahlen den Comitien und gab sie dem Senat. Der Augustische Staat schon war aus einem demokratischen zu einem aristokratischen geworden, die Wahlen der Comitien waren der letzte Anklang an die alte Demokratie. Dieser *populus Romanus* war nur mehr ein staatlicher Name, nicht eine staatliche Wesenheit. Die Senatswahlen sind ein Fortschritt von den Urwahlen zu direkten Wahlen. Die Beschlüsse des Senats sind zugleich die des *populus Romanus.*

Bei so großen Leistungen für den Staat wurden durch Tiberius' wüste, freud- und lieblose Stimmung die Folgen seines segensreichen Regimentes völlig verkümmert. Das Verhältnis von Volk und Herrscher ein getrübtes, auch hierin ist Tiberius eine tragische Erscheinung.

...dabei war Germanicus entschieden republikanisch gesinnt, das Haupt der Liberalen. Die Stellung desselben zu Tiberius war natürlich eine durchaus unangenehme, weil entgegengesetzte: Germanicus, als Kronprinz der populärste,

Tiberius, der Kaiser, der unpopulärste Mann des Staates. Vergegenwärtigen wir uns diese Peinlichkeit der Situation, so müssen wir einerseits die Loyalität des Germanicus, anderseits auch das Verfahren des Tiberius anerkennen, der ihn trotz der verfänglichen Vorgänge am Rhein noch Jahre lang in seinem Kommando beließ.

Tiberius zog überall die letzten Konsequenzen der Monarchie; wo Augustus vielfach noch mild und nachsichtig aufgetreten war, ließ Tiberius die notwendige Unerbittlichkeit eintreten.

Er gehörte zu den unglücklichen Naturen, die weder Servilität noch Freimut vertragen können.

Tiberius fehlte das Talent, kleine unbedeutende Dinge zu begreifen. Er nahm alles streng, ernst im größten Maßstab.

Tiberius veranlaßte alle Vornehmen, ihr Vermögen mindestens zu $2/3$ in italischem Grundbesitz anzulegen. Die Kapitalien mußten zurückgezogen werden; um einer Krise vorzubeugen, half Tiberius dabei aus Staatsmitteln. Dieser Gedanke war einer der genialsten des Tiberius. Die Aristokratie sollte nicht aus Bankiers bestehen, weil hierdurch der soziale Verfall besiegelt worden wäre. Unter den folgenden schlaffen Regierungen wurde diese Idee nicht weiter durchgeführt.

Fragen wir endlich nach Kunst und Wissenschaft, so sehen wir allerdings eine freud- und farblose Epoche vor uns. Velleius und Valerius Maximus, sonst durchaus verschieden, kommen nur zusammen in hündischer Adulation. Sonst ist nur noch der ältere Seneca zu nennen. Der geistige Druck dieser Zeit macht sich auf dem literarischen Gebiet überall geltend. Die literarische Censur hat freilich Tiberius nicht begonnen, aber unter seinem Regiment hat sie zuerst größere Ausdehnung gewonnen. Das gute, schlichte Latein ist übrigens abgekommen, man stellt nicht mehr, man verdreht die Worte

rius als Kaiser an. Sehr bemerkenswert ist es, daß Tiberius den Principat möglichst praktisch zu gestalten, die ideale Seite herabzustimmen strebte. Er lehnte die Übernahme des Augustustitels nicht ab, er war ihm aber trotzdem [MH.I 120] unbequem, wahrscheinlich wegen des sakralen Beigeschmacks. Denn es ist doch der Gott auf Erden, der sich darin offenbarte. Der Gottesverehrung des Princeps machte Tiberius ganz gründlich und radikal ein Ende.[412] Den Titel *pater patriae*, von Augustus feierlich angenommen, wies er zurück. Der Treueid der Beamten wurde nicht für ihn, sondern für die *acta* des Augustus angenommen. Tiberius wollte nicht *imperator* heißen. Auch Augustus wollte ja nicht als *imperator*, sondern als *princeps* gelten. Deshalb machte er *imperator* zum Vornamen. Auch dies unterließ Tiberius. Er nannte sich nicht *Imperator Tiberius Nero*, sondern einfach *Tiberius Caesar Augustus*.[413]

Gleich beim Thronantritt des Tiberius traten die beiden furchtbarsten Übel der Militärmonarchie, Familienmord und Aufruhr der Soldaten, zu Tage. Tiberius mußte die Schuld des Augustus-Regiments abtragen, so vergilt die Geschichte. Sowohl am Tod des Postumus als auch an den Vorgängen an Rhein und Donau traf Tiberius direkt keine Schuld. Marcus Julius Agrippa Postumus war zuletzt wieder in Verbindung mit Augustus getreten. Tiberius mußte auf ihn mit Bedenken sehen, Livia teilte diese Gefühle gewiß vollkommen. Agrippa mußte aus politischen und privaten Gründen beseitigt werden, ein Nebeneinander mit dieser brutalen Natur unter Tiberius war unmöglich. Agrippa wäre die Beute eines jeden Schwindlers geworden.[414]

(man vergleiche nur die Reden des Livius mit den Controversen des Seneca). Der schwerfällige Stil des Kaisers mag auf die ganze Epoche eingewirkt haben.

Man geht jetzt in der Überschätzung des Tiberius ebenso zu weit als früher in der Verurteilung desselben. Bei allem Lichte dürfen wir uns die Schattenseiten nicht verhehlen. Im ganzen gilt von der römischen Monarchie dasselbe, was man von Preußen sagt: seine drei ersten Herrscher (Gaius Julius Caesar, Augustus, Tiberius) hatten sie fest gegründet, freilich auf nichts weniger als gerade natürlichen Grundsätzen.

Parallele des Tiberius mit Friedrich dem Großen in vielen Beziehungen zutreffend. Trefflicher Feldherr, noch besserer Verwalter. Häusliches und ähnliches Unglück, bittere Erfahrungen, Verdüsterung, nur überboten durch das immer fortdauernde Pflichtgefühl. Dabei das dilettantische Spielen mit der Kunst und Wissenschaft. Greisenhaftigkeit der letzten Jahre, aber bis zuletzt Ausdauer bei den Staatsgeschäften.

Wir verlassen mit Bedauern diese ältere Epoche, um uns zu einer anderen zu wenden, von der man nicht weiß, ob sie mehr knabenhaft, oder bösartig ist, und nicht begreift, wie in ihr nicht der Staat in seinen Grundfesten zusammenbrach.

[412] Suet.Tib.26f.; Dio LVII 8; Tac. ann.IV 37f.; Taeger S. 262ff.; Kornemann S. 108f.

[413] Dessau III S. 262

[414] Hensel bemerkt am Rand: *Plinius VII 149–50 Hist.Nat. von Schiller falsch verstanden.* Plinius NH.VII 46/149 berichtet die Unglücksfälle im Leben des Augustus. Hermann Schiller hatte seine «Geschichte des römischen Kaiserreiches unter der Regierung des Nero» (1872) Mommsen gewidmet.

Das Publikum erfuhr folgendes.[415] Augustus starb in Abwesenheit des Tiberius. Unmittelbar darauf bekam der wachhabende Offizier auf der Insel *Planasia* von Gaius Sallustius Crispus den Befehl, Agrippa hinzurichten, und tat es. Sallustius war nur Ritter, ohne offizielle Stellung, lediglich ein Freund des Kaisers. Es ist bezeichnend, daß [MH.I 121] seine Autorität genügte. Als Tiberius dies erfuhr, drohte er mit einer Kriminalklage vor dem Senat. Das war formell richtig. Crispus trat ein und setzte dem Kaiser die Gefahr auseinander, die darin lag, das vor dem Senat zu verhandeln. Tiberius nahm davon Abstand, und damit hatte die Sache ein Ende. Soviel steht fest, daß die Gefahr, die dem Regiment durch Agrippa drohte, nicht klein war. Man wollte ihn nach der Donau als Mittelpunkt der aufsässigen Soldaten entführen. Schon waren die Emissäre unterwegs. Das Gefährliche der Sache zeigt sich in dem falschen Agrippa Clemens, einem Sklaven, der Glauben fand und von Crispus beseitigt werden mußte.[416] Wer hat den Mord veranlaßt? Augustus sicher nicht. Er wollte die Haft auch nach seinem Tode fortdauern und sie durch den Senat dekretieren lassen. Wahrscheinlich hat sich Crispus auf einen Befehl des Augustus berufen. Aber das hätte Augustus nie über sich gebracht. Es ist möglich, daß Tiberius den Befehl gegeben hat, aber höchst unwahrscheinlich. Wie konnte er dann eine Verhandlung im Senat in Aussicht nehmen? Crispus fiel außerdem später in Ungnade, vermutlich wegen dieses Vorfalls. Wahrscheinlich wurde der Befehl vor dem Eintreffen des Tiberius in Nola durch Livia gegeben. Es war ein Justizmord *in optima forma*. Es ist möglich, daß der Mord schon vorher zwischen Livia und Tiberius verabredet war, aber die eigentliche Schuld trifft Augustus. Es gab nur die Alternative zwischen Verbrechen und Bürgerkrieg, aber heraufgeführt hat diese Alternative Augustus durch seine doppelte Adoption. Welche Kämpfe Tiberius mit sich selbst darüber ausgestanden hat, das können wir nur raten. Er befand sich in einer schrecklichen Situation, weil der Mord vom großen Publikum ihm in die Schuhe geschoben wurde.

[MH.I 122] Das zweite Exordium waren die Militärunruhen.[417] Die Soldaten nahmen meist ohne Manifestationen den Thronwechsel hin. Anders an Rhein und Donau, wo gleichzeitig eine merkwürdige Bewegung entstand. Sie war nicht politischer Art, bezweckte weder eine republikanische Revolution, noch entsprang sie einer Abneigung gegen Tiberius persönlich, der als guter Feldherr bekannt war. Wir kennen nicht einen einzigen Offizier, der sich daran beteiligte, sie blieben ausgeschlossen. Es war ein Disziplinarvergehen, hervorgerufen durch die Mißhandlung der Soldaten, und zwar durchaus begründet, denn deren Behandlung ging über alle Geduld.

Zum Teil liegt der Grund in der Institution. Zum ersten monierte man die

---

[415] Tac.ann.I 6; Suet.Tib.22; 25,1; Dio LVII 3,5 f.

[416] Tac.ann.II 39 f.; Dio LVII 16,3 f.

[417] Tac.ann.I 16 ff.; Dio LVII 4 ff.; Vell. II 125.

Länge der Dienstzeit. Nur mit vernutztem Körper schied der Soldat aus dem Dienst, aber das war doch früher ganz allgemein so. Zum zweiten beschwerte man sich über die Strenge der Exerzitien. Die Dressur war ganz auf das Handgemenge und den Zweikampf berechnet. Der Unterschied zwischen den Rekruten und Triariern war ungeheuer.[418] Der Dienst kannte keine Zwischenpause. Diese Übelstände waren kaum zu vermeiden und steigerten sich durch den Mangel an Geld und an Menschen. Die Dienstzeit wurde sogar oft noch über 20 Jahre verlängert, seit das Geld zum *praemium* fehlte. Die *vexilla veteranorum* wurden der Herd zum Aufstand, ihnen war Unrecht geschehen. Hinzu kamen andere Gründe, so die Konzentration der Truppen und ihr Gefühl, für den Staat unentbehrlich zu sein. Der *esprit des corps* wurde über das zuträgliche Maß gesteigert.

Die kleineren[419] [MH.I 123] Truppen blieben treu. Aber die acht Legionen des Rheins betrachteten sich als das erste Heer des Reiches, und mit Recht. Hinzu kam der Neid der Linie auf die Garde. Diese hatte besseren Dienst, höheren Sold, kürzere Zeit. Die Prätorianer dienten nur 16 Jahre. Das erbitterte stark. Alles das waren aber Übelstände, die durch die schwächliche Haltung der augusteischen Militärpolitik inauguriert waren, auch hier erntete Tiberius, was er nicht gesät hatte! Es ist bezeichnend, daß sich bei Lebzeiten des Augustus nichts regte. Die Truppen zögerten gewiß nicht aus Angst, denn Tiberius war mehr zu fürchten. Die Soldaten hielten an der bewunderungswürdigen Treue gegen Augustus fest, und dies Gefühl hätte man seitens der Regierung stärken sollen.

Die Forderung war im allgemeinen bescheiden. Die Soldaten wünschten Ausgleichung zwischen Linie und Garde, Entlassung der Veteranen, Erhöhung des Soldes, Auszahlung der Testamentslegate des Augustus und eine Beschränkung der Dienstzeit auf 16 Jahre. Das war billig. [MH.I 124] Schlimmer war die Art und Weise der Forderung. Einzelne Centurionen wurden erschlagen, gegen sie richtete sich die Wut der Soldaten und gegen die *praefecti castrorum*, bestehend aus älteren Centurionen. Die Oberoffiziere standen seltsam passiv zur Seite.

Zu bändigen war der Aufstand nur durch sittliche Mittel. Von der Donau wurde eine Gesandtschaft an den Kaiser geschickt. Es ist merkwürdig, wie Tiberius verfuhr. Hier zeigt sich sein schwankendes Temperament. Wäre Tiberius, der *imperator*, selbst erschienen, so würden sich die Truppen unterworfen haben. Man sieht es aus den späteren Vorgängen. Tiberius wollte und mußte dies tun. Es war eine große Gefahr, aber er mußte die Reise unternehmen. Er tat es nicht, wahrscheinlich aus der Erwägung, daß der Oberfeldherr seine Autorität nicht so aufs Spiel setzen kann.

---

[418] Die Triarier im dritten Treffen der Legionen waren die bewährtesten Kämpfer.

[419] Hier folgt bei Hensel versehentlich der von mir nach oben (MH.I 114) gesetzte Abschnitt über die augusteische Baupolitik, von Hensel eckig eingeklammert.

Tiberius sandte seinen leiblichen Sohn Drusus mit dem jungen Offizier Lucius Aelius Seianus, dem Sohn des Gardekommandanten, der diesem zur Seite stand. Es war ein sehr gefährliches Experiment. Drusus wollte die Soldaten anreden, aber als er keine Vorschläge zu machen wußte, wurde ihm mit Hohn geantwortet. Eine zweite Deputation wurde nach Rom geschickt, und damit verlief diese Revolution im Sande. Der treue Teil wurde des untreuen Herr, wahrscheinlich durch das Eingreifen des Sejan. Die Soldaten lieferten die Rädelsführer aus, die Sache war fertig.

[MH.I 125] Ganz ähnlich verliefen die Unruhen am Rhein.[420] Hier befand sich schon ein kaiserlicher Prinz, der Kronprinz Germanicus. Die Forderungen waren dieselben, jedoch kam es nicht zur Soldatengesandtschaft. Germanicus bewilligte sie aufgrund vorgeblicher kaiserlicher Befehle. Die Depeschen aber waren falsch, Germanicus handelte mit präsumiertem Mandat. Bald wurden die Soldaten stutzig. Eine Gesandtschaft aus Rom unter Munatius Plancus erschien und hatte keine Konzessionen zu machen. Dessen wurden die Soldaten inne, der Aufstand wurde schlimmer als zuvor. Germanicus sandte seine Gemahlin und sein Söhnchen Caligula aus Köln nach dem treuen Trier. Die Soldaten wurden dadurch von Scham erfüllt, daß die Enkelin des Augustus ihren Schutz bei den Galliern suchte und nicht bei den Römern. Sie brachten die Hauptträdelsführer selbst um und baten den Germanicus um Verzeihung. Damit war der Aufstand beendet. Daraus erkennt man den untergeordneten Charakter der Bewegung, die nur ein Aufstand des bewaffneten Mob war. Dennoch wurde das Resultat ein schlimmes. Tiberius widerrief die Zugeständnisse des Germanicus nicht, begrenzte sie allerdings auf kurze Zeit, auf zwei Jahre. Aufs Ganze gesehen bleiben die Soldatenunruhen doch ein trauriges Zeichen für die Schwäche des Tiberius und die Fehlerhaftigkeit der Einrichtungen des Augustus. Eines aber muß man sich klar machen: ein Prätendent war nicht vorhanden. Wenn Agrippa noch gelebt hätte, so wäre sein Erfolg wenigstens temporär nicht unmöglich gewesen. Ja, es forderten sogar einige Stimmen den Germanicus auf, sich an ihre Spitze zu stellen, was in jeder Beziehung ein Selbstmord gewesen wäre.

[MH.I 126] In den Vorgängen an Donau und Rhein zeigen sich zum ersten Mal die großen Krankheiten, an denen dann der Staat zugrunde ging. Es wurde klar, daß der Soldat, der gemeine Soldat, Herr im Hause war. Verliefen die Bewegungen ziellos, so lag dies daran, daß sich die Offiziere noch nicht beteiligten. Man sah aber schon, daß sich der Soldat unter Umständen des Thrones bemächtigen konnte. Im Principat war keine Betätigung des Volkswillens vorgesehen, und wenn ein dreister Offizier nach der Herrschaft greifen wollte, so konnte er dies unter dem Beistand nur weniger kecker Leute. Das einzige Remedium war das richtige Verhältnis des Kaisers zum Heer; das hat Augustus gewußt, und es ist die schwere Schuld des Tiberius, ihm hierin nicht gefolgt zu sein. Er konnte es haben, wenn er selbst beim

---

[420] Tac.ann.I 31 ff.

Heer erschienen wäre. Man sieht das später bei anderen Herrschern; unter einem schwachen Kaiser ist der römische Principat unmöglich.

Dieser Soldatenaufstand wurde wichtig für die weitere Politik gegen Germanien.[421] Kaum war er zu Ende, als Germanicus zu ganz ungeeigneter Zeit, nicht vor Ende September 14 n. Chr., den Feldzug begann. Er nahm 12000 Legionäre, ungefähr 28000 Mann Bundestruppen und ging zu den Marsern. Auf dem Rückmarsch wurde er nach Art des Kampfes mit Varus eingeschlossen. Die Deutschen hatten daraus gelernt, und der Marsch war schwierig. Im Ganzen kann man den Zug nicht als erfolgreich bezeichnen. Die Ursache des Zuges lag in der Insurrektion der Truppen gegen Tiberius. Vorher hatten sich Germanen friedlich gezeigt, nicht die Deutschen hatten angegriffen. Aber man mußte die militärische Zucht wieder herstellen, das ist der Grund des Krieges. Aber dabei blieb es nicht, Germanicus hatte weitere Pläne.

Im nächsten [MH.I 127] Jahr, 15 n. Chr., folgte eine große Kampagne.[422] Germanicus wollte den Plan seines Vaters wieder aufnehmen. Das ganze Rheinheer wurde gegen Deutschland mobil gemacht. Ober- und Niedergermanien hatten 8 Legionen, also 80000 Mann[423], alles dies unter Germanicus als Proconsul vereinigt, zugleich hatte er die Gewalt über ganz Gallien. Das untergermanische Heer stand unter Caecina. Er zog von Castra Vetera (Xanten) aus, das obergermanische von Mainz gegen Germanien. Das waren die Hauptstützpunkte. Von einem germanischen Widerstand kann nicht die Rede sein. Offenbar bezweckte Germanicus dauernde Eroberungen. Daß Festungen angelegt wurden, erfahren wir bei Tacitus[424] nur zufällig. Die Kastelle zwischen Rhein und Aliso bzw. der Lippequelle hatten bleibenden Charakter. Festungsanlagen des Taunus, die Drusus aufgegeben hatte, wurden erneuert. Früher scheint man sich auf den Rhein beschränkt zu haben, die Hauptfestung war Mainz. Später sind beide Höhenzüge gegenüber von Mainz bis Bingen als Brückenköpfe in der Hand des Römers. Die Sicherung des Vorterrains war eine wichtige strategische Maßregel. In diesen Zusammenhang gehört die Saalburg bei Homburg.[425] Darauf beschränkte sich aber Germanicus nicht. Er mischte sich in die inneren Verhältnisse der Deutschen. Bei den Cheruskern kämpfte die nationale Partei unter Hermann gegen die Römerfreunde unter Segestes. Germanicus gelang es, Thusnelda, die Frau des Arminius und die Tochter des Segestes, zu fassen.[426] Also ganz das alte System, die Benutzung fremder Zwietracht. Zunächst folgte eine gewaltige Erregung, sehr begreiflich. Man mußte fühlen, daß die Pläne des Varus wieder auflebten.

[421] Tac.ann.I 5ff.; Mommsen, RG.V S. 46ff.

[422] Tac.ann.I 55ff.

[423] Einschließlich der Hilfstruppen.

[424] Tac.ann.II 7

[425] Die Saalburg wurde erst später, um

83 errichtet: L. Jacobi, Das Römerkastell Saalburg, 1897; D. Baatz + F. R. Herrmann, Die Römer in Hessen, 1982, 469ff.

[426] Strabo VII 1,4; Tac.ann.I.57

[MH.I 128] Alle sächsischen Stämme[427] verbündeten sich nun enger. Nach der Rekognoszierung begann Germanicus noch im Sommer des Jahres 15 einen kombinierten Angriff gegen sie zu Wasser und zu Lande.[428] Caecina drang zu Lande bis zur Ems vor, Germanicus fuhr zur See und ließ die Reiter zu Lande vorrücken. Beide Expeditionen sollten an der Ems zusammentreffen. Zunächst gelang dies. Es kam zu Reitertreffen, doch wurde ohne besonderen Erfolg gekämpft. Die Germanen fochten gut und planvoll, und der Sieg der Römer war nicht unzweifelhaft. Da es schon spät im Jahre war, mußte man zurück. Dabei wiederholte sich der Vorgang der Varusschlacht. Germanicus fuhr ohne großen Verlust zu Schiff. Die Mannschaften an der Küste litten zwar durch die Flut, aber nicht übermäßig. Ungleich schlimmer war es mit Caecina. Er fand augenscheinlich zum Rückmarsch keine guten Straßen, die alten waren natürlich nicht gut hergestellt. Die Germanen setzten ihm eifrig mit ganzer Macht zu, sie waren in der ungeheuren Überzahl. Zunächst wurden nur die Verbindungen abgeschnitten, und die Gefahr war sehr groß. Aber Inguiomer[429] versuchte allzu unbesonnen einen Lagersturm, und dies Unternehmen machte den Römern Luft. Caecina gelangte an den Rhein zurück, wo man das Heer für verloren gegeben hatte. Die Rheinbrücke, die man schon abbrechen wollte, rettete Agrippina durch ihr Dazwischentreten.[430] So kann man die Expedition als einigermaßen gelungen bezeichnen.

Das folgende Kriegsjahr 16 begann mit Festungsanlagen, namentlich *Aliso*, die Zwingburg an der Lippe, wurde hergestellt.[431] Die Straßen und Verschanzungen wurden erneuert, alles zur Okkupation vorbereitet, es blieb nicht bei der offensiven Defensive. [MH.I 129] Abermals fand eine doppelte Expedition statt, mit einer noch größeren Flotte; wir hören von 1000 Schiffen. Wieder ging es zur Weser. Im Grunde sind es die gleichen Vorgänge. An der Weser fand die Unterredung zwischen Arminius und seinem römisch gesinnten Bruder Flavus statt.[432] Die Weser wurde überschritten und in der großen Schlacht auf dem Feld von *Idistaviso* mit Glück gekämpft.[433] Aber solche großen Infanteriegefechte waren für die Germanen doch eine ganz ungewöhnliche und gefährliche Neuerung. Nach einer zweiten großen Schlacht[434] glaubte Germanicus, das Siegesdenkmal aufsetzen zu können; und die Aufschrift zeigte das Bestreben, die Elbe als Reichsgrenze anzusehen.[435] Der Rückmarsch durch das Land ging auf den neuen Straßen sicher

---

[427] Mommsen bezeichnet die Germanen unter Arminius auch später (MH.I 129) eigenwillig als „Sachsen".

[428] Tac.ann.I 60ff. Germanicus besuchte das Schlachtfeld im Teutoburger Walde.

[429] Der Vatersbruder des Arminius

[430] Tac.ann.I 69.

[431] Tac.ann.II 5 ff.

[432] Tac.ann.II 9

[433] Tac.ann.II 16

[434] Am Angrivarier-Wall: Tac.ann.II 19ff.

[435] Der *titulus* lautete nach Tac.ann.II 22: *Debellatis inter Rhenum Albimque nationibus exercitus Tiberii Caesaris monimenta Marti et Iovi et Augusto sacravit.*

vor sich. Schlimmer widerfuhr es der Flotte, die in die Äquinoktialstürme hineingeriet und, ohne auf Feinde zu stoßen, furchtbar litt.[436] Davon abgesehen war auch dieser Feldzug durchaus glücklich zu nennen.[437] Germanicus wußte in Wahrheit sehr wohl, daß man noch nicht am Ziele stand, daß man noch eines weiteren Feldzuges bedürfe, um die Eroberung faktisch zu machen. Da wurde er abberufen.[438] Das Generalkommando wurde aufgelöst, beide Germanien blieben getrennt. Damit war die Offensive für alle Zeiten vorbei. Wie passen diese Kriege in die Politik hinein? Sie widersprachen der Weisung des Augustus, und Tiberius hat sich davon überzeugt, daß das Reich davon abstehen mußte. Daß Germanicus anderer Ansicht war, ist verständlich, aber er sah nicht, daß er einen aussichtslosen Feldzug führte. Er wollte die Regierung gegen ihren Willen zur Eroberung Germaniens zwingen, wie dies Caesar mit Gallien noch tun konnte, aber das gelang unter der Republik, war indes für den Principat unmöglich. Rom hatte nicht genug Truppen.

[MH.I 132][439] Germanicus hat nicht richtig gehandelt. Die Aufnahme des Okkupationsplans gegen Deutschland war nicht Sache des Feldherrn, sondern der Regierung, ihr blieb überlassen, ob sie die gemachten Eroberungen behalten wollte oder nicht. Aber diese Entscheidung wurde durch den Rang des Germanicus erschwert. Die Stellung der höheren Offiziere unter dem Principat war an sich schwierig, und hier wurde sie noch durch die Nähe des Germanicus zum Thron erschwert. Er war erster Feldherr und Thronfolger zugleich.

Aber man kann auch nicht den Fehler des Tiberius übersehen. Er hätte dem Germanicus, der sich gegen Tiberius nicht auflehnte, offen und ohne Hinterhalt den Krieg verbieten sollen. Statt dessen ließ er in seinem unentschlossenen Wesen den ihm nicht angenehmen Krieg gehen, wie er alle anderen gehen ließ. Andererseits konnte er den Germanicus nicht einfach entfernen, denn nach dem, was vorhergegangen war, hätte das wie ein Konflikt ausgesehen. Seltsam ist es aber, daß Tiberius nicht selbst zum Heer abging. Den Meuterern durfte er vielleicht nicht gegenübertreten, jetzt aber konnte er mühelos die höchste Stelle übernehmen, alle Lorbeeren waren dann für sein Haupt gesichert.

Beide Teile sind also schuldig an diesem Ausgang. Ende 16 wurde Germanicus abberufen, wahrscheinlich anläßlich des verlustreichen Rückzuges am Meer, der doch eine schwere Schlappe war. Bis auf gewisse Striche am Rhein ließ man alles fahren und kehrte zur Defensive zurück. Germanicus wurde natürlich fetiert[440] , als Grund gab man die verwickelte Lage des Ostens an. Er wurde Konsul für das nächste Jahr, bekam einen

---

[436] Tac.ann.II 23 ff.

[437] MH.I 132: *schwere Schlappe*; Seneca maior suas.I 14 überliefert das Klagegedicht eines Schiffbrüchigen, vermutlich aus diesem Feldzug.

[438] Tac.ann.II 26

[439] MH.I 130 f. sind leer.

[440] „gefeiert"

[MH.I 133] Triumph[441], und es scheint auch keine Verstimmung stattgefunden zu haben.

Für die Vorgänge am Rhein werden jetzt unsere Quellen höchst lückenhaft. Offensiv wollten die Römer nicht mehr eingreifen, Tiberius überließ die Germanen der eigenen Zwietracht.[442] Und die Ereignisse schienen ihm Recht zu geben. Damals kann man zum ersten Mal von deutscher Eintracht und von deutscher Zwietracht reden. In früherer Zeit können wir kaum Kelten und Germanen unterscheiden, hier tritt uns zum ersten Mal eine Art Nationalgefühl entgegen. Die Kämpfe mit den Römern hatten die Germanen nach zwei Seiten hin gefestigt. Es gab erstens das Reich Marbods, das früher besprochen worden ist und das sich inzwischen mehr und mehr konsolidiert hatte. Wir hören vom Abmarsch eines Detachements germanischer Veteranen nach Raetien in Verbindung mit dem Angriff des Germanicus.[443] Daneben haben sich die sächsischen Stämme durch die Kämpfe gegen Germanicus noch enger zusammengeschlossen, namentlich der Rückzug des Germanicus wirkte in dieser Richtung.

Nun stießen diese beiden Elemente aufeinander und rieben sich gegenseitig auf.[444] Im Gegensatz zwischen dem aristokratischen Staat des Nordens und dem königlichen des Südens brannte der Kampf hell auf. Zunächst genossen die Sachsen in der allgemeinen Meinung den Vorrang als Befreier Deutschlands. Die Semnonen und Langobarden in Mitteldeutschland sagten sich von Marbod los und gingen zu den Sachsen über. [MH.I 134] Das führte zum Bürgerkriege, der mit dem Untergang beider Parteien endete. Die Entscheidungsschlacht blieb unentschieden, aber im ganzen unterlag Marbod; er knüpfte Unterhandlungen mit Rom an. Sein Staat ging unter. Die Sachsen schienen den Sieg nicht verfolgt zu haben, aber Marbod wurde unpopulär. Ein Gote überfiel ihn mit einer unbedeutenden Schar, Marbod floh und wurde von Tiberius nach Ravenna geschickt, wo er noch 18 Jahre in der Verbannung lebte. Sein Besieger, der Gote Katwald, folgte bald dem Beispiel Marbods[445], und aus diesen beiden Haufen ist der Suebenstaat in Mähren zusammengewachsen. Er stand unter dem Schutze Roms.

Bei den Sachsen folgten auf den vollkommenen Sieg innere Unruhen über die Führerschaft. Arminius soll nach dem Thron gestrebt haben. Er stieß zunächst natürlich in seiner Familie auf heftigen Widerstand und wurde ermordet. Damit war die beginnende deutsche Einheit gebrochen. Wann ging dies vor? Nach Tacitus[446] fällt das ins Jahr 19, und daran ist festzuhalten; nicht zwei Jahre später. Arminius starb im 37. Jahre seines Alters, im 12. Jahre der *potentia*. Man will dies von der Varusschlacht an datieren, aber mit Unrecht, denn diese setzt die Machtstellung bereits voraus. Man kann Armi-

---

[441] Gefeiert am 26. Mai 17: Tac.ann.II 41.

[442] Tac.ann.II 26,3

[443] Tac.ann.I 44,4

[444] Tac.ann.II 44ff.

[445] Tac.ann.II 62f.

[446] Tac.ann.II 88

nius wohl als Befreier Deutschlands[447] ansehen, *canitur adhuc barbaras apud gentes.*[448] Das Denkmal im Teutoburger Walde ist eine Satire auf unsere geschichtliche Kenntnis von ihm. Bis zum Markomannenkriege treten die Deutschen in der römischen Geschichte nicht mehr als selbständiger Faktor auf. Die Völkerschaften fallen auseinander, von ihnen droht dem Römischen Reich keine Gefahr mehr, das seinen militärischen Schwerpunkt nach der Donau zu verlegen anfängt. Mehr wurde Deutschland durch die *inopia stipendii* und *tironum*[449] befreit als durch den Cherusker.

[MH.I 135] Die orientalischen Verhältnisse haben nicht die gleiche Bedeutung wie die in Germanien. Sie sind eng verwachsen mit der Familiengeschichte des Kaiserhauses. Alles dreht sich hier um Armenien. Augustus hatte sich mehr um den Schein als um die Sache bemüht. Tiberius ging energischer vor, und mit Recht. Ein parthischer Regent kämpfte dauernd in Armenien, das in steter Anarchie lag. Es war die Pflicht Roms, in die Verhältnisse dieses, einmal als Klientelstaat anerkannten Landes einzugreifen. Augustus versäumte das sträflich. Tiberius begann mit den Reunionen. Die Grenzverteidigung lag in den Händen der schwachen Klientelstaaten Kommagene und Kappadokien. Sie wurden rücksichtslos in Provinzen verwandelt. Selbständige Besatzungen kamen allerdings nicht dahin, sondern nur Auxiliarvölker.

Diese neuen Provinzen einzurichten, war die Aufgabe des Germanicus.[450] Er ging im Jahre 18 dorthin. Für die Durchführung kamen den Römern die parthischen Verhältnisse zupaß. In Parthien herrschte ein Thronstreit zwischen Artabanos und seinem Gegenprätendenten Vonones.[451] Letzterer floh auf römischen Boden nach Kilikien, und Rom konnte durch ihn eine Pression auf die parthische Regierung ausüben.

Im ganzen war die Regierung des Tiberius eine eminent friedliche. Die Republik war der Krieg, das Kaiserreich war der Friede und ist es geblieben durch zwei Jahrhunderte bis zum Sturz des Reiches. Ob zum Heile des Reiches, darüber läßt sich streiten, jedenfalls wurde das Grundübel der Zeit, die Stagnation, durch die Haltung des Tiberius verstärkt. [MH.I 136] Daß wir von dem kleinen Krieg in *Africa*[452] erfahren, liegt daran, daß er von Senatsfeldherrn geführt und in den Senatsprotokollen erwähnt wurde, woraus die Historiker schöpfen, aber wichtig ist er durchaus gar nicht.

Der einzige Staat, mit dem Rom rechnen mußte, war der parthische, und

---

[447] Tacitus a. O. nennt ihn *liberator haud dubie Germaniae.*

[448] „Die barbarischen Völker besingen ihn bis heute."

[449] „Mangel an Sold und Rekruten" auf römischer Seite

[450] Tac.ann.II 41 ff.; 53 ff.

[451] Tac.ann.II 3 f.

[452] Es handelt sich um den Krieg gegen Tacfarinas, den Tacitus in den ersten Annalenbüchern beschreibt. Mommsen RG.V 633 ff.; A. Gutsfeld, Römische Herrschaft und einheimischer Widerstand in Nordafrika, 1989

die dort bestehenden Verhältnisse waren wichtig für Rom.[453] Im Jahre 18 übernahm Germanicus das Konsulat mit proconsularischem Imperium; alle Heere und Statthalter des Ostens wurden unter seinen Befehl gestellt und mußten ihm unbedingt gehorchen. Vor allen Dingen mußte er die verwickelten Verhältnisse des Ostens ordnen, die Politik des Augustus war für Rom nicht mehr möglich. Nördlich von Syrien lagen Kommagene und Kappadokien, abhängig von Rom unter erblichen Statthaltern. Daneben war das Königreich Armenien rechtlich abhängig, denn der jedesmalige König wurde belehnt und konnte jederzeit entlassen werden. Faktisch aber war er, schon durch die geographische Lage, unabhängig. Auf Armenien erhoben gleichfalls die Parther Anspruch, das Land wurde zum natürlichen Zankapfel.

Jetzt bestand dort völlige Anarchie. Gaius Caesar[454] hatte den Ariobarzanes eingesetzt, dann dessen Sohn Artavasdes. Dieser wurde ermordet, und die Stelle war vakant. Augustus setzte Tigranes, einen Verwandten der Dynastie, ein. Er konnte sich nicht behaupten und wurde bald beseitigt, wenn er überhaupt regiert hat. Dann trug Erato, eine Prinzessin, eine Zeit lang den Königsnamen. Es folgte eine [MH.I 137] doppelte Prätension. Die Parther hatten sich Vonones, den jüngsten Sohn des Königs Phraates, von Augustus als Herrscher erbeten. Vonones war aber zum Römer geworden und mißfiel sehr. Bald wurde er beseitigt und an seiner Statt trat ein entfernterer Arsakide, Artabanos (III). Vonones erhob den Anspruch gegenüber Rom, ihn wieder einzusetzen. Diesem Begehren wurde nicht gewillfahrtet, er wurde für vorkommende Fälle in Syrien interniert.

Der Partherkönig Artabanos ernannte seinen Sohn Orodes zum König von Armenien. Die dortige römische Partei wollte jedoch den Vonones, so daß dieser doppelter Prätendent war. Diese Zustände konnte Rom nicht dulden. Germanicus regelte die Sache rasch und schnell. Zunächst setzte er sich mit Parthien auseinander. Er erkannte Artabanos an, sofern dieser auf Armenien verzichtete. Germanicus griff für dieses Reich nicht auf Tigranes zurück, ebensowenig auf Vonones, sondern er setzte den Artaxias, aus dem pontischen Hause des Polemon ein, den sich die Armenier selbst wünschten.[455] Kommagene und Kappadokien erhielten statt ihrer Könige römische Statthalter.[456] Alles dies wurde ohne Waffen durchgesetzt. Germanicus wollte die syrischen Truppen in Kommagene einrücken lassen. Das geschah nicht, denn der syrische Statthalter war unbotmäßig. Aber es ging auch so, und die Verhältnisse blieben für lange Zeit geordnet. Die [MH.I 138] römische Besatzung von Kommagene und Kappadokien übte von nun an ein tüchtiges Gegengewicht gegen den parthischen Einfluß, auf das angrenzende Armenien aus, das war das dauernde Moment dieser Regulierung.

Andererseits hatten die Dinge auch einen persönlichen Charakter. Man kann das Verfahren des Tiberius dem Germanicus gegenüber nicht anders als rücksichtsvoll nennen. Die Kompensierung der Abberufung aus Germanien durch das parthische Kommando war vielleicht sogar zu viel des Guten. Aber Tiberius fügte zugleich gewisse Kautelen zu, die sehr verhängnisvoll wurden. Eine wichtige Stellung im Osten besaß der Kommandant des syrischen Heeres. Tiberius setzte an Stelle des Creticus Silanus den Gnaeus Calpurnius Piso, einen entschlossenen Soldaten.[457] Sein persönliches Verhältnis zu Germanicus war gespannt, die Frauen waren schwer verfeindet, dem Tiberius war er indessen besonders ergeben. Wahrscheinlich hatte ihm dieser noch weitere Aufgaben für den Fall eines parthischen Krieges übertragen; denn als Germanicus Truppen verlangte, gab sie Piso nicht heraus. Ob das nur aus Störrigkeit geschah, ist nicht abzusehen, darauf kommt es aber auch nicht an. Piso glaubte jedenfalls, dem Germanicus entgegentreten zu sollen.

Auch Germanicus hat nicht mit der nötigen Vorsicht gehandelt. Zwar wäre nichts törichter, als eine Revolution gegen den Vater bei ihm zu vermuten. Aber [MH.I 139] gerade im Vertrauen auf diese Stellung tat er bedenkliche Schritte. Neugierig, wie er war, reiste er im Jahre 19 ins Wunderland Ägypten.[458] Das war natürlich, aber leider war ein bißchen Hochverrat dabei. Ägypten durfte kein Senator ohne kaiserlichen Urlaub betreten. Daß der Kronprinz sich daran nicht band, ist mindestens tadelnswert. Gerade er mußte die formalen Rücksichten ganz genau beobachten. Das Seitenstück zu dieser Eigenmächtigkeit ist eine eigentümliche Münze.[459] Sie existiert in nur einem Exemplar und ist im Osten geprägt. Sie erweckt den Anschein, als ob Germanicus Herrscher des Ostens gewesen sei. Die Vorderseite zeigt ihn, wie er dem Artaxias die Krone aufsetzt. Auf dem Revers ist der Kopf des Germanicus. Also ist Tiberius ganz außer Acht gelassen. Wahrscheinlich hat die Regierung die Münze später unterdrückt, jedenfalls war es ein sehr bedenklicher Vorgang. Man konnte Germanicus wohl der *res novae*[460] beschuldigen. Das führte zum Zerwürfnis zwischen Germanicus und Piso. Es kam zu einer Konferenz, die mit heftigem Konflikt endete. Dann folgte die ägyptische Reise, und als Germanicus zurückkam, fand er alle seine Anordnungen durch Piso umgeworfen. Freilich hatte auch Germanicus vielfach in Angelegenheiten Syriens eingegriffen. Der Konflikt stieg zusehends.

Im Herbst 19 erkrankte Germanicus in *Antiochia*, der Hauptstadt Syriens, als er im Begriff war, das Land zu verlassen.[461] Seine Gemahlin und Umgebung betrachteten dies als Vergiftung, durch Piso vorgenommen. Die Wahrheit ist nicht auszumachen. Jedenfalls glaubte sich Germanicus vergiftet, und Verdachtsgründe fehlen nicht. Bei der Untersuchung, die, wie es scheint,

457 Tac.ann.II 43; 55ff.
458 Tac.ann.II 59ff.; Jos.c.Ap.II 5/63
459 RIC.I S. 104 Nr.8f.

460 „des Umsturzes"
461 Tac.ann.II 69ff.

streng geführt wurde[462], konnte Piso nichts nachgewiesen werden. Aber vom höheren Standpunkt aus liegen Verdachtsgründe gegen Piso und seine Frau Plancina vor. So die Beziehung der gewerbsmäßigen Giftmischerin Martina zu Plancina. [MH.I 140] Diese starb dann plötzlich in *Brundisium*. Piso opferte auf Kos den Göttern zum Dank für den Tod des Kronprinzen. Im Zimmer des Germanicus wurden Verwünschungstäfelchen gefunden, man führte sie auf Plancina zurück. An diesen Tafeln ist Germanicus allerdings nicht gestorben. Der Vergrabende wird wohl auch noch andere Mittel wirksamerer Natur angewendet haben. Es soll damit nicht angedeutet werden, daß das Verbrechen feststeht. Viel spricht dagegen, namentlich der Charakter des Piso, eines in Ehren grau gewordenen alten Offiziers, der 46 Dienstjahre hinter sich hatte. Man muß zunächst an Frauenrache denken, wenn man überhaupt ein Verbrechen annehmen will. Germanicus glaubte sein Ende bevorstehend. Der Erbe seiner Macht war zunächst Piso; er hätte die kriminelle Untersuchung leiten sollen. Wahrscheinlich deshalb wollte Germanicus noch auf dem Totenbett den Piso aus der Provinz ausweisen. Tacitus[463] läßt dies charakteristischerweise unentschieden. Aus dem ganzen Verhalten des Piso geht hervor, daß er auf höheren Befehl ausgewiesen wurde. Absetzen konnte allerdings Germanicus den vom Kaiser ernannten Piso nicht, wohl aber konnte er ihn ausweisen, und wir haben aus der Republik Beispiele dafür, daß etwa ein Quästor vom Prätor ausgewiesen wurde. Daß dadurch seine Stellung zu Tiberius sehr schwierig geworden wäre, liegt auf der Hand.

Eine anfängliche Besserung hielt nicht vor, am 10. Oktober[464] 19 ist Germanicus gestorben. Piso war auf dem Wege nach Rom bis zur Insel Kos gelangt, als ihm die Nachricht zukam, daraufhin beschloß er die Umkehr. Das konnte er wohl staatsrechtlich. Er hatte sein Mandat nicht verloren, und der Befehl band ihn nach römischer Auffassung [MH.I 141] nur durch die Person des Mandanten, mit dessen Tod erlosch sie. Pisos Rückreise in den Osten widersprach der Schicklichkeit, war aber nicht *laesa maiestas*. So landete er ohne Truppen in Kilikien. Seine Soldaten standen noch in der Provinz. Er bot den kilikischen Landsturm auf. Agrippina und die Freunde des Germanicus waren in einer verzweifelten Lage. Man beschloß, den Piso zurückzuweisen, die höheren Offiziere waren für Germanicus. So kam es dazu, daß sich diese beiden Mächte offen einander gegenüberstanden. Bei *Celenderis* in Kilikien spielte sich dieser eigentümliche Kampf ab.[465] Piso wurde belagert, mußte kapitulieren und ging nun doch nach Rom. Das ist beispiellos. So etwas konnte nicht ohne juristisches Nachspiel bleiben. Germanicus hatte gebeten, ihn zu rächen, und Agrippina klagte auf Giftmord und Hochverrat gegen Piso. Das bezog sich auf die letzten Vorgänge. Hier

---

[462] Tac.ann.III 12ff.
[463] Tac.ann.II 69ff.; Suet.Cal.3,3
[464] *Inferiae Germanico* werden unter

dem 10. Oktober in den «Fasti Antiates» verzeichnet: CIL.I 1,2 ed. p. 249.
[465] Tac.ann.II 80

handelt es sich nur um die rechtliche Auffassung der Dinge. Dieser Prozeß war auf alle Fälle eine schwere Kalamität. Der Kaiser war mitangeklagt, denn er hatte den Konflikt zwischen Germanicus und Piso geschaffen. Natürlich ging das Publikum weiter. Es betrachtete Piso und Tiberius als die Mörder des Germanicus. Nie ist wohl einem Menschen nach seinem Tode so viel Liebe entgegengebracht worden wie dem Germanicus. Die Trauer über diesen war ganz allgemein und höchst imposant. Die Abneigung gegen Tiberius machte sich in der Liebe zu Germanicus Luft. Sein heiteres Wesen, sein Ruhm, seine literarische Stellung erhoben ihn zum allgemeinen Liebling. Der [MH.I 142] Verdacht gegen Tiberius war gleichwohl eine Schändlichkeit und eine Absurdität. Aber nicht wie die Dinge sind, ist wichtig, sondern wie sie scheinen. Begreiflich ist die Besorgnis des Tiberius, daß der *liber mandatorum*⁴⁶⁶ des Piso vorgelegt werde.

Die Anklage konnte auf dreierlei Weise behandelt werden: vor dem ordentlichen Gericht, vor einem der beiden Ausnahmegerichte des Senats oder dem des *princeps*. Die Ankläger wünschten die Verhandlung vor dem Kaiser. Tiberius lehnte dies ab, vielleicht mit Unrecht. Denn der Prozeß hatte eminent politischen Charakter, und dazu mußte eben die Kabinettsjustiz angewendet werden. Begreiflich ist aber die Beugung des Tiberius, er war gewissermaßen selbst *in lite*⁴⁶⁷. So wurde vor dem Senat verhandelt, und im wesentlichen unparteiisch.⁴⁶⁸ Die Ermordung wurde nicht bewiesen, wohl aber erschienen die Vorgänge in Kilikien als Hochverrat, und mit Recht, selbst wenn Piso sich noch als Beamter betrachtete. Ein solches Beispiel durfte den Provinzialen nicht gegeben werden. Ohne Zweifel wurde der Richterspruch durch die Trauer um Germanicus beeinflußt.

Eine Intervention des Kaisers, den Piso anrief, wurde schroff abgewiesen. Man wartete, daß Piso seine Instruktionen vorlegen werde. Das geschah nicht. Er gab sich selbst den Tod.⁴⁶⁹ Freilich meinte auch hier das Publikum, daß Tiberius, um Aufschlüsse zu verhindern, ihn getötet hätte. Sicher abermals mit Unrecht, wie die Umstände des Todes beweisen. So ging die Katastrophe mit dem Tode der Beteiligten [MH.I 143] zu Ende. Aber der dritte Mitschuldige war der Kaiser, und auf ihn konzentrierte sich der Haß des Volkes. Man machte ihn verantwortlich für den Tod des Germanicus. Tiberius faßte den Tod des Germanicus nicht als Unglück auf, so als sei er zu rechter Zeit gestorben. Das kann man Tacitus glauben.⁴⁷⁰ Ob Germanicus imstande gewesen wäre, ein taktvoller Prinz zu sein, das müssen wir bezweifeln, zumal, wenn er dies durch Dezennien hätte sein müssen.

Die Vorgänge im Osten müssen noch kurz betrachtet werden.⁴⁷¹ Solange Artaxias lebte, blieb die Ordnung bestehen. Aber als er 34 oder 35 starb,

---

⁴⁶⁶ „Das Auftragsbuch". Tac.ann.III 7ff.

⁴⁶⁷ „in den Prozeß verwickelt"

⁴⁶⁸ Tac.ann.III 10ff.

⁴⁶⁹ Tac.ann.III 15

⁴⁷⁰ Tac.ann.IV 1: (Tiberius) *Germanici mortem inter prospera ducebat.*

⁴⁷¹ Tac.ann.VI 31ff.; Dio LVIII 26

brachen neue Verwicklungen aus. Die Parther suchten sich Armeniens zu bemächtigen, Artabanos ernannte seinen Sohn Arsakes zum König. Trotz seines hohen Alters griff Tiberius höchst geschickt ein. Er führte einen Krieg durch Prätendenten. Man hatte den Phraates in Rom; Tiberius sandte ihn nach Syrien, und, obwohl er bald starb, wurde sofort Tiridates, ein anderer Prinz, aufgestellt. Damit wurde Artabanos hübsch eingeengt. Als Statthalter wurde Lucius Vitellius hingesendet, mit demselben Kommando wie Germanicus, nur ohne einen Piso, da Vitellius auch Statthalter von Syrien wurde. Gegen Armenien wurden die Iberer des Kaukasus losgelassen. Es war dies nicht eigentlich ein Klientelstaat, sie lebten etwas freier. Die Iberer fielen ein; Mithradates, einer ihrer Prinzen, sollte König werden. Tiberius erreichte seinen Zweck, Artabanos ergab sich den Römern und leistete Abbitte vor dem Kaiserbild. [MH.I 144] Es war ein Triumph der römischen Staatskunst. Alles wurde ohne Truppen, nur durch Diplomatie durchgesetzt. Man sieht daraus die imponierende Geisteskraft des Tiberius.

Die Regierung des Tiberius gehört zu den besten, die das römische Reich gehabt hat. Selbst Tacitus[472] erkennt dies an. In der inneren Politik wurde am Ausbau der Verfassung gearbeitet. Durch die Beseitigung der Volkswahl und ihre Übertragung an den Senat[473] wurden die Wahlen überhaupt erst wieder Wahlen. Und das blieb der Grundstein der Stellung des Senates, der sich auf diese Weise faktisch selbst kooptierte, da die Beamten ja nachher in den Senat eintraten. Dabei berücksichtigten die adligen Herrschaften sich natürlich selbst. Das aristokratische Element wurde so im Geiste des Augustus erst recht durchgeführt.

Eine praktische Beteiligung an der Regierung besaß der Senat allerdings nicht mehr.[474] Trotzdem erhielt sich das Interesse des Publikums an den Senatsdebatten. Ein schlechter Kaiser hatte immer einen noch schlechteren Senat zur Folge. Ein ganz wesentlicher Grund für die Menschenverachtung des Tiberius ist in der Adulation der Senatoren zu suchen[475]; sie trug nicht wenig zu der grausamen Regierung in den letzten Jahren des Tiberius bei. Die besseren Köpfe kamen durch die Art der Wahl nicht in den Senat, und die leidige Geschäftsordnung mit ihrem Mangel an Kommissionen und dergleichen trug auch nicht unwesentlich zur Unfähigkeit des Senates bei. Das senatorische Regiment erscheint von Hause aus als tot geboren.

Im übrigen war das Regiment des Tiberius wohl löblich. Das zeigt seine Nachfolgeregelung. Er zog seinen Neffen und Adoptivsohn Germanicus

---

472 Tac.ann.IV 6; Dio LVII 7 ff.

473 Tac.ann.I 15, s. o.

474 1868 machte Mommsen eine Ausnahme. Er sagte (MK.122): In der Beteiligung des Senats an der Beamtenwahl, *einer Erweiterung des Einflusses der Repräsentation, des die Monarchie tempe-* *rierenden Elements, liegt jedenfalls eine Förderung des Constitutionalismus, wie man überhaupt den Tiberius den constitutionellsten Regenten Roms nennen muß.*

475 *Romae ruere in servitium consules, patres, eques:* Tac.ann.I 7.

seinem rechten Sohne Drusus vor und ließ diesen erst 20 n. Chr., als Germanicus tot war, einen Triumph über die Germanen feiern.[476] Drusus wurde damals offen zum Nachfolger erklärt. Obwohl der Vater mit dem Sohne nicht gerade gut stand, so wirkte er ihm 22 n. Chr. [MH.I 145] die Teilnahme an der tribunizischen Gewalt aus, wie es scheint, auf Lebenszeit.[477] Er besaß damit die höchste Gewalt nach dem Princeps.

Das Regiment des Tiberius war darauf berechnet, den Staat durch strenge Beamtenkontrolle und scharfe Handhabung der Polizei zu regeln. Das persönliche Eingreifen des Princeps in die Rechtspflege wurde, von diesem Standpunkt aus betrachtet, ein Vorzug. Durch seine Überwachung der Gerichte im Senat und auf dem Forum, seine Teilnahme an den Debatten und durch Vorladung von Prozessierenden vor das eigene Forum hat er den Prätor in seinem Amt unterstützt und manches Unrecht abgewehrt. Dadurch hatten die Senatoren einen Rückhalt beim Kaiser. Gegen Prostitution und Ehebruch schritt man energisch ein, die Religionspolizei wurde scharf gehandhabt, Wahrsagerei und Isisdienst streng bestraft.[478]

Vor allem zeigt sich die Vorsicht des Kaisers in der Wahl der Beamten. Man sah vor allem auf gute Geburt. Aber man ließ die vornehmen Beamten nicht nach Willkür plündern, sie wurden genau beaufsichtigt.[479] Nie sind Klagen der Provinzialen so sorgsam berücksichtigt worden wie in Tiberius' Epoche[480], nie waren sie so selten. Provinzen, die schwer gelitten, wie *Achaia*, wurden für eine Zeit lang von dem senatorischen auf den kaiserlichen Verwaltungskreis übertragen.[481] Denn es war natürlich, daß die einjährigen Senatsbeamten auch mit besten Willen nicht administrieren konnten. Dagegen hat Tiberius seine eigenen Beamten so selten wie nur irgend möglich ausgewechselt und sogar die höchsten Statthalter jahrelang auf ihrem Posten belassen.[482]

[MH.I 146] In militärischer Beziehung sorgte Tiberius für die Sicherung der Wege und die Unterdrückung des Räuberwesens in Italien, wo das Brigantenwesen infolge der Bürgerkriege üppig emporgeschossen war. Tiberius hat hier für ein Jahrhundert Ruhe geschaffen. Die Garde zog er oder vielmehr Sejan aus der Umgegend nach Rom zusammen und erbaute für sie die *castra praetoria*.[483] Für eine Stadt von einer Million Einwohnern von so zweifelhaftem Charakter war eine Garnison von 30000 Mann gar nicht zu viel. Leider wurde dadurch auch die Herrschaft der Garde über den Kaiser selbst gestärkt.

Die *plebs urbana* wurde sehr kurz gehalten. In keiner anderen Regierung

[476] Tac.ann.III 11
[477] Tac.ann.III 56
[478] Tac.ann.II 85. Nach MK.134 befreite Tiberius Rom und Italien vom *Pfaffengeschmeiß*.
[479] Suet.Tib.32; Dio LVII 10; Tac. ann.IV 15; Plin.NH.XIX 110

[480] Tac.ann.III 38; 66ff.; IV 3; 36
[481] Ebenso *Macedonia*: Tac.ann.I 76
[482] Tac.ann.I 80; F. B. Marsh, The Reign of Tiberius, 1931, 159
[483] Tac.ann.IV 2; Suet.Aug.49; Dio LVII 19

kommen so wenig Spenden an den hauptstädtischen Pöbel vor, was natürlich nicht dazu beitrug, die Popularität des Tiberius bedeutend zu erhöhen. Doch waren das ja nur Kneipgelder, und diese Maßnahmen gehören zu den besten Seiten des Tiberius. Auch die womöglich noch schlimmeren Soldatenspenden gab er auf. Dagegen wird er dafür gesorgt haben, daß der Soldat das, was ihm wirklich zukam, auch pünktlich erhielt, und dazu war er, vermöge seiner stets gut gefüllten Kasse, in der Lage. „Börsenkrisen" hielt er aus. Durch zinsfreie Darlehen hob er die öffentliche Wirtschaft, was bei dem schludrigen Regiment der Kaiser sehr selten vorgekommen ist. Die durch Erdbeben verwüsteten kleinasiatischen Städte unterstützte er mit großen Geldmitteln.[484] Auch sorgte er dafür, daß die Kapitalisten einen Teil ihres Vermögens in Grundbesitz anlegten und den Wucher etwas mehr einschränkten, als jene Herren es gewohnt waren.[485] [MH.I 148[486]] Alles das, namentlich aber die geregelte Finanzverwaltung, sind Ideale des römischen Principats, welche Tiberius zu realisieren verstand. Kein Wunder, daß spätere Regenten in ihm ihr unerreichtes Vorbild erblickten.

Freilich sollte auf dieses glänzende Licht der schwere Schatten folgen. Er hängt mit der Familien- und Vertrautenwirtschaft zusammen. Gehen wir auf das Prozeßwesen, namentlich auf den Majestätsprozeß, ein.[487] Wie entstanden die *crimina maiestatis*? In diesem Fall sind die Institutionen mehr schuldig als die Personen. Der Kriminalprozeß war eine Erbschaft der Republik und verlief in den Formen des Zivilprozesses. Es mußte sich für jeden Prozeß ein Ankläger aus der Bürgerschaft melden. Das war eine große Schwäche. Das Amt des Anklägers war peinlich und gefährlich, ein Akt persönlicher Beleidigung gegen die ganze Sippe des Angeklagten. Andererseits mußte der Staat darauf wirken, daß es Ankläger gab, und man benötigte das Prinzip des persönlichen Vorteils, die *praemia accusatoria*, die einen Teil der Strafsumme oder des Vermögens des Verurteilten dem Ankläger zuwies.[488] Diese Institution ging weit zurück, sie wurde von den Kaisern nicht beseitigt und war auch nicht zu beseitigen, trotzdem das Übel offen vorlag.

Ja, die Kaiser steigerten dies System. Einigermaßen konnte man es bei pekuniären Strafen und Verbrechen (Repetunden und Peculat[489]) dulden; aber um so unerträglicher wurde es, je mehr es bei politischen Verbrechen angewandt wurde. Die Praxis des politischen Verbrechens wurde eine ganz andere. In der Republik hatte man den höchst schwankenden Tatbestand der *laesa maiestas populi Romani*[490], auf den [MH.I 149] auch das ganze Sozialrecht aufbaut (*sic*). In der Republik war man mäßig mit diesem Vorwurf, man erhob ihn bei Landesverrat und Feigheit. Persönlich injuriert konnte ja auch der *populus Romanus* nicht werden. Ferner kam das Verfahren stets vor

---

[484] Tac.ann.II 47; IV 13
[485] Tac.ann.VI 16f.; Suet.Tib.48,1; Dio LVIII 21,4f.
[486] MH.I S. 147 ist leer.
[487] Mommsen, Strafrecht 537ff.

[488] a.O. 504ff.
[489] „Erpressung und Unterschleif"
[490] „Verletzte Ehre des römischen Volkes"

Geschworene, und darin liegt eine sehr wesentliche Beschränkung; ebenso in der faktischen Beseitigung der Todesstrafe.[491] Alles wurde nun anders. Der Tatbestand wurde erweitert, schon von Augustus wurden auch *iniuriae* hineingezogen. Cassius Severus, der sich dem Publikum durch Pasquille höchst unbequem gemacht hatte, wurde nicht wegen Iniurien, sondern wegen *laesa maiestas* angeklagt und verurteilt; er wurde verbannt.[492] Das war der erste, an sich heilsame Schritt auf einer abschüssigen Bahn. Ferner wurden Konfiskation und Todesstrafe eingeführt; nicht ganz mit Unrecht, denn die *laesa maiestas* war ein sehr schweres Verbrechen. Man setzte ein Senatorialgericht ein, also ein Gericht von Beamten anstatt von Privatleuten.

Nun kann man sich den Prozeßgang vorstellen. Im Prozeß, so indefiniert wie möglich, konnte auf Todesstrafe erkannt werden, und von der Anklage hatte der Ankläger reichen Gewinn zu hoffen. So kam das Institut der gewerbsmäßigen Delatoren[493] auf. Die Anklage richtete sich stets gegen reiche Leute, und wenn die Delatoren nicht anklagen wollten, so erpreßten sie. Rasch entwickelte sich dies Institut unter Tiberius, unter ihm ging die Saat des Übels auf.

[MH.I 150] Der Prozeß des Marcus Drusus Libo[494] gehört nicht in diese Kategorie. Es handelt sich um eine Person, deren Schuld nicht zweifelhaft ist. Er war mit dem Herrscherhause verwandt und hatte die verrückte Idee, selbst Kaiser zu werden. Tiberius verachtete den unreifen, kindischen, ehrgeizigen Kunden so tief, daß er gar nicht darauf reagierte. Gegen den kaiserlichen Willen, wie es scheint, kam die Sache zwei Jahre nach dem Herrschaftsantritt durch einen Delatoren zur Anzeige. Die Senatoren mußten verurteilen[495], und Tiberius ließ der Justiz freien Lauf. Es wäre weise gewesen, diesen Prozeß zu inhibieren, worum Tiberius auch gebeten wurde. Er tat es aber nicht, und Libo tötete sich selbst. Tiberius erklärte, er hätte ihn begnadigen wollen. Das Entsetzlichste ist die Aufnahme dieses Urteils in den Kalender, und es geschah ohne Wunsch des Tiberius. Später ist Tiberius oft gegen Mißbrauch der *maiestas* eingetreten, aber man muß hinzusetzen, daß er im allgemeinen der Gerechtigkeit ihren Lauf gelassen hat, *exercendas esse leges*, soll er gesagt haben.[496] Von der fürchterlichen Entfaltung dieser Justizmorde ist noch zu reden.

Bestimmend für die spätere Regierungszeit des Tiberius war sein Verhältnis zu Sejan, seinem Vertrauten. Zum ersten Mal haben wir es hier mit einem indirekten Regiment zu tun, während der Principat eigentlich ganz auf der

---

[491] Wer eine solche fürchten mußte, konnte ihr durch Selbstverbannung entgehen.

[492] Tac.ann.I 72; IV 21

[493] „Denunzianten"

[494] Tac.ann.II 27ff.

[495] 1868 tadelte Mommsen die *hündi-*sche Kriecherei des Senats vor Tiberius und folgerte: *Man sieht, daß, wie immer, auch hier an einer Tyrannis nicht nur der Tyrann, sondern auch jene schuld sind, welche sie dulden.* (MK)

[496] „Die Gesetze sind durchzuführen," Suet.Tib.58.

Persönlichkeit des Princeps beruht. Lucius Aelius Seianus war Ritter von geringer Familie. Sein Vater Seius Strabo war schon unter Augustus Prätorianerkommandant[497], hatte jedoch keinen politischen Einfluß. Sein Sohn wurde ihm von Tiberius zur Seite gestellt. Sejan ist um 7 v. Chr. geboren. Sein erstes Probestück legte er bei der Beseitigung des Soldatenaufstandes 14 n. Chr. an der Donau ab, wo er der Vertrauensmann des Drusus war. Dabei [MH.I 151] zeichnete er sich durch Geschick aus.[498] So durch Klugheit und Treue ausgewiesen, nahm er die erste Stelle im Rat des Tiberius ein. Sein Vater wurde Verwalter Ägyptens, er selbst war damit alleiniger Kommandant der Prätorianer. Ihm wurde kein *adlatus* beigegeben; nicht zu seinem Vorteil ging Tiberius hier vom älteren Gebrauch ab. In allen Geschäften war fortan Sejan *socius laborum*, wie der Kaiser ihn oft im Senat bezeichnete. In der Garde vollzog er alle Offiziers- und Beamtenernennungen. Das lag nicht eigentlich in seinem Amt. Die Stellung, die früher Maecenas und Sallustius[499] hatten, vereinte er mit der des Gardekapitäns. Schon 21 führte Tiberius durch Verlobung des Sohnes des Claudius mit einer Tochter des Sejan eine Verbindung beider Häuser herbei.[500] Dies wurde als Anfang der *nimia spes* des Sejan betrachtet, und mit Recht. Es war immerhin eine Mesalliance, und durch diese Gunst wurde Sejan veranlaßt, noch höher zu streben. Hinzu kam der Grottenvorfall, um das Vertrauen des Kaisers vollständig zu machen. Bei einem Aufenthalt auf dem Lande schützte Sejan mit seinem Körper den Kaiser vor einem Bergsturz.[501] Untreue kann man dem Sejan nicht vorwerfen. Er strebte nach Herrschaft, ja nach Sukzession, aber nicht danach, den Tiberius zu beseitigen. Sejan war ein Mann von ungewöhnlicher Geschicklichkeit, hohem Talent und seltener Treue.[502]

Freilich hat er eine schwere Schuld auf sich geladen: den Tod von Drusus, dem Sohne des Kaisers. Zunächst hatte man dies als Folge von Ausschweifungen aufgefaßt. Das war nicht richtig. Drusus war ein Mensch von roher und jähzorniger, aber gutmütiger [MH.I 152] Natur. Tiberius hatte ihn dem Germanicus untergeordnet, zu dem er trotz alledem sehr gut stand. Es war kein Falsch an ihm. Sein Verhältnis zu Sejan war offen gespannt, Drusus soll ihn geschlagen haben. Daß Sejan ihn nicht gern sah, ist begreiflich; im nächsten Moment konnte ja Drusus König sein (*sic*). Aber es stellte sich heraus, daß Sejan ihn durch dessen Gattin hatte ermorden lassen.[503] [MH.I 153]

[497] Tac.ann.IV 1

[498] Tac.ann.I 24

[499] Maecenas war Gardepräfekt; Sallustius Crispus – Großneffe und Adoptivsohn des Geschichtsschreibers – heißt bei Tacitus (ann.I 6) *particeps secretorum*. Sallust hatte die Tötung des Agrippa Postumus angeordnet, s. o.

[500] Tac.ann.III 29

[501] Tac.ann.IV 59. Der Vorfall spielte in Sperlonga (*Spelunca*); Suet.Tib.39.

[502] Sehr viel negativer urteilte Mommsen über Sejan 1868 (MK.137): *Hier tritt aber in der römischen Geschichte ein Mann auf, auf welchen man alles Unheil der römischen Kaiserzeit zurückführen kann. Er war das Verderben des julisch-claudischen Hauses...*

[503] Tac.ann.IV 3 ff.

Sieben Jahre ahnte Tiberius nicht, von wem der Tod seines Sohnes ausgegangen war. Dann kam das[504] Verbrechen zum Vorschein. Es scheint, daß wir hier auf festerem Boden stehen als gewöhnlich. Eine Mitwisserin gab Anzeige, die Sklaven des Drusus gestanden. Livilla[505], die Gattin des Drusus, wurde schwer dafür gestraft, die Sache scheint also sicher. Die Tat wurde begangen, um den Ehebund Livillas mit Sejan zu ermöglichen. Sejan muß eine wahrhaft dämonische Gewalt besessen haben, namentlich über die Frauen. Was konnte er Livilla bieten außer seiner Person und der Aussicht, an seiner Seite abermals dieselbe Stellung einzunehmen, die sie schon ohnedies besaß? Vorläufig glaubte Tiberius, Drusus sei an Ausschweifungen gestorben. Sejan wendete sich an den Kaiser mit der Bitte um die Hand der Livilla, augenscheinlich um – so wie einst Tiberius selbst – in die Stellung des Kronprinzen einzurücken. Tiberius lehnte es ab, ohne indes sein Verhältnis zu Sejan zu lösen.[506]

Die Nächsten zum Thron waren jetzt die Söhne des Germanicus. Diese standen im ersten Kindesalter. Der älteste, Nero, 7 n. Chr. geboren, war 16 Jahre alt, Drusus nur ein Jahr jünger. Tiberius stellte sie im Jahre 23 dem Senat vor.[507] Allerdings gab er ihnen noch keine offizielle Stellung; dazu waren sie zu jung. Sejan war also dem Thron durchaus nicht näher gerückt. Am Hofe spielten die Frauen die Hauptrolle: Livia, die alte Kaiserin, jetzt Julia Augusta[508], Livilla, die Schwiegertochter des Tiberius, und Agrippina, die Frau des Germanicus. Zwischen Mutter und Sohn entstand eine unheilvolle Spannung, nicht nur durch die Schuld des Sohnes. Livias Verhalten zum Gatten und zum Sohn war durchaus verschieden. Sie [MH.I 154] erhob Tiberius gegenüber Ansprüche, die sie Augustus gegenüber nie erhoben hatte. Eine wirkliche Beteiligung an den Staatsgeschäften kann man aus dem Titel *Augusta* nicht ableiten. Das ist für römische Gefühle unmöglich, aber er gewährte doch kaiserliche Ehrenbezeugung. Livia hatte ihren eigenen Hof, an dem Tiberius eifrig bekrittelt wurde. Etikettenverletzungen kamen dazu, um die Spannung zu erhöhen.

Tiberius hat nie die äußere Reverenz vor der Mutter verletzt. Eher kann man das Umgekehrte von Livia sagen. Sie machte ihm oft schwere Vorwürfe, so als habe sie ihm zum Thron verholfen. Damit hatte sie nicht Unrecht, aber sie durfte ihm das nicht vorrücken. Sie gab ihm vertraute Briefe des Augustus zu lesen, in denen Tiberius wegen seiner Widersinnigkeit scharf getadelt wurde.[509] Dadurch machte sie ihn mehr und mehr in der Gesell-

---

504 Hier endet das zweite, beginnt das dritte Heft Paul Hensels (MH.Ic), datiert auf den 22. Januar 1883.

505 Mommsen nennt Livilla (so heißt sie bei Sueton; ebenso bei Mommsen 1868/69 = MK) mit ihrem offiziellen Namen „Livia", was aber zu Verwechslungen mit der Mutter des Tiberius führt.

506 Dio LVIII 3,8 ff; Tac.ann.IV 7 ff.
507 Tac.ann.IV 8
508 Diesen Namen erhielt Livia durch das Testament des Augustus: Tac.ann.I 8. Mommsen, Staatsrecht II, 764; 794 f.
509 Suet.Tib.50 f.

schaft unmöglich. Das hat nicht unwesentlich auf seine Selbstverbannung nach Capri eingewirkt. Daß Agrippina im Tode des Germanicus ein Verbrechen sah, ist wohl glaublich. In ihrem Auftreten Tiberius gegenüber war sie unerträglich; sie beanspruchte eine Art Hausregiment ihrer beiden Söhne wegen, betrachtete sich als Vormund des künftigen Herrschers und suchte Einfluß auf die Regierungsgeschäfte, was Tiberius streng zurückwies. Schlimmer war der böse Verdacht, den sie selbst auf Tiberius warf, so als wollte er sie vergiften. Bei offener Tafel wies sie Früchte zurück, die Tiberius ihr reichte.[510] Damit ging sie doch über die legitime Trauer über den Tod des Gatten hinaus und schuf ein ganz unerträgliches Verhältnis. Tiberius konnte sich das nicht gefallen lassen. All das trieb ihn [MH.I 155] aus seinem zur Hölle gewordenen Hause.

Auch dem Publikum gegenüber war Tiberius absolut unpopulär.[511] Der Senat gehorchte mit innerlichem Haß. Fortwährend liefen Spottverse auf ihn um, wobei der Urheber nicht zu greifen war.[512] Tiberius wird auch der endlosen Verhandlungen mit dem unbehilflichen Senat überdrüssig geworden sein. Wahrscheinlich hat er jedoch nicht den Plan gehabt, nie mehr nach Rom zurückzukehren. 26 n. Chr. ging er zunächst nach Campanien.[513]

Die nächste Folge war, daß die Regierung seinen Händen entschlüpfte und von Piso, dem Stadtpräfekten, auf Sejan, den Prätorianerpräfekten, überging. Das ist nicht mit unseren heutigen Verhältnissen zu vergleichen. In Rom mußte der Kaiser persönlich eingreifen. Er war vor allem höchster Feldherr und durfte sich nicht durch delegierte Offiziere vertreten lassen. Es gibt gar keinen amtlichen Ausdruck für die Kompetenzen, die die beiden Männer nun einnahmen. Natürlich war es ihr Interesse, daß Tiberius fernblieb.

Zunächst arbeitete Sejan auf den Sturz der Agrippina und ihrer Kinder hin. 27 wurden der Agrippina und ihren Söhnen geheime Aufpasser beigegeben. Die abenteuerlichsten Gerüchte waren im Umlauf, die den Tiberius bewogen, das zuzulassen. Angeblich wollte Agrippina zum germanischen Heer an den Rhein gehen.[514] Livia wehrte, solange sie lebte, dem offenen Konflikt. Im Jahre 29 starb sie, 86 Jahre alt.[515] Sogleich brach das Unheil über das Haus des Germanicus herein. Der Kaiser führte offene Beschwerden vor dem Senat über Agrippinas Hochmut und Neros Leichtsinn. Das waren gewiß keine [MH.I 156] kapitalen Verbrechen. Senat und Publikum wußten nicht, woran sie waren. Namentlich letzteres trat höchst energisch auf, man rottete sich vor der Kurie zusammen. Der Senat beschloß nichts.

---

[510] Suet.Tib.53
[511] 1868 betonte Mommsen, daß Tiberius nur beim *Pöbel der Hauptstadt* unbeliebt war, der freilich *maßgebend war in noch viel ausgedehnterer Weise, als dies heute in Frankreich der Fall ist* (MK.133).

[512] Suet.Tib.59; 66
[513] Dio LVIII 1; Suet.Tib.39; Tac. ann.IV 57ff.
[514] Suet.Tib.53
[515] Dio LVIII 2. Hensel: *82 Jahre.*

Tiberius wurde energischer, und als der Senat die eigentliche Meinung des Kaisers erkannte, beschloß er die Verbannung Agrippinas und Neros. Bald wurde Drusus ebenso behandelt, er wurde im Palast streng interniert.[516] So war Sejan seinem Ziel wesentlich näher gekommen. Tiberius mußte sich jetzt über die Thronfolge entscheiden, wahrscheinlich dachte er an Sejan. 31 übernahm Tiberius mit Sejan das Konsulat.[517] Das war nach römischen Begriffen ungeheuerlich, denn Sejan war ja nicht einmal Senator, sondern nur Ritter. Eine Verletzung dieser Grenze war ganz gegen die Tradition des Augustus. Zugleich behielt er das Gardekommando. Sejan wurde in die Familie des Kaisers eingeführt; er verlobte sich zwar nicht mit Livilla selbst, aber mit deren Tochter[518], vielleicht seiner eigenen. Außerdem erhielt er proconsularische Gewalt. Es fehlte also nur die tribunizische Gewalt, um ihn Tiberius gleichzusetzen.

Da trat jene furchtbare Katastrophe ein. Warum? Man sprach von einer Verschwörung Sejans.[519] Aber warum dies? Was sollte ihn, der jetzt auf dem Gipfel seiner Macht stand, dazu treiben? Wohl fesselte er eine große Anzahl Personen an sich, die mehr auf ihn als auf [MH.I 157] den Kaiser sahen. Aber das war natürlich, das lag in seiner Stellung. Er war die aufgehende Sonne.

Die weitverbreitete Meinung einer Verschwörung[520] ist ohne rechten Grund. Man sieht nicht, was er erreichen wollte. Er hatte nur noch die tribunizische Gewalt zu erwarten, und zwar vom Kaiser. Bei der Untersuchung ist nichts der Art herausgekommen. Nur in einer Steininschrift ist das Redefragment erhalten, das bei einem wegen seiner Genossenschaft mit Sejan Verfolgten von *improbae comitiae* (sic!) *in Aventino* spricht.[521] Das wäre eine demokratische Bewegung, bleibt aber ein Rätsel. Flavius Josephus[522] berichtet, Sejan sei infolge eines Briefes der Antonia gestürzt worden, die Tiberius vor Sejan warnte. Wie war aber die Sache? Einfach entlassen wie einen Beamten konnte man Sejan nicht. Er war fast Mitregent und hatte darüber hinaus faktisch den Tiberius aus seinem Regiment verdrängt. Wahrscheinlich erschrak Tiberius vor seinem eigenen Werk, vor der Stellung des Mannes, die er selbst gemacht hatte.

Man sieht deutlich, daß Sejan sich nie völlig sicher fühlte. Er kannte eben Tiberius mehr als irgend ein anderer. Bei dessen schweigsamer Natur konnte man nie wissen, woran man war. Auch hatten sich trotz aller Ehren für Sejan die Anzeichen für eine andere Nachfolgeregelung gemehrt. Gaius, der dritte Sohn des Germanicus[523], wurde an den Hof gezogen und vermählt. Das deutet auf eine Reserve gegen Sejan. Die Schreiben des Kaisers an den Senat

---

[516] Suet.Tib.65
[517] Suet.Tib.65; Tac.ann.VI 8; Dio LVIII 4,3
[518] Dio LVIII 3,9
[519] Suet.Tib.65; Tac.ann.V 8; VI 47; Jos.ant.XVIII 6/181ff.
[520] Suet.Tib.65

[521] „schändliche Wahlversammlung auf dem Aventin" Dessau 6044; Mommsen, Staatsrecht III 348
[522] Jos.ant.XVIII 6/181ff.
[523] Es ist der unter dem Spitznamen *Caligula* bekannte Nachfolger des Tiberius: Dio LVIII 8.

wurden immer dunkler, man wußte nicht, was er wollte. Mitunter war von Sejan gar nicht die Rede, mitunter wurde er überschwenglich gelobt. Vielleicht plante Sejan angesichts dieser Verhältnisse Widerstand, aber er kam nicht dazu, er blieb ungewiß bis zuletzt. [MH.I 158] Da kam ein Bote vom Kaiser aus *Capreae*, Gnaeus Sertorius Macro, ein höherer Gardeoffizier.[524] Er hatte eine Nachricht für den Senat und eine für Sejan. Dieser glaubte sich am Ziel seiner Wünsche, er hoffte, die tribunizische Gewalt zu erhalten und so wirklicher Mitregent zu werden. Das Verfahren gegen ihn trägt ganz den Charakter einer Verschwörung. Es ist charakteristisch für das System von Vertrauensmännern, daß auch hier Tiberius nicht selbst erscheint, wie dies richtig gewesen wäre. Macro hatte den zwiefachen Befehl, die Garde zu übernehmen und sich mit den *vigiles* in Verbindung zu setzen. Die *vigiles* wurden hier gegen die anderen Truppen ausgespielt. Das Prätorianerlager und die Kurie wurden umzingelt. Macro stellte sich den Prätorianern als neuer Kommandant vor und wurde sofort anerkannt. Das wäre nicht möglich gewesen, wenn Sejan eine Verschwörung beabsichtigt hätte. Damit war das Los Sejans besiegelt. Ein endloses Schreiben wurde in der Kurie verlesen. Macro hatte sich mit dem Konsul Aemilius Regulus in Verbindung gesetzt, der kannte den Plan des Kaisers und führte ihn gern aus. Die Kurie und das Volk folgten willig, denn Sejan war allgemein verhaßt. Ohne Widerstand wurde Sejan in der Kurie verhaftet.

Es folgte ein entsetzlicher Prozeßkampf. Sejan wurde im Kerker hingerichtet, das war natürlich. Aber auch seine geschiedene Gattin Apicata und die unmündigen Kinder mußten sterben.[525] Apicata zeigte zwar noch dem Kaiser den Giftmord Sejans an dessen Sohn Drusus an und nannte die Mittelspersonen. Das führte zu neuen Verbitterungen des Kaisers; man konnte nun auf keine Gnade mehr hoffen. Ein furchtbares Blutgericht erging [MH.I 159] über die römische Aristokratie, deren Wiederholung die Reihen derselben so sehr lichtete, daß sie zugrunde ging. Die Freundschaft mit Sejan war ohne irgendwelchen weiteren Grund genug zur Kapitalklage. Unzählige wurden verurteilt, und die ganze Familie wurde mitgetroffen. Die Verfolgungen nahmen den widerlichen Charakter der Fiskalität an. Die Delatoren mischten sich ein, um die *praemia accusatorum* zu erhaschen. Der Kaiser war nicht schuldlos, die völlige Unbestimmtheit des Anklagegrundes machte alles möglich. Teils wurde in Rom, teils vor dem Kaiser in Capri abgeurteilt. Vielleicht war das Gericht in Rom noch unbarmherziger.

Man hatte gemeint, daß Drusus, der Sohn des Germanicus, aus dem Kerker geholt und die Familie des Germanicus rehabilitiert werden würde. Tiberius hatte auch den Befehl für den Eventualfall gegeben, Drusus dem Sejan gegenüberzustellen. Das war nicht nötig gewesen. Im Jahre 33 wurden Drusus und Agrippina getötet.[526] In demselben Jahr folgte ein Massenurteil über

---

[524] Dio LVIII 9
[525] Tac.ann.IV 3; Dio LVIII 9ff.

[526] Suet.Tib.54; Tac.ann.VI 23; Dio LVIII 22,4

die Angeklagten, der Kaiser war der Prozesse überdrüssig und wollte aufräumen. Das war eine furchtbare Folge der andauernden Verbitterung, des Miß-
trauens, das ihm die Menschen entgegenbrachten. Im übrigen blieb die Politik des Kaisers auch in seinen letzten Jahren
unverändert. In diese Zeit fällt die Beendigung des parthischen Krieges und
die großartige Unterstützung durch 100 Millionen Sesterzen für den 36
abgebrannten Aventin.[527] Am 16. März 37 starb Tiberius in seinem Bette,
wahrscheinlich eines natürlichen Todes.[528] Er war ein unglücklicher Mann,
den gerade in seinen besten Gefühlen das Schicksal am schwersten getroffen
hatte. Überall, wo er vertraute, war er von Täuschung und Verrat umgeben.
[MH.I 160] Unter Augustus war er aufgewachsen; er hing nicht innig an
ihm, verehrte ihn aber politisch aufs Höchste. Augustus hatte Tiberius ohne
Liebe behandelt und ihm nur widerwillig, *rei publicae causa*, nach einer
Kette von Zurücksetzungen seine Stellung verliehen. Ähnlich war das Verhältnis des Tiberius zu Livia, seiner Mutter; seine letzten Jahre wurden ihm
durch diesen Konflikt verbittert. Zu seiner ersten Gattin Vipsania Agrippina
hatte er ein wirklich inniges Verhältnis, ein Zug von Sentimentalität ist nicht
zu verkennen.[529] Aus Staatsrücksichten mußte er diese glückliche Ehe auflö-
sen, um Julia, die gar nicht zu ihm paßte, zu heiraten. Das wurde für ihn die
schwerste Prüfung, eine häusliche Hölle, aus ihr floh er nach Rhodos. Auch
mit seinen Söhnen, dem richtigen Sohn Drusus und dem Adoptivsohn Germanicus, hatte er kein Glück. Viele Freunde hat er nicht gefunden. Sein
Verhältnis aber zu Sejan war ursprünglich entschieden ein ideales. Er
glaubte, in ihm einen treuen Mitarbeiter zu besitzen. Dem war durch beider
Schuld ein so gräßliches Ende bereitet worden. Man hatte sich bei Sejan
pöbelhafte Scherze über den Kaiser erlaubt, ihn einen kahlköpfigen Zwerg
genannt. Dann das Fehlschlagen in der äußeren Politik, durch ihn war es
nicht verschuldet. Sein Jugendtraum, durch militärischen Erfolg das Reich
zu erweitern, erfüllte sich nicht. Wenn jemand das Gefühl haben konnte, gut
regiert zu haben, so war dies Tiberius, und dafür war ihm mit erbittertem
Haß gelohnt worden. Kein Wunder, daß ihm der Menschenhaß übergroß
war. Er hat viel Ähnlichkeit mit Friedrich d. Gr.[530]
   Was die Literatur angeht, so ist die Überlieferung mangelhaft. Das Interesse hatte sich verschoben, es war eine trübe Zeit. Die Singvögel schweigen,
wenn ein Gewitter am Himmel steht. Es gibt die Gedichte des alternden
Ovid, sonst ist die Produktion unbedeutend. Velleius Paterculus war allerdings ein geistreicher Mann, Valerius Maximus ist ganz untergeordnet, beide
zeichnen sich durch elende Adulation und jämmerlichsten Servilismus aus,
das ist charakteristisch für die ganze Zeit. Die bleierne Angst, die auf der

---

527 Tac.ann.VI 44f.

528 Tac.ann.VI 50. 1868 glaubte
Mommsen an ein gewaltsames Ende:
MK.145.

529 Suet.Tib.7

530 1868 hat Mommsen diesen Vergleich ausgeführt: MK.147f.

Welt lag, tritt uns überall entgegen. Charakteristisch ist dafür der ältere Seneca [MH.I 161] in seinem rhetorischen Werk. Sein Florilegium von berühmten Advokatenreden ist eine der unerfreulichsten Arbeiten. Ohne wahre Anmut, ohne jeden juristischen Blick wurden über ein Nichts, ein Leeres, Redeblumen gemacht. „Sand ohne Kalk", sagte Kaiser Gaius (Caligula) zu der elenden Interesselosigkeit dieser Zeit.[531]

[531] Suet.Cal.53,2. Das Wort bezieht sich auf den Stil des jüngeren Seneca, auf den Philosophen.

3. GAIUS-CALIGULA (37-41)

Mit einem gewissen Verdruß wendet man sich dem dritten Julier zu.[532] Tiberius und Augustus waren bedeutende Männer, große Charaktere, mit denen sich der Historiker stets zu beschäftigen hat. Dieser Kaiser ist nun ein unmündiger Knabe, die pure, glatte Mittelmäßigkeit. Er war halb wahnsinnig, halb blödsinnig. Von keinem Kaiser gibt es so viele Anekdoten. Sie tragen nicht dazu bei, ein besseres Urteil zu gewinnen. Tiberius war auch nach dem Sturz Sejans im wesentlichen außerhalb Roms geblieben. Einmal[533] kam er in die Nähe Roms, ging aber vorher wieder zurück und starb in Misenum.[534] An die Stelle Sejans trat, wunderbar genug, Macro, er war gleichfalls Gardekommandant ohne Kollege.[535] Alles ging durch seine Hand, doch war er stets in der Nähe des Kaisers. In Rom befand sich absolut kein Regierender. Es wäre an der Zeit gewesen, für die Nachfolge zu sorgen, wie dies Tiberius in seinen besseren Jahren stets getan hatte. Er tat es nicht. Man hat darauf hingewiesen, daß er in seinem Testament beide Enkel, Gaius (geb. 12) und Tiberius (geb. 19), zu gleichen Teilen als Erben eingesetzt habe; das ist jedoch nicht als Bestimmung der Nachfolge aufzufassen. Das Testament war ein reiner Privatakt und hatte nichts mit der politischen Erbfolge zu tun.[536] *De tradenda re publica dubitavit* sagen deshalb auch die Historiker.[537] Er kam eben nicht dazu. [MH.I 162] Noch auf dem Sterbebett hatte er den Ring vom Finger gezogen, um ihn einem Nachfolger zu überreichen, hatte lange überlegt und ihn dann wieder angesteckt.[538] Das Entschließen ist ihm immer schwer geworden. Er mochte auch vorhersehen, daß die Nachfolge seines ältesten Enkels zweifellos war. Aber das ist mit der schwerste Fehler, den man ihm vorgeworfen hat. Er kannte den jungen Mann, der ja 25 Jahre alt war. Hätte Tiberius seine Pflicht getan, so würde er sich wie Augustus *rei publicae causa* einen wirklich tüchtigen Mann an die Seite gesetzt haben. Tiberius tat dies nicht, die Frage bleibt offen. Betrachtet man die Sache formell, so mußte jetzt die Republik wieder eintreten, der Senat die Regierung übernehmen, das außerordentliche Amt des Principats war erloschen.

Die Frage der Staatsform wurde indessen nicht aufgeworfen, und auch über die Person des Herrschers gab es keinen Zweifel. Der Senat regte sich nicht. Die Familie des Germanicus war sehr populär, und man hatte sich in

---

[532] A. A. Barrett, Caligula: The Corruption of Power, 1990

[533] *Bis... Romam redire conatus*: Suet.Tib.72,1.

[534] Tac.ann.VI 50; Suet.Tib.74

[535] Dio LVIII 9,2

[536] Anders Dio LIX 1

[537] „Er zweifelte, wem er die Regierung übergeben solle"; Tac.ann.VI 46

[538] Suet.Tib.73.

den Gedanken hineingeredet, daß der Sohn des Germanicus das Glück bringen werde. Alles zog ihn dem 18jährigen Vetter vor. Damit vereinte sich das Interesse der leitenden Offiziere. Macro hatte sich Gaius genähert und ihn für sich gewonnen. Der Kommandant der Garde war also bereit, in Übereinstimmung mit dem Volk Gaius zu unterstützen. So hat sich der Thronwechsel glatt abgewickelt. Gaius hätte sich bereits sofort nach dem Tode des Tiberius, am 16. März 37 in Campanien zum Kaiser ausrufen lassen können.[539] Er tat das nicht. Am 18. März erklärte der Senat Gaius zum Imperator. Es herrschte allgemeiner Jubel, [MH.I 163] aber schon darin liegt ein unangenehmes Moment. Regieren und Regiertwerden sind ernsthafte Dinge; hier erschien alles von der goldenen Seite. Man erfreute sich des neuen Herrschers, weil man des schweren Druckes des alten ledig war. Das war ein echtes und berechtigtes Gefühl. Zunächst schien der Kaiser allen alles gewähren zu wollen. Gern hätte das Volk das Gedächtnis des gestorbenen Kaisers verunglimpft. Gaius ließ es nicht zu, wenn auch die Konsekration, die er beantragte, im Senat nicht durchging. Das Testament stieß Gaius um, nicht mit Unrecht. Denn eine rein privatrechtliche Teilung des großen Domanialvermögens war unmöglich. Der neue Kaiser übernahm es ganz und adoptierte dafür törichterweise den Vetter. Das war ein wahnsinniger Schritt.

Die Asche von Mutter und Brüdern wurde feierlich beigesetzt.[540] Claudius, den späteren Kaiser, und die Schwestern zog Gaius an den Hof. Die alte Antonia (minor) erhielt dieselben Ehren wie Livia; es gab ein großes Familienfest. Die Schwestern des Kaisers wurden überall auf fast überschwengliche Weise geehrt.[541] Sie wurden in den Eid aufgenommen, den man dem Kaiser schwur. Bei Drusilla hatte das einen abscheulichen, sinnlichen Hintergrund. Gaius soll seine Schwester in einem Akt des Wahnsinns zur Nachfolgerin bestimmt haben. Als sie infolge einer verfrühten Niederkunft starb, wurde sie unglaublicherweise sogar konsekriert.

Kein Kaiser hat die Rechte des Senates so voll anerkannt wie Gaius. Er erklärte ihn ganz zum Mitherrscher. Die Appellationen aus den senatorischen Provinzen gingen von nun an nur an den Senat. Auch das Volk wurde nicht vergessen; man versuchte, die Comitien, die Tiberius beseitigt hatte, wiederherzustellen.[542] Allerdings gelang das nicht einmal während seiner eigenen Regierung. Die politischen Clubs [MH.I 164] wurden in Rom wieder freigegeben, die Steuern in Italien erleichtert. Die *ducentesima auctionum* verschwand.[543] Auch die Finanzverwaltung wurde gewissermaßen wieder öffentlich. Augustus hatte Übersichten über den Stand der Finanzen publiziert, Tiberius hatte dies unterlassen, Gaius stellte das wiederum her, doch wurde darüber nicht diskutiert.

539 Suet.Tib.73,1; Dio LIX 1
540 Suet.Cal.15. Die Urnen von Drusus und Agrippina wurden im Augustusmausoleum aufgestellt: Dio LIX 7,1.
541 Suet.Cal.24; Dio LIX 11
542 Dio LIX 9; 20,4
543 Es handelt sich um die halbprozentige Versteigerungssteuer (Suet. Cal. 16).

Das gleiche System wurde auch äußerlich betätigt. Tiberius hatte im Orient nach Möglichkeit die Klientelstaaten beseitigt und Provinzialverfassungen eingeführt. Gaius setzte in Judäa, Kommagene, Pontus und Kilikien wieder Könige als erbliche Statthalter in ihre Rechte ein[544], die von Tiberius erhobenen Einnahmen wurden sogar zurückgezahlt.[545] So geriet das Finanzwesen bald aus Rand und Band. Selbst der reiche Schatz des Tiberius konnte diese Angriffe nicht aushalten. Nach noch nicht neun Monaten war Gaius in großer Verlegenheit, der Schatz war erschöpft. Das führte den Umschwung herbei. Anstelle der Volksbeglückung trat das Gegenteil. Der neue Volksbeglücker zeigte sich in seiner wahren Gestalt. Die Flitterwochen waren vorbei. Es wäre der Geschichte unwürdig, angesichts solch superlativer Schlechtigkeit, solch ausbündiger Niederträchtigkeit noch einen Rettungsversuch zu machen. Aber man muß das wenigstens erklären.

Erwachsen war dieser Mensch in der Schule des Lasters und des Schrekkens. Seine Familie war von seinem Großvater Tiberius geopfert worden. Jahrelang hatte er sich von Tiberius und Sejan bedroht gesehen, nur durch den Zufall von Sejans Sturz hatte er entrinnen können. Beständig mußte er den Tod fürchten. Es hätte einer eisernen Natur bedurft, um dies auszuhalten, und er war keine solche. Er war eine elende Domestiken-Natur, welche ohne mit der Miene zu zucken, die Nachrichten von der Hinrichtung seiner Familie anhörte. Dazu [MH.I 165] kam die entsetzliche Lasterschule des Tiberius in Capri, wo Gaius mit dem Weibe des Macro auf dessen Wunsch Ehebruch trieb. Das bahnte ihm ja erst den Weg zum Thron.[546] Die Schuld an seinem Regiment trifft eher Tiberius als den elenden Knaben selbst. Seine stattliche Figur war früh durch Ausschweifungen verkümmert, er war oft krank. Gaius ist die erste körperlich widerwärtige Gestalt aus dem gewaltigen eisernen Geschlecht der Julier und Claudier.

Sonderbar ist dabei sein Ahnenstolz. Er schämte sich seines Großvaters Agrippa und erfand die Fabel, Augustus hätte seine Mutter in Blutschande mit Julia gezeugt.[547] Darin liegt schon seine ganze Nichtswürdigkeit. Er haßte alles, was erhaben, was republikanisch war, und suchte die Erinnerung daran zu vertilgen. Dem alten Geschlecht der Torquati nahm er das Halsband.[548] Livius, Vergil und sogar Homer wollte er verbieten[549]; zum Teil aus literarischer Kritik, zum Teil aus Brotneid, um nicht selbst verdunkelt zu werden. Seine Regierung wimmelt von verrückten, phantastischen Plänen. Der Versuch eines Brückenbaus von Puteoli nach Baiae verschlang Unsummen und brachte durch Verwendung der Getreideflotte fast eine Hungersnot in Rom hervor.[550] Das genügt, um den Mann zu charakterisieren. Damit hängen denn auch die traditionellen Revolutionen zusammen. Schon der

544 Dio LIX 8,2; 12,2; 24,1; LX 8   548 Suet.Cal.35,1
545 Suet.Cal.16   549 Suet.Cal.34
546 Suet.Cal.12,2; 26,1; Dio LIX 10,6   550 Suet.Cal.19
547 Suet.Cal.23,1

erste Thronwechsel hatte den Prätendentenmord gebracht. Dementsprechend ließ Gaius sofort nach Regierungsantritt seinen Vetter und Adoptivsohn Tiberius umbringen, aus ganz läppischen Motiven.[551] Damit war Gaius der einzige und letzte Julier. In gleicher Weise wandte er sich gegen Macro und dessen Gattin, die sofort geschlachtet wurden.[552] Dann folgt die erste wirkliche Verschwörung. Dabei stehen merkwürdigerweise seine beiden überlebenden Schwestern im Vordergrund, dahinter Marcus Aemilius Lepidus, ein Verwandter des kaiserlichen Hauses, und Gnaeus Lentulus Gaetulicus, ein ehemaliger Konsul, einer der bedeutendsten und geistreichsten Männer Roms. [MH.I 166] Die Verschwörung wurde entdeckt, die Schwestern verbannt, die anderen getötet. Das war das Ende der Aemilii Lepidi.[553] Die große Zahl der Opfer aber erklärt sich aus der elenden Finanznot. Gaius hat neue, oft unsinnige Steuern eingeführt, z.B. eine fünfprozentige Abgabe bei jedem Zivilprozeß.[554] Als das zu langsam ging, führte man Proskriptionen durch. Man brauchte rasch Geld und verurteilte reiche Leute wegen *maiestas*.[555] Als sich ein Proskribierter einmal zu spät als arm herausstellte, sagte Gaius: „Der konnte leben bleiben, er wurde zu Unrecht getötet."[556] Die Geschichte der letzten Julier bedeutet den Untergang der altrömischen Aristokratie. Italien war bald finanziell erschöpft, darum unternahm Gaius 39 eine Expedition nach Gallien. Darüber hinaus plante er einen Zug nach Ägypten.

Soweit von einer äußeren Politik bei einem solchen Herrscher die Rede sein kann, bleibt sein Eingreifen zufällig. Kappadokien wurde wieder zum Königreich gemacht[557], um bald von Vespasian wieder eingezogen zu werden. Wichtiger ist ein entgegengesetzter Vorgang. In Mauretanien[558] regierte Ptolemäus, der Sohn Jubas II. Sein Staat umfaßte alles Land von Constantine bis zum Ozean. Dieser bedeutendste aller Klientelstaaten romanisierte sich rasch; namentlich *Caesarea* (Cherchel in Algerien) blühte auf. Ptolemäus wurde ein Opfer des Gaius. Dieser ließ ihn 40 hinrichten, um seine Schätze einziehen zu können. Das Land wurde Provinz, doch erfolgte deren administrative Einrichtung erst unter Claudius.

Im östlich angrenzenden Africa wurde 37 n.Chr. eine bedeutsame Maßnahme durchgeführt. Die Militärherrschaft war von Augustus sehr ungleich geteilt worden. [MH.I 167] Er hatte dem Senat ein militärisches Kommando eigentlich nur in Africa belassen, wo eine Legion stand. Schon Tiberius sah dies nicht gern, es gab Reibereien. Gaius löste die Provinz in zwei Distrikte

[551] Dio LIX 8,1. Tiberius soll den Tod Caligulas gewünscht haben.
[552] Suet.Cal.26; Dio LIX 10
[553] Suet.Cal.24; Dio LIX 22
[554] Suet.Cal.40
[555] Dio LIX 16,8ff.
[556] Suet.Cal.39; Dio LIX 21ff.

[557] Unter Tiberius hatte Germanicus 18 n.Chr. Kappadokien zur Provinz gemacht: Suet.Cal.1,2. Kerngebiet des Klientelkönigtums war Kommagene unter Gaius Julius Antiochus IV Philokaisar: Dio LIX 8,2.
[558] Dio LIX 25,1

auf, von denen Numidien, der Kriegsdistrikt, dem senatorischen Statthalter entzogen und dem kaiserlichen Legaten übertragen wurde.[559] Von da ab hatte der Senat keine Truppen mehr. Die Expedition nach Gallien (s. o.) war eine Komödie. Gaius war ja eigentlich ein Lagerkind, worauf auch der im Altertum wenig gebräuchliche Spitzname „Caligula" (*enfant de troupe*) deutet.[560] Diese Popularität wirkte wahrscheinlich bei den Soldaten zu seinem Erfolg mit. Aber kein Kaiser hat in seinem Titel den Militarismus so vermieden. Er war *imperator*, nannte sich aber nie so. Der Vorwand für den Zug nach Gallien war die Rache für den Aufstand gegen Tiberius vor 30 Jahren. Gaius wollte die rheinischen Legionen karessieren.[561] Außerdem ging es ihm um die Ergänzung seiner Leibwache durch Gefangene aus Deutschland – sie seien billiger als Kaufsklaven – und vor allem um die Plünderung der Reichen in Gallien. Letzteres gelang völlig. Nebenbei wollte der Kaiser Britannien erobern. Das war so eine Art römischer Laune, es lief auf Muschelsammeln hinaus.[562] Dennoch stand die Expedition weiter auf dem Programm. Claudius führte sie später zum Erfolg. Diese Vorgänge gehören zwar in die Zeit des Gaius; daß es seine „Taten" sind, kann man aber nicht sagen.

Im ganzen zeigte sich das Publikum ihm gegenüber genauso elend servil wie gegen Tiberius, namentlich bleibt der Gehorsam der Statthalter merkwürdig. Gaius fand sein Ende durch eine Palastverschwörung.[563] Einige untergeordnete Gardeoffiziere führten das aus, woran die kaiserliche Familie gescheitert war. [MH.I 168] Cassius Chaerea und Sabinus, zwei Gardetribunen, verschworen sich wegen persönlicher Beleidigung durch schlechte Witze des Kaisers. Als dieser aus dem kaiserlichen Hoftheater kam, erstachen sie ihn in einer Porticus, und kurz darauf auch seine Gattin und seine zweijährige Tochter. Es war eigentlich eine Moritat. Gaius starb am 24. Januar 41, im 29. Jahre seines Alters. Er hatte kaum vier Jahre regiert. Man fragt, ob die Mörder Werkzeuge von höheren Senatoren gewesen sind. Das ist unwahrscheinlich, das Attentat war bloß die Folge einer Erbitterung des Personals gegen den Kaiser. Man kann dies aus der völligen Ratlosigkeit schließen, die nun eintrat. Es gab keinen fertigen Plan.

[559] Dio LIX 20,7; Tac.hist.IV 48; Mommsen RG.V 626f.
[560] Suet.Cal.9, *caliga* ist der Soldatenstiefel.
[561] „ihnen schmeicheln"

[562] Dio LIX 25,2f. Die Muscheln dienten als Beute für den Triumph über den Okeanos.
[563] Dio LIX 29; Suet.Cal.56ff.; Jos. ant.XIX 1

4. CLAUDIUS
(41–54)[564]

Mit dem Kaiser Gaius erlosch die julische Dynastie. Es ist eine höhnische Bitterkeit der Historie, daß dieses glänzende Haus mit einer so nichtswürdigen Persönlichkeit schließen sollte. Als Tiberius starb, stand die Nachfolge noch auf vier Augen; jetzt war niemand mehr da. Für Sukzession hatte Gaius begreiflicherweise nicht gesorgt. Aber ebensowenig hatten die Verschworen einen Plan in betreff der Erbfolge. Die Erklärung, die Valerius Asiaticus im Senat abgab, deutet darauf. Er bedauere, nichts davon gewußt zu haben.[565] Die vornehme Welt, die im Hoftheater versammelt war, sah in der Nachricht zuerst eine Finte des Kaisers. Alles blieb stumm; dann zerstreute man sich. Die deutsche Leibgarde rächte den Tod, indem sie einige unschuldige Senatoren an der Leiche des Kaisers erschlug.[566] Cassius Chaerea und Cornelius Sabinus waren keine Senatoren, sondern nur Ritter; vielleicht zählte man auf die Neigung zur Republik. Sie stellten sich den Konsuln, Gnaeus Sentius Saturninus und Pomponius Secundus, zur Verfügung. Das war korrekt. Der ganze Senat entschied [MH.I 169] sich im Prinzip für eine Wiederherstellung der Republik. Man nahm die verschworenen Offiziere günstig auf, verglich sie mit Brutus und Cassius, und gab *libertas* als Parole für die Garden. Vereinzelt sprach man allerdings von der Wahl eines Kaisers durch den Senat. Zunächst beherrschte er die Situation.[567] Die Prätorianer waren äußerst betroffen, es fehlte an Führern. Der *praefecti praetorio* wurde kaum gedacht. Der Instinkt sagte den Soldaten: Wenn die Republik wiederhergestellt wird, dann wird das Prätorium abgeschafft. Das leuchtete allen augenblicklich ein. Es ist auffallend, daß kein Soldat den Mördern anhing. Die Garde durchstürmte den Palast, und hier entdeckte man wenigstens eine Art von Prinz zur Nachfolge.[568]

Zum Hause des Augustus zählten auch die Stiefsöhne. Durch Adoption des Tiberius waren die Claudier zu Juliern geworden, und nachdem diese erloschen waren, lebte noch Tiberius Claudius Germanicus. Sein Vater war Drusus, der Sohn des ersten Gemahls der Livia, sein älterer Bruder war Germanicus. Anfänglich hieß er Tiberius Claudius Nero[569], trug also den

---

[564] Hier nennt Hensel das Datum: 29. Januar 1883.

[565] Nach Dio LIX 30 und Jos.ant.XIX 1,20 gab Valerius Asiaticus diese Erklärung auf dem Forum.

[566] Suet.Cal.58

[567] Dio LX 1

[568] Suet.Claud.10; Jos.ant.XIX 2,1; Dio l.c. B. Levick, Claudius, 1990

[569] Nach Sueton Cl.2 hieß er anfangs Ti. Claudius Drusus. Seit 9 v.Chr. hieß er Ti. Claudius Germanicus (Dio LV 2,3), seit 4 n.Chr. Ti. Claudius Nero, so

Stammnamen der Familie. Claudius war etwas gestörten Geistes, eine unbedeutende, unpolitische Persönlichkeit, erst unter Gaius wurde er Konsul.[570] Ganz erschreckt über den Tod des Kaisers versteckte er sich in einem Winkel und wurde von den Prätorianern entdeckt. Die Garde war der Meinung, daß der Principat fortgeführt werden müßte, und improvisierte die Sukzession, denn es fehlte an einer Persönlichkeit. Nicht ein tüchtiger Soldat wurde gesucht, sondern eine dem dynastischen Interesse entsprechende Person. Wahrscheinlich waren es nur einige Unteroffiziere, die den Plan faßten. Man brachte Claudius in das Lager.

In der Stadt herrschte der Senat, die Gegenpartei. Die Gattin und Tochter des Kaisers wurden von Cassius Chaerea noch am selben Abend des 24. Januar 41[571] getötet, und zwar mit Zustimmung [MH.I 170] des Senats. Was sonst noch an Truppen in der Stadt war, wahrscheinlich vier Kohorten, schlug sich auf Seiten des Senats. Nach dem Vorbild der Sejanskatastrophe wollte man gegen die Garde die *cohortes urbanae* unter dem *praefectus urbis*, die *vigiles*, die Flottensoldaten und die kaiserlichen Gladiatoren ausspielen. Auf einige Stunden war die Republik wiederhergestellt. Der Senat forderte den Claudius in seine Mitte; er antwortete, daß er mit Gewalt festgehalten werde.[572]

Sehr bald trat der Umschwung ein. Wir können nicht sagen, durch wen. Josephus[573] gibt an, daß es der jüdische Prinz Agrippa gewesen sei, der den Claudius bestimmte, die Herrschaft anzunehmen. Schon hier hat jedenfalls dieser nicht gewollt, sondern ist gewollt worden. Genug, die Garde und Claudius wurden handelseinig, jeder Soldat sollte 15–20000 Sesterzen, d.h. ungefähr 5000 Mark, bekommen. Also eine ganz beträchtliche Summe, die Garde machte ein gutes Geschäft – ein um so besseres, als nun die Sitte stehend wurde. Einen Augenblick drohte die Katastrophe, der alte Kampf schien auszubrechen. Es kam jedoch nicht dazu. Die Truppen verliefen sich, zuerst die *vigiles* und die Flottenmannschaften, dann die *cohortes urbanae*, die sich in das Prätorianerlager begaben. Auch die Stimmung der Massen drückte gegen die Republik. Es ist nicht zu verwundern. Die *plebs* konnte sich nichts Besseres als die Fortdauer des Principats wünschen; der bezahlte Müßiggang, *panis et circenses*, behagte den Leuten sehr gut. So stand der Senat bald allein, er ging nicht mehr wie in Caesars Zeiten übers Meer und schlug dort seine Schlachten. Für ein Philippi in den Straßen Roms war keine Kraft mehr vorhanden. Man kapitulierte mit Claudius und schickte einen Boten, daß der Senat bereit wäre, ihn zum Kaiser zu proklamieren, sobald er in der Kurie erscheine. Ob das aufrichtig war, ist zu bezweifeln. Claudius antwortete, es genüge, daß ihn die Truppen ausgerufen hätten. [MH.I 171]

Groag (RE.III 1899, 2782) gegen Mommsen, Staatsrecht III 213.

[570] 37 n.Chr.: Suet.Claud.7

[571] CIL.I 1, 2. Aufl. 308; Suet.Cal.59; Jos.ant.XIX 4

[572] Suet.Claud.10,3

[573] Jos.ant.XIX 4

Der Senat fügte sich, begab sich selbst in das Lager und huldigte dem Kaiser. Damit war der alte republikanische Adel nicht dem Heer, aber der Garde erlegen, welche ihre eigenen Interessen verfocht. Im folgenden Jahre gab es den sogenannten dalmatischen Aufstand. Camillus Scribonianus empörte sich mit zwei Legionen.[574] Er stammte aus altem Adel. An seiner Seite stand Marcus Annius[575], der Führer der Senatspartei. Ausdrücklich wird der republikanische Charakter dieses Aufstandes erwähnt. Scribonianus wollte die *libertas* wiederherstellen; allerdings ist er praktisch vom Prätendenten nicht zu unterscheiden. Er führte die Italien nächstgelegenen Truppen, das war gefährlich. Aber diese Bewegung fiel ebenfalls in sich zusammen. Man konnte die Feldzeichen nicht aus dem Boden reißen, die Soldaten verließen die Offiziere. Wahrscheinlich war das ganze Heer, nicht nur die Garde, monarchisch gesinnt. Merkwürdig bleibt die Bewegung trotzdem. Die Legionen 7 und 11 hießen später *Claudiae piae fideles*. Es ist der erste Fall, wo nicht in Rom stehende Truppen sich um die Kaiserwahl kümmern, insofern ist der Vorfall bemerkenswert. Die Monarchie behauptete sich gegen die Oligarchie. Man muß es dem Kaiser lassen, daß die Katastrophe wenig Opfer forderte. Chaerea und Sabinus wurden natürlich zum Tode verurteilt.[576] Das war unvermeidlich. Weiter ist Claudius nicht gegangen. Wollte er juristisch verfahren, so hätte er das wohl tun können.

Das Regiment des Claudius ist von weniger allgemeinem Interesse. Als Person ist er am leichtesten von allen römischen Regenten lächerlich zu machen, man kann ihn kaum ernsthaft behandeln. [MH.I 172] Im ganzen folgte er dem Beispiel des Tiberius[576a], indem er den Namen *Imperator* vermied. Von Bedeutung ist, daß sich Claudius *Caesar* nannte.[577] Ursprünglich ist es ein Geschlechtsname der Julier, und wenn Claudius ihn nun annahm, so war es doch wohl, um ein Erbrecht auf den Thron geltend zu machen. Er betrachtete sich offiziell als Julier; ihm folgten die anderen Regenten, und allmählich wurde der Name *Caesar*, ähnlich wie *Augustus*, ein Titel.

Claudius war von Erscheinung höchst wunderlich, und so wurde er von der Überlieferung aufgefaßt. Es kommt hier namentlich die «Apokolokyntosis» Senecas, des Erziehers seines Sohnes, in Betracht. An sich war Claudius schön und ansehnlich, allerdings mit Neigung zur Beleibtheit.[578] Wenn er saß, bot er eine stattliche Erscheinung. Eindruck machten sein Kopf, sein starker Nacken, sein schönes Haar. Gehen konnte er nicht gut, die Beine trugen ihn nicht recht, sein Gang war schleppend. Geriet er in Wut, so versagte ihm der Körper den Dienst. Der Kopf wackelte, sein Mund geiferte. Er war nicht geistig gestört, aber nicht ganz fertig, wie schon seine Mutter sagte. Sie spottete durch die Redensart „einfältig wie mein Sohn Clau-

---

[574] Suet.Claud.13,2; 35,2
[575] Annius Vinicianus: Dio LX 15,1
[576] Suet.Claud.11,1; Dio LX 3,4

[576a] Richtig wohl *Gaius*
[577] Dessau III S. 265
[578] Suet.Claud.30

dius".⁵⁷⁹ Antonia also hat damit begonnen, ihn zurückzusetzen, und darin
folgte ihm das Publikum. Aus der geheimen Korrespondenz des Augustus
mit der Livia besitzen wir wunderliche Nachrichten über ihn. Er könne
nicht sprechen, aber vorzüglich deklamieren; er sei oft geistesabwesend und
zeige dann wieder Spuren großer Begabung. Ihn allein nahm Augustus nicht
in die Familie auf, hielt ihn fern von aller Politik und gab ihm nur ein
Priestertum. Auch unter Tiberius gelangte er nicht zum Konsulat; er erhielt
nur konsularische Ehren.⁵⁸⁰ Öffentlich trat er nicht auf. Bis in die späten
Jahre lebte Claudius unter Frauen. Mit Gaius änderte sich das. Wie dieser
alles auf den Kopf stellte, so auch die Familienpolitik; Claudius wurde Konsul (s. o.). In seiner Muße [MH.I 173] ergab er sich den Freuden des Mahls
und der Liebe. Wenige Kaiser haben den gemeinen Luxus so getrieben.

Nebenbei war Claudius Gelehrter⁵⁸¹, der einzige, der auf dem römischen
Thron gesessen hat. Er beschäftigte sich, vielleicht durch Livius' Impuls, mit
historischen Studien und schrieb eine Geschichte der Etrusker und eine der
Karthager. Es war ganz unrömisch, sich mit fremden Nationen zu beschäftigen. Diese Neigung zeigt sich auch in seiner Rede über das Bürgerrecht der
Gallier mit ihrer historischen Deduktion aus der Etruskerzeit⁵⁸², ebenso in
der Rede über das Bürgerrecht der Bewohner des Val di Non bei Trient.⁵⁸³
Noch als Regent blieb er Schriftsteller. Die Haruspizin organisierte Claudius
als offizielles Kollegium von 60 *haruspices*. Er versuchte, das Alphabet durch
drei neue Buchstaben zu reformieren, die er als Censor durch ein Edikt dem
Publikum zur Nachahmung empfahl. Die Unterscheidung von U und V war
sehr verständig, höchst unverständig dagegen die Übernahme des griechischen Psi.⁵⁸⁴

Ob er ganz ohne Ehrgeiz war, ist nicht klar. Aus der häufigen Zurücksetzung ging er als Mann ohne eigenen Willen hervor. Insofern war er zum
Princeps der allerungeeignetste. Die Anklagen gegen ihn richten sich mehr
gegen das System als gegen die Person. Als *bête noire* der Familie, herumge-
stoßen, verhöhnt von allen Seiten, namentlich von Tiberius, stets unter der
Obhut von Frauen, so wurde er natürlich vollkommen unsoldatisch, würde-
los und feige. Die Feigheit war der Fluch seiner Regierung, und dies beim
ersten Soldatenkaiser, gehört zur Ironie der Weltgeschichte. Freilich war es
eine blutige Ironie. Der Glaube, daß ihm alle nachstellen, das Bestreben, sich
zu sichern, trieb ihn zu den größten Bluttaten. Hätte er irgendwo einen
gesicherten Rücktritt finden können, er hätte gern abdiziert.

Die Signatur seines Regiments ist, daß unter ihm regiert wurde, er selbst
aber nicht regierte. Was unter ihm Löbliches geschah, geht nicht auf ihn

⁵⁷⁹ Suet.Claud.3
⁵⁸⁰ Suet.Claud.5
⁵⁸¹ Suet.Claud.41 f.
⁵⁸² FIRA.I 43; Tac.ann.XI 23 f.
⁵⁸³ FIRA.I 71; Dessau 206; Mommsen, Ges.Schr.IV 291 ff.

⁵⁸⁴ Suet.Claud.41; neue Buchstaben
inschriftlich belegt: Dessau III, S. 839.
Der dritte Buchstabe bezeichnete den
Laut y oder ü.

zurück, sondern [MH.I 174] auf die Personen, die ihn umgaben. Dies waren nicht Staatsmänner, sondern Hofbediente und Frauen, die jeden Staatsmann ängstlich von ihm fernhielten. Das hing wohl mit seiner Angst zusammen. In jedem hervorragenden Mann sah er einen Räuber.

Aus dem undurchdringlichen Kreise der Freigelassenen um den Kaiser war der *a litteris* Narcissus der bedeutendste.[585] Ein gütiges Geschick wollte es, daß er ein höchst talentvoller Mann war. Wir haben zwar keine genaue Überlieferung, aber es scheint doch, daß Narcissus den Staat leitete. Wir finden ihn überall, in der inneren und äußeren Politik, in der Familien- und Baupolitik. Narcissus bewältigte die Schwierigkeiten der britannischen Expedition, er stürzte Messalina und setzte sich gegen Agrippina durch. Es soll nicht behauptet werden, daß er seinen Einfluß nicht mißbrauchte. Man muß aber darin vorsichtig sein; sein Vermögen[586] kann auf ganz anständige Weise erworben sein. Narcissus nahm den Kaiser gegen seine Gemahlinnen in Schutz, und zuletzt, vor seinem Tode unter Nero, verbrannte er, um keine Verfolgungen zu veranlassen, seine sämtlichen Briefschaften.[587] Gewiß hat er auch verstanden, die besseren Seiten des Kaisers für seine eigenen Pläne zu benutzen. Neben ihm standen Callistus, der als *a libellis* die Bittschreiben prüfte, und Pallas, der Schatzmeister (*a rationibus*), der später – mit Agrippina zusammen – Narcissus stürzte. Alle waren Freigelassene.

Kein Regent nach Augustus nahm so oft den Imperator-Titel an.[588] Meist liegen dem nur geringe Kämpfe zugrunde, aber es ist doch für Claudius bezeichnend, daß niemand so häufig zu militärischen Ehren griff wie er. Nach jedem Krawall wollte er einen Triumph feiern.

Armenien[589] hatte sich mehr und mehr unabhängig gemacht. Hier herrschten die alten elenden Zustände. Claudius griff nur diplomatisch und durch Prätendenten in die parthischen Angelegenheiten ein. Der Krieg des Corbulo bereitete sich schon vor, Claudius indessen wollte ihn nicht führen. Am Rhein[590] hatte man [MH.I 175] zahllose Ursachen, energisch einzuschreiten, namentlich in Untergermanien. Deutsche Seeräuber, Chauken, Sachsen und Friesen, plünderten den Nordrand Galliens, und Domitius Corbulo wollte eine Expedition über den Rhein unternehmen. Claudius verbot ihm diese, und Corbulo folgte ungern. Man sieht, wie mächtig die augusteische Maxime im Kabinett war. Die Einrichtung der Provinz Mauretanien[591] in Africa ist ein wichtiger Vorgang, doch können wir ihn nicht näher verfolgen. Die später so intensive Romanisierung hat damals begonnen.

Nur in einem Punkt wurde die augusteische Tradition verlassen, nicht

[585] Suet.Claud.28; Dio LX 14ff.
[586] Nach Dio LXI 34,4 waren es 400 Millionen Sesterzen.
[587] Dio LXI 34,5
[588] 27 mal: Dessau 218; 1986; 5504

[589] Tac.annales XI 8ff.; XII 44ff.; Mommsen RG.V 379f.
[590] Dio LX 8,7; 30,4ff.; Sueton Claud.24,3
[591] Dio LX 8f.

zum Nutzen des Reiches[592], aber wichtig bis auf den heutigen Tag. Es ist die Expedition nach Britannien.[593] Wir haben ziemlich eingehende Notizen[594], die aber die richtigen Verhältnisse, namentlich die geographische Fundamentierung nicht berücksichtigen. Feststellen läßt sich Folgendes: Die Expedition wurde ohne äußeres Moment von der Regierung unternommen, man hatte fast Mühe, einen Vorwand zu finden. 43 geht die Expedition unter Aulus Plautius ab, dem Kommandeur von Untergermanien. Die Soldaten wollten die Unternehmung nicht gern antreten, sie sträubten sich. Nach einem persönlichen Auftritt des Narcissus erfolgte die Einschiffung. Ohne ernsten Widerstand, ganz anders wie bei den übrigen Kelten, wurde das Land unterworfen. Erst nachher folgten Gesamtaufstände der Staatenbünde. Die Römer landeten auf der Insel Wight, überschritten die Themse und setzten sich in *Camulodunum* (Colchester)[595] fest, in der Hauptstadt der Trinobanten[596] nördlich von London. Als die Expedition gelungen war, ging Claudius zum Heer und kam als Sieger zurück. Er war nur 16 Tage auf der Insel. Auch gegen Westen drang man vor. Das bezeugt der in Bristol gefundene Bleibarren aus dem Jahre 49.[597] Dort gab es einen Grubenbetrieb. In Wales fanden die Römer ernsten Widerstand, namentlich durch die Silurer. Hier blieb auch später eine starke Militärstation. Weiter im Norden besetzte man Norfolk und Suffolk. Das ganze mittlere England geriet in die Hand der Römer. An die mächtigen Briganten wagte man sich noch nicht. [MH.I 176] Der Gesamtaufstand unter dem Trinobantenprinzen Caratacus, dem britannischen Vercingetorix, blieb erfolglos. Im Jahre 50 wurde Colchester Militärkolonie.[598]

Die Expedition wurde überschwenglich gefeiert[599], obwohl militärisch nicht viel dran war. Aber wozu begann man die Expedition? Britannien war ja seit hundert Jahren, seit Caesar, nominell eine römische Provinz, eine Provinz *in partibus*[600], die zwar nie Tribut gezahlt hatte, aber von Rom auch nie aufgegeben worden war. Claudius hatte Sinn für die Pflicht der Regierung, diesen rechtlichen Anspruch durchzusetzen. Aber er wich damit vom Regime des Augustus seit Varus ab, und man hätte denken sollen, daß Britannien, das militärisch unnütz war, ein zweifelhafter Erwerb bleiben mußte. Augustus hat es ja tatsächlich ruhen lassen. Man kann nicht sagen, daß Claudius überhaupt nicht nach Gründen fragte. Man dachte ja später nie daran, Britannien abzugeben, was denn doch geschehen wäre, wenn der Zug lediglich Tollheit gewesen wäre.

[592] Hensel datiert: 1. Februar 1883
[593] Mommsen RG.V 158ff.; P. Salway, Roman Britain, 1981, 65ff.
[594] Dio LX 19ff.; Tac.Agr.13,5f.; Suet.Claud.17; Dessau 216
[595] Mommsen bevorzugt die weniger gut bezeugte Form *Camalodunum*: Hübner RE.III 1899, 1448f.
[596] Ptol.II 3,11

[597] CIL.VII 1201f.
[598] Tac.ann.XII 31ff.
[599] Suet.Claud.17,2
[600] *In partibus infidelium* liegen die dem Islam zugefallenen Bistümer, die von der katholischen Kirche nominell weiter beansprucht werden – analog dazu die „Provinz" Britannien, die nur nominell römisch war.

Der Grund liegt wohl in dem nationalen und religiösen Zusammenhang der Gallier und Britannier. Man konnte nicht hoffen, Gallien zu unterwerfen, wenn man den Herd des Druidenkults nicht austrat. Tiberius hatte den Druidenkult für die Gallier toleriert[601], Claudius untersagte ihn vollkommen[602], das hängt damit zusammen. Hinzu kamen wirtschaftliche Verhältnisse. Die römischen Eroberungen wurden auch jetzt noch vom Handelsmann vorbereitet. Namentlich galt dies für Britannien. Von London ist bei der Eroberung nicht die Rede, wahrscheinlich war dieser Platz schon damals in den Händen [MH.I 177] der italischen Kaufleute. Deshalb legte man auch die Militärkolonie nicht dahin, sondern nordwärts. Ganz besonders wichtig waren die Zinn- und Bleibergwerke, darauf basierte der Handel.[603] Vor allem wollte sich die Regierung in den Besitz dieser Gruben setzen. An den beiden Punkten, wo man nach Augustus die bestehenden Grenzen überschritt, in Dacien und Britannien, waren es wahrscheinlich die Bergwerke, die bestimmend wirkten. In Dacien lockte das Gold. Insofern war es keineswegs eine Eroberung ins Blaue hinein. Wales, Schottland und Irland wurden ausgelassen.

Die handelspolitische Eroberung hatte militärische Konsequenzen. Es mußten namhafte Streitkräfte dort bleiben, man benötigte drei Legionen[604], eine sehr starke Besatzung. Eine Vermehrung der Legionen von insgesamt 23 auf 25 wurde nötig. Es war ein isolierter militärischer Posten; die britannische Besatzung blieb ein insulares Garnisonsheer und wurde auf dem Festland nicht verwendet. Britannien wurde sehr intensiv romanisiert, teilweise war das ja auch schon vorbereitet.

Wenden wir uns den inneren Vorgängen zu, so ist Claudius noch als Regent gewissermaßen Republikaner gewesen. Den Staat bereicherte er um antiquarisch-republikanische Reminiszenzen. Claudius redete regelmäßig als der mit tribunizischer Gewalt bekleidete Fürst und ließ den *imperator* so viel als möglich fallen.[605] Es ist die einzige Zeit, wo der Senat wirklich eine gewisse Selbständigkeit zeigt, freilich lag das zugleich an der Schwäche des Hofes. [MH.I 178] Zu den Versuchen, auf republikanische Gebräuche zurückzugreifen, zählt die Erneuerung der Comitialgesetze.[606] An den Wahlen wurde nichts geändert, die blieben dem Senat; aber man versuchte, das Volk wieder zur Gesetzgebung heranzuziehen, freilich vergeblich, die Maßnahme blieb eine Liebhaberei des Kaisers. In gewissem Widerspruch dazu steht die Einrichtung der Senatsconsulte auf dem Gebiet des Privatrechts.[607] Das scheint auf Claudius zurückzugehen, der die vereinzelt schon früher aufgetretenen Erscheinungen organisch verband und zur Institution machte. Claudius re-

---

[601] Anders Plin.NH.XXX 4/13
[602] Sueton Claud.25,5; Strabo IV 4,4f.
[603] Strabo IV 5,2
[604] Die II., IX. und XX.: Salway a.O. 94ff.

[605] Anders MH.I 174
[606] Mommsen, Staatsrecht III 346; 1238
[607] Groag, RE.III 1899, 2827f.

gelte die Fideikommisse, die bis dahin rechtlich ganz unklar waren.[608] Darüber hinaus erließ er Gesetze zugunsten altersschwacher Sklaven[609] und ordnete das Bauwesen[610]; er schritt gegen die wüsten Plätze in den Städten ein, wo man Häuser niederriß, ohne neue zu bauen. In privatrechtlicher Hinsicht war die Regierung des Claudius heilsam.

Die Veränderung des Aerars durch Augustus war nicht gut ausgefallen. Er hatte es unter Prätoren gestellt und dadurch statt 25 jetzt 30jährige Beamte, die aber sämtlich nur ein Jahr blieben. Das war ein Fehler. Claudius gab das Amt an die Quästoren zurück.[611] Das war eine Reminiszenz, aber eine heilsame. Die Verwalter wurden nicht erlost, sondern aus den 20 Quästoren ausgewählt. Der Kaiser bestimmte die geeigneten Personen, und sie blieben 3 Jahre lang im Amt. Freilich kam so alles mehr und mehr in seine Hände, er leitete so indirekt auch die Senatskasse.

Merkwürdig ist die Censur des Claudius, das war eine antiquarische Schrulle. Die Censur war seit Anfang des Principats fortgefallen, nachdem sie schon in der späteren Republik hinfällig geworden war. Augustus hatte den Census aufgenommen, nicht aber die Censur. Claudius wählte sich einen Kollegen, Lucius Vitellius, einen ihm vertrauten, höchst willfährigen Mann.[612] Die neue Censur trat ganz in die Fußstapfen der alten. Wegen des Bürgerrechtes wurde scharf eingeschritten, [MH.I 179] namentlich gegen Peregrine, die sich dasselbe anmaßten.[613] Wichtiges wurde für die Gallier geleistet. Das Bürgerrecht war schon früher einem großen Teil von ihnen verliehen worden, aber es war ein beschränktes, es fehlte das *ius honorum*. Sie durften keine Ämter bekleiden. Das beseitigte Claudius[614], und das war bedeutungsvoll für die Romanisierung des Westens, die Hauptaufgabe des Principats. Allerdings trat an die Stelle des italischen immer mehr das Weltbürgerrecht, der nationale Charakter schwand.

Ein Recht der Patrizierernennung kannte die Republik nicht. Es gab kein Mittel, eine adlige Familie zu stiften. Mit Caesar beginnt der Briefadel. Dennoch hatte der Kaiser bis dahin nicht das Recht gehabt, Patrizier zu ernennen. Tiberius hat nie einen Patrizier kreiert, wohl aber Claudius.[615] Er tat dies als Censor, nicht als Kaiser. Bald aber wurde an den Principat auch die Censur annexiert, so fiel auch dies Recht an den Princeps.

Kein Magistrat durfte die Stadtmauer verschieben, das konnte nur unter gewissen Bedingungen durch Volksbeschluß geschehen. Claudius tat dies, auch hier die kaiserliche Macht erweiternd, aber nicht durch Usurpation, sondern durch Übertragung seitens des Volkes.[616] Ähnlich legitimierte er das

---

[608] Mommsen, Staatsrecht II 103 f.
[609] Suet.Claud.25,2
[610] FIRA.I 288 ff.
[611] Suet.Claud.24,2; Tac.ann.XIII 29
[612] Suet.Claud.16,1; ders., Vitellius 2,4. Es handelt sich um den Vater des gleichnamigen Kaisers.

[613] Suet.Claud.25,3
[614] Tac.ann.XI 23 ff.; FIRA.I 43
[615] Tac.ann.XI 25; Dessau 946; Suet. Otho 1
[616] Gell.XIII 14,7; Tac.ann.XII 23 f. Gemeint ist die sakrale Stadtgrenze, das *pomerium*.

Kollegium der *haruspices* (Eingeweideschauer)[617], den beim höchsten und niedersten Pöbel beliebten Isis-Dienst[618] und das Verbot der Druiden, letzteres war auch von politischer Wichtigkeit.[619] Mit diesen Maßnahmen beschloß Claudius die Gesetzgebung der Republik. Mehr und mehr glichen sich Osten und Westen aus.

Claudius befleißigte sich der Rechtspflege[620] löblich und energisch wie kein anderer Kaiser. [MH.I 180] Mit wahrer Leidenschaft warf er sich auf die Rechtsprechung, zum Teil wohl aus Pflichtgefühl. Nach einem Satiriker[621] sprach er auch während der Gerichtsferien im Juli und August Recht. Mitunter urteilte er zwar recht seltsam, im allgemeinen aber verfuhr er weise und mit gutem Willen. Er ließ alle Majestätsverbrechen fallen, allerdings war dies nicht durchzusetzen. Es ist eine entsetzlich große Liste von Opfern, die Senecas «Apokolokyntosis» gibt, es waren Vertraute des Kaisers, die seine Angst erregten und ihm ein Todesurteil erpreßten, wenn man ihn gegen sie argwöhnisch machte. Er war fast immer ein Werkzeug in den Händen anderer.

Die glänzendste Seite von Claudius' Regierung war das Bauwesen.[622] Von keinem Regiment ist so Rühmliches zu melden. Augustus hat Luxusbauten geschaffen, Tiberius gar nichts; unter Claudius entstanden durchgängig Nutzbauten, aber im fabelhaftesten Maßstabe, kolossale Summen wurden verschlungen, was nach der Geldnot unter Gaius wieder auf eine geordnete Finanzwirtschaft schließen läßt. Claudius fand den Schatz leer, Rom nahe der Hungersnot. Er parierte dies alles, von Finanznot ist nicht die Rede, und es wurde noch stark gebaut. Daß sich einzelne Freigelassene bereicherten, war doch nur ein kleines Übel gegenüber dem Budget des Reiches, wenn auch die moralischen Schäden nicht geleugnet werden sollen. Claudius ließ die *Aqua Claudia* und den *Anio Vetus* bauen[623], beide höchst nützlich und lange im Gebrauch. Wichtiger ist es, daß er den Hafenbau energisch angriff, das war immer die *partie honteuse* des Staates gewesen. Es ist doch arg, daß während all den Jahren nichts für *Ostia* geschehen war und *Puteoli* stets der große Hafen blieb. Namentlich für Getreide war dieser Umweg über Campanien unerträglich. Rom schwebte deshalb in steter Gefahr. Caesar [MH.I 181] und Augustus hatten an den Ausbau von *Ostia* gedacht, aber auch nur gedacht. Claudius schaffte für Rom einen großartigen Hafen durch große Molen, die er aufwarf, und so half er dem Übel einigermaßen ab.[624] Außerdem ließ Claudius ein Emissar[624a] für den Fucinersee graben[625], um die schon

---

[617] Tac.ann.XI 15
[618] Der Isis-Tempel auf dem Marsfeld wurde irgendwann vor 68 errichtet: Dio LXV 24; Suet.Dom.1,2.
[619] Suet.Claud.25,5; s.o.
[620] Suet.Claud.14
[621] Sen.apoc.7; Plin.ep.VIII 21: Gerichtsferien

[622] Suet.Claud.20; Groag, RE.III 1899, 2830ff.
[623] Front.aqu.13
[624] Suet.Claud.20,3; Proc.Bell.Goth.I 26,7ff. Es handelt sich um den Hafen *Portus Augusti* nördlich von *Ostia*.
[624a] „Abfluß"
[625] Suet.Claud.20

lange geplante Trockenlegung auszuführen. Der See sollte nicht ganz verschwinden, aber ein großes Areal für den Ackerbau gewonnen werden. Narcissus dirigierte das Unternehmen elf Jahre lang, bis es gelang oder auch nicht gelang. Denn auch hier fehlt die Rückseite der Medaille nicht. Es wurde liederlich gearbeitet, wie man sich jetzt überzeugt hat. Die Stollen brachen zusammen, weil sie schlecht angelegt waren. Das paßt gut zum claudischen Regiment: großartige Konzeptionen, aber schwach im Detail. Ebenso war es beim Hafenbau, der auch ungenügd blieb.

Wenden wir uns zur Haus- und Hofgeschichte, dem schlimmsten Teil von Claudius' Regierung. Sein Wohlwollen ist nicht zu verkennen. Zuhause blieb er der vornehme Römer und wahrte eine gewisse bürgerliche Einfachheit. Er vermählte seine Kinder mit dem hohen Adel. Heiraten in der Familie fanden nicht statt. Den Augustatitel für seine Gattin lehnte er ab[626], er suchte den Unterschied zwischen sich und dem Adel zu verwischen.

Dennoch herrschte unter Claudius ein Bedienten- und Frauenregiment. Bei seinem Regierungsantritt war der Kaiser mit Valeria Messalina vermählt, von der er die Octavia hatte. Kurz nach dem Regierungsantritt, wahrscheinlich 42, wurde ihm Tiberius Claudius geboren, der bald nachher Britannicus genannt wurde. Messalina war eine der schönsten und üppigsten Frauen Roms. Die Sinnlichkeit des Kaisers steigerte sich von Jahr zu Jahr und damit der Einfluß der Kaiserin. [MH.I 182] Aber einen negativen Wert, den man erst durch Agrippina schätzen lernt, hatte Messalina doch: sie kümmerte sich nicht um die Politik.

Es ist schwer, ein Bild der Frau zu entwerfen, weil sie wenig Charakteristisches hat. Sie gehörte als Urenkelin der Octavia, der Schwester des Augustus, dem höchsten Adel Roms an, und schon dies genügte, ihr eine politische Stellung zu geben, auch das ganz charakteristisch. Aber Messalina war nicht bloß ehrlos, sondern vollkommen herz- und kopflos. Ihre Sittenlosigkeit, ihre metzenhafte Gemeinheit war sprichwörtlich. Sie war ohne Ehrgeiz. Sinnlichkeit und Habgier waren die beiden einzigen Motoren ihres Wesens. Wenn man sie ihre Privatbeschäftigungen ungestört betreiben ließ, war sie zufrieden. Dadurch empfahl sie sich dem vorerwähnten Bedientenministerium, ihre Frevel blieben auf das kaiserliche Haus beschränkt. Claudius war eine gutmütige Natur, an keiner der vielen Untaten hatte er aktiv Anteil; dasselbe scheint von den Ministern, die ihn damals leiteten, zu gelten. Alles, was in der ersten Zeit des Claudius an Gräßlichkeiten geschah, beruhte auf dem kleinlichen Fraueninteresse und den Intrigen Messalinas.

So, wenn gleich anfangs Julia Livilla, die jüngste Tochter des Germanicus, ausgewiesen und in der Verbannung hingerichtet wurde.[627] Das war ein Eifersuchtsakt, denn Julia hatte ein Verhältnis mit Claudius anzuknüpfen ver-

[626] Für Messalina: Dio LX 12,5. Agrippina erhielt ihn im Jahre 50: Tac.ann.XII 26.

[627] Suet.Claud.29,1

sucht, ohne daß es ihr, wie später ihrer Schwester, gelang. In diese Katastrophe wurde Seneca verwickelt und verbannt.[628] Die Prozesse gehen dem Titel nach auf Ehebruchs- und Unzuchtsverbrechen zurück. Charakteristisch ist weiterhin der Prozeß gegen die Poppaea Sabina. Der Messalina genügte ihr Claudius nicht. Überall knüpfte sie andere Verbindungen an. So mit Mnester, der sich lange weigerte und sich erst auf Befehl des Claudius selbst fügte.[629] Aber [MH.I 183] Messalina empfand Eifersucht gegenüber Mnesters Verhältnis mit Poppaea. Deshalb klagte man sie wegen Ehebruchs an. In diese Verurteilung wurde Valerius Asiaticus verwickelt, ostensibel wegen Ehebruchs, in der Tat, weil er die Villa und die Gärten des Lucullus besaß, die Messalina zu haben wünschte. Asiaticus verteidigte sich brillant, und Claudius wollte ihn bereits freisprechen, aber eine unglückliche Wendung in der Verteidigung des Vitellius wurde ihm verhängnisvoll.[630] Ebenso wurde gleich anfangs Appius Silanus von Messalina gefaßt, weil er nicht mit ihr in ein unerlaubtes Verhältnis treten wollte.[631] Zwei übereinstimmende Träume des Narcissus und der Messalina besiegelten sein Verhängnis. Silanus wurde getötet, und Claudius dankte im Senat öffentlich dem Narcissus für seine Fürsorge. Es gab einen Pakt zwischen Messalina und Narcissus, einander auszuhelfen, so lange man sich nicht störte.

Die Bedientenstellung war ganz unerhört. Narcissus (*ab epistulis*), Polybios (*a studiis*), Callistus (*a libellis*) und Pallas (*a rationibus*) verwalteten den Staat mit vollkommener Bureauteilung.[632] Sie waren geradezu die Herren des Staates. Bezeichnend ist die Schrift des Seneca an Polybios, ostensibel eine Trostschrift, in der Tat eine Bittschrift. Es wurde gar kein Hehl daraus gemacht, daß Polybios zu den Einflußreichsten im Staat gehörte. Er war durchaus allmächtiger Minister, auf dessen Tisch die Bittschriften der Welt lagen. Das trug Seneca als der erste Schriftsteller der römischen Welt vor. Polybios kam zu seiner Stellung durch seine Gelehrsamkeit. Er übersetzte Homer ins Lateinische, Vergil ins Griechische. Er muß also beide Sprachen vollkommen beherrscht haben. Darauf legt auch die Trostschrift Gewicht. Das ist merkwürdig, er war doch ein früherer Sklave. Das [MH.I 184] Bildungswesen ruhte damals zum Teil auf diesen befähigten Sklaven. Namentlich wurde im kaiserlichen Hause für die literarische Bildung der Sklaven gesorgt. Aber gerade das führte zur Vergiftung der Bildung, es waren keine *artes liberales* mehr.

Trotzdem ging das Regiment, abgesehen von der sittlichen Seite, nicht schlecht. Es zerbrach an dem Übermut Messalinas. Sie knüpfte ein Verhältnis mit Gaius Silius an, dem *consul designatus*. Er scheint dies Verhältnis zur Förderung seines Ehrgeizes gesucht zu haben. Das Detail ist absurd und ekelhaft. Vielleicht willigte Claudius, ohne es zu wissen, in eine Art Schei-

[628] Dio LX 8,5
[629] Dio LX 22,4 f.
[630] Tac.ann.XI 1 ff.

[631] Dio LX 14,4; Suet.Claud.29,1; 37,2
[632] Dio LX 30,6; Suet.Claud.28

dung ein. Silius wollte den Britannicus adoptieren, zunächst aber für sich die Herrschaft gewinnen. Im Senat opponierte er gegen die Anklage der Poppaea. Dann „vermählte" er sich mit Messalina⁶³³, und darin lag eine offene Gefahr für den Kaiser. Das war eine politische Handlung, die gegen den Pakt mit den Freigelassenen ging. Es handelte sich um ihre Existenz, Claudius mußte weiterregieren. Außerdem hatte Messalina bereits den Polybios beseitigt, und das hatte das Verhältnis schon erschüttert. Callistus, Pallas und Narcissus hielten Rat. Den beiden ersten versagte der Mut, Narcissus aber unternahm es, den Kaiser und sich zu retten. Es gelang. Claudius war nach Ostia geschickt worden, als Messalina mit Silius Hochzeit feierte. Narcissus eilte zu ihm und drängte ihm das Todesurteil ab. Die Versuche der Messalina blieben nicht ganz erfolglos, aber Narcissus verstand es, ihn festzuhalten. Sehr bezeichnend ist, daß Narcissus für den Tag der Hinrichtung das Kommando der Garde übertragen wurde, weil man dem eigentlichen Präfekten nicht traute. Das war ganz unerhört, Freigelassene [MH.I 185] konnten ja nicht einmal dienen.⁶³⁴ Silius und Messalina wurden hingerichtet, die Herrschaft des Kaisers war befestigt. Aber die Freigelassenen wußten wohl, daß der sinnliche Kaiser ohne Frau nicht bleiben konnte; sie mußten die Messalina nicht nur beseitigen, sondern auch ersetzen. Narcissus wollte die Aelia Paetina, die erste Gemahlin des Claudius, zurückführen; das hätte ruhige Verhältnisse ergeben. Callistus empfahl Lollia Paulina, reich und schön. Pallas trat für die Nichte des Kaisers Julia Agrippina ein, die letzte Tochter des Germanicus. Sie hatte schon längere Zeit hindurch viel Einfluß. Schön, anmutig, 33 Jahre alt, wußte sie ihre Nebenbuhlerinnen zu beseitigen. Freilich war diese Verwandtenehe nach römischem Recht unmöglich, aber das war leicht zu ändern. Vitellius brachte den Vorschlag im Senat ein, diese Bestimmung abzuändern, und das geschah. Die Ehe wurde abgeschlossen.⁶³⁵

Damit war eine gefährliche Intrige eingeleitet. Es wiederholt sich das Schicksal des Drusus und Germanicus. Agrippina war moralisch nicht viel besser als Messalina und von tollem Ehrgeiz. Von Haus aus wollte sie das Geschlecht des Germanicus auf den Thron bringen. Alle Sprößlinge sahen sich als berechtigte Erben an. Geboren wurde sie im Jahre 14. Ihr erster Gemahl war Lucius Domitius Ahenobarbus. 28 war sie vermählt worden, 37 wurde Nero geboren, damals Gnaeus Domitius Ahenobarbus geheißen. Diesen Sohn wollte sie durchaus auf den Thron bringen. Agrippina verlobte ihn mit der zweiten Tochter des Claudius von Messalina, mit der Octavia. Das führte zur Katastrophe des Lucius Iunius Silanus, mit dem Octavia verlobt war. Von vornherein begnügte sich Agrippina nicht mit der Stellung im Haus. Sie wollte Anteil am Regiment. Sie erhielt sofort den Namen

---

⁶³³ Suet.Claud.26,2; Dio LX 31,4f.
⁶³⁴ Es gab Ausnahmen, so den vom Freigelassenen zum Flottenpräfekten

aufgestiegenen Anicetus: Tac.ann.XIV 3.
Früheres: Liv.per.74; App.civ.I 49.
⁶³⁵ Tac.ann.XII 5–7; Suet.Claud.39

Augusta (s. o.). Man kann zwar daraus nicht viel folgern, aber es war doch wohl ein Name, der mit der höchsten Gewalt ein für alle Mal verwachsen war. Agrippina strebte nach dem *consortium imperii*. [MH.I 186] Aber erreicht hat sie es nicht. Sie soll gewollt haben, daß die Garde auch ihr die Treue schwur; dazu kam es nicht. Wohl aber drängte sie sich in einer Weise in die Regierung ein, die mit dem Wesen des römischen Principats unverträglich war. Weil die Chronologie ungenau ist, ist nicht ganz sicher, was auf das Konto des Claudius und was auf das des Nero kommt. Zum ersten Mal erscheint das Bild der Kaiserin auf den Münzen.[636] Sie hielt einen eigenen Hof und empfing Gesandte, war sogar bei Senatsverhandlungen hinter einem Vorhang zugegen. Daher die Todfeindschaft zwischen Narcissus und ihr.

Narcissus wurde aus seiner Stellung hinausgedrängt; Pallas aber ging auf ihre Pläne ein. Damit war die Eintracht des Hofregimentes vorüber. Von vornherein war Agrippina im Vorteil, aber sie vermochte Narcissus nicht zu stürzen. Sie versuchte es mit der Anklage wegen Unterschleif am Fucinersee.[637] Es war vergeblich. Im übrigen setzte Agrippina alles durch. Zuerst verlobte sie Nero mit Octavia. Am 25. Februar 50 erfolgte die Adoption Neros[638]; dabei hatte sie, trotz einzelner Widerstrebender, die Hilfe des Senats. Vitellius gehörte zu ihren Anhängern. Insofern ein natürlicher Akt, als dies mit der Verlobung ein grelles Mißverhältnis bildet, das dadurch umgangen wurde, daß die Tochter aus der Gewalt entlassen wurde.[639]

Wäre man nach Augustus' Prinzip verfahren, so wäre es bei dem Alter des Britannicus natürlich gewesen, einen reifen Mann als Nachfolger zu bestimmen, so aber setzte man an die Stelle des neunjährigen einen dreizehnjährigen Knaben. Sofort erhielt Nero sämtliche Ehren, die ein kaiserlicher Prinz nur erhalten konnte. Er wurde in alle Priesterkollegien aufgenommen, dies Reservatsrecht des kaiserlichen Hauses wurde ihm übertragen. Britannicus wurde zurückgesetzt, ihm wurde dergleichen nicht zuteil. 51 wurde Nero mit 14 Jahren Mitregent, er bekam die *toga virilis* und die prokonsularische Gewalt, die rechtlich an kein Alter gebunden war. [MH.I 187] Das Konsulat wurde ihm zum 20. Jahr versprochen.[640]

Vor allen Dingen brachte Agrippina die Garde in ihre Hand. Afranius Burrus wurde ohne Kollege Gardepräfekt anstelle der vorigen Präfekten, die der Messalina ergeben waren.[641] Damit war die Sukzession Neros soweit wie möglich gesichert. An die Seite des Burrus stellte Agrippina ohne offizielles Amt den Lucius Annaeus Seneca, den sogenannten Philosophen. Er war mit der gefeierteste Schriftsteller seiner Zeit. Die anmutige Form seiner Schriften erregt noch heute Vergnügen, auch wenn sie ohne Inhalt sind. Durch Messa-

---

[636] RIC.I Claudius S. 127 Nr. 54. Die Münzen mit dem Kopf der Livia unter Tiberius zeigen diese hingegen nur als Verkörperung der *Salus* oder der *Iustitia*.
[637] Dio LX 33,5

[638] Tac.ann.XII 25; Dessau 229
[639] Claudius ließ Agrippina in eine andere Familie adoptieren: Dio LX 33.
[640] Tac.ann.XII 41; XIII 21
[641] Tac.ann.XII 42

lina war er ins Exil getrieben worden; Agrippina rief ihn zurück, und damit
war er ihr ergeben.[642] Er bildete Nero aus. Die Grundstimmung von Senecas
Schriften war republikanisch, ebenso wie die des Tacitus, wenn auch sein
Leben nicht ganz diesen Grundsätzen entsprach. Vielleicht sollte seine Er-
nennung zum Erzieher die republikanische Opposition im Senat günstig für
Nero stimmen.

Die Garde wurde gesäubert. Wer von den Offizieren nicht für Nero war,
wurde entlassen. Narcissus und der Senat konnten das nicht verhindern,
wenn sich der Senat auch mitunter zur Wehr zu setzen suchte. Nach der
Vermählung mit Octavia 53 war Nero auch äußerlich qualifiziert, die Herrschaft anzutreten, und es ist wahrscheinlich, daß der im Jahr 54 erfolgte Tod
des Kaisers auf Agrippina zurückgeht. Man hat darüber genaue Giftmordge-
schichten, aber alle erst aus trajanischer Zeit.[643] Wir müssen es dahingestellt
sein lassen. Der Moment war jedenfalls einem Verbrechen günstig. Narcissus
war nicht am Hof, er war nach *Sinuessa* in die Bäder fortgegangen, es fehlte
der natürliche Beschützer des Kaisers. Die Agrippina mußte stets fürchten,
das Schicksal der Messalina zu teilen, und Narciß hatte alle Ursache, gegen
sie ebenso zu verfahren. [MH.I 188] Noch bezeichnender ist die Sache den
beiden Prinzen gegenüber. Nero war zum Kronprinz ernannt, Britannicus
trug noch die Toga der Kinder. Andererseits konnte Agrippina jetzt noch
erwarten, die Regierung unter dem Namen ihres Sohnes zu führen, wurde er
älter, so war das nicht sicher. Agrippina war eine Person, von der man sich
einer solchen Sache versehen konnte.

---

[642] Tac.ann.XII 8

[643] Suet.Claud.44; Dio LX 34; Tac.

ann.XII 66ff. Tacitus beruft sich auf *il-
lorum temporum scriptores.*

5. NERO
(54–68)

Der Thronwechsel vollzog sich ruhig. Burrus stellte Nero der Garde vor, gewann sie durch reiche Donationen, und der Senat folgte. Auch in den Provinzen regte sich kein Widerstand. Aber je leichter ein Thronwechsel stattfindet, um so schlimmer ist gewöhnlich nachher die Regierung. So auch jetzt. Wo Nero seinen Namen her hat, ist zweifelhaft. Nach der Adoption hieß er Tiberius Claudius Nero Caesar, bis dahin hat er wahrscheinlich Gnaeus Domitius geheißen, ob aber mit Cognomen des Vaters oder mit dem vom ältesten Sohn des Germanicus Nero, ist zweifelhaft. Letzteres ist wahrscheinlich. Nero bezeichnete seine Aszendenz in ganz eigentümlicher Weise. Er nannte sich nicht Sohn der Agrippina, aber Enkel des Germanicus, Urenkel des Tiberius, Urgroßenkel des Augustus.[644] Es ist bezeichnend, wie er somit den Namen des Augustus gebrauchte, obschon er nur mütterlicherseits mit ihm verbunden war. Das Corollar dazu bildete die Hinrichtung des Junius Silanus, des Bruders des ersten Verlobten der Octavia. Er war damals Proconsul in Asien, ein ganz unschuldiger Mann. Der einzige Grund war, daß auch Silanus Ururenkel, *abnepos divi Augusti* war und somit dem Nero gleichstand; also beseitigte Agrippina einen Gleichberechtigten. Zugleich wurde Narciß ermordet, das war selbstverständlich.[645]

Das Andenken des Claudius wurde von Nero hochgehalten. Zu den vielen Torheiten des Claudius gesellte sich die letzte postume, seine Versetzung unter die Götter. Er wurde Kollege des vergöttlichten Augustus. Die Lobrede auf Claudius verfaßte Seneca, der große Stilist.[646] [MH.I 189] Zu gleicher Zeit aber schrieb er die «Apokolokyntosis», eine höchst ergötzliche Satire auf Claudius' Konsekration. Das ist doch recht bezeichnend.

Zunächst änderte sich im Regiment nichts, Agrippina regierte ruhig mit. Nero hatte kein Interesse an der Politik, und das blieb auch so. Aber bald fand die Kaisermutter Widerstand bei ihren eigenen Geschöpfen. Es sind die Vertrauten des Kaisers, Burrus und Seneca. Die eigentliche Triebfeder war sicher Lucius Annaeus Seneca, der bedeutendste Gelehrte seiner Zeit und einige Zeit hindurch der mächtigste Mann Roms. Seine merkwürdigste Schrift ist die Trostschrift an Marcia aus den ersten Monaten Caligulas; man hoffte damals auf eine Restituierung der Republik. Seneca war kein starker Charakter, aber Rom ist nie besser regiert worden als unter ihm;

[644] Dessau 225; 227f.
[645] Tac.ann.XIII 1

[646] Tac.ann.XIII 2f.

das hat Trajan anerkannt. Die ersten fünf Jahre Neros waren die Glanzzeit Roms.[647] Burrus[648] war die rechte Hand Agrippinas, ein tüchtiger Militär, aber eine untergeordnete Natur. Seneca selbst bekleidete keine offizielle Stellung. Für einen einflußreichen Mann unter dem Princeps gab es in der römischen Staatsmaschine keinen Platz. Seneca war der Freund des Kaisers. Namentlich war ihm die Apathie des Kaisers gegen alle Staatsgeschäfte förderlich. Dieser war froh, wenn ihm die lästigen Geschäfte abgenommen wurden. Er war eine reine Null in den Staatsgeschäften und, obwohl tüchtiger Ringkämpfer, dem Waffenhandwerk vollkommen fremd. Er verlangte nichts als einen Freibrief für das Laster, das sich vorläufig in untergeordneten Dingen abspielte.

Damit rechnete Seneca. Agrippina verlangte von Nero Haltung und Zucht, Teilnahme am Beruf und eine schickliche Behandlung der Octavia, durch die er auf den Thron gekommen war. Das führte zur Erbitterung des gründlich herzlosen und flachen Sohns gegen die Mutter. Seneca als [MH.I 190] Hofmeister war gefälliger als die Mutter. Sie konnte und wollte nicht mit diesem Element rechnen. Nero verliebte sich in Akte, eine untergeordnete Freigelassene, und ein Freund Senecas gab sein Haus zu diesen Zusammenkünften her.[649] Seneca bereitete den Sturz der Agrippina vor, die das zu hindern suchte, indem sie die Liebschaft Neros förderte. Der Weg war nicht schön, aber heilsam für den Staat. Die beiden Verbündeten räumten nun auch auf mit dem Rest der Freigelassenen, Pallas mußte gehen, allerdings mit Quittung[650], Burrus und Seneca nahmen in maßvoller Weise das Regiment in die Hand.

Davon legt die Anklage gegen Agrippina wegen versuchten Mordes an ihrem Sohne Zeugnis ab. Nero wollte sie ohne weiteres hinrichten lassen, Burrus verhinderte dies, und die Ankläger wurden bestraft. Man wollte also das Decorum wahren.[651] Ganz konnten sie Nero nicht von Schandtaten zurückhalten, aber was derart geschah, geht zurück auf die Person des Kaisers. Zunächst die Ermordung des Britannicus. Er stürzte an der Tafel zusammen, seine Leiche wurde sofort verbrannt, es gab keine Untersuchung, offenbar war es ein Giftmord.[652] Der Grund liegt auf der Hand. Es ist das alte Motto des Principats: Forträumung mutmaßlicher Prätendenten. Agrippina soll im Spiel gewesen sein, indem sie gedroht hat, den Britannicus auf den Thron zu setzen. Das ist unglaublich; vielleicht hat man die Geschichte dem Nero nur zugetragen und ihn dadurch zur Tat bestimmt. Die Minister waren unbeteiligt; es war ein persönlicher Einfall des Kaisers.

Einen besseren Anblick gewährt die Regierung. Das neronische Regiment ist dasjenige, wo es am schärfsten zum Schlagen kam. Im allgemeinen

---

[647] Aurel.Vict.5,2; Tac.ann.XIII 2
[648] Tac.ann.XII 42; XIII 2; 6. Isidor etym.I 27,4: *pro Burro dicimus Pyrrhum.*
[649] Suet.Nero 28; Dio LXI 7
[650] Pallas verlor 55 das *arbitrium regni*

(Tac.ann.XIII 14) und starb 62 (Tac.ann. XIV 65).
[651] Tac.ann.XIII 19ff. berichtet dies nach dem Mord an Britannicus.
[652] Dio LXI 7,4; Tac.ann.XIII 14ff.

herrschte durchaus Friedenspolitik; man sieht hier das stramme [MH.I 191] Eingreifen der Minister. Die unbedingte Friedenspolitik war für den Staat eigentlich fehlerhaft, die Regierungen mit starker Aktion sind durchschnittlich die besten. Die Aktion ging auch nicht von den Feldherrn, sondern von den Ministern aus.

Im Osten war die römische Regierung entschlossen gewesen, nichts zu tun. Seit dem Feldzug des Antonius war dort nicht gefochten worden. Seneca hob dies als Flecken auf dem römischen Schilde hervor, und das war es in der Tat. Crassus[653] und Antonius waren noch nicht gerächt, unter Claudius war der Zustand Armeniens total unbefriedigend. Der römische Prätendent, der die Ablehnung empfangen hatte und gegen die parthische Partei aufgestellt war, wurde böse bedrängt. Er unterlag, und Tiridates, der Bruder des parthischen Königs Vologaeses, herrschte.

Sofort wurde Gnaeus Domitius Corbulo, der tüchtigste Feldherr, von Nero an die Spitze des Heeres gestellt.[654] Das bedeutete die Aufnahme des Krieges. 54 ging Corbulo ab. Die nächsten Jahre verflossen friedlich. Corbulo schloß ein Abkommen mit den Parthern. Durch Unruhen bedrängt, machten sie Konzessionen. Tiridates blieb, suchte aber um Belehnung durch Rom nach. Der wahre Grund für Corbulos Zögern lag darin, daß das syrische Heer nicht schlagfertig war, es war verweichlicht.[655] Erst 58 kam es zum Krieg.[656] Warum, wissen wir nicht. Vielleicht gab es neue Prätensionen der Parther, vielleicht führte Corbulo auch einen vorher bestimmten Plan aus. Das zeugt von der Kontinuität des Regiments. Corbulo hatte zehn Jahre das Kommando. Man wollte die Soldaten reorganisieren, dann schlagen und so gründlich Ordnung schaffen. Corbulos Forderung hielt sich in bescheidenen Grenzen. Er stellte die Personen nicht in Frage, er verlangte nur die Anerkennung der Oberherrschaft Roms. Wahrscheinlich hatte Tiridates dies verweigert.

[MH.I 192] Die Chronologie des Corbulo ist zerrüttet durch die Nachricht des Plinius[657] von einem astronomischen Phänomen, das man mit der Sonnenfinsternis von Artaxata kombiniert hat. Jedenfalls rückte Corbulo 58 in Armenien ein, überwinterte und drang 59 weiter vor. Er nahm Artaxata ein und blieb dort über den Winter. 60 ging er nach Tigranocerta, eroberte auch diese Stadt und hatte damit vollständig gesiegt.[658] Daraufhin wollte die Regierung Tiridates beseitigen und einen von Rom abhängigen Kappadokier namens Tigranes einsetzen. Das entsprach dem Wunsch des Corbulo, denn es führte zum Krieg mit den Parthern selbst, die sich am ersten Krieg nicht direkt beteiligt hatten. Es war auch keine Kriegserklärung gekommen. Der Krieg verlief ohne militärische Erfolge und war in seinem Abschluß

653 Hensel schreibt *Cassius*.
654 Tac.ann.XIII 8; Mommsen RG.V 382ff.
655 Tac.ann.XIII 35
656 Tac.ann.XIII 37ff.

657 Plin.NH.II 72/180; Tac.ann.XIV 12. Die Finsternis fällt auf den 30. IV. 59: Boll, Finsternisse, RE.VI 1909, 2360
658 Tac.ann.XIV 23f.

für die Römer nicht eben ehrenvoll. Corbulo ließ den Tigranes fallen und erkannte den Tiridates unter römischer Autorität an. Damit kam er auf den Vertrag von 55 zurück. Offenbar stand Corbulo hier im Konflikt mit seiner Regierung, die die Parther ganz aus Armenien drängen wollte. Die Regierung ratifizierte den Vertrag nicht und beschränkte das Kommando des Corbulo. Syrien behielt er, nach Kappadokien kam Lucius Caesennius Paetus.[659] Er sollte nach Armenien einrücken, vielleicht, um es als römische Provinz einzurichten. Der befürchtete Angriff der Parther auf Syrien unterblieb. Dagegen kam es in Armenien zu heftigen Kämpfen. Paetus rückte im Herbst 61 ein und überwinterte; 62 stand er den Parthern gegenüber, und es erfolgte eine schimpfliche Katastrophe. Die römischen Legionen waren weit verzettelt und schlecht geführt. Sie wurden belagert, und der Feldherr mußte kapitulieren. Allerdings rettete er das Leben der Soldaten, aber nur unter der Bedingung, sofort aus Armenien abzumarschieren.[660] Unbegreiflich, daß Vologaeses sich damit begnügte. Er tat es in der sicheren Zuversicht, und auf das freie Versprechen hin, daß die Römer Armenien nie wieder betreten würden. [MH.I 193] Corbulo hatte diese schwere Katastrophe nicht abwenden können. Er kam zu spät. Paetus hatte nicht ausgehalten, so lange er konnte. Seine Feinde beschuldigten Corbulo eines zu langsamen Marschierens[661]; nicht mit Grund, denn Corbulo hatte die Nachricht in Syrien nicht rechtzeitig erhalten. Die Folge davon war, daß Corbulo das Doppelkommando wiederbekam.

Die Parther schickten Gesandte nach Rom und boten die Anerkennung des von Rom belehnten Tiridates an. Die Regierung wollte nicht; es wäre die Ratifikation der Niederlage gewesen. Corbulo erhielt also die zwei Provinzen und sollte den Kampf energisch aufnehmen. Er rückte in Armenien ein. Es gab einige Rencontres, aber keine ernsten Gefechte. Genau das geschah, was man vorher abgelehnt hatte; wiederum war der Feldherr friedlicher als die Regierung. Tiridates mußte sich demütigen und persönlich in Rom erscheinen; staatsrechtlich war es gleich, ob die Erklärung schriftlich oder mündlich gegeben wurde. Zuerst ging Tiridates zu Vologaeses und erhielt seine Genehmigung für die Reise. Und jetzt fügte sich die Regierung. Das ist seltsam, vielleicht war sie eingeschüchtert durch die Schlappe des Paetus. Allerdings war sie nun einigermaßen ausgewetzt, aber der parthische Prinz blieb auf dem Thron. Wahrscheinlich haben die veränderten Verhältnisse in Rom eingewirkt. Burrus und Seneca waren beseitigt, der junge Kaiser regierte selbst. So kam 66 Tiridates nach Rom, und die Chance zu einem glänzenden Schaugepränge wird wohl Nero mitbestimmt haben.[662]

Der Zug war nicht sehr rühmlich für Rom; das Ziel, das man sich gesetzt hatte, entsprach diesem Ausgang durchaus nicht. Immerhin war die Erobe-

[659] Tac.ann.XV 6
[660] Dio LXII 21
[661] Tac.ann.XV 10

[662] Suet.Nero 13; Dio LXIII 1; Tac. ann.XVI 23 f.

rung Armeniens ein glänzendes militärisches Unternehmen. Wirklich erreicht hatte man nur, daß die asiatischen Legionen wieder in Stand gesetzt worden waren. Corbulo hat lange eine große Kompetenz besessen, ohne zum Kaiserhause zu gehören[663], und das zeigt doch ein erhebliches Vertrauen der Regierung, die sonst alle großen Kommandeure unter dem Imperator mit Mißtrauen betrachtete.

[MH.I 194] Wahrscheinlich hatte Corbulo mit seiner Auffassung Recht. Armenien war dauernd nur zu halten, wenn man in Kappadokien ein großes Generalkommando einrichtete. Das tat später Vespasian mit zwei Legionen und sicherte damit Armenien. Wenn die römischen Autoren[664] aber Corbulo den gefeierten republikanischen Feldherren an die Seite setzten, so wird dabei der Haß gegen Nero, dem er ja später zum Opfer fiel[665], mitgesprochen haben.

Auch im fernen Nordwesten wurde gefochten, gleichfalls nicht sehr rühmlich für Rom. In Britannien hatte lange Friede geherrscht. 61 gingen die Römer wieder angreifend vor.[666] Einerseits sollte der Druidenkult beseitigt werden, andererseits gab es Unmut bei der unterworfenen Bevölkerung, die von den römischen Kaufleuten gedrückt wurde. Suetonius Paullinus, ein namhafter Offizier, kommandierte. Er landete auf *Mona* (Anglesey), um diesen Schlupfwinkel des Druidenkultes fortzunehmen. Von dieser Zitadelle gingen die Fäden nach England und Gallien. Paullinus besetzte die Insel trotz leidenschaftlichem Widerstand; doch während er hier kämpfte, brach ein allgemeiner Aufstand in Britannien selbst aus. Wie mit einem Schlage stand das ganze Land auf. Das bekannte Anspruchsystem der römischen Beamten und mehr noch die Kaufleute hatten die Britannier erbittert. Paullinus war kein vorsichtiger Mann. In früherer Zeit hatte der Römer sich für solche Fälle stets feste militärische Stützpunkte gebildet. Jetzt besaß *Camulodunum* (Colchester) noch keine Mauern und nur eine kleine Besatzung. Die ganze Insel ging verloren. Die Veteranen unter Petilius Cerealis in *Camulodunum* wurden niedergehauen, eine anrückende Legion vollständig aufgerieben. Paullinus ging zurück, konnte aber die Truppen sammeln und aufnehmen. Es folgte [MH.I 195] ein allgemeines Massaker, nicht nur der Soldaten, sondern aller Fremden, Männer wie Frauen, über 70000 Römer wurden getötet, ähnlich wie zur Zeit des Mithridates.[667] In Rom dachte man an Aufhebung der Provinz[668], und es war zweifelhaft, ob der Besitz die Opfer wert war, die man bringen mußte.

---

[663] Corbulo war Schwager des Caligula: Plin.NH.VII 4/39. Mommsen hat seinen Irrtum korrigiert: RG.V 382

[664] Zuletzt Ammian XV 2,5; XXIX 5,4

[665] Dio LXIII 17,6

[666] Tacitus ann.XIV 29f.; Mommsen RG.V 162ff.

[667] Anspielung auf die Vesper von Ephesos 88 v.Chr., als Mithridates VI Zehntausende von Römern und Italikern in Kleinasien umbringen ließ: App. Mithr.22f.; Plut. Sulla 24; Tac.ann.IV 14.

[668] Suet.Nero 18; 40,2

Paullinus aber stellte die Lage wieder her. Er konnte die Hälfte der Truppen sammeln. Mit zwei Legionen lieferte er in der Nähe von Colchester die Schlacht. Wären die Briten dem Kampf ausgewichen, so wäre wohl das Resultat ein anderes geworden. So siegte die schwache Römertruppe und zersprengte den ganzen Aufstand. Die Königin Boudicca, die zu den Häuptern der Insurrektion gehört hatte, gab sich selbst den Tod.[669] Die Insel wurde behauptet, aber die römische Kultur war furchtbar mitgenommen. Daß man die Amtsführung des Paullinus bemängelte, ist begreiflich; er wurde gleichwohl mit aller Anerkennung seiner Tapferkeit abberufen. Aber die Insel behielt man, was beim Verlust der Schlacht vermutlich nicht erfolgt wäre.

Am Rhein geschah wenig, man konnte sogar Truppen fortziehen und nach England schicken. Die Deutschen verhielten sich ganz ruhig, es muß das an inneren Vorgängen, die uns unbekannt sind, liegen. Wir haben also überall kraftvolle Offensiven, tüchtiges Streben nach außen gesehen.

Was die Finanzwirtschaft[670] betrifft, so muß der Zustand derselben in der ersten Epoche Neros ein sehr günstiger gewesen sein. Wir finden Verbesserungen im einzelnen, Volksbeglückungen im großen Maßstabe, auch Pläne utopischer Natur, wie die Abschaffung der Zölle. Jedenfalls wurde scharf gegen die Steuerpächter (*publicani*) eingeschritten. Aus der kaiserlichen Kasse wurden der Staatskasse 57 n. Chr. 40 Millionen Sesterzen überwiesen; noch 62 konnte Nero jährlich 60 Millionen an den Staat zahlen. Eine ähnliche Praxis war ja auch unter Augustus der Fall, aber es ist bemerkenswert, daß diese Zuschüsse eine so hohe Summe erreichen. Aber 64 bekam Nero umgekehrt vom Staat schon 10 Millionen.

[MH.I 196] Der Stolz des römischen Staates war das Münzwesen. Kein Staat hat eine solche Kontinuität guter Münzen aufzuweisen. Erst 62, im Todesjahr des Burrus, an dessen Stelle Tigellinus trat, wurde der Gehalt der Gold- und Silbermünzen reduziert. Das Experiment des Bimetallismus endete mit der Vertilgung des guten Silbers. Jetzt wurden statt 40 Goldmünzen 45, statt 80 Silbermünzen 95 aus dem Pfung geschlagen.[671] Also auch hier ein Umschwung zum Schlechten. Ohne Zweifel hat dazu Neros sinnlose Verschwendung beigetragen, aber hinzu kamen der britannische Aufstand und die armenische Expedition des Paetus. Beide Vorfälle kosteten ungeheure Summen.

Gehen wir nun über zur Person des Herrschers. Von der Beseitigung des Britannicus wurde bereits gesprochen. Die zweite Katastrophe dieser Art ist die der Agrippina [s. u. MH.I 197f.]. Sie ist voll von Rätseln. Betrachtet man Neros Persönlichkeit, so hat man sich vor allem vor jenem Mitleid der schlechten Poeten für ihren Kollegen zu hüten. Nero zeigt durchaus keinen

---

[669] Tac.Agr.16
[670] M. T. Griffin, Nero, 1984, 197ff.

[671] RIC.I 1984, 137ff.

Zug von Genialität. Schon in seinem Äußeren war von Energie nichts zu bemerken. Er war durchaus nicht originell, nur geringfügig. Mit stumpfen blauen Augen und blondem Haar wurde er durch seine Korpulenz entstellt. Alles, was die Politik anging, interessierte ihn nicht. Seine Neigungen gingen ganz auf das artistisch Dilettantische. In allem und jedem dilettierte er, ohne Neigung und besondere Begabung. Mit Philosophie hat er sich nicht abgegeben, davon hielt ihn die Mutter ab. Nero war der erste römische Kaiser, der sich seine Reden schreiben ließ. Alle anderen ohne Ausnahme haben selbst geschrieben. Das einzige, was ihn interessierte, war die Sucht, als Schauspieler und Sänger zu glänzen, übrigens war er auch hierin gänzlich unfähig. Auffallend ist seine Abneigung gegen römisches Wesen. Er spielte sich als Künstler und Grieche auf, und diese Vorliebe trug er auch in die Politik. Er gab [MH.I 197] den Achäern ihre Freiheit wieder[672], mit der sie sowieso nichts anfangen konnten. Es findet sich in seiner Persönlichkeit schlechterdings gar kein versöhnender Zug. Er ist vielleicht der nichtswürdigste Kaiser, der je auf dem römischen Thron gesessen hat, und das will viel sagen. Er war ein memmenhafter Bube, der sich seiner Macht bewußt war. In seinem Phantomgefühl suchte er den Weltkreis gründlich zu zerstören.

In den ersten Jahren durchtobte er nachts die Straßen und prügelte die Begegnenden, dann ließ er sich von seiner Garde begleiten[673], und so ging es weiter fort. Dann seine Unzucht. Er äußerte stets Hochachtung für Caligula, weil er es schwierig fand, dessen Verschwendung zu übertreffen. Dazu sein widerliches, abergläubisches Wesen, das schauerlich mit seinem Schauspielertum zusammenhing. Nach dem Muttermord glaubte er sich wie Orestes von Furien verfolgt. Lange habe er regiert, so sagte er, ohne zu wissen, was ein Kaiser alles dürfe (*quid principi licuit*).[674] Er hielt sich als der letzte Claudier für berechtigt, den Erdkreis zu verwüsten, eine seltsame Art des Legitimitätsprinzips.[675]

---

[672] Dio LXIII 11,1

[673] Suet.Nero 26

[674] Suet.Nero 37,3: *negavit quemquam principum scisse quid sibi liceret.*

[675] Eine ähnliche Charakteristik liefert Mommsen in der von Ludwig Schemann mitgeschriebenen Vorlesung von 1872/73, publiziert von Wickert IV, S. 347 f.: *Nero war ein durch und durch unbedeutender Mensch, von ebenso kleinem Kopf wie kaltem Herzen. In gewisser Beziehung war dies gut für den Staat: Nero beteiligte sich nämlich, im Gegensatz zu Claudius, gar nicht an politischen Dingen. Noch greller tritt dies in den militärischen hervor. In der ganzen Kaiserzeit sind weder vor, noch nach Nero größere*

Kriege geführt worden: Nero aber machte auch nicht einmal den Versuch, sich nur formell an den Lorbeeren zu beteiligen. Dies hängt freilich zusammen mit seiner grenzenlosen Feigheit. Seine Liebe zu Straßenscandälen zeigt eine Verbindung von Büberei und knabenhafter Bosheit. Albern ist seine Eitelkeit auf seine Eigenschaften als Künstler (qualis artifex pereo!); auf seine Stellung als römischer Kaiser, als Herr der Welt, die selbst in ihrer Verzerrung noch etwas Großartiges hat, war er nicht im geringsten eitel. Dazu war sein Organismus nicht angelegt.

«Partherkrieg des Nero» Nero völlig außerhalb der eigentlichen Leitung der

Seine Stellung zur großen Politik ist angedeutet. Hier kann ihm nur ein vollständiges Blanco attestiert werden. Das strenge Polizeiwesen kommt auf die Rechnung seiner Minister, ihm selbst waren Regierungsgeschäfte widerwärtig. Solche Aufzüge wie die des Tiridates wußte er zu schätzen; aber für große, namentlich militärische Unternehmungen hatte er gar keinen Sinn. Er war der erste Imperator, der es gar nicht empfand, daß der Imperator an die Spitze der Truppen gehört. Dabei wurde unter keinem Kaiser so viel gefochten wie unter ihm. Zuletzt wollte er eine Parodie des Alexanderzuges inszenieren[676]; es blieb der Welt erspart. Die römische Aristokratie haßte er gründlich. Er wollte den ganzen Senat ausrotten und nur mit Freigelassenen und Rittern regieren. Er war eine feige, unmilitärische Natur.

Das zweite grauenvolle Verbrechen war der Muttermord[677] von 59, den wir sehr genau kennen, allerdings nicht dem Kausalzusammenhang nach. Agrippinas Einfluß war längst gebrochen. Das war für die Minister genug; sie wollten nicht weiter gehen. Als Mitschuldige des Planes wird die an Aktes Stelle getretene Poppaea Sabina genannt. Die Minister des Kaisers mußten damit zufrieden sein, obwohl es gefährlich war, daß sie nicht nur Mätresse sein, [MH.I 198] sondern Gemahlin werden wollte. Das soll Agrippina verhindert haben, aber es ist nicht wahrscheinlich. Die Scheidung von der Octavia fand nicht 59, sondern 62 statt, nach dem Sturz des Burrus.[678] So war der Mord in politischer Beziehung eine ganz zwecklose Tat, entstanden aus der Verbitterung des Kaisers gegen seine Mutter. Der Plan wurde ohne, ja gegen Seneca und Burrus vollführt. Anicetus, der Kommandeur der Flotte in Misenum, fand sich bereit, sie durch eine lecke Galeere zu töten, was aber nicht gelang.[679] Darauf beschuldigte Nero den Boten Agrippinas des versuchten Kaisermordes. Er warf die letzte Maske ab, rief die Minister und fragte, was geschehen könne. Der versuchte Mord war gefährlicher als der ausgeführte. Nero sann das Blutgericht dem Burrus an, dieser weigerte sich, den Plan auszuführen. Das ist immerhin beachtenswert. Aber

Dinge. Diese Passivität ist das einzig Gute, das wir dem Nero nachsagen können. Eine niedrige und gemeine Natur, ein böser Bube, eine nichtswürdige Kreatur. Höchstens Gaius kann man aus der langen Reihe der römischen Kaiser zur Vergleichung heranziehen, aber auch hier schließt dessen Verrücktheit die Parallele aus. Nicht einmal Genialität, die wir sonst bei extrem lasterhaften Menschen finden, besaß Nero. In allen Neigungen auf das Gemeine gerichtet, besaß Nero nicht einmal einen Tropfen militärischen Blutes. Mit Philosophie und Redekunst befaßte er sich eine Zeitlang, mehr betrieb er das Versemachen. Lie-

besgedichte hat er ziemlich viele verfaßt. (Lyriker dritten Ranges, dies sein einziger Vorzug!).

Die Epoche, die wir eben betrachteten, ist die der völligsten geistigen Öde und Interesselosigkeit. Die augustische Epoche war reich an bedeutenden Staatsmännern und Feldherrn. In Neros Epoche haben wir zwar auch einige tüchtige Männer, wie Corbulo und Burrus – aber welch ein Abstand gegen die Männer des Augustus, Maecenas und Agrippa!

[676] Suet.Nero 19,2
[677] Tac.ann.XIV 1 – 13
[678] Tac.ann.XIV 59 f.
[679] Tac.ann.XIV 4 f.

beide ließen das Unvermeidliche geschehen, der Fleck bleibt auf ihnen. Anicetus führte die Tat mit seinen eigenen Leuten aus.[680] Durch diese Tat änderte sich in den allgemeinen Verhältnissen überhaupt nichts bis 62. Die ersten acht Jahre Neros herrschte im ganzen ein verständiges und weises Regiment. Offenbar lag das an Burrus; sein Tod brachte die Sache ins Rollen. Das ist begreiflich. Er war einziger Gardekommandant, und Nero war zu feige, um ihn zu beseitigen, wie Tiberius Sejan beseitigt hatte. Es wird berichtet, daß Nero Burrus umgebracht habe. Er soll ihn vergiftet haben[681], aber die Beweise sind so schwach, daß man es nicht glauben kann.

Wohl aber trat nach dem Tode des Burrus ein vollkommener Umschlag ein. Seneca gab sofort seine Stellung auf und zog sich zurück; er war von Burrus gehalten worden. An die Stelle des Burrus traten Sofonius Tigellinus und Faenius Rufus.[682] Der letztere wurde zum eigentlichen Träger des neronischen Regiments. Nun schied sich Nero von Octavia auch rechtlich, [MH.I 199] am 9. Juli 62 wurde sie in der Verbannung auf der Insel *Pandateria*[683] ohne allen Grund hingerichtet. 12 Tage nach der Scheidung heiratete Nero Poppaea.[684] Sie wurde Augusta.[685] Damit war das Streben ihres Ehrgeizes erfüllt; besonderen Einfluß auf die Staatsgeschäfte hat sie nicht gehabt und nicht beansprucht.[686]

Sehr bezeichnend ist die Veränderung der Kriminalrechtspflege. Bis dahin hatten rühmlicherweise die *maiestas*-Anklagen wegen Wort- und Schriftbeleidigung geruht. Das wurde anders. Nach 62 wurde die *lex maiestatis* wieder angewendet. Ein Senator, der ein Spottgedicht rezitiert hatte, kam vor Gericht. Thrasea Paetus, ein im Rang nicht hervorragender Mann, wurde der Führer der politischen und literarischen Opposition. Er hatte eine *Vita Bruti* verfaßt. Seine Verteidigung verhinderte die Todesstrafe, und der Kaiser, noch am Anfang seiner Macht, beruhigte sich dabei.[687]

Es folgen entsetzliche Kalamitäten. 64 kam es zur Feuersbrunst in Rom, sechs Tage lang.[688] Daraus erklärt sich auch zum Teil die spätere Finanznot des Regiments Neros. Es ist fraglich, wer die Schuld am Brande hatte. Ganz allgemein bezeichnete man Nero als schuldig, schon gleich nach dem Brande kam das Gerücht auf. Auch spätere wie der gewissenhafte Plinius[689] tun dies. Aber es ist doch unwahrscheinlich. Namentlich bei Brandstiftungen muß man sich vorsehen, dem öffentlichen Gerücht zu folgen. Daß Personen den Brand weitergetragen, das Löschen verhindert haben, ist wahr, so etwas gibt es immer bei solchen Kalamitäten; aber ob es kaiserliche Emissäre waren, das ist nicht erwiesen. Wohl möglich ist, daß er den Brand Ilions besungen

[680] Tac.ann.XIV 8
[681] Tac.ann.XIV 51
[682] Tac. a.a.O.
[683] Ventotene westlich Ischia; Tac. ann.XIV 63.
[684] Tac.ann.XIV 60

[685] Tac.ann.XV 23
[686] Anders Tac.ann.XV 61
[687] Tac.ann.XIV 48
[688] Tac.ann.XV 38 ff.; Dessau 4914
[689] Plin.NH.XVII 1/5

hat, er brauchte ihn deshalb nicht angelegt zu haben. Schwer fällt ins Gewicht, daß er nicht in Rom war, als der Brand ausbrach; wenn er den Brand
hatte sehen wollen, so wäre er in Rom geblieben. Daß er sich eine Bau-
stelle[690] hat schaffen wollen, diese Idee ist doch zu wahnsinnig. Also verdient
das ganze wenig Glauben.

[MH.I 200] Hieran knüpft sich die Christenverfolgung.[691] Um den Verdacht gegen sich zu ersticken, verdächtigte Nero die Christen, die sich zahlreich in Rom aufhielten. Soweit ganz verständig. An einen Zufall hatte niemand geglaubt, und der Haß gegen die Juden war sehr groß, zumal sich
schon der große jüdische Krieg vorbereitete.[692] Tacitus gibt an, einige Christen hätten sich zu der Tat bekannt; wenn diese Bekenntnisse überhaupt
vorlagen, so waren sie auf der Folter erpreßt. Es brach aber gegen die Christen daraufhin eine tolle Verfolgung los, die Nero jenen tiefen Haß durch
Jahrtausende eintrug. Es war aber keine Verfolgung der Religion, sondern
nur Verfolgung einer Anzahl von Brandstiftern. Im ganzen Reich hat jedenfalls eine solche Verfolgung nicht stattgefunden.[693]

[690] Für die *Domus Aurea*: Suet.Nero
31,1
[691] Tac.ann.XV 44
[692] Flavius Josephus erwähnt keine Judenverfolgung in Rom unter Nero.
[693] Hierzu MK.184f.: *Eingreifend in
die Entwicklung des römischen Staats in
dieser Zeit ist das Christentum. – Seine
Entstehung, seine Abzweigung vom Judentum, berührte Rom nicht – aber wohl
wurde es fühlbar durch den Apostel Paulus. – Sein Römerbrief stammt aus dem
Jahre 50; unter Kaiser Nero betrat dieser
geniale Mann die zerrüttete römische
Welt und erweckte einen neuen Geist,
ein besseres Fühlen in jener durch eigene Niederträchtigkeit sich aufzehren-
den Zeit. Das Christentum ist das Grab-
geläute der antiken Welt – aber nicht
sowohl ist der römische Staat vom
Christentum überwältigt, sondern der
zerrüttete Römerstaat fand nur in diesem neuen Aufleben des menschlichen
Geistes einen Anhaltspunkt. – Das Zu-
sammenfallen eines Werdeprozesses mit
einem Vernichtungsprozeß bietet immer größte Schwierigkeiten für die Darstellung. Hier nehmen sie noch zu, da
jeder Teil in seiner Behandlung verschiedenen Wissenschaften zufällt – der*

*Geschichtsforschung und der Theologie.
Den Beginn des Christentums können
wir ungefähr darstellen. Es bemächtigte
(sich) das Bewußtsein von der Nichtigkeit des Vorhandenen einzelner Gemüter
– aber ebenso ein phantastisches Vorstellen eines künftigen Lebens nach dem nahen Weltgerichte, welches Rache und
Lohn bringen mußte. Ausgedrückt sehen
wir diese Richtung in der Offenbarung
Johannis. – Aber bestimmter entwickelte
sich die Idee von der göttlichen Gerechtigkeit und Allmacht; diesen Samen
brachte Paulus nach Rom, und hier mußten viele erfaßt werden von einer Lehre,
welche den herrschenden schmachvollen,
aber schon absterbenden Richtung entge-
gentrat. Das Christentum durchbrach
die Schranken der Nationen, wie man
sagte, allein das Gewaltsame war dabei
vom römischen Staat getan worden.
Weiteres aus der von L. Schemann mitgeschriebenen Vorlesung Mommsens von
1872/73: In der neronischen Epoche kam
das Christentum nach dem Okzident, jenes Christentum, das ein Sichaufgeben
des Menschen lehrte und die Geistesarmut pries. Die Offenbarung Johannis
entstand in dieser Zeit, jene wüsten Träu-
mereien von einer anderen Welt. Das*

Es bleiben die Verfolgungen in der römischen vornehmen Welt. Die Prä-
tendentenfrage kommt nicht ins Spiel. Nero hatte alle Konkurrenten beseitigt. Der einzige *abnepos* [694] *Augusti* Rubellius Plautus wurde unter Burrus
nur angewiesen, Rom zu verlassen.[695] Cornelius Sulla, der Eidam des Claudius, wurde ebenfalls aus Rom verbannt.[696] Aber das genügte jetzt nicht
mehr. Nero wollte die Personen, die ihm auf dem Throne folgen könnten,
beseitigen. 65 wurden beide hingerichtet.[697] Es folgten Maßregeln gegen
Verschworene. Wir können im einzelnen nicht angeben, woran die Prozesse
anknüpfen. Es ist unwahrscheinlich, daß Nero mit dem Senat aufräumen
wollte.

Sehr genau kennen wir die pisonischen Händel von 65.[698] Wir sind ja
überhaupt sehr von den zufälligen Lücken der Überlieferung abhängig. Hier
ist es besser. Es war ein Versuch, den Nero wirklich zu beseitigen. Gaius
Piso war beliebt bei seinen Standesgenossen, reich, vornehm, ehrgeizig.
Hauptsächlich war die Verschwörung in senatorischen Kreisen verbreitet
und wurde mit unglaublichem Ungeschick durch Jahre geführt, und es ist,
vom gefühlsmäßigen Standpunkt betrachtet, ganz [MH.I 201] richtig und in
der Ordnung, daß die Sache zur Anzeige kam. Gaius Piso, Annaeus Lucanus, der Neffe des Seneca, ein Dichter und poetischer Nebenbuhler Neros,
und andere mehr wurden getötet; Faenius Rufus, der Gardepräfekt, leitete
lange die Verhöre. Die Schuld ist zweifellos, die Reihen des Adels lichteten
sich erschreckend. Auch Seneca wurde, vermutlich unschuldig, hineingezogen. Es ist sehr unwahrscheinlich, daß er Kaiser werden wollte, dazu hatte er
doch zu sehr in die Sache hineingesehen. Aber Nero griff jetzt alle hervorragenden Männer an. Vielleicht reizte ihn Senecas Vermögen, das dieser schon
früher dem Staat überliefern wollte, doch war das nicht angenommen worden. Jetzt trat der Schüler auf diese Weise die Erbschaft des Lehrers an. Über
eine zweite Verschwörung wissen wir in Folge einer Lücke bei Tacitus
nichts.

Es folgt die Katastrophe des Thrasea Paetus.[699] Was hier der Grund war,
wissen wir nicht. Mit Piso stand er nicht in Verbindung; der „Cato" der
damaligen Zeit nahm an so etwas nicht teil. Er war ein Führer der sehr
zahmen Senatsopposition und erbitterte die Regierung durch seine Passivität
und den Verzicht auf die höheren Ämter. Seine literarische Opposition war
ein stiller Protest gegen die Regierung durch Bewunderung der Republik.
Dieser ganze Kreis wurde gesprengt. Viele seiner Genossen wie Barea Sora-
nus wurden ebenfalls hingerichtet. 67 fiel Corbulo.[700] Wir hören, daß Corbulo zu Nero beschieden wurde, als dieser seinen Triumphzug durch Griechenland machte. Corbulo wurde in den Anklagestand versetzt, der dem

Christentum gewann zum ersten Male
Boden und mußte von Staats wegen ver-
folgt werden. Wickert IV S. 348
[694] „Ur-urenkel"
[695] Tac.ann.XIV 22

[696] Tac.ann.XIII 47
[697] Dio LXII 14,1; Tac.ann.XIV 57ff.
[698] Tac.ann.XV 48ff.
[699] Tac.ann.XVI 21ff.
[700] Dio LXIII 17,6

Todesurteil gleichkam, und tötete sich selbst. Der Anklagegrund ist auch hier nicht überliefert. Alles in allem ist es das Verfahren des Tarquinius Superbus[701], mit der Aristokratie *tabula rasa* zu machen. Es war der entscheidende Kampf gegen die alten republikanischen Geschlechter, und er war siegreich. Unter Vespasian kamen ganz neue Namen auf. Das Werkzeug Neros war Tigellinus. [MH.I 202] Entsetzlich ist dabei die Passivität des Heeres und des Volkes.

Das Ende kam von ganz anderer Seite. Den Untergang des claudischen Geschlechts brachte wohl nicht das Aufflackern des römischen Nationalgefühls, er kam mehr zufällig. Der Anstoß ging von Gallien aus. Es lag in der Natur der Sache, daß, wenn die latinische Nationalität sich ausdehnte, Gallien den geeignetesten Boden darbot. Der Süden um *Narbo* war ja schon längst latinisiert. In der Provence hatte jede Stadt volles römisches Bürgerrecht, und das erstreckte sich nach und nach auch auf den Norden. Caesar selbst hatte aus dem Gebiet von Lyon bis zum Rhein und den beiden Meeren eine Nordprovinz gemacht und sie unter ein einziges Kommando gestellt. Hauptstadt war Lyon mit der *ara Augusti* als gallischem Nationalheiligtum.[702] Dort tagte der gallische Landtag der 64 *civitates*[703], in dem keltisches Wesen fortbestand und im Dienst der Romanisierung verwendet wurde. Die *sacerdotes Augusti* traten anstelle der Druiden. Die Geschäftssprache war lateinisch. *Lugdunum* erhielt römisches Bürgerrecht und wurde vollkommen als römische Kolonie organisiert. Es wurden nicht Städte, sondern *civitates*, Gaue, geschaffen; das ist der alte keltische Stammesbegriff und steht im Gegensatz zur römischen Stadtverfassung. Das römische Bürgerrecht wurde im übrigen vielen einzelnen Personen erteilt; nicht aber dem Ganzen, und das *ius honorum* blieb den Bürgern versagt. Claudius hat zuerst 48 daran gerüttelt, indem er es für die Haeduer aufhob (s.o. MH.I 179). Aber auch dies beschränkte Bürgerrecht hatte den Erfolg, daß die Nationalsprache aufhörte.[704] Die römische und griechische Bildung drang von oben herab ein. *Bibracte* (*Augustodunum*, Autun) wurde zur Universität gemacht. Endlich entwickelte sich wie in allen Provinzen, z.B. in Lykien, der materielle Wohlstand rasch und vollständig. Wir haben darüber wenig Daten; nur selten fällt ein Streiflicht auf diese Verhältnisse. Vor dem Prinzipat herrschte ja überall das *bellum omnium contra omnes*; jetzt kam die große Ruhe unter tüchtigeren Beamten.

[MH.I 203] Man kann nicht alle Einwirkungen des Principats nach den Verhältnissen der Hauptstadt bemessen. Neben den dortigen Greueln ging eine ruhige Entwicklung der Provinzen Hand in Hand. Allerdings wird auch die Verschuldung der Provinzen erwähnt, die Exploitierung durch römische

701 Liv.I 49ff.
702 Hensel: „Nationaleigentum". Zu *Lugdunum*: Mommsen RG.V 74ff.
703 Tac.ann.III 44. J. Deininger, Die

Provinziallandtage der römischen Kaiserzeit, 1965, 99ff.
704 Zeugnisse für die gallische Sprache gibt es noch im 5. Jahrhundert: Demandt, Spätantike 308

Kaufleute hörte nicht auf, aber es ist besser geworden. Gallien war eine der reichsten Provinzen, wie der Zug des Gaius bezeugt [s.o. MH.I 167]. Öffentliche Schulen wurden eingerichtet, einige Jahrhunderte später stand Gallien an der Spitze der römischen Kultur. Bei alledem bleibt ein Gefühl der Unabhängigkeit. Man sprach römisch, aber war nicht römisch, ähnlich dem Verhältnis zwischen Amerikanern und Engländern. Man muß an den gallischen Aufstand von 21 unter Tiberius denken[705], um sich das zu vergegenwärtigen. *Resumenda libertas* war der Ruf der Treverer.[706] Der Versuch scheiterte bald an der römischen Rheinarmee. Es ist aber während des Principats ein einzig dastehendes Beispiel.

In anderer Form wiederholte sich das jetzt. Es gab einen kleinen Aufstand in Gallien, militärisch ganz ohne Bedeutung. Gaius Julius Vindex war damals Statthalter von Aquitanien.[707] Er stammte aus einem vornehmen gallischen Stamm, der schon seit Caesar das römische Bürgerrecht, wahrscheinlich gleich das volle, besaß. Früh sind die Angehörigen dieser Familie in höhere Beamtenstellungen aufgestiegen. Schon der Vater war im römischen Senat. Jetzt war der Sohn, was häufig geschah, Statthalter der Provinz, wo er geboren war. Entsprechend kommandierte bei den Batavern stets ein Bataver die römischen Kohorten. Vindex schrieb Nero einen Absagebrief und entfaltete die Fahne der Republik. Er war persönlich tapfer, angesehen, reich und ideal angelegt; aber er konnte wohl seine Kräfte nicht richtig veranschlagen, wie es oft solchen Naturen geht. Nicht zur gallischen, sondern zur römischen Freiheit rief er auf; *senatus populusque Romanus* sollten wiederhergestellt werden. Dann allerdings sollte Gallien als Föderativstaat in dem republikanischen Staatsverband seine Stelle finden. Und das war nicht unausführbar, [MH.I 204] denn die Republik war doch nur ein Staatenbund. Das geschah im Frühling des Jahres 68.

Nero nahm die Dinge leicht. Er wollte aus abergläubischen Rücksichten selbst nach Gallien ziehen, glaubte aber nicht, daß es zum Schlagen käme, und beschäftigte sich mit dem Dichten von Epinikien. Er hatte nicht Unrecht. Allerdings fiel das eigentliche Gallien außer den südlichen Städten Vindex zu; Allobroger und Haeduer traten ihm bei. Aber bei den Rheinlegionen fand er Widerstand; das stehende Heer war nur unter dem Principat möglich. Dazu kam der militärische Hochmut. Außerdem schloß sich Lyon vollständig ab, und Vindex mußte die Stadt belagern. Im Osten regte sich vielleicht auch das germanische Element, so die Treverer.[708]

Auch an die römischen Statthalter ging der Aufruf des Vindex, er dachte also nicht national-gallisch. Er rief eben beide Nationen auf. Der Beitritt der Viennenser hinderte den von Lyon; es bestand eine alte Fehde zwischen

---

[705] Tac.ann.III 40–47
[706] *resumendae libertati tempus*: Tac. ann.III 40
[707] Zum folgenden: Dio LXIII 22ff.;

Plutarch, Galba 4ff.; Suet.Nero 40ff.; ders., Galba 2. Th.Mommsen, Ges. Schr.IV 333ff. (= RG.IV 9ff.).
[708] Sie waren ursprünglich Gallier.

diesen Städten. Dafür, daß sich beide Germanien nicht anschlossen, wirkten finanzielle Motive mit. Die Besatzungen brachten viel Geld in das Land, die römische Kultur war höchst intensiv, und so hielt man am Imperium fest. Aber auch hier fehlte nicht alle Sympathie für die Sache der Kelten. Es ist wahrscheinlich, daß Julius Civilis, der Führer des späteren Bataveraufstandes, schon damals mit Vindex sympathisierte. Civilis wurde gefangengesetzt und nach Rom geschickt.[709] Vindex versammelte doch 100000 Mann; das deutet auf die Existenz von Territorialarmeen neben dem Reichsheer, das ja für die Größe des Reiches unglaublich gering war. Diese nicht immer tüchtigen, aber zahlreichen Bürgerwehren fanden sich also vor Lyon zusammen.

Bei seinen Kollegen wurde Vindex entschieden abgewiesen. So beim Statthalter Untergermaniens Fonteius Capito, der den Vorgang nach Rom meldete und einige Verdächtige festsetzte. Ebenso dachte Lucius Verginius Rufus in Obergermanien, der gegen Vindex mobil machte und marschierte. [MH.I 205] Der Statthalter in Spanien, Servius Sulpicius Galba, erstattete zwar keine Anzeige in Rom, schloß sich Vindex aber auch nicht an. Er war ein tüchtiger alter Feldherr. Mit Nero stand er gespannt; aber was ihn vom scharfen Auftreten zurückhielt, war, daß er sich überhaupt schwer entschließen konnte. Seiner zaudernden Natur entsprechend blieb er in abwartender Stellung.

Rufus belagerte die Rebellen in *Vesontio* (Besançon). Vindex wollte sie entsetzen, aber seine Sache schien verloren. Da kam es zu einem seltsamen Vorgang. Vindex und Rufus schlossen nach einer Konferenz ein Abkommen, und dies kann nur den Inhalt gehabt haben, daß Rufus sich gewissermaßen auf Vindex' Pläne einließ. Er hätte den Gegner vernichten können und öffnete ihm dennoch die Stadt. Vielleicht ließ er sich durch die Lage in Spanien bestimmen.

Als Galba sah, daß er durch sein Zögern schon mit Nero gebrochen hatte, erklärte er seinen Abfall. Er stellte sich dem Senat zur Verfügung. Das war ein ähnlicher Plan wie der des Vindex. Jedenfalls war damit klar, daß es mit Nero aus war. Wahrscheinlich hat Rufus davon gewußt, und wenn man die Schandherrschaft Neros bedenkt, so war es wohl begreiflich, daß er angesichts des vorhandenen Bürgerkrieges einen ähnlichen Weg einschlug.

Den Soldaten vom Centurionen abwärts gefiel das jedoch nicht. Als sie die Kelten defilieren sahen, griffen sie unverhofft und ohne Befehl an. Das Heer des Vindex wurde vom Heer des Rufus überwunden. Vindex gab sich den Tod. Die Soldaten erkannten gleichwohl, daß mit Nero nichts zu machen war. Sie verfuhren wie die Spanier und riefen Rufus zum Kaiser aus. Dieser lehnte ab und stellte sich wie Galba Senat und Volk von Rom zur Verfügung. Die britannischen Truppen griffen nicht ein, aber die Legionen an der Donau, am Niederrhein und in Africa schlossen sich an. Die [MH.I 206] orientalischen Legionen waren nicht disponibel wegen des jüdischen Krieges.

---

[709] Tac.hist.IV 13

Nero hatte auf Vindex nicht reagiert, als aber die Truppen eine nach der anderen abfielen, erkannte der Kaiser, daß er verloren war. Zunächst suchte er in kindisch-feiger Weise sein erbärmliches Leben zu retten. Er wollte Statthalter von Ägypten werden, zu den Parthern fliehen usw.[710] An der Garde hatte er einen festen Halt, aber sie konnte es mit den Legionen der Provinzen nicht aufnehmen und wollte auch nicht mit dem sinkenden Schiff untergehen. Sie ließ den Kaiser fallen. Tigellinus trat zurück, sein Kollege Nymphidius Sabinus forderte die Garde auf, dem Nero die Treue aufzukündigen. Das geschah, und nun kam es darauf an, einen neuen Imperator zu finden. Alle Feldherren hatten den Imperator-Titel abgelehnt. Mit Nero war es aus, aber was sollte werden? Vielleicht strebte Sabinus selbst nach dem Purpur. Zwar war er der Sohn einer Sklavin, aber sein Vater soll der Kaiser Gaius gewesen sein. Das ging freilich nicht an. Man brauchte einen Kaiser, der den Legionen genehm war, und faßte darum Galba ins Auge, ohne Zweifel wegen seines Alters und seiner Schwächlichkeit. Er war ein lenksamer Mann, und Sabinus hoffte, dabei seine Rechnung zu finden. Auf die Pression der Garde hin erklärte der Senat Nero für abgesetzt und vogelfrei. Der feige Tyrann verkroch sich in ein Versteck in der Nähe von Rom. Erst als seine Entdeckung unvermeidlich war, tötete er sich selbst am 9. Juni 68 mit den Worten: „Ach welcher Künstler geht mit mir zu Grunde".[711] So starb der letzte Nachkomme des Augustus. Mit ihm ging das julisch-claudische Haus unter.

---

[710] Suet.Nero 40ff.; Dio LXIII 27ff.   [711] Suet.Nero 49,1. Die letzten Worte: *qualis artifex pereo.*

6. DAS VIERKAISERJAHR
(68–69)

Servius Sulpicius Galba fand allgemeine Anerkennung. Mit ihm trat ein neues Geschlecht ohne alle Verwandtschaft mit dem Stifter des Imperiums auf. Die Hoffnung auf die Republik war an dem Widerstand der Garde gescheitert. Rufus erklärte seine Unterwerfung unter seinen bisherigen Kollegen. Der einzige Ort, wo es zum Schlagen kam, war Africa. Lucius Clodius Macer schaltete dort einige Monate hindurch als Statthalter der Republik. Er war bald beseitigt. [MH.I 207] Galbas Regiment war aber eine unsolide Gründung. Bevor er in Rom erschien, forderte Sabinus 7500 Denare pro Gardist, beseitigte Tigellinus und beanspruchte das einheitliche Gardekommando auf Lebenszeit. Das war gleichbedeutend mit der Herrschaft über Rom in versteckter Form. Gegen ihn trat der Tribun Honoratus auf, und noch vor dem Eintreffen Galbas war Sabinus eine Leiche.[712]

Als Galba das Regiment sehr wider Willen in die Hand nahm, fiel er sofort in die Hände seiner Vertrauten Icelus und Laco[713], die das Regiment äußerst kopflos ausübten. Galba begann mit größter Sparsamkeit. Er führte unter der Garde eine strenge Ordnung ein, die verlangten Geschenke wurden nicht ausgezahlt. Sein Einzug bereits war mit Blutvergießen verknüpft. Eine von Nero gebildete Flottenlegion forderte in stürmischer Weise die Anerkennung ihrer bevorzugten Stellung. Galba ließ auf sie einhauen und erregte große Unzufriedenheit bei den Bürgern. Ferner beging Galba die große Unklugheit, seine Spanier zu entlassen. Er verfuhr dabei nach dem strengen Recht und blieb ohne Schutz. In Gallien trat er in ebenso unkluger Weise als Rächer des Vindex auf. Das kränkte die Truppen des Rufus aufs Tiefste. Galba stand ihnen mit äußerstem Mißtrauen gegenüber. Sie dünkten sich mehr als das kleine spanische Heer und empfanden es als Beleidigung, daß der Legat der einen spanischen Legion zum Princeps gewählt worden war, während ihr Feldherr übergangen wurde. Der neue Caesar mißtraute Capito und Rufus, den Kommandanten am Rhein. Das war unnatürlich. Capito wurde wegen Treubruchs hingerichtet, hatte er sich doch gegen Vindex feindlich gezeigt. Rufus wurde mit allen Ehren entfernt. Das erbitterte die germanischen Truppen, zumal an die Stelle der beseitigten Feldherren notorisch unbedeutende Leute traten. Aulus Vitellius erhielt Untergermanien, Hordeonius Flaccus Obergermanien.[714]

---

[712] Suet.Galba 11; Dio LXIV 1 ff.; Plut.Galba 7 ff.

[713] Suet.Galba 14

[714] Plut.Galba 10; Suet.Vit.7,1; Tac. hist.I 9; Dio LXIV 3

[MH.I 208] Auch die sonstige Tätigkeit Galbas war unklug. Er beschützte die Städte, die im Aufruhr gegen Rom gewesen waren. Das Regiment der Freigelassenen begann wieder[715] und verärgerte den Senat. Auch die guten Maßregeln bewirkten Verwirrung. Um den leeren Staatsschatz zu füllen, verlangte Galba die Zurückerstattung der von Nero gegebenen Geschenke[716], das führte zu einer Unzahl von Bankerotten. Die Verbannten wurden zurückgerufen, aber auch diese Wiedereinsetzung in ihren Besitz brachte neue finanzielle Kalamitäten. Galba war viel zu schwach zur Durchführung dieser wohlgemeinten Reformpläne. So dauerte es nur einige Monate, bis sich gleichzeitig in der Hauptstadt und in den Provinzen die Truppen erhoben. Wieder begegnet uns die Tatsache, daß sich die Offiziere fast gar nicht an diesen Aufständen beteiligten. Es war die Soldateska der Berufssoldaten, die die Sache zum Austrag brachte.[717]

Am Neujahrstag 69 sollte nach der römischen Sitte der neue Treueid geleistet werden.[718] Die beiden Mainzer Legionen weigerten sich, warfen Galbas Bilder nieder, kündigten ihm den Gehorsam, wählten aber keinen neuen Kaiser. Man ärgerte sich über den Kandidaten der spanischen Armee und überließ nun der Hauptstadt die Wahl. Allerdings ist von Herstellung der Republik nicht die Rede, sondern die Prätorianer wurden aufgefordert, einen neuen Kaiser zu wählen. Vorläufig stellten sich die Legionen dem Senat und dem Volk zur Disposition.[719] Man war sich wohl bewußt, daß man durch eine eigene Kaiserernennung die Rivalität der anderen Legionen entfesseln würde, und darum beachtete man noch immer die Geltung der zentralen Stellung von Garde und Senat.

Bald kam die Kunde nach Köln, wo Aulus Vitellius mit seinem Stab lag. [MH.I 209] Man wollte sich anschließen, unterstellte sich jedoch nicht dem *Senatus populusque Romanus*. Vielmehr verlangte man einen Namen und entschied sich für Vitellius. Eine schlimme Wahl; Vitellius war der Sohn eines Günstlings des Kaisers Claudius und eben wegen seiner Unfähigkeit dorthin gesetzt. Er war kein böser Mann, eher gutmütig, aber eine niedrige, grobsinnliche Natur, vor allem ein großer Schlemmer. Vitellius wollte nicht Kaiser werden. Aber in solchen Fällen entscheidet die Rangstellung, Vitellius fügte sich und ließ sich zum Kaiser machen.[720]

Diese Kaiserernennung mußte durchgesetzt werden; dazu wurde ein Feldzug nach Italien erforderlich. Es handelt sich hier um einen militärischen Systemwechsel; seine Spitze richtete sich gegen die Garde und deren Bevorzugung, an ihre Stelle sollte das germanische Heer treten. Die beiden großen Heere am Rhein sollten ein starkes Detachement nach Italien senden. Die beiden fähigen Legaten Fabius Valens und Alienus Caecina traten an die

[715] Suet.Galba 15,2
[716] l.c.15,1
[717] l.c.16
[718] Plut.Galba 22; Dio LXIII 4; Suet. Galba 16
[719] Tac.hist.I 12
[720] Plut.Galba 22; Dio LXIII 4; Suet. Vit.8. 1868 nannte Mommsen ihn einen *Feld- und Lagerkaiser.* (MK.188)

Spitze von 70000 Mann.[721] Viele Landwehren des östlichen Galliens zogen freiwillig mit.

All das geschah am 3. Januar 69 in Köln[722], in den folgenden Tagen schwur das ganze Heer auf Vitellius. Am 8. Januar kam die Nachricht nach Rom. Galba, seiner Altersschwäche bewußt, adoptierte einen jüngeren Mann; aber in der Wahl war er nicht glücklich. Lucius Calpurnius Piso, aus einem der höchsten Adelsgeschlechter, war sittenrein und tüchtig, aber ohne militärische Vergangenheit, ohne Konnex mit dem Heer.[723] Für eine Gegenwehr benötigte Galba die Donautruppen. Dort hatte es böses Blut gemacht, daß die deutschen Truppen[724] einen Kaiser gewählt hatten.

Dazu aber kam es nicht, eine andere gefährliche Revolution trat ein, unmittelbar in der Nähe Galbas. In seiner Begleitung befand sich von Anfang an Marcus Salvius Otho, der am neronischen Hof als Gatte der Poppaea Sabina sein Glück gemacht [MH.I 210] hatte und Spießgesell von Neros Vergnügungen war. Zuletzt war er von diesem an den Hof des Siegers übergegangen.[725] Er hatte auf Adoption gehofft, zumal er dem Rang nach über Piso stand und bei der Garde beliebt war. In seiner Hoffnung getäuscht, entschloß sich Otho, den Kaiser zu stürzen, und es gelang. 14 gemeine Gardisten riefen ihn eines schönen Morgens zum Kaiser aus. Es gab einen Straßenkrawall. Die anderen Gardisten stimmen Otho zu, mehr aus Haß gegen Galba und seinen Geiz als aus Liebe zu Otho. Seine spanischen Truppen hatte Galba zurückgesandt, eine andere Macht war nicht in Rom, es kam kaum zum Schlagen. Galba und sein Schützling Piso wurden auf offenem Markte getötet, und der Kronendiebstahl des Otho war vollzogen. Das war am 15. Januar 69. Der Senat registrierte den Vorfall; darin erschöpfte sich seine klägliche Rolle. Er erkannte den neuen Kaiser ohne Widerspruch an.[726]

Nun also standen Vitellius und Otho einander gegenüber. Vielleicht wußte die Garde, was ihr durch Vitellius drohte. Man konnte sich jetzt nicht mehr salvieren, indem man Vitellius ausrief. Die Rheinarmee bedrohte die Privilegien der Garde, daher ihr Votum für Otho. Beides waren Soldatenrevolutionen, das zeigen alle Details. Das System der Beurlaubung war eine Quelle der Erpressung durch die Unteroffiziere geworden. Der Sold für die Beurlaubten floß in die Tasche der Unteroffiziere. Das hatte zu großen Beschwerden geführt. Die Beurlaubungen hatten eine Verlotterung des Standes zur Folge, die öffentliche Sicherheit litt. In Rom wie am Rhein wurde nun die Einrichtung getroffen, daß für den Beurlaubten doppelter Sold gezahlt wurde, einerseits für ihn, andererseits für den urlaubgewährenden Unteroffizier, so daß die Staatskasse den Schaden hatte. Das waren die Konse-

---

[721] Tac.hist.II 87 beziffert das Rheinheer auf 60000 Mann.

[722] Tac.hist.I 56f.

[723] Tac.hist.I 12ff.; Plut.Galba 23

[724] D. h. die römischen Truppen in Germanien.

[725] Nero hatte Otho die Poppaea ausgespannt und ihn nach Spanien abgeschoben: Tac.ann.XIII 45f.; Sueton Otho 3.

[726] Suet.Galba 17ff.; Dio LXIII 6ff.; Plut.Galba 26ff.; Tac.hist.I 23ff.

quenzen der Soldatenkaiser. Alle Beamten, die beim Prozeß des Capito[727] beteiligt gewesen waren, wurden getötet, ebenso eine Zahl von Unteroffizieren.[728] Die Truppen des gesamten Westens folgten ohne weiteres der Rheinarmee. Rätien, *Noricum*, [MH.I 211] Britannien, nach einigem Schwanken Spanien. Anders im Osten. An der Donau, in *Illyricum* und im Osten erkannte man Otho an. Das zeigt die Bedeutung der zentralen Stellung Roms, die Entscheidung in der Hauptstadt und die Anerkennung durch den Senat wurde als die legitime Wahl betrachtet. Im illyrischen und orientalischen Heer wirkte außerdem der Korpsgeist.

Vielfältig ist zwischen Otho und Vitellius verhandelt worden.[729] Beide wären gern zurückgetreten, wurden aber von ihren Heeren zum Schlagen gezwungen. So kam es nicht gerade rasch zum Kampf. Keiner von beiden Teilen beeilte sich. Valens und Caecina zogen ohne Gegenwehr im Frühjahr 69 über die Alpen nach Italien. Die Rheingrenze überließ man sich selbst; der Kern des Heeres war fort. Im März erschienen die germanischen Truppen am Po. Wenn man sich in Rom beeilt hätte, und es waren tüchtige Generäle dort, so wäre es leicht gewesen, ihnen an den Alpen entgegenzutreten. Die Legionen aus *Petoevio* (Pettau in der Steiermark) hätten in einigen Tagen ohne Grenzgefahr erscheinen können. Die Befehle dazu waren gegeben, aber die Truppen kamen zu spät, obwohl sie auf kein Hindernis stießen. Sie besetzten die östliche Poebene. Gleichzeitig machte die Garde und eine Flottenlegion mobil, sie marschierten unter Vestricius Spurinna gegen den Po. Am 15. März verließ Otho die Stadt. Er wollte am Kampf nicht teilnehmmen, sondern nur zusehen. Ebenso apathisch verhielt sich Vitellius, der jenseits der Alpen blieb.

Beide Heere hatten anfangs nicht ihre volle Stärke. Caecina war allein über den Großen St. Bernhard gekommen, Valens war noch nicht da. Caecina besetzte Cremona, und die Garde hielt Piacenza. Es kam zum Schlagen, im ganzen siegten die Othonianer.[730] Als unter Annius Gallus Verstärkungen für Otho erschienen, und sich bei *Betriacum* nördlich des Po festsetzten, hielten sie Caecina vollkommen in Schach. Dann aber kam Valens. Die Othonianer waren nun bedeutend schwächer und hätten Verstärkungen abwarten müssen. Sie verfügten erst über eine der illyrischen Legionen, außerdem war eine große Abteilung [MH.I 212] bei Otho südlich des Po zurückgeblieben. Solange man abwartete, war man ziemlich sicher. Valens und Caecina konnten nicht nach Rom vorrücken. Die Generalität der Othonianer war ausgezeichnet, wenn man sie nur gebraucht hätte. Aber die Verkehrtheit der obersten Kommandos verdarb alles. Otho hielt sich mit einem

---

[727] Galba hatte ihn töten lassen, s. o. MH.I 207.

[728] Tac.hist.I 58 meldet nur den Tod eines Centurionen als Sühne für Capito.

[729] Plut.Otho 4

[730] Tac.hist.II 20 ff.

großen Teil der Garde schimpflich vom Kampf fern. Und trotzdem drängte er mit dem Mut eines verzweifelten Spielers, der *va banque* spielt, zur Entscheidung. Statt der verdienten Offiziere setzte er seinen Bruder Salvius Titianus ein, einen ganz unbrauchbaren Mann. Die Soldaten fühlten die unfähige Leitung und waren verstimmt. Auf der Straße zwischen *Betriacum* und Cremona kam es zur Schlacht. Anfangs ging alles gut, die Truppen schlugen sich mit Liebe zur Sache. Anders wurde es, als Valens angriff, und mit ihm die Überzahl. Nichtsdestoweniger wollten die Othonianer sich Cremonas bemächtigen. Es war ein erbitterter Kampf. Eine Rekrutenlegion des Otho nahm der *legio* XXI *Rapax* den Adler. Zuletzt erlagen die Othonianer. Die Schlacht war verloren. Eine Deroute war es nicht, aber es kam dazu. Die Truppen im Lager kapitulierten. Als Otho dies vernahm, gab er sich zur Verzweiflung der Garde verloren. Sie hielt fest an ihm, wollte den Kampf im Verein mit den Illyriern wieder aufnehmen. Man brauchte das Spiel nicht aufzugeben. Aber Otho war des Lebens müde. Am 15. April gab er sich in *Brixellum* (Brescello) den Tod nach Verbrennung seiner Papiere. So ließ er seine Anhänger im Stich.[731] Othos Ende ist viel bewundert worden, aber das ist ein Schimpf für die Historiker. Wer als Prätendent auftritt und sich dann tötet, ist jedenfalls ein richtiger Feigling. Er hat nicht nur die Garde, sondern ganz Italien preisgegeben.

[MH.I 213] Nun wurden die Konsequenzen des Sieges für Italien gezogen. Man schien das auch von Anfang an geahnt zu haben, das erklärt die Treue der Othonianer. Die Illyrier wurden in die Garnisonen zurückgeschickt. Die treue XIV. Legion wurde nicht nach Illyrien, sondern nach Britannien in ihr altes Standquartier gesendet. Diese Legion mit ihren Auxilien ist wichtig für den Historiker. Zu ihr gehörten acht Auxiliarkohorten Bataver, sie standen in fester Verbindung mit den Bürgersoldaten. Die Bataver waren sehr gute Kämpfer. Sie waren von der Steuer befreit, wurden dafür aber bei der Konskription berücksichtigt. Sie bildeten den Kern des britannischen Heeres, der Sieg des Paullinus war hauptsächlich durch sie herbeigeführt worden (s. o.). Nero hatte sie nach Italien kommen lassen, um sie gegen den Osten zu benutzen. Beim Sturz Neros waren die Legionen für, die Bataver gegen ihn, und beide Teile sehr verfeindet. Die XIV. Legion wurde nach *Illyricum* gesendet, die Auxilien nach Deutschland[732], bei *Betriacum* fochten beide gegeneinander. Jetzt suchte man das alte Waffenverhältnis trotz der Erbitterung wiederherzustellen. Auf dem Marsch nach Britannien kam es in Turin sogar nochmals zum Schlagen, das ist wichtig für später. Vitellius setzte sich ohne Schwierigkeit durch. Am 19. April 69 wurde er vom Senat anerkannt.

---

[731] Tac.hist.II 49; Plut.Otho 5 ff.; Dio LXIV 10 ff. Mommsen, Die zwei Schlachten von Betriacum im Jahre 69 n. Chr., in: Ders., Ges.Schr.IV, S. 354 ff.

[732] Tac.hist.II 69

Schon sein Titel ist bemerkenswert: Er nannte sich *Imperator*, wies aber *Caesar* zurück. *Augustus* nahm er erst später an.⁷³³ Dagegen trug er den Beinamen *Germanicus*. Damit drückte er aus, daß das germanische Heer über Italien gesiegt hatte.⁷³⁴ Der Bruch mit der Vergangenheit ist klar, dem entsprechen die Handlungen. Auch hier ist manches Nützliche geschehen. Vitellius war nicht bösartig; wo er konnte, schonte er. Er war bemüht, das Bedientenregiment zurückzudrängen. Die Ämter von Sekretär und Kassenführer beim Kaiser wurden zum ersten Mal durch *equites* besetzt.⁷³⁵ Das war wohl ein Einfluß des Militärregiments, diese *equites* waren eben Offiziere. Der Kaiser schritt auch gegen Ritter ein, die sich auf dem Theater preisgaben. Durch polizeiliche Verfügungen suchte er manches zu bessern, den wüsten Aberglauben einzuschränken u.s.w. Nun herrschte [MH.I 214] ein Militär-, nicht länger ein Bedientenregiment. Vitellius war wohl an all dem unschuldig. Als wüster Schlemmer gab er sich nur für die Tafel Mühe.⁷³⁶ Und für seine Sicherheit sorgte er. Cornelius Dolabella, der nur daran schuld war, mit Galba verwandt zu sein⁷³⁷, wurde hingerichtet.⁷³⁸ Seinen eigenen Sohn von sechs Jahren ließ er sofort zum Augustus designieren.⁷³⁹

Wichtig waren die militärischen Maßregeln. Vor allen Dingen ging ein Strafgericht über die Soldaten, namentlich über die Centurionen. Salvius Titianus, dem Bruder Othos, geschah nichts, ebensowenig den höheren Offizieren. Von den Centurionen wurden viele getötet; eigentlich ohne Grund, man konnte ihnen doch nicht den Gehorsam zum Verbrechen anrechnen. Aber es handelte sich um Regimentsrivalitäten; die Soldaten des Rheines hatten mit denen der Donau gefochten, und so wurde auch das Strafgericht über diese vollstreckt. Die Illyrier hat das natürlich furchtbar erbittert. Italien wurde als erobertes Land systematisch ausgeplündert, namentlich als Vitellius mit neuen Truppen nachkam. Cremona und andere Städte Nord- und Süditaliens wurden rücksichtslos und ohne Grund den Soldaten preisgegeben, denn einen Feind hatte die Regierung nicht mehr.⁷⁴⁰ Auch das Ostheer in Syrien adaptierte den Vitellius.

Es folgte der Einzug in Rom.⁷⁴¹ Er war darauf berechnet, die Städter zu schrecken. Nur mit Mühe konnte der Kaiser abgehalten werden, in Uniform einzuziehen. Wohl aber taten dies die Truppen. Das eigentliche Opfer war die Garde, denn ihr Kaiser war ja Otho gewesen. Sie hatte auch in den Institutionen zu büßen. Das ganze Korps wurde aufgelöst; alle Soldaten,

⁷³³ Suet.Vit.8,2; Tac.hist.II 62; 90
⁷³⁴ Ironisch. *Germanicus* ist der Beiname für einen Sieg über Germanen. Die Soldaten gaben Vitellius diesen Beinamen: Tac.hist.I 62; Plut.Galba 22.
⁷³⁵ Tac.hist.I 58
⁷³⁶ Suet.Vit.13
⁷³⁷ Tac.hist.I 88. Dolabellas Frau war

in erster Ehe mit Vitellius verheiratet: Tac.hist.II 64.
⁷³⁸ Tac.hist.II 64
⁷³⁹ Tac.hist.II 59
⁷⁴⁰ Die Plünderung Cremonas fand statt nach der zweiten Schlacht bei *Betriacum* am 24.X.69: Dio LXV 15; Tac.hist.III 30ff.; s.u.MH.I 220.
⁷⁴¹ Tac.hist.II 87ff.; Suet.Vit.11,1

auch die der *cohortes urbanae*, wurden entlassen.[742] Eine neue Garnison wurde aus den Legionen zusammengestellt: 20 Kohorten, nämlich 16 *cohortes praetorii* und 4 *cohortes urbanae* zu je 1000 Mann. Man kann nicht wissen, in wie weit das eine Neuerung war. [MH.I 215] Es gab früher nur 12 Kohorten Prätorianer. Die Zahl an *cohortes urbanae* ist unbestimmt. Zusammen waren es ungefähr 20000 Mann, und es ist wahrscheinlich, daß die Zahl nicht wesentlich erhöht wurde. Neu war die Auswahl. Bisher waren beide, Garde und Linie, scharf, auch nach der Nationalität getrennt. Keiner kam aus der Linie in die Garde. Letztere war ganz italisch, die Legionen bis auf die Centurionen bestanden überwiegend aus Provinzialen. Die rheinischen Legionen kamen aus dem südlichen Gallien. Auch jene, die in Italien geboren waren, provinzialisierten sich während der langen Dienstzeit. Daraus erwuchs ein nationaler Gegensatz in vollstem Maße. Das ist ein organischer Gedanke und ein gewiß berechtigter. Wir sehen das Regiment des Vitellius mit ungünstigen Augen an, aber wir müssen doch nicht vergessen, daß dies die Früchte des augusteischen Systems waren. Was Augustus gesät hatte, wurde nun geerntet. So ephemer diese Einrichtung des Vitellius auch war, immer wieder, wenn das Militärregiment siegte, wurde die Garde erneuert, so durch Severus, durch Constantin, da es einmal nicht ohne Garde ging. Es müssen hier geschicktere Leute mitgearbeitet haben, als es Vitellius war.

Sodann erfolgte merkwürdigerweise eine vollständige Auflösung des siegreichen Heeres. Die, die dies verfügten, müssen geglaubt haben, im vollen Frieden eine Armeeorganisation aufbauen zu können. Schon das Hinausziehen von 20000 Mann (s.o.) erschütterte den Verband der Legionen. Viele, welche nicht in der Garde waren, verlangten den Abschied, und man konnte ihn nicht verweigern. Man erwartete offenbar für die nächste Zeit keinen Kampf.

Das Haus der Caesaren war untergegangen, [MH.I 216] und es fragte sich, ob auch das Reich der Caesaren untergehen sollte. Die Mitherrschaft des Senats stand zur Diskussion. Nicht seine alten Rechte, die waren nichts wert; wohl aber die Sitte, daß die höheren Offiziers- und Beamtenstellen verfassungsmäßig von Senatoren, d.h. vom italischen Adel, besetzt wurden. Wir haben das Hervorziehen der Ritter bereits bemerkt. Vitellius legte sich den Titel als *consul perpetuus* bei[743], gewiß nicht aus Respekt vor dem Amt, eher um keinen Kollegen um sich zu haben, wie sich das dann im 3. Jh. herausbildete.[744] Die Würde eines Konsuls berechtigte zu den höchsten Ämtern. Ist also der Kaiser *consul perpetuus*, so ist das Institut der Konsuln auf den Aussterbeetat gesetzt, wie dies nachher unter Diocletian wirklich geschah.[745]

---

[742] Tac.hist.II 94
[743] Dessau 242
[744] Auch im 3. Jahrhundert war das Konsulat paarweise besetzt.

[745] Konsuln gab es regelmäßig bis 541 n.Chr.

Die Erhebung des Vitellius führte zu einer Rivalität der Regimenter. Die Legionen des Ostens waren eifersüchtig; nicht auf die Person des Vitellius, sondern darauf, daß die sieben Rheinlegionen die Früchte des Sieges genießen sollten. Man sprach davon, daß die deutschen Legionen (s. o.) mit den östlichen Legionen den Platz wechseln und deren üppige Garnisonen übernehmen wollten. Das war Lagergerede, aber bezeichnend für die Stimmung. Die Illyrier hatten versucht, Verginius Rufus an der Stelle Othos zu proklamieren, nur durch heimliche Flucht entging er ihnen.[746] Die Illyrier waren geschlagen, die XIII. Legion hatte schimpfliche Arbeiten verrichten, ein Amphitheater bauen müssen.[747]

Anders war es im Osten. Die Truppen waren für den jüdischen Krieg konzentriert, das Kommando[748] war an Flavius Vespasianus gekommen.[749] Neben ihm stand in Syrien Licinius Mucianus, in Ägypten Tiberius Julius Alexander. Aus ihren Beratungen ging der Sturz des Vitellius hervor. Niemals ist eine Bewegung ruhiger durchgeführt worden. Man kann nicht sagen, daß Ehrgeiz die Offiziere trieb, sie wollten die Ordnung des Augustus wahren, es war eine Schilderhebung gegen den einbrechenden Feind. Man brauchte einen Führer, einen Augustus, und dabei entschied zunächst [MH.I 217] die militärische Hierarchie. Licinius Mucianus wurde vom Offiziersrat zum Augustus ausersehen.[750] Er aber schlug die Krone aus und empfahl Vespasian. Die Gründe entziehen sich zum Teil unserer Betrachtung, zum Teil waren sie individuell. Vespasian war allerdings Senatorensohn, aber aus munizipalem Geschlecht aus der *Sabina* und nicht besonders ausgezeichnet.[751] Sein Bruder Flavius Sabinus, der lange Zeit hindurch Moesien verwaltet hatte, war jetzt *praefectus urbi*[752], ein vermögender, einsichtiger Mann. Vespasian hatte unter Nero in Britannien und Judäa gut gefochten. Besonders empfahl ihn sein Verhältnis zur illyrischen Armee. Die *legio III Gallica* hatte früher unter Vespasian gekämpft und stand jetzt an der Donau. Sie hing mit Verehrung an Vespasian[753], das war in diesem Moment von ungeheuerster Wichtigkeit. Man umging den Fehler der Rheinarmee, die auf die anderen Heere keine Rücksicht nahm, und verabredete sich.

Ferner hatte Vespasian zwei Söhne; der eine, Titus, führte eine Legion und war sehr beliebt. Mucianus war ohne Kinder.[754] Das war ein sehr schwerwiegendes Moment, man konnte so zugleich mit dem Augustus den Kronprinzen küren. So kam nach der Ablehnung Mucians nur Vespasian in Betracht, da die Statthalter Ägyptens *equites* waren. Am 1. Juli 69 wurde Vespasian bezeichnenderweise in Alexandrien vom ägyptischen Heere zuerst zum Kaiser ausgerufen.[755] Das war augenscheinlich verabredet. Merkwürdig ist, daß

[746] Plut.Otho 18,4

[747] Tac.hist.II 67

[748] Hensel schreibt „Kappadocien".

[749] Suet.Vesp.4,5; Jos.bell.Jud.III 1,2

[750] Das schließt Mommsen aus Tac. hist.II 77

[751] Er stammt aus *Reate* im Sabinerland, Suet.Vesp.2.

[752] Suet.Vesp.1,3

[753] Suet.Vesp.6,3

[754] Tac.hist.II 77

[755] Tac.hist.II 79; Suet.Vesp.6,3

man sich drei Monate nach dem Einrücken des Vitellius dazu entschloß. Also war es nicht die Person, sondern die Politik des Vitellius, die man nicht leiden wollte. Zunächst war Vespasian Kaiser des Ostens. Das jüdische und das syrische Heer schlossen sich dem Pronunciamento an. Auch hier ist es merkwürdig, mit welchem Patriotismus man vorging. Man entblößte die Grenze gegen die Juden nicht von Truppen, man konnte nicht einmal die Feldherren entbehren. Es wurden also nur wenige Mannschaften zum Abmarsch bestimmt: die VI. Legion und 13 000 Mann Hilfstruppen zogen los[756], also ca. 20 000 Mann. Es [MH.I 218] ist befremdend, daß man das unternahm, allein das Rheinheer bestand ja aus sieben Legionen. Vielleicht war die Expedition zunächst nicht gegen Italien, sondern gegen die Donau gerichtet, wo man mit dem Übertritt der Legionen rechnete. Vespasian hielt sich von den kriegerischen Bewegungen ganz zurück. Er ging selbst nach Ägypten[757], wo er ja ganz anerkannt war. Um die Getreideflotten anzuhalten, hätte er doch nicht hinzugehen brauchen. Man wollte den zukünftigen Kaiser aus den notwendigen Verwicklungen heraushalten, im Konzert der Feldherren trat Mucianus für ihn ein, der das *odium* der Sache auf sich nahm. Das Ganze war kaum eine Revolution; alles erinnert an einen auswärtigen Krieg. Die XIV. britannische Legion wurde beschickt, und nicht ohne Erfolg, auch am Rhein suchte man mit den Batavern durch Julius Civilis in Verbindung zu treten.

Kleinasien, Griechenland fielen Vespasian bei, ebenso traten alle Illyrier auf den ersten Ruf zu ihm über. In Italien rächte sich die Desorganisation der Truppen. Es ging wie zu Othos Zeit. Unzweifelhaft wäre es möglich gewesen, dem Aufstand an der Donau entgegenzutreten. Aber Italien war unverteidigt, die Vorposten des Mucianus überschritten die Alpenpässe. Erst am Po traf man auf den Feind in beträchtlicher Stärke. Mucianus war noch weit zurück, nur seine Vorhut unter Antonius Primus hatte Italien erreicht.[758] Er hat viel in die Historie eingegriffen, war ein tüchtiger Soldat, aber mit übler Vergangenheit. Er war zu dieser Bedeutung *per nefas* gekommen.[759] Primus stieß auf acht Legionen Vitellianer. Die Garde war nicht dabei, aber es waren alte tüchtige Soldaten, freilich mit neuen Elementen untermischt. Unter einigermaßen guter Führung hätte wenigstens hier der Krieg zum Stehen kommen müssen, hätte sich nicht Verrat eingeschlichen. [MH.I 219] Mucianus verbot weiteres Vorgehen. Er und Vespasian wollten den Kampf gar nicht so rasch zu Ende bringen. Die Unterführer sollten nicht über *Aquileia* hinausgehen. Das kann man sich gut denken. Vitellius hatte schon alles, was er haben konnte, herangezogen, die Flavier dagegen konnten aus Syrien jederzeit Verstärkungen erhalten und wollten bis zum

---

[756] Tac.hist.II 83
[757] Jos.bell.Jud.IV 11,1 u.5; Tac.hist.II 82; III 48; IV 81; Suet.Vesp.7
[758] Tac.hist.III 6

[759] Antonius Primus war 61 unter Nero wegen Testamentsfälschung verurteilt worden: Tac.ann.XIV 40.

nächsten Jahre warten. Vitellius besaß außer der Garde acht Legionen[760], das war eine große Übermacht. Aber die eigentlichen Führer hatten überall nichts zu sagen. Antonius Primus war die Seele des Marsches. Er zwang durch eine Art Militärrevolution die eigentlichen Führer, die bejahrten und unbeliebten Legaten von Pannonien und Mösien, ihm den Oberbefehl zu überlassen. Der höchst beliebte Primus trat an ihre Stelle. Er rechnete bei seinem riskanten Vormarsch auf den Abfall der Gegner. Und nicht mit Unrecht. Vitellius' Offiziere blieben nicht treu. Es waren wohl ähnliche Motive wirksam, wie sie zur Wahl Vespasians geführt hatten. Lucilius Bassus, der Kommandeur der Flotte in Ravenna, fiel zuerst ab und stellte sich unter den Befehl Vespasians.[761] Das ging vom Kommandanten aus, vermutlich aber wirkte das Nationalelement mit. Bei der Flotte dienten Illyrier und Griechen, die nichts vom *exercitus Germanicus* wissen wollten. Das war der Anfang des Endes. Die Flotte bedrohte damit den Feind am Po im Rücken.

Bald gab es einen anderen Erfolg. Die Führung der acht Legionen lag bei Caecina und Valens. Letzterer war abwesend, und Caecina verließ aus unbekannten Gründen, vielleicht aus Rivalität zu Valens, Vitellius jetzt ebenfalls.[762] Er soll schon in Rom mit Flavius Sabinus, dem Bruder Vespasians, unterhandelt haben, der ruhig im Amt verblieben war.[763] Das ist charakteristisch für Vitellius' Gutmütigkeit. Genug, Caecina trat über, haranguierte[764] die Offiziere, und die Bilder des Vitellius wurden von den Feldzeichen abgerissen.[765] Aber die Mannschaften ließen sich das nicht gefallen, sie hielten an Vitellius fest, Caecina wurde von den eigenen Leuten gefangengesetzt. An seine Stelle trat Fabius Fabullus.[766] So mußte es zum Kampfe kommen, auf beiden Seiten kommandierten von Soldaten gewählte Offiziere. Das wirkte sich auf die strategischen Operationen aus. Valens war immer noch abwesend. Bei *Mantua* standen sechs Legionen des Vitellius, zwei in Cremona. Nun wich das Heer der Schlacht aus, um sich zu reorganisieren und ging über den Po zurück. Antonius Primus bemächtigte sich ihrer verlassenen Stellung und rückte auf Cremona vor. Hier kam es am 24. Oktober 69 zum Schlagen, ebenfalls bei *Betriacum* auf der postumischen Chaussee (*Via Postumia*). Es war eine schwere Schlacht, beide Armeen fochten mit Energie. Der Sieg blieb der Überzahl der Flavianer. Ihre fünf Legionen warfen die zwei des Vitellius nach Cremona zurück.[767] Inzwischen waren aber auch die Vitellianer aus *Mantua* in einem Marsch von 30 Miglien (6 Meilen) nach Cremona geeilt. [MH.I 220] Und nun wurde in der mondhellen Nacht weiter gefochten, trotz Marsch und Müdigkeit. Beim Morgengrauen neigte sich der Sieg auf die Seite der Flavianer. Sie hatten die bessere Führung; des Vitellius' Heer war doch zu desorganisiert. Die Vitellianer zogen sich in das

---

760 Tac.hist.II 100

761 Tac.hist.II 100f.; III 12

762 Tac.hist.II 93ff.

763 Tac.hist.II 99

764 „hielt eine Ansprache"

765 Tac.hist.III 13

766 Tac.hist.III 14

767 Tac.hist.III 15ff.

Militärlager zurück, es wurde unglaublicherweise sofort erstürmt und dann zuletzt die Stadt Cremona selbst. Die Stadt wurde geplündert und verbrannt.[768] Der Sieg war ein vollständiger, ein einzig dastehender Vorgang, eine Soldatenschlacht in vollstem Maße. Damit war militärisch und politisch die Sache des Vitellius zu Ende. Caecina wurde aus seinen Ketten befreit und zu Antonius Primus gesandt.[769] Die geschlagene, aber immer noch ansehnliche Armee ergab sich, sie hatte im Rücken den Po und besaß keine Rückzugsmöglichkeit. Die folgenden Kämpfe waren nur noch Kämpfe der Verzweiflung. Zunächst kam die Garde in Betracht, die bei Narni (*Narnia*, in Umbrien) stand. 14 Kohorten waren es, allerdings verschwindend wenig, mit den Flottensoldaten 20–25 000 Mann. Sie kapitulierten vor Antonius Primus.[770] Ähnlich in Süditalien. Dort stand der Bruder des Vitellius, auch die misenatische Flotte bei Terracina ergab sich.[771] Der Kaiser erkannte, daß alles verloren war. Er war sehr bereit, sich seines Amtes zu entledigen, verlangte nur sein Leben, so wie er die Verwandten seiner Gegner geschirmt hatte. Vitellius legte auf dem Markt sein Amt nieder und übergab die Gewalt Caecilius Simplex, dem Konsul.[772] Flavius Sabinus ging begreiflicherweise darauf ein.

Aber auch hier hatte man nicht mit den Soldaten gerechnet. Die Prätorianer in der Stadt, 3000 Mann, zwangen den Kaiser, seine Rolle auszuspielen und in das Palatium zurückzukehren. So kam es zum Straßenkampf. Die Prätorianer waren auf Flavius Sabinus erbittert, der sich auf das Kapitol flüchtete. Vitellius wollte ihn gern schützen, aber er konnte es nicht. Sabinus und Domitianus, Vespasians zweiter Sohn, wurden auf dem Kapitol belagert. Sie suchten sich im Tempel zu bergen, wurden jedoch gefangen und das Kapitol eingeäschert[773], wahrscheinlich hatten es die Belagerten selbst angezündet; Sabinus wurde auf dem Forum niedergemacht.[774] Der Kapitolbrand machte einen wichtigen Eindruck, namentlich in Gallien.[775] Primus hätte dies vielleicht verhüten können; vielleicht glaubte er, Rom würde ihm von selbst in die Hände fallen. Jetzt rückte er vor; einzelne Gefechte wurden geliefert, ein Straßenkampf folgte, der aber nicht zweifelhaft sein konnte. Vitellius flehte um sein Leben, am 20. Dezember 69 wurde er erschlagen, da des Sabinus Blut nach Rache schrie.[776] Damit war die Regierung Vespasians festgestellt.

Es bleibt nun noch übrig, die Katastrophe der Rheinlegionen zu betrachten, und ebenso den jüdischen Krieg. Die Masse der germanischen Truppen

[768] Tac.hist.III 22–35
[769] Tac.hist.III 31
[770] Tac.hist.III 63
[771] Dies geschah erst nach dem Tode des Vitellius: Dio LXV 22; Tac.hist.III 84,4; IV 2 f.
[772] Tac.hist.III 68; Suet.Vit.15

[773] Suet.Vit.15,3; Tac.hist.III 71 f.; Domitian entkam als Isispriester verkleidet: Suet.Dom.1,2.
[774] Tac.hist.III 74
[775] Tac.hist.IV 54
[776] Suet.Vit.17,2; Tac.hist.III 85; Dio LXV 20; Jos.bell.Jud.IV 11,4

hatte in Italien geendet, aber es blieb doch ein sehr starkes Korps, namentlich die Bataver, in ihren Standquartieren. Das Kommando über ganz Germanien führte noch immer der alte Podagrist Hordeonius Flaccus. Vitellius hatte ihn nicht abgerufen, nicht mal seinen eigenen Platz besetzt; er war vollkommen ungefährlich. Jetzt bekamen die Truppen Marschbefehl nach Italien. Flaccus blieb zunächst treu.

[AW.164 = MH.I 221][777] Mit der gallischen Insurrektion des Vindex verbindet sich in eigentümlicher Weise die der Germanen in Gallien unter Civilis.[778] Früher, d.h. unter Vindex, hatten sich die germanisierten Gallier an dem Aufstand nicht beteiligt; jetzt war es umgekehrt, die germanisierten Gallier, die Sequaner, Nemeter, Treverer, Lingoner und Bataver, trugen ihn. Claudius Civilis, ein sehr tapferer, national gesinnter Soldat, ist wohl [MH.I 222] mit Arminius zu vergleichen. Die Bataver waren echte Germanen.[779] Veleda[780], die Weissagerin im eigentlichen Germanien, stand mit Civilis in Verbindung. Die Römer hatten die Sonderstellung der Bataver unter den Provinzialen respektiert. Bataver, welche ausgehoben wurden, dienten hauptsächlich in der kaiserlichen Leibwache.

Im Herbst 69 ging Civilis auf die Pläne der Flavianer ein, er erkannte auf seiner Insel im Rhein Vespasian an. Der Statthalter von Gallien, Hordeonius Flaccus, dagegen nahm zu dem Aufstande Vespasians eine zweideutige Stellung ein. Trotzdem kam den Vitellianern aus Gallien kein Succurs. Die Canninefaten, ein kleiner Stamm, griffen zuerst zu den Waffen. Civilis wollte gegen sie geschickt werden. Als ihm dies verweigert wurde, fiel er offen ab. Die Kohorte der Tungrer und die Rheinflotte gingen zu ihren Stammesgenossen über. Die Tungrer waren bereits eine gallische Völkerschaft. Von den rechtsrheinischen Germanen kam viel Zuzug. Hordeonius schickte nun die Truppen aus *Castra Vetera* gegen die Insel, aber die gallischen *auxilia* fielen ab, und die Legionen mußten nach Xanten zurück. Civilis belagerte nun *Vetera*, und er bekam Zuzug von den Batavern der XIV. Legion. Civilis' Emissäre forderten sie – es waren 8000 Mann kriegsgewohnte Truppen – auf, von ihrem Marsch nach Italien abzulassen und sich mit Civilis zu vereinigen. Sie kehrten auch wirklich von Mainz aus um, nachdem sie an Flaccus unerhörte Forderungen gestellt hatten. Flaccus befahl dem Legaten von Bonn, mit seiner einen [MH.I 223] Legion den Feind aufzuhalten. Es gelang nicht, da Flaccus selbst nicht zur Hilfe heranrückte. Den Römern in *Vetera* fehlte es namentlich an Proviant, wenn auch die Stürme gegen die Stadt abgeschlagen wurden.

---

[777] Ab hier nach dem Anonymus Wickert (AW) S. 164ff., das 4. Heft Hensels fehlt. Die Zählung schließt so an, daß AW.164 mit MH.I 221 gleichgesetzt ist, um eine fortlaufende Numerierung zu erreichen.

[778] Tac.hist.IV 12ff.; Jos.bell.Jud.VII

4,2. Eine ausführliche Schilderung des folgenden Bataveraufstandes bietet Mommsen, RG.V, Buch VIII, Kap.IV.

[779] MK.200: *Es war eine ganz nationale Schilderhebung.*

[780] Tac.hist.IV 61

Auf die Nachricht von dem Siege der Flavianer am Po, erkannte Flaccus den Vespasian an, wenn es auch der *exercitus Germanicus* nur ungern tat. Trotzdem führte Civilis den Kampf fort, obgleich er doch nun keinen Vorwand mehr hatte, denn früher hatte er scheinbar für Vespasian die Fahne des Aufstands erhoben. Die V. und XV. Legion wurden in *Vetera* belagert, außerdem noch vier andere Legionen. Der Legat in Mainz, Dillius Vocula, übernahm nun den Befehl, nach vielen Wechselfällen entsetzte er endlich *Vetera* und drängte den Civilis bis auf seine Insel zurück. Die befreite V. und XV. Legion, stolz auf ihren Erfolg, rissen die Feldzeichen Vespasians in Mainz herunter und wollten dem Vitellius treu bleiben. Ein großer Teil des Heeres wurde zu den Aufständischen herübergezogen, Hordeonius Flaccus erschlagen als Verräter an Vitellius. Doch die Sache des Vitellius schien ja offenbar verloren, nun kam noch die Nachricht von dessen letzter Katastrophe. Infolge davon blieben die beiden aufständischen Legionen isoliert, die dem Vespasian Treugesinnten zogen unter Dillius Vocula nach Mainz.

Nun brach der Aufstand der Gallier los, man glaubte in Folge von dem Kapitolbrande fest an den Untergang der römischen Herrschaft. Julius Classicus, [MH.I 224] Julius Tutor und Julius Sabinus, der seine Deszendenz auf den Diktator Caesar zurückführte, fielen von Rom ab, um ein selbständiges römisch-keltisches Reich in föderativer Weise zu gründen. Inzwischen hatte sich Civilis wieder gegen das schwach besetzte *Vetera* gewagt. Vocula versuchte *Vetera* zu entsetzen; doch die gallischen *auxilia* fielen ab, und die römischen Legionen leisteten – was unerhört war – den Treueid auf das *imperium Galliarum*. Die IV. und XXII. Legion kündigten dem römischen Reiche zuerst den Gehorsam. Jetzt kapitulierte auch *Vetera* und die Besatzung mußte ebenfalls den Treueid auf das *imperium Galliarum* schwören – trotzdem wurden sie niedergemacht.[781] Auch die I. und XVI. Legion leisteten den Treueid, Mainz fiel.[782] *Vindonissa* (Windisch) war der einzige Punkt, wo sich die Römer am Rhein noch hielten.[783]

Die Katastrophe der Römer durch Gallier und Germanen kennt ihresgleichen nicht in der besseren Kaiserzeit. Sie hatte hauptsächlich ihren Grund in der Verzweiflung des germanisch-vitellianischen Heeres. Die westlichen und südlichen gallischen Staaten weigerten sich, das *imperium Galliarum* mit aufzurichten. Es kam zu jener vergeblichen Tagsatzung bei den Remern.[784] Die unsterbliche Zwietracht der Gallier hinderte das Zustandekommen des *imperium Galliarum*. Man sah im Westen und mittleren Gallien die Dinge kühler an. Doch nachdem Vespasians Herrschaft gesichert war, erschienen die XXI. Legion aus Vindonissa, aus Italien die II., aus Britannien die altberühmte XIV., aus Spanien zwei weitere.[785] Aus Noricum und Raetien kamen zahlreiche *auxilia*. An der Spitze standen [MH.I 225] Annius Gallus sowie

---

781 Tac.hist.IV 60f.
782 Tac.hist.IV 59
783 Tac.hist.IV 61; 70

784 Tac.hist.IV 68
785 Tac.hist.IV 76

der unbesonnene, aber doch ausgezeichnete Petilius Cerialis; er führte eigentlich das Oberkommando, im ganzen sieben Legionen. Es zeigte sich bald, daß die Gallier sich auf die zu ihnen übergegangenen Truppen nicht verlassen konnten. Sie kehrten zu den Römern zurück und schwuren Treue. Auch die Kölner ermordeten ihre deutsche Besatzung und schlossen sich den Römern an. Cerialis wartete unvorsichtigerweise nicht auf die Truppen, welche noch nicht herangerückt waren. Nur mit Mühe und unter großen Verlusten schlug er bei Trier den Angriff des Civilis zurück. Die Stadt gab er nicht den Soldaten preis, wie diese verlangten.⁷⁸⁶ Bei *Castra Vetera* wurde Civilis von Cerialis geschlagen.⁷⁸⁷ Aber den Kern des Aufstandes bildeten doch die rechtsrheinischen Germanen. Civilis überfiel den Cerialis und nahm wenigstens das Feldherrnschiff.⁷⁸⁸ Cerialis aber drängte die Bataver immer weiter zurück, er besetzte sogar die batavische Insel, die Bataver standen schließlich am rechten Rheinufer. Darauf knüpfte er geschickt mit den Batavern und anderen Deutschen Verbindungen an. So kam es denn zur Kapitulation, als Civilis sah, daß sich nichts mehr erreichen ließ. Die Bataver wurden in Gnaden aufgenommen und traten wieder in ihr altes Verhältnis zu den Römern. Von den sechs übergegangenen Legionen wurden jedenfalls fünf *cum infamia* kassiert. Nur die XXII. wurde verschont, [MH.I 226] vielleicht zu Ehren des Legaten Dillius Vocula, der treu geblieben war. Von zwei Legionen wissen wir, daß sie an die Stelle der aufgelösten traten.

Der jüdische Krieg⁷⁸⁹ hat auf die römische Geschichte keinen besonderen Einfluß gehabt. Seine Geschichte hat der Insurgentenführer Josephus⁷⁹⁰, der später zu den Flaviern überging⁷⁹¹, geschrieben. In Augustus' Zeit stand an der Spitze Judäas als erblicher Statthalter Herodes, genannt der Große. 6 n. Chr. wurde dessen Sohn Archelaus abgesetzt und das Reich in verschiedene kleine Staaten aufgelöst. Die Hauptstadt *Caesarea Maritima* wurde unter eigene römische Verwaltung genommen, sie stand unter dem Statthalter von Syrien. In Jerusalem lag eine römische Kohorte. Das Ernennungsrecht des Hohen Priesters hatten trotzdem die Nachkommen des Herodes. Man führt den Grund des Aufstandes gewöhnlich auf die schlimmen Persönlichkeiten der Statthalter zurück. Antonius Felix, von 54 bis 60 Statthalter, war ein sehr schlimmer Gesell. Gessius Florus, seit 64 Statthalter, scheint nicht viel besser gewesen zu sein. Aber es gab noch andere Ursachen. Die *polykoiranie* (Vielherrschaft) war schlimmer, als wenn das Land Provinz war, und der Steuerdruck war größer, als wenn es direkt abhängig gewesen

---

⁷⁸⁶ Tac.hist.IV 72 ff.; V 14 ff.

⁷⁸⁷ Tac.hist.V 14 ff.

⁷⁸⁸ Tac.hist.V 22

⁷⁸⁹ Mommsen RG.V, Buch VIII, Kapitel 11. E. Schürer, The History of the Jewish People in the Age of Jesus Christ, I 1973, 484 ff.

⁷⁹⁰ Flavius Josephus, De bello Judaico; ders., vita 4 ff.; Tac.hist.V 1–13; Suet.Vesp.4–8; ders.Tit.4 f.; Dio LXVI 4–7.

⁷⁹¹ Suet.Vesp.5,6; Jos.bell.Jud.III 8; IV 10,7; ders., vita 414 ff.

wäre. Auch die Doppelherrschaft der Prokuratoren und Prokonsuln war schlecht. Der Prokurator von Judäa scheint dem Prokonsul untergeordnet gewesen zu sein. Aber die Hauptsache war die Stammesverschiedenheit der Juden. In der Kaiserzeit waren solche aussichtslosen Erhebungen äußerst selten. Die [MH.I 227] nationale Empfindung der Juden war mit ihrer Religion so völlig durchdrungen wie in keinem anderen Lande. Als von dem Hohen Priester gefordert wurde, er solle dem Kaiser opfern, und er es tat, ging durch das ganze Land eine Bewegung, die auf Revolution sann. Der König Agrippa erkannte wohl die Aussichtslosigkeit der Auflehnung. Ananias, der Hohe Priester, war das Haupt der Gemäßigten. Diese sahen die Nutzlosigkeit ein. Aber alles Unpolitische in Judäa, die Schriftsteller, Frauen und jungen Männer, waren auf seiten des Aufstandes. Es gab sehr große jüdische Gemeinden außerhalb Judäas, welche das Land mit erheblichen Geldmitteln und mit geistiger Kraft unterstützten. Hierzu kam der unzivilisierte Zustand des Landes. Jerusalem war die eine, die geistliche Hauptstadt, die andere, administrative Hauptstadt war *Caesarea*, von Herodes angelegt. In diesen Städten herrschte eine hohe Kultur. Aber das Landvolk war roh und leicht zu fanatisieren. In Jerusalem lag nur eine Kohorte von 1000 Mann, bei einer sehr großen Stadtbevölkerung. Es bildeten sich bei dem Steuerdruck sogenannte „Räuberbanden". Sie hießen *sicarii*, Meuchelmörder, wie jetzt in Irland. Der Glaube war, diese *sicarii* wären von den Römern aufgestellt, um die nationalen Führer zu beseitigen.

Der Anlaß für den Aufstand war an sich unbedeutend. In *Caesarea* überwog die griechische Bevölkerung. Ein griechischer Kaufmann dort verweigerte den Juden den Zugang zur Synagoge.[792] Viele Griechen wurden erschlagen. Die Regierung schritt ein. In Jerusalem wurden römische Soldaten beleidigt. Ein demütiger Aufzug der Juden erschien vor dem Statthalter, doch die römischen Soldaten spotteten darüber, und viele Juden wurden getötet. Dies geschah am 16. Mai 66.[793] König Agrippa kam, und die Stadt unterwarf sich. Doch bald brach ein neuer Aufstand aus. Die Aufständischen bemächtigten sich der Stadt, die römischen Truppen mußten abziehen. Die Schuldscheine wurden verbrannt, die abziehenden Truppen hingerichtet. Jetzt richtete sich der zelotische Aufstand gegen die Gemäßigten. [MH.I 228] Ananias wurde ermordet. Die Antwort war eine Judenverfolgung in der Diaspora, in *Caesarea* sollen 20000 Juden gefallen sein. Cestius Gallus, Statthalter von Syrien, rückte mit 20 bis 30000 Mann ein. Er hatte zuerst Erfolg. Als Gallus vor Jerusalem lag, zog er plötzlich ab, vielleicht durch jüdisches Geld bestochen. Er litt sehr auf dem Rückmarsch.[794]

67 erschien Titus Flavius Vespasianus als Statthalter von Syrien.[795] Seine militärische Vergangenheit in Britannien war nicht gerade glänzend, aber

---

[792] Jos.bell.Jud.II 14,5
[793] Jos.bell.Jud.II 15,2
[794] Jos.bell.Jud.II 19

[795] Josephus bell.Jud. III 1; Suetonius Vesp.4,5; 5,6

doch respektabel; er war nicht von hoher Geburt. Vespasian hatte drei Legionen, mit Hilfstruppen ca. 40 000 Mann, er ging sehr langsam und sicher vor. Jetzt war aber die ganze Nation zum Unabhängigkeitskrieg vereinigt. Die Idumäer, Galiläer und Sicarier standen den Römern geschlossen gegenüber. Vespasian bezwang die einzelnen Städte, in Jotapa wurde Josephus gefangen.[796] 67 besetzte Vespasian Galiläa, 68 Jericho, um dann gegen Jerusalem vorzugehen. Da trat der Sturz Neros ein. Und nun folgte auf diesem Kriegsschauplatz eine anderthalbjährige Pause. Eine Offensive war von den Juden nicht zu erwarten. Daher konnte man sie sich selbst überlassen und mußte nur die gewonnenen Stellen behaupten. Als dann der Kampf wieder aufgenommen ward, wurde das Heer verdoppelt. Vespasians Sohn Titus marschierte im Frühling 70 gegen Jerusalem.[797] Unterdes hatten sich die Juden gegenseitig zerfleischt. Die Vornehmen wurden von den Zeloten unter Eleazar ben Simon und Johannes von Giskala aus Galiläa heftig verfolgt und unterdrückt. Die Zeloten hatten den Jerusalemer Tempel und dessen Nebengebäude inne. Die Gemäßigten [MH.I 229] riefen die idumäischen Sikarier unter Simon bar Giora herbei. Eleazar wurde später ermordet. Johannes von Giskala und Simon bar Giora führten die Verteidigung. Sie hatten 24 000 Mann[798], während die Bevölkerung 600 000 Personen betragen haben soll. Die Juden nutzten nicht einmal die Frist, sich genügend zu verproviantieren oder Jerusalem von überflüssigem Volk zu räumen. Die Stadt wurde gleichwohl sehr energisch verteidigt. Die Belagerung war schrecklich. Die Belagerungsarmee betrug sechs Legionen, mit *auxilia* 60 000 Mann. Die Vorstädte waren nach verhältnismäßig kurzer Zeit erstürmt. Aber bei einem Ausfall wurde das Belagerungszeug der Römer verbrannt. Daraufhin verwandelte Titus die Belagerung in eine Blockade. Er ließ von Zeit zu Zeit 6000 Mann von den Überläufern hinrichten.[799] Die Hungersnot stieg sehr in der Stadt. Die Burg Antonia fiel in die Hände der Römer. Endlich geriet beim Sturm der Tempel in Brand. Es ist darüber gestritten worden, ob Titus das befohlen habe[800], die Frage hat keine große Bedeutung. Jedenfalls war beschlossen worden, den jüdischen Stammesmittelpunkt, das jüdische Religionswesen, zu vernichten, auch wenn Titus den Tempel seines architektonischen Kunstwertes halber schonen wollte. Im September 70 waren die Römer nach fünfmonatiger Belagerung Herren der Stadt. Sie hatten ziemlich bedeutende Verluste erlitten.

Als ein großer militärischer Erfolg kann der Krieg eigentlich nicht angesehen werden, wenn man auch in Rom einen Triumph feierte.[801] König

---

[796] Jos.bell.Jud.III 23 ff.
[797] Tac.hist.V 1 ff.; Dio LXVI 4,1
[798] Jos.bell.Jud.V 6,1
[799] Hier liegt offenbar ein grobes Mißverständnis wohl nicht Mommsens, sondern des Anonymus zugrunde, Josephus (bell.Jud.VI 5,2) nennt 6000 ohne Wissen

des Titus Getötete nach dem Fall der Stadt.
[800] Sulp.Sev.chron.II 30,6; Jos.bell. Jud.VI 4,3
[801] Suet.Titus 6,1; Jos.bell.Jud.VII 5,3 ff.; Dessau 265. Der Triumph ist dar-

Agrippa blieb in seiner [MH.I 230] Stellung, da er treu zu den Römern gehalten hatte. Aber das Land wurde aus einer prokuratorischen in eine prätorische Provinz verwandelt. Eine Legion nahm ihr Kasernement im Lande, es war die X. Nach republikanischer Manier wurde das jerusalemitische Gemeinwesen aufgelöst, nicht einmal eine römische Kolonie trat an ihre Stelle. Die völlige Vernichtung der jüdischen Nationalität, die angestrebt war, fand aber nicht statt. Die jährliche Tempelabgabe wurde von jetzt an als *fiscus Judaicus* nach Rom bezahlt.[802]

Die allgemeine Stimmung spiegelt sich in der 69 während des Krieges geschriebenen Johannes-Apokalypse.[803] Dort ist die Belagerung Jerusalems gemeint, die sieben Cäsaren beziehen sich auf diese Zeit. Die Zahl 666 soll Nero bedeuten. Der Text knüpft an die Legende an, daß Nero nicht gestorben sei.[804] Der sechste Kaiser ist Vespasian; Galba, Otho und Vitellius werden nicht mitgerechnet. Die Eroberung Jerusalems ist aber in der Apokalypse schon eine Tatsache. Mit den 200 Millionen Reitern sind die parthischen Reiter gemeint, die herbeieilen, den Westen zu vernichten. Das Buch ist für den Historiker der Protest des Orientes gegen die Zerstörung Jerusalems, der Racheschrei der Juden gegen die Zerstörer. Es ist also nach der Zerstörung [MH.I 231] geschrieben. Zugleich ersehen wir aus der Apokalypse die Stellung der Juden zu den Christen. Die Hauptsache sind die Juden-Christen, dann erst folgen die Proselyten. Das Christentum war damals noch eine jüdische Sekte. Die Juden erscheinen als die eigentlich gerechten Christen, die Proselyten stehen mehr im Hintergrunde.

Die andere Partei der Christen war die des Paulus. Diese kann nicht eine jüdische Sekte genannt werden. Das alte Judentum kannte keinen Messias, weil es keinen brauchte.[805] Der jüdische Staat stand aufrecht in seiner Besonderheit, geschützt durch den Gott des Zornes, der da wachte über die Gesetze und die Exklusivität. Nun aber folgten die Fremdherrschaften, eine löste die andere ab, so kam die messianische Idee auf. Während die Sadduzäer am Alten festhielten, schritten die Pharisäer zur Entwicklung der Erlöseridee fort.[806] Das Buch Daniel, bekanntlich eine Fälschung[807], ist das beste Denkmal der Erlöseridee. Der Herr des Himmels wird den Messias senden,

---

gestellt auf den Innenseiten des Titus-Bogens auf dem *Forum Romanum*.

[802] Jos.bell.Jud.VII 6,6. *Solche Kriege mußten ausgekämpft werden, da der Boden zu ebnen war für das Staatsgebäude der späteren, besseren römischen Kaiserzeit* (MK.205)

[803] Die Offenbarung Johannis wurde nach Irenäus V 30,3 erst am Ende der Regierung Domitians verfaßt. Auf den Tempelbrand bezieht sich Apk.11,1 f.

[804] Tac.hist.I 2; II 8 f.

[805] Der Messiasgedanke ist früh bezeugt: 1. Mose 49,10 f.; 5. Mose 24,17 f.; Jes.7,14 ff.; 45,1 ff. und andernorts.

[806] Jos.bell.Jud.II 8,14

[807] Das Buch will unter Nebukadnezar (gest. 562 v.Chr.) entstanden sein, stammt aber aus dem Makkabäeraufstand 164 v.Chr.

der die Nation von der Fremdherrschaft befreien, die Römer stürzen wird,
wie er den Pharao getroffen hat. Darum hielten die Pharisäer an den äußeren
Zeremonien starr fest; denn nur so durfte man auf den Messias hoffen. Ein
solcher Messias [MH.I 232] ist Christus, er gehört zunächst dem Judentum
an. Aber erst sein zweites Erscheinen soll die Erlösung und die neue Welt
bringen. Soweit ist dies nichts Neues. Neu aber ist die innerliche Humanisie-
rung dieser Idee. Der Gott des Zornes wird zum Gott der Liebe. Zugleich
liegt darin eine Verallgemeinerung. Die strenge Befolgung des Rituals tritt
zurück, das Ritual bedeutete den religiösen Polizeistaat.

Der weitere Fortschritt gehört dem Apostel Paulus. Tiefer und vollkommener führte er die Grundlagen Christi zur Vollendung. Während Christus
und die Seinen Juden waren, gehörte Paulus, obwohl selbst Jude, der Diaspora an; in Tarsus geboren[808], in der griechischen Bildung erzogen, hatte er
einen ganz anderen Horizont. Doch auch er erwartete die Wiederkunft des
Messias Christus, darauf wollte er die Zeitgenossen vorbereiten. Messianisch
ist die ganze Bewegung. Aber das Gewaltige und Bedeutende ist, daß die
Herrschaft des Rituals und der nationalen Beschränkung aufgegeben wurde.
Darin lag der Gegensatz zwischen den Judenchristen und den Paulinern. Ein
auserwähltes Volk konnte es nicht mehr geben, höchstens auserwählte Menschen. Das ist eine Wandlung in der ganzen Auffassung der neuen Bewegung. In der Apokalypse herrscht orientalische Bilderpracht, im ersten
Korintherbrief okzidentale Logik.

Judentum und Christentum standen beide in Opposition gegen den römischen Staat. Aber im Judentum lag die eine beständige Revolution. Im Christentum war wohl auch Auflehnung, aber derart, daß man die irdische Welt
verlorengab. Man hoffte auf das himmlische Reich, die Frommen harrten
des Himmels auf Erden. Das irdische wurde als gleichgültig betrachtet, daher die Abwendung vom Reichtum, die Fürsorge für die Armen und Elenden. Während das Judentum gegen die Obrigkeit widerspenstig war und die
Steuern nicht bezahlen wollte, lehrte Paulus, dem Kaiser zu geben, was des
Kaisers ist.[809] Denn alle Obrigkeit sei von Gott.[810] So kam es zur schärfsten
Trennung zwischen Juden und Christen. Immer fester hielten die Juden an
dem Ritual, immer mehr warfen die Pauliner Altes ab. Die Judenchristen
gingen allmählich in beiden Parteien auf. Paulus hat Jerusalems Zerstörung
nicht erlebt, wahrscheinlich kam er unter [MH.I 233] Nero um. Nach der
Aufgabe des Judaismus zugunsten des Humanismus ging man immer weiter
in der Propaganda unter den Heiden. So zog denn Paulus selbst überall
umher und machte Proselyten. Des Paulus Lehre blieb, Jerusalems Zerstörung wirkte befruchtend darauf. Denn das Judentum konnte jetzt keine
Fortschritte mehr machen, es blieb auf die Erhaltung beschränkt. Die Ag-
gressive ging auf die Christen über.

---

[808] Apg.9,11
[809] Ev.Matth.22,21; Röm.13,7
[810] Röm.13

Die claudische und neronische Zeit hat eine nicht geringe Literatur hinterlassen. Vergleichen wir sie mit der augusteischen Zeit, so ist ein entsetzlicher Rückgang unverkennbar, wie auf allen Gebieten. Von Geschichtsschreibung ist gar nicht die Rede. Mit der Fachliteratur war es vielleicht etwas besser. Die strenge Philologie begann mit dem Syrer Marcus Valerius Probus, der unter alexandrinischem Einfluß zuerst scharfe Textkritik einführte. An poetischen Schriftstellern fehlt es nicht, aber es ist mit einer einzigen Ausnahme kein annehmbares Werk darunter. Das Trauerspiel ist durch Seneca vertreten. Nero selbst liebte es ja; aber die Tragödien entbehren jedes neuen Momentes, es sind die alten griechischen Stoffe in sehr geschickten Versen, aber ohne Empfindung. Etwas höher steht nur die «Octavia», die aber gar nicht von Seneca geschrieben ist, sondern erst nach Neros Tode entstand; auch dies ist aber nur ein Lesedrama. Von der Komödie ist nicht die Rede; das Lachen verging Neros Zeitgenossen. Die feierlichen Gattungen der Poesie, die Tragödie und das Epos, ferner Roman und Satire wurden gepflegt. Bei Seneca ist es merkwürdig, daß der Gräzismus desselben sich vielfach mit dem Christentum berührt. Deshalb hat er auf die erste christliche Theologie eingewirkt.[811]

Die eigentliche Signatur dieser Zeit ist die Langweiligkeit. [MH.I 234] Die Palme kommt hierbei dem Lucan zu. Er schrieb tendenziös und hatte praktische Zwecke. Die Bestrafung des Diktators Caesar würde das Werk heißen, wenn es vollendet wäre. Da hinein sind allerdings hündische Schmeicheleien gemischt. „Er ist kein Dichter, sondern ein Historiker", sagten schon die Alten von Lucan.[812] Das erstere ist richtig. Er ist furchtbar langweilig.

Der Satiriker Persius ist ein junger Mann, offenbar noch nicht trocken hinter den Ohren! Er hatte die stoischen Lehren noch nicht vollkommen verdaut. Seine Impotenz versteckte sich hinter Schwerfälligkeit und Dunkelheit. Er stand nicht in Beziehung zum praktischen Leben und war ein Anfänger in der stoischen Lehre. Man sieht so recht aus diesem Poeten, wie es mit der alten römischen Welt zu Ende ging.

Titus Petronius, genannt Arbiter, war eine Art Vergnügungsmarschall am kaiserlichen Hofe. Er trug den Titel *arbiter elegantiarum*[813], weil man sich an ihn wandte, wenn man wissen wollte, was elegant sei. Er war eine Alkibiades-Natur. Von seinen großen Gaben machte er keinen Gebrauch. Er ist der begabteste aller römischen Dichter. Wir haben leider nur Fragmente aus einem großen, halb poetischen, halb prosaischen Roman. Dem absurden Poeten Eumolpius sind manche Gedichte darin in den Mund gelegt. Der gesunde Menschenverstand [MH.I 235] kommt kaum bei einem Römer zu so starkem Ausdruck wie bei Petron in den Partien, wo er über die verkehrte

[811] Mommsen denkt wohl an den apokryphen Briefwechsel von Seneca und Paulus: E. Hennecke + W. Schneemelcher, Neutestamentliche Apokryphen II, 1964, 84 ff.

[812] *Lucanus ... videtur historiam composuisse, non poema.* Servius zu Verg. Aen.I 382

[813] Tac.ann.XVI 18,2

Erziehung der Jugend spricht. Trimalchios Mahlzeit ist eine komische Partie. Man kann ihn dem Cervantes an die Seite setzen. Er greift ins volle Volksleben hinein; die Personen treten in ihrer Sprache auf. Daneben ist der Roman ein Ausbund von Unsittlichkeit; auch darin sucht er seinesgleichen.[814]

[814] Hierzu die Literaturkritik Mommsens aus der von L.Schemann mitgeschriebenen Vorlesung von 1872/73, publiziert bei Wickert IV S. 348: *Die Literatur, namentlich die Poesie, wird in immer steigendem Maße vornehm. Fast alle Poeten gehören der höchsten Aristokratie an. Die Leistungen dieser Dichter mit dem latus clavus halten mit der besseren älteren Literatur keinen Vergleich aus. Silius Italicus hat die Historien des Livius in Verse gebracht, schwülstig und ohne poetisches Gefühl; noch unlesbarer die Dichtungen des Lukan. Seneca, ein geistreicher Mann, zeigt auch in seinen Tragödien eine trostlose, ausgefahrene Öde und Leere. Diese allen gemeinsame Öde sucht Persius in Dunkelheit, Rätselhaftigkeit zu verstecken. Ein erfreuliches Gegenbild gegen die Armut der Poesie zeigt die Gelehrsamkeit....
Petronius, Vertrauter des Nero und sein maître de plaisir, der in der pisonischen Verschwörung mit unterging, zeigt uns in seinen sogenannten Satiren das interessanteste Literaturwerk der ganzen Epoche. Zum ersten Male haben wir den reinsten Roman, eine genaue, geniale Wiedergabe des gemeinen Lebens ohne jede poetische Vermittlung. Wir müssen zu Dickens und anderen greifen, um Ähnliches aufzufinden. Auch metrische, sprachliche Vorzüge bedeutender Art zeigt uns Petron, dabei flicht er Betrachtungen von hoher Genialität, oft von ergreifender Wahrheit ein. Petron zeigt uns, daß man in einer Epoche lebte, wo man ganz genau wußte, daß das Leben, in dem man sich bewegte, nichts mehr wert war. Wir haben nur noch Trümmer dieses Werkes, vom Ganzen keine Vorstellung; aber wir erkennen eine absolute Formlosigkeit, also den geraden Gegensatz zu den früheren Dichtungen, in denen man auf strenge, geschlossene Form mit den Hauptwert legte. Das komische Buch des Petron zeigt eine wahrhaft erschreckende Gemeinheit und Sittenlosigkeit: die Atmosphäre, in der es spielt, ist geradezu die des Bordells. So müssen wir wohl vor Petrons Genie mehr Achtung haben als vor seinem Charakter.*

7. VESPASIAN
(69–79)

Unter Vespasian vollzog sich ein Verjüngungsprozeß. Auch später treten solche Verjüngungsprozesse noch ein: unter Diocletian respektive Constantin und unter Justinian.[815] Vespasian befand sich beim Sturze Neros in Ägypten. Licinius Mucianus war sein Vertreter, ihm fiel die schmutzige Arbeit zu; er mußte die Prätendenten beseitigen: den Sohn des Vitellius und den des Piso.[816] Es waren entsetzliche Bluttaten, da beide in keiner Weise schuldig waren. Dem Domitian wurde nicht recht getraut, man behauptete schon damals, er wolle seinen Vater Vespasian und seinen Bruder Titus beseitigen.[817] Als Vespasian nach Rom kam, war seine Herrschaft vollständig anerkannt.[818] Es folgt eine Epoche fast absoluten Friedens. Der Kaiser schloß nach dem Falle Jerusalems den Janus-Tempel.[819] „Imperator" wurde an die Spitze des Kaisernamens gestellt wie bei Augustus.[820] Vespasian wollte überhaupt Augustus' Regiment wiederherstellen. Er verknüpfte sein [MH.I 236] Regiment mit dem Konsulat. Jedes Jahr[821] ließ er es sich übertragen. Die Konsuln gaben dem Jahr den Namen. Die Auszeichnung, daß nach ihnen das Jahr benannt würde, hat er den römischen Adligen nicht gegönnt. Die konsularische Würde blieb bestehen.

Es ist ein durchaus reformierendes Regiment, zuerst in militärischer Beziehung. Die Garde wurde wieder, was sie gewesen war. Sie wurde durch freiwillige Werbung aus Italikern gebildet. Wahrscheinlich trat auch eine Reduktion in der Zahl ein. Vespasian wußte wohl, daß es nicht auf die Anzahl, sondern auf die Stärkung der hauptstädtischen Besatzung ankam. Eine Gefahr lag in der Stellung des Garde-Kommandanten. Zunächst übertrug er sie seinen Verwandten. Licinius Clemens war erster Garde-Kommandant, dann wurde dies sein eigener Sohn Titus, der sein Mitregent war.[822]

Augustus hatte 25 Legionen hinterlassen, nach der Eroberung Britanniens gab es 27. Durch Nero kam eine Legion, durch Galba kamen zwei Legionen hinzu. Vespasian schuf drei neue, kassierte aber fünf, so daß es im ganzen 28 waren. Wahrscheinlich wurden es erst unter Trajan 30 Legionen. Vespasian, dieser Militärkaiser, ließ sich hierbei hauptsächlich von Sparsam-

---

[815] 1868 sah Mommsen in Vespasian den Übergang zwischen dem julisch-claudischen Nachspiel zur Republik und dem Vorspiel zur diocletianisch-constantinischen Monarchie. Vespasian habe den *reinen Militarismus* begründet (MK. 200ff.).

[816] Tac.hist.IV 40ff.; 80
[817] Suet.Dom.1,3
[818] Jos.bell.Jud.VII 4
[819] Orosius VII 19,4
[820] Dessau 245ff.
[821] außer 73 und 78 n.Chr.
[822] Suet.Titus 6,1

keitsrücksichten leiten. Er stellte die Kriegszucht wieder her.[823] Die Soldaten erhielten von ihm weder Geld noch Ehren, als sie ihn zum Kaiser ausriefen. Vespasians Verdienst ruhte weniger in Neuschöpfungen [MH.I 237] als in der Aufrechterhaltung und Durchführung von bestehenden Institutionen.

Die Kriegsschäden der letzten Jahre schätzte Vespasian auf 40000 Millionen Sesterzen[824], das wären 10 Millionen Francs, eine Ziffer, die allerdings sehr zweifelhaft ist. Jedenfalls waren die Staatskassen leer und der Staat bankrott. Wahrscheinlich war die Staatskasse, die stets mit einem Defizit abschloß, auf die kaiserlichen Domänen angewiesen. In dem kurzen Zeitraum eines Dezenniums brachte Vespasian die Finanzverhältnisse wieder in die Geleise. Über die Details wissen wir wenig. Es wird erzählt, er habe den Urin, der zum Walkergewerbe gebraucht wurde, aus den öffentlichen Pissoirs an die Walker verkauft.[825] Die *parsimonia* wurde ihm mit Unrecht zum Vorwurf gemacht. Die *quadragesima* (wahrscheinlich die *Galliarum*), welche Galba aufgehoben hatte, führte Vespasian wieder ein.[826] Die Hauptsache war, daß er die Tribute der Provinzen schärfer normierte. Das Kolosseum ist im wesentlichen von Vespasian erbaut[827], er behielt also von den Staatsgeldern noch etwas übrig. *Male partis optime usus est*, wurde von ihm gesagt.[828] Das erstere ist falsch, das zweite richtig. Auch das berühmte *Forum Pacis* wurde von ihm erbaut[829], ebenso das Kapitol erneuert.[830] Aber auch außerhalb Roms half er Notständen ab. Arme, vornehme Familien unterstützte er wie Augustus durch Staatsmittel.

Nun zur Verwaltung überhaupt! Die Rechtspflege war in der größten Verwirrung. Vespasian traf zur [MH.I 238] Erledigung alter Prozesse Ausnahmeregeln[831], er führte strenge Polizeimaßnahmen gegen viele Mißstände durch, so gegen die Quasi-Ehen zwischen freien Frauen und Sklaven. Die Verpflichtungen, die Haussöhne eingingen, wurden für ungültig erklärt.[832] Das Philosophen-Unwesen, die Astrologen (Horoskopsteller) suchte er zu beseitigen.[833] Er führte zuerst bezahlte Professoren (Rhetoren) ein[834], um die besten Kräfte in die Hauptstadt zu ziehen.

Die eigentliche Parole des augusteischen Regiments war die Kommunalfreiheit; eine Entschädigung für die verlorene politische Freiheit. Aber namentlich in den kleinen griechischen Gemeinden stellten sich hierbei Mißstände ein. Daher suchte Augustus hier die Kommunalfreiheit zu beschränken, so in Lykien, Rhodos und Samos. Wir finden später neben dem Prokonsul in Achaia einen kaiserlichen Legaten, der die Oberaufsicht über die

---

[823] Suet.Vesp.4,6
[824] Suet.Vesp.16
[825] Suet.Vesp.23,3; Dio LXVI 14,5
[826] Es handelt sich um den Binnenzoll.
[827] Suet.Vesp.9,1
[828] "Übel Erworbenes hat er bestens verwendet", Suet.Vesp.16,3

[829] Suet.Vesp.9,1
[830] Suet.Vesp.8,5; Tac.hist.IV 53
[831] Suet.Vesp.10
[832] Suet.Vesp.11
[833] Dio LXVI 11,2; 13,1
[834] Dio LXVI 12,1a; Suet.Vesp.18

Munizipalfreiheit der einzelnen Städte ausübte.[835] Dies ist wahrscheinlich auf Vespasian zurückzuführen. Bescheidene Anfänge dieser Beschränkung finden sich auch in Italien. So wurde bei Bauten in den Munizipien ein kaiserlicher *curator operis* an die Spitze gestellt. Aber in Italien ging dies sehr allmählich vor sich. Kommagene, das noch unter Königen stand, wurde eingezogen und als Provinz organisiert.[836] Überhaupt wurden die Militärverhältnisse im Osten verbessert und die Reichsgrenze gegen die Parther gesichert. Der Partherkönig Vologaeses stand sich mit Vespasian gut. Er hatte gleich anfangs Vespasian 40 000 Reiter gegen [MH.I 239] die Vitellianer angeboten, was dieser natürlich ablehnte.[837] Kappadokien wurde aus einer prokuratorischen in eine prokonsularische Provinz verwandelt.[838]

Das Verhältnis Vespasians zum Senat war dasselbe wie das des Augustus. Ein konstitutionelles Regiment nach unserer Auffassung war es durchaus nicht. Nur insofern regierte dennoch der Senat mit, als Vespasian die hohen Beamten aus den Senatoren nahm. Sein Regiment war ein sehr mildes. Solche Blutgerichte wie unter den früheren Kaisern fanden durchaus nicht statt, mit einziger Ausnahme das des Helvidius Priscus, der wegen seiner Gesinnungsopposition hingerichtet wurde.[839] Eine der merkwürdigsten Stellen bei Tacitus[840] ist sein Exkurs über den Rückgang des Tafelluxus unter Vespasian. Der altrömische Adel war durch Gaius, Claudius und Nero beinahe ausgerottet worden. Vespasian fand den Senat zerrüttet; die alten Familien des Senats und der Ritter waren fast verschwunden. 74 übernahm der Kaiser mit seinem Sohn Titus die Censur, 75 wurde ein *lustrum* gefeiert.[841] Es ist eine der seltsamsten Censuren, die je stattgefunden hat und die letzte im römischen Reich überhaupt. Unnachsichtlich wurden diejenigen Männer aus dem Senat ausgestoßen, welche wegen zerrütteter Vermögensverhältnisse oder ihres unsittlichen Lebenswandels nicht zu dem mitregierenden *ordo uterque*[842] [MH.I 240] gehören durften. Statt dessen zog Vespasian den Munizipal-Adel in den Senat, wie er ja selbst aus einer solchen Familie stammte. Die Senatoren-Familien glänzten von jetzt an nicht mehr durch ihre kolossalen Reichtümer.[843]

Vespasians Hofleben war musterhaft zu nennen; er war nicht knauserig, aber die ungeheure Verschwendung hörte auf, und Friede herrschte in der kaiserlichen Familie. Wie Nero, so fand auch Vespasian seine Nachahmer. Will man sich ein Bild von dem Unterschiede machen, so muß man die Columbarien betrachten, d. h. die Urnenkammern der Bedienten. Sie begannen unter Augustus und Tiberius und reichen bis Nero. Nur bis dahin

---

[835] Mommsen, Staatsrecht II 857f. Der Titel dieser Aufseher lautet später *corrector civitatis*.
[836] Suet.Vesp.8,4
[837] Tac.hist.IV 51
[838] Suet.Vesp.8,4

[839] Suet.Vesp.15; Dio LXVI 12,2
[840] Tac.ann.III 55
[841] Suet.Vesp.8,1; ders., Titus 6,1; Dessau 256
[842] Senatoren und Ritterschaft
[843] Das änderte sich später wieder.

reichen diese großartigen Anlagen. Das Aufhören derselben hängt wahrscheinlich mit der *parsimonia* (Sparsamkeit), welche die Flavier einführten, zusammen. Abschließend zu Vespasians Persönlichkeit. Das römische Regiment ist am besten gefahren, wenn Männer zweiten Ranges an der Spitze standen. So war es mit Augustus, so mit Vespasian. Sein Vater war erst Bankier, dann Zollzähler. Vespasian ist in der Sabinerstadt *Reate* geboren.[844] Sein ältester Bruder Flavius Sabinus fiel bekanntlich in der Katastrophe des Vitellius (s. o.). Vespasian hatte ursprünglich wenig Ehrgeiz, aber seine Mutter bestimmte ihn für die öffentliche Laufbahn. Sein Vorleben war namentlich in sittlicher Beziehung kein besonders gutes. [MH.I 241] Er zeigte Adulation gegen die früheren Kaiser. Unter Nero fiel er in Ungnade, weil er beim Gesange des Kaisers einschlief.[845] Vespasian hatte etwas Vulgäres, doch war er nicht ungebildet; er sprach fließend Griechisch und beschrieb selbst den jüdischen Krieg.[846] Die Konstanz, mit der er die Regierungsgeschäfte besorgte, war bewunderungswürdig. „Der Kaiser muß stehend sterben"[847], das ist für ihn bezeichnend. Der kaiserliche Pomp war ihm zuwider, er besaß nicht den aristokratischen Zug der Julier. Er war eine praktische, tüchtige Natur und hat es verstanden, den heruntergekommenen Staat zu reorganisieren.

---

[844] Suet.Vesp.1 f.
[845] Suet.Vesp.4,4

[846] Jos.vita 342
[847] Suet.Vesp.24

RÖMISCHE KAISERGESCHICHTE II
VON VESPASIAN BIS DIOCLETIAN

Sommersemester 1883 (MH.II)

Nach der ausgearbeiteten Mitschrift von Sebastian Hensel,
ergänzt aus Anonymus Wickert (AW.184ff.)

1. ALLGEMEINES

[MH.II 1] Der Anfang der Kaisergeschichte kann ebensogut betrachtet werden als die Abschlußgeschichte der römischen Republik, soweit es nicht Biographie der einzelnen Herrscher ist. Ähnlich wie die Geschichte Athens nicht ohne Perikles gedacht werden kann, kann die Geschichte der römischen Republik nicht ohne Caesar und Augustus gedacht werden; sie ist ohne dieses dekapitiert. Die Geschichte der Caesaren aus dem julisch-claudischen Hause ist die Endgeschichte der römischen Adelsherrschaft; der Versuch, sie durch eine Demokratie zu ersetzen, muß als gescheitert angesehen werden, es wurde nur eine Aristokratie gegen eine andere ausgetauscht, freilich gegen eine im großen und ganzen bedeutend bessere. Wir werden sehen, in welch furchtbarer Weise die letzten julisch-claudischen Herrscher unter den alten, früher herrschenden Adelsfamilien aufgeräumt haben; mit diesen fallen endlich auch die aristokratischen Julier-Claudier selbst. Mit dem Regierungsantritt der Flavier hört die Aristokratie auf.Vespasian, dieser Reatiner Munizipale, war selbst keine aristokratische Natur. Die äußere Geschichte fällt ganz fort, bemerkenswerte Ereignisse in gewöhnlichem Sinn [MH.II 2] kommen fast gar nicht vor bis zur Zeit von Diocletian und Constantin. Es geschah nichts Bemerkenswertes, keine großen Kriege wurden geschlagen; die einzelnen Könige (sic) kommen und gehen, Soldatenrevolutionen schufen und verdarben sie meistenteils wieder. Im ganzen aber ist die Welt stabil, konservativ, bis der Schwerpunkt von Rom an den Bosporus verlegt wird. In jahrhundertelanger Arbeit wird das Programm von Caesar, Augustus und Tiberius, den drei großen, schöpferischen Kaisern, ziemlich konsequent ausgeführt, oft mit sehr langsamen Schritten. Daher wird die Darstellung fortan nicht chronologisch verfahren können. Man darf das, was ich gebe, vielleicht richtiger „Betrachtungen über den römischen Kaiserstaat" nennen. Aber selbst große Ereignisse wie die Markomannenkriege und die Zeit des Septimius Severus werden bei dieser Art der Darstellung besser wegkommen.

Die Überlieferungen sind spärlich für das Wissenswerte, dagegen, wie leider so oft, reichlicher über Biographisches und Stadtneuigkeiten. Es ist häufig nur Stadtklatsch. Die Schriftsteller, zumal die «Scriptores Historiae Augustae» sind Chronisten der *plebs urbana*; was das *panem et circenses*, die *commoda* des Pöbels betrifft, davon wissen sie zu erzählen. Eine Geschichte aber hat Rom, dieses *caput mortuum*, in der Kaiserzeit nicht. Der Fortschritt ist überall, in den Provinzen und an [MH.II 3] den Grenzen zu suchen, aber nicht in Rom. Auch die Literatur blühte in Gallien, in Kleinasien, in *Afrika, aber nicht in der Hauptstadt. Doch schickt es sich für einen Arbeiter nicht, mit seinem Werkzeug zu zanken.*

2. INNERE POLITIK I

a) Völker und Sprachen

Betrachten wir zuerst die Nationalitäten bzw. die Sprachen Latein und Griechisch.[1] Die Sprache ist das wesentliche Mittel der Nationalisierung. Die Verbreitung der lateinischen Sprache bedeutet Romanisierung. Dem Römertum stand das Hellenentum ebenbürtig zur Seite. Man hat in gewissem Sinn gesagt, der *orbis Romanus* sei zweisprachig gewesen und habe auf dem Gleichgewicht beider Sprachen beruht. Das ist *cum grano salis* zu nehmen, es ist dabei eine Korrektur nötig, wenn wir uns nicht einen falschen Begriff machen wollen. Gleichberechtigt waren beide Sprachen nicht. Die Westhälfte des allmählich zusammengewürfelten Reichs war teils römisch, teils – im römischen Sinn – barbarisch. Nicht, daß es hier nicht auch hohe Kulturen gegeben hätte: die punische Zivilisation stand hoch, vielleicht in vielen Beziehungen höher als die römische; aber sie wurde von den Römern nicht als gleichrangig angesehen, sie war mit wenigen Ausnahmen verachtet.

Der Osten sprach überwiegend griechisch. Die griechische Kultur wurde bereitwillig als eine hohe, erstrebenswerte anerkannt; aber die Behandlung der beiden Sprachen von Caesar ab war doch eine sehr verschiedene: das Lateinische [MH.II 4] wurde ausgedehnt, das Griechische nicht. Es fanden bedeutende lateinische Kolonisierungen im Osten statt, namentlich in wichtigen Hafenstädten: Korinth, *Berytus*, *Smyrna* und *Sinope* wurden von Caesar latinisiert. Augustus fuhr auf dieser Bahn fort, wenn auch von da ab hauptsächlich die Veteranenversorgung das treibende Motiv wurde. *Patrae*, *Alexandria* in der Troas, *Nauplia* u. a. wurden so lateinische Sprachinseln in griechischem Gebiet. Die offizielle Sprache war durchaus und allein lateinisch. Privatim konnte jeder sprechen, was ihm bequem war, amtlich mußte lateinisch gesprochen werden. So verbreiteten diese Kolonien die lateinische Nationalität.

Auch noch in viel späterer Zeit wurde auf derselben Bahn, wenn auch nicht ebenso lebhaft fortgeschritten. Im Grenzgebiet gegen Osten waren es vorzugsweise Osrhoene[2] in Arabien, *Tyrus* und *Hemesa*, die anfangs des 3. Jahrhunderts römische, lateinisch sprechende Kolonien wurden. Eine intelligente Behandlung dieser wichtigen Verhältnisse wäre sehr wünschenswert und steht noch aus. Daneben findet sich ein höchst merkwürdiger Gebrauch des Lateinischen und Griechischen nebeneinander, z. B. in *Ephesus. Antio-*

---

[1] Das folgende entspricht MP. 1 ff.   [2] *Edessa*, Hensel: *Chosren(?)*.

chia hatte vielsprachige Münzen, lange vor der Kolonisation. Der Name des Kaisers war lateinisch, der des Statthalters und alles übrige griechisch. *Caesarea* in Kappadokien hatte ähnliche Münzen. [MH.II 5] In Ägypten gab es nichts derartiges.

Wie Ägypten nur gewissermaßen in Personalunion mit dem römischen Reich stand, so war in Alexandrien wie in ganz Ägypten die Latinität völlig ausgeschlossen. Das Griechische war hier allein berechtigt. Ägypten war der eigentliche Sitz, die feste Burg des reinen Hellenismus. In derselben Richtung der Ausbreitung der Latinität wirkten eine Reihe anderer Momente, die hier betrachtet sein wollen.

Das römische Bürgerrecht wurde häufig einzelnen Griechen verliehen, namentlich angesehenen Munizipalen. Das war vor allem eine persönliche Vergünstigung, aber doch durchaus nicht inhaltslos. Es ist mehr als eine Anekdote von einem schrullenhaften Kaiser, wenn von Claudius[3] erzählt wird, daß er einem angesehenen Lykier, der einen Prozeß in Rom zu führen hatte und des Lateinischen nicht mächtig war, das ihm verliehene Bürgerrecht entzog. *Noblesse oblige*: man war nicht umsonst römischer Bürger; man sollte sich dann auch in der Sprache des römischen Bürgers ausdrücken können. So war diese Bürgerrechtserteilung an angesehene Männer die Vorbereitung der Nationalisierung.

Ebenfalls wichtig für die Romanisierung war das römische Militär. Die Legionen bestanden selbstverständlich nur aus römischen Bürgern. Aber auch bei den *auxilia* war das Kommando und der ganze Geist römisch und lateinisch, und die *auxiliares* waren nach absolvierter 25 jähriger Dienstzeit [MH.II 6] Verbreiter römischen Geistes und lateinischer Sprache. Bei den Rekrutierungen wurden indes die östlichen Völker viel weniger als die westlichen in Anspruch genommen, es gab viel mehr Spanier und Gallier als Syrer etc. in den *auxiliis*, und wo sie kantoniert waren, bildeten sie lateinische Sprachinseln, so am Euphrat. Es gibt wohl kaum eine römische Soldatengrabinschrift aus der guten Zeit in griechischer Sprache allein; meistens sind sie zweisprachig, das Lateinische steht voran.

Die Regierung verkehrte schon zu Zeiten der Republik mit den Griechen meistens auf Griechisch, wogegen sie es beanspruchte, daß diese, wenn sie ein Anliegen oder eine Sache zu führen hatten, lateinisch sprachen und schrieben. Die Erlasse wurden immer in griechischer Sprache bekanntgemacht, die Urteile griechisch gefällt. Die Kaiser sprachen noch im 4. Jahrhundert im Osten auf Griechisch Recht. Die Kanzlei des Kaisers war zweisprachig, es gab zwei Abteilungen: *ab epistulis Latinis* und *Graecis*.[4] Dies hatte aber eine bestimmte Schranke. Alle allgemeinen Rechtsbestimmungen wurden lateinisch abgefaßt. Noch unter Theodosius II im 5. Jahrhundert wurde ein Minister Cyrus in Ägypten[5] abgesetzt, weil er eine allgemeine

---

[3] Dio LX 17,4
[4] ND.or.XIX 8; 10
[5] Es handelt sich um den Ägypter Cy-

rus, der als Stadt- und Reichspräfekt in Konstantinopel 441 abgesetzt wurde: Joh.Lydus, mag.II 12; III 42.

Rechtsverordnung griechisch verfaßt hatte. Wenigstens wirkte dies Vergehen entscheidend bei seiner Absetzung mit. Deshalb war für den Beamtenkursus das Latein obligatorisch; kein Grieche, der nicht des Lateins vollkommen mächtig war, konnte Beamter werden, selbst [MH.II 7] als der Regierungssitz schon längst in Konstantinopel war. In der Beamtenschaft überwog, wie im Heer, der Westen bei weitem; Appian und Cassius Dio mußten als Beamte Latein lernen. In *Berytus* gab es eine bedeutende Schule des römischen Rechts seit dem 3. Jahrhundert, und hier in Syrien waren Lehrer und Schüler Griechen. Die Schriftsteller der Jurisprudenz schrieben lateinisch, obgleich ihre Scholien oft griechisch verfaßt waren. Das Griechische verhielt sich zum Latein bei den damaligen Juristen etwa wie heute bei den unsrigen das Latein zum Deutschen. Papinian, der Phönizier, Ulpian, der Tyrier, beide schrieben lateinisch, obwohl ihre Muttersprache griechisch war. Auch in der Philologie ist dies bemerkbar. Die byzantinischen Grammatiker des dritten bis fünften Jahrhunderts sind für uns von entscheidender Wichtigkeit geworden. Was sie in Byzanz empfahlen, ist geblieben und erhalten, das andere untergegangen.

Caesars Gedanke war, weltumfassend wie alle seine Gedanken, das ganze Reich vom atlantischen Ozean bis zum Euphrat zu romanisieren. Dieser Gedanke ist nie aufgegeben worden, die ganze Kaiserzeit hat an ihm festgehalten; die caesarischen Ideen waren in viel höherem Grade ein Legat für die Nachwelt als die napoleonischen etwa. Aber die Ausführung erlahmte. Augustus war schon zaghafter in der Durchführung als Caesar, die späteren noch mehr. Der Gedanke aber, so unabweislich er war, blieb in der Durchführung stecken, und so muß man ihn als gescheitert [MH.II 8] betrachten. Wie so oft in der Geschichte wurde das Mögliche erreicht, weil man das Unmögliche gewollt hat.

Welche Stellung hatte denn nun aber das Griechentum im römischen Reich, da wir ihm nach dem Gesagten die Gleichberechtigung absprechen müssen? Ausrotten wollte es Caesar nicht, dazu war er viel zu einsichtig, viel zu sehr durchdrungen von dem hohen, idealen Wert des Hellenismus. Es sollte fortdauern als Gemeingut aller Gebildeten, es sollte eine höhere Kultursprache werden, etwa wie es das Französische in den heutigen Slawengebieten ist, soweit sie nicht durch ihren slawischen Chauvinismus angefressen sind, oder wie es das Lateinische im früheren Mittelalter für Deutsche, Franzosen und Italiener war. Um ewig zu dauern, mußte der Hellenismus untergehen.

Schon die römische Literatur der älteren, republikanischen Zeit war durchdrungen vom Griechentum; man schrieb früher Griechisch als Latein. Das verschob sich unter Augustus, die Schriftsteller wie Horaz und Vergil, Varro und Livius stellten das Latein ebenbürtig neben das Griechische. Es war ein ähnliches Verhältnis wie zwischen dem Deutschen und Französischen im vorigen Jahrhundert vor und nach unseren großen Klassikern. Lessing, Goethe und Schiller wirkten auf die deutsche Literatur wie jene auf die römische. Nach Augustus schrieb kein namhafter römischer Schriftsteller mehr griechisch[6], ebenso wie nach jenen Deutschen ein französisch schreibender Friedrich der Große [MH.II 9] undenkbar gewesen wäre. Abzusehen ist dabei natürlich von Kleinigkeiten, einzelnen Epigrammen, wie sie wohl in der «Anthologia Graeca» noch vorkommen.[7] Wie sehr sich das Blatt gewendet hatte, lehrt die Schriftstellerei geborener Griechen in lateinischer Sprache, die unerhört in der republikanischen Zeit, in der späteren nicht selten ist. Das zeigen Ammian und Claudian, die bedeutendsten Talente ihrer Zeit. Der eigentliche Sitz der griechischen Schriftstellerei war Alexandrien, begünstigt durch die herrliche Bibliothek, deren Überführung nach Rom wunderbarer- und charakteristischerweise von den Kaisern nie ins Auge gefaßt worden ist. Daneben aber, namentlich in der augusteischen Zeit, stand Rom selbst. Schon zu Caesars Zeit schrieb der Geograph Posidonius in Rom; der Geograph Strabon verfaßte sein großes Werk im hohen Alter in den ersten Regierungsjahren des Tiberius ebenda. Der Historiker Timagenes lebte in Rom, ebenso Dionysius von Halikarnassos. Die bedeutendsten griechischen Koryphäen schrieben in Rom.

Betrachten wir demgegenüber die Stellung des Hellenismus im Westen! Wieweit hat das Griechische hier als Volksprache Geltung behalten? Weit verbreitet ist die Ansicht, es sei in Rom, wenigstens in Ostia, die zweite Volkssprache neben dem Lateinischen gewesen. Das ist ganz falsch. Natürlich waren Fremde und eingewanderte Griechen massenhaft da, ebenso wie Fremde und eingewanderte Deutsche heute in London sind, und – wenigstens vor dem Kriege (1870/71) – in Paris waren.[8] Diese inkorrekte Vorstellung ist zum großen [MH.II 10] Teil durch den griechisch geschriebenen Brief Pauli an die Römer hervorgerufen. Natürlich schrieb Paulus, der Tarsener, griechisch, aus dem sehr einfachen Grunde, weil er nicht lateinisch schreiben konnte. Das Griechische kann in den unteren Schichten Roms nicht als Volkssprache betrachtet werden. Das bezeugen die Inschriften. Ihre Übersichtlichkeit ist sehr durch die beliebte Scheidung nach Sprachen erschwert; die altchristlichen, gesammelt von de Rossi[9], sind zwar teilweise griechisch, verschwinden aber doch im großen und ganzen in der Menge: unter den ersten 200, bis 367 reichenden, sind es nur acht, d.h. eine auf 24. Ein ähnliches Verhältnis mag etwa in Paris in bezug auf deutsche Grabinschriften gegen französische vorkommen.

Was die Inschriften der jüdischen Katakomben in der Vigna Rondanini in Rom betrifft, so findet sich keine hebräische Inschrift. Hebräisch kommt erst sehr spät, im 6. Jahrhundert auf. Griechisch sind zwei Drittel, Latein ist

---

[6] Gegenbeispiele bieten die griechischen Gedichte von Vespasian (SHA.23) und die Prosaschriften von Marc Aurel und Julian.

[7] So die dort erhaltenen Epigramme von Marcus Argentarius, Cerealius, Kaiser Commodus, Cornelius Longinus, Fronto, Germanicus, Hadrian, Tiberius, Trajan u.a.

[8] Vgl. MP.7

[9] J. B. de Rossi, Inscriptiones christianae Urbis Romae I 1857, II 1888

ein Drittel[10], und in den lateinischen Inschriften kommt noch manches, namentlich die stereotype Schlußformel („Ruhe in Frieden") griechisch in lateinischer Schrift vor. Da der Brief Pauli an die Römer wesentlich für diese Kreise bestimmt war, so ist erklärlich, daß Paulus mit seinem Griechisch auf verstehende Leser rechnen konnte. Eine Organisation, Kollegien etc., hatten Juden und Griechen in Rom nicht, erstere versahen nur ihre religiösen Angelegenheiten. Die Grabinschriften, auch der vornehmen Römer, [MH.II 11] sind regelmäßig lateinisch, abgesehen etwa von zierlichen Epigrammen.

Was das übrige Italien anbetrifft, so übernahm der Principat bedeutende Reste des Griechentums. Da die Sprache wesentlich durch die Rechtsverhältnisse bedingt wird, so bekam die griechische Nationalität den Todesstoß in Folge des Bundesgenossenkriegs und der damit verbundenen Bürgerrechtsverleihungen. In Italien ist zu unterscheiden zwischen den Griechen in Apulien, Tarent, Rhegion und Neapel. Apulien war in der letzten republikanischen Zeit, ausweislich der Münzen, noch vollständig griechisches Gebiet, etwa wie Sizilien. In der Kaiserzeit wurde das Griechentum hier zurückgedrückt. Offiziell wird von da ab Latein gesprochen und geschrieben, es finden sich eine Anzahl Inschriften, die Latein sein sollen, aber griechische Wendungen und Sprachschnitzer enthalten.[11] Horaz spottet über die zweisprachigen Canusiner[12]; seine Bemerkung sollte nicht lobend sein, *utraque lingua doctus*[13] meint eben die Unzulänglichkeit, seine Bemerkung ist Tadel.

Tarent, Rhegion und Neapel waren die drei von der Steuer befreiten Städte; bei Erteilung des Bürgerrechts war ihnen vorbehalten, Griechen zu bleiben, obgleich sie *cives Romani* wurden. Noch Strabo[14] bezeichnet sie so: als Griechen nicht bloß faktisch, sondern auch rechtlich.

Von diesen Städten war Tarent bald so verödet, daß es [MH.II 12] fast verschwand; unter Nero kamen Veteranen dahin, und damit schwand das Griechentum mehr und mehr. Wir finden wenige, dürftige Inschriften. Neapel dagegen war 81 n.Chr. noch eine rein griechische Stadt. Hier wurde griechisch dekretiert, griechisch datiert. Eine Inschrift des Kaisers Titus, die er als Magistrat über abgehaltene Spiele abgefaßt hat, ist zweisprachig, aber das Griechische steht voran.[15] In Rhegion und Neapel finden sich im ersten Jahrhundert noch Archonten- und Demarcheninschriften (*arxas tessaron andron = quattuorvir*). Aber im zweiten Jahrhundert spielt Latein in Rhegion schon die erste Rolle.

Neapel hat ganz eigentümliche Verhältnisse; es wurde gewissermaßen ge-

---

[10] J. B. Frey, Corpus of Jewish Inscriptions I, 1975, nennt 534 jüdische Inschriften, 76% griechisch, 23% lateinisch, 3 Inschriften hebräisch.

[11] Gräzismen in lateinischen Inschriften: Dessau III S. 852ff.

[12] Horaz, serm.I 10,30: *Canusini more bilinguis*

[13] Horaz, carm.III 8,5

[14] Strabo VI 1,2

[15] CIL.X 1481. Titus ließ 81 n.Chr. (Hensel schreibt 71) als Gymnasiarch von Neapel Bauten ausbessern, die 79 beim Vesuv-Ausbruch Erdbebenschäden erlitten hatten.

schont und erhalten als speziell griechischer Musensitz.[16] Griechische Spiele wurden von Augustus eingerichtet[17], nach dem Muster der Olympischen, und so wie jene den Gipfel und das Zentrum des griechischen Hellenentums, bildeten diese den Gipfel und das Zentrum des italischen Hellenentums. Es gab eine von Staats wegen begünstigte griechische Universität; aber das Ganze hielt sich allein auf literarischem Gebiet, denn der kommerzielle, wirtschaftliche Mittelpunkt Campaniens war damals nicht Neapel, sondern *Puteoli* und *Baiae*; diese waren Häfen und Handelsemporien. Das Aufkommen Neapels und das Zurückgehen der anderen Städte datiert aus späterer Zeit. Das Gesamtergebnis ist: Unteritalien wurde latinisiert mit [MH.II 13] einziger Ausnahme von Neapel; hier sollte die Luft griechisch bleiben.

Mit diesem Verfahren der Regierung, so notwendig und erklärlich es auch ist, war eine schlimme Schattenseite verknüpft: Die vollständige Verödung Süditaliens in der Kaiserzeit wurde durch diese Umwandlung der Kultur wesentlich gefördert; ein solcher Prozeß geht nicht spurlos an einem staatlichen Organismus vorüber – er greift ans Leben.

Betrachten wir die übrigen Stätten des Hellenismus im Römischen Reich, Sizilien und *Massalia*, jene fernste Grenzstadt des Hellenentums im Okzident! In Sizilien ging von den letzten Zeiten der Republik bis zur Kaiserzeit eine wesentliche Veränderung vor. Noch zu Ciceros Zeiten war Sizilien wesentlich griechisch, wenigstens soweit die Insel nicht durch die furchtbaren Sklavenkriege überhaupt verödet war. Caesar und die ersten Kaiser latinisierten die Insel; sie erteilten den Gemeinden zuerst das lateinische, dann das vollständige römische Bürgerrecht, worüber sich Diodor[18] unzweideutig und bestimmt ausspricht. Die Inschriften beweisen es, und der dagegen erhobene Widerspruch ist töricht. *Panormus* (Palermo) und Taormina (*Tauromenion*) z.B. sind durch Augustus[19] latinisiert worden; überhaupt ist das gewaltsame Latinisieren nirgends so ausgesprochen ausgeübt worden wie auf Sizilien. Hand in Hand ging damit die fortschreitende Verödung, wo noch etwas seit den entsetzlichen Kriegen des Sextus Pompeius zu veröden war. Die von Augustus begründeten *Coloniae civium Romanorum* durften offiziell nur Latein [MH.II 14] sprechen; daneben existierten noch *municipia civium Romanorum*, z.B. die Liparischen Inseln[20] und *Haluntium*[21], wo noch griechisch geschrieben wurde, aber dies sparsam und nur noch unter den ersten Kaisern. Die geographisch vorgezeichnete und berechtigte Verknüpfung der Insel mit ihrem natürlichen Hauptland Italien wurde in der Kaiserzeit durchgeführt, aber schlimmer verwüstete Landschaften gab es nicht, und die von der Natur überreich ausgestattete Insel hat sich nie davon erholt.

---

[16] Strabo V 4,7; Tac.ann.XV 33,2. Vgl. MP.10

[17] Suet.Aug.98,5; Dio LV 10,9; LVI 29; Vell.II 123; Dessau 5082

[18] Diod.XIII 35,3; XVI 70,6

[19] Mon.Anc.28

[20] CIL.X S. 772

[21] San Marco auf Sizilien: CIL.X S. 770

Massalia ist die merkwürdigste und eigenartigste Gemeinde des Mittelmeerbeckens. Dreisprachig nennt sie noch Varro[22]: eine Gründung kleinasiatischer Griechen, war sie von jeher die festeste Verbündete der Römer gewesen und vermöge ihrer geographischen Lage natürlich in innigen Beziehungen zu den Kelten, daher die Dreisprachigkeit. Noch im Kriege zwischen Caesar und Pompeius besaß die Stadt eine bedeutende Macht. Der Principat fand *Massalia* gebrochen vor; dies war schon durch Caesar geschehen.[23] In der republikanischen Zeit war *Massalia* die erste politische Macht in Südfrankreich gewesen, das Gebiet von Fréjus (*Forum Iulii*), Nîmes (*Nemausus*) und Arles (*Arelatum*) weithin längs der Küste und tief ins Innere gehörten dazu. Die Massalioten hielten sich an die Verfassungspartei, sie waren eifrige Pompeianer, und keine Stadt bezahlte ihre Niederlage schwerer. Sie verlor ihr Gebiet, *Arelatum* und *Forum Iulii* und andere Kolonien wurden auf demselben angelegt. Die Stadt selbst wurde in ihrem Griechentum nicht angetastet; die Römer wollten hier ähnlich wie bei Neapel verfahren, [MH.II 15] denn der Gedanke blieb dem Principat doch immer lebendig, daß ohne Griechentum eine wirkliche Kultur unmöglich sei. Gallien hatte hier sozusagen seine eigene griechische Universität. So schildert denn noch Tacitus[24] *Massalia* als die Stadt mit provinzialstädtischer Einfachheit und griechischer Anmut, als einen Musensitz und eine Lasteransiedlung. Daher wurde Gallien ein Neusitz der Kultur. Die Verfassung *Massalias* war ähnlich wie die Neapels; die Stadt hatte das römische Bürgerrecht und durfte sich fakultativ des Griechischen bedienen, die Magistrate konnten sich z. B. *archon* nennen. Das Gebiet blieb noch immerhin ansehnlich, z. B. Nizza war in Massaliotenbesitz.[25] Aber Ausnahmen wie Neapel und *Massalia* bestätigen nur die Regel der durchgehenden Latinisierung des Westens.

Wie standen nun Lateinisch und Griechisch gegen die anderen Sprachen des weiten römischen Reichs? Im speziellen ist diese Frage noch anderswo aufzunehmen, hier kann sie nur ganz im allgemeinen berührt werden. Die Tatsache des siegreichen Durchdringens des lateinischen Dialekts ist eine in der Weltgeschichte bis dahin nicht dagewesene, schlechthin neue. Alle großen Nationen allerdings überwinden und überwachsen ältere Stammeseigentümlichkeiten, sie werden erst dadurch zu großen Nationen. Es ist dies eine geschichtliche Notwendigkeit, im einzelnen oft nicht sehr erfreulich; es geht viel Anmutiges dabei verloren. Aber, wie gesagt, in der Konsequenz und ihrem Umfang, wie wir [MH.II 16] es bei dem Lateinischen sehen, ist diese Aufsaugung neu. Das Griechentum ließ den alten Dorismus und andere Dialekte bis in die spätesten Zeiten bestehen. Die *koine* ist nie ganz durchgeführt worden, so wie das Lateinische dem Oskischen und Etruskischen

[22] Bei Isidor orig.XV 1,63. Vgl.MP.11
[23] Caes.BC.II 22
[24] Tac.Agr.4,3: Agricola wurde vor den lockenden Jugendsünden bewahrt durch seinen Charakter und durch seinen Studienort *Massalia, locum Graeca comitate et provinciali parsimonia mixtum et bene compositum.*
[25] Strabo IV 1,9

gegenüber. Einigermaßen ähnlich verfuhr das Griechentum der Alexander-monarchie in den eroberten östlichen Ländern, in Syrien und Ägypten; aber das Ausrotten-Müssen findet sich zuerst im Römischen Reich. Heute wird überall so verfahren, und der Sprachenkampf ist ein gemeinsamer Zug aller großen modernen Kulturstaaten. Betrachten wir zunächst Italien! Die spätere Republik war noch vielsprachig.[26] Die Sabeller sprachen ihr Oskisch, der umbrische, etruskische, keltische Mann sprach seinen Dialekt, seine Sprache. In der Gracchenzeit ist das noch sehr auffallend, da war die Verschiedenheit noch größer als in Griechenland, wo Thebaner, Athener und andere eine viel ähnlichere Sprache redeten als die verschiedenen italischen Stämme unter sich. Der Bundesgenossenkrieg erst vernichtete Nationalitäten und Sprachen. Die Münzen der Aufständischen zeigen sabellische Schrift[27]; hätten sie gesiegt, so wäre auch ihre Sprache Siegerin geblieben. So aber finden wir nach Sulla keine andere Inschrift mehr als Latein.[28]

Wie lange sich im Privatverkehr noch die Mundarten erhalten haben, wissen wir nicht und werden es bei unserer Art der Überlieferung wohl nie erfahren. Man achtete damals auf dergleichen nicht, wie die Engländer es tun, die das [MH.II 17] Datum wissen, an dem die letzte cornisch sprechende Frau gestorben ist.[29] – Soviel steht fest, daß wir aus Süditalien aus der Zeit nach der Republik keine Grabinschrift in samnitischer Sprache – mit einer einzigen Ausnahme – besitzen; und Strabo versichert, daß zu seiner Zeit, zu Anfang des Tiberius, die samnitische Eigentümlichkeit verschwunden sei.[30] Als Pompeji unterging, war es römisch; wir finden daselbst zahlreiche oskische Inschriften auf den Wänden unter dem Bewurf. Die auf den Stuck geschriebenen, also späteren, sind lateinisch. Varro[31], etwas älter als Cicero, kannte noch samnitisch Redende, später verstanden vielleicht noch Gelehrte diese verschollene Sprache. Die Verödung, von der schon mehrfach die Rede war, wurde durch die Zerstörung des Volksidioms befördert.

So war es im Süden, so an der Westküste. Im alten Kalabrien finden wir noch sehr zahlreiche messapische Inschriften[32], aber ob aus der letzten republikanischen oder ersten Kaiserzeit, ist ungewiß. Hier in diesem weltvergessenen Winkel hielt sich das provinzial-nationale Element natürlicherweise länger als in Campanien. Der Privatverkehr blieb ja unbehelligt, und der Regierungseinfluß war gering, die Regierung hatte hier wenig zu suchen.

[26] Mommsen, Die unteritalischen Dialekte, 1850
[27] CRR.II S. 326 ff. Nr. 17 ff.
[28] H. Nissen, Italische Landeskunde I, 1883, 523
[29] Es handelt sich um Dolly Pentreath, die 1877 in Mousehole, Cornwall, starb. P. Sager, Süd-England, 1977, 309
[30] Strabo (V 3,1) betont im Gegenteil,

daß sich die sabinisch-samnitische Lebensart bis in seine Zeit gehalten habe, auch wenn ihre Städte zu Dörfern abgesunken seien (V 4,11).
[31] Varro, de lingua Latina V 32,142; VII 3,29.
[32] C. de Simone, Die messapischen Inschriften. In: H. Krahe (ed.), Die Sprache der Illyrier, 1964, II

Über das Etruskische fehlt noch eine eingehende, zuverlässige Untersuchung. Wir haben unzählige Inschriften[33], ohne ihre Zeit genau bestimmen zu können. Der Gebrauch der Grabinschriften datiert zwar aus früherer Zeit als in den bisher besprochenen Landschaften, es ist aber wahrscheinlich, daß noch in der Kaiserzeit etruskische Inschriften entstanden. [MH.II 18] Archaische Inschriften sind selten. Das Etruskische stellte der Latinisierung zäheren Widerstand entgegen als das Sabellische; dasselbe ist auch dem Lateinischen ähnlicher als das Etruskische, der Übergang aus einem Dialekt in den anderen war hier leichter.

Norditalien war wesentlich erobertes, kolonisiertes Land, daher war hier, wie in *Picenum*, die alte Nationalität ausgerottet, wir finden nur lateinische Inschriften. Das Land wurde stark romanisiert. *Mediolanum*, *Verona* und *Brixia* sind ursprünglich keltische, später durchaus lateinische Ortschaften. Auch hier wirkte der Bundesgenossenkrieg entscheidend: die Ortschaften wurden mit lateinischem Recht beschenkt oder vielmehr dazu verurteilt. Das Umbrische, Rätische, Keltische verschwand. Ganz sporadisch z. B. um Verona hat sich noch bis in die Kaiserzeit rätisches Götterwesen erhalten. Hier wurde nicht in städtischer Weise organisiert, man ließ den entfernten Völkerschaften ihre Gauverfassungen. Manchen Städten wurde der umliegende Gau attribuiert, so kamen die euganeischen *civitates* zu *Brixia*; ähnlich die Karner zu Triest. Alle diese *civitates attributae* hatten lateinisches Recht, nur die Städte, zu denen sie geschlagen wurden, besaßen römisches.

Während die italischen Verhältnisse spezieller behandelt wurden, wollen wir die Provinzen ganz im allgemeinen betrachten. An die Spitze ist der Satz zu stellen, daß der Gebrauch des Lateinischen überall zugelassen war. Jeder Bürger durfte in der Kaiserzeit lateinisch sprechen. Das war nicht immer so gewesen, [MH.II 19] die Republik verhielt sich ablehnend und spröde dagegen: *Cumae* z. B. hat darum einkommen müssen, es wurde ihm ausnahmsweise gewährt.[34] Die Wendung in der Kaiserzeit ist nicht genau zu datieren, aber sie liegt in der Natur der Sache, sie ist *a priori* notwendig, also auch eingetreten. Die jährlich wechselnden Beamten konnten, wenn sie zufällig nach Syrien, Ägypten oder dem Keltenlande kamen, unmöglich außer dem Griechischen die Landessprache kennen. Die Verwaltung wäre undurchführbar gewesen; es mußte der Verkehr zwischen Stadt- und Provinzialbehörde auf Lateinisch zulässig sein, und die Provinzialen mußten lateinisch verhandeln können.

Soviel steht nach dem heutigen Stand unserer Kenntnisse fest, daß in der Kaiserzeit keine Spur einer Rücksichtnahme begegnet gegen die im römischen Sinn „barbarischen", d. h. nicht-lateinischen und nicht-griechischen

---

[33] C. Pauli, Corpus Inscriptionum Etruscarum, 1893–1902; H. L. Stoltenberg, Die wichtigsten etruskischen Inschriften, 1956. Vgl. MP.13 f.

[34] Liv. XL 42,13. Cumae war *civitas sine suffragio* seit 338 v. Chr.; Liv. VIII 14,11.

Völkerschaften und Stämme.[35] Allerdings finden wir im späteren byzantinischen Kaiserreich unter dem Hofmarschallamt *interpretes diversarum linguarum*[36] angestellt; wahrscheinlich waren diese aber für die nicht der römischen Herrschaft unterworfenen Völkerschaften vorhanden – für Slawen, Türken, Armenier, Perser und andere, mit denen Ostrom viel zu verhandeln hatte.

Im Westen, kann man sagen, setzte die Regierung außer Kurs, was irgend außer Kurs zu setzen war. Darüber geben die beste Auskunft die eigentlich einzigen Archive, [MH.II 20] die uns neben den Inschriften aufbehalten sind, die Münzen.[37] Denn mit den geschichtlichen und chronikalischen Überbleibseln sieht es, namentlich für den Westen, traurig aus; für Ostrom und seine Einrichtungen haben wir aus späterer Zeit viel reichlichere Quellen.

Was die Münzen anbetrifft, so besitzen wir aus Spanien in republikanischer Zeit[38] zahlreiche Typen mit einheimischen, punischen und keltiberischen Aufschriften. In der Kaiserzeit hat es im Westen wahrscheinlich nur lateinische Beschriftung gegeben, was der ausgedehnten Gemeindeselbstverwaltung gegenüber, die das Kaiserreich überall duldete, doch sehr merkwürdig ist. Der Principat machte sein Aufsichtsrecht geltend. *Africa* ist hierin noch frappanter. Aus republikanischer Zeit[39] gibt es viele Städtemünzen mit punischer Umschrift, aus der Zeit des Principats nur eine Ausnahme, und diese ist gerade sehr seltsam. Es handelt sich um Münzen von *Tingis* (Tanger)[40], einer Stadt im entlegensten, fernsten Winkel von Mauretanien, und auch diese sind zweisprachig und datieren noch dazu aus der ersten Zeit des Augustus. Sie wurden noch zu Lebzeiten Agrippas geprägt. Das Münzrecht wurde *permissu proconsulis* von den Provinzialen ausgeübt.[41]

Die Klientelmonarchien, das mauretanische Königreich, Kappadokien und der kimmerische Bosporus, münzten ziemlich stark, aber mit lateinischen Inschriften. Und dies ist ganz natürlich; diese Staaten waren eigentlich mitregierende Bestandteile des Reichs, nur mit lebenslänglichen, erblichen Verwalterstellen, ähnlich wie die deutschen Klientelstaaten Preußens heute. Auch die mauretanischen Münzen trugen lateinische Aufschrift, wahrscheinlich auf Befehl der römischen [MH.II 21] Regierung. Juba, der König von Mauretanien, ein namhafter Schriftsteller, schrieb nicht in der Landes-

---

[35] Das trifft nicht ganz zu. Testamente konnten rechtsgültig auch keltisch, punisch oder in jeder anderen Volkssprache abgefaßt sein: Dig.XXXII 11 pr. S. u. MH.II 174 f.

[36] Die Notitia Dignitatum (or. XI 52) nennt *interpretes diversarum gentium* im Amt des *magister officiorum*; vgl. occ. IX 46.

[37] Vgl. MP.15

[38] CRR.II S. 348 ff.; Mommsen, Münzwesen 667 ff.

[39] CRR.II S. 566 ff.; Mommsen, Münzwesen 671 ff.

[40] A. Beltran, Las monedas de Tingi; Numario hispanico 1, 1952, 89 ff.

[41] Mommsen, Staatsrecht III 709 ff.; 759 ff.

sprache, sondern griechisch.[42] Es gibt Münzen mit dem Bild der Kleopatra Selene, der Tochter der Kleopatra von Ägypten und des Pompeius[43]; diese ist auf denselben *basilissa* mit griechischen Lettern genannt, aber Jubas Name ist lateinisch. Die *sufetes undecim principes* in *Africa* gebrauchten ebenfalls das Lateinische auf Münzen und offiziellen Schriftstücken. Die Strenge der Durchführung auf den Münzbezeichnungen ist nicht verwunderlich. Dieses Geld war nach dem römischen Denarfuß geschlagen, das Courant mischte sich im großen Verkehr mit dem römischen und mußte daher notwendig eine allen leserliche Bezeichnung haben, ähnlich wie die heutigen Münzen des deutschen Kaiserreiches.

Die gallischen Münzen[44] zeigen von Caesar ab bis in die Anfangszeit des Augustus ein rasches Verschwinden des griechischen Alphabets. Früher bedienten sich die Kelten, wenn sie schrieben, keltischer, aber griechisch geschriebener Wörter.[45] Von Caesar ab hört das auf. Es steht zwar oft sehr barbarisches Zeug auf diesen, namentlich den nordgallischen Münzen, unglaubliches Latein, aber es sollte doch wenigstens Latein sein. Münzen und Inschriften sind, wie gesagt, das einzige, auf uns überkommene Material. Aber es ist sehr wahrscheinlich, daß auch für die Stadtrechnungen und Protokolle, kurz für alles, was der Oberaufsicht der römischen Beamten unterstand, die lateinische Sprache obligatorisch war. Inbesondere im Westen. Im Osten finden wir zwar seit der Zeit des Principats auch nichts von den barbarischen Idiomen in Inschriften und Münzen, hier aber liegt die Sache anders. Der Beginn [MH.II 22] des Principats im Gegensatz zur Republik tritt hier insofern weniger scharf hervor, als hier schon früher die anderen Idiome dem dominierenden Griechisch gegenüber geschwunden waren.

Es ist nicht zu verkennen, daß wir auf diesem Gebiet mit dem Eintreten des Principats vor einem großen gewaltigen Abschnitt stehen; nirgends entfernt sich derselbe entschiedener von den Traditionen der Republik als hier. Und das ist natürlich: Ein Stadtregiment ist engherzig, ein Staat hat weitere Gesichtspunkte; die Stadt wehrte die fremden Elemente ab, der Staat assimiliert sie. Die einzige brauchbare Analogie aus späterer Zeit ist wohl die Republik Venedig; sie hat nie daran gedacht, ihre östlichen Besitzungen zu nationalisieren. Für Caesar und den Principat ist das *arcanum imperii*: Assimilation. Ausgesprochen oder unausgesprochen, nach dieser Richtschnur ist jahrhundertelang regiert worden.

---

[42] Jubas Fragmente: FGrH.275

[43] Gewiß ein Lapsus Hensels, der Vater der Kleopatra Selene war Marcus Antonius. 20 v.Chr. gab Augustus sie König Juba (II) zur Frau: Dio LI 15,6.

[44] E. Muret + A. Chabouillet, Catalogue des monnaies gauloises de la Bibliothèque nationale, 1889

[45] Caes.Bell.Gall.I 29,1

b) Münzen und Finanzen

Wenden wir uns zur Verwaltung, zuvörderst zu dem Finanzwesen, der Grundbasis aller Verwaltung, dem *nervus rerum gerendarum*.[46] Ehe wir die *res gestae* betrachten, muß deren *nervus* ins Auge gefaßt werden. Wir beginnen mit dem Zweige des Finanzwesens, der uns zufällig am besten bekannt ist und der daher auch in einiger Ausführlichkeit behandelt werden kann, wie es sonst wohl nicht geschehen würde, dem Münzwesen. Die Münzen schreiben eine sehr leserliche, anschauliche Geschichte. Will man wissen, wie ein Staat beschaffen ist, so sehe man seine Münzen an; es spiegelt sich darin sein [MH.II 23] Glück und sein Leid, sein Verfall und sein Wiederaufstreben. Das ist noch heute der Fall: alle Staaten, Frankreich, England, Italien, Deutschland, Rußland, können mehr oder minder genau nach ihrem Münzwesen beurteilt werden.

Das Rechensystem beruhte im ganzen Umkreis des Römischen Reiches auf dem Silberdenar gleich vier Sesterzen. Die Durchführung ist unzweifelhaft auf Augustus zurückzuführen.[47] Von ihm ab war es obligatorisch; nur nach dem Denarfuß geschlagene Münzen waren zulässig. Sehr charakteristisch dafür ist eine erhaltene Inschrift[48], die besagt, es sei eine gewisse Geldsumme in rhodischen Drachmen gezahlt worden; in der Inschrift ist die Summe ausdrücklich in Denare umgerechnet, indem 10 rhodische Drachmen 16 Denaren entsprachen. Die Umrechnungen gehen immer zugunsten des Denars; jede andere Münzsorte wurde, selbst wenn sie, wie in dem rhodischen Fall, zur Zahlung benutzt wurde, in Denare tarifiert. Ein gewisser Unterschied waltet hierbei insofern, als in Rom selbst die Rechnungsmünze, der Sesterz, und nicht der Denar war. Man sagte daselbst, ein Gegenstand koste 400 Sesterzen, nicht 100 Denare. Im Osten dagegen war es der Denar, der sich wegen der bisher dort üblichen Drachmenrechnung sehr leicht einführte.

Eine sehr charakteristische Ausnahme, die das früher über die Stellung dieses Landes Gesagte nur weiter bestätigt, gab es: Ägypten. Hier herrschte die Talentrechnung. Das Talent war die große, die ägyptische Drachme war [MH.II 24] die kleine Rechnungseinheit, resp. Münze.

Mit jener eben betrachteten Münzuniformität war ein ungeheurer Schritt zur Uniformierung geschehen. Und dem schloß sich wahrscheinlich Ähnliches für Maß und Gewicht an; es gab jährlich wenigstens eine offizielle Gleichung für den Fuß des Pfundes, wonach umgerechnet werden mußte, wenn es sich um öffentliche Akte handelte.

Das römische Münzsystem war eine eigentümliche Mischung von Monometallismus und Bimetallismus. Ursprünglich basierte es wohl auf letzterem,

---

[46] Vgl. MP.16ff.
[47] Mommsen, Münzwesen 739ff.
[48] Es handelt sich um das Geschenk

des Q. Veratius Philagros für das Gymnasium von Kibyra von 71 n.Chr. Mommsen, Münzwesen S. 28.

das natürliche Schwergewicht der kaufmännischen Logik jedoch führte zum faktisch herrschenden Mono-, und zwar Gold-Metallismus. Wenn man so sagen darf, war es ein Kryptobimetallismus. Das Gold war das im großen Verkehr allein herrschende Zahlungsmittel, Silber spielte die Rolle des Courants, Kupfer war Scheidemünze.

Betrachten wir das Prägerecht, wie es sich unter dem Principat gestaltete! Die Republik kannte das Gold nicht als geprägte Münze[49], aber schon hier besagte die Regel, daß der große Verkehr sich mit Vorliebe oder gar ausschließlich des Goldes zu seinen Transaktionen bediente. Folgerichtig gestattete die Republik auch nirgends die Goldprägung. Der Schöpfer des Goldcourants war Caesar, der das Recht der Zentralregierung vorbehielt, mit einziger Ausnahme des Bosporanischen Staates, der heutigen Krim.[50] *Bosporus Taurica* schlug Goldmünzen; wahrscheinlich machte der Verkehr [MH.II 25] mit den nordischen Völkern dies nötig. Aber gewissermaßen waren diese taurischen Goldmünzen doch römische. Sie hatten selbstverständlich den gleichen Münzfuß und führten immer das römische Kaiserbild neben dem ihrigen.

Selbst weit über die Grenzen des Römischen Reichs hinaus, und dies ist höchst merkwürdig, hatte Rom das faktische Privilegium der Goldprägung: sogar der Parther, der einzige einigermaßen ebenbürtige Gegner Roms, enthielt sich der Goldprägung bis ins 3. Jahrhundert. Erst als 226 mit dem Sturz der Arsakiden die Sassaniden zur Regierung kamen, mit ihnen ein nationalpersischer Kult und überhaupt eine nationale Reaktion gegen den bisher herrschenden Panhellenismus, schlugen die Perser Goldmünzen[51], und zwar sehr gute, vollwichtige, im Gegensatz zu den damaligen römischen. Noch bis in Justinians Zeit nahm, nach dem Zeugnis des Prokop, der Verkehr nur Münzen mit dem römischen Kaiserkopf.[52] Rom hatte die Goldprägung monopolisiert. Ja, noch im Mittelalter hießen die Goldmünzen „Byzantiner". Als die fränkischen Staaten im 6. Jahrhundert anfingen, sich zu entfalten, schwand dieses Goldprivileg allerdings.[53] Was sich die heutigen Bimetallisten so sehnlich wünschen, die Bestimmung durch allgemeine Übereinkunft von Gold- und Silberwerten für die ganze Welt, war faktisch im Altertum vorhanden.

Silber erfuhr auch eine verschiedene Behandlung in Ost und West. Der Osten war erfüllt mit Massen von altem, nicht auszurottendem Silbergeld,

---

[49] Mommsen, Münzwesen 400ff.; CRR.I S. LIIff: Goldprägung seit 217 v. Chr.

[50] Mommsen, Münzwesen 699; Catalogue of Greek Coins in the British Museum, Pontus, etc. 1889 S. XXXIIff; A. N. Zograf, Antitschnye Monety, Moskau 1951

[51] R. Göbl, Sasanidische Numismatik,

1968, 28 f.; F. Paruck, Sasanian Coins, 1924, 31 ff.

[52] *Der Perserkönig darf Silber nach Belieben prägen, nicht aber seinen Kopf auf eine Goldmünze setzen, ebensowenig wie ein anderer Barbarenkönig:* Proc. bella VII 33,6

[53] Seit Theudebert 539: E. Zöllner, Geschichte der Franken, 1970, 172f.

das nur mit ungeheuren Kosten [MH.II 26] zur Münzprägung hätte aufgerufen werden können. So ließ man z.B. das alte rhodische Silbersystem bestehen.

Die Betrachtung des Silber- und Kupfergeldes kann sich nur an die allgemeinen geschichtlichen Züge halten: wir haben drei bis vier große, wesentlich im Osten liegende Gebiete auszusondern. Eigentlich nur drei, denn das vierte, Makedonien, war eine der heruntergekommensten Provinzen des Reiches und hat überhaupt nicht viel geprägt; der namentlich ökonomische Ruin war ein vollständiger.

Das erste Gebiet umfaßt Vorderasien mit Ephesus, Nicomedien, Bithynien, Pontus, Lykien und Pamphylien. Dieser Raum hatte eine Lokalmünze, die aus der Zeit der pergamenischen Attaliden – auf deren Ruinen sich die römische Herrschaft aufgebaut hatte – herstammte. Die Cistophoren waren die Großsilbermünzen, die Silberdrachmen die kleinen. Sie wurden beibehalten, weitergeschlagen und von den Staatskassen in Zahlung genommen, aber ungünstig gegen das römische Geld tarifiert, so daß das Bestreben deutlich ist, sie wesentlich in die Gebiete des Kleinverkehrs zu vertreiben; daneben kursierte, natürlich für den Großverkehr und gewiß auch für einen Teil des Lokalverkehrs, Reichssilber.

Das zweite Münzgebiet war Syrien mit Kappadokien. Hier wurde noch reichlicher als im erstgenannten Lokalmünze geprägt, und zwar die Tetradrachme von *Antiochia* und die Drachme von *Caesarea*.

Das dritte Währungsgebiet war Ägypten. Hier herrschten ganz eigentümliche Verhältnisse. *Alexandria* hatte unter den Ptolemäern ein doppeltes Münzsystem gehabt, viel und gut ausgeprägtes Gold und Silber, daneben aber ein – etwa unserem Papiergeld entsprechendes – Zeichengeld. Dies hat man im Principat beibehalten, aber die lokale Gold- und Silberprägung wurde vollkommen eingestellt und nur Reichsgold gelitten. [MH.II 27] Auf diese Weise verdiente die Regierung natürlich recht erheblich. In welchem Umfang diese Zeichengeldwirtschaft – es waren dies die alexandrinischen Tetradrachmen – betrieben wurde, entzieht sich unserer Kenntnis. Wahrscheinlich aber ist, daß zu Anfang das alte Ptolemäerzeichengeld außer Kurs gesetzt und durch neues ersetzt wurde. Dann müssen anfangs die Gewinne ganz enorm gewesen sein. Alle diese Münzen liefen nur in einem beschränkten Gebiet um.

Ganz anders wurde der Westen behandelt. Hier wurde von der Kaiserzeit an die Silberprägung den Provinzialen gänzlich untersagt und nur Reichsgeld geduldet. Die Republik hatte z.B. in Spanien vielfach die Prägung gestattet, es kursierte damals viel *argentum Oscense*.[54] Das endete mit dem Kaiserreich. Eine Ausnahme bildete, wie oben schon in anderem Zusammenhang gesagt, Mauretanien, aber nachdem Gaius (Caligula) im Jahr 40 Mauretanien

---

[54] Silbergeld aus *Osca* in der *Tarraconensis*: Liv.XXXIV 10,4; 46,2.

zur römischen Provinz gemacht hatte, hörte dies selbstverständlich auf, und seit dieser Zeit gab es im ganzen Westen – abgesehen von ganz kleinen Scheidemünzen – wie nur ein Goldgeld so auch nur ein Silbergeld, das des Staates.

Also auch auf diesem Gebiete sehen wir dasselbe Verhältnis wie bei der Sprachenfrage, womöglich mit noch größerer Schärfe sich ausprägen: die verschiedene Behandlung des Ostens und des Westens. Im Osten, wo die Römer mit alten, ausgebildeten Kulturländern zu tun hatten, lassen sie eine freiere Behandlung mit Schonung des Vorhandenen klug walten, im Westen, in *Africa*, Spanien, Gallien wird streng und rücksichtslos zentralisiert. Werfen wir noch einen Blick auf die Scheidemünze! Die Reichsscheidemünze ist eine Schöpfung des Augustus.[55] Die Republik hatte [MH.II 28] deren Prägung eigentlich aufgegeben; aus dem letzten Jahrhundert der Republik kommen nur noch Denare und halbe Denare vor, Sesterze und Asse fehlen gänzlich. Die kleinste noch geschlagene Münze hatte den Wert einer halben Mark. Es ist eine der häßlichsten Seiten des aristokratischen Regiments, daß ihm die Interessen des Kleinverkehrs so absolut gleichgültig waren, daß man es nicht für nötig fand, ihm die nötigen Umlaufmittel zu schaffen. Man denke sich, wie verwunderliche Zustände es heute im Deutschen Reiche geben würde, wenn alle Münzen unter der halben Mark fehlten. Die Münzen der Munizipien halfen zwar etwas aus, aber doch nur sehr unvollkommen, und in Italien selbst gar nicht, denn eine *colonia* oder ein *municipium civium Romanorum* hatte nicht das Recht des Prägens. Die einzige und unerklärliche Ausnahme bildete *Paestum*, das ziemlich viel geprägt hat. In Gallien, Spanien und *Africa* wurde aber geprägt, und so der dringendsten Not an Scheidemünze für diese Landschaften abgeholfen.

Augustus schaffte hier Rat: Ungefähr in der Mitte seiner Herrschaft, als die *tribunicia potestas* des Kaisers in Kraft trat[56], reformierte er diese, der Reform dringend bedürftigen Verhältnisse in ausgezeichneter und mustergültiger Weise. In der republikanischen Zeit lag das Prägerecht bei der Regierung und dem Feldherrn, Senat und Kaiser prägten zunächst nebeneinander. Nun vindizierte Augustus dem Princeps, nicht *qua* Feldherr, sondern *qua* Kaiser das Prägerecht für Gold- und Silbermünzen und übertrug dem Senat das Kupferprägerecht.[57] Nie hat es vielleicht bessere Scheidemünze gegeben als die infolge dieser Verordnung geschaffene; sie trägt den Stempel vornehmer Solidität. Die Münze besteht aus vorzüglichem, recht wertvollem Material, einer [MH.II 29] Messingmischung und guter Prägung und erstreckt sich auf alle Münzen vom Sesterz bis zum Quadrans hinunter; noch kleinere Werte auszuprägen war bei den veränderten Verhältnissen nicht erforderlich.

---

55 Mommsen, Münzwesen 760ff.
56 Im Juni 23 v.Chr. Mon.Anc.10,1; Dio LIII 32,5f.
57 Dazu Mommsen, Münzwesen S. 744f.; 760. Dagegen zeigt K. Kraft,

S(enatus) C(onsulto), Jahrbuch für Numismatik 12, 1963 S.7ff., daß die gesamte Münzverwaltung unter dem Kaiser zentralisiert war.

Die frühere *uncia* schlug man nicht mehr. Alle diese Scheidemünzen tragen die Bezeichnung SC (*Senatus Consulto*), doch ist dies nicht eine numismatische, sondern nur eine für den Verkehr bestimmte, die öffentliche Garantie dieser Münzen gewährleistende Bezeichnung. In *Antiochia*, dem wichtigsten Zentrum der östlichen Münzgebiete, finden wir auch diese SC-Scheidemünze, die selbstverständlich Kurs im ganzen Reich, nicht bloß in Syrien hatte. Daneben gab es unter den ersten Kaisern Munizipalscheidemünzen in großer Menge. Die Selbstverwaltung und damit das Prägerecht stand einer großen Anzahl von Gemeinden zu. Es kam wohl nicht mehr auf den Besitz der formalen Souveränität an, sondern auf spezielle Erstattung durch den Proconsul, der sich, ehe er die Erlaubnis erteilte, selbstverständlich der Regierungszustimmung versicherte. Diese Erlaubnis wurde in der Anfangszeit des Augustus wahrscheinlich nie verweigert, dagegen änderte sich die Handhabung gegen Ende seines Regimentes. In Gallien, der wichtigsten westlichen Provinz wurde dem Gemeindeprägerecht zuerst ein Ende gemacht, ungefähr um die Mitte von Augustus' Regierung, etwa 10 v. Chr. Als Ersatz wurde eine Reichsscheidemünzprägung in Lyon eingerichtet. Die analogen africanischen Gemeindeprägungen überdauerten meist die Zeit des Tiberius. Die spanischen wurden unter Gaius (Caligula) beseitigt, und von da ab war Silber- und Kupfergeld im Westen Reichssache.

[MH.II 30] So wie die Lage sich praktisch gestaltet hatte, war dies allein richtig; denn zwischen Silber und Kupfer war eigentlich kein prinzipieller Unterschied mehr, das Silbergeld war faktisch auch nur Scheidemünze. Man kann kaum sagen, daß den Gemeinden durch die Entziehung des Prägerechts etwas Wertvolles genommen worden wäre. Ein Vorteil war dieses angesichts seiner beschränkten Zirkulation (und nur solche hatte diese kommunale Scheidemünze) nicht; es war eigentlich nur eine Art Anlehen bei den Eingesessenen, ähnlich wie in unserer Zeit die Zettel der italienischen Volksbanken, die nationalökonomisch äußerst verkehrt waren.

Im Osten stellte sich die Sache natürlich anders dar. Hier gab es an den vorher angegebenen Stellen Silberprägung, also selbstverständlich auch Kupferprägung. Erst Jahrhunderte später, in der zweiten Hälfte des dritten Jahrhunderts verschwand dieselbe auch hier, und in dem nach tiefem Verfall regenerierten Constantinsstaat gab es im Reich ausnahmslos kaiserliche Münzen.

Schließlich ist noch ein Wort zu sagen über die Beschaffenheit der Prägung. Ausgegangen war das Münzsystem Caesars vom Bimetallismus, d. h. von der gesetzlichen Fixierung des gegenseitigen Wertverhältnisses zwischen Gold und Silber. In älterer Zeit war dasselbe wahrscheinlich 1:10 gewesen. Caesar fand ein Verhältnis von 1:12 vor, und darauf basierte seine Ausprägung, wonach 1 *denarius aureus* gleich 25 Silberdenare gleich 100 Sesterzen gleich 400 Assen war. Dieses realistische Verhältnis scheint auch lange ohne wesentliche und dauernde Schwankungen fortbestanden [MH.II 31] zu ha-

ben. Solche Verschiebungen, wie sie das Mittelalter nach der Entdeckung
Amerikas oder wie die neuere Zeit sie nach der Erschließung zuerst der
australischen und kalifornischen Goldlager und dann der Silberminen Amerikas erlebt haben, kamen nicht vor, allerdings wurden auch damals Goldlager in Dalmatien entdeckt[58] und erregten eine, der kalifornischen ähnliche
Aufregung. Aber sie erschöpfte sich schnell und blieb ohne nachhaltigen
Eindruck auf das Wertverhältnis der Edelmetalle. In der Münzausprägung
finden wir allerdings bedeutende Veränderungen, die auf den Charakter der
aufeinanderfolgenden Regierungen Schlüsse zulassen.

Das Verhältnis von 1:12 bestand von Caesar und Augustus bis zu Nero.[59]
Von Nero bis Trajan war dasselbe 1:10,3; von Trajan bis Septimius Severus
1:9,3. Wir haben es hier weniger mit einer Wertverschiebung der Metalle als
mit einer Abknappung bei der Prägung zu tun: die Regierung machte einen
Gewinn an Silber. Das Wertverhältnis 1:12 angenommen, erzielte man einen
starken Gewinn, als man statt 10 Denare nur 9 Denare auf einen Aureus
ausprägte. Man kam also zu einem versteckten, aber sehr entschiedenen
Monometallismus, die Silbermünze wurde allmählich zu grober Scheidemünze, sie entsprach nicht mehr dem wirklichen Wert. Es war ein ähnliches
Verhältnis wie es jetzt im Deutschen Reich die Taler und Markstücke den
Goldmünzen gegenüber haben. Der Bimetallismus hat im alten Kaiser-Rom
einen ganz entschiedenen Bankrott gemacht, obschon, wenn es je einen dem
Bimetallismus günstigen Schauplatz gab, dies Rom war. [MH.II 32] Hatte er
irgendwo und irgendwann Chancen der Durchführung, so war es dort und
damals: nie wieder fanden sich gleich günstige Bedingungen: erstens keine
Konkurrenten in der ganzen Welt für Gold, zweitens das ungeheure, die
ganze zivilisierte Welt umfassende, einheitlich regierte Gebiet. Und doch hat
der Bimetallimus selbst hier einen zwar verschämten und versteckten, aber
unverkennbaren Bankrott gemacht. Immerhin ist nicht zu verkennen, daß
der verhältnismäßige Wohlstand, dessen sich das Reich im großen und ganzen erfreute, teils zum Ausdruck kam, teils seine Ursache fand in der ausgezeichneten Münze, die die Kaiser der Nation boten.

Allerdings wandelten sich die Maße. Das Gold prägte Caesar in 40 Stük-
ken aufs Pfund, und so blieb es bis Claudius. Unter Nero, und zwar nach
dem Sturz von Seneca und Burrus im Jahr 60, findet sich eine wesentliche
Verschlechterung der Goldmünzen, jetzt gingen 45 aufs Pfund. Später hatte
Vespasian mit einer großen, nicht ihm, sondern seinen Vorgängern zur Last
zu legenden Finanznot zu kämpfen. Titus' Regierung war zu kurz, um
entscheidend zu reformieren; aber der sonst so verrufene Domitian, dessen
Provinzialgouvernement durchaus lobenswert war, prägte besser und vollge-
wichtiger. Die beiden großen Militärkaiser Trajan und Severus verschlech-
terten wieder die Münze erheblich, und zwar Trajan die Goldmünze, Se-

---

[58] Statius, silvae IV 7,13ff.; Florus II   [59] Vgl. MP.19
25 (IV 12,10ff.)

verus die Silbermünze. Die frischen Lorbeerblätter, die diese Kaiser dem welken Kranz des römischen Kriegsruhms hinzufügten, kosteten [MH.II 33] eben Geld. Nach kurzer Hebung unter Hadrian und mannigfachen Schwankungen unter den späteren Kaisern trat im 3. Jahrhundert, von Caracalla ab, ein rascher und unaufhaltsamer Verfall ein. Infolge des fühlbaren Mangels an Goldvorräten wurden die Goldmünzen immer minderwertiger ausgeprägt und das ganze Goldmünzwesen völlig ruiniert.

Was die Silbermünzen anbetrifft, so wurde ihre Prägung unter Nero[60] der der Goldmünze analog schlechter. Zuerst wurden 84 aufs Pfund Silber ausgeprägt, dann 96. Naturgemäß verschwanden dann die alten vollgewichtigen Münzen aus dem Verkehr, während die leichten bis in die spätesten Zeiten kursierten, ähnlich wie die leichten Denare, die Marcus Antonius in der Finanznot des Bürgerkrieges hatte schlagen lassen.[61]

Nach Nero trat im Silber zwar keine Reduktion des Münzfußes ein, aber ein anderes Übel nahm reißend zu: die steigende Legierung mit minderwertigem Metall. Das Privileg der Münze in den guten Zeiten war Verwendung reinen ungemischten Metalls bei den Silber- und Goldmünzen. Von Vitellius ab wird diese Verschlechterung des Materials durch Legierung fühlbar, und von da ab sündigten alle militärischen Kaiser in diesem Punkt schlimmer als die anderen. Allmählich wurde ein Fünftel der Masse Kupfer, unter Marcus ein Viertel. Von Severus ab ist kaum mehr von Legierung, sondern eigentlich vom Aufhören der Silbermünze die Rede. Neu sahen die Stücke allenfalls noch aus wie Silber, aber der Silbergehalt variiert nur noch von 10 % bis zu 20 %. Diese unbedeutende Silberbeimischung machte diese Münzen geradezu schlechter und wertloser als wirkliche Kupfermünzen; denn da sie Silbermünzen vorstellen sollten, war ihr Format klein, und die Quantität Metall, die man bekam, war geringwertiger als bei der Kupfermünze, so daß es schließlich wirklich zu einem [MH.II 34] Agio auf Kupfermünzen kam.

Hand in Hand mit dieser Münzverschlechterung gingen gewaltige Münzmetalldefraudationen durch das Personal der Münze; denn da die Mischungsverhältnisse der Legierung keine festen, unveränderlichen waren, sondern schwankten, so kann man sich denken, welchen Unterschleifen Tür und Tor geöffnet war. Die Beamten verrechneten 10 % Silber in der Fabrikation und verwendeten 2 %, machten also ungeheure Gewinne auf Kosten des Publikums. Aurelian versuchte diesen Unfug zu steuern, und daraus entsprang der vielleicht sonderbarste Bürgerkrieg, den es je in der Welt gegeben hat, ein Aufstand des Prägepersonals, bei dem in Rom allein 7000 Menschen erschlagen worden sein sollen.[62]

Charakteristisch für die Münzverhältnisse ist immer der Bestand vergrabener Schätze: Natürlich gräbt man mit Vorliebe das Beste ein, was zu haben ist, also zuerst Gold, dann Silber. In guten Zeiten kommt Kupfer nur selten

---

[60] RIC.I 1984 S. 133 ff.
[61] CRR.II S. 527

[62] Aurelius Victor 35,6

und vereinzelt, mehr zufällig in die Erde. Im 3. Jahrhundert findet sich nun
bei Vergrabungen Kupfer stets in der Majorität; z.b. haben sich bei einem
Schatz auf 30000 Kupfermünzen nur 6 Goldstücke gefunden; sie waren eben
nicht zu bekommen. Die Kupfermünzen hatten vom 3. Jahrhundert ab auch
schon deswegen verhältnismäßig besseren Wert, weil der Präger derselben,
der Senat, wie oben angegeben, in der Münzverschlechterung nicht gleichen
Schritt mit den Kaisern hielt. Das Material sowohl wie die Prägung hielt
länger an den guten, alten Traditionen fest, bis in die Zeit des Heliogabalus
(218–222). Von da ab reißt allerdings auch hier der Ruin ein, die noble
Mischung, das gute Gepräge verschwand.

[MH.II 35] Vom 3. Jahrhundert ab herrschte dann eine Münzverwirrung
ohnegleichen.[63] Aber wichtig ist, daß trotz mancher Schwankungen die Prägung im großen und ganzen gut war. Im 3. Jahrhundert sind Goldmünzen
sehr selten und ganz ungleich. Wir wissen überhaupt von da ab nichts mehr
über den Münzfuß; es hat anscheinend gar keinen mehr gegeben, faktisch
verschwand die Goldmünze ganz aus dem Verkehr; Gold wurde nur in
Barren gehandelt, d.h. es existierte nur noch für den Großverkehr. Bis zum
3. Jahrhundert hatte man nur eine Sorte Goldgeld gehabt, den *denarius aureus*. Seit der Zeit Valerians finden sich kleinere Goldmünzen, namentlich
trientes aurei (Drittelstücke).

Das Problem, daß sich früher trotz Wertverschiebung Gold- und Silbermünzen nebeneinander gehalten hatten, löst sich wohl größtenteils durch die
Erwägung, daß bis zum 3. Jahrhundert die Regierung bei Zahlungen an ihre
Kassen unterschiedslos Gold und Silber nahm. Dadurch hielt sie die Proportion einigermaßen aufrecht. Selbstverständlich zahlte das Publikum mit Vorliebe in der Münzsorte, die ihm am vorteilhaftesten war, also daß sich in den
Staatskassen Silber und Kupfer häufte, Gold allmählich verschwand. Wäre
bei uns ein Agio auf Metallgeld dem Papier gegenüber, so würden naturgemäß alle Zahlungen an die zu dessen Aufnahme verpflichteten Staatskassen
in Papier erfolgen.

Um jenem Übelstand abzuhelfen, schrieb vom 3. Jahrhundert ab die Regierung die Abgabenzahlung in Gold vor, und wahrscheinlich wurden jene
kleineren Goldmünzen geprägt, um auch die Steuerzahlung geringer [MH.II
36] Beträge in Gold zu ermöglichen. Zugleich wurden die Soldatenge-
schenke und andere Zahlungen der Kassen in Gold verordnet, oder es wurde
wenigstens ausdrücklich angegeben, ob Zahlungen in Gold oder Silber zu
leisten waren. So haben wir einen sehr merkwürdigen Brief[64] aus der Zeit des
Kaisers Gordianus (242 n.Chr.). Ein vornehmer Gallier hatte sich Verdienste
um den gallischen Statthalter erworben durch Abwehrung einer gegen den-

[63] M. Crawford, ANRW.II 2, 1975,
560ff.
[64] Es handelt sich um den «Marmor
von Thorigny», jetzt zugänglich bei: H.-

G. Pflaum, Le marbre de Thorigny,
1948; vgl. A. Stein, Le marbre de Thorigny, Eunomia 1, 1957, S. 1–7.

selben zu erhebenden Beschwerde; dafür wurde er zum *tribunus militum* ernannt und erhielt das Jahresgehalt von 25 000 Sesterzen in Gold ausgezahlt. Bei den Neujahrsgeschenken wird bestimmt angegeben, soviel sei in Gold, soviel in Silber, soviel in Kupfer zu zahlen.[65] Bei den Zahlungen an den Staat wurde noch viel strenger verfahren. Das war natürlich der Todesstoß für die alten, vollgewichtigen, guten Münzen; sie verschwanden vollständig aus dem Verkehr. Sehr charakteristisch ist der Ausdruck *follis* (Sack), der im 3. Jahrhundert anfing, üblich zu werden.[66] Das Kupfer wurde auch dem Großverkehr dienstbar gemacht, indem man es in große Säcke füllte, und so, der Unbequemlichkeit des Zählens enthoben in Säcken zu 1000 Denaren in Zahlung nahm und in Umlauf hielt, ähnlich wie unsere Rollen. Diese Überschwemmung mit wertlosem Kleingeld dauerte das ganze 3. Jahrhundert hindurch. Keiner trat ernstlich dagegen auf. Es ist die größte Leistung der diocletianisch-constantinischen Reform, gegen diese Plage ernstlich und erfolgreich eingeschritten zu sein. Aurelian hatte nicht die Axt an die [MH.II 37] Wurzel des Übels gelegt, sondern nur der Defraude gesteuert.

Genauere Forschungen dieser Verhältnisse neuesten Datums verdanken wir Missong in Wien.[67] Galt bisher Constantin als der alleinige Reformator, so ist nun klar, daß Diocletian das Hauptverdienst hat. Von 290 ab wurde wieder gleichmäßig geprägt. In Gold wurden 60 Stück aufs Pfund, in Silber 96 aufs Pfund geschlagen. Die Münzen tragen als Wertzeichen ein griechisches Xi. In den Wirren nach Diocletians Rücktritt trat zwar noch einmal eine Zeit der Schwankungen ein, aber von Constantin ab wurde die Reform weitergeführt. Durch die ganze byzantinische Zeit wurden dann 72 Stücke aufs Pfund geprägt, so daß das römische Gold bis in die späteste Zeit den Weltmarkt beherrschte.

Eine wichtige Maßregel erhöhte diese Dauer und machte diese Prägung gewissermaßen unwesentlich: es wurde nämlich das Gold an den Kassen nicht nach Wert, sondern nach Gewicht angenommen, also ebensogut ein Barren von 1 Pfund wie 72 Stücke. Dies war auch wesentlich für den Privatverkehr. Infolgedessen hatte der Staat kein Interesse an Abknappung und minderwertiger Prägung, denn er verdiente fortan nicht dabei.

Silber wurde in der constantinischen und späterer Zeit wenig geschlagen, es war von sekundärem Interesse, der Weltverkehr hatte sich ausschließlich dem Gold zugewandt. Das Zeichengeld wurde allerdings nicht ausgerottet, auch die Kupfersäcke blieben; aber die Steuerpflichtigen mußten in Gold zahlen. Im Privatverkehr stipulierte man die Art der Zahlung. Der Differentialkurs blieb bestehen, aber es war doch wieder [MH.II 38] Gold da.

---

[65] *strenae*, Ovid fasti I 192; 221; Martial VIII 33,12; Lydus mens.IV 5. A. Müller, Die Neujahrsfeier im römischen Kaiserreiche. Philologus 68, 1909, S. 464. Silber wird nicht erwähnt.

[66] Isid.etym.XVI 18,11

[67] Alexander Missong, Zur Münzreform unter den römischen Kaisern Aurelian und Diocletian. Numismatische Zeitschrift 1, 1869, S. 105 ff.

Von allen Neuschöpfungen der diocletianisch-constantinischen Zeit ist diese Wiederherstellung geordneter Münzzustände die fühlbarste und vielleicht wichtigste, das Wohl und Wehe der Millionen am meisten affizierende. Diese Verhältnisse wurden mit größerer Ausführlichkeit behandelt, denn sie sind wichtiger, als was man so Geschichte nennt. Wir wenden uns nun dem Finanzwesen zu und zuvörderst der Art der Steuerauflegung.[68] Auch hier wird in die schon behandelte Zeit der ersten Kaiser zurückgegriffen werden müssen.

In der frühen Kaiserzeit bildete die Steuergesetzgebung eine merkwürdige Schranke des Principats. Der Kaiser hatte nicht das Recht der Steuerauflage. Augustus führte als Novum eine Art Konfiskationsrecht bei Testamenten ein, die sogenannten *caduca*, wonach Unverheiratete und Kinderlose (*caelibes et orbi*) nicht gleichberechtigt mit Verheirateten und Familienvätern erben konnten, sondern ihre Anteile teilweise dem *aerarium populi Romani* zufielen.[69] Es müssen dabei bedeutende Summen für den Staat abgefallen sein. Es ist höchst charakteristisch, daß diese Neubelastung des Publikums durch die *Lex Iulia* und die *Lex Papia Poppea*, also durch Volksbeschluß, geschah, so daß bei ihrer Durchbringung die Comitialmaschine[70] nochmals arbeitete. Das Gesetz fand sehr großen Widerstand.[71]

Ähnlich erging es der in den Jahren 6 und 7 n. Chr. behufs Teilung des *aerarium militare* eingeführten Erbschaftssteuer, welche den römischen Bürgern mit 5 % vom Grundeigentum auferlegt wurde, den Nichtbürgern nicht.[72] [MH.II 39] Das Publikum und der Senat leisteten Widerstand, so daß Augustus mit Wiederauflegung des *tributum*, der alten Grundsteuer, drohte. An sich nämlich war der römische Bürger nicht von Steuern befreit; es konnte gesetzlich eine Quote vom Grundbesitz erhoben werden, gewissermaßen eine – in besseren Zeiten rückzahlbare – unregelmäßige Zwangsanleihe.[73] Augustus drang endlich mit der Erbschaftssteuer durch, aber er wagte doch nicht, die Maßregel vor den Senat und die Comitien zu bringen, sondern griff in diesem einzigen Falle zurück auf die *acta Caesaris*, was schon Antonius getan hatte, und erklärte, in den Papieren Caesars eine solche Bestimmung gefunden zu haben[74], die also Gesetzeskraft habe. Also hat sich Augustus auch nicht das allgemeine Bestimmungsrecht vindiziert.

Eine Behörde, die neue Steuern auflegen konnte, gab es in Rom überhaupt nicht. Dies bestätigt sich auch *a posteriori*: Es kommt kaum je eine neue Steuer vor – die 2,5 % (*quadragesima litium*), die Gaius (Caligula)[75] auf Prozesse legte, waren nur eine vorübergehende Maßregel, der berühmte Urinzoll Vespasians[76] ist etwas ganz anderes. Er besteuerte das Recht der

---

[68] Vgl. MP.27ff.
[69] FIRA.II S. 86f. (Gaius II 206f.). Riccobono 192ff.
[70] D.h. der komplizierte Mechanismus der Comitien (Volksversammlungen).

[71] Riccobono 166ff.
[72] Riccobono l.c. 219ff.
[73] Mommsen, Staatsrecht III 1124ff.
[74] Dio LV 25,5
[75] Suet.Cal.40
[76] Suet.Vesp. 23; Dio LXVI 14

Walker, aus den öffentlichen Pissoirs den Urin abzuführen; diese waren aber schon öffentliches Eigentum.[77] Mit den Abgaben der Provinzen steht es anders; es möchte aber, ehe wir diese betrachten, noch hinzuzufügen sein, daß Caracalla, der fiskalischste aller Kaiser, mit der Erbschaftssteuer manipulierte, die, wie gesagt, lediglich auf den *cives Romani* ruhte, nicht auf den Provinzialen; er erteilte z.B., um sie [MH.II 40] erheben zu können, massenhaft das römische Bürgerrecht an vermögende Leute, und erhöhte die Steuer von 5 % auf 10 %.[78] Diese Manipulationen paßten schlecht in den allgemeinen Charakter des römischen Steuerwesens; die Regel in der Zeit von Augustus bis Diocletian war Unbeweglichkeit, Stabilität wie nirgend sonst in der Geschichte, ganz im Gegensatz zu der diocletianisch-constantinischen Reform, die die Steuerschraube einführte.

Die schon früher besprochene Unbeweglichkeit der Armee, die sich von Augustus ab durch die ersten Jahrhunderte kaum um so viel vergrößert hat, wie die gewachsene Bevölkerungsziffer dies sowieso bedingt hätte, nämlich bloß von 25 auf 33 Legionen, beruht auf dieser Unbeweglichkeit der Steuern und ist ebenso ohne Beispiel. Das ist der Fundamentalsatz des römischen Steuerwesens, daß weder Kaiser noch Senat befugt waren, neue Steuern aufzulegen, also überhaupt diese Befugnis im Römischen Reich nicht existierte.

Mit den Provinzialsteuern[79] verhielt es sich anders. So wissen wir, daß Galba nach seiner Thronbesteigung den Gemeinden, die es mit der Gegenpartei gehalten hatten, die Tribute erhöhte[80], eine zwar gehässige, aber nicht unerlaubte, in der Kompetenz des Kaisers liegende Maßregel. Vespasian übernahm das Reich bankrott und beseitigte dies, er stellte die alte Ordnung wieder her. Ja, mehr als das: es ist wohl unzweifelhaft, daß schon von Augustus ab bis zu seiner Regierung, abgesehen von den Verschwendungen exorbitanter Art, die die schlechten Kaiser verübt hatten, der Staat an einem [MH.II 41] chronischen Defizit gelitten hat, daß nie die ordentlichen Einnahmen hinreichten, die ordentlichen Ausgaben[81] zu decken. Vespasian schaffte – und dies ist vielleicht die größte Wohltat, die er dem Staat angetan – hierin Ordnung, er stellte das Gleichgewicht zwischen Einnahmen und Ausgaben her, allerdings durch starke Erhöhung bis zur Verdopplung der Provinzialsteuern, wie Sueton[82] berichtet. Politische Strafe gegen Anhänger der Gegenpartei war dabei wohl auch mit im Spiel, indes entsprang die Maßregel im großen und ganzen dem weisen Streben, die Finanzen gründlich zu ordnen.

Die Grundsteuer wurde dauernd erhöht. Es handelte sich ja um Provin-

---

[77] s.o. MH.I 237
[78] Dio LXXVII 9,4f.; FIRA.I S. 445 ff. (*Constitutio Antoniniana*)
[79] Mommsen, Staatsrecht II 1094; III 731 ff.
[80] Tac.hist.I 8
[81] Marquardt II 77 ff.
[82] Suet.Vesp.16

zialen und Provinzialboden, der nach uralter römischer Satzung strenggenommen dem römischen Staat gehörte[83]; daher ist diese Erhöhung eine reine
Verwaltungsmaßregel, die Comitien wurden nicht gefragt. Wahrscheinlich
wurde es in den senatorischen Provinzen durch den Senat, in den kaiserlichen sicher durch den Kaiser ins Werk gesetzt. Die reichsten Provinzen,
welche zugleich die wichtigsten waren, Gallien, Ägypten und Syrien, standen bekanntlich unter den Kaisern. Diese Grundsteuer war die Haupteinnahmequelle, aber es war nicht die einzige.

Wir haben im ganzen leider nur eine sehr blasse Idee von den Steuerver-
hältnissen im Römischen Reich, die wohl nicht uniform, sondern ungleich
waren. Diese Ungleichheit stammte aus der Zeit, bevor die Länder dem
Reich einverleibt wurden; sie hatte sich historisch entwickelt, und es wurde
daran möglichst wenig gerüttelt. Es sind dies die wichtigsten Dinge, von
denen [MH.II 42] wir leider so wenig wissen, denn was weiß man schließlich
von einem Staat, wenn man von seiner Einnahmeordnung nichts weiß! Die
Ausgaben[84] waren selbstverständlich; man kann ziemlich genau rekonstruieren, wie sie sich auf das Heer, die Bauten und die anderen großen Staats-
tätigkeiten verteilen.

Im wesentlichen waren es also die Provinzen, welche die römischen
Staatsausgaben bestreiten mußten; sie ruhten auf dem *tributum*, das einesteils *tributum soli*, eine Grundsteuer war, anderenteils ein *tributum capitis*,
eine Personalsteuer. Von der Grundsteuer waren der römische Boden, also
ganz Italien, und alle außeritalischen Gemeinden mit italischem Recht befreit[85], nur der Provinzialboden wurde besteuert. Das römische Bürgerrecht
war ein personales, es befreite den Boden nicht; wenn also ein römischer
Bürger ein Gut in der Provinz besaß, so mußte er dafür steuern, es war und
blieb *ager stipendiarius*, ohne Ansehen der Person des Besitzers. Dagegen
sollten die *coloniae civium Romanorum* dieselbe Freiheit haben, wie Italien.
Wenn also einer Gemeinde das römische Bürgerrecht erteilt wurde, so gewann ihr *ager* dadurch Steuerfreiheit. Später, als sich die Bürgerrechtserteilung in den Provinzen ausdehnte, war es eine Ausnahme, wenn italisches
Recht Grundsteuerfreiheit einschloß, denn man grub sich zu viele Steuer-
quellen damit ab.

Wir haben in den Pandekten zwei interessante Fälle, den einen bejahend,
den anderen verneinend. In bezug auf *Caesarea* in Palästina entstand die
Streitfrage, ob die Erlassung des *tributum capitis* auch die Erlassung des
tributum soli involviere, und hier wurde die Frage bejaht, und als dagegen
Caracalla die [MH.II 43] Stadt *Antiochia* zur *colonia* machte, geschah dies
salvis tributis, d.h. *Antiochia* mußte die Steuern nach wie vor zahlen.[86] Es

[83] *quasi quaedam praedia populi Ro-*
mani sunt vectigalia nostra, Cic.Verr.II
7; agr.III 15
[84] Marquardt II 77ff.

[85] Mommsen, Staatsrecht III 631f.
[86] Digesten L 8,5 und 7; Mommsen,
Staatsrecht III 684

war dies ganz im Sinn dieses fiskalischsten aller Kaiser. Diocletian änderte dies alles nachher ab, er richtete eine ganz andere Steuerverfassung ein, davon nachher.

Ob die Grundsteuer als Steuer oder als Rente gedacht war, ist unklar. Die Republik hatte unterschieden zwischen *ager vectigalis*, der sich im Eigentum des Staates befand und von dem er Rente bezog, und *ager tributarius*, den er nicht besaß, aber besteuerte. In der Kaiserzeit fiel dieser Unterschied mehr und mehr weg, wenn er auch nicht ganz verschwand. Die alte Auffassung, wonach der Staat das Eigentumsrecht an allem Untertanenboden beanspruchte, war entsetzlich, sie trat in der Kaiserzeit zurück und machte einer humaneren Ansicht Platz, und damit eben schwand auch die Scheidung von *ager vectigalis* und *ager tributarius*. Aber wie gesagt, man ließ sie nicht ganz fallen, und konnte sie nicht ganz fallenlassen, denn das Institut der Militärkolonien bestand weiter. Der *ager privatus civis Romani* war gesichert, darum mußte man den Provinzboden zu dem Zweck der Militärkolonisierung benutzen. Man entschädigte zwar in der Kaiserzeit in solchem Fall, aber bei weitem nicht zum vollen Wert. Noch unter Gaius (Caligula) war das Eigentumsrecht der Provinzialen nicht anerkannt, und die Entschädigung nur sehr dürftig bemessen. Man betrachtete es nicht als Depropriation, sondern als Ausübung eines Hoheitsrechtes. Immerhin verschwand im Laufe der Zeiten der *fundus vectigalis* und der *fundus tributarius* nahm zu.

[MH.II 44] Betrachten wir nun die Steuererhebung![87] Der Boden wurde vermessen, bonitiert, und danach die Steuer angelegt.[88] Wahrscheinlich geschah dies nach dem Muster Ägyptens, wo ein ähnliches System schon seit ältesten Zeiten zu hoher Vollkommenheit gebracht worden war. So trug das einzelne *iugerum* eine feste Abgabe. Bestimmte Zahlen zu geben, was höchst wichtig und interessant wäre, ist leider unmöglich, wir haben zu wenig Nachrichten über diese Dinge. Es scheint, daß die Abgaben entweder *in natura* oder als Geldabgabe geleistet werden konnten, $\frac{1}{5}$ bis $\frac{1}{7}$ des Ertrages, oder eine bestimmte Geldsumme. Beide Abgabenformen bestanden nebeneinander, und man wird wohl z. B. den Weinbergen eine Geldabgabe auferlegt, von den Ackerländereien dagegen häufig Naturalleistungen verlangt haben. Man sieht, die Steuer ist zwar nicht gering, aber doch nicht unerschwinglich. Die Fixierung erfolgte ein für allemal bei der Regulierung der Provinz. Augustus veranlaßte sie für das ganze Reich, z. B. für Gallien durch Drusus und Germanicus, und sobald Provinzen hinzutraten, wurden sie vermessen und bonitiert. Dahin gehört die bekannte, freilich falsch datierte[89], aber im wesentlichen richtige Notiz im Evangelium Lucae: als Palästina dem Römischen Reich einverleibt wurde, erfuhr es eine Schatzung,

---

[87] Vgl. MP.28

[88] *vectigal est ad modum ubertatis per singula iugera constitutum*, Gromatici veteres ed. C. Lachmann I 1848, S. 205

[89] Judaea wurde 6 n. Chr. Provinz,

Publius Sulpicius Quirinius amtierte seit 6/7 n. Chr. (Jos.ant.XVIII 2,1); Herodes, unter dem Jesus geboren sein soll, starb 4 v. Chr. (Jos.ant.XVII 8,1).

d.h. eine Vermessung und Bonitierung behufs Einfügung in das römische Steuersystem.

Diese ein für allemal erfolgende, unveränderliche Einschätzung machte die Steuer in gewissem Sinn und für die Dauer leicht. Es ist natürlich, daß ein etwaiger neuer Käufer eine solche bekannte und unveränderliche Steuer in seiner Kalkulation berücksichtigt; sie ist eigentlich nichts anderes als eine Konfiskation des [MH.II 45] Besitzes des ersten Eigentümers zur Zeit ihrer Auflage. In Britannien z.B. war die Grundsteuer sogar ablösbar. Kleinere Schwankungen sind natürlich vorgekommen. Änderte ein Grundbesitz z.B. seine Kulturart, wurde ein Acker in einen Weinberg, eine Weide in Acker verwandelt usw., so änderte sich die Steuer. Aber im großen und ganzen ist sie unveränderlich, und es ist bekannt, daß z.B. Tiberius, als ihm ein übereifriger Provinzstatthalter einen größeren Jahresbetrag abführte als erhoben werden sollte, damit nicht zufrieden war und jenes bekannte Wort von dem Herrn an seinen Hirten aussprach, der die Schafe scheren, aber nicht schinden solle.[90] Die Grundsteuer war also eine feste Rente, die der Staat bezog. In späteren Zeiten fand von 15 zu 15 Jahren eine Revision der Grundbücher statt. Die Maßregel führt sich auf Hadrian zurück[91], bei dem sie sich jedoch wesentlich auf die Prüfung der Steuerkasse bezog und bewirken sollte, daß die unberechtigten Steuerforderungen definitiv niedergeschlagen wurden. Diocletian machte dann aus dieser Revision eine Steuerschraube, er ließ von 15 zu 15 Jahren die Veranlagung der Steuern revidieren und, wo möglich, erhöhen.[92] Wenn wir vor seiner Zeit vielfach von Beamten, die den Census zu besorgen hatten, hören, so bezieht sich dies wohl wesentlich auf die Anlegung der Militärlisten, nicht auf die Steuerverhältnisse. Es ist festzuhalten, daß bis auf Diocletian tonangebender Charakter der Finanzwirtschaft ihre Festsetzung, ihre Unbeweglichkeit war, während umgedreht das Schibboleth der diocletianischen Reform die Nichtfestsetzung, die Beweglichkeit ist. Diocletian ließ bonitieren und forderte je von einem [MH.II 46] Wertbetrag von 1000 eine jährlich wechselnde prozentuale Steuerquote, je nach Ermessen und Bedarf der Regierung. Man mag das als Fortschritt der Besteuerungskunst ansehen, jedenfalls ist es ein ungeheurer Umschwung.

Neben dieser Grundsteuer existiert nun, wahrscheinlich als supplementarisches Verhältnis, behufs Versteuerung der Nicht-Grundbesitzenden, also als Besteuerung des beweglichen Vermögens, eine Personalsteuer, *tributum capitis*. Denn so, nicht eigentlich als Kopfsteuer, wie der Name glauben machen könnte, ist diese Steuer wohl aufzufassen, d.h. sie wurde nicht pro Kopf ohne Rücksicht auf die Leistungsfähigkeit in gleicher Höhe erhoben, sondern wird wohl überall, wie Appian[93] es von Syrien und Kilikien be-

---

[90] Suet.Tib. 33,2
[91] Dio LIX 8; Mommsen, Staatsrecht II 1015

[92] s.u. MH.III 27
[93] App.Syr.50 beziffert sie auf 1% des Vermögens im Jahr.

zeugt, eine prozentualische Vermögenssteuer gewesen sein und hauptsächlich die Kaufleute und die Städte betroffen haben. Eine Gebäudesteuer in den Städten, etwa als Komplement der Grundsteuer auf dem Land, gab es nicht. Die Frage, wie die Schätzung des Vermögens in den Städten bewirkt wurde, entzieht sich bis jetzt unserer Kenntnis. Allerdings wird es wohl eine Arbeitssteuer für Personen gegeben haben, die kein mobiles, zu besteuerndes Vermögen hatten, die sich dann mehr dem Charakter der Kopfsteuer genähert haben wird. Aber leider ist alles dies sehr vage und unklar für uns. Wenn von *tributum* schlechtweg gesprochen wird, so ist darunter beides, die Grund- und Personalsteuer zu verstehen, von denen der römische Bürger ausgenommen war, soweit er nicht steuerbaren, provinzialen Grundbesitz hatte. [MH.II 47] *Tributum capitis* bezahlte er nie.

Diocletian[94] warf dieses ganze System um und erklärte alle Untertanen ohne Ausnahme für steuerpflichtig. Bis auf ihn war eine Art Ersatz gegeben zur Besteuerung des römischen Bürgers in der durch Augustus als *privilegium odiosum* des römischen Bürgers eingeführten Erbschaftssteuer von 5 % und einer Auktionssteuer von 1 % – bei Sklavenauktionen von 4 % –, die die Provinzen nicht hatten und die nicht unbedeutende Summen eingebracht haben müssen, wovon nachher noch eingehender zu reden sein wird. Hier ist als Resümee noch einmal zu betonen, daß bis zu Diocletian die Grundsteuer nicht generell, sondern nur von dem Provinzboden erhoben und fixiert war, während Diocletian die Steuer zu einer generellen und nicht fixierten machte. Bis auf ihn hatte das Grundsteuersystem große Ähnlichkeit mit den Erbpachten eines Großgrundbesitzers heutiger Zeit, allerdings muß man sich hüten, den Begriff der „Fixiertheit" so streng zu nehmen, wie bei einer solchen Erbpacht. Der Staat hatte immerhin noch den Anspruch des Eigentumsrechtes, Erhöhungen der Steuer waren also nicht schlechthin ausgeschlossen, werden – namentlich im 3. Jahrhundert nicht selten – vorgekommen sein und verstanden sich in dem Zeitalter der Münzverschlechterung eigentlich von selbst, weil der Ertrag dieser, in immer geringerwertigen Münzen bezahlten Steuer sonst verschwindend geworden wäre.

Wie, wo und wann solche Erhöhungen eingetreten sind, bestimmt anzugeben, sind wir nicht imstande. [MH.II 48] Dazu sind unsere Nachrichten zu schlecht. Immerhin wurde die Erhöhung, wenn sie eintrat, als ein Unrecht empfunden und galt nicht selten als Strafe gegen politische Feinde. Diocletian, wie gesagt, hob den Unterschied zwischen Italien und den Provinzen auf, ließ den Grundbesitz durchaus in Geld anschlagen und schrieb 1, 2 bzw. 3 % Steuer darauf aus, je nach Bedarf. Wir haben also die Steuerschraube in *optima forma*, wie bei uns. Genauere Nachrichten über dies Verfahren haben wir über Gallien unter Julian.[95] Im wesentlichen ist dies unser heutiges System der Besteuerung, und es ist nicht zu leug-

---

nen, daß es viel rationeller ist, daß darin vom Standpunkt des Staates aus gesehen ein Fortschritt liegt; der Staat kann sich freier bewegen, er kann namentlich Militärausgaben nach Bedürfnis machen und ist nicht zu so absoluter Stagnation verurteilt, wie er es früher aus Mangel an Mitteln häufig war.

Im *vectigal* steckte, wie schon angeführt, auch noch eine Kapitalsteuer; es war, wo Kapital nicht vorhanden war, eine Kopfsteuer. In Syrien und Asien z.B. zahlte man 1 % vom Vermögen in den Städten; daneben gab es aber noch einige andere Einnahmequellen. Die ebenfalls schon erwähnte Erbschaftssteuer wurde als *vicesima*, d.h. mit 5 %, erhoben. Kleinere Erbschaftsbeträge, sowie nächste Verwandtschaftsgrade – also der den Vater beerbende Sohn – waren frei. Die Steuer traf wesentlich Intestaterbschaften von Seitenverwandten und weitläufigen Testaterben und muß nicht unbedeutende Summen eingebracht haben.

[MH.II 49] Unter den Verkehrssteuern stehen heutzutage die Zölle oben an. Im Altertum waren diese und das ganze System der indirekten Steuern[96] verhältnismäßig wenig entwickelt; die Schwerfälligkeit der Maschine und die Faulheit der Beamten verhinderte es. Meistenteils schritt man daher zur Verpachtung, welche ruinös sowohl für den Steuerzahler als auch für den Staat war; daher wurde dieser Zweig der Steuern weniger kultiviert. Indes ganz vernachlässigt war er nicht. Das Römische Reich bildete kein einheitliches Zollgebiet; dies würde auch wenig eingetragen haben, da an den meisten Grenzen der Handel mit den jenseits wohnenden Völkerschaften wenig ausgebildet war. Das Reich bestand aus historisch entwickelten einzelnen Zollgebieten, in denen teils Grenz-, teils Zwischenzölle erhoben wurden, sowohl auf Ein- als auf Ausfuhr.[97] Bei Strabo[98] finden wir eine interessante Diskussion über die Frage, ob es zweckmäßig sein würde, Britannien zur Provinz zu machen, und die Antwort lautet, im steuerpolitischen, finanziellen Interesse würde es unvorteilhaft sein wegen der entgehenden Aus- wie Eingangszölle. Die vier gallischen Provinzen mit Rätien und *Noricum* bildeten solch ein Zollgebiet. Die gesamte Ein- und Ausfuhr zahlte hier die sogenannte *quadragesima Galliarum*, d.h. 2 ½ %. In den anderen Provinzen wurde eine *quinquagesima*, d.h. 2 %, erhoben; also im ganzen eine sehr mäßige Abgabe.

Oft wurde auch die Abgabe nicht gleichmäßig von allen Waren gefordert, sondern ein unterschiedlicher Prozentsatz erhoben, der bei Luxuswaren bis zu 12 % und darüber betrug. Muster und Vorbild war hierin [MH.II 50] das natürlich ebenfalls ein Zollgebiet bildende Ägypten. Plinius berichtet, daß hier der jährliche Zoll für Perlen allein, die freilich ganz besonders hoch besteuert gewesen sein müssen, 100 Millionen Sesterzen, d.h. 20 Millionen

---

96 Marquardt II 269ff.
97 Marquardt II 271ff.
98 Strabo (IV 5,3) schreibt: Die Tri-

bute würden von den Besatzungskosten verschlungen und zwängen zu einer Ermäßigung der Zölle. Vgl.Cic. Att.IV 17,7

Mark, betrug.[99] Man sieht aus diesem Beispiel, daß immerhin ganz erkleck-
liche Summen aus den Zöllen geflossen sind. Ob dies Zollsystem ganz allgemein durchgeführt war, ist uns unbekannt. Wir haben eine merkwürdige zweisprachige Inschrift aus Palmyra[100] über die dortigen Zölle. Danach scheint hier die Reichsregierung zwar die Oberauf-sicht geübt zu haben, der Grenzzoll aber zugunsten einiger Städte erhoben worden zu sein. Aus *Africa* ist uns ein Spezialverhältnis bekannt, wonach dort kein Zoll *ad valorem*, sondern eine merkwürdig geringe Abgabe erho-ben wurde, beispielsweise für ein Pferd 1½ Denar, für einen Ochsen 1 Denar.[101] Im ganzen waren die Reichserträge der Zölle bis Diocletian gering. Unter ihm erfahren auch sie eine große Steigerung; im Durchschnitt scheint fortan eine *octava*, d.h. 12½% erhoben worden zu sein, was doch gegen jene *quadragesima* und *quinquagesima* erheblich absticht.

Eine Akzise wird wohl hin und wieder erwähnt, z.B. unter Gaius (Cali-gula) für Rom, scheint aber keine allgemeine Einrichtung gewesen zu sein, vielmehr war der Verkehr im allgemeinen wohl innerhalb der Zollgebiete von Staatsabgaben frei. Dagegen ist es wahrscheinlich, daß diese Steuerquelle von den Munizipien benutzt wurde, ähnlich wie die *octroi* noch heute [MH.II 51] die Haupteinnahmequelle z.B. von Paris ist. Die Auktionen, die Augustus zugunsten des *aerarium militare* mit 1%, die Veräußerung von Sklaven, die er mit 4% besteuerte, sind schon erwähnt worden.

Dazu kamen noch einige andere Einnahmen, die noch zu berühren sind: zuerst die Domänen des Kaisers.[102] Es ist festzuhalten, daß diese strengge-nommen nicht hierher gehören, weil sie als Eigentum eines Privatmannes galten. *Populus Romanus* und Kaiser waren zwar koordinierte Rechtssub-jekte, der Besitz des Kaisers und derjenige des römischen Volkes blieben aber getrennte Dinge. Der Besitz des *populus Romanus* war zwar in Zeiten der Republik recht einträglich gewesen, der Zehnte vom Getreide und der Fünfte vom Wein brachten wichtige Einnahmen aus dem *ager publicus*. Nun aber war er größtenteils verschwunden; es gab wohl noch *viae publicae populi Romani*, aber nicht mehr viel, was Renten abwarf. Dagegen waren die kaiserlichen Domänen bedeutend, und ihr Umfang steigerte sich fortwäh-rend; und da trotz der rechtlichen Scheidung die faktische Sonderung zwi-schen Staats- und Kaisereinnahmen nie streng war, so müssen sie hier doch erwähnt werden und unter den direkt oder indirekt für den Staat in Betracht kommenden Einnahmen stehen, *vectigal* und kaiserliche Domänen an erster Stelle.

Auch die Geschenke spielen eine keineswegs unerhebliche, den Domänen

---

[99] Nach Plinius (NH.XII 41/84) im-portierten die Römer Perlen für diese Summe, von Zoll ist keine Rede.
[100] Text: J. B. Chabot, Choix d'in-scriptions de Palmyre, 1922, 23 ff.; Kom-mentar: J. G. Février, Essai sur l'histoire

politique et économique de Palmyre, 1931, 29 ff.
[101] CIL.VIII 4508 in *Lambaesis*. S. J. De Laet, Portorium, 1949, 264
[102] Marquardt II 309 ff.

allerdings untergeordnete Rolle im Budget der Zeit.[103] Sie waren zwiefacher Art: der Ursprung des *aurum coronarium*[104] datiert noch aus republikanischer Zeit. Schon damals war es Sitte, daß diejenigen Gemeinden, die vor den Feinden [MH.II 52] errettet worden waren, dem siegreichen Feldherrn einen goldenen Kranz darbrachten, der in späterer Zeit eine gewisse Anzahl Pfunde wiegen mußte.[105] Dies wurde in augusteischer Zeit dahin ausgedehnt, daß nach einem großen Sieg alle Städte des Reiches dem Imperator, d.h. dem Kaiser, solche Kränze schenken mußten. Später wurde hieraus eine ziemlich regelmäßige Abgabe,[106] die sich im 3. Jahrhundert zu einem schlimmen Mißbrauch und einer sehr scharfen Besteuerung gestaltete.

Eine zweite, schon alte und sehr weit verbreitete Sitte war die testamentarische Beschenkung hochgeachteter Personen mit größeren oder geringeren Summen. Unter Augustus wurde es förmlich Mode, daß jeder loyale Bürger dem Kaiser etwas hinterließ. Die Summe dieser augusteischen Erbschaften betrug 1400 Millionen Sesterzen, d.h. 300 Millionen Mark.[107] Später, unter dem Druck der steigenden Kaisertyrannis wuchs die Einnahme der Kaiser aus solchen halbfreiwilligen Zuwendungen noch bedeutend und wurde sogar zum Teil rechtlich fixiert: die Freigelassenen mußten dem *patronus* etwas hinterlassen. Wer da weiß, welche Masse kaiserlicher Freigelassener es gab und welche Vermögen diese *per fas et per nefas* zusammenscharrten, der wird sich ungefähr einen Begriff von den Summen machen können, die auf diese Weise den Kaisern zuflossen. Nero ordnete an, daß, wenn es ein *primipilus* zur höchsten Stufe der Zivilversorgung gebracht hatte, die zu erreichen möglich war, und starb, ohne für den Kaiser testiert zu haben, [MH.II 53] sein Testament als das eines undankbaren Menschen kassiert werden sollte. Unter Nero war dies noch ein Mißbrauch und fiel auf, später wurde es ein regelmäßiges Item in den kaiserlichen Einnahmen.

Die Neujahrsgeschenke werden wohl mehr ein Ausgabe- als ein Einnahmeposten gewesen sein. Augustus bekam zwar ein regelmäßiges kleines Geschenk, schenkte aber das Vielfache zurück.

Die Kriegsgewinne[108] waren in der Kaiserzeit unbedeutend gegen die in der Republik. Die Eroberung Galliens und Ägyptens hatte den Staat bereichert; die Eroberungen der Kaiserzeit hingegen brachten nicht viel, führten sogar nicht selten zu Schaden, wie oben von Britannien gesagt ist. Bei Dakien wurden allerdings bedeutende Goldgruben für den Staat erworben. Im ganzen wurde aber bei den Kriegen zugesetzt, und überhaupt war dieses Kaisertum der Frieden.

Die Strafgelder[109] hatten anfangs nicht viel auf sich. Das System der Geldstrafen war im alten römischen Recht nicht sehr ausgebildet. Dann kam die

---

[103] Vgl. MP.33
[104] Marquardt II 295
[105] Gellius V 6; Liv.XXXVIII 37,4
[106] fällig zu den Regierungsjubiläen.

[107] Suet.Aug.101; Mommsen folgt Marquardt II 294.
[108] *manubiae*: Marquardt II 282 ff.
[109] *multae, bona damnatorum*: Marquardt II 287

caduca;[110] auch die Strafen für Ehelosigkeit und Kinderlosigkeit flossen in die kaiserlichen Kassen.[111] Mit dem zunehmenden Christentum und seiner anderen, günstigeren Ansicht über das Zölibat verschwand die Zölibatsstrafe.[112] Ein alter Satz des römischen Rechts war, daß die kapitale Verurteilung die Vermögenskonfiskation nach sich zog.[113] Dieses wurde unter den Kaisern, von Tiberius an, fiskalisch ausgenutzt, was die Republik trotz aller ihrer anderweitigen Sünden nicht getan hatte. Erst die Kaiserzeit [MH.II 54] kennt die tendenziösen Majestätsbeleidigungsklagen besonders unter Tiberius und Nero. Eigentlich flossen die *bona damnatorum* dem *populus Romanus* zu, aber allmählich wurde der *fiscus* (*Caesaris*) dem *aerarium populi Romani* substituiert. Was der Staat an faktischen Summen einnahm, sind wir nicht imstande zu sagen, Einzelziffern zu geben, ist untunlich, sie schweben in der Luft, und es ist ebenso unmöglich, sie zu beweisen wie sie zu widerlegen. Wozu also?

Monopole im rechtlichen Sinne gab es nicht.[114] Es kam wohl vor, daß der Kaiser die Zinnobergruben in Spanien annektierte[115], und nun, da ein Konkurrent faktisch nicht vorhanden war, damit das Monopol für den Zinnoberhandel hatte. Aber rechtlich gab es keinen Ausschluß der Konkurrenz.[116] Mit Gold- und Silberbergwerken war es ebenso: der Staat hat wohl danach gestrebt, sie in seinen Besitz zu bekommen, aber Regal war es nicht. Erst in späterer Zeit kam es vor, daß ein anderer als der Staat etwas nicht verkaufen durfte.[117]

Wenden wir uns zu den Ausgaben des Kaiserreichs! In ganz überwiegendem Maße betreffen sie das Militär, das Tätigkeitsfeld des Imperators.[118] Wir haben in dem heutigen Reichsbudget des deutschen Kaiserreiches ein ziemlich zutreffendes Analogon, wo auch der Militäretat den Löwenanteil der Ausgaben beansprucht. Die allgemein herrschende Ansicht, daß alle Militärausgaben im Römischen Reich auf den Staat übernommen seien, ist nicht richtig. Schon die Erwägung, daß in den senatorischen Provinzen [MH.II 55] überhaupt kein Militär stand, spricht dagegen: aber auch in den kaiserlichen Provinzen reichte das Reichsheer offenbar nicht aus; vielmehr ist von vornherein anzunehmen, und in vielen mit erweiternder Kenntnis sich mehrenden Fällen wissen wir bestimmt, daß auf den Schultern der Gemeinden ein Teil der Verteidigungslast ruhte. Die Städte hatten ihre Mauern zu unterhalten und stellten Milizen. Vorzugsweise natürlich diejenigen in den Grenzlanden, wo kein Militär stand, oder sonst aus irgendeinem Grunde exponierten Gemeinden. So unterhielten nachweisbar die Helvetier ein Kastell mit eigener Besatzung zur Sicherung gegen Überfall germanischer

---

[110] sc. *hereditas*: erbenloses Gut fiel an den Staat.
[111] s. o. MH.II 38
[112] CTh.VIII 16,1; 17,3 f.
[113] W. Waldstein, bona damnatorum, RE. Suppl.X 1965, 96 ff. Vgl. MP.35

[114] Marquardt II 159; 280 ff. nennt das Salzmonopol.
[115] Plin.NH.XXXIII 118: *minium*
[116] Ausnahme: Suet.Nero 32,3
[117] CTh.X 19
[118] Vgl. MP.36

Stämme.[119] Die Stadt *Amida*, das heutige Diarbakir, in Syrien besorgte die Selbstverteidigung gegen die Parther.[120] Und dies waren Gemeinden in stark mit Truppen besetzten Provinzen, wieviel mehr wird anderen diese Pflicht der Selbsterhaltung oblegen haben. So wissen wir, daß *Baetica* in Südspanien sich gegen lusitanische Räuberbanden aus der Sierra Morena verteidigen mußte; in dem uns überlieferten Stadtrecht waren dem Bürgermeister die Rechte eines *tribunus militum* zuerkannt, wenn er die Stadtmiliz aufbot.[121] Ebenso wird es in Vorderasien gewesen sein, das damals nicht ruhiger und sicherer für Personen und Eigentum war wie heute. Der Verfall der Munizipien, wenn auch andere Gründe mitgewirkt haben, ist nicht zum kleinsten Teil durch dies *testimonium paupertatis* herbeigeführt, das der große Militärstaat sich ausstellte, indem er nicht voll und ganz für die Sicherheit seiner Bürger sorgen konnte. Natürlich war Italien selbst bis ins 3. Jahrhundert hinein vollkommen befriedet, hier [MH.II 56] wußte man nichts von Militärausgaben der Gemeinden; daher hören wir auch in den Schriftstellern so wenig davon.

c) Militär

Die Stärke der Armee war sehr stabil. Augustus fixierte sie auf 25 Legionen; auf 25–26 blieb sie bis Trajan, der ihre Anzahl auf 30 erhöhte[122]; das dauerte bis Severus, der 3 neue Legionen schuf; bezeichnend genug für den Zweck ist, daß sie *prima*, *secunda* und *tertia „Parthica"* heißen. Wenn man den Zuwachs des Reiches seit Augustus bedenkt – England, Dakien und Landstriche jenseits des Euphrats waren hinzuerobert, also die drei großen Grenzbollwerke Nordsee, Donau und Euphrat überschritten –, so ist wohl anzunehmen, daß jene 33 Legionen unter Severus ungenügender waren als jene 25 unter Augustus.

Rechnet man die Legion zu 5300 Mann (6000 ist jedenfalls zu hoch) und erwägt, daß bei der doch im ganzen lässigen Wirtschaft des Kaiserreiches der Normaletat nicht immer eingehalten worden sein wird, so repräsentieren 30 Legionen nicht viel über 150000 Legionäre. Das war die Personalleistung, die dem *cives Romanus* anstelle der Steuern auferlegt war. Diese Mannschaft stellte in der ersten Kaiserzeit unter Augustus und Tiberius zum größten Teil Italien; später trat durch die rasche Zunahme des Bürgerrechts im Okzident zuerst Sizilien hinzu, das aber durch die Krise entvölkert, verarmt und verwüstet wurde, bei der Rekrutierung keine große Rolle spielte. Dann das narbonensische Gallien; Vespasian erteilte ganz Spanien das latinische

---

[119] s.u. MH.II 97

[120] *Amida* liegt am oberen Tigris in Armenien und ist in den Partherkriegen nicht hervorgetreten. Vielleicht dachte Mommsen an Nisibis, *orientis firmissi-*

mum claustrum, Amm.XXV 8,14 oder an Proc.bell.Pers.I 7,4.

[121] Lex Ursonensis 103, FIRA.II 190f.

[122] Tac.ann.IV 5; SHA.Hadr.15,13; Marquardt II 443ff.

Recht[123], und bald erhielt es das volle römische Bürgerrecht. Diese Erstrekkung des römischen [MH.II 57] Bürgerrechts auf den ganzen zivilisierten Okzident inklusive *Africa*, mit Karthago und *Utica* seit Caesar, erschloß alle diese Landschaften für die Aushebung der Legionäre, und allmählich verschwinden die Italiker mehr und mehr aus den Legionen. Die rheinischen Inschriften geben über Geburtsländer der Legionäre lehrreiche Aufschlüsse. Später traten die Donauprovinzen als legionärsliefernde Landschaften hinzu. Die Pannonier waren roh, aber ein gutes Soldatenmaterial, und namentlich seit dem Markomannenkrieg sind sie häufig in den Legionen vertreten. Wenn auch hier das römische Bürgerrecht den Gemeinden noch fehlte, wußte man sich zu helfen. Kaiser Marcus schenkte den einzelnen, die eintraten, das Bürgerrecht. Der Orient beteiligte sich am Kriegsdienst in viel geringerem Maße, dagegen überwiegend an den Steuern. Ägypten z.B. lieferte außer für die Flotte fast gar keine Mannschaften, aber wie wurde es besteuert!

Außer den Legionären gab es noch andere Kontingente, die von Augustus eingerichteten *alae et cohortes* für die Nichtlegionäre.[124] Grundsätzlich war jeder Reichsbewohner dienstpflichtig, faktisch jedoch finden wir hier diverse Nationalitäten vertreten, namentlich sehr viel Germanen. Die Bataver z.B. waren steuerfrei, aber starker Rekrutierung unterworfen.[125] Bestimmte Zahlen für die Stärke dieser Truppen wissen wir nicht, und das ist eine schmerzliche Lücke. Teils waren sie den Legionen beigegeben, als sogenannte *auxilia*, und dann dem die Legion befehligenden Legaten untergeordnet, daher müssen wir die Legion, wenn sie faktisch [MH.II 58] auftritt, nicht mit 5000, sondern mit 8–10000 Mann inklusive der Auxiliartruppen berechnen; es gab aber auch Kommandos, die nur aus *alae et cohortes* bestanden. Die einzige, einigermaßen verläßliche Notiz über die Stärke dieser Truppen haben wir von Tacitus[126], der sagt, dieser Teil des Heeres sei nicht viel schwächer gewesen als die Legionen. Das ist wahrscheinlich richtig. Man wird, wenigstens in den besseren Zeiten nicht mehr Auxiliartruppen eingestellt haben als römische Bürger. Wir kommen also auf eine Gesamtstärke beider Truppengattungen von *praeter propter* 300000 Mann.

Dazu kamen nun die italischen Truppen, die Garde mit den Anhängseln, die *cohortes urbanae* (Stadtwache) und die *vigiles* (Löschmannschaften).[127] Die Prätorianer waren 9–10 Kohorten zu 1000 Mann; die *cohortes urbanae* ungefähr halb soviel, die aber, wie wir jetzt wissen, nicht bloß in Rom, sondern auch in Lyon und Karthago disloziert standen. Die *vigiles* bildeten 7 Kohorten à 1200 Mann.

Über die Flotte[128] und deren Stärke fehlen uns vollends alle Angaben. Sie

[123] Plin.NH.III 30
[124] Vgl. MP.38. Marquardt II 462ff.; D. B. Saddington, ANRW.II 3, 1975, 176ff.; M. Speidel, l.c. 202ff.
[125] Tac.Germ.29; ders.hist.IV 12
[126] Tac.ann.IV 5
[127] Marquardt II 475ff.
[128] Marquardt II 495ff.; D. Kienast, Untersuchungen zu den Kriegsflotten der römischen Kaiserzeit, 1966.

stand in zwei Zentren, östlich und westlich: in Ravenna und in Misenum[129], letztere, nach den Denkmälern zu urteilen, beträchtlich stärker. Einzelne Abteilungen lagen in Sardinien, in Ostia, in Südgallien und anderwärts. Über die Kopfzahl wissen wir nichts. Die spätere Kaiserzeit ließ nicht große Mengen [MH.II 59] Truppen an einer Stelle, die Doppellager von zwei Legionen verschwinden, und es wird höchstens eine Legion an einer Stelle zusammengelassen. Im ganzen können wir vielleicht 20000 Mann für die Flotte rechnen. So kommen auf Rom und Italien zusammen 50–60000 Mann, und es ergibt sich als Gesamtzahl der staatlichen bewaffneten Macht 350–400000 Mann, eine sehr geringe Zahl im Verhältnis zu dem ungeheuren Reich und den großen militärischen Aufgaben desselben. Wir sehen daher auch regelmäßig die Erscheinung wiederkehren, daß die Kriege mit ungenügenden Kräften angefangen wurden. Die zufällig am nächsten stehenden Truppen müssen den ersten Stoß aushalten, bis aus der Ferne Succurs herankommt; und nur die überragende technische Ausbildung und Disziplin der Legionäre bringen regelmäßig den endlichen Sieg.

Betrachten wir die Militärangelegenheiten von der finanziellen Seite, so ist der erste Hauptposten der Sold. Caesar hatte denselben auf 225 Denare gleich 200 Mark fixiert, ein Betrag, der zu seiner Zeit wahrscheinlich angemessen war und sich bis Domitian unverändert erhielt. Domitian erhöhte ihn auf 300 Denare gleich 260 Mark.[130] Das führte zu bedenklichen finanziellen Nöten, das *aerarium* geriet in Unordnung. Später wurde dann nicht weiter erhöht. Die Münzverschlechterung tangierte die Soldaten nicht, da der Sold in Gold gezahlt wurde. Diese Rechnung ist immerhin oberflächlich, denn der Sold war [MH.II 60] kein durchweg gleicher, es gab je nach den Truppengattungen Unterschiede. Die Prätorianer[131] bekamen höhere, die *alae et cohortes*, namentlich aber die Flotte geringeren Sold als die Legionäre. Das ergibt, obigen Präsenzstand als richtig angenommen, ein Jahresbudget von 100–130 Millionen Mark für Truppensold. Das ist nach modernen Vorstellungen gering; indessen war das nicht der einzige Ausgabeposten; es kamen noch viele andere hinzu, die ziffernmäßig für uns nicht festzustellen sind, zuerst die Verpflegung, dann die Waffen.

Die Sorge für die Bedürfnisse des Soldaten, die in republikanischer Zeit dem einzelnen Mann oblag und von ihm bestritten werden mußte, wurde in der Kaiserzeit vom Staat übernommen. Dieser lieferte alles: Getreide, Waffen, die gesamte Ausrüstung, so daß das Geld, welches der Soldat empfing, von ihm gespart und thesauriert werden konnte. Daher haben wir in der Kaiserzeit Militärsparkassen in großem Umfang.[132] Ferner belasteten die Staatsausgaben die Militärbauten, die Kriegsmaschinen, die Flottenbauten

[129] Suet.Aug.49; Tac.ann.IV 5; Vegetius IV 31
[130] Suet.Dom.7; 12; Zon.XI 19; Marquardt II 96
[131] Vgl. MP.39
[132] Vegetius II 20; Marquardt II 562 f.

und -ausrüstungen. Indessen kamen diese nicht so teuer wie man *a priori* annehmen sollte, denn das System der Militärhandwerker[133] war in Rom in einem Maße entwickelt, wie wir es uns schwer vorstellen können. In jedem Corps gab es Schuster, Schneider, Waffenschmiede etc., so daß diese Bedürfnisse des Heeres wesentlich durch das Heer selbst befriedigt wurden. Ja, noch mehr, auch andere Regierungsbauten, Straßen etc. wurden von Soldaten hergestellt. Aber dennoch werden viele Lieferungen erforderlich gewesen sein. Die Kosten im Kriegsfalle lassen sich nicht schätzen.

[MH.II 61] Bisher haben wir nur die ordentlichen Ausgaben besprochen, es gab aber auch noch recht erhebliche extraordinäre; vor allem die Geschenke[134]; sogenannte Geschenke, die sich aber so einbürgerten, daß sie gemacht werden mußten. Im allgemeinen hat man wohl von deren Größe zu exorbitante Begriffe; der Ursprung ist bei Caesar zu suchen, der in seinem Testament den Soldaten ein Geschenk hinterließ, ebenso wie den Bürgern. Dasselbe wurde von Augustus ausgezahlt[135], der seinerseits wieder für die Soldaten testierte. Ursprünglich also hat nicht der zum Thron Gelangende die Soldaten beschenkt, sondern er war nur Testamentsexecutor des verstorbenen Vorgängers. Die Zuwendungen des Augustus betrugen nach Tacitus 12 Millionen Denare oder 10 Millionen Mark, die Tiberius auszahlte.[136] Die Prätorianer bekamen davon sicher das meiste, dann die Legionäre; ob die anderen überhaupt etwas erhielten, ist zweifelhaft.

Der erste, der wirklich die Regierung kaufte, war Claudius, als er jedem Prätorianer 3000 Mark, 3570 Denare gab, den anderen weniger.[137] In schneidendem und charakteristischem Gegensatz dazu steht das Geschenk des Vespasian, das 25 Denare[138], also *praeter propter* 20 Mark pro Mann, betrug, nur ein Trinkgeld. Marcus, der regelgemäß zur Thronfolge seines Adoptivvaters gelangte, also keinen Grund zu außerordentlichen Zuwendungen an die Soldaten gehabt hätte, gab wieder jedem Prätorianer 5000 Denare, und bei der Mitregentschaft seines Bruders Lucius noch 3000 Denare, so daß jeder Prätorianer 8000 Denare unter dieser Regierung erhielt.[139] Wir sind dabei nur über die [MH.II 62] Geschenke an die Prätorianer informiert, die anderen Truppen werden wohl weniger, aber doch wenigstens etwas erhalten haben. Das bedeutete erhebliche Ausfälle für die Staatskasse.

Hinsichtlich der Altersversorgung für das Militär unter dem Principat ist vorauszuschicken, daß dieselbe eine unbedingte Notwendigkeit war. Bei einer Dienstzeit des Legionärs von 20 Jahren[140] mußte für den austretenden Mann gesorgt werden. Man darf nicht vergessen, daß in bezug auf die Länge der Dienstzeit der Principat ganz erheblich höhere Ansprüche machte als die

[133] Marquardt II 515 ff.
[134] *donativa*: Marquardt II 140 f.
[135] Plut.Caes.68; Dio XLV 6 f.; XLVI 46,5
[136] Tac.ann.I 8
[137] Suet.Claud.10,4; Jos.ant.XIX 2

[138] Dio LXV 22; Suet.Vesp.8,2
[139] SHA.Marcus 7,9: 20000 Sesterzen.
[140] Dio LV 23,1; Tac.ann.I 17; 78; Dig.XXVII 1,8,2; Cod.Just.VII 64,9 (Diocletian).

Republik. 20 Jahre waren in der Republik das Maximum, was dem einzelnen in extremen Fällen zugemutet werden durfte, und was dauernd nie verlangt worden war, was auch bei einem Bürgerheer eine schreiende *contradictio in adiecto* gewesen wäre. Man behauptet oft, die Kaiser hätten aus übergroßer Fürsorge für die Soldaten das allgemeine Staatswohl vernachlässigt. Das ist aber eigentlich nicht der Fall.[141] Denn der Principat griff zur Verlängerung der Dienstzeit nur als Notmaßregel, um die Zahl der Auszuhebenden möglichst zu beschränken. Es ist eine drastische Illustration der unendlichen Friedenssehnsucht und des Hasses gegen den Krieg und alles, was damit zusammenhing, die die Bevölkerung nach dem hundertjährigen, dem Principat vorangehenden Bürgerkriege beseelten. Im zweiten Jahrhundert wurde die Dienstzeit für die Legionäre auf 25 Jahre[142], für den stets am schlechtesten gestellten Flottensoldaten, dessen Dienstzeit bis dahin 26 Jahre betragen hatte, auf 28 Jahre erhöht.[143] Die überhaupt verwöhnte und verhätschelte Garde hatte kürzere Dienstzeiten. Und diese Dienstzeiten der Legionäre und Matrosen wurden, [MH.II 63] wenigstens unter Augustus und Tiberius, nicht einmal streng eingehalten, sondern die Leute mußten oft faktisch länger dienen[144], bis zu jener eben erwähnten Verlängerung der gesetzlichen Dienstzeit, von wo ab die Klagen über ungesetzliche Ausdehnung derselben verstummen. Das war wohl weniger Menschlichkeit und gesetzlicher Sinn als eigenes Interesse der Militärverwaltung, die länger mit den Leuten nichts anfangen konnte. Wer die 25 Jahre überdauerte – und es waren verhältnismäßig wenige: der Dienst, wenn nicht der Tod durch Wunden erfolgte, war aufreibend –, der war eben nicht länger dienstfähig. Er war nahe an 50 Jahre alt, denn der Eintritt des *tiro* erfolgte mit 20 Jahren, und mußte als Invalide der Verwundung oder der Arbeit eine Versorgung bekommen. Da die Zahl keine sehr große und außerdem wahrscheinlich auf die römischen Bürger beschränkt war, so war die Last für den Staat erträglich. Keinesfalls aber war diese durch Augustus eingeführte Invalidenversorgung ein Zeichen, daß das Soldatensystem den Principat beherrschte, wie man es wohl oft angesehen hat. Es war eine Maßregel absolutester Notwendigkeit; der dem zivilen Leben durch die lange Dienstzeit vollkommen entfremdete, gänzlich aufgebrauchte Mensch mußte eine Altersversorgung erhalten; das Kaiserreich war – weit entfernt, soldatisch zu sein – vielleicht die friedlichste und friedliebendste Zeit, die die Welt jemals in so räumlicher und zeitlicher Ausdehnung gesehen hat.

[MH.II 64] Die Entschädigung der Veteranen bestand nicht durchgängig

---

[141] MP.42: *Man beschuldigt den Staat, er habe sich vom Soldatenwesen beherrschen lassen. Das ist ganz verkehrt.*

[142] Mommsen zu CIL.III 6194; Servius ad Aen.II 157: *qui habent plenam militiam, nam viginti et quinque annis*

tenentur. Dem widersprechen die oben genannten Belege für eine 20jährige Dienstzeit noch unter Justinian.

[143] Marquardt II 542f.

[144] Tac.ann.I 17

in Land[145] – was hätte auch die Mehrzahl dieser alten, an Feldarbeit nicht gewöhnten Leute damit anfangen sollen? Das war nicht das Material, aus dem man Bauern, *coloni* schnitzte. Es kamen zwar Landzuweisungen vor, aber sie bildeten die Ausnahme. Nero hat in *Puteoli* und Tarent[146] entlassene Gardemannschaften angesiedelt, diese waren aber kräftiger und jünger. Vespasian kolonisierte auf solche Weise in dem gänzlich verödeten Samnium in *Reate*, wie wir aus Inschriften wissen[147], Trajan in Pannonien.[148] Aber diese Fälle stehen vereinzelt da und betrafen wohl eigens ausgesuchte Leute. Es werden hauptsächlich jene gewesen sein, die sich etwas gespart hatten, die Kapitalisten unter den Entlassenen. Massenkolonisierung wie nach den Bürgerkriegen gab es nicht mehr.

Die eigentliche Altersversorgung bestand in einer Geldsumme[149]; und deren Betrag war in der ersten Zeit 3000 Denare für den Gemeinen (2500 Mark). Caracalla erhöhte dieselbe auf 5000 Denare (oder 4350 Mark). Das ist sehr mäßig, wenn auch die während der Dienstzeit gemachten Ersparnisse (s.o.) hinzukamen. Die Unteroffiziere (Centurionen und Primipilaren) bekamen allerdings bedeutend mehr, und diese waren auch in den Gemeinden, wohin sie sich zurückzogen, als vermögende Leute angesehen.

Im 3. Jahrhundert verallgemeinerte sich eine Institution, deren Anfänge schon viel früher zurückdatieren: der erbliche Dienst.[150] Die Rekrutenbeschaffung wurde ursprünglich durch Aushebung (*dilectus*) bewirkt, indes stieß diese, je länger desto mehr, auf Schwierigkeiten, so daß man bald zu anderen Mitteln seine Zuflucht [MH.II 65] nehmen mußte. Der Soldat sollte eigentlich ehelos bleiben und war es auch in der ersten Zeit überwiegend. Indessen bei der langen Dienstzeit und der vollständigen Abgeschlossenheit der Soldaten in den Standlagern war die Durchführung wenigstens faktisch unmöglich, und so lebten viele Soldaten in Quasi-Ehen, die zwar rechtlich illegitim waren – die betreffenden Frauen hießen *focariae*, Herdweiber[151] –, aber doch geduldet werden mußten. Sie waren der Regierung nicht einmal unerwünscht, denn die aus diesen Ehen entsprossenen Soldatenkinder wurden bald bei der Rekrutierung vorzugsweise herangezogen. Diese Lagerkinder gehörten allerdings keinem Gemeindeverband an, sie wuchsen beim Heer heran und waren eigentlich nicht von Rechts wegen Bürger, d.h. sie erbten nicht die *tribus* des Vaters; sie wurden der *tribus Pollia* zugeschrieben und gaben ein vortreffliches Soldatenmaterial ab. Das bildete sich vom 2. Jahrhundert ab aus. Severus Alexander machte durch Landanweisungen an diese wilden Soldatenfamilien[152] etwas Ähnliches, wie wir es bis vor kurzem in Österreich an der Militärgrenze gehabt haben: Grenzkastelle, mit

---

[145] Marquardt I 118f.
[146] Tac.ann.XIV 27
[147] Dessau 2460
[148] Colonia Ulpia Traiana Poetovio (Pettau): A. Mocsy, RE.Suppl.IX, 1962, 598

[149] *praemia militiae*: Marquardt II 564
[150] Vgl. MP.43
[151] Cod.Just.V 16,2; VI 46,3
[152] Bereits Septimius Severus hatte die Soldatenehen legalisiert: Herod.III 8,5

Soldatenbauern und erblicher Dienstpflicht des Sohnes, des *miles castella-nus*.[153] Der versagende Staatsorganismus suchte eben alles erblich, zwangs-pflichtig zu machen, er richtete auf allen Gebieten wieder ein Kastenwesen ein, und der Ausgang führte so wieder zu Gesellschaftsinstitutionen zurück, wie sie zu Anfang bestanden. Für das *aerarium* war es immerhin eine Er-leichterung, denn diese Soldaten kosteten nominell wenig, und unter dem finanziellen Gesichtspunkt war diese, sonst eigentlich in anderem Zusam-menhang zu betrachtende Institution auch hier zu erwähnen.

d) *Verwaltung*

An sonstigen regelmäßigen Ausgaben[154] gab es eigentlich [MH.II 66] für den Staat nicht viele. Der kaiserliche Hofhalt gehörte allerdings hierher, weil die Reichs- und kaiserliche Kasse praktisch eins waren. Wir müssen da von modernen Anschauungen ganz absehen, wo in allen geordneten Staaten die Privatausgaben des Herrschers streng getrennt sind von den Staatsausgaben. Sämtliche Ausgaben des Kaisers figurierten unter den Staatsausgaben. *Aera-rium* und *fiscus* sind allerdings nicht dasselbe, der *fiscus* deckte sich nicht mit dem Begriff der kaiserlichen Schatulle, denn z.B. die Miltärausgaben lasteten auf dem *fiscus*.

Über die persönlichen Ausgaben der Kaiser machen wir uns in der Regel zu große Begriffe. Wenn man die ungeheure Ausdehnung des contribuablen Staates bedenkt und sich vergegenwärtigt, daß es der einzige Hofstaat[155] war, der in diesem großen Gebiet zu unterhalten war, und daß es keine Provinz-residenzen der Kaiser gab, so kommt man zu dem Schluß, daß bei der Menge der tragenden Schultern diese Last nicht allzu schwer wog. Der Kaiser lebte wie jeder andere Große in Rom, in Villegiaturen in Bajae etc. Aber der Hofhalt war im ganzen mäßig. Die letzten karthagischen Inschriftenentdek-kungen[156] ergeben zwar in der Provinz *Africa* das Vorhandensein kaiserli-chen Gesindes; sie dienten aber der Domanialverwaltung, nicht dem Hof-halt. In der byzantinischen Zeit wurde das anders; da gab es neben Rom noch kaiserliche Residenzen in Mailand, Ravenna, Trier, Nicomedia, Antio-chia etc. etc. Allerdings war der Aufwand auch verschieden nach der Indivi-dualität des Herrschers. Unter Nero z.B., dem verschwenderisch Bauenden und auch sonst Verschwendenden, ist ein großer Teil der Münzverschlechte-rung auf diese persönlichen Verschleuderungen zu schieben. Im allgemeinen [MH.II 67] aber waren die persönlichen Kaiserausgaben auch für heutige Begriffe nicht zu hoch.

---

[153] Nach Cod.Theod.VII 15,2 von 423. Kritisch dazu: H. Nesselhauf, Das Bürgerrecht der Soldatenkinder; Histo-ria 8, 1959, 434ff.

[154] Marquardt II 104f.

[155] Vgl. MP.44

[156] Dessau 1486 (entdeckt 1880/81) mit dort angegebenen Parallelen. Mommsen, Observationes epigraphicae. Ephemeris epigraphica V, 1884 S. 108

Beamtengehälter kannte die Republik nicht, wenigstens in ihrer guten Zeit. Der Beamte wie der Offizier diente um der Ehre wegen. Das hörte mit dem Principat und teilweise schon früher auf, seitdem die Prokonsuln wenigstens auf Umwegen dafür zu sorgen wußten, daß sie bei ihrer Amtsführung nicht zu kurz kamen. Das Kaiserreich bezahlte dagegen regelmäßig alle Beamte, die senatorischen zwar nur, indem sie ein *salarium*, Ersatz für Auslagen, bekamen, aber faktisch lief es auch bei diesen nur unter anderem Namen auf dasselbe hinaus. Eine Ausnahme bildeten die Sklaven, von denen ein sehr großer Teil der niederen Beamtenarbeiten unentgeltlich geleistet wurde. Die Freigelassenen wurden wahrscheinlich wie die Freien behandelt. Auch der Kriegstribun wurde besoldet. Die Offiziersgehälter scheinen nicht sehr lukrativ gewesen zu sein, dagegen bekamen die Finanzbeamten, Steuererheber und Verwaltungsbeamten enorme Gehälter, freilich nach dem wesentlich richtigen Grundsatz: „Führe uns nicht in Versuchung". Durch ihre Hände gingen so ungeheure Summen, daß man sie gut stellen mußte, um Veruntreuungen zu vermeiden. Die Prokuratoren blieben namentlich lange im Amt, verglichen mit den *tribuni militum* und sonstigen Inhabern hoher Militärstellen, oft dauernd, und diese Ämter waren die Grundlage neuer Vermögensbildungen. Das *moyen de parvenir* in Rom war: vom Unteroffizier (*militia equestris*) zum Prokurator.[157] Der Sohn solcher Parvenus war dann Senator, vollberechtigt unter den hohen Familien.

Wenn auch die Beamtengehälter ein bedeutendes Item in den Staatsausgaben bildeten, so wurden doch, wie schon erwähnt, [MH.II 68] vielfach Sklaven verwendet, und die Klagen, daß die Beamten den Staat aufessen, traten erst nach Diocletian ein. Jedenfalls hörte durch Einführung des geordneten, besoldeten Beamtentums das Schinden auf – außer in den allerhöchsten Stellen, wo allerdings auf unrechtmäßigem Wege große Vermögen gemacht wurden, man denke an Pallas[158].

Andere Ausgaben sind nicht allgemein-staatliche, sondern italisch-römische. Der Begriff der Provinzen als *vectigalia populi Romani* ist noch nicht verschwunden. Dies gilt vor allem von den Wegebaukosten. Die großen römischen Straßen[159] waren zunächst Militärstraßen; und ähnlich wie heute das Eisenbahnnetz einen eminent strategischen Zweck hat, so waren auch in Rom die Truppenmärsche und Dislokationen nur durch das Straßennetz möglich. Richtig und billig wäre es daher wohl gewesen, wenn die Reichsstraßen auch auf die Reichskasse übernommen worden wären. Das ist indessen nur sehr unvollständig geschehen. Aus dem reichen

---

[157] Die ritterliche Laufbahn begann mit den *tres militiae*: 1. als *praefectus cohortis* (Kommando über 500 Mann), 2. als *tribunus legionis* (Stabsoffizier), 3. als *praefectus alae* (500 Reiter) und konnte dann zum Prokurator weiterführen.

[158] Marcus Antonius Pallas war Freigelassener der Antonia minor, bekleidete hohe Hofämter unter Claudius und Nero und wurde von diesem 62 wegen seines Reichtums getötet: Tac. ann. XIV 65; Dio LXII 14,3.
[159] Vgl. MP.45

Material, dem aber leider noch ein tüchtiger Bearbeiter fehlt[160], sei Einiges
aufgeführt:
Die italischen Straßen[161] nahm Augustus in die Hand, wenigstens vom Po
bis Neapel. Trajan – wo ein Kaiser militärisch hervorragend ist, da finden
sich seine Namen oft auf den Meilensteinen – nahm den Süden Italiens in
seine Obhut. Er setzte für ganz Italien *curatores viarum* ein, nahm die
Straßen unter kaiserliche Kontrolle und die Kosten auf die Staatskasse. Auf
Kosten der Anwohner gingen nur [MH.II 69] die neuen Vicinalstraßen.
Außerhalb Italiens dagegen war der Straßenbau eine Gemeindelast, höchstens bei Insuffizienz mit kaiserlicher Subvention. Nördlich vom Po war nur
die von Augustus angelegte *Julia Augusta* von Rimini nach Narbonne kaiserlich. Verona, Padua etc. mußten in ihren Territorien die großen Straßen
aus ihren Mitteln unterhalten; wahrscheinlich, weil diese Städte potent waren. Die Lombardei war eben damals wie heute eine unverwüstliche Landschaft.
In *Africa* war nur die große Straße von Karthago durch die Medjerda[162]
kaiserlich. Es ist uns in vielen Fällen noch nicht klar, welche Ursachen
mitgewirkt haben, um diese oder jene Straße zu einer kaiserlichen zu
machen; meistens werden militärische Gründe maßgebend gewesen sein;
öfter haben wohl auch alte Erinnerungen aus republikanischer Zeit mitgewirkt, wie denn jene oben erwähnte *Julia Augusta* wahrscheinlich dem
Umstand ihre Entstehung verdankt, daß sich daselbst schon in republikanischer Zeit eine Staatsstraße befand. Bei der großen africanischen Straße von
Karthago durch die Medjerda nach Tebessa[163] waren militärische und administrative Gründe entscheidend: es war eine Verbindung des Hauptlagers mit
dem militärisch-politischen Mittelpunkt. In Kappadokien entstand unter
Vespasian und seinen Söhnen eine Staatsstraßenanlage, veranlaßt durch
die Organisation Kappadokiens unter Vespasian und die Garnisonierung
einiger Legionen daselbst. Bemerkenswert ist, daß der Unterschied zwischen
senatorischen und kaiserlichen Provinzen in dieser Beziehung ganz verschwindet, wie denn *Africa* und *Gallia Narbonensis* senatorische Provinzen
waren.
[MH.II 70] Dieses System der durch den Staat verwalteten Reichsstraßen
überdauerte nicht das 2. Jahrhundert, im 3. legten die Kaiser keine Reichsstraßen mehr an. Der in allen Zweigen des Staatswesens einreißende Bankrott erstreckte sich auch auf dies Gebiet. Der Staat bestritt die Kosten der
Provinzialstraßen nicht mehr, sondern bürdete diese Last den Gemeinden
auf und beschleunigte so auch den Niedergang der letzteren.

---

[160] Sebastian Hensel fügt an: *Was
meinst Du Paul?*, wie er ihn auch sonst
auf die von Mommsen genannten For-
schungslücken aufmerksam macht,
vgl. u. zu MH.II 90.

[161] Mommsen, Staatsrecht II 1076
[162] Das Tal des antiken *Bagradas*
[163] In Algerien, antik *Theveste*

Augustus hatte das Institut der Reichspost, einer Personenbeförderung durch Kurierpferde und -wagen geschaffen[164], das aber eigentlich auf einer Belastung der Gemeinden beruhte, die Pferde und Wagen als Fronden stellen mußten. Diese *vehiculatio* wurde besonders deshalb als lästig empfunden, weil sie sehr ungleich war. Es war nicht ein regelmäßiger, stets in Gang gehaltener Dienst, als welchen wir ihn uns heute vorzustellen geneigt sind, sondern – wie noch heute in der Türkei – es wurden je nach Bedarf Reichspostscheine ausgestellt, deren Besitzer das Recht hatte, von jeder Gemeinde Beförderung in ihren Grenzen zu verlangen. Wir besitzen noch ein Dokument des Claudius, das die Aufhebung dieser Last betrifft[165], auch Nerva-Münzen, die die Aufhebung für Italien erwähnen[166] – es kam aber in beiden Fällen nicht dazu, und die drückende Last für die Kommunen blieb bestehen.[166a]

Bezogen sich die bisher betrachteten Maßregeln mehr oder weniger auf das ganze Reich, so gab es andere, die sich lediglich auf Italien responsive auf Rom beschränkten, so die kaiserlichen Bauten. Das Bauwesen war zwar eigentlich und naturgemäß eine Gemeindelast, aber in Italien wurde es viel durch die Kaiser gefördert. [MH.II 71] In *Venafrum* baute Augustus eine Wasserleitung.[167] Trajan errichtete vortreffliche und dauernde Hafenanlagen an beiden italischen Meeren, sowohl in Ostia als in Ancona. An letzterem Ort steht noch heute der Bogen, der zur Verherrlichung dieser trajanischen Bauten errichtet wurde.[168] Auch bei einzelnen Tempelbauten griffen die Kaiser ein. Vespasian stellte viele verfallene Tempel in kleineren Landstädten wieder her. Aus den Provinzen hören wir kaum jemals von derartigem kaiserlichen Eingreifen. In Rom selbst war das öffentliche Bauwesen durchaus auf die Reichskasse übernommen; es war dies eine Konsequenz der durch Augustus erneuerten Censur. Hier zeigt sich evident die Sonderstellung Roms: alle Wasserbauten, die für Rom von so enormer Wichtigkeit waren, die Tiberanlagen, alle Nützlichkeitsbauten sind kaiserliche.[169]

Dazu kamen die Almosen und die Spiele, die eine wesentliche Belastung der Staatskasse namentlich durch die *annona* waren.[170] Die *annona* oder Brotversorgung zerfiel in zwei ganz verschiedene Kategorien: erstens erhielt eine Anzahl Bewohner Roms ein „jährliches" Quantum Getreide gratis, ein Überbleibsel der allgemeinen Bürgerspende der Republik[171], die zu einer Art Armenversorgung geworden war. Caesar hatte die besseren Stände, den

---

[164] Sueton, Augustus 49,3. O. Seeck, cursus publicus, RE.IV, 1901, S. 1846ff.

[165] Die Kosten wurden vom Staat auf die Gemeinden abgewälzt: Dessau 214.

[166] RIC.II S. 229 Nr. 39. Der Nerva-Sesterz trägt die Umschrift VEHICULATIONE ITALIAE REMISSA.

[166a] Septimius Severus übertrug sie noch einmal dem Fiskus, SHAS.14,2.

[167] Dessau 5743

[168] Dessau 298

[169] Marquardt II 90

[170] Vgl. MP.48

[171] App.civ.I 21; Cic.Tusc.III 48; Liv.epit.60

uterque ordo ipso facto[172] ausgeschieden und die Verteilung auf die *plebs urbana* beschränkt, und zwar nur auf eine bestimmte Anzahl von Stellen.[173] Natürlich werden Gunst und Ungerechtigkeit ein Wort mitgesprochen haben, aber der Grundgedanke war doch, nicht allein den gänzlich Unvermögenden, sondern ebenso den ärmeren Familien [MH.II 72] mit reichem Kindersegen eine Beihilfe zu gewähren. Augustus normierte die Zahl der zu Unterstützenden auf 200000.[174] Wieviel Prozent der Bevölkerung dies waren, sind wir außerstande anzugeben. Indessen blieben, da es sich nur um Bürger handelte, *peregrini* und Sklaven ausgeschlossen, daher muß es ein ziemlich beträchtlicher Prozentsatz gewesen sein. Vermehrt wurde die Zahl in der Kaiserzeit nicht, obwohl gewisse Kategorien hinzutraten, so die Soldaten, welche, wie oben erwähnt, freie Verpflegung hatten. Trajan scheint eine Art Waisenversorgung eingerichtet zu haben. Kinder und Unmündige wurden in die betreffenden Listen aufgenommen.[175] Eine Schätzung der Staatsbelastung durch diesen Teil der *annona* mit ca. 50 Millionen Mark dürfte nicht allzuweit vom Ziel bleiben. Indessen, um die ganze Tragweite der staatlichen Lebensmittelversorgung richtig zu würdigen, muß man den zweiten Teil derselben mit im Auge halten: die Versorgung der Hauptstadt mit billigem Getreide für alle.

Ausführbar war die Sache verhältnismäßig leicht. Ein großer Teil der *vectigalia* wurde in Getreide *in natura* entrichtet, das nun in erster Reihe dazu diente, die Kornmagazine der Hauptstadt zu füllen. Es war nicht eine direkte Monopolisierung des hauptstädtischen Getreidehandels, denn vor allen Dingen lag der Maßregel kein fiskalischer Zweck zugrunde. Im Gegenteil, es wurde mit Schaden verkauft, um den süßen Pöbel in guter Laune zu halten. Aber faktisch wurde es zum Monopol, eben der Schleuderpreise wegen, zu denen verkauft wurde und mit denen natürlich kein anderer konkurrieren konnte. Der Kornhandel war so [MH.II 73] praktisch in den Händen der Regierung. Für diese hatte es wenigstens den einen Vorteil, daß die ungeheuren Massen Getreide, die sich in ihren Händen anhäuften, wenn auch um niedrige Preise, zu Geld gemacht wurden. Welche Kosten diese künstlich niedrigen Preise verursachten, ist auch nicht annähernd zu sagen. Immerhin wurde eine reiche Magazinfüllung erzielt, und Rom war vor Hungersnot bewahrt, ein in jener Zeit mangelhafter Kommunikation und unterentwickelten Verkehrs unschätzbarer Vorteil; aber bei der Wichtigkeit der guten Stimmung der Hauptstadt ein wesentliches Moment der Finanzpolitik der Regierung.

Die Spiele[176] hatten keine große Bedeutung für die Staatskasse, aber für die

---

[172] Senatoren- und Ritterstand

[173] Sueton, Caesar 41 spricht von einer Verminderung der Empfänger von 320000 auf 170000.

[174] In seinen «Res gestae» (18) nennt Augustus die Zahl 100000 „und mehr".

[175] Dio LXVIII 5,4. Zu den Alimentarstiftungen: Mommsen, Staatsrecht II 949f.; 1079f.

[176] Vgl. MP.49

gute Laune der Stadtbevölkerung waren sie sehr wichtig. Auf Staatskosten wurden Spiele nur selten veranstaltet, sie waren mehr eine Steuer auf den Ehrgeiz der reichen Leute. Die Prätur, ein wesenloses Amt, aber Bedingung und Vorstufe für jedes höhere Amt, für die *honores et sacerdotia*, war hauptsächlich zur Veranstaltung von Spielen bestimmt.[177] Ein Privilegium der Hauptstadt waren die leidenschaftlich geliebten Zirkusspiele. Gladiatorenspiele und Bühnenspiele hatten auch die Landstädte. Aber die Wagenrennen waren ein Reserverecht Roms.[178]

Der Kaiser war wohl auch bei der Gebung von Spielen beteiligt, aber nicht dazu verpflichtet; wenn er welche gab, was hauptsächlich nach errungenen kriegerischen Erfolgen geschah, dann entfaltete er dabei selbstverständlich den allergrößten Aufwand und die größte Pracht.[179]

[MH.II 74] Außerdem kamen noch Schenkungen von Geld an die *plebs urbana* vor, die eigentlich als Zuschlag zur *annona* betrachtet werden können, da sie ausdrücklich der bevorzugten *plebs urbana quae frumentum publicum accipit* verabfolgt wurden.[180] Viele Münzen, die uns aufbehalten sind, beweisen die Wichtigkeit, die man diesen *congiaria* beilegte, denn nichts ist auf denselben häufiger verzeichnet, als die Summen der von den Kaisern gegebenen Geschenke.[181] Wir besitzen auch noch eine sehr merkwürdige Urkunde[182], die neben allen möglichen sonderbaren Nachrichten, wie, daß ein großes Schiff bei Ostia gestrandet sei und ein Vielfresser sich in Rom habe sehen lassen, noch sehr detaillierte Angaben hat über das, was jeder Kaiser gespendet hat.[183] Es ergibt sich daraus, daß diese Spenden sehr gestiegen sind; zu Beträgen durchschnittlich im 1. Jahrhundert auf 2 Millionen Mark jährlich, im 2. bereits auf 6 Millionen Mark, und dies ist eine vergeudete Summe, eine Ausgabe der Schwäche und der unberechtigten Bevorzugung der müßigen *plebs* der Hauptstadt. Bei leidlich geordneter Verwaltung konnte der Staat diese Summen allerdings ganz gut tragen.[184]

---

[177] Dio LIV 2; Mommsen, Staatsrecht II, 236f.

[178] Gegen diese Ansicht sprechen die zahlreichen Rennbahnen in den griechischen Städten (*Alexandria*, *Antiochia*: Dio LXVII 25,5, *Edessa*: Proc.II 12, 18f., Athen, *Caesarea*, Delos, Delphi, *Ephesus*, Korinth, Nemea, Sparta, Theben usw.). In Italien gab es Zirkusanlagen in *Aquileia*, *Asisium*, *Bovillae* usw.

[179] So zur Einweihung des Kolosseums: Suet.Titus 7,3, oder zur Tausendjahrfeier 247 n.Chr.: Aur.Vict.28,1

[180] Gemäß AW.216 verwies Mommsen hier auf: Marquardt Bd.II S. 134. Gemeint: Joachim Marquardt, Römische

Staatsverwaltung II, 2. Aufl. 1884, S. 130f.

[181] Gemeint sind vermutlich jene Münzen, deren Rückseite die *liberalitas* des Kaisers feiert. Summen werden hier nicht genannt.

[182] Es handelt sich um die Kaiserchronik aus dem Filocalus-Kalender von 354: Chron.Min.I S. 145ff.; vgl. Suet.Nero 37.

[183] Die *congiaria* werden in den «Fasti Ostienses» verzeichnet: A. Degrassi, Inscriptiones Italiae XIII 1, 1947, S. 173ff.; H. Kloft, Liberalitas Principis, 1970, S. 91.

[184] MP.50 notiert *ruinöse* Finanzverwaltung.

Für die übrigen Städte in Italien finden sich ähnliche Einrichtungen nicht. Die Gemeinden sorgten für ihre eigene *annona*, ohne staatliche Unterstützung. Es gibt aber doch Spuren, daß das Kaiserreich in seiner späteren Entwicklung auch auf italische Gemeinden seine Fürsorge ausgedehnt hat; so übertrugen Nerva[185] und Trajan [s. o.] die Alimentarinstitution (*res alimentaria*) auf Italien und gaben große Summen als Kapitalschenkungen aus, die zu ewigen Zeiten auf Grundstücke eingetragen, und deren Zinsen für Unmündige verwendet wurden. Zum [MH. II 75] Beispiel schenkte Trajan der Stadt *Velleia*, einem unbedeutenden Ort bei *Parma*, 1 Million Sesterzen; die Zinsen (50000 Sesterzen oder 10000 Mark)[186] wurden zum Besten von Unmündigen bestimmt; 245 Knaben- und 34 Mädchenstellen wurden für eheliche Kinder und einige weitere für nichteheliche *spurii* und *spuriae* geschaffen. Die Zahlung der Gelder erfolgte an die Eltern.[187] Derartige Stiftungen wurden einer Reihe von Städten gemacht. Den Plan hatte Nerva entworfen. Unter Marcus, nach den Nöten des Markomannenkrieges, kam er ins Stocken. Es ist bemerkenswert, daß hauptsächlich die Kaiserinnen Protektorinnen derartiger Anstalten waren, die sich ja auch für solche Liebes- und Unterstützungswerke am besten eigneten und deren natürliche Förderinnen waren.

Wie diese, bedeutende Summen erfordernden Maßnahmen finanziell durchgeführt wurden, ist schwer zu sagen. In Italien müssen sukzessive die meisten Gemeinden mit solchen Stiftungen bedacht worden sein; dagegen finden sich außerhalb Italiens davon keine Spuren, wenn es auch z.B. in *Africa* an privaten Wohltätigkeitsanstalten nicht mangelte. Die Omnipotenz Roms wurde im Laufe des Principats also auf diesem Gebiet gebrochen, Italien aber blieb das herrschende, das begünstigte Land bis zu den Zeiten Diocletians und Constantins, wo es mit der Bevorzugung und Sonderstellung Italiens ein Ende nahm.

[MH. II 76] Wenden wir uns zur Finanzverwaltung! Das Institut der Staatskasse, das *aerarium populi Romani*, stammte aus republikanischer Zeit.[188] Die Verwaltung desselben stand nicht Beamten, sondern dem Senat zu. Die Kaiserzeit übernahm diese Institution. Daneben gab es dann die kaiserliche Kasse, das *patrimonium principis*, wofür sich im 2. Jahrhundert der Name *fiscus* einbürgerte.[189] *Fiscus* heißt eigentlich Geldkorb, und es gab in der früheren Kaiserzeit verschiedene einzelne kaiserliche *fisci*, z.B. den *fiscus Asiaticus* etc. Später wurde es ein technischer Ausdruck, die Kassen wurden zentralisiert und man sprach vom *fiscus Caesaris* schlechtweg.

Unter Augustus fand eine Zweiteilung des *aerarium populi Romani* statt,

---

[185] Hensel: *Nero*
[186] Diese Umrechnungen orientieren sich an Marquardt II 71 ff.
[187] Dessau 6675

[188] Marquardt II 302 ff.; Mommsen, Staatsrecht II 131 ff.; 545 ff.; 1005 ff.
[189] Mommsen, Staatsrecht II 998 ff.; H. Bellen, ANRW II 1, 1974, 91 ff.

in das *aerarium publicum* und das *aerarium militare*[190]; letzteres, wie schon öfter erwähnt, fundierte auf die Erbschaftssteuer, die *vicesima populi Romani*[191] und die *caduca*[192]. Diese waren nicht kaiserliche Kassen, sondern Kassen des römischen Volkes. Indes war dies nur eine Verwaltungsverschiedenheit: Quästoren, Prätoren und Beamte der Gemeinden verwalteten jene, das *aerarium militare* nur der Kaiser, da er allein Soldaten hatte und entlassen konnte. Dies war das beste an der Einrichtung, daß sie der Kaiser verwaltete und der Senat praktisch nie etwas darüber zu sagen hatte. Wenn also der Rechtsbeflissene das *aerarium militare* juristisch eine Gemeindekasse nennt, so nennt sie der Historiker mit eben dem Recht eine Kaiserkasse. [MH.II 77] Strenggenommen haben wir also eine dreifach geteilte Kasse, die doppelte Staatskasse und den *fiscus*, die Kaiserkasse.

Das *aerarium populi Romani*, formell die Hauptkasse, war schon vor Beginn des Principats materiell die unbedeutendste und ging fortwährend in ihrer Wichtigkeit zurück. Von Rechts wegen sollten die *vectigalia* der Provinzen dieser Kasse zufließen, aber nur diejenigen aus den senatorischen Provinzen wurden ihr wirklich zugeführt. Von den Zöllen (*portoria*) ist es nicht ganz klar, aber wahrscheinlich, daß sie ihr überwiesen wurden; ebenso die uralte Freilassungssteuer von 5 % des Wertes des freigelassenen Sklaven. Von Rechts wegen gehörten ihr auch die Strafgelder und Konfiskationen. Die *caduca* floß nach der *lex Julia* ins *aerarium populi Romani*, und so blieb es noch bis nach Antoninus Pius. Julian sagte dagegen im 3. Jahrhundert – und es ist dies aller Wahrscheinlichkeit nach auf Caracalla zurückzuführen – *hodie fisco vindicantur*.[193] Auch die *bona damnatorum* sollten von Rechts wegen das *aerarium populi Romani* fließen und sind ihm wahrscheinlich nicht durch eine allgemeine Verfügung entzogen worden, sondern durch mannigfache einzelne Übergriffe (so wissen wir z.B., daß das ungeheure Vermögen des Seianus von Tiberius, nachdem es zuerst dem *aerarium populi Romani* überwiesen worden war, nachträglich für den *fiscus* reklamiert wurde). Allmählich wurde es in bezug auf diese *bona damnatorum* Usus, sie nicht zum Besten der Staatskasse, sondern des *fiscus* einzuziehen.

[MH.II 78] Also überall wurde das *aerarium populi Romani* geschmälert. Wahrscheinlich war es außerdem mit der Verpflichtung belastet, einen Teil der Einnahmen an den Kaiser abzugeben. Wir wissen dies z.B. von den asiatischen und africanischen Einkünften, die beide ja senatorische Provinzen waren. Wahrscheinlich waren es Naturalleistungen, die der Kaiser beanspruchte, als er die *annona* für Rom übernahm.

Die untergeordnete Finanzverwaltung war von Haus aus kaiserlich. Nach Tradition und Recht hatte von republikanischer Zeit her der Prätor, Konsul,

---

[190] Dio LV 25
[191] Dessau 5598
[192] Ohne Erben hinterlassene Güter, s.o. MH.II 38; 53

[193] Der Jurist Salvius Julianus starb um 170 n.Chr. Vermutlich denkt Mommsen hier an ein Marcellus-Wort: Dig.XXVIII 4,3

Prokonsul, oder wer der Provinz vorstand, die Steuererhebung zu leiten. Der Principat trennte sie ab und übergab sie kaiserlichen Beamten als den höchsten Finanzbeamten der Provinz. Der senatorische Beamte behielt in der ersten Zeit wohl noch eine gewisse Judikation und Entscheidung in Streitfällen. Aber der kaiserliche Finanzbeamte gehörte der Regel nach nicht dem Senat, sondern dem Ritterstand an. Er war eine persönliche Vertrauensperson des Kaisers, und wenn der Prokonsul, der senatorische Beamte, fehlte, trat der Prokurator, der kaiserliche Steuerbeamte, als geborener *vicarius* für ihn ein.

Die Zölle[194] wurden wesentlich auf dem Wege der Verpachtung erhoben, aber die Kontrolle darüber war ebenfalls [MH.II 79] in den Händen des Princeps. So bestand ein starkes kaiserliches Personal von nichtsenatorischen Beamten, die eine ähnliche Stellung einnahmen wie etwa heutigen Tages die Regierungskommissarien bei den Privateisenbahnen. Die Befugnisse des Principats waren in beständigem Steigen.

Die Oberverwaltung des *aerarium populi Romani* besaß der Senat, der die Ausgaben anwies. Noch Kaiser Marcus hatte sich Zuschüsse durch den Senat dekretieren lassen. Dem Geschäft standen ursprünglich Prätoren, später Quästoren vor, die bei Abgabe des Amtes ihrem Nachfolger, d. h. eigentlich dem Senat, Rechnung zu legen hatten. Bestellt wurden diese Kassenoberverwalter durch Wahl des Senats, oft auch durch Los. Die Kaiser hatten keine Einwirkung, bis auf Claudius, der die Quästorenstellung für den Princeps vindizierte und die bisherige Jahresdauer des Amtes in ein *triennium* verwandelte. Nero übertrug zuerst die städtische Verwaltung Roms auf die *praefecti aerarii Saturni*.[195] So ging die Verfügung über die Reichshauptkasse an den Kaiser über. Schon im Titel des Amtes *praefectus* liegt, daß er ein Stellvertreter sein soll: Stellvertreter aber von wem anders als vom Kaiser? Zu diesem Posten durfte der Kaiser nur gewesene Prätoren, senatorische Männer berufen und mußte, wenn extraordinäre Ausgaben geleistet werden sollten, einen Senatsbeschluß extrahieren.

Man sieht aber aus allem bisher Gesagten, daß *aerarium* und *fiscus* praktisch in eins fließen: beide sind *de facto* kaiserliche Kassen. Die schließliche Durchführung dieser [MH.II 80] Gleichstellung ist wohl durch Vespasian erfolgt und paßt auch ganz wohl zu seinem zentralisierenden Regiment.

Wenden wir uns zum *aerarium populi Romani militare*, zur Reichskriegskasse! Deren Finanzquellen sind bekannt: Erbschafts- und Auktionssteuer. Außerdem erhielt sie Zuschüsse aus anderen Kassen. Wahrscheinlich war nach einer Stelle des Dio der Kaiser zu einem jährlichen Beitrag verpflichtet. Dio sagt es von Augustus[196]; von späteren Kaisern ist es ganz sicher. Tacitus erwähnt, daß, nachdem Kappadokien zur Provinz erklärt war, die Auktions-

---

[194] s. o. MH.II 49
[195] Vgl. MP.53

[196] Dio LV 25,2 f. zum Jahre 6 n. Chr.

steuer wesentlich vermindert werden konnte[197]; der Fiskus konnte also durch jene neue Einnahmequelle seinen Beitrag erhöhen und dadurch andere Beiträge niedriger stellen. Die Verwaltung stand vom Anfang der Gründung dieser Kasse (6 n. Chr.) unter *praefecti aerarii militaris*. Wir haben oben gesehen, daß, wo der Kaiser vikarierend eintritt, er sich der Senatoren bedienen mußte. Hier, wo er selbständig auftrat, waren die Senatoren ausgeschlossen. Wir erkennen also, daß, was Vespasian für das *aerarium populi Romani* tat, für das *aerarium militare* schon durch Augustus geschah, d. h. die vollständige Unterstellung unter den Kaiser. Der Fiskus endlich ist schlechterdings das Privatgut des Kaisers. Und doch handelt es sich in gewissem Sinn auch hier um eine Staatskasse. Die älteste Bezeichnung [MH.II 81] für diese Vermögensgesamtheit war *patrimonium* oder *res familiaris*.[198] Darin war alles enthalten, was dem Kaiser zufiel, aber auch andere Dinge. So war es theoretisch und praktisch die bedeutendste Neuerung des Principats, daß zwar in den Senatsprovinzen das Eigentum an Grund und Boden nach wie vor dem *populus Romanus* gehörte, in den Kaiserprovinzen dagegen Privateigentum des Kaisers war. Gaius spricht es aus.[199] Hierin liegt schon, daß es sich beim Fiskus nicht um Privatvermögen in dem Sinn handelte wie bei anderen Privaten, daß es *res fiscalis*, nicht *res privata* war. Es ist altes römisches Recht, daß gegen den Staat keine Verjährung existierte; dasselbe ist auf die Kaiser in bezug auf ihren Besitz an Grund und Boden übertragen worden, während gegen Privatbesitzer Verjährung lief. Es ist ein Analogon zu dem in Rom üblichen Verhältnis, daß, wenn jemand auf längere Zeit das Land verließ, er sein Eigentum fiduciarisch an einen Freund übertrug, wobei vorausgesetzt wurde, daß, wenn er zurückkehrte, das Eigentum zurückgegeben wurde. So ist auch dies zu fassen: wenn der Princeps, der ja anfangs den Principat nur auf eine begrenzte Zeit angenommen hatte, der monarchischen Würde entsagen wollte, so fiel auch das Eigentum an den Staat zurück. Also ist das kaiserliche Vermögen [MH.II 82] und seine Verwaltung doch etwas wesentlich anderes als das eines Privatmannes.

Dasselbe sieht man auch aus der Erbordnung. Höchst merkwürdig ist, was sich nach Tiberius' Tode ereignete. Tiberius hatte über die Nachfolge, seinem Charakter gemäß, gar nichts gesagt; er machte sein Testament wie ein einfacher Privatmann und setzte seine beiden Enkel zu gleichen Teilen als Erben ein. Der Senat aber stieß dies Testament um und überwies die ganze Erbschaft dem Gaius (Caligula), dem Nachfolger im Principat[200],

[197] Tac. ann. II 42,4 zum Jahre 17 n. Chr.
[198] H. Nesselhauf, Patrimonium und Res Privata des Römischen Kaisers; Antiquitas, Reihe IV, Band 2, 1964, S. 73 ff.
[199] Gaius II 21 (FIRA.II S. 51): *Sti-*

pendiaria sunt ea, quae in his provinciis sunt, quae propriae populi Romani esse intelleguntur; tributaria sunt ea, quae in his provinciis sunt, quae propriae Caesaris esse creduntur.
[200] Suet. Cal. 14,1; Dio LIX 1

denn nicht rechtlich, aber praktisch muß dem Nachfolger alles zufallen, und sollte es selbst dazu eines solchen Gewaltaktes, wie diese Kassation des kaiserlichen Testaments durch den Senat, bedürfen. Seit dieser Zeit verstand es sich von selbst, daß der Thronfolger zugleich Vermögensnachfolger ist; also war das dem Namen nach kaiserliche Privatvermögen faktisch Staatsvermögen, das mit rechtlicher Notwendigkeit dem Nachfolger zufiel. Daher kam es denn, daß einzelne Imperatoren bei dem Regierungsantritt ihr Privatvermögen weggaben, z. B. Pertinax übertrug dasselbe auf seine Tochter[201], andere entäußerten sich desselben zu Gunsten irgend jemands. Von Sondereigentum des Kaisers kann also nicht gesprochen werden.

Otto Hirschfeld sagt in seinem übrigens höchst vortrefflichen und lehrreichen Buch über die «kaiserlichen Verwaltungsbeamten bis auf Diocletian» (1877), daß von Hause aus [MH.II 83] dem Fiskus die Zentralleitung gefehlt habe. Wie war das möglich? Wie konnte ein so ausgedehntes, kompliziertes und weitverzweigtes Gut ohne Zentralleitung sein? Allerdings konnte sie im Kaiser selbst ruhen und er sein eigener Oberverwalter sein, und das war anfangs auch der Fall. So fehlte wohl der Zentralbeamte, aber nicht die Zentralleitung. Wenn Augustus unter den Papieren, die er seinem Nachfolger hinterließ, auch Spezifikationen der Kassenbestände und Rückstände hatte, so hat er sicher laufend von diesen Dingen Kenntnis genommen. Dazu waren allerdings Hilfsbeamte nötig, und wenn uns deren Namen nicht aufbewahrt sind, wir überhaupt nichts von ihnen persönlich wissen, so beruhte dies wohl wesentlich darauf, daß es untergeordnete Personen, Freigelassene oder selbst Sklaven waren, wie uns ja auch die Namen der Kammerdiener nicht bekannt sind.[202]

Und doch liegt etwas Wahres in jener Behauptung der mangelnden Zentralleitung des *fiscus*, dem *aerarium* gegenüber: die ganze Einrichtung des Kassenwesens war bei beiden verschieden; eigentliche Kassenbeamte, eine Zentralkasse war bei dem Fiskus nicht vorhanden. Alle Zahlungen des Ärariums wurden durch die Generalpächter nach Rom geleistet; das Vermögen des Ärariums lag bar im Staatsschatz. Die Wirtschaft des Kaisers im Fiskus war mehr die eines großen Gutsbesitzers, dem Ziegeleien, Bergwerke, Fabrikbetriebe verschiedener Art, Wirtschaftshöfe, Weinberge etc. gehörten und dessen Geldgeschäfte sich in einer Unzahl kleinerer [MH.II 84] Kassen abwickelten oder zersplitterten. Jene, im Grunde doch barbarische Zusammenziehung der Gelder existierte, wenigstens in der ersten, besseren Zeit nicht. Allmählich trat wohl, namentlich unter schwachen Regierungen, eine größere Zentralisation hervor, zuerst unter Claudius, und da begegnen uns denn auch Kassenbeamte, Männer *a rationibus principis*. Es sind Unfreie,

---

[201] und seinen Sohn: Dio LXXIII 7,3
[202] Sueton (Aug. 101) berichtet, daß die Freigelassenen Polybios und Hilarion dem Kaiser bei der Abfassung der erwähnten Papiere halfen; vgl. Tac. ann. I 11,4.

niederes Personal, die bald anfangen, Finanzminister zu spielen; Pallas²⁰³ war der erste, bedeutendste von diesen [s.o.]. Sie übten Einfluß auf die Gestion der Dinge aus. Später wurden diese Geschäfte Männern des Mittelstandes übertragen, und sie führten dann den Titel *procurator a rationibus*. Im 4. Jahrhundert nahm das Amt an Wichtigkeit zu, damals hieß der Beamte *comes sacrarum largitionum*²⁰⁴ und *procurator summarum rationum*.²⁰⁵ Es gab also einen Rechnungshof zum Zusammenfassen der Einzelabschlüsse, ohne daß doch die Gelder zentralisiert wurden. Aber die eigentliche Zentralinstanz war hierfür doch der Kaiser selbst.

Die kaiserliche Verwaltung war eine durchaus direkte, die sich nie mit dem ruinösen indirekten System der Generalverpachtung abgab – ruinös für alle Teile, nur nicht für den Generalpächter selbst. Als nun das Ärarium, wie oben geschildert, allmählich austrocknete und aufgesogen wurde, so fielen die *societates*, die großen Generalpächterschaften damit von selbst weg, ihnen wurde der Boden ihrer Tätigkeit entzogen, ohne daß sie eigentlich jemals durch ein bestimmtes Dekret abgeschafft worden sind.

[MH.II 85] Jede Einnahme- und Ausgabestelle des Fiskus besaß eine besondere *ratio*, ein besonderes Büro. Jeder *exercitus*, jede besondere Heeresabteilung hatte dies – bestimmt wissen wir es von dem africanischen Heer und von der misenatischen Flotte. Dies lehren uns die Bedientengrabinschriften, denn diese Bürobeamten waren untergeordnete Personen. Ebenso selbständig waren der Hofhalt, die Küche, der Keller des Kaisers und das Pädagogium im Palast organisiert. Das zeigt Hirschfeld.

Haupteinnahmequelle war die Domänenverwaltung²⁰⁶, die von Provinzialprokuratoren besorgt wurde. Die rapide Domänenkonzentrierung in der Hand des Kaisers, der schließlich²⁰⁷ der größte Bodeneigentümer im Reich wurde, ist ein charakteristisches Zeichen des Verfalls. Anfangs sah das anders aus. Man hat wohl Ägypten als immer im Privatbesitz des Kaisers dargestellt²⁰⁸, und in gewissem Sinn war das auch der Fall, da alle dortigen Einnahmen, selbst die Strafgelder, in den kaiserlichen Schatz flossen. Indessen war der Boden in Ägypten rechtlich nicht in höherem Sinne Eigentum des Kaisers als in anderen kaiserlichen Provinzen, etwa in Syrien. Er unterstand einer aus der Ptolemäerzeit beibehaltenen Behörde, die daher den griechischen Namen *idios logos* führte.²⁰⁹ Der kaiserliche Privatbesitz am ägyptischen Boden war eine rechtliche Fiktion. Nur in Alexandria scheint es der Fall gewesen zu sein, noch von ihrer künstlichen Anlage durch Alexander her, daß die Bürger nicht [MH.II 86] Hauseigentümer, sondern langjährige

---

²⁰³ Vgl. MP.56
²⁰⁴ ND.or.XIII; ND.occ.XI
²⁰⁵ Der spätantike Titel heißt: *rationalis* (oder *praefectus*) *summae rei*: PLRE.I 1064
²⁰⁶ R. His, Die Domänen der römi-

schen Kaiserzeit, 1896; D. Flach, Römische Agrargeschichte, 1990, 82ff.
²⁰⁷ Das gilt bereits für Augustus.
²⁰⁸ Tac.hist.I 11; ann.II 59; Marquardt I 441
²⁰⁹ OGIS. 188f.; 669; 38f.; 41; 44

Mieter waren, in ähnlicher Weise wie noch heute – nicht zum Vorteil der
städtischen Entwicklung – der Grund und Boden Londons großenteils einigen reichen Grundbesitzern gehört. Hier in Alexandrien war der Kaiser
wirklicher, nicht bloß fiktiver Besitzer des Grundes. In der ersten Kaiserzeit war der Landbesitz der Kaiser, in Italien z. B.
noch unbedeutend; Tacitus sagt dies ausdrücklich von Tiberius: *rari Caesaris
agri*.[210] Das änderte sich durch die Konfiskationen[211], die den größeren, gut
rentierenden Besitz allmählich überwiegend in die Hände der Kaiser brachten, ja häufig eigens zu diesem Zweck ins Werk gesetzt wurden. Namentlich
alle Ziegeleien wurden allmählich kaiserlich, worüber uns die Ziegelmarken
Aufschluß geben.[212] Dazu kam der schöne Villenbesitz bei Bajae[213] und sonst
die Bergwerke Italiens und die großen Weideländereien in Apulien. Wir
besitzen noch ein merkwürdiges Dokument[214] aus der Zeit des Kaisers Marcus: Die kaiserlichen Herdenpächter, welche von den Winterweiden in Apulien zu den Sommerweiden im gebirgigen Samnium gezogen waren, hatten
Streit mit den Städten bekommen, durch deren Gebiet sie treiben mußten.
Die Behörden traten energisch zum Schutz der *conductores* ein.

In *Africa* fand eine noch größere Konzentrierung des Grundbesitzes in
den Händen der Kaiser statt, vornehmlich in dem eigentlichen *Africa*, d.h.
um Karthago, weniger [MH.II 87] in Numidien, in Mauretanien gar nicht.[215]
Karthago wurde von Nero an das gelobte Land der Kaiserdomänen. Wahrscheinlich stammten die großen Güterkomplexe noch aus der punischen
Zeit; in der Republik, nach der Eroberung Karthagos, bemächtigte sich der
Aristokratie derselben, und in der Kaiserzeit traten die Kaiser deren Erbschaft an. Plinius[216] berichtet, die gesamten Latifundien Karthagos seien in
den Händen von sechs Besitzern gewesen, die Nero hingerichtet habe, und
deren ganzer Besitz für den Kaiser eingezogen worden sei. Allmählich
wurde fast ganz *Africa* Kaisergut. Die Zentralstelle war das Tabularium in
Karthago, der dortige Rechnungshof, dessen Einrichtungen wir seit kurzem
sehr genau kennen. Denn wir besitzen ein Dokument aus der Zeit des Commodus, eine Klage der Colonen gegen die großen kaiserlichen Pächter.[217]
Hier in *Africa* findet sich das schönste Kriterium überhandnehmender Lati-

---

[210] Tac.ann.IV 6,4

[211] vgl. MP.57

[212] Mommsen denkt an die Legions-
ziegeleien und an die stadtrömischen.
Margareta Steinby (RE.Suppl.XV 1978,
1519) nennt 181 Privatziegeleien.

[213] Suet.Nero 31,3

[214] Die Inschrift von *Saepinum* (Alti-
lia): CIL.IX 2438 mit Mommsens Kommentar (1883). C. R. Whittaker (ed.),
Pastoral Economies in Classical Anti-
quity, 1988.

[215] D. P. Kehoe, The Economies of
Agriculture on Roman Imperial Estates
in North Africa, 1988

[216] Plin. NH. XVIII 7/35 überliefert,
daß sechs Herren die Hälfte *Africas* besessen hätten, bis Nero sie hinrichtete.

[217] Mommsen, Decret des Commodus
für den saltus Burunitanus, Hermes 15,
1880, S. 385ff.; 478ff. (vgl. ders., Ges.
Schr. III 153ff.). Die Inschrift stammt
aus der Zeit 180–183 n.Chr., FIRA.I
Nr. 103; Dessau 6870.

fundien, die Tatsache, daß sie sich der Gemeindeordnung entzogen. Sie waren städtisch geordnet, erscheinen aber als Güterbezirke und standen nicht unter Magistraten, sondern unter Prokuratoren.

In den besseren Zeiten nach dem Vierkaiserjahr stockte die weitere Ausdehnung des kaiserlichen Domänenbesitzes. Aber nachdem Septimius Severus den Clodius Albinus, d. h. den Aufstand Galliens gegen Illyricum niedergeschlagen hatte, denn so kann man jenen großen Krieg zwischen Italien und dem Orient, Gallien und Illyricum wohl nennen, wurde wie unter Nero wieder in großem Maßstab konfisziert, diesmal namentlich in Gallien und Germanien.[218] [MH.II 88] Dieser neue Domänenbesitz hieß *res privata principis*, der Name war neu, die Sache alt. Seitdem wurde nur unterschieden zwischen *patrimonium Caesaris*, dem alten, und *res privata Caesaris*, dem neuen Domänenbesitz.[219] Später in Konstantinopel entwickelte sich daraus der zweite Finanzminister, der eigentliche Domänenminister, der *comes rerum privatarum*.[220]

Ein schlimmer physiognomischer Zug dieser Domänenverwaltung ist, daß sie sich allmählich vom gewöhnlichen Recht eximierte. Noch Tacitus bezeugt, daß in der ersten Zeit des Tiberius eine rechtliche Differenz des Kaisers als Grundbesitzer gegen einen anderen Privatbesitzer *inter duos privatos* vor den Tribunalen ausgetragen wurde.[221] Später weigerte sich der Kaiser als Grundbesitzer – wir wissen es bestimmt von Claudius[222], wahrscheinlich ist es aber schon auf Tiberius in der letzten Zeit zurückzuführen – vor den Tribunalen Recht zu nehmen, und legte den Verwaltern Exemtion von der gewöhnlichen Gerichtsbarkeit bei. Diese eigene Jurisdiktion ist ein wesentlicher Eingriff in das Privatrecht und ein Symptom der Verwandlung der Monarchie in eine Despotie, eine sehr verhängnisvolle Entwicklung.[223] Die Prokuratoren wurden häufig sogar mit militärischer Macht ausgestattet. So bekam der africanische Prokurator eine Kohorte, worüber die oben erwähnte Kolonenbeschwerde ausspricht. Wahrscheinlich fand dies überall statt.

[MH.II 89] Ein negativer, charakteristischer Zug des römischen Finanzwesens ist die vollständige Abwesenheit von Staatsschulden.[224] Wir verstehen darunter nicht, was allerdings viel vorkommt, wenn der Staat die Gehälter und Löhne längere oder kürzere Zeit schuldig bleibt; das ist wohl auch eine Staatsschuld, aber in anderem Sinn als wir dies gewöhnlich fassen, und

[218] SHA.Sept.Sev.12

[219] H. Nesselhauf s. o. zu MH.II 81

[220] ND.or.XIV; ND.occ.XII

[221] Tac.ann.IV 6: *si quando cum privatis disceptaret* (sc. Tiberius) *forum et ius.* Vgl.II 34; III 76; IV 21.

[222] Suet.Claud.15,1; Tacitus ann.XII 60,1; 4

[223] Dagegen spricht, daß Nerva einen

praetor fiscalis schuf für die Aufsicht über die erlosten Geschworenengerichte, die zwischen dem Fiskus und Privaten Recht sprachen; Dig.I 2,2,32; Plin. pan.36; Mommsen, Staatsrecht II 203; 226.

[224] Hensel am Rand: *Von den Eulen in Island: ,In Island gibt es keine Eulen.'* Vgl. MP.59.

in diesem letzteren Sinn kannte es das Altertum nicht. Nicht, daß die Sache nicht erfunden gewesen wäre: die Munizipien bedienten sich dieses Expediens nicht selten[225], und Munizipalanleihen kamen schon in republikanischer Zeit vor. Die Frage ist, warum der Staat nicht zu diesem Auskunftsmittel griff?

Die Beantwortung ergibt sich aus der Betrachtung derjenigen Fälle, in denen Anleihen im Altertum vorkamen: hauptsächlich nämlich bei abhängigen Gemeinden, nicht oder höchst selten bei selbständigen; wenigstens von den italischen gilt dies fast ausnahmslos. Der Grund ist also klar: will jemand borgen, so muß jemand dasein, der im Notfall die Bezahlung erzwingt. Dies war bei den italischen Gemeinden schwierig, wenn nicht unmöglich, weil die Gemeinde, selbst unter den Kaisern, in gewissem Sinn unabhängig blieb und kein regelmäßiges Tribunal vorhanden war, bei dem man hätte klagen können; allerdings war eine Beschwerde beim Senat statthaft, diese würde aber schwerlich viel Erfolg gehabt haben. Jedenfalls war aber der Staat nicht verklagbar, [MH.II 90] und die Erstattung einer Schuld gegen ihn nicht erzwingbar. Wenn auch die meisten modernen Staaten unter der Last leichtsinniger und zu unproduktiven Gründen kontrahierter Schulden seufzen, so ist doch nicht zu leugnen, daß bei der Möglichkeit einer Staatsschuld behufs Ausführung großer Unternehmungen nachfolgende Geschlechter noch Nutzen, oft den Hauptnutzen haben, und so darf man diese auch an den Kosten teilnehmen lassen, deren Aufbringung dem gegenwärtigen Geschlecht schwer oder unmöglich wäre. Das aber setzt geordnete Verhältnisse und einen großen Grad von Vertrauen in die öffentliche Ehrlichkeit voraus. Noch heute haben barbarische, ungeordnete und unsichere Staaten gar keinen oder wenig Kredit. Der Principat kam nie dazu.

Werfen wir zuletzt noch einen Blick auf die finanzielle Lage der Gemeinden! Das Bild wäre unvollkommen, wenn diese Seite der Finanzwirtschaft der Kaiserzeit außer acht gelassen würde. Leider ist die Schilderung schwierig, weil die Nachrichten in unzähligen Inschriften verzettelt sind und die neue Zeit gerade diesen Gegenstand bei ihren Forschungen vernachlässigt hat. Es wäre ein sehr dankenswertes, wohl ausführbares und fruchtbares Unternehmen, dieses Gebiet ausführlich zu bearbeiten.[226]

[MH.II 91] Das Städtewesen ist die Glanzseite des Principats; hier lag die Blüte des Reiches. Wir können das anschaulich an _Pompeii_ sehen, einer kleinen Landstadt mit wenig Ressourcen, allerdings in dem gesegnetsten Landstrich der Erde gelegen. Zehn Jahre vor der definitiven Katastrophe, die _Pompeii_ begrub und aufbewahrte, machte die Stadt eine ähnliche durch. Sie richtete sich aus eigener Kraft wieder empor, erholte sich beispiellos schnell und stellte die öffentlichen Gebäude wieder her. Die Griffelinschriften, die wir noch in großer Anzahl lesen können, zeigen ein ziemlich hohes Maß an

[225] Plin.ep.X 23 f.
[226] Sebastian Hensel setzt in Klammern hinzu: _Avis au lecteur_, wieder eine Aufforderung an Paul, sich der althistorischen Forschung zuzuwenden, vgl. o. MH.II 68.

Bildung, selbst Sklaven schrieben gut und richtig. Es dokumentiert sich ein lebhaftes öffentliches Interesse. Die Wahlen der Stadtbeamten regten selbst Frauen und Sklaven zur Teilnahme, wenn auch nur zur passiven, an; es zeigt sich ein lebendiger Pulsschlag in diesem städtischen Leben.[227] Und was wir hier sehen, war jedenfalls in allen Städten Italiens, *Africas*, Spaniens und Galliens ähnlich. *Africa* ist weder früher noch später annähernd so blühend gewesen; und all dies ist vorzugsweise das Werk des Principats. Durch Anregung des munizipalen Ehrgeizes, durch Gewährenlassen des eigenen Regiments der Städte und eine merkwürdig freie Bewegung in allen kommunalen Angelegenheiten – nur in Rom waren die Gemeindewahlen beseitigt – brachte der Principat im zweiten und dritten Jahrhundert eine sehr hohe Blüte des Gemeindelebens und der Gemeindeverwaltung hervor, die ihm zu hoher Ehre gereicht.

[MH.II 92] Wie gestaltete sich das munizipale Budget? Woher stammen seine Einnahmen? Die Analogie zwischen dem Staats- und Gemeindebudget ist – *mutatis mutandis* – frappant. Beide gehen von demselben Grundgedanken aus, der – im wesentlichen – fehlenden Besteuerung. Die Gemeinde durfte ebensowenig auf ihre Genossen regelmäßige Geldumlagen ausschreiben, wie der Staat von dem *tributum civium Romanorum*[228], das zwar noch rechtlich bestand, faktisch Gebrauch machen konnte. Die Haupteinnahmequellen waren auch hier wie beim Staat eigenes Vermögen. Die Städte scheinen bei ihrer Konstituierung wohlbedacht auf Grundbesitz fundiert gewesen zu sein und besaßen meistens fruchttragende Immobilien. Bei den Kolonisierungen wurde häufig der Teil des Bodens, der nicht zur Assignation der Bürger verwendet wurde, namentlich die Weide und der Wald, als Gemeindeeigentum reserviert. Er wurde allerdings dann nicht von allen Bürgern der Gemeinde benutzt, sondern verpachtet, und der Pachtzins, das *vectigal*, bildete die Einnahme der Gemeinde. War eine Gemeinde reich und hatte sie überschüssige Kapitalien, so kaufte sie wohl noch Grundbesitz dazu. Dafür haben wir in dem höchst lehrreichen Biefwechsel zwischen Plinius und Trajan einen Fall in Bithynien, auf den nachher noch zurückzukommen sein wird. Die Stadt *Nicomedia* zog ihre Restforderungen ein und kaufte Grundbesitz dafür.[229] Eine andere Einnahmequelle waren die Schenkungen lokalpatriotischer, wohlhabender Bürger, [MH.II 93] und dieser Lokalpatriotismus, der uns in Inschriften oft lächerlich und absurd entgegentritt, entwickelte in diesen namentlich Testaments-Geschenken eine hübsche und lobenswerte Seite.

Nicht selten besaßen die Gemeinden auch auswärts Land, so hatte Neapel jahrhundertelang bedeutenden Besitz auf Kreta.[230] *Atella*, eine campanische

---

227 Dessau 6354ff.; H. Geist, Pompeianische Wandinschriften, 1960

228 Hensel irrig: *tribunatus*. Zur Sache: Mommsen, Staatsrecht III, 227ff. Vgl.MP.63

229 Plin.ep.X 54f.

230 In der Besitz-Übersicht Neapels bei H. Philipp, RE.XVI 2, 1935 S. 2119 findet sich kein Hinweis auf kretisches Territorium. Mommsen denkt wohl an

Stadt, war in Gallien begütert.[231] Gewöhnlich aber lag der Besitz im eigenen Territorium. Über die Verschiedenartigkeit der Finanzquellen klären uns, wenigstens für einen besonderen Fall, Abrechnungen eines pompejanischen Bankiers mit der Stadt *Pompeii* auf: er mußte Renten für die Stadt erheben und einzahlen.[232] Andere Summen flossen aus der Weidepacht, noch andere aus Walkereien etc.

Hinzu kommt das Zinsbuch, das *calendarium*, für den an den Kalenden zu zahlenden Zins für ausgeliehene, den Städten gehörende Kapitalien.[233] Diese Einnahme spielt eine sehr wichtige Rolle in den Stadthaushalten. In der oben erwähnten Korrespondenz von Plinius handelte es sich um einen solchen Fall: die Stadt hat Gelder müßig liegen, denn die Geldsuchenden nehmen lieber Geld von Privaten, weil die Gemeinde mit ihren Formalitäten umständlicher sein muß. Sie weiß also nicht recht, wohin mit ihrem Geld. Plinius schlägt vor, damit der landesübliche Zins herauskomme, das Geld zwangsweise an die einzelnen [MH.II 94] Senatsmitglieder zu verteilen. Trajan ist gerechter und humaner und weist diesen Vorschlag als mit der *iustitia temporis* unverträglich zurück. Er gibt den ganz angenehmen Rat, die Gemeinde möge sich mit dem etwas billigeren Zins begnügen.[234] In den Inschriften begegnen uns oft 3 bis 4 besondere Kalendarien, jedes mit besonderer Verwaltung. Im ersten Jahrhundert überließen die Kaiser die Städte mit ihrer Finanzwirtschaft sich selbst. Es stellten sich aber, wie allerdings sehr leicht möglich, Mißbräuche, Unterschleife, Durchstechereien der verschiedensten Art ein, so daß von Vespasian und Trajan an Beschränkungen eintreten. Die Kaiser setzten Kuratoren der Kalendarien ein.

Wir sehen also, Grundzinsen und Kapitalzinsen waren die Haupteinnahmequelle der Gemeinden. Ob städtische Zölle aufgelegt wurden, ist nicht beweisbar, und da es nicht beweisbar ist, ist es wohl auch schwerlich der Fall gewesen, sonst hätte uns dies nicht unbekannt bleiben können.[235] Es ist auch sehr vernünftig, daß aus den städtischen Territorien nicht Bezirke mit Zollschranken gemacht werden durften, sondern der Verkehr, abgesehen von den obigen großen Staatsgrenzen, im ganzen Reich frei war. Allerdings sind einige wenige Inschriften als Beweis herangezogen worden, daß die Gemeinden Wegezölle erheben durften, sie sind aber wohl falsch verstanden worden. [MH.II 95] Die eine dieser Inschriften aus *Africa* besagt, daß aus einem

---

Capua, dem das Territorium von Knossos gehörte: Dio XLIX 14,5.

[231] Cic.fam.XIII 7,1
[232] Es handelt sich um Lucius Caecilius Jucundus, dessen Wachstafeln C. Zangemeister herausgegeben hat: CIL.IV Suppl.1, 1898; Mommsen, Ges. Schr.III 221 ff.; J. Andreau, Les affaires de monsieur Jucundus, 1974.

[233] Hierzu: J. Oehler, Kalendarium, RE.X 2, 1919, S. 1565 ff.
[234] Plinius ep. X 54 f. Die „Senatsmitglieder" sind die *decuriones*, Trajan berief sich auf die *iustitia nostrorum temporum*, ähnlich wie im Christenbrief X 97.
[235] Irrtum Mommsens. Die Quellen für kommunale Zölle bietet Jones 1964 III 231 ff. Anm.45; 46; 49.

Wegegeld, *vectigal rotarium*, ein Weg hergestellt worden sei.[236] Dies ist aber wahrscheinlich eine Vergünstigung durch den Kaiser gewesen, der diese kaiserliche Abgabe zur Wegverbesserung der Gemeinde überwiesen hatte. Der andere Fall betrifft einen unteritalischen Fall, wo römische Landstraßen mit ihrer Unterhaltung auf den Ertrag von Ländereien angewiesen waren; diese waren ihrem Zweck entfremdet worden, und das ursprüngliche Verhältnis wurde durch den Kaiser wiederhergestellt.

Ähnlich verhielt es sich mit den Abgaben von ein- und ausgesandten Waren, *portoria*, die nicht bloß Hafenabgaben waren, sondern alle derartigen Zölle, einerlei ob auf dem Land- oder Seewege, umfaßten. Aus Ciceros Zeit haben wir einen Volksbeschluß, wonach eine *civitas libera* das Recht zur Erhebung solcher *portoria* erhalten sollte.[237] Unter dem Principat bestand vielleicht nicht dieselbe freie Hand für die *civitates liberae*, allerdings mit Ausnahmen: Athen z.B., das überhaupt eine Ausnahmestellung aus Achtung für seine frühere Größe hatte, besaß als exklavierte Stadt dieses Recht vielleicht; gewiß aber war es nicht allgemein. Der Verkehr innerhalb des Reiches war grundsätzlich frei.

Die Städte konnten in gewissen Beziehungen ihre Angehörigen auch persönlich besteuern. Vor allen Dingen gehören hierher die *operae*, die Handdienste und die damit eng zusammenhängenden Spanndienste. Es waren recht eigentliche Tagelöhnerarbeiten, die gewiß uralten [MH.II 96] Ursprungs waren und natürlicherweise nicht von jedem persönlich geleistet werden mußten, sondern durch Geld ablösbar waren. Genaue Berichte darüber haben wir aus Spanien[238], wo in den Gemeinden jeder männliche Bewohner, einerlei ob *civis* oder *incola*, Freier oder *servus* vom vierzehnten bis zum sechzigsten Jahr sie zu leisten verpflichtet war, mit fünf Tagen jährlich; ebenso jeder Besitzer eines *iugum*[239] (ursprünglich war dabei an ein Ochsengespann zur Ackerbestellung gedacht, nachher aber auch jeder Pferdespannbesitzer) drei Gespanntage jährlich. Hauptsächlich öffentliche Bauten wurden auf diese Weise ausgeführt. Ferner hat die Gemeinde das Recht, von jedem Bürger das zu verlangen, was er an persönlichen Diensten gewähren konnte; bare Auslagen wurden ihm ersetzt, die persönliche Mühwaltung und der Zeitverlust aber nicht honoriert.

Zu solchen Diensten gehörten Gesandtschaftsreisen an den kaiserlichen Hof oder zum Statthalter der Provinz.[240] Diese kamen recht häufig vor, behufs persönlicher Geschäfte oder aus zeremoniellen Gründen. Sie waren eine schwere Last der besser situierten Gemeindemitglieder, denn solche Legationen mußten übernommen werden. Eine Bescheinigung vom kaiserlichen Hof oder dem Statthalter über eine erfolgte Reise wurde erteilt, und daraufhin wurden die Reisekosten mit einem *legativum* entschädigt.

[236] CIL.VIII 10327f.; Dessau 5874
[237] Dessau 38 aus *Termessos* in *Pisidia*.
[238] Lex Ursonensis 98, Dessau Nr. 6087, II S. 509

[239] Hensel: *iugerum*
[240] Lex Ursonensis 92 (Dessau 6087, II S. 507); Plin.ep.X 43f.; Cod.Just.X 65; Dig.L 7

Ebenso mußte man sich zur Führung von Prozessen für die Gemeinde verstehen, das Amt eines Polizeimeisters, [MH.II 97] eines Hafenaufsehers übernehmen und für die Sicherheit des Gebietes die Pflichten eines Bürgerwehroffiziers versehen, wovon uns aus der Schweiz ein Fall bekannt ist.[241] Ferner mußten die der Gemeinde obliegenden staatlichen Verpflichtungen erfüllt werden, die Erhebung der Reichssteuern innerhalb des Territoriums, die Versorgung der Post (*vehiculatio*) und Gestaltung des *cursus vehicularis* mit Wagen und Pferden durch die Gespannbesitzer. Die direkte Belastung der Gemeinden durch die *munera mixta* und *munera patrimonii* wurden schließlich erdrückend und ruinierten dieselben vollständig.[242] Namentlich war es für die Steuererheber, die *decemprimi*, eine äußerst erschwerende Bestimmung, daß dieselben seit dem 3. Jahrhundert für Ausfälle der Steuer haftbar waren, und was fehlte, in Korn oder Geld ersetzen mußten.[243] In der Theorie unterschied man *munera* und *honores*, d. h. Gemeindeverpflichtungen und Gemeindeehren, aber genaugenommen war jeder *honor* ein *munus*. Die Gemeinde konnte die Übernahme eines Amtes erzwingen und tat dieses später oft; damit trat der *honor* zurück und das *munus* in den Vordergrund. Die Lust und die Freude am Amt, die Bereitwilligkeit, es als ehrend zu übernehmen, ist geschwunden, die Pflicht, es als drückend auf sich zu nehmen, geblieben.

Die Ausgaben waren bei der antiken Gemeinde viel einfacher als jetzt. Zuvörderst oblag den Gemeinden die Sorge für die *sacra*. Dieselben waren nicht fundiert, daher belasteten Tempelbauten [MH.II 98] und Ritualhandlungen die Gemeindekasse. Da aber Gehaltszahlungen wegfielen, außer denjenigen für die untergeordneten Beamten, unseren Küstern entsprechend, und die sachlichen Kosten, abgesehen von den Bauten, nicht sehr bedeutend waren, so war die Last keine schwere. Aus spanischen Inschriften[244] wissen wir, daß die Lieferung der erforderlichen *fana*, d. h. der erforderlichen Gegenstände, Gemeindesache war. Unzweifelhaft ist, daß die *stips* stark ins Gewicht fiel, d. h. die kleinen Geschenke, die von den Tempelbesuchern in die *thesauri* gelegt wurden, unseren Opferstöcken und Klingelbeuteln analog. Es ist gewiß nicht unbedeutend gewesen, was auf diese Weise der Tempelkasse zufloß und also die Gemeindekasse erleichterte. In Ascoli (*Asculum* in *Picenum*) war eine Tempelordnung in Kraft, daß, wer einen *clupeus* (Schild) aufstellen wollte, 2000 Sesterzen zahlen mußte.[245] Diese Dinge tre-

---

[241] Mommsen meint vermutlich den aus Nyon (*Noviodunum*) bekannten *praefectus arcendis latrociniis*, Dessau 7007; vgl.Th.Mommsen, Die Schweiz in römischer Zeit, hrsg. von G. Walser, 1969, 34.
[242] Eine lange Liste von Bürgerpflichten bietet Charisius: Dig.L 4,18.

[243] Kritisch hierzu: H. Horstkotte, Die Theorie vom spätrömischen „Zwangsstaat" und das Problem der Steuerhaftung, 1984/88
[244] Lex Ursonensis 65ff.; 128 (Dessau 6087)
[245] Dessau 5450

ten begreiflicherweise in den Inschriften nicht oft zutage, waren aber doch in Gebrauch.

Hinsichtlich der Bauten wurde früher angegeben, inwieweit sie dem Reich oblagen; was übrigblieb, war dann Sache der Gemeinde. In bezug auf den Wegebau herrschte eine große Ungleichheit. Mit den Hauptstraßen hatten die Gemeinden in Italien nichts zu tun, aber die Vicinal- und Stadtstraßen sollten sie besorgen, ebenso die sonstigen öffentlichen Bauten, wo nicht kaiserliche Freigebigkeit sich ins Mittel schlug. Die Staatskasse übernahm [MH.II 99] davon nichts. Man muß indessen eine eigentümliche römische Institution ihrer großen Bedeutung nach würdigen, den munizipalen Patriotismus, der bei weitem größer war als heutzutage, nicht etwa bloß in Deutschland, sondern auch in Italien, wo er noch immer viel bedeutender ist als in anderen modernen Ländern. Die Ursache ist nicht schwer zu ergründen: etwas muß der Mensch sein eigen nennen. Der Patriotismus für den Staat war nicht vorhanden und konnte nicht vorhanden sein. Die monarchische Ordnung des Principats war unverträglich mit der freien Liebe zum Vaterlande. An dessen Stelle trat die Kommune, die Stadt, der nun alle Triebe zugewendet wurden, die im Staat keinen Wirkungskreis fanden. Das war zwar nur ein Surrogat, aber es war doch besser als nichts und hat viele erfreuliche Früchte getragen. Dieser lokale Patriotismus lag vollkommen in der Natur der munizipalen Verhältnisse, dem aristokratischen Regiment einzelner Familien, und er wurde auf jede mögliche Art zur Bestätigung gereizt und zur Schau getragen: z.B. die *nominis inscriptio*, das Recht, sich als Erbauer in einer Inschrift auf einem Bauwerk zu nennen, das man *sua pecunia* gebaut hatte, leicht und nichtig, wie es eigentlich ist, zeigte sehr viele Wirkungen und war eine Neuerung aus der Kaiserzeit, der Republik noch [MH.II 100] unbekannt. So verdanken die Neubauten fast immer privater Initiative ihr Dasein und kosteten den Gemeindesäckel nichts; die Unterhaltungskosten waren aber nicht sehr bedeutend.

Öffentliche Lustbarkeiten und Versorgung der Gemeindemitglieder, *panem et circenses*[246], hatte jede Gemeinde im kleinen und – wie Rom – im großen nötig, nur daß es außerhalb von Rom *panem et ludos* heißen muß[247] und dort aus den Gemeindemitteln bestritten werden mußte. Die Spiele waren genaugenommen religiöse Akte, und infolgedessen bekamen auch außerrömische Gemeinden – allerdings nur nominelle – Zuschüsse zu deren Ausrichtung. So besagen Inschriften über spanisches Städterecht, daß der Beitrag 250–500 Mark betrug.[248] Im wesentlichen richtete der zu Spielen verpflichtete Beamte dieselben auch aus und deckte das stets recht bedeutende Defizit aus eigener Tasche.[249] Insofern waren die Spiele eine Besteue-

---

[246] Juvenal X 81
[247] Wegen Mommsens irriger Ansicht, daß es *circenses* bloß in Rom gegeben habe: Dessau III 2, S. 916 s.v. *ludi circenses*.

[248] Lex coloniae Ursonensis 71 (Dessau 6087). Der Betrag lautet auf 1000 Sesterzen.
[249] Joh.Chrys.de educandis liberis 4 ff.

rung der Beamten, d.h. der Reichen, aus deren Kreisen sie sich ausnahmslos
rekrutierten. Daran knüpfte sich ein weiteres: häufig wurde den Beamten
anstatt der Spiele eine andere Leistung auferlegt, z.B. ein Bau *pro ludis*.
Hierfür sprechen zahlreiche Inschriften.[250]
Ist dies schon eine Art indirekter Ämterbesteuerung, so fehlt es auch nicht
an einer direkten, in den [MH.II 101] sogenannten Eintrittsgeldern. Anfangs
existierten dieselben nicht, später aber in sehr bedeutendem Umfang. Sie
betrafen jeden, der ein städtisches oder ein Priesteramt übernahm, und zwar
ebenso in Rom wie in den Provinzen. Ja, sogar für diejenigen Vermögenden,
die ihrer Herkunft oder anderer Gründe wegen von den öffentlichen Ämtern ausgeschlossen waren, gab es besondere Einrichtungen, die eine Besteuerung ermöglichten, z.B. das *Collegium Augustale*. Dasselbe wird von
den Schriftstellern nicht erwähnt, dagegen in den Inschriften sehr viel.[251]
Namentlich die wohlhabenden Freigelassenen gehörten ihm an, und es bedeutete für dieselben, was das Decurionat für die Freigeborenen bedeutete.
Allerdings war es eine leere Ehre, aber sie kostete Geld, ein *Augustalis
gratuite factus* ist eine große Ausnahme.[252] Gewiß oblag den Augustalen
auch die Ausrichtung von Spielen.

Was der Kaiser in Rom für die *annona* tat, oblag im kleinen in den Pro-
vinzstädten den Stadtmagistraten, und zwar weniger die *frumentationes*, die
Gratisverteilung von Getreide an die Armen, als die fortdauernde und billige
Versorgung des Marktes. Wahrscheinlich waren die städtischen Ädilen direkt
dazu verpflichtet. Die Stadtkassen wurden dadurch stark in Anspruch genommen. Die behördliche Fürsorge betraf zwar in erster Linie [MH.II 102]
das Getreide, aber auch Öl und andere Gegenstände allgemeiner Konstitu-
tion. Es waren Verpflichtungen unbestimmter, aber sehr drückender Art,
deren nationalökonomischer Wert zweifelhaft war, wenn auch dadurch in
gewissem Grade ein Ersatz für das geschaffen wurde, was wir Armenversorgung nennen, da das Altertum die Kommunalpflicht nicht kennt.

Den öffentlichen Unterricht hatte die Republik noch nicht gekannt.[253]
Wie denn aber das Kaisertum nicht lediglich Rückschritte aufweist, sondern
auch Fortschritte, so auch auf diesem Gebiet: der Unterricht wurde zwar
nicht Reichssache, nicht Sache des Kaisers[254], aber städtische.

Der Primärunterricht allerdings wurde unter dem Principat nie öffentlich
erteilt, sondern blieb immer Privatsache und fuhr dabei nicht schlecht. Lesen, Schreiben und Rechnen waren verhältnismäßig weitverbreitete Künste.
Es läßt sich nicht leugnen, daß die Sklaverei deren Ausbreitung begünstigte;
die reichen Leute hatten ein Interesse daran, daß ihre Sklaven etwas lernten,

---

[250] Dessau III 2 S. 918 s.v. *pro ludis*
[251] Belege bei Dessau III 2, S. 701 ff.
[252] Dessau 6313; 6566; 6984
[253] Anders *Falerii*: Liv.V 27
[254] Anders: Suet.Vesp.18; Dig.XXVII
1,6,2; CIC.III S. 802. Nach MP.67 sagte

Mommsen, daß der Staat die Rhetoren
bezahlt habe. Vgl. MH.I 238 und
Mommsen, Zur Rechtsstellung der athe-
nischen Professoren in der römischen
Kaiserzeit: Ders., Ges.Schr.III 50 ff.

weil der Sklave dadurch wertvoller wurde[255], und so finden wir, daß in jedem vornehmen Haus die Sklaven unterrichtet wurden. In vielen Gegenden sieht es damit heute trauriger aus als im Altertum. Der Sekundärunterricht wurde wesentlich durch die Munizipien besorgt, und es gab an vielen Orten eine [MH.II 103] Art Universität, wie noch heute in italienischen Mittelstädten, wo Grammatik, Rhetorik und Philosophie und zwar in beiden Sprachen (lateinisch und griechisch) gelehrt wurde. Die Gemeinden rivalisierten miteinander in behuf auf die Güte ihrer Anstalten, sie stellten teure Lehrer an, und diese standen sich bei dieser Rivalität sehr gut. Die oft erwähnte „gallische Rhetorik" bezieht sich auf diesen Kreis von städtischen Leistungen. Auch in Rom bestanden solche Anstalten.

Beamtengehälter dagegen kannte das Altertum nicht. Der anständige Mann, der Dienste verrichtete, wurde nicht bezahlt, und die munizipale Ordnung nahm diese Leistungen unentgeltlich in Anspruch. Natürlich ausgenommen waren die subalternen Ämter: Schreiber, Lektoren und Gerichtsdiener wurden besoldet.

Im ganzen sehen wir also in leidlich gesunde, haltbare Verhältnisse hinein. Die ordentlichen Leistungen waren fundiert, die außerordentlichen wurden dem privaten Opfermut aufgelegt, und dieser ließ sich finden und entzog sich dem Anspruch nicht. Der *ambitus* war erst faktisch, dann rechtlich besteuert – eine Steuer auf die Reichen. Freilich war mancher Keim des Verderbens vorhanden, so in der *annona* und den *ludi*, aber im allgemeinen war das Städtewesen ein blühendes.

Die Selbstverwaltung war, namentlich am Anfang, vollkommen frei. Das Aufsichtsrecht des Staates , d.h. des Prokonsuls, existierte bei abhängigen [MH.II 104] Gemeinden schon früh, sonst war vollkommen freie Bewegung der Munizipien das Palladium des Principats. Gewiß spielte ein guter Teil Trägheit bei dieser Begünstigung der Selbstverwaltung mit, indes wäre es ungerecht, jenen besseren Motiven nicht Gerechtigkeit angedeihen zu lassen. Die Aufgabe des Provinzstatthalters beschränkte sich darauf, zu revidieren und zu korrigieren, und selbst die allerfreieste Selbstverwaltung ist ja sehr wohl mit einem Aufsichtsrecht des Staats vereinbar und wird durch dieses nicht alteriert.

Die Veränderung, welche in der Kaiserzeit vor sich ging, war entschieden zum Besseren und bestand nicht darin, daß sie die Selbstverwaltung beschränkte, als vielmehr darin, daß die bis dahin eximierten Städte – Athen, *Massilia*, alle italischen Gemeinden (hier fehlte ja der in den Provinzen aufsichtsführende Prokonsul) der Kontrolle unterworfen wurden. In *Achaia* war bis zu dieser Veränderung die Stelle des Prokonsuls eigentlich lediglich eine Sinekure gewesen, da es fast vollständig an Gemeinden fehlte, die zu beaufsichtigen gewesen wären. Über römische Kolonien wie *Apamea* in Bithynien hatte der Statthalter nichts zu sagen (s.u.).

---

[255] Plut.Cato maior 20f.

Vespasian war der erste Kaiser, der die kommunale Selbstverwaltung ein-
schränkte. Wir haben eine Inschrift, worin er für *Nola* einen Aufseher für
die Bauten (*curator*) ernennt.[256] Auch in dem erwähnten Briefwechsel von
Plinius mit Trajan ist eine Stelle, wo Plinius sich über die Gemeinde *Apamea*
beschwerte, die ihre Rechnungen zwar dem zur Revision [MH.II 105] um-
herreisenden Plinius einreichte, aber nur unter Protest; sie sei nicht verpflichtet, sich der Revision zu unterwerfen. Trajan billigte dieses Verfahren
und meinte, wenn sie sich nicht gutwillig gefügt hätte, würde man sie gezwungen haben.[257] Im 2. Jahrhundert wurden für die befreiten Städte *correctores*, griechisch *logistai*, ernannt, *ad corrigendum statum liberarum civi-
tatum*.[258] Zuerst ging man energisch in *Achaia* und Syrien vor; in Italien
genierte man sich etwas mehr, allmählich aber wurden auch hier gewisse
Teile der städtischen Verwaltung in Oberaufsicht genommen. So bereitete
sich die Gleichstellung Italiens mit den Provinzen vor. Vorzugsweise – und
das ist charakteristisch – kamen diese *curatores* aus anderen Städten, häufig
waren es Senatoren, die außerhalb des Dienstkreises der Gemeinde und ihrer
Koterieen standen. Die ganze Maßregel war ebenso vernünftig und wohl-
tätig wie das Aufhören der freien Reichsstädte mit ihrer kurzsichtigen und
engherzigen Kirchturmspolitik schließlich für das Deutsche Reich war.
    Es erschien nötig, diese Gesamtübersicht über die finanziellen Angelegen-
heiten des Reichs und der Kommunen im Zusammenhange vorauszuschik-
ken; denn die Geschichte des Krankens und des Verfalls auf dem Finanz-
gebiet, der ökonomische Ruin und Bankrott ist doch schließlich die Haupt-
ursache des politischen Ruins des Principats gewesen.[259]

[256] Dessau 1119
[257] Plin. ep. X 47f.
[258] Mommsen, Staatsrecht II 858;
1086. Vgl. MP.69.
[259] An dieser Stelle wäre einzufügen
Mommsens nachgelassener Artikel «Bo-
den- und Geldwirtschaft in der römischen Kaiserzeit», Ges.Schr.V S. 589–617,
nach Otto Hirschfeld a.O. *anscheinend
für den vierten Band der römischen Geschichte bestimmt.*

3. DAS KRIEGSTHEATER IM WESTEN

[MH.II 106] Wenn man bescheidene Ansprüche stellt, kann man wohl von einer aus dem vorliegenden Material zu schreibenden Geschichte von Gallien, Britannien etc. sprechen. Es sind die einzelnen, das Kaiserreich bildenden und sich bei seinem Verfall aus ihm zur selbständigen Existenz herausbildenden Provinzen. Dies wird uns fortan beschäftigen, mehr als die Hofgeschichte mit ihren Kaiserbiographien.

a) Britannien[260]

Es ist schon erzählt worden, wie es Claudius gewesen ist, der die Pläne Caesars in bezug auf Britannien wieder aufnahm, vier Legionen über den Kanal schickte und den Süden der Insel dauernd besetzte. *Camulodunum*, das heutige Colchester, und *Londinium*, das heutige London, waren die Hauptorte der damaligen Okkupation. Nero hat das Werk des Claudius fortgesetzt, und zwar mit einer gewissen Stetigkeit, die die weitsichtige und konsequente Provinzialregierung seiner ersten Regierungszeit charakterisiert. Wie der große Aufstand der unterworfenen Völkerschaften durch Suetonius Paulinus energisch und erfolgreich niedergeschlagen wurde, ist früher besprochen.

Diese Tätigkeit der neronischen Zeit setzte Vespasian fort. Er fand eine Besatzung von vier Legionen und eine Reihe kleiner Detachements (*vexillationes*) vor. Die Provinzialgeschichte wird vielfach an die Geschichte der Regimenter und der Legionsquartiere anknüpfen müssen.[261] Sie waren die Brennpunkte der römischen Zivilisation, und von ihnen ging die Romanisierung größtenteils aus. So ist die Geschichte der Legionen in den meisten Beziehungen wichtiger [MH.II 107] als die der Kaiser. Die in Britannien stehenden Legionen waren die II *Augusta*, die IX spanische, die XX *Valeria* und die XIV *Gemina*. Außerdem gab es, wie es scheint, besonders starke *auxilia* unter selbständigen Kommandanten, die sich besonders zu Detachements eigneten. Man hatte sich hier gegen halbzivilisierte Völker zu wehren. Tacitus[262] sagt, daß in der großen Schlacht am graupischen Berge von Auxiliartruppen 8000 Mann Infanterie nebst 3000 Mann Kavallerie teilnahmen,

---

[260] Zum folgenden: Mommsen, RG.V, Kap. 5. Vgl. MP.69ff. ANRW.II 3, 1975, 284ff.

[261] Die Geschichte der Legionen nach Nummern geordnet bietet Ritterling, RE.XII 1925, 1376ff.

[262] Tac.Agr.35

und das würde darauf schließen lassen, daß *summa summarum* wahrscheinlich mehr *auxilia* als Legionstruppen in Britannien standen, da obige Summe schon drei Legionen an Stärke entspricht.

Vespasian verminderte die Zahl um eine Legion: die XIV *Gemina*, welche sich in der Schlacht am graupischen Berge unter Paulinus ausgezeichnet hatte und daselbst wahrscheinlich den Beinamen *Martia Victrix* errang, war in der letzten Regierungszeit Neros nach Italien disloziert worden. Sie focht dann gegen Vespasian; später wurde sie gegen Civilis verwendet, und nicht mehr nach Britannien geschickt, sondern nach Pannonien in Standquartiere gelegt. Wenn dieselbe auch schon seit Nero faktisch nicht in Britannien war, so gehörte sie doch noch bis zur domitianischen Verlegung nach Pannonien eigentlich zur britannischen Besatzung und war vorher nur disloziert. Von Vespasian ab bis in späteste Zeit bestand die britannische Besatzung dann aus drei Legionen, der II, IX und XX. Die IX wurde in den Kämpfen [MH.II 108] gegen die nördlichen Grenzvölker ganz aufgerieben[263] und durch die VI *Victrix* ersetzt. Kein Teil der Legionen blieb so stationär und so unberührt von den innenpolititischen Wirren, die das Reich zerrütteten, wie die schon durch ihre getrennte, insulare Lage davor beschützten britannischen Legionen. Tacitus[264] sagt ausdrücklich, daß sie sich an den Kriegen des Vierkaiserjahres nicht beteiligt hätten. Sie hatten eben Besseres zu tun.

Vespasian setzte die Okkupationspolitik Britanniens fort, die wir langsam, aber sicher weiterschreiten sehen. Wir haben im «Leben des Agricola» von Tacitus, geschrieben nach dem Tode Domitians[265], eine äußerst wichtige Quelle für diese Zeit. Allerdings kann man nur mit Vorsicht aus ihr schöpfen. Es ist eben eine Biographie, das Licht ist ein falsches, einseitiges; es geht uns damit wie mit dem jugurthinischen Krieg des Sallust. Hätten wir von anderen Epochen der britannischen Geschichte ähnlich detaillierte Darstellungen, so würde wahrscheinlich die relative Wichtigkeit der von Tacitus geschilderten Vorgänge uns ganz anders erscheinen.

Vespasian war mit den britannischen Verhältnissen wohl vertraut, er hatte als Legionslegat daselbst gedient und gefochten.[266] Als Kaiser schickte er nacheinander drei bedeutende Männer an die Spitze der dortigen Armee: den Petilius Cerialis von 71 bis 74, den Schriftsteller Julius Frontinus von 75 bis 78 und den Julius Agricola von 78 bis 85, der schon als Legat dort gedient hatte.[267] Die Chronologie ist für diese Zeit zwar nicht genau festgestellt, doch bleiben [MH.II 109] die geringen Differenzen für den Historiker irrelevant.

Cerialis war leichtsinnig, verwegen, aber tüchtig und im Fall der Not unschätzbar. Er wendete sich gegen Norden und kämpfte wesentlich mit

---

[263] Das ist fraglich: Ritterling l.c. 1668f.; s.u. MH.II 113.
[264] Tac.hist.II 66
[265] AW schreibt: *in der Zeit Domiti-*

ans, was Mommsen gewiß nicht gesagt hat.
[266] Suet.Vesp.4,1
[267] Im Jahre 70: Tac.Agr.7,3

den zwischen Humber und Tyne wohnenden Briganten. Er gründete hier das Standquartier der neunten „spanischen" Legion, später das der *Sexta Victrix* in der Nähe des heutigen York, *Eburacum*.

Sein Nachfolger Frontinus wandte sich nach Westen, gegen die Silurer im heutigen Wales, und gründete das Lager in *Isca*-Caerleon (korrumpiert aus *castra legionis*) und dasjenige in *Deva*-Chester (aus *castra*). Man sieht, welche Bedeutung diese Lager gewonnen haben müssen, da ihre Namen noch heute in den Ortsbezeichnungen fortleben. Die beiden letztgenannten Lager waren dazu bestimmt, die unruhigen Einwohner von Wales im Zaum zu halten, so wie jenes erste den Norden zwingen sollte. Der Südosten befand sich schon in einem weit vorgeschrittenen Stadium der Unterwerfung und bedurfte solcher Sicherungsmittel nicht mehr.

Agricola unterwarf zuerst die Völker im nördlichen Wales und die Insel *Mona*, das heutige Anglesey[268], dann wandte er sich nach Norden und errang hier bedeutende Erfolge. Vorab unternahm er eine, man kann sagen geographisch-militärische Rekognoszierung bis in den höchsten Norden der Insel. Der Zweck war wohl, einen deutlichen Begriff von der Ausdehnung und militärischen Wichtigkeit der nördlichen Länder der Insel zu bekommen. Agricola besetzte die strategisch wichtige Linie zwischen [MH.II 110] Clyde und Firth of Forth, etwa zwischen Carlisle und Newcastle. Später fand man eine noch engere Einschnürung zwischen Glasgow und Edinburgh, und sie wurde befestigt. Diese Erfolge wirkten auf die Eingeborenen und rüttelten sie auf zu einem Versuch, das Joch durch gemeinsame Anstrengung abzuschütteln. Die Konspiration hatte einen religiösen Charakter, der keltische Druidenkult und seine Priester spielten eine Rolle darin. Es kam zu harten Kämpfen. Das Gesamtaufgebot der aufständischen Caledonier wird mit 80000 Mann angegeben, ohne Zweifel übertrieben. Agricola hatte dem höchstens 20000 Mann entgegenzustellen, aber der Sieg blieb ihm und der erprobten Überlegenheit der römischen Soldaten.

Bald darauf wurde Agricola abberufen. Tacitus[269] gibt als Grund Argwohn und Eifersucht des Kaisers Domitian gegen den Feldherrn an. Es ist wohl möglich, daß solche Motive mitgewirkt haben, indessen ist doch auch zu beachten, was Tacitus gehässig verschweigt. Wir wissen nicht mehr, aus welchem Grund es geschah, aber Tatsache ist, daß mit der Abberufung des Agricola zugleich eine vollständige Wendung in der ganzen Britannien betreffenden Politik eintrat. Bis dahin hatte der Principat an der Eroberung Britanniens konsequent und planmäßig festgehalten; Agricola war als Nachfolger zweier, auch länger als gewöhnlich amtierender Feldherren, als der vielleicht tüchtigste am längsten im Amt geblieben. Er hatte unter drei Kaisern seinen [MH.II 111] Posten ununterbrochen behalten; er hatte sehr bedeutende Erfolge im Westen und im Norden errungen, Erfolge, die das

---

[268] Tac.Agr.18; Plin.NH.II 77/187; [269] Tac.Agr.39f.
Tac.ann.XIV 29,3; 30,1

Resultat einer durchdachten, große Mittel in Anspruch nehmenden und jedenfalls nur im innigsten Einverständnis mit der heimischen Regierung durchzuführenden Politik gewesen waren.

Agricola hatte noch weitere große Pläne: Er war der Schöpfer der britannischen Flotte, die das vortreffliche Werkzeug zur Erhaltung der römischen Herrschaft auf der Insel war, und die eine Verbindung mit Gallien einerseits, andererseits die Unterwerfung des noch freien Britanniens bewirken konnte. Auch die Schlacht am graupischen Berge spricht für die weitergehenden Pläne des Agricola.[270] Wo dieselbe genau geschlagen wurde, wissen wir nicht. Man glaubt, die *Grampians* hätten ihren Namen von einer Korruption jenes Namens durch Veränderung des „u" in „m". Jedenfalls lag wohl der Schauplatz der Schlacht jenseits der römischen Befestigungen, in dem noch nicht unterworfenen Britenlande. Auch an die Eroberung Irlands dachte Agricola. Tacitus[271] erzählt, daß Agricola oft mit ihm darüber gesprochen habe; mit einer Legion sei die Eroberung nach seiner Meinung leicht auszuführen. Für notwendig hielt er sie, weil die nationale Opposition der Kelten, wie sie sowohl in Gallien als in Britannien immer und immer wieder in schweren Aufständen zutage trat, nur definitiv und [MH.II 112] und gründlich in den irischen Druiden zu schlagen war; denn die nationale Opposition war auch wesentlich eine religiöse.

Alle diese Pläne kamen mit Agricolas Abberufung ins Stocken. Sein Nachfolger ist unbekannt, jedenfalls war es ein unbedeutender Mann. Die ganze Politik wurde gewechselt, die Eroberung, die Ausdehnung des römischen Gebiets hörte auf. Das allmähliche Zurückweichen von den weitgesteckten Zielen, welches das spätere Kaisertum charakterisiert, drückt sich hier recht scharf aus.

Ob die Eroberung Britanniens überhaupt weise war, darüber läßt sich streiten. Wenn man dieselbe einmal wollte, dann war es sicher besser, sie ganz durchzuführen und sowohl die Hauptinsel als Irland vollkommen zu unterwerfen. Es gehört unter die *arcana imperii*, warum man davon abging. Vielleicht waren die schweren pannonischen Kriege mitbestimmend, die Eroberungspläne einstweilen aufzuschieben. Aber warum nahm ein Kaiser wie Trajan dieselben nicht wieder auf? Er, der doch an Donau und Euphrat die Grenzen des Reiches weit hinausschob. Ließen ihm diese Eroberungen keine Zeit und Mittel übrig? Wir stehen vor einem Rätsel, aber das Faktum der ganzen Wendung der Politik ist unbestreitbar und geht doch offenbar über eine persöliche Eifersuchtsanwandlung des Domitian gegen Agricola weit hinaus.

Nach der kurzen, durch Tacitus' Leben des Agricola hell beleuchteten Zeit hüllt sich die britannische Geschichte wieder in ein tiefes Dunkel. Aus Trajans Regierungszeit wissen wir gar nichts, aber [MH.II 113] soviel steht fest, die römischen Waffen machten keine Fortschritte.

---

[270] Tac.Agr.29ff.   [271] Tac.Agr.24,3

Unter der folgenden Regierung muß es eine schwere Katastrophe gegeben haben. Wir erfahren von einem großen Aufstand der Briten. Fronto[272], unter Kaiser Marcus, spricht von der ungeheuren Zahl Soldaten, die während Hadrians Regierung in Britannien gefallen sei. Und was lauter als alle Berichte spricht: die neunte Legion, welche in *Eburacum* (York) stand, verschwand vollständig und wurde nicht erneuert. Es muß eine Katastrophe gewesen sein, ähnlich der des Varus im Teutoburger Wald. Es war Sitte der Römer, eine auf solche Weise vernichtete Legion unter demselben Namen nicht wiederherzustellen. So geschah es mit den im Teutoburger Walde vernichteten, so mit der Neunten Legion, die den Angriffen der Picten und Scoten ausgesetzt war. Aber Genaueres wissen wir über diese etwa im Jahr 120 vorgefallene Katastrophe nicht.[273] Dagegen wurde unter Antoninus Pius durch Lollius Urbicus im Jahre 143 ein großer Sieg über die Briten erfochten.[274]

Wichtiger ist, was uns über die großen Befestigungen der Römer im nördlichen Britannien bekannt ist. Die großenteils heute noch vorhandenen beiden Wallanlagen verdienen unser höchstes Interesse. Unter Hadrian wurde die erste erbaut.[275] Sie erstreckte sich von Carlisle bis Newcastle, also ungefähr auf der heutigen englisch-schottischen Grenze und bestand aus einem 80 römische Meilen (16 geographische Meilen) langen, zwei bis drei Meter dicken und sechs Meter hohen Steinwall.[276] Nach Norden, also nach der Feindesseite, bestand derselbe aus Quadern, hatte 320 Türme und 17 Kastelle. Es war eine äußerst großartige Anlage. Ihr folgte unter Pius nördlich davon [MH.II 114] eine zweite Wallanlage[277], zwischen Glasgow und Edinburgh, nicht so gewaltig, ohne Quadern, und nur halb so lang. Diese Bauten stehen offenbar in kausalem Zusammenhang mit jenen militärischen Vorgängen, der Zerstörung des Lagers von York und der Niederwerfung der Neunten Legion.

Vielfach sind diese großen Befestigungsanlagen als die Grenze des römischen Gebietes aufgefaßt worden; das ist gewiß ebenso falsch, wie wenn man in der Anlage der großen deutschen Rheinbefestigungen Wesel und Ehrenbreitstein bei Koblenz etc. die Absicht hätte sehen wollen, das linksrheinische Deutschland[278] aufzugeben. Als die nördlichere Wallanlage durch Pius errichtet wurde, gab man die südliche keineswegs auf; Pius hat nachweisbar auch an dieser gebaut. Es war eben eine doppelte Enceinte.[279] Lollius Urbi-

---

[272] Fronto 217 (Naber); Mommsen RG.V 171

[273] H. Nesselhauf (BJ.167,1967) zeigt, daß die Neunte Legion keineswegs vernichtet, sondern nach Germanien verlegt wurde; A.Birley, Septimius Severus, 1971, S. 245.

[274] SHA.Pius 5,4

[275] SHA.Hadr.11,2; CIL.VII S. 99 ff.

[276] Es handelt sich ursprünglich um eine Mauer: J.Collingwood Bruce, Handbook to the Roman Wall, 1978, 14 ff.

[277] SHA.Pius 5,4; CIL.VII S. 191 ff.

[278] So MH.II 114; AW schreibt: *Preußen*

[279] „Vormauer"

cus, der 143 den großen Sieg über die Britannier erfochten hatte[280], wollte das Vorland gewiß nicht räumen, er wollte es beherrschen.[281] Eine Urkunde aus dem 4. Jahrhundert weist Straßen nach, die bis an den Wall des Pius reichen.[282] Und wenn das Itinerarium aus dem Anfang des 5. Jahrhunderts[283] die Posten am Wall des Hadrian aufführt, so war dieser Wall eben eine Verteidigungslinie, aber nicht die Reichsgrenze.

Unbestreitbar allerdings sind diese Anlagen ein Symptom dafür, daß die römische Defensive nicht mehr, wie in den besseren, kräftigeren Zeiten offensiv, sondern fortan defensiv geführt werden sollte. Nicht mehr, indem man die feindlichen Grenznachbarn schlug und unschädlich machte, wollte man sich sichern, [MH.II 115] sondern durch Wälle und Gräben, durch feste Positionen. Eben dahin gehört auch die große Stabilität der Lager. Jene drei früher erwähnten Lager bestanden schon mindestens seit Agricolas Zeit, wahrscheinlich schon früher, und sie blieben unverändert, so lange die römische Herrschaft währte, sie sind nie verschoben worden. Es überrascht, daß das kleine Wales zweier Lager bedurfte, um es jahrhundertelang im Zaum zu halten. Man sollte denken, nach dessen Unterwerfung wäre es angezeigt gewesen, die Standquartiere nach dem Norden zu verlegen. Nichts von dem geschah; also entweder wurde Wales nicht dauernd und vollständig unterworfen, oder es riß eben eine faule Stagnation in der britannischen Heeresleitung ein. Daß die Truppen nie ernstlich und dauernd über York hinaus geführt worden sind, zeigt, daß die Dinge nicht vorwärts gingen. Und wenn sie nicht vorwärts gingen, so gingen sie eben zurück. Der *classis Britannica*, der britannischen Flotte, wurde auch nie eine bedeutende Rolle zugeteilt, so geeignet sie dazu gewesen wäre. Die Pläne des Agricola schlummerten und wurden nicht wieder erweckt. Unter Marcus Aurelius standen die Dinge schlecht. Es drohten beständig Einfälle der nördlichen Völker. Unter Commodus erfocht der Statthalter Ulpius Marcellus große Siege.[284] Aber diese Siege bedeuten und beweisen Kriege. Das Grenzgebiet wurde nicht befriedet, und konsequenterweise zeigen sich im [MH.II 116] Norden nur geringe Spuren römischer Kultur.

In der Zeit des Septimius Severus ist die britannische Geschichte ungemein merkwürdig. Es war das einzige[285] Mal, daß Britannien, d. h. die dortigen Legionen, eine Rolle in der allgemeinen Politik spielten. Wie in der Zeit des Vierkaiserjahres, nach dem Untergang der Julier-Claudier, stritten in der

---

[280] SHA.Pius 5,4; Dessau 340 verweist auf das Jahr 142.

[281] Dazu Mommsen, Das römische Militärwesen seit Diocletian (1889). In: Ders., Ges. Schr. VI 206 ff., 225 ff.; und E. Kornemann, Die unsichtbaren Grenzen des römischen Kaiserreiches. In: Ders., Gestalten und Reiche, 1943, S. 323 ff.

[282] K. Miller, Itineraria Romana, 1916, S. 14; ders., Die Peutingersche Tafel, 1962, S. 4 f.; 17

[283] ND.occ.XL

[284] Dio LXXII 8,2 ff.

[285] Mommsen denkt an die Principats-Zeit, seit Diocletian wiederholte sich das; s. u. MH.II 118.

Katastrophe nach Commodus wieder die großen Militärgebiete um den Vorrang. Die östlichen Legionen hoben 193 den Pescennius Niger, die germanischen[286] den Septimius Severus und die Prätorianer den Didius Julianus auf den Schild.[287] Die germanischen Legionen waren sehr geschwächt, und daher fiel dem Clodius Albinus, dem Befehlshaber der starken und intakten britannischen Legionen, die Kandidatur zu. Jeder der germanischen Befehlshaber hatte nur zwei, Albinus aber drei Legionen.[288] Nach Besiegung der anderen Prätendenten überwand Severus den Albinus in der Schlacht bei Lyon.[289] Die nächste Folge des Sieges war, daß Severus die britische Statthalterschaft in Ober- und Unterbritannien teilte, um nicht eine so große Macht in der Hand eines einzigen Mannes zu lassen. Diese Bezeichnung hat nichts mit geographischer Höhe oder Tiefe zu tun, sondern *superior* wurde die Rom nähere (südliche), *inferior* die entferntere (nördliche) Provinz genannt. Die Besatzung von *Britannia Superior* bestand aus zwei Legionen, in *Isca* und *Deva* in Wales, die von *Inferior* aus einer Legion in *Eburacum*.

Nachdem Severus seine großen Ostkriege beendet hatte, wandte er sich, hochbejahrt und schwer an Gicht leidend, kaum mehr vermögend, zu Pferde zu steigen, nach Britannien. Es waren keine besonderen Ereignisse, die diesen, vielleicht den tüchtigsten aller Kaiser, zu diesem Unternehmen veranlaßten. [MH.II 117] Es hatte zwar Kämpfe gegeben, aber nicht gerade ungewöhnlicher Art; die Waffen ruhten wie an der Nordgrenze. Severus wollte nachholen, was offenbar längst hätte geschehen müssen: Auch er errichtete eine Mauer, 32 römische Meilen lang. Die andere Version, sie sei 132 Meilen lang gewesen, ist unhaltbar; zu einem solchen Bau war an der britannischen Nordgrenze kein Platz. Spuren sind von ihr nicht übrig, durch inschriftliche Zeugnisse wissen wir also nichts von ihr, und es ist nicht sicher, wo und was sie war. Indes hat Severus sicher eine fortschreitende Bewegung inauguriert, und sein Bau ist gewiß nicht mit dem des Hadrian identisch[290], sondern wahrscheinlich ist er eine Modifikation, eine Abkürzung des Pius-Walles, von Glasgow nach Stirling. Eine Grenzlinie ist er ebensowenig wie die anderen Wälle. Severus wollte die ganze Insel unterwerfen und die Waffen bis ans nördliche Meer tragen.[291] Es kam zu einem Friedensschluß mit den Briten und zu einer Gebietsabtretung durch diese.[292] Die Rückkehr zur Offensive war erfolgreich gewesen. – Sehr bald nachher folgte eine zweite Insurrektion. Severus rückte abermals vor, der Tod ereilte ihn aber 211 in *Eburacum*

---

[286] Richtig: die Donaulegionen in *Carnuntum*: Dio LXXIV 13ff.

[287] Metaphorisch gemeint, eine wirkliche Schilderhebung erlebte nur Julian: Amm.XX 4,17

[288] Dio LXXIV 14,3 gibt jedem drei Legionen.

[289] Dio LXXV 6

[290] SHA.Sept.18,2; Aur.Vict.20,18; Eusebius-Hieronymus, chron. zu 207; dort die Zahl von 132 Meilen. Es handelt sich doch um die Hadriansmauer: Birley 1971, 263. Anders Mommsen RG.V 170.

[291] Dio LXXVI 13. Anders: Mommsen, RG.V 172 Anm. 2

[292] Dio a.O.

(York), und mit ihm starben seine Pläne.[293] Es war vielleicht die patriotisch-ste, vernünftigste Unternehmung der Kaiserzeit.[294] Seine Söhne Caracalla und Geta verzichteten sofort auf die Fortführung der Unternehmungen ihres Vaters, [MH.II 118] teils durch Bruderzwist, teils durch Trägheit veranlaßt, und schlossen einen neuen Vertrag mit den Aufständischen, der die Abtretungen rückgängig machte.[295] Das 3. Jahrhundert bildet in unserem Wissen eine Lücke; es wurden keine Kriege geführt, größere wenigstens gewiß nicht. Hierauf lassen auch die Kaisertitulaturen schließen: Severus nannte sich *Britannicus*[296], Caracalla ebenfalls[297], die späteren Kaiser nicht.

In der Epoche des Diocletian fingen die Anwohner der Nordsee, die Sachsen und Franken, an, jene Raubzüge zu machen, die später als soge-nannte Normannenzüge eine so wichtige Rolle spielten. Diocletian schuf eine Neuformation der britannischen Flotte, die Kanalflotte, die es bis dahin nicht gegeben hatte; eine vernünftige Maßregel. Deren erster General Carau-sius überwarf sich mit Maximian; dieser wollte ihn absetzen und ihm den Prozeß machen. Carausius, ein Mann niederer Herkunft, kein Römer, son-dern ein Menapier, errichtete darauf 287 einen Quasi-Staat auf eigene Faust.[298] Sein Abfall wich ab von den anderen britannischen Aufständen, die von den unterworfenen Eingeborenen ausgegangen waren. Es war ein Vor-gang der inneren römischen Politik mit höchst merkwürdigem Ausgang. Maximian versuchte, ihn zu unterwerfen, was ihm nicht gelang; vielmehr kam es zu einem Frieden, in dem die Kaiser Diocletian und Maximian ihn förmlich als Gleichberechtigten anerkannten, [MH.II 119] so daß er recht-lich ebenso selbständig dastand, wie er es faktisch war. Carausius wurde 294 durch Mörderhand beseitigt. Sein Nachfolger Allectus war unfähig, und der Befehlshaber von Gallien, der Caesar Constantius, machte seiner Herrschaft ein Ende. Er ging mit Heeresmacht nach Britannien hinüber, verbrannte im buchstäblichen Sinn des Wortes seine Schiffe hinter sich, um den Soldaten zu zeigen, daß sie siegen oder sterben müßten, und unterwarf die Insel wieder der römischen Herrschaft, der sie auch noch ein Jahrhundert hindurch ver-blieb. Das Reich war schwach, und die Britannier hätten schon längst, wie das Beispiel des Carausius beweist, sich losmachen können, aber es ist ganz klar, daß sie nicht los wollten.

Anfang des 5. Jahrhunderts, als unter Honorius nach der Hinrichtung Stilichos der ganze Okzident aneinandergeriet, erbaten sich die Britannier, während ihr Statthalter Constantin durch den Spanier Gerontius angegrif-fen[299] und sie selbst von Sachsen, Picten und Scoten überschwemmt wur-

[293] Dio LXXVI 15
[294] MH.I 72 nannte Mommsen die Er-oberung Britanniens *schädlich*.
[295] Dio LXXVII 1,1
[296] Dessau 432f.
[297] Dessau 452; 454

[298] Hauptquellen zum „Britannischen Sonderreich": Panegyrici Latini VI; VIII; X pass.; Aurel.Victor 39,20f; Eu-tropius IX 21f. Das Ende des Allectus fällt ins Jahr 296; vgl. MH.III 82ff.
[299] Stilicho fiel 408; 407 hatte sich in

den, Hilfe von Honorius. Dieser erklärte ihnen, dazu nicht fähig zu sein, sie müßten sich selbst helfen, wie sie könnten. Sie wurden also freiwillig von dem Kaiser aufgegeben.[300] – Diese Ausgänge der römischen Herrschaft in Britannien, obgleich eigentlich außerhalb des Rahmens der zu schildernden Zeit gelegen, wurden hier mit einbezogen, weil sie recht evident die tiefen Wurzeln zeigen, die die römische Herrschaft in dieser spät eroberten und fernst gelegenen, durch das Meer getrennten Provinz [MH.II 120] geschlagen hatte. Die römischen Britannier bewiesen, wie oft bei Grenzprovinzen, eine Intensität des Gefühls der Zusammengehörigkeit, was man bei den dem Zentrum näheren Provinzen vermißt und was beinah proportional zur Entfernung wächst.

Vom Stand der römischen Zivilisation und Kultur in Britannien wissen wir nicht viel. Britannien war kein kolonisiertes Gebiet wie Dakien, nicht viele Einwanderer aus Italien gingen dahin. Allerdings gibt es eine sehr wichtige Ausnahme: Britannien war stark mit Truppen besetzt – mindestens 30000 Mann. Die Veteranen, entweder von Hause aus römische Bürger oder durch den langen Dienst romanisiert, erhielten bei der Entlassung das römische Bürgerrecht und blieben meistens drüben. Diese stetige Einwanderung kräftiger Männer ist nicht zu unterschätzen.

Vor allem aber wurde Britannien durch die allmähliche Annahme römischer Gebräuche seitens der Einwohner romanisiert. Sehr lehrreich ist in dieser Hinsicht das «Leben des Agricola».[301] Da erzählt Tacitus, daß Agricola die Mißbräuche der Steuererhebung abgeschafft habe. Wir erfahren daraus, daß einerseits die Steuererhebung eine allgemein durchgeführte und streng geregelte, andererseits eine schwer drückende Last gewesen ist. Und doch [MH.II 121] war Britannien keine einträgliche Provinz. Appian[302] sagt es und motiviert damit, daß die Römer sich nicht beeilten, die ganze Insel zu erobern. Bedenkt man die starke Besatzung, so ist jene Angabe sehr glaubhaft, daß Britannien nicht viel über die eigenen Kosten gebracht habe. Daraus folgt aber eben keineswegs, daß Britannien nicht wirksam und vielleicht sogar drückend besteuert gewesen wäre. Ferner sagt Tacitus, Agricola[303] habe eingesehen, daß das Land mit Waffengewalt allein nicht zu beherrschen sei, und habe darauf hingewirkt, die Unterworfenen zum Städteleben, das ihren angestammten Gewohnheiten fremd war, anzuleiten; wie denn die Städteverfassung, das *municipium* überhaupt, das Zauberwort war, mit dem die Römer die fremden Völker unter ihrer Herrschaft festhielten. Früher, meint Tacitus, hätten sich die Briten gegen die lateinische Sprache gesträubt, jetzt drängten sie sich dazu. Auch die römische Tracht, die Toga, sonst verabscheut, wurde nun gewünscht. Alles dies ist zwar von Tacitus laudato-

Britannien Constantin III erhoben, der nach Gallien übersetzte und 409 von seinem Heermeister Gerontius verlassen wurde, PLRE.II *sub nominibus*.
[300] Zosimos VI 5,2f.; 10,2

[301] Tac.Agr.19 (Steuererleichterung), 21 (Romanisierung)
[302] App.Rom.prooem. 5
[303] Hensel: *Agrippa*

risch gehalten, hatte aber doch augenscheinlich eine faktische Grundlage und wird durch alles, was wir sonst wissen, bestätigt.

Offenbar handelte es sich nicht bloß um persönliche Bestrebungen des Agricola, sondern um wohlerwogene Regierungspolitik, und Agricola war nur deren befähigter Vertreter. [MH.II 122] Diese Regierungspolitik war in hohem Grade von Erfolg gekrönt, wenn auch die Romanisierung Britanniens nicht mit derjenigen Galliens zu vergleichen ist. Die gallischen hohen Schulen wurden vielfach von den Söhnen britannischer Familien besucht. Die Inschriften Britanniens sind gesammelt[304], die gallischen noch nicht, daher können wir diese Quellen noch nicht vergleichen. Indessen wissen wir doch so viel, daß z.B. die britannischen Inschriften bei weitem nicht an die germanischen heranreichen. Auf 4–500 Militärinschriften in Mainz kommen in *Eburacum* (York) ganze 29! Allerdings muß berücksichtigt werden, wenn der Vergleich gerecht ausfallen soll, daß die Garnison in Mainz sehr konzentriert lag, während von *Eburacum* aus stark detachiert wurde. Vergleicht man dagegen *Eburacum* mit *Argentoratum* (Straßburg), so ist die Differenz eine viel geringere.

Ist also die Kultur Britanniens mit derjenigen der höchstkultivierten Teile Germaniens und Galliens, etwa mit der *Narbonensis*, nicht in eine Linie zu stellen, so ist sie doch derjenigen z.B. der Normandie ebenbürtig. Wir haben uns das Land reich und blühend vorzustellen, mit großen Landsitzen, vielen Monumenten und einigem Luxus. Der Handel war hochentwickelt, und die *vectigalia* ergaben reiche Steuerobjekte. Zahlreiche Bergwerke waren in Betrieb, die Zölle blieben einträglich, der Ackerbau blühte. Gerade die [MH.II 123] Einfälle der Picten und Caledonier erhielten die Reichstreue und den Patriotismus aufrecht und lebendig. Von der hohen Entwicklung des Akkerbaus und des Handels gibt einen Begriff, daß im 4. Jahrhundert die Rheinlager in Germanien sich umfangreich aus Britannien verproviantierten.[305]

b) Germanien[306]

Wenn wir, ebenso wie bei Britannien, zunächst von den militärischen Verhältnissen, gleichsam dem Knochengerüst der Provinz, sprechen wollen, so ist vorauszuschicken, daß die Übersicht durch häufige Dislozierungen und Veränderungen in den Garnisonsverhältnissen schwierig ist. Überhaupt bleibt eine genaue, umfassende Geschichte der Militärverhältnisse des Principats noch zu schreiben[307], die ihre großen Schwierigkeiten darin hat, daß sie sich eigentlich über alle Provinzen des Reichs zu erstrecken hätte, weil einzelne Legionen bald dieser, bald jener Provinz angehört haben.

304 CIL.VII, hg. von E.Hübner, 1873
305 Julian 279D; Zosimos III 5,2

306 Mommsen RG.V, Kap. 3 und 4.
Vgl.MP.80ff.; ANRW.II 4, 1975, 3ff.
307 Dies ist immer noch ein Desiderat.

Die gallisch-germanischen Legionen am Rhein bildeten seit Caesar den Kern der Armee. Allerdings war nach der Katastrophe des Varus unter Augustus auch hier der vorwärtsschreitende Impuls gewichen, man hatte sich begnügt, die Angriffe der Germanen abzuschlagen, aber dafür ein wohlausgedachtes System der Verteidigung eingerichtet. Acht Legionen, ein Drittel des ganzen Heeres stand am Rhein; dieser Fluß war die Grundlage der Verteidigung, freilich in dem Sinn, daß die Römer stets darauf bedacht waren, wenigstens am Oberlauf beide Ufer in ihrer Gewalt und [MH.II 124] also das ungehinderte Debouchieren[308] in das feindliche Gebiet in ihrer Hand zu haben.

Das Heer war in zwei Hälften geteilt, in *exercitus superior* und *inferior*. Die Besatzung von Obergermanien bestand ursprünglich aus vier Legionen und verminderte sich allmählich, zuerst auf drei, dann auf zwei. In Vespasians Zeit stand die VIII *Augusta* im Elsaß in *Argentoratum* (Straßburg), und noch in Pius' Zeit gab Ptolemaeus[309] sie daselbst an. *Argentoratum* war wohl das Hauptquartier dieser Legion, indessen stand sie detachiert durch ganz Baden. Die XXII *Primigenia* lag in Mainz und hat sich Jahrhunderte dort befunden – es macht einige Schwierigkeit, daß sie kürzere Zeit nach Untergermanien verlegt war – die I *Adiutrix* stand unter Trajan in Baden-Baden und bezog später ein Lager bei *Vindonissa* in der Schweiz. Die XXI *Rapax* wurde unter Domitian kassiert. Später trat die XI *Claudia* an ihre Stelle. Die I *Adiutrix* und die XI *Claudia* kamen später nach Pannonien, die VIII *Augusta* blieb in Obergermanien, und als die XI nach Pannonien ging, kehrte die XXII wieder aus Untergermanien zurück. Diese Dislokationen waren wahrscheinlich Folgen der Markomannenkriege unter Marcus; nur die VIII und die XXII bildeten damals die Besatzung von Obergermanien. Während also Vespasian vier Legionen daselbst vorfand, beließ Trajan drei, Marcus zwei in Obergermanien.

[MH.II 125] In Untergermanien standen in der flavischen Zeit bis zu Domitian die XXII *Primigenia*; dann kam sie nach Obergermanien, und ihre Stelle übernahm die I *Minervia*, eine neue Legion, die von Domitian wahrscheinlich als Nachfolgerin der *Rapax* errichtet war, aber ein anderes Standquartier erhielt. Die I *Minervia* blieb in Untergermanien. Die VI *Victrix* wurde, wie oben erwähnt, von Hadrian nach Britannien geschickt, an ihre Stelle kam die X *Gemina*. Sie wurde von Trajan nach Pannonien verlegt, und statt dessen die XXX *Ulpia* nach Untergermanien disloziert. Vespasian also verminderte die Zahl von vier auf drei, Hadrian von drei auf zwei. Das Gesamtresultat bestand darin, daß in der Zeit zwischen Vespasian und Hadrian die Besatzung Germaniens von acht auf vier Legionen reduziert wurde, deren Hauptquartiere *Vetera* (bei Xanten), Bonn[310], Mainz und Straßburg waren. In bezug auf Straßburg ist es nicht ganz sicher; Ptole-

---

[308] „Ausfälle machen"
[309] Ptol.geogr.II 9,17

[310] So AW.239. Hensel schreibt *etwa Wesel, Coblentz*.

maeus[311] nennt es zwar noch; indessen paßt es nicht recht in das ganze Verteidigungssystem, und es ist nicht unmöglich, daß die VIII *Augusta* ebenfalls nach Mainz disloziert war, obgleich auch dies, die Zusammenlegung von zwei Legionen im späteren Kaisertum eine Anomalie wäre.[312] Man sieht, das römische Verteidigungs- und Befestigungssystem ging wesentlich von denselben Bedingungen [MH.II 126] aus wie die heutige Strategie, und die Bedeutung von Mainz hatten die Römer ebenso erkannt, wie sie unser großer Stratege[313] in seiner wundervollen Einleitung zu dem Generalstabswerk über den Krieg 70/71 schildert.[314]

Was die Grenzen[315] der beiden Provinzen betrifft, die ganz verschieden behandelt wurden, so ist darüber in sehr unvernünftiger Weise – wenn Sie uns diesen Ausdruck gestatten – gestritten worden. Die Nachrichten des Ptolemaeus[316] sind unverständlich: als Grenzfluß nennt er den *Obrincas*; ein Name, der sonst nicht vorkommt, an keinen neueren Flußnamen irgendwie anklingt; seine weiteren Nachrichten sind konfus, z. B. rechnet er Mainz zur unteren Provinz, was bestimmt unrichtig ist. – Mir erscheint die Sache ziemlich zweifellos; wir brauchen nur den Ziegeln nachzugehen: Ziegel der untergermanischen Legionen gibt es nicht über Bonn hinaus. Die Ziegel der obergermanischen reichen weit über Nahe und Lahn bis *Antunnacum* (Andernach). Alles, was sich daselbst findet, gehört der VIII und XXII – als obergermanischen Legionen – an. Wir haben also die Grenze bei Neuwied zu suchen, und nichts hindert uns, unter dem Wiedfluß den *Obrincas* des Ptolemaeus zu denken. Es kann ebensogut dieser wie jeder andere sein.[317]

Wir haben schon früher gesagt, daß die Niederwerfung des Vitellius den Aufstand der Bataver und des Iulius Civilis [MH.II 127] zur Folge hatte, der niedergeschlagen wurde. Leider mangelt der Schluß von Tacitus' Historien, der das Ende dieses Krieges enthalten hat. Unter Vespasian wird am Rhein vollständige Ruhe geherrscht haben. Was wir von der gefangenen Veleda[318] erfahren, beweist keinen neuen Krieg. Diese vornehmste Priesterin ist wohl schon im Laufe jenes Bataverkrieges gefangengenommen worden, und auch Suetons Schweigen von weiteren Kriegen beweist, daß keine stattgefunden

---

[311] Ptol.geogr.II 9,18

[312] Eine Verlegung der *legio* VIII von *Argentoratum* nach *Mogontiacum* ist nicht nachzuweisen und unwahrscheinlich: E. Ritterling, legio, RE.XII, 1925, 1655.

[313] Vermutlich Helmuth von Moltke

[314] «Der deutsch-französische Krieg 1870/71» redigiert von der kriegsgeschichtlichen Abteilung des Großen Generalstabs, I 1, 1874, S. 132ff.: Das Große Hauptquartier in Mainz

[315] Vgl. MP.82

[316] Ptol.geogr.II 9,14

[317] Zwei Grenzsteine der ober- und der niedergermanischen Legionen erweisen den Vinxt- (Fins-)bach, der gegenüber Rheinbrohl mündet, als den Grenzfluß (zuvor die Grenze zwischen Ubiern und Treverern, hernach zwischen den Diözesen Köln und Trier). Mommsen, Ges.Schr.V 448; A.Franke, RE.XVII, 1937, 1740f.

[318] Tac.hist.IV 61; 65; V 22; 24; Germ. 8; Statius silvae I 4,90

haben können. Der Eroberungszug ging in dieser Regierung gegen Britannien, und überdies datiert von Vespasian die beginnende Verringerung des germanischen Heeres, was auf Ruhe schließen läßt. Unter Titus geschah auch nichts Wesentliches in Germanien, soweit wir wissen.

Dagegen fand unter Domitian abermals eine wesentliche Verminderung der Besatzung statt, allerdings nach einem ernstlichen Krieg und verbunden mit einer ganz neuen Art der Grenzverteidigung und der Grenzregulierung. Dieser im Jahr 84 n.Chr. beendete Krieg richtete sich gegen die Chatten, die Mainz gegenüber östlich und nördlich bis gegen die Werra – also ungefähr in dem heutigen Gebiet der beiden Hessen – wohnten; diese werden wenigstens allein erwähnt. Südlich vom Chattenlande, im heutigen Baden, war eine Lücke in dem besiedelten Gebiet. Die Helvetier hatten einst bis gegen den Main hin gewohnt[319]; dann hatten sie diese nördlichen Landstriche – Baden und Württemberg – geräumt. Dort war seitdem ein Vakuum, eine dünne oder gar nicht bevölkerte, ausgerodete Wüste, die Rom [MH.II 128] als Verteidigungsvorfeld für seine dahinterliegenden Landschaften vortrefflich paßte.[320]

Der Chattenkrieg wurde wesentlich von Obergermanien aus geführt, Nachrichten über denselben haben wir von Frontin, der erzählt, es sei ein Triumph gefeiert worden.[321] Frontin ist allerdings ein *laudator*; indessen können, auch abgesehen von der schöngefärbten Darstellung, die Erfolge keine unbedeutenden gewesen sein. Es wurden Grenzbefestigungen angelegt, *in finibus Cubiorum* – aber wer sind die *Cubii*?[322] Die Befestigungen sollen 120000 Schritt, d.h. 120 römische oder 30 geographische Meilen lang gewesen sein.[323] Über diesen Limes ist unendlich viel geschrieben worden. Ein Grenzwall, wie oft behauptet wird, ist *limes* keineswegs.[324] Dieser hieße *vallum*. Limes ist Grenze, insofern sie Scheide ist. Velleius[325] sagt von Tiberius *aperit limites*, hier sind es Straßen durch Wälder. Der Begriff „Befestigung" liegt überhaupt nicht ohne weiteres darin; freilich müssen solche Straßen befestigt, wenigstens verteidigt worden sein[326], dies kann aber auf jede mögliche andere Weise geschehen. Verheck, *vallum* ist *limes* nicht. Wir haben uns unter diesem *limes* wohl eine Straße von dieser Länge zu denken;

[319] Tac.Germ.28,2

[320] Die *agri Decumates*, Tac.Germ.29.

[321] Frontin berichtet nur, daß Domitian nach dem Sieg (strat.I 1,8) den Beinamen „Germanicus" angenommen habe (II 11,7). Den Triumph bezeugt Sueton, Dom. 13,3.

[322] Die Teubner-Ausgabe Frontins von A. Dederich 1885 schreibt strat.II 11,7 *in finibus Cattorum*. Mommsen RG. V 136 geht ebenfalls von *Cubii* aus. Diese Lesart bevorzugen wieder die

Ausgaben von McElvain 1925 (Loeb) und Bendz 1963 (SQAW).

[323] Frontin strat.I 3,10

[324] MP.84ff. bestätigt, daß Mommsen 1883 den Limes nicht für eine Befestigung hielt. Mommsen berichtigte seine Meinung 1885 unter dem Eindruck des Limeswerkes des Obersten A. von Cohausen. Mommsen, Ges.Schr.V 444ff.; RG.V 136, vgl.111f.

[325] Vell.II 120,2

[326] Tac.ann.II 7

aber wo ist dieselbe zu suchen? Hübners Arbeit[327] darüber ist eine Zusammenfassung aller Spezialuntersuchungen durch Lokalarchäologen. Wenn dieselbe auch schon bedeutend von den spukhaften Befestigungsideen abrückt[328], so bleibt doch noch zu viel davon übrig. Die Vorstellung, als ob eine [MH.II 129] zusammenhängende Verteidigungslinie von der Donau bis zum Rhein gegangen wäre, wie in Schottland, ist bestimmt falsch. Das Terrain paßt einerseits nicht dazu; dort von Meerbusen zu Meerbusen waren die natürlichen Bedingungen dafür gegeben; aber zwischen Regensburg und Frankfurt nicht. Und andererseits – bauen hätte man sie allenfalls können, aber wie hätte man sie verteidigen sollen? Mit einem Heer von geminderter Stärke! Man vergleiche die Streitmacht, die zur Verteidigung der britannischen Werke aufgeboten war, und die Unmöglichkeit der Sache wird sofort klar.[329]

In Untergermanien war nichts von derartigen Befestigungen; in Obergermanien und Rätien gab es deren, aber auch nicht einheitlich, ununterbrochen. Man muß eine doppelte Linie unterscheiden: die Taunusbefestigungen bei Wiesbaden und die in Baden. Tacitus schildert in seiner, in den ersten Monaten von Trajans Regierung geschriebenen «Germania» (c. 29) Baden als einen Bestandteil des Reiches. In den «Annalen» finden sich Berichte von einem Erdwall bei *Aquae Mattiacae* (Wiesbaden) unter Claudius[330], der aber nicht lange gehalten wurde. In den Historien (IV 37) wird gesagt, daß zur Zeit des Civilaufstandes die Mattiaker einen Angriff gemacht hätten. Plinius[331] spricht von den *aquae Mattiacae* in „Germanien", worunter er immer das freie, nicht von den Römern unterworfene Land versteht. Die *aquae Mattiacae* sind die warmen Quellen bei Wiesbaden. [MH.II 130] Diese Landschaften waren also offenbar noch unter Vespasian frei; *extra veteres terminos imperii Romani* sagt Tacitus in der «Germania».[332] Also wurden diese Landschaften unzweifelhaft unter Domitian, als Erfolg des Chattenkrieges, unterworfen. Tacitus verschweigt dessen Namen aus Haß, mit dem er überhaupt den Domitian behandelt. Reiz hatte diese Erwerbung für die Römer einesteils der warmen Quellen wegen, auf deren Besitz sie Gewicht legten (nicht bloß hier, sondern auch in Baden-Baden), anderenteils aber auch aus strategischen Gründen als Vorland des wichtigen Mainz! Castel

[327] E. Hübner, Der römische Grenzwall in Deutschland, Jahrbücher des Vereins von Alterthumsfreunden im Rheinlande 63, 1878, S. 17ff. Ders., Zum römischen Grenzwall in Deutschland, l.c. 66, 1879, S. 13ff.

[328] Hensel: *abdisidirt*

[329] Hier widerspricht Mommsen dem unten Ausgeführten. Später gehörte er zu den Förderern der Limes-Forschung: Mommsen RA.344ff.; E. Fabricius, Der

obergermanisch-rätische Limes des Römerreiches A I, 1936, S. IIIff.

[330] Ein solches Lager ist nur aufgrund von Grabsteinfunden zu vermuten: H. Schoppa, Aquae Mattiacae, 1974, S. 17ff.

[331] Plin. NH. XXXI 17: *Sunt et Mattiaci in Germania fontes calidi trans Renum*.

[332] Tac. Germ. 29: *ultraque veteres terminos imperii*.

gehörte zwar schon den Römern, aber Wiesbaden war eine nützliche Erweiterung im jenseitigen Land. Die daselbst angelegte Befestigungslinie ist leicht zu bestimmen: die Saalburg jenseits des Taunus bei Homburg und eine Reihe von Kastellen gehörte dazu.

Ist also dies das Resultat des Chattenkrieges gewesen, so spricht doch jene Stelle Frontins[333] von 120 Meilen Ausdehnung des Limes. Zu solcher Ausdehnung ist hier kein Raum, daher bezieht sich das Zitat auf die *agri decumates*.

Tacitus schreibt an der schon erwähnten Stelle[334], „es seien Grenzlinien angelegt, Besatzungen vorgeschoben", sie erscheinen als Teil der Provinz. Aber er gibt wieder nicht an, von wem die Einverleibung erfolgt sei; wir haben also auch hier Grund anzunehmen, daß es Domitian war. Wäre es ein anderer [MH.II 131] gewesen, so hätte Tacitus ihn genannt. Was heißt aber *agri decumates*? Zuvörderst macht das Wort als solches Schwierigkeiten, es ist eine ganz ungewöhnliche Form. *Primates*, was vorkommt, hat eine ganz andere Bedeutung. Ferner begegnet das Wort nur bei Tacitus; wir deuten es als „Zehntland", Äcker, die den zehnten Teil des Ertrages als Steuer abgaben. Das wäre eine ganz besonders leichte Steuer; gewöhnlich war es der fünfte oder siebte Teil. Die geringe Abgabe wäre ja begreiflich, denn die Äcker lagen sehr exponiert, die Gefahr der Verwüstung war groß. Man könnte sich also denken, daß die Regierung denjenigen, die das Wagnis bestehen wollten, gegen kleine Abgaben die Äcker verpachtet hätten. Daß die Völkerbezeichnung des Landes fehlte und dafür diese Steuerbezeichnung gewählt wurde, ergibt sich aus der Ödigkeit der Landschaft, auf der eben außer *levissimi quique Gallorum* keine Bevölkerung war. Aber ebenso leicht kann dies sonderbare Wort das Versehen eines Schreibers gewesen sein.[335]

Domitian war kein Held, aber ein sehr verständiger Administrator, und die Abänderung und Sicherstellung der germanischen Grenze war wesentlich ein Administrationsakt. Der Limes war kein *vallum*. Die Römer unterschieden *limes* und *ripa*, sie sprachen von *milites riparienses* und *limitenses*. [MH.II 132] *Limes* ist also eine Grenze, bei der die Kunst etwas zur Verteidigungsfähigkeit beigetragen hat. Was nun an dem *limes* von Domitian, was von seinen Nachfolgern angelegt ist, bis Marcus hin, das können wir nicht bestimmen. Inschriften sind sparsam und datieren nicht weit zurück; es ist nicht wie in England, wo wir aus den Inschriften einen großen Teil der Geschichte der Mauer ablesen können. Den Werken selbst ist nichts darüber anzusehen. Für uns Deutsche sind diese Werke doch so hervorragend interessant, daß eine etwas genauere Beschäftigung damit wohl angebracht erscheint. Frontin paßt mit seinen 120 Millien (s.o.) ganz gut auf die Befestigung der *agri decumates*, soweit bei der ungeheuren Unsicherheit von „passen" die Rede sein kann. Die Anfangs- und Endpunkte kennen wir nicht.

---

333 Frontin strat.I 3,10   335 Ebenso MP.85
334 Tac.Germ.29

Die Kiepertsche Karte gibt eine gute Darstellung aller vorhandenen Anlagen.

Der Limes beginnt bei Regensburg.[336] Unterhalb bot die Donau genügend Deckung, oberhalb dagegen war sie als Schutz nicht zu brauchen. Von Regensburg geht der Limes westlich in mancherlei Ecken und Windungen bis Aalen[337] – dieser Teil ist vermutlich kein Werk Domitians – und stößt im spitzen Winkel auf den gallischen[338] Limes. So kann ursprünglich die Linie nicht gegangen sein; sie sieht vom Terrain völlig ab. Wir haben es beim *limes Raeticus* mit zwei Anlagen zu tun. Ursprünglich ging der Grenzwall wahrscheinlich von Günzburg an der Donau aus. Günzburg und Lautlingen waren in römischer Zeit wichtige Orte.[339] – Vom unteren Main [MH.II 133] bis Homburg existieren verschiedene Linien.

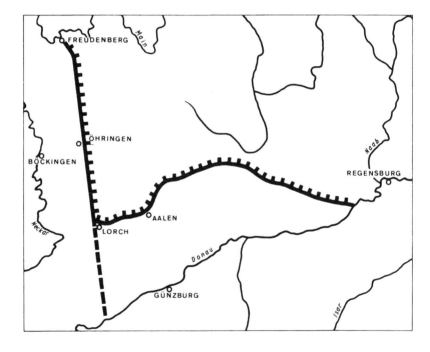

---

[336] Richtig: bei Eining
[337] AW schreibt „Aquileia" (*Aquilegia* ist eine lateinische Form von „Aalen"). Richtig: bis Lorch.
[338] Richtig: auf den nord-südlichen Arm des rätischen Limes

[339] AW.243 und MP.86 bringen eine Skizze, vermutlich von Mommsen an die Tafel gemalt, die in Reinzeichnung folgt: s.o.

Der militärische Charakter der Anlage bestand nicht in einem *vallum*, sondern in detachierten Kastellen. Frontin sagt dies auch ausdrücklich. Nun waren dem *vallum* in Britannien wohl auch Kastelle eingefügt, hier ist es aber doch anders.

Dort war die Hauptsache der Wall, aus dem Kastelle hervorragten, hier, wie auch Duncker[340], einer der besten Kenner der Main-linie-Befestigungen sagt, waren die Hauptsache die Kastelle, wobei es nicht ausgeschlossen ist, daß sie verbunden waren. Wo aber z.B. die Anlehnung an einen Fluß möglich war, fehlt die Verbindung, so zwischen Miltenberg und Hanau am Main. Hier können wir noch eine Reihe von Kastellen verfolgen. Von Lorch andererseits geht die Wallinie 50 Millien über Berg und Tal schnurgerade nach Norden bis Freudenberg am Main. Ein schnurgerader Wall, der zur Verteidigung angelegt wäre, würde nun geradezu den Spott des Militärs hervorrufen; er ist zu diesem Zweck undenkbar. Wir müssen also an eine andere Funktion denken. Als Marschlinie und als Signallinie für Feuer-signale eignet sich ein solcher Damm vortrefflich. Eine solche Signallinie kann bei einem Durchbruch des Feindes von größter Wichtigkeit sein. Anderswo, unter anderen Bedingungen, war die Anlage eine andere. Es ist aber nichts irriger, als bei diesem Limes einen einheitlichen militärischen Grund-gedanken zu suchen, wie er allerdings bei der britannischen Anlage existierte und konsequent durchgeführt wurde. Vielleicht gab es am Taunus einen Wall, der Main dagegen bot eine sich selbst genügende Flußgrenze, dann kam wohl eine Reihe Kastelle, wie es die Örtlichkeit erforderte. Die Anlage wurde ja nicht auf einen [MH.II 134] Wurf gemacht. Oehringen hieß *vicus Aurelius*, war also eine Anlage des Marcus Aurelius. Benningen ist auf Pius zurückzuführen, aus dessen Zeit sich Inschriften finden.[341]

Das Neckartal und der Odenwald kamen durch die Anlage dieser Straße zum Reich, ebenso die Gegend um Rottenburg im südlichen Württemberg. Rottweil hieß *Arae Flaviae*[342] und ist die älteste Spur römischer Ansiedlung, die wir hier finden. Wahrscheinlich gebührt das Hauptverdienst Domitian.

Trajans Tätigkeit lag mehr in Untergermanien; indessen wissen wir kaum von einem zweiten Kaiser so wenig. Wir haben Spuren, daß er in Unter-germanien eine ähnliche Tätigkeit entfaltet hat wie Domitian in Obergerma-nien. Den Beinamen *Germanicus*[343] hat er aber wohl von den Kriegen mit den Donaugermanen angenommen, Kriege scheint er in Untergermanien nicht geführt zu haben. Auf ihn ist dagegen die Hinausschiebung der Gren-zen vom Meer über das Gebiet der schon lange reichszugehörigen Bataver hinaus zurückzuführen. Die römische Rheingrenze bildete an der Mündung der Alte Rhein, also weit nördlicher als jetzt. Die Gegend zwischen Waal und Altem Rhein war das Gebiet der Bataver. Nach Tacitus waren die Frie-

340 Alb. Duncker, Beiträge zur Erfor-schung und Geschichte des Pfahlgra-bens, Kassel 1879

341 CIL.XIII 6449ff.
342 Tab.Peut.IV 1
343 Dessau 282ff.

sen und Canninefaten[344] [MH.II 135] noch freie Germanen, bald nachher finden wir *cohortes* und *alae* aus ihnen gebildet. Nun war es aber – mit einer einzigen Ausnahme[345] – feststehender römischer Grundsatz, daß römische Truppen nur aus dem römischen Gebiet rekrutiert werden. Die Canninefaten aus der Gegend von Leyden müssen den Inschriften zufolge schon unter Trajan unterworfen gewesen sein.[346] Also muß, die Abfassungszeit jener taciteischen Notiz berücksichtigt, Trajan sie in seinen ersten Jahren zum Reich gebracht haben. Sie saßen zwischen Rhein und Zuydersee und waren jedenfalls ein Teil des großen friesischen Stammes. Trajan erfuhr dort[347] den Tod Nervas und ward zugleich von seiner Kaiserwahl unterrichtet oder vielmehr von seinem alleinigen Kaisertum. – Sonst haben wir nur bei Eutrop[348] die kurze Notiz: *urbes trans Rhenum in Germania reparavit*; das läßt auf eine Fortsetzung der Tätigkeit des Domitian schließen. Rottenburg[349] und Heidelberg[350] hatten den Beinamen *Ulpia*. Also wird Trajan die Kultur im Ödlande weiter verbreitet haben. Baden-Baden hieß *Aquae Aureliae*[351], und dies verweist zwar auf einen späteren Kaiser, aber Trajan und Abteilungen aus zwei seiner Legionen werden in den Inschriften daselbst genannt; das Stadtrecht wurde dem Ort erst später verliehen, [MH.II 136] zu Trajans Zeiten war es nur ein *vicus*. Man erteilte den Standorten der Legionen nur ungern das Stadtrecht, da sich dies nicht gut miteinander vertrug. Ammian spricht von einem *castellum* im Zehntlande.[352] Sidonius[353] sagt, daß Köln der Schrecken der Sugambrer war. Also hat Trajan daselbst residiert, und von da aus die Germanen in Schach gehalten.

Die folgende Zeit war eine solche des tiefen Friedens. Hadrian sorgte für militärische Organisation, er wird aber ausdrücklich als *pacis amator*[354] be-

---

[344] Hensel schreibt *Canninephaten* und setzt als Fußnote hinzu *Canninephates nach Kiepert*. Dahinter in Klammern eine Anrede an den Sohn: *so habe ich wenigstens das Wort schließlich zu verstehen geglaubt, anfangs glaubte ich, es wären Kaminfeger gewesen, der Teufel kann Mommsen verstehen, wenn er Namen nennt, es ist gewiß falsch, du kannst es, wenn's dich interessiert, im Tacitus nachlesen, es ist ja aber auch ganz egal, wie diese alten Mynheer van Streefs (?, vgl. Textprobe in der Einleitung oben, Tafel M) und Mynheer van de Jongher geheißen haben.*

[345] Mommsen denkt an die *ala Parthorum*: ders., Ges.Schr.VI 247.

[346] AW.244 verweist auf „CIL III", vermutlich erwähnte Mommsen die Mi-

litärdiplome CIL.III 2 S. 852; 881 etc. für Canninefaten.

[347] Dio LXVIII 3,4

[348] Eutrop VIII 2

[349] Die Inschriften von *Sumelocenna* – Rottenburg kennen den Beinamen nicht: CIL.XIII 6358ff.

[350] Mommsen meint wohl die *Civitas Ulpia Sveborum Nicretum*: CIL.XIII 6414ff.

[351] *Civitas Aurelia Aquensis* oder einfach *Aquae*: Dessau 5848; CIL.6288ff.

[352] Amm.XVII 1,11: *Munimentum quod in Alamannorum solo conditum Traianus suo nomine voluit appellari*, ohne Hinweis auf die genaue Lage.

[353] Sidonius, carmen VII 114f., so richtig. AW. Hensel schreibt *Sueton*.

[354] SHA.Hadr.10,2: *pacis cupidus*

zeichnet, obschon er die Soldaten fleißig exerzieren ließ. Eine von ihm vorhandene Notiz[355], *Germanis regem constituit*, ist sehr unbestimmt und gehört wohl auch nicht hierher, sondern bezieht sich auf die Donaugermanen, denn die rheinischen Germanen hatten keine Könige. Pius' Tätigkeit in Germanien ist uns auch ziemlich dunkel. *Germanos contudit*, sagt sein Biograph.[356] Er hat übrigens an den Befestigungen gearbeitet. Auch von Marcus wissen wir nicht viel über germanische Taten, und das ist auffallend. Die Chatten werden zum letzten Mal genannt; sein Feldherr Aufidius Victorinus schlug sie bei Mainz und scheint sie vernichtet zu haben.[357] Wahrscheinlich erfolgte unter ihm die Korrektur des Grenzwalls, die Anlage des *limes Raeticus*. Es war ein besonderes Glück, daß die rheinischen Germanen ruhig blieben, da an der Donau alles in Kriegsflammen stand.

[MH.II 137] Auch unter Septimius Severus erfahren wir nichts von kriegerischen Verwicklungen. Dieses Stillschweigen der Schriftsteller ist doch gewiß nicht Zufall, sondern bezeugt, daß das 2. Jahrhundert von Nerva bis zum Ende des Severus eine Zeit des vollen Friedens und ungestörter Kulturentwicklung für die Rheinlande war.

Auf einem Gebiet tritt uns eine sehr merkwürdige Erscheinung gallischen Wesens entgegen. Das gallische Wegemaß, die *leuga* (Linie) gleich 1 ½ Millien[358], findet sich auf älteren Meilensteinen nicht. Auf diesen sind alle Entfernungen in „Millien" *(millia passuum)* angegeben. Unter Severus wurden in Gallien die Meilensteine nach Leugen berechnet. Woher kommt dieses ganz vereinzelte und ungewöhnliche Hervortreten nationaler Eigentümlichkeit? Wenn man vor einem solchen Problem steht, fängt man an zu raten und zu phantasieren: sollte die Erhebung des Clodius Albinus, der ja eine Zeit lang anerkannter Mitregent von Severus war, damit in Verbindung stehen? Es ist nicht undenkbar, daß seine gewissermaßen nationale Erhebung die Wiederherstellung dieser der Sache nach stets bestehenden Einrichtung auch offiziell versucht haben sollte. Das Publikum wird immer nach Leugen gerechnet haben, solche Vorstellungen sitzen außerordentlich fest und lassen sich nicht so leicht verbannen, und es wäre nicht unmöglich, daß die Regierung nach der Niederwerfung des Aufstandes dies beibehalten hätte.

[MH.II 138] Der rätische Limes[359] ist, das muß festgehalten werden, jünger als die germanische Kastellinie und verkürzt dieselbe. Nach erhaltenen Inschriften bestand er schon unter Pius; wir haben solche, die vom Jahr 148 datiert sind. Es paßt auch ganz gut, wenn wir annehmen, daß Domitian den Anfang gemacht, Trajan oder Hadrian das Ende, die Verkürzung angelegt haben. Dies ganze Gebiet, das letzte, das zum Reich kam (um Eichstätt und

---

[355] SHA.Hadr.12,7
[356] SHA.Pius 5,4
[357] SHA.Marcus 8,8: Einfall der Chatten nach *Germania* und *Raetia*, gegen sie wurde Aufidius Victorinus geschickt.

[358] *Leuga una habet mille quingentos passus*, Laterculus Veronensis XV, bei O. Seeck, Notitia Dignitatum, 1876, S. 253.
[359] Vgl. MP.91

Nördlingen) und das nur ungefähr 100 Jahre in römischem Besitz blieb, ist merkwürdig städtelos; während wir in den Zehntländern eine reiche Städteentwicklung nachweisen können, finden sich hier wohl militärische Anlagen, aber keine Städte, keine Munizipalverfassung.

Das 3. Jahrhundert ist die Zeit des Zusammenbruchs. Wenn Germanien von Domitian bis Severus ungestört blieb, so war dies im 3. Jahrhundert anders. Es ist die Zeit, in der die Keime der großen Völkerwanderung liegen[360], und die namentlich für uns Deutsche von hervorragendstem Interesse sind. Leider sind die Nachrichten, die wir besitzen, schlecht, unsicher und dürftig und die politischen Fragen in dem Grade der Vermutung überlassen, daß es bedenklich ist, darüber zu sprechen. Dazu kommt, daß das meiste, was wir besitzen, vom germanischen Standpunkt aus behandelt ist; es wäre vielleicht besser, es vom römischen Standpunkt aus beleuchtet zu sehen, obgleich etwas Befriedigendes wohl auch dann nicht herauskommen würde.

Caracalla machte im Jahr 213 noch eine germanische Expedition, die einen offensiven Charakter hatte. Es ist vor wenigen [MH.II 139] Jahren ein Fragment eines Aktenstückes der Verhandlungen eines Priestercollegiums entdeckt worden, in dem der Segen der Götter zum Auszug des Kaisers *per limitem Raetiae ad hostes extirpandos* erbeten wird.[361] Der Krieg spielte am Main, wohin man direkt über den *limes Raeticus* gelangte. Die Alamannen schlugen sich, namentlich zu Pferde, gut. Der Sieg blieb diesmal bei den Römern. Ob lediglich durch ihre Waffen, oder auch durch ihr Gold, sei dahingestellt. Caracalla soll viel mit Bestechung operiert haben.[362] Aber das Ascendant[363] der Römer bewährte sich noch einmal und wirkte bis zu den an der Elbe sitzenden Germanen.

Das wesentlich Unterscheidende bei diesem Krieg ist das Auftreten neuer Namen. Hier werden zuerst die Alamannen, etwas später die Franken genannt. Die alten Völkernamen, die uns aus den früheren Kämpfen der Römer in diesen Gegenden geläufig sind, verschwinden. Darin liegt die tiefe innere Verschiebung der Verhältnisse, daß wir es von jetzt an mit Völkerbünden zu tun haben. Was sind die Alamannen? Asinius Quadratus, ein griechischer Geschichtsschreiber, der unter Philippus Arabs schrieb[364], kannte wohl noch das erste Auftreten der Alamannen aus eigener Erfahrung und nennt sie „zusammengelaufenes Mischvolk". Das ist eben, was man wohl einen Völkerbund nennen kann. Die Germanisten sind sich heute darüber einig, daß Alamannen: Allmände, Allmännige bedeutet; das ist dasselbe, was Quadratus sagt. Was für Völkerbestandteile den Bund bildeten, wissen wir bei den Alamannen weniger als bei den Franken. Vielleicht gehörten dazu die

360 Vgl. MP.91

361 Arvalakten: Dessau 451

362 Dio LXXVII 13,4f.

363 „die Überlegenheit"

364 Das Fragment überliefert der Grieche Agathias (I 6,3); daß Asinius Quadratus selbst griechisch geschrieben hätte, ist nicht bezeugt.

Chatten, obgleich andere [MH.II 140] dies bestreiten.[365] Es müssen, der geographischen Lage nach, die Völkerschaften dem Zehntland gegenüber gewesen sein. Die Verbindung ist das neue Element, mit dem die Römer fortan zu rechnen hatten und dem sie auf die Dauer nicht gewachsen waren. Das bloße Herunterkommen des römischen Elements ist es nicht, auch nicht die persönliche Nichtswürdigkeit der Kaiser, was das Römische Reich zu Fall gebracht hat.

Die Entstehung des Namens der Alamannen ist nur erklärlich durch die eingetretene Verbindung der vorher getrennten Stämme. Unter einem einheitlichen Herrscher standen sie nicht. Die *reguli*, von denen wohl gesprochen wird[366], waren Gaukönige; aber ein Gesamtherrscher findet sich erst in der fränkischen Zeit.[367] Was Gregorius[368] von den Franken sagt, wird auch von den Alamannen gegolten haben, daß sie aus einer Anzahl von Gauen mit Geschlechterverfassung und einer vornehmen Familie an der Spitze bestanden. Das Haupt dieser Familie war der Gaukönig, der *regulus*. Es war also eine durchaus aristokratische Einrichtung. Dies ist alt; neu aber ist das Bündnis, das Zusammenwirken der einzelnen Gaue. Weshalb fanden sie sich zusammen? Es ist viel darüber verhandelt worden, aber wenig dabei herausgekommen. Übervölkerung mag das ihrige dazu beigetragen haben; auch Nachdrängen weiter ostwärts sitzender und in Bewegung geratener Völkerstämme. Gewiß nicht, daß in die Deutschen plötzlich der Trieb des planmäßigen Eroberns statt der früheren Raub- und Plünderungszüge gekommen wäre. Das ist ganz unhistorisch, daß eine Volksseele [MH.II 141] eine solche, durch nichts veranlaßte Veränderung erleidet. Die Erfolge führten dann freilich dazu, daß allmählich aus den Beutezügen Ansiedlungszüge wurden. Aber ursprünglich waren es im höchsten Grade Beute- und Plünderungszüge, später wurde das überrannte Land, aus dem man sonst alljährlich oder nach einigen Jahren wieder abgezogen war, bleibender Besitz. Wenn der Gedanke des Arminius sich konsolidierte, dann wurde etwas Derartiges daraus.[369] Bestand einmal der Alamannenbund und hatte Erfolg, dann folgte bald der Frankenbund. Es war, wenn man so sagen darf, der Gedanke der deutschen Einheit, der sich zum ersten Mal offenbarte, und der schon in dieser unvollkommensten Form genügte, die Weltgeschichte zu verschieben, sie in neue Bahnen zu drängen.

---

[365] Die Chatten sind zum größeren Teil oder überhaupt in den Franken aufgegangen: K. E. Demandt, Geschichte des Landes Hessen, 1972, S. 93 ff. Zu den Altstämmen der Alamannen: L. Schmidt, Die Westgermanen II, 1940, S. 3 ff.

[366] SHA.Probus 14; Amm.XVIII 2,13

[367] Mommsen denkt wohl an den Sieg Chlodwigs bei Zülpich. Der bei Gregor Turonensis (HF.II 30) genannte *rex (Alamannorum)* muß nicht *der*, er kann auch *ein* König der Alamannen gewesen sein. Vgl. Cass.var.II 41

[368] Gregor v. Tours, Hist.Franc.II 9. Hensel schreibt *Ligosius*.

[369] Nach AW vermutete Mommsen hinter der Entstehung des Alamannenbundes den *Anstoß einer Persönlichkeit wie Arminius*.

Nach jenem Caracallasiege folgten schwere Kriege unter Alexander Severus und Maximinus im Jahr 234. Die Germanen ergriffen die Offensive. Alexander wurde während dieser Kriege in Germanien umgebracht[370], sein Nachfolger Maximinus hatte jahrelang zu kämpfen. Endlich neigte sich der Sieg noch einmal den Römern zu.[371] Der letzte Gegenschlag gegen die germanische Offensive erfolgte jenseits des Limes.

Dann traten einige Jahre der Ruhe ein. Unter Valerian und Gallienus erfolgte dann endlich der Zusammensturz, begünstigt durch die Diversion, die der Perserkrieg im Orient den okzidentalischen Feinden Roms brachte. Die Besatzungen [MH.II 142] am Rhein mußten verringert werden, dem Überfluten der Germanen war nicht mehr zu wehren. Die Vorgänge im einzelnen sind verschollen, wir können nur aus Symptomen schließen, wie es stand. Gallienus nannte sich *Germanicus maximus quintum*[372]; das war nur höfische Schmeichelei, die die grenzenlose Niederlage verdecken sollte: wir wissen, daß unter Valerian Spanien von den Franken überrannt wurde, daß sie *Tarraco*, die Hauptstadt, 12 Jahre lang besetzt hielten, daß sie bis über das Mittelmeer nach *Africa* vordrangen.[373]

Zur selben Zeit war der Friede in Italien zu Ende. Die Germanen drangen bis Ravenna vor.[374] Es sind Alamannen, die wir hier finden. Unter Gallienus machten sie einen zweiten Raubzug und verwüsteten Gallien. Wir haben noch ein merkwürdiges inschriftliches Zeugnis der Nöte dieser Zeit, notdürftig in eine Schmeichelei versteckt: über einem Stadttor Veronas ist zu lesen, daß Gallienus vom 3. April bis 4. Dezember 265 um *Verona Nova Gallieniana* eine neue Mauer gebaut habe.[375] Die Wahrheit ist, daß es seit Jahrhunderten niemandem eingefallen war, italische Städte zu befestigen; die alten Wälle waren überall verfallen, man brauchte sie eben nicht mehr. Aber freilich, wenn *Tarraco*, wenn *Ravenna* nicht mehr sicher waren, dann mußte man wieder an den Schutz der Städte denken. Und wie mußte es dann erst in kleineren Städten, wie auf dem platten Lande [MH.II 143] aussehen! – Davon gibt uns eine Inschrift in Grenoble aus dem Jahr 269 einen Einblick. In dieser friedlichen Landschaft, der *Provincia Narbonensis*, wurde ein großes Heer aus den verschiedenartigsten Detachements – leider werden uns die Bestandteile nicht genannt – zusammengezogen, unter dem Befehl des Kommandanten der römischen Löschmannschaften, der Feuerwehr![376] Zum Schutz gegen die Barbaren. Soweit war man!

Da liegt es denn auf der Hand, daß zunächst die Rheingrenze[377] verlorengegangen sein muß, und es ist ersichtlich, was es mit jenem Ehrentitel des Gallienus auf sich hat. Wir haben ein Zeugnis, das allerdings in seinen weite-

370 Aur.Vict.24; SHA.Al.49ff.
371 SHA.Max.12
372 RIC.V 1, S. 69f., Nr. 17f.
373 Den Vorstoß nach *Tarraco* und *Africa* überliefert Aurelius Victor 33,3; von 12 Jahren spricht Orosius VII 41,2, doch

gilt das als übertrieben: E. Zöllner, Geschichte der Franken, 1970, 8.
374 Eutrop IX 7; Zos.I 37
375 Dessau 544
376 Dessau 569
377 Richtig: das rechte Rheinufer.

ren Details verwirrend und konfus ist, in der Hauptsache aber deutlich spricht: am Schluß des Veroneser Provinzialverzeichnisses[378] heißt es: die Römer hätten jenseits des Rheins über das *castellum Montiacesenam* hinaus ein Gebiet von 80 Leugen, d.h. 120 Millien besessen, das unter Gallienus von den Deutschen okkupiert worden sei. *Montiacesenam* heißt offenbar *Mogontiacense*[379]; aber soviel haben die Römer dort nie gehabt, und auch andere Notizen, z.B. *Belgica Prima*, aus diesem Verzeichnis sind falsch, denn eine Teilung von *Belgica* in eine *Prima* und *Secunda* trat erst unter Diocletian ein[380]; aber in der Hauptsache ergibt sich, daß unter Gallienus die transrhenanischen Besitzungen aufgegeben werden mußten.

[MH.II 144] Aber es war drauf und dran, daß Gallien verlorenging. Die Epoche der sogenannten 30 Tyrannen ist ein sehr ungeschickter Name.[381] Es war einfach eine Zeit der Auflösung. Britannien, Gallien und Spanien suchten auf längere Zeit eigene Wege unter Marcus Cassianius Postumus.[382] Was dieser ursprünglich gewesen, welches Amt er bekleidet, wissen wir nicht. *Transrhenani limitis dux*, wie er nach einem offenbar gefälschten Schreiben des Valerian genannt wird[383], ist er nicht gewesen, denn es hat nie ein solches Amt gegeben. *Duces* wurden erst Ende des 3. Jahrhunderts geschaffen, und *duces transrhenani limitis* konnte man damals auch nicht ernennen, denn es gab keinen *limes transrhenanus* mehr, der war unwiederbringlich den Römern entrissen. Wahrscheinlich war er Statthalter eines der beiden Germanien. Gallienus war, nachdem sein Vater Valerianus 260 in den Verwicklungen des Ostens sein Ende gefunden hatte[384], nach den Donauländern gegangen und hatte seinen unmündigen Sohn Saloninus unter dem Schutz des Silvanus und des Postumus in Köln zurückgelassen.[385] Welche Beweggründe maßgebend waren, wissen wir nicht. Nach einigen Stimmen fühlte sich Postumus gegen Silvanus zurückgesetzt und war eifersüchtig auf ihn. Aber das Hauptsächlichste wird wohl gewesen sein, daß Gallien sich selbst und seinen Entscheidungen überlassen war; das Mutterland konnte keinen [MH.II 145] Schutz mehr gewähren. Was sich später, als das Westreich zu Ende ging, wiederholte[386], trat hier schon einmal ein, und die Zeit des Gallienus ist in

---

[378] Bei O. Seeck, Notitia Dignitatum, 1876, S. 253. Mommsen, Ges.Schr.V 561 ff.

[379] Hensel irrig *Montiacense*, ebenso unten.

[380] Das deutet auf eine Abfassung des Verzeichnisses unter oder nach Diocletian hin, Jones 1964 III S. 381 meint: um 313. Insofern ist die Angabe nicht „falsch".

[381] So in den «Sciptores Historiae Augustae» in Anlehnung an das Regime der Oligarchen 404 v.Chr. in Athen.

[382] Vgl. MP.97

[383] SHA.Trig.Tyr. III 8

[384] s.u. MH.II 319f.

[385] Zosimos I 38,2; Zonaras XII 24

[386] Mommsen spielt an auf das „gallische Sonderreich" unter den Heermeistern Aegidius, Paulus und Syagrius, der 486 von Chlodwig geschlagen wurde: Greg.Tur.II 27. K. F. Stroheker, Der senatorische Adel im spätantiken Gallien, 1948, Nr. 370; Demandt, RE.Suppl.XII 1970, 691 ff.

eigentümlicher Weise vorbedeutend für die Zeit der Völkerwanderung. Auffallend ist, daß, während die Franken in Spanien, die Alamannen in Italien einfielen und brandschatzten und raubten, Gallien ohne Hilfe blieb. Genug, hier traten die Offiziere zusammen, beseitigten den Silvanus und riefen den Postumus zum Kaiser, nicht bloß Galliens, sondern des ganzen Westens aus. Wie mangelhaft unsere Überlieferung ist, zeigt sich recht deutlich an diesem Beispiel: Die Schriftsteller kennen und nennen Postumus nur als Herrscher Galliens. Daß er auch über Britannien und Spanien herrschte, haben uns jedoch die inschriftlichen Denkmäler[387] gelehrt, und dadurch haben wir erst Verständnis für den Ausdruck bekommen, daß die *exercitus consentientes* den Postumus zum Thron berufen haben. Es war eben der übereinstimmende Wunsch der germanischen, britannischen und spanischen Legionen. Postumus nannte sich *restitutor Galliarum*[388], und mit vollkommenem Recht. Wenn die Franken nach jahrelanger Besetzung aus Spanien verschwanden, wenn Gallien wieder notdürftig zusammenhielt, so war das sein Werk. Die *ingens virtus ac moderatio*, die ihm von einem guten Schriftsteller[389] nachgerühmt wird, zeigt sich in dem großen Werk, den Westen noch einmal zu retten. Merkwürdig ist, daß, als endlich der Westen definitiv [MH.II 146] und unwiderruflich zusammenbrach, es abermals Gallien war, das noch einige Jahre den Kampf fortsetzte.[390]

Was für Formen hatte dieses Reich des Postumus? Die Schriftsteller wissen nichts davon; sie sind lediglich Stadtchronisten, ihr Blick und ihr Interesse reicht nicht über den Stadthorizont hinaus. Münzen und Inschriften müssen wieder aushelfen.[391] Danach erscheint das Reich als abgeschlossen, ohne Verbindung mit dem übrigen Reich. Die Münzprägung ist eine getrennt gallische. Postumus machte aber auch keinen Versuch, seine Herrschaft auszudehnen; er heißt zwar *Pius Felix Augustus*[392], nach Art der römischen Kaiser, und hätte gewiß, wenn er gewollt hätte, wenigstens Oberitalien mit leichter Mühe annektieren können. Aber es macht ganz den Eindruck, als ob er ein gallisches Kaisertum hätte hinstellen wollen. Seine Herrschaft dauerte ziemlich lange.[393] Für den Wegebau ist offenbar viel geschehen. Spezifisch gallisch ist, daß seine Münzen häufig die Lokalgottheiten führten, es scheint, als ob der gallische Hercules den *Iuppiter Optimus Maximus* der römischen Münzen beerbt hätte. Köln war seine Residenz, und schon hieraus, dann aber auch aus seinem Beinamen *Germanicus Maximus Quintum* auf den Münzen läßt auf dauernde und erfolgreiche Kriege mit den Germanen schließen. Die Münzen zeigen gutes Gepräge, die Goldmünzen namentlich eine bessere künstlerische Ausführung als die gleichzeitigen stadtrömischen.

[387] Britannien: Dessau 560; Spanien: Dessau 562.
[388] RIC.V 1, 343; 350; J. Lafaurie, ANRW.II 2, 1975, 853 ff.
[389] Eutropius IX 9
[390] vgl. Anm. 386

[391] Die Münzen des Postumus: RIC.V 1, 310–368; Inschriften: PLRE.I 720. I. König, Die gallischen Usurpatoren von Postumus bis Tetricus, 1981.
[392] Dessau 560 ff.
[393] Von 259 bis 268

Es sieht fast so aus, als ob sich dort [MH.II 147] ein Asyl für Künstler und Wissenschaftler aufgetan hätte, die aus dem verödeten und verwüsteten Italien fliehen mußten. Postumus fiel in einer guten und gerechten Sache, dem Bestreben, die großen Städte vor der Plünderungswut der entlassenen Soldaten zu schützen. Rom griff ihn nicht an, erkannte ihn aber auch nicht an; dagegen erhob sich im Land selbst ein Gegenkaiser Laelianus. Die Truppen des Postumus überwanden ihn und wollten nun Mainz, in dem der Kampf stattgefunden hatte, plündern. Postumus verweigerte ihnen dieses und fand in dem dabei entstehenden Tumult einen ruhmvollen Tod[394], eintretend für die bürgerliche Freiheit. Mit ihm nahm sein Reich nicht sogleich ein Ende, verschiedene Prätendenten, Victorinus, Tetricus und andere setzten es noch eine Zeitlang fort, das Ende kam aber von anderer Seite.

Gallienus wurde 268 ermordet, ihm folgte die kurze Regierung des Claudius, der wahrscheinlich Gallien wiedererobern wollte; die oben erwähnte Grenoble-Inschrift ist zu seinen Ehren gesetzt worden. Zu einem ernsten Kampf kam es nicht, die Ereignisse an der Donau waren zu dringend und nahmen seine ganze Kraft in Anspruch. 270 starb er schon.

Ihm folgte Lucius Domitius Aurelianus, einer der bedeutendsten und kraftvollsten Kaiser. Er und Postumus verzögerten die Völkerwanderung um zwei Jahrhunderte.[395] [MH.II 148] Aurelians erste Jahre waren nicht glücklich. Er hatte mit fortwährenden Einfällen der Alamannen zu kämpfen. Ja, im Jahre 271 erlitten die Römer bei *Placentia* eine außerordentlich schwere Niederlage.[396] Ein deutliches Symptom des Schreckens, den diese einflößte, war der hauptstädtische Mauerbau, ausgeführt 271 unter unmittelbarem Eindruck jener Niederlage[397]: ein kolossaler Bau, drei Millien lang, aber ein Raubbau im schlimmsten Sinn des Wortes, ausgeführt aus hastig zusammengerafften Materialien, im Zwange der unmittelbaren Not.[398] Die Belagerung Roms im 5. Jahrhundert spürt man schon im voraus.

Dann aber erfolgte die Wendung. Aurelian errang große Erfolge gegen die Juthungen, einen Völkersplitter der Alamannen. Sie waren wahrscheinlich die Vorgänger der Schwaben (Sueven), saßen im heutigen Baiern und belästigten Augsburg durch häufige Plünderungszüge. Wir besitzen noch ein sehr interessantes Fragment des Dexippos, einige Reden und Episoden aus diesem Krieg behandelnd.[399] Wir erfahren daraus, daß die Römer schon soweit gekommen waren, den Germanen tributpflichtig zu sein, d. h. durch jährliche Zahlungen sich die Einfälle abzukaufen. In diesem Fragment, das

---

394 Aur.Vict.33,8f.

395 Vgl. MP.98

396 Aur.Vict.35,2; Zosimos I 49,1; SHA.Aur.21,1

397 Aur.Vict.35,7; Zos.I 49,2

398 Die Aureliansmauer besteht aus Backsteinen: J. Richmond, The City Wall of Imperial Rome, 1930; Coarelli, 1974, 23 ff.

399 Dexippos: FGrH.100,6 (Exc.de leg. S. 380 ff. de Boor). Deutsch bei W. Capelle, Das alte Germanien, 1937, 253

doch, wenn auch rhetorisch gehalten, wertvolle und gewiß authentische Nachrichten bringt, verhandelten die Abgesandten der Juthungen durchaus auf gleichem Fuß mit den Römern. Trotzdem sie an den Donauquellen geschlagen wurden, forderten sie doch die [MH.II 149] Fortzahlung des Tributs. Sie setzten den Römern die ungeheuren Streitkräfte auseinander, die ihr Volk, rein aus Stammeseingeborenen ohne fremden Zuzug, aufzubringen vermochte – 40000 Reiter, 80000 Mann Fußvolk. Wenn es auch mit den Zahlen nicht allzu genau genommen werden kann und wohl etwas rhetorische Übertreibung dabei im Spiel ist, so frappiert doch das merkwürdige Stärkeverhältnis von Kavallerie und Infanterie, das wohl zutreffen mag und diese Germanen als wichtiges Reitervolk charakterisiert. Also: *Alamanni mirifice ex equis pugnantes.*[400] Wenn man bedenkt, daß es sich dabei um das Aufgebot des Landsturms handelt, so mag die Zahl nicht einmal allzu übertrieben erscheinen. Die Verhandlung endete damit, daß die Alamannen an der oberen Donau zu Paaren getrieben wurden. Doch ist unzweifelhaft, daß die transrhenanischen und transdanubischen Landschaften definitiv aufgegeben sind und blieben. Die Flußgrenze zu halten, Vindelicien und die Städte wie Augsburg zu schützen, war das einzige, was noch erreichbar war und erstrebt wurde.

Dann erfolgte eine Ruhepause. Im Jahr 274 nahm die gallische Sonderherrschaft ein Ende. Der eigentliche politische Grund dafür ist in der Konsolidierung Italiens und des Ostens zu suchen. Damit hörte für die gallischen Römer, die sich ja nicht freiwillig vom Reich getrennt hatten, sondern – „der Not gehorchend, nicht dem eignen Trieb"[401] – sich auf [MH.II 150] eigene Füße gestellt hatten, die Veranlassung der Trennung auf. Gallien wurde nicht eigentlich zurückerobert. Aurelian ging allerdings hin, aber Tetricus, der Kaiser dieses westlichen Soldatenstaats, beeilte sich, sich zu unterwerfen, um die Abhängigkeit von seinem Heere loszuwerden, und wurde Statthalter Aurelians in Italien.[402] Die Freiwilligkeit dieser Unterwerfung ist höchst merkwürdig. Es waren dieselben Verhältnisse wie in Britannien. Um sie zu verstehen, muß man bedenken, daß die Römer in beiden Ländern doch eigentlich im Auslande lebten und ihren natürlichen Anschluß an Rom suchten, sobald sie ihn daselbst fanden. Es waren ähnliche Verhältnisse wie die, unter denen die Engländer z.B. in Indien leben, und sie würden erforderlichenfalls zu ähnlichen Konsequenzen führen.

Damit war denn die große Katastrophe, die Selbständigkeit des Westens überwunden. 275 fiel Aurelianus durch eine Soldatenverschwörung[403], und unmittelbar nach seinem Tod überschwemmten die Germanen wieder Gallien. Die Überlieferung ist für diese Zeit höchst dürftig, häufig erfahren wir von Niederlagen der Römer erst durch darauffolgende Siege der römischen Waffen. Unter dem kurzen Regiment des Nachfolgers Aurelians, des Kaisers

---

[400] Aurel. Victor. 21,2
[401] Schiller, Braut von Messina

[402] Eutr.IX 13; Aur.Vict.35,4f.
[403] Zos.I 62; Aur.Vict.35,8

Tacitus, kamen 60 gallische *civitates* in die Gewalt der Germanen.[404] Das ist nicht anders zu verstehen, als daß dieselben auf der ganzen Linie den Rhein überschritten und das Land weithin überfluteten. Der Nachfolger des Tacitus, Probus, führte 279 einen ernstlichen [MH.II 151] Feldzug gegen die Germanen. In den Berichten begegnen uns ausnahmsweise einmal verständliche geographische Namen. Die Germanen wurden aus dem Neckargebiet bis über die *Alba* vertrieben. Die *Alba* ist die Schwäbische Alb.[405] Das kann nicht heißen, daß das gesamte transrhenanische Gebiet zurückerobert worden sei. Wir haben aus diesem Gebiet nur bis Gallienus Inschriften, die Münzen der späteren Kaiser fehlen zwar nicht ganz – wie dies der immerhin noch lebhafte Verkehr mit sich brachte –, sind aber doch in so erheblich verminderter Anzahl vorhanden, daß diese Sprache deutlich genug redet. Wir haben also anzunehmen, daß Probus zwar einen Siegeszug in diese Landschaften hinein ausführte, ohne sie jedoch bleibend zu okkupieren. Das besagt auch die Notiz *Contra urbes Romanas in solo barbarico castella condidit*.[406] *Contra* wird gesagt von einer Lage gegenüber einer Stadt, die an einem Fluß liegt; es heißt also, daß er Brückenköpfe, befestigte Punkte, auf der deutschen Seite des Rheins und der Donau anlegte. Donau und Rhein, verbunden durch einen *limes* am Bodensee, waren die Grenze, nicht die alte Limes.

Der Alamannenstoß ist ein recht eigentliches Stück Völkerwanderung, charakterisiert durch das Nachdringen bis dahin unbekannter Völker. Wir sehen nur die Spitzen der Kolonnen in Aktion treten; was sich hinter diesem Vorhang abspielt [MH.II 152] und das eigentlich treibende Element war, ist spurlos verschollen. Es ist kein Zufall, daß in der mittleren Kaiserzeit alles in den Rheingegenden still war. Tacitus spricht nur von den „friedlichen Hermunduren".[407] Diese Landschaften waren wirklich ruhig, und die römische Zivilisation machte unter dem Schutz der befestigten römischen Herrschaft Fortschritte. Plötzlich änderte sich unter Gallienus die Szene. Die Alamannen und eine Reihe früher nie genannter, ganz neuer Völkerschaften treten hier zum ersten Mal auf. Der Angriff erfolgte mit einer Energie wie nie zuvor; also ist auf nachschiebende, unwiderstehliche Massen zu schließen. Die Energie des Angriffs richtete sich namentlich gegen Italien. Alle diese Momente lassen auf frische, mit den Räubern noch nicht in Kontakt geratene Elemente schließen. Der hunnische Volksstamm drang jetzt vor.[408] Die Folgen dieser Bewegung: alles Vorland jenseits von Donau und Rhein ging verloren. Aber an diesen Flüssen fand die Bewegung auch ihren Halt; hier

[404] SHA.Prob.13,6

[405] Und nicht etwa die Elbe, SHA. Prob.13,7; Zos. I 67f. J. Straub, Regeneratio Imperii, 1972, 418ff.

[406] SHA.Prob.13,8: *contra urbes Romanas castra in solo barbarico posuit ac illic milites collocavit*.

[407] Tac. Germ. 41,1: *Hermunduronum civitas fida Romanis*.

[408] Dieser bei AW.251 erhaltene Satz ist historisch unrichtig, die Hunnen machten sich erst hundert Jahre später bemerkbar, s. u.

staute sich die Völkerwoge und überschritt den Rhein noch über ein Jahrhundert lang wenigstens nicht dauernd. Ab und zu brachen die Feinde zwar auch über diesen Fluß, aber bis zum Anfang des 5. Jahrhunderts wurden die Angriffe auf die heutige Schweiz und das Elsaß noch erfolgreich zurückgeschlagen, erst dann brach auch diese Grenze zusammen.

[MH.II 153] Die Franken sind ohne Zweifel auch ein Völkerbund wie die Alamannen und keine Völkerschaft.[409] Woher der Name stammt, ist unbestimmt; ob derselbe von einer Volkseigenschaft hergenommen ist oder ob sie, ursprünglich Sugambrer genannt, so nach ihrem Führer (*hegemon*) hießen, wie Johannes Lydos[410], ein Byzantiner aus Justinians Zeit, berichtet, ist nicht ersichtlich.[411] Die Sache selbst aber ist klar: Armins Gedanke realisierte sich; es bildete sich ein fester Bund wie der Alamannenbund. Es wurden zwar auch einzelne Teile des Bundes *partes* genannt, aber es ist doch nicht wie eine bloße Allianz aufzufassen, sondern wie der Bund Latiums, der fast die Festigkeit eines Einheitsstaates hatte und den hannibalischen Stürmen Trotz bot. Die Bestandteile des Frankenbundes sind besser nachweisbar als bei dem Alamannenbund. Mit einem Wort sind es die Völkerschaften, die in der Varuskatastrophe mitgefochten hatten.

Auf der alten römischen Postlandkarte, der «Tabula Peutingeriana», kommen sie zuerst vor: *Chamavi qui et Franci*.[412] Andere Teilstämme nennt Gregor von Tours[413] oder vielmehr Sulpicius Alexander, den er exzerpiert hat; so die Bructerer, Ampsivarier und die Chatten. Letztere aber sind zweifelhaft. Ammian[414] nennt die Chattuarier. Im allgemeinen sind es die Völkerschaften auf dem rechten Ufer des unteren Rhein. Nicht genannt werden die Cherusker; es ist wahrscheinlich, daß sie, so wie überhaupt der eine oder andere dieser wenig volkreichen Stämme, im Laufe der Zeit vernichtet wurden. Bemerkt muß werden, daß in späterer Zeit, namentlich von [MH.II 154] Poeten, die sich der Klassizität befleißigten, Sugambrer synonym mit Franken gebraucht wird.[415] Der hieraus etwa zu ziehende Schluß, daß sich die Sugambrer unter den Franken befunden hätten, ist nicht sicher, es ist eben eine Poetenangabe und ein Poetenname, und es ist wahrscheinlicher, daß die Sugambrer, ähnlich wie die Ubier, nicht unter den Franken, sondern unter den Römern aufgegangen sind. Man darf nicht vergessen, daß sie schon in caesarischer Zeit aufs linke Rheinufer versetzt wurden.[416]

Die Franken werden[417] zuerst unter Postumus genannt, der *auxilia Francica* hatte und zu dessen Zeit sie den Zug nach *Tarraco* ausführten.[418] Bald nachher unter Probus ist ihr Auftreten voll beglaubigt.[419] Aurelian hatte

409 Vgl. MP.102ff. Zöllner 1970, 2ff.
410 Joh.Lyd.mag.I 150
411 Wenskus 1961, 512ff.
412 Tab.Peut.II 2
413 Greg.Tur.Hist.Franc.II 9
414 Amm. XX 10,2: (*Franci*) *quos Attuarios vocant.*

415 So Claudian und Sidonius
416 Caes.bell.Gall.VI 9f.; Dio XLVIII 49; Strabo IV 3,4
417 in erzählenden Quellen: SHA. Gall. 7,1
418 Aur.Vict.33,3; Eutr.IX 8,2
419 SHA.Prob.18,2; Zos.I 71,2

nicht Zeit gehabt zur Ausbeutung seiner Siege. Probus vollendete sie und schlug die Franken zum Reich hinaus. Genaueres indessen erfahren wir nicht. Ihre ursprünglichen Wohnsitze waren die Gegenden von der Lippe bis an das Meer, namentlich die holländische Küste. Als Seeräuber haben wir sie schon zu nennen gehabt, und sie streiften als solche bis ins mittelländische Meer. Die Verhältnisse in Nordfrankreich sind noch unbestimmter und schwankender. Hier beteiligten sie sich eigentlich nur an inneren Kriegen. Carausius erlangte seine Admiralsstellung in Kämpfen gegen Franken und Sachsen[420], aber die Gegner desselben behaupteten, [MH.II 155] er habe in Nordfrankreich gemeinschaftliche Sache mit den Franken gemacht.[421] Als nun Maximian versuchte, die Insurgenten wieder zu unterwerfen, befand sich das ganze Scheldegebiet in den Händen der Franken, und Maximian richtete weder gegen sie noch gegen Carausius etwas aus.

Constantius besiegte sie wohl, vertrieb sie aber nicht. Ein Panegyriker gibt an, daß er *ipsos in Romanas transtulit nationes.*[422] Das wird wohl, aus der panegyrischen in die gewöhnliche Sprache übersetzt, heißen, daß er sich dazu verstehen mußte, sie in den eroberten Landschaften zu belassen und sich mit einer formellen Unterwerfung derselben zu begnügen. Seitdem saßen die Franken in diesen Landschaften; namentlich der Hauptstamm, die salischen Franken, waren in *Toxandria* (Tongern und Maastricht) nach Ammians Zeugnis[423] bestimmt lokalisierbar. Dies war also die erste germanische Völkerschaft, die sich im römischen Gebiet festgesetzt hatte. Auch Julian bekämpfte sie[424], richtete aber nicht viel aus, mußte sogar zusehen, daß sie sich weiter ausdehnten. „Überführung in neue Gebiete" wurde es genannt, indes ist auch hier anzunehmen, daß sich Rom bei der „Überführung" sehr passiv verhalten hat.

Als nun später die Mischreiche entstanden, [MH.II 156] die nationalgermanische Kraft mit römischer Zivilisation verbanden, spielten natürlich die Franken eine hervorragende Rolle. Ihre Anwesenheit in Nordfrankreich ist also wahrscheinlich schon auf Postumus und Carausius zurückzuführen, wenn nicht auf eine noch frühere Zeit. Es sieht ganz so aus, als ob sie schon Jahrhunderte in jenen Gegenden gesessen und sich heimisch gemacht hätten, in denen sie dann eine weltgeschichtlich so bedeutende Rolle spielen sollten. Waren die Kriege der Franken mit den Römern auch nicht heftig, so waren sie desto folgenreicher für die Zukunft. Alamannen und Franken waren zwei Völker, die beweisen, daß das ganze Bild des vierten und fünften Jahrhunderts schon vorgebildet, vorbereitet war, lange bevor es in Erscheinung trat.

---

420 Eutr.IX 21; s.o. MH.II 118; s.u. MH.III 82ff.

421 Oros.VII 25,3

422 Paneg.VI 5,3. Da auch AW.253 *ipsos* schreibt, muß Mommsen dies gesagt haben, obschon der Text *ipsas (gentes)*

zeigt. Baehrens liest *Romana* und verbindet *ipsas* mit *nationes.*

423 Amm.XVII 8,5 (Cod.Vat., Clark) schreibt *Toxiandria.*

424 Amm. l.c. S. u. MH.III 167ff.

Wir haben noch zwei andere Völker wenigstens mit einigen Worten zu erwähnen, die Sachsen und die Burgunder. Die Sachsen waren ebenfalls ein Völkerbund.[425] Schon Ptolemäus[426] führt die *Saxones* als kleinen Volksstamm in Holstein an. In der Geschichte erscheinen sie nach Eutrop[427] zuerst mit den Franken als Feinde der Römer in der Zeit des Carausius vereinigt. Hoffentlich ist diese Angabe von Eutrop aus Quellen entnommen und [MH.II 157] nicht aus seiner zeitgenössischen Anschauung. Die Sachsen waren damals noch nicht Grenznachbarn Roms, aber machten sich zur See unangenehm bemerkbar. Der Kern der Sachsen waren die Chauken[428] in Hannover; Quaden werden in einer verstümmelten Stelle[429] genannt, man hat dies in Kauchen[430] umgedeutet, eigentlich ohne jeden Anhalt. Man sollte so etwas nicht tun.[431] Zweifellos gehörte zu den Sachsen alles nordwärts der Elbe wohnende Volk.[432]

Die Burgunder sind ein alter, bis ins 2. Jahrhundert zurückzuverfolgender Volksname an der Weichsel. In den Alamannenkriegen finden wir sie unmittelbar hinter den Alamannen gegen den oberen Main drängend. Ich erwähne dies hier, um den oben ausgesprochenen Satz zu unterstützen, daß die Alamannen geschoben worden seien. Wenn die Burgunder von der Weichsel bis an den Main vordrangen, so gibt uns dies wohl ein deutliches Symptom von den großen Völkerwogen, die schon in dieser Zeit Germanien beunruhigten. – Soviel über die Geschichte Germaniens, wenn ein so bescheidener Ausdruck von einem [MH.II 158] so dürftigen Umriß gestattet ist.

c) *Gallien*

Von der Kultur der gallischen Länder zu sprechen, ist eine Aufgabe, großartig und reizend, aber unsäglich schwer. Indes kann man wenigstens die Lücken bezeichnen, die noch aufzufüllen sind.

Gallien[433] ist keine Einheit, es zerfällt in drei bis vier sehr verschiedene Gebiete. Es ist erstens Aquitanien von den Pyrenäen bis an die Garonne. Wir wissen nicht allzuviel von der Kulturentwicklung, nur so viel ist klar, daß diese Landschaft mehr Analogie mit Spanien hat als mit Gallien. Die Stammbevölkerung ist nicht keltisch, sondern iberisch. Hier vollzog sich

---

[425] Vgl. MP.105

[426] Ptol.II 2,8; 11,7

[427] Eutr.IX 21

[428] Hensel schreibt: *Schauten (ich kann die Richtigkeit dieses Namens nicht vertreten, lieber Paul, und es sollte mir leid tun, wenn die alten Hannoveraner solche Schauten gewesen wären).* Dazu seine Fußnote: *Chauci nach Kiepert.*

[429] Zos.III 6,1 mit Mendelssohn zur Stelle.

[430] Hensel wieder *Schauten.*

[431] Dazu Hensel: *Das finde ich auch.*

[432] W.Lammers (Hg.), Entstehung und Verfassung des Sachsenstammes, 1967

[433] Mommsen RG.V Kap. 3; ANRW. II 3, 1975, 686ff.

dieselbe friedliche Entwicklung wie in Spanien. Das zweite Gebiet ist die *Provincia* oder *Provincia Narbonensis*, die mit Gallien eigentlich gar nichts zu tun hatte. Denn es heißt immer die *Tres Galliae* und (außerdem) die *provincia*. An dritter Stelle steht die *Lugdunensis*, die Gegend zwischen Loire und Seine, der Kern des heutigen Frankreich, das eigentliche Keltengebiet.[434] Viertens sind es die germanischen Grenzländer, worunter nicht bloß *Germania inferior* und *superior* zu verstehen ist, sondern auch der größte Teil von *Gallia Belgica*. Schwierigkeiten werden dadurch bereitet, daß hier weder scharfe geographische noch exakte Kulturgrenzen zu ziehen sind.

[MH.II 159] Vor einem Fehler ist zuvörderst zu warnen: um das römische Gallien zu verstehen, muß man vollständig vom jetzigen Frankreich absehen. Man muß die letzten 300 Jahre vergessen, zurückgehen hinter Rousseau, Diderot und Voltaire, hinter die Französische Revolution, hinter Napoleon, dessen Wirken zwar auf militärischem Gebiet ausgelöscht ist, aber auf administrativem nie und nimmer verschwinden wird. Man muß zurückgehen auf Louis XIV und hinter ihn. Dann kommt man endlich auf ein Frankreich, das demjenigen ähnlich[435] ist, mit dem wir uns hier zu beschäftigen haben.

Aquitanien scheint intensiv romanisiert gewesen zu sein. Die Beobachtung ist belehrend für das Verständnis der gallischen Entwicklung, sie zeigt, wieviel weniger widerstandsfähig die iberische als die keltische Nation ist. Die Landschaft ist städteleer. *Burdigala* (Bordeaux) war hier die einzige größere Stadt, eine Keltenstadt. Sonst finden wir nur kleine Landstädte; auffallend sind die wunderlichen Gottheiten mit fremdartigen Namen, die auf den Inschriften häufig vorkommen und Verehrung genossen.[436] Inschriften sind sehr viel vorhanden; die Kultur ist derjenigen in der *Tarraconensis* und der *Baetica* sehr ähnlich.

Die *Provincia Narbonensis* kam schon während der Republik unter römische Herrschaft[437] und erfreute sich daher in der Epoche, von der wir sprechen, einer sehr alten Kultur. [MH.II 160] *Narbo Martius* (Narbonne) war die älteste Kolonie. Wichtiger noch als diese römische Konkurrenzanlage war *Massalia* (Marseille), die uralte griechische Kolonie[438], der fast das ganze Gebiet der Provinz gehört hatte. *Massalia* hat es zumeist bewirkt, daß hier das ursprünglich keltische Wesen ausgetrieben wurde und Südfrankreich sich ganz anders gestaltete als Nordfrankreich. Die *Provincia* galt schon unter den ersten Kaisern als vollständig romanisiert. Dazu trug außer der Einwirkung *Massalias* noch mehreres bei: zuvörderst die direkte Kolonisierung durch Caesar und Augustus. Nirgends sonst gab es so viele geborene

---

434 AW: das *eigentliche Kulturland*

435 MP.106: *sehr verwandt.*

436 Aherbelste, Edelas, Leherenn, Herauscorritseha, Ilixo etc: E. Desjar-

dins, Geographie de la Gaule Romaine, 1878

437 Durch Cn. Domitius Ahenobarbus 118 v. Chr.: Vell.II 10,2.

438 Herodot V 9,3; Solin.II 52

italische Zuwanderer, und nicht bloß der Zahl nach waren sie bedeutend, sondern auch durch Intelligenz, Reichtum und kaufmännischen Geist. Römische Sprache und Sitte herrschten durchaus.

Schon Strabo[439] sagt von den Cavaren, den Anwohnern der unteren Rhône, daß sie ganz romanisiert seien, sowohl die Städter als auch die Landbewohner; und das Landvolk ist solchen Einwirkungen immer am schwersten zugänglich, das haben die Franzosen im Elsaß erfahren, und das erfahren die Deutschen in Posen und Oberschlesien. Plinius[440] nennt die ganze Provence mehr ein Stück Italiens als eine Provinz. Und das war dieses Küstenland auch in der Tat.

Caesars Absicht wurde schon erwähnt, *Gallia transalpina* so wie *Gallia cisalpina* als [MH.II 161] Teil Italiens hinzustellen, und sie wurde erfüllt. Ein Staat, der wesentlich ein Staat des Mittelmeeres war, ein Staat, dessen Schwerpunkte in Neapel, Rom und Genua lagen, ein solcher Staat konnte *Massilia* nicht entbehren. Auch noch jetzt muten uns die Reste der römischen Altertümer, der Pont du Gard, die Maison Carrée in Nîmes, der überall reichlich mit Ruinen besetzte Boden wie ein Stück Italien an. Auch die Sprache gehört hierher: eigentlich war Frankreich ein zweisprachiges Land, die Langue d'oc und die Langue d'oui[441], und noch heute, trotz aller Zentralisation, blüht das Element des Provençalischen überall durch.

Freilich ist das nicht ganz ohne alle Einschränkung wahr; schließlich war auch die *Provincia* altes Keltenland, und ganz ausgerottet war das Keltenwesen nicht. Aber die politischen Grenzen fielen mit den Kulturgrenzen nicht zusammen. Die großen Gemeinden im nordöstlichen und nordwestlichen Teil der *Provincia Tolosa* und *Vienna* zeigen mehr Keltisches, z. B. in den Inschriften. *Tolosa* hatte eine Mischung von iberischem und gallischem Wesen. *Vienna* war eine alte Allobrogengemeinde gewesen und nahm eine Art Mittelstellung zu den *Tres Galliae* ein. *Vienna* wurde nie vollständig romanisiert. Ihr gehörte ein sehr ausgedehntes Gebiet von der Rhône bis an den Genfer See. [MH.II 162] Während in der Provinz Stadt an Stadt enggedrängt lag, war das Gebiet von *Vienna* arm an Städten. War sonst das römische Bürgerrecht in der Provinz allgemein, erhielt *Vienna*, obgleich es schon sehr früh Kolonie gewesen war (es hieß *Colonia Julia*), das Bürgerrecht wahrscheinlich erst unter Gaius, wie aus einer Rede des Claudius[442] hervorzugehen scheint. Augustus hatte *Vienna* nur das latinische Recht verliehen. Literarisch gehört die Provinz ganz in das Machtgebiet Roms. Martial[443], der Modepoet der Hauptstadt, sagt, daß das, was in Rom Aufsehen erregte, auch in *Tolosa* und *Vienna* gelesen wurde. Es war also die direkte und auch erreichte Absicht der Regierung, das Litorale des mittelländischen Meeres zu einem Stück Italien zu machen. Die Inschriften beweisen dasselbe: Es ist

---

[439] Strabo IV 1,12
[440] Plin.NH.III 5/31
[441] Südfranzösisch-Provençalisch und Nordfranzösisch, unterschieden nach dem Wort für „Ja": oc oder *oui*.

[442] Tac.ann.XI 24; FIRA.I 281 ff.; Dessau 212
[443] Mart.VII 88 erwähnt nur *Vienna*.

keine Kleinigkeit, daß das Land so romanisiert ist, daß auch der kleine Mann sich eine Grabinschrift in lateinischer Sprache setzt, wie wir es hier so häufig finden. Selbst in seinem Namen war dieses Land von Gallien losgelöst: wenn man von Gallien spricht, meint man nie die *Provincia*; sie hieß *provincia Narbonensis* oder schlechtweg *Provincia*. Und sie war der blühendste Teil; von nationalen und religiösen Bewegungen, die das andere Land durchtobten, unberührt, vom Druidenwesen keine Spur. Es gab wohl [MH.II 163] Lokalgottheiten, aber sie hatten nichts Fremdartiges; nichts, was nicht auch in Italien vorkäme; wohin man blickte, konnte man glauben, sich in Italien zu befinden.

In den *Tres Galliae* muß man Stadt und Land getrennt behandeln. Eigentlich gehören beide Germanien nicht dazu, wir abstrahieren aber hier vorerst davon und behandeln die *Tres Galliae* im nationalen Sinne. Es ist das Keltengebiet zwischen Loire, Seine, Garonne und Schelde, die Provinzen *Lugdunensis* und *Belgica*, der größte Teil von Caesars Unterwerfungen. Die Inschriftensammlungen, die unsere Anschauungen von der Kultur dieser Landschaften prägen könnten, fehlen noch gänzlich. Auch Monumente sind nur äußerst sparsam vorhanden. Wenn wir bedenken, daß es sich um Städte wie *Augustodunum* (Autun), *Lutetia* (Paris), *Durocortorum* (Reims), *Vesontium* (Besançon), daß es sich um die Gebiete der Haeduer, Arverner und Sequaner handelt, so erstaunt man über die Dürftigkeit, über die verschwindende Anzahl der Denkmäler. Die Inschriften von Paris sind jetzt gesammelt erschienen[444] – es ist eine ganz geringe Ausbeute. Die Ortschaften sind nicht arm und dürftig gewesen – darin liegt nicht der Grund dieser auffallenden Erscheinung: es ist die stille Opposition, die Ablehnung der römischen Zivilisation.

[MH.II 164] Es ist auch von einem Studiensitz, einer Art Universität in *Augustodunum* die Rede; hier saß aller Wahrscheinlichkeit nach die nationale Opposition. Während der Schilderhebung Galliens unter Tiberius bemächtigte sich deren Führer, Sacrovir, jenes Studiensitzes, um die daselbst studierenden gallischen Jünglinge als Geiseln für die Treue ihrer Eltern zu behalten.[445] Dort wurden Druidenkult und -wissenschaft gelehrt. Die Druidenpriesterschaft war durchaus auf Wissenschaft gegründet, die Schulen nahmen es genauso ernst, wie unsere heutigen theologischen. Die Jünglinge mußten 20000 Verse auswendig wissen[446], überhaupt viel lernen. Rom hatte einen ebenso beständigen Kampf gegen dieses nationale Priestertum zu führen wie heute England gegen das irisch-katholische.[447] Augustus untersagte den Druidenkult, den römischen Bürgern wenigstens[448]; weiter durfte er sich

---

[444] R. Mowat, Remarques sur les inscriptions de Paris, 1883. Die Gallienbände des CIL erschienen: XII 1888, XIII 1898ff.
[445] Tac. ann. III 43
[446] Caesar (BG.VI 14,3) sagt, die

Druiden müßten eine „große Zahl" von Versen auswendig lernen und studierten bisweilen 20 Jahre.
[447] Vgl. MP.110
[448] Suet.Claud.25,5

nicht wagen, er konnte diesem nationalen Kult noch nicht als solchem entgegentreten. Wenn von römischen Schriftstellern angegeben wird, es seien die Auswüchse, die Menschenopfer etc., die man bekämpft habe, so ist dies ja gewiß zum Teil wahr; aber das eigentlich Gehaßte und Gefürchtete war [MH.II 165] die nationale Grundlage. Plinius[449] sagt von Tiberius, er habe das Druidentum ausgerottet. Aber von Claudius wird das abermals berichtet.[450] So etwas rottet man nicht so leicht aus, schafft es nicht durch Dekrete ab. Tacitus[451] muß denn auch noch zu Vespasians Zeit eine Erhebung berichten, die zu der Civilis-Revolution führte: die Druiden hätten gepredigt, der Capitolbrand bedeute nicht nur den Untergang der römischen Weltherrschaft, sondern die Kelten würden die Erben Roms werden. So lebendig war damals noch der so oft „ausgerottete" und „abgeschaffte" Keltengedanke, daß er sich die Weltherrschaft vindizierte.[452] Anekdotisch spinnt sich das in unserer Überlieferung noch weiter fort: dem Alexander Severus wurde von einer gallischen Priesterin in gallischer Sprache der Untergang prophezeit.[453] Dem Diocletian, als er noch bei Tongern bei der Armee stand und mit seiner Wirtin rechnete und über die Rechnung in Streit geriet, prophezeite diese seine Kaisererhebung.[454] Darauf meinte Diocletian, wenn er wirklich einmal Kaiser werde, dann wolle er die Rechnung bezahlen, für den Augenblick fühlte er sich nicht veranlaßt.

Wenn wir nun bedenken, was von Britannien zu berichten war, die [MH.II 166] Eroberung der Insel *Mona* (Anglesey), die Pläne Agricolas auf Irland[455], dem gelobten Land der Druidenwirtschaft, so erscheint uns das Druidentum doch als eine fast unübersteigliche Klippe für die Römerherrschaft. Auch die Inschriften und Denkmäler weisen auf Kultverhältnisse, die sich den römischen Anschauungen noch gar nicht akkommodiert haben: der Viergötteraltar in Paris mit dem Gott Cernunnos[456], mit Priesterbinden, Hörnern, dem Geldbeutel und anderen sonderbaren Attributen hat doch gar zu wenig Verwandtschaft mit den römischen Götterformen.

Kelten dienten im römischen Heer, denn seit Augustus waren nicht nur die römischen Bürger, sondern alle Untertanen dienstpflichtig; die römischen Bürger in den Legionen, die Untertanen in den *cohortes* und *alae*. Die eigentlichen Bürgertruppen wurden nicht mehr allein in Italien ausgehoben, sondern auch schon im übrigen Reich, und hervorragend viel in der *Narbonensis*. Dagegen fehlen hier *cohortes* und *alae* fast ganz, mit einer einzigen Ausnahme, [MH.II 167] der Vocontier. Eine *ala Vocontiorum* kommt vor[457]; dagegen keine *ala* aus Tectosagen, keine aus Allobrogen etc. Dieses erklärt sich daraus, daß die Vocontier – was auch anderweitig nachweisbar ist – sich

---

[449] Plin.NH.XXX 4/13
[450] Suet.Claud. 25,5
[451] Tac.hist.IV 5,54
[452] „in Anspruch nahm"
[453] SHA.Sev.Alex.60,6: hier ist von einer Druidin die Rede.

[454] SHA.Carus 14,2ff.
[455] s. o. MH.II 109ff.
[456] Dessau 4613
[457] Dessau 2536; 2610; 9060; 9141 f.

länger in der Gesondertheit behauptet haben; die *ala Vocontiorum* ist noch im 2. Jahrhundert bezeugt. Daraus muß man allerdings nicht den Schluß ziehen, daß die Vocontier so lange des Bürgerrechts entbehrt hätten; nur das ist sicher, daß sie zur Zeit der Errichtung dieser *ala*, also am Anfang der Kaiserzeit, es noch nicht hatten; der Name blieb dann der *ala* nur *ab origine* erhalten, ebenso wie häufig jetzt noch Regimenter Namen haben, die ihre Erklärung in der Zeit ihrer Einrichtung finden. Es dienten auch nicht lediglich Vocontier in dieser *ala*. So wird auf einem Grabstein ein Trevirer namhaft gemacht, der in der Kavallerieabteilung derselben gedient hat.[458]

Im schroffen Gegensatz nun zu diesen Verhältnissen der *Narbonensis* stehen die Militärverhältnisse der *Tres Galliae*. Hier ist von Kriegsdienst im Bürgerheer nicht die Rede, dagegen wurde hier eine hervorragende Auxiliarmiliz aufgestellt. Eine Betrachtung, die meines Wissens noch nicht so angestellt worden ist, bezieht sich auf die ganz verschiedene Art der Behandlung in dieser Hinsicht von *Belgica* und *Lugdunensis* gegenüber *Aquitania*. Eine genaue [MH.II 168] Prüfung der Listen wird ergeben, daß es wohl Kohorten der Aquitanier gibt, und zwar vier, Kohorten der Gallier, und zwar acht, daß diese aber nur provinzielle Bezeichnungen tragen, und nicht die der besonderen *civitates*, mit einer Ausnahme: in Aquitanien gab es eine Kohorte der Biturigen.[459] Die Biturigen bildeten den nördlichsten Gau Aquitaniens, und sie waren Kelten, während die übrigen iberischen Aquitanier in den aquitanischen Kohorten zusammen dienten. Man nahm also auf die Nationalität Rücksicht und ließ die keltischen Biturigen für sich. Das Kommando war selbstverständlich überall lateinisch. *Cohortes Belgarum* dagegen gab es nicht. Die einzig vorkommende *cohors I Belgarum*[460] ist eine englische Formation.[461] In der *Belgica* hatte jede besondere *civitas* ihre Kohorte, von den Sequanern im äußersten Süden bis zu den Batavern im äußersten Norden, und zwar in einem durchaus irrationalen Verhältnis zur Bevölkerung; z. B. gab es von den Nerviern mindestens sechs Kohorten, beinahe so viel wie von ganz *Lugdunensis*, und von den Batavern acht Kohorten. Es ist schon früher darauf hingewiesen worden, daß diese von den Steuern fast ganz verschont, dagegen hervorragend mit Aushebung belastet waren.[462] Im ganzen war die *Belgica* drei- bis viermal so stark wie die anderen keltischen Provinzen im Heer vertreten. Das hing mit dem gesamten politischen [MH.II 169] System des Augustus zusammen. Die Römer zogen das germanische Element als das ihnen homogenere und vielleicht militärisch brauchbarere dem keltischen vor, gegen welch letzteres sie sich durchaus ablehnend verhielten.

Der Rekrutierung entspricht die politische Behandlung der Kelten in der

[458] CIL.XIII 8655. J. Krier, Die Treverer außerhalb ihrer Civitas,1981, 110ff.

[459] Dessau 1992; 1998

[460] Dessau 2579; 2587; 3381

[461] AW.258: *aus den Belgen in der Bretagne.*

[462] s.o. MH.II 57 nach Tac.Germ.29 und hist.IV 12.

Gemeindeverfassung. Auch hier wird ein deutlicher Unterschied zwischen Gemeinden römischen Bürgerrechts und den Untertanengemeinden gemacht; er fällt mit den Landschaften keltischer und nicht-keltischer Nationalität zusammen. In dem Verzeichnis derjenigen Provinzen, in die Augustus Kolonisten geführt hat, fehlen die *Tres Galliae*. Daraus ergibt sich, daß zu seiner Zeit in diesen Landschaften das römische Bürgerrecht – außer Lyon – nicht an Gemeinden gegeben wurde, während in der *Narbonensis* fast alle dasselbe besaßen oder erhielten. Einzelnen vornehmen Personen wurde dasselbe allerdings auch dort häufig erteilt. Die späteren Kaiser wichen von dieser augusteischen Politik vielfach ab, so gab Claudius der *Colonia Agrippina* (Köln) im Ubierlande das Bürgerrecht[463] und in der *Belgica* mehreren anderen. Aber unter den späteren Kaisern war die Erteilung des Bürgerrechts an Städte immer selten, wenn auch das persönliche Bürgerrecht, was schon die Republik als mächtiges Lockmittel vergeben hatte, öfter erteilt wurde, und zwar für die Person und die Erben.

Aber auch hierbei ist eine höchst [MH.II 170] merkwürdige Schranke des erteilten persönlichen Bürgerrechts aus der oft erwähnten Rede des Claudius[464] und aus Stellen des Tacitus zu konstatieren: alle diese Orte erlangten das Bürgerrecht eigentlich nur nominell, nur, wie Tacitus[465] es ausdrückt, das *vocabulum civitatis*. Sie bekamen nicht das *ius honorum*, d.h. nicht die Berechtigung, römische Ämter zu verwalten, und daher auch nicht die Möglichkeit, in den Senat zu gelangen: also ungefähr das, was die Republik *civitas sine suffragio* nannte. Wirkliche Volksversammlungen gab es unter dem Principat ohnehin nicht mehr, also war das den Galliern erteilte Bürgerrecht politisch Null, wenngleich es wertvoll bei Kriminalprozessen und einigen anderen Fällen war. Wieder begegnet uns in bezug auf alle politisch-praktischen Dinge eine Ablehnung des keltischen Wesens. Im Gegensatz zur *Narbonensis* ist das sehr interessant. Spanien, Pannonien kannten derartige Beschränkungen bei der Bürgerrechtserteilung nicht. Wenn wir damit zusammenhalten, was früher über das Druidentum, dessen Mitgliedschaften den römischen Bürgern untersagt war, berichtet wurde, so ist das ein neuer Fingerzeig für die Apprehension[465a], mit der Rom dieses national-religiöse Kelten-Druiden-Wesen betrachtete. – Der Kern jener Rede des Claudius geht allerdings darauf hinaus, dem Senat auseinanderzusetzen, daß dieses Verfahren gegen die [MH.II 171] Kelten eine Ungerechtigkeit involviere. In der späteren Zeit stumpften sich diese Unterschiede mehr ab, und wir begegnen nicht selten Kelten im Senat.

Hinsichtlich der Gemeindeverfassung wurde nicht von dem alten Grundsatz abgegangen, daß der römische Staat insgesamt und daß unter ihm die

---

[463] Nach Tac.ann.XII 27 erhob Claudius Köln zur *colonia* (Plin.NH.IV 31/ 106), verlieh ihr aber bloß *ius Italicum*: Dig.L 15,8,2. Mommsen, Ges.Schr.IV 277f.

[464] Tac.ann.XI 24; FIRA.I S. 281ff.; Dessau 212

[465] Tac.ann.XI 23,4

[465a] „Besorgnis"

einzelne Provinz aus mehr oder weniger autonomen Gemeinden besteht. Aber was im Keltenland und in Italien „Gemeinde" hieß, ist doch grundverschieden. Die Römer beließen den Kelten ihre alten *civitates*, wie sie vor der Eroberung bestanden hatten, aus Abneigung. Die *civitas* beruhte bei den Kelten nicht auf der Stadt, wie überall in Italien, sondern sie war nur eben der Gau. Es fehlte die lokale Geschlossenheit, die Zentralisation in der Stadtmauer. In Rom bedeutete die Mauer nicht die Gebietsgrenze, im Keltenlande dagegen hatte die Stadt nur eine faktische, keine rechtliche Existenz. Ich habe mich im Hermes, Bd. XVI[466] darüber ausführlich geäußert, wo diejenigen, die es interessiert, Genaueres darüber finden. In Rom bestand für alle Beamten die Pflicht des Zusammenwohnens in der Stadt, der Senator mußte sein Domizil in Rom haben; dasselbe galt für die Inhaber der Lokalämter in den römischen Gemeinden (*coloniae*). Das war in den keltischen [MH.II 172] *civitates* anders. Jeder, er mochte wohnen, wo er wollte, selbst im Grenzgebiet, konnte *decurio* werden. Wo die römische Stadtverfassung galt, da war der Flecken ein Dorf, er hatte keine politische Existenz; wo aber die Gauverfassung galt, da war die Stadt[467] nur quantitativ von allen übrigen Ortschaften verschieden, sie hatte nicht mehr politische Existenz als alle anderen.

Von allen Gauen Galliens ist der helvetische der bekannteste[468]; hier drang die römische Kultur am frühesten ein, aber die Gauverfassung bestand fort. Der Hauptort *Aventicum* (Avenches) am Neuenburger See war sehr bedeutend. Seine Bürger waren nicht *cives Aventicenses*, sondern *cives Helvetici*.[469] Aber *Aventicum* hatte seine besondere Fleckenverwaltung. *Lousonna* (Lausanne) am Genfer See stand ihm nicht wesentlich nach und besaß wieder seine besonderen Institute und *curatores*. Der Akzent fiel in den Gauen auf die Gesamtheit. Man kann wohl in Italien, z. B. im Gebiet von Verona, noch andere Orte nachweisen, aber sie sind ohne besondere Institute. Das ist namentlich für das Bauwesen wichtig: in römischen Gemeinden konnten Bauten nur durch die hauptstädtischen Behörden ausgeführt werden und wurden folgeweise auch fast immer in den Hauptstädten errichtet. Bei den Gauen herrschte eine größere Dezentralisation. *Aventicum*, *Lousonna*, jeder einzelne Ort baute für sich. Freilich konnte damit auch nie eine Stadt solche Bedeutung erlangen [MH.II 173] wie die römischen Gemeinden.

Entsprechend war in den römischen Gemeinden die Rechtspflege ein Hauptmittel der Zentralisation. Es ist ein Grundsatz des römischen Rechts, daß nur innerhalb der Stadt Recht gesprochen werden kann; daher die Wichtigkeit der Stadtmauern für die Umgrenzung des Lokals. In den *civitates*

---

466 Th. Mommsen, Schweizer Nachstudien, Hermes 16, 1881, S. 445 ff. = Ders., Ges.Schr.V S. 390 ff.
467 Besser: der Vorort

468 W. Drack + R. Fellmann, Die Römer in der Schweiz, 1988
469 Dessau 7008

(Gauen) werden die Magistrate wohl umhergezogen sein und überall Recht gesprochen haben. Dieser tiefgreifende Unterschied ist nie vollständig verwischt, diese Grundlage nie erschüttert worden. Caracalla z.B. hat, wie berichtet wird, sämtlichen Reichsuntertanen das römische Bürgerrecht erteilt.[470] Man hat sich über die Bedeutung dieser Maßregel viel den Kopf zerbrochen – sie war wohl wesentlich fiskalischer Natur und hob das latinische, peregrinische und eigentliche Bürgerrecht nicht auf. Ihr Zweck war, von allen die Erbschaftssteuer zu erheben, die ja ein *privilegium odiosum* des römischen Bürgers war. Auf die Rechtskategorien[471] war die personale Erteilung des Bürgerrechts an eine Reihe von Einzelpersonen ohne Einfluß. Somit war die *Gallia Lugdunensis* wohl an den römischen Staat angegliedert; aber der tiefe Unterschied war nicht verwischt, sondern eher akzentuiert. Die römischen Kaiser gingen gewiß auf die Romanisierung auch dieses Reichsteils aus, doch lange nicht so wie auf die Romanisierung etwa Spaniens oder Pannoniens.

[MH.II 174] Im gleichen Sinn muß auch das, was früher über die Leugenrechnung gesagt worden ist, verstanden werden: die *leuga*[472] erscheint in den *Tres Galliae* zwar erst unter Severus, aber eingeführt wurde sie von ihm wohl kaum. Vielleicht beließ Augustus die *leuga* den *tres Galliae* für die Vicinalwege; sie wurde unter Severus auf die Reichsstraßen ausgedehnt. Bemerkenswert ist, daß neben Lyon nur *Noviodunum* (Nyon) am Genfer See, die einzige, von Caesar gegründete römische Kolonie in diesen Gegenden (*Colonia Iulia Equestris*) noch im 3. Jahrhundert nach Millien zählte, und das mußte sie von Reichs wegen, eben als römische Kolonie.

Die Keltensprache überdauerte die römische Herrschaft; das ist ein ganz unbegreifliches Faktum, für das wir jedoch die allerbesten Autoritäten haben. Man hat das Zeugnis des Hieronymus[473], welcher behauptet, die kleinasiatischen Galater sprächen die Sprache von Trier, bemängeln wollen, indessen sehe ich eigentlich nicht das Gewicht der dagegen vorgebrachten Gründe ein. Aber gegen die Stelle des im 3. Jahrhundert lebenden Ulpian, der in den Digesten[474] sagt, Fideicommisse könnten im Gegensatz zu Legaten[475] in jeder anderen im Römischen Reich gesprochenen Sprache, so *in lingua Punica vel Gallicana*, verlautbart werden, während Legate lateinisch abgefaßt werden müßten[476], ist nichts [MH.II 175] einzuwenden; hier wird auf das allerklarste gesagt, daß in seiner Zeit punisch und gallisch noch gebräuchliche Sprachen waren. Und das ist um so weniger verwunderlich,

[470] FIRA.I S. 445 ff.; Dio LXXVII 9,4
[471] der Region
[472] Die gallische Meile von 1500 Schritten: Isid.etym.XV 16,3
[473] Hieron.PL.26,382. Vgl. MP.114f.
[474] Dig.XXXII 11 pr. (MH. und AW.260: XXXII 1,11). S. o. MH.II 19

[475] Von solchen ist l.c. nichts gesagt.
[476] Griechische Testamente waren seit Severus Alexander gültig: Pap.Oxy.907 (mit Kommentar von Grenfell + Hunt); 990.

als die Bretagne ja noch heutigen Tages keltisch spricht. Man ist allerdings im
Zweifel, ob dies ein Überbleibsel des ursprünglichen, dort einheimischen
Idioms ist, oder nicht vielmehr durch Rückwanderung aus Britannien wieder eingeführt wurde; indessen ist wohl Kontinuität aus römischer Zeit
anzunehmen, die Rückwanderung ist nicht erwiesen und sehr fraglich.[477]
Wir wissen dagegen, daß schon in caesarischer Zeit gerade diese Gegenden
von der Eroberung am wenigsten berührt worden sind, daß sie dagegen in
stetem regem Kontakt mit den britischen Inseln, dieser festen Burg des
keltischen Druidentums, gestanden haben; das lange Aushalten des Kelteni-
dioms ist hier also sehr erklärlich. Diese Fortdauer ist Tatsache. Freilich muß
sich das Keltenidiom in durchaus untergeordneten Schichten und Verhältnissen erhalten haben. Wir besitzen zwar außer Strabo[478] kein direktes Zeugnis
über die Ausdehnung des Romanischen, aber es liegt in der Natur der Sache:
der Geschäftsverkehr fand sicher auf lateinisch statt; alle *civitates* müssen
ihre Akten, ihre Rechnungen lateinisch geführt haben; das können wir
[MH.II 176] zwar nicht *a posteriori* beweisen, aber es ist *a priori* selbstverständlich. Die Aufsicht durch, und die Rechnungslegung an die römischen
Beamten wäre sonst unmöglich gewesen. Es ist darüber in anderer Verbindung schon gesprochen worden.[479]

Denkmälerinschriften in keltischer Sprache sind selten, wahrscheinlich
fallen alle mit griechischen Buchstaben geschriebenen Kelteninschriften[480] in
die Zeit vor dem Principat. Dieses spricht für den lediglich privaten Charakter des Gebrauchs der keltischen Sprache. Natürlicherweise herrschte kein
Sprachzwang; es war nicht untersagt, sich einen keltischen Grabstein zu
setzen oder einer keltischen Gottheit ein Weihgeschenk in keltischer Sprache
darzubringen. Aber man tat es eben nicht, ebensowenig wie man sich etwa
heute in den Gegenden Deutschlands, wo das Plattdeutsche von Hoch und
Niedrig im Umgang gesprochen wird, eine plattdeutsche Grabinschrift setzen läßt.

Diese außerordentliche Seltenheit der keltischen Privatinschriften in lateinischen Buchstaben fällt noch mehr ins Auge, wenn man damit die Häufig-
keit der Privatinschriften[481] in Pannonien oder am Ebro vergleicht. Solche
finden sich bis in die fernsten Täler; in der *Lugdunensis* dagegen [MH.II 177]
sind sie selten und in barbarischem Latein abgefaßt. Die Abwesenheit voll-
blütiger lateinischer Inschriften ist noch viel beweisender als das Vorkommen keltischer. Das Keltische war also im Privatgebrauch üblich; und das
war bedingt und wurde gefördert durch die Beziehungen zu dem keltischen
Britannien; aber offiziell waren diese Kontakte unterdrückt.

Wie ging es nun aber zu, daß gerade auf diesem Gebiet nach dem Zusam-

[477] Jord. Get. 237f.; Sidon. ep. III 9.
Demandt 1989, 174
[478] Zu Strabo s. o. MH.II 160.
[479] S. o. MH.II 15 ff.

[480] M. Lejeune (ed.), Recueil des Inscriptions Gauloises I, 1985
[481] auf Latein

mensturz des Römischen Reiches eine romanische Sprache entstand? Das ist eine sehr interessante Frage, zu deren Beantwortung folgendes beitragen mag: der amtliche, offizielle Gebrauch des Lateinischen war maßgebend und entscheidend, und die germanische Invasion verschmolz durch dieses gemeinsame Medium des lateinischen Idioms mit den eingewanderten Römern und den eingewanderten Kelten zu einem Völkergemisch. Die Franken sprachen[482] aus demselben Grund in Gallien lateinisch, aus dem die Vandalen in *Africa*, die Goten in Italien überall dasselbe taten und tun mußten. Die hohe und ausgebildete Staats- und Gemeindeverwaltung und vor allen Dingen der Einfluß des Christentums, das im Westen durchaus an das Lateinische gebunden war, wirkten zwingend. Der Westen kannte [MH.II 178] die heiligen Bücher nur in lateinischen Texten, und die Vertreter der Kirche hatten neben der religiösen Mission auch eine sprachliche und staatliche. Man denke daran, daß lange Zeit der letzte Zufluchtsort der römischen christlichen Kultur Irland war, daß von da aus die Bekehrer wieder ausgingen. Aus diesem Grunde konnte das keltische Idiom nicht wieder herrschend werden; politisch war es schon lange tot. Nach dem Aufbegehren des Civilisaufstandes hat eine politische Erhebung des Keltentums nicht wieder stattgefunden; seitdem war es unterjocht. Nicht zu vergessen ist auch, daß die Franken keine Gallier, sondern Germanen waren.

Höchst eigenartig war die Stellung der Hauptstadt von *Gallia Lugdunensis*, *Lugdunum*, des heutigen Lyon.[483] Otto Hirschfeld hat in seinem Büchlein «Lyon in der Römerzeit», Wien 1878[484], die letzte Untersuchung in geschmackvollster Darstellung gegeben, die wir über irgendeine derartige Frage besitzen. *Lugdunum* wurde in der Zeit des großen Bürgerkrieges durch Munatius Plancus 43 v.Chr. gegründet. Die Stadt stand von Hause aus im schärfsten Gegensatz zu dem Land, dessen Hauptstadt sie werden sollte, und wir werden sehen, daß alles, was von den keltischen Städten und ihrer Organisation gesagt worden ist, auf Lyon nicht paßt. Die Lage war eine außerordentlich günstige; am Zusammenfluß von Rhône und Saône und in beherrschender Position des ganzen Flußgebiets hatte sie schon die [MH.II 179] Bedingungen des Gedeihens. Die Stadt erhob sich auf der Stelle einer uralten keltischen Ansiedlung. Die Lage war für Handels- und militärische Zwecke unvergleichlich. Eigentlich gehörte die Stadt mehr zur *Narbonensis* als zur *Lugdunensis*; es war altes Allobrogengebiet, und es ist durchaus charakteristisch für die römische Politik der Provinz gegenüber, ihre Hauptstadt beinah außerhalb derselben und dicht an die *Narbonensis* zu legen. *Lugdunum* war von Anfang an keine *civitas*, sondern eine *colonia*, und zwar die einzige in den *Tres Galliae*. Es war keine Hauptstadt wie *Tolosa* etwa; bewohnt wurde sie wesentlich von eingewanderten Italikern. Noch

---

482 richtig: schrieben
483 Vgl. MP.117f.
484 Ohne Fußnoten wieder abgedruckt

in: O. Hirschfeld, Kl.Schr.I 1913, S. 133ff.

Tacitus[485] unterscheidet sie darin von anderen gallischen Städten und nennt Vienne eine *civitas externa*, Lyon dagegen *Romana*. Es ist nicht einerlei, ob Eingewanderten oder Eingeborenen das Bürgerrecht erteilt wurde.

Lyon war aber nicht nur Hauptstadt für die *Lugdunensis*; sondern ähnlich wie Paris für das heutige Frankreich, Rom für das alte Italien, war Lyon Mittelpunkt für das Straßennetz von ganz Gallien, inklusive der *Narbonensis*. Das sieht in dieser – wie in noch manch anderer, nachher zu erwähnenden Beziehung – wie eine direkte [MH.II 180] und bewußte Nachahmung Roms aus. Es war eine gewaltige Beamtenstadt. Der ganze *census* von Gallien wurde von hier aus besorgt. Zufällig ist aus Tiberius' Zeit das Grabmonument eines kaiserlichen, in der Beamtenschaft Lyons angestellten Sklaven erhalten, der auf einer Reise starb, und dessen begleitende Dienerschaft ihm das Monument gesetzt und sich auf der Inschrift genannt hat. Dieses Gefolge bestand aus drei Ärzten, einem Sekretär, einem Kassierer, einem Geschäftsführer, zwei Silberdienern, zwei Kammerdienern und zwei Lakaien.[486] Man kann sich daraus einen Begriff von der Masse des Beamtenpersonals machen, das die Stadt barg. Daneben gab es dann noch die kaiserliche Procuratur und den kaiserlichen Legat mit seinem Stabe. Militärisch lag der Mittelpunkt in Mainz, zivildienstlich in Lyon; aber Lyon hatte – und das ist wieder eine Analogie zu Rom – eine Besatzung. Hier stand eine der *cohortes urbanae*. Ferner gab es eine Münze. Weiterhin ist die vollständige Abwesenheit der Munizipalverwaltung merkwürdig: bei der ungeheuren Anzahl von Inschriften finden sich wohl solche von Mitgliedern des Gemeinderats und der Priesterschaft; aber nirgends begegnet uns ein eigentlicher Bürgermeister oder Städtebeamter; und auch das bietet eine Analogie [MH.II 181] zu Rom. Ebendasselbe Verhältnis finden wir in Mailand, Ravenna, dem Hauptsitz der Flotte, und einigen anderen großen Städten. Das ist ganz erklärlich: je größer die Stadt war, desto gefährlicher war eine freie Kommunalverwaltung. Lyon, die große Verwaltungshauptstadt, Ravenna, der Sitz des Flottenkommandos, und Rom, die Hauptstadt des Reiches, waren daher in der Gemeindeverwaltung möglichst eingeschränkt.

Dagegen war Lyon Sitz des Landtages[487] der *Tres Galliae* und der *sacra*, oder vielleicht richtiger umgekehrt ausgedrückt, der *sacra*, an die sich dann Sitzungen landtäglicher Art anschlossen. Die Einteilung in die *Tres Galliae* ist in ihrem Ursprung nicht recht klar; wahrscheinlich ist sie zufällig entstanden. Schon Caesar wollte den alten und den neuen Besitz in Gallien admini-

---

[485] Tac.hist.I 65

[486] Mommsen meint vermutlich wieder (s.o. MH.I 54, s.u. MH.II 338) Dessau 1514, die Grabinschrift des Musicus Scurranus, *dispensator* des Tiberius *ad fiscum Gallicum provinciae Lugdunensis*, dem seine „Untersklaven", als er in Rom gestorben war, die Inschrift setzten. Genannt werden: ein Geschäftsführer, ein Rechnungsführer, drei Assistenten, ein Arzt, zwei Silberdiener, ein Garderobier, zwei Kämmerer, zwei Lakaien, zwei Köche und eine Frau.

[487] J. Deininger, Die Provinziallandtage der römischen Kaiserzeit, 1965, S. 99 ff.

strativ teilen. Wann aber die Einteilung in die *Tres Galliae* geschah, wissen wir nicht. Vermutlich existierte sie noch nicht, als Augustus 15 bis 12 v. Chr. seine Organisationen durchführte. Die *sacra* knüpften auch hier, wie überall, an den Kaiserkult an. Für die Verehrung des Augustus war ein großer Altar errichtet, an dessen *sacris* alle 64 *civitates* teilzunehmen hatten. Ob auch die germanischen Gemeinden, ist unbestimmt; meines Wissens nicht. Wenigstens existierte bei den Ubiern ein [MH.II 182] besonderer Augustusaltar[488], und vermutlich bestanden die lugdunensischen *sacra* für die gallischen *civitates* allein. Es war dies also ein gemeinschaftlicher Mittelpunkt, an den sich eine Art gemeinsamer Landtag anschloß: Beschwerdeführung über Beamte, Dankesäußerungen für Legaten gehören zu den uns bekannten Verhandlungsgegenständen.

Dem Wesen nach steht also Lyon sehr groß und gegensätzlich zu allen uns sonst aus Gallien bekannten Städten da. Auch Mittelpunkt des Weinhandels war es; und Plinius der Jüngere[489] freut sich, ebenso wie wir von Martial oben in Beziehung auf andere Städte gesagt haben, daß seine kleinen Publikationen bei den Bibliopolen[490] Lyons Abnahme finden. Im ganzen ist Lyon eine Nachbildung Roms.

Die *Belgica* ist nicht mit gleichem Maßstab zu messen wie die *Lugdunensis*; das nationale Element ist ein durchaus anderes. Zahlreiche Germanen wohnten vom Elsaß bis Köln. Die Triboker, Nemeter, Vangionen und Ubier – letztere durch Agrippa auf das linke Rheinufer überführt – standen in starkem Gegensatz zu dem keltischen Wesen. Allerdings war noch immer der größte Teil der Bevölkerung keltischen Stammes, aber der starke Zusatz des Germanentums machte [MH.II 183] den Gesamtcharakter doch zu einem halbgermanischen, modifizierte ihn wenigstens bedeutend. Die Bataver, die Friesen, die Nervier und die Treverer waren Germanen. Daher – und darin ist der nationale Aufstand des Vindex ungemein belehrend – gab es in der *Belgica* auch zwei Parteien, eine keltisch nationale, und eine, die die Anlehnung an die Römer auf ihre Fahne schrieb. Der größte Teil der *Belgica* war gegen die Bewegung des Vindex eingenommen. Die Trennung von *Belgica* und *Lugdunensis* hat ihren Grund wahrscheinlich in dem starken Prozentsatz Germanentum, und daraus erklärt sich auch die verschiedene militärische Behandlung. In der *Belgica* wurde viel stärker ausgehoben als in der *Lugdunensis*. Besonders die östlichen Teile der *Belgica* waren doch viel weniger romanisiert als die *Lugdunensis*, der Schwerpunkt des Römertums lag in der *Narbonensis* und dem Rheingebiet. Natürlich wirkten hierbei als wesentliche Träger der Romanisierung die Lager mit, die längs der Rheinlinie errichtet waren; aber auch die größere Kongenialität der beiden Nationalitäten und der unvertilgbare Gegensatz der keltischen und römischen

---

[488] Tac.ann.I 39; 57   [490] D. h. „Buchhändlern"

[489] Plin ep. IX 11,2

Nationalität. Die Germanen und Halbgermanen stellten sich den Römern nicht so schroff entgegen wie die Kelten.[491] Der Gegensatz war ein nationaler in vielfachem Sinn. Im späteren Kaisertum wurde er sehr lebhaft empfunden und [MH.II 184] demgemäß behandelt. Mit der genaueren Kenntnis von Land und Leuten, die den Römern durch Caesar[492] vermittelt wurde, hörte die Konfundierung von Galliern und Germanen auf. Zu Dienst in der kaiserlichen Leibwache[493] (nicht zu verwechseln mit den Prätorianern), die die spezielle Wache im Palast um die Person des Kaisers hielten, wurden nie Italiker, nie Orientalen, geschweige denn Kelten genommen; anfangs nahm man wohl Spanier dazu, dann aber ausschließlich Germanen: Friesen, Bataver und wie sie alle hießen. Hier tritt so recht der Gegensatz zu den Kelten hervor.

Ganz dementsprechend mußten am Rhein als Grenzbesatzung gegen das freie Deutschland die freien Deutschen Wache stehen; *ut arcerent, non ut custodirentur.*[494] Sie flößten Vertrauen durch ihre Zuverlässigkeit ein. Das war auch eine „Wacht am Rhein", aber eine nach Osten gewandte und von Germanen gegen Germanen ausgeübte.

Daneben bestand ja, wie schon erwähnt, die große Masse der Bevölkerung aus Kelten. Aber im ganzen ist doch gegen das eigentliche Keltenland *Lugdunensis* ein Gegensatz vorhanden, und man würde nicht sehr weit fehlgehen, wenn man in gewissem Sinn den Vindex-Aufstand einen Krieg der *Lugdunensis* gegen die *Belgica* nennen würde. Letztere Provinz [MH.II 185] war der eigentliche Sitz der Romanisierung. Die starke Aushebung in der *Belgica* tat das ihrige dazu; alle Bataver, Nervier, Sugambrer kamen als Fremde ins Heer und gingen nach zwanzigjährigem Dienst als Römer wieder fort.

Im Mittelpunkt der städtischen Entwicklung stand *Mogontiacum* (Mainz). Noch heute ragen die Inschriften[495] und Bauwerke in Menge und Bedeutung über alle anderen Funde in diesen Landschaften hervor. In vieler Beziehung bildet *Mogontiacum* ein Gegenstück zu Lyon; wie dieses der Mittelpunkt der Zivilverwaltung, war *Mogontiacum* der Mittelpunkt der militärischen Verwaltung des ganzen Westens. Dort residierte der Legat von Obergermanien, dort war der Mittelpunkt des militärischen Straßennetzes, dort standen die großen Magazine, dort ankerte die Rheinflotte[496], die bei der Grenzverteidigung eine große Rolle spielte. Die bürgerliche Ordnung trat, wie auch in Lyon, zurück, ja noch mehr. Vermißten wir dort nur die eigentlichen Stadt-

---

[491] Zu Mommsens These von der römisch-germanischen Wesensverwandtschaft s.o. Einl. 4.

[492] Caes.BG.VI 11 ff.

[493] die *corpore custodes*: G. Wissowa, RE.IV, 1901, S. 1900ff.; Mommsen, Ges.Schr.VI 17ff.; H. Bellen, Die ger-

manische Leibwache der römischen Kaiser des iulisch-claudischen Hauses, 1981

[494] Tac.Germ.28,5

[495] CIL.XIII 6661 ff.

[496] G. Rupprecht (ed.), Die Mainzer Römerschiffe, 1984

magistrate, fanden aber Decurionen und Sevirn, so fehlen letztere auch in
Mainz. Erst im 3. Jahrhundert, später als in *Argentoratum* (Straßburg) und
in *Castra Vetera* (Birten bei Xanten) bildeten [MH.II 186] sich bürgerliche
Gemeindeverhältnisse in *Mogontiacum* heraus.[497]

Colonia-Köln und seine Entwicklung und Bedeutung sind uns gut bekannt.
Hervorgegangen ist die Stadt aus einer germanischen Ansiedlung der Ubier.
Sie waren unter Augustus feindliche Grenznachbarn auf dem rechten Rheinufer gewesen und wurden unter seiner Regierung von Agrippa auf das linke
Rheinufer übergeführt, dort angesiedelt[498] und bildeten von da ab eine kräftige Vormauer gegen die freien Germanen. Es wurde ihnen auch ein Mittelpunkt gegeben, ein Kaiseraltar, die *ara* der Ubier.[499] Zweifelhaft ist, ob
dieses Heiligtum speziell für die Ubier bestimmt war, oder ob es als allgemeiner Mittelpunkt für die rheinischen Germanen dienen sollte. In den
Kriegen des Germanicus spielte Köln (*ara Ubiorum*) neben Mainz die erste
Rolle.

Die jüngere Agrippina wurde dort geboren[500]; Kolonie wurde es unter
Claudius[501] und führte fortan zu Ehren seiner Gemahlin den Namen *Colonia
Claudia Ara Agrippina*, ein merkwürdiger Name, der *in nuce* seine ganze
Geschichte enthält; man ließ das *ara* nicht fallen. Von da ab hört Köln auf,
militärischer Mittelpunkt zu sein; die Legion [MH.II 187] wurde wahrscheinlich nach Bonn verlegt.[502] Die Bevölkerung Kölns bestand nicht aus
italischen Ansiedlern, sondern aus Germanen. Nächst Mainz weist Köln die
meisten Inschriften[503] und das intensivste römische Leben auf.

Die Geschichte von Trier[504] ist in vieler Hinsicht ein Problem, dessen Lösung noch aussteht. Es hieß *Colonia Augusta Trevirorum*. Die Stadt kann
aber kaum eine Kolonie des Augustus gewesen sein. Im Verzeichnis der
durch Augustus angelegten Kolonien fehlen die *Tres Galliae* ganz, und es
wäre eine höchst wunderbare Anomalie, wenn er mit diesem einen abgelegenen Ort eine Ausnahme gemacht haben sollte. Allerdings muß Trier verhältnismäßig bald nach Augustus Kolonie geworden sein, denn Tacitus[505] nennt

---

[497] AW.265 hierzu: *Über Mainz siehe
Westdeutsche Zeitschrift I Band von
Berg.* Gemeint: Th. Bergk, Die Verfassung von Mainz in römischer Zeit, Westdeutsche Zeitschrift für Geschichte und
Kunst 1, 1882, 498ff. Der Autor wendet
sich gegen Mommsens Ansicht von der
Entstehung römischer Lagerstädte.
[498] Strabo IV 3,4; Dio XLVIII 49
[499] Tac.ann.I 39; 57
[500] Tac.ann.XII 27
[501] l.c., vgl.o. MH.II 169

[502] 14 n.Chr. lagen bei Köln die Legionen I und XX, die gegen Ende der
Regierungszeit von Tiberius nach Neuß
und Bonn verlegt wurden: Tac.ann.I 37;
39; hist.IV 25; CIL.XIII 8553ff.
[503] B. u. H. Galsterer, Die römischen
Steininschriften aus Köln, 1975
[504] H. Heinen, Trier und das Treverer-
land in römischer Zeit, 1985. Vgl.
MP.122.
[505] Tac.hist.IV 62

sie im Vierkaiserjahr *Colonia*, also jedenfalls vor 68 n.Chr. Ob es Gaius (Caligula) vor Claudius getan, ist nicht sicher; jedenfalls entstand die Kolonie auf dem Wege eines Dekrets. Kolonisten wurden nicht hingeführt. In den Annalen spricht Tacitus von den Bewohnern Triers noch als *externae fidei homines* im Gegensatz zu anderen.[506] Das läßt darauf schließen, daß der Charakter Triers lange ein fremdländischer geblieben sei, und dafür zeugt [MH.II 188] auch die Armut an Inschriften aus den ersten Jahrhunderten. Die Romanisierung drang hier trotz des ersten Kolonistenrechts schwer durch. Später freilich war Trier ein Hauptsitz des Römertums, und daher haben wir auch gewaltige Überreste von Bauten und Anlagen. Ob die *Porta Nigra* ein Werk des Augustus oder ein späteres ist, darüber wird bekanntlich noch gestritten.[507] Wir wissen bestimmt, daß Trier im 4. Jahrhundert nach der Dekapitalisierung Roms eine Hauptresidenz der Kaiser war. Zosimos[508] sagt es ausdrücklich, daß es die größte Stadt jenseits der Alpen sei. Gewaltige Thermenreste aus später Kaiserzeit finden sich noch dort. Die Lage war auch außerordentlich gut zu einer solchen Kaiserresidenz geeignet, unmittelbar hinter der Militärgrenze, also nah bei der Hand und doch geschützt.

Über die Kultur dieses Landes gibt uns Ausonius in seinem «Mosella», seinem besten Gedicht, das er 371 in Trier geschrieben hat und in dem er Leben und Moden des 4. Jahrhunderts schildert, gute Auskunft. Es war die Zeit unter Valentinian, einem der wenigen kräftigen Kaiser aus dieser Zeit, nach dem Zurückwerfen der feindlichen [MH.II 189] Germanen über den Neckar; diese Schilderungen vermitteln uns einen hohen Begriff von der Blüte des Landes. Reiche Villenanlagen, *praetoria*, zogen sich in ununterbrochener Kette an beiden Moselufern hin, mit herrlichen Säulengängen, Gartenhäusern und Bäderanlagen in üppig kultivierten Gärten. Einen sehr beredten Kommentar dazu liefern uns die noch erhaltenen Trümmer mit Mosaiken, Wandmalereien etc. Es muß ein ganz bevorzugter Fleck Erde gewesen sein. Ja, die Kultur ist eigentümlich und eigenartig. Über die Neumagener Funde haben wir von Hettner im 38. Bande des Rheinischen Museums eine gute Arbeit.[509] Es war ein Villenort zwischen Trier und Bonn. Im alten Schloß liegen bedeutende Reste von Grabdenkmälern. Auf diesem Dorfkirchhof – denn etwas anderes war es nicht – finden sich bloß skulptierte Monumente, und eine eigentümliche Behandlung von kunstgeschichtlicher Bedeutung obwaltet in diesen Denkmälern. Das Monument von Igel ist das bekannteste, aber auch in der Luxemburger Gegend kommen ähnliche vor; außerhalb

---

[506] *pergere ad Treviros et externae fidei comitti* – Sie (Agrippina, die Frau des Germanicus, mit ihrem Gefolge) ziehen zu den Treverern (vor den meuternden Legionären) und vertrauen sich dem Schutze Fremder an. Tac.ann.I 41.

[507] Dazu die Bemerkung von Paul Hensel: *ebenso wie darüber, ob die Chi-*nesen Backzähne haben. Wahrscheinlich stammt die Porta Nigra aus dem späten 2. Jahrhundert n.Chr.: E. Gose (u.a.), Die Porta Nigra in Trier, 1968, S. 58.

[508] Zos. III 7,2

[509] F. Hettner, Die Neumagener Monumente, Rh.Mus.36, 1881, S. 435ff.

der *Belgica* aber nicht. Merkwürdig ist die genreartige Behandlung der Figuren: [MH.II 190] sonst finden sich in den Grabmälern dieser Zeit die abgebrauchten mythologischen Elemente, Phaeton- oder Amazonensarkophage – in der *Belgica* ist das anders: die Denkmäler hauchen Freude am Leben und an den lebenden Menschen, die die Künstler unmittelbar, wie sie gehen und stehen, auf den Stein hinsetzen. Das Monument in Igel ist wohl ein Bäckermonument, das Grab eines Armeelieferanten. Es zeigt alle in dieses Fach einschlagenden Verrichtungen. In Neumagen finden sich andere Szenen des täglichen Lebens: wie einem Gutsherrn von den Zinspflichtigen Korn, Vieh und Hühner gebracht werden; auf dem Monument eines Bankiers oder Steuereinnehmers werden Geldzahlungen geleistet; auf einem anderen sind Reliefs von Moselschiffen, mit Weinfässern beladen: es war das Grabdenkmal eines Weinhändlers. Es sind keine Kunstwerke ersten Ranges, aber lebenswahr, frisch, nicht konventionell. Die Menschen sind in einheimischer, gallischer Tracht dargestellt, der Rock, der ein Loch hatte, durch das der Kopf gesteckt wurde, mit einer Kapuze (*sagum*), dazu Schuhe und Strümpfe. Die Toga tragen sie nicht; wie sie im Leben entschwunden ist, so auch im Bilde. Die Gesichter haben offenbar [MH.II 191] Porträtähnlichkeit, sie sind charakteristisch. – Solche Denkmäler finden sich dort in solcher Masse, daß sie als provinzielle Eigentümlichkeit betrachtet werden können, und es gibt sie, wie gesagt, nirgend sonst.

d) Spanien

Spanien[510] steht in scharfem Gegensatz zu Gallien. Die römische Kultur ist dort 200 Jahre älter, abgesehen von der *Narbonensis*. Infolgedessen spielt Spanien keine Rolle in den großen Reichsumwälzungen. Es scheint allerdings bei der Nero-Katastrophe so, aber es scheint auch nur so. Es ist ein Zufall, daß nach dem Untergang des Vindex Galba gerade in Spanien befehligte und die Sache fortführte. Auch in der Erhebung des Postumus wird Spanien zwar mit fortgerissen, aber es gibt keine eigene Geschichte.

Betrachten wir wieder die militärischen Verhältnisse zuerst: Spanien war kein Grenzland, stieß nirgends an Barbaren, d.h. Nichtrömer. Vollständig geschah die Unterwerfung unter Rom erst durch Augustus[511], er kam bis an die Küsten des Ozeans. Vorher waren die Cantabrer und Asturer wohl dem Namen nach römisch, waren es aber nicht wirklich. Augustus unternahm den schweren Cantabrerkrieg aus [MH.II 192] freier Wahl, zur Durchführung seines politischen Prinzips, den Okzident vollständig Rom untertan zu machen und nachzuholen, wo es daran noch fehlte. Nach Augustus hat es

---

[510] Zum folgenden: Mommsen RG.V, Kap. II S. 57ff. MP.124ff.; ANRW.II 3, 1975, 428ff.

[511] Mon.Anc.; Hor.ep.I 18,55; Suet. Aug.20; 85,1; Dio LIII 22; 25

ernstliche Revolutionen in diesem früher so aufstandsreichen Land nicht mehr gegeben. Dazu trug nicht nur die Niederschlagung, sondern mehr noch die außerordentlich intensive Kolonisierung bei. *Caesarea Augusta* (Saragossa) und *Emerita* (Merida) waren Veteranen-Kolonien. Die Befriedung ging dann so schnell vor sich, daß die unter Augustus drei Legionen betragende Besatzung bald auf eine herabgesetzt werden konnte. Unter den ersten Kaisern blieben die drei Legionen zunächst, und dieses läßt darauf schließen, daß die Staatslenker dem Frieden in Spanien noch nicht ganz trauten. Lusitanien blieb besatzungsfrei, die Legionen waren in *Hispania citerior*, d. h. in dem nordwestlichen Teil konzentriert: zwei in Asturien, eine in den Pyrenäen. Auch wirkte die Eroberung Britanniens mit; in deren Folge wurde eine Legion fortgezogen. Die Dislokation der Legionen in Spanien steht nicht ganz fest; wahrscheinlich wurde die *Quarta Macedonica* fortgezogen.

Vespasian [MH.II 193] nahm wahrscheinlich eine weitere, interimistische Verminderung vor. Bei Gelegenheit des Civiliskrieges sollen die VI. Legion *Victrix* und die X. Legion *Gemina* abberufen worden sein[512]; sie kehrten nicht zurück; und nur die VII. Legion *Gemina*, die jahrhundertelang in Spanien stand, blieb im Land.[513]

Die eigentliche Ursache der Truppenverminderung wird wohl die Lage im Osten gewesen sein. Man konnte ruhig zu einer solchen Truppenentblößung schreiten, denn damals war Spanien eine im wesentlichen befriedete Provinz. Wenn etwas Unruhen Ähnliches sich ereignete, so geschah es nicht aus spanischer Initiation, sondern wurde durch die maurischen Invasionen aus *Africa* veranlaßt. Das Stillschweigen der Schriftsteller beweist allerdings nichts, und immerhin ist auffallend, daß die eine Legion doch in Spanien belassen wurde. Sie lebt noch heute in einem Stadtnamen weiter: das heutige Leon in Asturien war das Standlager der *Legio Septima Gemina*; und daß sie dort verblieb, läßt darauf schließen, daß die Regierung jene Bergvölker immer noch der Beobachtung durch eine bewaffnete Macht für würdig erachtete. Es ist die einzige Binnenprovinz, die eine stehende Besatzung behielt.

[MH.II 194] Die Administration Spaniens war geteilt in eine diesseitige und eine jenseitige, d. h. nördliche und südliche. Jene umfaßte die Landschaften bis zum Ebro, diese Lusitanien (Portugal) und Andalusien. Später wurden es drei, indem die südliche abermals geteilt wurde, in *Baetica* und Lusitanien. Letzteres kam unter kaiserliche Verwaltung, war aber ohne Besatzung, *provincia inermis*. Wann dieses geschah, wissen wir nicht; wahrscheinlich unter Tiberius, und es ist merkwürdig, da er es alsdann gewesen wäre, der die große Senatsprovinz geteilt und dem Senat einen Teil abgenommen hätte. Später wurde die Nordprovinz noch einmal geteilt, *Asturia et*

---

512 Tac.hist.IV 68: *Sexta ac Prima ex Hispania accitae.* Zur *Decima Gemina*

anders E. Ritterling, legio, RE.XII 1925, 1680.

513 Tac.hist.II 11; III 22; Dio LV 24,2

Gallaecia, die unter neuen Legionslegaten standen, wurden von der *Tarraconensis* abgelöst. Die *Tarraconensis* war von da ab auch *provincia inermis*. Die Nationalität Spaniens war wesentlich iberisch. In der vorrömischen Zeit hat zweifellos eine keltische Einwanderung stattgefunden – dafür spricht der Name Kelt-Iberer[514] und eine Reihe Stadtnamenendungen auf *-dunum* und *-briga*, wie Kiepert[515] sagt. Wenn man bedenkt, daß die Landschaften nördlich der Pyrenäen, namentlich Aquitanien, wesentlich eine iberische Bevölkerung [MH.II 195] besaßen, so ist diese Kelteneinwanderung in das Südland der Pyrenäen sehr wunderbar. Indessen, sie ist nicht zu bezweifeln. Wie sie sich vollzogen hat, ergibt sich aus der Analogie mit den anderen Vorgängen dieser Zeit der großen Keltenüberschwemmung. Wo man Kelten findet, haben sie nie die Urbevölkerung ausgerottet, sondern sich zwischen diese hineingeschoben; so in Pannonien, in Oberitalien. Ähnlich wird es auch in Spanien gewesen sein. Übrigens begegnen noch Städtenamen mit der Endung *-briga* aus römischer Zeit – *Juliobriga, Flaviobriga* –, und man hat wohl die Bedeutung des keltischen Elementes überschätzt. Diese Namensendung hat wahrscheinlich nicht mehr Bedeutung für die Nationalität, als wenn wir etwa Castell sagen – herrschend ist in Spanien wohl immer das Iberische gewesen.

Dazu kommt im Süden die punische Einwanderung. *Gades, Carthago Nova* – letzteres eine Gründung Hannibals[516] – waren noch Jahrhunderte hindurch in der Römerzeit punischen Charakters; dafür sprechen z.B. die Münzen.[517] Aber der punische Einfluß ging nicht über die *Baetica* hinaus. Im übrigen Spanien [MH.II 196] haben die Karthager zeitweise geherrscht, aber nie festen Fuß gefaßt, nie das Land punisiert.

Die Römer sind durchaus in Spanien auf den Spuren der Punier gegangen; es fand eine sehr starke römische Einwanderung statt, wie in der *Narbonensis*. Dazu kamen die jahrhundertelang daselbst stehenden Legionen und die erweislich durch die Soldatenkinder gegründeten Städte. Wichtig war stets der Betrieb der Bergwerke. Nächst Italien war das südliche Spanien am frühesten und festesten dem Römerstaat einverleibt. Strabo[518], der als einziger unter den alten Schriftstellern die hochwichtige Frage der Nationalität verfolgt, nennt die Einwohner von *Baetica* und im Süden der *Tarraconensis*: *togati*. Die ursprüngliche Barbarei war schon in vorrömischer Zeit beseitigt, diese hatten die Römer nicht mehr auszutreiben. Unter Tiberius war ganz

---

514 Der Doppelname ist antik: Zon. IX 8 (aus Dio).

515 H.Kiepert, Lehrbuch der Alten Geographie, 1878, S.483. Zum Keltentum in Spanien äußert sich Mommsen in RG.V nicht.

516 *Carthago Nova* wurde 221 v.Chr. von Hasdrubal gegründet: Diodor XXV 12; Polybios II 13,1.

517 Die Schekel mit dem Porträt von Hannibal aus *Carthago Nova* zeigen nach 209 den Kopf Scipios: E. S. G. Robinson, Punic Coins... In: Essays in Roman Coinage, presented to Harold Mattingly, 1956, 34ff. Mommsen dachte wohl an die von Dressel publizierten Stücke der Berliner Sammlung.

518 Strabo III 15

Spanien der Hauptsache nach römisch. Der Wein- und Ölhandel blühte. Wir erblicken in Spanien wie auch in der *Narbonensis* ein Stück Italien. Das ist eine ganz richtige Konsequenz des römischen Gedankens der Mittelmeerherrschaft und bezieht sich wesentlich auf die Teile [MH.II 197] des Landes am Mittelmeer, viel weniger auf die am Atlantischen Ozean.

Über die Rechtsverhältnisse spricht Plinius[519] ausführlich. Vespasian gab dem ganzen Land das latinische Recht, eine Art Halbbürgerrecht. Wann und ob der Schritt zum vollen Bürgerrecht gemacht wurde, wissen wir nicht; indessen war das latinische Recht gewöhnlich nur ein Übergangsstadium. Wahrscheinlich erhielten die großen Städte des Südens früh die *civitas Romana*. Am Schluß des 1. Jahrhunderts waren aber Bildung, Sitte und Recht römisch.

Für die Aushebungsverhältnisse[520] ist das Studium der Namen auf den Grabinschriften der Soldaten wichtig: da begegnen uns in den Legionen Namen aus der *Baetica* und der *Tarraconensis* wie solche aus der *Narbonensis* in den Rheinlegionen. Die *alae et cohortes* wurden häufig nach Ortsnamen benannt; es finden sich aber auch Kohorten „der Spanier", was vielleicht aber nur eine Abkürzung ist. Namen von Gemeinden begegnen wesentlich aus dem weniger romanisierten Norden und Westen: Cantabrer, Asturer, Lusitanier. Das Gesamtergebnis ist auch hier, daß das ganze Land – allerdings in verschiedenen Formen und Abstufungen – fest und treu zu Rom stand.

In der Literaturgeschichte endlich nimmt Spanien eine [MH.II 198] eigentümliche und hervorragende Stellung ein. Wir haben gesehen, daß Gallien literarisch fast gar nicht produktiv war, sondern sich geistig von der durch die Hauptstadt gebotenen Speise nährte. Spanien ist entschieden produktiv, und das zeigt deutlich, wie alt die römische Zivilisation daselbst war. Schon Cicero[521] spricht über die „cordubensischen Poeten", allerdings ironisch und hechelt die Feldherren durch, die sich von ihnen beweihräuchern ließen. Aber das schlägt im 1. Jahrhundert des Kaiserreichs ins Gegenteil um, und die spanischen Schriftsteller übernehmen von Tiberius ab die führende Rolle in der Literatur: Annaeus Seneca der Ältere war aus *Corduba*, der Hauptstadt von *Baetica*, gebürtig. Dort erwarb er sich einen Namen, siedelte nach Rom über und entwickelte eine große und wirksame Tätigkeit daselbst. Er war der erste Professor der Beredsamkeit. Sein Sohn war Seneca, der Philosoph, seine maßgebende Stellung unter Nero ist bekannt.[522] Der Enkel des älteren Seneca, Marcus Annaeus Lucanus[523], war auch ein wirksamer Poet. Sie alle haben *Corduba* nicht verleugnet. Der Geograph Pomponius Mela kam aus einem kleinen Ort bei *Gades*.[524] Columella, der Ackerschriftsteller,

---

[519] Plin.NH.III 3 ff.

[520] J. M. Roldan-Hervas, Hispania y el Ejercito Romano, 1974

[521] Cic.pro Archia 26

[522] *L. Annaeus Seneca Cordubensis*:

Hieron.chron. zu 66 n.Chr.; s.o. MH.I 187 ff.

[523] Hieron.chron. zu 63: *M.Annaeus Lucanus Cordubensis poeta*.

[524] aus *Tingenterae*: Mela II 96

war ein Gaditaner. [MH.II 199] Aus der Flavierzeit schließt sich ihnen Valerius Martialis aus *Bilbilis* (Calatuyud) im oberen Ebrotal in der *Tarraconensis* an. Auch er machte sich zuerst in der Heimat bekannt, lebte dann dreißig Jahre in Rom und kehrte wieder zurück, um sein Leben in der Heimat zu beschließen. Im 61. Epigramm seines ersten Buches nennt er eine Reihe bekannter Schriftsteller seiner Zeit, es sind fast alles spanische Namen. Der bedeutendste Autor endlich ist Marcus Fabius Quintilianus, ein Keltiberer aus *Calagurris* in der Ebroprovinz.[525] Schon sein Vater ging nach Rom, er selbst kam früh dorthin, kehrte dann in die Heimat zurück und wurde durch Galba wieder nach Rom berufen[526], wo er als Lehrer und Prinzenerzieher lebte.

Alle diese Männer haben nichts Provinziales, nichts Fremdartiges; sie sind sehr verschieden, aber wenn wir nicht das Gegenteil wüßten – wir würden sie für Italiker halten. Es gibt keinen feineren Stilmeister als Quintilian, er ist der erste Literaturkenner seiner Zeit. Aber alles dies galt nur von dem Spanien des Mittelmeeres; von der Gegend der *alae et cohortes*, von dem Legionenstandlager erfahren wir nichts dergleichen, und das bestätigt das oben Gesagte. [MH.II 200] So übernahm also dieses Mittelmeerspanien von der Zeit des Tiberius ab die literarische Führerschaft in Rom, die in der augusteischen Zeit *Venusia* und *Mantua*[527] gehabt hatten. Rom selbst hat nie produziert, immer nur konsumiert; es ist eine ähnliche Stellung wie sie Paris jetzt den Provinzen gegenüber einnimmt, wohin alle Talente strömen und Erfolg und Anerkennung finden.

Das ist alles, was über Spanien gesagt werden soll. Geschichte ist es eigentlich nicht; es ist ein völliges Zusammengehen mit Rom, wie die Lombardei. Spanien war auch die erste Provinz, die Rom einen Kaiser gab: Trajan[528] aus der Familie der Ulpier und Hadrian[529] stammten aus *Italica* (Sevilla).

e) Africa

Africa[530] war in ähnlicher Lage wie Spanien. Auch hier handelt es sich nicht um eigentliche Geschichte im großen Stil: eine – sogar fast reiche – Provinzialentwicklung und mit ihr eine innere Geschichte liegt wohl vor, eine äußere aber nicht. Wir hören wenig von Kriegen und Schlachten.

Es gibt kaum ein anderes Gebiet, in dem der Principat so segensreich, so bildend gewirkt hätte wie hier in *Africa*. Die Vorgänge sind nur vielfach

---

525 Hieron.chron. zu 88: *Quintilianus ex Hispania Calagurritanus primus Romae publicam scholam et salarium e fisco accepit et claruit.*
526 Hieron.chron. zu 68 n. Chr.
527 Die Heimatstädte von Horaz und Vergil.

528 Aurel.Vict.13,1
529 Gellius XVI 13,4
530 Zum folgenden: Mommsen RG.V Kap. XIII, S. 620ff. MP.132ff. ANRW. II 10,2, 1982.

dunkel. [MH.II 201] Zweifelhaft ist, wieviel von der Blüte des Ackerbaus und von den Gemeindeverfassungen noch auf die vorrömische, die punische Zeit zurückzuführen ist. Das Wesentliche aber verdankt *Africa* sicher Rom; und zwar nicht dem Rom der Republik, sondern dem Kaiser-Rom. Die wunderliche Behandlung, die die Republik *Africa* angedeihen ließ, ist ja bekannt. Die Zerstörung Karthagos und die Ausrottung aller seiner politischen Reminiszenzen war die fixe Idee der Republik gewesen, ohne daß diesem negativen Streben irgendeine positive Gründung gefolgt wäre. Nach der Niederwerfung des Handels-, Macht- und Zivilisations-Rivalen überließ man das Land im wesentlichen den einheimischen Numidier-Fürsten, der Massinissa-Dynastie. Was Rom behielt, war verschwindend klein, allerdings der fruchtbarste Teil des fruchtbaren Landes. *Hadrumetum* und *Utica* waren bedeutende Städte, aber sie blieben in ihrem alten, punischen Wesen unangetastet. Es wurde keine Militärbesatzung nach *Africa* gelegt; sondern nur, wenn es sich einmal dringend nötig erwies, wie beim jugurthinischen Krieg, wurden Truppen zeitweise hinübergeschickt, in schroffem Gegensatz zu der Behandlung Spaniens. Die einheimischen [MH.II 202] numidischen Fürsten mußten einen Militärkordon zum Schutze des Landes bilden.

Auch die Romanisierung *Africas* geht auf Caesar zurück, wie alle genetischen Gedanken des Principats. Es war nicht der zufällige Umstand, daß König Juba ein Pompeianer war – Caesar sah die Unhaltbarkeit des Zustands ohne Rücksicht auf solche Personenfragen ein und beschloß und begann die Inkorporierung des Landes. Nach der Schlacht von Thapsus 46 v.Chr. erweiterte er das römische Gebiet weit nach Westen. Wie weit er damit gehen wollte, wissen wir nicht, wahrscheinlich beabsichtigte er die Einverleibung von ganz Mauretanien. Augustus trat einen Schritt zurück; auch hier, wie so oft, hat er Caesars Gedanken zwar aufgenommen, aber auch beschränkt. Er stellte sozusagen Numidien wieder her, denn er gab dem gleichnamigen Sohn des Juba das väterliche Erbe in gewissen Grenzen zurück und teilte das Land am *Ampsaga*-Fluß in die Provinz *Africa* und das Königreich Mauretanien.[531] Die Provinz bestand aus der bisherigen prokonsularischen Provinz *Africa* und Numidien. Der Rest kam erblich an Juba, der auch auf andere Weise an das römische, und zwar an das dynastische Interesse gefesselt wurde durch die Heirat mit der Tochter des Antonius und der Kleopatra, gleichen Namens[532], die von Augustus halb und [MH.II 203] halb als kaiserliche Prinzessin und Stiefnichte behandelt wurde.[533] Juba wurde ein Hauptträger der okzidentalischen Kultur und sein Reich das Muster eines Klientelstaates mit gewisser Unabhängigkeit.

Indessen dauerte es nicht lange. Schon Kaiser Gaius (Caligula) zog 40 n.Chr. das Reich ein und teilte die Provinz Mauretanien in zwei Teile, von denen der westliche ungefähr dem heutigen Marokko entsprach. Der andere,

---

[531] Dio LIII 26,2   [533] Plut.Ant.87; Suet.Aug.17
[532] Cleopatra Selene: Dio LI 15,6

mit der Hauptstadt *Caesarea* (Cherchel), wurde *Mauretania Caesarensis* genannt.[534] Von da ab war die ganze africanische Nordküste römisch und blieb es. Die Grenzen gegen das Barbarenland sind schwer zu bestimmen: z. T. bildete sie die Natur, wie noch heute; wo die Wüste und die schweifenden Stämme beginnen, wo der Ackerbau aus Mangel an Wasser aufhören muß, wo die Palme dem Flugsand weicht, da war die Grenze, und die Römer hatten dasselbe Problem wie die heutigen Franzosen, den Ackerbau und die seßhafte Bevölkerung gegen die schweifenden Stämme zu schützen. Sie bewirkten dies durch ein ganz ähnliches System wie das des Marschalls Bugeaud[535], das sie nur in größerer Ausdehnung und mit mehr Intensität durchführten.

[MH.II 204] Leider ist im einzelnen bei dem heutigen Stand unserer Kenntnisse nicht verfolgbar, wie die Organisation beschaffen war, obgleich es höchst interessant wäre zu wissen, wie hier die römischen Waffen so recht eigentlich im Dienst der Zivilisation tätig waren. Nur die allgemeinen Umrisse kennen wir: *Mauretania Tingitana* (Tanger; etwa dem heutigen Marokko entsprechend) hing mit dem übrigen nicht zusammen, sondern war ein Anhängsel von Spanien. Es hatte eine mäßige Ausdehnung, indessen ist es noch wenig bekannt, weil das Land noch heute unaufgeschlossen ist. Wenn die Ruinen dort erst einmal durchforscht sein werden, wird man wahrscheinlich finden, daß die atlantische Meeresküste weit mehr römische Zivilisation aufzuweisen hatte als man glaubt. Bedeutende Truppen sind in der *Tingitana* nicht stationiert gewesen. Zwischen der *Tingitana* und der *Caesarensis* war ein Raum, der nicht okkupiert war. Ebenso war es gegen Osten, wo sich zwischen Tripolis und Ägypten ebenfalls ein Landstrich hinzog, der – mit Ausnahme der besitzenswerten Oase Kyrene – unokkupiert war. Ähnliche Verhältnisse obwalten noch heute. Über Oran hinaus war wenig von Kultur zu spüren. [MH.II 205] Truppen, Kastelle, Garnisonen hörten auf, Reiterabteilungen schützten das Land. Im Binnenland waren wenig Reste. Die römische Regierung hatte es als nicht wertvoll aufgegeben.

Landeinwärts von Karthago nach Westen haben die neuesten Entdeckungen einige wichtige Daten über das Hauptquartier der einzigen Legion *Africas* ergeben, der *Legio Tertia Augusta*. Natürlich waren ihr *alae et cohortes* beigegeben. Seit Augustus hatte dieselbe südlich von Karthago in *Theveste* (Tebessa) gestanden, zum Schutz Karthagos, als Riegel gegen die schweifenden Wüstenstämme. Der von Tacitus[536] beschriebene Krieg gegen Tacfarinas wurde noch von *Theveste* aus geführt. Das Lager wurde aber dann nach *Lambaesis* vorgeschoben, das zu *Cirta* ungefähr so liegt, wie *Theveste* zu

534 Dio LIX 25,1

535 Ihm gelang 1841 bis 1847 die Niederwerfung von Abd el-Kader durch eine Verbindung von Razzias und Expeditionen im Atlas.

536 Tac.ann.II 52; III 20 f.; 73 f.: IV 13; 23 ff. A. Gutsfeld, Römische Herrschaft und einheimischer Widerstand in Nordafrika, 1989

Karthago, wahrscheinlich um das neuerworbene, etwa dem heutigen Algier entsprechende Land zu schützen.

In einer kürzlich aufgefundenen Inschrift des Hadrian[537], in der er zu den in *Lambaesis* lagernden Truppen spricht und ihre Tüchtigkeit „zu seinem Andenken" bei dem zweimaligen Lagerwechsel rühmt, läßt annehmen, daß vor der Übersiedlung nach *Lambaesis* noch eine [MH.II 206] Zwischenstation gemacht wurde, in *Tamugadi* (Timgad). *Tamugadi* war eine Kolonie des Trajan, und wahrscheinlich wurde sie nicht bei der Einführung, sondern beim Abzug der Truppen gegründet. Hadrian führte dann die Dislokation weiter nach Westen, nach *Lambaesis*. Damit im Zusammenhang steht auch, daß die Inschriften aus dem 1. Jahrhundert äußerst sparsam vorkommen, von Trajan ab aber sehr zunehmen; also ist von dieser Zeit ab ein Aufschwung der Zivilisation zu konstatieren. Die Truppe hatte also gewiß eine zivilisatorische Mission. Ein eigentlicher Limes wie in Germanien hat nicht bestanden, war auch nicht nötig. Ein konzentrierter Zentralpunkt mit Straßenbauten, auf denen Razzias gemacht werden konnten, wie noch heute, genügte. Kriege kamen nicht vor, aber gefochten wurde wohl immer mit den Numidiern und Atlasbewohnern. Die Oasen und das Land, soweit es kulturfähig war, befanden sich in römischem Besitz.

Die Landwirtschaft *Africas* stand in hoher Blüte. Das africanische Getreide bestritt mit dem ägyptischen zusammen die Ernährung nicht nur Roms, [MH.II 207] sondern ganz Italiens, wo in der Kaiserzeit der Ackerbau infolge des Luxus mehr und mehr zurückging. Von großen Städten existierten *Carthago* und *Cirta*, die Hauptstadt Mauretaniens, die noch aus der numidischen Königszeit eine eigenartige, später beibehaltene Verfassung hatte. Weniger trat *Tingis* hervor. Hauptsächlich merkwürdig war die große Masse von kleinen, blühenden Landstädtchen. Ort an Ort, heute Trümmerstätte an Trümmerstätte[538], liegen sie dichtgedrängt zusammen, und erstaunliche Luxusbauten finden wir selbst in namenlosen Nestern. Es muß ein ungemeiner Wohlstand gewesen sein, ungeheure Villenanlagen, Mosaike und andere kostbare Überreste geben uns einen Begriff von dem Privatreichtum. Es herrschte eine viel höhere Kultur als heutzutage. Das Land hatte wenig unter feindlichen Angriffen zu leiden. Der Militärkordon gewährte gegen die südlichen Nachbarn Schutz, und andere Angriffe, wie sie die Rhein-, Donau- und Euphratgrenzländer zu erdulden hatten, konnten nicht vorkommen. Was mußte erst alles geschehen, was mußte niedergeworfen werden, ehe die Franken und Vandalen ihren Weg nach *Africa* finden konnten!

---

537 Dessau 2487, dazu Mommsens Kommentare im CIL.VIII S. XXI Anm. 4. Der Passus *quod nostra memoria bis non tantum mutastis castra sed et nova fecistis* bedeutet wohl: „weil ihr innerhalb der Zeit, an die ich mich persönlich erinnere, zweimal das Lager gewechselt, ja sogar ein neues eingerichtet habt". St.Gsell, Inscriptions latins de l'Algérie I, 1922; II 1957.

538 Hier folgt in Klammern die Bemerkung Hensels: *Pupp' an Pupp' und Mad' an Mad'*.

Noch im 3. und 4. Jahrhundert, als in den anderen Teilen [MH.II 208] des Reiches schon ein rapider Rückgang stattfand, gab es hier eine große Blüte; das Land war zu reich, um von der Regierung ruiniert werden zu können.

Charakteristisch ist die Abwesenheit oder doch die Geringfügigkeit des Militärwesens. 12000 – höchstens 15000 Mann betrug die ganze Besatzung. Dazu kam eine außerordentlich geringe Aushebung. Allerdings, jene eine Legion rekrutierte sich aus der Provinz, aber was will das sagen? *Alae* und *cohortes* waren unbedeutend; eigentliche *cohortes* der *Afres*[539] gab es gar nicht. Es finden sich wohl Africaner in den auswärtigen Legionen, aber durchaus in geringer Zahl und vorzugsweise aus den nur halb unterworfenen Landesteilen; ähnlich wie in Spanien, wo ja auch die Hauptrekrutierung aus dem Norden und Westen erfolgte, nicht von den Mittelmeergestaden. Von den Gätulern, Mauren, Numidiern wurden Reiterscharen ausgehoben, deren Wert man wohl zu schätzen wußte. Der eigentliche Africaner wurde dem Pflug überlassen. – Die heutige Militärverfassung nutzt alles brauchbare Menschenmaterial für den Kriegsdienst aus. Das geschah in Rom nicht, sonst hätte man ganz andere [MH.II 209] Heere aufstellen können. Man ließ große Landschaften konskriptionsfrei, wie wir schon an der *Lugdunensis* gesehen haben; hier geschah dasselbe in noch höherem Maß, wenngleich aus wesentlich anderen Gründen: vielleicht eignete sich das Bevölkerungsmaterial nicht sehr für den Dienst, jedenfalls bedurfte der Ackerbau der Leute, und man ließ sie ihm.

Bildungs- und Nationalitätsverhältnisse waren ähnlich wie in Spanien. Die Ureinwohner, die Libyer, wurden nicht ausgerottet; ihre Nachkommen, die Berber und Kabylen, leben noch heute ziemlich unverändert in denselben Gegenden. Wir finden nicht selten Inschriften im phönizischen Alphabet und in der Landessprache abgefaßt[540]; die Kulturelemente der phönizischen Zeit blieben erhalten. Noch Augustinus[541] im 4. Jahrhundert spricht zu einem Auditorium, das des Lateinischen nicht vollkommen mächtig ist, dagegen punisch redet. Für die provinziale Literatur und die frühe Christengeschichte ist das sehr wichtig.

Beweise für die Fortdauer des Punischen als lebender Sprache sind noch viel zahlreicher vorhanden als für das Keltische. Als die Schwester des Septimius Severus nach [MH.II 210] Rom kam, wurde sie zurückgeschickt, weil sie sich so gar nicht lateinisch auszudrücken wußte, daß es am Hof genierte.[542] Auch die Inschriften in punischer Sprache beweisen das Fortleben derselben. Eine andere Frage ist die, ob es sich dabei lediglich um die Fort-

539 richtig wohl *Afri*
540 Die Corpora nennt W. Huß, Geschichte der Karthager, 1985, 554.

541 Augustinus ep.17,2; 66,2; 108,5; Hieron.PL.26,382
542 SHA.Sept.15,7

dauer eines Volksidioms handelt oder zugleich um die Fortexistenz einer literarisch lebendigen Sprache.[543] Als Caesar *Africa* zum Reich ziehen wollte, lag es wahrscheinlich in seiner Absicht, es punisch zu gestalten, oder vielmehr, ihm seine punische Gestalt zu belassen. Es wäre das ein Caesars durchaus würdiger Gedanke, den Nebenländern ihre nationale Kultur nicht zu nehmen, sondern sie darin ungestört zu lassen und nicht in die römische Schablone zu zwängen. Wir finden denn auch auf Münzen des wiederhergestellten Karthago Magistrate, die sich Sufeten benennen. Wie sich diese punische Organisation staatsrechtlich dem römischen Organismus eingefügt hat, wissen wir nicht.[544] Auch der Kult der *Dea Caelestis* von Karthago war weit verbreitet, und andere altpunische Gottheiten finden sich mit ihr unter den hochprivilegierten Göttern der Kaiserzeit. Ihre Tempel waren bei der Zerstörung Karthagos in Asche gesunken; sie erstanden [MH.II 211] wieder, und wir haben zahlreiche Beweise, daß der alte punische Kult in ganz *Africa* lebendig fortdauerte. Dahin gehört auch die Plutoverehrung, die als Kult in Italien kaum, in *Africa* viel vorkommt. Noch Augustinus[545] eifert gegen den Dienst der alten punischen Götter. Aber es ist doch sichtbar, daß der nationale Rückhalt fehlte, den der keltische Druidenkult in Hibernien (Irland) hatte und der den Römern in Gallien so unbequem war. Hier sahen die Römer die Sache ohne Apprehension an. Der Eintritt in den römischen Olymp war nicht schwer zu erlangen, und die Römer nahmen fremde Menschen in den Staat und fremde Götter in ihren Himmel ohne viele Schwierigkeiten auf – was kam es auf einen Gott mehr oder weniger an! Daneben sehen wir auch, daß es den drei capitolinischen Gottheiten Juppiter, Juno und Minerva an Verehrung in *Africa* nicht fehlte, ja, daß diese beinah dort noch mehr anerkannt wurden als in Italien. Dagegen fand der Mithraskult wenig Anklang in *Africa*.[546] Eine Fortdauer des Punischen ist also wohl konstatiert; aber ein treibendes Kulturelement ist es nicht gewesen. Vom 2. Jahrhundert ab wurde dann die römische Städteverfassung in *Africa* vielfach [MH.II 212] üblich und damit das Lateinische als Geschäftssprache, wie schon früher ausgeführt wurde.

Die Schriftstellerei bediente sich überhaupt nicht des Punischen; alles, was wir von literarischer Entwicklung haben, ist lateinisch, und tatsächlich war die Rolle *Africas* in der Literatur eine hervorragende, die etwas ausführlicher besprochen werden muß. Bis Trajan ist die Rolle *Africas* eine negative, und das stimmt mit der Einrichtung der südlichen Militärgrenze überein, die dort

[543] Augustin (ep.17,2; 108,5) bezeugt punische Bücher, wohl Psalmenübersetzungen. Die Sprache erwähnt noch Prokop, Bell.Vand.II 10,20.

[544] Dessau III S. 698 s.v. Die Sufeten entsprachen den Duumvirn (Bürgermeistern).

[545] J.Geffcken, Der Ausgang des griechisch-römischen Heidentums, 1929, S. 184f.

[546] P. Rancillac, L'insuccès du mithraicisme en Afrique, Bulletin Trimestriel des Antiquités... d'Oran 52, 1931 S. 221ff.

erst das römische Leben lebhaft entwickelte. Seit der Mitte des 2. Jahrhunderts aber übernahm *Africa* in der römischen Literatur die Führerrolle, wie sie Spanien im 1. Jahrhundert hatte. Während die anderen Provinzen allmählich abstarben, gab der jungfräuliche Boden *Africas* noch reiche Geistesernten. Marcus Cornelius Fronto, dessen Wirksamkeit den größten Teil des 2. Jahrhunderts erfüllte – er war in *Cirta*[547] unter Trajan geboren, unter Pius aktiv und starb hochbetagt um 175 – kam früh nach Rom; ähnlich wie bei den vorhergenannten Spaniern war sein Talent und der Anfang seiner Laufbahn provinziell, seine Glanzzeit erlebte er in Rom. Ein großer Geist war er nicht; wir kennen ihn gut, es sind viele Briefe von ihm vorhanden, die seine Eigentümlichkeit [MH.II 213] offenbaren. Einen inhaltslosen Publizisten hat es kaum gegeben; er hat darin sogar noch den jüngeren Plinius übertroffen. Aber er ist doch das erste rhetorisch-schriftstellerische Genie seiner Zeit und auch darin dem jüngeren Plinius ähnlich. Als strenger Purist befleißigte er sich des altertümlichen, vorciceronianischen Lateins, beseitigte alle Vulgarismen und war auch in diesem Versuch, sich dem Strom der modernen Zeit entgegenzustemmen, provinziell. Als Prinzenerzieher – Marcus und Lucius waren seine Zöglinge – spielte er eine bedeutende Rolle und wird als Licht der Beredsamkeit und würdiger Nachfolger Ciceros gefeiert. Er ist der Vertreter des strengsten Klassizismus.

Sein Zeitgenosse, Rivale und schärfster Gegensatz war Apuleius. Er ist ebenso inhaltslos, aber er hat in der Vulgärsprache, die Fronto bekämpfte, anmutige Sachen geschrieben. Romane, Prunkreden und philosophische Abhandlungen, das ganze Gebiet der Modeliteratur in der modernsten Umgangssprache war sein Feld. Auch darin war er ein Antipode Frontos, daß er, in Karthago geboren[548], nie wesentliche Wirksamkeit in Italien ausübte, sondern als Lehrer [MH.II 214] der Rhetorik und Schulhaupt in kleinen africanischen Städten sein Leben zubrachte und es als Professor an der Universität Karthago beschloß. Leider sind wir über diese Universität, die sicherlich einen bedeutenden Einfluß ausübte, nur unvollkommen unterrichtet.

Aulus Sulpicius Apollinaris, der Lehrer des Gellius, war ebenfalls Lehrer in Karthago. Er vertrat die kritisch-philologische Richtung. Wir sehen also, daß von einem africanischen Latein als einer besonders charakteristischen Sprache zu reden, unrichtig ist. Beide Richtungen, der Klassizismus und der Vulgarismus finden in africanischen Autoren ihren prägnantesten Ausdruck, aber es waren keine spezifisch africanischen, sondern allgemeine Weltrichtungen.

In der christlichen Literatur nahm *Africa* eine wunderbar einzige Stellung ein. Die christlichen Bücher sind zuerst aus dem Orient hier in den Okzi-

547 Fronto, epistulae ad amicos I 3,5
548 Apuleius wurde in *Madaura* geboren und in Karthago erzogen: Apul.flor.

18/86; 20/97f.; apol.24; metam.XI 27,9; Augustin ep.102,32.

dent gekommen, die Bekanntschaft ist durch das griechische Alte Testament, die Bibelübersetzung der Septuaginta, vermittelt. Die ersten christlichen Schriften im Okzident wurden auch noch griechisch abgefaßt, Irenäus schrieb griechisch. Die lateinische christliche Literatur beginnt mit Bibelübersetzungen. Man glaubt jetzt allgemein, daß die älteren lateinischen Bibelübersetzungen vor Hieronymus [MH.II 215] auf africanischem Boden entstanden sind. Das ist in dieser Ausschließlichkeit entschieden falsch.[549] Man hat sich von der Vorstellung leiten lassen, daß das Vulgärlatein identisch sei mit africanischem Latein, und ist in dieser Vorstellung befangen, sogar so naiv gewesen, daß man von Petronius, dem wichtigsten Italiker, den es je gegeben, gesagt hat, seine Vulgarismen seien africanischen Ursprungs. Petron schrieb Vulgärlatein, wie es in Italien überhaupt gesprochen wurde, speziell im neapolitanischen Volksdialekt. Und ebenso ist alles, was man von africanischem Latein sagt, mythisch.

Nur in einem Punkt läßt sich ein africanischer Ursprung eines Sprachgebrauchs aufweisen: die Namensbildung mit der Endung *-osus*, die ursprünglich den Begriff Reinlichkeit in sich faßte und lediglich als Namenssuffix ohne weitere Nebenbedeutung als Differenzierung der Cognomina diente, z. B. Primosus, Juliosus. Diese Sitte ist nachweislich in *Mauretania Caesariensis* entstanden und hat sich von da weiter verbreitet.[550] Von solchen Einzelheiten aber zu einem Provinzlatein ist doch noch ein ungeheurer Schritt. Faktisch ist, daß schon Cicero nicht ganz so geschrieben hat, wie er sprach. Zwischen seinen Briefen und seinen anderen Werken ist schon ein Unterschied [MH.II 216] bemerkbar. Das schärfte sich mit der Zeit. Die Umgangssprache entfernte sich immer weiter von der Schriftsprache.

Das Eindringen des Vulgärlateins in die Literatur ist wesentlich auf die Bibelübersetzungen zurückzuführen. Diese sind bekanntlich anonym geschrieben. Wir haben Augustins Angabe über die Entstehung; schon er kannte die Verfasser nicht mehr. Die fehlende Griechischkenntnis der niederen Volksschichten war die erste Veranlassung zu diesen Übersetzungen. Es hat deren eine ganze Reihe gegeben, und Augustinus nennt seine «Itala» die beste. Man hat das herauskorrigieren und *alia* dafür setzen wollen; gewiß mit Unrecht. Denn wenn auch die römische Welt im allgemeinen Griechisch verstand und daher einer Bibelübersetzung nicht so dringend bedurfte, so gab es doch auch in Italien Landvolk und niedere Leute genug, die sie wohl brauchen konnten. Allerdings ist richtig, daß, wenn er eine die „italische" nennt, andere nicht-italische vorhanden gewesen sein müssen; und diese werden großenteils africanische gewesen sein. Es finden sich nun unter den uns bekannten Zitaten wohl Abweichungen; diese sehen aber mehr aus wie hineinkorrigiert, [MH.II 217] nicht wie ursprünglich verschiedene Versio-

---

[549] Die neuere Forschung schließt aus Bibelzitaten bei Tertullian und Cyprian, daß die frühesten Übersetzungen bibli-

scher Texte ins Lateinische tatsächlich aus Nordafrika stammen; s. u.
[550] Mommsen, Ges.Schr.VIII 395 ff.

nen; nur sind mehrere selbständige Bibelübersetzungen nicht bekannt. Augustinus wird es besser gewußt haben als wir. Es ist wahrscheinlich, daß er recht hat und daß die anderen Bibelübersetzungen jetzt verschwunden sind, daß sie aber im 2. Jahrhundert vorhanden und in *Africa* viel in Umlauf gewesen sind. Die Kenntnis des Griechischen war in *Africa* unbedeutend, gegen Italien und die Provence gehalten, wo griechische Universitäten wie Neapel und Marseille florierten, wie denn auch die Anzahl der griechischen Inschriften aus *Africa* verschwindend klein ist.[551] *Africa* war ein lateinisches Land, und vorzugsweise hier war der Verbreitungsbezirk der lateinischen Bibelübersetzungen.[552] Die christliche Literatur des 3. Jahrhunderts ist ausschließlich africanisch. Wir kennen wenigstens nichts, was einen anderen Ursprung hätte, mit einer einzigen Ausnahme: die wahrscheinlich älteste christliche Schrift, der schöne Dialog des Minucius Felix stammt aus Italien. Ihr Verfasser war ein italischer Advokat; eine Hauptfigur des Dialogs ist der Caelius Felix[553] aus *Cirta*. Die Schrift ist vollkommen ciceronianisch, im besten Geist Italiens. Von da ab ist aber alles, was uns überliefert ist, africanisch: so [MH.II 218] Tertullian. Er war ein Karthager und der geistreichste, formloseste, gegenstandsloseste Autor, der denkbar ist. Seine «Apologie» ist in der Zeit des Septimius Severus um 198 geschrieben; er ist der älteste uns überkommene[554] Kirchenschriftsteller. Neben ihm erscheinen Cyprianus, Bischof von Karthago, ihm nicht gleich an Talent, und Arnobius. Alle diese huldigen dem Vulgarismus; Vertreter der Klassizität ist Lactantius; ein geborener Africaner, der durch die Regierung nach Nikomedien berufen wurde.[555] Diese Literatur war faktisch etwas Neues und fand in dem kürzlich romanisierten *Africa* den besten, frischesten Boden, und es ist charakteristisch, daß sie sich überwiegend der Vulgärsprache bediente. So auch Augustinus, das größte christliche Genie; auch ein geborener Africaner[556], war er vielfach in *Africa* als Lehrer, aber auch in Rom und Mailand als Professor tätig.

[551] Sie sind bisher nicht korporativ erfaßt. A. G. Woodhead, The Study of Greek Inscriptions, 1967, 98.
[552] H. v. Soden, Das lateinische N. T. in Afrika zur Zeit Cyprians, 1909; D. de Bruyne, Saint Augustin reviseur de la bible, Miscell. Agost. 2, 1931, 521–606.
[553] Richtig: Caecilius Natalis. Der Prioritätsstreit zwischen Tertullians

«Apologeticum» und Minucius' «Octavius» ist zugunsten des ersteren entschieden: B. Axelson, Das Prioritätsproblem Tertullian/Minucius Felix, Lund 1941.
[554] sc. lateinische. Minucius Felix war Laie, Textullian hingegen Priester.
[555] s. u. MH.III 3;
[556] MP.146f.: *Augustin ganz und gar Africaner*. Anders Mommsen RG.V 659.

4. DAS KRIEGSTHEATER AN DER DONAU

Wir kommen jetzt zur Betrachtung des großen Donaugebietes, das man mit dem Gesamtnamen *Illyricum* benennen kann.[557] Äußerlich betrachtet ist dies die wichtigste Landschaft, nicht etwa deshalb, weil hier die Hauptstätte des geistigen Kulturelements gelegen hätte, sondern weil der Anfang des Endes, die Katastrophe des Römischen Reiches sich hier [MH.II 219] vorbereitete und sich von hier aus vollzog.

a) Die Besatzung

Der Mittelpunkt der Militärgewalt, der früher am Rhein gelegen hatte, wurde an die Donau verschoben. Bis auf Vespasian war das Rheinufer doppelt so stark besetzt gewesen wie das Donauufer. Mit der Unterwerfung des Rheinheeres beim Regierungsantritt Vespasians und der dadurch bedingten numerischen und moralischen Verminderung desselben, stieg Zahl und Ansehen der Donauarmeen. Augustus hatte sechs Legionen im Donaugebiet stationiert, zwei in Mösien, zwei in Pannonien und zwei in Dalmatien, die aber eigentlich mit der Grenzverteidigung nichts zu tun hatten und nur eine Reminiszenz an die Dalmatinischen Kriege waren. Rätien und *Noricum*, die mittlere und obere Donaugrenze, waren frei von Truppen, etwa ab oberhalb Wiens. Der Grund war kein militärischer, sondern ein politischer: die Nähe zu Italien. Man wollte die großen Militärkommandos fernab haben; Augsburg oder Innsbruck als großes Militärlager würde ganz anders auf Italien gedrückt haben als Mainz oder Bonn.

Wahrscheinlich stieg die Anzahl der Donaulegionen schon unter Vespasian von vier auf neun. Und die zwei dalmatischen wurden außerdem nach dieser Grenze gezogen, ohne daß dies irgendwie üble Folgen für die Ruhe der dortigen Bergtäler gehabt hätte. [MH.II 220] Trajan, infolge der Gewinnung von Dakien, stellte noch eine Legion mehr auf, Marcus weitere zwei, so daß also vom Jahr 70 ab bis etwa Marcus die Stärke des Donauheeres von vier auf zwölf Legionen stieg.

Dabei wirkten zwei Elemente mit: erstens waren es Rücksichten der inneren Politik. Die Thronbesteigung der Flavier war ihrem Wesen nach eine Niederwerfung des Rheinheeres durch die vereinigten Legionen des Orients, Illyriens und Italiens. Nach dieser Niederwerfung und der Dämpfung des

[557] Zum folgenden: Mommsen, RG.V, Kap. VI, S. 178 ff. Vgl. MP. 147 ff. Pernice gibt ein Datum: 1. VII. 1883. ANRW.II 6, 1977

sich daran anschließenden Aufstandes des Civilis, wurde das Rheinheer vermindert und zu einer sekundären Rolle in der Militärwelt degradiert. Zweitens aber kam die Notwendigkeit der Verteidigung der Donaugrenze hinzu. Durch die Donaulegionen entschieden sich fortan innerlich und äußerlich die Geschicke der Welt. Nach der Niederwerfung Italiens durch den Africaner Septimius Severus führte die Donauarmee aus, was damals der Rheinarmee nicht gelungen war; von da ab stellte die Donauarmee die Kaiser. Die Donaulegionen, die sich aus *Illyricum* rekrutierten, also d.h.: die Illyrer herrschten über die Welt. Rhein- und Euphratarmeen nahmen Flankenstellungen ein, die eigentliche Gewalt lag bei *Illyricum*. Hier wurden auch ferner die Geschicke der Welt [MH.II 221] entschieden, sowohl Ost- wie Westroms. Die Goten drangen von der unteren Donau aus vor. Die Überwindung Galliens war eine Flankenbewegung; von der Donau her fielen nach dem Entscheidungskampf zwischen Alarich und Stilicho die Sueven und Alanen ein.

Die Nationalitätenfrage ist für diese Gemeinden schwierig, verwickelter als in Gallien und *Africa*. Wir haben es stellenweise mit verschollenen Völkerschaften, einer vielfach mit germanischen Schwärmen durchsetzten, vielgeteilten Urbevölkerung zu tun. Die westliche Grenze, die *Vallis Poenina* – der Name besteht noch heute unverändert –, schloß sich eigentlich viel enger an Gallien an. Es ist durchaus keltisches Land, und nur die Politik des Augustus, der in der Nähe von Italien eher unbedeutende Statthalterschaften haben wollte, trennte es von Gallien, dem es vernünftigerweise hätte angehören müssen, und teilte es Rätien zu. Städte wie *Sedunum* und *Eburodunum*[558] waren offenbar keltisch, desgleichen die Gauverfassung. Ebenso unnatürlich war die Trennung Rätiens und Vindeliziens von Gallien. Auch diese Landschaften waren gallisch; Kempten und Augsburg waren keltisch, und es waren eben nur äußere Rücksichten, die diese Verbindung zerrissen hatten.

Rätien und Vindelizien bildeten eine Doppelprovinz. Vindelizien (Baiern) war damals ein gallisches Land. Ein Rätsel sind die Räter, die Tirol, die östliche Schweiz [MH.II 222] und die norditalischen Gebirgslandschaften bewohnten. Es waren nicht Kelten, aber auch nicht Germanen. Möglich, daß es Illyrer, wahrscheinlicher, daß es Etrusker waren.[559] Ausgeschlossen ist auch nicht, daß es sich um verschiedene Indigenen[560] handelte. Indessen sind die Ähnlichkeiten mit den Etruskern doch ziemlich groß: wir finden bedeutende Spuren alter Etruskerkultur und -inschriften.[561] Ob es freilich Etrusker selbst waren oder ein anderer Stamm, der nur seine Kultur von den

---

558 Die *Seduni* saßen um Sitten im oberen Rhônetal, das von Mommsen hier gemeinte *Eburodunum* (es gibt mehrere Orte dieses Namens) ist Yverdon am Neuenburger See.
559 Liv.V 33; Justin XX 5,9 nach Tro-

gus. H. Nissen, Italische Landeskunde I, 1883, 483 ff.
560 „Ureinwohner"
561 So in Val Camonica. R. Heuberger, *Rätien*, 1932

Etruskern herleitete, ist nicht zu bestimmen, ist auch nicht sehr wichtig. Interessant ist, daß noch in der Kaiserzeit in der Gegend um Verona *sacra Raetica* vorkamen.[562] Das Volk war starr abgeschlossen, der römischen Kultur schwer zugänglich; es muß ein kaum assimilierbarer, eigentümlicher Stamm gewesen sein. Daß heute dort lateinisch gesprochen wird[563], ist dadurch zu erklären, daß diese abgelegenen, schwer zugänglichen Täler die letzte Burg und Zuflucht des Römertums bildeten, als die Germanen die Ebenen überfluteten; daher kam seit dem 6. Jahrhundert der Schein der Latinität in Landschaften, wo sie gerade am wenigsten sich hätte ausbreiten können. In der allgemeinen Geschichte ist das rätische Element nur von geringer Bedeutung.

[MH.II 223] Außerordentlich verschieden davon ist *Noricum*, heute Steiermark und Kärnten. Hier ist früh und durchgreifend romanisiert worden. In der claudischen Zeit waren nach Velleius'[564] Angabe bedeutende, durchaus römische Städte vorhanden. *Claudia Celeia* (Cilli) oder *Virunum* (bei Klagenfurt) sind frühe Städte. Wir wissen eigentlich nicht recht, in welcher Weise *Noricum* zu Rom gekommen ist. *Regnum Noricum* hieß die Landschaft auffallenderweise zu einer Zeit, wo von Königen daselbst sicher nicht mehr die Rede ist. Wahrscheinlich hat eine *redactio in formam provinciae* überhaupt nicht stattgefunden; das Land ist wohl noch eine Zeit von einheimischen Königen verwaltet worden, diese wurden dann durch Prokuratoren ersetzt. Die Anlagen des Claudius formalisierten bloß, was schon längst *de facto* bestand. *Noricum* war wahrscheinlich nicht eine Eroberung durch Waffen, sondern durch Handelsbeziehungen. *Aquileia*, diese schon sehr früh römische Stadt, und die Bergwerke der Steiermark waren wichtige Momente. Die Garde, von der wir doch wissen, daß sie ein Monopol der Italiker war, enthielt ebenso früh Noriker und Taurisker wie Italiker. Es waren ursprünglich wohl Kelten, aber sehr früh romanisiert.

Die eigentlichen Illyriker, richtiger wohl Pannonier [MH.II 224] nach Tacitus[565], hatten eine von der keltischen verschiedene Sprache.[566] Es ist ein für sich stehendes Volk; sie gehörten weder zu den Germanen noch zu den Kelten, sondern zu den Indigenen. Istrien, Dalmatien und Pannonien waren illyrisch, und der Aufstand in Augustus' Zeit war eine entschieden nationale Erhebung. Die Pannonier erfüllten Dalmatien, Ober- und Unter-Pannonien, dazu kamen dazwischengesprengte Stämme, Bojer und andere. Aus der „Bo-

---

[562] Dessau 6708 nennt einen *pontifex sacrorum Raeticorum.*

[563] Mommsen denkt wohl ans Ladinische in den Dolomiten und ans Furlanische in Friaul.

[564] Vell.II 109 nennt *Carnuntum* als im *Noricum regnum* gelegen.

[565] Tac.ann.I 46f.; 52; XV 25f.

[566] Aus den Namen läßt sich die Zugehörigkeit zum Indogermanischen erschließen. R. Katicic in: G. Neumann + J. Untermann (edd.), Die Sprachen im römischen Reich der Kaiserzeit, 1974/80, S. 103ff.

jische Wüste"[567] genannten Gegend müssen sie verschwunden sein – eine im ganzen bunte Mischbevölkerung. Die heutigen Albanesen sind wohl der letzte Rest dieses nicht weitverbreiteten Volkes.

Die thrakischen Stämme lebten rechts und links der unteren Donau in beiden Mösien, im später durch Trajan eroberten Dakien und bis ans Schwarze Meer nach Konstantinopel. Dazwischen gab es keltische und germanische Haufen, z. B. die Bastarner.[568] So einheitliche Massen von Nationalitäten wie im Westen finden sich hier nicht. Dazu kamen Germanen, die eine eigentümliche Stellung hatten. Ursprünglich waren sie hier nicht. Sie waren Einwanderer, und wir kennen die Gelegenheit, bei der sie ankamen. Marobod, der Markomannenführer, zog sich um 9 v. Chr. von seinen westlich gelegenen Sitzen nach [MH.II 225] Osten zurück, um dem römischen Einfluß zu entgehen. Im heutigen Böhmen, das ursprünglich den keltischen Bojern gehört hatte – daher der Name Böheim[569] –, siedelte er sich an. Die Katastrophe Germaniens am Rhein, die unter Augustus erwartet wurde, trat bekanntlich nicht ein. Es gelang nicht, den Germanenbund zu sprengen oder Marobod zu stören. Offenbar wagte man nach der Varusniederlage im Jahre 9 n. Chr. nichts Durchgreifendes mehr. Wir haben schon früher gesehen, daß sie die Veranlassung zu einer radikalen und dauernden Änderung der römischen Politik wurde. Marobod konsolidierte sich. Was aber Augustus' Waffen nicht vermocht hatten, das tat Tiberius' Politik. Er fachte Uneinigkeiten unter den Germanen an oder benutzte sie; der Gote Catualda (Cadwald) zog gegen Marobod – es ist das erste Mal, daß die Goten genannt werden.[570] Die vertriebenen Fürsten unterwarfen sich, Marobod wurde in Ravenna interniert, auch Cadwald wurde gefangen. Diese Personenfragen sind etwas dunkel, aber auch ziemlich gleichgültig; Hauptsache ist, daß die deutschen Stämme eine Vormauer gegen die Grenznachbarn wurden, wie die Ubier am Rhein. Was aus Marobods Reich wurde, wird nicht genau gesagt. Jedenfalls waren seine Leute anhänglich und friedlich bis zu Domitians Zeit. Ein anderer, der Quadenstaat, [MH.II 226] wurde direkt durch die Römer im heutigen Mähren unter Vannius aus deutschen Flüchtlingen gegründet.[571] Diese beiden Staaten bildeten jenseits der Donau Deckung für *Noricum*. Das ist eine außerordentliche Leistung von Tiberius.

Bis zum Ende des 1. Jahrhunderts herrschte dann hier tiefe Ruhe. Unter Domitian aber kam plötzlich die ganze Donaulinie ins Schwanken, bei Markomannen, Quaden und Dakern.[572] Was unter Trajan und Marcus geschah, liegt schon hier im Keim vor uns, doch möge vorerst noch ein Blick auf die

[567] Plin.NH.III 146
[568] Schmidt 1941, 86 ff.
[569] *Boiohaemum*: Vell.II 109. Mommsen RG.V 34 ff.
[570] Catualda war Markomanne, der zu

den *Gotones* flüchtete: Tac.ann.II 62 f. Schmidt 1938, 157.
[571] Tac.ann.XII 29 f.
[572] Dio LXVII 7,1 ff.; Dessau 9200 aus Baalbek

gesamte Entwicklung dieser Länder bis zu jenem Zeitpunkt geworfen werden.

Die rheinischen Zustände waren im großen und ganzen stabil, die Lager blieben durch Jahrhunderte hindurch stets dieselben. Auch die Grenze der Romanisierung war ziemlich gleichbleibend. Im Donaugebiet war das anders: Augustus[573] sagte von sich, er habe die Donau zur Grenze gemacht – ja, was ist Grenze? Allerdings ist es richtig, daß Augustus schon zwischen der Donau und den eigentlich römischen Landen keine unabhängigen Völkerschaften geduldet hat, aber eine Grenze, in dem Sinn wie der Rhein, war zu Augustus' Zeit die Donau weitaus nicht. Was bis zu den Zeiten des Pius geschah, war ein Vorschieben der Grenzlinie und der Zivilisation.

[MH.II 227] Die Geschichte dieser Bewegung und Entwicklung ist schwierig, unsere Quellen sind zu schwach. Die Epigraphik hilft uns vielfach. Die Legionsgeschichte wirft auf manches Licht. Eine recht annehmbare Quelle, wenigstens für die allgemeinsten Umrisse, ist das Studium der Städtenamen. Die julischen, claudischen und flavischen Kolonien geben ein gutes Stück Provinzialgeschichte. Das erste Resultat ist ein negatives: julische Kolonien gab es nicht, mit Ausnahme von *Emona* (Laibach)[574]; dieser Teil Pannoniens war also schon damals romanisiert.

Die claudischen Kolonien bilden alsdann einen ganz bestimmten Abschnitt. Sie umfassen das gesamte norische Gebiet.[575] *Iuvavum* (Salzburg), *Celeia Claudia* (Cilly), *Virunum*, *Teurnia* und *Aguntum* sind alte claudische Munizipien und Kolonien gewesen. Nur eine einzige an der äußersten Grenze, Seckau[576], ist eine vespasianische Gründung. Das in der Boischen Wüste angelegte *Savaria* (Stein am Anger) ist claudische Gründung.

Aus der vespasianischen Zeit wissen wir wenig Kriegerisches, und wenn auch unsere Quellen für diese Zeit mangelhaft sind, so können wir doch aus diesem Schweigen so viel folgern, daß es friedlich zuging, daß keine größeren militärischen [MH.II 228] Ereignisse vorfielen. Dagegen war es eine desto ereignisreichere Zeit in den zivilisatorischen, administrativen und militärischen Veränderungen. In die Zeit von Vespasian bis Domitian (also unter den flavischen Kaisern; mehr kann man aus den bloßen Städtenamen nicht entnehmen, wahrscheinlicherweise aber schon unter Vespasian) fällt die Gründung der Städte an der Save: *Siscia*, *Sirmium* und *Scarbantia* (Oedenburg). Weiter hinaus begegnen uns dann nur noch aelische oder aurelische Städte.

Diesen bürgerlichen Erscheinungen entsprachen die militärischen: der Rhein ist im ganzen durch seinen Lauf und seine Beschaffenheit eine gute Verteidigungsbasis. Dagegen ist die Donau, namentlich wegen des großen Winkels, den sie in ihrem sich plötzlich nach Süden wendenden Lauf macht,

---

dafür ungeeignet. Die Strategen des Augustus wählten daher als Militärgrenze den unteren Lauf der Donau, die Save und Drave. Der große Mittelpunkt, das „Mainz" der Donaulinie, war unter Augustus *Poetovio* (Pettau) in der südlichen Steiermark. *Carnuntum* (Petronell bei Schwechat, dicht bei Wien) war die Basis der Offensive gegen den Norden.[577] Hier sammelte Tiberius, als er sich zu der Expedition gegen Marobod in Böhmen vorbereitete, sein Heer. Damals war *Carnuntum* noch nicht Lager. Velleius[578] sagt, *Carnuntum* gehöre zu *Noricum*, während es später als Lagerstadt [MH.II 229] zu Pannonien gehörte. Ich habe bisher geglaubt, und dies hat auch *a priori* sehr viel für sich, daß *Carnuntum* als Truppenstandort auf Pettau gefolgt sei. Dies aber ist nicht richtig, Hirschfeld[579] hat es widerlegt. Schon 73 war ein Legionslager daselbst, und wir besitzen noch viel ältere Soldateninschriften von dort. Dagegen spricht auch die Stadtanlage von *Savaria*; sie wäre vor dem Lager dagewesen. Beide Lager schließen sich eigentlich aus. Wien und Pettau zusammen als Lager können nur im Übergang bestanden haben, der nicht lange gedauert hat.

Trajan schob die Grenze gegen Osten vor. Pettau wurde aufgehoben, das Donauufer besetzt, *Brigetium* (Komorn) angelegt, und von da ab war die Linie von *Brigetium* nach *Carnuntum*, d. h. die von Komorn nach Wien, die Verteidigungslinie von *Noricum* in Pannonien. Vespasian führte zwei Kriege, den dakischen und suevisch-sarmatischen. Die Sueven sind die Donausueven, bestehend aus Markomannen und Quaden. Die Sarmaten waren noch nicht Grenznachbarn, wir haben sie uns im Weichselgebiet oder vielleicht noch entfernter vorzustellen; sie hatten ein Bündnis mit den Sueven geschlossen.

b) Der Dakerkrieg

Unter Domitian wurde eine Legion von den Sarmaten zusammengehauen.[580] Indessen war dieser Sueven-Sarmatenkrieg erst eine Folge des dakischen Krieges. Die Daker[581] saßen jenseits der Donau, [MH.II 230] und es müssen in dieser Zeit Völkerverschiebungen bei ihnen stattgefunden haben, die zu einer Reichskonsolidation führten, ähnlich der Ariovistepisode in der Zeit Caesars. Es entstand bei den Dakern eine theokratische Monarchie, die aber, ähnlich wie die Ariovists, schnell wieder in sich zusammenbrach und ihr Entstehen wohl nur einer bedeutenden Persönlichkeit verdankte. Das war hier bei den Dakern der König Decebalus, neben dem noch ein Priestergott

[577] H. Stiglitz u. a., ANRW.II 6, 1977, 583 ff.

[578] Vell. II 109,5

[579] O. Hirschfeld, Archäol.-epigr. Mitteilungen aus Österreich 5, 1881, S. 208 ff. Vgl. ders. Kl.Schr.S. 968 ff.

[580] Suet.Dom.6,1. K. Strobel, Untersuchungen zu den Dakerkriegen Trajans, 1984

[581] ANRW.II 6, 1977, 849 ff.

stand.[582] Decebalus entwickelte eine große Macht und ging aggressiv gegen die Römer vor, er überschritt die untere Donau und überschwemmte Mösien. Der Statthalter Oppius Sabinus selbst fiel.[583] Die Haufen der Daker verschwanden schnell, wie sie gekommen waren. Domitian hielt es für nötig, diese Schmach zu rächen und ging an der Spitze der Garde nach Mösien. Die Leibgarde unter Cornelius Fuscus überschritt die Donau und drang in Dakien ein, aber nur, um abermals entscheidend geschlagen zu werden und den Feldherrn fallen zu sehen. Endlich errang Antonius Julianus einen großen Sieg bei *Tapae*, den Tacitus [MH.II 231] in den «Historien» erwähnt.[584] Die Daker schickten eine Friedensgesandtschaft, und Domitian feierte einen Triumph.[585] Es wurde der Hauptstadt so dargestellt, als seien die Daker überwunden. *Re vera* wurde dadurch nur eine schimpfliche Niederlage der Römer maskiert, deren Bedingungen offenbar wurden, als Trajan ans Ruder kam. Domitian hatte sich dazu verstehen müssen, dem Decebalus römische Arbeiter mannigfacher Art zu stellen und einen Tribut zu zahlen.[586] Geschlagen wurden die Römer am Anfang ihrer Feldzüge ja sehr oft, daß aber ein Feldzug mit so schimpflichen Bedingungen abgeschlossen worden wäre, das war doch noch nicht vorgekommen. – Auf diesen dakischen folgte dann der suevisch-sarmatische Krieg, da diese Völkerschaften, wie es scheint, mit den Dakern gemeinschaftliche Sache gemacht hatten [s. o.]. Es war also eine weitgehend nationale Bewegung. Auch dieser Krieg verlief unglücklich.

Das römische Prestige mußte wiederhergestellt werden, und es war ein Glück für den Staat, daß ein Mann wie Trajan gerade jetzt an die Spitze trat, der vollkommen dazu befähigt war. Er fand den Suevenkrieg, der unter Nerva noch fortgedauert hatte, unbeendigt. Nächst dem Orient hat sich Trajan mit der Ordnung der illyrischen Verhältnisse am intensivsten beschäftigt. Er hob sogleich die [MH.II 232] Dravelinie auf und schob die Verteidigung bis an die obere Donau vor. Die Halbierung der Provinz Mösien ist wohl noch auf Domitian zurückzuführen. Trajan teilte gleich anfangs Pannonien in Ober- und Unter-Pannonien; jenes das westliche und größere, dies das östliche und kleinere. Die Legion von Unter-Pannonien wurde nicht sofort nach *Aquincum* (Budapest), sondern vorerst nach *Acumincum* am Einfluß der Theiss in die Donau gelegt, wo sie die Verbindung mit *Viminacium* in Mösien hielt. Später kam sie nach Budapest, und die Verbindungslinie verlief über Komorn und Wien. Dies geschah aber wohl erst unter Pius.

---

[582] Hensel fährt fort: *dessen Namen aber Mommsen so undeutlich vorgestellt hatte, daß mir der Herr wie bei allen Vorstellungen leider unbekannt geblieben ist.* Mommsen nannte wohl Diegis (Dio LXVII 7,3) oder Vezinas (10,2).

[583] Mommsen, RG.V 201

[584] Richtig: Dio LXVII 10. Der Sieg gehört in die Zeit um 89 n.Chr. Die Historienpassage ist verloren.

[585] Dio LXVII 7,3

[586] l.c. 7,4

Unter Trajan, während des Dakerkrieges, lag der südliche Lagerplatz *Acumincum* besser als der nördliche. Trajan griff gleich zu Anfang die Ordnung Illyriens an. Wir haben eine Inschrift in Orsova, wonach er daselbst im Jahr 100 die Straßen regulierte.[587] Sofort danach, 101, begann der Dakerkrieg[588], um den schimpflichen Tribut an Decebalus zu annullieren. Es war ein Angriffskrieg von Mösien aus. Nach einigen derben Schlägen wurde Decebalus 102 gezwungen, um Frieden zu bitten. Dieser Krieg muß geführt worden sein, ehe der Plan, von Dakien Besitz zu ergreifen, zur Reife gekommen war; [MH.II 233] sonst hätte man ihn wohl nicht so schnell abgebrochen.

105[589] brach dann der zweite Dakische Krieg aus, angeblich, weil Decebalus die Friedensbedingungen nicht hielt und die Jazygen angriff, eigentlich wohl, weil Decebalus und die Daker dem Trajan noch zu mächtig erschienen, als daß sie sich in die Ordnung eines Klientel-Staates eingefügt hätten, so daß er beschlossen hatte, sie nicht nur zu demütigen, sondern zu unterwerfen und zu vernichten. Es war Trajans eigenster, freiwilliger Entschluß. Vielleicht hatte die Bekanntschaft mit dem reichen Land, die er im ersten Kriege gemacht hatte, mit den Goldbergwerken[590], nach denen Rom überall lüstern war, ihn gelockt. Es war jedenfalls ein Kampf aufs Messer, die Daker wußten es und wehrten sich ihrer Haut nach Kräften. Aber sie wurden vertilgt; Decebalus fiel[591], es war ein vollkommener Sieg.

Die Specialia des Dakischen Krieges sind uns im wesentlichen unbekannt. Aber wir besitzen eine steinerne Geschichte desselben in der Trajanssäule in Rom.[592] Der Sturm auf die dakischen Hütten, Szenen aus den Schlachten sind darauf dargestellt. Ein ernster Krieg mit zweifelhaftem Erfolg war es nicht. Er ist tüchtig geführt worden, aber das Ende stand von Anfang an fest: es war der Verzweiflungskampf einer barbarischen Nation gegen eine zivilisierte Großmacht. Die Konsequenzen waren außerordentlich. Einerseits durch den Untergang einer vielgenannten Nation: die Geten, Daker und Thraker verloren [MH.II 234] hier die letzte Burg ihres Stammes. Rings umgeben von Feinden, von Skythen, Sarmaten, Jazygen und Germanen, hatten sie nirgends einen Rückhalt. Auch aus der elendesten Überlieferung spricht es zu uns, daß es ein verzweiflungsvoller Vernichtungskampf war, daß das Land zu einer Wüste gemacht wurde. Andererseits hören wir aber auch, daß sofort eine großartige neue Einwanderung dahin geführt wurde,

---

[587] CIL.III 1699 S. 269 = Dessau 5863 am Eisernen Tor. Trajan erwähnt die Abarbeitung von Felsen und Auffüllung von Schluchten; vgl. AE.1973, 474 f.

[588] Dio LXVIII 8 ff.; Mommsen RG.V 202 ff.

[589] Dio LXVIII 14

[590] CIL.III 1260 ff.

[591] Er nahm sich das Leben: Dio LXVIII 14,3. M. Speidel, The Captor of Decebalus, JRS. 60, 1970, 142 ff.

[592] Umzeichnungen des Spiral-Reliefs bei Coarelli 1974, 118 ff.; L. Rossi, Trajans Column and the Dacian Wars, 1971; C. Cichorius, Die Reliefs der Trajanssäule III, 1900.

und die Denkmäler bestätigen das. Die neue Ansiedlung war nicht überall gleich dicht; weite Strecken der Walachei sind ganz ohne römische Überreste.

Während sich anderswo Spuren der Urbevölkerung erhalten haben, in Illyrien und Dalmatien heimische Namen geblieben sind, in Istrien ebenso, ist in Dakien nichts von alledem zu finden, kein Eigenname, keine Spur; es war das Ende der Nation. In Thrakien dauerte es etwas länger, aber dann verschwand die Urbevölkerung auch hier, und das neue Volk hielt seinen Einzug.[593] Es war die einzige derartige Schöpfung der römischen Waffen. Im allgemeinen romanisierte Rom wohl, aber es metamorphisierte nicht so vollkommen. Die Einwanderer in dieses deserte Gebiet, in dieses Vakuum kamen größtenteils aus Galatien und Kommagene, überhaupt aus Kleinasien, woran noch viele Inschriften und Spuren kleinasiatischer Götterverehrung gemahnen, unter [MH.II 235] anderem auch der Name der Hauptstadt *Metropolis*, ein nie sonst im ganzen Reich vorkommender Beiname und eine charakteristische kleinasiatische Reminiszenz.[594] Es war wesentlich eine Zivilwanderung, die plötzlich in großer Masse in das verödete Land einströmte, gelockt durch die Fruchtbarkeit, gelockt durch den Bergbau. Namentlich in die Bergwerke gingen die Pirusten von der dalmatisch-epirotischen Grenze, wo die Bergwerke bereits ausgebeutet waren, ganz so wie Chemnitz und Kremnitz noch heute ähnlichen Gründen ihre Bevölkerung verdanken. Diese gründeten damals *Alburnum*. In der Nähe der Bergwerke waren die dakischen Lager und die Hauptstadt.

Das römische Element blieb schwach. Die Einwanderer sprachen aber lateinisch, nicht griechisch, und waren der östlichste Vorposten des Lateinischen. Das Sprachgebiet fiel mit Rumänien, der Walachei und Siebenbürgen zusammen. Diese Staatengründung ist ein Beweis, daß die gewaltige Sonne des Römertums noch im Untergehen mächtig war. Es ist der letzte Sproß des großen Stammes, und blieb nur ungefähr 100 Jahre römisch; und doch, wie fest, wie unvertilgbar sind seine Spuren! Bis auf den heutigen Tag haben die Rumänen ihre Sprache bewahrt.[595]

[MH.II 236] Die Grenzverhältnisse des Landes sind sonderbar. Es ist ganz jenseits der Donau gelegen, da fehlt es größtenteils an natürlichen Grenzen, und man war auf strategische – oder auf gar keine – angewiesen. Siebenbürgen ist hingegen von Natur fest. Nördlich bildete die Grenze der Lauf des Samosch, und wo dieser zu weit nördlich abbiegt, war ein *vallum* angelegt, dessen Reste zwar dürftig, aber nachweisbar und bei dem alten *Porolissum* ganz unverkennbar sind. Die südliche Grenze war selbstverständlich die

[593] Eutrop VIII 6
[594] Unklar. Eine Stadt namens *Metropolis* in Dakien ist unbekannt. Mommsen bestimmte bereits 1873 im CIL.III S. 160 und 228 ff. als Metropole *Sarmizegethusa*. S. u. MH.II 239.
[595] Vgl. MP.161. Zur Frage, ob das Rumänische im ehemaligen Dakien aus römischer Zeit oder aus mittelalterlicher Romanisierung stammt: V. Iliescu, Die Räumung Dakiens etc., Dacoromania 1, 1973, 5 ff.

Donau. Die Zivilisierung war aber im Norden eine intensivere als im Süden, trotz der natürlichen Anlehnung an den älteren römischen Besitz. Im Norden waren die Lager, die Bergwerke, der anbaufähige Boden. Die Ostgrenze war unsicher: so viel steht fest, daß das Pruthgebiet nicht dazugehörte; an der Donaumündung war das linke Ufer barbarisch.

Nur wenige Küstenpunkte hatten die Römer am Schwarzen Meer im Besitz, dessen Südküste sie allerdings besaßen. Auf die Nordküste haben sie unmittelbar ihre Herrschaft nie ausgedehnt, obgleich das Schwarze Meer als Teil des Mittelländischen eigentlich in das römische Machtgebiet fiel. Aber, wie gesagt, die wichtigeren Hafenplätze hielten sie, so an [MH.II 237] der Dnjestermündung das heutige Akerman, das griechische *Tyras*, schon seit Neros Zeit. Sie waren sich doch immer ihrer kulturhistorischen Mission bewußt: zu schützen, was der griechische Kaufmann gegründet hatte. Inschriften in *Olbia*[596] besagen, daß den daselbst wohnenden, von Skythen, Galatern und Bastarnern bedrängten Griechen Schutz von Rom gewährt wurde, wenn dieser Schutz auch nicht immer ausreichend war. *Olbia*, das nicht als Teil des Römischen Reiches behandelt wurde, liegt zwischen Dnjester- und Dnjeprmündung. Auch Pius schickte den Olbiopolitanern Schutz gegen Feinde.[597]

Die Krim, die alte *Bosporus Taurica*, stand, wie schon früher gesagt, unter einer thrakischen Dynastie; es war eine Art Klientelstaat unter römischem Schutz. Die eigentümlichen Münzverhältnisse dieses Staates sind früher besprochen worden. Er durfte Gold prägen, war also formell souverän.[598] Es liegt darin die Ablehnung der vollen Zugehörigkeit seitens Roms; der Staat ward als Vormauer betrachtet. Die Besatzungen an der Meeresküste bestanden aus Detachements der mösischen Legionen, und die ganze Landschaft wurde immer zu Untermösien gerechnet. Sie hatte nichts mit Dakien zu tun, welches durchaus kontinental war. Das Pruthtal lag dazwischen. Pausanias[599] spricht von einem [MH.II 238] Piratenzug der Kostoboken, einem sarmatisch-skythischen Stamm am *Pontus Euxinus*, bis tief nach Griechenland hinein. Also war die Nordküste so wenig römisch, daß nicht einmal die Sicherheit des Schwarzen Meeres vollständig war. Da zeigte sich am ersten die *facies Hippocratica*[600] des Reiches. Der Sereth (*Hierasus*) galt als die Grenze von Dakien; ob er es wirklich war, weiß Gott. Verteidigt wurde diese Grenze wohl überhaupt nie, man kümmerte sich einfach nicht um dieselbe.

Nördlich reichte das Land bis zur germanischen Grenze; wir finden Meilensteine Trajans von *Napoca* (in Dakien) bis *Potaissa* (Klausenburg).[601] Im

---

[596] O. Fiebiger + L. Schmidt, Inschriften zur Geschichte der Ostgermanen, 1917, Nr. 1 und 3
[597] SHA.Pius 9,9
[598] K. Golenko, Pontus und Paphlagonien, Chiron 3, 1973, 467ff.

[599] Paus.X 34,5
[600] Der Gesichtsausdruck des Sterbenden
[601] CIL.III 1627

Westen sind die Verhältnisse noch seltsamer. Man hätte glauben sollen, das Theißtal von der großen Donauecke bis Klausenburg hätte natürlicherweise zum römischen Gebiet gehören müssen. Diese Arrondierung wäre noch natürlicher gewesen als die durch die *Agri Decumates* am Rhein. Die Vereinigung von Dakien und Pannonien hätte die Militärgrenzen verkürzt, aber sie geschah nicht. Vielleicht hielt die Unwirtlichkeit der Gegend, die stete Überschwemmungsgefahr davon ab. Wesentlich waren aber wohl politische Beweggründe: hier saß ein [MH.II 239] skythisch-sarmatischer Stamm, die Jazygen. Sie waren aus ihren weiter nördlich gelegenen Stammsitzen früh hierher verschoben worden; daher der Beiname *Metanastai*. Schon Plinius[602] kennt sie hier. Vielleicht wurden sie in ihren Konflikten mit dakischen Völkerschaften, denen diese Gegenden früher gehört hatten, von den Römern unterstützt; jedenfalls haben diese sie als Schutzmauer angesehen. Freilich gaben die Römer die von ihnen nach dem Zweiten Dakischen Krieg zurückgeforderten, angeblich von Decebalus geraubten Landstriche nicht heraus. Nimmt man also an, daß die Jazygen eine Art römischer Militärklientelstaat waren, dann ist jene kuriose Grenze erklärt. Man trifft auch hier nirgends auf Spuren römischer Kolonisierung. Also war Dakien eigentlich nach allen Seiten – außer im Süden, wo die Donau die Grenze zum Reich bildete – freistehend. Auch spätere Kaiser haben hieran nichts mehr geändert.

Die Hauptstadt war dieselbe wie früher zu Zeiten der Selbständigkeit. Sie führte den stolzen Namen *Colonia Ulpia Traiana Augusta Sarmizegetusa*.[603] Trajan nannte sie *Metropolis*, sie war sehr reich, schnell aufblühend, viele Denkmäler enthaltend; sie wurde von Haus aus [MH.II 240] als echte Bürgerstadt organisiert. Dann kamen die Militärlager: das erste lag früher in der Gegend des Olt[604], wurde dann nach *Apulum* (Karlsburg) gelegt, wo es bequemer zur Deckung der Hauptstadt lag und auch die Bergwerke schützte. Die Truppen wurden nicht an eine der Grenzen gelegt. Trajan bildete die Besatzung aus einer Legion, Severus legte eine zweite nördlich nach *Potaissa* an den Marisuslauf (Fluß in Dakien). Die Gegend zivilisierte sich schnell, sie war einladend und kulturfähig.

Die Zeit unter Hadrian und Pius war ruhig. Das Legionslager wurde in Pannonien, wie oben bemerkt, von der unteren Donau nach Ofen und Pest (*Aquincum* und *Contraaquincum*) verlegt. Wenn man Dakien auch nicht damit verband, so war doch offenbar die Erwerbung Dakiens auf diese Maßregel von bestimmendem Einfluß gewesen. Man beherrschte doch von *Aquincum* aus jene Gegenden, was man von den mösischen Lagern an der

602 Plin.NH.IV 25
603 Ptolem.III 8,9; VIII 11,4; Dessau III S. 647 s. v. W. Schindler, Et caput eius pertulisset ei Ranisstoro. Zur Königsstadt der Daker – eine Vermutung. Klio 63, 1981, 551 ff.

604 AW.286: *in der Gegend von Galt.* Hensel schreibt: *woanders (wo? sagt der Intelligenzcomtoir, ich habe es nicht verstanden).*

Theissmündung aus nicht gekonnt hätte. Auch Essek (*Mursa*) ist eine Gründung Hadrians. Damals wurde die Linie Wien – Komorn – Ofen mit unverkennbarer Richtung auf Dakien gebildet.

c) Der Markomannenkrieg

[MH.II 241] 161 kam Marc Aurel an die Regierung. Die 24 friedlichen Jahre, die vor seinem Regierungsantritt verflossen waren, hat er und mit ihm das Reich schwer abgebüßt. Pius hatte die Dinge gehenlassen, soweit es irgend ging. Jene Jahre hätten eigentlich nicht friedlich sein dürfen; es gärte schon lange, man hatte mühsam den Ausbruch unterdrückt, den Kopf in den Busch gesteckt und temporisiert. Da brach der sogenannte Markomannenkrieg aus.[605] Der Name ist hergebracht, aber ungenau; man hat diesen Krieg *a posteriori* so genannt, weil den Markomannen ein – freilich bedeutender – Anteil an demselben zufiel; aber richtiger war es ein Krieg des Römischen Reichs auf der ganzen Donaulinie von der Quelle bis zur Mündung gegen die jenseits wohnenden Barbaren – ein großartiges Kriegstheater. Bedeutend und folgenreich war der Krieg wie vielleicht kein anderer. Hier sind eigentlich die Würfel gefallen – von da ab ging es mit dem Römischen Reich abwärts. Nach Trajan war das Reich wohl alt, aber noch nicht altersschwach. Hier aber ist die Verendung.

Die inneren Verhältnisse waren vielfach mitbestimmend für die äußere Lage. Was die Persönlichkeiten anbelangt, so war Pius am 7. März 161 gestorben[606] und hatte zu seinem Nachfolger seinen ältesten Adoptivsohn bestimmt, den Marcus Aurelius. Dessen eigentümliche Art, teils Uneigennützigkeit, teils Mangel an [MH.II 242] Energie und Ehrgeiz bewirkte, daß er seinen Bruder Lucius zum Mitkaiser annahm.[607] Das war ein furchtbarer Fehler: der Principat war auf die Einheit der obersten Leitung im höchsten, schärfsten Maß gegründet, viel bestimmter noch als die heutige Monarchie, die durch Minister regiert und diesen unbedenklich ein gutes Stück Macht überlassen kann; etwa in dem Sinn der friderizianischen Monarchie. Nun fiel dieses Doppelregiment mit schweren Kriegsanfängen zusammen und wirkte dadurch doppelt schädlich.[608]

Marcus war ein Mann von hohem sittlichem Adel, von bedeutender Begabung; wir kennen seine «Spekulationen».[609] Sein Verhältnis zu seinem Lehrer Fronto und zu seinem Bruder, das eben von so schlimmen Folgen werden sollte, war gut. Marcus war brav, talentvoll, nicht unbedeutend, aber er war

---

[605] Schmidt, 1938, S. 162 ff.; Mommsen, RG.V 209; MP.166; Ges.Schr.IV 487 ff. Mommsen schreibt *Markomanen*.

[606] Das ergibt sich aus Dio LXXI 34,5 und 33,4.

[607] SHA.Marcus 7,5 f.; Eutr.VIII 9

[608] MP.167: Sammtherrschaft ein *sehr unbesonnener Schritt*.

[609] Mommsen meint die erhaltenen «Reflexionen» oder «Selbstbetrachtungen» (*De rebus suis, Eis heauton*) Marc Aurels.

das eine nicht, was ein Kaiser in jener Zeit vor allem hätte sein müssen – er war kein Soldat; und er wußte das.

Deshalb hauptsächlich, neben seiner Bruderliebe und Uneigennützigkeit hatte er sich den Lucius beigesellt, der ein glänzender Lebemann war und den er für einen glänzenden Feldherrn hielt.

Unmittelbar mit dem Regierungsantritt der [MH.II 243] beiden begann der parthische Krieg, der schon lange am Horizont drohte.[610] Marcus entsandte den Lucius nach Asien, aber dessen vollständige militärische Nichtigkeit kam sehr bald zutage. Er bewährte sich schlecht, und das noch halbwegs günstige Ende des Krieges ist jedem anderen mehr zuzuschreiben als dem Oberfeldherrn. Nicht dieser notorisch unfähige Mann, sondern die tüchtigen Unterbefehlshaber retteten die Sache Roms (s. u.). – Marcus sah sich genötigt, an die Donau zu gehen. Er nahm den Lucius mit, dem er nicht mehr trauen konnte, führte aber selbst den Oberbefehl.[611] Die Anwesenheit der Garde, vor allen Dingen aber die einheitliche persönliche Führung war notwendig in diesem Krieg, der sich von Rätien bis Dakien hinzog. Man muß nicht vergessen, wie die Organisation für gewöhnliche Zeiten war: jede Provinz hatte ihren Kommandanten, der dem der nächstanliegenden Provinz vollkommen koordiniert war, ihm weder Befehle zu erteilen, noch solche von ihm zu empfangen hatte. Jeder ergriff auf eigene Hand die Initiative oder tat es auch nicht, wie es ihm beliebte, und nur der Kaiser selbst war in der Lage, hier bessernd einzugreifen.

Marcus bewährte sich besser [MH.II 244], als man hätte erwarten sollen. Die erforderliche Oberleitung war eher eine moralische als eine militärische. Es kam mehr darauf an, Friktionen zu vermeiden, als positive Befehle zu erteilen. Als Lucius 169 starb, verschwand die Doppelteilung.[612] Die Aufgaben, die an Marcus nun herantraten, erforderten Tüchtigkeit, richtige Personenschätzung, Autorität und etwa das, was heute der Generalstab leistet: allgemeine Disposition. Diesen Aufgaben war Marcus gewachsen, und nicht er ist schuld an dem mangelhaften Ende.

Dazu kam nun aber, daß der Krieg unmittelbar auf den schweren armenisch-parthischen folgte und daß in dessen Folge der Schatz erschöpft war. Die Finanznot[613] ist unbegreiflich: mußte doch Marcus zwei Monate hintereinander in Rom Auktion halten und die Familienkleinodien verkaufen, um die leeren Kassen nur einigermaßen zu füllen.[614] Von der Münzkalamität dieser Zeit ist in anderer Verbindung gesprochen worden (s. o. MH.II 32 ff.). Und als ob es daran nicht genug sei, gesellte sich zu alledem die Pest[615] und in

---

[610] SHA.Marcus 14; Verus 9,7; Verus ging 162 in den Osten.

[611] Verus galt als ausschweifend: SHA.Verus 9,7. Die Kaiser verließen Rom 166.

[612] Mommsen sagte wahrscheinlich: *Doppelleitung.*

[613] Zur (angeblichen) Finanzkrise kritisch: Th. Pekary, Die Staatsfinanzen unter M. Aurelius und Commodus, Historia 8, 1958, S. 448 ff.

[614] SHA.Marc.17,4 f.; Epitome 16,9

[615] SHA.Marc.13,3

deren Folge Hungersnot und Entvölkerung. Die Pest fing während des
Orientkrieges an und war eine Folge desselben. Dann wurde die Epidemie
durch die Heere verschleppt und wütete [MH.II 245] während der ganzen
Regierungszeit des Marcus. Italien und die Donaulager wurden entsetzlich
verheert, 15 bis 20 Jahre hindurch, und das zugleich mit einem der schwersten Kriege. Wir haben von dieser Epidemie ziemlich genaue Kunde durch
die Berichte Galens. Hauptstadt und Lager litten am schwersten.
Die Berichte über den Krieg sind außerordentlich dürftig. Indes möchte es
doch nicht unmöglich sein, aus dem vorhandenen Material, namentlich den
verschiedenen auf Dio zurückgehenden Fragmenten und Berichten – die
Exzerpte des Xiphilinus sind schlecht, besser die bei Petrus Patricius – verbunden mit den für die Chronologie wichtigen Münzen und Inschriften, die
dürre, aber brauchbare Resultate bringen, ein ziemlich genaues Bild zu
zeichnen. Wenigstens soll es hier versucht werden.
Daß der Krieg verschleppt worden sei, sagen alle Berichte.[616] Wahrscheinlich schon zu Pius' Zeiten, gewiß während des orientalischen Krieges ist
schon hier und da gefochten worden, planlos, ohne gemeinschaftliche Initiative. Jeder Statthalter führte auf eigene Faust Krieg, daher war ja eben der
Kaiser dort viel nötiger als die Garde.
Scharen von Norden drangen vor, sie begannen den Kampf, nicht bloß die
Grenznachbarn; diese wurden verdrängt. Es war das Vorspiel [MH.II 246]
der Völkerwanderung. Dieser Druck von rückwärts her ist aus unseren
Quellen[616a] nachweisbar: über die erste Epoche des Krieges haben wir bei
dem Byzantiner Petrus Patricius, der aber auf Dio[617] zurückzuführen ist,
schätzbare Nachrichten. Er sagt, daß die Langobarden über die Donau gegangen seien. Die eigentlichen Wohnsitze der Langobarden haben wir in den
Elbelandschaften zu suchen, und daher ist dieses plötzliche Auftreten fern
von der Heimat auffallend. Es sollen 6000 Mann gewesen sein, die von dem
Reiterpräfekten Macrinius Vindex geschlagen wurden. Unter den Gesandten, die um Frieden zu bitten kamen, wird auch der Markomannenkönig
genannt. Wir haben also hier einen kombinierten Angriff von Grenznachbarn und im Hinterland wohnenden Völkerschaften, die jene mitrissen. Bei
dieser Gelegenheit (168) erhalten wir Kunde von der fünften imperatorischen Akklamation des Marcus.[618]
Der nächste Angriff geschah mit verstärkten Kräften. Sämtliche Donauprovinzen wurden in Mitleidenschaft gezogen. Über die Julischen Alpen
stiegen die Feinde in die Ebenen Italiens hinab, 100000 Gefangene aus
Oberitalien sollen in die Hände der Markomannen, Quaden und Jazygen
geraten sein. *Opitergium* (Oderzo) in Venetien wurde [MH.II 247] eingeäschert, *Aquileia*, die größte und reichste Stadt jener Landschaften, bela-

[616] SHA.Marc.14; Eutropius VIII 12f.;   [617] Dio LXXI 3,1a
Dio LXXI 3   [618] Dessau III S. 281
[616a] SHA.Marcus 14,1

gert.[619] Erst bei diesen Vorgängen, bei diesen aber auch gründlich, erschienen die Vorgänge dem italischen Publikum als das, was sie waren: ein Klopfen an der Pforte der Nachfolge in der Weltherrschaft.

Die Jahre von 169 und 170 müssen eine Reihe von Katastrophen gebracht haben: es fehlt an jeder imperatorischen Akklamation, also sind keine Siege erfochten worden. Eine Anzahl höherer Offiziere wurde hingerafft, was der Natur der Sache nach auf schwere militärische Verluste schließen läßt. Zwei Gardekommandanten fanden den Tod: Furius Victorinus und Macrinius Vindex.[620] Vom Erscheinen des Kaisers ab ist natürlich der Gardepräfekt das Alter Ego desselben auf dem Kriegsschauplatz. Der Statthalter Dakiens, Marcus Claudius Fronto, fiel nach einer Reihe glücklicher Gefechte gegen die Jazygen; wir haben noch sein Grabmal.[621] Marcus, in seiner dankbaren Art, ließ den gefallenen Offizieren Ehrendenkmäler in Rom setzen, und das ulpische Forum war bald vollkommen mit solchen angefüllt. Furius Victorinus' Tod fällt in das Jahr 168, denn wir wissen, daß Verus damals noch lebte, und dieser starb [MH.II 248] im Januar 169 zu *Altinum* im Lager.[622] Auch die anderen Niederlagen der Garde fielen wahrscheinlich in diese Zeit.

Marcus gab den Quaden anfangs gute Worte, um die kleinere Gefahr loszuwerden. Dieselben standen von Rom in größerer Abhängigkeit als die Markomannen und Jazygen. Schon Pius hatte ihnen einen König geschickt, *Rex Quadis datus* heißt es auf Münzen.[623] Es scheint, daß der Princeps eine Art Konfirmationsrecht hatte[624], was bei den anderen genannten Völkern nicht der Fall war. Mit den Quaden wurde nun „Frieden geschlossen". Es war die schwerste Zeit des Markomannenkrieges, wo der römische Übermut sich beugen mußte vor einem in halber Abhängigkeit sich befindenden Volk. Eine Friedensbedingung war die Rückgabe der Überläufer und Gefangenen, deren 13 000 von den Quaden ausgeliefert worden sein sollen.[625] Freilich wurde nachher behauptet, sie hätten nur die Unbrauchbaren, die Alten und Kranken freigegeben, die waffenfähige Mannschaft aber behalten, was auf die ungeheure Anzahl dieser Überläufer schließen läßt. Die Hauptbedingung des Friedens war aber die Verhinderung des Durchzugs durch das Quadenland für Markomannen und Jazygen, und ein Blick auf die Karte läßt die Wichtigkeit dieser Bedingung erkennen [MH.II 249]. Das Quadenland war das verbindende Mittelglied der kriegführenden Länder. Denn auch in Dakien wurde es unruhig. Die Daker waren zwar ausgerottet, von ihnen konnte keine Gefahr mehr drohen: aber die Asdingen[626] und die Sarmaten

---

[619] Amm.XXIX 6,1

[620] SHA.Marc.14,5; Dio LXXI 3,5

[621] Vermutlich ein Irrtum Hensels. Mommsen sprach von der Inschrift Dessau 1098.

[622] Aurel.Vict.16,9; P. v. Rohden, RE.I 1894, 2296f.

[623] RIC.III S. 110 Nr. 620; S. 155 Nr. 1059

[624] Dio LXXI 13

[625] Dio LXXI 11,2. Die Quaden versprachen die Rückgabe von weiteren 50000.

[626] oder Hasdingen, sie waren wie die Silingen ein Teilstamm der Vandalen

der unteren Donau versuchten, in das Land einzudringen; auch da wurde heftig gefochten bis ans Schwarze Meer. Die Vorgänge zeigen sich uns nur in trüben Umrissen; vorläufig scheint der Angriff auf dieser Seite noch abgeschlagen worden zu sein; gewiß nicht zum wenigsten infolge der Trennung des Kriegsschauplatzes an der Theiß und in Böhmen durch das Quadenland. Noch weniger bekannt sind die Vorgänge an der mittleren und oberen Donau. Der Mittelpunkt des Krieges war gewiß Pannonien, denn das Hauptquartier lag in *Carnuntum* bei Wien, aber gefochten wurde in Noricum und Rätien auch. Einzelne Tatsachen sind dafür bezeichnend: Pertinax[627], so erfahren wir, gewann diese Provinzen wieder. Sie müssen also vorher verlorengegangen sein. Sodann die außerordentlich merkwürdige Änderung in der Anlage der Festungen und Dislozierung der Truppen. Oberhalb Wiens hatten bis Marcus keine [MH.II 250] großen Lager bestanden. Die Besatzung wurde nicht durch Legionen, sondern durch starke Kohorten gebildet. Die Lage war eben friedlich gewesen. Jetzt wurden zwei neue Legionen gebildet, deren Namen auch bezeichnend waren, die *Secunda* und *Tertia Italica*. Sie bezogen die festen Lager von *Lauriacum* (Enns) und *Castra Regina* (Regensburg).

Das werden ungefähr die Verhältnisse in den ersten leidensvollen und unglücklichen Jahren des großen Krieges gewesen sein. Es ist Marcus nun als höchstes Verdienst auszusprechen, daß er in unverdrossener Pflichterfüllung tapfer und beharrlich bei dieser ihm durchaus nicht kongenialen Aufgabe aushielt. Seine persönliche Anwesenheit auf dem Kriegsschauplatz war von entscheidender Wichtigkeit; und ihr nicht zum wenigsten ist es zuzuschreiben, daß die Dinge endlich eine bessere Wendung nahmen.[628]

Im Jahr 171 wurde der erste Erfolg errungen, für den allerdings unser einziger Anhalt eine imperatorische Akklamation dieses Jahres ist.[629] Indessen zum Frieden führte dieser Sieg noch nicht, aber er ermöglichte doch wenigstens, mit den falschen Freunden, den Quaden, zu brechen und sie als offene Feinde zu behandeln. Von dem faulen Frieden, der mit ihnen abgeschlossen werden [MH.II 251] mußte, ist schon die Rede gewesen. Sie hatten den ihnen von Marcus gesetzten König verjagt und einen neuen, Ariogaesus, ohne Bestätigung von Rom erwählt.[630] Dies wurde Veranlassung zum Bruch mit ihnen. Der Kampf war schwer, und er ging eigentlich nicht zu Ende. 174 wurde ein großer Sieg über sie erfochten; das war die Veranlassung zur siebten imperatorischen Akklamation.[631] Das Heer war durch Wassermangel in großer Gefahr gewesen[632], es war beinahe abgeschnitten. Daraus befreite

[627] der spätere Kaiser: SHA.Pert.2,6
[628] Vgl. MP.169
[629] RIC. 3, 172 S.231 Nr.236-240; vgl. Dessau
[630] Dio LXXI 13,3f.
[631] Dio LXXI 10,4

[632] Mommsen (vgl.Ges.Schr.IV 498ff.) spielt an auf das Regenwunder (Dio LXXI 8ff.; Tertullian apol.5,6), das auch auf der Marcus-Säule dargestellt ist. C. Caprino (et alii), La Colonna di Marco Aurelio, 1955

dieser Sieg. Aber der Krieg fand kein Ende; wir erfahren von mannigfachen Friedensversuchen, von Verträgen, die alsbald wieder gebrochen wurden; der Gang der Dinge ist ziemlich unklar. Aber so viel ist doch zu erkennen, daß nach manchen Schwankungen bei sich selbst der Entschluß in Marcus' Seele reifte, reinen Tisch jenseits der Donau zu machen. Sein Endziel, sagt sein Biograph[633], war, aus dem Jazygen- und Markomannenland, also Böhmen und Mähren, zwei neue Provinzen, *Sarmatia* und *Marcomannia*, zu machen. Es sind in der Erzählung viele Inkongruenzen, wir haben nur *disiecta membra*, aber das wird wohl der wirkliche Kern der Sache sein. Die Jazygen boten Unterwerfung an; die Kriegspartei unter denselben behielt indessen die Oberhand, setzte [MH.II 252] den König ab, desavouierte ihn, nahm ihn gefangen, und der Kampf wurde mit solcher Erbitterung fortgeführt, daß eine Zeit lang sie die Hauptfeinde waren.

In den mannigfachen Verhandlungen war ein Hauptpunkt immer die Zurückgabe der Gefangenen. Außerdem forderte Rom die Entfernung der Germanen von der Donau, ihre Ansiedlung 16 römische Millien[634] vom Strom entfernt, jenseits eines breiten Streifens längs des Flusses als Wüste, dem Anbau entzogen. Ferner verlangte der Kaiser Reiterstellung, 8000 Mann, von denen 5500 nach Britannien geschickt wurden[635], charakteristisch für das Volk der Jazygen, die als echtes Reitervolk auf ihren kleinen, zähen Pferden Krieg führten.

Dann trat eine Wendung zu einer günstigeren Behandlung der Jazygen ein. Der eigentliche Hauptfeind waren doch die Germanen, und es scheint dem Marcus gelungen zu sein, die Jazygen mit diesen gründlich zu verfeinden. Die Jazygen bedingten sich jetzt im Frieden die Fortsetzung des Vernichtungskrieges mit den Germanen aus, und es entstand zwischen ihnen und den Römern eine relative Bundesgenossenschaft. Es wurde ihnen nur auferlegt, die Donauinseln freizugeben und keine Donauschiffe zu halten. Dagegen wurde ihnen gestattet, da sie von ihren Stammgenossen, [MH.II 253] z.B. den Roxolanen durch Dakien, getrennt waren, unter gewissen Vorsichtsmaßregeln – Meldung bei dem Statthalter und von diesem gestattetes Geleit – durch diese Provinz durchzuziehen. Man sieht, Marcus hatte die Absicht, sich auf die Sarmaten gegen Markomannen und Quaden zu stützen, gegen die der Krieg um so heftiger entbrannte. Es ist auch hier zwischendurch von Unterhandlungen ähnlich denen mit den Jazygen und unter ähnlichen Bedingungen die Rede (Grenzstreif, Ansiedeln fern vom Strom), namentlich ist eine Bedingung interessant, den Handel an gewissen Tagen unter militärischer Aufsicht zu gestatten.[636] Der Handel mit den nordischen barbarischen Völkern war, wie es bei den beiderseitigen Kulturverhältnissen nicht anders möglich ist, für die Römer wohl sehr gewinnbringend, und man wollte ihn offenbar nicht gern ganz abgeschnitten sehen.

[633] SHA.Marcus 24,5 f.
[634] Dio LXXI 15 nennt 38 Stadien (5 Meilen).
[635] Dio LXXI 16,2
[636] Dio LXXI 18

Es muß aber doch damals zum Kampf gekommen sein, den die Römer entschlossen waren, bis zur Vernichtung des Gegners fortzusetzen. Marcus legte eine Reihe von Kastellen jenseits der Donau an, und gegen jeden der beiden Gegner standen 20000 Mann römischer Besatzung in festen Garnisonen. Der Ackerbau wurde vollständig zerstört, es war ein Verzweiflungskrieg, wie damals der dakische, und er wendete sich entschieden zu Gunsten der Römer, so daß [MH.II 254] sich die Quaden zur Auswanderung zu den Semnonen an der Elbe anschickten. Wir müssen dabei an die Langobarden denken, die aus demselben Grund vorgestoßen waren und den Krieg begonnen hatten, der jetzt seinem Ende nahte. Man gestattete die Auswanderung nicht. Marcus verlegte ihnen die Wege, das Dakerschicksal war ihnen zugedacht, sie wurden zu Paaren getrieben. Marcus schien am Ziel zu stehen. Da brach 175 eine Empörung unter den syrischen Legionen aus. Avidius Cassius, der dortige, sehr fähige Statthalter wurde zum Kaiser ausgerufen.[637] Die Gefahr war dringend, Marcus brach den Krieg an der Donau ab, gab seine Pläne dicht vor deren Verwirklichung auf, stellte mit den Gegnern eiligst ein leidliches Verhältnis her, und die Weltgeschichte war gewendet.

Der Zug des Kaisers nach Osten wäre, wie der Erfolg zeigte, nicht nötig gewesen. Der Aufstand wurde rasch niedergeschlagen, noch ehe der Kaiser persönlich auf dem Schauplatz erschien. Aber die Gefahr für die Sukzession veranlaßte ihn doch, seinen noch unmündigen Sohn Commodus zum Nachfolger zu ernennen: eine höchst unglückliche Wahl. Dies und die Abwendung des nahen Untergangs der Markomannen und Quaden waren die Folgen des syrischen Aufstandes. [MH.II 255] Marcus triumphierte in Rom am 23. Dezember[638] 176. Der Triumph war wohlverdient. Aber Marcus verstand ihn nicht als das definitive Ende und seine Aufgabe nicht als gelöst. Die Wiederaufnahme des Krieges erfolgte 178. Gründe konnten nicht gut fehlen, wenn man sie haben wollte, und man wollte sie haben. Die Markomannen hatten gewiß nicht alle Stipulationen des Friedens befolgt; aber die Offensive haben sie nicht ergriffen.[639] Marcus wollte den Krieg fortsetzen, denn es ist im Grunde gleichgültig, ob man diesen Krieg den zweiten Markomannenkrieg oder die Fortsetzung des ersten nennt. Die vollständige Unterwerfung war festbeschlossene Sache.

Die Vorgänge des zweiten Markomannenkrieges sind uns noch unbekannter als die des ersten; über den ersten haben wir doch wenigstens, allerdings durcheinandergerütteltes, Detail. 180 wurde ein gewaltiger Sieg erfochten durch Tarrutenius Paternus, infolge desselben haben wir die zehnte impera-

---

[637] SHA.Avid.7; Dio LXXI 17; 22 ff.

[638] Hensel schreibt *27. September*, AW: *23. Dezember*. Nach SHA.Comm. 2,4 wurde Commodus am 27. November 176 Mitkaiser, wohl beim Triumph Marc Aurels. Am 23.XII. 176 triumphierte Commodus (SHA.Comm. 12,5)

wohl ohne Marc Aurel. Die von seinem Triumphbogen stammende Inschrift Dessau 374 nennt die *tribunicia potestas XXX*, die den Zeitraum vom 10. Dezember 175 bis 9. Dezember 176 füllt.

[639] MP.171: Markomannen *klopfen an die Pforte der Nachfolge*.

torische Akklamation.⁶⁴⁰ Da plötzlich starb am 17. März 180 Marcus, 58 Jahre alt, in *Vindobona* (Wien).⁶⁴¹ Marcus ist eine der tragischsten Figuren der Geschichte. Er hat sein ganzes Leben mit beispielloser Hingebung an schlichte [MH.II 256] Pflichterfüllung gesetzt. Wenig von dem, was er wollte, hat er erreicht, und viel, was er nicht wollte. An ihm und seinem Nachfolger ist mit Händen zu greifen, wie wichtig die Person ist.

Commodus war 19 Jahre alt, als er 180 zur Regierung kam, also kaum regierungsfähig. Sein Naturell war ein unsäglich schlimmes: untergeordnet, feig, einfältig, aller politischen Tätigkeit abgeneigt; das gerade Gegenteil seines Vaters, dem die Erfüllung jeder Pflicht eine Freude war. Dem Sohne war jede Pflicht unbequem; er wünschte nur, möglichst schnell den Krieg zu Ende zu bringen. Man stand eigentlich am Ziel. Es galt nur noch, die Früchte des Sieges zu pflücken, aber der törichte Knabe hatte keine Geduld und nur den einen Gedanken, nach der Hauptstadt zu kommen. Allerdings fanden sich Männer, die das nicht ruhig geschehen lassen wollten. Es wurde ein Kriegsrat gehalten; Commodus wollte um jeden Preis ein Ende machen, Claudius Pompeianus, der bedeutendste Feldherr unter Marcus und Schwager des Commodus, opponierte gegen dies unerhörte Preisgeben, dies mutwillige Aufgeben der wohldurchdachten und zähe verfolgten Pläne.⁶⁴² Man sieht an diesem Beispiel recht deutlich, wie schädlich [MH.II 257] die Erbsukzession im Principat wirken konnte. Die Verwandtschaftsliebe und Familienempfindung war falsch, die Weltgeschichte hätte vielleicht einen anderen Gang genommen, wenn Marcus nicht den unbrauchbaren Commodus, sondern den tüchtigen Claudius Pompeianus hätte sukzedieren lassen.

Augenblicklich waren die Vorstellungen des Kriegsrats von Erfolg: Der Krieg ging fort, allerdings nur wenige Monate. Dann schloß Commodus doch Frieden. Die erzielten Bedingungen sind ein deutlicher Beweis, wieweit man gekommen war, wie wenig noch fehlte zur vollständigen Erreichung des Ziels, wie die Unterwerfung beinahe vollendet war. Rückgabe der Gefangenen und Tributzahlung sowie Stellung von Mannschaften wurden den Markomannen auferlegt und damit eigentlich alles Wesentliche stipuliert. Mehr als Mannschaften zum Kriegsdienst und Zahlung von Steuern hatte man aus den unterworfenen Provinzen eigentlich auch nicht. Aber leider standen diese Bedingungen nur auf dem Papier, die Ausführung war eine mangelhafte: der Tribut wurde erlassen, die Mannschaften nicht gestellt. Was aber das allerschlimmste war, man opferte alle Kastelle, die Marcus jenseits der Donau angelegt hatte, und zog die [MH.II 258] 40000 Mann Besatzung kleinlicherweise zurück, und damit gab man faktisch das Land auf. Die Markomannen und Quaden mußten versprechen, die Jazygen und Vandalen

---

⁶⁴⁰ Dio LXXI 33,4; (Aur.Vict.) Epitome 16,12
⁶⁴¹ Dio l.c.; Aurel.Vict.16,14
⁶⁴² Herodian I 6; SHA.Comm.3; Dio LXXII 1 ff.

(ein großer deutscher Stamm in Schlesien), die Buren (an der Nordgrenze Dakiens) nicht zu molestieren.

Resultatlos war im ganzen der Krieg nicht: Markomannen und Quaden waren fortan nicht mehr gefährlich, sie waren aus der Geschichte ausgestrichen; soweit war das Werk des Marcus erfolgreich. Die Nachflut der germanischen Stämme schwemmte sie hinweg, und Kriege gab es fortan an der mittleren Donau nicht mehr. Außer der Schwere des Angriffs, den sie von den Römern hatten erdulden müssen, wirkte dahin auch das Nachdrängen der Barbaren. Dieser Zug der Deutschen aus der Oder- und Weichselgegend nahm dann später eine mehr südöstliche Richtung, und wir finden die große gotische Bewegung nach der Krim gerichtet. Sie drücken nicht mehr auf die Donau, die Generalprobe der Völkerwanderung hatte hier ihre Endschaft erreicht, so daß hier zunächst während 50 bis 70 Jahren Ruhe eintrat. Das ist indessen *cum grano salis* zu verstehen. Kleinere Bewegungen sind uns nicht aufbewahrt worden und werden nicht gefehlt haben. Beiläufig[643] wird z. B. unter Commodus erwähnt, daß mit den nördlichen Anwohnern Dakiens [MH.II 259] gekämpft wurde; und auch Albinus und Niger, die beiden Thronkandidaten von 193, haben ihre ersten Lorbeeren in Dakien geholt.

Man hatte also wohl Erfolge aufzuweisen, aber eine schlimme Konsequenz der Markomannenkriege, die viele Erfolge aufwog, war die Barbarisierung und Provinzialisierung der Truppen.[644] Die Aushebung unter den Illyrikern war bis auf Marcus nur schwach gewesen. Im allgemeinen waren nur *alae* und *cohortes* daselbst ausgehoben worden, die nach den Provinzen benannt wurden: so acht der Räter, eine sehr starke Zahl; daneben Pannonier und Daker; Noriker nur wenig. Hier war schon früh das Bürgerrecht erteilt worden, so daß die Mannschaften in die Legionen eingereiht werden konnten. *Cohortes* und *alae* der Stämme gab es nicht viele; eine Ausnahme machen die der Breuker in Pannonien.[645] Aber die Aushebung war viel schwächer als z.B. bei den Rheingermanen und in der *Belgica*. Wenn aber im dritten Jahrhundert das Heer ein illyrisches ist und mit Recht so genannt wird, so sind die Nöte des Markomannenkrieges daran schuld. Die *auxilia* spielten immer eine sekundäre Rolle, die Legionen waren tonangebend, und diese wurden von da an barbarisiert und provinzialisiert. Auch früher (das ist schon [MH.II 260] erwähnt worden) wurde viel aus den Provinzen rekrutiert. Aber wenn wir römische Bürger aus der *Narbonensis* oder *Baetica* im Heer finden, so entspricht das der Tatsache, daß wir in der Literatur Quintilian und Seneca eine hervorragende Rolle einnehmen sehen. Es ist doch etwas ganz anderes, wenn das System aufkommt, nicht schon romanisierte Provinzbewohner einzustellen, sondern beliebige Barbaren auszuheben und ihnen *ad hoc* das Bürgerrecht zu verleihen. Rechtlich waren diese dann wohl

643 SHA.Comm.13,5
644 MP.181; Mommsen RG.V 228
645 Dessau III S. 466

Bürger, faktisch nicht. Und das tat Marcus Aurelius in großem Maßstab, durch die Not gedrängt.[646] Diese tiefe Umwandlung ist nicht so ausdrücklich in den Annalen jener Zeit ausgesprochen; man muß sie aus einzelnen, verstreuten Andeutungen zu lesen verstehen. Aber dieselbe ergibt sich doch schon *a priori* aus den Verhältnissen: es war nach hundert Jahren wieder eine Zeit schwerer Kriege, großer Epidemien und Hungersnöte gewesen, Menschen brauchte man. Es ist nur daran zu erinnern, daß Marcus der erste Kaiser seit 70 Jahren war, der wieder das Heer um zwei Legionen vermehrte. Menschenraub durch die Feinde, Verminderung der Bevölkerung durch Überlauf und Flucht kam hinzu. Selbst unter solchen [MH.II 261] Verhältnissen muß man sich allerdings immer noch wundern, daß der große römische Staat nicht imstande war, aus seiner Bürgerschaft ein Heer von nur 32 Legionen zu rekrutieren. Indes, diese Verwunderung mindert sich, wenn man die herrschenden sozialen Zustände ins Auge faßt. Was ist denn die Bürgerschaft? Die höheren Stände scheiden von selbst aus, da sie überhaupt nicht zum Eintritt in die Legionen herangezogen werden. Es ist in dieser Hinsicht bemerkenswert, daß, während früher die Unteroffiziere aus den Gemeinen ausgewählt wurden, von dieser Zeit ab, wer dient und nur einigermaßen gebildet ist, sofort *centurio* wird, die Reihen der Gemeinen also immer mehr lediglich aus den untersten, ungebildetesten Schichten gefüllt wurden.

Dazu kam, daß der Ehestand sich in starkem Verfall befand, die Propagation ging sehr zurück, namentlich in der Hauptstadt; die *vernacula multitudo*[647] war unbrauchbar. Die fiktive juristische Deszendenz durch adoptierte Freigelassene füllt noch einigermaßen, äußerlich, die Lücken in der Bürgerschaft; die Freigelassenen aber durften nicht den Legionsdienst versehen, sondern erst deren Kinder. So mochte es leicht sein, daß von dem zur Dispositive stehenden Material der Werbeoffizier sicher vieles als untauglich und verkommen zurückweisen mußte. Marcus tat also auch hier [MH.II 262] nur seine Schuldigkeit, wenn er an das eine dachte, was not tat: er griff nach Soldaten, wo sie zu finden waren, und wenn es Nichtbürger waren, nun, so machte er sie eben zu Bürgern.

Spuren finden wir für diese Vorgänge in fast allen Schriftstellern: Dio sagt, daß Marcus sehr vielen das Bürgerrecht verliehen habe.[648] Ebenso berichtet Victor[649] in dem Leben des Marcus, er habe ohne weiteres massenweise das Bürgerrecht erteilt. Das kann nur mit den Bedürfnissen der Rekrutierung in Verbindung gebracht werden. In der Vita[650] steht: *latrones Dalmatiae atque Dardaniae milites fecit.* Das wird sich beziehen auf jene zwei neuen, von ihm errichteten Legionen. Wir haben Spuren, daß diese hauptsächlich aus den

---

[646] SHA.Marcus 21,6ff.
[647] die Großstadtmasse
[648] Dio LXXI 19
[649] Aurel.Vict.16,12

[650] SHA.Marcus 21,7: *Räuber aus Dalmatia und Dardania machte er zu Soldaten.*

Landschaften nördlich von Griechenland rekrutiert worden sind. Andere Gegenden waren zu sehr vom Kriege mitgenommen, hier war verhältnismäßig Ruhe. Gleich hinterher sagt die *Vita*, daß er *emit et Germanorum auxilia contra Germanos*.[651] Das bezieht sich wohl auf die *auxilia*. Dio[652] bestätigt dies. Also Zuzug aus den Reihen der geschlagenen Feinde wurde auch nicht verschmäht. Dabei ist nicht zu vergessen, daß die alten Benennungen nach Völkerschaften bei den Truppenteilen eben nur noch Benennungen waren, daß z. B. in [MH.II 263] der *cohors Thracum* schon lange nicht mehr bloß Thraker standen, so daß Ausländer ganz wohl in *alae* und *cohortes* eingereiht werden konnten. Wenn man also selbst Gefangene und Überläufer nahm, wieviel weniger Skrupel wird man gehabt haben, jeden irgend brauchbaren Inländer zu nehmen!

Die Inschriften sagen uns dasselbe. Die Leute heißen 20 Jahre nach Marcus alle *Marci Aurelii*.[653] Das sind offenbar diejenigen, die unter ihm *ad hoc* das Bürgerrecht empfingen oder deren unmittelbare Nachkommen. Der alte römische Bürger war im Heer nur noch ein leerer Name, und es ist verständlich, wenn im 3. Jahrhundert die Legion *barbarica* genannt wird im Gegensatz zur prätorianischen Kohorte, die noch etwas mehr auf Nationalität hielt.

Merkwürdig ist es nur, daß gerade Marcus es sein mußte, der diese Umwälzung inaugurierte: es ist eine bittere Ironie des Schicksals und tief tragisch, daß dieser Kaiser, der allgemeine Bildung schätzte wie die Besten seiner Zeit, der von Humanität durchdrungen war, der Philosoph auf dem Thron, wie er – nicht ganz mit Unrecht – beigenannt wird, der mitten in den Feldlagern von *Carnuntum* und *Vindobona* seine «Betrachtungen» schrieb[654], daß dieser es sein mußte, der das [MH.II 264] Heer barbarisierte und ihm den nationalen Charakter raubte. Es war tragisch, aber es war nächstliegende, unabwendbare Pflicht, und diese zu erfüllen, hat Marcus nie gezögert.

Das Heer bekam nicht bloß einen provinziellen, sondern einen spezifisch illyrischen Charakter. Wir finden natürlich auch Orientalen und Rheinländer darin vertreten, aber die große Masse stammt doch aus den Donaugebieten, speziell nördlich der griechischen Halbinsel; besonders viele Thraker. Sie waren, wie oben bemerkt, am wenigsten direkt vom Krieg mitgenommen. Auch in die Garde stellte dann Septimius Severus viele Thraker ein. Nun war das illyrische Heer das bei weitem stärkste: die Rheingermanen waren in dieser Zeit gebrochen, unkräftig; daher verbreitete sich auch der Krieg nicht nach dort, er nahm in Rätien ein Ende; man konnte also das Heer am Rheinufer, wie bei diesem erzählt wurde, vermindern, das illyrische

---

[651] l.c. *er kaufte auch germanische Hilfstruppen gegen die Germanen.*
[652] Marcus übernahm 8000 Reiter: Dio LXXI 16,2.

[653] Dessau III S. 22 ff.
[654] Buch II ist überschrieben: *Bei den Quaden am Gran*

auf 12 Legionen vermehren. Natürlich machte sich in diesem stärksten Heer auch der Corpsgeist am stärksten geltend. Mehr und mehr aber wurde die Konskription eine lokale. Der Gedanke des Augustus war der entgegengesetzte gewesen, daß Aushebung und Standort nicht zusammenfielen. Mit [MH.II 265] Vorliebe schickte man die Legionen in ihnen stammfremde Gegenden. Das war ja unleugbar unbequem, und in späterer Zeit wurde das Gegenteil empfohlen. Es wurde verschieden ausgeführt, in *Africa*, wo es vermöge der ganz isolierten Lage auch am wünschenswertesten war, zuerst; mehr und mehr aber überall. Daher wurden die illyrischen Truppen von selbst mit Illyrern gefüllt. Dazu kam, daß sie ein vortreffliches Soldatenmaterial bildeten; ihre Nachkommen, die Albanesen, haben es in der Türkengeschichte oft bewiesen und beweisen noch heute, daß sie kriegerisch nicht zu verachten sind. So konnte man das Heer in doppelter Beziehung als das illyrische bezeichnen; und das alles steigerte sich im Lauf der Zeit immer mehr. In dieser Beziehung ist auch eine Notiz interessant, daß Severus, als er die Garde aus Provinzialen rekrutierte, ein besonderes Heiligtum für thrakische Lokalgottheiten in Rom errichtete.[655] Es war ihm offenbar recht, wenn der abgeschlossene provinzielle Charakter der Truppe auch in dieser Beziehung gewahrt blieb.

Hierher gehört auch noch ein Wort über das Colonat[656], das in späterem Sinn ziemlich identisch mit der Leibeigenschaft ist und vielleicht – es ist aber ein [MH.II 266] großes Vielleicht – aus der germanischen Leibeigenschaft hervorgegangen ist. Wenigstens wissen wir, daß Marcus 3000 Naristen am anderen Donauufer ansiedelte.[657] Daß dies mehrfach geschehen ist, ist zweifellos, und daß diese Ansiedler ihre heimischen Sitten und Institutionen zum großen Teil mitgebracht haben, sehr wahrscheinlich. In späterer Zeit wurde die Rekrutierung auf das Colonat, d.h. auf das Ackerproletariat basiert. Ältere Quellen kennen das nicht. Der Colone ist nicht persönlich unfrei – als Sklave hätte er gar nicht Kriegsdienst leisten können –, aber er ist an die Scholle gebunden, hörig, untertänig, ein *pertinens* des Bodens. Das ist allerdings eine *contradictio in adiecto*, römischen, exakten Rechtsbegriffen ganz fremd, und daher wohl aus dem Ausland importiert und wahrscheinlich von Anfang an mit dem Heer in Verbindung gesetzt.

Endlich wäre noch zu erwähnen die Erblichkeit des Dienstes in den Kastellen, wo die Soldaten Ackerbau trieben, verheiratet waren[658] und Grundbesitz hatten, wofür deren Kinder wehrpflichtig waren. Wahrscheinlich sind auch diese *milites castellani* sowie das Colonat auf die Markomannenkriege [MH.II 267] zurückzuführen. Diese Maßregeln steigerten die Provinzialisierung des

[655] Vielleicht ist hierauf die ohne Datum überlieferte Sabazios-Inschrift Dessau 4088 zu beziehen.

[656] K. P. Johne + J. Köhn + V. Weber, Die Kolonen in Italien und den westlichen Provinzen des Römischen Reiches, 1983

[657] Dio LXXI 21

[658] Die Ehe wurde den Legionären erst von Septimius Severus gestattet: Herodian III 8,5.

Heeres ungeheuer. Wenn die Legionen aufhörten, Vertreter der gesamten Nation zu sein, dann regierte die Landschaft, die das stärkste Heer hatte.

Die Schilderung der Herrschaft der illyrischen Legionen gehört in die allgemeine Staats- und Stadtgeschichte. Hier nur einige wenige Andeutungen: Nach dem Tode des Pertinax bis zur unbestrittenen Alleinherrschaft des Severus erneuerte sich die Katastrophe des Vierkaiserjahres[659] und spielte sich fast Zug um Zug ebenso ab: so wie damals, nach dem Erlöschen der julischen Dynastie, ein Corpskrieg ausbrach, so nach dem Aussterben des antoninischen Hauses.[660] Die Heere schlagen sich um die Besetzung des Throns. Italien, in ohnmächtiger Prätention nur durch die Garden vertreten, erhebt den Julianus auf den Schild, der Orient den Pescennius Niger, der Rhein den Clodius Albinus, *Illyricum* den Septimius Severus. Donau und Rhein kämpften diesmal vereinigt gegen den Orient, das Resultat, der Sieg des Severus, war ein Sieg der Donauarmee. Er wurde auch in derselben [MH.II 268] Weise ausgenutzt wie damals: Die Garde wurde aufgelöst, die Leibwache aus Thrakern gebildet, die *legio secunda Parthica* bei Rom, in Albano, aufgestellt und daselbst belassen. Es war das erste Mal, daß eine Legion in Italien stand. Während aber damals Vitellius, der erste Sieger in diesem Kampf, noch wieder von Vespasian besiegt wurde, blieb es diesmal bei der ersten Waffenentscheidung. Die Herrschaft des Säbels[661] war damit in Italien stabilisiert. Es geschah damit nur, was notwendig war. Wenn ein Land wie damals Italien sich wehrlos macht und sich dem Schutz anderer überläßt, dann wird es eben unterjocht.

Die Dynastie des Severus dauerte ein Menschenalter hindurch, und mehr und mehr kam *Illyricum* zur Geltung. Es ist nicht geradezu gesagt, daß die Kaiser illyrischer Geburt sein mußten – Severus selbst war Afrikaner[662] –, der erste wirkliche Barbar auf dem Kaiserthron war Maximin, ein Thraker[663], seit 235.

Sehr charakteristisch sind die Vorgänge nach Gordians Tod 245.[664] Der Gardekommandant Philipp hatte ihn gemeuchelt und sich zum Kaiser ausrufen [MH.II 269] lassen.[665] Das erregte die Indignation des illyrischen Heeres, und dasselbe rief den Marinus Pacatianus zum Kaiser aus. Derselbe wurde indes bald besiegt, und Philipp schickte den Trajanus Decius nach Illyrien, um die Truppen wieder zur Botmäßigkeit zu bringen. Decius ging sehr ungern, bat, ihn mit dem Auftrag zu verschonen, wurde aber genötigt. Die illyrischen Truppen riefen nun ihn zum Kaiser aus, und es blieb ihm nur die Wahl der sehr unfreiwilligen Annahme oder der sofortigen Ermor-

---

[659] Vgl. MP.184

[660] Dio LIV; Herodian II; SHA.Pert.; Aur.Vict.18ff.

[661] Hier folgt Hensels Kommentar in Klammern: *(Ks! Ks!)*, er hörte eine Anspielung heraus.

[662] SHA.Sept.1,1

[663] SHA.Max.1,5; Epitome 25

[664] Gordian III starb im Februar oder März 244; Zos.I 19,1.

[665] Aur.Vict.27,8; SHA.Gord.30,9

dung.[666] So sukzedierte er denn. Hier ist ganz deutlich, daß es den illyrischen Truppen wenig oder gar nicht auf die Person ankam, die Kaiser werden sollte. Jede war ihnen recht, wenn sie nur von Illyricums Gnaden war. In der zweiten Hälfte des dritten Jahrhunderts herrschten durchaus illyrische Kaiser: Claudius Gothicus, Aurelian, Probus, Diocletian, Constantin sind lauter Illyrer. Diese Rasse spielt die erste Rolle.[667] Wenn man genauer zusieht, so ist unverkennbar, daß der allgemeine Bildungsgrad sank. Von den Soldaten aus ergriff die Barbarisierung und Verrohung das Offizierskorps und endlich die höchste Stelle. Vergleicht man die Kaiser des dritten Jahrhunderts mit denen des zweiten oder gar [MH.II 270] des ersten, so findet man, daß an die Stelle von immerhin hochgebildeten Menschen aus der besten Gesellschaft niedere Leute treten, die im besten Fall gute Unteroffiziere sind.[668] Severus allerdings fällt nicht in diese Kategorie[669], denn die Zeit seines Werdens und seiner Bildung gehört noch der früheren Epoche an. Er war ein hochgebildeter Mann, Schriftsteller und ausgezeichneter Jurist. Seine Nachkommen zählen auch noch nicht dazu; Caracalla war roh, aber die Hefe der Aristokratie berührt sich eben vielfach mit der Hefe des Pöbels. Caracalla war eine im Purpur geborene, gemeine Natur. Aber Maximin ist die erste dieser Unteroffiziersfiguren: man hat von ihm nur zu rühmen, daß er von gewaltiger Körpergröße, ein vortrefflicher Läufer und Fechter war.

Beim Schriftsteller Victor[670], der selbst intelligent und gebildet war, findet sich eine merkwürdige Stelle über Diocletian und seine Mitregenten: „Illyricaner sind sie alle," sagt er, „mit wenig Bildung, aber wie dem Bauern und Soldaten zu Mut ist, wußten sie; und daher waren sie dem Staat nützlich." Das ist eine merkwürdige Äußerung; der Mangel wird anerkannt, aber er wird eigentlich nur erwähnt, um ihm eine gute Seite abzugewinnen, und zwar eine gute Seite, für die in früheren Jahrhunderten alles Verständnis gefehlt hätte. [MH.II 271]

Im Staatskalender[671] der zweiten Hälfte des 3. Jahrhunderts sehen wir die Senatoren aus den wichtigen Stellen verdrängt, und diese, namentlich seit Gallienus[672], besetzten Primipilaren. Der scharfe, unüberbrückbare Gegensatz, der bis dahin zwischen Gemeinen und Offizieren bestanden hatte, dies Palladium der Bildung, und zwar der italischen Bildung, hörte auf. Seitdem derjenige, der den *clavus*[673] trug, unqualifiziert war für diejenigen Stellen, deren Monopol er früher gehabt hatte, herrschte der gemeine Soldat. Die militärische Reorganisation trug aber in die vorherige Schlaffheit etliche Elemente der Kraft hinein.

---

[666] Zos.I 20 f.

[667] Zos.I 21

[668] MP.186: *Der Kaiser ist im besten Falle ein Unteroffizier, der sich anstellt, den General zu spielen.*

[669] Dio LXXVI 16,1

[670] Aur.Vict.39,26

[671] So nennt Mommsen die «Notitia Dignitatum» aus dem 4./5. Jahrhundert.

[672] Aur.Vict.33,34

[673] Der Purpurstreifen an der Tunica der Senatoren

In der diocletianischen und constantinischen Zeit wurden die ferneren Konsequenzen dieser Erscheinung gezogen. Der Schritt vom inländischen zum ausländischen Barbaren war nur noch klein und leicht zu machen; und so kam man denn schließlich zu Zuständen wie unter Stilicho, wo der auswärtige Landsknecht herrschte. Wohin wir auch sehen: im 3. Jahrhundert beweist alles, jedes Buch, jede Inschrift, jedes Bauwerk den großen Unterschied zwischen der Zeit des Pius und der nach Gordianus. Auch das Latein, selbst die Orthographie verfällt.[674] Wir haben einen Maßstab an den Gesetzen über die Soldatenentlassungen.[675] Bis Severus findet sich in diesen Kanzleiurkunden kein [MH.II 272] Sprachfehler: von da ab sind sie in mehr und mehr verdorbenem Latein abgefaßt. Münzen, Bildwerke, alles trägt denselben Stempel, und der letzte Grund[676] dieses tiefen Verfalls ist der Markomannenkrieg mit seinen Folgen zuerst für das Heer, dann für die Nation. Noch einmal muß es gesagt werden, wie tief tragisch es ist, daß Marcus es sein mußte, der dies Ende der Welt heraufbeschwor.

d) Die Gotenkriege

Während Severus' Regierung herrschte Ruhe an der Donau, und auch in die Zeit unter Caracalla fallen keine hervorragenden Ereignisse. Erwähnenswert ist aber, daß damals zuerst der Name der Goten gehört wird[677], zu gleicher Zeit mit den Alamannen. Zuerst tönt uns der Name entgegen in dem bitterbösen Scherz eines Senators: Als dem Caracalla von der überschwenglichen Adulation des Senats die Ehre des Triumphes zuerkannt wurde, fragte ein Senator bei den darüber geführten Debatten, ob man ihm nicht den Beinamen *Geticus maximus*[678] beilegen wolle. Das zielt auf den ihm zur Last gelegten Mord an seinem Bruder Geta. Die Veranlassung müssen aber doch Kämpfe mit den – mißverständlich Geten genannten – Goten gewesen sein. Hinter dem Vorhang haben die Goten gewiß schon früher gespielt. [MH.II 273] Hier treten sie zum ersten Mal offen auf die weltgeschichtliche Bühne. Sie begegnen uns damals am Schwarzen Meer, wo die Geten auch saßen. Es ist das griechische Wort für Daker, und diese Namensverwechslung ist ein einfacher Fehler. Die Geten sind Thraker, die Goten Germanen, und außer dieser zufälligen Namensähnlichkeit haben sie gar nichts gemeinsam; aber diese Homonymie der Völkernamen hat viel Unfug in der Geschichtserzählung gestiftet.
Die Suprematie Roms an der mittleren Donau war ungeschwächt. Cara-

---

[674] Vgl. MP.188
[675] Diplomata militaria CIL.XVI
[676] eher: der erste Anfang, denn sonst gibt Mommsen den inneren Ursachen den Vorrang: Wickert IV 1980, 342; Demandt 1984, 403 ff.

[677] *Gotones* erwähnt schon Tacitus Germ.43,6; ann.II 62; *Guttones* Plinius NH.IV 28/99; XXXVII 11,1/35 (nach Pytheas). Schmidt, 1941, S. 4 f.; S. 195 ff.; Wolfram, 1980, 32 ff.
[678] SHA.Geta 6,6

calla ließ den König der Quaden[679] hinrichten und stiftete Krieg an zwischen Markomannen und Quaden. Das Reich blieb unbehelligt. Diese Ruhe dauerte bis zum Jahr 238, dem großen Revolutionsjahr in *Africa*.[680] Maximinus kämpfte gegen die beiden Gordiane, dann gegen die Senatskaiser Pupienus Maximus und Caelius Balbinus, bis endlich nach Beseitigung aller der Sohn und Enkel jener beiden älteren Gordiane, Caesar Gordianus, 13jährig den Thron bestieg.[681] Dieses Jahr ist auch das Anfangsjahr des Skythenkrieges, d. h. des Gotenkrieges. Schlimm ist die Unbestimmtheit des Namens. Die Griechen vermeiden bekanntlich im Gegensatz zu den Römern alle nicht klassischen Namen; und so nennen sie alles Land nördlich vom Schwarzen Meer „Skythien" und vereinigen unter dem Namen der Skythen alles, was mit den Römern in diesen Gegenden handgemein wird. Das Hauptvolk unter diesen sind aber die Goten. Wir wissen von diesen Vorgängen etwas mehr [MH.II 274] als von anderen gleichzeitigen Vorgängen, weil der Athener Dexippus[682], der selbst den Angriff der Goten[683] auf Athen Anfang 238 mit abgeschlagen hat, 267 eine Geschichte dieser Feldzüge geschrieben hat.

Vor dem Anfang der Feindseligkeiten muß ein Abkommen zwischen den Römern und den Goten existiert haben; wahrscheinlich waren sie damals nicht unmittelbare Grenznachbarn. Die Goten waren hauptsächlich Seefahrer, noch mehr als die Franken im Westen. Jetzt rächte sich der Mangel einer römischen Flotte. Augustus und überhaupt der Principat hatten wohl etwas getan, so vollständig wehrlos zur See wie die Republik war man nicht. Nil, Donau und Rhein hatten Flotten, in Italien standen zwei, eine an der West-, die andere an der Ostküste, Britannien hatte eine Flotte etc. Aber im ganzen war das doch nur hinreichend für die Seepolizei. Früher genügte das, um die Piraten im Zaum zu halten. Jetzt aber war die ganze Nordküste des Schwarzen Meeres mit großen seefahrenden Nationen besetzt. So wird uns erzählt, daß 20 Jahre nach dem Anfang des Krieges eine Gotenflotte von angeblich 6000 Schiffen und einer Besatzung [MH.II 275] von 320000 Mann sich aufmachte, die Küsten des Römischen Reiches zu brandschatzen.[684] Andere geben die Anzahl der Schiffe auf 2000 an.[685] Dem mag nun sein, wie ihm wolle, beide Zahlen mögen stark übertrieben sein. Es ist auch, wie sich aus dem Verhältnis der Mannschaft zu den Schiffen ergibt, sicher, daß diese ziemlich klein, wohl nicht viel mehr als Transportkähne waren. Immerhin ist so viel klar, daß es keine gewöhnlichen Flibustier waren. Die Abwehr versagte diesen Feinden gegenüber. Wir erfahren nie von einer Seeschlacht, sondern nur von mehr oder weniger gelungenen Versuchen der Küstenverteidigung.

Wenn die Goten einfielen, so geschah es immer in Verbindung mit den

[679] Gaibomarus: Dio LXXVIII 20,3
[680] Herodian VII 3,4ff.
[681] Herodian VIII 8,7
[682] FGrH.100,20; SHA.Balb.16,3

[683] Richtig: der Heruler, s. u. MH.II 279
[684] Zosimos I 42
[685] Ammian XXXI 5,15; Mommsen RG.V 221 Anm.1

Carpen[686], welche zwischen Pruth, Donau und Küste ihre Sitze hatten. Diocletian verpflanzte sie 295 in das römische Gebiet nach Mösien, und von da ab grenzten die Goten an römisches Gebiet. Zosimos berichtet von einer gotischen Flotte, die sich im *Tyras* (Dnjestr) sammelte.[687] Unter diesen Umständen ist es begreiflich, daß die Römer mit diesen unbequemen Nachbarn zu einem Abkommen zu gelangen suchten. Die Abwehr ihrer Piraterei war unmöglich, und so scheint man sich zur [MH.II 276] Zahlung eines Tributs entschlossen zu haben. Bei Ammian[688] findet sich die erwähnte Notiz, daß 2000 Schiffe den Bosporus durchbrochen hätten und bis zum Archipelagus vorgedrungen seien. Für die Chronologie ist wichtig, daß es gelungen ist, ein Fragment des Priscus[689] zu datieren. Tullius Menophilus, ein Statthalter Mösiens unter Gordian, ist durch Münzen in seiner Zeit bestimmt worden[690], eine Chronologie, die auch sehr gut paßt. Der Krieg setzte gleich sehr scharf ein. Die Goten zerstörten eine Reihe von Küstenstädten, z.B. *Istropolis*, südlich der Donaumündung. Die Barbaren führten nicht geregelt Krieg, sondern kamen, verschwanden wieder, plünderten und schleppten den Raub fort, ohne sich vorläufig auf wohlgeplante Operationen einzulassen. Unter Philipp wurde 244 *Marcianopolis*, eine Stadt landeinwärts gelegen, zerstört. Dann wird ein römischer Erfolg, eine *Victoria Carpica*, gemeldet.[691]

Dann aber folgte die furchtbare Katastrophe unter Traianus Decius, der sonst ein vorzüglicher General und einer der besten Kaiser war. Er schaffte vorläufig den vielgeplagten Donaulandschaften [MH.II 277] Ruhe – aber nicht lange. Der Gotenkönig Cniva überflutete mit 3000 Carpen im Bunde zu Wasser, aber hauptsächlich zu Lande vordringend, ganz Mösien bis *Philippopolis*. Als sie genug geraubt hatten, kehrten sie um und nahmen den Rückweg zu Lande. Es war ein verwegenes Wagestück. Sie überschritten den *Haemus* (Balkan) im Jahr 250. Zwischen *Haemus* und Donau stellte sich Decius ihnen entgegen. Er verlegte ihnen den Weg. An dem Verrat des Gallus, seines Feldherrn, scheiterte die Vernichtung der Goten, und die harte Schlacht bei *Abrittus* endete mit dem vollständigen Untergang des römischen Heeres; Decius selbst fiel.[692] Gallus, sein Nachfolger, schloß einen schimpflichen Frieden und zahlte den Goten Tribut.[693] Die Einfälle hörten aber trotzdem nicht auf.

Diese Katastrophe verband sich mit einer furchtbaren Pest, die 252 begann und 15 Jahre hindurch das Reich verödete. Die Engel der Apokalypse erscheinen ja stets zusammen, so auch hier, wo der Untergang des Reiches

---

[686] Amm.XXVIII 1,5

[687] Zos.I 42

[688] Amm.XXXI 5,15

[689] So auch AW.299. Richtig: Petrus Patricius bei Constantinus Porphyrogenitus, Excerpta de legationibus, C. Müller FHG.IV 186,8

[690] BMC. Thrace S. 40; A. Stein, Die Legaten von Moesien, 1940, 98 ff. Das *gentilicium* muß wohl *Julius* lauten.

[691] RIC.IV 3 S. 61 f. zu 247

[692] Decius fiel 251: Aur.Vict.29; Lact.MP.4; Zos.I 23. Vgl. MP.192

[693] Zos.I 24; Jordanes Get.106

vorbereitet werden sollte. Ungehemmte Piratenfahrten durch die ganzen
östlichen Meere erfüllten die nächsten Zeiten. Es soll [MH.II 278] hier keine
Nomenklatur gegeben werden, nur einige bezeichnende Vorfälle seien genannt: so wurden Pityus und Dioscurias, die letzten östlichen Festungen an
der Ostküste des Schwarzen Meeres, zerstört. Trapezunt, Chalcedon, Ephesus mit seinem berühmten Dianatempel fielen, ebenso Athen, Argos und
Sparta, ein Beweis, daß die Feinde sich nicht mehr auf die Küste beschränkten. Nirgends gab es namhafte Gegenwehr. 262 fiel Thessalonike. Überwiegend waren es Goten, die diese Verwüstungszüge veranstalteten. Daneben
plünderten andere das Binnenland. Wir haben weniger schriftliche Nachrichten über diese Verluste der Römer, aber die Denkmäler reden eine deutliche Sprache. Es läßt sich genau datieren, wann Dakien z. B. verlorengegangen ist. 254 nach Christo hören die Münzen plötzlich auf, vier Jahre nach der
Katastrophe des Decius. Ebenso stammen die letzten Denkmäler aus *Viminacium* bei Belgrad auf dem rechten Donauufer aus dem Jahr 255: Nir-
gendwo in diesen Landschaften finden sich Monumente über [MH.II 279]
die erste Zeit Valerians, d. h. über 254 und 255 hinaus, und so können wir mit
Sicherheit sagen, daß sie in dieser Zeit barbarisch geworden sind. Die Zeit
von 250 bis 269 ist die Epoche der ersten vorläufigen Zerstörung der Römerherrschaft an der Donau. Lediglich einzelne Städte verteidigten sich auf
eigene Faust. So schlug *Byzantium* einen Angriff der Heruler mit 500 Schiffen ab. Ebenso Athen 267 unter Dexippus[694], von dem vorher als Schriftsteller die Rede war. Das war dieselbe Zeit, wo Verona neue Mauern gegen das
Anstürmen der Alamannen bekam.

Nach dem Tode des Gallienus 268 gab es noch einmal eine Wendung zum
Besseren: von wem sie ausging, ob von Claudius Gothicus oder von Aurelian, ist nicht ganz klar. Die Geschichtsschreibung ist hier durch Speichellek-
kerei für Diocletian, als dessen Stammvater (im Adoptivsinne) Claudius
galt[695], zu dessen Gunsten wohl etwas gefärbt. Ammian[696] schreibt die
Hauptentscheidung nicht Claudius, sondern Aurelian zu; am gerechtesten
wird man wohl sein, wenn man den Anfang der Besserung Claudius, die
Fortsetzung des Werkes [MH.II 280] nach Claudius' Tod Aurelian beimißt.

Was entscheidend gewirkt hat, der Übermut der Angreifer oder die
Energie der Abwehr, ist unentschieden: Im Jahr 269 brach eine große gotische Expedition ein; es war jene vorher erwähnte mit 6000, nach anderen
Nachrichten 2000 Schiffen. Es war eine Menschenmasse, wie sie noch nie die
römischen Grenzen überflutet hatte. *Marcianopolis* schlug den Angriff aus
eigener Initiative der Bürger ab; *Tomi* und *Cyzicus* wurden zerstört. In

[694] SHA.Gall.13,8; Zos.I 39; Sync.
717. Vgl. MP.195
[695] Unklar, woher Mommsen dies hat.
Claudius Gothicus wurde tatsächlich
von Constantin ab 310 als wirklicher
Stammvater, nicht im Adoptivsinne, in
Anspruch genommen: Panegyrici Latini
VI 2,1 f.
[696] Amm.XXXI 5

Makedonien stiegen die Germanen ans Land. Nachdem sie genug geplündert hatten, wollten sie zu Land den Rückweg antreten. Es war ein unsäglich verwegenes Unternehmen und schlug ihnen zum Unheil aus. Bei *Naissus* (Nisch) an der Morawa erfochten die Römer einen großen Sieg, in dem 50000 Goten gefallen sein sollen. Dann zogen sie weiter durch den *Haemus* (Balkan), wo ihnen Aurelian eine weitere entscheidende Niederlage beibrachte. Es war eine folgenschwere Katastrophe. Der römische Ascendent war noch einmal, ebenso wie gegen die Alamannen, wiederhergestellt, und nicht nur für den Augenblick. Der Sieg hatte dauernde Folgen. Aurelian und Probus bewirkten eine Neuordnung der Grenzgebiete, allerdings mit [MH.II 281] wesentlicher Gebietseinschränkung, ebenso wie am Rhein. Aurelian gab Dakien auf, wo gewiß noch viele Römer lebten, und verpflanzte die kümmerlichen Überreste der Dakier, soweit sie unter römischer Herrschaft bleiben wollten, nach Dardanien auf das rechte Donauufer.[697] Die Donau wurde also ebenso mit Preisgebung der jenseits gelegenen Landschaften als Grenze anerkannt wie der Rhein, und somit ist dieser Sieg doch auch in gewissem Sinn eine Konsolidierung der Niederlage. Seitdem gab es unter Aurelian, Probus, Diocletian und Constantin wieder eine feste Militärherrschaft in den neuen, enger gewordenen Grenzen.

Zwischen die Römer und Goten waren, die unmittelbare Grenznachbarschaft hindernd, die Carpen eingeschoben. Aurelian beließ sie in ihren Wohnsitzen, Probus dagegen führte die Bastarner, einen verwandten deutschen Volksstamm und wohnhaft nahe den Carpen, über die Donau auf das rechte Ufer und siedelte sie daselbst an.[698] Beide Völkerschaften waren wohl schon durch Romanisierung verfälscht, von der römischen Kultur wenigstens beleckt. Diocletian brachte 295 die Carpen nach Mösien.[699] Das war doch ein zweischneidiges Unternehmen: Die beiden Völkerschaften [MH.II 282] war man als unbequeme Nachbarn los; aber seitdem war das linke Donauufer durchaus gotisch.

Mit der Befestigung der neuen Donaulinie nahmen es die Kaiser sehr ernst; sie wurde stark ausgebaut. Pest (*Contra Aquincum*, gegenüber *Aquincum*) wurde als Brückenkopf am linken Ufer angelegt, und in derselben Weise auf der ganzen Linie verfahren. Diocletian und seine Mitregenten bauten diese großen Rhein- und Donauverschanzungslinien. Es muß hier sehr häufig gefochten worden sein. Von Diocletian besitzen wir aus dem Jahr 301 einen vollständigen Siegestitel: darauf hieß er *Sarmaticus maximus quater, Carpicus maximus, Germanicus maximus sexies, Britannicus maximus*, zweimal Perser-, einmal Armenier-, einmal Adiabenerbesieger.[700] Der Titel *Carpicus*

---

[697] SHA.Aur.39,7
[698] Zos.I 71,1; SHA.Prob.18,1

[699] Amm.XXVIII 1,5: nach Pannonien.

[700] Es ist die Titulatur im Höchst-

bezieht sich auf die verschiedenen Kämpfe von 289 bis 301, *Germanicus* wird wohl am meisten noch auf Kämpfe mit den Donaugermanen, mit Markomannen und Goten gehen; wir sehen, daß die hauptsächlichen Schläge noch immer an der Donau gefallen sind. Die Ehre und das Übergewicht Roms ist also in den Jahren von 269/270 ab wiederhergestellt. Es ist aber sehr begreiflich, daß unter Constantin die Goten als unmittelbare Nachbarn in den Vordergrund treten. [MH.II 283] Im 4. Jahrhundert fanden dann die Kämpfe Ostroms mit den Goten statt. Sie stehen außerhalb des Kreises unserer Darstellung. Valens verlor 378 die Schlacht bei Adrianopel, eine der furchtbarsten Niederlagen, die Römer je erlitten (s. u. MH.III 215 ff.). Ein Jahrhundert lang hatte die Nachwirkung der Siege Diocletians ungefähr vorgehalten.

Werfen wir noch einen Blick auf den Einfluß der erzählten Ereignisse auf die Kultur im Westen. In der Diöcese Gallien, um uns der damals üblichen Terminologie zu bedienen, war das lateinische Regiment wohl von den Germanen überwunden worden; es bildeten sich Franken-, Alamannen-, Sueven- und Vandalenstaaten. Aber diese trugen doch nur einen halbgermanischen Charakter; diese Völker nahmen mehr oder weniger die römische Zivilisation an, es bildete sich aus ihnen das, was wir noch heute die „lateinische Rasse" nennen.

An der Donau ist es doch wesentlich anders. Das Lateinische wird dort nicht assimiliert, sondern exstirpiert. Die Gebiete wurden germanisch oder doch wenigstens antirömisch. Fragen wir nach den Gründen, so sind sie nicht wohl in ein Schlagwort zusammenzufassen. Die Stärke des Angriffs, die Schwäche der Verteidigung, die Energie der anstürmenden Nationen hatten Einfluß. Die Romanisierung [MH.II 284] war in der *Narbonensis*, in Spanien, in *Africa* doch viel tiefer eingedrungen als in Pannonien und Dakien. Dabei muß festgehalten werden, daß der bisweilen ausgesprochene Gedanke, die in diesen Landschaften sich vorfindenden Reste des Romanischen seien Resultate späterer, mittelalterlicher Einwanderung, dumm ist.[701] Was wir in Tirol, Dakien, der Ostschweiz dieser Art finden, sind unzweifelhaft alte Reste. Ja es steht nach mittelalterlichen Quellen außer Zweifel, daß diese Reste des Römischen von Graubünden aus viel weiter sich erstreckten, nach Salzburg und in die Steiermark.[702] Zentren des Romanischen waren Dakien und *Noricum*. Dakien, weil man die Urbevölkerung ausgerottet hatte, *Noricum*, weil es sehr früh romanisiert worden war und die Städtegründungen daselbst viel bedeutender waren als in Pannonien und Mösien.

Außerdem aber ist die Einwanderung in die westlichen gallischen Land-

---

preisedikt: Dessau 642, die Reihenfolge ist dort anders.
[701] s. o. MH.II 235
[702] H. D. Kahl, Zwischen Aquileja und Salzburg etc., in: H. Wolfram + F. Daim (edd.), Die Völker an der mittleren und unteren Donau im 5. und 6. Jahrhundert, 1980, 33 ff.

schaften viel geringer zu denken. Es war mehr ein Normannenzug, nicht der eines Volkes, sondern der eines Heeres. Daraus entstand in den unterworfenen Landschaften der Adel, die herrschende Kaste; aber sie war nicht zahlreich genug, um den gesamten Volks-Charakter zu ändern. Die Gesetzgebung z.B. wurde in der Sprache der Unterworfenen, d.h. lateinisch, promulgiert. – Dagegen traten die Bajuvaren [MH.II 285] (die heutigen Baiern) in Rätien und *Noricum* in viel größeren Massen auf. Dazu kommt die Verschiedenartigkeit der Nationalitäten. Wäre *Africa* von den Vandalen besetzt geblieben, so würden sich daselbst etwa spanische Verhältnisse gebildet haben. Die byzantinische Eroberung *Africas* unter Justinian bahnte eigentlich nur den Arabern den Weg. Die Araber haben sich aber nirgend, wo sie hinkamen, mit der römischen Zivilisation amalgamiert, sondern sie überall ausgerottet. Römer und Germanen haben eine größere Kongenialität, und wo sie aufeinandergestoßen sind, hat sich eine stark römische Mischzivilisation gebildet. An der Donau aber drangen Slaven, skythische Stämme und Sarmaten in großen Massen mit ein, und diese rotteten in den Donaugegenden das römische Wesen aus.[703]

[703] Jeweils mit Ausnahme Rumäniens

5. DAS KRIEGSTHEATER IM OSTEN

Es bleibt noch übrig, das große Kriegstheater im Osten zu behandeln.[704] Das vitale Interesse wie die Rhein- und Donau-Gegenden und die sich daselbst abspielenden Ereignisse besitzt der Osten für uns nicht. Das liegt schon in der geographischen Konstellation: im Westen war stets sofort Italien der Angriffs- und Zielpunkt, und wenn die [MH.II 286] Dinge sich ernst gestalteten, so handelte es sich um eine unmittelbare Gefahr für das herrschende Land und die herrschende Nation. Auch die Ausbreitungsfrage der romanischen Nationalität und Zivilisation kommt hier nicht in Betracht. Im Orient ist die Nationalität, die Sprache, die Gesittung griechisch; und wenn es auch z.B. nicht an Münzen mit römischen Inschriften aus dem Osten fehlt, so ist das doch immer nur oberflächlich und bei solchen Städten der Fall, die römische munizipale Einrichtungen haben. Aber selbst solche Städte, wie z.B. *Alexandria Troas*[705], sprachen außer ihrem munizipal notwendigen, offiziellen Latein auch griechisch. So können wir kaum von lateinischen Sprachinseln im Osten reden.[706] Dazu kommt, daß die treibende Kraft des Angriffs bei den germanischen und sonstigen nordischen Nationen eine viel energischere war. Im Osten war der Angreifer und Hauptwidersacher der parthische Staat; und bis ins 3. Jahrhundert war derselbe schwankend in sich, unkräftig, wahrscheinlich sogar zeitweise durch Spaltungen und Reichsteilungen an jeder kräftigen Aktion gehindert. Das parthische Reich war zwar orientalischen Ursprungs, aber halb und halb [MH.II 287] hellenisiert und bildete so eine Art Mittel- und Mischstaat.

Kräftig und fest trat das Reich erst wieder auf, nachdem die Sassaniden einen nationalen Aufschwung hervorgerufen hatten. Im 4. Jahrhundert wurden die Angriffe der Perser[707] denn auch energischer, und zugleich war durch die Absetzung Roms und die Einsetzung Konstantinopels als Hauptstadt der verwundbarste Punkt des Reiches den Persern sehr viel näher gerückt: Die Sassaniden blieben für Constantin und Justinian eine sehr ernste Gefahr; dies liegt aber außerhalb unseres Kreises.

---

[704] Zum folgenden: Mommsen RG.V S. 382ff.; MP.200ff.

[705] Dessau 1018; 2718; 7192

[706] Ausnahme: *Berytus* (Beirut), *Colonia Augusta Julia Felix*

[707] Hensel schreibt beidemal *Parther*, aber Mommsen dürfte *Perser* gesagt haben: RG.V 419.

a) Die Kämpfe mit den Parthern

Nero hatte die Verhältnisse nach dem medisch-parthischen Krieg durch
Corbulo geordnet, wie dies früher auseinandergesetzt worden ist.[708] Es handelte sich dabei, auch strategisch, wesentlich um die Stellung Armeniens.[709]
Dieses Land, stets ohne selbständige Politik, nahm zwischen den beiden
großen Nachbarstaaten eine schwankende Stellung ein. Bald hatte der römische, bald der parthische Einfluß überwogen. Nero hatte das Abhängigkeitsverhältnis, in dem Armenien zu Rom gestanden hatte, aufgelöst, und das
Resultat war, daß es fortan eine Art Sekundogenitur der Parther blieb.
[MH.II 288] Ein jüngerer Prinz des parthischen Herrscherhauses bestieg den
armenischen Thron; die formale Bestätigung desselben lag dennoch bei
Rom, so daß also Rom auch damals den Anspruch auf Armeniens Abhängigkeit nicht aufgab. Ja es scheint nach neueren Entdeckungen, daß Corbulo
eine Besatzung bei Harput in Armenien beließ.[710]
    Aber zwischen Parthern und Armeniern herrschte seit jener Zeit das beste
Einvernehmen; und es ist höchst merkwürdig, daß, als der Partherkönig
Vologaeses bald nach Neros Tode eine Gesandtschaft nach Rom schickte,
einer der Aufträge derselben war, den Senat aufzufordern, er möchte das
Andenken Neros doch ehren (der bekanntlich geächtet worden war). Auch
die falschen Neronen, deren mehrere auftraten, wendeten sich immer nach
Parthien um Unterstützung[711]; das war sicher eine Reminiszenz an diesen
Krieg und jedenfalls ein Beweis, daß bei den Parthern Nero in gutem Andenken stand. Es ist ja nicht zu leugnen, daß der Verzicht auf Armenien verständig war. Das griechische Element, und das war doch das einzige, auf das man
sich in Armenien stützen konnte, war sehr schwach; und Corbulo, der das
Land gut kannte, billigte die getroffenen Entschlüsse.
    [MH.II 289] Das Verhältnis zu den Parthern blieb unter Vespasian gut.[712]
Es ist eine interessante Episode, daß unter Vespasian Vologaeses die Hilfe der
Römer gegen einen Einfall der Alanen erbat[713], deren Wohnsitze am *Tanais*,
jenseits des Kaspischen Meeres, am Asowschen Meer lagen. Gewiß ist der
Hauptangriff zu Wasser, vom Kaspischen Meer aus gemacht worden. Wie
die Alanen zu dieser Expedition gekommen sind, ist ziemlich dunkel. Es
waren höchstwahrscheinlich Skythen, den Hunnen verwandt; und es ist das
erste Mal, daß Hunnen, d.h. Türken[714], an die Pforten des Ostens klopfen.
Gegen diese barbarischsten der Barbaren forderten die Parther, selbst halbe
Griechen – *Seleukia* am Tigris z.B. war eine griechische Stadt mit 500000
Einwohnern – und ein Kulturstaat, die Hilfe des anderen großen Kultur-

[708] s.o.MH.I 191 ff.
[709] M. L. Chaumont, ANRW.II 9,
1976, 71 ff.
[710] CIL.III 6741 (= Dessau 232), 6742
aus dem Kastell *Ziata* = Harput (Amm.
XIX 6,1). Mommsen RG.V 393 ff.

[711] Dio LXVI 19,3; s.u.
[712] Tac.hist.IV 51
[713] Suet.Dom.2,2
[714] Die ethnische Zuordnung ist unrichtig. Die Alanen waren den Persern
verwandt.

staats und Griechenprotektors *par excellence.* Vologaeses bat, Vespasian möchte an der Spitze der Truppen einen seiner Prinzen, Titus oder Domitian, schicken. Der Kaiser lehnte die Hilfe ab. Aber seine eigenen Maßregeln traf er trotzdem. Im *Corpus Inscriptionum* haben wir eine Inschrift[715], die besagt, [MH.II 290] daß Vespasian über Tiflis hinaus ein Kastell mit einer Besatzung anlegte; und diese Maßregel könnte wohl mit dem Alaneneinfall in Zusammenhang gestanden haben. Der Kaukasus war ja ohnehin die römische Vormauer gegen die Barbaren. Ob die Alanen sich am Kaspischen Meer ansässig gemacht haben, ist sehr fraglich. „Kaukasische Alanen" werden zwar später oft genannt, aber es ist nicht unmöglich, daß dies eine Konfusion der Namen mit den kaukasischen Albanen ist. Das Verhältnis der Parther mit Vespasian blieb gut, vielleicht wegen des ernstlich in Angriff genommenen Grenzschutzes. Vespasian kannte seine Leute, er hatte nicht umsonst gegen Jerusalem kommandiert und die Lage genau kennengelernt.

Kriege gab es in Vespasians Zeit im Osten eigentlich nicht, aber viele wichtige Neuordnungen in der Verwaltung. Jerusalem allerdings wurde zerstört und damit der dauernd unbotmäßigen Nation das Herzblatt ausgebrochen.[716] *Judaea,* das bis dahin procuratorisch verwaltet worden war, wurde in die Provinz [MH.II 291] *Syria Palaestina* verwandelt und erhielt eine Besatzung von einer Legion unter einem Legaten. Die Spitze richtete sich vor allem gegen die Juden selbst, die niedergehalten werden mußten.

Commagene war bis dahin ein Klientelstaat gewesen; jetzt war diese Halbheit zu Ende. Vespasian zog den Staat im Jahr 72 ein.[717] Es wurde eine Provinz mit einer Legion Besatzung, die in *Samosata* (Samsat) am Euphrat stand. Wegen der Grenze mit Armenien und als Unterpfand für die dortige Sicherheit war diese Maßregel wichtig. Kilikien bekam einen Legaten ohne Besatzung. An der Südküste Kleinasiens waren Lykien und Pamphylien sogenannte freie, formelle Städtebünde. Es war eine Großtat, daß dem ein Ende gemacht wurde.[718] Auch hier entstanden Provinzen unter je einem Legaten ohne Besatzung. Kappadokien war schon länger eingezogen, jedoch ohne Besatzung, so daß an der Grenze außer in Syrien keine Truppen standen. Vespasian setzte einen Legaten mit Legionen dorthin, die eine [MH.II 292] mit dem Standquartier in *Melitene* (Malatya) am Euphrat[719], die andere in *Satala* an der Nordwestgrenze Armeniens.[720]

Es fand also eine starke Vermehrung der Streitmacht im Osten statt. Die in *Palaestina* wurde von Syrien aus abgegeben; dagegen waren die in *Commagene* und die beiden kappadokischen Legionen Neuformationen. Da indessen gleichzeitig am Rhein Verminderungen eintraten, so war das Gesamtheer darum nicht größer geworden. Dann war lange Zeit Ruhe. Man erfährt zwar

---

[715] Aus Harmozika bei Tiflis: Mommsen RG.V 395. Dessau 394 aus *Armenia maior* stammt von Commodus.
[716] Jos.bell.Jud.pass.; Mommsen RG. V, S. 487 ff.

[717] Suet.Vesp.8,4
[718] l.c.
[719] ND.or.38,14; Jos.bell.Jud.VII 1
[720] ND.or.38,13

von einer Spannung zwischen Artabanos von Parthien und Titus[721], indes hatte das wohl nichts auf sich. Aus Trajans Zeit haben wir einen merkwürdigen Brief des Plinius (ep.74), der unmittelbar vor dem Ausbruch des Partherkrieges 111 oder 112 geschrieben ist. Danach bestanden Beziehungen zwischen Decebalus und den Parthern. Das mochte unbequem für Rom sein. Pakoros erhob Anschuldigungen gegen Trajan, und auch diese fallen in dieselbe Zeit. Pakoros starb 111.[722] Aber das sind doch alles nur leichte Wolken; in den Beziehungen der Großstaaten zueinander kommen oft Dinge nicht erfreulicher Art vor, die aber doch nicht gleich [MH.II 293] zu einem Krieg führen müssen. Es ist offenbar, daß der kurz danach ausgebrochene Partherkrieg durch die freiwillige Offensive Roms hervorgerufen und ein reiner Eroberungskrieg gewesen ist. Trajan war der militärischste Kaiser, den Rom gehabt. Die Erinnerungen an Alexander[723], das Märchenhafte des fernen Ostens reizte ihn, er wollte den Krieg, und wer den Krieg will, der findet auch einen Grund dazu.[724]

Armenien mit seiner Thronbesetzung war wieder der Anlaß. König Exedares war von dem Partherkönig Chosroes abgesetzt und statt seiner der Sohn des Pakoros und Neffe des Chosroes namens Parthamasiris ohne die römische Bestätigung eingesetzt worden. Darauf erklärte Trajan sofort den Krieg, er hatte die gewünschte Veranlassung gefunden und war formell im Recht. Chosroes sandte 114 eine Gesandtschaft zu Trajan nach Athen, um den Krieg abzuwenden. Parthamasiris[725], der neue König, zeigte sich bereit, um die Bestätigung nachzusuchen. Trajan gab eine schroffe Antwort, die Zeit zum Unterhandeln sei verpaßt. Ehe er noch in Armenien einrückte, erschien schon Parthamasiris im Lager, nahm sein Diadem vom Haupt, warf [MH.II 294] sich dem Kaiser zu Füßen und erwartete, dieser werde es ihm wieder aufsetzen und er die Krone also von römischer Hand zurückempfangen. Trajan tat dies nicht. Er entließ den gewesenen König zwar unverletzt, erklärte aber Armenien zur römischen Provinz und verlangte von der Gefolgschaft des Königs, im Lager zu bleiben, bei ihrem neuen Herren.[726]

Armenien unterwarf sich zunächst ohne allen Widerstand. Der designierte Legat Armeniens rückte Anfang 115 unblutig ein. Auch die Parther waren zuerst still. Trajan zog dann weitere Landschaften als Provinzen ein und

---

[721] Dio LXVI 19,3 (= Zon.XI 18) erwähnt die Aufnahme eines Pseudonero durch Artabanos IV; s.o.

[722] Mommsen RG.V 397 Anm.2: *Die Regierungszeit dieses parthischen Königs läßt sich nicht genügend fixieren.* R. Frye, The History of Ancient Iran, 1984, 360, vermutet um ein Todesdatum um 105 n.Chr.

[723] Dio LXVIII 29,1

[724] RG.V 397ff. hat Mommsen dies

Urteil revidiert: *Traianus hatte den Krieg mit den Parthern nicht gesucht, sondern er war ihm aufgenötigt worden; nicht er, sondern Chosroes hatte das Abkommen über Armenien gebrochen. Es geschehe* Trajan *Unrecht, wenn sein Auftreten im Osten auf blinde Eroberungslust zurückgeführt wird.*

[725] RG.V 397 verwendet Mommsen die Formen *Axidares* und *Parthomasiris.*

[726] Dio LXVIII 17ff.

schnitt damit unmittelbar den Parthern ins Fleisch; denn der Partherkönig war doch König der Könige und rechnete Mesopotamien mit *Edessa* (Urfa) und Osrhoene zu seinen speziellen Vasallenstaaten, die die Einverleibung zunächst traf. Der König dieser Länder, Abgaros, unterwarf sich, er fand milde Behandlung. Man sagt, weil sein Sohn, ein hübscher Junge, vor Trajans Augen Gnade fand.[727] Mesopotamien wurde Provinz, mit einem Legaten an der Spitze. [MH.II 295] Dann ging Trajan Ende 115 nach dem oberen Tigris in die Provinz Adiabene. 116 setzte er den Feldzug fort. Es war klar, daß er es darauf abgesehen hatte, in maßloser, grenzenloser Eroberungslust nicht nur das Euphrat-, sondern auch das ganze Tigrisgebiet in seine Gewalt zu bringen. Man ging stromabwärts gegen das eigentliche Parthien.

Es ist schwer, die einzelnen Kampagnen auseinanderzuhalten, namentlich, weil in jenen Gegenden auch im Winter die Operationen nicht ausgesetzt wurden. Eigentliche Kriegführung fand kaum statt. Unsere Berichte sind zwar schlecht, aber doch nicht so schlecht, daß Hauptsachen ausgelassen worden wären. So viel sieht man, daß Trajan mit Marsch- und Transportschwierigkeiten zu kämpfen hatte. Rechte Gegenwehr seitens der Feinde fand er nicht, Schlachten wurden nicht geliefert. Die Parther griffen nicht an, sondern hielten sich, ihrer bewährten Taktik gemäß, in der Defensive, sich immer mehr und mehr zurückziehend. Trajan begab sich nicht ins Binnenland, er folgte wesentlich dem Lauf der großen Flüsse. [MH.II 296] Selbst die großen Städte, die erstürmt wurden – wie Seleukeia und Ktesiphon – wurden nicht durch reguläre parthische Truppen, sondern nur durch Tapferkeit ihrer Bürger verteidigt. Trajan erbeutete den berühmten goldenen Sessel des Partherkönigs und machte dessen Tochter zur Gefangenen.[728]

Er führte seinen Entschluß, Parthien dem römischen Reich einzuverleiben, aus und errichtete infolgedessen zwei neue Provinzen: außer dem schon früher inkorporierten Mesopotamien jetzt Adiabene und Assyrien.[729] Was wir uns unter Assyrien zu denken haben, ist nicht ganz klar; den mittleren Tigrislauf umfaßte diese Provinz sicher, ob auch den südlichen, wissen wir nicht, und bei dem ephemeren Charakter, den diese ganzen Eroberungen trugen, kommt auch nicht sehr viel darauf an. Marschieren ließ Trajan bis zur Tigrismündung und zu der daselbst liegenden Stadt *Mesene*.[730] Dieser ganze abenteuerliche Zug, durchaus in den Spuren Alexanders des Großen, und sein ausgesprochener Wunsch, „noch in den Jahren Alexanders zu stehen"[731], lassen uns einen Blick in das tun, was Trajans Seele bewegte. [MH.II 297] Sein Vorgehen gegen die Parther war so scharf wie möglich: er setzte ihren König Chosroes ab und einen Herrscher seiner Wahl, Partha-

---

[727] Dio LXVIII 21
[728] Daß die *sella regis* golden war, ist in SHA.Hadr.13,8 und SHA.Ant.Pius 9,7 nicht gesagt.
[729] Nach Dio LXVIII 26 war Adiabene der östlich des Tigris gelegene Teil

Assyriens. Festus 14 nennt die neuen Provinzen: *Armenia, Mesopotamia, Assyria et Arabia*. So Mommsen RG.V 400; 480
[730] Dio LXVIII 28
[731] Dio LXVIII 29,1; vgl 30,1

maspates, ein und dokumentierte durch die Münzen mit der Umschrift *REX PARTHIS DATUS*[732] auf das deutlichste seine Absicht, den Partherstaat in die Reihe der von Rom abhängigen Klientelkönigreiche hinabzudrücken. Parthamaspates nahm das Reich von Trajan zu Lehen. Das waren große Erfolge, aber sie waren nur zu scheinhaft.

Diesen Moment, wo Trajan anscheinend am Ziel seiner Wünsche, auf dem höchsten Gipfel der Macht war, benutzten alle eben unterworfenen Völkerschaften, um abzufallen. *Seleucia*, das ganze Euphrat- und Tigrisgebiet, selbst *Edessa* (Urfa), das doch hart an der alten römischen Grenze lag, standen auf. Diese schwachen, an den Gehorsam gewöhnten Völker würden sich nicht erhoben haben, wenn sie die Lage Trajans nicht als eine verzweifelte angesehen hätten. Trajan brach selbst nicht gegen sie auf, aber er sandte Truppen unter dem Befehl des Maximus gegen sie. Dieser fiel, aber der Aufstand wurde bezwungen. Trajan selbst hatte bei seiner Rückkehr [MH.II 298] noch Aufenthalt durch Kämpfe um die sehr feste kleine Araberstadt *Hatra*, westlich von *Seleucia*. Der Versuch, sie zu erobern, scheiterte, Trajan geriet selbst in Lebensgefahr und mußte unverrichteter Sache abziehen.[733]

Was uns in den höfisch gefärbten Darstellungen nicht berichtet wird, das ist das Schicksal der drei neuen Provinzen. Darin spiegelt sich die Wurzellosigkeit, Oberflächlichkeit und das bloß Nominelle des ganzen Unternehmens. Notwendigerweise hätte doch, wenn man wirklich das Partherreich besetzt halten, also die Grenzen so weit nach Osten hätte vorschieben wollen, die ganze Verteidigungslinie verlagert werden müssen, die Legionen hätten nicht bloß an den Euphrat, sondern an den Tigris verlegt werden müssen. Nichts von alledem geschah; allerdings starb Trajan sehr bald und wurde mitten in der Ausführung seiner Pläne weggerafft. Lebensfähigkeit muß man diesen durchaus absprechen; es war sehr viel Scheinglorie[734] dabei, und die ganze Sache ist nicht ernst zu nehmen.

Die bisher erzählten Vorgänge fallen in das Jahr [MH.II 299] 116, vielleicht noch in den Winter 116/117. Im Frühling 117 wollte Trajan wieder nach dem Osten aufbrechen, er erkrankte aber, mußte zurückkehren und starb in *Selinus* (Gazipascha) in Kilikien, im August 117. Die Beantwortung der Frage, wieweit Trajan die Durchführung hätte bringen können, wurde vom Schicksal abgeschnitten.

Sein Nachfolger Hadrian schlug eine durchaus andere Politik ein, wie Vernunft und Notwendigkeit sie forderten. Den König Parthamaspates vollkommen fallenzulassen, ging nicht an, er wurde durch ein kleines Königreich entschädigt. Alle eroberten Provinzen aber gab Hadrian heraus[735], er

[732] RIC.II S. 239
[733] Dio LXVIII 31; Amm.XXV 8,5
[734] MP.207: *Scheinglorie* Trajans. Skeptisch zu Trajan äußerte sich Momm-

sen auch in früheren Vorlesungen: Mazzarino 1974, 25; positiv RG.V 397ff.
[735] SHA.Hadr.5,3f. (der König heißt hier *Parthamasiris*); 9,1; Festus brev.20. Mommsen RG.V 403ff.

ließ den Parthern wieder ihre vollkommene Unabhängigkeit und trat dadurch in ein gutes Verhältnis zu diesen und ihrem wieder eingesetzten König Chosroes.

Hadrian ist im ganzen keine erfreuliche Erscheinung; er hatte eine widerwärtige Art, ein gehässiges, neidisches, feindseliges Naturell, das sich schwer an ihm gerächt hat. Man hat ihm schon dies sofortige Zurücktreten von den Bahnen Trajans im Osten als Neid gegen seinen Vorgänger auslegen wollen[736]; aber mit Unrecht. Hier tat er nur, was der Sachlage nach unbedingt nötig war. Dem römischen Staat fehlten die Kräfte, dem Unternehmen die gesamte Basis, vor allem [MH.II 300] fehlte die Nationalität, auf die man sich im Orient allein stützen konnte, die griechische. Trajans Andenken ehrte Hadrian in jeder Hinsicht, ja er gewährte ihm den Triumph nach dem Tode, nach der Vergötterung; deshalb führt Trajan als einziger Kaiser den Beinamen *Divus Parthicus*, da er schon tot war, als er triumphierte.[737]

Krieg gab es im Osten vorerst nicht mehr, die Verhältnisse waren billig und günstig geordnet. Wir besitzen aus dieser Zeit zwei merkwürdige Dokumente: Von Flavius Arrianus, der von 131 bis 137 Statthalter von Kappadokien war, haben wir einen griechisch geschriebenen Bericht über eine Inspektionsreise in seiner Provinz, vom Pontus bis an das Kaspische Meer.[738] Es ist nicht der geschäftliche Bericht, den er amtlich abzufassen hatte; dieser wurde zweifellos lateinisch geschrieben. Der andere war für das Publikum bestimmt und wurde buchmäßig veröffentlicht. Er gibt interessante Aufschlüsse namentlich über die Besatzungsverhältnisse.[739] Von demselben besitzen wir noch die Schlachtordnung gegen die Alanen, eine auch halb literarisch abgefaßte Arbeit.[740] Es drohte damals ein Krieg gegen sie (d. h. die Massageten oder Skythen, wie Dio[741] hinzusetzt). Vologaeses ersuchte wieder die Römer um Unterstützung. Rom machte sich [MH.II 301] kampfbereit, trat aber wieder nicht aktiv in den Kampf ein, sondern stützte sich auf einen kaukasisch-iberischen Staat, dessen König Pharasmanes war.

Unter Pius herrschte tiefer Friede. Aber es bereiteten sich schwere Stürme vor, die nachher unter Marcus und Lucius bzw. Commodus ausbrachen. Pius war übertrieben friedliebend.[742] Sein vielgelobter Wahlspruch: „Einem Bürger das Leben retten sei besser als tausend Feinde umbringen",[743] ist ja recht schön, aber für den Herrscher eines Reiches wie des Römischen in solchen Zeiten doch herzlich wenig politisch. Die Parther machten Miene, Armenien zu besetzen, es war das alte Spiel. Pius schrieb einen drohenden

---

[736] Festus brev.20

[737] SHA.Hadr.6,3

[738] Lydus mag.III 53

[739] Arrians «Periplus» ist griechisch erhalten.

[740] Arrians Alanenschrift ist größtenteils verloren. Teubneriana beider Texte

hg. von Roos, Arrian II 1968, S. 103ff. und S. 129ff.

[741] Dio LXIX 15

[742] Ebenso MP.209

[743] SHA.Pius 9,10: angeblich ein Satz Scipios.

Brief – besser wäre es gewesen, die Legionen marschieren zu lassen. Als Pius starb, war der Krieg in Sicht.

Unter Marc Aurel gab es einen ausgesprochenen Angriffskrieg der Orientalen.[744] Das war wesentlich durch die Schwäche des Pius verschuldet, aber die inneren Verhältnisse spielten doch auch mit. Das Partherreich hatte sich konsolidiert und seine Schwäche abgeschüttelt. Es war das erste Mal, daß auf diesem Gebiet angriffsweise gegen Rom vorgegangen wurde, und es gab anfangs schwere Niederlagen im Norden und Süden, in Kappadokien sowohl wie in Syrien. Daß die Erzählung hier durchaus so farblos, so äußerlich ausfällt, ist Schuld der Überlieferung. [MH.II 302] Es ist schwer, deren innere Nüchternheit genügend auszufüllen und zu ergänzen.

Severianus, der Statthalter von Kappadokien, wurde überfallen, seine Macht aufgerieben. Der Krieg entbrannte um Armenien. Vologaeses beseitigte den armenischen König und setzte Pakoros ein. Severianus hatte kaum den armenischen Boden betreten, so wurde er bei *Elegia* (bei *Theodosiopolis*-Erzerum) vernichtet. Bald erging es in Syrien ähnlich. Attidius Cornelianus wurde in der Provinz selbst, bei Europos am Euphrat geschlagen[745]; sogar die schwachen Syrer dachten an Abfall!

Rom mußte große Anstrengungen auf sich nehmen. Nicht bloß die Legionen wurden komplettiert, sondern umfangreiche Neuaushebungen durchgeführt. 161 war Pius gestorben, und schon 162 schickte Marcus den Lucius Verus, seinen Mitregenten, zum Heer. Dieser blieb in *Antiochia* und überließ sich dort wie in Rom seinen nichtswürdigen Vergnügungen. Es blieb seinen glücklicherweise bedeutenden Unterfeldherren Statius Priscus, Martius Verus und Avidius Cassius überlassen, die Ehre des römischen Namens wiederherzustellen.[746]

Wir sind auf die Kaisertitel angewiesen, um eine notdürftige Geschichte zu rekonstruieren. Danach scheint der Krieg ein dreifacher [MH.II 303] gewesen zu sein: In Armenien wurde das römische Übergewicht früh erneuert; schon 163 nahm Lucius Verus den Beinamen *Armeniacus* an.[747] *Artaxata* wurde durch Priscus erobert.[748] Martius Verus folgte ihm in der Statthalterschaft von Kappadokien. Zugleich führte Avidius Cassius einen energischen Angriff gegen die Parther aus.[749] Ende 164 oder 165 nahm der Kaiser den Namen *Parthicus Maximus* an[750], was auf entscheidende Siege schließen läßt. Nachdem die Parther zuerst die Offensive ergriffen hatten, wurde man ihrer bald Herr. Wir finden eine Notiz, Vologaeses sei von seinen Bundesgenossen verlassen worden. Das soll doch wohl heißen, daß seine Vasallen mit ihren Zuzügen ausblieben, denn von sonstigen Bundesgenossen kann nicht

744 Dio LXXI 2,1;   SHA.Marc.8,6;
SHA.Ver.6,9; Oros.VII 15,2
745 SHA.Marcus 8,6
746 SHA.Verus 7,1; Festus brev.21

747 Dessau 361; 5864; 6965
748 SHA.Marc.9,1; SHA.Ver.7,1
749 Dio LXXI 2,3; Amm.XXIII 6,24
750 Dessau 366; 368; 4052

wohl die Rede sein. Die großen Städte wurden erobert; bei der Einnahme von *Seleucia* sollen 30 000 Menschen ums Leben gekommen sein. Auch Ktesiphon, hart an der römischen Grenze[751], wurde eingenommen. Mit diesen Erfolgen war man nicht zufrieden; der letzte Abschnitt des Krieges heißt „der medische". Was das bedeuten soll, ist nicht recht klar. Medien ist das Herz des Landes. Andererseits [MH.II 304] hören wir, daß Cassius nach großen Erfolgen einen schnellen Rückzug antreten mußte und auf diesem große Schwierigkeiten zu überwinden hatte. Das kann nicht nach der Einnahme von *Seleucia* und Ktesiphon gewesen sein; diese sind der römischen Grenze zu nah, um von da aus den Rückzug zu einem schweren zu machen. Er ist also wohl nach Medien gegangen, und diese Kampagne wird wohl so gewesen sein, daß sie den Beinamen *Medicus* der Kaiser zur Not rechtfertigte, aber auch nicht viel mehr. Daher wohl das bescheidene Stillschweigen über die Details.

Wir sehen also, daß der schwere parthische Angriff abgeschlagen wurde, ohne indes zu weiteren Gebiets- oder sonstigen Veränderungen benutzt zu werden. Das war verständig. Der von den Parthern eingesetzte armenische König Pakoros starb in der Gefangenschaft in Rom, und der Thron wurde römischerseits mit dem Arsakiden Sohaemus besetzt.[752] Sonst aber wurden alle Eroberungen wieder zurückgegeben. Dabei spielt die Rücksicht auf den Markomannenkrieg gewiß eine bedeutende Rolle, sowie die Pest, eine Mitgift des parthischen Krieges. Die parthische Katastrophe von *Seleucia* soll ihre Miasmen [MH.II 305] in dieser Pest, die sich von da über das Reich ausbreitete, niedergelegt haben. Unter Marcus' späterer Regierung und unter Commodus herrschte Ruhe im Osten.

Mit Severus kommen wir zu einem wichtigen Wendepunkt in der östlichen Geschichte.[753] Weshalb hat er seine großen und folgenreiche Kriege geführt? Es war Ehrgeiz, sagen alle Quellen, und man muß ihnen bis zu einem gewissen Punkte in diesem Urteil beipflichten. Für den zweiten Krieg ist allerdings genügender sachlicher Grund vorhanden gewesen; aber die Ausnutzung der Erfolge, die notlose und zweckwidrige Grenzerweiterung, die Severus vornahm, ist auf persönlich ehrgeizige Motive zurückzuführen.[754] Der Ausgangspunkt waren innerrömische Verwicklungen[755]: Der Osten hatte den Pescennius Niger auf den Thron gehoben, und diesem Votum der orientalischen Legionen schlossen sich die Vasallenstaaten an, so Armenien, der König von *Edessa*, in gewissem Sinn auch die Parther. Niger war eine Zeitlang anerkannter Kaiser im östlichen Teil des Römischen Reichs. Severus zog gegen ihn, besiegte ihn schnell mit seinen Wählern, den illyrischen Le-

---

[751] Die Entfernung beträgt Luftlinie etwa 500 Kilometer, s. u.
[752] Dio LXXI 3,1

[753] Mommsen RG.V 409 ff.; A. Birley, Septimius Severus, 1971, S. 181 ff.
[754] Dio LXXV 2,4
[755] Dio LXXV 7 f.

gionen, und stellte die Einheit des Reiches wieder her. [MH.II 306] Das bot nun Gelegenheit zum Kriege mit den Parthern – oder auch nicht mit den Parthern. In der Annahme des Titels nach dem Krieg liegt ein gewisser Widerspruch: den Beinamen *Parthicus* lehnte Severus ab, nannte sich aber *Arabicus* und *Adiabenicus*, oder eigentlich, sonderbarerweise *Parthicus Arabicus* und *Parthicus Adiabenicus*.[756] Man muß daraus schließen, daß er nicht direkt mit den Parthern brechen wollte, nicht eigentlich mit ihnen Krieg geführt haben wollte, sondern nur mit ihren abhängigen Staaten.[757] Unter den Arabern sind die Bewohner des südlichen Mesopotamiens zu verstehen. Der ganze Krieg war sehr kurz: 194 wurde Pescennius Niger überwunden, 195 der Euphrat überschritten.[758] Die Parther mischten sich nicht direkt in die Händel, und Severus handelte als der durchaus kluge Staatsmann, der er war, wenn er seinerseits dieselben nicht in die Sache hineinzog.

Wichtiger und folgenreicher als der Krieg und aggressiver gegen die Parther waren die organischen (sic) Einrichtungen, die Severus hier ins Leben rief: Mesopotamien wurde zu einer neuen Provinz gemacht. Damit griff der Kaiser in gewissem Sinn auf die trajanischen Reminiszenzen zurück; aber die völlige Oberflächlichkeit, welche dessen Maßnahme charakterisierte, ahmte er nicht nach; er dekretierte nicht [MH.II 307] bloß nominell, sondern bewies durch weitere Maßregeln, daß es ihm sehr ernst um die Behauptung namentlich der nördlichen, kulturfähigen Distrikte war. Zuvörderst nahm er eine relativ bedeutende Heeresvermehrung vor durch die Aufstellung dreier neuer Legionen, und der Name „parthische", den er ihnen gab, enthielt ein deutliches Programm für die Nachbarn. Die *Secunda Parthica* kam allerdings nach Italien, das ja von dieser Zeit ab Besatzung erhielt; die erste und dritte aber wurden in Mesopotamien, nicht mehr am Euphrat, sondern am Tigris stationiert.[759] Diese militärischen Maßregeln wurden durch sehr wichtige zivile unterstützt: Severus gab vielen Städten römische Munizipalverfassung. Vor allem ist Nisibis seine Schöpfung, dem er Kolonialrecht gab und mehreres andere gewiß auch.[760] Er scheint in umfassendem Maße okzidentale Kolonisten dorthin geführt zu haben, und lange hat die große und wichtige Stadt die römischen Interessen im Osten wirksamer gegen die Angriffe der östlichen Nachbarn geschützt als die Legionen.[761] Zahlreichen anderen Städten verlieh er gleichfalls teils Stadtrecht, teils machte er sie zu Lagerplätzen.

Auch das Verhältnis zu der Stadt *Edessa* (Urfa) und dem Land *Osrhoene*, das ja schon lange ein festes Lehnsverhältnis war, wurde von [MH.II 308] Severus eifrig kultiviert und noch fester angezogen. Daß es schon lange bestand, sehen wir aus den Münzen mit griechischen[762] Inschriften, die aus

756 Dessau III S. 286; Festus brev.21
757 *excusavit et Parthicum nomen ne Parthos lacesseret*: SHA.Sept.9,11.
758 Dio LXXV 2,1 f.
759 Dio LV 24,4

760 Dio LXXV 3,2
761 *Orientis firmissimum claustrum*: Amm.XXV 8,14
762 AW.312: *lateinischen*

der Zeit des Marcus vorhanden sind.[763] Jetzt wurde König Abgaros von *Edessa* in Rom außerordentlich glänzend und demonstrativ empfangen.[764] Sein Reich sollte eben eine Vormauer für die Römer bilden. Die neue Provinz bekam natürlich einen Militärkommandanten; und hier haben wir das erste Zeichen einer Zurückdrängung des senatorischen Regiments. Der Kommandant war ein *praefectus Mesopotamiae*, nicht ein *legatus*, d. h. man nahm ihn nicht aus den Männern senatorischen Ranges, sondern aus den Rittern[765], ebenso wie den *praefectus Aegypti*. Es war eine ganz besondere kaiserliche Vertrauensperson, die auf diesen Posten berufen wurde.

Man sieht, es war eine durchaus veränderte Politik: Die neutrale Zone halb abhängiger Mittelstaaten, wie Armenien und Mesopotamien, fiel weg, und Mesopotamien wurde die am stärksten verteidigte römische Provinz. Die beiden Großstaaten stießen fortan unvermittelt aneinander. Die Konsequenzen wurden bald gezogen: von da ab finden fortwährende Anstürme seitens der bedrohten Parther statt.

[MH.II 309] Severus wußte, was er tat; und seinen Zweck einmal als richtig zugegeben, kann man der Konsequenz, Energie und Durchdachtheit seiner Mittel die Anerkennung nicht versagen. Aber bei den kranken, namentlich unbefriedigenden militärischen Zuständen Roms war die ganze Unternehmung doch eine sehr gefährliche. Dio, der 30 Jahre nach Severus geschrieben hat und als Zeitgenosse urteilt, dazu unbefangen und verständig war, tadelt die Einverleibung Mesopotamiens scharf, namentlich vom finanziellen Standpunkt aus. Er sagt, die Provinz koste mehr als sie bringe.[766] Das wäre ja nicht gerade schlimm, denn es gibt andere, wichtigere Gesichtspunkte als diesen lediglich finanziellen; aber die Maßregel ist aus schwerer wiegenden Gründen zu tadeln: Rom war zu schwach und der Aufgabe nicht gewachsen.

Bald brach der große Partherkrieg aus. Severus war aus dem Osten abgerufen worden, um mit Clodius Albinus abzurechnen, und seine Abwesenheit benutzten die Parther sofort zu einem Überfall. Nisibis hatte die erste der zahlreichen Belagerungen auszuhalten, die dieser Stadt im römischen Interesse beschieden waren. Der Gallierkrieg ging unerwartet schnell zu Ende, 198 stand Severus wieder im Osten und nahm [MH.II 310] den Krieg gegen die Parther auf. Sowohl jener Angriff als auch diese Verteidigung waren notwendig. Für Rom war es kein Krieg des Ehrgeizes, sondern der Notwehr. Die beiden Nationen waren sich zu nah gerückt, um in Frieden miteinander leben zu können.

Die Taktik der Parther war die altgewohnte: Solange Rom schwach erschien, griffen sie an, sobald es gerüstet auf den Kampfplatz trat, wichen sie zurück, um danach sofort unerwartet wieder vorzubrechen. Severus ging

[763] *The Roman coinage does not begin before the time of Macrinus*, G. F. Hill, BMC.28, 1922 p. CVIII.

[764] Dio LXXX 16,2; SHA.Sev.18,1
[765] Dio LXXV 3,2 (= Xiph.304)
[766] Dio l. c.

über den Strom, und nun spielte sich der Krieg genau ab wie abgeschrieben vom trajanischen. Seleukia und Ktesiphon wurden wiedererobert und zerstört, ja es fehlte sogar die vergebliche Belagerung von *Hatra* während 20 Tagen nicht.[767] Zunächst stand Rom mächtiger als je da. Der Friedensschluß war merkwürdig: obgleich Severus alles sonst eroberte Land festhielt, trat er den Parthern einen Teil Armeniens ab. Das war seinerseits kein allzu großes Opfer: es konnte Rom herzlich gleichgültig sein, wer in diesem abgelegenen, strategisch unwichtigen Winkel herrschte, und es sollte wohl ein politischer Schachzug, ein Pflaster auf die Wunde des verletzten parthischen Stolzes sein und eine Konzession für die Eroberung Mesopotamiens. [MH.II 311] Sollte es das sein, so verfehlte es seinen Zweck: der Stachel blieb im Partherherzen. Der eigentliche Grund des späteren römischen Unglücks ist in dem Verfall der militärischen Zucht zu suchen. Die Aushebung wurde, wie früher auseinandergesetzt, mehr und mehr örtlich; und die östlichen Aushebungsbezirke enthielten überwiegend unkriegerische Völkerschaften, die mit den Illyriern und Germanen nicht zu vergleichen waren. Dazu kamen die verweichlichenden Quartiere und das erschlaffende Klima. Auch die Natur des Feindes, dem man gegenüberstand, war nicht einflußlos: Das Zusammentreffen mit den Germanen schulte die Truppe mehr als die Parther mit ihren Ferngefechten. Endlich schreckte die böse Wirkung der ewigen Militärinsurrektionen. Wie kann ein Staat gedeihen, der durchschnittlich alle fünf Jahre auf gewaltsame Weise seine Herrscher wechselt?

Wie verwahrlost die Disziplin war, das sehen wir aus einzelnen, zufällig uns aufbewahrten Zügen: So wird erzählt, daß, als Severus bei der Belagerung von *Hatra* zum Sturm kommandierte, die europäischen Truppen sich weigerten, dem Befehl nachzukommen; die syrischen gehorchten dann, wurden aber zurückgeworfen.[768] Und das wird so ganz [MH.II 312] beiläufig erzählt und blieb ohne wesentliche Folgen. Was ist das für ein Vorgang, und welches Licht wirft er auf die Zustände in der Armee! Wäre unsere Überlieferung nicht so schlecht, so würden wir gewiß von unzähligen ähnlichen Zügen wissen, denn vereinzelt kann ein solcher Vorgang nicht dastehen.

Der Bau des Severus blieb zunächst aufrecht, trotz der Mißregierung seines Nachfolgers Antoninus, gewöhnlich Caracalla genannt. Er war ein geringfügiger, nichtswürdiger Mensch, der sich ebenso lächerlich wie verächtlich machte. Im Jahr 216 ging er nach dem Osten, um nach einem Krieg zu suchen. Die Geschichtsschreibung hat ihn nicht geschont, er wurde allseits gehaßt. Sein Verfahren im Osten wäre aber auch selbst von der günstigst gesinnten Berichterstattung nicht zu beschönigen gewesen. Alle abhängigen Könige hat er tribuliert, sich in ihre Familienverhältnisse eingemischt. Den

---

[767] Dio LXXV 9 ff.   [768] Dio LXXV 12,3

König Abgaros von Osrhoene setzte er gefangen[769], die Mutter des Königs von Armenien sperrte er ein; seine wahnsinnige Ruhmsucht gab ihm den Wunsch ein, Partherkönig zu werden, und er dachte, [MH.II 313] sich diesen Thron zu erheiraten. Er hielt um die Tochter des Königs Artabanos an[770], um als dessen Schwiegersohn eine Anwartschaft auf den parthischen Thron zu haben. Artabanos dankte für die Ehre und lehnte ab. Darauf rückte Caracalla ein, plündernd und zerstörend; die Königsgräber entweihte er und verschleppte die darin liegenden Gebeine ganz ohne Grund und ohne Zweck. Anderswo erlitten die Römer Schlappen: Theokrit, ein Schauspieler gewesener General des Caracalla, wurde in Armenien geschlagen.[771] Die ganze Expedition war ebenso lächerlich wie verächtlich. Trotz dieser Schändlichkeiten dauerte der Ascendent der Römer noch fort. 217 wurde Caracalla – glücklicherweise, kann man wohl sagen – bei *Edessa* ermordet.[772] Wunderbarerweise besaß der Kaiser die Gunst seiner Soldaten, die ihn aufrichtig betrauerten.[773]

Gegen seinen Nachfolger Macrinus gingen die Parther sofort angreifend vor. Charakteristisch sind die Forderungen derselben: Abtretung Mesopotamiens, Wiederherstellung der entweihten Königsgräber und der zerstörten Kastelle[774]; also ein Angriff auf die Machtstellung und Ehre Roms [MH.II 314] zugleich, die natürliche Antwort auf den freventlichen Angriff Caracallas auf Machtstellung und Ehre der Parther. Es wäre eine schimpfliche Demütigung gewesen, Macrinus lehnte diese Bedingungen des Artabanos ab und nahm den Kampf auf. Bei Nisibis erlitt er eine große Niederlage und mußte Frieden schließen. Die Bedingungen sind ziemlich rätselhaft: Die Römer zahlten 500 Millionen Denare Kriegskosten, das ist enorm. Andererseits behielten sie Mesopotamien, und danach scheint es, als ob die Parther sich lediglich mit der Geldentschädigung begnügt hätten. Ob Armenien römisch blieb, ist nicht recht klar. Wahrscheinlich erkannte König Tiridates Roms Oberhoheit an. Man sieht, daß das nur *disiecta membra* unserer an Äußerlichkeiten sich haltenden Berichterstattung sind.

b) Die Kämpfe mit Sassaniden und Palmyrenern

Um diese Zeit muß sich eine tiefeingreifende innere Umwälzung im Partherstaat vollzogen haben.[775] Wir kennen nur die römische Darstellung der Sache. Danach wurde das Herrscherhaus der Arsakiden durch die Sassaniden vom Thron gestoßen. Wahrscheinlich war der Staat längere Zeit

---

[769] Dio LXXVII 12; Dessau 857
[770] Dio LXXVIII 1,1
[771] Dio LXXVII 21
[772] SHA.Car.7,1

[773] SHA.Max.4,4
[774] Dio LXXVIII 26,3
[775] Mommsen RG.V 412ff.; A. Christensen, L'Iran sous les Sassanides, 1944

schon gespalten, das Vorderland [MH.II 315] von dem Hinterland getrennt und dadurch die Parther innerlich geschwächt. Die Arsakiden waren doch immer halb griechisch; das geht aus ihren Münzen, ihrer Bildung, allem, was wir von ihnen wissen, hervor. Es war sozusagen der letzte Diadochenstaat, das letzte Überbleibsel jenes Systems von Monarchien, die aus dem Alexanderreich hervorgegangen waren. Dies wurde jetzt durch die nationalen Perser unter ihrem Herrscher Ardaschir, griechisch „Artaxerxes", ersetzt. Es[776] trat eine nationale Reaktion ein, die Perser erneuerten ihre alte Religion und ihre nationalen Rechte. Es gab heftige innere Kämpfe, das Geschlecht der Arsakiden war tief eingewurzelt. Man redet jetzt wieder von Persern, nicht mehr von Parthern. Die neue Bewegung zeigt sich hauptsächlich in den militärischen Verhältnissen und in dem schroffen Auftreten gegen die Römer. Der zugrundeliegende Gedanke ist immer, die Römer vollkommen aus dem Land zu werfen; „Asien für die Asiaten" hieß die Losung.[777] Indessen war die Herrschaft der Römer besonders in den Nachbarprovinzen zu stark verankert, als daß dieser Versuch nicht auf den entschiedensten Widerstand gestoßen wäre. Man kann wohl sagen, daß der später eingetretene Untergang der Römerherrschaft mehr durch deren eigene Schwäche als durch die Ungunst der Verhältnisse stattfand.

[MH.II 316] Zuerst fand unter Alexander Severus ein heftiger Krieg gegen die Orientalen statt, der mit deren Angriff auf Kappadokien begann und damit endete, daß Mesopotamien und das Land bis über den Euphrat hin unterworfen wurden.[778] In den Jahren zwischen 231 und 233 gab es abermals einen Krieg, dessen Ende uns aus Mangel an guten Gewährsmännern ziemlich unbekannt ist. Wahrscheinlich sind sowohl die den Römern freundlichen als die ihnen feindlichen Berichte übertrieben. Er endete anscheinend unentschieden. Wahrscheinlich teilte Alexander Severus sein Heer in drei Teile, dessen erster Armenien, der zweite Ktesiphon angriff, während der dritte mit dem Kaiser an der Spitze eine Zentralstellung einnahm. Dieser kam jedoch gar nicht ins Treffen. Die beiden ersten errangen anfangs einige Erfolge, hatten aber dann entschiedenes Unglück, insbesondere das Armenienkorps, und schließlich behaupteten die Römer wahrscheinlich nur ihre Grenzen, ohne etwas zu gewinnen.

Es kam die Zeit der unglücklichen Donaujahre, welche einen Rückschlag brachten. Man kann sagen, daß 237 der Staat durch die Befehdung aller seiner Glieder dicht daran war, vollkommen auseinanderzufallen. [MH.II 317] Aus diesem Jahr wird uns die Eroberung Mesopotamiens durch die

[776] Hensels vorangestellte Bemerkung: *Nach den Mitteilungen unseres Correferenten*, zeigt, daß er die folgenden Sitzungen (bis MH.II 342, s.u.) versäumt hat. Der Korreferent ist Kurt Hensel: MH.II 327

[777] Dio LXXX 3; Herod.VI 2

[778] Herod.VI 3 ff.

Perser[779] gemeldet, und dieses kann uns nicht wundern, da Rom in seiner Korrumpiertheit nicht imstande war, dem irgend ernstlichen Widerstand entgegenzusetzen. Ja die Perser sollen sogar, noch immer unter Artaxerxes, bis Syrien und Antiochien vorgedrungen sein. Dieser letztere starb dann etwa 240, und es folgte ihm sein gewaltiger, barbarischer, aber energischer Sohn Sapores, der so gut wie selten jemand für sein Volk zum Führer geeignet war; ja, er scheint sogar bedeutender als sein Vater gewesen zu sein. So war jetzt das persische Volk sehr gut konsolidiert und für die Römer außerordentlich gefährlich. Erst nachdem Mesopotamien unter die Herrschaft der Perser geraten war und Syrien jedenfalls das gleiche Schicksal drohte, sahen sich die Römer dann doch gezwungen, gegen die Feinde zu Felde zu ziehen.

Die Herrschaft fiel in dieser Zeit einem Knaben zu, Gordian III, einem Enkel des Prokonsuls in *Africa* gleichen Namens, welcher die schwierige [MH.II 318] Aufgabe mit einigem Erfolg in Angriff nahm.[780] Die Regierung führte der Sache nach der Onkel des Gordian, Furius Timesitheus.[781] Der erste Feldzug 244 wurde von großem Erfolg gekrönt, man berichtet von einem Zusammenstoß, infolgedessen Mesopotamien den Persern wieder entrissen wurde. Diese Erfolge wurden jedoch durch Streitigkeiten unter den Offizieren wiederaufgehoben. Timesitheus starb oder wurde ermordet, an seine Stelle trat Marcus Julius Philippus, der nach der Ermordung Gordians Kaiser wurde.[782]

Philipp gestand den Persern einen viel zu günstigen Frieden zu[783], indessen ist es nicht verbürgt, daß er ihnen Armenien wieder abgetreten habe. Jedenfalls verlief der Krieg ohne Niederlage, und die Römer blieben im Euphratlande die Herren.

251 trat die furchtbare Katastrophe in den Donaulandschaften ein, die mit deren Verlust für die Römer endete (s.o.MH.II 276f.). Es fehlte kein Unglück, um das arme Rom in dieser Zeit heimzusuchen. Hauptsächlich innere Kriege verwüsteten das Reich, in dem Kaiser Decius, wahrscheinlich durch seinen Nachfolger [MH.II 319] Gallus, den Tod fand.[784] Dieser blieb nur kurze Zeit am Ruder, denn durch die Illyrer wurde Aemilianus an seine Stelle gesetzt.[785] Auch dieser hielt sich nicht lange, ihm folgte Publius Licinius Valerianus.

In dieser Zeit ging im Orient alles zunichte. Armenien geriet, wie aus verbürgten Quellen mitgeteilt wird, in die Hände der Perser. Dazu trat im Jahr 252 die Pest auf[786], zuerst in Äthiopien, dann in Ägypten, und verbreitete

---

779 Hensel bleibt bei *Parther*, authentisch gewiß AW.317 u.a.: *Perser*.

780 SHA.Max.14ff.; Aur.Vict.26f.

781 SHA.Gord.23ff.; Zos.I 17,2; Dessau 1330

782 Zos.I 19,1

783 Zos.I 19,1

784 Nach Zos.I 23 verriet Gallus ihn in der Schlacht bei *Abrittus* gegen die Goten; Jord.Get.103.

785 Zos.I 28; Aur.Vict.31

786 Jord.Get.104; Hieron.chron. zu 253

sich über den ganzen Orient, von da nach dem Westen. Über Kaiser Valerian, der in dieser schwierigen Zeit an der Spitze des Staates stand, wird wenig berichtet. Er stammte aus guter Familie, hatte aber doch – das ist bezeichnend – im Militär von der Pike auf gedient. Trotzdem ihm von manchen Zeugen die besten Absichten nachgerühmt wurden, die Ordnung wiederherzustellen, war er doch seiner Aufgabe nicht gewachsen, denn diese war so gewaltig, daß nur eine ganz besonders hervorragende Natur sie hätte lösen können. Daß er seinen Sohn Gallienus zum Mitregenten annahm[787], war durch die Verhältnisse geboten, denn er mußte in dieser Zeit einen [MH.II 320] zuverlässigen Menschen an seiner Seite und einen tüchtigen Militär an der Spitze der Soldaten haben. Es waren an verschiedensten Stellen Kriege zu führen, und deswegen waren mehrere Oberfeldherren nötig. Kein Kaiser konnte sich mehr auf einen General verlassen. Der Sohn – circa 218 geboren, also alt genug – hatte sich in erfolgreichen Kämpfen gegen die Germanen einigermaßen zu diesem Amte qualifiziert. Gallienus ging jetzt nach Westen, der Kaiser selbst nach Osten.

Hier waren die Dinge verzweifelt. Sapores erfüllte mit seinen Persern ganz Syrien und belagerte *Edessa*.[788] Von der anderen Seite wurden die asiatischen Provinzen durch die jetzt stürmenden Goten bedrängt. 259 wurden die Städte Trapezunt, Nikomedien und *Nicaea* von ihnen eingenommen, die beiden letzteren sogar niedergebrannt.[789] Unter diesen Umständen glaubte Valerian, auf diesen Kriegsschauplatz selbst hinziehen zu müssen, da ihm sonst niemand zuverlässig genug war.

Jetzt trat die Katastrophe von *Edessa* ein, um die sich ein Legendenkreis gesponnen hat. Die Bürgerschaft wehrte sich tapfer gegen die Perser. Valerian zog hin, um sie zu entsetzen, und vor den Toren entspann sich eine Schlacht, welche die Römer verloren. Valerian fiel in die [MH.II 321] Hände der Feinde. Wie dies geschehen, ist unklar; es scheint, als ob Valerian hoffte, Sapores zu bestechen. Dieser ließ ihn aber verräterisch gefangennehmen; der Hergang ist ungewiß.[790] Mit der Gefangennahme des Kaisers war der Widerstand Roms gebrochen; Mesopotamien, Kilikien, Kappadokien, auch Syrien wurde erobert, das ganze Land befand sich widerstandslos in den Händen der Feinde; Asien schien für Rom verloren. Da trat ein unerwarteter Umschwung ein; ähnlich wie die Gallier unter Postumus sich selbständig gegen die Franken wehrten, als die Reichsverteidigung am Rhein gebrochen war, traten hier jetzt die Einwohner von Palmyra als Reichsverteidiger in den Vordergrund.

Palmyra[791] liegt in der Wüste zwischen Mesopotamien und Syrien, in einer

---

[787] Aur.Vict.32,3; Zos.I 30,1
[788] Hieron.chron. zu 259
[789] Zos.I 33 ff.

[790] Aur.Vict.32,5; Zos.I 36,2; Lact. mort.5. Vgl.MP.225
[791] Vgl. Mommsen RG.V 422 ff.; MP. 226 ff.

palmenbeschatteten Oase, von welcher es wahrscheinlich auch den Namen trägt. Durch diese Lage wurde es für den östlichen Handel als Mittelpunkt des Karawanenverkehrs von großer Bedeutung. Es ist die einzige kulturfähige Oase, welche sich auf den Straßen von Damaskus und *Emesa* in Syrien nach dem Osten findet; auch um nach dem persischen Meerbusen und den euphratischen Städten zu gelangen, muß man über Palmyra gehen. Die Stadt muß schon sehr früh zum Römischen Reich gezogen worden sein, und ihr Streben war darauf gerichtet, mit den Römern und Parthern stets gleich gute Handelsbeziehungen zu erhalten. Einen Beleg dafür bietet der Umstand, daß wir in Palmyra sehr häufig zweisprachige Inschriften, so z. B. den neu aufgefundenen Handelstarif aus Hadrians Zeit[792], entdecken, und ferner sehen wir daraus, daß die Palmyrener das seltene [MH.II 322] Privileg genossen, neben der griechischen auch die aramäische Sprache fortführen zu dürfen. Die Herrschaft der Römer über Palmyra reicht bis auf die Einverleibung von Syrien als römische Provinz zurück, aber wirkliche Betätigung derselben finden wir erst bei Hadrian. Dieser scheint alles getan zu haben, um die römische Stellung in Palmyra zu befestigen und die Einwohnerschaft zu romanisieren. Er verlieh ihr italisches Recht[793], weshalb auch die Stadt *Hadriana Palmyra* genannt wurde.[794] Trotzdem ist aber das Lateinische hier nie zur Geschäftssprache geworden.

Severus hat dieses Band noch enger geknüpft. Als Mesopotamien römische Provinz wurde, wurde Palmyra Reichsstadt. Von Palmyra nun ging die Reorganisation im römischen Sinne aus, und später wurde hier der Versuch gemacht, eine selbständige, von Rom unabhängige Herrschaft zu gründen.

Die Lage Palmyras war für den Handel sehr bedeutend, aber doch nicht dazu geschaffen, eine herrschende geschichtliche Rolle in der Welt zu spielen. Die Macht Roms war gebrochen, und so mußte sich jeder selbst zu helfen suchen. Dieses wurde dadurch erleichtert, daß der Angriff der Perser nur ein oberflächlicher war, da sie zuviel erobert hatten, um alles mit Energie besetzen zu können. In *Samosata*, der Hauptstadt Kommagenes, leistete die römische Besatzung energischen Widerstand. In Palmyra war es der Rat der Stadt, der sich bei der Verteidigung hervortat, und unter diesen vor allem Septimius Odaenathus[795], der einer angesehenen Ratsfamilie entstammte, welche, wie das öfters bei Eingeborenen vorkam, vielfach von den Römern zu Ämtern zugelassen wurde. Odaenathus griff [MH.II 323] die Perser mit überraschendem Erfolg an; die palmyrenische Armee, verstärkt durch die Trümmer der römischen Besatzung, drang dann nach Mesopotamien, ja bis Ktesiphon vor und entsetzte hier die von den Persern belagerten großen Städte. So wurde den Römern noch eine gewisse Stellung in diesen Ländern bewahrt.

[792] s.o.MH.II 50
[793] Dig.L 15,1
[794] Stephanus Byzantius S. 498 (Meineke)

[795] SHA.Val.4; SHA.Gall.10,1; SHA. tyr.15; Dessau 8924

Merkwürdigerweise ließ sich Odaenathus nicht zum Kaiser ausrufen, wie dies in jener Zeit so oft geschah, die das Zeitalter, wenngleich mit Unrecht, der „dreißig Tyrannen" genannt wurde.[796] Odaenathus blieb mit den Römern in Verbindung und wurde von denselben in der offiziellen Stellung als *dux Orientis (strategos tes heoas[797])* anerkannt. Wir finden eine Bestätigung dessen auf Münzen, die unter der Regierung seines Sohnes mit dem Titel *dux Romanorum* geprägt sind[798], und dies ist wohl so zu verstehen, daß ihn die Römer mit ausschließlicher, außerordentlicher Gewalt für den Osten ausstatteten, damit der Widerstand in autorisierter Weise vor sich gehe. Sicher ist, daß Odaenathus nicht als Mitkaiser angenommen wurde, obgleich dies nach dem Titel begreiflich erscheinen könnte. Die Verhältnisse sind hier ganz ähnlich wie im Westen unter Postumus, obgleich hier in der Tat eine Trennung vom Reiche erfolgte. So wurde der Fall des Reiches auf einige Zeit hinausgeschoben.

Im Jahr 267 wurde Odaenathus durch seinen Neffen Maeonius ermordet.[799] Auch seiner Gattin Zenobia ist, wenn auch mit Unrecht, an dem Tode ihres Mannes Schuld gegeben worden. Indessen ging das von ihm angefangene Werk [MH.II 324] nicht zugrunde, obgleich seine Kinder noch unmündig waren, denn Septimia Zenobia folgte ihm in seiner Stellung nach. Ein objektives Charakterbild dieser Frau zu entwerfen, ist sehr schwer, weil die Schriftsteller des Altertums auf sie, ähnlich wie spätere Zeiten auf die Jungfrau von Orléans, alles erdenkliche Gute und Schöne gehäuft haben. Wir können nur so viel sagen, daß sie alle Merkmale einer orientalischen Schönheit besaß, eine gewaltige Reiterin war und eine genaue Kennerin der griechischen Schriftsteller, besonders von Homer und Plato. Dieses wird dadurch bestätigt, daß ihr Hauptratgeber der neuplatonische Philosoph Cassius Longinus war, der unter den Philosophen damaliger Zeit eine hervorragende Rolle einnahm.[800] Aber was sonst über diese Frau überliefert ist, bleibt schablonenhaft, und wir können daraus nichts Politisches über dieselbe entnehmen. Indessen muß man doch nach ihren Werken ihr eine große Bedeutung zuerkennen. Mit Entschlossenheit nahm sie den Gedanken auf, den Osten unter einer Herrschaft zu einigen.

Besonders interessant tritt dieser Entschluß in dem hervor, was sie für Ägypten tat. Von dort war nämlich durch Timagenes, der wahrscheinlich römischer Präfekt daselbst war, das Anerbieten an sie gelangt, Ägypten zu besetzen. Dieser Aufforderung leistete Zenobia Folge und sandte eine Armee von 70000 [MH.II 325] Mann unter Zabdas dorthin. Dieser stieß auf

---

796 So SHA.tyr. im Titel

797 Zonaras XII 23

798 Die Münzen tragen die Legende VABALATHVS VCRIMDR, durch Sallet aufgelöst: *Vir consularis, Romanorum imperator, dux Romanorum*: RIC.V 1, S. 260. S.u. MH.II 325.

799 Zos.I 39,2; SHA. Gallienus 13,1; SHA.tyr.15,5 (Name des Mörders); Dessau 8807.

800 Longinus war zuvor Schulhaupt der Akademie in Athen: Eus.praep.ev.X 3,1; SHA.Aur.30,3.

heftigen Widerstand unter Leitung eines gewissen Probus[801], der das Kommando zur See gegen die Piraten hatte. Probus unterlag in Syrien, und Ägypten geriet in die Gewalt der Palmyrener. So befand sich im Jahr 270 das gesamte Ostägypten und ein großer Teil von Vorderasien unter palmyrenischer Herrschaft. Dies tritt besonders merkwürdig hervor an einigen Münzen, die auf den Namen des Vaballathus oder Athenodoros[802], des Sohnes der Zenobia, ausgestellt sind. Zunächst sehen wir aus dem Umstand, daß Aurelianus als Kaiser an der Spitze der Münzumschrift erscheint, daß die römische Oberhoheit noch immer anerkannt wurde. Zenobia wird auf den Münzen gar nicht erwähnt, dagegen erscheint Athenodoros zuerst mit dem Epitheton *vir consularis*[803], das heißt als römischer Untertan, dann mit dem Titel *rex*, was sich auf seine lokale Stellung bezieht, und endlich als *dux Romanorum*, wozu wahrscheinlich *partium Orientis* zu ergänzen ist. Auch in Ägypten existieren einige inschriftliche Dokumente, in welchen Zenobia und Athenodoros als *regina* und *rex* erscheinen.[804] Es liegt hier also eine Parallele mit der Zeit des Theoderich nahe, wo sich auch das okzidentalische Reich von Byzanz ablöste, aber immer noch nominell die Oberherrschaft anerkannte. Nur ist der Vorgang jetzt ein viel ephemerer.[805]

In Rom war man jetzt einigermaßen des andringendsten [MH.II 326] Unglücks Herr geworden. Nachdem der Ansturm der Goten zurückgeworfen war, ging Aurelian schon 271 daran, dem Regiment Zenobias, welche sich dann doch faktisch von Rom losgerissen hatte, ein Ende zu machen. Er brach mit einem großen Heere auf, unterwarf Kleinasien sofort, da sich beim Herannahen der Römer alles von Zenobia lossagte. Nachdem sich diese nach Syrien geworfen hatte und sich nicht Aurelian ergeben wollte, zog dieser ihr nach und eroberte *Antiochia*. Zenobia mußte weichen, und bald fand die entscheidende Schlacht bei *Emesa* (Homs) statt, in welcher die Königin von den überlegenen okzidentalisch-illyrischen Truppen definitiv geschlagen wurde. Aurelian belagerte und eroberte Palmyra; Zenobia wollte zu den Persern flüchten, wurde aber von den Reitern des Kaisers aufgegriffen und gefangengenommen. So wurde dieser Krieg ohne allzu großen Widerstand beendigt und bald die alte Ordnung wiederhergestellt.[806]

Indessen hatte der Krieg doch noch ein Nachspiel.[807] Als nämlich das Heer des Aurelian abgezogen war, riß sich Palmyra, wahrscheinlich unter der Führung der Familie des Odaenathus, zum zweiten Mal von der römischen Herrschaft los. Sofort kehrte Aurelian mit der ihm eigenen Schnellig-

[801] Hensel: *Prox? (ohne Gewähr, daher beim Empfang zu zählen).*
[802] Hensel schreibt stets *Apollodoros,* richtig AW.320.
[803] Zu den Münzen: RIC.V 1, S. 260. Die Abkürzung VC ist nicht mit Sallet als *vir consularis,* sondern als *vir clarissimus* aufzulösen, a. O.

[804] OGIS. 647
[805] und ein umgekehrter: der Kaiser saß diesmal im Westen.
[806] Zos.I 50 ff.; Hieron.chron. zu 274; Eutr.IX 13; SHA.Aur.22 ff.
[807] SHA.Aurelian 31; Zos.I 60 f.

keit um, nahm Palmyra ein und zerstörte es von Grund aus; ein Strafgericht, welches ebensosehr für die Strafenden wie für die Bestraften ein Schade war, da die Stadt nie wieder zu gleicher Blüte gelangte. Das letzte Weihgeschenk stammt vom August 272.[808]

[MH.II 327] Als merkwürdiger Umstand verdient hier noch angeführt zu werden, daß Aurelian einen[809] Kultus der Orientalen nach Rom führte. Dem Kaiser soll nämlich der Gott Heliogabalus im Traum erschienen sein und ihm einen guten Schlachtplan eingegeben haben[810], und zum Dank errichtet er ihm einen Tempel auf dem Quirinal in Rom.[811] Dieser Gott war ein ganz besonderer, der auch seine eigenen *pontifices* hatte, und seit dieser Zeit tritt der Dualismus unter den *pontifices* ein; sie werden jetzt *pontifices Vestae et Solis*[812], d. h. des Westens und des Ostens genannt. Schon Elagabal hatte das versucht. Aurelian nannte sich *deus et dominus*.[813]

Durch den Sieg Aurelians war nicht bloß die Zenobia-Katastrophe ausgeglichen worden, sondern auch die Suprematie Roms im Osten auf weitere hundert Jahre hergestellt. Später wird über das Verhältnis im Osten nicht mehr viel berichtet, daher kann man wohl annehmen, daß die Herrschaft der Römer dort im ganzen unerschüttert geblieben ist. Nur unter Kaiser Carus fand noch ein Feldzug gegen die Perser statt, über dessen Grund wir nichts wissen.[814] Der Feldzug hatte zunächst Erfolg: der Perser wurde gezüchtigt und die Herrschaft im Lande wieder befestigt. Indessen konnte der Sieg nach der Einnahme Ktesiphons nicht weiter verfolgt werden, da der Kaiser nach der Hauptschlacht [MH.II 328] vom Blitz erschlagen, nach anderen von seinem Präfekten ermordet wurde.[815]

Unter Diocletian gab es eine weitere Krise: wieder folgte ein Kampf gegen die östlichen Nachbarn, dessen Anfang für uns in Dunkel gehüllt ist. Die römische Regierung forderte von den Orientalen die Tigrisgrenze zurück, und diese setzten sich dem mit bewaffneter Hand entgegen. Vielleicht spielte

---

[808] J. B. Chabot, Choix d'inscriptions de Palmyre, 1922, S. 13 datiert die letzte Inschrift auf 271.

[809] Hensel: *den*

[810] Hier bemerkt Sebastian Hensel: (*über diesen letzten Punkt ist Kurt unsicher*). Kurt war Pauls jüngerer Bruder, später Mathematiker in Marburg, 1861–1941, Gewährsmann der Mitschrift.

[811] Aurelius Vict.35,7; SHA.Aur.35,3; Zos.I 61. Zu Mommsens Zeit wurde der Serapistempel auf dem Quirinal irrig als Soltempel Aurelians angesehen, der tat-sächlich unter San Silvestro lag: Coarelli, 1974, S. 220, S. 233.

[812] SHA.Aurel.35,3; Dessau 1243; 1259

[813] Auf den Münzen: RIC.V 1, S. 258 f.

[814] Hensel kommentiert: (*wahrscheinlich dreiste Gesandtschaften, whatever that may be*).

[815] Neben dem Tod durch Blitz (Eutr. IX 18; Aur.Vict.38; Hieron.chron. zu 284) wird Tod durch Krankheit überliefert (SHA.Car.8,5 ff.). Durch den Präfekten ermordet wurde sein Sohn Numerianus (Eutr., Aur.Vict. l. c.).

bei dem Beginn des Krieges auch der ägyptische Aufstand von 295/296 eine Rolle[816], Diocletian mußte sich nämlich gegen die Ägypter wenden, um sie zu züchtigen, und diese Gelegenheit mögen die Perser zur Einnahme Armeniens benutzt haben. Caesar Galerius wurde zuerst 296 von den Persern geschlagen; dagegen drang er 297 kräftig vor. Diocletian zog ihm von Ägypten aus zu Hilfe, und beide erfochten einen glänzenden Sieg, bei welcher Gelegenheit der Troß und der Harem des Perserkönigs erbeutet wurden. Hier, wie oft, bewirkte der Umstand, daß der Harem gefangengenommen war, den Umschwung. Die Perser ergaben sich unbedingt, und der Sultan Narses erkaufte die Rückgabe seiner Frauen mit seinem halben[817] Reich. Es kam zu einem für Rom äußerst günstigen Frieden. Die fünf transtigrinischen Provinzen des Gebiets bis zum Van-See fielen an Rom zurück, das südliche Armenien wurde dem Reich einverleibt.[818] So trat 297 wieder Friede ein, welcher dann 40 Jahre gedauert hat. Erst gegen Ende der Regierung Constantins gab es wieder Unruhen, [MH.II 329] doch gehören diese nicht mehr in den Kreis unserer Betrachtungen: Wir schließen hiermit die Geschichte der äußeren Politik auf den drei Haupt-Kriegstheatern ab.

Als zusammenfassendes Urteil über diese Periode kann man aufstellen, daß am Schlusse derselben die Römer überall ihr Übergewicht wiederhergestellt hatten; aber es tritt doch sehr deutlich die Unzulänglichkeit ihrer Verteidigungsmittel hervor. Diese bestanden in einer Kette kleinerer Garnisonen, welche sich über die ganzen eroberten Länder hinzogen. Trat daher ein schwerer Angriff an irgendeiner Stelle ein, so konnten sie demselben naturgemäß nicht widerstehen. Auch hier hat Diocletian[819] regenerierend eingewirkt: Das Heer, welches er aufstellte, wurde durch ein neues, in dasselbe eingeführtes Element verstärkt und verjüngt, nämlich durch den sogenannten *exercitus praesentalis*. Es waren dieses neu ausgehobene, große Heermassen, welche, ohne ein dauerhaftes Standquartier zu haben, den Kaiser an seinen jedesmaligen Aufenthalt begleiteten. Die Kaiser hatten keine feste Residenz. Nach diesem Gesichtspunkt wurden die *magistri militum* auch in Klassen eingeteilt, die *in praesentia* und die *in provinciis*. Die Armee wurde verdreifacht. So hatte man ein starkes, schlagkräftiges Heer zur Disposition, das jeden Augenblick überall hingeführt werden konnte. Indessen war die Reorganisation nicht bloß eine quantitative, sondern auch eine qualitative, indem weit mehr Barbaren in das stehende Heer eingeführt wurden. Sie bildeten [MH.II 330] das Hauptelement. Angeworbene Ausländer, darunter Franken, fingen an, sogar in die ersten Stellen einzutreten.

---

[816] Hieron.chron. zu 293 und 298; Eutr.IX 22f.; Orosius VII 25,4; 8. Vgl.MP.234ff.

[817] Hensel: *ganzen*

[818] Hieron.chron. zu 301f.; Aur. Vict.39,35; Eutr.IX 22ff.

[819] Die Heeresreform wurde von Diocletian und Constantin durchgeführt: Demandt 1989, S. 255. S.u. MH.III 21; 131.

6. INNERE POLITIK II

Die biographische Beschreibung der einzelnen Kaiser können wir in den Hintergrund treten lassen, teils, weil sie für die Entwicklung ziemlich unwichtig, teils, weil sie überall zu finden ist. In jeder Beziehung kann man sagen, daß die von uns betrachtete Zeit eine arme und bedeutungslose war, besonders aber in Beziehung auf die Kaiser. Von Vespasian bis Diocletian haben wir nur außerordentlich wenig bedeutende Männer zu verzeichnen, mit Ausnahme vielleicht von Hadrian[820] und Aurelian, von welchem letzteren wir aber sehr wenig wissen.[821] Sonst sind alle Kaiser tatenlos und furchtbar untergeordnet, von dem allergeringsten persönlichen Einfluß auf den Gang der Geschichte. Wenn man die Schändlichkeiten eines Commodus und Caracalla miteinander vertauscht, so kann man wohl sagen, daß nichtsdestoweniger die Entwicklung genau dieselbe geblieben wäre. Es ist lebhaft zu bedauern, daß es sowohl in alter wie in neuer Zeit viele Historiker gegeben hat, welche es als ihre wissenschaftliche Aufgabe erblickten, sich wie Schmeißfliegen auf derartige unsaubere Stoffe zu setzen. Von diesem Urteil wären höchstens noch Trajan[822] und Pius[823] auszunehmen, von denen der erstere sehr tapfer und der andere sehr gut war. Aber da sie auch nichts als eben sehr tapfer [MH.II 331] und sehr gut waren, blieben auch sie ohne tieferen Einfluß auf den Gang der Ereignisse. Dagegen bieten die inneren Verhältnisse gerade in dieser Zeit ein sehr großes Interesse dar, da fast alle von Augustus getroffenen Einrichtungen in dieser Periode sehr wichtige Veränderungen erfahren.

a) Kaiser und Hof

Man tut nicht gut, den römischen Principat als eine einfache Monarchie anzusehen. Im Gegenteil, der Princeps ist in seiner besten Bedeutung nichts als ein Verwaltungsbeamter, allerdings an oberster Stelle und mit ausschließlicher Gewalt.[824] Aus diesem Grunde ist auch der Principat eines Unmündigen ganz unerhört. Der Princeps soll imstande sein, zu verwalten und zu regieren, oder wenigstens, im schlimmsten Falle, an der Spitze der Truppen zu kämpfen. Indessen hatte bereits Augustus dem Principat den Stempel der

---

[820] ungünstig über ihn MH.II 299
[821] Mommsen vergißt hier Septimius Severus, den er MH.II 116f. für den vielleicht bedeutendsten Kaiser überhaupt erklärt hat, ebenso Marc Aurel, dem er

MH.II 255 seinen Respekt bezeugt. MP.237ff.
[822] ungünstig über ihn MH.II 295ff.
[823] ungünstig über ihn MH.II 301
[824] Ebenso MP.238

vorbestimmten Nachfolge aufgedrückt. Schon bei Lebzeiten designierte gewöhnlich der Princeps seinen Nachfolger, auf dem dann die prokonsularische und tribunizische Gewalt vereinigt wurden. Wir wollen jetzt untersuchen, wie sich der Begriff des Nachfolgers in unserer Periode entwickelte.

Unter Augustus hatte man für die Würde des Nachfolgers mit Ausnahme
der tribunizischen und prokonsularischen Gewalt keinen konkreten Ausdruck gehabt; was besonders bei Tiberius [MH.II 332] hervortritt, der in der
letzten Zeit des Augustus fast alle Regierungsgeschäfte versah und dabei
doch ein simpler Privatmann blieb. Dieses wurde durch Hadrian geändert:
er legte seinem Nachfolger den formellen Titel *Caesar* bei. Unter Augustus
hießen alle männlichen Mitglieder der Familie des Princeps *Caesar*, und als
die Caesarenfamilie mit Gaius (Caligula)[825] ausgestorben war, übernahmen
die Flavier diesen Namen ebenfalls. Nur Vitellius wies den Namen *Caesar*
ab.[826] Man kann also hier den Titel *Caesar* als „Prinz von Geblüt" definieren.
Durch Hadrian änderte sich das, wie gesagt. Da nämlich dieser ohne
Kinder geblieben war, adoptierte er den Lucius Aelius Verus[827] und den
Marcus[828]. Auf ersteren übertrug Hadrian den Namen *Caesar*, welchen er
jedoch dem Sohn desselben, also seinem Adoptivenkel, verweigerte. Als
Aelius bald darauf starb und Hadrian an seiner Stelle den Titus Antoninus
Pius adoptierte[829], bekam dieser den Beinamen *Caesar*. Dagegen dem Sohn
des Aelius, Lucius Verus, den Pius wiederum adoptiert hatte[830], wurde er
abermals verweigert.

Als Antoninus Pius Kaiser wurde, ward der Titel *Caesar* dem von Hadrian[831] adoptierten zweiten Sohn Marcus beigelegt. Er hieß nun Marcus
Aelius Aurelius Verus Caesar. Wir sehen also, daß von Hadrian ab der Titel
Caesar als Sukzessionsprinz oder Kronprinz definiert werden kann. Wenn
später mehrere Personen den Titel *Caesar* gleichzeitig führten, so soll damit
gesagt sein, daß sie aufeinander folgen sollten. Durch den Umstand, daß von
Hadrian ab ein Kronprinz aufgestellt [MH.II 333] wurde, wird klar, wie
sehr das dynastische Element eingerissen war.

Unter Marcus tritt nun eine neue Einrichtung auf, nämlich die von mehreren *principes*. Dieses ist nicht so unsinnig, wie es uns auf den ersten Blick
erscheinen könnte. Wir haben aus der früheren Zeit in den *duo consules* eine
ganz ähnliche Aufstellung von zwei gleichberechtigten obersten Machthabern. Auch hier wird es so gewesen sein, daß sie sich neutralisierten, wenn
sie beide über dasselbe Entgegengesetztes bestimmten. Schon Augustus mag
daran gedacht haben, wenigstens scheint er seine beiden Adoptivsöhne
Gaius und Lucius demgemäß behandelt zu haben. Indessen kam es damals
noch nicht dazu, und dieses war für die Entwicklung Roms gut. Erst unter

---

[825] Richtig: mit Nero.

[826] Vitellius war kein Flavier und regierte vor diesen.

[827] SHA.Hadr.23,11

[828] Unzutreffend

[829] SHA.Hadr.24,1

[830] Pius adoptierte zugleich Marcus
Aurelius: SHA.Hadr.24,1.

[831] Richtig: von ihm auf Geheiß des
Hadrian adoptierten (SHA.Pius 4,5)

Marcus trat das kollegiale Prinzip in Aktion.[832] Marcus nämlich nahm sich seinen Bruder Lucius Verus mit voller Gleichberechtigung zur Seite.[833] Aus welchem Grund, wissen wir nicht. Vielleicht glaubte er, in seinem Bruder eine militärische Ergänzung zu finden, ein Glaube, welcher weder für ihn noch für das Reich heilsam war.

Im allgemeinen war die Nebenstellung eines Regenten unwesentlich, weil der zweite gewöhnlich so gewählt wurde, daß er nicht imstande war, selbständig zu regieren. War dieses doch der Fall, so hat es dennoch keine sehr großen Folgen gehabt. Nach dem Tode des Kaisers Septimius Severus zeigte sich das bei Caracalla und Geta.[834] Als Maximinus 238 starb, wählte der Senat merkwürdigerweise zwei Kaiser, [MH.II 334] Pupienus und Balbinus, wahrscheinlich als Reminiszenz an das frühere Konsulat. Diese gemeinsame Regierung dauerte zwar nur wenige Monate, juristisch betrachtet indessen führte dieser Fall zu der interessanten Frage nach dem Verhältnis zweier solcher *Augusti*. Wir wissen nur, daß dieselben formal vollkommen gleichberechtigt waren.

Inwiefern der *Caesar* zur Beteiligung an den Regierungsgeschäften berufen war, diese Frage interessiert uns zuerst. Sie ist vor Hadrian auf die Prinzen von Geblüt, nach ihm auf die Kronprinzen zu beziehen. Im allgemeinen litt die römische Ordnung das nicht, obgleich auf den *Caesar* die prokonsularische und tribunizische Gewalt gehäuft war. Allerdings ist dies mit der wichtigen Ausnahme zu verstehen, daß es dem Augustus freistand, dem Caesar aus eigenem Antrieb Anteil an den Regierungsgeschäften zu gestatten. Sie führten zwar mitunter noch andere Titel als *Caesar*, z.B. *Imperator*, indessen scheint dies ohne rechtliche Konsequenzen gewesen zu sein. Oft spielten die Caesaren eine nicht unbedeutende Rolle, die ihnen dann aber jedesmal von dem Augustus zugewiesen wurde, wie wir dies von Germanicus wissen.[835] Titus besaß als Kronprinz eine einflußreiche Stellung. Das Gardekommando besaß ein Kronprinz nie.[836] Wir können also das Urteil über das Caesarat in dieser Periode dahin zusammenfassen, daß der Caesar die rechtliche Möglichkeit besaß, außerordentliche, ihm zugewiesene Stellungen zu bekleiden, und hierin scheint auch keine Änderung eingetreten zu sein.

Nach dieser Abschweifung kehren wir wieder zum Institut des Principats zurück und fragen, wie sich dies später geändert hat. Diese Veränderung trat dadurch ein, daß mehrere *principes* nebeneinander standen, deren Kompetenzen sich dann notwendig aufheben mußten. Das erste Mal finden wir [MH.II 335] dies bei Valerianus und seinem Sohn Gallienus. Hier haben wir eine faktische Machtteilung, ebenso bei Carus und Carinus. Diese Teilung

[832] Zum Doppelprincipat vgl. MP. 240ff. Kornemann 1930
[833] s.o.MH.II 242f.; Amm.XXVII 6,16
[834] Caracalla brachte Geta um, bevor es zu einer Sammtherrschaft kommen konnte: Dio LXXVII 2,3.
[835] Germanicus befehligte die Rheinarmee. S. o.MH.I 93
[836] Außer eben Titus: Suet.6,1

hat dann auch später zur Reichsspaltung geführt, indem zuletzt ein Herr des Westens und ein Herr des Ostens aufgestellt wurde. Von Diocletian ward diese Institution rechtlich und dauernd eingeführt. Es existierte kein Imperium Romanum mehr, sondern nur *partes occidentales et orientales*, denen allerdings die Gesetze und das Konsulat noch gemeinschaftlich waren, die aber doch *de facto* in zwei Hälften mit gesonderten Schicksalen geschieden waren. Mitunter zwar wurden diese beiden Reiche noch vereinigt, z. B. unter Theodosius und unter Justinian[837], indes war dies nur äußerlich und vorübergehend. Tatsächlich löste sich das Reich auf. Ein Vorspiel zu Diocletians Teilung war die Beratung im Senat nach dem Ende des Severus[838], als auch der Senat in einen westlichen und einen östlichen geteilt werden sollte. Dies hat die Kaiserinmutter verhindert. Darum ist es gut, die Betrachtung des Principats hier eintreten zu lassen.

Nach der Reichsteilung Diocletians erhielt die Institution der Caesaren eine andere Bedeutung.[839] Sie wurden Mitregenten, die auch *de iure* etwas zu sagen hatten, sozusagen als Unterkaiser. Alle Gesetze bis Diocletian wissen von den Caesaren nichts, von da ab wird aber in der Überschrift der Caesaren Erwähnung getan. Sie waren damals also schon Mitregenten und spielten mehrfach die größte Rolle. Sie drängten sogar oft[840] die alten Kaiser zum Rücktritt, um selbst zur Regierung zu gelangen; indessen gewann diese Institution doch nie weittragende Bedeutung, und wir finden selten Caesaren von großer Wichtigkeit.

In der Reichsbeamtenschaft haben wir größere Neuerungen zu verzeichnen. Der Princeps war der einzige Beamte, dessen Kompetenz sich über das ganze Reich erstreckte; alle anderen Beamten waren nur Teilbeamte. Er stand an der Spitze des ganzen Heeres. Unter ihm befanden [MH.II 336] sich mehrere Unterimperatoren. Dasselbe gilt von der Verwaltung und von der Justiz. Der Kaiser hatte die alleinige Oberverwaltung, auch des Rechts. Die Aufstellung von außerordentlichen Beamten kam zwar vor, aber nur selten, und dann immer nur für Teilgebiete. Bisweilen wurden solche Teilgebiete zusammengeschweißt und über sie Beamte mit besonderer Kompetenz gesetzt. Sie erstreckte sich aber nie über das ganze Reich.

Diesen Bemerkungen könnte man die Stellung der hauptstädtischen Beamten, z. B. der Konsuln entgegenhalten. Diese Institutionen sind noch eine Reminiszenz aus früheren Zeiten[841], und in der Tat waren die *consules* Reichsbeamte. Aber diese Bestimmung gilt nur in titularer Beziehung und für die Leitung des Senats. Indessen für die Geschäftsführung und für militärische Institutionen kommt die Beteiligung der Konsuln nie in Frage, beson-

---

[837] S. u. MH.III 10
[838] Herodian IV 3,5. Caracalla sollte den Westen, Geta den Osten bekommen.
[839] Vgl. MP.245

[840] Mommsen denkt an Galerius gegenüber Diocletian.
[841] Vgl. MP.247

ders der Einfluß auf die Kriegsangelegenheiten war ihnen vollkommen entzogen. In Justiz und Verwaltung behaupteten die stadtrömischen Beamten einen etwas größeren Einfluß. Dieses zeigt sich hauptsächlich in dem Umstande, daß das *aerarium populi Romani*,[842] eine Art römischer Juliusturm, unter der Verwaltung der hauptstädtischen Beamten blieb. Auch die Prätoren waren nicht städtische Beamte, sondern Beamte für das ganze Reich. Es ist interessant zu bemerken, daß sich gegen die Reste der republikanischen Einrichtungen die Opposition der Kaiser richtete. Mit der Einrichtung der Präfektur ist die Anomalie in der Kassenverwaltung behoben. Der unschädliche *praetor urbanus* hatte zwar reichsweite Kompetenzen, blieb aber auf Fideikommisse beschränkt. In der «Notitia Dignitatum», dem [MH.II 337] Beamtenverzeichnis der spätrömischen Zeit, finden wir keine Spur von Konsuln, Prätoren und den Beamten der Stadt Rom. Nur die Stadtpräfekten sind hier aufgeführt, aber diese waren kaiserliche Verwaltungsbeamte. Die Kaiser sahen sie also als städtische, und zwar mit Ehrenvorrechten versehene Beamte an.

Vergleicht man die Verhältnisse der kaiserlichen Beamten, wie sie sich in diesen Zeiten darbieten, mit dem Zustand im 4. Jahrhundert, so findet man dort einen vollkommen entwickelten Beamtenstand[843], und es ist interessant, die Entwicklung dieser Institution zu verfolgen. In einem Selbstregiment wie dem römischen liegt immer ein Moment der Selbsttäuschung. Das Privatpersonal der *servi* und *liberti*, die *familia Caesaris* übernahm Staatsaufgaben im Principat. Im 4. Jahrhundert sodann finden wir den vollständigen Beamtenstaat mit einer Scheidung von Militär und Zivilverwaltung.

Was die nichtmilitärischen Beamten anbetrifft, so hatte der Kaiser zuerst für Kassenführung und Korrespondenz Hilfspersonen, wie dieses jeder vornehme Römer ebenfalls hatte. Ganz dasselbe gilt von der Finanzverwaltung.[844] Hier war eine Zentralisierung unbedingt notwendig, und zwar für die beiden Teile der Finanzen, nämlich das *patrimonium* oder die *res privata* und den *fiscus*. Einmal nämlich stand dem Kaiser, wie jedem vornehmen Römer, ein eigenes Vermögen zu, welches er von seinen Vorfahren ererbt hatte. Davon sind aber zu unterscheiden die Einkünfte, die dem Kaiser als solchem zukamen, und nicht in anderer Weise sein Privatbesitz waren. So flossen ihm ein Teil der Abgaben des Volkes zu, aus dem er dann die Militärverwaltung und den Stadtproviant zu bestreiten hatte. [MH.II 338] Die zentrale Verwaltung der Abgaben des gesamten römischen Volkes nahm einen offiziellen beamtenmäßigen Charakter an. Die kaiserlichen Prokuratoren erhoben die Steuern in den Provinzen; ein kaiserlicher Sklave, der *a rationibus*, führte die Zentralverwaltung.[845] Die Teilverwaltungen waren

[842] s.o.MH.I 49f.
[843] Vgl.MP.248
[844] s.o.MH.I 50f.; II 76ff.
[845] Mommsen denkt vielleicht wieder an Musicus Scurranus: Dessau 1514; s.o.

MH.I 54; MH.II 180. Sonst sind die *(procuratores) a rationibus* Freigelassene: G. Boulvert, Esclaves et affranchis impériaux, 1970, 101.

nicht so selbständig und hatten genaue sogenannte Generalrechnungen – *summae rationes* – an die Zentralverwaltung, gewissermaßen den Oberrechnungshof, einzuschicken. Ein Kassenwesen war mit der Zentralstelle nicht verbunden; nur die Rechnungen wurden an dieselbe eingeschickt, und die Abwicklung der Geldgeschäfte geschah dann durch Anweisungen. Daher finden wir hier auch keine Kassenbeamten, *arcarii*[846] oder *dispensatores*.

In der ersten Zeit lag das Finanzwesen in den Händen von untergeordneten Freigelassenen aus dem Gesinde des Kaisers, die dann oft, wenn der Kaiser schwach war, selbständig in das Geschäft eingriffen. Trotzdem können sie aber absolut nicht als Beamte angesehen werden, und hierin trat eine Änderung wieder erst durch Hadrian, den großen Reformator, ein.[847] Ebenso stand es mit der Korrespondenz. Keinesfalls darf man sich vorstellen, daß die sogenannten Beamten *ab epistulis* einen allzu großen Einfluß besessen hätten, sie sind nicht mit unseren Kabinettssekretären zu vergleichen. Die intime Korrespondenz wurde entweder durch den Kaiser selbst oder durch nichtbeamtete Personen, z. B. durch Horaz[848], geführt. Die Schreiber hatten dann besonders die [MH.II 339] Ausfertigung und die sprachliche Fassung zu besorgen, und daher finden wir namhafte Philologen und Stilisten unter ihnen. Nachdem schon Vitellius ein gleiches versucht hatte[849], nahm Hadrian nun diese Stellen den Freigelassenen und machte Beamtenstellen daraus, und diese Einrichtung wurde eine bleibende.[850]

Es folgt eine Neugestaltung im 4. Jahrhundert mit dem *comes sacrarum largitionum* und dem *comes rei privatae*, d. h. den beiden Finanzministern, und den *magistri scriniorum*, die die Korrespondenz führten.[851] So waren die sehr angesehenen Finanz- und Hausminister hervorgegangen aus einfachen Kassenbeamten. Ähnlich stand es mit den vier Kabinettsministern[852], welche auch herausragende Stellungen, wenn auch nicht ganz so hohe, innehatten. Ritter nahm man, weil diese überhaupt als Offiziere dem Kaiser dienten und in einer Rivalität zum Senat standen. Diese Änderung war naturgemäß. Denn sobald man die Stellen von Freigelassenen auf Ritter übertrug, mußte ihnen ein erweiterter Einfluß zugestanden werden. Die Stellen mußten aus Gesindeposten in Beamtenstellen verwandelt werden.

Entsprechendes finden wir beim Staatsrat.[853] Auch hier haben wir auf die Mitglieder desselben zuerst nicht allzuviel zu geben. Mitunter umgab sich der Kaiser mit einem engeren *consilium*, wie dieses unter Augustus[854], Tibe-

---

[846] Hensel: *arcani*
[847] Hirschfeld 1905, 476 ff.
[848] Nach der von Sueton verfaßten Vita des Horaz bot Augustus diesem das *officium epistularum* an, doch lehnte er es ab.
[849] Tac.hist.I 58
[850] Hirschfeld 1905, 318 ff.; 476 ff.

[851] s. u.MH.III 24 f.
[852] Mommsen meint wohl die *procuratores ab epistulis, a libellis, a rationibus, a cognitionibus*.
[853] Mommsen, Staatsrecht II 988 ff.; Hirschfeld 1905, 339 ff.; J. Crook, Consilium principis, 1955
[854] Suet.Aug.35; Dio LIII 21,3 ff.

rius[855] und Alexander Severus[856] geschehen ist. Im allgemeinen ist der Staatsrat natürlich der gesamte Senat, und es wird gewöhnlich mit dem Senat *in
corpore* verhandelt. Wenn der Kaiser allzu altersschwach war, um sich mit
dem ganzen Senat zu beraten, berief er eine kleinere Anzahl Senatoren. Wo
ein solcher engerer Staatsrat gebildet wurde, da können wir immer darauf
schließen, daß der Senat einen gesteigerten Einfluß [MH.II 340] besaß. Denn
eine intime Verhandlung mit dem Senat *in corpore* verbot sowohl die Anzahl
als auch die Beschaffenheit seiner Mitglieder. Seine Größe machte ihn
machtlos, ein Ausschuß von zwanzig bis dreißig Personen hätte großen
Einfluß gehabt.

Zunächst beschäftigte sich dieser Staatsrat – *consilium* oder *sacrum consistorium Caesaris* – mit der Rechtspflege. Jeder Einzelrichter umgab sich ja
mit einem ähnlichen Rat, und es ist bekannt, daß sich der Kaiser auch um das
Zivilrecht zu kümmern hatte. So beriet sich also auch der Kaiser beim Recht-
sprechen mit rechtskundigen *consiliarii*, welche zuerst eine gänzlich freie
Stellung hatten und nur für die einzelnen Fälle zusammenberufen wurden.
Es ist uns nicht überliefert worden, von welchem Zeitpunkt diese Änderung
datiert, wahrscheinlich von Hadrian. Dieser bildete einen Gerichtsrat, dessen Mitglieder feste Anstellung und ein Gehalt von 60000 bis 100000 Sesterzen hatten. Es waren sechs Beamte – *a consiliis sacris* –, ihre Wahl war dem
Kaiser überlassen, und ihre Stellung war eine Vertrauensstellung. Es kam
aber früh auf, daß zu gleichen Teilen Senatoren und Ritter vom Kaiser
gewählt wurden. Schon Domitian hat Senatoren und Ritter gemischt. Ferner
finden wir bald, daß gewisse Personen ständige Mitglieder des Staatsrats
sind, so die dem Kaiser nahestehenden Prinzen, z.B. Titus unter Vespasian.[857] Des weiteren sind es auch die Hofbeamten, besonders die höheren
Gardeoffiziere, welch letztere nie gefehlt zu haben scheinen.

Im 3. Jahrhundert wurden die [MH.II 341] Präfekten aus den angesehensten Juristen genommen, weil eben die Mitglieder des Staatsrats eine große
Rechtskenntnis besitzen mußten.[858] Wir haben also auch hier dieselbe Entwicklung zu verzeichnen. Zuerst war die Rechtspflege des Kaisers unmittelbar und persönlich; der Beirat hatte nur eine beratende Stimme. Zuletzt
geschah aber die Entscheidung der juristischen Fragen durch die *consiliarii*
ganz allein, und es ist dies als ein wesentlicher Fortschritt zum Beamten-
staate zu verzeichnen. Im 3. Jahrhundert bekommt das *consistorium sacrum*
eine große juristische und politische Bedeutung.

---

[855] Suet.Tib.55
[856] Herod.VI 1,2; Dio LXXX 1

[857] Suet.Titus 6,1
[858] s.o.MH.I 61; s.u.MH.II 353

b) Militär und Senat

Der Kaiser führte wie auf dem zivilen so auf dem militärischen Sektor den Oberbefehl persönlich und hielt sich nur zur Vollziehung seiner Befehle Unterbeamte. Unterfeldherren gab es eigentlich nicht[859], z.B. keine Kommandanten für Italien. Aus bekannten Gründen durften die Militärbeamten Italiens und Ägyptens weder Senatoren noch Plebejer sein, sie mußten also Ritter sein. Die Flotte[860] und die *vigiles*[861] hatten gleichfalls ritterliche Offiziere. Eigentümlich ist die Entwicklung des Oberbefehls bei der Garde.[862] Unter Augustus findet man zuerst keinen Gardekommandanten, oder besser, der Kaiser ist selbst der Befehlshaber der prätorianischen Kohorten. In der Mitte der Regierung des Augustus, 2 v.Chr., wurde ein konkurrierendes Kommando eingesetzt, nämlich zwei *praefecti praetorio* – *praefectus* bedeutet Stellvertreter des Kaisers –, indessen war dies keine selbständige Stellung, [MH.II 342] sondern der Kaiser blieb immer der oberste militärische Befehlshaber.[863]

---

[859] Die *legati Augusti* und die kommandierenden Prinzen wie Drusus, Tiberius und Germanicus wären demnach „uneigentliche" Unterfeldherrn.

[860] s.o.MH.II 58

[861] s.o.MH.I 62

[862] Vgl.MP.255 ff.; Mommsen, Staatsrecht II 848 ff.

[863] Hensel nennt seine Quelle: *Bis hier nach den Mitteilungen unseres Correferenten, seinem zweiten Sohn Kurt, und fährt fort: Abschweifung in moderne Verhältnisse. Im Stielerschen Handatlas, auf der Karte eines unbekannten Weltteils Inner-Afrikas, steht häufig, um nicht ganz weißes Papier zu lassen: „Die Thalebene des Basongolandes, in welcher Zuckerrohr, Bananen etc. kultiviert werden, ist, wie Egypten, alljährlichen Überschwemmungen ausgesetzt, das Wasser steigt 60 engl. Fuß hoch; oder große Heerden von Elephanten, Rhinoceros, Büffeln etc." – Diesem Beispiel will ich folgen und auf diesen wenigen weißen Blättern, welche dadurch entstanden sind, daß die letzteren Mitteilungen unseres Correferenten etwas magerer ausfielen, als ich angenommen hatte – im übrigen hat er seine Sache sehr gut ge-*macht, lieber Paul, und mich vortrefflich ersetzt –, einige Notizen anbringen, die zwar nicht, strenggenommen, Geschichten des römischen Kaiserreichs sind, aber doch vielleicht sich als nicht ganz uninteressant ausweisen und namentlich zeigen werden, wie kolossal seit jener Zeit die Kultur gestiegen ist. Ich will berichten, woher es überhaupt kam, daß ich vertreten werden mußte:*

So wie in der Thalebene des Basongolandes große Heerden von Elephanten, Rhinoceros und Büffeln sich herumtreiben, ebenso bin auch [MH.II 343] ich mit vielen Kindern gesegnet. Zwei meiner Töchter, die älteste und die jüngste hielten sich, die eine, um die Kur zu brauchen, die andre, um sich machen zu lassen, in Frankenhausen (Domus Francorum) am Kyffhäuser (Kyffidomus) auf. Zur römischen Kaiserzeit hausten in dieser Gegend allem Anschein nach die wilden Schweine in den Wäldern; jetzt hat man den gezähmten Schweinen daselbst Häuser gebaut, in denen dieselben friedlich wohnen und auch den Menschen dasselbe gestatten.

Eines Tages ergriff mich die Sehnsucht, und ich beschloß, die Töchter zu besu-

chen. *Zu Augustus' Zeiten hätte ich mir einen Reichspostschein zur Vehiculatio ausstellen lassen und wäre damit von Gemeinde zu Gemeinde nach Domus Francorum gefahren (siehe oben Bogen III Postwesen). Jetzt mache ich die Sache, der vorgeschrittenen Civilisation entsprechend, viel einfacher: Ich ging auf die Anhalter Bahn und verlangte ein Billet nach Domus Francorum. „Das liegt nicht an der Bahn, das kennen wir nicht." Dann nach Rossla (Equulus). „Das kennen wir auch nicht." Dann nach Sangerhausen (Domus cantorum). „Das kennen wir auch nicht." Dann nach Halle. „Das können Sie bekommen." – In Halle bekam ich ein Billet nach Sangerhausen und da kam ich nachts um 1 an. Ich wollte – denn daselbst waren vier Stunden Aufenthalt – in einem geräumigen Saal, der daselbst zur Bequemlichkeit der Reisenden erbaut ist, übernachten. Aber* [MH.II 344] *so wunderbar greift auf diesen Bahnen alles mit der größten Pünktlichkeit ineinander ein, daß in dem Moment, wo der Zug ankam, und dieses Gebäude, welches zur Unterkunft für die Reisenden mit großen Kosten erbaut ist, von solchen besucht werden sollte, da wurde es geschlossen, trotz allen Bittens und Flehens der übermüdeten Viatores. Wir wurden bedeutet, Nachtdienst habe der Bahnhof in Sangerhausen nicht, wenn auch daselbst um 1 Nachts ein Zug ankomme, und um 5 Morgens ein solcher abgehe. Die Zwischenzeit sei eben zum Schlafen da – für die Beamten. Die Viatores möchten nach der Stadt hineingehen; da seien vortreffliche Gasthöfe.*

Da übernachteten wir dann in der Stadt und bekamen morgens ein Getränk, das unsre barbarischen Altvordern auch nicht gekannt haben. Der Name ist aus Arabien eingeführt; aber gebraut wird es aus einem am Wegen wachsenden blaublüthigen Unkraut, und es schmeckt – gar nicht. Dagegen war das dazu gereichte Gebäck entschieden von der Verproviantierung der Truppen, welche in der Schlacht am Teutoburger Wald gefochten hatten, übrig geblieben. Dann gings in der kühlsten Morgenfrische fröhlich zum Bahnhof; man hatte wenigstens sich nach dem langen Sitzen die Füße vertreten, auf einer anmutigen Fußwanderung. [MH.II 345] *Hier gab es nun endlich ein Billet nach Rossla, und dahin fuhr ich, denn ich war der einzige Viator dieses Zuges. Von Rossla geht der Weg über den mit Burgen besetzten Kyffhäuser, in dem der Imperator Barbarossa seiner Auferstehung entgegenschläft. Vor einigen Jahren rieb er sich die Augen, aber er ist wieder eingeschlafen.*

Seine loyalen Rosslaer Unterthanen folgten seinem Beispiel und schliefen noch alle, und es war keine Vehiculatio da. So herrlich greift heutzutage auf Reisen alles ineinander. Nach 2 Stunden aber erschien ein Gethier, wie sie dort den Currus nennen, und räderte mich in weniger als 4 Stunden nach Domus Francorum.

Nun, die Töchter freuten sich, und freute mich auch und inhalirte mit ihnen und aß drei Mal mit ihnen im Mohren; dann aber hatte der Mohr seine Schuldigkeit gethan, und ich konnte nicht gehn, sondern laufen, und ich lief die ganze Nacht, und den nächstfolgenden Tag lief ich auch, und dann fuhr ich ab.

Aber ich war so ins Laufen gekommen, daß ich, in Westend (Finis occidentalis) angekommen, noch immer lief; dazwischen aber lag ich in heftigem Fieber, und meine geliebte Uxor hatte alles mögliche zu thun, um mich wieder auf die Beine zu bringen. Ich hatte aber ein Gefühl, als sei ich ein Viator des Mittelalters, ein Pfeffersack gewesen, und die Reisigen des Kyffhäuser seien auf mich danieder- (2 Seiten Zeichnung; MH.II 348)gestiegen und hätten mich überall geschlagen. So mußte denn Kurtius sich statt meiner in den Abgrund stürzen und

[MH.II 349] Alles Militärische, der ganze Oberbefehl, die Anstellung und Beförderung der Offiziere war persönliches Reservat des Kaisers. Indessen muß ein bestimmter Kreis ausgeschieden werden: Augustus ging davon aus, den herrschenden Stand nicht auszuschließen, sondern die höheren Stellen im Militär durch den Adel zu besetzen. Die Legaten waren ohne Ausnahme Senatoren[864], und auch die *tribuni militum* wurden fast nur aus den Senatoren genommen[865], ja selbst die *praefecti alae* waren ursprünglich Männer mit Senatorenrang.[866] Später, als diese nicht ausreichten, griff man zu Rittern. Ebenso existierte ein reservierter Kreis von Militärämtern, für den nicht Senatoren herangezogen wurden, sondern ritterliche *tribuni militum*, das waren Italien und Ägypten. Ägypten als eigentümlich kaiserliche Sonder-Domäne ist schon öfter erwähnt worden. So aristokratisch, wie Rom angelegt war, konnte natürlich nicht jeder Römer dort Offizier werden, sondern eben nur jemand aus dem alten *ordo*. Aber man muß sich erinnern, daß die Aufstellung der Ritterlisten dem Kaiser zustand, daß er also, wenn er jemanden in eine solche Position bringen wollte, ihn sehr leicht *ad hoc* auf die

schildert seine Erlebnisse in dem ersten Colleg in einem Brief nach Domus Francorum also:

Lieber Papa!

So sitze ich denn auf dem Platze, der so oft unter Deiner Last gejubelt hat und denke dein und freue mich, daß ich so früh gekommen bin, daß ich sicher bin, keine Störung, die irgend einer, auch der kleinste Student beim Hereinkommen macht, versäumen zu können.

Um dich auf dem Laufenden zu halten (hätte der gute Junge gewußt, wie wenig das nöthig war! -) *theile ich dir kurz die Hauptereignisse seit deiner Abreise mit: den Menschen ist absolut gar nichts passiert, außer daß wir gestern Bratklops mit Wruken* (d.h. Frikadellen mit Kohlrüben; A.D.) *gegessen haben. Dagegen hat in der Natur manches stattgefunden. Heute früh stand das Thermometer auf 14° 2' 6,23'' und das Barometer 16 preuß. Fuß 8'' 2'''. Am Himmel zeigte sich von Westen herkommend leichtes Cirrusgewölk. Über die Uhr ging ein Minimum fort, als ich aufstand, sie zeigte nämlich nur ¹/₄ 7. Als ich das Bett verließ, strich eine große Kältewoge über mich fort, so daß ich schauderte, mich aber doch anzog. Das Wasser in meinem*

Waschbecken zeigte ruhigen Wogengang. Wasserstand etwa ¹/₄ Fuß, doch genügte es zur oberflächlichen Waschung ——— (am Rande: „Schluß der Abschweifung")

Eben öffnet sich die Thür, die Studenten jubelten, ich aber schrie entsetzt Casimir! Casimir! Denn Mommsen hatte sich in Wagner verwandelt und trug nicht römische Kaiser, sondern einen kurzen Abriß der Finanzwissenschaft vor!

Warum hast du mir auch nicht gesagt, daß Mommsen nicht im Barackenauditorium liest. Ich ließ jetzt Hut und Mantel im Stich, stürzte im Naturzustande aus der Thür und attrapirte Mommsen grad noch, als er wie folgt anfing: Meine Herren! – attacca dal Segno

[864] In consularischem oder prätorischem Rang, selten quästorisch: Suet. Otho 3,2

[865] Die Militärtribunen der Kaiserzeit mußten Ritterrang nachweisen. Senatoren waren lediglich die *tribuni laticlavii*: A. v. Domaszewski, Die Rangordnung des römischen Heeres, 1908/1967, S. 172.

[866] Die *praefecti alae* der Kaiserzeit waren Ritter: Domaszewski a.O. 130; 152.

Ritterliste setzen konnte. Das Ritterpferd ging nicht ohne weiteres, wenn sein Inhaber starb, auf den Sohn über, sondern diesem mußte es erst besonders verliehen werden, wenn das auch faktisch gewöhnlich geschah.[867] So lag die Zusammensetzung des Ritterstandes wesentlich in der Hand des Kaisers. [MH.II 350] Wie verhielt sich nun der Kaiser diesem Offiziersstand gegenüber? Er sah die daraus resultierende Gefahr sehr deutlich. Das Prinzip des Principats war das höchst persönliche Regiment, dem gegenüber möglichst keine andere Persönlichkeit allzu mächtig werden durfte. Daher sehen wir zuvörderst das Bestreben, das Kommando überall zu teilen: in der Garde, in der Stadt[868], in der Flotte, in Ägypten[869], nicht zu viel in einer Hand zu vereinigen. Eine Ausnahme, die uns erst jetzt in einer noch nicht gedruckten Inschrift[870] bekanntgeworden ist, bilden die zwei ägyptischen Legionen, die unter einem einzigen Befehlshaber standen. Indessen ist das eben eine einzelne Ausnahme, und Ägypten war sehr abgelegen.

Die Hauptgefahr lag in der Garde, das wußte Augustus und berief in der ersten Hälfte seiner Regierung keine höheren Gardeoffiziere. Ja die Garde befand sich nicht einmal in Rom, sondern lag draußen im Lager, und nur einzelne Kohorten unter Tribunen hatten abwechselnd den Dienst im Schloß bei der Person des Kaisers. Erst in der zweiten Hälfte seiner Regierung stellte er einen oder vielmehr zwei *praefecti praetorio* an[871] – und sehr bald wurde auch die Linie zwischen Diener und Herrn nicht mehr eingehalten. Man konnte zwischen beiden nicht mehr unterscheiden. Der *praefectus praetorio* hatte das Kommando über sämtliche Kohorten, aber nicht über die Centurionen; wenn gegen einen solchen etwas vorlag, so behielt sich der Kaiser die Entscheidung selbst vor. Und hier bei der Garde allein ließ Augustus das sonst überall verlassene Prinzip des kollegialischen Kommandos bestehen.

Die Republik hatte die Legion durch sechs Tribunen befehligen lassen[872], Augustus gab ihr zusätzlich einen Legaten zum Befehlshaber[873]; aber die Garde wurde kollegialisch [MH.II 351] kommandiert[874], so wie die Republik den einen König durch zwei Konsuln ersetzt hatte, um die Gefahr des mächtigen Amtes zu verkleinern. Man trieb den Teufel durch sich selber aus. Die Gefahr vor dem Gardekommandanten lag in der ungewissen Form der kaiserlichen Befehle. Eigentlich sollte der Kaiser selbst jeden Befehl erteilen;

---

[867] Dessau 6936: ein Militärtribun nennt sich *equo publico per Traianum*; Dessau 2759: gewidmet einem *equo publico ornato ab imperatore Commodo*.

[868] Die Stadtpräfektur war einstellig besetzt: Tac.ann.VI 11; Dig.I 12. In der Spätantike besaß der *vicarius Urbis* eine gewisse Kontrollfunktion gegenüber dem *praefectus Urbi*: Amm.XXVIII 1,5 ff.

[869] Es gab immer nur einen einzigen *praefectus Aegypti*: Dig.I 17; Tac.hist.I 11; Strabo XVII 1,12.

[870] Dessau 2696

[871] s.o.MH.I 61; II 341

[872] Sie unterstanden dem (Pro-)Konsul.

[873] Er vertrat den (Pro-)Konsul, so schon bei Caesar: BG.I 20f.

[874] Dio LV 10,10

das aber war unmöglich. Es war natürlich auch unmöglich, einem Befehl, der aus dem kaiserlichen Palast kam, anzusehen, ob er vom Kaiser selbst oder von einem Offizier, Privatmann, Sklaven vielleicht ausgegangen ist. Maecenas und Seneca regierten so, ohne jede eigentlich amtliche Stellung. Der *praefectus praetorio* befand sich regelmäßig in der Umgebung des Kaisers; er bekam daher die Befehle des Kaisers zum Überbringen an die Außenwelt: ein Centurio wird z. B. angewiesen, ein Bluturteil zu vollziehen – hat es der Kaiser befohlen? Wer kann es draußen wissen? So strebt die Stelle des *praefectus praetorio* dahin, nicht bloß etwa das zu werden, was heute ein Ministerpräsident ist, und wäre es der mächtigste, sondern direkt zum Vicekaisertum sich auszuwachsen. War dem Kaiser nicht wohl oder wollte er sich vorübergehend nicht um die Geschäfte kümmern, so trat der *praefectus praetorio* für ihn ein. So war seine Stellung eine unverantwortliche und unkontrollierbare, und daher kommt eine solche Anomalie, wie sie Sejan[875] uns darbietet. Tiberius ward des Regiments überdrüssig, begab sich in die Selbstverbannung, und es folgte die Autokratie des Gardepräfekten, dem noch dazu der Kollege fehlte.

Diese Stellung wurde trotz der Gefahren, die sie in sich barg, nicht beseitigt, sie konnte vielleicht nicht beseitigt werden. Vespasian machte [MH.II 352] den Versuch, den Thronfolger Titus zum *praefectus praetorio* zu erheben[876] und dadurch dem Übel die Spitze abzubrechen; der Versuch fand aber keine Nachfolge. Im 3. Jahrhundert wurden die Befugnisse des *praefectus praetorio* formuliert, und zwar so, daß daraus *re vera* ein Vizekaiser wurde. Den Oberbefehl des Heeres bekam er nicht; diesen, die Befehle in den Provinzen und die Offiziersanstellungen behielt der Kaiser persönlich. Dagegen wurde die Militärverpflegung[877], eine äußerst wichtige und wegen der Masse des damit verbundenen Details unmöglich vom Kaiser selbst zu bewältigende Angelegenheit, unter dem *praefectus praetorio* zentralisiert. Ebenso bekam er das Oberkommando der hauptstädtischen Truppen und damit von Italien und Rom. Sodann wurde ihm die Aufsicht über die *basileioi*, das Gesinde, die Sklaven und Freigelassenen des Kaisers zugeteilt. Unter diesen mußten ja öfters Unrechtlichkeiten vorkommen. Es war eine ungeheure Hausverwaltung, die zugleich das Steuerwesen umfaßte und das gesamte Personal der Procuratoren. Gerade unter den besten Kaisern, wie Marcus und Septimius Severus, wurde die Stelle des *praefectus praetorio* sehr wichtig in diesen Beziehungen, weil sie es mit der Kontrolle über Personal und Dienstzweige besonders streng nahmen.

Ferner beteiligten sich die *praefecti praetorio* an der kaiserlichen Rechtsprechung und Gesetzgebung. Sie mußten hier eingreifen; denn es war für den Kaiser meistenteils unmöglich, sich diesem Zweig ihrer Tätigkeit wirksam zu widmen, weil [MH.II 353] nur die wenigsten, wie Severus, selbst

---

[875] s. o. MH.I 151 f.
[876] Er tat es auch: Suet. Titus 6,1.

[877] Die *annona*: CTh.I 5,6 f.; XI 1,3 u. 15

Juristen oder juristisch gebildet waren. Die Rechtsprechung ging also auf das *consilium principis* über, und dessen Chef war der *praefectus praetorio*. Wir haben ein sehr interessantes Protokoll aus der Zeit des Caracalla, eigentlich einen Aktenauszug, über eine Verhandlung, in der es sich um Restitution eines Deportierten handelte.[878] Es werden darin die Anwesenden genannt: zuerst die beiden *praefecti praetorio*, die namentlich aufgeführt werden, dann die „Freunde des Kaisers", die *principia officiorum*,[879] und schließlich *utriusque ordinis viri*. Das war also die Zusammensetzung des Kollegiums. Papinian, Ulpian und Paulus verdanken z. B. ihrer Rechtskenntnis die Ernennung zu *praefecti praetorio*; allerdings spricht dies andererseits für den Verfall des Militärs, der sich hierin deutlich dokumentiert.

Die Gesetzgebung war von Rechts wegen Sache eines Senatsconsults, aber die Rechtsprechung in Verwaltungs- und Steuerangelegenheiten gelangte in die Hand des Kaisers und damit in die des *praefectus praetorio*. Daran erkennt man deutlich dessen Vizekaisertum. Ziemlich früh finden wir auch eigene Erlasse derselben und die Organisation eines besonderen Beamtenkreises für sie. Sonst gab es für Legaten, Prokonsuln, überhaupt für jedes Amt keine Unterbeamten, sondern nur Diener und Sklaven, die das Untergeordnete besorgten. Der Legat hatte z. B. einen *a commentariis*, einen Büroführer, das war aber ein gemeiner Soldat.[880] Für den *praefectus praetorio* findet sich früh mit leichter Veränderung [MH.II 354] des Titels ein *commentariensis*[881], ein Journalführer. Und so gut der Kaiser sein *consilium* hat, so gut hat auch der *praefectus praetorio* das seine, bestehend aus Leuten von hohem Stande.[882]

Im 4. Jahrhundert, in der diocletianisch-constantinischen Zeit, wurde das Institut des *praefectus praetorio* weiterentwickelt, zugleich aber beschränkt. Zivil- und Militärbefugnis wurden getrennt und zugleich das Amt geographisch definiert.[883] Wir haben gesehen, daß der *praefectus praetorio*, ursprünglich Militär, allmählich zu immer wichtigeren zivilen Ämtern verwandt wurde. Diocletian nahm ihm nun die militärischen Obliegenheiten ganz ab und konstituierte die Garde neu unter einem *magister officiorum*.[884] Der *praefectus praetorio* behielt die Rechtspflege und die Ministergeschäfte, ausschließlich des Militärs. Außerdem wurden infolge der Teilung des Reiches in jeder Reichshälfte zwei *praefecti praetorio* eingesetzt und deren Tätigkeit nicht nach den Geschäften, sondern geographisch abgegrenzt, so daß z. B. in der westlichen Reichshälfte der eine Gallien, Spanien, Britannien, der andere Italien, *Africa* und *Illyricum* zu bearbeiten bekam. – Wir sehen, es gab eine Entwicklung von der Zeit, wo die Kaiser selbständig die Angelegenheiten leiteten, zum Beamten- und Rechtsstaat. Früher hatten sie die Sachen

---

[878] Cod.Just.IX 51,1

[879] Die *principes officiorum* waren die Amtsvorsteher, SHA.Marcus 8,10.

[880] Dessau 2381 ff.

[881] Dessau 1360; 1452; 9490

[882] Dessau 1422

[883] s. u.MH.III 11

[884] Das Amt ist erst unter Constantin im Jahre 320 bezeugt: CTh.XVI 10,1.

zwar oft recht schlecht, aber sie hatten sie doch gemacht. Spätere Kaiser wie etwa Arcadius und Honorius waren dazu absolut nicht imstande. Der Beamte mußte für sie eintreten.

[MH.II 355] Der Löwenanteil bei der Machtverteilung zwischen Senat und Princeps[885] war schon ursprünglich dem Kaiser zugefallen, namentlich alles, was das Militär betraf. Doch gab es anfänglich eine Mitherrschaft des Senats. Allmählich wurde diese beseitigt, wenn man auch nicht immer den Finger auf die Stelle legen kann, wann dies im einzelnen der Fall gewesen ist. Der Senat hatte direkten, positiven Anteil an der Regierung, insofern ihm eine Anzahl Richterstellen vorbehalten war. Darin, daß der Kaiser bei Besetzung der Legaten- und Statthalterstellen an die Kreise der senatorischen Männer gebunden war, lag eine nicht zu unterschätzende Beschränkung der Kaisermacht und ein nicht zu unterschätzender Einfluß des Senats. Legislativ und jurisdiktionell war der Senat sehr hoch gestellt. Die augusteische Verfassung ist ungefähr das, was wir eine konstitutionelle Monarchie nennen. Dennoch war bei den Rechten viel Schein und Äußerlichkeit, und die Entwicklung hebt diese hohe Stellung unmerklich auf. Die Räder hören eben auf zu funktionieren und stehen dann still.

Die Gesetzgebung[886] befand sich hauptsächlich durch Tiberius' Bestimmung in den Händen des Senats, und zwar sowohl das Zivil- als auch das Kriminalrecht. Aber im 3. Jahrhundert hören die *senatus consulta* auf[887], an ihre Stelle treten – vielleicht seit Severus – ausschließlich kaiserliche Verordnungen, die, wenn sie gesetzlich sind, an den Senat gerichtet und so promulgiert werden; wenn es administrative sind, dessen nicht bedürfen. Natürlich ist der Senat, an den der Kaiser sich richtet, nach der Teilung des Reiches jenachdem der römische oder konstantinopolitanische.

[MH.II 356] Die Verfügung über die Reichshauptkasse, das *aerarium populi Romani*, sollte der Senat haben. Aber erstlich wurde die Bedeutung dieser Kasse, wie früher erwähnt[888], durch Einrichtung anderer Kassen abgeschwächt, und dann kam von Nero ab auch der Rest unter kaiserliche Verwaltung. Damit war die Bewilligung von Geldern aus dem *aerarium populi Romani* durch den Senat allerdings nicht aufgehoben, aber sie bleibt doch im ganzen ein wesenloser Schatten. Im 3. Jahrhundert ist sie nur noch Buchstabe, und die diocletianische Ordnung schweigt ganz darüber.

Zivil und kriminal war die höchste Instanz sowohl der Kaiser als der Senat, eine Doppelinstanz, die der Republik unbekannt gewesen war. Abgeschafft wurde auch dies nicht, Kaiser Tacitus kennt noch die Appellationsinstanz des Senats und schärft sie ein.[889] Praktisch gehandhabt wurde sie jedoch allein vom Kaiser. Nur kriminal übte sie der Senat noch in späterer Zeit

---

[885] Zur Dyarchie auch MP.261f.; s.o.MH.I 46ff.; 239; II 79
[886] sc. für Personen senatorischen Standes
[887] Die *senatus consulta* bei Riccobono

FIRA.I S. 237–300 enden mit dem Jahre 178 n.Chr.
[888] s.o.MH.I 49f.; MH.II 76ff.
[889] SHA.Tac.18,5; 19,2

aus. Es war bequem für das politische Regiment, wenn es das Odium der Justizmorde auf den Senat abwälzen konnte. Auch sind die schlimmen Bluturteile des Senats womöglich noch zahlreicher als die der Kaiser. Noch im 4. Jahrhundert finden wir Aburteilungen von Hochverrätern durch den Senat, z.B. das hochnotpeinliche Halsgericht, was allerdings tumultuarisch und formlos, kaum den Namen einer Gerichtsverhandlung verdient, über Gildo, der von Honorius in *Africa* abgefallen war.[890] Auch das Repräsentieren als gewissermaßen höchstem Reichsrat oblag [MH.II 357] dem Senat. Früher war der Kaiser der erste Senator, und solange er es war, war er im Senat nur *primus inter pares, princeps senatus*. Augustus hat sehr häufig im Senat verhandelt.[891] Noch Trajan erschien oft im Senat[892], später hörte auch dies faktisch auf, ohne je formell abgeschafft worden zu sein. Im 3. Jahrhundert kamen die Kaiser nur noch selten in den Senat, im 4. gar nicht mehr.[893]

Beamte bestellte der Senat bis auf das Amt des Kaisers selbst nicht. Ursprünglich wurde der Kaiser entweder vom Senat oder vom Volk, d.h. vom Heer erwählt. Später trat keine merkliche Änderung, aber eine Verschiebung dieses Verhältnisses ein. In der ersten Zeit fand, wenn die Wahl durch das Heer erfolgte, wenigstens eine Anerkennung durch den Senat statt. Unter Gaius (Caligula) wurde der Tag, wo er *a senatu imperator appellatus* ist, gefeiert.[894] Noch Vespasian wurde durch den Senat anerkannt, wenn auch die Feier sich auf den Tag seiner Wahl durch das Heer bezog.[895] Aber im 3. Jahrhundert dispensiert man sich von der Anerkennung durch den Senat[896], nur noch einmal findet der seltsame Vorgang statt, daß das Heer den Senat auffordert, einen Kaiser zu wählen: Tacitus verdankt diesem Vorgang seine Kaiserwahl.[897] Sonst erfolgte die Kaiserernennung immer durch das Heer. Und das blieb so.

Einen nicht gering anzuschlagenden Einfluß hatte der Senat anfangs auf die Zusammensetzung eines großen, und zwar des wichtigsten Teils des Beamtenpersonals dadurch, daß der Kaiser die Prokonsuln, die Statthalter und einen großen Teil der Verwaltungsbeamten nicht ernannt, sondern durch das Los aus den Kreisen derjenigen, die Konsulat und Prätur [MH.II 358] bekleidet hatten, genommen hat. Da nun die Konsuln und Prätoren seit Tiberius durch den Senat gewählt wurden[898], so hatte er mittelbar auch die

---

[890] Im Jahre 397. Dessau 795; Zos.V 11. Zum Senatsverfahren: Symm.ep.IV 5.

[891] Suet.Aug.54, vgl.35

[892] Plin.paneg.23,1; 62; 64; 76

[893] Ausnahmen bilden die Kaiserbesuche von Constantius II, Theodosius, Honorius etc.

[894] CIL.VI 2028c (Arval-Akten zum 18. März 38 n.Chr.)

[895] Tac.hist.IV 3; vgl.I 47. Vespasian

war am 1. Juli 69 vom Heer zum *imperator* ausgerufen worden: Tac.hist.II 79.

[896] Der Senat sprach die Anerkennung unaufgefordert aus: Aur.Vict.25,2; 31,3.

[897] 275 n.Chr.: Aur.Vict.35,9; 36,1; SHA.Tac.4. Durch Senatswahl wurden auch 238 n.Chr. Pupienus und Balbinus Kaiser: Herodian VII 10,3 ff.

[898] Tac.ann.I 15. Die „Wahl" war praktisch bloß eine Bestätigung der vom

Wahl jener Beamten in der Hand. Das Verfahren war ziemlich kompliziert; ein gemischtes System von Los und Anciennität entschied. Dies wurde schon von Severus Alexander beschränkt: Dio[899] sagt, daß die Anknüpfung an Konsulat und Prätur und die Entscheidung durch das Los bestehen blieb, die Rücksicht auf die Anciennität aber wegfiel. Der Kaiser bezeichnete zwei Kandidaten und ließ sie um die Provinzen *Asia* und *Africa* losen. Ebenso benannte er die Kandidaten für die prätorischen Provinzen, die dann um dieselben losten. So blieb es auch in der diocletianischen Neuordnung.[900] Aber die Teilung der Provinzen zwischen Kaiser und Senat wurde eine andere: diejenigen senatorischen Provinzen wurden kaiserlich, in denen Militär stehen mußte; so Bithynien und Pontus, welche, obgleich keine Grenzprovinzen, doch nicht ohne Besatzung bleiben konnten, wahrscheinlich schon unter Hadrian. Ebenso Sardinien, welches eine ganz anomale Behandlung in dieser Hinsicht erfuhr: es war anfangs eine kaiserliche Provinz, wurde dann dem Senat abgegeben[901], als einzige senatorische Provinz mit einer, wenn auch nur zwei Kohorten starken Besatzung.[902] Bereits von Severus wurde sie aber dem Senat wieder genommen[903] und zu einer proconsularischen Provinz gemacht. Andere blieben länger in Senatsverwaltung, allmählich [MH.II 359] aber wurden *Baetica*, *Narbonensis*, Makedonien, Sizilien, Thrakien und Kreta dem Senat abgenommen. In der diocletianischen Ordnung behielt er nur *Achaia*, *Asia* und *Africa*.[904]

Die Wahlen zu Konsulat und Prätur waren durch Tiberius vom *populus Romanus* auf den Senat übertragen worden.[905] Diocletian erweiterte diese Befugnis sogar; bis zu ihm bestand das kaiserliche Kommendationsrecht, d.h. der Kaiser stellte die Liste derjenigen *personae* auf, die *gratae* waren und aus denen die Wahl zu erfolgen hatte. Von Diocletian ab wählten die Senate in Rom und Konstantinopel frei, allerdings erst, nachdem jene Ämter alle und jede politische Bedeutung verloren hatten und lediglich städtische Ämter geworden waren. Nur die *consules ordinarii* waren Reichsbeamte[906] wegen der nach ihnen datierten Jahre. Von da ab hörte aber die Verpflichtung für die Kaiser auf, den gewesenen Konsuln und Prätoren ihrerseits Stellen zu übertragen. Alles in allem zeigt sich doch ein ungeheurer Unterschied zwi-

---

Kaiser vorgeschlagenen Kandidaten: Laus Pisonis; Plin.paneg.51, 1f.; SHA. Hadr.8,4; Tac.ann.I 14; Vell.II 124,3; Dio LII 20; Dig. XLII 1,57. G. Wesenberg, praetor, RE.XXII, 1954, 1600f.

[899] Dio LIII 14
[900] Vgl.MP.272ff.
[901] Umgekehrt: 27 v.Chr. wurde Sardinien senatorisch (Dio LIII 12,4), 6 n.Chr. kaiserlich (LV 28,1).
[902] Zur Besatzung: Tac.ann.II 85,4.

Die Anomalie ist Nordafrika: *Africa Proconsularis* hatte eine ganze Legion und unterstand dennoch dem Senat.
[903] Richtig: dem Senat zurückgegeben. A. Birley, Septimius Severus, 1971, S. 86.
[904] ND.or.20; 21; occ.18
[905] Dagegen s.o.MH.II 358
[906] Der Kaiser bestellte sie: Dig. XLVIII 14.

schen dem Senat des Augustus und dem Diocletians. Jener war eine mitregierende Instanz, dieser eine Repräsentationsmaschine.

Die wirkliche Mitregentschaft lag, das kann nicht scharf und oft genug
betont werden, in dem Wahlzwang bestimmter Personen durch die Kaiser.
Früher gab es einen schroffen Gegensatz zwischen den kaiserlichen Haus-
und Hofbeamten und den senatorischen Reichsbeamten. Selbst der *praefectus praetorio*, der [MH.II 360] erste und vornehmste Hofbeamte, war bis auf
Alexander Severus kein Senator. Vielleicht brachen schon Severus und Caracalla diesen Gegensatz, denn unter ihnen finden wir einzelne *praefecti praetorio*, die Senatoren waren. Alexander stellte wohl nur organisch fest, daß
jeder *praefectus praetorio* eo ipso Senator sein müsse. Das ist nicht als Steigerung der Senatsstellung, sondern umgekehrt als Steigerung des Gardekapitäns aufzufassen.

Der Kaiser selbst war ursprünglich Senator und wurde in den besseren
Zeiten des Principats nur aus den vornehmsten Familien genommen. Bis ins
3. Jahrhundert haben wir keinen Kaiser, der nicht geborener Senator war.
Pertinax ist der erste, der zwar bei seiner Thronbesteigung Senator, aber
geborener Ritter war, und diese vergleichsweise geringe Herkunft[907] trug
wohl zu seiner raschen Katastrophe bei. Der erste Kaiser aus dem Ritterstand war dann Macrinus[908]; er war aber immerhin als *praefectus praetorio*
schon *vir clarissimus*. Von da aber nehmen die Kaiser aus den niederen
Schichten sehr zu, und damit entfällt die Bevorzugung der privilegierten
Stände überhaupt. Die Regierung wurde plebejisch und verrohte. Was will
man erwarten, wenn auf dem Thron ein Kaiser sitzt, der seines Zeichens
Unteroffizier war!

Die *tribuni militum* verschwinden seit Severus Alexander aus der Armee.
Der Kriegstribunat war die erste Schule, welche die senatorische Jugend in
der Armee durchmachte; von da ab ging der junge Mann in die Beamtenkar-
riere über. Das endet mit [MH.II 361] der letzten Dynastie auf dem römischen Kaiserthron, mit Severus. Die Emporkömmlinge bilden von da ab eine
regelmäßige Ordnung oder vielmehr Unordnung. Gallienus soll den Senatoren das Dienen überhaupt untersagt haben[909], aber er hat damit wohl nur
rechtlich festgelegt, was schon seit zwanzig Jahren Usus geworden war.

Jede Legion und Provinz hatte als Vorgesetzten einen Beamten von Senatorenrang, einen *legatus* – etwa heute Adjutant.[910] Von der zweiten Hälfte
des 3. Jahrhunderts ab hört das auf. Um 260 finden wir noch eine Inschrift
eines britannischen Legaten von Senatorenrang[911]; die jüngste bekannte Er-

---

[907] Sein Vater war Freigelassener:
SHA. Pert.1,1; Marc Aurel erhob ihn
zum Senator: l.c. 2,5.
[908] Dio LXXVIII 11; Herod.IV 14,2;
Aurel.Vict.22
[909] Aur.Vict.33,34
[910] So AW.339 und MH. Als Adjutan-

ten kann man allenfalls den Legaten in
jenem Heer bezeichnen, in dem sich der
Kaiser gerade befand.
[911] Dessau 2548; ein weiteres Beispiel:
AE.1930, 144. A. R. Birley, The Fasti of
Roman Britain, 1981, S. 200f.

wähnung eines solchen ist in einer Inschrift aus *Hispania citerior*, von Valentinian, einem Senator und *vir clarissimus* unter Carinus.[912] Daneben gab es schon massenhaft andere und mußte es geben, wenn Gallienus wirklich den Senatoren das Dienen untersagt hat.

Bei den Legionen ist eine merkwürdige und schon ziemlich alte Institution die der *praefecti castrorum* oder *legionis*.[913] Es ist dies eine Art Supplement des Legionskommandanten, der notwendig Senator sein mußte und daher oft mit dem Detail des Dienstes nicht vertraut gewesen sein dürfte. Daher wurde ihm dieser *praefectus castrorum* zur Seite gestellt, als Zweitkommandierender, der von der Pike auf gedient hatte und alles das verstand, was jener nicht verstand. Schon in einer frühen britannischen Inschrift wird ein *praefectus legionis* neben einem *legatus legionis* genannt. Später ließ man einfach den Legaten [MH.II 362] weg und traf damit die höheren Stände und deren Beteiligung an der Leitung der Armee. Man nahm von da ab, so wie die Kaiser, auch die Legionskommandanten aus den Unteroffizierskreisen. Diese waren vielleicht tüchtiger als die früheren vornehmen, aber der Geist der Armee verrohte immer mehr.

Unsere Zeugnisse über diese Zeit sind in dieser Beziehung außerordentlich mangelhaft; vieles ist verloren, die Beamtenlisten sind gefälscht. Wenn man sich aus ihnen informieren will, sieht man, auf wie schwankendem Boden man steht. Namentlich verwirrend ist die Verwendung des Wortes *praeses* für die Provinzialstatthalter, einerlei, ob derselbe senatorischen Ranges ist oder nicht.[914] Indessen ist im allgemeinen anzunehmen, daß diese Titulatur wesentlich dem nichtsenatorischen Beamten gegeben sein wird; das einzige wirkliche Kriterium ist der Titel *vir clarissimus* für den Senator[915], und wo dies nicht steht, wird es sich wohl immer um einen Nichtsenator handeln. Den Legaten, die Senatorenrang haben mußten, folgten also die *praesides*, bei denen dies nicht erforderlich war. Die Abänderung erfolgte nicht durch eine Satzung, sondern allmählich, je nachdem persönliche oder sonstige Umstände einen Wechsel nötig machten, er wurde z. B. in Pannonien schon zwanzig Jahre früher vollzogen als in Spanien. Als unter Gallienus die Senatoren aus den *castra* verdrängt wurden[916], traf man keine andere organische Einrichtung dafür. Man kann nur von einer Tendenz reden.

Wo aber doch ein senatorischer Statthalter am Ruder blieb, wurde ihm das militärische Kommando abgenommen und dadurch die Scheidung zwischen Militär- und Zivildienst, die die Signatur der diocletianischen Organisation war und von der die Republik und das frühe Kaisertum nichts gewußt hatten, eingeleitet. Wir haben eine sehr interessante [MH.II 363] Inschrift

---

[912] Dessau 599; CIL.II 4102f.
[913] Nach AW.339 verwies Mommsen hierzu auf *Willmanns' I. Bd., S. 101, Ephemeris epigraphica über die praefecti.* Gemeint ist: G. Wilmans, De praefecto castrorum et praefecto legionis, a.O. 1872, S. 81–105.
[914] Dessau III S. 394f.
[915] O. Hirschfeld, Kleine Schriften II 1913, S. 646ff.
[916] Aur.Vict.33,34

aus Pannonien[917], worin gesagt wird, daß das Kommando an einen *praefectus (legionis) agens vices legati* gegeben wurde, und es ist aus dem Zusammenhang zu ergänzen, daß *legionis*, nicht *provinciae* ergänzt werden muß. Man hätte ja einfach *perfectissimus* oder *egregius* neben *legatus* stellen können, aber man umging dies, indem man den Substituten als *agens vices legati* oder *praesidis* annimmt. Der Militärbefehl des Legaten wurde also durch Teilung des Amtes unter ihn und einen nominellen Substituten beseitigt. Bisweilen wurden auch beide Stellen an Leute nichtsenatorischen Ranges vergeben.[918] Es war eine ganz ungeheuerliche Maßregel.

Die reinen Zivilstellen verblieben übrigens den Senatoren. Es war schon schlimm genug, wenn sie von allen Militärkommandos und den besten Stellen der Zivilverwaltung ausgeschlossen wurden. Die Umwälzung wäre ungefähr so, wie wenn heute der Adel zur Bekleidung der gleichen Stellen im Staat unfähig erklärt würde. Ja für die Zivilstellen erhielt die Kompetenz der Senatsleute sogar eine Erweiterung, denn Italien wurde seit dieser Zeit auch als Provinz behandelt und so wie die *civitates liberae* unter *correctores* gestellt, die, ohne jede militärische Kompetenz, aus den Senatorenkreisen genommen wurden.[919]

Unter Diocletian, dem großen Neuschöpfer, wurde diese Umwälzung, wonach im wesentlichen die Zivilstellen von Senatoren, die Militärstellen von Nichtsenatoren besetzt wurden, also kurz gesagt, die Trennung von Militär und Zivil, organisiert. Damit fielen dann auch bald die [MH.II 364] Militär- und Zivilbezirke auseinander, die sich bis dahin vollkommen gedeckt hatten. Für die Militärbefehle wurden die sogenannten Ducate eingeführt. *Dux* war ein früher wohl auch schon gebräuchliches Wort, das aber keinen militär-hierarchischen Sinn hatte. Man dachte, wenn man von einem *dux* sprach, nicht an eine bestimmte Charge, es konnte der Kaiser, es konnte auch ein *primipilus* sein und entsprach etwa unserem „Feldherr" oder „Führer". Solche *ducati militum*, etwa Grenzfeldherrntümer, wurden jetzt an allen Grenzen eingerichtet. Im großen und ganzen blieb allerdings die alte Einteilung dabei aufrecht. Die Donaugrenze – um ein spezielles Beispiel anzuführen – oder der *limes Danubiensis* erhielt 8 *duces*, 4 davon gehörten zu Ostrom, 4 zu Westrom. Die östlichen deckten sich mit den Provinzen, die westlichen wichen davon ab.[920] *Duces* nun wurden nie aus dem Senatorenstande genommen; Ammian[921] sagt ausdrücklich, daß noch Constantius nie einen *dux* ernannt habe, der *clarissimus vir* war. Hier herrschte der gemeine Soldat, der heraufgediente.

Geschieden davon sind die Präsidiate, die Provinzstatthalterschaften; hier gilt als Regel, daß die angesehensten von Senatoren besetzt wurden. Später

[917] CIL.III 3434 = Dessau 545
[918] Siehe auch CIL.III 4289 = Dessau 3656
[919] Seit Diocletian: Dessau 614 (*cor-* *rector Italiae*); Laterculus Veronensis bei Seeck ND. S. 247 ff.
[920] ND.or.I. 51–56; occ.I 40–43 mit den Lemmata
[921] Amm.XXI 16,2

trat insofern ein Namenwechsel ein, als ein *praeses*, der *consularis* war, sich nicht *praeses consularis*, sondern nur *consularis* nannte; es sind aber Präsidiate, Zivilstatthalterschaften. [MH.II 365]
Noch zwei Bemerkungen über die weitere Entwicklung mögen hier stattfinden: Zuvörderst kennt die ältere Ordnung den Begriff der Mittelinstanzen, den Diocletian eingeführt hat, nicht. Der Proconsul stand unmittelbar unter der höchsten Reichsbehörde. Diocletian führt die Diöcese[922] als größeren Verwaltungskreis mit mehreren Provinzen ein, und das hängt wohl mit dem Anwachsen der Geschäfte der *praefecti praetorio* zusammen. Diese Hilfskreise unterstanden *vicarii*, Vertretern der Präfekten, die es auch zuvor schon gab. Der ungeheure Geschäftskreis derselben gliederte sich, weil er sich gliedern mußte. Dies ist der Anfang der Diöcesen. Es wurden 12 große Bezirke mit je einem *vicarius* an der Spitze eingerichtet, der lediglich Zivilbeamter war und mit dem betreffenden *dux* nichts zu tun hatte. Für das Militär scheint Diocletian derartige Zwischeninstanzen noch nicht geschaffen zu haben. Später, unter Constantin, vielleicht sogar erst unter Constantius II, wurden lokale *magistri militum*[923] eingesetzt, denen die *duces* unterstehen, wie die *praesides* den *vicarii*.
Auch für die höchste Stellung unter dem Kaiser, für die *praefecti praetorio*, bereitete sich eine Scheidung der zivilen und militärischen Tätigkeit vor. Wir wissen leider wenig von diesen Dingen. Allem Anschein nach blieb das Verhältnis unverändert bis auf Constantin.[924] Zwei *praefecti praetorio* verwalteten das ganze [MH.II 366] unter Constantin geeinigte Reich. Die *vicarii* nennen sich *vicarii praefectorum praetorio*, also Stellvertreter von beiden.[925] Wahrscheinlich hat sich die Teilung des Reichs in einer Teilung der Kompetenz und der Arbeit sichtbar gemacht. Die *Caesares* wurden ja ebenso wie die *praefecti praetorio* für das Ganze ernannt.
Die Vereinigung von Zivil- und Militärstellung im *praefectus praetorio* dauerte wahrscheinlich noch bis Constantin. Die Aufhebung der Prätorianergarde, von Diocletian angebahnt, wurde von Constantin durchgeführt[926], und damit verlor wahrscheinlich der *praefectus praetorio* seine militärische Stellung, und die *magistri militum* wurden eingeführt. Dies geschah wohl in der letzten Zeit Constantins. Zosimos[927] bezeugt es. Der *praefectus praetorio* behielt die höchste Zivilstellung – gewissermaßen den Premierministerposten –, aber nicht ein militärisches Kommando. Später trat auch eine Teilung der Kompetenz der *praefecti praetorio* ein; es wurden drei große Reichsmassen gebildet: der Westen mit Spanien, Gallien und Britannien, die Mitte mit Italien, *Africa* und den Donauländern, sowie der ganze Osten. Damit war ohne Zweifel dann eine Scheidung der hierarchischen Instanzen und Kompetenzen verbunden.

922 s.u.MH.III 12; 44
923 s.u.MH.III 22
924 s.u.MH.III 11

925 Dessau 619; 1347; 2159
926 Lyd.mag.II 10
927 Zosimos II 33,3

Es ist kein erfreuliches Bild, das sich in diesen Stunden vor Ihnen entwickelt hat; eigentlich keine Person hat ein nachhaltiges Interesse erregen können, und die Frage ist wohl angemessen, [MH.II 367] ob es gut ist, in solche Trümmer seinen Spaten einzusetzen. Aber die Geschichte ist kein Spielzeug, sondern eine ernste Sache, und gerade die Geschichte jener Zeit ist für die unmittelbare Gegenwart von höchster Wichtigkeit.

Alle Geschichte aber soll in ihren Beziehungen zur Gegenwart betrachtet werden; und so wird auch die Kenntnis jenes ungeheuren Trümmerfeldes nicht nutzlos sein, ohne das namentlich die Geschichte des frühen Mittelalters ganz unverständlich bleibt. Auch aus diesen Ruinen sproßte wieder frisches Leben, sproßte schließlich unser Leben.[928]

928 MP.275 schließt: *Ein erfreuliches Bild ist die Epoche nicht. Kaum ein Moment ist groß. Soll man sich damit beschäftigen...? Aber es ist doch eine Epoche von großer Wichtigkeit für die... Historiker. Die römische Geschichte ist* *unmittelbar mit der... Gegenwart verbunden. Und diese Verbindung mit der neuen Geschichte liegt in dieser Zeit des Verfalls vor Diocletian. Und dazu muß man das 2. und 3. Jahrhundert behandeln.*

RÖMISCHE KAISERGESCHICHTE III
VON DIOCLETIAN BIS ALARICH

Wintersemester 1885/86 und Sommersemester 1886

*Nach der ausgearbeiteten Mitschrift
von Sebastian Hensel (MH. III)*

1. ALLGEMEINES

[MH.III 1] Diocletians Zeit trägt den Stempel des Verfalls an sich und berührt uns nicht sympathisch. Die Bedeutung der Zeit steht um so höher gerade wegen des Verfalls und der geringen geistigen Mittel, die vorhanden waren. Der diocletianisch-constantinische Dominat scheidet sich schärfer vom Principat als dieser von der Republik. Der orientalische Monarch bildet für den Dominat das Vorbild. Beim Principat herrscht Reichseinheit, beim Dominat Reichsteilung. Die Nationalitäten scheiden sich in eine griechische und eine lateinische Hälfte. Der Principat ist lateinisch-griechisch, der Dominat griechisch-lateinisch. Die Hauptstadt ist verschieden. Italien verliert seine Ausnahmestellung, die Verwaltung wird ganz umgestaltet. Das Kriegswesen wird effektiv und beweglich. Der Principat hatte nur garnisonierte Grenztruppen. Fremde treten jetzt in die Armee, vor allem Germanen. Es entsteht eine effektive Finanzwirtschaft. Constantin schafft wieder eine allgemeingültige Goldmünze, den *solidus*. Eine neue Religion kommt auf, nicht durchaus die christliche, aber eine von dem Principat verschiedene.

[MH.III 2] Die pragmatische Geschichtsschreibung ist besser als im Principat.[1] Eunapios und seinesgleichen stehen nicht sehr hoch. Besser ist Ammianus Marcellinus aus Antiochia, ein kaiserlicher *protector*. Er schreibt, trotzdem er eigentlich ein Grieche war, lateinisch, da das Latein als Sprache der Gebildeten galt. Er ist eine ehrliche, aufrichtige Natur. Die geographisch-antiquarischen Exkurse sind von geringem Wert, der eigentlich historische Inhalt vortrefflich. Die Jahre 353–378 sind erhalten. Für die folgende Zeit sind wir schlechter daran, da die besseren Werke verloren sind. Es erhält sich aber in Byzanz eine gute historische Schule: Priscus und andere. Gegen Prokop ist manches einzuwenden, so seine gegensätzlichen Urteile über Justinian in seinen veröffentlichten Schriften und in der «Historia Arcana». Dennoch ist er sehr wichtig.[2]

Staatskalender und Sammlungen von Verordnungen sind uns erhalten: die «Notitia Dignitatum»[3] und der «Codex Theodosianus».[4] In der ersteren gibt es allerdings Nachträge und Korrekturen. Der Abschnitt über Britannien in der «Notitia» stellt die Verhältnisse im Jahrhundert zuvor dar. Im allgemei-

---

[1] Eine Gesamtübersicht zu den Geschichts-Quellen der Spätantike bietet Demandt 1989, S. 1–33.

[2] Prokop hat nur die Kriegsgeschichten (*bella*) und das Werk über Justinians Bauten (*aedificia*) zu Lebzeiten ediert, nicht die «Historia Arcana» (*anekdota*),

eine Schmähschrift auf Justinian und Theodora.

[3] Herausgegeben von O. Seeck 1876

[4] Herausgegeben von P. Krüger, P. Meyer und Th. Mommsen 1904/05. Dazu: ders., Ges.Schr.II 371 ff.

nen sind darin die Verhältnisse zur Zeit Stilichos (gest. 408) geschildert. Seeck kommt für die Abfassungszeit auf die [MH.III 3] Jahre 413–416. Auch der «Codex Theodosianus» steht allein. Die früheren Verordnungssammlungen, die Codices Gregorianus und Hermogenianus, enthalten Entscheidungen des kaiserlichen Gerichts. Der «Theodosianus» ist eine Gesetzessammlung, publiziert unter Theodosius II im Jahre 438, sie reicht von der Zeit Constantins bis auf Theodosius II. Sie ist fast ganz erhalten, nur die ersten fünf Bücher sind lückenhaft.

Die religiösen Streitschriften sind eine wichtige Quelle, doch dem eigentlich politischen Leben fernstehend. Nur beiläufig wird auf diese Rücksicht genommen. Die einzige Ausnahme ist vielleicht Lactantius' «De mortibus persecutorum», geschrieben 313.[5] Von einer anderen Seite aus wichtig sind Julians Schriften.

Neuere Bearbeitungen gibt es seit Tillemont; er ist das eigentliche Grundbuch. Tillemont ist vor allem Kirchenhistoriker, fanatisch katholisch, aber ein guter Sammler. Gibbon ist noch das bedeutendste Werk, das je über die römische Geschichte geschrieben wurde. Er bietet eine gute Zusammenfassung und treffende Charakteristiken. In gelehrter Beziehung wird es überschätzt, auch ist es parteiisch, entgegengesetzt zu Tillemont, da Gibbon Atheist ist. Hertzberg ist schlecht. Jacob Burckhardts «Constantin» ist geistreich und anregend, in der Auffassung vielleicht nicht richtig. H. Richters «Geschichte des weströmischen Reichs» eigentlich nur von 375–388 handelnd, hat eine gute Einleitung. [MH.III 4] Über Verwaltung und Staatsverfassung gibt es keine große Literatur, nichts Zusammenfassendes. Zur Einführung vortrefflich ist Bethmann Hollwegs «Civilprocess».[6]

---

[5] Die Autorenschaft stellte Mommsen später unter dem Einfluß von S. Brandt in Abrede: Ges.Schr.VI 325 ff. (von 1897); 559 (von 1893). Zu Lactanz jetzt: HLL.V S. 375 ff.

[6] Mommsen meint folgende Werke: L. S. de Tillemont, Histoire des empereurs, 1690 ff.; E. Gibbon, History of the Decline and Fall of the Roman Empire, 1776 ff.; G. F. Hertzberg, Geschichte des römischen Kaiserreiches,

1880 (In: W. Oncken, Hg., Allgemeine Geschichte in Einzeldarstellungen); J. Burckhardt, Die Zeit Constantins des Großen, 1853/80; H. Richter, Das weströmische Reich, besonders unter den Kaisern Gratian, Valentinian II und Maximus (375–388), 1865; M. A. v. Bethmann Hollweg, Der germanisch-romanische Civilprozess, I: Vom 5.–8. Jh. Die Staaten der Völkerwanderung, 1868.

2. INNERE VERHÄLTNISSE

[MH.III 5] Die constantinische Monarchie ist ein prinzipieller Umschwung.[7] Principat und Republik fielen im Fundamente zusammen: Die Verwaltung lag in den Händen eines zur Regierung fähigen Mannes, die Herrschaft in den Händen der Aristokratie. Italien herrschte über die Provinzen.

Das Prinzip der Erbfolge tritt in jeder Monarchie hervor, doch so wenig hatte sie nirgends zu bedeuten als unter dem Principat; es bekam auch keinem so schlecht, das zeigen die durch Erbfolge zur Regierung gelangten Kaiser Gaius (Caligula), Domitian und Commodus. Die regelmäßige Sukzession ist die Wahl des Nachfolgers durch den Vorgänger, man nennt es Adoption; oft wurden dabei leibliche Kinder beiseite gesetzt.[8] Dynastische Ansätze finden sich bei den Juliern und den Nachfolgern des Septimius Severus, das eine Mal sanktioniert durch das Volk, das andre Mal durch die Soldateska. Von einem Ministerregiment bemerken wir nichts, abgesehen von der ersten Hälfte von Neros Regierung. Die Regierungshandlungen erscheinen als Handlungen des Kaisers.

Bis zu den Flaviern dauerte die alte Aristokratie. Mit ihnen beginnt ein Regiment des Mittelstandes, der „Municipalen". Auch dies zweite Regiment ist aber eines der vornehmen Welt. Das drückt sich aus in der Mitherrschaft des Senats. Diese darf man nicht für etwas den Parlamenten Entsprechendes halten. Sie besteht darin, daß alle hohen Beamten- und Militärstellen den höchsten Kreisen vorbehalten waren, entsprechend den Rangstufen einer festen Ämterfolge. Parvenus sind eigentlich ausgeschlossen, ähnlich wie in England. Das System ist aber im Laufe des 3. Jahrhunderts zerbrochen. Die den *princeps* wählende Partei veränderte sich. Theoretisch steht der Satz da, daß die Wahl dem Senat oder den Soldaten zustehe. Letzteres bedeutet sehr viel. Es ist an keine konstituierte Militärordnung zu denken. Es kommt auf den Erfolg an, ob die Wahl Hochverrat ist oder nicht. Das zeigte sich schon im Vierkaiserjahr 68/69. Der Satz von der Soldatenwahl wird aber im 3. Jahrhundert stehend. Das ist das [MH.III 6] Ende der aristokratischen Herrschaft. Einmal wurde es sogar ausgesprochen[9], der Senator sei unfähig, Soldat zu sein. So wählten die Soldaten auch Leute aus den eigenen Reihen.

---

[7] Als eigentliche Wende betrachtet Mommsen bereits den Staat Diocletians: *Neu ist darin sozusagen alles* (Abriß 351).

[8] Mommsen denkt vermutlich an die Adoption Neros durch Claudius zum Nachteil des Britannicus.

[9] Aurelius Victor 33, 34 vgl. 37,5 ff.

Die Herrschaft Italiens über die Provinzen geht in der Principatszeit zu Ende. Einst waren die Kaiser Italiener, auch Trajans Familie war nach Rom übergesiedelt. Unter den Soldatenkaisern sind keine Italiener, vor allem finden wir Illyriker. In der neuen Epoche wird die Monarchie dynastisch. Diocletian und Maximian sind ihrem Ursprunge nach noch Kaiser der alten Art, doch hat Diocletian eine neue Welt begründet: eine Monarchie mit Erbfolge, die eigentliche Monarchie. In Diocletians Person beginnt sie nicht, sondern in seinem Mitregenten Constantius I. Eine fiktive Genealogie ist bezeichnend: Constantius wird abgeleitet von Kaiser Claudius II, so im Panegyricus, der *anno* 310 an Constantin gerichtet wurde. Erst sein Sohn und Enkel bezeichnen sich so auf den Inschriften, schwankend und unrichtig. Gerade die Fiktion beweist das Bedürfnis.[10]

Diocletian und Maximian heißen *Aurelius* und *Valerius*; diese Namen übertragen sich auf die Caesaren, doch man läßt sie fallen. Der entscheidende Name ist der der *Flavii*. Das neue System führt sich als *Flavia gens* ein. Außerdem finden wir *Julius*; später tritt *Claudius* hervor. Der Wegfall des Pronomens ist bemerkenswert; der letzte Kaiser, der es führt, ist Maxentius.[11] Auch das ist nicht ohne Bedeutung: der griechische Name überwiegt die lateinische Form. Maxentius repräsentiert die Opposition der *urbs Roma*. Der Geschlechtsname wird so allgemein, daß er auch keine Bedeutung mehr hat. Das *cognomen* ist das wichtige.

Die dynastische Idee gewann gleich eine gewaltige Macht. Constantin wird als erbberechtigter Herrscher angenommen. [MH.III 7] Die Katastrophe nach seinem Tode 337 zeigt das: Die Offiziere verlangten von den drei Söhnen Constantins, von keinem anderen regiert zu werden.[12] Darum griff man auf die Prinzen zurück. Die Dynastie Valentinians hielt sich wieder ein Jahrhundert lang, freilich nur, wenn man Theodosius zuzählt.[13] Nach der Mitte des 5. Jahrhunderts beginnen völlig verwirrte Zeiten. Zu vergleichen ist in der römischen Geschichte nur die Dynastie des Augustus. Die Kaiser sind eigentlich regierungsunfähig, trotzdem in unbestrittener Herrschaft. Eine Erbfolge in unserem Sinn, ein entwickeltes, monarchisches System, bestand allerdings auch damals nicht. Es gilt doch der alte Satz von der Weitergabe des Reiches durch Senat oder Soldaten. Die Ernennungen erfolgten jetzt durchgängig durch die Soldaten, die Mitwirkung des Senats besteht im Registrieren. Umgangen werden kann er auf dem Wege einer Mitregentschaft; die Söhne Constantins, die Cäsaren waren, wurden nicht *eo ipso* Augusti. Es trat Vakanz ein, sechs Monate lang wurde das Reich im Namen des verstorbenen Constantin regiert. Dann ernannten die Soldaten die drei

---

[10] Panegyrici Latini VI (VII) 2,2

[11] Dessau 669 ff.: *Marcus Aurelius Valerius Maxentius.* Ausnahmsweise noch: *Gaius Julius Crispus Caesar*: Dessau 713.

[12] Zosimos II 40,3

[13] Er war durch seine zweite Ehe mit Galla Schwiegersohn des verstorbenen Valentinian geworden.

Söhne Constantins zu Augusti.[14] Im allgemeinen war die Ernennung jetzt mehr geordnet. Aus der Beratung der Offiziere des Hauptheeres geht der Kaiser hervor.[15] Eine derartige Bestätigung tritt auch bei Erbfolge hinzu, staatsrechtlich hat sich also nichts geändert. Welcher Gedanke liegt der Monarchie dieser Zeit[16] zugrunde? Durch den ganzen Principat geht die Doppel-Idee zwischen Princeps und Senat. Der Princeps ist von früherer Zeit das Legitime und Vorherrschende, der Principat ist ja eine Zusammenstellung von bekannten Dingen aus der Republik: *pontifex maximus, tribunus plebis, proconsul* etc… Die alte Titulatur ist nicht abgekommen; in der Stadt Rom vorzugsweise [MH.III 8] kommt sie noch vor, zuletzt vielleicht auf dem Ponte Cestio *anno* 369[17]; selten im Okzident, kaum im Orient. Auf den Münzen verschwindet sie.

Es kommt zu einer Steigerung des Augustusbegriffes, denn die alte Dreiteilung[18] weist sehr auf die Beamtenstellung hin. *Pius felix* kommt früher auf[19], es ist schon etwas Übernatürliches. Häufig später *perpetuus Augustus* und *semper Augustus*. Das Wort *dominus*, zunächst Eigentümer des Sklaven, ist eine neue Benennung für den Kaiser, die auch dem Gotte gegeben wird.[20] Durch den ganzen Principat kämpft sie mit dem Legitimen. Schon die früheren Kaiser hatten Mühe, derartige Adulation abzuwehren.[21] Allmählich gewann der Dominat Platz. Wichtig ist hier bereits Domitian.[22] Im 3. Jahrhundert gewann die Anrede an Boden. Man scheute sich aber, den Titel formell einzuführen. Die Münzen sind Ausdruck der offiziellen Gewalt: zuerst erscheint der Titel *dominus* bei Aurelian darauf, verbunden mit *deus*: *domino et deo nato*.[23] Die Ergänzung dazu wäre: *servi nati cives Romani*. Von da ab steht er häufiger auf Münzen, besonders für andere; noch nennt sich der Kaiser nicht selbst so, bis in die Zeit der Söhne Constantins. Es ist dies wieder ein Sieg des griechischen Elementes[24]: bei den Griechen ist die Vergötterung des Lebenden so alt wie die Monarchie selbst. Eine praktische Anwendung ist die Adoration; den früheren Kaisern drückt man die Hand

---

[14] Constantin starb am 22. Mai 337, die Ausrufung der Söhne erfolgte am 9. September (Chron.Min.I 235f.).
[15] Mommsen denkt an die Erhebung von Jovian und Valentinian: Amm.XXV 5,3f.; XXVI 1.
[16] Mommsen 1866 zum Dominat (AG.1): *Eine Neubildung in der Theorie findet sich nicht, wohl aber in der Praxis. In der alten Verfassung war der Kaiser allein Beamter, dies ändert sich später: da gab es Staatsminister.* (AG.2): *Die rohe militärische Acclamation durch den Kriegspöbel ist durch einen Kriegsrath ersetzt.*

[17] Hensel (oder Mommsen) irrig: Ponte „Sisto". Gemeint ist die Inschrift Dessau 771.
[18] *Imperator – Caesar – Augustus*
[19] Commodus: Dessau 397
[20] K. J. Neumann, RE.V 1903, 1305ff.
[21] z.B. Sueton, Augustus 53,1; ders., Tib.27
[22] *sacratissimus imperator*: Dessau 6105; *dominus et deus*: Suet.Dom.13
[23] RIC.V 1 S. 299, vgl. Dessau 585; 5687; Aur.Vict.39,4
[24] Epitome de Caesaribus 39,1: *Graium nomen in Romanum morem convertit.*

oder küßt sie wie die anderen vornehmen Personen. Diocletian hat die Knie-
beugung eingeführt.[25] Auch das nähert sich der orientalischen Auffassung.[26]
Eine Opposition dagegen gab es in Rom. Die Auffassung als Gott verträgt
sich mit dem Christentum nicht: Der Gott der Erde wird fallengelassen, es
bleibt der Herr der Erde. Die Insignien, Pracht und Pomp werden auffallend gesteigert.[27] Früher
unterschied sich der Kaiser nicht wesentlich von dem Beamten. Der Purpur
war eigentlich nichts als die rote Feldherrnschärpe, die er als alleiniger Feldherr trug. Diocletian nahm die [MH.III 9] Goldstickerei in das Kaiserge-
wand auf, Constantin führte das Diadem ein, wie es früher nur bei Frauen
und Göttern vorkam.[28]

Inwiefern kann man noch von einer Reichseinheit sprechen? Der Ausgangspunkt der ganzen Umwandlung ist die Teilung, die Einführung der örtlich
geteilten Kompetenz. Die Elemente von Reichseinheit, die noch übrigblie-
ben, ließen das Reich noch als einen einzigen Staat erscheinen. Das drückt
sich in der Titulatur aus. Technisch spricht man von *partes Orientes* und
partes Occidentes.[29] Vollkommene Gleichheit herrscht in der Organisierung.
Allerdings spielte sich das Avancement nur innerhalb eines Reichsteiles ab.[30]
Die Einheit zeigte sich noch in drei Punkten: nach außen in Krieg und
Frieden, nach innen in Gesetzgebung und Konsulat. Sämtliche Regierungshandlungen wurden auf die Namen beider Kaiser gestellt, die in der Folge
der Anciennität[31] geordnet waren. Auch in der Art der Gesetzgebung gibt es
einen Bruch mit dem Früheren: der Principat hat eigentlich die Gesetzgebung nicht. Gesetze beschließt der Senat. Die faktischen Grenzen zwischen
edictum und *lex* laufen sehr zusammen, nicht jedoch die formellen. Die
Erlasse an Private hören allmählich auf; die Anfrage beim Kaiser wurde
freilich erst von Justinian verboten. Dagegen nimmt der Kaiser jetzt die
Gesetzgebung selbst in die Hand. Es ist gewiß nicht Zufall, daß der Codex
Theodosianus im Jahre 312 beginnt.[32] Das Recht steht den *Augusti* zu, nicht
den *Caesares*. Deren Nennung in den Gesetzen[33] ist daher nur Ehrenbezeugung. Wie verhielt man sich, da es zwei höchste Gesetzgebungsstellen waren? Hundert Jahre scheint der alte Zustand einfach fortbestanden zu haben.
429 erschien die Verordnung, es müßte das im eigenen Reichsteil zu publi-
zierende Gesetz erst an den Kollegen gesandt werden und erhielte erst Gül-

---

[25] Aur.Vict.39,4; Joh. Lydus, mag.I 4.
[26] Eutrop IX 26; Amm. XV 5,18;
Hieron.chron. zu 296.
[27] A. Alföldi, Die monarchische Repräsentation im römischen Kaiserreiche,
1934/70
[28] Epitome de Caesaribus 41,14;
Chron.Min.I 234
[29] ND.or.I 1; occ.I 1

[30] Dies gilt vorwiegend für das 5.
Jahrhundert.
[31] des Dienstalters
[32] Die frühesten Gesetze der Sammlung stammen aus diesem Jahr, nach
O. Seeck, Die Regesten der Kaiser und
Päpste, 1919, S. 159, ist CTh.XIII 10,2
schon auf 311 zu datieren.
[33] z. B. CTh.IX 42,2f.

tigkeit, wenn es auch in jenem Reichsteil publiziert worden sei.[34] Diese Regel fand Anwendung auf den Codex Theodosianus selbst und auf die Novellen[35] des Theodosianus. Es scheint, daß noch nach dem Untergange des weströmischen Reichs die Gesetze von Ost-Rom formell auch für den Westen [MH.III 10] erlassen wurden. Das Konsulat hatte keine direkte politische Bedeutung mehr. Vielleicht ist sogar in dieser Zeit die Senatspräsidentschaft weggefallen. Die Ehre bestand nur in der Eponymität der ersten Konsuln des Jahres.[36] Diese Datierung blieb für das ganze Reich gültig. Das Recht, die Konsuln zu ernennen, lag beim Kaiser; in der Tetrarchie scheint es Reservatrecht geblieben zu sein für Diocletian.[37]

Die formelle Teilung des Reiches erfolgte 364.[38] Da scheint die Verabredung getroffen worden zu sein, daß jeder Regent einen Konsul vorschlägt und beide gleichzeitig promulgiert werden. Die Datierung *post consulatum*, die 307 zuerst aufkam, weist auf eine Verwirrung hin.[39] Sie kam häufig vor, denn das Verfahren führte Verschleppung herbei. Eine Änderung trat *anno* 399 ein.[40] Für dies Jahr war der Eunuch Eutropius zum Konsul designiert, dagegen protestierten der ravennatische Hof und Stilicho.[41] Das führte offenbar dazu, daß die alte Ordnung gebrochen wurde: Die gemeinschaftliche Promulgation hörte vorübergehend auf. Nun kommt die Sitte auf, den Konsul des eigenen Reichsteils zuerst zu nennen.

Merkwürdig ist es, wie man sich nach dem Sturz Westroms in den Barbarenstaaten verhielt.[42] Die Vandalen, auch die Westgoten, datierten im Anfang nach der im Reiche rezipierten Weise. Der okzidentalische Konsul steht natürlich an erster Stelle. Bei den Franken ist ein Schwanken zu beobachten: man datiert überwiegend nach Regierungsjahren, doch in früher burgundischen Gebieten bleibt vielfach der alte Gebrauch. Seit 501 bestand offenbar eine gemeinschaftliche Ordnung zwischen Theoderich und Ostrom; seitdem gibt es wieder einen okzidentalischen Konsul. Nach Prokop wollten die Orientalen auch diesen ernennen. Bei Cassiodor ernennt Theoderich den Westkonsul.[43] Wahrscheinlich hatten der König oder sein Senat das Vorschlagsrecht, doch bestätigte wohl der Kaiser. Im Reiche Theoderichs wird nur nach dem okzidentalischen Konsul datiert. Beim Ausbruch des gotischen Krieges hört das auf. *Post consulatum Paulini* (d.h. 534) *anno NN*[44] ist dann die offizielle gotische Datierung während des Krieges.

[MH.III 11] Drei Prinzipien der Administration unterscheiden sich von

---

34 CTh.I 1,5
35 d.h. die Nachtragsgesetze
36 Dio XLIII 46,6
37 Mommsen, Ges.Schr.VI 324ff.
38 Zwischen Valentinian und Valens: Amm.XXVI 5
39 W. Liebenam, Fasti consulares Imperii Romani, 1909, S. 33

40 a.a.O. S. 40
41 Claudian XVIIIff. (In Eutropium)
42 Mommsen, Ges.Schr.VI 343ff.; 362ff.
43 Cass.var.II 2f.; VI 1; IX 22f.
44 z.B. *secundo*, d.h. im zweiten Jahre nach dem Consulat des Paulinus

der früheren: es gibt ein Beamtenregiment, der Kaiser tritt zurück in die Stellung des wirklichen Monarchen, wir finden jetzt eine Beamtenhierarchie mit Instanzenzug. Der Kompetenzbegriff ist auf den Princeps[45] nicht anwendbar, alles läuft in ihm zusammen. Das bleibt, aber die Verwaltung legt sich auseinander in örtlicher Beziehung und nach den einzelnen Verwaltungszweigen. Trennung von Verwaltung und Justiz ist noch unbekannt, doch von der zivilen Sphäre ist das Militär scharf getrennt. Die Kompetenzteile werden nach geographischen Grenzen festgelegt. Die diocletianische Einteilung wirkt noch bis heute nach: die Zwei-, responsive Vierteilung. Die Grundlage ist weltgeschichtlich und fällt in viel frühere Zeit. Den ost-westlichen Gegensatz verschleierten Republik und Principat. Eine äußerliche Scheidung liegt aber schon in der Militärordnung des Augustus: man unterscheidet okzidentalische und orientalische Legionen. Das zeigt sich im Wechsel der Cantonnements. Das, was sich zuerst nur auf das Militär bezieht, beherrscht dann das ganze Reich.

Marcus Aurelius stellte sich seinen Bruder Lucius Verus an die Seite[46]; früher kannte man immer nur einen einzigen Augustus. Aber auch jetzt regieren sie ohne Kompetenztrennung, wie früher die Konsuln. Diocletian führte also etwas Neues ein, und zwar freiwillig. Es wurde bald in untergeordneter Weise zur Vierteilung: *anno* 292 gesellten sich die Augusti zwei Cäsaren bei mit gewisser Kompetenz, aber untergeordnet.[47] Diese Vierteilung ist im wesentlichen bestehen geblieben. Es sind später die vier Sprengel der *praefecti praetorio*.

An der Spitze der Reichsteile blieb immer der *Oriens et Aegyptus*[48], jetzt ein bestimmter geographischer Begriff. Als cäsarischer Bezirk kamen Griechenland, Makedonien, Thrakien und das östliche *Illyricum* hinzu. Die Sprachgrenze ist immer zugrunde gelegt.[49] Der westaugusteische Bezirk ist Italien und *Africa*, wozu das westliche *Illyricum* (Pannonien) gehört. Gallien mit Spanien und Britannien waren hier der cäsarische Teil. *Illyricum* ist in dieser Zeit gewissermaßen das Hauptland, es wird geteilt. Die Teilung knüpft sich allerdings mehr an die Person des Kaisers. Die vier Teile sollten wohl nicht immer dieselben bleiben. [MH.III 12] In gewissem Sinn kann man von einer Reichsteilung also erst später sprechen.

Constantin trat nach den folgenden Wirren allein an die Spitze des Reichs. Doch erfolgte wieder jene Teilung als gouvernementale Bezirksteilung: Die vier *praefecti praetorio* waren Minister mit gewisser Kompetenz. Jedem Augustus sind später zwei solche *praefecti praetorio* unterstellt.

Neben dieser obersten Teilung steht die zweiten und dritten Grades. Wir bekommen jetzt einen dreifachen, responsive vierfachen Instanzenzug. Die

---

[45] Dieser Kaisertitel ist auch in der Spätantike noch üblich.
[46] Amm.XXVII 6,16; Eutr.VIII 9
[47] Lact.MP.18,5
[48] So in der «Notitia Dignitatum».

[49] Zur Sprachgrenze: Gerov, in: G. Neumann + J. Untermann (edd.), Die Sprachen im römischen Reich der Kaiserzeit, 1974/80, S. 147ff.

oberste Gewalt hat natürlich der Kaiser, dessen persönliches Eingreifen in außerordentlichen Fällen nicht ausgeschlossen ist. Aber zunächst entscheidet der Vertreter der Provinz, dann der der Diöcese, dann der *praefectus praetorio*. Diocletian teilte das Reich in 13 Diöcesen.[50] Das Wort ist griechisch. Schon Cicero[51] kennt Diöcesen in Asien als Gerichtssprengel. In anderer Verwendung begegnet der Terminus vorwiegend für *Africa* und die *Tarraconensis*, die in Verwaltungsbezirke zerschlagen sind. In der neuen Ordnung aber sind die Provinzen Teile der Diöcesen. Diese werden mit Bezug auf die *praefecti praetorio* so behandelt, daß sie entweder von einem *praefectus praetorio* direkt oder von einem *vicarius praefectorum praetorio* regiert werden. Auch die *vicarii* sind kaiserliche, nicht praefectische Beamte. Klagen über sie gehen direkt an den Kaiser. Die Diöcesen sind: *Oriens et Aegyptus* (d. h. Syrien und Ägypten), *Pontus* (von der unteren Donau an) und *Mysia, Pannonia* (an der mittleren und an der oberen Donau), *Urbs Roma* mit Süditalien (*vicarius in urbe Roma*), *Italia* (d. h. Norditalien, *Gallia Cisalpina* und *Picenum*), *Viennensis* (Südgallien oder *quinque* oder *septem provinciae*), Nordgallien, Spanien, *Africa* und Britannien. Später sonderte man *Aegyptus* von Syrien.

Jede Diöcese besteht aus Provinzen, und wenn man auf diese blickt, ist der Satz von der Zerschlagung der Provinzen richtig. Italien ist jetzt in den Provinzialverband hineingezogen. Der *vicarius in urbe* herrscht über sieben Provinzen, worunter die drei Inseln[52], dazu *Bruttia, Calabria, Campania, Tuscum* zählen. In *Oriens et Aegyptus* sind fünf frühere Provinzen vereinigt. *Aegyptus* umfaßte früher *Aegyptus* und die Cyrenaika; jetzt zerfällt es in Ober-, Mittel- und Unterägypten. *Gallia* entstand aus fünf Provinzen: *Germania* [MH.III 13] *inferior* und *superior, Belgica, Lugdunensis, Alpes Graiae* und *Cottiae*, jetzt zerfällt die Diöcese in sieben Abteilungen: *Germania* I und II, *Belgica* I und II, die *Alpes Graiae* und *Cottiae* blieben, *Lugdunensis* I und II. Man versuchte also, eine Egalisierung durchzuführen. Für die höchste Stufe, den Bezirk des *praefectus praetorio*, haben wir keine technische Bezeichnung. Die zwei Hauptstädte (Rom und Konstantinopel) unter den *praefecti urbi* sind aus der Provinzialverwaltung eximiert, ebenso die Prokonsulate.[53]

Italien verwaltete sich früher selbst unter Oberleitung des Senates. Das blieb nur für Rom, allerdings mit einem Polizeichef, dem *praefectus urbi*.[54] Ebenso wurde das neue Rom (Byzanz) administriert. Die *praefecti urbi* stehen in Rang und Machtvollkommenheit den *praefecti praetorio* gleich. Die prokonsularischen Bezirke sind die Reste der senatorischen Provinzen.

[50] Der «Laterculus Veronensis» von etwa 313 nennt 12 Diözesen (hat aber 13 Abschnitte).
[51] Cic.fam.III 8,4
[52] Sizilien, Sardinien, Korsika

[53] *Africa, Achaia, Asia*
[54] Chastagnol 1960; ders., Les fastes de la préfecture de Rome au Bas-Empire, 1962

Die nicht-kaiserliche Ernennung freilich ist beseitigt. Die Prokonsuln werden jetzt vom Kaiser ernannt. Was aber von ihnen noch übrig ist, dependiert direkt vom Kaiser, nicht von den *praefecti praetorio*. *Africa* ist nicht viel mehr als Karthago und Umgebung. *Asia* ist Ephesus und das nächste Gebiet.

Der Begriff des Beamten ist durchaus soldatisch. Die kaiserlichen Statthalter waren alle Offiziere; bei den *procuratores* war das ursprünglich nicht der Fall, jetzt wird aber der Gedanke auch hier durchgeführt. Nur der *praefectus urbi*, der noch die Toga trägt, und die Prokonsuln machen eine Ausnahme. Das *cingulum* (Gürtel) ist das militärische Kennzeichen der übrigen Beamten. Auch die Zivilbeamten gelten als Militär: man spricht von *militia militaris* oder *armata* und *militia palatina*. Das alte Unteroffizierssystem [MH.III 14] gab den Stempel für die niederen *officiales*. Die Erblichkeit gewann auf den Beamtenbegriff einen gewissen Einfluß. Das kommt vom Militär: denn die Erblichkeit des Militärdienstes spielte eine große Rolle. Die Lagerkinder wurden als geborene, pflichtige Soldaten angesehen. Ebenso bei den niederen Offizialen. Die Erblichkeit greift überhaupt sehr weit um sich, auf alles, was *functio* ist. Das Avancement erfolgt nach Jahren. Der Turnus der Subalternkarriere ist 20 bis 25 Jahre. Die Fixierung der Dienstjahre ist beim Militär natürlich. Es ist der Staat im Staat der voll entwickelten Militärbürokratie.

Die Rangverhältnisse erhalten eine Bedeutung, die sie früher keineswegs hatten.[55] Den Unterschied von Senatoren und Nichtsenatoren übernahm der Principat aus der früheren Republik, ebenso die Erblichkeit der Nobilität. Die nichtsenatorischen Beamten werden als Hausbeamte angesehen, sie sind besoldet; das ist der Unterschied zu den senatorischen Ämtern. In den kaiserlichen Ämtern wurden die Gehaltsklassen zu Rangklassen. Die neue Rangordnung entstand durch das Zusammenschieben der beiden Karrieren; die Rangstellung war aber stets persönlich. Es entstand ein persönlicher Beamtenadel. Für die senatorische Stellung bleibt die Erblichkeit, d.h. für die *clarissimi*, die vorletzte der vier Rangklassen. Wir haben aber auch einen Adel ohne Beamtenstellung, den Patriziat; dieser wurde immer von den Kaisern verliehen. Vor Constantin scheint wenig Gebrauch davon gemacht worden zu sein. Jetzt wird er zum höchsten Range, ist aber nicht erblich.[56]

Die Rangordnung der späteren Zeit geht wohl auf ein Gesetz von Valentinian und Valens *anno* 372 zurück.[57] Es schließt sich an die drei Rangordnungen an, eingeschoben sind die senatorischen *clarissimi*. Die höchstgestellten, unmittelbar vom Kaiser dependierenden Rangbeamten sind die *viri*

[55] Mommsen 1866 (AG.15): *Mit diesen leeren Titulaturen herrschten die Byzantiner hauptsächlich, wie es bei uns durch Orden, Hofräte etc. geschieht.*
[56] W. Heil, Der konstantinische Patri-

ziat, 1966. AG.14: *Der alte Geschlechtsadel wird nun Briefadel.*
[57] Es handelt sich um das in Teilen überlieferte Gesetz vom 5. Juli 372: CTh.VI 7,1; 9,1; 11,1; 14,1 und 22,4 (?, vom 2. Juni).

illustres: im wesentlichen *praefecti praetorio, magistri militum* und *praefecti urbi.* [MH.III 15] Die zweite Stufe sind die *viri spectabiles,* also *vicarii praefectorum praetorio,* die *proconsules,* später auch die *duces.* Die dritte Stufe sind die *viri clarissimi,* nämlich die *consulares.* Die vierte Stufe sind die *perfectissimi,* ein Titel, der schon im 3. Jahrhundert vorkommt; es war dies nämlich früher die zweite Klasse der prokuratorischen Karriere. Das Egregiat ist offenbar seit Constantin beseitigt. Es sind jetzt die *praesides* im allgemeinen.[58] Die erste, zweite und vierte Rangklasse sind aus der Prokuratoren-, die dritte ist aus der Senatorenkarriere herausgewachsen. Sie ist noch erblich, oft verbunden mit dem Rang von *illustres.* Die Konsuln gehören der persönlichen Rangstellung nach zu den *illustres,* sind innerhalb dieser während ihrer Funktion die ersten, dann kommen die *patricii,* dann erst die *praefecti praetorio.* In seinem Titel aber bezeichnet sich der Senator meist als *vir clarissimus.* Außer dem Patriziat gab es einen Nicht-Beamtenadel durch die Übertragung eines Ehrenamtes durch *honorii codicilli.*

Im Hinblick auf die Amtsdauer blieb im wesentlichen die alte Ordnung bestehen. Der Principat ernannte seine Beamten auf beliebige Zeit. Eine Anstellung auf Lebenszeit kommt auch in der neuen Monarchie nicht vor. Jede Ernennung erfolgt bis auf die Abberufung, regelmäßig nach 3–4 Jahren. Dagegen kommt vielfach eine häufige Bekleidung desselben Amtes vor.

Die Umgestaltung des Militärwesens war notwendig geworden.[59] Das erforderten die bedrohten Grenzen, die Bauernunruhen, die Bagaudenbewegung und der Aufstand in Ägypten. Ähnlich war es in Kleinasien, hier herrschten Räuberzustände mit dauernder Blockade gegen die Isaurier. Das Heer ist vervierfacht worden (s. u.). Ein scharfer Unterschied wurde zwischen der eigentlichen Armee und den Truppen *intra palatium* gemacht, zu denen *domestici, protectores* und *scholae* gehörten. Auch in der eigentlichen Armee gab es *comitatenses* und *palatini,* doch waren dies Feldtruppen.[60] Reiterei und Fußvolk blieben unbedingt getrennt, was bis in das höchste Kommando hinaufging.[61] In der Reiterei heißen die Einheiten: *vexillatio, cuneus equitum* und *ala,* was wohl nur einen Rangunterschied bedeutet. Die *vexillatio* ist die vornehmste Bezeichnung, wahrscheinlich die alte Legionsreiterei, die oft als Detachement benutzt wurde. Über die Stärke [MH.III 16] läßt sich nichts sagen, die alte Ordnung der Abteilungen à 1000 oder 500 Mann wurde wohl beibehalten.

Wichtiger war das Fußvolk. Für seine Abteilungen blieb vermutlich auch

[58] O. Hirschfeld, Die Rangtitel der römischen Kaiserzeit. In: Ders., Kleine Schriften, 1913, S.646–681
[59] Mommsen, Ges.Schr.VI 206ff.; R. Grosse, Römische Militärgeschichte, 1920; Jones 1964, 607ff.; Demandt 1989, 255ff.

[60] D. Hoffmann, Das spätrömische Bewegungsheer, I 1969, II 1970
[61] *magistri equitum* neben *magistri peditum:* Zos.II 33,3; Lydos mag.II 10

die alte Ordnung bestehen: Die Legion umfaßte 5500 Mann wie früher und dazu kamen (Auxiliar-)Kohorten. Aber es traten als drittes Glied die *auxilia* hinzu, nicht mit den alten Auxiliarkohorten zu verwechseln. Die Stärke des Heeres überhaupt betreffend, hat man lange geglaubt, daß der Bestand der einzelnen Legion vermindert wurde. Doch wird man sagen müssen, daß sie normalerweise noch 5000–6000 Mann zählte. Alle späteren Autoren nennen diese Zahl.[62] Die Grenzheere decken sich mit der früheren Zeit. *Pontus* z.B. kennen wir sehr genau aus Arrian[63]; dieselben zwei Legionen, die Kohorten und Alen stehen noch daselbst. An Donau und Euphrat blieben die Dinge, wie sie waren. Das spricht sehr für die Stabilität der Legionskörper. Im Arrian haben wir die zuverlässige Aufzählung aller Legionen insbesondere[64]; allgemein verbreitet ist aus diesem Grunde die Annahme, man habe (im 4. Jh.) 132 Legionen gehabt; doch gilt die Summierung nur für die Feldarmee; die Grenzarmee ist dabei nicht mitgerechnet.[65] Zählt man sie mit, so muß man für den Orient circa 100, für den Okzident circa 70 Legionen annehmen. Dazu kommen Reiterei und *auxilia*. Für die Legionen kommt man also auf 800000 Mann. Rechnet man alles andere hinzu, so erhält man etwa 1200000 Mann. Die Zahl ist keineswegs befremdend. Wir haben noch zwei Angaben: Lactantius[66] tadelt Diocletian wegen der Vervierfachung des Heeres. Das ist natürlich *cum grano salis* zu nehmen. Doch stimmt das zu dem obigen Resultat, wenn Lactantius an den Normalstand der guten Kaiserzeit – 400000 Mann – denkt. In der «Notitia Dignitatum» steckt noch die Steigerung des 4. Jahrhunderts. Übertrieben mag also die Vervierfachung des Lactantius wohl sein. Die andere Angabe bietet Agathias.[67] Er sagt, der Normalstand des Heeres sei 645000 Mann, er betrage aber jetzt – unter Justinian – bei weitem nicht so viel, nur 150000 Mann. Wenn man bedenkt, daß das nur der Orient war, so kommt man wieder auf die obige [MH.III 17] Zahl. Diese Truppenzahl ist historisch und politisch sehr wichtig. Das ist die glänzende Seite, der Revers ist aber die ungesehene Ungleichheit zwischen Effektivstand und Normalstand. Unter Justinian war nur ein Viertel des Normalstands in den Cadres. Es muß aber auch früher sehr arg gewesen sein, wenn sieben Legionen und ein bewaffneter Bürgerstand innerhalb einer Stadt auf 20000 gerechnet werden; freilich war das im schweren persischen Kriege.[68]

Die Gemeinen gingen immer mehr aus den untersten Schichten der Bevölkerung hervor. Augustus wollte das gebildete Element ins Heer bekommen. Wie sehr sich das aber geändert hat, zeigt Henzen 6686 aus dem 3. Jahrhun-

[62] 1889 beziffert auch Mommsen (Ges.Schr.VI 260ff.) die spätantike „Neulegion" mit 1000 Mann. Grosse l.c. 30f.

[63] Arrian, Scripta Minora, ed. G. Wirth, 1968

[64] Eine Legionsliste liefert Dio LV 23.

[65] Die Zahl von 132 Legionen ergibt sich aus der «Notitia Dignitatum».

[66] Lact.MP.7,2

[67] Agath.V 13,7

[68] Amm.Marc.XIX 2,14

dert.[69] Die Truppenstellung, hauptsächlich den Grundbesitzern auferlegt, erfolgte daher großenteils aus den *coloni*, die vielfach angesiedelte Barbaren waren. Letzteres Element wird man freilich nicht zu hoch anschlagen dürfen, sonst verschwände der Unterschied zwischen Legionen und *auxilia*. Gebildete findet man im Offiziersstande.[70] Aber es ist unerhört, daß ein Mann guter Abkunft als Gemeiner ins Heer tritt. Eine große Rolle spielte das Moment der Erblichkeit; den Grenztruppen war die Ehe erlaubt. Die Kohorte verschwand jetzt, weil man nur wenige neue bildete; man findet sie nur in den Grenztruppen, so wie die Alen, denn die Grenztruppen stellen das alte Heer dar.

Das neue Element der Epoche sind die *auxilia*; diese Bezeichnung kommt in der «Notitia Dignitatum» nur den Fußtruppen zu. Sie waren angesehener als die Legionen und gehen auf Diocletian zurück. Die Zahl können wir bestimmen. Die *auxilia* im Okzident sind stärker. Im ganzen nennt die Notitia deren 102. Den Mannschaftsbestand der einzelnen Truppen kennen wir nicht. Wahrscheinlich ist doch, daß die Stärke der alten Kohorten zugrunde gelegt ist, also insgesamt keinesfalls mehr als 100000 Mann. Die *auxilia* bilden das rein barbarische Element, man kann sagen, das germanische. Er ist auch nicht ganz neu, dieser Primat der Germanen, man denke an die Bataver als *equites singulares*. Die Namen so gut wie aller *auxilia* in der Notitia sind die germanischer Volkstämme, ausgenommen die schottischen [MH.III 18] Attacotten und manche Hilfstruppen. Die Bataver und die Salier gehörten zum Reich, allerdings die meisten anderen Stämme nicht. Ammianus Marcellinus[71] überliefert, die Opposition gegen Constantius sei hervorgegangen daraus, daß er sich gegen die Abmachung mit gallisch-germanischen *auxilia* verging, die er vertragswidrig aus Gallien, wo sie dienten, nach dem Orient rief. Das zeigt, daß es meistens freiwillige Ausländer waren. Fränkische Offiziere gab es auch später noch am Hofe[72], doch war es nicht mehr so das prävalierende[72a] Element wie früher. Die Nationalität der byzantinischen Kaiser selbst macht sich fühlbar, es sind Armenier und Isaurier.[73] Das Prinzip ist dasselbe, die Auffrischung durch Barbaren; der nächste Schritt war die Auflösung in barbarische Königsmache.[74] *Foederati* sind offenbar *auxilia*, die beim Eintritt in den Dienst eine Kapitulation, ein *foedus*, eingegangen waren.

Ein halbmilitärisches Institut sind auch die aus der Notitia bekannten *laeti*

[69] I. C. Orelli, Inscriptionum Latinarum selectarum amplissima collectio, III ed. W. Henzen, 1856 Nr. 6686 = CIL.V 923 = Dessau 2671. Der Prätorianer wird gerühmt *non barbaricae legionis* zu sein.

[70] Mommsen denkt wohl an Ammian oder Ellebichus, doch gab es auch Analphabeten im Generalsrang wie Vetranio: PLRE.I *sub nominibus*.

[71] Amm.XX 4

[72] Merobaudes, Arbogast, Bauto

[72a] „vorherrschende"

[73] Zeno war Isaurier, Armenier auf dem Kaiserthron kennt die Spätantike nicht. Die Mehrzahl der Kaiser kam aus dem Donauraum.

[74] Rikimer, Gundobad, Odovacar

et gentiles. Sind es Soldaten oder Bauern? Ihre Ansiedlungen, die sich nur in Italien und Gallien finden[75], sind teils germanisch, teils sarmatisch. Sie werden als *praefecturae* behandelt; jeder Ansiedlung war ein *praefectus* vorgesetzt, was eine militärische Bezeichnung ist. *Gentiles* bedarf keiner Erklärung, es sind die Barbaren. *Laeti* hat im Lateinischen keinen Namen, es ist einfach germanisch, sie müssen mit den *liti* des salischen Rechtes und der anderen Volksrechte identifiziert werden. Es sind dies die hörigen „Leute" (wie die römischen *laeti*), sie sind nur nicht einem Privaten untertan, sondern als *coloni* in das Verhältnis zum Staat getreten. Deshalb brauchen dieselben Leute in ihrer Heimat nicht Läten gewesen zu sein. Ammian[76] sagt das auch mit dürren Worten, Julian wolle *laetos quosdam cis Rhenum editam Germanorum* (richtig: *barbarorum*) *progeniem vel* (es fehlt: *certe*) *ex dediticiis, qui ad nostra desciverunt* (richtig: *desciscunt*) dem Constantius schicken. Das ist auch die Antwort darauf, woher denn alle die *auxilia* kommen? Diese Präfekturen sollten die Seminarien für sie sein. Eine unmittelbare militärische Bedeutung wird man den *praefecturae* nicht zuweisen, es war ein ähnliches Verhältnis wie an der Militärgrenze.

Die Hoftruppen unterstanden dem Kommando der *comites domesticorum*[77] und des *magister* [MH.III 19] *officiorum.*[78] Die Hoftruppen, *scholae*, zerfallen in zwei Teile mit getrenntem Kommando. *Schola* ist ein Warteplatz, besonders in Beziehung auf subalterne Beamte gebraucht für ihren Sammelplatz. Lateinisch *statio* entspricht griechisch *scholé* (Bureau). Das Wesen der Hoftruppen ist ja ihre Aufstellung an bestimmten Plätzen des Palastes. Es gibt ein eigentümliches Veteranen- und Kadettenkorps (*protectores domestici*[79]) und die *scholae* im engeren Sinne. Letztere, die eigentlichen Palasttruppen, sind die Blüte der barbarischen Miliz. Sie zerfallen in *scutarii, armaturae* und *gentiles*, welch letzteres deutlich auf ihren Ursprung hinweist. Die barbarische Herkunft des gesamten Korps ist bezeugt.[80] Prokop[81] sagt, sie wären früher aus den Armeniern ausgewählt worden, er denkt an die Zeit Leos (457–474). Geborene Reichsangehörige wurden nicht hineingenommen. Agathias[82] bespricht ihren hohen Sold und ihre Pracht. Aus Prokop erfahren wir die Anzahl: Sie waren damals 3500 Mann. Die Abteilungen umfaßten[83] offenbar 500 Mann, die kleinere Kohortenstärke. Unter den *scutarii* finden wir eine Reitertruppe; auch die *armaturae* müssen zu Pferde gedient haben. Doch waren die *scholares* größtenteils Fußtruppen. Die *scutarii* kommen bei Ammian[84] als *gentiles scutarii* vor, was wieder die Abstammung beweist.

[75] ND.occ. XLII 46–70. Es handelt sich um Sarmaten und Taifalen.
[76] Amm.XX 8,13
[77] ND.or.XV; occ.XIII
[78] ND.or.XI; occ.IX
[79] Grosse l.c. 138ff.; H. J. Diesner, RE.Suppl.XI 1968, 1113ff.
[80] Amm. l.c.

[81] Proc.hist.arc.24,16
[82] Agath.V 15,2
[83] Der hier nun folgende Hinweis „N. d. 7" muß sich beziehen auf die Truppenliste ND.occ.VII, die jedoch keine Sollstärken angibt und keine *scholae* behandelt.
[84] Amm.XX 2,5

Die Gardetruppe steht unter dem *magister officiorum*, dem Oberhofmarschall.[85] In älterer Zeit kam diese Stellung dem *praefectus praetorio* zu; in konstantinischer Zeit sind diese als Militärbeamte beseitigt worden[86], und das Kommando ging auf den *magister officiorum* über. Im «Codex Theodosianus»[87] heißt dieser: *tribunus et magister officiorum*. Der Legionstribunat ist verschwunden. Geblieben ist aber der Kohortentribun im Grenzheere. Jede prätorische Kohorte hatte früher einen Tribun. Das wurde auf die einzelnen *scholae* übertragen; die Kommandanten der *scholae* sind mit die vornehmsten Offiziere des ganzen Heeres.

Es gibt aber am kaiserlichen Hof auch Beamte, die Offiziersrang haben und deshalb *tribunus* genannt werden, [MH.III 20] so den *tribunus stabulorum*.[88] Vielfach ist die Rede von *tribuni et notarii*[89], auch da ist *tribunus* nur der Rang. Vom *tribunus et magister officiorum* gilt dasselbe, der zweite Teil des Titels bleibt dann allein üblich. Er hat die *officia*, d. h. die Bureaus, unter sich, namentlich die sogenannten *scrinia*.[90] Man unterscheidet vier Abteilungen (*scrinia*) der kaiserlichen Kanzlei mit *magistri*: *memoriae*, *epistolarum*, *dispositionum* und *libellorum*. Der *magister officiorum* hat die Aufsicht über die *admissiones*, d. h. das Audienzwesen. Unter ihm stehen die *curiosi omnium provinciarum* (die Polizei) und die *agentes in rebus* (die Subalternpolizei) sowie die *interpretes omnium gentium* (Dolmetscher der Barbaren). Schon in den ältesten Verordnungen sieht man, daß an den *magister officiorum* die Eingaben aus dem ganzen Reiche kommen. Er wird *vir illustris* genannt.

Nirgends läßt sich die neue Zeit so gut erkennen wie an den *protectores domestici* [s. o.]. Schon in früherer Zeit kam es vor, daß gemeine Soldaten, die von der Pike auf gedient hatten, zu Offiziersstellen gelangten, aber nur selten. Auch bei der Garde ging es so, doch wurden die Kaiser immer mißtrauischer gegen sie. Darum wurden bald einzelne erprobte Soldaten, die schon ausgedient hatten, zu *protectores lateris domini nostri* ernannt; sie formierten zunächst kein Korps, sondern wurden gleichsam dem kaiserlichen Stabe beigegeben und bildeten so eine Art Offiziersseminar, das zugleich ein Veteranenkorps war. Zu diesen *protectores* traten hinzu die *domestici*, wahrscheinlich seit Constantin. Das waren junge Leute aus uralten Familien, die Offiziere werden wollten, also Kadetten.[91] So tritt der Adel wieder ein. Da beide Arten Offiziersaspiranten waren, wurden sie in ein Korps vereinigt, die *protectores domestici*, und zwar *equites* und *pedites*. Sie wurden auch als *scholae* bezeichnet, gehörten aber nicht zur eigentlichen Garde, sondern wurden nur im Einzeldienst verwendet. Alle fingen mit

---

[85] M. Clauss, Der magister officiorum in der Spätantike (4.–6. Jh.), 1981

[86] Joh. Lydus, mag.II 10

[87] CTh.XVI 10,1 von 321

[88] PLRE.I 1115; Ammian XX 4,3; XXVIII 2,10

[89] Ammian XXVII 5,15; XXVI 6,1; XXVIII 6,12

[90] ND.or.XI 13 ff.; occ.IX 10 ff.

[91] Bekanntestes Beispiel ist Ammianus Marcellinus: PLRE.I s. n.

einem Palastdienste an. In späterer Zeit stehen sie unter dem Kommando eines *comes domesticorum* (*equitum* und *peditum*), also wohl unter dem *magister officiorum*.[92] Im allgemeinen sind zwei Massen zu unterscheiden: das alte Grenzheer und das (neue) Feldheer. Die Soldaten des Grenzheeres mit *legiones* und *vexillationes* heißen *riparienses* oder *ripenses, castriciani* oder *pseudocomitatenses*.[93] Die Offiziere verzeichnet der *minor laterculus*.[94] Das andere Heer, das ebenfalls [MH.III 21] aus *legiones* und *vexillationes* bestand, sind die *comitatenses*, denn das Grenzheer ist in der Tat an die *castra* gebunden, die fast ausschließlich an *ripae*, Grenzflüssen des Reiches, liegen. Das Feldheer sind die, *qui sunt in comitatu imperatoris*.[95] Die Benennung *palatini* ist jünger. In der Inschrift CIL.III 5565[96] von 310 wird schon eine Truppe von *equites Dalmatae* als *comitatenses* bezeichnet, die Institution muß also schon vorconstantinisch sein. Die Hauptmasse des Grenzheeres bilden die Legionen; dazu kommen die *alae, cohortes* etc. *Auxiliares* sind nicht *auxilia*, sondern Lokalmilizen in Illyrien. Die vornehmen Truppengattungen *auxilia* und *vexillationes* fehlen hier. Es werden größere Kommandos gebildet für jede Provinz. Der Kommandant heißt *dux limitis*. Denn wir haben es ja nur mit dem Grenzheer zu tun. Es handelt sich um die Reichsgrenzen, mit Ausnahme von *Isauria* unter einem *comes* wegen der Räuber[97], so bei dem *comes litoris Saxonici per Britanniam*[98] zu beiden Seiten des Kanales und dem *dux tractus Armoricani et Nervicani*[99] wegen der sächsischen Piratenzüge. Die hierher gehörigen Bezirke ziehen sich fast um das Reich herum, jeder einzelne Bezirk ist ziemlich groß, die Vorsteher heißen *duces limitis*.[100] Dieser *dux* entspricht dem alten *legatus provinciae*. Wir wissen, daß die alten Statthalterstellungen erst im 3. Jahrhundert aufgehört haben, ähnlich wie in den alten Legionen. Daher gab es schon oft *duces* als außerordentliche Kommandanten ohne genaue Präzisierung.[101] *Dux* wird dann der ordentliche Titel des Militärkommandeurs. Die Inschrift CIL.III 5565 von 310 verweist auf diocletianische Verhältnisse; wahrscheinlich noch älter ist die Inschrift CIL.III 764[102], wo ein *dux limitis provinciae Scythicae* genannt wird; später heißt er gewöhnlich *dux* schlechthin; so bei Zosimus.[103] Danach hätten bei

---

[92] ND.or.XV; occ.XIII. Die *comites domesticorum* stehen hier im Rang hinter den *magistri officiorum*, sind ihnen aber nicht untergeben.

[93] CTh.VII 1,18. Die spätere Bezeichnung (seit 363: CTh.XII 1,56) lautet *limitanei*: ND.occ.XXVI 12. A. R. Neumann, RE.Suppl.XII 1968, 876ff.

[94] Jones 1964, S. 575 f.; S. 641

[95] s. u.

[96] Dessau 664

[97] ND.or.XXIX

[98] ND.occ.XXVIII

[99] ND.occ.XXXVII

[100] ND.or.XXVIII ff.; occ.XXX ff.

[101] Der folgende Zusatz Hensels (*Sallet Palmyra. Anfang von Mommsen*) verweist auf Mommsens Beitrag zu A. v. Sallet, Die Fürsten von Palmyra, 1866, widerrufen von Mommsen RG.V S. 437 Anm. 2.

[102] Dessau 4103

[103] Zos.II 33

Einsetzung der *magistri militum* durch Constantin die *ducatus* schon bestanden. Kennzeichnend ist die völlige Trennung des Militärs vom Zivilen.[104] Der *dux* hat nur die Militärgewalt. Daher kommt der mehr und mehr um sich greifende Militärprozeß, seit Honorius auch bei Zivilklagen gegen die Soldaten.[105] Nur eine Ausnahme gibt es in gewissen Distrikten, wo der Beamte *dux* und *praeses* heißt. Das ist aber in Distrikten großer Barbarei und Unsicherheit: in *Sardinia, Isauria, Arabia, Mauretania*. Die *duces* mit den Grenztruppen dependieren direkt vom Kaiser. Nur wenn ein *dux* verklagt [MH.III 22] wird, geht die Klage an den *magister militum*, weil der Kaiser das tatsächliche Eingreifen immer mehr ablehnt. Es ist ein Beweis des Übergreifens Stilichos, daß die *duces* unter den *magister militum* gesetzt werden.[106] *Comes* tritt titular an die Stelle der Amtsprädikate: die vornehmeren *duces* werden so genannt.

Das Feldheer[107] ist die eigentliche Neuerung der Epoche, und zwar Diocletians. Es umfaßt die 70 Legionen des Orients und die 61 des Okzidents. Das Kommando ist immer eines höchster Art. Unter dem *magister militum* stehen direkt die Führer der Legionen und Vexillationen. Der ursprüngliche Gedanke ist offenbar, daß die *Augusti* und die *Caesares* und daneben die *praefecti praetorio* an die Spitze treten sollen. Die große Expedition gegen Carausius führte der *praefectus praetorio* Asclepiodotus.[108] Ob es damals vier oder zwei *praefecti praetorio* gab, wissen wir nicht. Sie sind vor allem noch Verwaltungsbeamte. Constantin setzte auch hier mit der Einführung der *magistri militum*[109] die Trennung durch. Es ist etwas ganz Neues. Somit sollte das alte Amt des *praefectus praetorio* wieder aufleben; die *magistri militum* sind beständig um den Kaiser, daher *in praesenti* oder *praesentales*. So wurden sie freilich wohl erst später zur Unterscheidung genannt.[110] Analog ist die Zahl. Die Abweichungen sind bezeichnend: die Kompetenz wird getrennt, in normaler Zeit nach Kavallerie und Infanterie; manchmal wird der *magister equitum* mit dem *magister peditum* vereinigt. Die Trennung hat nur einen Sinn bei Hofe; wenn er dagegen nach einem bestimmten Sprengel geschickt wird, ist er *magister equitum et peditum*.[111] Das Kommando der Garde ist ihm genommen; diese Lehre hatte man gezogen.

---

[104] Mommsen 1866 (AG.10): *Die Civilverwaltung war vollständig von der Militärgewalt durch Aurelian getrennt, den Gründer dieser neuen Ordnung.*

[105] Arcadius und Honorius befahlen im Gegenteil 397, jeden, der eine Zivilsache vor einen Militärrichter bringe, zu deportieren: CTh.II 1,9.

[106] In der «Notitia Dignitatum» rangieren die *duces* der Provinzen nicht unter den Heermeistern, sondern hinter ihnen. Das belegt eine Rangordnung, keine Weisungsbefugnis.

[107] D. Hoffmann, Das spätrömische Bewegungsheer, I 1969, II 1970

[108] Aur.Vict.39,42

[109] Mommsen, Ges.Schr.IV 545 ff.; VI 206 ff.; Demandt, RE.Suppl.XII 1970, 553 ff.

[110] So in der ND. um 420

[111] oder *magister utriusque militiae*, zuerst 370: Dessau 774.

Dann wird auch hier Zivil und Militär geschieden, indem der *praefectus praetorio* als höchster Staatsbeamter das Zivile bekommt. Die Erweiterung dieses Instituts gehört wohl in die Zeit unter Constantius. Ursprünglich wollte man ein Reichsheer für den Orient und eins für den Okzident haben. Innerhalb der Reichsteile gab es zunächst keine lokale Kompetenz. Jetzt kam man aber dazu, den *magistri militum* am Hofe andere *magistri militum* mit örtlicher Abgrenzung und lokaler Kompetenz an die Seite zu stellen: *magistri militum per Orientem*, d.h. im wesentlichen Syrien am Euphrat; *per Illyricum* wegen der Donaukriege; *per Gallias* für den Rhein.[112] Unter Theodosius finden wir einen *magister militum per Thracias*.[113]

Zu den *riparienses et comitatenses* kommen seit den neuen *magistri militum* noch [MH.III 23] *scholae palatinae*. So heißen jetzt die Truppen der vornehmen *magistri militum* (*praesentales*). Damit treten neben den Kaiser Generale, die über Hunderttausenden stehn, was man in früherer Zeit vermieden hatte. Den Stempel des Mißtrauens zeigt diese Organisation durchaus nicht. Die starken Kommandos trugen viel zu dem günstigen militärischen Umschwung bei.

Der Titel *amicus* für die Freunde des Kaisers war bereits unter Augustus von Wichtigkeit.[114] Die Bezeichnung *comes primae, secundae, tertiae admissionis*[115] knüpfte an die Morgenvisiten, die Lever, an. Diese Einrichtung gewann unter dem Principat keine große Bedeutung. Jetzt aber ist der, *qui adorat*, sehr hohen Ranges. Aus den *amici* gingen die *comites*, die Begleiter des Kaisers hervor; auf seinen Reisen nahm der Kaiser frei gewählte Leute mit (*cohors amicorum*). Diese bekamen öffentliche Entschädigungen, ähnlich wie die *amici* bei hohen Statthaltern.[116] Sie wurden vielfach zu Geschäften gebraucht.

Schon in augusteischer Zeit erscheint *comes* titular. Nach Constantin hört die Einrichtung auf, wohl weil der Kaiser das persönliche Regiment mehr und mehr abgab. Constantin scheint es geradewegs abgeschafft zu haben, d.h. die *comites* bekommen unbestimmte Kompetenzen. Jeder Finanzbeamte, jeder *dux* kann *comes* sein. Es ist ein beliebiger, persönlich aber nach Stellung gegebener Titel wie unser „Geheimer Rat". Das Titelwesen erhielt größere Ausbildung; früher schied man die *comites* nach Ständen, insofern Senatoren und Ritter getrennt sind. Jetzt sind es drei Abstufungen: *comites ordinis primi, secundi, tertii*, vielleicht anschließend an die drei Grade der

---

[112] Die Einrichtung der regionalen Heermeister geht tatsächlich zurück auf Constantius II: Demandt, mag.mil., RE.Suppl.XII, 1970, S. 569ff.

[113] Mommsen meint vermutlich Saturninus (PLRE.I s.n.), doch ist das Amt erst ab 412 gesichert: CTh.VII 17,1; Demandt l.c., S. 719f.

[114] Dig.IL 1,1,3

[115] SHA.Alexander 20 nennt nur zwei Ränge, vgl. SHA.Hadr.18,1; Pius VI 11.

[116] Hensels folgender Hinweis *Catulls Gedichte* läßt vermuten, daß Mommsen hier darüber sprach, wie Catull 57 v.Chr. im Gefolge des Proprätors Gaius Memmius nach Bithynien ging.

alten *amici*. CTh.VI 27,8 nennt *cubicularii* als *comites secundi ordinis*. Das Comitat schlang sein Netz über das ganze Land. Ähnlich wird auch der *tribunus* behandelt, obwohl er ja früher eine amtliche Bedeutung hatte. Der Rang wird titular verliehen, mit Abstufungen. Schon früher war ein großer Unterschied zwischen Tribunen der prätorischen Kohorten und den anderen. Die vornehmen Tribunen werden auf einer Stufe gedacht mit den *tribuni scholarum*.

Auf dem Gebiete der Finanzen hat sich die Verwaltung wenig verändert.[117] Der Grundgedanke: Man unterscheidet einerseits *rationes* (*patrimonium*), das sind Staatseinnahmen, soweit sie in die kaiserliche Kasse fließen und vom Finanzminister aufbewahrt, verwendet, verrechnet werden, und andererseits Besitz des Kaisers, insbesondere seinen Grundbesitz. Der Unterschied zwischen *aerarium* und *fiscus* hat aufgehört. Ein *aerarium* des Reiches gibt es nicht mehr. Finanzen und Privatverwaltung des Kaisers sind ja stets ineinander übergegangen. Die kaiserlichen Provinzen wurden angesehen als dem Kaiser gehörig. Freilich ist die Sukzession nicht privatim.[118] Seine Finanzen verwaltet der Kaiser wie andere Leute, doch schon früh [MH.III 24] nicht durch Sklaven, sondern durch einen Prokurator. Die Kassenleute selbst blieben immer Sklaven. Der Vorsteher, der Finanzminister, ist der *procurator a rationibus*. *Rationes summae*, das heißt nicht (wie Hirschfeld[119] meint) kaiserliche, sondern Oberverwaltung. Es gibt eine zweifache Abstufung: den *procurator summae rei* und unter ihm auch *procuratores summarum*, weil es in den Provinzen die Oberverwaltungsstellen sind. Der *procurator a rationibus* heißt dann *procurator summae rei* oder *summarum rationum*, dann *rationalis*, welche Bezeichnung schon im 2. Jahrhundert landläufig, doch erst in nachdiocletianischer Zeit titular wird. Häufig wird er auch *rationalis summarum* genannt. Unter Constantius und seit ihm heißt er *comes* (unvermeidlich!) *sacrarum largitionum*[120], nur nach einem Teil seiner Tätigkeit benannt.

Die finanzielle und administrative Einteilung des Reiches decken sich nicht völlig, stimmen jedoch im allgemeinen überein. Es ist dieselbe Schablone. Die obersten Finanzverwalter der Provinzen heißen im Orient auch *comites sacrarum largitionum*, im Okzident aber *rationales*. Für die Steuereinnehmung kommen ebenso die *praefecti praetorio* in Betracht. Die Kassen bestehen aus sechs Bureaus: drei für Gold, drei für Silber und Kupfer. An der Spitze steht das *obryzum*, dann das *aurum ad responsum* für Kaisermedaillons, Schmucksachen etc. zu Schenkungen; dann kommt das *vestiarium sanctum*, denn vielfach wurde Goldverzierung verwendet. Silber benötigte man für die Silberbarren und für die *miliarienses* (das geprägte Silbergeld).

---

[117] R. Delmaire, Largesses sacrées et res privata, 1989

[118] Augustus: *Aegyptum imperio populi Romani adieci*: Mon.Anc.27.

[119] O. Hirschfeld, Die kaiserlichen Verwaltungsbeamten bis auf Diocletian, 1876/1905, S. 32 ff.

[120] wörtlich: Der „Hofrat für das allerhöchste Spendenwesen"

Pecunia war das Kupfergeld. Das ist die kaiserliche Kasse. Dazu kommen die *thesauri* in den einzelnen Provinzen.[121] Dem Finanzminister waren auch die Grenzzölle (*commercia*) unterstellt, der Zollkassen halber. Schließlich standen unter seiner Verwaltung sämtliche kaiserlichen Fabriken.[122] Das Geldwesen war sehr heruntergekommen; die Zentralisierung des Münzwesens ist aufgegeben. Es gab jetzt Münzstätten in den Provinzen.[123] Auch die Verfertigung von Kleiderstoffen ward vielfach für die kaiserliche Rechnung betrieben: in den *linyphia* wurde Leinen verarbeitet, in den *gynaecea* Wolle, in den *baphia* wurde mit Purpur gefärbt, die *barbaricarii* stellten Brokate her.[124] Unklar ist, ob sie nur zum kaiserlichen Gebrauch dienten. Wahrscheinlich, denn dieser war sehr bedeutend. Die Garderobe des Kaisers war groß, Kleider als Geschenke waren durchaus üblich. Die Bereitung von Purpur blieb kaiserliches Privileg[125]; so mußte, was in den Handel kam, aus diesen Fabriken hervorgegangen sein.

Bei weitem einfacher in der Theorie ist die Verwaltung der Domänen. [MH.III 25] Der Grundbesitz der Kaiser war ungeheuer. Der *praefectus a rationibus* hat wahrscheinlich nie die Domanialverwaltung unter sich gehabt. Unter Septimius Severus wurde die Trennung vollständig. *Procurator Augusti a patrimonio* war der Titel in älterer Zeit, dann *magister rei privatae*, dann unter Constantius *comes rerum privatarum*.[126] Die Verwaltung ist auch hier nach den Provinzen geteilt, doch viel arbiträrer. *Rationales rei privatae* stehen unter ihm, bald für Provinzen, bald für Diöcesen.

Eine große Bedeutung in der späteren Verwaltung hat der Transport. Es ist dies eine Hauptlast der Provinzen. *Bastagae* sind die Transportbeimänner zur Beaufsichtigung. Unter den Domanialminister sind auch die Gestüte gestellt, mit den *praepositi gregum et stabulorum*.[127] Unter Anastasius tritt noch hinzu der *comes sancti*[128], wohl wegen großer Vermehrung der Domänen.

Wichtiger ist das Steuerwesen selbst. Diocletian führte eine allgemeine Reichsbesteuerung ein, was bei der Vervierfachung des Heeres[129] notwendig war. Es war eine neue Hebungsordnung aufgrund neuer Katastrierung. Die Grundlagen des Instituts der Grundsteuer sind nicht neu, es ist nur gesteigert. Schon früh findet sich eine Bonitierung des Bodens. Es wird aber auch

---

[121] ND.or.XIII 10; occ.XI 21 ff.; XII 2

[122] Die *fabricae*: Jones 1964, S. 834ff.

[123] London, Trier, Karthago, Rom, Aquileia, *Ticinum* (Pavia), *Siscia, Sardica*, Thessalonike, Herakleia (in Thrakien), Kyzikos, *Nikomedia, Antiochia, Alexandria.*

[124] Demandt 1989, S. 341 f.

[125] Cod.Just.IV 40,1

[126] Träger dieses Amtes: PLRE.I 1062

[127] ND.or.XIV 6

[128] Johannes Lydos, mag.II 27 und Cod.Just.I 34 nenen einen *comes sacri patrimonii*, den Mommsen hier wohl meint. Zu den *comites* bzw. *curatores* der kaiserlichen Hausverwaltung: Jones 1964 III 103 f.

[129] Diese auf Lactanz MP.7,2 beruhende Annahme ist unzutreffend, s. o. MH.III 16 f.

Rücksicht genommen auf den Bestand der Arbeitskräfte. *Iugatio* oder *capitatio* heißt die neue Steuer. Dies war aber im allgemeinen – Ägypten muß man ausnehmen – keine Kopfsteuer. Das Verfahren kennen wir aus dem syrischen Rechtsbuch.[130] Die Bonitierung geschah so, daß man eine Steuereinheit zugrunde legte (später als 1000 Goldstücke ausgedrückt), die technische Bezeichnung der Steuereinheit ist *caput* oder *iugum*. Rebland und Akkerland wurden in drei Klassen geteilt. Ein *iugum* bildeten drei Äcker (Morgen) Rebland oder, je nach Bodengüte, 20, 40 oder 60 Morgen Ackerland. Aus den Katasterfragmenten ist zu entnehmen, daß zu Anfang der Name des Eigentümers und des Grundstücks steht, dann kommen Gattung und Klasse, anschließend Sklaven und Vieh, zuletzt *coloni*. Alle *capita* werden mitgeschätzt, der Herr so gut wie die Sklaven. Die Bezeichnung *capitatio* ist also richtig, doch nicht erschöpfend. Vielleicht ist diese Einschätzung der Arbeitskräfte gerade das Neue. Kinder unter 14, Greise über 65 werden nicht gerechnet, geringer die Frauen.[131] Von einem Lobredner Constantins[132] wird die Gemeinde der Häduer veranschlagt auf 32000 *capita*.[133] Die Viehsteuer und Grundsteuer ist also damit [MH.III 26] verbunden. Eine Kopfsteuer für sich ist den Römern ganz unbekannt[134], *capitatio* bedeutet stets die oben beschriebene Steuer. Die *capitatio humana atque animalium* im «Codex Theodosianus» unterscheidet sich dadurch allein, daß die Senatoren und Reichsbeamten von ihr ausgenommen sind.[135] Aus dem Gesetz «Codex Justinianus» XI 55,1[136] ergibt sich, daß die Einrichtung, wie sie später besteht, auf Diocletian zurückgeht, als Objekt ist hier die *annona* bezeichnet. Als allgemeine Reichssteuer ist sie also diocletianisch. Eine Stelle aus den Digesten[137] zeigt aber, daß sie z. B. in Syrien schon früher bestand. Bis in das Stadtrecht von *Genetiva*[138] hinein läßt es sich verfolgen. Diocletians Steuerreform war verbunden mit der Beseitigung der Erbschaftssteuer, in gewissem Sinn der einzigen Steuer der früheren Zeit. Das ist ein wichtiges Mo-

---

[130] Th. Mommsen, Syrisches Provinzialmaß und römischer Reichskataster. Hermes 3, 1869, S. 429 ff. In lateinischer Übersetzung ist das Rechtsbuch zugänglich in den FIRA.II S. 751 ff. (Leges saeculares).

[131] CTh.XIII 11,2

[132] Paneg.Lat.V/VIII 11

[133] Hensels folgender Eintrag *Sidonius Carm: XIII 19 capita tu mihi tolle tria* verweist auf eine nicht mehr rekonstruierbare Interpretation Mommsens zu dieser schwierigen Stelle. Sidonius fordert Kaiser Maiorian auf, eine Steuererhöhung zurückzunehmen, so wie Herakles die „Köpfe" verschiedener Ungeheuer abgeschlagen habe.

[134] Mommsen meint *cives Romani*. Die Provinzialen zahlten *tributum capitis*; Ulpian Dig.L 15,3.

[135] Ebenso die landlose *plebs urbana*: CTh.XIII 10,2; s. u. MH.III 28

[136] Die *plebs rustica* lieferte bloß die *annona* gemäß der *capitatio*, kein Zugvieh.

[137] Dig.L 15,3

[138] Aus *Genetiva* in der Provinz *Baetica* (Spanien) stammt die von Mommsen häufig zitierte (s. o.) lex coloniae Ursonensis, ein spätrepublikanisches Stadtrecht: CIL.II 5439; Dessau 6087; FIRA.I Nr. 21. Mommsen, Ges.Schr.I 240 f.

ment; der Römer ist bei Lebzeiten frei gewesen von Steuern, zahlte dafür nach dem Tode. Für den richtigen Sinn des Kaisers zeugte es, daß im Ersatz der neuen Steuer die alte aufgegeben wird. Bis ins 3. Jahrhundert können wir aber die *vicesima hereditatis*, die fünfprozentige Erbschaftssteuer verfolgen.

Der zweite Moment betrifft den Thron: Es war schon republikanisch und blieb im Principat üblich, daß die Provinzen zugunsten Roms steuerten. Die finanziell privilegierte Stellung – jetzt beider Rom – blieb auch nach Diocletian bestehen. Das nördliche Italien steuerte für die kaiserliche Hofhaltung. Dagegen steuerten die *provinciae urbicariae* in Mittel- und Süditalien[139] in die römische Stadtkasse zugunsten der *plebs*. Konstantinopel bekam jetzt die ägyptischen Lieferungen, Rom erhielt Holz und Kalk. Andre Lieferungen wurden wie einst das *frumentum* als Subvention von einzelnen eingezogen.

Wie schwer die Steuern gedrückt haben, ist schwer zu entscheiden. Lactantius[140] beklagt sich bitter über die allzu große Last der Steuern unter Diocletian; ein Menschenalter später sagt Victor[141], jetzt sei der Steuerdruck unerträglich im Vergleich zu den diocletianischen Zeiten. Wir haben vielleicht einen Fall, wo wir berechnen können: die 32000 *capita* des Gebiets von Autun (s. o.). Wenn man also das Gebiet der *civitas Aeduorum* (der späteren Bistümer Autun, Châlons, Mâcon) [MH.III 27] bestimmt hat, kann man die Division machen und die Einheit erhalten. Nach Ammian habe das einzelne *iugum* 25 *solidi* vor Julians Ankunft bezahlt, nach seinem Abgange sieben *solidi*.[142] Auch dies ein Zeichen für die schlechte Administration vor Julian. Was ist der Gegenstand der Abgabe? Er ist indifferent. Man geht sozusagen wieder zur Naturalwirtschaft über. Es kann Geld gesteuert werden, doch wohl nur Silber und Gold, nicht das entwertete Kupfer. Manchmal wurde also Gold verlangt, oft Getreide; das spielte die erste Rolle. Goldabgabe verlangte die *auri lustralis collatio*.[143] Es kommen aber Umlagen aller Art vor: Vieh, *tirones* (Rekruten), Speck, Holz.

Daraus erklärt sich eine andre Einrichtung der Zeit, die *indictio*. Am 1. September wurde bekanntgemacht, was man für das Jahr brauchte. Dazu kam in vielen Jahren noch die *superindictio*. Das Anfangsjahr soll 312 gewesen sein.[144] Diese Nachricht bezieht sich vielleicht auf einen neuen Rezensus, eine Revision des Katasters. Man scheint schon früher von 15 zu 15 Jahren die Stadtbücher revidiert zu haben. In späterer Zeit ist der fünfzehnjährige Termin regelmäßig: darum *indictio prima*, *secunda* etc. für die einzelnen Jahre. Die Einrichtung, nach Steuerjahren die Zeit zu rechnen, geht von Ägypten aus. Da finden wir sie schon im 4. Jahrhundert. In den übrigen Gebieten wird sie erst im 6. Jahrhundert gebräuchlich.

Bei der militärischen Löhnung und dem Beamtengehalt ist Naturalwirt-

---

139 Zur Abgrenzung: Mommsen, Ges. Schr. V 187 ff.; Chastagnol 1960, 39 f.
140 Lact.MP.7
141 Aur.Vict.39,32

142 Amm.XVI 5,14
143 Von Gewerbetreibenden: Jones 1964, 431 ff.; 871 f.
144 Jones, 1964, 61 f.

schaft eingetreten. Der Lohn wurde nach *annona* und *capitum* berechnet; das *stipendium annuum* war jetzt *annona*; *capitum* bedeutete den Jahresunterhalt eines Pferdes. Wie der Beamte im Range stieg, so bekam er mehrere *annonae* und *capita*. In der Weise ist freilich nicht gezahlt worden. Der Wechsel des Geldwertes erklärt aber diese Ansetzung; die *pecunia* war nicht mehr Wertmesser. An Stelle des Geldes mochte man manchmal das gewogene Gold setzen. Für den Soldatenlohn aber war das nicht anwendbar. Aus einer Sportelordnung von Numidien ersieht man, daß auch die [MH.III 28] *sportulae* in Getreide abgemessen sind. Doch waren sie in Gold zahlbar, man legte den Preis des Scheffels Getreide an der römischen Kornbörse zugrunde.[145] Das war freilich äußerst unbequem. So trat frühe das System der *adaeratio*[146] ein, wonach die *annona* umgerechnet wurde, seitdem sich das Geld erholt, sogar wieder eine große Festigkeit errungen hatte. Seit Valentinian etwa ist die Bezeichnung *annona* antiquiert. Die finanzielle Bedeutung der *indictio* lag in der Unbestimmtheit der Steuer. Es war wohl die einzige direkte Steuer, die es im Reich gab.

Es bleibt auffallend, daß die Städte weiterhin steuerfrei sind.[147] Das bezeugt CTh.XIII 10,2 aus Constantins früher Zeit. Man muß auch bedenken, daß das Kapital der Städter damals viel mehr in Grundbesitz steckte als im 19. Jahrhundert. Jetzt, infolge des Verschwindens der Publicanengesellschaften, der Verschiebung des Großhandels und der Verarmung der Zünfte gab es viel weniger Vermögen außerhalb von Grund und Boden. Constantin setzte eine *collatio auri lustralis* oder *chrysargyron* neben die Grundsteuer, d.i. eine Gewerbesteuer (s.o.MH.III 27). Die Kaufleute also wurden in Gold (und Silber) besteuert. Diese Steuer ging wohl hervor aus Geschenken, die die Unterbeamten dem Kaiser brachten. Das war schon alt. Von Alexander Severus heißt es: er erließ das *aurum coronarium et negotiatorum*.[148] Sehr häufig wurden die *quinquennalia* am Anfange des 5. Regierungsjahres gefeiert. Es ist leicht, jene Geschenke damit zu verbinden. Jeder *qui pecuniam habet in conversatione*[149] unterlag dieser Steuer. Fraglich war nur das Maß; es hat wohl keines gegeben. Vermutlich galt der Grundsatz der *indictio*. Entsetzliche Klagen hören wir über die ganz unvernünftige Veranlagung. Anastasius [MH.III 29] hat diese Steuer abgeschafft und durch andre ersetzt.[150] Von dieser Steuer frei waren natürlich die Bauern, die Grundsteuer zahlten.

---

145 Mommsen spielt vermutlich auf die 13. Novelle Valentinians III von 445 an, aus der hervorgeht, daß die *annona* eines Soldaten in *Numidia* und *Mauretania* auf vier Goldstücke veranschlagt wurde.

146 K. L. Noethlichs, Spätantike Wirtschaftspolitik und Adaeratio. Historia 34, 1985, S. 102 ff.

147 Das Gerücht, Rom solle besteuert werden, führte zur Erhebung des Ma-

xentius 306: Lact.MP.26,2 f.; die Antiochia 387 auferlegte Steuer brachte einen großen Aufstand zum Ausbruch: G. Downey, Ancient Antioch, 1963, S. 187 ff.

148 SHA.Al.Sev.32

149 CTh.XII 1,72

150 Der Kaiser griff aufs Krongut zurück: Zonaras XIV 3,11 ff.; Josua Styl.31.

Die Senatoren unterlagen einer besonderen Steuer, der *gleba senatoria*[151] oder *follis* (Beutel für Kupfergeld). Es war nichts als die gewöhnliche Grundsteuer, bezogen auf die Senatoren. Daß sie als besondere Steuer galt, liegt in der Reichsverwaltung. Die Hauptstädte standen nicht unter dem *praefectus praetorio*, daher konnten diese auch die Steuer in den Hauptstädten nicht eintreiben. Der *praefectus urbi* hatte die Leitung, doch war die Steuer das spezielle Geschäft des *magister census*.[152] Der Minimalsatz war für Senatoren sieben *solidi*.
Auf dem Gebiet der indirekten Steuern ist wohl ein Fortschritt wahrzunehmen. Es scheint, daß die Zwischenzölle gefallen sind und nur die Grenzzölle, *commercia*, fortbestanden. Von sonstigen indirekten Steuern ist wenig die Rede, so existieren z.B. die Auktionsgelder noch. Doch sind ja die Steuern eigentlich Nebensache; der Staat sollte mit seinen Mitteln auskommen wie der Privatmann. Domänen etc. bildeten einen wesentlichen Teil der Staatswirtschaft. Außer den vielen Grundstücken gehörten der Regierung noch alle Bergwerke[153], ohne daß diese Regal waren.

Verwaltung und Justiz waren bei den Römern stets verbunden. Eine gewisse Dekapitalisierung Roms hat wohl stattgefunden, doch wurde Rom immer als Mittelpunkt des Reiches betrachtet. Der Senat blieb in Rom, die Stadt war [MH.III 30] von der Verwaltung des *praefectus praetorio* eximiert. Rom hörte nur auf, Residenz zu sein, und diese war lange schwankend. Diocletian verhielt sich gegenüber Roms Stellung keineswegs unfreundlich. Das zeigen die von ihm hier errichteten Thermen[154], die von ihm hier gefeierten Vicennalien.[155] Die Verteidigung der italischen Nordgrenze war ja wieder eine Lebensfrage, die Regierung zog nach Mailand, sie mußte näher an der Grenze sein. Der *vicarius in urbe Roma* hatte seinen Sitz in Rom.[156] Auch die Truppen wurden hauptsächlich im Norden gehalten, wo sie gebraucht wurden. Das ergibt sich aus der Geschichte Maximians. 403 wurde die Residenz von Mailand nach Ravenna verlegt[157], weil Mailand den Goteneinfällen ausgesetzt war, während die neue Residenz sehr fest war.
Daß dem alten Rom die *Nova Roma* Konstantinopel entgegengestellt wurde, war natürlich eine Herabminderung der Stellung Roms. Es war die Besiegelung der Reichsteilung. Die Verfassung Konstantinopels war dann im wesentlichen ein Abklatsch derjenigen Roms. Der *praefectus urbi* wurde erst 359 eingesetzt[158], bis dahin blieb die neue Stadt ohne Stadtverfassung. Ein munizipales Regiment besaß der Senat nicht. Er hatte in Reichsdingen mit-

[151] Jones 1964, 431f.
[152] ND.occ.V 8
[153] Dig.L 16,17; ND.or.XIII 11; Cod. Just.XI 7. O. Davis, Roman Mines in Europe, 1935. Dazu zählen auch die Marmorbrüche (*metalla*).
[154] Dessau 646; Chron.Min.I 148; Hieron.chron. zu 302
[155] 303 n.Chr.; Paneg.Lat.VII 8,7f.
[156] ND.occ.XIX
[157] CTh.VII 13,15, das erste Gesetz aus Ravenna stammt vom 6. Dez. 402
[158] Chron.Min.I 239, vgl.234

zureden, doch in Stadtsachen hatte er weniger zu sagen als der Senat der kleinsten Stadt. Die einzelnen Zweige der Verwaltung der Stadt standen unter Vertretern des Kaisers, so die *annona*, das Hafenwesen und die Flußregulierung. Auch die *praefectura urbis*, die hauptstädtische Polizei, ist eine dieser Einrichtungen. Dieser *praefectus*, von Augustus eingesetzt[159], spielte eine [MH.III 31] immer größere Rolle. Schließlich bekam er auch formell alle einzelnen Verwaltungszweige in seine Hand. Die Kompetenz war fast so vielgestaltig wie die kaiserliche. Von der jurisdiktionellen Gewalt ging sie eigentlich aus.[160]

[MH.III 33] Der Kriminalprozeß war eigentlich ein Privilegium der höheren Klassen; gegen die niederen existierte er nicht; und der Sklave war vollkommen rechtlos ebenso wie der Hund und das schädliche Tier.[161] Die Fremden standen auch nur unter der Willkür, jedenfalls unter der Herrschaft der Polizei. Rechtsschutz hatte nur der *civis* und allenfalls die Föderierte; der Fremde war durchaus rechtlos.

Dazu trug die ungeheure Entwicklung der ökonomischen Verhältnisse bei, durch die eine Masse Gesindel angelockt wurde, dem gegenüber eine nahezu schrankenlose Polizeigewalt notwendig war. Von der Naivität des römischen Zivilrechts gibt uns einen Begriff, daß z. B. dem Bestohlenen nur die Privatklage gegen den Dieb auf Schadensersatz offenstand; von Staats wegen wurde nicht eingeschritten.[162] In der Kaiserzeit wurde der Diebstahl vor den *praefectus urbi* gebracht, da gewöhnlich die niederen Schichten der Bevölkerung stehlen und man sich praktisch nicht mit der Zivilklage begnügen konnte. Der Verfall der Quaestionenprozesse kommt hinzu; ihre Erbschaft tritt ebenfalls der *praefectus urbi* an. Aber auch die Zivilgerichtsbarkeit bekam er in die Hand. Die frühere Ausdehnung seiner Gerichtsbarkeit während der Kaiserzeit bis zum Hundertmeilenstein[163] blieb allerdings nicht erhalten, vielmehr beschränkt sich dieselbe auf Rom. Aber er darf aus der [MH.III 34] Stadt und dem Gebiete bis zum Hundertmeilenstein ausweisen und dadurch für die Sicherheit dieses weiten Kreises sorgen.[164] Für die Senatoren war der *praefectus urbi* der eigentliche Richter erster Instanz.[165] Der Senator mußte in Rom wohnen, hatte also dort seinen Ge-

---

159 Suet.Aug.37

160 Hensel fährt fort: *Bis hier nach dem Heft von Ludo Hartmann, durch den ich ganz zufällig erfuhr, daß Mommsen las. Von hier ab nach eigener Nachschrift. Es war doch schön, wenn man in der Morgenfrische durch die herrliche Kastanienallee hinter der Universität dem Kolleg zuschritt und den Alten, ein Manuskript unter dem Arm, einherschreiten sah. (Es folgt auf Seite*

MH.III 32 das Bild: Mommsen im Kastanienwäldchen, s. o. Tafel G).

161 Mommsen, Strafrecht 65 ff.; 80 ff.

162 Mommsen, Strafrecht 733 ff.

163 Dio LII 22; FIRA.II 577 f.; Dig.I 12,1,4

164 Chastagnol 1960, 84 ff.

165 Auch in den Provinzen unterstehen die Senatoren nicht dem Statthaltergericht: Cod.Just.XII 1,14.

richtsstand.[166] Auch für die *corporati*, von denen z.B. die *suarii* (Schweinehändler) sehr wichtig und einflußreich waren, und alle, die in Rom dauernd wohnten, bildete er die erste Instanz. Von seinem Spruch gab es nur die Appellation an den Kaiser. Er war aber auch Appellationsrichter für alle niederen hauptstädtischen Gerichte[167]; es bestand nämlich noch das Vormundschafts- und Freiheitsgericht als letzter Rest prätorischer Kompetenzen. Die *praefecti annonae* und *vigilum* konnten auch in gewissen Fällen Kriminalurteile aussprechen, und von diesen ging die Appellation ebenfalls an den *praefectus urbi*.

Der Kampf zwischen den beiden Prinzipien der Senatsautorität und der Militärgewalt unter der Kaiserherrschaft drückt sich aus in dem Kampf des *praefectus urbi* mit dem *praefectus praetorio*. Nach der einen Theorie geht die ganze Appellation an den ersteren, nach der anderen an den letzteren. Im 4. Jahrhundert findet ein Kompromiß statt. Die Appellationen kamen im allgemeinen an den *praefectus praetorio*[168], aber andere werden dem *praefectus urbi* zugewiesen[169], so aus einzelnen Teilen Italiens und Africas; dies sind also Attributionen außerhalb seines Amtsbereiches. [MH.III 35] Betrachten wir seine militärische Stellung, so ist es damit rechtlich und eigentlich wie mit den Eulen in Island: er hat keine; er ist ursprünglich der einzige togatragende Beamte, er soll sich ganz als Zivilbeamter fühlen. In der Tat aber verhält es sich ganz anders, und alles, was von Militärgewalt überhaupt noch in Rom vorhanden ist, liegt bei ihm[170]; ein Stadtkommandant neben ihm würde seine Stellung vollkommen aufheben.

In früherer Zeit gab es eine dreifache Besatzung Roms: die Prätorianer, die *cohortes urbanae*, die ihre Nummern anschließend an die neun der Prätorianer als 10., 11. und 12. Kohorte führten[171], und die *vigiles*.[172] Die beiden letzteren standen recht eigentlich unter dem *praefectus urbi*, mit ihnen führte er seine Verwaltung. Dazu kam noch gewöhnlich eine in der Nähe liegende Legion.[173]

Die Konsequenz dessen, daß Rom nicht mehr Residenz war, mußte sein, daß die Garde weggezogen wurde. Es geschah dies, ohne daß ein besonderes Verhalten Roms dazu zwang, teils aus Sparsamkeit und teils aus der doppelten Gefahr, einerseits solche Truppen ohne den Kaiser in der Stadt, und andererseits den Kaiser ohne Truppen zu lassen. Indessen zögerte man noch

---

[166] Das gilt für den Principat, in der Spätantike lebte eine wachsende Anzahl von Senatoren in den Provinzen. Bis zu Theodosius II benötigten sie dafür allerdings eine kaiserliche Genehmigung: Cod.Just.XII 1,15.

[167] Chastagnol 1960, 93 f.

[168] CTh.I 16,1; Cod.Just.VII 62,32. Enßlin, RE.XXII 1954, 2469

[169] CTh.I 6,2 f.

[170] Chastagnol 1960, 225 f.

[171] Dessau 722

[172] ND.occ.IV 4; Chastagnol 1960, 262 ff. Die Stadtkohorten treten im 4. Jahrhundert nicht mehr in Erscheinung.

[173] Die bei *Alba* stationierte *legio II Parthica* verschwindet 312 (?) aus Italien (Kubitschek RE.XII 1925, 1482) und begegnet seit 360 im Osten: Amm.XX 7,1; ND.Or.XXXVI 30.

lange. Diocletian konnte sich noch nicht entscheiden, diese Konsequenz aus der Residenzverlegung zu ziehen, und es ist wahrscheinlich, daß sogar seine Abdankung mit diesen Verhältnissen zusammenhing. Lactantius[174] sagt, daß erst Galerius die Prätorianer wegverlegen wollte. Die Revolution des Maxentius [MH.III 36] ist eigentlich nichts als das Auflehnen der Stadtgarde gegen das neue Regiment. Constantin machte endlich reinen Tisch und löste die Prätorianer und überhaupt die in Rom stehenden Truppen auf.[175] Die Garde wurde verlegt, sie war zuerst ortlos wie der Kaiser selbst, dann kam sie natürlich nach Konstantinopel und Mailand. Wie es im Okzident später gehalten wurde, ist nicht genau bekannt. An einer Stelle heißt es, die Prätorianer und das *in armis vulgus* seien aufgelöst worden.[176] Damit sind wohl die *vigiles* gemeint, das einzige Korps, wo Freigelassene als Freigelassene dienen durften, eine Polizeitruppe, gebildet aus den und bestimmt für die niedersten Schichten des Volkes. Im 4. Jahrhundert bestanden sie nicht mehr[177]; dagegen blieben die *cohortes urbanae*, wie eine spätere Constantin-Inschrift[178] zeigt; aber statt vier bestanden nur noch drei, die 10., 11. und 12.; die 13. fiel weg. Diese Kohorten standen unter dem *praefectus urbi*, ihr Hauptquartier war das *forum suarium*, der Schweinemarkt, und ihr spezieller Kommandant der *praefectus foro suario*. In Konstantinopel gab es keine den *cohortes urbanae* entsprechende Truppe; die Garde versah den Dienst.

Der unter dem *praefectus urbis* stehende *praefectus annonae*[179] besorgte wie zuvor das gesamte Verpflegungswesen, dessen Quelle, wie früher Sizilien und *Africa*, jetzt Unteritalien war. Wenn die [MH.III 37] *mensores*[180] sich etwas zu Schulden kommen ließen, so ging die Sache an den *praefectus annonae*, auch die Zivilsachen der Verpflegung und die konnexen Kriminalsachen gehörten zu seinem besonderen Gebiet der Rechtspflege. Der *praefectus vigilum*[181] hatte die Löschmannschaften und die Nachtpolizei unter sich, er war eine Art Unterpolizeidirektor.

Die Sorge für das Bauwesen[182], hauptsächlich für die großen Magazine, die unter dem Aventin lagen, war von dem Ressort des *praefectus annonae* getrennt und dem *curator horreorum Galbanorum* übertragen. Die Wasserleitungen besorgten die *curatores aquarum*, ein *comes formarum* hatte die Sorge für die baulichen Angelegenheiten derselben, ein *consularis* für die Wasserverteilung. Die Uferbauten, die Kloaken, die Weinkasse etc. hatten besondere Vorsteher.

[174] Lact.MP.26,3
[175] Joh. Lydus mag.II 10
[176] Aurel.Vict.39,47
[177] *Praefecti vigilum* gab es in Rom bis ins späte 4. Jahrhundert: Dessau 765; CIL.VI 1157.
[178] Dessau 722
[179] ND.occ.IV 3; Cass.var.VI 18,4
[180] Beamte, die das Getreide „maßen"
[181] ND.occ.IV 4; CTh.I 18
[182] ND.occ.IV 5 ff. Chastagnol 1960, 43 ff.

Wir kommen zur Stellung des *praefectus praetorii*[183], wie er zum Unterschied des früher richtiger *praefectus praetorio* genannten, bezeichnet wird.[184] Sie ist erheblich verändert. Der Magistrat soll selbst verwalten, selbst regieren, selbst richten – das ist in gewissem Sinn immer eine Fiktion gewesen. Eine solche Selbständigkeit bei einem ausgedehnten Ressort ist undenkbar, ebenso wie es undenkbar ist, daß immer ein selbstregierender Monarch vorhanden ist. Vizeherrschaft findet sich von jeher, und ebensowenig wie Colbert, Richelieu und Mazarin den großen französischen Königen, unter [MH.III 38] denen sie ihre einflußreiche Wirksamkeit ausübten, etwas von ihrem Ruhm nehmen, so nehmen auch die einflußreichen *praefecti praetorio* der älteren Kaiserzeit ihren Herrschern nichts von dem ihrigen. Der Öffentlichkeit gegenüber wird die Fiktion der Selbstregierung durch den Kaiser streng aufrechterhalten. Das Publikum soll glauben, daß der Kaiser alles selbst tut, die Mithelfer verschwinden hinter den Kulissen. Gerade unter Augustus, dem ersten Kaiser, sind die eigentlichen Mitregenten gänzlich namenlos, sogar amtlos. Charakteristisch ist der Glaube, Maecenas[185], der bedeutendste unter diesen augusteischen Mithelfern, sei der erste *praefectus praetorio* gewesen. Das ist formell ganz gewiß nicht richtig, aber ebenso richtig gewiß dem Wesen nach; tatsächlich übte Maecenas eine Stellung aus, die sich mit dem Begriff des *praefectus praetorio* deckt.[186]

Daß die Wahl zu dieser Stellung vorzugsweise auf Gardeoffiziere fiel, ist natürlich. Der Kaiser lebte in Rom, die Linientruppen befanden sich an den Grenzen, daher waren die ranghohen Offiziere des eigentlichen Heeres nicht anwesend; aber die in der Militärhierarchie nicht hochgestellten Gardeoffiziere waren anwesend und stets in der Umgebung des Kaisers. Die Garde nahm von Haus aus eine bevorzugte Stellung ein. Zum Schlagen war sie nicht da, aber sie hatte für den persönlichen Dienst und für die Hauptstadt überhaupt zu sorgen, was ja nicht eigentlich Soldatendienst ist.[187] Bevorzugt war sie durch die Art der Aushebung: nur [MH.III 39] Italiener[188] und gut geborene Leute wurden in sie aufgenommen, in scharfem Gegensatz zu den Legionen, wo der Dienst der Italiener in den unteren Chargen mehr und mehr aufhörte. Anfangs wurden sogar nicht einmal alle Italiener aufgenommen, sondern speziell die Latiner. Die Garde hatte eine verhältnismäßig

---

[183] Diese Form war keineswegs allgemein üblich. Das lehrt schon die im «Codex Theodosianus» verwendete Abkürzung PPO.

[184] W. Enßlin, RE.XXII 1954, 2426ff.

[185] Tac.ann.VI 11,2: *Augustus bellis civilibus Cilnium Maecenatem equestris ordinis cunctis apud Romam atque Italiam praeposuit.* Vell.II 88,2; Dio IL 16,2; Sen.ep.114,6.

[186] Mommsen 1866 zum spätrömischen PPO (AG.15): *So unabhängig und mächtig, wie die guten Philologen glauben, war er nicht.*

[187] AG.2: *Garden sind notwendige Werkzeuge des Absolutismus.*

[188] In seiner «Römischen Geschichte» bevorzugt Mommsen „Italiker" statt „Italiener", „italisch" statt „italienisch".

kurze Dienstzeit[189], zwar ohne Zivilversorgungsschein, aber mit bequemer Verwendung der ausgedienten Leute in guten Posten der Zivilverwaltung. Die Offiziere gingen fast ausnahmslos in die höhere Verwaltungskarriere über, das eigentlich militärische Avancement lag abseits. Die Stellung der Offiziere zum Senat ist eigentümlich. Sie waren nicht Senatoren; im Gegenteil, sollte ein *praefectus praetorio* abgesetzt werden, so wurde er Senator. Man hat dies aus dem Mißtrauen der Kaiser gegen den Senat abgeleitet; das ist wohl nur zum Teil richtig, wenn auch ein solches Mißtrauen unzweifelhaft und ganz berechtigt war. Immerhin hat es bestimmt nicht an einer ganzen Anzahl loyaler Senatoren gefehlt, denen man solche Vertrauensstellung unbedenklich hätte übergeben können. Der Hauptgrund liegt in der gewissermaßen koordinierten Stellung des Senats als Mitregent neben dem Kaiser; daher waren seine Mitglieder nicht zum persönlichen Kaiserdienst qualifiziert, ebenso wie der Prokurator des kaiserlichen Vermögens nicht aus den Reihen des Senats genommen wird. Die *praefecti praetorio* gehen sogar teils aus der niederen Militärkarriere hervor, waren zuvor Primipilen und hatten [MH.III 40] sich vom Gemeinen durchgedient zum Centurio.[190] Von Burrus, dem allmächtigen *praefectus praetorio* unter Nero (s. o. MH.I 187f.), wissen wir, daß er zuerst Offizier der Garde, dann *procurator Augusti* im Haus der Livia, also im privaten finanziellen Dienst des Kaiserhauses war[191], kein eigentlicher Staatsbeamter, aber in einer Vertrauensstellung persönlichster Art. Wenn wir im 3. Jahrhundert bedeutende Juristen als *praefecti praetorio* finden[192], so ist das nur eine Konsequenz aus der früher schon nichtmilitärischen Stellung. Die Position des *praefectus praetorio* war eine zweischneidige, weil die Gefahr des Vertrauensmißbrauchs und der Usurpationsargwohn sehr nahelagen. Dies ist wohl auch der Grund dafür, daß es zwei *praefecti praetorio* gab; bei einer militärischen Stellung wäre das ein Unsinn gewesen.

Formell steht der *praefectus praetorio* nicht anders als jeder andere Beamte des Staates. Amtsfristen existieren nicht, aber die Praxis macht einen scharfen Unterschied. Sonst war die Amtsdauer gewöhnlich drei, vier oder fünf Jahre; aber Dio[193] sagt in der bekannten Rede des Maecenas (die wohl nichts ist als die Phantasie eines hochgestellten Griechen vom besten Staat), er habe dem Augustus geraten, alle Beamten auf kurze Zeit, die *praefecti praetorio* aber auf Lebenszeit anzustellen. Wir können nachweisen, daß viele in dieser Stellung gestorben sind, und es ist ohne direktes Zeugnis natürlich, so einflußreiche und auf persönlichem Vertrauen beruhende Stellungen nicht auf kurze Zeit zu besetzen.

Fragen wir nach der Wirkung der *praefecti praetorio*, so lautet die Ant-

---

[189] Die Prätorianer dienten ab 13 v. Chr. 12, ab 5/6 n. Chr. 16 Jahre, die Legionäre 4 Jahre länger.

[190] Dessau 1321

[191] Dio LII 24,1; LV 10,10

[192] So Papinianus und Ulpianus

[193] Dio LII 23f.

wort: bald gut, bald schlecht, je nach der Person, ebenso wie jeder leitende Mitarbeiter, [MH.III 41] ebenso wie die Kaiser selbst. Nachweisbar ist, daß oft die besten Regierungshandlungen von den Präfekten ausgingen. Obgleich Tacitus[194] den Seianus in den dunkelsten Farben, gewaltig aufgetragen, geschildert hat, muß doch auch er zugeben, daß die besten Maßregeln der musterhaften Regierung des Tiberius auf ihn zurückzuführen sind.[195] Ebenso verhält es sich mit Burrus unter Nero. Beide, Seianus und Burrus, hatten keine Kollegen, sondern waren alleinige *praefecti praetorio*. Es kommen aber auch zeitweise deren drei vor.[196] Allerdings ist es bei der Stellung eines Premiers eigentlich natürlich, wenn er allein ist.

Wie faßte das Publikum die Stellung auf? Man betrachtete es nicht als ein Unglück, wenn der *praefectus praetorio* regierte, ebensowenig, wie jetzt z.B. die Stellung Bismarcks dem Ansehen der Krone präjudizierlich ist, eher im Gegenteil. Zu Hadrians Zeiten, als der eigentliche Verfall noch in weiter Ferne lag, wurde das Verhältnis vom Kaiser zum Präfekten verglichen mit dem früheren des Diktators zum *magister equitum*.[197]

Die Frage nach der Kompetenz des *praefectus praetorio* ist eigentlich dumm. Seine Kompetenz geht genausoweit wie die des Kaisers. Was dieser tun, was dieser in die Hand nehmen darf, das darf der *praefectus praetorio* auch. Speziell obliegen ihm militärisch die Anwerbungen, die Parole und dergleichen, aber selbstverständlich liegt darin nicht die Bedeutung des Amtes, die ganz von der Persönlichkeit abhängt und konstitutionell nicht zu fassen ist. Die Bedeutung der Stellung liegt, wie schon [MH.III 42] bemerkt, vorerst gar nicht auf militärischem Gebiet. Wenn wir auch Beispiele haben, wie im Daker- und Markomannenkrieg, daß die *praefecti praetorio* mit auszogen und gar auf dem Schlachtfeld gefallen sind[198], so waren das doch immer Ausnahmen.

Nicht sofort unter Diocletian, sondern unter Constantin verlor der *praefectus praetorio* seine militärische Stellung ganz, das Kommando der Garde schon unter Diocletian. Die Prätorianer selbst wurden aufgelöst, die neuen Gardetruppen standen unter einem *tribunus* und *magister officiorum*.[199] Die Ausfertigung der Bestallungen, etwa die Funktion unseres Militärkabinetts, hatte *praefectus praetorio* früher gehabt, jetzt fällt das weg. Mit den Finanzen hatte er nie zu tun.[200] Die Administration behält er.

Die durchgreifende Reform in der Verwaltung ist auf Diocletian zurückzuführen. Er teilte das Reich in Diöcesen. Die Provinzen der alten Einteilung wurden in kleinere Verwaltungsbezirke zerschlagen, diese aber wieder zu größeren zusammengelegt, die sich nicht mit den alten Provinzen decken.

[194] Tac.ann.IV 1
[195] Eine positive Charakteristik: Vell. II 127f.
[196] PLRE.I S. 1046 zu den Jahren 276, 303 (?), 310–312
[197] Charisius zitiert *quosdam scriptores* in diesem Sinne: Dig.I 11.
[198] SHA.Marcus 14,5; Dio LXXI 3,5; Eutr.VII 23,4
[199] ND.or.XI 4ff.; occ.IX 4ff.
[200] Wohl aber mit der *annona*, s.u.

Es wurden auf diese Art dreizehn schon früher angeführte Verwaltungskörper gebildet. Im Osten waren es: *Aegyptus, Pontus, Asiana, Thracia, Dacia (Moesia)*. Im Okzident: *Britannia*, die beiden Gallien *Viennensis* und *Septem Provinciae*, zweimal Italien (*Italia, Urbs Roma*), *Illyricum* (westlich und östlich oder *Pannonia* und *Moesia*) sowie *Africa*.

Vorsteher derselben waren teils *praefecti praetorio*, teils *vicarii praefectorum praetorio*. Diese letzteren sind nicht zu denken als Stellvertreter, sondern mehr als Koordinierte. Den 13 Diöcesen entsprechen 13 Beamte von denen vier [MH.III 43] *praefecti praetorio* sind, dazu neun *vicarii*. Es kommen auch andre Namen für die Diöcesenvorsteher vor, z.B. heißt derjenige Ägyptens nicht *vicarius*, sondern *praefectus Aegypti*[201], er ist aber ein *vicarius*. Syrien stand unter einem *comes Orientis*[202]; Illyrien (West und Ost) beide unter *praefecti praetorio*, weil sie Kernländer von großer Wichtigkeit waren. Die dritte, einem *praefectus praetorio* unterstellte Diöcese war Nord-Gallien mit der Hauptstadt Trier, die vierte wahrscheinlich *Oriens*, doch ist dies noch streitig. Bald fielen zwei weg, *Oriens* bekam der *comes Orientis* und Gallien der *vicarius* der *Septem Provinciae*. Dadurch wurde der Charakter der *praefecti praetorio* wieder reiner und einfacher. Die Stellung zwischen Ober- und Unterinstanz fiel weg. Die Koordinierung von *praefectus* und *vicarius* zeigt sich ganz schlagend darin, daß die Appellation vom *vicarius* nicht an den *praefectus* ging, sondern direkt an den Kaiser. Der *vicarius* heißt auch nicht *vicarius praefecti*, sondern *praefectorum praetorio*.

Nicht die Verwaltung der Bezirke im einzelnen, sondern die ganze Verwaltung war Ressort des *praefectus praetorio*. Das Statthaltervorschlagsrecht und damit wohl faktisch die Besetzung dieser Stellen hatte nicht der *vicarius* in seiner Diöcese, sondern der *praefectus*, ebenso die Kassenübersicht[203] und die Gehaltszahlung der Grenztruppen (*acta praefectorum praetorio*). Die Beschwerden über die Statthalter gingen an ihn, und er konnte sie absetzen. Er war Vorgesetzter der Zivilbeamten des Kaisers, der anstellte, Gehalt auszahlte, strafte, absetzte. Seine Appellationstätigkeit [MH.III 44] war beschränkt und trat nur da ein, wo er die Immediatverwaltung hatte und kein *vicarius* vorhanden war.

Des weiteren stand ihm eine Beteiligung an der Steuererhebung zu, und zwar hauptsächlich in der Richtung, daß die Ausschreibung, die Ansetzung der Staatsbedürfnisse, seine Sache war. Die Verteilung ging nicht von ihm aus, er dirigierte nur die große Steuerschraube. Allerdings finden sich auch Spuren, daß er bei der Eintreibung konkurrierte, die eine sehr verwickelte Operation war und an erster Stelle den *praesides* oblag; in unterster Stufe alsdann den Kommunen, die die Steuer von den Contribuabeln direkt einzogen. Die *praefectiani* und *palatini* waren Obersteuererheber, die von der Zentralstelle aus in die Provinzen geschickt wurden, um das Steuergeschäft zu überwachen, auch wohl außerordentlicherweise einzugreifen. Wahrscheinlich wurde die Repartierung möglichst gleichmäßig gemacht und daher stellte wohl der Kaiser in oberster Stelle die Harmonie in der Steuerverteilung zwischen den *praefecti praetorio* her.

Der *praefectus praetorio* war auch Generalpostmeister. Der *cursus publicus* unterstand seiner Leitung, schon aus dem Grunde, weil die Post sich naturgemäß ohne provinziale Scheidung über das Reich erstreckte.[204] Endlich hatte er einen Teil der gesetzgebenden Gewalt; seine Erlasse, Normativvorschriften für den Sprengel, stehen den kaiserlichen Erlassen gleich und wurden auch untermischt mit diesen promulgiert. Alle wichtigen Sachen wurden allerdings durch den Kaiser erledigt, aber eine bestimmte Grenze ist nicht vorhanden, wo etwa die Kompetenz des *praefectus praetorio* aufhörte und die des Kaisers anfing.

[MH.III 45] Fassen wir noch einmal die Wandlung der Stellung des *praefectus praetorio* von Diocletian ab ins Auge, so sehen wir, daß seine Stellung hierarchisch besser geordnet ist als im früheren Staat. Das Vizekaisertum mit seiner ganz undefinierten Kompetenz ist aufgehoben. Während früher der *praefectus praetorio* oft bis zu seinem Tode im Amte blieb, hört diese eximierte Stellung jetzt auf. Er wird ernannt, ähnlich wie der *praeses*, und kurze Amtsfristen sind nicht selten. Auch die lokale Einschränkung der Kompetenz tritt hinzu, abgesehen von der Teilung des Reiches in Ost- und Westrom. Innerhalb der Reichshälfte ist sein Eingreifen sowohl lokal als nach der Kompetenz beschränkter. Im Orient reicht sein Sprengel fast so weit wie die Reichsgrenze, während der illyrische Präfekt nur die griechische Halbinsel und das nördliche *Illyricum* hat, so daß beide ungleiche Kollegen waren. Im Westen sind die beiden Hälften geographisch ziemlich gleich.

Wann diese Veränderungen eingetreten sind, ist nicht ganz klar. Nachweisen kann man die geographische Abgrenzung erst seit 359; sie geht gewiß zurück bis vor Constantius II, auf Constantin, vielleicht auf Diocletian. Die militärische Kompetenz verliert der Präfekt unter Constantin, aber die Vicarienordnung besteht schon früher und ist ohne die Immediatbezirke nicht zu verstehen. Der Kompetenzbegriff ist das staatsrechtlich Entscheidende. Vier *praefecti praetorio* finden sich seit Constantin[205], vermutlich haben Diocletian und Maximian jeder zwei davon ernannt. Für die Caesaren ist eine Ernennung von *praefecti praetorio* [MH.III 46] nicht bekannt. Der eigentlich schöpferische Gedanke wird wohl auch hier wie ein Ganzes aus dem Haupt Diocletians, dieses merkwürdigen Mannes, entsprungen sein. So entstand der neue *praefectus praetorio*, ein Beamter mit teils örtlich, teils materiell beschränkter Kompetenz. Mit dem Selbstregiment des Kaisers verschwindet am Ende des Principats auch dessen Schatten, der omnipotente und undefinierte *praefectus praetorio*.

---

[204] Jones 1964, 830ff.
[205] Zos.II 33, die Stelle ist umstritten: A. Chastagnol, Les préfets du prétoire de Constantin, Revue des Études Anciennes 70, 1968, S. 321ff.

Die *vicarii* sind, strenggenommen, nicht Unterbeamte, aber sie stehen doch in einer geringeren Rangklasse als die *praefecti praetorio*. Der höchste im Rang überhaupt ist der *consul ordinarius*, der sonst im Staat gar nichts bedeutet und nur das Recht hat, für sein braves Geld dem Pöbel Spiele zu geben und vielleicht ab und zu einmal im Senat den Vorsitz zu führen. Auch die *patricii* gehen dem *praefectus praetorio* im Rang vor, dieser merkwürdige Personaladel Constantins[206] rangiert nach Anciennität. Die Frage, ob ein *patricius* den Rang *clarissimus* oder *perfectissimus* erhielt, ist nicht zu entscheiden. Constantin hat diesen Geschlechts- zum Personaladel gemacht. Von diesen beiden aber abgesehen, sind die *praefecti praetorio* die höchsten Beamten und stehen an der Spitze der *illustres*, dagegen die *vicarii* an der Spitze der *spectabiles*. Der *comes Orientis* geht auch nicht über den *spectabilis* hinaus.[207] Die *vicarii* waren zunächst Appellationsinstanz. Der Vicar spricht an zweiter Stelle, d.h. an Kaisers statt, *vice sacra iudicans*, denn jede Appellation wird betrachtet als an den [MH.III 47] Kaiser gerichtet. Vom *praefectus praetorio* dagegen gibt es einen Appell an den Kaiser nicht, ebensowenig wie ein Appell vom Kaiser an den Kaiser denkbar wäre; hier findet sich noch ein Rest des alten Vizekaiserbegriffs. Der Appellations-Instanzenzug ist also manchmal ein zweifacher, manchmal ein dreifacher, er geht entweder vom *praeses* der Provinz an den *vicarius*, dann an den Kaiser oder vom *praeses* der Provinz an den *praefectus praetorio*.

Comites provinciarum gab es nur in den letzten Jahren Constantins, zwischen 327 und 336. Es muß in jeder Diöcese ein *vicarius* und daneben ein *comes* gewesen sein. Wie deren Kompetenz abgegrenzt war, wissen wir nicht, vielleicht gar nicht. Es scheint ein reines, aus Mißtrauen entstandenes Konkurrenzinstitut gewesen zu sein, das schnell verschwand. Unter Constantius findet es sich schon nicht mehr. Im Orient hat sich als Nachklang davon die Benennung des dortigen *vicarius* als *comes Orientis* erhalten.[208] Es bleibt nur noch übrig, die unmittelbare Tätigkeit des Kaisers selbst zu bestimmen. Dem früheren Principat lag durchaus der Gedanke des Selbstregiments zugrunde. Es wurde vorausgesetzt, daß der Kaiser in eigener Person alles wisse, alles befehlige. Er erfüllte seine Stellung um so vollkommener, je weniger die Tätigkeit der andern sichtbar ward.

Jetzt ist alles an höchste Beamte planmäßig nach Ressorts verteilt, man kann zur Not ohne Kaiser auskommen und kommt manchmal auch ohne ihn aus. Früher – der Kaiser war [MH.III 48] gut oder schlecht – regieren mußte er. Jetzt – der Kaiser mag schlecht oder gut sein – regiert kann auch

---

[206] Zos.II 40,2; W. Heil, Der konstantinische Patriziat, 1966

[207] Hensel in Klammern dazu: *was gewiß sehr traurig für den armen Mann sein mußte, denn ich glaube, der comes war ehrgeizig.*

[208] ND.or.XXII; der *comes Aegypti* (ND.or.XXVIII) und der *comes Isauriae* (ND.or.XXIX) sind, ebenso wie die *comites domesticorum* Offiziere.

werden ohne ihn. Ich sage „kann werden"; denn ein etwa dem heutigen
konstitutionellen Staat ähnliches Gebilde darf man sich unter dem nachfol-
genden diocletianischen Kaisertum doch nicht denken. Es war nur die ver-
fassungsmäßige Möglichkeit eines *roi fainéant* vorhanden; der Kaiser kann
noch immer eingreifen und tut es oft genug, aber er braucht es nicht mehr zu
tun. Er kann richten, verwalten, Heere kommandieren. Greift er aber nicht
ein, so sind andere Räder in der Maschine, die die Funktion erfüllen. Vielleicht mit einer Ausnahme: die Gesetzgebung liegt noch immer beim Kaiser;
sie geschieht durch Erlasse an den Senat oder das Volk.[209]

Es gibt nun eine besondere Maschinerie, um seine Gesetzgebung zu ermöglichen: den *quaestor sacri palatii*[210], rätselhaften Ursprungs. Wir wissen nicht,
woran das Amt anknüpft. Man hat an die *quaestores Augusti* gedacht, die dem
Kaiser in seiner Eigenschaft als Prokonsul zugeordnet waren – also eine Art
Kabinettsekretäre; das ist möglich; auf alle Fälle ist das Amt vom älteren
quaestor himmelweit verschieden, und die Analogie nur nominell. Sachlich
verhält sich die Sache ganz anders: Es gab zuvörderst mehrere *quaestores*
Augusti, dagegen haben wir jetzt nur einen *quaestor sacri palatii*; im Rang
stand dieser viel höher als jene. Der Gedanke, mit allen auch nur entfernt an
die Republik erinnernden Einrichtungen [MH.III 49] alte Namen zu erneuern, war viel zu übermächtig. Also ist diese Anknüpfung nicht recht wahrscheinlich. Dagegen begegnet uns in einer Inschrift[211] des Caelius Saturninus
das Amt eines *vicarius a consiliis sacris* (Vizevorsitzender des Staatsrats). Das
ist aber eben die Tätigkeit des *quaestor sacri palatii*. Der Staatsrat hat wohl
keinen über sich gehabt, der Kaiser präsidierte selbst, daher *vicarius*.

Um die Tätigkeit des *quaestor sacri palatii* zu würdigen, muß man zunächst auf das Institut des *consilium sacrum* eingehen. Es hat in dieser Zeit
den Namen gewechselt und ist *consistorium*[212] genannt worden, ursprünglich
der Name des Ortes, wo das *consilium* sich versammelte. Anfangs war das
consilium weder permanent noch an einen bestimmten Versammlungsort
gebunden, sondern der Kaiser berief und versammelte es, wie und wo es ihm
beliebte. Später ward dem Staatsrat ein besonderes Zimmer angewiesen, wo
er zu warten hatte, bis der Kaiser ihn brauchte, und dieser Raum im Palast ist
das *consistorium*.

Den Staatsrat betrachten wir zuerst in formaler, sodann in materieller
Beziehung. Ihm gehörten die obersten Würdenträger, die *comites ordinis*
primi „a consistorio" an; dann *ex officio* der *quaestor sacri palatii*, der *magi-*
ster officiorum und die zwei Finanzminister.[213] Was das Präsidium über den
Staatsrat betrifft, so sehen wir auch hier recht deutlich das Zurücktreten der

---

[209] Die Mehrzahl der Erlasse richtet
sich an die Beamten.
[210] Zos.V 32,6 führt das Amt auf Constantin zurück.
[211] Dessau 1214, dazu: Th. Momm-

sen, De C. Caeli Saturni titulo, Nuove
Memorie dell' Instituto 2, 1865, S. 299 ff.
[212] P. B. Weiß, Consistorium und comites consistoriani, 1975
[213] Der *comes sacrarum largitionum*
und der *comes rerum privatarum*

persönlichen Wirksamkeit des Kaisers. Noch in Diocletians Zeit existierte ein *vicarius* des *praes consistorii*, so daß also der Kaiser selbst noch präsidierte. Jetzt präsidiert der *quaestor sacri* [MH.III 50] *palatii*, und damit hat der Kaiser die Leitung aufgegeben.

Wir besitzen aus dem Jahre 362 ein Protokoll einer Sitzung, der Kaiser Julian beiwohnte[214]; dasselbe beginnt, wie unsere Protokolle noch heute, mit einer Liste der Anwesenden, und sie sind die oben genannten. Wahrscheinlich waren alle höheren Beamten berechtigte Teilnehmer, aber nicht geborene Staatsräte. Es war vielleicht nur selbstverständlich, daß ein sehr vornehmer Mann den Sitzungen des Staatsrats beiwohnen durfte.

Dem Staatsrat gehörten Stenographen (*notarii*) an; wir wissen, daß die Römer in dieser Kunst ebensoweit waren wie wir. Der Vorsteher dieser Stenographen, die keine eigentlichen Bureaubeamten waren, war der *primicerius notariorum*; er war nicht der Chef, so wie wir dies Wort heute interpretieren, sondern eben nur der älteste unter den Stenographen. Diese *notarii* besaßen lediglich eine Ehrenstellung; sie heißen *tribuni et notarii*, haben ein Offizierspatent und Oberstenrang. Bei Orelli[215] haben wir eine Inschrift für den Dichter Claudian; er war *tribunus et notarius* und bezog als solcher ein gutes Gehalt. Eine andre Inschrift bei Orelli[216] gibt den ganzen Lebenslauf eines damaligen vornehmen jungen Römers[217]: Sein Vater war *praefectus praetorio* und Konsul gewesen. Er selbst war Chef der Kandidaten für das Amt des *praetor urbanus*, der die Spiele zu arrangieren hatte; dann *tribunus et notarius praetorianus*, d.h. bei dem Rat des *praefectus praetorio*, der sein „Auditorium" hat wie der Kaiser den Staatsrat. Alle diese Ehrungen errang er *in primo aetatis flore*, also als ganz junger Mensch. Dann wurde er *praefectus urbi* und ordentlicher Konsul. Das ist die Karriere eines jungen Mannes von bester Geburt. Stenographieren gehörte für [MH.III 51] einen gebildeten jungen Mann zum notwendigen Können.

Wie wickelte sich das persönliche Eingreifen des Kaisers in den Gang der Geschäfte ab? Vorauszuschicken ist, daß der Staatsrat mehr ein ornamentaler Schmuck als ein wirklich praktisch wichtiges Rad der Staatsmaschinerie war; die Entscheidungen lagen im wesentlichen in anderen Faktoren. Wir besitzen Kenntnis von der Ordnung des Geschäftsganges: Zuerst befassen sich mit solchen Sachen, die an den Kaiser zur Entscheidung gelangen sollen, die höchsten Administrativbehörden. Wenn also eine Stadt oder ein einzelner eine Eingabe zu machen hat, so geschieht dies fast immer durch Legationen, die persönlich kommen, und ihre *preces* durch Gesandte dem Kaiser überreichen.[218] Der *praefectus praetorio* hat die Sache zuerst zu begutachten, aber es ist ihm ausdrücklich vorgeschrieben, dieselbe

---

[214] CTh.XI 39,5

[215] Dessau 2949; Johann Caspar Orelli (1787–1849).

[216] Dessau 1285

[217] Rufius Praetextatus Postumianus, Konsul 448

[218] Amm.XXVIII 1,24; CTh.XII 12; Matthews, RAC.X 1978, 653 ff.

nicht zu Ende zu führen; er hat nur seine Meinung, sein Votum abzugeben; dann geht die Sache an die *scrinia*, die wichtigste Instanz, von der gleich die Rede sein soll. Erst dann kommt die Sache ins *consistorium*, dem der Entwurf der Antwort bereits vorliegt, nachdem *praefectus praetorio* und *scrinia* votiert haben; es hat also das Konsistorium die Angelegenheit nur formell zu Ende zu führen.

Die *scrinia*, das kaiserliche Sekretariat, knüpfen an uralte Einrichtungen an, die sich bis in die republikanische Zeit verfolgen lassen und in einem Institut des reichen Privathauses ihr Vorbild haben, an das Privatsekretariat. Der Diktator Caesar hatte einem Gallier von guter Geburt die *cura epistolarum et anuli* gegeben.[219] Zu einem Amt wurde dies Privatsekretariat unter Hadrian; bis dahin waren [MH.III 52] es überwiegend Freigelassene. Von Hadrian wurde diese früher rein häusliche Stellung in eine im Staatskalender genannte Beamtenstellung umgewandelt.[220]

Es gab drei Abteilungen: *scrinium memoriae, epistolarum et libellorum*[221], von denen erstere die wichtigste war. Sie hat unmittelbar mit dem Kaiser zu tun, entwirft die Antworten, sammelt die Gedächtnisnotizen des Kaisers und empfängt die Randbescheide desselben (*adnotationes omnes*). Daher haben die Beamten desselben auch die Offiziersernennungen und militärische Angelegenheiten zu bearbeiten in Gemeinsamkeit mit dem *quaestor sacri palatii*. Eine Ausnahme bilden die Grenztruppen (s. u.).

Die beiden anderen *scrinia* – *epistolarum* und *libellorum* – registrieren die Eingänge und zeigen in ihrer Geschäftsteilung die beginnende Trennung von Administration und Justiz. Das *scrinium epistolarum* bearbeitet die administrativen Sachen; die *legationes* (s. o.) und die *consultationes*, d. h. die Fragen der Beamten. Bei diesem *scrinium* war eine besondere Abteilung (um 400 war noch Latein die einzige Amtssprache), welche die Eingänge aus griechischen Landesteilen, die in gewissen Ausnahmefällen[222] griechisch abgefaßt sein durften, entweder direkt griechisch beantwortete oder die lateinische Antwort übersetzte. Das *scrinium libellorum* bearbeitete die prozessualen Angelegenheiten, hatte auch beschränkte Jurisdiktion in solchen Sachen, die nicht durch Geschworene abgeurteilt wurden.

Soweit also persönliches Eingreifen des Kaisers vorkommt, geht es durch diese *scrinia*. Was also ist [MH.III 53] für das Konsistorium zu tun? Der

---

[219] Es handelt sich um den Vater des Pompeius Trogus, einen Vocontier. Justin (XLIII 5,11f) überliefert von ihm: *Trogus ait maiores suos a Vocontiis originem ducere ... patrem quoque sub Caesare militasse, epistularumque et legationum, simul et anuli curam habuisse.*

[220] O. Hirschfeld, Die kaiserlichen Verwaltungsbeamten, 1905, S. 321f.

[221] CTh.VI 26; die ND (or.XI 13ff.;

occ.IX 10ff.) nennt zudem ein *scrinium dispositionum*.

[222] Die Provinzial- und Munizipalverwaltung im Osten verwendete überwiegend das Griechische. Die «Notitia Dignitatum» erwähnt am Hof einen *magister epistolarum Graecarum* mit dem Zusatz: *eas epistolas, quae Graece solent emitti aut ipse dictat aut Latine dictatas transfert in Graecum* (ND.or.XIX 12f.).

höchste Beamte, der *praefectus praetorio* hat gesprochen, der Kaiser hat gesprochen – es bleibt eigentlich nur die Publikation. Direktes Eingreifen des Kaisers findet noch in bezug auf die Gesetzgebung statt, die formell dem Kaiser zusteht und füglich auch nur vom Kaiser ausgehen kann. Das Organ, dessen er sich hierzu bedient, ist der *quaestor sacri palatii,* der die Gesetze zu formulieren hat; dann werden sie im Konsistorium verlesen (*recitata in consistorio*) und vom Kaiser unterschrieben, d.h. sanktioniert, dem respektiven Senat zugesandt und dann veröffentlicht, d.h. promulgiert. Keiner konnte gehalten werden, ein Gesetz zu beobachten, das nicht promulgiert war. Auch hier wird für die Tätigkeit des Konsistoriums kein großer Spielraum gewesen sein; vielleicht kam es manchmal zu einer Debatte, gewöhnlich handelte es sich um eine beschlossene Sache. Nur einige gerichtliche Verhandlungen fanden vielleicht vor dem Konsistorium statt, die vorbereitet wurden durch den *magister libellorum*; das persönliche Eingreifen des Kaisers tritt hierbei zurück.

Die Stellung des Konsistoriums zu Militärangelegenheiten war die, daß, wenn auch die Konsistorialkompetenz im allgemeinen so weit ging wie die des Kaisers, sie doch an der Schwelle der Militärangelegenheiten haltmachte, die lediglich die *magistri militum* und der Kaiser ohne den Staatsrat entschieden. Eine Ausnahme bilden die [MH.III 54] Grenztruppen, die nicht unter dem *magister militum* stehen und deren Angelegenheiten an das Konsistorium kommen. Ein Verzeichnis der Grenztruppen wird demselben alljährlich vorgelegt; diese hatten am Hof keinen Vertreter.

Nicht erfreulich, aber interessant ist die Wahrnehmung, wie der Kaiser mehr und mehr zurücktritt. Die Appellation erforderte früher eine weitumfassende und nachdrückliche Tätigkeit des Kaisers. Theodosius II, der Kaiser, der mit Leidenschaft schönschrieb, aber sehr ungern regierte und vielleicht der faulste Regent gewesen ist, den es gegeben hat[223], schaffte die Appellation an den Kaiser ab und wies sie an eine aus dem *praefectus praetorio* und dem *praepositus sacri palatii* gebildete Kommission, also an ein Appellationsgericht.[224]

Eine ebenfalls nicht erfreuliche Neuerung ist das Eindringen der bloßen Hofstellen in die Beamtenwelt. Früher waren diese beiden Sphären geschieden, soweit als immer möglich, und das ganze Heer der Kammerdiener hatte außerhalb der Privatgemächer und -verhältnisse des Kaisers nichts zu suchen. In dieser späten Zeit gehen die Dinge so weit bergab, daß der *cubicularius* (der Hüter des „heiligen Bettes", *cubiculi sacri*) unter den höchsten Beamten, den *illustres* und sogar vor dem *magister officiorum*, dem Hofmarschall, rangiert.[225] Dazu kommt, daß diese Hofbedienten jetzt gewöhnlich Eunuchen sind[226]; der *primicerius cubiculi* ist der höchste in der zweiten

[223] Seeck VI 70f.
[224] Cod.Just.VII 62,32
[225] ND.or.X f.

[226] P. Guyot, Eunuchen als Sklaven und Freigelassene in der griechisch-römischen Antike, 1980

Rangklasse.[227] Eine offizielle Beamtentätigkeit haben diese [MH.III 55]
Leute nicht, außer dem *comes domorum in Cappadocia*, der Justizfunktionen
ausübt.[228] Der *castrensis sacri palatii* hat die *cura palatii*[229], das Bauwesen im
Palast, die Aufsicht über die Sklaven, die Hausleute und Kinder. Ein *paeda-
gogium* besteht für die Erziehung der Kinder der Sklavinnen.[230]

Werfen wir noch einen Blick auf die römischen Advokaten; sie finden sich
auf allen Gebieten und mögen daher hier, ziemlich willkürlich, angeschlossen sein. Der alte Unterschied zwischen Rechtsgelehrten und Advokaten –
iuris consultus und *causidicus* – ist erloschen. Gewöhnlich heißt der Advokat
(ebenso wie der Feldmesser) *togatus*, offenbar daher, weil die Toga nur hier
noch (und bei dem *praefectus urbi*) Amtstracht ist. Früher waren die Advokaten nicht Beamte, sondern es war eine Ehrentätigkeit ohne Honorar, jetzt
ist es eine Staatsbeamtenstelle mit lukrativem Sportelsystem, das allerdings
nicht der Staat, sondern das Publikum bezahlt. Bei allen Behörden ist eine
feste Anzahl Advokaten angestellt, unter denen die Partei wählen kann. Die
Zahlen sind interessant: In einer gewöhnlichen Unterinstanz 30, in einer
mittleren (z. B. *praefectus Aegypti*) 50, in der höchsten (*praefectus urbi*) 80,
beim *praefectus praetorio* 150.[231] Im Corpus VI 100[232] haben wir die An-
fangskarriere eines *advocatus*: bei dem *vicarius* von Africa *causidicus non
ignobilis*, dann *in consistorio principis*, [MH.III 56] dann in den drei *scriniis*,
dann geht er in die Verwaltung.

Zeigt die Wahl der bei den einzelnen Stellen zugelassenen Advokaten die
Wichtigkeit der Tribunale, so können wir auch aus diesen Zahlen den Verfall
des Reichs in den letzten Dezennien vor dem definitiven Über-den-Haufen-
Werfen desselben deutlich ablesen. Im Jahr 442 erlaubte man statt der bei
Unterinstanzen angestellten 30 nur 16 den Zutritt, die schon im Jahr 451 auf
vier herabgesetzt wurden. Nachdem die Vandalen Karthago erobert hatten,
waren natürlich die dortigen Advokaten brotlos, und man erlaubte ihnen, als
Mitleidsmenschen an den übrigen Orten zu advozieren, nur nicht bei dem
höchsten Gericht.[233]

Amtsbegriff und Kompetenz finden ihre Anwendung auf die Advokatur
wie auf jede andere Beamtenkategorie; sie rangieren nach Anciennität, und

[227] ND.or.XVI; occ.XIV

[228] CTh.VI 30,2

[229] ND.or.XVII; occ.XV

[230] Die spätantiken *paedagogiani*
(CTh.VIII 7,5; Ammian XXVI 6,15;
XXIX 3,3) waren keine Kaisersklaven,
vermutlich dachte Mommsen an das *pae-
dagogium Palatini* des domitianischen
Palastes: Dessau 1825 ff.

[231] Jones 1964, S. 507 ff.

[232] Mommsen dachte offenbar an
CIL.VI 510 = Dessau 4152, mit der

Laufbahn des *Sextilius Agesilaus vir clarissimus, causarum non ignobilis Africani
tribunalis orator et in consistorio principum, item magister libellorum et cogni-
tionum sacrarum, magister epistularum,
magister memoriae, vicarius praefectorum per Hispanias vice sacra cognos-
cens etc.* Die Inschrift stammt vom
13. August 376; zum Mann auch:
Amm.XV 5,4.

[233] CTh. Novelle 2,3 von Valentinian
III, 443 n.Chr.

mit dieser ist auch eine titulare Auszeichnung verbunden. Ihre Ausbildung, über die sie sich durch ein Zeugnis auszuweisen hatten, erhielten sie auf Rechtsschulen, die genau wie unsere Fakultäten der Universität eingerichtet waren; vielleicht kann man sagen, daß keine Institution des Römischen Reiches so ununterbrochen kontinuierlich auf uns gekommen ist wie die Universität.[234] Außer den byzantinischen Rechtsschulen existierte eine solche sicher in Ravenna, und von dieser stammte die im 11. Jahrhundert auftauchende in Bologna ab. Aber, wie gesagt, sie taucht damals nur für unser Auge auf, dagewesen sind diese Schulen, ohne daß wir dafür direkte Zeugnisse haben, unfraglich durch die [MH.III 57] vorhergegangenen Jahrhunderte hindurch. Die ganze Weise der Rechtsbehandlung auf der Universität als Unterrichtsgegenstand entspricht genau der damaligen. Die Textinterpretation ist dieselbe, und man muß sagen, daß der Justinianische Codex nie ganz außer Gebrauch gekommen ist. Schon der Name Ravenna als Rechtsschule sagt genug: dort war der Sitz des weströmischen Kaisers, der Mittelpunkt des lateinisch sprechenden Reichs, Ravenna hatte ohne Frage eine lateinische Rechtsschule. Hier haben wir wirklich, was von der italienischen Städteverfassung gesagt, aber widerlegt ist[235]: eine unmittelbare Kontinuität von jener Zeit bis auf uns.[236]

---

[234] Zur Kontinuitätsfrage im Hochschulwesen: Demandt 1989, S. 373. Die Institution mit der stärksten Kontinuität ist natürlich die Kirche.

[235] Mommsen spielt an auf Karl Hegel, Geschichte der Städteverfassung in Italien, II 1847.

[236] Sebastian Hensel fügt folgende Bemerkung für seinen Sohn an: *Es fehlt noch eine gründliche Bearbeitung des bis jetzt behandelten und in einer großen Masse von Quellen zugänglichen Gebietes. Was meinst du, Paul?*

3. PRAGMATISCHE GESCHICHTE

Je massenhafter die Quellen für die Administration fließen, desto ärmlicher sind sie für die Geschichte vorhanden. Und das ist nicht zu verwundern: Gemacht wird die Geschichte im Kabinett, und was dort geschieht, kommt authentisch nicht zur Kunde der Zeitgenossen. Was wir an Berichten besitzen, geht von Außenstehenden aus, die eigentlich nichts wissen. Auch über die früheren Kaiser sind wir zwar im ganzen nicht viel besser unterrichtet, doch gab der Rapport zum Senat, wenn es auch mit der Mitregierung [MH.III 58] durch diesen gerade in den wichtigsten Sachen nicht sehr weit her war, Anlaß zu gewissen Mitteilungen an die Öffentlichkeit. Jetzt trifft das nicht mehr zu; es existierte kein Bedürfnis mehr, sich vor dem Publikum zu rechtfertigen. Der schwache Rest von etwas, das an öffentliche Meinung erinnerte, wie es in den ersten Zeiten des Principats existiert hat, war längst dahin, und Rechenschaft erteilten die Kaiser dem Volk ebensowenig, wie der Hausherr dem Gesinde gegenüber sich über seine Handlungen auszuweisen für nötig befindet. Das Verhältnis war dasselbe.

Mehr noch als das spielt uns der leidige Zufall mit, der immer gerade da, wo wir am liebsten über eine Zeit oder einen Menschen unterrichtet sein möchten, den Schleier um so dichter darüber deckt. „Geheimnisvoll am lichten Tag"[237] ist auch die Geschichte. Es ist das Geheimnis, das fast immer über neuen, schöpferischen Denkern waltet; schließlich raten wir an Caesar und Augustus ebenso herum wie an Diocletian und Constantin. Als der große Formalist Constantius regierte, als Julian den Versuch machte, die Weltuhr zurückzustellen und dem sterbenden Heidentum noch einmal zur Herrschaft zu verhelfen, da wissen wir besser Bescheid, aber das Werden, der Aufbau aus dem alten Material, ist für uns geheimnisvoll.

Niemals war das Regiment tiefer gesunken als 254 bis 258 unter Valerian und Gallienus, unter keinem anderen Regiment ging alles [MH.III 59] so vollkommen aus dem Leim. Es war offenbar der Anfang des Endes. Von allen Seiten, an allen Grenzen des Reichs, geschahen Angriffe äußerer Feinde: In Italien brachen die Alamannen ein; im Westen die Franken (ein Sammelname). Sie überschritten den Rhein, sie gingen nach Spanien und *Africa*.[238] Der ganze Westen zitterte vor ihren Scharen – und vor ihren Schiffen, denn es waren wesentlich Seepiraten. Griechenland litt unter der Piraterie der Goten, und im Osten ging das durch die Sassaniden neu gestärkte

---

[237] Hensel schreibt „nächsten" Tag, doch hat Mommsen den «Faust» (I 672) vermutlich richtig zitiert.

[238] Aur.Vict.33,3; Oros.VII 41,2

Perserreich angriffsweise vor. „Feinde ringsum"²³⁹ war das Losungswort der Zeit. Demgegenüber stand die vollkommenste Nichtigkeit und innere Zertrümmerung des Reichs.

Man muß zugeben, daß vielleicht nie ein Mensch vor einer schwierigeren Aufgabe gestanden hat als Gallienus. Er soll früher als Offizier ganz tüchtig gewesen sein, aber der großen Feldherrnaufgabe war er nicht gewachsen. Er ließ die Dinge gehen, gleichgültig und weibisch. Es ist ein eigenes Verhängnis, daß in derselben Zeit, wo Zenobia, ein heldenhaftes Weib, Palmyra gegen den östlichen Ansturm mannhaft verteidigte, Gallienus sich in Weibertracht auf seinen Münzen als *Galliena Augusta* verherrlichte²⁴⁰ – es ist der Gipfel der Schande. Die einzelnen Reichsteile mußten selbst für ihre Sicherheit sorgen. Es ist ein wunderliches, aber zugleich köstliches Schauspiel, wie Palmyra, die Wüstenstadt der Karawanenhändler, streitbar wurde und ihre Beherrscherin als eine Art Mitregent Anerkennung fand.²⁴¹ Osten und Westen lösten sich voneinander. Die Regierung hatte nichts zu sagen und sah untätig zu.

[MH.III 60] Aber die äußeren Feinde waren nicht die einzigen Geißeln der gallienischen Regierung: Eine 15 Jahre wütende Pest dezimierte die Bevölkerung. Dazu kamen Münzwirren, eine vollkommene Zerstörung des Geldbegriffs, der auf dem Staatskredit ruhte, so daß Diocletian bei seinem Regierungsantritt mit Recht sagen konnte: „Geld gibt es nicht mehr, der Scheffel Korn ist alles."²⁴² Man meint, der Tod könnte in solcher Agonie nicht lange ausbleiben. Aber das Leben der Staaten ist zäh, wir sehen das oft in der Geschichte und auch heute noch, daß das Auseinanderfallen selbst des morschesten Staatsgebäudes lange dauert.

Es fehlt aber nicht an Elementen des Besserwerdens. Vorerst sind die Schilderungen, die wir von den damaligen Zuständen haben, wie die von schlechten Romanschriftstellern, die den Bösewicht nicht greulich genug schildern zu können glauben. So verzweifelt war es nicht. Die Kriege waren doch nur Barbarenkriege. Die Goten, die Franken, alle sind eben nur Piraten, die zerstören, wegschleppen, morden, verwüsten, die aber von einem Staatsgedanken, von einer neuen, durch sie zu gründenden Reichsbildung keine Idee haben. Staatengründer wie Theoderich und Genserich²⁴³ treten noch nicht auf, die jetzigen Bedränger ahnen gar nichts vom Staat. Es ist, als denken wir uns die Indianerangriffe in Amerika zu der Zeit, wo sie überhaupt noch etwas zu bedeuten hatten, ins [MH.III 61] unermeßlich Große gesteigert. Bauen konnten diese Scharen nicht; und wie ohne politischen Zweck, so ist ihr Tun auch ohne politisches Resultat: Hatten sie hinreichend geraubt, so blieben sie nicht, sie kehrten um und zogen von selbst ab, wie die Flamme erlischt, wenn sie nichts Brennbares mehr findet.

---

²³⁹ Kriegslied von K. G. Cramer, 1792
²⁴⁰ RIC.V I, S. 136f.; 141; 162
²⁴¹ s.o.MH.II 321ff.
²⁴² Vermutlich dachte Mommsen

daran, daß der Weizenpreis das «Edictum de pretiis» eröffnet.
²⁴³ So die ältere Form für *Geiserich*: CTh. 9. Novelle Valentinians III.

Und noch ein anderes: Schon öfter ist auf die Stellung von *Illyricum* als Kernland der Monarchie hingewiesen worden, und dies blieb verhältnismäßig verschont von den Einfällen der Barbaren. Dakien wurde hinweggeschwemmt[244], aber die Donaugrenze hielt. Die dort sitzenden, streitbaren Stämme wehrten sich selbst und hatten relative Ruhe, und damit war ein Kern der Gesundung erhalten.

Auch anderswo regte es sich: Palmyra und andere zeigten, daß noch Kraft da war und nur Eintracht in dem weiten Reich mangelte. Gerade in dieser Hinsicht wirkte Gallienus heilend; es war klar bei Italienern und Provinzialen, daß ohne Einigkeit alles verloren sei. Das System, daß jeder Heeresteil den zum Herrscher ausrief, der ihm beliebte, hatte sich überlebt; Sehnsucht nach Einigkeit *coûte que coûte* durchdrang die Herzen aller. Bezeichnend ist die Kaiserwahl des Tacitus.[245] Die Heere, verzichtend auf ihr Recht – denn ihr Recht war es zweifellos, eine Wahl zu treffen –, ersuchten den Senat, ihnen einen Kaiser zu setzen. Daß nur eine Rettung möglich sei, nämlich „Zusammenhalten", davon waren auch die Offizierskreise [MH.III 62] tief durchdrungen.

Victor[246] wirft dem Senat mit Recht vor, daß er mit seiner Stellung nichts anzufangen wußte: Statt des Mannes, dessen das Reich bedurft hätte, wählte er einen alten, reichen, sehr braven Senator, der aber schwach war. Und doch zeigt sich unmittelbar nach Gallienus die Besserung. Denn auf Tacitus folgten zwar wieder Soldatenkaiser – es ging mit der Senatswahl nicht –, aber die vier nächsten: Claudius, Aurelian, Probus und Carus waren tüchtig und rissen das Reich aus dem Sumpf wieder heraus. Freilich wurden auch die letzteren Opfer von Soldatenverschwörungen und regierten nur kurze Zeit. Namentlich Aurelian war ein Organisator, und er griff das Übel der Münzwirren[247] an, wenngleich noch ohne Erfolg.

Und noch ein unendlich wichtiger Punkt: der religiöse. Die frühe Principatszeit litt am Indifferentismus. Von Augustus bis jetzt gab es keinen amtlichen Glauben, die Maschine der alten Religion war vollkommen ausgeleiert. Die Massen hatten schon längst ein Bedürfnis nach einem wirklichen Glauben, und diese neuen Kaiser waren nicht Mitglieder der alten römischen Aristokratie, es waren Leute dunkler Herkunft, heraufgestiegen aus dem Schoß des niederen Volks, und so finden wir bei fast allen einen starken, fatalistischen Glauben. Aurelian sagte, als er den Mitgliedern einer entdeckten Verschwörung gegenüberstand: „Daß der Kaiser in eurer Hand [MH.III 63] stehe, glaubt nicht. Ihn hält der Glaube an seinen Stern, der mächtige"[248]. Diocletian hatte ebenfalls ein sehr stark ausgeprägtes gläubiges Gefühl; sein Gott war Sol, es war der Mithraskult.[249] Dann kommen Christen. Darin liegt

244 Eutr.IX 15; SHA.Aur.39,7
245 SHA.Tac.1 ff.
246 Aur.Vict. 37,5 ff.
247 Aur.Vict.35,6; RIC.V 1248 ff.
248 Petrus Patricius 10,6 = Müller,
Fragmenta Historicorum Graecorum IV
197
249 Der Beiname *Iovius* und der Juppitertempel gegenüber dem Mausoleum Diocletians sprechen dagegen.

die Regeneration: Indifferentismus auf dem Thron ist ein böses Ding; damit schafft man nichts.

Von dem Vorgänger des Diocletian, von Marcus Aurelius Carus (282–283), wissen wir noch weniger als von dessen Vorgängern Probus und Aurelian. Carus war ein tüchtiger Soldat und unternahm einen Feldzug gegen die Perser. Er endete rätselhaft bei Ktesiphon, wahrscheinlich durch Meuchelmord, wenn man auch verbreitete, er sei durch einen Blitzschlag getötet worden.[250] Er hinterließ zwei Söhne, Carinus und Numerianus.[251] Ersterer, der ältere, war im Okzident geblieben, der jüngere war bei dem Heer. Er wurde zum Kaiser ausgerufen, der Feldzug aber abgebrochen. Numerianus war ein namhafter Poet[252] und ein gebildeter Mann, aber er blieb doch zu sehr nur der Sohn seines Vaters, und die Offiziere mochten fühlen, daß unter dieser Führung im Kriege kein Heil zu erhoffen sei. Es war auch vielleicht das klügere. Man zog also zurück: in Chalcedon angekommen, verbreitete sich das Gerücht, der Kaiser sei tot. Wie er ums Leben kam, wissen wir nicht, zweifellos durch ein Verbrechen – genug, der Thron war verwaist. Aper, der *praefectus praetorio*, galt als Täter, machte aber nicht [MH.III 64] den Versuch, den erledigten Thron seinerseits einzunehmen. Die Offiziere traten in einem Kriegsrat zusammen und berieten, ob man dem im Okzident weilenden Carinus gehorchen solle. Sie entschieden sich für Diocletian.

a) Diocletian (284–305)

Die Lage hatte eine merkwürdige Ähnlichkeit mit derjenigen zur Zeit der Wahl Vespasians (s. o. MH.I 216ff.). Unzweifelhaft war es eine revolutionäre Schilderhebung: Eingeschworen war das Heer auf Carinus, den älteren Bruder, dessen Recht durch den Tod des jüngeren Numerianus nicht im mindesten hinfällig geworden war. Aber dennoch unterscheidet sich der Vorgang vom 17. Dezember 284[253] wesentlich von den anderen Vorgängen dieser Art. Es war ein Entschluß der höchsten Staatsbeamten und Offiziere, an die Stelle eines schlechten Regenten einen besseren zu setzen, und eben darin liegt die Parallele zur Erhebung des Vespasian gegen Vitellius. Es ist auch ziemlich unzweifelhaft, daß Diocletian selbst sich nicht nach dem Purpur gedrängt hat; aber wer so vorgeschlagen war, für den gab es nur die Wahl, die Chance zu nutzen oder den Tod zu wählen. Gefährlich war der Schritt der Offiziere, aber doch nicht eigentlich widerrechtlich, wenigstens nicht im höheren Sinn der Geschichte. Daß Diocletian selbst nicht begierig nach der Herrschaft

[250] Aur.Vict.38,3
[251] Aur.Vict.38,1
[252] SHA.Num.11,2
[253] Der *dies imperii* Diocletians war

tatsächlich der 20. November: Kolb 1987, S. 10. Grundlegend zur Chronologie Diocletians: Mommsen, Ges.Schr.II 195ff.

war, liegt in seinem Charakter. Allerdings lag ein dunkler Schatten über dem ganzen Vorgang. Möglich geworden, vorbereitet war er durch einen doppelten Kaisermord. Stellt man die Frage *cui bono?*, so könnte diese wohl auf Diocletian führen. Aber bezeugt ist seine Mitschuld oder Urheberschaft nirgends, nicht einmal von seinen grimmigsten Feinden, den Christen. Und mit dem Aussprechen solchen Verdachtes war man doch sonst nicht blöde.

[MH.III 65] Die offizielle Behandlung der Sache war freilich sehr übel: Als sich Diocletian der Sitte gemäß nach seiner Wahl den Soldaten vorstellte und sie anredete, fand sich Aper, der *praefectus praetorio*, der laut als der des Mordes zunächst Schuldige bezichtigt wurde, als nächster neben ihm. Diocletian schwor bei Sol, daß er unschuldig sei, daß er sich den Thron nicht gewünscht habe – und stieß Aper nieder.[254] Wir würden das unzweifelhaft einen Mord nennen, Rom nannte es nicht so und konnte es nicht so nennen. Allerdings war es prompte Justiz; es lag vollkommen innerhalb der dem Kaiser zustehenden Kompetenz, der bei seiner Überzeugung über die Schuldfrage eines Verbrechers an keine Formen gebunden war. Auch Vespasian ließ einen Senator in ähnlicher Weise ohne weiteres niederstechen.[255] Aber verdächtig ist es doch: waren Beweise gegen Aper vorhanden, die niemand sonst kompromittierten, so hätte man sie wohl vorgeführt.

Dem sei nun, wie ihm wolle, das Faktum bleibt, daß durch diesen Vorgang ein schlechter Kaiser beseitigt, ein unendlich viel besserer an seine Stelle gesetzt wurde. Wir wissen wenig von Carinus, natürlich wurde er in der diocletianischen Zeit möglichst schwarz gemalt, als ganz befleckt gezeichnet. Militärisch scheint er nicht unfähig gewesen zu sein[256], aber roh, grausam, wollüstig[257], ganz nach dem Muster des Vitellius, und die Ehre des Reiches gefährdend.

Die östlichen Legionen hatten also die Treue aufgekündigt, Orient und Okzident standen in Waffen gegeneinander, wie in dem Konflikt zwischen Vitellius und Vespasian. Diocletian siegte durch einen halben Zufall. Carinus war militärisch überlegen, wie in den okzidentalisch- [MH.III 66] orientalischen Kämpfen der Westen immer der militärisch stärkere war; zudem stand ihm als *praefectus praetorio* der fähige Aristobulus zur Seite. Carinus und dieser scheinen die Sache anfangs sehr leicht genommen zu haben; sie marschierten nicht sofort gegen Diocletian, sondern zuerst gegen Julianus, der sich in Italien empört hatte[258], eine jedenfalls ganz ungefährliche Schilderhebung, da ja Italien unbewaffnet war und militärisch gar nicht ins Gewicht fiel. Indessen kostete das doch einige Zeit, und Diocletian überschritt ungehindert die Meeresenge. Die Entscheidung fiel in Mösien an der Mündung der Morawa in die Donau.[259] Eigentlich zogen die Orientalen den kürzeren,

---

254 Aur.Vict.39,13

255 Suet.Vesp.15; Dio LXV 12

256 Das bezeugen seine Siege über Julianus und über Diocletian (s. u.).

257 *libidine impatiens militarium mulierculas* (Damsté) *affectabat*: Aur.Vict. 39,11

258 Aur.Vict.39,9f.

259 Chron.Min.I 229; 445

aber die Sache bekam eine andere Wendung durch den Tod des Carinus. Auch er fiel unzweifelhaft durch Meuchelmord, wiederum ist der Mörder nicht festzustellen. Vielleicht spielte Aristobulus hierbei eine Rolle. Jedenfalls birgt die Konsularliste der Jahre 284 und 285 ein politisches Geheimnis: Der Krieg ist im Herbst 284 ausgebrochen; alles, was geschehen war: die Rüstungen, die Diversion nach Italien, der Marsch nach Mösien erforderte unzweifelhaft so viel Zeit, daß wir den endgültigen Zusammenstoß in das Frühjahr 285 verlegen müssen. Im Anfang dieses Jahres war Carinus Konsul, die Konsulliste des weiteren Jahres aber nennt Diocletian und Aristobulus![260] – Es ist sehr wahrscheinlich, daß auch dieser wichtige Mann sich von Carinus abwendete und dem Diocletian dazu verhalf, die militärische Niederlage in einen politischen Sieg zu verwandeln.

[MH.III 67] Diocletian ist einer der merkwürdigsten Menschen in der Geschichte. Hier ist die zerstörte Tradition wieder höchst peinlich, die uns zu nicht viel mehr kommen läßt als zum Herumraten an diesem interessanten Problem. Ursprünglich hieß er nicht Aurelius, sondern Gaius Valerius. Er starb im Jahr 313, 68 Jahre alt, das führt auf das Jahr 245 als sein Geburtsjahr, so daß er also im reifesten Mannesalter den Thron bestieg.[261] Seine Herkunft ist dunkel; sicher ist, daß er ein Dalmatiner war. Aus dem Ort *Dioclea* kam er gewiß nicht, das ist ein dummer Einfall eines späteren, mit Wortanklängen spielenden Byzantiners[262], der noch dümmer dadurch wird, daß derselbe zugleich seinen Namen von dem seiner Mutter herleitet. Diocles nennen ihn seine Feinde[263], und das führt darauf, daß er ein Freigelassener war[264] und ursprünglich diesen griechischen Namen führte, den er später latinisierte. Er mag auch wohl ein unehelicher Sohn gewesen sein, wie von ihm behauptet wird. Ein *libertinus* ist notwendig aus der Ehe geboren; seine Mutter wird erwähnt, sein Vater nicht.

Von Diocletians Karriere wissen wir, daß er Kommandant (*dux*) Moesiens war und aus der Schule des Probus hervorgegangen ist. Das war eine militärische Empfehlung, ebenso, daß als seine Kameraden Carus, Constantius und Aristobulus genannt werden. Dann trat er in die Garde; spätere Schriftsteller[265] nennen ihn „Kommandanten der berittenen *domestici*", das waren wohl mehr die *protectores*, wie man nach Auflösung der Prätorianer die Leibgarde damals nannte. Unmittelbar vor seiner Erwählung zum Kaiser machte er den persischen Feldzug unter Carus mit.

Sein Naturell, sein Charakter ist aus der Überlieferung schwer zu deuten. Jedenfalls war er ein staatsmännisches Genie ersten Ranges. Die Art seiner Neuschöpfung des aus den Fugen gegangenen Reiches [MH.III 68] spricht

---

[260] Mommsen, Ges.Schr.II 267ff. Die Schwierigkeiten lindern sich durch die Neudatierung der Erhebung (s. o.).

[261] Diocletians Lebensdaten sind unsicher: T. D. Barnes, The New Empire of Diocletian and Constantine, 1982, S. 30.

[262] Epitome de Caesaribus 39,1

[263] Lact.MP.9,11; 19,5; 52,3; Epitome 39,1

[264] Eutrop IX 19; Epitome 39,1

[265] Aur.Vict.39,1

deutlich genug. *Magnus vir* wird er genannt[266], den alle seine kaiserlichen Kollegen wie einen Gott verehrten. Zeugen, die zugleich nah und fern genug standen, sprechen von ihm als einem hochbedeutenden Talent. Seine Veranlagung war mehr staatsmännisch als militärisch. Er soll feige gewesen sein, sagen seine Feinde – das ist töricht. Seine ganze aus dem Kriegerstand ehrenvoll hervorgegangene Karriere spricht dagegen. Lactantius[267], der Christ, sein Feind, macht ihm diesen Vorwurf. Aber das bedeutet nur, daß er das Militär bloß als ausführendes Organ verwendete und daß er mit der ihm eigenen, wunderbaren Klarheit, auch über sich selbst, sich nicht als militärisches Genie erkannte und infolgedessen große militärische Aufgaben für sich ablehnte. Diese Klarheit über die Grenzen seines Könnens und Nichtkönnens zeigen alle großen Kriege seiner Regierungszeit, die er stets durch andre vollführen ließ. Das ist ihm somit nicht als Fehler, sondern als Vorzug anzurechnen. Er war eine Natur von merkwürdiger Nüchternheit und Klarheit über das Wesen der Dinge, wie das vielleicht nie wieder vorgekommen ist. Es steht zum Beispiel fast einzig da, daß ein nicht zum Kaiser Geborener sich andre zur Seite stellt, die nicht mit ihm verwandt sind, daß er nie versucht, eine Dynastie zu bilden, immer das erste Streben der Parvenus. Kinder hatte er freilich nicht, aber unter Übergehung aller ihm Nahestehenden wählt er seine Genossen aus den guten Militärs und veranlaßt auch den Maximian, nachdem Maxentius geboren, sich einen Sohn durch Adoption zu schaffen, der älter war als er selbst.

Den ungeheuersten Einfluß übte er über die Seinen, namentlich die Nächststehenden. Jene Sprache von seiner Verehrung gleich einem Gott hat einen ernsten Sinn. Der Mann, der an Stelle [MH.III 69] der Realunion die Personalunion setzte, der Orient und Okzident trennte und zwei Kaiser, jeden mit besonderer Kompetenz, einsetzte, war sich über die Auflösung des Reichs, die damit inauguriert wurde, wohl klar. Er sagte, das Größte, was ihm gelungen, sei die Erhaltung der Reichseinheit. Aber er war sich ebenso klar, daß diese nicht von Dauer sein konnte. Maximian folgte ihm unbedingt durch 20 Jahre hindurch, aber als der eine der Cäsaren sich nicht mehr fügen wollte[268], da trat Diocletian ab und zog sich in die Heimat, ins Land seiner Kindheit und ins Privatleben zurück. Das Reich ging, nachdem dieser einzige Mann das Steuerruder verlassen, aus allen Fugen.

Diocletian war geneigt zur Milde, allem Schroffen und Harten abgewendet. Nie ist ein Konflikt minder blutig beendet worden als der seinige mit Carinus. Keine Exekutionen folgten nach erfochtenem Siege. Nun war allerdings Carinus legitimer Regent gewesen, indessen, danach fragt der illegitime Sieger gewöhnlich nicht. An Maximian war ihm immer die Roheit und Grausamkeit zuwider gewesen. Strenge Urteile läßt Diocletian gern durch andre vollziehen, denn das wußte er ja nur zu gut, daß Reformen, wie er sie

---

[266] l. c.

[267] z. B. De mort. pers. 9,7

[268] Mommsen meint Galerius.

wollte, nicht mit Samthandschuhen angefaßt werden können. Die unvermeidliche *severitas* lastete er wie die Heereszüge auf andere ab. Als echter Staatsmann hatte er für die finanzielle Seite des Regiments ein offenes Auge. Er übte verständige Sparsamkeit. Geiz nennen es seine Gegner, aber das war der friderizianische ökonomische Sinn, der das Reich umschaffen will und freilich dazu die Mittel haben muß. Dazu mußte das Steuersystem geordnet und angespannt werden; aber allen [MH.III 70] unnützen und frivolen Ausgaben (so für die Spiele, die im Reich Unsummen verschlangen) erklärte er den Krieg und schaffte sie ab. Freiheit, *sollertia*, *subtilitas* waren Grundzüge seines Wesens. Er reflektierte über Stellung und Aufgaben des Kaisers und war durchaus objektiv. Der Rücktritt, ohne gezwungen zu sein, ist beispiellos, aber eben nur bei so objektiver Natur möglich. Auch das mag noch erwähnt sein, daß er wortkarg war und nicht viel redete.

Die Richtung auf den Monotheismus geht damals durch die Welt, in den niederen Gemeinden sowohl als in den höchsten Kreisen der philosophischen Denker. Der Polytheismus hatte sich überholt. In Soldatenkreisen galt der große Gott Mithras viel, es ist Sol, der an Macht und Gewalt alle überbietet. Diocletianus, der aus diesen Kreisen hervorgegangen war, teilte deren religiösen Anschauungen. Aber es muß betont werden, daß er frei von religiösem Fanatismus war, und die Christenverfolgungen, die auf seinen Namen getauft sind, gingen nicht von ihm aus [s. u.MH.III 104].

Man hat ihm seine Prachtliebe vorgeworfen[269], und ein Schlag gehässiger Beurteiler hat ihn gewöhnlicher Eitelkeit beschuldigt. Allerdings setzte er an die Stelle der Militärtracht die goldbestickte Toga und die edelsteingeschmückten Schuhe, das Kleid also des Triumphators; auch kam die Adoration bei der Audienz unter ihm in Übung. Aber das ist doch etwas mehr bei Diocletian als die bloße Lust, ein besonders geschmücktes Kleid zu tragen. Es hängt eher mit seinem religiösen Fatalismus zusammen. Er will hoch hinaus und will überhaupt das Kaisertum höher stellen. Diese Sachen sind der sinnliche Ausdruck für die eximierte [MH.III 71] Stellung des Kaisers in den Augen des Publikums. Früher stand der Kaiser als Offizier unter den anderen Offizieren, nur die rote Feldbinde hatte ihn ausgezeichnet. Aber es sollte eben anders werden, und neuer Wein verlangt auch neue Schläuche.

Diocletian war ein leidenschaftliches Baugenie[270] – was er übrigens mit den meisten großen Staatsmännern teilt, mit Caesar, Augustus und Trajan. Aber er gab seinen Bauten die Richtung auf das Notwendige, und die Thermen des Diocletian in Rom legen noch heute Zeugnis von seinen Schöpfungen ab. Stellt man sich die Frage, ob eine große Badeanstalt oder ein Luxusbau nützlicher sei, so könnte man der jetzigen Politik[271] wohl manchmal, je

[269] Eutr.IX 26; Aur.Vict.39,2ff.; Hieron.chron. zu 296; Amm.XV 5,18
[270] Lactanz (MP.7,8) spricht von Diocletians *infinita cupiditas aedificandi*: Chron.Min.I 148
[271] Hensel: *Polizei*

nach der Beantwortung der Frage, diese Richtung auf das Nützliche oder Luxuriöse wünschen. Die Hauptbauten Diocletians waren Mauerbauten.[272] Den meisten großen Städte des Orients und Okzidents: Mailand, Karthago und tausend anderen richtete er die im Lauf der Jahrhunderte zerfallenen Mauern wieder auf. Das waren eben auch eminent nötige Bauten in den Zeiten der Barbareneinfälle, und es war für eine Stadt damals viel wichtiger als heute, Mauern zu haben. War sie dem ersten Anlauf eines Barbarenhaufens einmal glücklich entronnen, dann war sie gewöhnlich überhaupt gerettet, denn eine regelrechte Belagerung war nicht Sache der Piraten.

Was in Diocletians Gemüt vorgegangen, wie es in seinem Innern ausgesehen, wer will das sagen? Wir besitzen von ihm nichts Geschriebenes, aus seinen Taten müssen wir ihn beurteilen. Für Familiengefühle ist er empfänglich gewesen, wenn er ihnen auch keine – ohnedies unbillige – Herrschaft über seine Politik eingeräumt hat. In der Verschwägerung suchte er Deckung für den schwachen Punkt seiner Schöpfung, [MH.III 72] die Personalunion an Stelle der Realunion. Er adoptierte den Maximian zum Bruder – Adoption ist eigentlich dafür ein falscher Ausdruck, eine solche Bruder-Adoption gab es sonst nicht. Aber der Princeps ist von den Vorschriften des Privatrechts entbunden. Kurz also, er erklärte Maximian für seinen Bruder, und beide führten fortan die Gentilnamen Aurelius Valerius.[273] Als später die Caesaren dazukamen, wurden sowohl Adoption als Verschwägerung zur Knüpfung festerer Familienbande hinzugenommen: Constantius wurde der Adoptivsohn des Maximian und heiratete zugleich dessen Stieftochter Theodora.[274] Galerius, der Adoptivsohn Diocletians, erhielt dessen Tochter Valeria.[275] Die Knüpfung solcher Familienbande, wenn man ihren politischen Wert auch nicht zu hoch anschlagen darf, haben selbst die größten Herrscher nicht verschmäht. Aber sie verbitterten Diocletian die letzten Jahre, als er vergebens suchte, Valeria aus den Orientwirren zu reißen, in die sie tief verstrickt wurde. Und wie das Knüpfen solcher Familienverbindung einerseits beweist, daß Diocletian für die gemütliche Seite des Lebens Sinn hatte, so beweist die Art der Verknüpfung, daß er auch seine Tochter für ein Mittel der Politik hielt und verwendete.

Maximian, der ursprünglich Marcus Aurelius hieß, war wenige Jahre jünger als Diocletian; wir können 250 als sein Geburtsjahr annehmen. Dafür, daß Diocletian von Hause aus auf die Reichsteilung ausging, spricht, daß wir keine Inschrift von Maximian als Caesar haben. Diocletian regierte von 284 ab, und 285 muß Maximian zum Caesar ernannt worden sein. [MH.III 73]

---

[272] Paneg.Lat.IX (IV) 18,4
[273] Dessau III S. 303f.
[274] Aur.Vict.39,25. Nach Anon.Val.2 und Philostorg.II 16 war Theodora eine echte Tochter Maximians, die Heirat kann schon 289 erfolgt sein: Barnes l.c. 33; 126.
[275] Hieron.chron. zu 292

Am 1. April 286 wurde er Augustus[276], es ist nur ein Jahr Differenz zwischen seinem und Diocletians Regierungsantritt. Maximians Persönlichkeit ist einfach, nicht im mindesten problematisch. Er war ebenfalls Illyrier, hatte dieselbe Soldatenlaufbahn durchgemacht, und man kann ihn den Herkules des neuen Reiches nennen. Er war eine gewissermaßen plebejische Natur.[277] Man darf nicht vergessen, daß Diocletian sich Jovius, nicht Juppiter nannte. Maximian erinnert in vieler Hinsicht an Marc Anton – ein unmöglicher Politiker, sehr fähig an der zweiten Stelle, jedoch verloren, sobald er ohne Führer auf die erste gestellt wurde. Maximian war eine Marschallsnatur, für Diocletian zum Helfer geeignet wie kein zweiter. Roh, wild, barbarisch und grausam, dazu ausschweifend im Übermaß seiner Kraft, war er Diocletian mit diesen Eigenschaften oft zuwider, erregte er die Erbitterung des Publikums. Dagegen waren seine militärische Schlagfertigkeit und seine unbedingte Treue unschätzbar. Rechtlich gleichgestellt, war er faktisch untergeordnet, er trat selbst auch zurück, als Diocletian abdankte. Als er dann wieder allein auftreten und Politik machen wollte, zeigte sich sein absoluter Mangel an politischem Wollen und Können. Diese Abwesenheit eigenen Willens war gerade das, was Diocletian an seinen Mitregenten brauchte.

Die beiden Caesaren Constantius und Galerius traten später hinzu, am 1. März 295.[278] Der nächste Grund für ihre Ernennung lag wohl in den militärischen Wirren Britanniens und des Ostens; das Reich war auch für zwei Kaiser noch zu weitläufig. Constantius und Galerius hatten ebenfalls die höchste Gewalt, aber nur als Cäsaren. Caesar, zuerst bloß ein Name, wird dann der Titel des Nachfolgers, hat aber keine eigene Kompetenz. Der Begriff deckt [MH.III 74] sich ziemlich genau mit dem, was wir Kronprinz nennen. Die beiden diocletianischen Cäsaren aber waren anders gestellt, sie hatten Kompetenz und imperatorische Gewalt, jedoch nicht die gesetzgebende. Dagegen besaßen sie die tribunicische *potestas*, und ihre Sukzession versteht sich von selbst. Constantius muß älter gewesen sein, als man gewöhnlich glaubt; wir können sein Geburtsjahr auf spätestens 250 setzen, er war also mindestens so alt wie Maximian, und die *imitatio naturalis*[279] wurde bei dieser Adoption aus den Augen gesetzt. Man beabsichtigte auch gar nicht in erster Linie, die Sukzession zu sichern, dazu hätte man einen viel jüngeren Mann wählen müssen, sondern brauchte sofortige Hilfe. Arbeit verlangte man von dem Adoptierten.

Galerius war wohl etwas jünger, aber da seine Tochter sich 305 verheiratete, also doch wohl 285 geboren war, so kann doch auch das Geburtsjahr

---

[276] Chron.Min.I 229: 1. April 286. Das Datum ist ungewiß. Kolb (1987, 28 ff.) argumentiert für den 13. Dezember 285.

[277] Aur.Vict.39,17 (*Diocletianus*) Maximianum fidum amicitia quamquam se-miagrestem, militiae tamen atque ingenio bonum imperatorem iubet.

[278] Chron.Min.I 230

[279] CIC.Institutiones I 11,4: *adoptio naturam imitatur*, daher durfte man nur einen jüngeren adoptieren.

von deren Vater nicht weit von 255 abliegen, er kam also gleichfalls als Vierziger zur Regierung. Constantius setzte die Herrschaft fort und gewann die Liebe des Publikums. Lactantius nimmt ihn aus von den *persecutores*, den Christenverfolgern, und malt dagegen den Galerius so schwarz wie möglich. Überhaupt kann man wohl sagen, daß die christlichen Schriftsteller es ihren Verfolgern reichlich und mit Zinsen wiederbezahlt haben. Unparteiische Männer nennen den Galerius verständig und militärisch erfahren.[280] Er war ein starker Esser, korpulent, eine stattliche Erscheinung. Das leisetretende Regiment Diocletians gefiel ihm [MH.III 75] nicht, und er löste sich davon los. Man hat ihm vorgeworfen, er habe an Stelle des römischen ein dakisches Reich setzen wollen.[281] So ausgesprochen ist das eine Dummheit, aber es liegt ein richtiger Kern darin: Wir haben schon oft gesehen, daß Illyrien das Kernland des Reichs war; von da war Galerius gebürtig. Er soll in seiner Jugend Rinderhirt gewesen sein, und das ist ganz gut möglich.[282] Denn die Soldaten wurden vom Pflug, von der Herde weggenommen, und auch Galerius hat die Soldatenkarriere gemacht. Daß er nun den Schwerpunkt des Reichs in dieses sein Jugendland, das zugleich das kräftigste des Reichs war, verlegen wollte, ist persönlich und politisch gleich erklärlich.

Auch Constantius war Illyrier. Sein nachträglich zurechtgemachter Stammbaum[283] ist erschwindelt, aber so viel ist wohl richtig, daß er aus besseren Kreisen stammte, er hatte Ahnen.[284] Er war *protector*, dann *tribunus*, dann *praeses* von Dalmatien. Er besaß Bildungsinteressen und war für das Wohl der Untertanen besorgt, er wünschte, den Steuerdruck möglichst zu beseitigen. Dem großen Tarif von Diocletian gegenüber, der für alles und jedes Preise festsetzte, die im Verkauf nicht überschritten werden dürften (worin ein starker nationalökonomischer Irrtum und Unverstand lag), tat Constantius, der die Handelsinteressen nach Möglichkeit schonte, einen goldenen Ausspruch, den noch heute viele Machthaber sich hinter die Ohren schreiben könnten: das Geld sei in den Taschen der Bürger besser aufgehoben als in den Kassen des Staats, und Thesaurieren sei eine Dummheit.[285] Er war übrigens ein tüchtiger Soldat und eroberte Britannien zurück, woran Maximian gescheitert war.

Die Chronologie dieser Zeit ist arg verwirrt, und es ist kaum möglich, vom Mittelpunkt aus eine [MH.III 76] zusammenhängende Erzählung zu geben. Wenn man bedenkt, was der Orbis Romanus noch heute bedeutet, so ist es am besten, die Geschichte in die der einzelnen Landschaften zu zerlegen.

[280] Aurelius Victor (39,26) nennt die Tetrarchen *satis optimi rei publicae*.
[281] Lact.MP.30,5
[282] Epitome 40,15
[283] Die Abstammung von Claudius Gothicus: Paneg.Lat.VI (VII) 2,2

[284] Sie hießen (nach SHA.Claud.13,2) Eutropius und Claudia, doch bilden sie einen Teil der fiktiven, zu Claudius Gothicus führenden Ahnenreihe, die auch Mommsen verwirft.
[285] Eutr.X 1,2; Euseb.Vita Const.I 14

Gallien ist von jeher von der eminentesten Wichtigkeit für das Reich gewesen; seine Eroberung durch Caesar war eine Neufundierung Roms, und unerschöpflich in seinen Hilfsquellen war das Land schon damals wie noch heute. Aber kein Gebiet wurde auch in seiner Zeit so schwer heimgesucht. Die innere Zerrüttung gipfelt in dem Aufstand der *Bacaudae*.[286] Das ist kein römisches, sondern ein keltisches Wort[287] (also ist diese Volkssprache noch keineswegs ausgestorben gewesen). Alle etymologischen Ableitungen des Worts sind apokryph, nur so viel ist klar, und das ist wichtig, daß es aus den keltischen Schichten hervorgegangen ist. Es war eben ein Bauernkrieg, eine Jacquerie. Das Wort *Bacaudae* wird auch ganz allgemein im Sinn von Verschwörung gebraucht. Es waren die armen Leute, die sich durch den Steuerdruck und das Mißregiment zur Verzweiflung getrieben fühlten. Am meisten deckt sich noch damit das englische *outlaws*. Die Bauern, statt zu zahlen, griffen zur Pike und setzten sich aufs Pferd, wenn sie noch eins hatten. So bildeten sich Räuberscharen, die nun die befriedeten Leute befehdeten. In einem wirklich zivilisierten Lande wäre eine solche Erscheinung unmöglich gewesen, aber in dem damaligen teils wieder verwilderten Land, wo Ödland, Wälder und Sümpfe geeignete Schlupfwinkel darboten, wurde es ein chronischer, Jahrhunderte hindurch dauernder Zustand. Unter demselben Namen finden wir dieselbe Erscheinung später in Spanien: *Bacaudae Tarraconenses*[288], [MH.III 77] der beste Beweis, daß es nicht ein Lokalname war.

Bei Diocletians Regierungsantritt zwang ihn seine Beschäftigung im Osten, wie schon gesagt, für den Westen besondere Kaiser einzusetzen; aber die Dinge mußten schon viel älteren Datums sein. Wir finden bei einem lateinischen Panegyriker einen Vorgang unter Kaiser Claudius Gothicus, der vielleicht hierher gehört: *Bibracte* (*Augustodunum*), eine der bedeutendsten gallischen Städte, wurde von der *Batavica rebellio* angegriffen und sieben Monate lang belagert. Es suchte vergeblich Hilfe bei Claudius. Was ist die *Batavica rebellio*? Offenbar ein erster Vorläufer der *Bacaudae*. Es mußte schon eine bedeutende Insurrektion sein, die sich gegen eine der ersten Städte wendet, sie belagert, einnimmt und plündert, so daß sie noch 20 Jahre später in Trümmern liegt. Es ist auch plausibel, daß im Norden, dem weniger zivilisierten Teil des Landes, der Sitz dieser Vorgänge ist, wozu noch die bekannte Wehrhaftigkeit der Bataver kommt, die den Hauptkern der römischen Truppen in jenen Gegenden lieferten.[289]

Am Anfang der Regierung Diocletians werden Aelianus und Amandus als Führer der *Bacaudae* genannt.[290] Das ist insofern bedeutsam, als es römische Namen sind. Also beteiligten sich auch die romanisierten Kelten, mit einem Wort: alle steuergedrückten Leute, an der Bewegung. Aber Kaiser haben sie

[286] Chron.Min.I 445; Szadeczky-Kardoss, Bagaudae, RE.Suppl.XI 1968, S. 346 ff.

[287] Salvian (Gub.Dei V 24) übersetzt es mit *rebelles*.

[288] Chron.Min.II 27

[289] Der zitierte Panegyricus (IX 4,1) nennt keine Daten; vgl. aber Paneg. Lat.V (VIII) 4,2.

[290] Eutr.IX 20; Aur.Vict.39,17

nicht aus ihren Führern gemacht. Wir besitzen zwar Münzen, auf denen Aelianus und Amandus als Kaiser bezeichnet werden, aber die neuere Forschung hat diese Münzen zweifellos als gefälschte nachgewiesen.[291] Das hilft leider nichts, der Unfug ist einmal lebendig, und in allen Büchern führen sie ihre Kronen. Da nun ernstlich gegen die *Bacaudae* vorgegangen wurde, hat man den Aufstand niedergeschlagen, aber alle Nester desselben [MH.III 78] wurden nicht ausgenommen und konnten bei der Beschaffenheit des Landes und der nicht verstopften Quelle des Übels, dem maßlosen Steuerdruck, nicht ausgenommen werden. Diese Art Bauernkrieg bleibt seitdem ein stehendes Übel. Der Name *Bacaudae* geht nicht weiter als der keltische Stamm, aber die Sache begegnet an vielen Stellen des weiten Reichs. In Ägypten werden wir dasselbe unter dem Namen *bukoloi* (Rinderhirten) finden (s. u. MH.III 92). Gleiche Ursachen, gleiche Wirkung.

Dazu kamen in Gallien auswärtige Feinde, die Germanen. Die Nachwirkung der zweiten Hälfte des 3. Jahrhunderts ist nie wieder verwischt worden. In dieser Zeit hatte der Orient das Primat, der Okzident spielte die zweite Geige, daher finden wir, daß im Osten die Grenze eher noch verschoben wird, während sie im Okzident zurückgeht. Das rechte Rheinufer ist und bleibt verloren. Seit Gallienus wird dies definitiv, man machte nicht einmal mehr den Versuch, hier bessernd vorzugehen. Das rechte Rheinufer am untern Teil des Flusses ist nie wirklich unterworfen gewesen, wie dies allerdings am oberen Teil, dem heutigen Schwaben, geschehen war. Erforderlich war nur eine strenge Disziplin und die Verhinderung einer festen Germanenmacht am rechten Ufer. Das wurde unter den besseren Kaisern auch durchgeführt. Im 4. Jahrhundert dagegen finden wir größere germanische Konföderationen, die sich bilden, teils durch Nachschub frischer Ostvölker, vorwiegend aber durch Erstarken der inneren Macht der Grenzvölker, und zwar geschah dies ohne ernstliche Hinderung durch die Römer. In erster Linie werden die Alamannen und Franken, in zweiter die Burgunder und Sachsen und kleinere Stämme, wie Heruler und Vandalen, [MH.III 79] genannt. Noch andre übergehen wir hier.

Die Sachsen saßen ursprünglich an der Elbemündung[292] und kamen mit den Römern hauptsächlich an die Küsten durch ihren Seeraub in Kontakt, der sich vorerst gegen die nordfranzösische und britische Küste richtete.[293] Unmittelbare Berührung mit den Römern fand zunächst noch nicht statt. Es sind die Anfänge und Vorläufer der Normannenzüge. Aber tief ins Land wagten sie sich noch nicht.

Die Burgunder werden schon früh genannt[294]; zuerst finden wir sie weit im Osten, in dem Land zwischen Oder und Weichsel. Dann gehen sie unter

---

[291] Anfechtbar sind nur die auf Aelianus, nicht die auf Amandus geprägten Stücke: RIC.V 2, S. 595.

[292] Ptolem.II 11,7 u. 9; Wenskus 1961, S. 541 ff.; s. o. MH.II 156

[293] Julian 34D; Amm.XXVII 8,5; XXVIII 5,1 ff.; ND.occ.XXVIII.

[294] Plin.NH.IV 14/99

Probus mit den Vandalen an die Donau und erscheinen von da im Rücken der Alamannen. Diese waren ein schweifendes Volk, das wir dann am sichersten in der Landschaft der Mainquellen lokalisieren müssen. Die römische Politik suchte sie gegen die Burgunder auszuspielen.[295] Wir dürfen nie aus den Augen lassen, daß, wenn wir auch die Kämpfe der Germanen gegen die Römer als das wichtigste kennenlernen, daneben und auch noch davor sich Kämpfe von Germanen gegen Germanen abspielen, z. B. häufig Goten gegen Goten im Felde stehen. Es ist nicht das Schauspiel eines einmütigen Vorgehens, sondern ein manchmal sehr verwirrter Völkerstreit.

Die Alamannen erscheinen früh in den Quellen.[296] Caracalla kämpfte in seinem germanischen Krieg gegen die Chatten und Alamannen, das ist also ein alter und ein neuer Stamm. Die Alamannen sind wirklich nachrückende Leute aus der großen östlichen Völkerwoge, die sich in das wüste Land des heutigen Baden und Schwaben ergossen. Es war bekanntlich die Politik der Römer gewesen, diese Landschaften [MH.III 80] menschenleer zu halten und die eigentliche Grenze durch Schaffen einer Einöde zu sichern, die davor lag. Hier hatten also die Einwanderer leichtes Spiel. Der Name deutet darauf, daß es ein Mischvolk war, gebildet aus den Splittern verschiedener Nationen.[297] Sie fochten vom Pferde aus[298], was bei den reinen Germanen nicht gewöhnlich war. Es war das Unheil des 3. Jahrhunderts, welches sich in der Folgezeit bitter rächte, daß man an dieser verwundbaren Grenzstelle eine fremde Staatenbildung litt. Gegen die Einfälle in Aurelians Zeit mußte dieser vorgehn, aber es geschah in ungenügender Weise. Dies Volk ist also fortan der Hauptgegner.

Ihm zur Seite standen die Franken. Der Name und seine Etymologie ist unaufgeklärt.[299] Wahrscheinlich sind es alte, aus Tacitus schon bekannte Stämme; was darüber konjekturiert wird, kann wahr oder falsch sein; es tut wenig zur Sache. Zuerst namentlich aufgeführt finden wir sie in der Weltkarte zu Kaiser Alexanders (222–235) Zeit.[300] Unter Postumus (259–268) richteten sie schwere Angriffe gegen die Provinzen am unteren Rhein, so daß der Kaiser seine Residenz nach Köln verlegte und von da die Grenzverteidigung leitete.[301] Das waren Franken, ob so genannt oder nicht, ist gleichgültig. Die Salier werden zuerst im 4. Jahrhundert erwähnt.[302] Ihre Angriffe erfolgten gleichzeitig zu Lande und von der See aus. Aber alle diese Einfälle

[295] Amm.XXVIII 5,9 ff.
[296] Dio LXXVIII 13,4 ff.; H. Steuer, Alemannen, in: J. Hoops, Reallexikon der germanischen Altertumskunde I, 2. Aufl. 1973, S. 137 ff.
[297] Agathias I 6,3
[298] Aur.Vict.21,2: *gens populosa ex equo mirifice pugnans*
[299] Wenskus 1961, S. 513
[300] Falls Mommsen die «Tabula Peutingeriana» meint, so nennt sie wohl rechts des Niederrheins das Land „Francia", doch wird die Karte überwiegend ins spätere 4. Jh. datiert. Als erste sichere Erwähnung der Franken gilt Aurelius Victor 33,3, wo von einem Einbruch unter Gallienus die Rede ist.
[301] Mommsen RG.V 149 ff.; Stein, RE.III 1899, 1656 ff.
[302] Julian 280 B

tragen vorerst den Charakter von Plünderzügen; die staatliche Konsolidation der Germanen vollzog sich vorläufig auf dem rechten Rheinufer. Als Maximian den Westen übernahm, herrschte bei den Alamannen Ruhe, bei den Franken Streit. Es fanden noch keine kontinuierlichen Angriffe statt, und oft verschwindet ein [MH.III 81] Volk auf längere Zeit aus unserem Horizont. Namentlich zur See stand es schlimm, und die Flotte, welche ganz in Verfall geraten war, mußte wiederhergestellt werden. Zum Reorganisator der Flotte wählte man Carausius, einen Menapier, seines Zeichens ein Schiffer. Aus niederster Stellung stieg er auf zum *dux Armoricanus* an der gallischen, zum *comes litoris* an der britannischen Küste.[303] Er löste die ihm anvertraute Aufgabe glänzend, aber erregte Mißtrauen über seine weiteren Pläne. Man beschuldigte ihn des Einverständnisses mit den Piraten und munkelte, daß er für einen Beuteanteil, der in seine Tasche floß, ihnen durch die Finger sähe. Carausius mußte sich, da seine Stellung unhaltbar war, vom Reich lossagen, stellte sich an die Spitze der Flotte, hielt Boulogne fest, den damals wichtigsten Hafen an der gallischen Küste, der die bequemste Verbindung mit Gallien bot, und ging nach Britannien hinüber. Die dort stationierte Legion schloß sich ihm an, und er gerierte sich nicht als Insurgentenchef, sondern als Kaiser. Carausius wurde durch seine Verbindung mit Franken und Sachsen zu einer ernsten Gefahr für das Reich; Truppen standen ihm namentlich von den Franken zu Gebote.

Es war eine Aufgabe für Rom, wie sie schwieriger nicht zu denken ist. Die erste Eroberung Britanniens war, hiermit verglichen, ein Kinderspiel. Damals war es ein Kampf der Zivilisation mit all ihren unerschöpflichen Hilfsmitteln gegen Barbaren, ähnlich der Eroberung Amerikas durch die europäischen Entdecker. Jetzt stand ein römischer [MH.III 82] Feldherr an der Spitze disziplinierter Truppen. Die Kanalflotte, ein fester Punkt in Gallien, war in den Händen des Insurgenten. Maximian konnte nicht einmal Boulogne zurückgewinnen, und man mußte sich zum Friedensschluß mit Carausius bequemen. Dieser Friede war sonderbar, und es ist uns dunkel, was eigentlich sein Inhalt gewesen ist; er wurde offenbar von Britannien und dem Reich ganz verschieden aufgefaßt. Maximian verstand den äußeren Zustand als Frieden, aber nicht wie mit einem Mitregenten. Carausius betrachtete sich als Kaiser neben, wenigstens unter Diocletian und Maximian. Später wird Carausius *archipirata* genannt[304] und als *rebellis* behandelt. Das währte bis zum Tode des Carausius, dann wurde Constantius zum Caesar erhoben, und die große Katastrophe trat ein.

Die Chronologie dieser Zeit ist äußerst schwierig, und doch, wenn wir Hoffnung haben sollen, die Geschichte zu verstehn, so ist die möglichst genaue Kenntnis der Zeitfolge von entscheidender Wichtigkeit. Drei oder

---

[303] Die Amtsstellungen sind aus Aufträgen erschlossen und daher unsicher: PLRE.I s.v.

[304] „Erzpirat" Paneg.VIII (V) 12,2

vier Geschichten laufen in den uns zugänglichen Quellen, je nach dem verschiedenen Lokal der Begebenheiten, zusammenhanglos nebeneinander her: die Kriege und Ereignisse im Osten, die im Westen, die an der Donau und die Kriege in *Africa*. Die Chronisten dieser Epoche sind dürftig, aber wenigstens zuverlässig. Wir besitzen über Zweifel erhabene, sichere Daten: den Übergang der Alamannen über die Donau 285[305] und den Sieg des Galerius über die Perser 297.[306] Mit der gallischen Chronologie steht es folgendermaßen: [MH.III 83] Wir müssen uns an die Daten der Panegyriker halten, für die hier in Betracht kommenden Verhältnisse speziell an Panegyricus 4 und 5. So schlecht, wie diese Prunkreden immer sind, sind es doch Reden von Zeitgenossen, die in der Mitte der Ereignisse standen und wenigstens etwas vom Zusammenhang der Dinge wußten. Der 5. Panegyricus[307] liefert das Datum des 1. März 296 und behandelt die Wiedereroberung Britanniens als unmittelbar vorhergegangen. Da es sich nicht um eine Winterkampagne handeln kann, so müssen wir dies Ereignis ins Jahr 295 datieren. Die Regierungszeiten der britischen Tyrannen setzt er fest: für Allectus 3 Jahre, für seinen Vorgänger Carausius 7 Jahre.[308] Das ergibt zurückgerechnet von 295 für ersteren 293 als Regierungsantritt, für Carausius 286.[309] Das ist vielleicht, wenn wir eine andere Betrachtung machen, etwas zu früh: Maximian wurde 285 Caesar, 286 Kaiser: dann blieben für die Vorgänge seiner ersten Regierungszeit nur etwa 12 Jahre. Also tun wir vielleicht am richtigsten, Carausius' Erhebung auf Anfang 287 zu setzen. Sein Ende ist jedenfalls 293.

Das ist nun das Jahr, in dem beide Cäsaren an Diocletians und Maximians Seite traten. Wenn man fragt, wie Diocletian zu deren Einsetzung kam, so haben wir eben in den gallischen Vorgängen die Erklärung dafür. An der Donau war es still, die africanischen Unruhen waren zu unbedeutend, um eine solche Maßregel zu rechtfertigen, und an der persischen Grenze herrschte damals noch tiefster Friede. Aber hier in Gallien lag eine große Gefahr für das Reich.

[MH.III 84] Maximian, ein so tüchtiger Soldat er auch war, hatte versagt, es war ihm nicht gelungen, Britannien wieder zu erobern, ja nicht einmal Boulogne hatte er dem Feind zu entreißen vermocht. Der Friede mit Carausius war doch nur eine stillschweigend geduldete Insurrektion. Carausius selbst war vielleicht noch erträglich, mit seinem Nachfolger Allectus aber mußte unbedingt abgerechnet werden.

Eine weitere chronologische Frage ist die nach der Zeit des Alamannen-

---

[305] Hensel schreibt *Chatten 295*, doch ist das nicht belegbar: L. Schmidt, Die Westgermanen 2. Aufl. II 1, 1940, S. 139f. Der Siegestitel Diocletians „Germanicus maximus" zu 285 (Dessau 615) könnte auf einen Sieg an der Donau über Alamannen zurückgehen: Schmidt l.c. S. 24; vgl. Mommsen, Ges.Schr. II, S. 267.

[306] Chron.Min.I 230

[307] Paneg. Lat. VIII (V) 3,1. Die Rede wurde 296 gehalten.

[308] Eutrop IX 22

[309] So auch Chron.Min.I 445

krieges des Constantius. Erwähnt wird er in dem Bericht des Panegyrikers
(s. o.) vom 1. März 296.[310] Also lag er vor diesem Datum. Es wird darin das
Aufgehen des Rheineises erwähnt; wir müssen den Krieg darum in den
Winter 295/296 setzen. Also wurde im Sommer 295 Britannien zurückerobert und im darauffolgenden Winter der Krieg gegen die Alamannen geschlagen. Das stimmt auch damit überein, daß Eutrop[311] beide Kriege als
gleichzeitig bezeichnet. Auf die zwischen ihnen bestehende Kausalverbindung ist später einzugehen.

Kehren wir zur Geschichtserzählung zurück! Carausius starb, möglicherweise durch Allectus, der sein *praefectus praetorio* war[312], nach berühmten
Mustern ermordet.[313] Eine Seemacht außer der in seinen Händen befindlichen gab es in diesen Gewässern nicht; dies und die Verbindung mit den
Franken bildete eine ungeheure Gefahr für Rom. Und darin liegt auch der
Grund, daß die Regierung so vieles laufen ließ, ohne einzugreifen, dies aber
nicht laufenlassen konnte, hier eingreifen mußte. Die Gefahr für Batavien,
für Gallien war zu dringend. Wer die Flotte hatte, beherrschte auch Kanal
und Nordsee, und den Landangriffen der Franken und Sachsen stand das
[MH.III 85] römische Gebiet ebenfalls offen. Der Krieg, den Constantius
unternahm, war von einer Verwegenheit ohnegleichen. Es galt zuerst, Boulogne wiederzugewinnen. Man war ohne Schiffe, und Allectus konnte der
Stadt von der Seeseite ungehindert beistehen. Constantius sperrte durch
einen großen Dammbau den Zugang zum Hafen, machte dadurch die Flotte
des Allectus unschädlich und bezwang so die Stadt. Danach ging er an den
Bau einer Flotte, und während dieses längere Zeit in Anspruch nehmenden
Werks warf er die Franken nieder. So machte er sich zum Herrn des heutigen
Flandern und Brabant, damals noch mehr als heute eine Gegend, die halb
Land, halb Wasser ist.

Sodann fuhr er nach Britannien. Er teilte seine Flotte und postierte den
kleineren Teil, den er selbst befehligte, bei Boulogne, der andere, stärkere
Teil lag bei der Seinemündung nahe dem heutigen Rouen unter dem Befehl
des Asklepiodotus. Man wählte einen trüben, nebligen Tag zum Wagnis der
Überfahrt, und es gelang, die Wachsamkeit der feindlichen, bei der Insel
ankernden Flotte zu täuschen. Man landete glücklich, und Asklepiodotus
verbrannte alle seine Schiffe, um sie einesteils nicht in die Hände der Feinde
fallen zu lassen, andernteils seinen Truppen die unbedingte Notwendigkeit,
zu siegen oder zu sterben, deutlich zu machen. Allectus scheint keine rechte
Unterstützung bei den römischen Britannikern gefunden zu haben, nur auf
die *cunei* (Keilformationen) seiner Franken konnte er sich verlassen.[314] Er fiel
in einem Reitergefecht. Danach scheint noch ein zweiter Kampf in der Nähe

310 Paneg.Lat.VIII (V) 2,1
311 Eutr. IX 22 f.
312 Das ist fraglich. Nach Aur.Vict.
39,41 verwaltete er die *summa res*, d.h.
die Finanzen des Carausius.
313 Aur.Vict.39,40
314 Paneg.Lat.VIII (V) 12,1

von London [MH.III 86] stattgefunden zu haben. Die Reste seines geschlagenen Heeres plünderten die Stadt, fielen aber Constantius in die Hände, der mit dem anderen Teil der Flotte seinerseits den Übergang glücklich bewerkstelligt hatte. Das große Wagnis war gelungen.[315] Die römische Zivilisation scheint in Britannien damals viel festere Wurzeln geschlagen zu haben als in Gallien. Das wird bezeichnet durch das Faktum, daß Constantius britannische Bauhandwerker mit nach Gallien nahm, um die noch aus dem Bauernaufstand in Trümmern liegende Stadt *Augustodunum* (Autun) wiederherzustellen.[316] Das Gefährlichste bei diesem Krieg war die zu seiner Führung notwendige vollständige Entblößung Galliens von Truppen; und es ist leicht verständlich, was die Schmeichelei des Panegyrikers eigentlich sagen will, wenn es heißt, Maximian sei nach dem Rhein gegangen und habe nur durch seinen Namen Germanien in Schach gehalten. Er hatte eben keine Truppen. Ganz logisch knüpfte sich nun, nach beendeter Unterwerfung Britanniens und nachdem die Truppen wieder disponibel geworden waren, der Alamannenkrieg an. Glücklicherweise waren während des Sommers die Germanen ruhig geblieben, aber im nächstfolgenden Winter erschienen sie – allerdings zu spät – auf dem Platz.

Die Alamannen drangen in großen Scharen – 60000 werden genannt – ins Gebiet der Lingonen vor und belagerten Langres, die Stadt derselben. Constantius [MH.III 87] kam rechtzeitig von Norden her, und an einem Tage sollen zwei Schlachten geliefert worden sein. Zuerst erlitt Constantius eine Niederlage, die er aber durch einen glänzenden Sieg wiedergutmachte. Er soll verwundet, sein Heer in vollständiger Deroute in die Stadt getrieben worden sein, deren Tore man, den Feldherrn aussperrend, schloß, so daß man ihn an einem Seil auf die Mauer ziehen mußte.[317] Dann aber erfolgte eine glückliche Wendung. Wieweit diese Details richtig sind, wissen wir nicht. Anschließend wurde noch einmal bei *Vindonissa* geschlagen; zuletzt hat das Aufgehen des Rheineises die Alamannen von der Heimat abgeschnitten und dem Untergang geweiht. Der Panegyriker[318] sagt, *a ponte Rheni usque ad transitum Danubii* sei das Land unterworfen worden. Wo war die Rheinbrücke? Bei Mainz nicht, das liegt zu weit abwärts, wir haben sie gewiß zwischen Straßburg und dem Bodensee zu suchen, vielleicht bei Basel. Der Donauübergang war vielleicht bei Günzburg[319] in der Nähe von Ulm. Jedenfalls ist durch jene Stelle die Gegend ungenügend bestimmt. Der Sieg war entscheidend. Nach 295/296 herrschten in Gallien geordnete Verhältnisse, bis nach dem Rücktritt Diocletians neue Kriege ausbrachen. Mit schwungvoller Beredsamkeit schildert der Panegyriker die Verwüstung und

---

[315] Paneg.Lat.VIII (V) 11 ff.; Aur.Vict. 39,40 ff.; Eutr.IX 22

[316] Paneg.Lat.VIII (V) 21,2

[317] Eutrop IX 23; Hieron.chron. zu 300 n. Chr.

[318] Paneg.Lat. VIII (V) 2,1 (von 296)

[319] Das folgert Mommsen aus der Erwähnung eines *Danubii transitus Guntiensis*, l.c.

die Regeneration sowie den Triumph, daß die früher gefürchteten Feinde jetzt die Feldarbeit und die Hut der Herden besorgen – was auf Besiedlung mit verpflanzten Barbaren [MH.III 88] deutet – und den Heeresdienst übernehmen müssen. Der Entvölkerung wurde dadurch abgeholfen. Constantius setzte die Steuern in dem durch Krieg verarmten Lande herab und legte so den Grund zu seiner Beliebtheit, die sich nach seinem Tode auf seinen Sohn übertrug. Constantius starb 306 in York.[320] Seine letzte Tat war ein Pictenkrieg[321] und die Wiederherstellung des Walles. Bezeichnend ist es, daß in Britannien, abgesehn von kleineren Besatzungen und natürlich der Bewachung des nördlichen Walles, der überwiegende Teil des Heeres an einem Punkt konzentriert lag: in Dover (*Dubris*).[322] Das zeigt nur die Wichtigkeit der allezeit gewahrten Verbindung mit dem Festland. Nur so war der Kanal zu sichern und der Piraterie der Daumen aufs Auge zu drücken.

Was wir wissen oder zu wissen glauben von den Verhältnissen Galliens in dieser Zeit, ist damit abgetan. Der militärischen Arbeit folgte die Friedensarbeit. Die Flußübergänge der Grenzflüsse wurden befestigt[323], und in dieser Hinsicht hat das 4. Jahrhundert mehr getan als die drei vorhergegangenen. Es war ein vollständiger Wechsel des Systems. Früher sicherte man die Grenzen dadurch, daß man entweder das Vorland jenseits der Flüsse in Besitz nahm oder es als Ödland liegen ließ. Jetzt werden feste Brückenköpfe gebaut. Vom Euphrat und der Donau ist uns dies direkt bezeugt: Gegenüber von *Aquincum* (Ofen) wurde im Jahre 294 auf dem linken Ufer *Contra-Aquincum* (Pest) gebaut[324]; und so wird man an allen Grenzen verfahren sein. So sicher, wie der Apfelbaum Äpfel trägt, so sicher hatte die diocletianische Reorganisation [MH.III 89] diese Folge. Vom Rhein ist es uns direkt nicht überliefert[325], aber wo die Schrift schweigt, reden die Steine: Es sind in neuester Zeit sehr wichtige Ausgrabungen am Deutzer Castrum ausgeführt worden, die die Geschichte dieses *Contra-Agrippina*, wie man es in Analogie von *Contra-Aquincum* nennen könnte, erzählen. Törichte Leute setzen diese Gründung in die ersten drei Jahrhunderte: Damals war Köln eine offene Stadt und hatte sicher keine Rheinbrücke; zudem sind sämtliche aufgefundenen Ziegel aus diocletianischer und constantinischer Zeit. Die Möglichkeit der Reorganisation des schwer geschädigten Galliens beruhte auf dieser Grenzbefestigung mit resoluter Aufgabe des Vorlandes.

---

[320] s.u.MH.III 115
[321] Paneg.Lat.VI (VII) 7,2; Anon.Vales.4
[322] Wichtiger war *Rutupia* (Richborough), wo jüngst Zehntausende von Münzen aus der Zeit um 400 ans Licht gebracht wurden: A. S. Esmonde Cleary, The Ending of Roman Britain,

1989, 143. Zur Truppenverteilung: ND.occ.XXVIII.
[323] Paneg.Lat.IX (IV) 18,4
[324] Chron.Min.I 230
[325] Zur Deutzer Rheinbrücke und der Uferbefestigung: Paneg.Lat.VI (VII) 11 ff.; 18,1; Lact.MP.29,3; Dessau 8937.

Die Ereignisse dieser Zeit in den Donauländern sind uns weniger bekannt, und sie sind auch nicht so wichtig wie die gallischen Vorgänge. Das Elend des 3. Jahrhunderts waren die Seeraubzüge der Goten, die vom Schwarzen Meer, speziell von der Krim, ausgingen, die nie im römischen Machtbezirke gelegen war. Jetzt hören diese Raubzüge ziemlich plötzlich auf, und der Grund dieses Abschnappens ist darin zu suchen, daß Diocletian *Nicomedia* zur Hauptstadt erhob und damit die unmittelbare Beherrschung der Dardanellenstraße aus nächster Nähe in der Hand hatte. Die Dardanellen sind viel leichter zu sperren als der Kanal, und sobald dort eine feste Macht vorhanden war, mußten die Seeräuber verschwinden.

Dagegen finden wir zahlreiche Landkriege; die Rolle der Alamannen und Franken spielen hier die Sarmaten und Carpen. Der Name der Sarmaten ist ebenso ein Sammelname wie der der Alamannen; es sind in größeren Massen zusammengeballte Einzelstämme, wesentlich Jazygen. Es rächte sich der ungeheure Fehler, daß man, als Pannonien [MH.III 90] und Dakien bis gegen Ofen und Pest und dann jenseits Siebenbürgen besetzt wurden, die eigentliche ungarische Ebene ununterworfen gelassen hatte. Wünschenswert war ja dieser Besitz nicht; Goldgruben gab es daselbst weder im buchstäblichen noch im figürlichen Sinn wie in Dakien; aber es war ein militärischer Unsinn, das Mittelland, einen Keil zwischen zwei Reichsteilen, unbesetzt zu lassen. Jetzt kam die Strafe für diesen Fehler; von da aus fanden die Sarmateneinfälle statt, wahrscheinlich waren es die ersten Slawen[326], die Rom sah. Es begegnen bei den Jazygen auch politische Gegensätze, namentlich in späterer Zeit. Es scheint eine doppelte Bevölkerung gewesen zu sein, ein Herrenvolk mit Leibeigenen. Daher entstanden Bürgerkriege[327], und das führte zu einem schwächeren Auftreten den Römern gegenüber.

Diocletian hat nächst den Germanen am häufigsten gegen die Sarmaten Kriege zu führen gehabt: *Germanicus maximus VI, Sarmaticus maximus IV* heißt er im Jahr 301[328]; das setzt vier große Sarmatensiege voraus. Das Kriegstheater begann an der Theiß, jedenfalls stand der Krieg in Konnex mit dem Alamannenkrieg. Das ganze Land von Schwaben bis Ungarn war in Bewegung. Rätien mußte wiedererobert werden, hier werden die Quaden noch einmal genannt, um dann zu verschwinden.[329] Alles Land wird dann als sarmatisch bezeichnet. Die Siegesausnutzung war dieselbe wie am Rhein; das Übersiedelungssystem wurde auch hier angewendet. [MH.III 91] Die Sarmaten wurden hauptsächlich in die verödeten Gegenden Italiens geführt. Aus Constantins Zeit wird uns das berichtet[330]; aber es

---

326 Die Sarmaten gelten heute als Nomaden iranischer Herkunft, ähnlich wie Alanen und Roxolanen.

327 Euseb.Vita Constantini IV 6; Ammian XVII 12f.

328 In der Titulatur zum Höchstpreisedikt: Dessau 642.

329 Paneg.Lat. VIII (V) 10,4. Die Quaden erscheinen in späteren Quellen noch oft, so bei Ammianus Marcellinus, Hieronymus und Paulus Diaconus.

330 Euseb.l.c.; NDocc.XLII 46ff.

waren seine Maßregeln sicher nur Fortsetzungen diocletianischer Organisationen.

Von der Befestigung der Donaulinie ist schon gesprochen worden; das innere Ungarn von Pest bis zum Plattensee war in besserer Zeit umschlossen von römischen Besatzungen, aber gänzlich unkultiviert. Es war Galerius' Hauptarbeit, hier zu zivilisieren, und nicht umsonst hat die Provinz *Valeria* ihren Namen von der Tochter Diocletians, der Gattin des Galerius bekommen.[331] Eine einigermaßen geordnete Geschichtserzählung ist bei der Dürftigkeit und Lückenhaftigkeit der Quellen hier unmöglich. Dasselbe ist für Africa der Fall. Dort sind die Verhältnisse seit urältester Zeit dieselben geblieben und sind es eigentlich bis auf den heutigen Tag. Die militärische Aufgabe bestand stets darin, den zivilisierten, ziemlich schmalen Küstenstrich gegen die schweifenden Stämme des Innern zu schützen. Maximian sah sich genötigt, nach Africa hinüberzugehn. Der Grenzkrieg, im Grunde nur die Aufgabe einer halbwegs geordneten Polizei, erforderte das Eingreifen des Kaisers, ein bis dahin noch nicht dagewesener Fall. Man kann sich keinen schlagenderen Beweis für die Erbärmlichkeit der Regierung denken. *Quinquegentiani* nennen sich mit einem etymologisch rätselhaften Namen die rebellischen Grenzstämme; in den Inschriften auch, ebenso korrupt gebildet, *Quinquegentanei*.[332] Eine mehr als dreißigjährige Dauer ist diesem Krieg nachzuweisen. In der furchtbaren Zeit von 260, als alles im Reich aus Rand und Band ging, wurden schon größere Städte von ihnen belagert, sie mußten [MH.III 92] sich auf eigne Hand wehren. Die Besatzung Africas war freilich zu jeder Zeit viel zu schwach. Selbst in der besten Kaiserzeit betrug sie nicht mehr als 20000 Mann für das ganze langgestreckte Gebiet von Marokko bis Ägypten; hier liegt die schlimmste Insuffizienz des augusteischen Systems.

In Mauretanien stand es am schlimmsten, in Karthago besser. Die Inschriften beweisen, daß die Grenze zwischen Numidien und Mauretanien, wo die *Transtagnenses*[333], d. h. „die von jenseits der Sümpfe" (es sind dies die Schotts) ihr Wesen trieben, der Hauptschauplatz der Überfälle ist. Oran und Marokko-Tanger waren römisches Gebiet. Die Gegend dazwischen, das Land der Riffpiraten[334], war nie römisch.

Die Grenzhut wurde nun energisch verstärkt, und die so geschaffene Ruhe hielt die ganze Kaiserzeit vor. Die Vandalen, die der römischen Herrschaft ein Ende machten, kamen von anderer Seite, von der See her[335]; nicht die Mauren waren es, die das Reich in Africa zu Fall brachten. Der maurische Angriff richtete sich nicht gegen den Kern der römischen Herrschaft, sonst hätten die Schwarzmaler, deren genug da waren, es uns gesagt.

---

[331] Amm.XIX 11,4
[332] Die Formen wechseln. *Quinquegentiani*: Eutrop IX 22; *Quinquegentanei*: CIL.VIII 8924. Die Deutung „Konföderation aus fünf Stämmen" scheint Mommsen abzulehnen.

[333] Dessau 628 rühmt den Sieg des Aurelius Litua über die *Barbari Transtagnenses* (von *stagnum* – Sumpf) um 292.
[334] *Rifkabylen*?
[335] Victor von Vita I 2; Prokop I 5,18

Ägypten hatte von äußeren Feinden wenig, dagegen viel vom Steuerdruck zu leiden. Die schon vorher erwähnten „Rinderhirten" (*bukoloi*) hausten in unmittelbarer Nähe von Alexandrien.³³⁶ In guten Zeiten waren sie Hirten, in schlechten Räuber. Sie treten schon unter Marcus auf.³³⁷ Dazu kamen die üblen Folgen der palmyrenischen Herrschaft.³³⁸ Als Aurelian gegen die Palmyrener marschierte, stützten sich diese auf die nabatäischen Grenznachbarn, barbarische Stämme, bei denen Menschenopfer und Kannibalismus [MH.III 93] herrschten, unter allen Barbaren vielleicht die ärgsten, aber tüchtig, waffenfähig und äußerst gefährlich.³³⁹ Aurelian konnte sein Werk nicht ausbauen, er wurde nach dem Okzident abgerufen, und Ägypten blieb großenteils in den Händen der Barbaren. Unter Probus wurde es etwas besser, aber noch lange nicht gut.

Durch die Spaltung zwischen Palmyrenern und Römern, d. h. eigentlich zwischen Orient und Okzident, kam auch ein Riß in die besseren Schichten der Bevölkerung. Alexandrien war uneins unter sich und führte einen schweren Bürgerkrieg mit der dem ägyptischen Charakter eigenen Hartnäckigkeit.³⁴⁰ Die Ägypter ließen sich lieber bis auf den letzten Mann niederhauen, als daß sie nachgegeben hätten. Diese Saat wurde nicht ausgerottet; aber wir wissen von den Spezialien zu wenig.

Zu Diocletians Zeit trieb in Alexandrien ein Prätendent sein Wesen, den die Schriftsteller Achilleus nennen und der vielleicht identisch ist mit dem Lucius Domitius Domitianus der Münzen.³⁴¹ Alexandrien wurde belagert, *Busiris* und *Koptos* vernichtet³⁴², und Diocletian selbst erschien auf dem Kriegsschauplatz. Von der Hartnäckigkeit der Empörer gibt die Tatsache einen Begriff, daß Alexandrien, eine Stadt von einer halben Million Einwohner, erst nach achtmonatiger Belagerung fiel. Die militärische Aufgabe war eigentlich keine sehr große, desto größer die politische. Die Garnison wurde sehr verstärkt, von einer Legion auf sechs bis acht mit zahlreicher Reiterei, um sowohl die Fellahin in Ordnung zu halten als auch die Grenzen zu schützen. Der südlichste Teil Ägyptens wurde aufgegeben und die Grenze bei *Syene* (Assuan) an den Katarakten [MH.III 94] festgesetzt, diese aber auch gehalten. Ägypten, (später) Kornland für die constantinopolitanische Zufuhr, mußte unbedingt gesichert werden.

³³⁶ Strabo XVII 1,19
³³⁷ Dio LXXI 4; SHA.Marc.21,1; SHA.Cass.6,7. Statt MH. *schon* lies: *noch*.
³³⁸ Hensel fügt hinzu: *wie solche im V. Band der Mommsenschen Geschichte (Kap. 9) geschildert sind.*
³³⁹ Die Numidier lebten westlich und südlich der *Africa Proconsularis.* Kinderopfer der punisch-numidischen Bevölkerung hat nochmals Hadrian verboten (Porphyrios, de abstinentia II 5,6; Ter-

tullian, apol.9,2). Kannibalismus ist nicht bezeugt.
³⁴⁰ Amm.XXII 16,23
³⁴¹ Aurelius Achilleus, der aus Papyri (F. Preisigke, Sammelbuch Griechischer Urkunden aus Ägypten, VI 1958 Nr. 9167), Eutrop (IX 22f.) und Hieronymus (chron. zu 298) bekannt ist, muß von Domitius Domitianus unterschieden werden. Münzen: RIC.VI S. 645ff.; F. Kolb, Eos 76, 1988, 325ff.
³⁴² Hieron.chron. zu 293

Der persische Krieg ist der uns bekannteste Teil dieser Geschichte, vielleicht aus Zufall und weil die Anekdotenjäger dabei ihre Rechnung fanden.

Denn politisch und militärisch ist er nicht so wichtig wie der ägyptische Aufstand, der viel schwerwiegender für die Zukunft des Reichs war, von den Verhältnissen Britanniens gar nicht zu reden.

Wir haben schon mehrere Mal zu betonen gehabt, daß die diocletianische Politik vorsichtig, leisetretend, vielleicht sogar stellenweise feige war. Kein Versuch wurde gemacht, die alten Grenzen wiederherzustellen oder das Vorland wiederzugewinnen und damit in die – das ist nicht zu leugnen – kräftigere und mannhaftere Politik früherer Zeiten wieder einzulenken. Die Stellung, welche Diocletian wählte, hinter den großen Flüssen mit befestigten Brückenköpfen, hat doch etwas von dem Leben in einer belagerten Festung. Die frühere Politik war größer, die diocletianische aber dem alternden Reich angepaßter. Die gegen Carausius geübte Toleranz kam faktisch beinah auf eine Lostrennung Britanniens vom Reichskörper hinaus, und es war dann die persönliche Initiative des Constantius und die gebieterische Rücksicht auf Gallien, die hier zur Anspannung aller Kräfte und zu der großen, oben geschilderten Katastrophe führte.

Was die Römer an der Grenze zu Persien leisteten[343], war wesentlich ein Verteidigungskrieg[344], die Perser waren ohne Frage der angreifende Teil. Die Katastrophe unter Gallienus[345] wirkte [MH.III 95] lange nach. Es wird der Feldzug des Carus gewesen sein, der die Lage wiederherstellte, wenigstens insoweit, als bis zum Euphrat hin das Verlorene zurückgewonnen wurde. Was jenseits dieses Flusses lag, wurde aufgegeben. Die Überlieferung ist schlecht und lückenhaft. Aber daß trotz der Ermordung des Carus den Römern Armenien und Mesopotamien wieder untertan wurden, ist wohl zweifellos.

Bei Diocletians Regierungsantritt herrschte voller Friede, und Armenien und Mesopotamien waren, wenn auch nicht römische Provinzen, so doch in der römischen Machtsphäre gelegen. Ein Blick auf die Karte genügt, um uns zu überzeugen, daß, wenn Armenien römisch war, es Mesopotamien gewiß ebenfalls sein mußte, obschon Eutrop und Victor es von letzterem nicht ausdrücklich sagen. Wahrscheinlich war es ein Dependenzstaat und der Herrscher Edessas ein Lehensfürst. Das ist indessen gleichgültig, solche Lehensfürsten waren eben nichts anderes als erbliche Provinzstatthalter. Die Römer also hatten an dieser Grenze nichts zu wünschen, und schon darum ist ein Offensivkrieg römischerseits hier undenkbar. Der III. Panegyricus

[343] Hensel beginnt den Absatz: *Die Verhältnisse Persiens sind ausführlich im V. Band der «Römischen Geschichte» von Mommsen (Kap. 9) geschildert.*
[344] Festus 25; W. Enßlin, Zur Ostpolitik des Kaisers Diocletian, 1942; T. Bar-

nes, Imperial Campaigns A. D. 285–311, Phoenix 30, 1976, S. 174ff., S. 182ff.
[345] Niederlage und Gefangennahme Valerians 259: Lact.MP.5; Aur.Vict.32,5; Zos.I 36,2.

von 289[346], der unsere wichtigste Quelle für diese Zeit ist, sagt ausdrücklich, es stände im Orient alles gut. Dazu herrschte unter verschiedenen Prätendenten der Perser selbst ein Bürgerkrieg, der den römischen Frieden als gesichert erscheinen ließ. Als indessen 293 die innere Unruhe mit der Thronbesteigung des Narses ein Ende erreicht hatte, rückten die Perser in Armenien und Mesopotamien angreifend ein.[347] Wir können den Ausbruch des Krieges auf 296 ansetzen. Er stand wahrscheinlich in innerem [MH.III 96] Zusammenhang mit der ägyptischen Wiedererhebung. Beziehungen in der palmyrenischen Zeit sind nachweisbar und eine Kausalverbindung der beiden Kriege daher sehr naheliegend. Die Quellen sind über diesen Punkt stumm.

Diocletian wendete sich nach Ägypten, die Führung des Perserkrieges fiel dem Caesar Galerius zu. Charakterisiert wurde er schon früher: er war ein rascher, junger, verwegener Offizier. Aber diese Eigenschaften bekamen ihm anfangs schlecht. Seine Unvorsichtigkeit führte eine schwere Niederlage herbei. Große Massen treten hier nicht auf; es ist unabweislich, daß die Heeresreform Diocletians erst nach dieser Zeit ins Leben gerufen wurde, sonst wären die Ziffern der Truppen, mit denen gefochten wurde, unbegreiflich. Es waren eben nichts als zusammengezogene Festungsbesatzungen, denn über mehr verfügten die Römer vor der Reorganisation nicht. Die Schlacht fand bei *Carrhae* statt, in derselben Gegend, wo 53 v. Chr. die Katastrophe des Crassus sich ereignet hatte. Die Römer traten den Rückzug an, aber auf diesem bewährte sich das Feldherrntalent des Galerius.[348] Die Perser nutzten ihren Sieg nicht, und die verlorene Schlacht wurde militärisch nicht entscheidend.

Der Winter 296/97 wurde mit Rüstungen zugebracht. Alexandrien war mittlerweile gefallen, und Diocletian wendete sich gegen Mesopotamien, während Galerius die Kerntruppen Illyriens heranzog und so freilich auf ungeheure Entfernungen alles von Truppen entblößte, um schließlich doch nur mit 25 000 Mann auf dem Kampfplatz zu erscheinen – ein weiterer Beweis dafür, daß die Vermehrung des Heeres durch die Reorganisation noch nicht stattgefunden hatte. Abermals kam es zur Schlacht. Galerius war diesmal angriffsweise in Armenien vorgegangen, das unglückliche Gebiet des vorigen Kriegsjahres [MH.III 97] vermeidend. Er siegte, und das Glück begünstigte ihn ganz besonders. Es ließ durch einen günstigen Zufall den ganzen Harem des Perserkönigs in seine Hände fallen, mit dessen sämtlichen Frauen, den Prinzessinnen und seinem ganzen Gefolge. Das wirkte entscheidender als es ein eigentlich politisches oder militärisches Moment vielleicht getan hätte. Der König Narses, der ein besserer Gatte als Regent war, schloß Frieden um jeden Preis, um seinen Harem wiederzubekommen. Römische

---

[346] Paneg. Lat. X (II) von 289 und XI (III) von 291 behandeln u. a. die Lage im Osten.

[347] Amm. XXIII 5,11

[348] Festus 25; Aur. Vict. 39,34; Eutrop IX 24.

Zeugen berichten, eine Grenzerweiterung in bedeutendem Umfang wäre
möglich gewesen, und Galerius wünschte, den Spuren Trajans folgend, jenseits des Tigris eine neue römische Provinz zu gründen. Indessen gab Diocletian diesem Drängen nur sehr teilweise nach. Es ist charakteristisch, was
dem persischen Unterhändler in den Mund gelegt wird: die Römer möchten
bedenken, was eine Zerstörung des Perserreichs bedeute; es werde damit
eins der beiden Augen der Welt, auf denen die Zivilisation beruhe, fortge-
nommen.[349] Das hat etwas Wahres: An Stelle des Perserreichs, das man wohl
Rom ebenbürtig nennen konnte, wäre eine Barbarenherrschaft entstanden,
die selbst für Rom unbequem geworden wäre.

Diocletian begnügte sich mit mäßigen Abtretungen am oberen Tigrislauf
und nahm nur einige Gebiete im Quellande dieses Flusses jenseits der alten
römischen Grenzfixierung als Ländergewinn. Dieses Land wurde so wie die
übrige Grenze in besten Verteidigungszustand gesetzt, und Diocletian eta-
blierte die römische Herrschaft sicher für lange Zeit in diesen Gegenden. Ein
40jähriger [MH.III 98] ununterbrochener Friede wie damals hat lange Zeit
weder vor- noch nachher geherrscht. Bis zum Kaukasus erstreckte sich das
Machtgebiet der Römer, denn Iberer[350] werden uns unter den römischen
Völkerschaften genannt. Nisibis wurde zum Entrepôt des sehr bedeutenden
persisch-römischen Handels.

Die innere Geschichte ist schon im ersten Abschnitt in ihren wesentlichen
Zügen behandelt worden. Es mögen hier noch einige Worte über die diocletianische Münzreform gesagt werden.[351] Man hat lange angenommen, daß
der Reformator des verwirrten Münzwesens Constantin gewesen sei und
Diocletian nur die Scheidemünzen gebessert habe. Es war dem Wiener Missong[352] vorbehalten, in fleißiger Detailforschung ganz neues Licht über diese
Verhältnisse zu verbreiten und auch in der Reform des Goldumlaufs Diocletian als Schöpfer erkennen zu lassen.

Wenn ein Goldstück nicht vollwichtig ist, so ist das nichts anderes als
stilles Schuldenmachen. Diese Wahrheit hatte Diocletian klar erkannt. Das
war mit allem Gelde damals der Fall, und eine solche Münze war eben keine
Münze mehr, man hätte ebensogut Armbänder oder Becher zum Bezahlen
nehmen können. Die Goldstücke des Carus und Probus wechselten im Gewicht von 3,91 zu 5,11 zu 5,20 zu 6,50 Gramm. Das ist alles in der Welt, nur
keine Münze. Man prägte sie allerdings noch, aber wesentlich als Neujahrs-
geschenk, weil der Kaiser sie dazu brauchte. Ihr Wert war als Geld völlig

349 Aur.Vict.39,35f.; Eutrop IX 24f.

350 Kaukasus-Iberer

351 Das spätantike Geldwesen ist in
vielen Punkten umstritten: K. T. Erim
(u.a.), Diocletians Currency Reform,
Journal of Roman Studies 61, 1971,
S. 171ff.; K. Christ, Antike Numisma-

tik, 1972, S. 79ff. (mit Bibliographie);
RIC.VI 1967 (für die Jahre 294–313);
VII 1966 (für die Jahre 313–337); VIII
1981 (für die Jahre 337–364); IX 1962
(für die Jahre 364–395).

352 Hensel: Dissong. A. Missong, Numismatische Zeitschrift 1, 1869, S. 5ff.

fiktiv. [MH.III 99] Legierung und dadurch bedingte schlechte Qualität kam beim Goldgeld nicht vor, aber die fehlende Vollgewichtigkeit war elend.

Dagegen kursierten ungeheure Mengen angeblicher Silbermünzen, die aus einer schlechten Kupfer- und Zinnlegierung bestanden, und diese genossen dann eine ähnliche Wertschätzung wie schlechtes Papiergeld, dessen Fundierung auch nur auf dem Staatskredit beruht. Es ist ganz dasselbe, ob man auf ein Stück Papier schreibt: „Dies ist 1000 Mark wert", oder ob man auf minderwertiges Metall einen Münzstempel setzt. Dazu kam, daß der Staat selbst dieses Geld zwar ausgab, zur Löhnung der Truppen und zu den Gehältern der Beamten, es aber für die Bezahlung der Steuern nicht nahm, sondern Waren oder Bezahlung nach dem Gewicht verlangte. Aurelian versuchte eine Regulierung des Kupfergeldes, das führte aber zu gefährlichen Straßentumulten, namentlich der nach Tausenden zählenden Münzarbeiter, die offenbar an der Defraude stark beteiligt waren.[353] Ein Versuch, die schlechte Prägung etwas besser zu machen, ist alles, was Aurelian leistete. Sonst ließ er alles beim alten.

Diocletian stellte den Satz fest, daß der Staat Silber und Gold prägt, das Geld aber nur nach dem Gewicht gilt und niemand es anders anzunehmen verpflichtet ist. Damit hörte die Defraude mit einem Schlage auf, der nun aller Boden entzogen war. Für das Gold schuf er eine festes Einheitsgewicht.[354] Die irrige frühere Auffassung, daß die Reform nicht durch Diocletian, sondern durch Constantin bewirkt wurde, rührte daher, daß Diocletian zweimal den Prägungsfuß fixiert hat. Mit der ersten Fixierung drang er nicht durch, man nahm also [MH.III 100] an, daß er die Verwirrung überhaupt nicht gelöst habe. Von der sehr fraglichen Beteiligung Constantins an der Lösung dieser Frage wird nachher die Rede sein.

Die älteren Goldmünzen Diocletians tragen das Zeichen 70, die späteren 60, letztere beginnend mit dem Jahr 290. Das heißt, es gehen zuerst 70, dann 60 aufs Pfund. Das Stück wog von da ab 5,45 Gramm, es ist also lediglich der restituierte *aureus* der besseren Kaiserzeit, etwa der Antonine. So schließt sich diese Münzreform vollkommen dem Bestreben seines ganzen Regiments an, anzuknüpfen an diese Epoche. Das ist das Wesentlichste der wichtigen Missongschen Arbeit.

Daß Diocletian der Reformator des Silbergeldes[355] gewesen, war dagegen schon längst bekannt. Seine *argentei* sind mit 96 bezeichnet, d. h. es gehn 96 auf das Pfund Silber, und der *argenteus* ist genau gleichwertig mit dem neronischen Denar, von gleichem Gewicht und gleicher Reinheit.

Die Reform des Kupfergeldes gipfelt in der Einbeziehung von Ägypten. Das ältere Münzsystem bewegte sich in einem zweifachen Kreis, indem

---

[353] Aur.Vict.35,6

[354] Anders M. Bernhart, Handbuch zur Münzkunde der römischen Kaiserzeit, 1926, S. 19 f. Danach hat Diocletian bis 303 experimentiert, und das damals geschaffene Münzgewicht wurde von Maxentius bis 312 und von Licinius bis 324 geprägt.

[355] Bernhart l. c. 22

außer den Reichsmünzen noch in *Asia, Syria, Cappadocia* und Ägypten eigene provinziale Silber- und Kupfermünzen im Umlauf waren, so in *Asia* der Cistophorus[356], in *Antiochia* die Tetradrachme etc. Diese Provinzialmünzen hatten ein festes Wertverhältnis zum Reichsdenar, und zwar war letzterer immer etwas besser. Gold dagegen existierte nur als Reichsmünze. Geschlagen wurden die Provinzialsilbermünzen auch nur von den Statthaltern, d. h. von Reichs wegen, nicht von den einzelnen Städten, welche dagegen ihr Provinzialkupfergeld prägen durften. Dieses Institut des Provinzialgeldes existierte übrigens nur im Osten, der Westen kannte überhaupt nur Reichscourant.

[MH.III 101] Diocletian räumte nun mit diesen Provinzialmünzen auf. Das meiste davon wird wohl schon in den großen Stürmen der vordiocletianischen Zeit hinweggefegt worden sein; die letzte dieser kleinen Prägungen hatte sich in Ägypten gehalten, und sie zog Diocletian ein. Dadurch war die Errichtung von lokalen Reichsmünzstätten bedingt, die früher auf Rom beschränkt gewesen waren und jetzt in allen bedeutenderen Provinzialstädten aufgetan wurden. Während das frühere ägyptische Provinzialgeld aus einer wertlosen Legierung bestanden hatte, legte Diocletian ihm einen gewissen Wert bei. Er ließ die Stücke größer und sorgfältiger ausprägen. Das Blei verschwindet aus der Komposition, dagegen ist etwas Silber zugesetzt. Das war eine gesunde Münzpolitik. Unter Constantin kam die gute Kupferprägung wieder ab.

Die Ausprägung der 6oer-Stücke währte bis 312, bis an die Schwelle der Constantinszeit. 315 beginnt das neue constantinische System[357] mit der Bezeichnung OB, über die man sich soviel den Kopf zerbrochen hat: Wir wissen jetzt, daß es die griechischen Zahlzeichen sind: 72, und also, was auch genau stimmt, 72 *aurei* aufs Pfund gemünzt wurden.[358] Das heißt also, Constantin hat den Satz, daß 60 *aurei* aufs Pfund ausgemünzt werden sollen, in 72 abgeändert und damit einen verschämten Staatsbankrott ausgeführt, wie es vor und nach ihm so oft geschehen ist. Denn ein Staatsbankrott *in optima forma* ist es, wenn man denselben Namen einem leichteren Geldstück gibt und also gestattet, daß Verpflichtungen, die man eingegangen war, mit geringerwertigem Gelde eingelöst werden dürfen. Man sieht also, die eigentliche Reform war das Werk Diocletians; das, was Constantin [MH.III 102] dazu getan hat, war ein entschiedener Rückschritt, eine Verschlechterung.

Tun wir einen Blick auf das berühmte *edictum de pretiis rerum vena-*

---

[356] Hensel schreibt *Christophorus.* Cistophoroi sind kleinasiatische Tetradrachmen, seit etwa 170 v. Chr. geprägt, mit dem Bilde einer *cista mystica* und Schlangen aus dem Dionysos-Kult.

[357] Das neue Goldstück Constantins beginnt 312: Bernhart l.c.70.

[358] *OB* wird auch als Abkürzung von *obryziacum*-Feingold verstanden: Bernhart l.c. Die Abkürzung beginnt mit Valentinian I, l.c.

lium.[359] Es ist unschätzbar für unsere Kenntnis von sehr vielen Details um das Jahr 301, denn in diesem Jahr muß es, nach den Titeln des Diocletian[360], erlassen sein. Schlimm ist, daß die Frage, in welcher Münze die Preise ausgedruckt sind, bis jetzt eine unlösbare geblieben ist. Es ist der Denar; aber was dieser Denar bedeutet, wissen wir nicht. Derjenige, von dem 96 aufs Pfund geprägt worden sind, kann es nicht sein. Derselbe wird erstlich *argenteus* genannt, dann ist es aber auch eine innere Unmöglichkeit, denn wir kommen bei dieser Annahme auf ganz widersinnige Preise. Wir kennen später noch einen anderen Denar, der als kleinste Recheneinheit galt und von dem 6000 auf den *solidus* gehn. Das kann es aber auch nicht gewesen sein, die sich dann ergebenden Preise wären wieder viel zu gering. Das Pfund Schweinefleisch sollte 12 Denare kosten, aber diese Preisbestimmung führt uns auch nicht viel weiter. Leider ist der Preis des Korns uns in den bisher aufgefundenen Exemplaren des Edikts nirgends angegeben.[361] Das Edikt sagt nun zwar, es sollten damit Mittelpreise bezeichnet sein, aber es ist doch alles noch sehr schleierhaft für uns.

Groß dagegen ist die politische Bedeutung dieses Gesetzes: Es beweist uns, welch unrichtige Vorstellungen von der Macht des Staats und des Kaisers als eines Gottes auf Erden selbst ein so klarer Kopf wie Diocletian mit sonst so nüchternem Urteil hegen konnte. Diese Sucht, zu bestimmen, was nicht zu bestimmen ist – den Preis der Dinge –, zeigt, daß Diocletian [MH.III 103] vom Souveränitätsschwindel nicht frei war.

Seine Kollegen teilten ihn nicht: das Edikt hat ausschließlich im Osten, im Gebiet des Diocletian und seines Caesars Galerius Geltung gehabt. Nicht Constantius, nicht einmal der treue Maximian hat es publiziert. Wir wissen das ganz genau; denn da es in unzähligen Exemplaren in allen Städten und Dörfern hätte angeschlagen sein können, so würde uns doch aus dem Westen eine Spur desselben vorkommen: das ist aber überall nicht der Fall, nur im Osten begegnet es uns.[362]

Das Preisedikt erwies sich als unausführbar, wie alles, das gegen die Natur der Dinge streitet. Es ward zuvörderst Ursache massenhafter Prozesse. Da zufolge der abscheulichen Justiz jedes derartige Vergehen ein Kapitalverbrechen war, führte es zur Verhängung von Todesurteilen[363] und gab gefährliche

---

359 Bester Kommentar: H. Blümner + Th. Mommsen, Der Maximaltarif des Diocletian, 1893; beste Bibliographie: S. Lauffer, Diokletians Preisedikt, 1971; bester Text: M. Giacchero, Edictum Diocletiani, 1974. Zu den Umständen: T.D. Barnes, Constantine and Eusebius, 1981, S. 10f. Vgl. Mommsen, Ges.Schr.II 292ff.

360 Dessau 642; Chron.Min.I 230 zu 302: *vilitatem iusserunt imperatores esse.*

361 M. Giacchero gibt in ihrer Ausgabe des «Edictum Diocletiani» (I 1974) den inzwischen gefundenen Preis des Lagerscheffels Weizen mit 100 Rechendenaren an (ED.I 1).

362 Im Osten wurde es auf Steininschriften publiziert, im Westen vielleicht auf Papyrus.

363 Lact.MP.7,7

lokale Verwicklungen. Dann ward es zu den Toten geworfen, es war schon totgeboren. Constantius sah wohl ein, welche Rute es für Regierende und Regierte werden mußte, und verschonte den Okzident damit.

Man hat Diocletian den Hang zum Thesaurieren vorgeworfen, und wohl mit Recht. Das Anhäufen ungeheurer Summen, um für jeden Fall gerüstet zu sein, entspricht seinem Charakter. Daß sein Staatsschatz gut gefüllt war, beweisen seine Bauten. *Nicomedia* (Ismid) hat er ganz geschaffen, aber auch im übrigen Reich baute er viel, so in Rom, dem er doch abgeneigt war, die noch heute nach seinem Namen benannten Thermen, die allerdings durch Maximian, aber auf Veranlassung des Diocletian gebaut wurden.[364]

Gehen wir zur Religionsfrage über, so müssen wir zuerst der Quellen gedenken. Lactantius' «De mortibus persecutorum» ist eine Parteischrift[365]; das ist natürlich, denn sie entstammt der Zeit des Kampfes von Christentum [MH.III 104] und Heidentum oder, wie man vielleicht besser sagen kann, von Religion und Staat. Lactantius lebte mitten in diesem Kampf, stand voll und ganz auf seiten der Religion, aber trotzdem ist er so unparteiisch wie irgend möglich. Ganz unparteiisch kann ein Zeitgenosse in solchen Fragen nicht sein. Lactantius hatte alle Gelegenheit, die Verhältnisse von beiden Seiten genau zu kennen: er lebte in Nicomedien, nahm eine hohe Stellung ein, hatte Beziehungen zu Christen und Heiden, denn er war Literaturlehrer an einer Hochschule.[366] Verständig und ehrlich, ist er die sympathischste Erscheinung der damaligen christlichen Literatur, die nicht reich an solchen ist. Er war allerdings kein genialer Mensch wie etwa Augustinus.

Man spricht viel vom Kampf des Christentums und Heidentums; richtiger ausgedrückt ist es ein Kampf der alten Bildung und des neuen Glaubens. Lactantius sagt es selbst einmal und erkennt gewissermaßen die Berechtigung des Gefühls an, das Aufbäumen der Nichtchristen gegen die Christen habe zum guten Teil seinen Grund darin, daß die Bibel und die christliche Literatur im allgemeinen so schlecht geschrieben seien. Es war eben eine plebejische Religion, und so war auch ihr Stil plebejisch. Aber Lactantius hat immer ehrlich die Wahrheit sagen wollen. Den bittersten Christenfeinden tut er freilich Unrecht, aber einer so milden Natur wie Diocletian gegenüber ist er in höherem Maß gerecht, als die heutige Kritik in ihrer Überfeinheit zugeben will. Man sucht nach tiefen Beziehungen und grübelt umher, und die grüne Weide[367] läßt man liegen.

Fragen wir nach den Ursachen der Christenverfolgungen![368] [MH.III 105] Die Veranlassung war, wie immer, wo große Gegensätze aufeinanderplatzen

---

364 Nicomedien: Lact.MP.7,11f.; Dessau 613; Thermen: Dessau 646

365 Das gilt auch für die von Mommsen anscheinend nicht gewürdigte zweite Quelle, Eusebs Kirchengeschichte (HE. VIII).

366 Hieron.vir.ill.80

367 Goethe, Faust I 1833

368 Lact.MP.11ff.; Euseb.HE.VIII; Hieron.chron. zu 301 n.Chr.; Chron. Min.I 231 zu 303 n.Chr.; Oros.VII 25,13ff. Mommsen, Ges.Schr.III 389ff.; VI 540ff.

müssen, eine Kleinigkeit; ebenso würde man fehlgehen, wenn man die Ursache des letzten Deutsch-Französischen Krieges in der spanischen Heirat des Hohenzollernprinzen sehen wollte. Diese großen Ursachen konnte Lactantius nicht sehen, wie sie sehr oft ein Zeitgenosse nicht sehen kann. Burckhardt aber konnte es noch weniger sehen.[369] Das Prinzip der römischen Staatsreligion ist mit einem Wort ausgedrückt: Toleranz. Fremde Götter wurden nach Belieben des Publikums zuerst geduldet. Hatte ihre Verehrung eine gewisse Ausdehnung gewonnen, so erlangten sie im römischen Olymp das Bürgerrecht, ebenso wie es die Menschen anderen Stammes im römischen Staat nach einiger Zeit erlangten. Nicht, daß jene Gottheiten neben Juppiter, Minerva und Juno verehrt wurden, ist das Charakteristische, sondern das System der absoluten Toleranz ist es und damit zuvörderst der schärfste Gegensatz gegen das Judentum, wo neben Jehova schlechterdings nichts Platz hat. Dagegen ist laxe, gedankenlose Toleranz römisches Wesen: nicht ob ein Gott, ein Glaube gut oder schlecht ist, wird gefragt; seine bloße „Existenz" gibt ihm Existenzberechtigung.

In gewisser Weise finden wir sogar die Vorstellung, daß die fremden Götter wirksamer seien als die heimischen. Das klare römische Wesen hat ursprünglich nichts Unbegreifliches über sich, dagegen – einerlei, ob es nun die phrygische Mutter, Isis und Serapis oder der Mithras ist – in diesen sahen sie das Mysteriöse. Immer tiefer in den Osten wurde hineingegriffen, schließlich fanden sie im fernsten Persien den Sonnengott. Mithras[370] schien wirksam, weil er fremd war, die persische Tracht, die geheimnisvolle Umgebung imponierte, zuletzt ist er aber doch ein römischer Gott geworden. Sein Geburtstag war der Tag der Sonnenwende, der 25. Dezember [MH.III 106] ist der Ursprung von Weihnachten.[371] Die gewaltige Sonnenkraft imponierte den Römern. Der Sonnenkult ist nicht ursprünglich römisch, aber doch frührepublikanisch, und als der persische Sonnengott in Rom einzog, war ihm die Stätte schon bereitet. Nachdem Aurelian ihm dann prächtige Tempel erbaut hatte[372], gab es zwei Sonnenkollegien in Rom, und der alte Juppiter vertrug sich mit dem neuen Kollegen.[373] Die fremden Kulte riefen stellenweise auch Widerstand hervor. Von dem Mithraskult findet sich vor Gallienus auf Münzen keine Spur, obgleich der Kult schon hundert Jahre früher in Rom Eingang gefunden hatte. Es blieb

---

[369] Dies gegen J. Burckhardt, Die Zeit Constantins des Großen, 1853/1880, S. 287ff.

[370] M. Clauss, Mithras, Kult und Mysterien, 1990

[371] CIL.I 1, 2. Aufl. S. 278 zum 25. Dezember: *n(atalis) Invicti*. Im Kalender des Polemius Silvius von 448/9 n.Chr. heißt es dann zum 25. Dezember: *natalis domini corporalis* (l.c.279).

[372] Eutr.IX 15; SHA.Aur.1,3

[373] Hensel merkt an: *24 Juny Lilis Geburtstag. Quod felix, faustum, fortunatumque sit!* Es handelt sich um Pauls Schwester, Sebastian Hensels Tochter Lili, genannt Pi, geb. 1864 (freundliche Auskunft von ihrer Nichte, Dr. Cécile Lowenthal-Hensel, Berlin).

diesem schwachen und überaus elenden Regiment vorbehalten, den Mithraskult offiziell einzuführen, allerdings nicht unter dem Namen des Mithras,
sondern als Sol. Das war parlamentarisch zulässig, denn der Solkultus war
längst rezipiert. So war es ein Kompromiß zwischen der Forderung eines
neuen Glaubens und der alten Religion. Als Allermächtigster, als Unbesieg-
barer, als *deus invictus*[374] geniert er die Kollegen in dem wunderbar zusam-
mengesetzten Olymp nicht. Er vertrug sich mit ihnen und sie sich mit
ihm.[375]

Aber anders die Juden und die Christen! Sie behaupten ihr Terrain für
sich, dulden keinen Gott neben dem ihrigen, lassen nie eine Transaktion zu;
daß Dionysos, der Bacchier, mit dem jüdischen Kult etwas gemein hätte, ist
eine wenn auch alte, so doch falsche Annahme. Diese negierende, streng
isolierte Stellung der Juden und Christen ist das große politisch-religiöse
Problem. Wenn man die Sache historisch betrachten will, muß man vor allen
Dingen den konfessionellen Standpunkt ignorieren; auf beiden Seiten hat es
durchaus ehrliche und überzeugte Männer gegeben, auf beiden Seiten auch
Schwindler, Heuchler und Betrüger. Historisch betrachtet, ist die Negation
heidnischer Götter [MH.III 107] ein durchaus revolutionäres Element. Juden und Christen weigerten sich, die Götter anzuerkennen und ihnen zu
opfern. Kein anderer im Altertum bekannter Glaube verbot das. Der Mi-
thrasgläubige konnte dem Juppiter opfern und umgekehrt.

Dazu kam noch ein zweites. Der alte Kult war ausgehöhlt und leer geworden, aber die gesamte antike Bildung hing mit ihm zusammen. Das Christentum kehrte seine Spitze ebensosehr gegen alle Bildung wie gegen Mithras
und Juppiter; daher kämpfte der Heide wohl für ein Prinzip und, wie schon
gesagt, vor allen Dingen gegen die Intoleranz, die auf seiten der Christen
war. Und ein weiteres. Der Proselytismus des Christentums war den Heiden
neu und odiös. Zwar trieben unzweifelhaft die Mithrasgläubigen ebenfalls
Proselytismus; aber man mußte nicht, um den Mithrasglauben zu gewinnen,
allem alten, liebgewordenen und geheiligten Glauben abschwören. Der
Mithrasglaube ging mit den anderen Götterkulten Hand in Hand; man gewann nur noch etwas hinzu. Wenn wir die Inschriften vornehmer Römer
dieser Zeit ansehn, so frappiert uns die Vielseitigkeit ihrer religiösen Vereh-
rungen.[376] Man bekommt den Eindruck, als huldigten sie dem Grundsatz
„Doppelt genäht hält besser". Der *pater patrum*[377] und alle Götter spielen
bei ihnen unterschiedslos eine Rolle. Das fehlt ganz und notwendig bei den
Christen. Wer Christ ist, hat mit allen heidnischen Göttern gleichmäßig
abgetan und stößt die Bekenner aller heidnischen Kulte gleichmäßig vor den
Kopf.

Endlich aber entstand mit der christlichen Hierarchie ein im höchsten
Grade staatsgefährliches Prinzip, und zwar ein ganz neues. Ob der Mithras-

---

[374] Dessau 1615; III S. 545
[375] Dessau 2299

[376] Dessau 1259f.
[377] Dessau III S. 577

dienst eine Art Organisation, etwa eine Mithraspriestervereinigung derselben Provinz gehabt hat, wissen wir nicht, es ist aber höchst unwahrscheinlich. Der christliche Episkopat dagegen ist ziemlich so alt wie das Christentum selbst und repräsentiert, jedenfalls im 5. Jahrhundert, schon eine gewaltige Macht. Die Bischöfe in Rom, in Alexandria und in Antiochia übten eine
Art Nebenregierung aus. Die christliche Gemeinde war ein Staat im Staate,
dem freilich [MH.III 108] vorerst noch die monarchische Spitze fehlte. Die
Bischofsversammlung, das Konzil[378] aber bestand schon und war vollkommen unabhängig vom Staat. Dies ist ein tiefgehender Unterschied zwischen
Christentum und Judentum.

Faßt man alle diese Momente ins Auge, so wäre man beinah versucht zu
sagen, die Christenverfolgungen seien entschuldigt. Der Staat mußte sich
gegen Proselytismus, gegen Hierarchie, gegen alle Prinzipien des Christentums wehren. Es ist ein höchst merkwürdiger Umstand, daß gerade die
schwächsten Kaiser dem Christentum am meisten die Zügel schießen ließen.
Gallienus, dieser jämmerlichste Herrscher, war am lässigsten gegen die Christen. Dann wurde 30 Jahre lang nicht gegen dieselben eingeschritten, und der
Grund liegt eben in den damaligen schwachen, ephemeren Regierungen. Der
einzige, der im Begriff war, gegen die Christen vorzugehen, war in dieser
Zeit Aurelian, eine eiserne Natur, aber der weitsichtigste Kaiser.

Diocletians Denken in solchen Sachen können wir ersehen aus einigen
Verordnungen im Gregorianischen Codex, deren Einleitungen mit ihrer ganzen Weitschweifigkeit und sachlichen Gleichgültigkeit voll leerer Redens-
arten doch bezeichnend für Diocletians Sinnesart sind. Diocletian ging aus
davon, daß, was gesetzlich angeordnet war, auch treu und religiös gehalten
werden solle; so auch z.B. die Verordnungen über den Inzest.[379] Die Heirat
z.B. von Oheim und Nichte sollte als solcher behandelt werden. Diese
juristische Ungeheuerlichkeit hat er in ihrer ganzen künstlichen und barbarischen Strenge von den Toten erweckt; denn man hatte sich um diesen juristischen Inzest gar nicht mehr gekümmert. So wie aber Diocletian den alten
aureus wiederherstellte, so auch dies. Und so auf allen Gebieten, wovon sich
noch mannigfache Beispiele anführen ließen.

[MH.III 109] Anfangs war Diocletian gegen die Christen und überhaupt
tolerant, mit einer einzigen Ausnahme: die Verordnung gegen die Manichäer.[380] Dies fiel eigentlich nicht in das Gebiet der Religion, sondern der
Politik. Die Manichäer waren eher eine heidnische, von christlichen Elementen durchtränkte Sekte als eine christliche. Vor allen Dingen waren sie Perser; das Edikt gegen die Manichäer erging während des Perserkrieges und
findet darin seine Erklärung. Sonst war Diocletian durchaus friedlich, er ließ

---

[378] Mommsen meint Provinzialsyn-
oden (*Elvira* um 306, *Arelate* 314 etc.).
Reichskonzilien waren Kaisersache seit
Anbeginn, seit *Nicaea* 325.

[379] FIRA.II S. 558ff.
[380] FIRA.II S. 580f.

die Dinge gehn, wie sie schon lange gegangen waren. Seine Leisetreterei, seine Furcht vor Entscheidungen zeigt sich auch hier. Der Kampf mußte geführt werden, das war sonnenklar, aber Diocletian wollte es nicht und verschleppte es 20 Jahre lang. Kam nun endlich der Umschlag, so mußte man eben Ursachen und Anlaß unterscheiden, der geringfügiger Art war. Diocletian war ein tief religiöser Mensch, ein treuer Gläubiger an Wunder und Orakel. Der Indifferentismus, der die Religion lediglich als Form behandelt, wie wir ihn schon bei Cicero finden, war überhaupt aus der Welt abhanden gekommen. Jetzt verbreitete sich der Glaube in allen Schichten der Gesellschaft, meinetwegen ein Köhlerglaube. Aber wie dieser nicht nur bei Köhlern, sondern auch bei Grafen und Baronen sich findet, so auch hier. Vornehme Senatoren „glaubten" ebenso wie die Lagerknechte, und Diocletian „glaubte", möge man ihn nun als Kaiser oder als alten Landsknecht auffassen. Wunder und Wahrzeichen, Orakel und Eingeweideschau wurden nicht wie früher als Akte obligatorischer Vorschrift, sondern als inneres Bedürfnis behandelt, sie wurden geglaubt.

Solche Beobachtungen ließ Diocletian nach dem Bericht des Lactantius[381] anstellen durch die Priester des Palastes. Im Palast wimmelte es von Christen, die bei Diocletians Toleranz vollkommen unangefochten daselbst lebten. Das Orakel gab kein Resultat. Der Kaiser war darüber unwillig. Man gab [MH.III 110] den Christen schuld, die durch das Schlagen des Kreuzes das Opfer illusorisch gemacht hätten. Wieweit die Priester sich selbst betrogen, wieweit sie andre betrogen, bleibt ungewiß; das Faktum ist zweifellos. Der Kaiser war erbittert, er entfernte die Christen, und es erging der Befehl, sie sollten aus dem Bereich des Palastes ausscheiden. Er wollte die Störung der Orakel nicht dulden. Natürlich entstand große Unzufriedenheit unter den entlassenen Christen, zugleich aber waren Galerius und die energischeren unter Diocletians Staatsmännern unzufrieden mit Diocletians Schwäche und der halben Maßregel. Galerius erschien am Hof und forderte strengeres Einschreiten. Da erfolgten kurz hintereinander mehrere Brände im Palast. Wer dieselben angelegt, ob sie überhaupt angelegt wurden oder ob der Zufall sein Spiel hatte, ist nicht aufgeklärt. Die Christen schoben dem Galerius, Galerius den Christen die Schuld zu. Von da ab wurde größerer Ernst gezeigt. Der Kaiser ging weiter, aber doch noch immer sehr vorsichtig. Vorerst berief er den Staatsrat; die Majorität entschied sich dafür, Gehenlassen sei gefährlich. Diocletian weigerte sich, einschneidender zu handeln, es sei ebenfalls gefährlich, eine Verfolgung zu beginnen, deren Ende nicht abzusehen sei. Die Götter wurden abermals befragt – und rieten zum Einschreiten. Lange weigerte sich Diocletian, und als er schließlich nachgab, forderte er wenigstens, man solle vom Blutvergießen absehen und den Christen nur die bürgerliche Rechtsstellung entziehen. Das christliche Bekenntnis solle kein Kapitalverbrechen sein.

[381] Lact.MP.10

Am 24. Februar 303 erging das Verbot des Christentums.[382] Die Kirchen sollten niedergerissen, die christlichen Schriften verbrannt, den Christen die rechtliche Stellung entzogen werden. Dieser Ächtungsbeschluß wurde nur sehr unvollkommen ausgeführt. [MH.III 111] Im Orient wurde hart durchgegriffen, da Galerius mehr Einfluß als der alte Kaiser hatte. Auch in Italien und Africa unter Maximian[383] ging man strenge vor, in Gallien unter Constantius dagegen milde.[384] Die Vorschrift, alle Christen rechtlos zu machen, konnte man wohl ins Gesetz schreiben, praktisch ausführbar war sie nicht, dazu war das Christentum schon zu sehr erstarkt.

Merkwürdig und originell wie seine ganze Regierung war Diocletians Ausgang; wir haben kein zweites Beispiel ähnlicher Art in der ganzen römischen Kaisergeschichte. Nach den oben geschilderten Vorgängen in *Nicomedia*, die sich an das Edikt der Christenverfolgung knüpften, ging Diocletian zum ersten Mal seit seiner Kaiserzeit nach Rom.[385] Der Zweck war, in glorioser, prächtiger Weise das Fest seiner zwanzigjährigen Regierung zu feiern. Es lief dabei ein gutes Stück Aberglauben und Mysterienkult mit unter, in dem die Zeitperiode von 20 Jahren eine große Rolle spielte; zugleich sollte das Fest aber auch ein Gesamttriumph sein, in dem alle Siege des Kaisers zusammengefaßt und in einem glänzenden Aufzug der alten Hauptstadt vor Augen gebracht werden sollten. Der Harem und das Gefolge des Narses spielten dabei eine Hauptrolle, natürlich nicht in Person, sondern *in effigie*.[386]

Es war dies seit langer Zeit der erste und überhaupt der letzte Triumph, der in den Mauern Roms gefeiert worden ist.[387] Und doch war es eine Täuschung nach beiden Seiten, die in diesem Fest lag. Das römische Publikum war schlecht auf Diocletian zu sprechen, dem es die Dekapitalisierung Roms und die Verlegung des Schwergewichts nach dem Osten nicht vergeben konnte. Die Prachtbauten, die Diocletian in der alten Hauptstadt aufführen ließ, wurden nur als ein ungenügendes Pflaster auf die Wunde betrachtet. Diocletian war auch seinerseits mit der Haltung des Publikums nicht zufrieden. Gewöhnt an die kleinere Stadt, an sein selbstgeschaffenes *Nicomedia*, verletzten ihn die Freiheit, die Zügellosigkeit, die Stachelreden des an den Pariser erinnernden Hauptstadtpöbels [MH.III 112], gegen den die Polizei machtlos war. Das ganze Wesen in Rom widersprach seiner gehaltenen, gemessenen und feierlichen Gewohnheit. Auch seine Sparsamkeit wird verletzt worden sein. Mit den verschwenderischen Allüren kontrastierte seltsam seine Anweisung, sich allen überflüssigen Pomps zu enthalten, indem er sich mehr als Zensor denn als triumphierender Kaiser fühlte. Auch mit den „ungeheuren Triumphalgeschenken", von denen seine Lob-

[382] Lact.MP.12,1: *Terminalia, quae sunt ante diem septimum Kalendas Martias*: 23. Februar.
[383] Hensel: *Maxentius*
[384] Eus.HE.VIII 13,12f.

[385] Paneg.Lat.VII (VI) 8,7f.; Chron. Min.I 148
[386] Zonaras XII 32
[387] Den letzten Triumph feierte Maxentius 311 über Africa, Zosimos II 14,4.

redner sprechen[388], ist es nicht sehr weit her, verglichen mit den Gewohnheiten der Zeit. Carus hatte jedem Römer 500 Denare gegeben, Diocletian gab in 20 Jahren nur das Dreifache. So war denn die natürliche Folge der gegenseitigen Verstimmungen, daß Diocletian es nicht lange in Rom aushielt, sondern sobald als möglich – schon am 20. Dezember 303 – die Stadt wieder verließ. Er war zum Konsul für das nächste Jahr (304) ernannt, und das Publikum hatte einen feierlichen Aufzug bei dieser Gelegenheit erwartet. Aber es wurde getäuscht. Diocletian hielt das Gewühl nicht aus und zog sich zuvörderst nach dem stillen Ravenna zurück.[389] Von da ab häuften sich für ihn die Enttäuschungen und Verbitterungen, die allmählich zu dem Entschluß der Abdankung[390] führten.

Unter den Gründen zu diesem Schritt war einer der wichtigsten eine schwere, ein Jahr lang dauernde Krankheit Diocletians. Neun Monate war er gänzlich unsichtbar für das Publikum, Nicomedia glaubte sogar, er sei tot und dies werde nur verheimlicht, weil Galerius nicht anwesend war. Das Alter allein konnte kein Grund des Rücktritts gewesen sein, denn er war noch nicht 60 Jahre. Aber als er sich wieder zeigte, da sahen die Menschen einen abgelebten Greis. Physisch hat er sich später in der Einsamkeit und Ruhe allerdings wieder erholt. Vor allen Dingen entscheidend aber war das getrübte Verhältnis zu Galerius. Der Zwang zu schärferen Maßregeln, das kriegerisch Gewaltsame desselben [MH.III 113] war ihm unsympathisch. Galerius ersparte ihm nicht den Vorwurf, er sei altersschwach geworden, und der Vorwurf war nicht unbegründet. Es ist evident, daß Galerius auf seinen Rücktritt drang. Diocletian weigerte sich anfangs: er wies auf die persönliche Gefahr hin, die er laufen mußte, wenn er sich in eine Privatstellung zurückzöge. Er erbot sich, den Galerius zum Augustus, zum vollkommen Gleichberechtigten mit sich und Maximian zu machen. Dessen weigerte sich nun wieder Galerius, er erinnerte an das eigene Beispiel Diocletians. Eintracht war die Grundlage der Vielherrschaft und mußte es sein; und ein leitender Mann war erforderlich, sonst würde die Vielherrschaft zur Anarchie. Sobald die Herrscher sich nicht vertrugen, war die Grundlage des künstlichen Gebäudes zu Ende. Galerius forderte, es müsse dabei bleiben, daß zwei *maiores* und zwei *minores*, zwei *Augusti* und zwei *Caesares* dawaren.[391] Auch religiöse Momente, Wahrsagungen des Unheils, müssen auf Diocletian zur Einwirkung gebracht worden sein.

So erkannte er denn endlich, daß, wenn der Bestand des Reiches gesichert sein solle, ein eigentlicher Herr dasein müsse. Am 1. Mai 305 erfolgte der feierliche Rücktritt Diocletians und Maximians.[392] Maximian tat den Schritt offenbar ungern. Das beweist die Folge, es mußten scharfe Mittel angewen-

---

[388] Paneg.Lat. VII (VI) 8,8; Lact. MP.12

[389] Zusatz Hensels: *Diocletian, du hattest ja so Recht!*

[390] Seeck I 1 ff.

[391] Lact.MP.18,5

[392] Lact.MP.19,1; Zon.XII 32. Zum Datum: Dessau 4145 gegen irrig Chron. Min.I 231: 1. April.

det werden, ihn dazu zu bewegen. Galerius drohte mit Bürgerkrieg, und diese Gefahr lag allerdings nahe. Es gab drohende Unruhen in verschiedenen Teilen des Reiches. Die Christenverfolgungen hatten am Euphrat und in Antiochia zu Empörungen geführt, die zwar unterdrückt wurden, aber bezeichnend sind. Wenn Maximian den Rücktritt weigerte, so waren Kämpfe unvermeidlich. Und die das ganze Leben hindurch bewiesene Treue gegen Diocletian wirkte mit. Sie hatten Gutes und Böses bisher geteilt und teilten es auch jetzt. Alle Offiziere wurden versammelt, und die beiden *Augusti* legten den Purpur ab. Diocletian zog sich in sein Geburtsland Dalmatien zurück[393] [MH.III 114] und baute sich daselbst den prachtvollen Palast, dessen Überreste noch heute die Bewunderung der Welt sind, in dessen Umfang die Stadt Spalato Platz gefunden und von dem sie den Namen erhalten hat. Galerius hatte nun freie Hand, und er verfuhr nach dem von Diocletian gegebenen Muster, indem er die Stellen so besetzte, daß er freie Hand behielt oder doch wenigstens behalten konnte, wenn er wollte. Es wurden zwei *maiores* und zwei *minores* eingesetzt, indem die früheren *minores* in die ersten Stellen rückten.[394] Constantius wurde erster Augustus, und das war insofern notwendig, als sich sonst Gallien unfehlbar vom Reich getrennt hätte. Die Caesarenstellen wurden neu besetzt. Constantius hatte einen illegitimen Sohn, Constantin.[395] Indessen darf man den gewöhnlichen Begriff der Illegitimität hier nicht anwenden. Der Kaiser kann anerkennen, wen er will, und Constantin ist im Altertum nie als Eindringling betrachtet worden. Auch Maximian hatte einen Sohn, den Maxentius, der wahrscheinlich 280 geboren, im Alter von 20–30 Jahren stand, als der Rücktritt erfolgte. Constantin stand als Tribun in der Garde in Konstantinopel[395a]. Galerius hätte gern Leute seiner Wahl in die Caesarenstellen gebracht, die zu ihm so gestanden hätten wie Maximian zu Diocletian. Er wollte auf die Caesarenstelle statt Constantins Severus setzen, einen brauchbaren Offizier, aber von bäuerlicher Bildung, während Constantin auf der Höhe der Bildung seiner Zeit stand. Am liebsten hätte Galerius wahrscheinlich auch den zweiten Augustusposten anders besetzt. Constantius war krank, man sah sein baldiges Ende voraus; und so fügte sich Galerius in die Notwendigkeit, ihn zum Augustus zu ernennen[396], um nach seinem Tode den Licinius, einen tüchtigen Offizier, in seine Stelle einrücken zu lassen.[397]

---

[393] Lact.MP.19; Zon.XII 32. Maximian ging nach Lucanien.

[394] Die Sukzession ist auf Diocletian selbst zurückzuführen. Als Caesar im Westen folgte Severus, im Osten Maximinus Daia: Lact.MP.19; Chron.Min.I 231; Anon.Val.5.

[395] Constantins Mutter war Helena, eine bithynische Stallmagd: Ambros.de obitu Theod.42; Oros.VII 25,16

[395a] richtig: Nicomedia

[396] D. h. ihn anzuerkennen.

[397] Dies geschah erst 308 auf der Kaiserkonferenz von Carnuntum: Chron. Min.I 231; Lact.MP.29,2; 32,1; s.u. MH.III 116.

b) Constantin (306–337)

Constantius nahm die Ernennung an. Constantin aber verließ fluchtähnlich und ohne Urlaub Konstantinopel[397a], ein Akt offener Insubordination, der aber vielleicht notwendig war, denn es ist nicht unwahrscheinlich, daß [MH.III 115] sein Leben in Gefahr war.[398] Eine solche Zurücksetzung, wie er sie erfahren, war so gut wie ein Todesurteil. Er begab sich ins Hauptquartier seines Vaters, der damals im Norden Britanniens im Krieg gegen die Picten lag. Der Vater starb bald darauf am 25. Juli 306 in York.[399] Die gallischen Offiziere wollten den oktroyierten Caesar nicht. Es ist schon darauf hingewiesen worden, wie tief verschieden die Behandlung aller Staatsangelegenheiten, der Steuern, der religiösen Wirren in Gallien durch Constantius von der des Ostens war, und es ist natürlich, daß die Gallier wünschten, im Geist des Constantius weiterregiert zu werden. Sie riefen Constantin zum Augustus aus. Galerius gab halb nach. Er war eben kein Diocletian, sondern viel unstaatsmännischer, und erkannte den Constantin als Caesar, aber nicht als Augustus an; als solchen den Severus einsetzend; für Licinius war vor der Hand kein Platz.

So war der Konflikt vorbereitet. Zum offenen Bruch kam es für jetzt noch nicht, weil ein schärferer Konflikt, der Abfall Italiens, eintrat. Maxentius, der Sohn Maximians, war bei der Augustusernennung übergangen worden und wurde nun in Rom zum Augustus ausgerufen.[400] Maxentius war unbedeutend, mit sehr geringem Ehrgeiz, ein dissoluter Charakter. Er war auch nicht Führer, sondern Werkzeug. Italien war zurückgesetzt zugunsten des Orients, es hatte die leitende Rolle, seine Steuerfreiheit verloren, die italische Garde, die Prätorianer waren halb aufgelöst worden, und es war keiner da, der dem existierenden Rest noch imponiert hätte. Das war der Charakter dieses Krieges „Italien gegen den Orient".

Gallien verhielt sich vorerst als passiver Zuschauer. Der alte Maximian spielte nun eine Rolle, aus der kein Mensch klug werden konnte.[401] Zuerst verweigerte er die Beteiligung und verlangte, daß die alten *seniores* – Diocletian und er – wieder die Augustusstellen übernehmen sollten. Er fand aber mit diesem Vorschlag bei Diocletian kein Gehör, der [MH.III 116] dem ein beharrliches Nein entgegensetzte. Daraufhin trat Maximian allein für und neben seinen Sohn ein, und das hatte allerdings bei der ungeheuren Beliebtheit des alten Maximian die Folge, daß die oberitalischen Truppen, und sie bildeten den Kern der disponiblen Truppen, sich dem Maxentius anschlossen. Dazu kam eine Revolution in der Revolution. *Africa* fiel ab und konsti-

---

397a richtig: Nicomedia
398 Die Berichte weichen voneinander ab: Lact.MP.24; Eus.VC.I 20; Anon. Val.2ff.; Zos.II 8,2.
399 s.o. MH.III 88
400 Maxentius erhob sich am 28. Oktober 306 zum *imperator*: Lact.MP.26,1; 44,4; Anon.Val.6. Er nannte sich zunächst nur *princeps*, den Augustus-Titel führte er seit 307: RIC.VI S. 367ff.; Dessau 669ff.
401 Lact.MP.26,7ff.

tuierte eine Sonderherrschaft unter Lucius Domitius Alexander, die aber bald niedergeschlagen wurde.[402] Galerius veranlaßte den Severus, dieser Auflehnung Italiens ein Ende zu machen; er ging im Winter 306/7 nach Italien. Aber der Versuch, über Maxentius und Maximian Herr zu werden, mißlang kläglich. Die Soldaten des Severus fielen ab, sie gingen zu Maximian über. Severus warf sich in das feste Ravenna, kapitulierte unter Zusage der Schonung seines Lebens, die anfangs gehalten wurde. Aber 307 wurde er umgebracht.[403] Jetzt ging Galerius seinerseits nach Italien, aber mit nahezu demselben Erfolge, wenn es auch nicht ganz soweit kam. Galerius mußte zurück und mied den aussichtslosen Kampf.[404] Maximian stabilisierte vorerst Italien und *Africa* als Herrschaft seines Sohnes.

Galerius versuchte nun, den Constantin gegen Maxentius ins Interesse zu ziehen. In diese Zeit fällt der höchst merkwürdige Kongreß in *Carnuntum* 307, von dem uns noch ein Denkmal erhalten ist, worauf der Segen des Gottes Mithras erfleht wird.[405] Auch Diocletian wohnte diesem Kongreß bei. Galerius machte den Licinius zum Mitkaiser[406] und erkannte Maxentius und Constantin als Caesaren an, also den Constantin nicht als Augustus, während das Heer ihn schon vor Jahren als solchen ausgerufen hatte.

Der Kongreß von *Carnuntum* offenbarte die ganze Schwäche und den Grundfehler des diocletianischen Systems. Geniale Politiker berechnen sehr häufig alles außer dem persönlichen Moment, daß eine gewaltige Persönlichkeit [MH.III 117] alles andre niederzwingt. Die Sache hatte ganz gut gearbeitet, solange eben Diocletian an der Spitze stand; als nun Galerius das Werk Diocletians fortsetzen wollte, da zeigte sich, wie sehr das System auf die eine Person des Diocletian zugeschnitten gewesen war. Diese Herrschaft über nominell frei disponierende Kollegen, die jenem gelungen war, mißlang kläglich in Galerius' Händen; und doch war dieser nicht eigentlich unfähig. Ein tüchtiger Mensch, ein guter Krieger, aber eben kein gottbegnadeter Staatsmann, was wir noch recht deutlich an der Behandlung der religiösen Verhältnisse sehen werden.

Auf dem Carnuntum-Kongreß der *Iovii et Herculii* hatte sich Galerius in dem von ihm eingesetzten Mitkaiser Licinius[407], der in die Stelle des Severus getreten war, das schaffen wollen, was Diocletian an Maximian gehabt hatte, einen altersgleichen, unbedingt ergebenen Heerführer – aber leider war weder Galerius ein Diocletian noch Licinius ein Maximian. Das Arrangement fiel nach allen Seiten unglücklich aus. Licinius wagte gar nicht, die erste ihm gestellte Aufgabe in Angriff zu nehmen, gegen Maxentius in Italien vorzuge-

[402] Zos.II 12; Aur.Vict.40,17ff.
[403] Anon.Val.9f.; Lact.MP.26,5ff.
[404] Anon.Val.10; Lact.MP.27
[405] Die Kaiserkonferenz wird heute auf 308 gesetzt: Chron.Min.I 231. Die Inschrift: Dessau 659.

[406] Oros.VII 28,11; Chron.Min.I 231; Zon.XII 34
[407] Zosimos II 11,1; Lact.MP.32,1; Eutr.X 4

hen. Er war ihm allerdings militärisch nicht gewachsen, denn die beste Heereskraft war bei Rom, und auch *Africa* gehorchte dem Maxentius. Constantin mit dem gallischen Heere hielt sich vorerst zurück und überließ den andern das Ausfechten ihrer Zwistigkeiten. Licinius, der die Aufgabe für unlösbar hielt, war froh, daß Maxentius ihn nicht angriff. Aber beide Caesaren, also auch Constantin, waren doch empfindlich verletzt, und es war ein sozusagen konstitutionelles Unrecht, was ihnen durch den Vorschub des Licinius angetan war.[408] Der Sinn der diocletianischen Ordnung war gewesen, daß die beiden Caesaren bei einer Vakanz in die Augustus-Stellen einrücken sollten. Constantin konnte die sekundäre Rolle nicht akzeptieren und näherte sich vorerst dem Maxentius.

[MH.III 118] Ein von Galerius eingeschlagener Mittelweg, die beiden Caesaren zu *filii Augustorum* zu ernennen[409] und ihnen so wenigstens eine Anwartschaft auf die Augustusstellen zu geben, verfing natürlich nicht. 308 mußte er sie zu *Augusti* machen, es waren also nun vier, dazu kam Maxentius in Italien. Galerius gab sich damit gewissermaßen selbst auf. Maximinus Daia beherrschte den Osten, Licinius Illyricum und Galerius, obgleich er in Bithynien und Thrakien seinen Sitz hatte, eigentlich nichts, da die Truppenmacht sich in den Händen der Kollegen befand; er war sozusagen *imperator in partibus*.[410]

Mit Maxentius war eine Versöhnung nicht möglich. Das Verhalten Constantins ist schwer zu bestimmen, und namentlich dasjenige des alten Maximian ist ganz unklar. Constantin handelte sehr klug, indem er die Dinge gehen ließ, ohne sich durch bestimmte Stellungnahmen zu kompromittieren. Den Augustustitel behauptend, wurde er von beiden Seiten umworben. Maximian ging sogar nach Gallien und bahnte durch eine Familienverbindung eine Versöhnung an. Die Heirat seiner Tochter Fausta, also der Schwester des Maxentius, mit Constantin ist ebenso signifikant wie die spätere des Licinius mit Constantins Schwester Constantia.[411] Sie kann nur bedeuten, daß sich Constantin bis zu einem gewissen Punkt der Partei des Maxentius näherte. Allerdings nur bis zu einem gewissen Punkt, denn anerkennen wollte keiner von beiden den andern. Immerhin war es der Anfang einer Einigung. Dann ging der alte Maximian wieder nach Rom, und nun wird sein Tun immer unbegreiflicher. Es kam zu einem Konflikt zwischen Vater und Sohn, Maximian und Maxentius. Der Alte wollte selbst wieder Imperator werden, die Garde erklärte sich aber entschieden für den Sohn, und der Alte floh zu seinem neuen Schwiegersohn zurück.[412] Was er da wollte, ist wieder unklar. Vielleicht [MH.III 119] war der ganze Zwist zwischen Vater und Sohn nur

---

[408] Licinius wurde Augustus, ohne Caesar gewesen zu sein.

[409] Lact.MP.32,5

[410] Mommsen sagte vermutlich *in partibus infidelium* und spielte damit auf die späteren Titularbischöfe für die dem

Christentum verlorengegangenen und wiederzugewinnenden Ostgebiete an.

[411] Anon.Val.13; Ps.Aur.Vict.Epitome 41,4; Lact.MP.43,2; 45,1

[412] Lact.MP.28,3f.; Eutr.X 3; Oros. VII 28,9.

eine Komödie, und der Alte hatte Pläne, den Constantin zu kompromittieren. Jedenfalls fing er bald Zettelungen gegen diesen an, es kam zum offenen Zerwürfnis, zum Schlagen. Maximian floh nach *Massilia*, wurde hier von Constantin belagert, überwunden und hingerichtet, nachdem er seine Macht und Ehre lange schon verloren und überlebt hatte.[413] Wie sich das Verhältnis zwischen Constantin und Maxentius unmittelbar nach diesen Vorgängen gestaltete, ist dunkel. Sonst nahm der Tod des Galerius die Aufmerksamkeit der Welt in Anspruch. Er starb 311 an einem furchtbaren Krebsleiden, in dem die Christen natürlich den Finger Gottes sahen.[414] Einige Wochen vor seinem Tode, am 30. April 311, erließ er das merkwürdige Toleranzedikt[415], die Rekantation der Christenverfolgung, die acht Jahre gedauert hatte. Galerius sah ein, daß die Verfolgung ein Fehler gewesen, daß das Christentum nicht durch Polizei und Kriminaljustiz niederzuwerfen sei. Die christlichen Schriftsteller haben den direkten Einfluß des Christentums auf diese Entscheidung überschätzt. Die Herrscher waren nicht dafür oder dawider. Allmählich hatte sich die Überzeugung Bahn gebrochen, die Unterdrückung helfe nichts. Galerius sagt ganz diocletianisch: er habe nach alter römischer Sitte die religiösen Verhältnisse ordnen wollen; die Christen an sich habe er nicht verfolgen wollen, aber sie seien unter sich zu sehr gespalten gewesen. Das ist natürlich nicht der Grund der Verfolgung gewesen, aber es ist immerhin ein Fingerzeig, wie hoch der konfessionelle Streit und Hader schon damals ging. Das Edikt wurde also zurückgenommen, den Christen die Rückkehr in ihre *conventicula*[416] erlaubt. Man hat gesagt, Galerius habe angeordnet, die Christen sollten für seine Genesung beten; so steht es nicht da; er sagt, sie sollen Gott anrufen für das Wohl des Kaisers und ihr eigenes, das ist wohl mehr eine allgemeine Formel. Aber an Götteranrufungen hat es Galerius nicht fehlen lassen, neben den Ärzten fragte er immer wieder Wunderdoktoren und Priester, also hat er vielleicht auch eine Fürbitte beim Christengott nicht verschmäht.

[MH.III 120] Das war der letzte Versuch[417], die Christen zu unterdrücken. Sie waren nicht mehr auszurotten, aber daß Galerius dies selbst noch aussprechen mußte, ist doch merkwürdig. Wenige Wochen nachher starb er. Vorläufig wurde es nicht wichtig, daß sein Platz erledigt war, da er eigentlich nichts beherrschte. Licinius und Maximinus Daia teilten sein Reich (s. u.), demnächst Constantin (?); aber die fortlaufende Kontroverse über Rangstreitigkeiten unter ihnen begann sofort.

Maxentius verhielt sich währenddem vollständig passiv, und das war ein großer Fehler. Er war eben eine elende Persönlichkeit; er befragte die Orakel

[413] Lact.MP.30 spricht von Selbstmord; das Jahr 310: Chron.Min.I 231.

[414] Lact.MP.35; Eus.HE.IX 1014f.; Chron.Min.I 148; 231

[415] Den lateinischen Text überliefert unvollständig Lact.MP.34, eine vollstän-

dige griechische Übersetzung bietet Eus. HE.VIII 17.

[416] „Versammlungsstätten"

[417] Ihm folgten die Verbote des Maximinus Daia: Lact.MP.46.

um Rat, was er tun solle, und hat angeblich die Antwort bekommen, er möge den Mauerring Roms nicht überschreiten, sonst würde er zugrunde gehen.[418] Wer sich so bestimmen läßt, der ist bestimmt, zugrunde zu gehen. Der Bruch mit Constantin ging von ihm aus, aber er verhielt sich trotzdem nicht angreifend, sondern wurde angegriffen.[419] Warum er den Krieg erklärt hat, um dann nichts zu tun, ist ein Rätsel. Eine Rolle spielt noch die Ermordung seines Vaters, die er, obgleich er feindlich zu ihm gestanden hatte, Constantin nicht vergab. Das spräche für das oben berührte stille Einverständnis zwischen beiden. Constantin machte ein Ende und ergriff die Offensive.

Zugleich entstand eine Krise im Osten. Maximinus Daia und Licinius gerieten in Konflikt über die Grenze ihrer Reiche.[420] Ehe es aber 311 zum Schlagen kam, einigten sie sich dahin, daß das Meer, also der Hellespont, die Grenze sein solle. Constantin suchte eine Einigung mit den Herrschern des Ostens, die dadurch erschwert war, daß doch eben Licinius zur Beseitigung des Constantin eingeschoben war. Zur Besiegelung der Einigung verlobte sich Licinius mit Constantia (s. o.). Demgegenüber bahnte Maxentius mit Maximinus Daia eine Verständigung an, aus der aber nicht viel wurde.[421] Die Entscheidung kam zu rasch, und die Kombination Constantin *plus* Licinius *contra* Maxentius *plus* Maximinus kam nicht zur Wirkung.

Der Krieg Constantins in Italien ist uns schlecht und widerspruchsvoll überliefert. Einige behaupten, Constantin habe zuerst schwere Niederlagen [MH.III 121] erlitten[422], andere, er habe eine ununterbrochene Kette von Triumphen gefeiert.[423] Ähnlichkeit hat sein Feldzug unverkennbar mit dem Bonapartischen in Oberitalien. Mit schwächerer Macht errang er durch die Gewalt der Offensive und durch die Schlechtigkeit des Gegners ein volles Resultat. Er fand, den Mont Génèvre, die damalige große Alpenstraße, überschreitend, die Pässe unverteidigt, und im Frühling 312 begann der Kampf. Constantin soll 25000, nach andern Angaben 100000 Mann, Maxentius 170000 Mann Fußvolk, 80000 Reiter, also jedenfalls die große Übermacht gehabt haben. Bei Turin fand das erste große Treffen statt, das die Redner mit großem Aufwand von Schlachtenmalerei gefeiert haben, wie die schweren, von Erz starrenden Reiter des Maxentius mit Keulen erschlagen werden mußten, da sie für Schwerter unverwundbar waren. Ob das Treffen große strategische Bedeutung hatte, ist fraglich. Alle großen Städte, wie Brescia (*Brixia*), *Mutina* (Modena) etc., unterwarfen sich; bei Verona fand der größte Kampf statt. Constantin hielt seine ganze Macht zusammen, Maxentius zersplitterte die seine; des Maxentius Führer, Pompeianus, war ein guter Soldat. Der Etschübergang wurde gleichwohl von Constantin erzwungen,

[418] Lact.MP.44,1
[419] Lact.MP.43,4
[420] Sie stritten um das Gebiet des Galerius, das nun herrenlos zwischen ihnen lag: Lact.MP.36,1. S. u. MH.III 124

[421] Lact.MP.43,3 f.
[422] Lact.MP.44,3
[423] Paneg.IV (X) 19 ff.; XII (IX) 5 ff.; Eus.VC.I 26 ff.; An.Val.12; Aurelius Vict.41,20 ff.

Verona eingenommen, damit ganz Oberitalien erobert und ohne Widerstand auf Rom marschiert, wo Maxentius bis dahin untätig zugesehn hatte. Am 28. Oktober 312 wurde die berühmte Schlacht an der Milvischen Brücke (Ponte Molle, dicht vor Rom an der Flaminischen Straße von Rom nach Rimini) geschlagen, die uns Raffael verherrlicht hat.[424] Die Aufstellung des Maxentius auf der etruskischen Seite, den Fluß im Rücken, ist unbegreiflich. Eine Schiffbrücke war nicht da, nur die Milvische zum etwaigen Rückzug. Aber vielleicht dachte Maxentius an diesen nicht: Zwischen Verona und der Milvischen Brücke schweigen die Lobredner (s. o.) von Constantins Taten, Lactantius[425] aber spricht von Niederlagen, die unmöglich in Oberitalien gewesen sein können. In diesem Licht erscheint der Zug auf Rom wie ein Verzweiflungscoup, und dann wäre es einigermaßen begreiflich, wenn man angesichts eines minder [MH.III 122] mächtigen, schwer erschütterten Feindes nicht an Rückzug gedacht hätte. Maxentius jedoch unterlag vollkommen. Die christliche Version ist bekannt; etwas Wahres liegt ihr wohl zugrunde, aber so ist die Sache sicher nicht verlaufen. Ein Abfall christlicher Truppen zu Constantin hat nicht stattgefunden. Aber wohl wissen wir von Konflikten zwischen der römischen Bürgerschaft und den Truppen, von Straßentumulten, in denen 6000 Bürger umkamen.[426] Das kann die Stimmung des Heeres gedrückt haben. Die Prätorianer ließen sich bis auf den letzten Mann niederhauen, die anderen leisteten geringeren Widerstand, und darauf hatten die Konflikte der Prätorianer mit den Bürgern wohl Einfluß. Jedenfalls war es ein Vernichtungskampf. Die Brücke wurde entweder durch eine Umgehung Constantins besetzt oder sie brach. Es scheint eine Holzbrücke gewesen zu sein. Maxentius selbst ertrank.

Die Katastrophe hatte bedeutende politische Konsequenzen. Es ist eine peinliche Empfindung zu sehen, wie kläglich die große Figur Romas ihre Rolle beschließt. Denn diese Erhebung des Maxentius ist das letzte Mal für lange Zeit, daß Rom eingreift in die politischen Geschicke der Welt; und dies war eine Auflehnung gegen die neue Reichsordnung, ihr Träger eine absolut unfähige, feige Kreatur. Man muß sagen, daß Constantin seinen Sieg mit anerkennenswerter Mäßigkeit ausnutzte. Freilich, politisch unschädlich mußte Rom gemacht, der Wiederholung ähnlicher Vorkommnisse mußte vorgebeugt werden. Daher wurde die Garde ganz und definitiv aufgelöst und durch nichts ersetzt.[427] Die *castra* wurden zwar nicht ganz niedergerissen, aber nach der Stadtseite zu geöffnet, noch heute stehen die drei anderen Mauerseiten als Ruinen da. Auch die *vigiles* wurden aufgelöst[428], die *cohortes urbanae* vermindert. Ganz ohne bewaffnete Wächter der Ordnung konnte man die Stadt dem Pöbel gegenüber nicht lassen – aber ihre 3000 Mann

---

[424] Fresko in der Sala di Costantino im Vatikan, 5 mal 11 m, von Raffael (gest. 1520) konzipiert, von seinem Schüler Giulio Romano 1520–1524 ausgeführt.

[425] Lact.MP.44,3

[426] Chron.Min.I 148

[427] s. o. MH.III 35 f.

[428] Irrtum: s. o. zu MH.III 36

wurden auf die lokalen [MH.III 123] Funktionen beschränkt, und diese kleine Schar konnte wohl nicht politisch bedrohlich werden. Die Prätorianer waren das gefährliche Element gewesen. Sind diese auch durchaus nicht als Römer zu denken – sie bestanden ebenso aus Nichtitalikern wie das ganze Heer –, so identifizierten sich die nach Rom verlegten Truppen doch unvermeidlich mit den Interessen der Hauptstadt. Denn Hauptstadt in gewissem Sinn blieb Rom auch noch nach der Katastrophe des Maxentius. Es wurde eine Demilitarisierung, wenn der Ausdruck erlaubt ist, nicht eine Dekapitalisierung Roms vorgenommen. Die Residenz war zwar schon von Diocletian verlegt worden, aber die Gründung Konstantinopels durch Constantin, die dann allerdings den Todesstoß für Rom bedeutet, erfolgte später und steht nicht im Zusammenhang mit der Maxentiuskatastrophe. Der Senat wurde nicht angetastet, freilich nur als ornamentales Emblem betrachtet. Auch wurde nach der Schlacht nicht mehr viel Blut vergossen, der Sieger verfuhr im ganzen milde, wozu beitrug, daß ein großer Teil der Truppen selbst versagt hatte und nur die Prätorianer hartnäckig um ihre Existenz gefochten hatten.

Das Reichsregiment sah nun anders aus, die Situation hatte sich wesentlich geklärt. Constantin, Licinius und Maximinus Daia standen in gegenseitiger Anerkennung an der Spitze. Es ist bezeichnend, daß der Senat Constantin unter den _tres Augusti_ den ersten Platz gab.[429] Die erste Zeit Constantins bis zur Katastrophe des Maxentius erinnert frappant an die Sonderstellung des Postumus in Gallien.[430] Das hört jetzt auf.

Constantins Stellung zu Licinius ist eigentümlich; leider sind die Quellen hier wieder sehr schlecht. Licinius hatte nicht in den Kampf eingegriffen. Er war durch die Verlobung mit Constantia (s. o.) gefesselt und wenigstens zur Passivität veranlaßt, obgleich wir nie aus den Augen lassen dürfen, daß er von Anfang an der Gegenkandidat [MH.III 124] Constantins gewesen war. Infolge dieser Neutralität des Licinius fiel auch die Kriegsbeute – Italien und _Africa_ – an den Sieger. Constantin wurde hier alleiniger Herr.

Noch wichtiger wurde vor der Hand das Verhältnis zwischen Licinius und Maximinus Daia. Sie führten einen Krieg,[431] vielleicht war es die andere Hälfte des Maxentianischen, und daraus ist auch wohl zum Teil die Passivität des Licinius zu erklären. Diese beiden Kriege verliefen nur deshalb nacheinander, weil die Ereignisse im Okzident mit so großer Schnelligkeit zur Entscheidung kamen. Maximinus Daia war der Angreifer. Er ging über den Hellespont, die Entscheidung fiel bei Hadrianopel. Maximinus Daia unterlag und ging zurück über den Hellespont. Er wollte den Kampf fortsetzen, gab Kleinasien preis und wandte sich nach Kappadokien und Syrien. Hier starb er; wir wissen nicht, ob an einer Krankheit oder an Gift.[432] Der Osten unterwarf sich dem Licinius. Hier fiel ihm alles zu wie im Westen dem

---

[429] Lact.MP.44,11
[430] s. o. MH.II 144 ff.

[431] Lact.MP.36,1; s. o. MH.III 120
[432] Lact.MP.46 f.

Constantin. Wir haben 313 die alte Zweiteilung wie früher, auch in denselben Grenzen. Beide Kaiser trafen sich wieder in Mailand, alles wie in den Anfängen Diocletians. Hier wurde die Ehe des Licinius mit Constantia (s. o.) geschlossen und gefeiert, um dem Publikum ein deutliches Zeichen der Vereinigung der Machthaber zu geben.[433] Von dieser Zeit datieren auch wichtige religiöse Verordnungen, so das berühmte Toleranz-Edikt des Licinius vom 13. Juni 313 aus Nikomedien.[434] Das des Licinius kennen wir, Constantin wird im wesentlichen ein gleiches erlassen haben, wenn auch die Verhältnisse im Westen etwas anders, weniger zugespitzt lagen. Nach diesem Edikt berechnen die Christen das Ende einer zehnjährigen Verfolgung. Eigentlich war es nur eine achtjährige, aber die Christen wollten begreiflicherweise nicht ihrem bittersten Todfeind, dem Galerius, das Verdienst an der Beendigung der Verfolgung gönnen.

[MH.III 125] Auch der Krieg des Licinius mit Maximinus Daia spielte wohl mit unter den Anlässen des Toleranzedikts. Licinius war zwar durchaus kein christlicher Kaiser und Maximinus Daia kein Christenverfolger, aber letzterer hatte doch entschieden heidnische Sympathien.[435] Das Edikt gibt den Christen die *libera potestas*, ihre Religion auszuüben. Es stellt sich nicht auf den Boden der christlichen Religion, sondern hoch darüber, auf den der allwaltenden, einigenden Gottheit, die Christen und Heiden umfaßt. Licinius ging beträchtlich weiter als Galerius. Die konfiszierten Güter und die eingezogenen Grabstätten gab er den Christen zurück und bestimmte, daß, wo die Güter in die Hände von Privatbesitzern gekommen waren, der Staat die Entschädigung übernehmen solle. Überhaupt spielt die Frage des Grundbesitzes in diesen religiösen Auseinandersetzungen eine sehr große Rolle. Die mürrische Stimmung des Galerischen Edikts ist entschwunden, und insofern kann man Licinius den Vertreter der christlichen Partei nennen.

Die eben hergestellte Eintracht dauerte gerade ein Jahr und endete in einem wunderbaren Krieg ohne eigentliche politische Erklärung. Zugrunde liegt diesen constantinisch-licinianischen Zwistigkeiten wohl immer das zwischen ihnen bestehende Verhältnis der notgedrungenen Einigung ohne Weihe der Freundschaft und Treue. Die alten Gegner waren durch Zufall geeinigt gewesen gegen den gemeinschaftlichen Feind, aber wir haben gesehen, wie doch jeder allein handelte. Der Boden war hohl, auf dem die Freundschaft stand, und nachdem die beiderseitigen Feinde zu Boden geschlagen worden waren, mußten sie sich gegeneinander wenden. Der Anlaß war die Regulierung der Nachfolge. Constantins Vorschlag wurde von Licinius nicht akzeptiert, und es kam zum Krieg, der kurz, aber blutig war. Am 8. Oktober 314 an der mittleren Donau bei *Cibalae*[436] erfolgte der Zusam-

[433] Lact.MP.45,1; Eus.VC.I 50
[434] Lact.MP.48
[435] Euseb.HE.IX. H. Castritius, Studien zu Maximinus Daia, 1969
[436] Euseb.HE.X 8; Eutr.X 5; Zos.II

18. Die Schlacht ist wahrscheinlich auf 316 zu datieren: T. D. Barnes, Lactantius and Constantine, JRS. 63, 1973, S. 29ff., 36. Vgl. Aur.Vict.41,2.

menstoß, in dem Licinius unterlag [MH.III 126]. Er ging zurück. Constantin hatte sein Standquartier bei *Philippi*, Licinius bei Hadrianopel. Auf thrakischem Boden zwischen beiden Orten kam es abermals zum Schlagen, und wieder unterlag Licinius. Hierauf erfolgte eine eigentümliche taktische Verschiebung der Armeen. Constantin richtete seinen Marsch auf Konstantinopel (oder vielmehr damals Byzanz), Licinius aber wollte sich nicht nach dem Orient drängen lassen, wohl wissend, daß damit seine definitive Niederlage besiegelt sein würde. Er wich mit großer, für seine Feldherrngabe sprechender Geschicklichkeit seitwärts aus und nahm in Constantins Rücken in *Illyricum* eine imposante Stellung ein. Es wurde ein Abkommen geschlossen, in dem Licinius einen Teil seines Gebiets einbüßte und ganz auf den Orient beschränkt blieb, im Westen nur die thrakische Diöcese behaltend. *Illyricum* fiel an Constantin.[437]

Etwas später wurde dann die Nachfolge geregelt, aber auch hier zeigte sich die Überlegenheit Constantins. Für die Sukzession des Licinius wurde ein Sohn designiert, den ihm 315 Constantia [s. o.] geboren hatte. Constantin hatte zwei Söhne, und beide wurden zu Caesaren bestimmt.[438] Das war allerdings ganz etwas anderes als die diocletianischen Caesaren. Damals waren die Caesaren reife Männer mit Teilnahme an Regierung, jetzt sind es Kinder im zarten Alter. So war es lediglich eine Regelung der Sukzessionsfrage. Indes lag auch darin eine Überlegenheit der Stellung Constantins, daß er wenigstens einen regierungsfähigen Sohn als Caesar hatte, den Crispus, der schon heranwachsend war. Der andere, der nachherige Constantin II, war ein Kind.

Auch dies erneuerte Verhältnis war nicht dauerhaft. Die Gründe des damaligen Bruchs waren die alten, und sie waren nicht wegzuräumen: Die Harmonie der diocletianischen Monarchie fehlte. Der Anlaß war geringfügig. Am unteren Donaulauf, wo die Grenze wohl eine ungenaue sein mochte, hatte Constantin das licinische Gebiet verletzt, um die Goten hinauszuschlagen.[439] Ob er den Licinius reizen wollte, ist ungewiß; immerhin wäre [MH.III 127] das unter harmonischen Kollegen kein Grund zum Bruch gewesen. Auch scheint es, daß Christenhände mit hineinspielten, obgleich dabei viel Wichtigmacherei zu sein scheint, denn Licinius hat das Toleranzedikt immer geachtet.

Für den Krieg war Licinius zur See, Constantin zu Lande stärker. Constantin griff an, schlug Licinius bei Hadrianopel, und dieser ging nach Byzanz zurück, wo er, da ihm das Meer gehörte, eine günstige Position hatte. Die Meerengen waren ein Ausfalltor, aus dem er als tüchtiger General trotz schwächerer Kräfte großen Vorteil zog. Da erfocht Constantin durch seinen 23 oder 24 Jahre alten Sohn Crispus mit einer schnell geschaffenen Flotte einen Seesieg. Licinius ging nach Kleinasien, und damit war der Krieg im wesentlichen entschieden. Am 18. September 324 erfolgte die Entscheidungsschlacht bei *Chalcedon*, und Licinius ergab sich der Gnade seines Schwagers, der ihn wenige Monate später hinrichten ließ. Daß die Soldaten ihn dazu gezwungen hätten, ist offenbar unwahr und erfunden, um den Treuebruch, der einen schweren Schatten auf Constantins Charakter wirft, zu beschönigen.[440] So gab es wieder eine einzige Monarchie und einen einzigen Monarchen.

Julian sagt, wenn unter den Bewerbern um den Namen des Großen im Olymp neben Caesar, Augustus und Trajan auch Constantin erscheine und den Namen *maximus* führe, während er Diocletian versagt bleibe, so sei das unbegreiflich und ein Spiel des Zufalls.[441] Große, auf die Nachwelt wirkende Taten Constantins waren die Erbauung Konstantinopels[442] und die Schaffung einer Staatsreligion.[443] Aber die Konsequenzen beider Taten lagen nicht in seiner Berechnung, lagen außer aller Berechnung. Und Kaiser Julian, allerdings kein sehr guter Beurteiler, hat mehr recht als die lobenden Panegyriker, wenn er sagt, die Siege Constantins gegen die Barbaren seien gering und lächerlich. Auf alle Fälle ist diese Epoche, abgesehen von den Bürgerkriegen, eine überwiegend friedliche, unterbrochen nur durch verhältnismäßig unbedeutende Grenzkriege. Constantin hatte schon zur Zeit seiner abgesonderten gallischen Herrschaft die Grenzverteidigung [MH.III 128] energisch gehandhabt, wenigstens nach Aussage der Panegyriker, die von mehreren Alamannensiegen sprechen, und hatte in diesen Kämpfen das Heer geschult.[444] Spätere Angriffe der Franken wies Crispus ab[445], die Stromgrenze wurde unverrückt festgehalten.

An der Donau geschah etwas mehr. Die Sarmaten an der mittleren Donau wurden abgeschlagen. Zwei Vorgänge sind namentlich erwähnenswert. Es wurde schon darauf hingewiesen, daß die Sarmaten in ein Herren- und ein niederes Volk gespalten waren, erstere wahrscheinlich Eroberer, letztere geknechtete frühere Einwohner. Die sarmatischen Herren wurden vertrieben und fanden – angeblich 300000 – Aufnahme im Reich. Sie wurden in Thrakien, Makedonien, Illyricum, selbst in Italien angesiedelt.[446] Es war das lediglich eine Fortsetzung des diocletianischen Systems. Auch von einem Gotenkrieg hören wir seit langer Zeit zum ersten Mal wieder.[447] Seit den schlimmen Zeiten des Gallienus und Aurelian hatten sich diese still verhalten. Es muß am linken Donauufer sehr unruhig zugegangen sein. Die Goten wurden offenbar durch Hintervölker gedrängt. Etwa um 330 wies Constantins

[440] Anon.Val.20ff.; Jordanes Get.111; Chron.Min.232; Eutr.X 6: *(Licinius) contra religionem sacramenti Thessalonicae privatus occisus est.*
[441] Julian, Caesares 315 ff.
[442] s.u.MH.III 133
[443] s.u.MH.III 135

[444] Zu den Germanenkriegen: L. Schmidt 1940, 28 f.
[445] Optat.Porf.V 30; X 24; XVIII 8
[446] Eus.VC.IV 5 f.; Anon.Valesianus 31; Chron.Min.I 234
[447] Anon.Val.31; Chron.Min.I 234; Wolfram 1980, 64 f.

Sohn Constantin (später II) die Goten zurück. Constantin I hat nach den Bürgerkriegen nicht mehr das Kommando im Felde geführt. Das wäre ja kein Vorwurf, im Gegenteil höchstes und lobenswertestes Verdienst, wenn bald nach den Wirren, die sich an den Rücktritt Diocletians knüpften, Ruhe eingetreten und trotz der Schwächung des Reichs durch die Bürgerkriege den äußeren Feinden keine Chance zur Durchbrechung der Grenzen gewährt worden wäre. Aber es scheint, als ob Julian[448] recht hätte: Der Friede wurde erkauft, und das ist die schlimmste und auf die Dauer verderblichste Art des Friedens.

Absolute Ruhe herrschte am Euphrat, vermutlich weil der Perserkönig Sapor, als nachgeborener Sohn seines Vaters schon im Mutterleibe König[449], das regierungsfähige Alter noch nicht erreicht hatte [MH.III 129] und in seiner Kindheit eine vicarische Regierung am Ruder war, die sich auf auswärtige Unternehmungen nicht einlassen wollte oder konnte. Herangewachsen hat Sapor den Römern genug zu schaffen gemacht. Constantin I starb, als eben die Kriegserklärung der Perser gekommen war und er noch einmal selbst ins Feld gehen wollte, bei Chalkedon auf dem Marsch.[450]

Constantins Charakter zu schildern, ist eine schwere und unerfreuliche Aufgabe. Diocletian bleibt, wenn man ihn noch so genau, noch so kritisch betrachtet, eine großartige, sympathische Person, die Ungeheures geschaffen hat, durch bewußte Geistestat, nicht durch Zufall. Constantin verhält sich zu ihm höchstens wie Augustus zu Caesar; alle genetischen Gedanken sind Diocletians, und das diocletianische, nicht das constantinische müßte das Zeitalter heißen. Aber die Geschichte ist ungerecht, und erst wenn die Erfolge handgreiflich vor aller Augen liegen, dann merken es die Leute und jubeln dem zu, den sie dann gerade am Ruder sehen. Constantin hatte dagegen auch das Unglück, einesteils mit der unerträglichen christlichen Lobrednerschmeichelei, die von Heuchelei und Falschheit trieft[451], und gerade das, was in seiner Stellung groß war, nicht erscheinen läßt, und anderenteils mit der haßerfüllten julianischen, in das entgegengesetzte Extrem fallenden Übermalung, die seine Züge unkenntlich macht. Aber was man erkennt, ist unerfreulich.

Er soll eine schöne Gestalt gehabt haben, was auch die schlechten Zeitbilder bestätigen: physisch kräftig, ein guter Offizier; seine Kriegsführung gegen die Mitherrscher ist eine Leistung [MH.III 130] ersten Ranges. Aber es geht eine merkwürdige Ungleichheit durch seine Taten oder vielmehr eine allmähliche Verschlechterung. Vortrefflich, mittelmäßig, schlecht, so würde man drei aufeinanderfolgende Perioden seiner 30jährigen Regierung benennen können[452], und sie fallen oder hängen zusammen mit der gallischen Zeit

---

[448] Jul.329 A
[449] Agathias IV 25,4
[450] Eus.VC.IV 56ff.; Anon.Val.35
[451] Mommsen denkt vorab an Eusebios von Caesarea.

[452] Eutrop X 7 zu Constantin: *Vir primo imperii tempore optimis principibus, ultimo mediis comparandus.*

und dem Kaisertum oder eigentlicher mit dem Übergang vom Okzident zum Orient und zur Residenz in Byzanz.

275 wurde er geboren[453], und er ist der erste für den Thron geborene und erzogene Regent. Als purpurgeborener Kronprinz ist er aufgewachsen, und damit hat man bei seiner Beurteilung anderen Charakteren der Zeit gegenüber zu rechnen. Sein Privatleben war nach den Zeitbegriffen tadellos, denn wenn auch alle seine Kinder Konkubinenkinder waren – von seiner Frau hatte er keine[454] –, so ist doch das nichts Illegitimes nach römischer Auffassung. Das Konkubinat war nicht verboten.[455] Gemeiner Ausschweifungen hat ihn nie jemand bezichtigt. Aber er ging unter im Luxus der Tafel und der Haarkräuselei, Julian[456] nennt ihn den kaiserlichen Oberfriseur und Obertafeldecker. Pedantische Ordnung, genaue Regelung der Dinge, Hofetikette und Rangwesen, alles das, was man Byzantinismus nennt, war sein Lebenselement. Das Patriziat, dieser Rang ohne innere Bedeutung[457], war so recht eigentlich seine Schöpfung.

Constantin war treulos und unzuverlässig. Diocletians ehrlicher Natur hätte ein Verfahren wie das gegen Licinius widerstrebt. Aber dies hatte doch wenigstens einen politischen Hintergrund und politische Motive, was bei der später zu erwähnenden scheußlichen Haustragödie ganz fehlte. Das war seine Sultanslaune; und dabei florierte eine maßlose Günstlingswirtschaft. Die Hofleute wurden [MH.III 131] vorgezogen und zurückgesetzt, wie es den tückischen und unberechenbaren Launen des Gebieters paßte, und es endete in schweren Gewaltmaßregeln völliger Tyrannei. Im großen und ganzen war Constantin geizig, er erpreßte ungeheure Summen, z. B. zu seiner Konstantinopelgründung, dagegen verschwendeten die Günstlinge. Aber alles das bezieht sich nur auf seine letzten Jahre. Sein Verhältnis zum Christentum werden wir nachher im Zusammenhang zu behandeln haben.

Von politischen Schöpfungen Constantins ist wenig zu berichten. Wie seine Münzreform eigentlich eine Verschlechterung war, ist schon gesagt worden. Eine Ausnahme macht die Kreierung der *magistri militum*, und doch ist das auch mehr ein neuer Name als eine neue Sache.[458] Das diocletianische System beruhte auf der Schöpfung von zwei, responsive vier großen Bezirken, in die das von einem nicht übersehbare Reich geteilt wurde. Constantin ging wieder zur Einheitsmonarchie zurück, und da mußte die Stellung der Caesaren durch höchste Beamte ersetzt werden. Früher gab es einen

---

[453] Constantins Geburtsjahr ist höchst ungewiß, die PLRE.I 223 vermutet 272. Nach dem «Anonymus Valesianus» (3) war er 306 *iuvenis*.

[454] Nur Crispus stammt von einer Konkubine, von Minervina. Alle anderen Kinder waren ehelich, auch Constantin II; Demandt 1989, S. 70.

[455] Statthaft war das Konkubinat statt einer Ehe, nicht aber neben dieser: P. M. Meyer, Der römische Konkubinat, 1895.

[456] Julian 335 B

[457] W. Heil, Der konstantinische Patriziat, 1966

[458] Zosimos II 33,3; Mommsen, Ges. Schr.IV S. 545 ff.; VI S. 266 ff.; Demandt, RE.Suppl.XII 1970, S. 556 ff.

Reichsteil des Maximianus, jetzt gibt es einen Bezirk des *magister militum* für das Militär, des *praefectus praetorio* für das Zivil; es ist das System der Reichsteilung, auf die Einheitsmonarchie angewendet. Constantin wird vorgeworfen, er habe an Barbaren die höchsten Offiziersstellen vergeben.[459] Das kam unter Diocletian nicht vor, erst von Constantin ab finden wir es.[460] Seine Politik ist begreiflich, wenn man sich erinnert, daß er früher Herrscher Galliens gewesen war, wo der germanische Soldat die Hauptrolle spielte. Und nicht bloß auf römischem Boden Angesiedelte ließ er in die höchsten politischen Stellen kommen, sondern ebenso Dienstleute. [MH.III 132] Das ist die andere Seite des Systems, die Einfälle der Barbaren durch Tribut abzukaufen.

Betrachten wir die Gründung Konstantinopels! Neu ist der Gedanke nicht; auch Diocletian lebte nicht ohne Residenz, und es ist nicht denkbar, daß ein Kaiser wie ein Feldherr mit seinen Armeen umherschweifend im Feldlager leben soll. Er ist eben nicht bloß ein Feldherr, er ist ein Gott auf Erden über ein ganzes Reich. Diocletian hatte *Nicomedia* zur Residenz ausersehen; Constantin gründete 326 Konstantinopel und vollendete es 330 auf der Stelle der alten, mäßigen Handelsstadt Byzanz.[461] „Konstantinopolis" mit der gräzisierenden Endung wäre die Stadt unter Diocletian auch nicht genannt worden, das war ganz constantinisch. Aber die Wahl des Orts war doch ein großer staatsmännischer Griff: man hatte an viele Orte gedacht, an Saloniki, *Chalcedon*, *Serdica*, Troja.[462] Die Herstellung von Ilion wäre für die ahnungsreiche, schicksalstraumschwangere Zeit ganz charakteristisch gewesen. Heute wie vor 1500 Jahren aber ist das endlich gewählte Konstantinopel ein einziger Weltpunkt, das lehrt schon der flüchtige Blick auf die Karte. Der Orient konnte den Okzident nicht regieren, das militärische Übergewicht des Westens über den geistiger veranlagten Osten war zu groß; das wäre der Fehler aller auf die asiatische Seite verlegten Residenzen gewesen. Byzanz aber lag auf der europäischen Seite, nahe dem Kernland *Illyricum*. Kein Punkt in der Welt existiert, der so orientalisch und zugleich so okzidentalisch wäre wie dieser, und das war für das zweiteilige Reich noch entscheidender als es heute ist. Dazu kommt, [MH.III 133] daß Constantin offenbar nicht so gebaut hat wie Diocletian, der sich damit begnügte, in *Nicomedia* die unumgänglich notwendigen Paläste und Regierungsgebäude zu errichten. Constantin wollte eine volkreiche Kapitale schaffen, allerdings mit orientalischen Mitteln, sie aus dem Nichts hervorzaubernd, andere Städte zu diesem Zweck entvölkernd und ihre Einwohner dahin schleppend. Zeitgenossen[463] klagen, er habe das Reich ruiniert durch die Entvölkerung

[459] Julian bei Ammian XXI 10,8; Aurel.Vict. 41,20f.

[460] Der erste germanische General (*dux*) ist unter Diocletian bezeugt: CIL. III 10981.

[461] Anon.Val.30; Julian 6 B; Chron. Min.I 233; Zos.II 30ff.; Eutr.X 8

[462] Zos.II 30; Sozom.II 3

[463] Hieron.chron. zu 330: *dedicatur Constantinopolis omnium paene urbium nuditate.*

zugunsten der einen Stadt. Aber der Erfolg für diese Stadt war glänzend. Konstantinopel wurde schnell auch das Handelszentrum des Reichs. Neuer Wein geht nicht in alte Schläuche zu füllen. Sollte nun einmal ein christlich-griechischer an Stelle des heidnisch-römischen Staats entstehen, so war etwas wie die Gründung Konstantinopels notwendig. Aber es ist keine schöne Erscheinung, die wir seitdem Byzantinismus nennen. Er entstand mit der neuen Religion und neuen Gelehrsamkeit zusammen. Vielleicht hat Constantin nicht alle die Folgen vorausgesehen, die sich an seine Städtegründung knüpfen mußten. Nicht jeder, der eine weltgeschichtliche Tat vollbringt, weiß es; aber das ist nur eine Kritik des Menschen, nicht der Tat.

Constantins Hauspolitik gewährt ein trübstes Bild; sie bildet ein schwarzes Blatt in seiner Geschichte. Daß das Verfahren gegen Licinius zur großen, nicht zur Hauspolitik gehörte, ist schon gesagt. Aber die Hinrichtung seines Sohnes Crispus und seiner Gemahlin Fausta[464], solche fürchterlichen Akte wie die Einkerkerung des ersten in *Pola* sind nie geklärt worden. Fausta war Maximians Tochter, hatte in zwanzigjähriger [MH.III 134] Ehe treu zu Constantin gehalten, ihn selbst über die Ränke seines Schwiegervaters aufgeklärt. Nun mußte sie sterben. Und warum? Wir wissen nichts, nur das Negative: Politische Ursachen hatten beide Hinrichtungen nicht. Crispus hat dem Vater nie nach Leben und Thron getrachtet, hat alle Kriege treu und erfolgreich für ihn geführt. Er hätte sonst Anhänger und Mitschuldige haben müssen, aber man hat nie von solchen etwas erfahren, und keiner hat mit ihm gelitten[465] – als Fausta. Es war ein ganz persönlicher Akt, man möchte beinahe an ein Verhältnis der beiden glauben. Später soll der Kaiser über die Sultanslaune Reue empfunden haben.[466]

In Abweichung von Diocletians System regierte Constantin ganz allein. Nach Beseitigung des Licinius dachte er nicht an eine Beteiligung seiner Söhne, das war seiner Sultansnatur zuwider. Was er dann in seinem Testament über die Erbfolge verfügte, ist seltsamster Art.

Kommen wir noch einmal auf die Stellung Constantins zu Diocletian zurück, so hat der Takt der historischen Empfindung doch nicht ganz geirrt, wenn er die neuen Gestaltungen an den Namen Constantins knüpft. Das Publikum richtet sich und fragt nach der Ernte, nicht nach der Saat. Aus der Gründung Konstantinopels ist die Denationalisierung des Reiches hervorgegangen, das von Augustus als ein römisch-griechisches mit dem Akzent auf „römisch" geschaffen worden war und jetzt mit der *Nova Roma* als ein griechisch-orientalisches erstand. Die alte Kapitale lebte im Witwenstand, schmollend, grollend, kritisierend [MH.III 135]. Das zeigt sich recht auffallend auf literarischem Gebiet. In den ersten drei Jahrhunderten ist die grie-

[464] Epit.41,11; Aur.Vict.41,11; Zos.II 29; Amm.XIV 11,20
[465] Daß nach Crispus auch zahlreiche von dessen Freunden getötet wurden, berichtet Eutrop X 6,3. Möglicherweise erwartete Crispus von seinem Vater, er würde nach seinen Vicennalien zurücktreten, so wie Diocletian das getan hatte.
[466] Zos.II 29

chische Geisteskultur notorisch überwiegend und hat beigetragen, die nationale Individualität zu schaffen. Die Kunst ist griechisch von Homer bis Diocletian. Jetzt wirken die politischen Ereignisse auch auf diesen Gebieten mit, und die Literatur wird mit dem Hof verbunden. Mailand und Ravenna konnten, selbst als sie Sitz des Hofes waren, nicht mit Rom wetteifern, aber die *Nova Roma* kann es. Dagegen frondierten die römisch-aristokratischen Kreise, und sie schufen von jetzt an dem Vergil die wunderbar magische Stellung, die er dann das ganze Mittelalter hindurch innegehabt hat.[467]

Die Barbarei reißt ein: wir sehen es hauptsächlich an den legislatorischen Arbeiten, die ja immer Trümmerbauten sind, da wird alles vom Orient beeinflußt. Die juristischen Quellen sind weniger unvollkommen als die historischen, auf diesen Gebieten finden wir ein Wiederaufblühen im Osten. Freilich ist es eine Herbstblüte, aber auch die Remontanten sind Rosen. Das alles knüpft an Constantin an. Und doch hat er, abgerechnet die Zeit des Baues, nur sieben Jahre in Konstantinopel residiert.[468] Sie genügten, der Stadt und ihrer Zukunft seinen Stempel aufzudrücken.

Gehen wir zur Religion[469] über, so ist das Werk, das er da geschaffen, allerdings ein bedeutendes. Eine große staatsmännische Tat war es nicht und er kein Genie, zu dem ihn Burckhardt stempeln möchte. Ob Constantin selbst Christ geworden[470] oder nicht, ist ganz gleichgültig; seine privaten Überzeugungen bilden nur ein geringes Moment. Constantin begann damit, [MH.III 136] womit Diocletian aufhörte, mit der Toleranz, und reichlich zwei Drittel seiner Regierungszeit stand er auf diesem Boden. Seine Münzen[471] zeigen es evident, leider sind sie ohne Datum, aber wir haben Münzen der Caesaren, die diesem Mangel abhelfen. Crispus wurde 317 Caesar, 326 hingerichtet, Constantin II wurde 323 Caesar. Die Aufschriften der Crispus-Münzen zeigen das Heidentum an der Stirne, *Soli invicto* (natürlich Mithras) und Juppiterwidmung tragen sie als Inschriften. Auf den Münzen Constantins II fehlen diese heidnischen Inschriften, also fand der Umschwung um 322 statt.

Dann haben wir im Justinianischen Codex eine merkwürdige Verordnung über die Heiligung des Sonntags.[472] Schon Augustus kannte die siebentägige Woche[473] nach den Planeten und ihren verschiedenen Einfluß auf die Menschengeschicke.[474] Dem Sol war der Tag der Gnade von jeher, schon zu

---

[467] Mommsen denkt an die zu Beginn des 5. Jhs. in römischen Senatorenkreisen entstandenen «Saturnalia» des Macrobius.

[468] 330 bis 337 n. Chr.

[469] Lactanz, inst.I 1,13 ff.; Euseb.VC. pass.; ders.HE.X; Anon.Val.33; Zos.II 29,3 f. H. Kraft (ed.), Konstantin der Große, 1974

[470] Dies hatte Burckhardt 1853/80 bestritten.

[471] P. M. Bruun, RIC.VII 1966, 61: *The coins give no positive evidence of any conversion, but only of a gradually changing attitude towards the old gods.*

[472] CJ.III 12,2. Die ältere Fassung überliefert CTh. II 8,1 vom 3. Juli 321.

[473] Dio XXXVII 18 f.; Jos.c.Ap.II 39

[474] Suet.Aug.94,12

republikanischer Zeit heilig. Der Mars war ungünstig. Wir besitzen eine Inschrift eines Soldaten, dem alles am Montag eingetroffen ist.[475] Dieser Planetenkult war immer eine private Sache. Am 3. März 321 wird nun verordnet, am *venerabilis dies Solis* sollten alle Amtsgeschäfte ruhen, alle Handwerker feiern, aber dem Landbau stehe das Arbeiten frei, da sich das Wetter an derartige Satzungen nicht kehrt, *tout comme chez nous*. Das hat also mit dem Christentum gar nichts zu tun, knüpft im Gegenteil direkt an Sol, den Mithras an. Die Christen nahmen das nur, wie soviel anderes im Volk Eingewurzeltes, sehr geschickt auf.

Aus demselben Jahr stammt eine Verordnung[476], wenn der Blitz einschlage, so solle eine religiöse [MH.III 137] Sühnung durch den Besitzer des Bodens erfolgen; das schärft Constantin noch 321 ein! Ist der Grund und Boden, wo der Blitzschlag stattgefunden hat, aber öffentlich, so soll die Sühne durch den Kaiser erfolgen. Der *haruspex* ist auch von Privaten zuzuziehen; *sacrificia domestica* aber sollen unterbleiben. Wahrscheinlich daher sagt Constantius II, der ein eifriger Christ war, sein Vater habe die *sacrificia* verboten.[477] Das ist aber nicht der Fall, *sacrificia publica* sind noch erlaubt und sind auch notwendig, wenn Mithras und Juppiter noch anerkannt sind.

Auch noch später hat Constantin nicht alle heidnischen Konnexionen aufgegeben. Wir haben dafür ein inschriftliches Zeugnis: Ein Athener, ein sehr hoher Priester, hat eine Reise nach Ägypten gemacht und dankt den Göttern, daß er schauen darf, was Plato gesehen hat, und schließt „Plato soll mir selig sein". Das ist ganz christlich gedacht, nur der Name ist eben anders. Es war ein gelehrter heidnischer Theologe, der im Auftrag Constantins reiste, also war dieser einerseits Christ, andererseits Platoverehrer.[478]

So stand also der Kaiser über diesen beiden Religionen. Aber er stand auch zwischen beiden, bezeichnend ist der Bericht über Constantins Übertritt. Er soll schwere Reue über die Tötung seiner Gemahlin empfunden und sich bemüht haben, Sühne zu erlangen. Dergleichen Lustrationen waren ganz gewöhnlich. Von Heiden soll er abgewiesen worden sein, die sein Verbrechen für unsühnbar erklärten – was ganz gewiß nicht wahr ist –, dagegen hätten ihm die Christen [MH.III 138] mitgeteilt, Christus sei mächtig genug, jedes Verbrechen zu sühnen. Diese Geschichte ist sicherlich vom christlichen Standpunkt zurechtgemacht, aber sie ist charakteristisch.[479]

Bei der Gründung von Konstantinopel wurde auch in bezug auf die Tempel paritätisch verfahren. Es wurde ein Castor-Pollux-Tempel und ein Tem-

---

[475] Wahrscheinlich meint Mommsen die Inschrift des Vitalinus Felix aus Lyon (CIL.XIII 1906), dem alles am Dienstag (!) eingetroffen ist: Geburt, Musterung, Entlassung und Tod.
[476] CTh. XVI 10,1
[477] CTh. XVI 10,2 von 341
[478] Es handelt sich um den eleusini-

schen „Fackelträger" Nikagoras, Sohn des Minucianus (PLRE.I s.v.), dessen Inschrift im Tal der Könige gefunden wurde: OGIS. 720f.
[479] Überliefert bei dem Heiden Zosimos (II 29), der sie vermutlich von dem Heiden Eunapios übernommen hat.

pel der Tyche gebaut[480], daneben aber zwei christliche Kirchen.[481] Waren nun diese Tempel auch vielleicht älteren Ursprungs, so wurden sie doch jedenfalls geduldet. Eine christliche Weihe der neuen Stadt fand nicht statt, wohl aber wurden Orakel eingeholt.

Als die Kornflotte von Ägypten zur Verproviantierung Konstantinopels ausblieb, wurde Sopater, ein bei Constantin beliebter Neuplatoniker, beschuldigt, sie bezaubert zu haben, und wurde hingerichtet.[482] Alle diese Geschichten, deren Ursprung zweifelhaft, deren Glaubwürdigkeit sehr fraglich ist, haben doch Wert in bezug auf die Beurteilung der Stimmungen.

Daß Constantin in den letzten Jahren sich mehr und mehr dem Christentum zuwandte, ist unzweifelhaft. Wir haben zwei Münzen von ihm, auf denen das berühmte Christogramm auf dem Labarum responsive dem Helm des Kaisers versteckt angebracht, aber doch bei genauer Aufmerksamkeit deutlich zu sehen ist.[483] Es ist also eine Art Kryptochristianismus, auf allgemeiner Toleranz beruhend. Daß schließlich der Privatglaube des Kaisers christlich war, ist sicher. Er soll auf dem Sterbebett durch Eusebius getauft worden sein, [MH.III 139] zum großen Kummer der Orthodoxen, denn Eusebius war ein schlimmer arianischer Ketzer. Da er aber einer der verlogensten Skribenten war, so sind wohl Zweifel erlaubt, ob die Taufe wirklich erfolgt sei.[484] Unwahrscheinlich ist es nicht, aber es wäre ganz erklärlich, wenn außerdem noch die Heidengötter angerufen worden wären.

Neben dieser persönlichen Stellung läuft noch ein Versuch, außer der Toleranz einen vereinigenden Kult aller Religionen, einen neutralen Boden für Heidentum und Christentum, der doch zugleich eine positive Religion sein sollte, zu schaffen. Man sieht, das ist eine *contradictio in adiecto* und mußte scheitern. Von der Regierung war früher ein konfessionsloser Staat angestrebt worden, denn eine Religion, die es allen recht macht, gibt es nicht. Jene Stellung nahm das licinische Toleranzedikt ein, das sagt, eine solche Duldung würde der *summa sublimitas* recht sein, also ein Standpunkt über der Religion, eine gewissermaßen katholische Kirche, der Heiden und Christen gleich lieb sind. So bewahrt uns Eusebius[485] ein Soldatengebet auf, in dem Gott angerufen wird, den alle anerkennen, ohne bestimmte Hindeutung auf die besondere Qualität der Religion. Die Sonntagsheiligung verträgt sich damit, daß die Gestirne die Geschicke der Menschen beeinflussen. Und wie finden sich die Theologen damit ab, daß die Kaiser zu *divi* ernannt

---

[480] *Scriptores originum Constantinopolitanarum*, ed. Th.Preger, 1901/07, S. 6f.; Zos.II 31,1. Daß diese Heiligtümer erst von Constantin errichtet worden seien, wird nicht gesagt.

[481] Irenenkirche und Apostelkirche

[482] Eun.VS. 462f.

[483] K. Kraft, Das Silbermedaillon Constantins des Großen mit dem Chri-

stogramm auf dem Helm. Jahrbuch für Numismatik 5/6, 1954/55 S. 151ff.

[484] Getauft wurde Constantin von dem Arianer Eusebios von Nicomedia (Hieron.chron. zu 337), der „verlogene Skribent" ist der Kirchenhistoriker Eusebios von Caesarea, der die Taufe gleichfalls erwähnt (VC. IV 62).

[485] Eus.VC.IV 20

wurden? Wie mit dem Pontifikat der Kaiser? Der Kaiser ist noch immer *Pontifex maximus*, Eusebius nennt ihn *episkopos ton panton* [486], Oberbischof, d. h. Aufseher über das ganze Reich, es ist *Pontifex maximus* ins Griechische übersetzt. Auch haben wir einen sehr merkwürdigen Festkalender für [MH.III 140] Campanien[487] aus dem Jahr 387 (also noch 50 Jahre nach Constantin): am 13. Mai und 15. Oktober werden die Feste der Rosen und der Weinlese, also Jahreszeitenkulte, gefeiert, am 1. Mai und 25. Juli Reinigungsfeste, am 11. Februar das Fest des *Genius populi Romani*, am 3. Januar *vota* für den Kaiser gelobt. Das sind alles Feste, die sowohl der Heide als der Christ feiern können. Rosen, Wein und der Genius des römischen Volkes sind allen gemeinsam, aber der Ursprung dieser Feste ist doch heidnisch.

Constantin hat sich um die christliche Kirche viel gekümmert, er war sozusagen sein eigener Hofprediger und hat vor den Palastbeamten lange Reden gehalten. Diese Reden (eine ist uns erhalten[488]) waren, literarisch betrachtet, eine widerwärtige Leistung. Auch hier bricht sein Hang zu allgemeinen Moralpredigten, sein pedantisches Wesen, sein Reglementieren durch.

Diese bevorrechtete Stellung, welche das Christentum unter ihm einnimmt, bleibt höchst merkwürdig. Sie zeigt sich schon in der Erziehung seiner Söhne, die er eifrigen Christen anvertraute und damit die Perspektive der Zukunft des Reiches unter christlichen Regenten eröffnete. Auch die Personen der Erzieher sind beachtenswert, der des Crispus war Lactantius[489]; und ebenso ist frappant, daß dies zu einer Zeit geschah, wo Constantin sich noch nicht öffentlich vom Heidentum abgewandt hatte, wo er noch Münzen schlagen ließ mit der Inschrift *Iovi optimo maximo*. Lactantius war, wie schon erwähnt, ein hochgebildeter Mann, ein bedeutender Schriftsteller und so allerdings ein Agent zur Versöhnung der Bildung mit dem Christentum; zudem loyal, dem Kaiser unbedingt ergeben und nicht in der widerwärtigen Weise loyal wie etwa der Hofpfaffe Eusebius.[490] Daß das Christentum mit der Untertanentreue so zusammengehen kann, wie bei Lactantius [MH.III 141], hat denn wohl auch diese Wahl bestimmt.

Das Christentum erfreute sich reicher Privilegien. Zugleich mit dem Toleranzedikt erschien ein anderes, das den Priestern Befreiung von den *munera* gewährte[491], was in jener Zeit ein ungeheurer Vorteil war, denn die pekuniären und persönlichen Lasten in den Gemeinden waren sehr drückend. Diese Befreiung führte zu einem großen Zudrang zu den Priesterstellen von Berufenen und Unberufenen. Ebenso wurde der Kirche das Erb-

---

[486] Eus.VC.I 44
[487] Feriale Campanum, ediert von Th. Mommsen, Ges.Schr.VIII 15 ff.; Dessau 4918
[488] Eus.VC.V pass.; H. Dörries, Das Selbstzeugnis Kaiser Konstantins, 1954

[489] Hieron.chron. zu 318: *Crispum Lactantius Latinis litteris erudivit.*
[490] Mommsen läßt hier die devoten Kaiseranreden in Lactanz' «Institutiones» außer acht, insbesondere I 1,13 ff. und VII 26,11 ff.
[491] CTh.XVI 2,2 von 319

recht gewährt, das sonst nach römischem Recht juristische Personen nicht hatten.[492] Einzelnen Tempeln war es wohl verliehen worden; daß aber jetzt alle Kirchen mit einem Schlage dasselbe erhielten, zeigt schon, wie die Entwicklung zur Staatskirche sich anbahnte; das Christentum genoß Privilegien, nicht nur neben, sondern vor dem Heidentum. Endlich ist hier zu erwähnen das Gesetz von 320, welches die Strafe der Ehelosigkeit aufhebt.[493] Allerdings hatte das Zölibat noch nicht die Bedeutung in der Kirche, die es später erlangte, aber das Mönchtum und die Betrachtung der Ehe als notwendiges Übel ist ziemlich so alt wie die Kirche selbst[494] und verbreitete sich von Ägypten aus immer weiter.

Suchen wir die Gründe für die ungemein frühe Entwicklung des Episkopats, so haben wir im Judentum die Quelle desselben. Die Juden in Ägypten und in Syrien bildeten schon Gemeinden in der Gemeinde, und sie hatten die Möglichkeit, ihre Streitigkeiten vor dem Schiedsgericht der Ältesten schlichten zu lassen. Aber die Juden z. B. Antiochias erhoben doch nicht den Anspruch, die ganze Gemeinde darzustellen. Die Christen gingen nun weit darüber hinaus; vergessen wir nicht, daß Paulus schon neben Petrus seine Wirksamkeit geübt hatte, daß die Heidenchristen neben den Judenchristen [MH.III 142] in immer stärkerer Zahl erschienen, daß hier also schon ein Element der Gegenregierung vorhanden war. Die Christen mußten streben, einmal die ganze Gemeinde zu umfassen, dies versuchten bei weitem nicht mehr allein die Juden. Daher erhob auch der Bischof ganz andre Ansprüche als die Ältesten der Juden. Die Hierarchie kopierte und übersetzte die Staatsverfassung, und der Episkopat war nichts anderes als das geistliche Haupt der Munizipien. Es kam auch schon zum Zusammenwirken der Provinz – d. h. der Diözese des Bischofs – und endlich, z. B. im Konzil, zum Zusammenwirken ganzer Reichsteile. In dem ökumenischen Konzil von *Nicaea* versammelten sich die Bischöfe – wenigstens theoretisch – des ganzen Reichs. So war der Episkopat schon eine selbständige Macht. Am deutlichsten sehen wir das in Karthago, dem Sitz des Prokonsuls und eines Bischofs, der eine völlige Nebenregierung einrichtete.[494a] Die *episcopalis audientia*[495] ist ganz etwas anderes als das jüdische Schiedsgericht, sie ist von Constantin anerkannt[496], während das jüdische Schiedsgericht nur stillschweigend geduldet wurde. So ist auch der Name „Hierarchie" bezeichnend, es ist eben eine „geistliche Herrschaft".

Die Mildtätigkeit, die guten Werke als System, sind von den Christen erschaffene Institutionen. Der antike Staat verhält sich der Erziehung, der Armenpflege gegenüber passiv, sie geht ihn nichts an.[497] Was von Anfängen

---

[492] CTh.XVI 2,4 von 321
[493] Cod.Iust.VIII 57,1
[494] So Paulus: 1. Kor.7
[494a] W. Marschall, Karthago und Rom, 1971
[495] Begriff: CTh.XVI 2,47 von 425

[496] CTh.I 27,1 von 318 (Seeck 1919, S. 166); CTh.Sirm.I von 333.
[497] Die Gegenbeispiele sammelt H. Bolkestein, Wohltätigkeit und Armenpflege im vorchristlichen Altertum, 1939.

auf diesem Gebiet in der vorchristlichen Zeit vorhanden ist, hat seine Wurzeln in den Bedürfnissen des Staats, so die Alimentarinstitute[498] in dem Bedürfnis des Heeres nach einzustellenden Mannschaften. Das Bestreben der Güte und des guten Willens, die praktische Menschenliebe ist christlich: Armenhäuser, Krankenhäuser, Sorge für Reisende und Fremde.[499] Die Opposition des Kaisers Julian[500] gegen diese [MH.III 143] christlichen, nichtstaatlichen Bestrebungen ist bezeichnend. Er will diese Dinge dem Staat überweisen und die Christen auf ihrem eigenen Felde schlagen. Die staatliche Anerkennung ist für diese Anstalten wichtig, die ja ihrer Natur nach nicht verborgen blühen können.

Nun zur Orthodoxie. Die Differenzen in Glaubenssachen sind so alt wie die Kirche selbst. Die Orthodoxie ist eine christliche Erfindung: Der ist kein Christ, der von der herrschenden Meinung abweichende Grundsätze anerkennt. Der Gegensatz zwischen Judenchristen und Heidenchristen zeigt sich in der Streitigkeit über die Osterberechnung.[501] Es ist nicht bloß äußerlich, ob das Passahfest nach jüdischen oder freieren Regeln bestimmt wird. Dazu kommt das Vorgehen gegen Laxe, die sich Verfolgungen gegenüber schwach und nachgiebig gezeigt haben, und die Kontroverse, ob ihnen der Rückweg in die Gemeinde gewährt werden soll. Diese Auseinandersetzungen beginnen mit der Valerianischen Verfolgung und dauern bis ins 4. Jahrhundert.

Wenn einmal das Christentum im Staat anerkannt wird, dann ist Passivität diesen Fragen gegenüber nicht möglich. Constantin war Aufseher über das ganze Reich und mußte Stellung nehmen. So entstand in *Africa* Streit wegen der Auslieferung heiliger Bücher durch *traditores*. Darüber sind noch Protokolle erhalten.[502] In jeder Gemeinde wurde anders, bald milder, bald strenger verfahren. Die Regierung mußte sich darum kümmern, Constantin mußte intervenieren. Von Haus aus stand er vor der Aufgabe, eine anerkannte Konfession zu schaffen; wer nicht mittut, wird verfolgt. So wurde Orthodoxie (Rechtgläubigkeit) schon unter einem noch nicht einmal christlichen Kaiser gefordert. *Africa* wurde schnell erledigt, aber Ägypten war dogmatischer. Dort entbrannte der bekannte Streit über die Dreieinigkeit zwischen Arius und Athanasius, beide in Alexandria, [MH.III 144] ob Christus und Gott eine einzige oder verschiedene Naturen hätten. Homousier standen gegen Homoiusier. Zunächst tobte der Streit zwischen den Geistlichen, bald aber mußte Constantin eingreifen. Es wurde das allgemeine Konzil von *Nicaea* 325 berufen.[503] Anscheinend plante man eine das ganze Reich umfas-

---

[498] Epitome 12,4 (zu Nerva); Dio LXVIII 5,4 (zu Trajan). Mommsen, Staatsrecht II 1079f.

[499] O. Hiltbrunner, xenodocheion, RE.IX A, 1967, 1487ff.

[500] Jul. 289 A – 291 D

[501] Sie beginnt mit der Auseinandersetzung zwischen Polykarp von Smyrna

und Bischof Anicet von Rom um 155: Euseb.HE.V 24.

[502] Optat von Mileve bietet sie im Anhang zu seiner Schrift gegen Parmenianus (ed.C.Ziwsa 1893).

[503] Eus.VC.III 6–22; J. Ortiz de Urbina, Nizäa und Konstantinopel, 1964.

sende Beteiligung, aber der Orient war überwiegend vertreten. Schon der Sprachunterschied hielt die meisten Westlichen von der Teilnahme zurück. Die Frage wurde im Sinn des Arius entschieden, wonach Christus dem Vater untergeordnet war. Constantin aber stieß das einfach um.[504] In der Folge hat er sich bald für dies, bald für jenes entschieden, wie es scheint, je nach dem Einfluß des jedesmaligen Hofgeistlichen, der 325 ein Athanasier war. Damals war es ein einfacher Sachverständigenkonflikt, den Constantin entschied. Hier also steht der Staat herrschend über der Kirche. Alle Bischöfe bis auf zwei fügten sich.[505] Wenn Constantin einmal eingreifen wollte, so hat er in diesem Fall das Privileg des Staats entscheidend gewahrt. Constantin starb schließlich als Arianer, sein Sohn Constantius war sogar ein sehr eifriger Anhänger dieser Lehre.

Constantin hat 335 eine Bestimmung über seine Nachfolge getroffen, die verhängnisvoll werden sollte.[506] Diese Verfügung ist höchst wunderbar, ein sonderbar schwankender Charakter offenbart sich darin. Er bestimmte, daß das Reich nach seinem Tod in vier oder eigentlich fünf Gebiete zerfallen solle. Constantin hatte drei Söhne; der älteste (Constantin) sollte Gallien, Spanien und Britannien erhalten. Der zweite (Constantius) den Orient, der dritte (Constans) den mittleren Teil: Italien und Illyrien. Davon aber wurde ein Abzug gemacht. Alle drei waren noch [MH.III 145] sehr jung. Wann der älteste geboren wurde, wissen wir nicht, der zweite wurde 316, der dritte 320 geboren, also war der älteste, als diese Bestimmungen getroffen wurden, nicht weit über 20. Offenbar fand Constantin wegen dieser großen Jugend der Nachfolger Widerspruch bei den Staatsbeamten. Daher wurde ein vierter, sein Brudersohn Flavius Julius Dalmatius, der älter und vielversprechend war, mit in die Sukzession aufgenommen. Dieser sollte das untere Donaugebiet, also das Kernland und die Hauptstadt erhalten. Sein jüngerer Bruder Hannibalianus wurde König (auf den Münzen[507] nennt er sich *rex*) und erhielt wahrscheinlich in untergeordneter Stellung das bosporanische Gebiet, die alte Mithradatmonarchie, das Südufer des Schwarzen Meeres (*Pontus*) und Kappadokien. Aber es ist doch der schlimmste Vorgang des constantinischen Regiments, die Einheitsmonarchie, das Werk seines Lebens, in Stücke zu zerschlagen, bloß weil er drei Söhne und einen brauchbaren Neffen hatte. Er starb am 22. Mai 337.[508] Bald danach brach eine Palastrevolution aus (s. u.), erkennbar für uns, obgleich uns die Akten fehlen, auf die demnächst mehr einzugehn sein wird.

[504] Eine arianische Mehrheit auf dem Konzil von *Nicaea* hat es nie gegeben, Mommsen überschätzt den Einfluß des Kaisers.

[505] Es waren Theonas von Marmarica und Secundus von Ptolemais. Sie wurden verbannt: Philostorg.HE.I 9c (p. 11 ed. Bidez).

[506] Epit.41,20; Chron.Min.I 235

[507] RIC.VII S. 584; 589

[508] Chron.Min.I 235 f.

c) Die Söhne Constantins (337–361)

Man tut wohl nicht zuviel, wenn man sagt, daß die Bestimmung Constantins über die Erbteilung die schärfste Verurteilung des constantinischen Regiments in sich schließt. Eine Teilung des weiten Reiches in eine östliche und eine westliche Hälfte, wie sie Diocletian einführte, ist möglich, vielleicht sogar geboten gewesen. Aber dauernd wechseln, statt der Zweiteilung zur Einheitsmonarchie übergehen und dann zur Zweiteilung zurückkehren, eine Drei-, Vier-, Fünfteilung einführen [MH.III 146], das ist unstaatsmännisch. Die Geschichte hat das denn auch korrigiert, es blieb ein durchaus ephemerer Akt. Das einzige treibende Argument, was darin zu erblicken sein könnte, ist der Wunsch des Familienvaters, alle Kinder und Nahestehenden gleich zu bedenken, aber so handelt kein Politiker.

Andererseits liegt aber auch wieder in dem Akt die deutliche Anerkennung, daß es sich weder um eine einfache Erbmonarchie noch um unbedingte Disposition des Kaisers über die Sukzession handelt, sondern daß die Soldaten oder in diesem Fall einzelne einflußreiche Personen ein gewichtiges Wort mitzusprechen hatten. Constantin hatte eine der längsten Kaiserregierungen gehabt, er war allgemein anerkannt als Wiederhersteller des Reiches, als „neuer Augustus". Er hatte über das Reich verfügt, hatte drei Söhne und seinen Neffen Dalmatius zu Caesaren ernannt, darin liegt ein ausgesprochenes Kronprinzentum. Er hatte speziell die Reichsteile bestimmt, die jeder erhalten sollte, und dennoch fand keine einfache Sukzession statt. Die Caesaren wurden nicht ohne weiteres *Augusti*, sondern es trat ein sonderbarer Zustand ein, ein viermonatliches Interregnum. Die berechtigten Personen konnten oder wollten sich nicht einigen, und Constantin regierte als Toter weiter. Die Caesaren nannten sich in dieser Zeit *principes*, nicht *Augusti*, und erst am 9. September 337 wurden die Söhne Constantins nach der gleich zu erwähnenden[509] Palastrevolution zu *Augusti* proklamiert.[510]

Die Soldaten Konstantinopels wollten nur von einer Sukzession der Söhne Constantins wissen.[511] So wurden Dalmatius und Hannibalianus und mit ihnen alle männlichen Verwandten, die irgendeinmal bei der Nachfolge hätten in Betracht kommen können, beseitigt, und nur zwei Kinder blieben verschont, der elfjährige und kränkliche Gallus, auf dessen Leben nicht zu rechnen war, und der sechsjährige Julianus.[512] Zwei Brüder des verstorbenen Constantin [MH.III 147] und fünf seiner Neffen fielen bei dieser Prinzenschlächterei. Es war eine seltsame Loyalität, die sich da betätigte. Allerdings hatte Constantin zu solchen Verfahren, wenn ein Nebenbuhler unschädlich gemacht worden war, auch dessen Nachkommen zu beseitigen, das Beispiel gegeben, so im Fall des Licinius. Indes ist die Beseitigung der Prinzen von

---

509 MH: *oben erwähnten*
510 Chron.Min.I 235
511 Zos.II 40,3; Hieron.chron. zu 338

512 Es handelt sich um die Söhne von Constantins Halbbruder Julius Constantius.

Geblüt doch ein sehr zweifelhaftes Mittel, die Legitimität zu sichern, bloß damit nicht etwa einmal später ihr Name auf die Fahne geschrieben werden könne. Das Serailregiment, das von dieser Zeit ab in Konstantinopel herrschte, war damit entsetzlich inauguriert. Auch mehrere hohe Offiziere wurden geopfert, so der Schwager[513] des Constantin, Flavius Optatus, und Ablabius. Das waren wohl diejenigen, die den Dalmatius begünstigt hatten. Aber die Sache hatte noch schlimmere Seiten. Es war nicht eine spontane Militärinsurrektion, sie war vielmehr durch Höhere veranlaßt, und alles spricht dafür, daß Constantius II selbst die Hand im Spiel hatte. Daß ein 21 Jahre alter Mensch eine solche Untat gegen nahe Verwandte geübt haben soll, würde man nicht glauben, wäre es erlaubt, daran zu zweifeln. Aber abgesehen davon, daß es einwandfreie Zeugen bestätigen, hat sich Constantius selbst unzweideutig dazu bekannt. Als er das Aussterben seines Hauses voraussah, als er sich selbst vergeblich nach Kindern sehnte, da hat er eine frühe Bluttat als Strafe Gottes anerkannt, und das kann nur diese Tat gewesen sein. Daß er es eher zugelassen als selbst veranlaßt hat[514], ist natürlich; andere werden ihm wohl die Hand geführt haben. Auch ist das Motiv erklärlich, aber gewiß keine Entschuldigung. In der Verteilung des Reiches, wie sie Constantin bestimmt hatte, lag eine Zurücksetzung der Söhne. Dalmatius war der älteste und erfahrenste der Caesaren, ein erprobter Soldat. Er wäre die leitende Hand geworden. Bei Constantius war keine Empfindung so entwickelt wie die Liebe zum schroffen Legitimitätsprinzip; er fühlte das bittere Unrecht, das [MH.III 148] ihm in diesem Sinn angetan war.

Gewiß, wenn wir in die Karten sehen könnten, die damals in der Verborgenheit des Palastes gemischt wurden, würden wir auch Offiziersspaltungen, Parteien und Gegenparteien finden. Dagegen ist nicht die Spur eines staatsmännischen Gedankens ersichtlich. Wäre es nun die Opposition gegen die Vierteilung gewesen, so hätte sich das hören lassen, aber das war es nicht, denn statt dieser die Dreiteilung zuzulassen, ist doch keine genügende Korrektur. Merkwürdig ist, daß Constantius vor seinen Brüdern stillhielt. Wenn er alle hätte töten lassen, so wäre das nicht besser, aber erklärlicher gewesen. Es hätte ihm die Einheitsmonarchie eingebracht. Wahrscheinlich liegt dem aber dieselbe Wurzel, das Legitimitätsprinzip, zugrunde, das ihm alles war, während das Staatsmännische ihm nichts bedeutete. Der Vetter hatte kein Anrecht, die Brüder hatten es, daher wurde vor den Söhnen Constantins haltgemacht und die Dreiteilung vorgenommen.

Es erfolgte kein Widerspruch gegen die Teilung. Wer das erhielt, was Dalmatius bekommen sollte, wissen wir nicht genau. Eine Quelle sagt, Constantius II habe Konstantinopel, aber nicht *Illyricum* bekommen.[515] Jeden-

---

[513] Die Verwandtschaft ist nicht bezeugt. Optatus war Constantins erster *patricius*: Zos. II 40,2. Ablabius war *praefectus praetorio*, PLRE.I s. v.

[514] Eutr. X 9

[515] Nach Zosimus II 39,2 fielen Illyrien und der Westen an Constantin II und Constans.

falls wurde später wieder geographisch geteilt, Thrakien und die untere Donau fielen an Constantius. Über die Teilung des Westens bestand keine Einigung.[516] Constantin II bekam Gallien, Spanien und Britannien, Constans *Illyricum*, über Italien und *Africa* gab es Streit. Das Verhältnis der Brüder war kein gutes. Der schwere persische Krieg ruhte allein auf dem Osten. Constans mit den guten illyrischen Truppen hätte eingreifen können, er tat es aber nicht. Die Anfänge des Krieges gehen auf Constantin, den Vater, zurück, Constantius II hatte ihn geerbt. Der Ausbruch gilt allgemein als Revanche der Perser, diese waren die Angreifer, nachdem die lange Minorennität[516a] Sapors zu Ende war. Indessen sagt die beste Quelle, Ammian[517], allerdings nur in einer beiläufigen [MH.III 149] Erwähnung (die Hauptstelle ist verlorengegangen), Constantin sei der Angreifer gewesen. Wenn das richtig ist – und es scheint so, nach der ausführlichen Erzählung eines Späteren[518], die so aussieht, als habe ihm die Originalstelle Ammians vorgelegen – dann hat es selten einen so kindischen Grund zum Krieg gegeben: danach hätte ein Reisender[519] aus Indien und Asien dem Constantin Kuriositäten und Kostbarkeiten mitgebracht und ihm erzählt, größere Schätze seien ihm von den Persern geraubt worden. Constantin habe diese, gewiß nie existenten Schätze zurückverlangt, und das habe zum Krieg geführt. Daß religiöse Verhältnisse mitgespielt haben, ist unzweifelhaft. Das Römische Reich kann man zu jener Zeit christlich nennen. Bei den Persern gab es auch viele Christen, aber sie wurden verfolgt[520] und werden Römersympathien gehabt haben, so wie wir umgekehrt vorher von den Persersympathien der Manichäer[521] gesprochen haben.

Constantin starb (337), Constantius II, den er an die Grenze vorausgeschickt hatte, kehrte vorerst zurück, und es spielten sich die eben berichteten Ereignisse ab. Dann nahm Constantius den Krieg wieder auf. Einen Bericht, namentlich einen chronologischen desselben zu geben, ist unmöglich. Der Krieg war lang, blutig und entscheidungslos. Keine großen Schlachten wurden geschlagen, in allem zogen die Römer den kürzeren, namentlich wenn der Kaiser selbst anwesend war. Er war ein schlechter Heerführer, zu vorsichtig, scheu und ängstlich, gerade einem so unstetigen Feind gegenüber. Einmal hätten die Römer beinah einen entscheidenden Sieg erfochten. Sie hatten sich schon des persischen Lagers bemächtigt und plünderten es, da sammelten sich die Perser wieder und verwandelten den Römern den Sieg in eine furchtbare Niederlage.[522] Aber doch war der Kaiser hartnäckig und

---

[516] Epit.41,21; Zos.II 41,1

[516a] „Minderjährigkeit, Unmündigkeit"

[517] Amm. XXV 4,23

[518] Cedrenus 295 A

[519] Der Reisephilosoph Metrodoros: Hieron.chron. zu 330.

[520] Hauptquellen bei: O. Braun (Hg.),

Ausgewählte Akten persischer Märtyrer, aus dem Syrischen übersetzt, 1915

[521] Coll.Mos.15,3

[522] Festus 27. W. Portmann, Die 59. Rede des Libanios und das Datum der Schlacht von Singara, Byzantin. Zeitschr.82, 1989, S. 1 ff.: 344 n.Chr.

pflichttreu, die Niederlagen waren keine entscheidenden Derouten und erbrachten den Persern keine strategischen Vorteile. Mesopotamien muß gut verteidigt gewesen sein. Die Perser konnten eigentlich nichts besetzen, der Krieg wurde defensiv, aber nicht ungeschickt von den [MH.III 150] Römern geführt, die Perser doch immer wieder abgeschlagen. Nisibis wurde dreimal belagert und schwer bedrängt, aber die tapfere Garnison und die Bevölkerung wehrten sich erfolgreich. Für diese mesopotamischen Christen war es allerdings eine Existenzfrage. Auch Edessa wurde nicht bezwungen. Also war es schließlich nur ein Grenzkrieg, und man kann von demselben sagen: die Ehre wurde verloren, aber sonst nichts. Constantius hat mehr geleistet, als man allgemein annimmt. Dazu kam, daß der Kaiser allein stand. Nicht nur diesen Kampf mußte er führen, sondern ebenfalls in die Verhältnisse des Westens eingreifen. Aber auch bei den Persern waren ähnliche Zustände, sie wurden im Rücken von Osten her durch Skythen und andere Barbaren gedrängt. Sonst wäre auch dieser Krieg unbegreiflich, der ein großer Brandschatzungs- und Plünderungszug war, die goldene Zeit der räuberischen Wüstenstämme, deren Weizen blühte. Die letzte Zeit des Krieges ist bei Julian zu erwähnen; da war es ein unglücklicher Perserkrieg unter einem Unfähigen.

Der Westen hatte zwei Herrscher, Constantin und Constans, beide lagen im Kampf miteinander. Er wurde 340 bei Aquileia gegen Constantin entschieden, der fiel. Er soll Angreifer gewesen und in Italien eingebrochen sein; eine andere Version läßt Constans seinen Bruder nach Italien locken und dann tückisch umbringen.[523] Die Erbschaft fiel ungeteilt an Constans. Constantius, durch die Perser beschäftigt, hinderte ihn nicht. Constans scheint im ganzen eine friedliche Zeit gehabt und die Grenzbarbaren in Schach gehalten zu haben. Sonst wird ungünstig über ihn geurteilt, er war, wie es heißt, niederen Lüsten ergeben.[524] Die Bevölkerung seufzte über Steuerdruck, schlechte Beamte regierten; darin stimmen alle überein. Constans wurde das Opfer einer Militärrevolution, von der gleich weiter zu berichten sein wird.[525] [MH.III 151]

Das 25jährige Regiment des Constantius ist in seiner Art ebenso wichtig wie diejenigen Diocletians und Constantins des Großen. Der Umschwung der Dinge, der große Untergang beginnt, die Erben der römischen Weltherrschaft melden sich. Aber die Einleitungen zu allem, was unter Constantius geschah, wurden schon unter Constantin gemacht; Constantius ist nur der Sohn seines Vaters, das Schicksal zog unter ihm die Konsequenzen der constantinischen Taten. Alle Grenzfeinde, die Perser, die Germanen rüsteten

---

[523] Chron.Min.I 452; Epit.41,21; Zos. II 41

[524] Aurelius Victor (41,24) spricht von Knabenliebe.

[525] Hensel fährt fort: *Hier war nämlich der Schluß des Kollegs, und Momm-*

sen hat die Gewohnheit, am Anfang [MH.III 151] *einer neuen Stunde den Faden nicht genau an das Ende der vorigen anzulegen; und so begann das Kolleg vom 8. Juli (1886) mit folgendem:*

sich. Der Perserkrieg hört eigentlich nicht mehr auf, er wurde nur durch kurze Waffenstillstände unterbrochen, bis zum völligen Untergang des Byzantinischen Reichs, der freilich 1000 Jahre später eintrat.[526] Die Beseitigung des Constans durch germanische Offiziere im Jahre 350 ist ein höchst merkwürdiges historisches Faktum, dessen Ursache ebenfalls auf Constantin zurückführt.

Es ist schon an betreffender Stelle erwähnt worden, daß Constantin auf sehr natürlichem Wege, durch sein früheres Regiment in Gallien und durch Waffenbrüderschaft in allen seinen Kriegen dahin gekommen war, das germanische Element im Heere stark zu begünstigen und namentlich die höheren Offiziersstellen mit Alamannen und Franken zu besetzen.[527] Infolgedessen hatte sich der Einfluß der *auxilia palatina* so ausgebildet, daß sie als Kaisermacher an die Stelle der aufgelösten Prätorianer traten. Sie zogen die Konsequenz daraus, daß die Regierung sie als die besseren anerkannt hatte. Stilicho, Rikimer, Theoderich, das sind die Früchte der von [MH.III 152] Constantin ausgestreuten Saat. Es ist charakteristisch, daß diese Erscheinungen nur im Westen auftraten, wo das germanisch-gallische Element im Heer weit überwiegender war als im Osten. Nach dem Tode des Constans[528] machten sie ihr erstes Probestück. Die Kaiserwahl des Magnentius war die Usurpation des Throns durch einen Glückssoldaten. Man erzählt[529], bei einem Bankett in *Augustodunum'* habe Marcellinus, ein Finanzmann, der mit Magnentius unter einer Decke steckte, es veranstaltet, daß plötzlich Magnentius sich im Purpur den Offizieren zeigte. Wie dem nun auch sein mag, die Thronbesteigung des Magnentius war der erste Versuch der Germanen, nicht bloß für andere die Herrschaft zu behaupten.

Magnentius war der erste Ausländer, der erste wirkliche Barbar auf dem Thron, und das rief denn doch die Opposition des römischen Wesens hervor und hat ihm wahrscheinlich mehr den Hals gebrochen als seine sonstigen üblen Eigenschaften, mit denen er uns – vielleicht zu schwarz gemalt – geschildert wird: zähe, bösartig, sich nicht um die Untertanen kümmernd, sein Heer aus den freien Germanen vermehrend und die Einheimischen mit hartem Steuerdruck belastend. Er selbst war ein angesiedelter Franke aus einer Militärkolonie.[530] Seine Erhebung erfolgte am 18. Januar 350[531], und seine erste Sorge war, den Sohn Constantins, der sich auf der Jagd in den

---

[526] Mommsen identifiziert Perser, Araber und Türken, vgl. MH.III 222. Anders richtig MH.III 240.

[527] Euseb.VC.IV 7; Zos.II 15,1. Julian kritisierte das, führte diese Politik aber fort (Amm.XXI 10,8; Jul.285 B). Constantin verdankte seine Erhebung zum Kaiser einem als Föderat dienenden Alamannenkönig (Epit.41,3). Germanische Offiziere unter Constantin sind nament-

lich nicht gesichert, doch dürfte der Franke Bonitus dazuzählen (Amm.XV 5,33), vielleicht auch der Heermeister Flavius Ursus, cos.338 (PLRE.I s.v.).

[528] Constans wurde nach der Erhebung getötet, s. u.

[529] Zos.II 42; Aur.Vict.41,23

[530] Epit.42,6f.

[531] Chron.Min.I 237

Pyrenäen befand, aus dem Weg zu schaffen.[532] Dies gelang durch deutsche Truppen in Aquitanien. Die römischen Heere weigerten sich, den Magnentius anzuerkennen, und es traten ihm zwei andere *Augusti* entgegen: in Italien ein Neffe Constantins des Großen, [MH.III 153] Nepotianus, den der Pöbel zum Kaiser ausrief.[533] Aber Rom war gänzlich wehrlos, einige Gladiatorenbanden waren alles, worauf sich der Kaiser verlassen konnte. Nach einmonatiger Regierung wurde er leicht beseitigt und Magnentius in Italien und *Africa* anerkannt. Aber in *Illyricum* fand er ernsthafteren Widerstand. Dieses Kernland betrachtete sich als römisch, und die illyrischen Truppen drängten dem Vetranio die Kaiserwürde auf.[534] Er wurde gewissermaßen durch Zufall in diese Stellung geschleudert, er war ein alter, gutmütiger Mann, der von der Pike auf gedient hatte und so ungebildet war, daß er nicht einmal des Lesens kundig gewesen sein soll.[535]

Wie stellte sich Constantius zu diesen weströmischen Ereignissen? Er hätte dieselben als *fait accompli* anerkennen können. Er hatte sich bis dahin gegen den Westen ziemlich lässig und gleichgültig verhalten, war durch den Perserkrieg stark in Anspruch genommen, und die Klugheit riet offenbar, mit Magnentius zu paktieren, wozu dieser sich bereit erklärte. Aber Constantius ließ sich nicht darauf ein und inszenierte einen Kreuzzug der Legitimität. Das Haus Constantins des Großen sollte herrschen. Die Legitimitätsanhänglichkeit ist der einzige großartige Zug in diesem klein angelegten Menschen, und es fehlt dazu nicht an einer Parallele in der Gegenwart. Die Mittel, die Constantius zu Gebote standen, waren sehr unzureichend. Die Euphratgefahr war augenblicklich nicht dringend, Constantius sicherte die Nachfolge, indem er seinen ältesten Neffen Gallus zum Caesar ernannte[536], was er bisher vermieden hatte, und übergab ihm das Kommando gegen die Perser.

Er selbst [MH.III 154] wandte sich gegen den Westen. Dieser drohenden Gefahr zu begegnen, vereinigten sich Magnentius und Vetranio, und somit standen dem Constantius die erprobten Mannschaften der germanischen und illyrischen Heere gegenüber. Zunächst zog Constantius gegen Vetranio. Derselbe war unfreiwillig *Augustus* geworden und empfand keine Lust zum Schlagen. Man kam überein, den Soldaten, d. h. den Offizieren, die friedliche Entscheidung zu überlassen. Eine große Versammlung der beiderseitigen Offiziere fand statt; es waren fast alles noch alte Offiziere Constantins des Großen, und so mächtig wirkte das Gefühl der Legitimität, der Anhänglichkeit an den Sohn des alten Führers, daß eine große Majorität sich für Constantius entschied. Es ist gesagt worden, dessen Redegewalt habe hinreißend für ihn gewirkt, indessen war es mit seiner Redegabe so wenig weit her, daß

---

[532] Epitome 41,22 f.; Chron.Min.I 454

[533] Aur.Vict.42,6; Zos.II 43,2

[534] Aur.Vict.41,26; Oros.VII 29,9 f.

[535] Aur.Vict.41,26; Eutr.X 10

[536] Aur.Vict.42,9; Hieronymus chron. zu 351; Amm.XIV 11

er sich sogar aufs Versemachen legte, weil ihm dies noch besser gelang als Prosareden.[537] Vetranio mußte den Purpur ablegen, und dies war in dem kleinlichen Leben des Constantius ein großer Moment und ein großartiger Akt.[538] Durch diesen Sieg des Legitimitätsgedankens über das Schwert verschoben sich die Machtverhältnisse ganz erheblich gegen Magnentius. Die ganze Episode des Vetranio hatte vom 1. März 350, wo er den Purpur anlegte[539], bis zum 25. Dezember desselben Jahres gedauert, wo er sich unbehelligt ins Privatleben zurückzog.[540]

Mit Magnentius mußte dagegen abgerechnet werden, und in *Illyricum* trafen die beiden Heere aufeinander. Magnentius hatte im Felde die Oberhand, die ihm durch die militärische Tüchtigkeit seiner überrheinischen Franken und Alamannen gesichert war. Endlich, am 28. September 351, fiel die Entscheidung bei Mursa.[541] Vorher schon hatte [MH.III 155] sich in seinem Heer Widerstand gegen den Usurpator gezeigt, und Silvanus, selbst ein Franke, verließ ihn, so daß sogar hier bei den Germanen der Zauber der Legitimität sich fühlbar machte.[542] Es war ein äußerst erbitterter Kampf, nicht nur der Thronkandidaten, sondern der Völker. Massenhaft ließen sich die Magnentianer niederhauen, und nur das Übergewicht des Constantius an Reiterei entschied zu seinen Gunsten. Damit war der Krieg jedoch nicht zu Ende, 352 wurde er in Italien fortgesetzt. Aber die Energie des Magnentius war gebrochen, und 353 unterlag er in Gallien nicht durch die Macht des Constantius, sondern durch Spaltungen unter den Deutschen. Magnentius stützte sich auf die Franken, Constantius hatte die Alamannen in sein Interesse zu ziehen gewußt, und Deutsche standen und entschieden gegen Deutsche, wie so oft in der Geschichte. Auch die Städte, z.B. Trier, waren von Magnentius abgefallen. Gallien war furchtbar ausgesogen worden und schüttelte gern das drückende Joch ab. Magnentius, als er alles verloren sah, brachte zuerst bei Lyon seine Mutter und Geschwister, dann sich selbst ums Leben.[543] Legitimität und deutscher Hader hatten gesiegt.

Constantius, engherzig, argwöhnisch und grausam, verfolgte die Magnentianer nach ihrer militärischen Niederlage kriminell, mit der Nebenabsicht, seine Kassen zu füllen.[544] Auch Gallus wurde beseitigt, wohl nicht mit Unrecht. Er taugte nichts. In *Antiochia* hatte er um geringfügiger Ursache willen alle Ratsherren hinrichten lassen wollen, und das wurde nur durch die herzhafte Weigerung des *comes* des Orients Honoratus vereitelt.[545] Über Gallus' Verhalten in *Antiochia* haben wir die unglaublichsten, aber bezeugten Erzählungen[546]: militärisch unfähig, war er nicht am Euphrat bei dem Heer, sondern sah sich, in Lüsten vergraben, [MH.III 156] die Sache von

[537] Amm.XXI 15,4
[538] Jul.31 A ff.; 76 C ff.; Amm.XV 1,2
[539] Chron.Min.I 237
[540] Chron.Min.I 238. Hensel schreibt irrig *September*. Vetranio lebte noch 6 Jahre in *Prusa*: Zon.XIII 7.
[541] Chron.Min.I 237; 454
[542] Amm.XV 5,33; Aurel.Vict.42,15
[543] Eutr.X 12,2; Zos.II 53,3
[544] Amm.XIV 5
[545] Amm.XIV 7,2
[546] Amm.XIV 1; 7; 11

Antiochia aus an. Träge, grausam, einfältig, war er zum Herrscher durchaus untauglich. Aber charakteristisch ist doch, daß zu seiner Beseitigung der Sturz des Magnentius abgewartet wurde. Solange die Dynastie nicht auf festen Füßen stand, sparte sich Constantius diesen jämmerlichen Repräsentanten der Familie auf. Auch die Art der Exekution ist schlimm: es war ein Mord, nicht eine Strafe. Unter Vorwänden lockte Constantius ihn an den Hof, entzog ihm nach und nach alle Truppen, und als er vereinsamt und unschädlich war, wurde er in *Pola* hingerichtet.[547]

Gehen wir über zur Betrachtung der religiösen Verhältnisse, der wichtigsten dieser Zeit! Der ideale Gehalt des Lebens hatte sich ganz in die Religion zurückgezogen, und ihre Kämpfe erfüllen die Regierungszeit des Constantius. Es war die Ernte dessen, was Constantin gesät hatte. Die großen Konflikte von Staat und Kirche bahnten sich an. Constantius war der erste geborene Christenkaiser, und er initiierte sofort den Beginn des seitdem fast nie erloschenen Kampfes der Kirche gegen die Staatsgewalt. Die Reihe der großen religiösen Männer, der Gregor, Luther, der geistlichen Apostel beginnt mit Athanasius.

Die Beziehungen zum Heidentum, um zuvörderst diese Seite zu erwähnen, nehmen natürlich unter der Regierung des ersten als Christ geborenen und erzogenen Kaisers eine größere Schärfe an; Constantius ist der erste entschiedene Gegner des Heidentums. Als richtiger Sohn seines Vaters zimmerte er selbst am Gebäude der Theologie. Freilich bis zur Proklamierung des Christentums als alleiniger Staatsreligion war man noch nicht gekommen, man begnügte sich mit der Aufstellung eines allgemeinen religiösen Glaubens für Heiden und Christen und auch für solche, die keins von beiden waren.[548] Es ist z.B. ganz [MH.III 157] zweifellos, daß die zahlreichen hohen Offiziere aus den Barbarenländern, wo man noch nichts vom Christentum wußte, Heiden waren. Eine bestimmte Glaubensäußerung wurde noch nicht gefordert. Es ist übrigens schon früher darauf hingewiesen worden, daß im Heidentum jener Zeit mehr steckte als ein bloß negativer Gegensatz gegen das Christentum. Es war aufgebessert, energisch glaubend und religiös. Daneben gab es neutralen Boden, auf dem ein Teil der besten Männer der Zeit stand, mit gebildeter, weltmännischer Verachtung, sowohl des Christengottes als auch des Mithras, z.B. Ammian.[549] Was die Christen forderten, war Beseitigung der äußeren Zeichen des heidnischen Gottesdienstes, Schließung der Tempel und Verbot der Opfer, aber nicht politisches Bekennen des Christenglaubens.

341 erfolgte durch Constantius das Opferverbot ein für allemal, wohin die mißverstandene Beziehung auf einen Erlaß seines Vaters gehört, von der

---

547 Amm.XIV 11; Aur.Vict.42,12

548 Woran Mommsen denkt, ist unklar, vielleicht an den Kaiserkult, vielleicht an das Heeresgebet des Licinius: Lact.MP.46,6.

549 Amm.XV 7,7f.; XXII 11,4ff.; XXVII 3,11ff. A. Demandt, Zeitkritik und Geschichtsbild im Werk Ammians, 1965, S. 69ff.; J. Matthews, The Roman Empire of Ammianus, 1989, 424ff.

oben gesprochen worden.[550] Es ist bezeichnend, daß dies Opferverbot im Osten befolgt wurde, im Westen nicht. Wir haben eine merkwürdige Schrift des Firmicus Maternus «De errore profanarum religionum» von 346/47. Er fordert energisch Unterdrückung des Tempelwesens und Beseitigung der goldenen und silbernen Götterbilder. „Man solle diese in die Münze schikken" – das finanzielle Moment, die Begehrlichkeit nach den Grundstücken der Tempel, spielt hier wie in der Reformation eine Rolle.[551] Aber die prinzipielle Grundlage ändert sich noch nicht.

Was die Verhältnisse im Christentum selbst betrifft, so waren Unifikation und Orthodoxie durchaus nötig, und der Regent mußte sich damit befassen. Der erste Schritt war das Konzil [MH.III 158] von *Nicaea* mit lediglich beratender Geistlichkeit und entscheidendem Kaiser gewesen. Auch der Osterfeststreit erscheint uns äußerlich, ist es aber nicht. Wenn Ostern an einem und demselben Tag in der ganzen Christenheit gefeiert wurde, so war das eine Katholizität, ein deutlicher Ausdruck der Einheitlichkeit für das große Publikum. Bei der späteren Trennung der okzidentalischen und orientalischen Kirche wurde das Jahr 325 wichtig. Rom und Alexandrien, die beiden Hauptsitze des Christentums, einigten sich im wesentlichen in der Frage der Trinität. Was man ablehnte, ist populär als Arianismus bekannt. Man hat oft gespottet über das Aufheben, das aus einer so nebensächlichen Subtilität gemacht worden ist. Das ist eine verkehrte und oberflächliche Auffassung. Das tiefste Wesen des Christentums kam in dieser Frage zum Ausdruck: das Verhältnis des Sohns zum Vater und die Trinität. Die Orthodoxie nahm von beiden das gleiche Wesen an, Arius leugnete es. Wenn Sohn und Vater gleich sind, dann haben wir eine wirkliche Religion, das Unbegreifliche kommt zum Ausdruck. Wenn der Sohn menschengeboren, Gott nur ähnlich ist, wie der Arianismus lehrt, dann ist das nicht der Ausdruck des Wunders, was die gläubige Menschenseele verlangt. Das ist erst durch Athanasius und seine Lehre in die Welt gekommen, und diesem Glauben gehörte mit Recht die Zukunft. In den eigentlichen Sitzen des Glaubens überwog denn auch die athanasianische Lehre, die rationalere arianische Auffassung blühte in den griechisch durchtränkten Ländern. Der Kaiser Constantin ergriff Partei, wie oben erzählt, für Athanasius. Das Schlagwort *homoousios* war ausgesprochen, aber die eigentliche [MH.III 159] scharfe Entscheidung war noch nicht erfolgt.

So fand Constantius die Lage und die Streitigkeiten, die aus derselben entstanden waren. Constantin hat nach dem Konzil geschwankt, er war zu den Arianern übergetreten und mit Athanasius in persönlichen Konflikt gekommen. Es waren teils Anschauungsdifferenzen, aber noch mehr wohl politische Erwägungen. Athanasius war seit 328 Bischof von Alexandrien und soll gesagt haben, er sei eigentlicher Herr in Ägypten und von ihm hänge es ab, ob die Kornflotte in Konstantinopel eintreffe oder nicht.[552] Jedenfalls ist richtig, daß der Bischof von Alexandrien in dem Wunderland des Glaubens einen ungeheuren Einfluß hatte. Es ist das erste Mal, daß die geistliche Macht sich neben der weltlichen eine Stellung anmaßt. Constantin beseitigte den Athanasius, ohne ihn eigentlich abzusetzen, und gab ihm die Gelegenheit, in der Verbannung am Rhein[553] über die Folgen seiner Anmaßung nachzudenken. Die Verbindungen mit dem Westen und mit den dortigen Bischöfen wurden bedeutungsvoll; am Hof Constantins II wurde der Einfluß Alexandriens auf den Westen begründet.

Die drei Söhne Constantins verabredeten sich 338, daß alle verbannten Geistlichen zurückgesandt werden sollten.[554] Es war ein Gnadenakt, wie er oft bei Antritt eines neuen Regiments eintritt. Auch Athanasius kehrte zurück, und sofort kamen wieder Konflikte. Constantius war und blieb Arianer, die beiden anderen Söhne waren mit Athanasius befreundet. Athanasius trat bei seiner Rückkehr schroff auf und beseitigte seine Gegner aus ihren Stellungen. Er [MH.III 160] erinnert häufig an Luther. Nicht durch Gelehrsamkeit oder dialektische Gewalt war er unter den Ersten, sondern durch seine feste Überzeugung, durch den Glauben, der Berge versetzen kann. Durch Furchtlosigkeit, ohne Rücksicht auf die Welt überragte er alle Zeitgenossen, und das war das Geheimnis seines Wirkens. Es entstand ein scharfer Regierungskonflikt mit der Kirche, wie er unter Constantin I noch unerhört gewesen wäre. Der schickte einfach die Bischöfe fort, er war Herr des Konzils. Damals war der Staat omnipotent, fast ohne Widerspruch. Constantius berief die Bischöfe nach Antiochia. Athanasius wurde 338 wiederum abgesetzt und ausgewiesen, Gregorius aus Kappadokien mit Waffengewalt 339 zum Nachfolger erhoben.[555] Der Kaiser siegte noch einmal.

Athanasius wandte sich nach Westen, ging zu Constans und fand Unterstützung durch die okzidentalischen Bischöfe. Die Frage spitzte sich zu: Hat der Kaiser das Recht, Bischöfe zu beseitigen? Das Konzil hatte dies zwar anerkannt, aber unter dem Druck des Kaisers. Dazu kam der Konflikt zwischen Constantius und Constans. Letzterer forderte eine Bischofsversammlung, und Constantius, unter der Last der Perserkriege, gab 343 nach. Das Konzil wurde nach *Serdica* (Sofia) in *Illyricum* berufen[556] und ergab sofort einen Konflikt. Der Westen forderte, Athanasius solle als alexandrinischer Bischof anerkannt werden; der Osten widersprach, und es kam zu einem Schisma. Die orientalischen Bischöfe gingen nach *Philippopolis*. Das Konzil von *Serdica* ist deshalb so wichtig, weil der Primat Roms daselbst zuerst offiziell anerkannt worden ist. Der römische Bischof [MH.III 161] Liberius war der Führer, er verlangte, wenn ein Bischof entfernt worden, so sei ihm

---

[552] Athan.apol. contra Arianos 9; 87

[553] 335 wurde er nach Trier geschickt, l.c.

[554] Kaiserkonferenz in *Viminacium*:

CTh.X 10,4; Julian 19A; Athan.l.c. Seeck IV 397

[555] Seeck IV 54ff.

[556] Theodoret HE.II 7f.; Seeck IV 74ff.

Appellation an den römischen Bischof erlaubt. Damit wurde Rom die höchste Macht über das Episkopat gegeben. Athanasius, der wichtigste Bischof des Ostens, trat dem Beschluß bei. Constantius mußte nachgeben, 347 räumte er vor Athanasius das Feld. Es war das erste Mal, daß ein Kaiser so etwas tat. Die kaiserliche Macht war geschlagen. Magnentius war ebenfalls Christ[557], aber unter ihm hatten sich die Heiden größerer Toleranz erfreut. Die Opfer zur Nachtzeit, also das Heidentum in seinen größten Ausschweifungen, waren erlaubt gewesen. Nach der Katastrophe des Magnentius beseitigte Constantius das[558], er schloß die Tempel, und der Heidenkult wurde auch im Westen scharf unterdrückt. Hätte das Heidentum denselben Glaubenseifer wie die Christen in ähnlichen Lagen gezeigt, so hätte dies wohl Folgen haben können, aber nach mattherziger Gegenwehr fügten sie sich. Wichtige Konsequenzen zog Constantius aus dem Sieg über Magnentius gegen die Bischöfe, speziell gegen Athanasius.[559] 353 wurde ein Konzil nach Arles berufen. Athanasius sollte endgültig abgesetzt werden. Der Okzident war aber nicht so gefügig, auch nicht 355 in Mailand. Der Bischof Liberius von Rom weigerte sich entschieden. Der Kaiser griff ans Schwert, als die Bischöfe forderten, ein Bischof dürfte nur durch Bischöfe gerichtet werden. Endlich fügten sie sich. Athanasius wurde mit Gewalt entfernt, Soldaten erbrachen die Kirche, Blut floß, und Athanasius ging 356 zum dritten Male in [MH.III 162] die Verbannung, zu den Anachoreten der Thebais. Daselbst gab es Mönchsklöster, bewohnt von handfesten, bewaffneten Leuten, halb Christen, halb durch Steuerdruck Vertriebene. Dort lebte er jahrelang verborgen. Constantius hatte wieder obsiegt und fand 359 doch noch eine allgemeine Trinitätsformel, der selbst Liberius sich fügte.[560] So brachte er es zu einer leidlich allgemeinen Staatskirche. Constantius führte diesen Kampf ähnlich wie den Perserkrieg mit vielen Niederlagen, oft halb überwunden, doch schließlich die Suprematie des Staates feststellend. Viel mehr, als man glaubt, war es in diesen Wirren der Hauptstreitpunkt, ob der Kaiser einen Bischof absetzen dürfe oder nicht.

Werfen wir jetzt, wo wir uns dem Ende der Laufbahn des Constantius nähern, einen Blick auf seine Persönlichkeit[561], so ist nicht viel des Lobenswerten zu sagen. Er war weder liebenswürdig noch bedeutend, aber man muß doch anerkennen, daß er sehr übel beleumdet gewesen und daß das Urteil über ihn in manchem ungerecht war. Eine unbefangene Betrachtung wird sowohl auf dem staatlichen wie auf dem religiösen Gebiet Spuren seiner bedeutsamen Tätigkeit finden und sagen müssen, daß er besser als die meisten Herrscher dieses öden Jahrhunderts gewesen. Sein Privatleben war völ-

[557] Das simulieren die Münzreverse mit dem Christogramm: RIC.VIII S. 216f.
[558] CTh.XVI 10,5
[559] Athanasios hatte bei Magnentius Unterstützung gesucht: Athan.apol. ad Const.11.

[560] Auf der Doppelsynode von *Ariminium* und *Seleucia*: Seeck IV S. 161ff.
[561] Das folgende nach Aurelius Victor 42,19ff. und Amm.XXI 16.

lig rein. Nicht etwa, daß er bloß sich toller Ausschweifungen enthalten hätte
– er war mäßig, lebte ordentlich und streng, ein kleinlicher Etikettenmensch,
aber sittlich intakt. Militärisch [MH.III 163] war er kein feiger Schurke. Er
war ein tüchtiger Reiter und guter Schütze, ein besserer Militär als alle die
anderen Constantiner. Seine Leistungen auf dem Gebiet der Bildung waren
nicht hoher Art; er war ein sehr mittelmäßiger Redner, aber ein strenggläu-
biger Theologe, eifrig und dogmatisch. Das ist alles nicht besonders schön,
immerhin hatte er ein lebhaft entwickeltes Pflichtgefühl. Der ihn durchaus
beherrschende Grundgedanke war die Legitimität, und es ist bemerkenswert, daß diese Richtung in der ganzen Familie, selbst bei seinem ihm sonst
sehr unähnlichen Neffen und Nachfolger Julian verbreitet war. Auch dieser
hat ganz im Bann des constantinischen Familiengefühls gestanden.

Wenn freilich Constantius in der Vorstellung, daß in seiner Person sich
alles konzentriere, so weit ging, in den Kriegsberichten der Rheinschlachten
z.B. alle Erfolge sich selbst beizulegen, so ist das eine Steigerung der auto-
kratischen Idee bis zur Lächerlichkeit. Mit diesem hochgesteigerten Begriff
der eigenen Wichtigkeit ging Hand in Hand ein eingewurzeltes Mißtrauen
gegen seine Werkzeuge, vor allem aber gegen die Prinzen. In bezug auf
Gallus haben wir die Wirkungen dieses freilich vollauf verdienten Mißtrauens gesehen, aber Julian traute er ebensowenig. Widerwillig anerkannte er
diesen als letzten Verwandten. Das constantinische Haus stand bei Constantius' Kinderlosigkeit und der Hinmordung aller anderen Verwandten nur
noch auf diesen zwei Augen. Alles das vermochte freilich nicht, ihm eine
vertrauensvollere Haltung einzuflößen. Auch seine Offiziere litten [MH.III
164] unter diesem Mißtrauen gegen die besten Männer und seinem für jede
Verleumdung bereitwillig geöffneten Ohr. Das Spionenwesen blühte.

Sein öffentliches Auftreten geschah mit großer Würde und gutem An-
stand. Das Haupt beiseite zu wenden oder auszuspucken, hätte er für eine
Versündigung gegen die von ihm zu beobachtende Haltung erachtet.[562] Diese
Strenge seines Wesens machte aber Eindruck, so daß Constantius besser
dasteht als sein ungleich fähigerer Nachfolger. Es ist eine Verleumdung,
wenn von Constantius gesagt wird, er sei völlig gleichgültig gegen alles
gewesen. Seine Gemahlin, die schöne und kluge Eusebia, hatte Einfluß auf
ihn; aber freilich, wenn seine dynastischen Empfindungen ins Spiel kamen,
dann hörte alles auf.[563] Man muß anerkennen, daß er trotz einer Reihe
großer Niederlagen die Perser in Schach gehalten und trotz seiner Streng-
gläubigkeit die Hierarchie mit starker Hand gebändigt hat. Der Paganismus
seines Nachfolgers hat mehr zur Befreiung der Kirche vom Staat getan als
das Christentum des Constantius. Er vereinigte noch einmal, wie wir gesehen haben, das ganze Reich. Auf die eigentliche Regierung hatte das weniger
Einfluß, als man denken sollte; dazu war die Bureaukratie schon zu sehr

---

[562] Amm. XVI 10,10

[563] Eusebia unterstützte ihn darin:
Amm. XV 2,8; 8,3.

erstarkt. Die Spitze änderte sich, die Beamten, der *praefectus praetorio* etc. blieben.

Nachdem der Kampf mit Magnentius zu Ende war, ging Constantius nach Gallien, wo er das Konzil von *Arelate* (Arles) abhielt[564], aber er konnte nicht lange bleiben, da die Bewegungen [MH.III 165] an der Donau seine Anwesenheit erforderten. Durch die Kriege des Magnentius war das ganze Gerüst der Rheinverteidigung zerschlagen worden. Nach dem Abgang des Constantius überschwemmten die Alamannen Gallien und führten entsetzliche Zustände herbei. Die Städte freilich waren größtenteils durch ihre Mauern geschützt[565], denn zur Belagerung schritten die Alamannen nicht und konnten nicht dazu schreiten; aber das platte Land brandschatzten sie gründlich. Dazu lebten die Banden der *Bacaudae* wieder auf.

Constantius sandte den Silvanus als *magister militum* nach Gallien[566], und es gelang diesem tüchtigen Mann, die Alamannen hinauszudrängen. Aber Palastintrigen warfen den Silvanus nieder. Es ist zwar nur ein einzelnes Bild, aber zu charakteristisch für Constantius, um es zu übergehen: einen treueren Diener als Silvanus hatte er nicht. Derselbe ist uns schon einmal begegnet. Es war jener Franke mit römischem Namen, dessen Übertritt 351 den Tag von *Mursa* zu Constantius' Gunsten entschieden hatte (s. o. MH.III 155). Nameswechsel wie die des Silvanus[567] sind häufig und beweisen uns, daß selbst unter den, ihrem Namen nach anscheinend römischen hohen Beamten gewiß noch viele Germanen, überhaupt Barbaren, steckten.[568] Gegen diesen langerprobten Mann wurde eine plumpe Intrige geschmiedet. Man legte dem Kaiser Briefe vor, aus denen die alte Schrift teilweise entfernt und Hochverrat hineinkorrigiert war. Der Kaiser hielt sich damals in Mailand auf, es wurde gegen Silvanus Anklage auf Hochverrat [MH.III 166] erhoben, obgleich alle fränkischen Offiziere, die den Silvanus kannten und von seiner Unschuld überzeugt waren, energisch für ihn eintraten. Der Kaiser sandte den Ursicinus, Silvanus' Hauptgegner, ab, um letzteren zur Verantwortung zu ziehen. So zwang er diesen, gegen seinen Willen das zu tun, dessen er angeklagt worden war. Weil er für einen Verschwörer gehalten worden war, wurde er zum Verschwörer. Er ließ sich von den Truppen zum Augustus ausrufen, wurde aber nach einer nur 28tägigen Herrschaft besiegt und beseitigt.[569] Gallien, das abermals verlassen war, erlebte wieder einen Alamanneneinfall.[570]

564 Amm.XIV 5,1; 10,1; Sulp.Sev. chron.II 39,2
565 Nach Julian (279 A) eroberten sie 45 Städte, nach Zosimos (III 1,1) 40, vgl. Liban.or.XVIII 33 f. Mommsen bemerkt selbst die Eroberung von 60 gallischen *civitates* in der Zeit des Probus: MH.II 150 nach SHA.Prob.13,6.
566 Aur.Vict.42,15; Amm.XV 5,2; Jul.98 C

567 Ein Namenswechsel für Silvanus ist nicht bezeugt, wir kennen bloß einen einzigen: von Agenarich in Serapion; Amm.XVI 12,25. Römisch-germanische Doppelnamen: Petrus-Valvomeres (Walamer); Amm.XV 7,4.
568 M. Waas, Germanen im römischen Dienst im 4. Jahrhundert n.Chr., 1971
569 Aur.Vict.42,16; Amm.XV 5
570 Amm.XV 8,1

d) Julian und Jovian (355–364)

Da entschloß sich der Kaiser, den letzten Prinzen der constantinischen Familie, den Julian, Gallus' Bruder, aus dem Dunkel, in dem er bis dahin gelebt hatte, hervorzuziehen.[571] Er war 331 geboren, jetzt 22 Jahre alt, und bis dahin in halber Gefangenschaft erzogen. Julian hatte sich mit literarischen, klassischen Studien beschäftigt und war noch nicht öffentlich vom Christentum abgefallen, dem anzugehören zwar nicht von jedem Privatmann, aber von jedem Prinzen der constantinischen Familie verlangt wurde. Als er nach Mailand berufen wurde, glaubte er, es gehe zum Tode, dem er vielleicht schon längst überliefert gewesen wäre, wenn sich die Kaiserin Eusebia nicht für ihn interessiert hätte. Er wurde vorerst nach Athen geschickt, wo er literarische, für sein späteres Leben wichtige Verbindungen anknüpfte.

Als nach dem Sturz des Silvanus die Politik die Einsetzung eines Caesar forderte, wurde Julian nominell an die Spitze [MH.III 167] des Westens gestellt, aber des Constantius Mißtrauen hob sofort wieder auf, was er getan hatte. Julian erhielt nur eine schwache Eskorte[571a] von 300 Mann[572], und Constantius sorgte überdem durch Instruktionen an die Kommandierenden dafür, daß diese die wirkliche Macht in der Hand behielten und Julian nicht an die Geschäfte kommen ließen. Der junge Gelehrte, der griechische Philosoph, galt übrigens gar nicht ernsthaft für regierungsfähig.

Indessen hatten sich die Barbaren *Agrippinas* (Kölns) bemächtigt und machten Miene, das Land gar nicht mehr zu verlassen, sondern sich häuslich einzurichten. Es hatte den Anschein, als werde der Westen dauernd germanisch. Im Winter 355/56 wurde Julian mit seiner Handvoll Leute in *Augustodunum* (Autun) von den Barbaren belagert.[573] Elsaß-Lothringen war ganz in den Händen derselben. Wir haben über diese Ereignisse einen doppelten Bericht; einen langen, ausführlichen von Ammian, einen kurzen von Julian selbst.[574] Letzterer spricht sehr bescheiden, Ammian wie von einer glänzenden Heldenlaufbahn. Julian hat sich nach beiden Berichten tapfer durchgeschlagen, aber es wird wohl wahr sein, was er selbst sagt, daß nicht viel erreicht worden sei. Seine Macht war materiell und numerisch gering, und die Instruktionen des Kaisers an die hohen Beamten hemmten ihn. Marcellus, der *magister militum*, war ihm ganz feindlich.[575]

Im folgenden Winter (356/357) hielt sich Julian bei den Senonen auf, und im nächsten Sommer ging es besser.[576] Marcellus war durch Severus er-

---

[571] Amm.XV 8; Jul.274f.; J. Bidez, Julian der Abtrünnige, 1940

[571a] „Geleit, Gefolge"

[572] Julian (277 D) spricht von 360 Soldaten.

[573] Julian entsetzte das von den Alamannen belagerte Autun Ende Juni 356

von Vienne aus, wo er überwintert hatte: Amm.XVI 1f.

[574] Amm.XVIf.; Jul.268ff.

[575] Marcellus war der Nachfolger des Ursicinus: Zos.III 2,2; Amm.XVI 2,8; 4,3; Jul.278 B.

[576] Amm.XVI 3,3

setzt[577], mit dem eine Art Einverständnis erzielt wurde. [MH.III 168] Eine Schattenseite aber war das offen feindselige Verhalten des von Italien aus operierenden Generals Barbatio, der sich von jedem hilfreichen Eingreifen fernhielt.[578] So mußte Julian 357 die berühmte Schlacht bei *Argentoratum* (Straßburg) ganz allein mit seiner kleinen Minorität – 13000 Mann – einer ungeheuren Übermacht gegenüber schlagen.

Es ist vielleicht die einzige Schlacht, von der wir eine ausführliche Beschreibung durch einen gedienten Soldaten haben, und daher höchst instruktiv für die Art der Germanen zu kämpfen. Ammian ist der Berichterstatter.[579]

Die Alamannen waren die Angreifer, drei Tage und drei Nächte lang setzten sie ihre Mannschaften über den Rhein und nahmen ihre Aufstellung mit dem Rücken gegen diesen Fluß. Das Hauptquartier Julians war ein Hügel bei Straßburg. Befehlshaber der Alamannen waren Chnodomar und sein Neffe Serapio – wieder ein römischer Name eines noch dazu in den Reihen der Feinde kämpfenden Alamannen, der zugleich darauf deutet, daß auch der Kult gewechselt worden war.[580] Fünf Könige und zehn Fürsten umgaben Chnodomar und kämpften neben ihm. Sein Heer betrug 35000 Mann – es sind durchaus glaubliche Zahlen. Die Infanterie der Alamannen forderte, daß die Fürsten absitzen und zu Fuß mitkämpfen sollten. Offenbar wegen der Gefahr des Flusses in ihrem Rücken verlangten sie, daß die Führer die gleiche Chance laufen sollten. Der linke Flügel der Germanen und der rechte der Römer wurden durch die Kavallerie gebildet. Auf der römischen Seite standen schwere, durchaus gepanzerte Reiter [MH.III 169] und Pferde, die Alamannen hatten leichte Reiter mit Fußvolk untermischt, und dies war den unbehilflichen Panzerreitern verhängnisvoll. Die germanische Schlachtordnung bildeten *cunei*, geschlossene Angriffskolonnen, die römische eine phalanxartige Schildburg. Das Reitergefecht lief ungünstig für die Römer ab, ihre Reiterei wich und wurde zersprengt trotz aller Anstrengungen Julians, sie wieder zum Stehen zu bringen. Dann prallte das Fußvolk aufeinander, und hier wendete sich der Sieg. Der Kern der Bataver unter einheimischen Fürsten erscheint auf dem Schlachtfeld; eine Schar der Alamannen mit allen Fürsten dringt noch einmal vor, kommt bis an das Feldherrnzelt und die erste Legion, es ist aber fruchtlos, sie müssen weichen, und nun beginnt die regellose Flucht. Die Stellung war verhängnisvoll, Pardon wird nicht gegeben, und alles, was nicht unter dem Schwert fällt, wird in den Rhein getrieben. Chnodomar ist entronnen, versucht, das Schiffslager zu erreichen, sein Pferd stürzt, er wird umstellt. Er und 203 Mann, meist Edle, müssen sich ergeben.[581] 6000 Alamannen liegen tot auf dem Schlachtfeld[582], ungerechnet die Ertrunkenen. Die Römer hatten verhältnismäßig geringen

[577] Amm.XVI 10,21
[578] Barbatio war der Nachfolger des Silvanus: Amm.XVI 11,2; 11,6ff.
[579] Amm.XVI 12. Seine Teilnahme an der Schlacht ist nicht bezeugt.
[580] Dies bezeugt Ammian XVI 12,25.
[581] Amm.XVI 12,60
[582] Amm.XVI 12,63

Verlust. Mit dieser Schlacht hatte Julian seine militärische Tüchtigkeit erprobt, von da ab lag das Übergewicht auf römischer Seite.

Im nächsten Jahr (358) schaffte er Ordnung am Niederrhein. Der Fluß und seine Schiffahrt war ganz in den Händen der Franken; der Statthalter Galliens Florentius hatte den Durchzug erkaufen wollen, Julian lehnte das ab.[583] Er schlug [MH.III 170] die Franken[584], was zur Folge hatte, daß Gallien wieder genügend verproviantiert werden konnte. In Gallien lag der Ackerbau vollständig darnieder, die Kornflotte kam aus Britannien.[585]

Nachdem Julian so für die Zufuhr gesorgt hatte, machte er erfolgreiche Anstrengungen, den furchtbaren Steuerdruck zu mildern.[586] Daß er hier eingriff, war ja zweifellos eine Usurpation, denn nach der Intention des Kaisers sollte Julian figurieren, nicht administrieren. Der *praefectus praetorio* Florentius beklagte sich über diese Einmischung Julians[587], und die Rechtsfrage muß zuungunsten Julians entschieden werden, wenn auch die Usurpation durch die schreienden Mißbräuche beinah legitimiert wird. Es war viel weniger wirkliche Überlastung, unter der das Land seufzte, als verkehrte und ungleichmäßige Erhebung der Steuer durch die Gemeinderäte. Diese repartierten die jeweils im ganzen die Gemeinde betreffende Steuer auf die einzelnen Insassen, und dadurch wurden die größten Ungerechtigkeiten hervorgerufen.

Die Munizipalbeamten waren noch schlimmer als die Reichsbeamten. In den Gemeinderäten saßen die Vermögenderen. Diese sorgten dafür, daß sie selbst bei der Steuerverteilung keine allzu schwere Last bekamen, und wälzten diese auf die Ärmeren ab, auf denen natur- und erfahrungsgemäß der Steuerdruck schon bei gerechtester Verteilung am schwersten lastete. Julian griff mit der Autorität, die er als Sieger von *Argentoratum* hatte, durch; in der *Belgica Secunda* wies er alle Steuerbeamten des *comes largitionum* aus und nahm die Steuererhebung selbst in die Hand.[588] Besonders scharf ging er gegen die willkürlichen und nachträglichen Zuschläge vor, die natürlich [MH.III 171] das Budget der Gemeinden und der einzelnen, als ganz unvorhergesehen, am schwersten belasteten und verwirrten. Er bekam durch solche Maßregeln mehr und mehr die Stellung eines wirklichen Regenten.

Im Jahr 358 wurden die Alamannen unter Mitwirkung des Constantius von der Donau her zwischen zwei Feuer genommen.[589] Julian ging über den Rhein und drang bis zur Ostgrenze der Alamannen vor, die scharf gedemü-

[583] Jul.280 A. Florentius war *Praefectus Praetorio Galliarum*, s.u.

[584] Amm.XVII 2

[585] Jul.279 D

[586] Amm.XVII 3

[587] Jul.282 C

[588] Hensel schreibt wohl irrig *Baetica II*; Mommsen referiert Ammian XVII 3,6, wonach Julian die Steuer der *Belgica II* dem *praefectus praetorio* (!) wegnahm und selbst verwaltete.

[589] Constantius bekämpfte 358 die Sarmaten von *Sirmium* aus (Amm.XVII 12 f.) und sandte seinen Heermeister Barbatio gegen die alamannischen Juthungen in Raetien (Amm. XVII 6).

tigt wurden.[590] 359 wurde, was freilich die Historiker nicht sagen, uns aber von größter Wichtigkeit ist, die alte Grenzverteidigung hergestellt und so auf längere Zeit wieder dem Land Ruhe verschafft.

Das waren Werke Julians, die ihn stolz, den Kaiser aber eifersüchtig machen mußten und ein gespanntes Verhältnis verursachten, unvermeidlich bei dem ungenügenden Vertrauen oder vielmehr bei dem vollen Mißtrauen, das der Kaiser dem Julian entgegenbrachte, neben der formalen Machtstellung, die er unter dem Zwang der Verhältnisse ihm einzuräumen genötigt war.[591] Das Reich war tatsächlich nicht einheitlich. Nur durch Zufall und die glückliche Wendung des Krieges gegen Magnentius war dem Constantius die Personalunion der beiden innerlich getrennten und sich schon entfremdeten Reichshälften noch einmal gelungen. Soldaten und Volk der westlichen Reichshälfte wollten wieder einen besonderen Westherrscher haben. Gleich nach der Schlacht bei *Argentoratum* hatten die Soldaten Julian zum Augustus ausrufen wollen, und Julian hatte dem nur mit Mühe wehren können[592]; eine solche Wendung wäre ihm damals unbedingt verderblich geworden.

[MH.III 172] Der Bruch mit Constantius scheint nicht Julian zur Last zu liegen; er entwickelte sich aus den Verhältnissen des Ostens. Während des Kampfes mit Magnentius hatten wunderbarerweise die Perser sich still verhalten. Ein damals vorgenommener, konsequent durchgeführter Angriff hätte für Constantius verhängnisvoll werden können. Im Jahr 358 aber hatte Sapor von seinen oben erwähnten[593] Bedrängern aus dem Osten Luft bekommen und konnte sich wieder mit ganzer Kraft gegen die Römer wenden. Obgleich nie Frieden geschlossen worden war, erließ er eine Art neuer Kriegserklärung, die sehr großrednerisch anhub, an die alten Ansprüche des Darius anknüpfte, wonach ihm eigentlich ganz Asien und das Land bis an den Strymon in Makedonien gehöre, dann aber milder wurde, indem Sapor sich mit Armenien und Mesopotamien begnügen zu wollen erklärte. Natürlich lautete Constantius' Antwort ablehnend.[594]

Der Anfang des Krieges verlief unglücklich für die Römer, *Amida* (Diarbekir) fiel in die Hände der Perser; die Römer erlitten ungeheure Verluste, Constantius hatte wieder einmal durch Mißtrauen die Aktion seiner Heerführer gelähmt.[595] Im Jahre 360 errangen die Perser neue Erfolge. Sie griffen *Nisibis* an, eine Reihe von Städten geriet in ihre Gewalt. Der Kaiser mußte daran denken, die ganze Macht, auch die des Okzidents, aufzubieten, und schickte Julian den Befehl, seine Kerntruppen abzugeben. Formell war gegen diesen Befehl gar nichts zu sagen, materiell aber war er sowohl für den Westen als für Julian persönlich höchst bedenklich. Die Reichsteilung hatte doch auch [MH.III 173] eine Teilung der Armee bedingt. Die besten westlichen Truppen waren germanische Kapitulanten, sogenannte *foederati* mit

590 Amm.XVII 10
591 Amm.XVII 11
592 Amm.XVI 12,64

593 s.o. MH.III 150
594 Amm.XVII 5
595 Amm.XIX

bestimmten Verträgen, die sie größtenteils nur verpflichteten, in Gallien zu dienen.[596] Constantius rechnete bei seinem Verlangen nicht mit dem Geist der Truppen und ohne Julian. Erstere betrachteten die Zumutung, nach dem Osten zu ziehn, als einen Bruch ihrer Verträge, und es zeigte sich in der Zukunft, daß ein Staat verloren ist, wenn er seine Verteidigung Landsknechten und nicht den eigenen Bürgern anvertraut. Die Truppen wurden nicht gerade meuterisch, aber schwierig und erbittert. Daß Julian der Ordre des Constantius mißtraute, war völlig gerechtfertigt. Es lag bei dem Charakter des Kaisers sehr nahe, darin eine Maßregel zu sehen, den Julian als Nebenbuhler ohnmächtig zu machen. Die Zahl der geforderten Truppen war nicht gerade groß, aber Julians Heer war überhaupt gering, und es wurde der Kern erprobter Berufssoldaten verlangt.

Julian soll mit vollster Loyalität gehandelt haben. Wir haben zu Zeugen zwar nur ihn selbst und ihm günstig gestimmte Autoren[597], aber als wahrhaft hat er sich stets ausgewiesen, und sein Bericht paßt zu den Fakten. Er erhob zuerst Gegenvorstellungen, wies nach, wie gefährlich es sei, den Soldaten ihre Verträge nicht zu halten, wie er alle künftigen Kapitulanten abschrecken würde. Als er nicht durchdrang, gab er den Truppen in Ausführung der kaiserlichen Ordre Befehl, zu marschieren. Julian brachte den Winter 359/60 in Paris zu[598]; dies wird hier zuerst genannt.[599] Es war der [MH.III 174] Sitz des Hauptquartiers, dazu ausgewählt wegen der beherrschenden und leicht zu verteidigenden Lage auf der Insel zwischen den Seine-Armen. Julian kann als Schöpfer von Paris als Hauptstadt gelten. Die Truppen sollten auf dem Marsch Paris passieren, Julian warnte und wies auf die Gefahr einer Meuterei hin, wenn die Truppen jetzt den Sieger von *Argentoratum* zu Gesicht bekämen. Die kaiserlichen Beauftragten ließen sich nicht warnen, und was Julian vorhergesagt hatte, geschah: Die Soldaten riefen ihn zum Augustus aus und stellten sich unter seine Befehle. Nun wurde der Abmarsch aufgehoben.

Julian hat gesagt, er habe sich diese Stellung nicht gewünscht. Er hat in wunderbarem Glauben an die Schicksalseinwirkung die Götter befragt, und diese haben zugestimmt.[600] Das ist gewiß den Buchstaben nach wahr, aber der Ehrgeiz hat doch latent in dem merkwürdigen Mann geschlummert. Wer so über seine Kompetenz greift wie Julian in Gallien, wer einen solchen Perserzug organisiert, wie er es getan, der ist ehrgeizig.

Der Schritt war unwiderruflich. Hätte Julian abgelehnt, so unterschrieb er sein Todesurteil, das ist bei Constantius' Naturell ganz klar. Julian stellte dem Kaiser Bedingungen: Mitherrschaft natürlich, d.h. Legalisierung seiner Stellung, denn er war Herr des Westens. Aber er bot ihm auch wichtige Konzessionen an: Nicht unbedingte Gleichstellung verlangte er; den ober-

---

[596] Amm.XX 4
[597] Zos.III 9; Amm.XX 4; Liban.or. XVIII 90.
[598] Amm.XX 1,1; 8,2; Jul.340 D

[599] Gemeint die Namensreform „Parisii". *Lutecia Parisiorum* (Paris) wird zuerst bei Caesar BG.VI 3,4 genannt.
[600] Jul.284 C

sten Beamten, den *praefectus praetorio*, solle Constantius, die anderen Julian ernennen.⁶⁰¹ Das ist staatsrechtlich merkwürdig als der einzige Fall, wo [MH.III 175] der eine Augustus ein Recht gehabt hätte, das der andere nicht hatte – wenn wir nicht im Verhältnis von Diocletian und Maximian einen Präzedenzfall haben, vorausgesetzt nämlich, daß die Unterordnung des letzteren nicht ganz aus freiem Willen hervorgegangen ist. Zur Sendung von Zuzug erklärte sich Julian bereit, wenn auch in etwas vermindertem Umfang. Das Heer stand ganz auf Julians Seite⁶⁰², das Zivilpersonal nicht durchweg. Florentius, der *praefectus praetorio* blieb dem Kaiser treu.⁶⁰³ Auch die religiöse Frage hat wohl mitgespielt, Julian regierte Gallien ostensibel als Christ⁶⁰⁴; aber schon damals war bekannt, daß er heidnische Sympathien hatte. Auch hierin lag ein Gegensatz des Westens und Ostens. Die westlichen Truppen waren noch meist heidnisch, die östlichen schon christianisiert. Dies wirkte latent mit.

Constantius stand noch einmal vor derselben Frage wie zur Zeit des Magnentius. Im Begriff, einen schweren Perserkrieg führen zu müssen, wurde er abgerufen zur Entscheidung der Herrschaft über den Westen. Aber auch hier zeigt sich seine strenge, nicht leicht zu erschütternde Natur. Er ließ den Westen nicht fahren, sondern brach gegen Julian auf, wie damals 351. Auch Julian war entschlossen, die Brücken abzubrechen und lieber anzugreifen als angegriffen zu werden. Wäre es zum Krieg gekommen, so möchte der Ausgang ziemlich zweifelhaft gewesen sein. Italien wenigstens nahm entschieden für Constantius Partei, *Aquileia* schloß vor Julian die Tore.⁶⁰⁵ Da trat das Schicksal in den Weg. Als Constantius nach Konstantinopel abgehen wollte, am 3. November 361, ereilte ihn der Tod [MH.III 176] in Kilikien.⁶⁰⁶ Nach beglaubigten Nachrichten hätte er auf dem Totenbett Julian zu seinem Nachfolger ernannt, und das würde auch ganz zu seinen Legitimitätsansichten stimmen: Das constantinische Haus hatte zu regieren, und da jetzt nur noch Julian da war, also dieser. Damit war der Widerstand zu Ende. Der Osten unterwarf sich sofort, nur *Aquileia* widerstand noch längere Zeit.⁶⁰⁷ Am 11. Dezember 361 zog Julian an der Spitze der okzidentalischen Truppen in Konstantinopel ein.⁶⁰⁸

Julians Charakter zu schildern, ist eine schwierige Aufgabe, obgleich wir wenige Herrscher so genau kennen wie ihn. Sowohl aus der Zeit, wo er den loyalen Untertan und den Christen spielen mußte, als auch aus der späteren haben wir Broschüren und Briefe von ihm selbst in Menge.⁶⁰⁹ Wir besitzen Berichte von Freund und Feind, von Christen und von Ammian. Aber Julian

---

⁶⁰¹ Amm.XX 8,14
⁶⁰² Amm.XX 9,6f.
⁶⁰³ Amm.XX 8,20f.; Jul.282 C
⁶⁰⁴ Amm.XXI 2
⁶⁰⁵ Amm.XXI 10f.
⁶⁰⁶ Chron.Min.I 240

⁶⁰⁷ Amm.XXII 8,49
⁶⁰⁸ Amm.XXII 2,4
⁶⁰⁹ Herausgegeben und ins Englische übersetzt von W. C. Wright, I-III, 1913ff. (Loeb). Zählung nach der Ausgabe von Spanheim 1696.

ist eine zu eigenartige Erscheinung, und es ist schwer, sich in den Konflikt von Okzident und Orient, von Christentum und Heidentum hineinzudenken. Nicht bloß zwei Seelen, die allerverschiedensten Elemente wohnten in dieser Brust. Nie vergessen darf man an erster Stelle seine unglückliche Jugend. Seine erste Erinnerung war die große Prinzenschlächterei, in der er Vater, Bruder und alle Verwandten verlor, so daß er verwaist in die Hand des Mörders fiel. Dann lebte er in beständiger Todesfurcht, denn es ist doch kaum mehr als bloßer Zufall, daß nicht auch er früh blutig endete. Jeden Augenblick war er darauf gefaßt. Das war die Jugend des lebhaft angeregten Menschen, und daher hat er fürs Leben das Unstete behalten, etwa wie der Sklave, der die Kette zerbrochen.

[MH.III 177] Die Erinnerung an die Unfreiheit seiner Kindheit und Jugend verfolgte ihn durch sein ganzes Leben. Dazu kam seine Anlage. Er war eine griechische Natur und hat von sich selbst gesagt, er sei der erste Grieche[610] auf dem Kaiserthron gewesen. Sein Kult, seine Bildung, seine literarischen Neigungen, das alles war in ihm um so lebendiger, als er sich nur unter starkem Druck entwickeln konnte. Auch der geistige Druck, das gezwungene Bekennen des Christentums, das er aufs tiefste haßte, muß in Rechnung gezogen werden. Das christliche Wesen und die heidnische Bildung, beides nebeneinander, Christ dem Bekenntnis nach, Heide von ganzer Seele, das gab eine unerfreuliche, unharmonische Mischung.

Über Kaiser Julians Äußeres sind wir ganz genau unterrichtet, und zwar durch Ammian und durch ihn selbst.[611] Er hat sich nicht geschmeichelt und schildert sich als ungewöhnlich häßlich. Da habe er dann auch das Seinige zur Vollendung seiner von der Natur vernachlässigten Erscheinung tun wollen und sich durch das Stehenlassen eines ungeheuren Bartes weiter verunschönt. Zu seiner kleinen, knirpshaften Gestalt paßte schlecht der mächtige Soldatenschritt, den er sich angewöhnt hatte. Disharmonie war die Signatur seines Wesens wie seiner äußeren Erscheinung. Er war vielleicht der einzige Monarch, der nicht nur ungewaschen und ungekämmt umherlief, sondern auch noch damit renommierte. Da er einmal den ungeheuren Wald seines Bartes kultiviert habe, sei es auch ganz in der Ordnung, daß die Tiere des Waldes darin lebten, die Läuse. Zum Waschen der Finger habe er keine Zeit; er habe zu viel zu schreiben, daher seien seine Finger stets von Tinte beschmutzt. Damit zu [MH.III 178] renommieren, ist doch eigentümlich. Und das geht in allem bei Julian durch. Es gibt wenige Regenten, die an Humanität, Tapferkeit, Bildung und Geist an Julian heranreichen, und doch ist der Gesamteindruck trotz dieser hohen Eigenschaften ein unerfreulicher, wegen der schweren Mängel von Haltung, Takt und Festigkeit, vor allem aber von Schönheit und Anmut.

Arbeitsamer als er war keiner; es ist staunenswert, was er in den noch nicht zwei Jahren seiner Regierung alles unternommen hat: die Reform der

---

610 Jul. 367 C   611 Amm. XXV 4,22; Jul. 339 B

Religion, des Beamtenwesens, die Vorbereitung und die Führung des großen Perserkrieges, eine sehr ausgebreitete und, wie es scheint, ursprünglich zur Publikation bestimmte Korrespondenz, sowie die Abfassung einer Menge von Broschüren. Das war nur möglich durch seine Lebensart.[612] Sie war die denkbar frugalste; Tafelfreuden kannte er nicht, Schlaf brauchte er sehr wenig; vor Sonnenaufgang verließ er sein hartes Lager und setzte sich sofort an den Schreibtisch. Aber allem mangelt die Empfindung für Schönheit und Anmut: Auch seine Keuschheit ist kaum verdienstlich, da sie hervorging aus völliger Gleichgültigkeit gegen Frauenschönheit. Ein übles Literatentum, das verschrobene Wesen, die Gehässigkeit, der Schriftstellerneid – alle bösen Eigenschaften der Federmänner trüben das Bild dieses tapferen Soldaten.

Julians Mangel an politischer Haltung und das Bestreben, Federkrieg zu führen, erinnert an Napoleon I. Er war wie dieser kein Gentleman. Und so ist er auch wegen dieser anderen unharmonischen und widerwärtigen Eigenschaften [MH.III 179] nie ein voller, großer Staatsmann und Feldherr gewesen. Ohne Glück und ohne Segen kämpfte er gegen den Strom für eine verlorene Sache, die er selbst als solche erkennen mußte. Daher seine Gehässigkeit gegen das Christentum. Wie tief er das Christentum auch verachtete, wie scharf er dessen Mängel auch erkannte, er wußte doch, daß er mit ihm nicht rivalisieren konnte, daß die Zeit des Heidentums vorbei war. Darum versuchte er in seiner Weise, soviel als möglich Christengedanken ins Heidentum überzuführen.[613] Das konnte freilich nicht gelingen. Aber das traurigste ist doch, daß wir immer in ihm neben dem Staatsmann und Feldherrn den frondierenden Literaten sehen.

Nachdem Julian durch besondere Gunst des Schicksals ohne Blutvergießen zum Thron gelangt war, setzte er eine religiöse, administrative und militärische Revolution ins Werk. Eine Reparation des tyrannischen Regiments des Constantius, die Beseitigung der feilen Schranzen, die an vielem, was unter ihm gesündigt worden war, Schuld trugen, war wohl notwendig. Aber die Justizkommission, die Julian über die politischen Vorgänge unter Constantius einsetzte, war denn doch ein bedenkliches Unternehmen, schon durch ihre Zusammensetzung.[614] Durch verkehrte Unparteilichkeit fiel seine Wahl zum Teil auf die schlimmsten Werkzeuge des verflossenen Regiments. Daß sich Julian selbst bei den Verhandlungen der Kommission beteiligt hätte, ist Verleumdung, ein großer Teil ihrer Entscheidungen verdient schweren Tadel. Daß sie alle, die bei der Hinrichtung des Gallus ihre Hand im [MH.III 180] Spiele gehabt hatten, darunter den Apodemius und den Paulus, schwer trafen, hatte wohl seinen Grund in Augendienerei gegen den Bruder Julian, ist aber sachlich nicht zu tadeln und mag eine politische Notwendigkeit gewesen sein.

Das Hofwesen war durch die starke Etikette des Constantius, durch den übertriebenen Luxus, der zu allen Zeiten ein Zug des Kaisertums gewesen war, in übler Verfassung. Die Barbiere und Köche, die eine hervorragende Stellung unter den Hofchargen eingenommen hatten, wurden haufenweise entlassen, und man kehrte zur Einfachheit zurück. Aber durch hastiges und rücksichtsloses Eingreifen erregte Julian auch hier viel böses Blut.[615] Geld wurde allerdings viel gespart, und wenn Julian sich rühmte, daß durch ihn die Abgaben im ganzen Reich um ein Fünftel heruntergesetzt worden seien[616], so wird der Löwenanteil wohl auf das Aufhören der sinnlosen Verschwendung am Hof zu setzen sein.

Betrachten wir sein Verhalten in der religiösen Frage, so steht fest, daß er als Caesar in Gallien sich noch nicht entschieden und offen vom Christentum abgewandt hatte.[617] Erst nachdem er als Kaiser in Konstantinopel eingezogen war[618], bekannte er sich zum Heidentum und proklamierte volle Toleranz, mehr nicht.[619] Aber diese Duldung wendete ihre Spitze gegen die unter seinen beiden Vorgängern mehr und mehr begünstigte Kirche. Deren unter Constantius sehr gesteigerte Privilegien fielen mit einem Schlage weg. Die Tempel wurden restituiert, die Güter derselben, die zu Gunsten [MH.III 181] christlicher Kirchen eingezogen waren, sollten zurückgegeben werden. Aber auch allen Christen gegenüber galt volle Toleranz; keiner sollte zum Opfern gezwungen, und allen Sekten volle Freiheit gewährt sein. Julian sah ab von dem früher erwähnten Plan, eine staatliche Orthodoxie, einen allgemeinen Glauben von oben herab zu organisieren. Dabei wirkte der abstrakte Gedanke der Toleranz mit, aber gewiß auch die Erwartung, er könne kein sichereres Mittel zum Ruin des Christentums anwenden, als wenn er die Streitigkeiten der Sekten unter sich frei walten ließe. Die staatsgefährliche geschlossene Einheit des Christentums war damit aufgehoben. Es sieht Julian ganz ähnlich, daß er nicht nur den Disputen unter den Christen mit Freude zusah, sondern in Dispute von Bischöfen verschiedener Konfession selbst eingriff – und als er im Gewirre der streitenden Stimmen sich nicht Gehör verschaffen konnte, ihnen zurief, sie möchten ihn doch hören, den sogar die Franken und die Alamannen gehört hätten.[620] Vielleicht war das wirksam, aber würdig war es nicht, so zu dem zankenden Klerus herabzusteigen.

Infolge der allgemeinen Toleranz kehrte auch Athanasius nach Alexandria zurück und nahm daselbst die bischöfliche Stellung wieder in Anspruch. Das litt aber Julian nicht, er erkannte die Staatsgefährlichkeit des Athanasius und verbot ihm die Ausübung der bischöflichen Tätigkeit. Da ihm ein ordnungs-

---

[615] Amm.XXII 4

[616] Nach Ammian (XVI 5,14) verringerte Julian die Abgaben in Gallien *pro capitulis singulis* von 25 auf 7 Goldstücke.

[617] 362 datierte Julian (ep.47; 434 D)

seine innere Abkehr vom Christentum auf 350.

[618] Am 11. Dezember 361: Chron. Min.I 240.

[619] Am 4. Februar in Alexandria publiziert: Hist.aceph.9; vgl. Jul.ep.29.

[620] Amm.XXII 5,4

mäßiger Nachfolger gesetzt worden war und Athanasius sich nicht fügte, verbannte er ihn zum vierten Male.[621] Kein Kaiser konnte mit diesem Priester auskommen. [MH.III 182] Das Vorgehen gegen das Christentum war gleichwohl staatsmännisch verkehrt. Nachdem das Christentum zu solcher Bedeutung erstarkt war, daß man es nicht mehr ignorieren konnte, so mußte der Staat für eine anerkannte Orthodoxie sorgen, sonst war der Zustand ein unmöglicher und eine allgemeine Zerrüttung des Reichs zum Schaden für die Allgemeinheit unvermeidlich.

Den Heiden leistete Julian trotz der theoretisch allgemeinen Toleranz Vorschub, indem er die Christen von den öffentlichen Ämtern zwar nicht ganz ausschloß, aber doch Heiden lieber anstellte.[622] Den neutralen Boden streng festzuhalten, war eben unmöglich. Ein Schritt ging direkt gegen das Christentum, und zwar ein Schritt von höchster, praktischer Wichtigkeit. Der öffentliche Unterricht wurde den Christen entzogen, Rhetorik, Grammatik und Philosophie sollten nur durch Heiden gelehrt werden dürfen.[623] In allen größeren Städten gab es solche Anstalten, die die größte Ähnlichkeit mit unseren Gymnasien und, wenn auch nicht mit den Universitäten, doch mit den Fakultäten hatten. So war aller Unterricht der höheren Stände, alle Berührung mit der Jugend den Christen abgeschnitten. Julian sah sehr wohl, wo die Hauptgefahr für das Heidentum lag, nämlich in dem Übergang des Christentums von einer Religion der unteren zu einer solchen aller Stände. Wir haben einen Brief von ihm[624], in dem er mit einer gewissen Naivität, aber innerer Überzeugung sagt, Homer und Herodot glaubten [MH.III 183] an Hermes und die Musen; wer also Homer und Herodot erklären wolle, dürfte Hermes und die Musen nicht beschimpfen um einiger Drachmen willen. Solange der heidnische Kult unterdrückt war, sei das statthaft gewesen. Jetzt könnten die Christen in ihren Kirchen den Matthäus erklären, aber die alten Schriftsteller müßten sie deren Glaubensgenossen überlassen. Das legte den Finger auf die Wunde, auf die Kluft zwischen der alten Bildung und dem neuen Glauben. Diese Maßregel erregte den schärfsten Widerspruch, selbst bei den besseren Heiden.[625] Man machte Julian den Vorwurf der Intoleranz.

Der Kaiser mußte sich zu seinem Leidwesen überzeugen, daß sich das Heidentum überlebt hatte. Die Tempel standen offen, aber es ging niemand hinein. Im Heidentum lassen sich zwei Richtungen unterscheiden: der spirituell-philosophische Neuplatonismus und das Heidentum in seiner kruden Gestalt, mit dem ganzen Apparat von Wahrsagerei und Zauberei. Die Tieferdenkenden lehnten diese Auswüchse ab. Julian aber war dem Träume-, Orakel- und Opferwesen lächerlich ergeben, so daß man ihm nicht ganz mit

[621] Jul.398 Cff. (ep.24); 435 B (ep.47); Theodoret HE.III 9
[622] Jul.376 C = ep.37
[623] Amm.XXII 10,7; CTh.XIII 3,5 vom 17. Juni 362.
[624] Jul.422 ff., ep.36
[625] Amm.XXV 4,20

Unrecht vorgeworfen hat, er sei nichts als ein Opferdiener.[626] So arbeitete er sich ab im vergeblichen Kampf für die alte, tote Religion gegen die neue, lebensfähige. Sein Haß gegen Antiochia wurde erregt, weil er nicht die Tempel füllen konnte. Ein alter Priester, der eine Gans dargebracht, war der ganze Gewinn der alten Götter in dieser [MH.III 184] Stadt; so sah es Julian.[627] Das ist vielleicht nur eine Geschichte, aber sie ist bezeichnend. Auch war Julian einsichtig genug, um zu durchschauen, daß es oft genug nur Liebedienerei gegen ihn selbst war, die solche Elemente, deren Besitz nicht gerade wünschenswert und schmeichelhaft war, der von ihm begünstigten Religion in die Arme trieb. So war das Gefühl des unmöglichen Unternehmens stets in ihm lebendig. Darum versuchte er auch, den ethischen Gehalt des Christentums in das Heidentum zu überführen.[628] Dazu gehören die guten Werke, die Organisierung des Priestertums nach dem Muster der christlichen Hierarchie und die Gründung von Armen- und Krankenhäusern, für welche Zwecke er beträchtliche Staatsmittel anwies. Er erkannte den Vorsprung des Christentums auf diesen Gebieten und wollte das Heidentum damit ausstatten. Aber es war vergeblich, das Gefäß faßte den Inhalt nicht.

Auch in der äußeren Politik plante er einen Umschwung. Sein Grundgedanke war, eine neue Welt zu schaffen: das Große, das er im Westen gegen die Germanen gewirkt, wollte er ebenso im Osten gegen die Perser ins Werk setzen. Es ist bezeichnend, daß er auf die Frage, ob er nicht zuerst an der Donau gegen die Goten vorgehen wolle, geantwortet hat: die Goten seien ihm zu gering.[629] Die Niederwerfung der Perser war der Traum seines Lebens, in überschwenglicher Weise wollte er das Werk [MH.III 185] Alexanders des Großen wieder aufnehmen, weiterführen und vollenden, und so die Wiederherstellung des Heidentums auf politischem Gebiet krönen. Politisch war das ein richtiger Gedanke, nicht nur eine kleine Niederlage nach der anderen einzustecken, sondern einmal gründlich durchzugreifen. Dazu kam: Er wollte seinen Vorgänger in den Schatten stellen. Mit ihm sollte eine neue Zeit anbrechen. Im zweiten Jahr seiner Regierung (362) schritt er zur Ausführung.

Er es hätte allerdings nicht nötig gehabt, so ungeheure Vorbereitungen zu treffen. Er konnte vielleicht auf friedlichem Wege zum Ziel gelangen. Sapor zog, als er sah, daß die Römer Ernst machten, gelinde Saiten auf. Er wollte die Entscheidung durch die Waffen gern abwenden, wurde aber mit seinen Anträgen schroff zurückgewiesen. 363 brach Julian von Antiochia auf. Wir haben von diesem Feldzug eine beglaubigte Schilderung[630], wie uns denn überhaupt Julian bekannter ist als die meisten Menschen jener Zeiten. Hun-

---

[626] *victimarius*, Amm.XXII 14,3
[627] Jul.362 B
[628] Jul.288 ff.
[629] Amm.XXII 7,8

[630] Ammian (XXIII 2 – XXV 3) hat teilgenommen, weitere Nachrichten tradiert Zosimos (III, dazu den Kommentar von F. Paschoud 1971 und 1979).

derttausend Mann brachte er zusammen. Aber schon in der ersten Anlage des Feldzuges war das Scheitern desselben bedingt. Mesopotamien und Armenien waren den Römern ganz ergeben, König Arsaces unbedingt treu. Der Weg Alexanders durch das obere Mesopotamien über den Tigris an die vitalste Stelle des Perserreichs, war also gefahrlos und offen. Ein anderer Weg führte [MH.III 186] direkt zum Angriff auf die nahe der Grenze liegende persische Hauptstadt Ktesiphon. Der eine oder der andere Weg war bisher immer eingeschlagen worden. Julian entschied sich dafür, beide einzuschlagen, d. h. die Armee zu teilen.

Noch mehr ins Gewicht fallend als die Zahl der Truppen war ihre Beschaffenheit. Seit der Teilung des Reiches hatten die Perser nur mit orientalischen Heeren zu tun gehabt, jetzt wurden Illyrier und Gallier, die Kerntruppen des Okzidents, die für Julian die Krone hatten erobern sollen, gegen sie geschickt. Die Qualität des trajanischen Heeres kann nicht entfernt so gut gewesen sein. Insofern war der Feldzug sehr wohl angelegt. Aber, was wir schon öfters an Julian zu tadeln gehabt, seine Hastigkeit verdarb viel. Der Feldzug begann zu spät im Jahr; im März[631] brach Julian von Antiochia nach dem Euphrat auf, wo in diesen Gegenden schon die Ernte herannaht und die Operationszeit bald zu Ende geht. Es ist wohl richtig, daß die Vorbereitungen, namentlich die der Transportflotte von 1100 Schiffen[632] mit 60 Kriegsgaleeren viel Zeit in Anspruch nahmen. Aber man konnte ebensogut noch ein Jahr warten, es lag durchaus kein dringender Grund zum Losschlagen vor.

Julian drang mit der ganzen Armee zwischen Tigris und Euphrat bis *Carrhae* vor, an den Nordrand der mesopotamischen Wüste. Dort fand die verhängnisvolle [MH.III 187] Teilung statt: 35 000 Mann[633] unter der Führung von Procopius und Sebastianus sollten mit dem König von Armenien zusammen bei *Arbela* den Tigris überschreiten und auf dem alten Invasionsweg vordringen. Mit 65 000 Mann ging der Kaiser selbst zurück bis an den Euphrat und dann längs dieses Flusses hinab auf Ktesiphon. Was mit dieser Maßregel bezweckt wurde, ist schwer zu sagen. Beide Wege waren ja möglich, aber warum er beide zugleich einschlug, ist rätselhaft. Die erste Armee hatte kein besonderes Operationsobjekt, sie mußte sich schließlich doch wieder mit der Hauptarmee vereinigen, warum also getrennt marschieren, wenn man vereint schlagen mußte? Andererseits waren sowohl Feldherr als auch Generale fähig, die Verhältnisse waren ihnen bekannt. Eine Unkenntnis der Gegend war ausgeschlossen. Seit Jahrhunderten lagen die Römer im Kampf mit den Persern. Ein persischer Prinz Hormisdas diente in ihren Reihen als Reitergeneral.[634] Man kann also nicht annehmen, daß es nicht gute und einleuchtende Gründe waren, die zu dieser in ihrem Ausgang verderblichen Maßregel führten. Wahrscheinlich war es die Sorge für die Verpflegung.

---

[631] Amm.XXIII 2,6
[632] Amm.XXIII 3,9

[633] Ammian (XXIII 3,5) nennt 30000,
Zosimos (III 12,5) 18000 Mann.
[634] Amm.XXIV 1,2; PLRE.I s. v.

Mit der Größe des Heeres wächst natürlich die Schwierigkeit der Verpflegung. Diese sollte auch durch die 1100 Transportschiffe erfolgen, zum Fouragieren war keine Gelegenheit. Die Gefahren, [MH.III 188] die die Wiedervereinigung vereiteln konnten, wurden wahrscheinlich zu gering angeschlagen. Von den Schicksalen des kleineren Heeres wissen wir sehr wenig. Es scheint, daß die Leitung ungeschickt war; sie bestand aus einem Prinzen und einem General. Procopius hatte nur das Verdienst entfernter constantinischer Verwandtschaft, er war quasi Prinz.[635] Sebastianus war ihm beigegeben als Feldherr. Wahrscheinlich hat es Zwistigkeiten gegeben, die beiden scheinen nicht über den Tigris hinausgekommen zu sein. Aber selbst wenn alles besser gegangen wäre, hätten sie immer 20 bis 30 Tagesmärsche voneinander gestanden.

Julian also zog an den Euphrat zurück, und von da an ging die Fahrt stromabwärts. Der Marsch war strapaziös, aber nicht gefährlich. Der linke Flügel nach der Wüste zu war durch die Reiterei gedeckt, auf dem rechten Flügel schwamm die Flotte. So kam man bis gegen Ktesiphon. Dort begannen die Kämpfe mit Belagerungen vorgeschobener starker Festungen. Die Perser schlugen sich gut, die Römer waren ihnen aber doch weit überlegen. So erreichte man die schmale Landenge, die nahe Ktesiphon die dicht aneinander tretenden Flüsse Euphrat und Tigris scheidet. Hier wurde der alte Trajanskanal wieder schiffbar gemacht und die Flotte auf diesem in den Tigris übergeführt. Seleukia am rechten Ufer lag in Trümmern, Ktesiphon war auf dem linken [MH.III 189] Ufer, und die Flußüberschreitung angesichts des Feindes sehr schwierig. Die Generale lehnten die Verantwortung ab, Julian ließ indessen den Angriff wagen, zuerst mit einigen Schiffen, die sofort durch die Perser mit Flammenpfeilen in Brand geschossen wurden. Das sei das verabredete Zeichen, daß die Schiffe glücklich angekommen, rief Julian, und in einem Nachtgefecht wurde der Übergang wirklich erzwungen und die Uferbesatzung von den Römern mit unvergleichlicher Bravour zurückgeworfen. Julian hatte der Vorsicht der Generale gegenüber Recht behalten.

Nun stand man vor den Mauern, aber was sollte weiter geschehen? Die Übergabe wurde verweigert, und an der Einnahme der Stadt lag Julian nicht sehr viel. Damit war sein Ehrgeiz nicht befriedigt. Er hatte weitergehende Pläne, die Alexanderlaufbahn schwebte ihm vor. Was war dem gegenüber eine Stadt? In diesem Sinne verwarf er auch die Friedensvorschläge der Perser, die ihm durch Vermittlung von Hormisdas zukamen, und befahl sogar diesem tiefstes Schweigen darüber zu beobachten, damit es im Heer nicht ruchbar wurde, daß unterhandelt worden sei. Aber ein weiteres Eindringen ins Herz des Perserreichs war ungeheuer schwierig. Hätte er an der Spitze der ganzen Armee gestanden, so hätte er wohl die Kommunikation

---

[635] Amm.XXIII 3,2: *propinquus* Julians.

aufgeben können, so wie Alexander, dessen Heer auch eine Welt für sich war und ihren Mittelpunkt in sich hatte. Selbst dann wäre das unbezwungene [MH.III 190] Ktesiphon im Rücken ein großer Übelstand gewesen. Aber die Armee war nicht vereinigt, und Sebastianus blieb verschwunden. Julian schlug also den umgekehrten Weg ein, er zog nach *Arbela*. Man könnte dies als Wechsel der Disposition auffassen, als ihm die Schwierigkeiten des Eindringens ins Innere klar wurden. Aber das ist wohl nicht richtig, es war anscheinend von Hause aus seine Absicht gewesen, und sie wurde nur getäuscht, weil Sebastianus nicht so weit war, als er ihn gehofft hatte. Wenn er ihn auf halbem Wege fand, stand die Sache ganz anders. Die Flotte, welche jetzt gute Dienste geleistet hatte, war nun, als man den Fluß als Operationsbasis verlassen wollte, unnütz. Den Tigris hinaufzufahren war untunlich, derselbe heißt nicht umsonst „der Pfeil". So war die Flotte nur eine Verlegenheit. Ein Teil der Schiffe wurde auf Wagen mitgeführt, um als Pontons verwendet zu werden. Das Klügste wäre allerdings gewesen, umzukehren, und das Heer wollte es. Julian indes mochte seine hochfliegenden Pläne nicht aufgeben und verbrannte die Flotte.[636] Man hat das getadelt, wohl mit Unrecht. Er soll sogar selbst noch das Löschen befohlen haben, als es schon zu spät war. Hat er das getan, so geschah es sicher nur aus Rücksicht auf die Soldaten. Die Flotte war unnütz und Mannschaften dabei zur Bewachung zu lassen untunlich. Diese Flotte wäre die Beute der Perser geworden.

[MH.III 191] Nun wurde der Marsch auf dem linken Tigrisufer fortgesetzt. Zuerst ging es durch gute, fruchtbare Gegenden. Aber der Krieg war für die Perser ein Nationalkrieg und wurde von ihnen mit der ganzen Rücksichtslosigkeit eines solchen geführt. Überall fanden die Römer das Land öde gelegt, Mangel an Wasser und Proviant trat ein, dazu kam die Hitze des Hochsommers, ungewohnt für die nordischen Soldaten Julians. Die fortwährenden Angriffe der Perser mit Reitern und Elefanten erlaubten, genau wie auf dem Rückzug des Marcus Antonius,[637] keine Nachtruhe und erforderten ewiges Fechten und Marschieren. Das war sehr unbequem, aber verloren war noch nichts, das Ziel zu erreichen war möglich.

Da kam der verhängnisvolle 26. Juni.[638] Ein Gefecht, nicht anders als so viele: leichte römische Truppen gegen schwere Perserreiterei. Julian stets voran, unter den Vordersten, nicht wie ein Feldherr, sondern wie ein Soldat. Er hatte der Hitze wegen die Rüstung abgelegt, da traf ihn ein Pfeil in die Seite. Ob von Perserhand? Das gallische Heer meinte, es sei ein Römerpfeil gewesen. Es ist nie etwas Sicheres darüber bekanntgeworden, auch wurde nie eine bestimmte Person angeschuldigt. Die Situation war so, daß es recht gut ein Feindespfeil sein konnte. Außer ihm fielen Anatolius und andere namhafte Offiziere. Der Kaiser wurde ins Hauptquartier getragen und ist gefaßt und tapfer gestorben. Die Reden in sokratischer Art, die man ihm mit

---

[636] Amm.XXIV 7,4   [638] Amm.XXV 5,1
[637] s.o. MH.I 23

den sein Lager umstehenden [MH.III 192] Philosophen in den Mund gelegt hat, werden wohl nicht authentisch sein.[639] Er hatte Unmögliches unternommen, und so war ihm ein rascher Tod auf dem Schlachtfeld vielleicht erwünscht, jedenfalls zu gönnen. Für den Staat war dieser Tod verderblich wie immer da, wo so viel auf die Person ankommt, wie bei der Gefangenschaft Valerians (260 n.Chr.) oder später (378 n.Chr.) beim Tode des Valens. Julians Tod verwandelte den gefahrvollen Marsch in eine politische Katastrophe. Die scheußlichste Seite ist die Art, wie die Christen den Tod aufnahmen.[640] Er hatte sie nicht verfolgt, er hatte ihnen nur die eben errungene Herrschaft wieder entrissen. Aber nirgends bei den Christen ist auch nur der Schatten einer Empfindung, daß es sich um eine Niederlage des Reiches handle, wie sie schwerer und entsetzlicher nicht zu denken war. Alles geht in dem persönlichen Haß auf; daß die Christen auch Römer sind, ist ganz vergessen. Später haben sie ihn dann anerkannt, aber immer nur neben dem Tadel der Gottesverleugnung.[641] Mit Julian ging die Römerherrschaft im Osten zu Ende.

Julian hatte an einen Nachfolger, an eine Bestimmung über den Oberbefehl nicht gedacht, wie Alexander. Man sagt zwar, er habe auf dem Sterbebette Procopius ernannt[642], das ist aber wohl falsch. Die Generale verlangten verständigerweise Verschiebung der Nachfolgewahl, bis man mit dem anderen Heeresteil vereinigt sei, und empfahlen vorläufig eine interimistische Maßregel.[643] Dazu [MH.III 193] kam, wie es scheint, ein Konflikt zwischen den Offizieren des Ostens und denen des Westens.[644] Endlich vereinigten sich alle auf den allgemein angesehenen Sallustius, der aber seines Alters wegen ablehnte, sehr zum Unheil für das Reich.[645] Plötzlich wurde der Name Jovianus genannt und erhielt allgemeinen Beifall – wie es scheint durch ein Mißverständnis der Fernerstehenden, die Julianus verstanden und glaubten, der Kaiser sei nicht tot. Indessen einigte man sich auf Jovianus[646], da eine Minoritätswahl noch schlimmer gewesen wäre.

Jovianus ist für uns eine blasse Figur. Seine Wahl verdankte er wohl nur der Tatsache, daß er der Sohn eines allgemein geachteten Mannes und ein beliebter Garde-Offizier war.[647] Leichtlebig, keinem unbequem, eine angemessene militärische Erscheinung – so war der Mann beschaffen, den vielleicht ein Mißverständnis zum Augustus des Reichs machte und mit der kaum lösba-

---

[639] Amm.XXV 3,15 ff.

[640] Socr.HE.III 21; Malalas 333 f.; Ephraem der Syrer, Vier Lieder über Julian den Apostaten; Theodoret.HE.III 25; Greg.Naz.or.IVf.

[641] Orosius VII 30,2; Prudentius apoth.450 f.

[642] Zos.IV 4,2

[643] Amm.XXV 5,3

[644] Amm.XXV 5,2

[645] Zosimos (III 36,1), der das Thronangebot auf die Vakanz nach dem Tode Jovians verschiebt, nennt ihn Salustios; es handelt sich aber um den praefectus praetorio Orientis Saturninus Secundus Salutius: Amm.XXV 5,3; PLRE.I s.v.

[646] Amm.XXV 5,4 ff.

[647] Amm. XXV 5,4

ren Aufgabe betraute, das Heer zurückzuführen. Unlösbar wäre die Aufgabe nicht gewesen, die Verhältnisse standen nicht schlimmer als zur Zeit des Rückzuges des Antonius. Aber dazu gehörte vor allen Dingen ein leitender Mann, der die Liebe und das unbedingte Vertrauen der Truppen gehabt hätte. Julian hatte die nötigen Eigenschaften und den Glanz seiner Erfolge. Ihm wäre es wohl gelungen. Jovian aber, unbekannt, unschlüssig, war von vornherein verloren. Zunächst versuchte man, den Tigris zu erreichen, da das dringendste Bedürfnis Wasser war. Unter glänzenden Rückzugsgefechten, bei denen persische Elefanten getötet wurden[648], und die den Beweis lieferten, daß der Mut der Truppen noch ungebrochen war, erreichte man nach einigen Tagen den Fluß. Die Truppen meinten, damit sei man am Ende des [MH.III 194] Elends, jenseits müsse Beistand und Freundesland nahe sein. Von den ungeheuren Entfernungen, die sie noch von der Heimat trennten, hatten sie keine Ahnung. Sie drangen darauf, den Fluß zu überschreiten, und wirklich gelang es trotz aller mangelnden Hilfsmittel einer Abteilung von 500 Rheinländern[649] hinüberzukommen und die Araber, die beutelustig auf den Höhen warteten, in nächtlichem Überfall zu vertreiben. Damit aber war noch wenig für das Passieren des breiten und reißenden Flusses durch das noch immer große Heer gewonnen. Man versuchte, Flöße aus Schläuchen zu bauen, es ging aber nicht. Dazu kam bei dem Mangel aller Zufuhr, nun, da man Wasser hatte, der fühlbar werdende Mangel an Proviant.

Da erschien Sapor mit Friedensanerbietungen[650], und in der Tat, er konnte nichts Klügeres tun. Selbst das vollkommene Aufreiben des Feindes hätte nur eine geringe Steigerung des politischen Erfolges eingebracht. Aber den Römern den Frieden abzupressen und einen legalen Besitz über das streitige Gebiet zu bekommen, das war ein wirklicher und – wie es sich gezeigt hat – dauernder Erfolg. Julian hätte den Frieden auf die angebotenen Bedingungen hin wohl abgelehnt. Jovian verhandelte, und man muß sagen, es blieb ihm nicht viel anderes übrig. Die Bedingungen waren nicht gar zu hart. Es war kurz gesagt die Euphratlinie, die 40 Jahre zuvor an die Römer verlorengegangen war, dazu Mesopotamien. Wenn man aber Mesopotamien aufgab, so war natürlich Armenien nicht zu halten. Die Römer versprachen die Abtretung Armeniens allerdings nicht, und das konnten sie auch [MH.III 195] nicht, da Armenien nominell selbständig war. Sie sagten nur zu, sich nicht in die armenischen Verhältnisse zu mischen, und damit war klar, daß Armenien aus einem römischen Lehensfürstentum ein persisches wurde.

Es war der schimpflichste Frieden, den die Römer je geschlossen hatten. Die Indignation im ganzen Reich war groß.[651] So wurden in *Carrhae* im

---

[648] Amm.XXV 7,1; Zos.III 30,3
[649] *mixti cum arctois Germanis Galli*: Amm.XXV 6,13.
[650] Amm. XXV 7

[651] Amm.XXV 7,10ff.; 9,7ff.; Festus 29; Liban.or.XVIII 278ff.; Zos.III 32 (mit Paschoud z. St.)

äußersten Osten wie in Gallien im fernsten Westen die Boten, die die Nachricht brachten, von dem erzürnten Volk erschlagen.[652] Jovian überschritt nun den Strom ungehindert. Aber der weitere Zug war doch noch immer verlustreich. Die Araber umschwärmten denselben, die Strapazen des Wüstenmarsches forderten viele Opfer. Im nördlichen Mesopotamien fand man das zweite Heer, das wahrscheinlich hier überhaupt stillgelegen hatte. So kam man nach *Nisibis*. Die das Heer begleitenden Gesandten Sapors verlangten die Auslieferung. Es darf nicht vergessen werden, daß *Nisibis* sich selbst 337 bis 350 hartnäckig und erfolgreich verteidigt hatte und wesentlich Christenstadt war. Auch jetzt flehten die Einwohner den Kaiser an, er möge ihnen die Selbstverteidigung nicht wehren. Das wäre aber ein Friedensbruch gewesen, und Jovian gab dieser Versuchung nicht nach. Die persische Fahne wurde auf den Zinnen der Stadt aufgezogen[653], die Römer und die Einwohner verließen *Nisibis*. Dasselbe wiederholte sich in *Carrhae*. Merkwürdig ist, daß die Römer diesen Frieden als definitiv betrachtet haben. Valentinian und Valens rüttelten nicht an seinen Bestimmungen, an Revanche dachte man nicht. Für alle Zeiten (mit kurzen Unterbrechungen unter Justinianus und Heraclius) haben sich die Römer [MH.III 196] in diesen Verlust der herrschenden Stellung im Osten gefunden.

Überhaupt, mit dem Tode Julians findet ein Umschwung der Dinge statt. Die constantinische Dynastie hört auf, deren Mitglieder doch, ein jeder in seiner Art, die Suprematie des Staats zu wahren gesucht haben. Das taten die folgenden Kaiser nicht. Dazu kam die Katastrophe des Heidentums. Jovian war eine Säule des Christentums.[654] Man sagt sogar, er habe zur Bedingung seiner Annahme der Kaiserwürde gemacht, daß das Heer sich zum Christentum bekennen solle.[655] Das ist sehr unglaubwürdig, denn die erste Tat nach der Kaiserwahl war die Befragung der *haruspices* wegen des Marsches.[656] Aber freie Hand bekam das Christentum fortan allerdings. Athanasius kehrte nach Alexandria zurück und fand fortan keinen Widerstand mehr, obgleich Valentinian anderer religiöser Überzeugung war.[657] Der Untergang des Heidentums fällt mit dem Untergang der Obermacht des Staates über die Kirche zusammen.

e) *Valentinian und Valens (364–378)*

Am 17. Februar 364 fand man Jovian tot im Bette.[658] Wahrscheinlich starb er nicht durch Mord. Er war nur dagewesen, um die Schmach des Perserfriedens auf sich zu nehmen; sonst wissen wir nichts von ihm. Abermals traten

---

[652] Zos.III 34,2

[653] Amm. XXV 9,1

[654] *christianissimus Iovianus Augustus*: Chron.Min.I 240.

[655] Theodoret HE.IV 1

[656] *hostiis pro Joviano caesis extisque inspectis*: Amm.XXV 6,1.

[657] Valens hat ihn dann abermals verbannt: Historia acephala 15 ff.

[658] Amm.XXV 10,12; Chron.Min.I 240

die Offiziere zur Wahl zusammen. Die Ansprüche des Hauses Constantins, die bei der Wahl nach Julians Tode noch Bedenken erregt hatten, wurden beiseite geschoben. Procop, der, allerdings nur in weiblicher Linie, davon abstammte, wurde nicht gewählt. Das führte zu einem Aufstand [s. u.]. [MH.III 197] Die Wahl fiel auf einen Abwesenden, auf Valentinian.[659] Auch er war ein beliebter Gardeoffizier, in den besten Jahren zwischen 30 und 40, mehr durch seinen Vater Gratianus bekannt, abermals ein Illyrier. Durch ihn kam die Kaiserwürde wieder auf beinah 100 Jahre an diesen Volksstamm.[660] Valentinian war ziemlich verständig, wenn auch Ammian nicht ganz verläßlich ist und ihn nicht so unbefangen schildert, wie es sonst seine Art ist, da er zu sehr ins Schöne malt. Namentlich die militärischen Leistungen Valentinians hat er stark übertrieben[661], sein Feldherr Theodosius machte das Beste daran.[662]

Die in *Nicaea* versammelten Offiziere und Reichsbeamten verlangten, Valentinian solle sich sofort einen Kollegen wählen[663], und zwar aus doppeltem Grunde. Erstlich war die Gefahr, wenn das Kaisertum lediglich auf zwei Augen stand, eine gar zu große, und die Wahl nach Julians Tode war ja nur ein Notbehelf gewesen. Dann aber war die Überzeugung bei allen lebendig, daß Osten und Westen unter einem einzigen Herrscher eine Unmöglichkeit sei, daß man, was Diocletian getan und was nachher nur einigemal vorübergehend unterbrochen war, zu Ende führen müsse, nämlich die Reichshälften trennen. Die Verhandlungen in *Nicaea* und danach in Konstantinopel[664] bei Valentinians Regierungsantritt stellten die *partes Orientis* und *Occidentis* erst fest.[665] Unter Theodosius[666] und Justinian[667] wurden sie zwar vorübergehend noch einmal vereinigt, doch bestand tatsächlich seit 364 das Reich aus zwei Teilen. Die Reichseinheit dokumentiert sich noch am wesentlichsten darin, daß, wenn einer der Herrscher stirbt, der andere einen Nachfolger ernennt, hauptsächlich aber, wenn es sich um die Besetzung [MH.III 198] des westlichen Kaiserthrons handelt. Darin zeigt sich das Übergewicht des Ostens. Ebenso ist die vollkommene Gleichartigkeit beider Reiche in allen Institutionen bemerkenswert. Beide Kaiser teilen die Truppen, alle Büros, alle Ämter werden verdoppelt. Das liegt schon in den diocletianischen Reformen, aber die sklavisch genaue Durchführung erfolgt jetzt. Die Grenze der beiden

---

[659] Amm.XXVI 1
[660] Auch die constantinische Familie stammte aus *Illyricum*: Jul.348 D; Jovian desgleichen: Epit.44,1.
[661] So urteilt auch Seeck V 12.
[662] Zum älteren Theodosius s. Demandt, Hermes 100, 1972 S. 81 ff.; ders., Historia 18, 1969 S. 598 ff.
[663] Amm.XXVI 4
[664] In Konstantinopel erhob Valentinian seinen Bruder: Amm.XXVI 4,3.

[665] Die Teilung erfolgte in *Mediana* bei *Naissus*: Amm.XXVI 5,1; CTh.VI 24,3 vom 19. August 364 aus *Mediana* (nicht *Mediolanum*). *Partes Orientis et Occidentis*: ND.or.I 1; occ.I 1.
[666] Vom Tode des Maximus 388 bis zur Erhebung des Eugenius 392 und von dessen Ende 394 bis zum Tode des Theodosius 395.
[667] Abgesehen von Gallien und Spanien.

Reiche ist auch im wesentlichen die diocletianische, und zwar nach der Nationalität; der Okzident ist lateinisch, der Orient griechisch.[668] Der Sprachgrenze zufolge fiel Makedonien an den Osten, *Africa* an den Westen. Die genaueren Abmachungen kennen wir leider nicht. Das römisch-persische Verhältnis war zunächst gut. Mesopotamien wurde von den Persern nicht besetzt.[669] In Armenien entwickelten sich eigentümliche Zustände. Die Armenier wollten allerdings lieber persisch als römisch, aber noch lieber selbständig als persisch sein. Sie suchten ihre nationale Unabhängigkeit dadurch zu wahren, daß sie im Konflikt der beiden großen Nachbarn möglichst eine Schaukelpolitik beobachteten und sich jedesmal demjenigen zuwendeten, der augenblicklich nicht übermächtig war. So kann man in diesen Ländern weniger von einer römischen und persischen Partei sprechen als von einer nationalen, bald auf die Römer, bald auf die Perser gestützten. In Armenien enthielten sich die Römer vorerst jeder Einmischung. Sapor bekam den treuen römischen Bundesgenossen, den König Arsaces in seine Gewalt, blendete ihn und ließ ihn dann hinrichten.[670] Indessen erreichten die Perser mit dieser Gewalttat nicht viel. Die Witwe des Arsaces, Olympia, eine Tochter des Ablabius, der unter Constantin dem Großen *praefectus praetorio* gewesen und bei der Schlächterei nach seinem Tode umgekommen war, [MH.III 199] und deren Sohn Paras[671] leisteten entschlossenen Widerstand und behaupteten sich. Sapor schickte ein Heer gegen sie. Dessen Führer aber traten auf die armenische Seite, und nun mischten sich die Römer ein, Paras ging sie um Hilfe an. Valens lehnte die direkte Besetzung Armeniens ab. Auch in Kaukasien wurde der König Sauromaces von den Persern beseitigt und ein anderer eingesetzt. Sofort stützte sich die dortige nationale Partei auf die Römer. Diese schickten den Terentius dahin und setzten in Armenien den Paras wieder ein, verlangten aber, er solle die Königskrone nicht gar zu ostensibel tragen.

Sapor, durch diese dem Friedensvertrag zuwiderlaufende römische Einmischung erbittert, schritt zu schärferen Maßregeln. Die Römer traten immer entschiedener auf die Seite von Olympias und Paras, und endlich wurde die durchsichtige Hülle, hinter der sich der persisch-römische Konflikt verbarg, abgeworfen. Wir besitzen eine Rede aus dem Jahr 373, aus der die in jenen Gegenden wieder gestiegene Machtstellung der Römer klar wird; es ist darin von drei Expeditionen die Rede, gegen die Kaukasier, die Iberer und die Armenier.[672] Der Bruch des auf 30 Jahre abgeschlossenen Friedens erfolgte

---

[668] Eine Ausnahme bilden die zum Osten gehörigen Donauländer, die als Militärgebiet lateinisch sprachen. Daher blieb auch die Muttersprache der Ostkaiser bis zu Justinian lateinisch.

[669] Wohl aber *Nisibis* nebst den von Jovian abgetretenen Provinzen, s. o.

[670] Amm.XXVII 12

[671] Die verschiedenen Ammianhandschriften schwanken zwischen den Formen *Para* und *Papa*, die armenischen Quellen bestätigen die letztere Form. Papas Mutter war eine andere Frau des Arsaces, Pharandzem, PLRE.I s. v.

[672] Themistios XI 149 b (Dindorf 177). Das Datum könnte auch 374 sein.

also schon nach wenigen Jahren. Die Römer waren die Vertragsbrecher, die Perser jedoch ergriffen die Offensive, aber nicht mit Glück. Der Alamannenkönig Vadomarius war die Hauptstütze der römischen Macht und führte zusammen mit dem *comes* Trajanus den Krieg mit Nachdruck.[673] Infolgedessen neigte sich Paras sofort auf die persische Seite, in Ausführung des beliebten Schaukelspiels. Die Römer ergriffen das seit einiger Zeit häufiger angewendete Mittel, daß ein ungetreuer [MH.III 200] Bundesgenosse durch irgendeinen Vorwand ins römische Lager gelockt, da zuerst freundschaftlich behandelt, dann aber banditenartig gemordet wurde. Das wurde allmählich zum System ausgebildet, sowohl in den Alamannenkriegen Valentinians als in den Perserkriegen des Valens.[674] Die römische Politik war ja von jeher nicht gerade sauber gewesen, aber diese unbedingte Tücke als einfaches Regierungsmittel anzunehmen, die Hintansetzung des gewöhnlichsten Decorums als zum Regierungsapparat gehörig zu betrachten, zeigt doch, wie sehr sich das Römertum hellenisierte. Sapor eröffnete noch einmal Friedensverhandlungen, forderte Neutralität von beiden Seiten und bot dagegen die ungehinderte Rückkehr abgeschnittener römischer Truppen an.[675] Es kam zu keinem Resultat, und Valens rüstete eine große Expedition aus, um in Verbindung mit den Skythen gegen die Perser zu gehen. Da trat alle diese Pläne vereitelnd die gotische Katastrophe in den Weg.

Die Orientexpedition Julians machte sich im Westen durch die Wegnahme der besten Truppen empfindlich fühlbar, wodurch die Barbaren an Rhein und Donau freie Hand bekamen. Wir sind über diese Zeit besser unterrichtet als über viele andere und können auch einen Blick in die Nebengebiete und damit in das intime Getriebe der Behandlung solcher Provinzen tun. Die Erscheinungen sind überall dieselben: Truppenmangel, ungehindertes Schalten der Barbaren. So in Britannien, so in *Africa*. Dazu ein Mißregiment, eine Beamtenwillkür ärger als je. Julians Versuch, das Ganze noch einmal allein zu beherrschen, rächte sich schwer. Das Auge [MH.III 201] des Monarchen konnte nicht überall sein, und die willkürlichste Beamtenwirtschaft stand allenthalben in Blüte, so daß die Provinzen mehr unter den Statthaltern und Truppen litten als durch die Barbaren. So war es in Britannien: Die Picten und Scoten, sämtliche zum Teil noch dem Kannibalismus[676] huldigenden Grenzvölker überschwemmten das Land, und die Einwohner machten teilweise mit ihnen gemeinschaftliche Sache. Im Süden fielen die Sachsen ein, und der Wohlstand, der zu Julians Zeit noch erlaubt hatte, die Verproviantierung Galliens zu besorgen[676a], sank schnell. Valentinian sandte den älteren Theodosius, der energisch Abhilfe schaffte. Wir sehen immer wieder das-

---

[673] Amm.XXIX 1,2; vgl.XXI 4,3 ff.
[674] Amm.XXX 7,7; XXX 1,18 ff. Auch Vadomar selbst war durch Julian beim Essen verhaftet worden: Amm.XXI 4.

[675] Amm.XXX 2
[676] Dies ist nicht belegbar.
[676a] Amm.XVIII 2,3; Jul.279 D; Eunap fr.18 (Blockley)

selbe: sowie ein tüchtiger General, vor allem aber ein rechtschaffener Mann eingreift, so ordnen sich die Sachen von selbst. Theodosius dehnte sogar im Norden das Reich noch einmal aus und richtete zwischen den Mauern die nach dem Kaiser benannte Provinz *Valentia* ein.[677] Auch die Seeräuber wurden geschlagen und sogar eine Expedition nach dem Frankenland durchgeführt[678], was nötig war, um das Räubernest selbst auszunehmen. Dann ging Theodosius nach *Africa*. Dort herrschten Zustände ähnlich den heutigen. Wenn der Grenzschutz versagt, liegt das Land schutzlos den Einfällen der Wüstenstämme offen. Am schlimmsten stand es in Tripolis. Hier ist der Küstensaum ganz schmal, die Wüste kommt bis dicht ans Meer. Ammian erstattet ausführlich Bericht über diese Tripolishändel, anschaulich und lehrreich für die entsetzlichen Zustände: Unmögliche Forderungen an die Einwohnerschaft bringen diese zur Verzweiflung, so hier die Stellung von 4000 Kamelen, eine Anzahl, die ganz Tripolis nicht besaß, und die hier zum ersten [MH.III 202] Mal genannt werden.[679] Man schickte Gesandte an den Kaiser zur Beschwerdeführung gegen den *comes* Romanus, den schlimmsten Erpresser. Der Kaiser hatte den besten Willen, er sandte Bevollmächtigte zur Untersuchung, an der Spitze den Kabinettssekretär Palladius. Aber Romanus bestach diesen, und derselbe machte nun mit ihm gemeinschaftliche Sache. Er berichtete gegen die Beschwerdeführer, diese wurden als falsche Ankläger behandelt und ihre Gesandten mit den grausamsten Todesstrafen belegt. Man sieht hier so recht in das Getriebe der Maschine, der Eingriff des Kaisers machte das Übel nur ärger. Unbefangene Berichte waren gar nicht zu erlangen wegen der maßlosen Korruption, und die furchtbare Justizordnung kannte keine andere Strafe als den Tod. Es ist unbegreiflich, wie ein so regierter Staat überhaupt noch zusammenhielt.

Die Kriege gegen den Maurenprinzen Firmus[680] erinnern lebhaft an den jugurthinischen. Er nahm den Purpur an, aber nicht als Augustus, sondern als König von *Africa*. Theodosius konnte in dem Kampf um diese außerordentlich wichtige Provinz nur 4000 Mann zusammenbringen. Firmus leistete tapfere Gegenwehr, wurde schließlich jedoch durch Verrat überwunden. Die Vorgänge sind an sich uninteressant, aber typisch.

Wichtiger sind die Ereignisse an Rhein und Donau, wo Valentinian selbst eingriff. Daß er nicht gegen die Perser ging, ist ein Zeichen, wie tief der Okzident gesunken war, und daß [MH.III 203] Valentinian dort für sich die wichtigere und schwerere persönliche Aufgabe sah. Denn er war eine Natur, die bereitwillig und aufopfernd das Schwerste auf die eigenen Schultern nahm.

An der Schilderung der Charaktere der beiden Brüder, wie sie uns durch

---

[677] Amm.XXVIII 3

[678] Amm.XXIX 4,5; Paneg.Lat.II (XII) 5,2

[679] Amm.XXVIII 6. Kamele waren schon vor Herodot (I 80,2) übliche Last-

tiere. Packsättel für Kamele nennt der 1893 von Mommsen edierte Diocletianstarif (XI 6). Zu Romanus: Demandt, Byzantion 38, 1968 S. 333 ff.

[680] Amm.XXIX 5

Zeitgenossen überliefert worden, ist eine Korrektur nötig. Valentinian wird in der Tüchtigkeit und Glücklichkeit seiner Regierung wohl mit Trajan verglichen.[681] Dabei dürfen wir nicht vergessen, daß Valentinian der Stifter einer Dynastie geworden ist und daß alle Dynastiestifter, Augustus, Constantin etc. eine nicht ganz verdiente Aureole bekommen haben. Vor allem wird Valentinian gegen seinen Bruder zu sehr erhoben, Valens war unglücklich und daher in den Augen des Publikums schuldig; über seiner Katastrophe [s. u.] wurde alles, was er Verdienstliches geleistet, vergessen. Auch die Stellung der Brüder zum Christentum muß man im Auge behalten: beide waren Arianer[682], Valentinian soll sogar seines Christentums wegen unter Julian seine Karriere aufgegeben haben.[683] Valentinian behandelte die religiösen Fragen wie ein Krieger. Er erklärte den Bischöfen, sie möchten sich versammeln und über die Mysterien disputieren, so viel sie wollten; die Dogmen gingen ihn nichts an.[684] Valens dagegen war ein sehr eifriger Arianer und Begründer des Arianismus bei den Goten, der später so wichtig in seinen Folgen wurde.[685] Valens' Verfahren war vielleicht das staatsmännischere, denn Neutralität und Indifferentismus auf diesen Gebieten war dem damaligen Staat unmöglich. Jedenfalls [MH.III 204] waren die Athanasianer auf Valens seines Arianismus wegen sehr schlecht zu sprechen.

Im allgemeinen regierten beide löblich. Sie waren nicht gerade hochgebildet und standen darin im schärfsten Gegensatz zu Julian. Eigentlich nicht feindlich gegenüber der Literatur, verhielten sie sich zu ihr gleichgültig.[686] Valentinian war ein Offizier durch und durch, Valens nicht. Letzterer also war ein Organisator, und das war in Bezug auf die Grenzverteidigung vielleicht wichtiger als hier und da eine gewonnene Schlacht oder eine erlittene Schlappe. Man hat ihm persönliche Feigheit vorgeworfen[687] und ihm damit bitteres Unrecht getan. Das beweist sein Ende. Er starb einen ehrlichen Soldatentod und wollte sich, als alles verloren war, nicht durch die Flucht retten – das ist nicht feige. Er war der beste Administrator, finanziell ist der Orient nie besser verwaltet worden.[688] Darüber verlautet zwar weniger als über glänzende Waffentaten, aber schließlich ist es doch fast das Wichtigste. Beiden ist lobend nachzusagen, daß sie den Willen hatten, gerecht und gut zu regieren. Bei Valentinian war die Gerechtigkeit mit einem guten Teil Grausamkeit gepaart[689], und die Konsequenzen seiner Gerechtigkeit wurden zu furchtbaren Ungerechtigkeiten, wie bei dem vorher angeführten africani-

---

[681] Amm.XXX 9,1

[682] Theodoret (HE.IV 8) berichtet, beide Kaiser seien orthodox gewesen, doch habe Valens später zum Arianismus geneigt (IV 12). Von Valentinian ist das nicht bekannt; er war katholisch.

[683] Theodoret HE.IV 6

[684] Amm.XXX 9,5; CTh.IX 16,9

[685] Mommsen denkt vermutlich an die

Missionare, die Valens zu Fritigern geschickt hat (s. u. MH.III 213).

[686] Dem widersprechen Ammian XXX 9,4 zu Valentinian, Eutrop (praef.) und Festus (10; 30) für Valens.

[687] *cessator et piger*: Amm.XXXI 14,7

[688] l. c. 14,2

[689] Amm.XXIX 3, teilweise legendär

schen Fall. Schön war die vollkommene Eintracht unter den Brüdern[690], die
auf der Unterordnung des jüngeren und fügsameren beruhte. Als Valentinian
starb und Valens neben seinem Neffen und den ihn leitenden fränkischen
Offizieren stand, gab es bedenkliche Schwankungen.
Die Konsequenzen [MH.III 205] der julianischen Katastrophe wurden
abgewendet. Namentlich in der Wahl der höheren Offiziere war Valentinian
glücklich; ebenso verstand er die Kunst zu vertrauen, die auf dem Thron
erfahrungsgemäß nicht leicht ist.[691] Der Schwerpunkt von Valentinians Tätigkeit lag am Rhein und an der Donau. Gleich bei der Thronbesteigung
entstanden Verwicklungen mit den Alamannen. Im ganzen 4. Jahrhundert
herrschte zwischen den germanischen Grenzvölkern und dem Reich ein der
Tributzahlung sehr ähnliches Verhältnis. Die barbarischen Nachbarn be-
schickten den Kaiser und empfingen „Geschenke", die von Abfindungssum-
men nur schwer zu unterscheiden waren. Julian wird sich seinen Orientzug
nicht in dieser Weise erkauft haben, und so entstand der Bruch bei Valentinians Antritt. Die Alamannen schickten an den neuen Kaiser Gesandte,
waren mit den Geschenken unzufrieden, d. h. sie bekamen nicht den erwar-
teten Tribut, und erklärten den Krieg.[692]
Damit zusammen fiel ein Aufstand im Osten durch die Ausrufung des
Procop, des letzten Nachkommen aus Constantins Hause.[693] Derselbe hatte
Beziehungen zu den Goten, eine Zeitlang gehorchte ihm Thrakien. Valens
war im Begriff, mit ihm zu kapitulieren. Valentinian konnte wohl schwanken, ob es nicht seine Pflicht sei, dem Bruder beizustehen, indessen soll er
gesagt haben, es komme mehr auf die Sicherung der Rheingrenze gegen die
Barbaren an[694]; bei dem notorisch guten Verhältnis zu dem Bruder eine
großartige Hintansetzung der Familieninteressen gegen die des Staates. Valens half sich denn auch selbst.
[MH.III 206] Im Jahr 366 begann der Krieg mit der Offensive der Alamannen, die den Rhein überschritten und bis Chalons brandschatzend vordrangen. Sie wurden durch Jovinus zurückgeschlagen.[695] Solcher Expeditionen, die eben nichts als Beutezüge waren, Herr zu werden, war ja kein
besonderes Heldenstück. Bezeichnend für die Schwäche und Zerrüttung des
Reiches ist nur, daß sie überhaupt so tief in das Land vordringen konnten.
367 ward *Moguntiacum* (Mainz) von den Alamannen geplündert. Der Sohn
des Vadomarius, Vithicabius, ihr König (wenn diese Bandenhäuptlinge überhaupt den Namen König verdienten), wurde durch hinterlistigen Meuchelmord beseitigt.[696] 368 errang Valentinian endlich entscheidende Erfolge und
überschritt den Rhein und den Neckar bis in die Gegend von Heidelberg.

---

[690] concordissimi principes: Amm.
XXVI 5,1

[691] Die Epitome (45,6) bemerkt: Hätte
Valentinian seinen schlechten Beratern
nicht so viel Vertrauen bewiesen, wäre er
ein ausgezeichneter Kaiser gewesen.

[692] Amm.XXVI 5,7
[693] Amm.XXVI 6ff.; Zos. IV 4–8;
Epitome 46,4
[694] Amm.XXVI 5,13
[695] Amm.XXVII 2
[696] Amm.XXVII 10,1ff.

Wenn Ausonius sagt, man habe die bis dahin den Römern unbekannte Quelle der Donau erreicht, so ist das starke poetische Lizenz, denn diese war den Römern schon längst bekannt.[697] 369 wurden die Grenzkastelle hergestellt und die Grenze wieder gehörig gesichert.[698] 370 brach das Unheil an einer anderen Stelle aus. Die Sachsen machten einen Einfall und plünderten die Küsten. Man wurde ihrer ledig, indem man ein Abkommen mit ihnen traf, sie auf dem Rückzug hinterlistig überfiel und bis auf den letzten Mann niederhieb.[699] Das war ein Erfolg, aber es ist ein neuer Beweis, daß die Ehre aus der römischen Kriegsführung gewichen war. Man weiß nicht, soll man die Naivität oder die Frechheit mehr bewundern, die darin liegt, wenn man sich solcher Erfolge rühmt. [MH.III 207] Mit den nördlichen Alamannen, Mainz gegenüber, wurde unter Macrianus noch länger gestritten. Man wollte sie beseitigen, das gelang nicht, schließlich mußte sich Valentinian bequemen, mit ihnen zu paktieren; es wurde eine Zusammenkunft zwischen ihm und dem Alamannenführer zustande gebracht.[700] Die Geschichte schweigt über die Mittel, die den Alamannenabzug bewirkten. Es scheint doch, daß man sie abgekauft, also einen Tribut gezahlt hat. Mit den Franken herrschte Friede, die Beziehungen waren gut; es gab viele fränkische Offiziere bei den Römern.

Aber von der mittleren Donau kamen üble Nachrichten. Die Quaden rührten sich einmal wieder in Mähren, natürlich im Verein mit anderen Völkerschaften germanischer Nationalität. Auch hier war der Grund die Anlage von Kastellen auf dem nichtrömischen Ufer. Zur Sicherung der Hauptübergänge ließ Valentinian feste Brückenköpfe errichten. Das war vom römischen Standpunkt militärisch verständig, aber es ist begreiflich, daß die Quaden sich widersetzten. Mord und Verrat halfen auch hier, den ins römische Lager gelockten Quadenkönig zu beseitigen. Die Erbitterung darüber führte zu einem großen Krieg, in dem die Quaden Pannonien verwüsteten und sogar Illyrien bedrohten.[701] Valentinian ging 374 nach *Carnuntum*, brach 375 mit zwei Kolonnen ins Quadengebiet ein und erreichte seinen Zweck, sie zu schlagen.[702] Da, im Lager von Comorn (*Brigetio*), wurde er vom Schlage getroffen, man sagt, infolge seiner Heftigkeit. Er machte einer Quadengesandtschaft Vorwürfe, wobei er sich so aufregte, daß ihn der Tod ereilte.[703]

Valentinians Tod wurde verhängnisvoll für das Reich durch das nun eintretende Minorennenregiment.[703a] Er hatte schon längst seinen damals nur achtjährigen [MH.III 208] Sohn Gratian zum Mitregenten gemacht, und zwar ohne Reichsteilung.[704] Das war nichts Neues; auch daß ein Knabe *Augustus* wurde, war nicht ohne Präzedenzfälle. Aber freilich gegen die

[697] Amm.XXVII 10; Aus.XIX 31
[698] Amm.XXVIII 2
[699] Amm.XXVIII 5
[700] Amm.XXIX 4
[701] Amm.XXIX 6

[702] Amm.XXX 5
[703] Amm.XXX 6
[703a] „Herrschaft Minderjähriger"
[704] Amm.XXVII 6,4 am 24. August
367: Chron.Min.I 241

diocletianische Ordnung verstieß es, wonach der *Augustus* oder *Caesar* regierungsfähig sein sollte. Hier war es ein *Augustus in partibus*; solange sein Vater lebte, wurde er zu keiner Tätigkeit gelassen. Indessen auch bei dieser Wahl⁷⁰⁵ wurde die Mitwirkung der Offiziere nicht ganz vernachlässigt. Man gestattete ihnen eine allerdings nur formelle Mitwirkung bei der Wahl. Erledigt war also der Thron bei Valentinians Tod nicht, aber es kam doch zu wunderlichen Vorgängen; man weiß nicht recht, war es eine Palast- oder Offiziersintrige? Jedenfalls scheint die Kaiserinwitwe Justina ihre Hand dabei im Spiel gehabt zu haben. Gratian war fern von dem Sterbebett des Vaters in Trier. Man fürchtete oder gab vor zu fürchten, die Offiziere möchten zur Ausrufung eines anderen Augustus schreiten, und solche Besorgnis lag wohl nahe. Der Franke Merobaudes⁷⁰⁶, der dem Kaiserhause ergeben war, ließ durch das Heer den kleinen Sohn Valentinians von der Justina zum Augustus ausrufen, den nachherigen Valentinian II, jedenfalls um die Sukzession zu sichern.⁷⁰⁷ Dieser sollte an Stelle Gratians treten, während Gratian die Stelle des verstorbenen Kaisers einnahm. Zu einem Konflikt kam es nicht, Gratian ließ sich die Mitherrschaft gefallen, die vorläufig nur [MH.III 209] eine nominelle war. Gratian, oder wer an seiner Stelle regierte, besaß den ganzen Westen ohne Teilung.

Ein häßliches Verfahren war die Beseitigung der namhaftesten Generale. Der Spanier Theodosius, der Retter Britanniens und *Africas*, der Besieger der Alamannen, wurde in Karthago enthauptet.⁷⁰⁸ Warum, weiß man nicht genau; es war ein schnöder Justizmord, Theodosius war unzweifelhaft unschuldig. Man fürchtete wohl einen Thronkandidaten in ihm. Er war der einzige Römer unter den Generalen, und darin lag eine Gefahr.⁷⁰⁹ Denn soweit war das Reich doch noch nicht gesunken, daß man einen Franken gradezu zum Kaiser gemacht hätte. Magnentius war bis jetzt die einzige Ausnahme. Noch Rikimer (gest. 472), der lange als Kaisermacher schaltete, machte sich selbst nicht zum Kaiser. Ähnlich verfuhr man gegen Sebastianus, er wurde aus dem Lager entfernt.⁷¹⁰ Wie verhielt sich Valens diesen Veränderungen gegenüber? Vorerst wurde er nicht gefragt.⁷¹¹

Wir stehen vor der großen Katastrophe, die man wohl das Ende nennen kann, da sie das Reich in seinen Grundfesten [MH.III 210] unwiederbring-

---

⁷⁰⁵ Am 17. November 375: Chron-.Min.I 242

⁷⁰⁶ Hensel schreibt *Herobaudus* und fügt an: *ich weiß nicht, ob der Herr wirklich so hieß, Mommsen sprach heut sehr undeutlich.*

⁷⁰⁷ Amm.XXX 10

⁷⁰⁸ Hieron. chron. zu 376

⁷⁰⁹ Demandt, Der Tod des älteren Theodosius, Historia 18, 1969, S. 598 ff.

⁷¹⁰ Amm.XXX 9,3

⁷¹¹ Hensel schreibt weiter: *d. 23 July 86. Das kommt davon, wenn man ein Colleg bis zum letzten Rest ausarbeitet! Ohne auf diese am Schluß der letzten Vorlesung aufgeworfene Frage zu antworten, (die mir nun wahrscheinlich ewig dunkel bleiben wird, da von meinen übrigen Bekannten keiner weiß, wie sich Valens überhaupt verhielt, geschweige zu dieser Frage) fuhr Mommsen heut folgendermaßen fort:*

lich erschütterte, und es ist an der Zeit, auf dasjenige Volk, von dem diese Erschütterung ausging, einen Blick zu werfen.

Sie waren es, die das Ostreich vernichtet, das Westreich beerbt haben; zahlreiche Stücke gerieten zwar auch anderen Machthabern in die Hände, den Löwenanteil aber erhielten die Goten.[712] Dazu kommt, daß die Anfänge des Christentums und die halbrömische Bildung bei keinem Volk so früh sich verbreiteten und so wichtig wurden wie bei ihnen. Der Kern der Goten gehört zu den Germanen, die den Römern am frühesten bekannt wurden.[713] Ehe deutsches Wesen mit der Kulturwelt in Berührung kam, fand die merkwürdige Reise des Pytheas[714] nach der Ost- und Westsee statt, und es ist wohl unzweifelhaft, daß es die Goten waren, die an der Ostsee saßen und dann an das Schwarze Meer verschlagen wurden. Wie? wissen wir nicht. Dann im 3. Jahrhundert spielen sie eine Rolle bei der ersten großen Katastrophe. Darauf folgt eine Zeit der Ruhe, während der sie an der Nordwestküste des Schwarzen Meeres von der Mündung des Don bis zu der Donau saßen. Auf die Gründe, weshalb ihre Angriffe in dieser Zeit aufhörten, ist früher eingegangen und als hauptsächlichste sind genannt worden die Verwicklung mit anderen Völkern (wir kennen die Verhältnisse immer nur einseitig, die Beziehungen zu den Römern, nicht die der Stämme untereinander) und der große Erfolg der diocletianischen Politik, die Sperrung des Bosporus durch die Verlegung des Schwerpunktes des Reichs nach dem Osten. Dadurch wurde den Seeraubzügen ein Ende gemacht, und auch zu Lande gestalteten sich die nachbarlichen Beziehungen befriedigend.

[MH.III 211] Von großer Wichtigkeit wäre für uns eine Kenntnis der inneren Organisation dieses Volkes; aber alles, was wir wissen, ist getrübt und sagenhaft. Fest steht nur, daß sie geteilt waren, in Ostrogothen und Wisigothen (Ost- und Westgoten).[715] Eine Frage ist, ob diese Stämme einheitlich organisiert waren. Es gibt eine alte, scheinbar gute Überlieferung, daß beide je zwei Könige hatten. Im ganzen waren die Goten anscheinend königlicher gesinnt[716], d.h. einheitlicher organisiert als die westdeutschen Franken und Alamannen, wo eine Menge kleiner Gaufürsten herrschten.

[712] Zu den Goten allgemein: Schmidt 1941, S. 195 ff.; Wolfram 1980.
[713] Tac.ann.II 62; Germ.43,6
[714] Ob die *Guiones/Gutones/Guttones* bei Pytheas (Plin.NH.XXXVII 11/35) mit den Goten verbunden werden dürfen, ist fraglich. Dagegen spricht Schmidt 1941, S. 195; dafür: R. Much + H. Jankuhn, Die Germania des Tacitus, 1967, S. 514; D. Stichtenoth, Pytheas von Marseille, 1959, S. 62. Die Schiffsreise des Pytheas ins Bernsteinland fällt in die Zeit um 320 v. Chr.

[715] Jordanes, Getica 82. *Ostrogothi* sind eigentlich die „glänzenden" Goten, *Wisigothi* die „guten" Goten; Schmidt 1941, S. 203.
[716] Die Goten hatten zur Zeit des Tacitus (Germ.46,3) Könige, nach der Teilung verblieb das Königsgeschlecht der Amaler bei den Ostgoten (Jord .Get.79 ff.), die *reges* der Westgoten (Amm.XXVI 10,3) gelten als Adlige: Schmidt 1941, S. 243 f. Ein eigentliches Doppelkönigtum findet sich bei den Goten nicht: Wenskus 1961, S. 322 f.

Zunächst kam das römische Reich mit den Westgoten in Konflikt, schon unter Constantin, der zwar nicht auf dem linken Donauufer Fuß faßte, aber die Gotenangriffe abschlug.[717] Hervorgerufen wurden sie dadurch, daß Licinius in seinem Kampf mit Constantin die Unterstützung der Goten anrief.[718] Als dann Procop in Konstantinopel und Thrakien gebot, knüpfte er abermals, Unterstützung suchend, mit den Goten an. Der *iudex* Athanarich (so, und nicht König wird er genannt[719]) sandte ihm 3000 Goten gegen Valens zu Hilfe.[720] Valens nahm diese, als er über Procop die Oberhand erhielt, gefangen. Athanarich sandte eine Botschaft ab mit der Bitte, dieselben freizugeben, und erklärte, er sei getäuscht gewesen, er habe Procop als Nachkommen des constantinischen Hauses für den legitimen Herrscher gehalten und sich verpflichtet gefühlt, den geforderten Zuzug zu stellen. [MH.III 212] Das klingt nicht unwahrscheinlich. Valens aber lehnte die Rückgabe der Gefangenen ab, und es kam zum Krieg, in dem Valens die Offensive ergriff.[721] Der Erfolg, den die Römer erstritten, ist stark übertrieben worden. Valens überschritt bei *Noviodunum* die Donau, es kam bald zu Friedensunterhandlungen. Athanarich hatte einen Eid geleistet, nie werde sein Fuß römische Erde betreten, und so fügte sich Valens dem Verlangen, eine Zusammenkunft auf dem Flusse selbst zu halten, in der wesentlich der Status quo ante wiederhergestellt wurde.[722] Die Donau bildete nach wie vor die Grenze. Die Kastelle, die die Römer auch hier anlegten, befanden sich auf dem rechten Ufer.

Die schließliche Katastrophe wurde wesentlich durch die religiösen Verhältnisse herbeigeführt, auf die daher etwas näher eingegangen werden muß, umso mehr, als der ehrwürdige Name des Ulfilas hier ins Spiel kommt. Kein germanischer Stamm gewährte dem Christentum so früh Eingang wie die Goten. Sehr wahrscheinlich wurde dasselbe in der Mitte des 3. Jahrhunderts zuerst durch Gefangene verbreitet, unter denen sich auch wohl die Ascendenten des Ulfilas befanden, so daß seine Vorfahren zwar seit einigen Generationen Goten, aber ursprünglich Römer gewesen sind.[723] Schon zu Constantins Zeit nahmen Bischöfe der Goten an den Konzilien teil.[724] 348 kam Ulfilas nach Konstantinopel und wurde zum Bischof der Goten geweiht. Dann trat bei den Goten eine schwere Christenverfolgung ein.[725] Es zeigten

---

[717] Constantin führte seit 315 den Siegerbeinamen *Gothicus maximus*: Dessau 696; 705.

[718] Der Gotenfürst Rausimodus wurde 322 von Constantin geschlagen, als er Gebiete des Licinius plünderte (Anon.Val.21; Zos.II 21,3). Licinius fand 324 Unterstützung bei dem Gotenfürsten Alica (Anon.Val.27).

[719] *iudex*: Amm.XXVII 5,6; XXXI 3,4; *rex*: Hieron.chron. zu 369; Chron.Min.I 243; 458; Oros.VII 34,6

[720] Amm.XXVI 10,3; XXXI 3,4; Zos. IV 7,2 nennt 10000.

[721] U. Wanke, Die Gotenkriege des Valens, 1990, S. 73ff.

[722] Amm.XXVII 5,6ff.

[723] Philostorg.HE.II 5. Entgegen dieser zutreffenden Bemerkung Mommsens nimmt die Forschung an, Ulfilas sei halb römischer, halb gotischer Herkunft.

[724] Socr.HE.II 41

[725] Hieron.chron. zu 369; Oros.VII 32,9

sich dieselben Erscheinungen wie bei den Persern. Je mehr sich der römische Staat mit dem Christentum identifizierte, [MH.III 213] desto mehr identifizierten sich die nationalen Gegner Roms mit dem Heidentum. Athanarich bei den Goten war aus Opposition mehr antichristlich als heidnisch gesinnt. Aufgrund dieser Verfolgung wandte sich Ulfilas an Constantius mit der Bitte, ihm und der Christengemeinde Aufnahme zu gewähren. Es wurden diesen gotischen Christen Wohnsitze in *Nicopolis* angewiesen, wo dieselben als *Gothi minores* ein friedliches Dasein führten und wo Ulfilas seine Bibelübersetzung erstellte[726], ein großes historisches Moment, die erste Übersetzung der Bibel, und diese deutsch![727]

Dieses christliche Stilleben griff aber auch politisch ein. Athanarich gegenüber erhob sich ein anderer gotischer Führer, Fritigern, der mit Valens wegen Überlassung von Missionaren verhandelte.[728] Das hatte Folgen, indem alle Goten, auch Ulfilas, Arianer wurden, da der Arianismus im ganzen römischen Osten die allgemein verbreitete Religion war.[729]

Man hat die jetzt zu erzählende Katastrophe den Anfang der Völkerwanderung genannt. Das ist ungenau, denn die Anfänge liegen weiter zurück. Die Goten waren schon in ihre Sitze am Schwarzen Meer eingewandert. Allerdings haben wir jetzt die ersten geschichtlich erkennbaren Umrisse eines solchen Wanderns. Die Mongolen drückten auf die Ostgoten. Ihr über 100 Jahre alter König Ermanerich ist sagenhaft.[730] Aber fest steht, daß die Ostgoten überwältigt wurden und unter der [MH.III 214] Suprematie der Hunnen einen weiteren Stoß auf die Westgoten führten. Athanarich suchte sich zu behaupten; er soll eine große Mauer vom Schwarzen Meer bis zu den Karpaten gezogen haben, um dem andrängenden Völkerstrom Halt zu gebieten. Man hat von einer solchen kürzlich Spuren aufgefunden.[731] Die Westgoten kapitulierten gegenüber dem dennoch anflutenden Strom nicht. Athanarich warf sich in die Berge Siebenbürgens.[732]

Fritigern mit der großen Masse der Goten erbat Aufnahme bei den Römern hinter die schützende Donau.[733] Dergleichen war schon öfter dagewesen, an allen Grenzen. Ulfilas Übersiedlung war auch etwas Ähnliches. Jetzt aber begehrten Massen Einlaß wie noch nie. Es waren zwar flüchtige, aber nicht überwundene, bewaffnete und streitbare Menschen. Der Kaiser befand sich in Antiochien. Es wurde lange beraten, schließlich die Erlaubnis erteilt. Aber die Aufnahme, die die Goten fanden, war eine schlechte. Die elende römische Beamtenwirtschaft hat hier Arges verschuldet. Man hätte sie gut

---

726 Philostorg.HE.II 15
727 Älter sind die Übersetzungen der Bibel ins Syrische, Lateinische und Koptische.
728 Oros.VII 33,19
729 Dies trifft nicht zu. Abriß und Literatur: A. M. Ritter, Arianismus, Theol.Realenzykl.III 1978, 692 f.

730 Amm.XXXI 3,1 f.; Jord.Get.79; 116 ff.
731 Amm.XXXI 3,5 (*Greutungorum vallum*); 3,7 (Mauer vom Pruth zur Donau). R. Vulpe, Le vallum da la Moldavie inférieure et le mur d'Athanaric, 1957
732 Amm.XXXI 4,13
733 Amm.XXXI 4

aufnehmen müssen, wenn man sie überhaupt aufnahm. Man ließ sie zusammen, mißhandelte sie und sog sie aus. Von den abscheulichen Erpressungen werden haarsträubende Dinge erzählt.[734] Lupicinus, der römische Feldherr, suchte sich des Fritigern durch Verrat zu bemächtigen. In *Marcianopolis* (südlich von dem heutigen Varna) wurde derselbe zu einem Bankett eingeladen; es entstanden Reibereien zwischen der Leibwache des Fritigern und den römischen Soldaten. [MH.III 215] Lupicinus befahl, die Leibwache niederzustoßen und hatte die Absicht, sich der Führer zu bemächtigen. Fritigern aber warf sich aufs Pferd und entkam. Dieser fehlgeschlagene Mordversuch machte aus den friedlichen Einwanderern eine feindliche Armee. Sie riefen die sporadisch angesiedelten Stammesgenossen auf und ließen über die in ihrer Gewalt befindlichen Donauübergänge Alanen und Hunnen, die drüben hausten, herüber, so daß die Menge gefährlich anschwoll.[735] Nun griff man zu energischen Maßregeln auf Seite der Römer.[736] Die Osttruppen wurden herbeigerufen, vor allen Dingen aber verhandelte man mit Westrom über gemeinsames Vorgehen, denn offenbar war das Westreich auch bedroht. 377 zog Valens selbst ins Feld, Gratian näherte sich langsam, zu langsam. Vorerst gelang es, den Krieg zu lokalisieren und Fritigern in die äußerste Ecke des rechten Donauufers, in das Sumpfland an den Mündungen, gegen das Schwarze Meer zu drängen. Aber bald mußten die Römer zurückweichen. *Marcianopolis* und die Balkanpässe wurden aufgegeben, die Goten fluteten fast bis unter die Mauern von Konstantinopel, hauptsächlich weil Westrom nicht zur Stelle war. Für 378 wurde ein großer, gemeinschaftlicher Feldzug verabredet.

Die Vortruppen Gratians brachten einer gotischen Abteilung eine schwere Niederlage bei, die Gefangenen wurden nach Italien gebracht.[737] Gratian selbst war im Begriff, nach dem Kriegsschauplatz [MH.III 216] aufzubrechen, als ihn ein Zwischenfall nach dem Rhein rief. Die Alamannen nördlich vom Bodensee hielten den Augenblick, wo die Besatzungen der römischen Grenze herausgezogen waren, um gegen die Goten zu kämpfen, für geeignet zu einem Plünderungszug, überschritten den Bodensee und brachen in Gallien ein. Man sieht hier wieder deutlich, daß die Effektivstärke der Armee, trotz der ungeheuren Massen, die auf dem Papier standen, nie ausreichte. Bei irgendeinem Vorfall an einem Ende des Reichs mußte man sofort alle Garnisonen schwächen und konnte das neue Loch nur zustopfen, indem man ein anderes aufmachte. Gratian kehrte auf diese Nachricht sofort um, und es gelang ihm, die Alamannen bei *Argentovaria*[738] zu schlagen. Ob Gratian selbst durch seine Bravour die Schlacht entschieden hat oder ob dies die

[734] Amm.XXXI 5
[735] Amm.XXXI 6; 8,4
[736] Amm.XXXI 7
[737] Nach Ammian (XXXI 7,15) kämpften die Römer mit den Germanen 377 bei *Salices* unentschieden (*aequo Marte*), doch siegten sie bei *Beroea* (XXXI 9).
[738] Horburg im Oberelsaß, Amm. XXXI 10,8; Epitome 47,2; Hieron. chron. zu 377; jeweils *Argentaria*.

höfische Übertreibung[739] bloß behauptete, bleibe dahingestellt. Unmöglich scheint es nicht. Gratian ging seinerseits über den Rhein. Der Feldzug war für den Kaiser ruhmreich, aber für das Reich verhängnisvoll. Denn kostbare Monate gingen gegen die Goten verloren. Gratian zog zwar sofort an der Spitze seiner siegreichen Truppen nach Osten, aber es war zu spät. Valens war nach *Illyricum* gegangen und hatte die Offensive gegen die Goten ergriffen. Diese hatten seine Abwesenheit schlecht genutzt. Wieder zeigte sich der Hauptmangel dieser barbarischen Völker, daß sie keine Belagerungen ausführen konnten.[740] Adrianopel und Konstantinopel[741] stellten ihnen unüberwindliche Hindernisse entgegen. Sebastianus, der bei der Thronbesteigung Gratians abgesetzt worden war[742], stand jetzt an der Spitze der oströmischen Armeen. Es ist nicht unwahrscheinlich, daß Ranküne gegen Gratian den Valens [MH.III 217] bestimmte, die Ankunft des Neffen nicht abzuwarten[743], obgleich dieser den Richomer mit der Nachricht seines eigenen Anmarsches vorausschickte.[744] Die oströmischen Truppen waren bei Adrianopel konzentriert, der Kriegsrat entschied siegesgewiß für sofortigen Angriff. Es wird auch behauptet, Valens sei eifersüchtig auf die Lorbeeren Gratians im Alamannenfeldzug gewesen [s. o.]. Fest steht, daß das Verhältnis zwischen Onkel und Neffe ein kühles war. Valens stimmte für Schlagen.

Die Einleitung der Schlacht[745] wurde ungeschickt praecipitiert. Die Goten standen in ihrer festen Wagenburg. Es war furchtbar heiß an diesem 9. August 378.[746] Die Truppen waren durch einen langen Marsch ermüdet, dann wurden nach eiligem Vormarsch viele Stunden vergeudet. Fritigern, der Gotenführer, ein jedenfalls sehr bedeutender Mann, hatte seine Reiterei nicht zur Hand und machte, um Zeit zu gewinnen, Vergleichsvorschläge. Als seine Reiter vom Fouragieren zurückkehrten, wurden die Verhandlungen abgebrochen, und spät am Tage begann die Schlacht. Die römische Reiterei stob auseinander. Der linke Flügel war bis zur Wagenburg vorgedrungen, hier wurde er umzingelt, und ein Gemetzel, dem nur *Cannae* an die Seite zu setzen ist[747], begann. Man kämpfte auf ganz offenem Feld, Deckung und Rettung war nirgends, Adrianopel weit entfernt. Rückzugsdispositionen waren bei der Siegesgewißheit der Römer nicht getroffen. Sebastianus, Traianus und Valens selbst waren unter den Toten. Nach der Version eines Zeitgenossen wäre er in einer Hütte, in die er sich geflüchtet, unerkannt verbrannt,

---

739 Die Lobredner übertrieben die Zahl der gefallenen Alamannen: Amm.XXXI 10,5.
740 Gegenbeispiele oben zu MH.III 165
741 Amm.XXXI 15 f.
742 Dies ergibt sich aus Amm.XXX 9,3 nicht.
743 Amm.XXXI 12,1
744 Amm.XXXI 12,4

745 Hauptquelle zur Schlacht bei Adrianopel ist Ammian XXXI 13; dazu Zos.IV 24,1 f.; Oros.VII 33,16 ff. H. Wolfram, Die Schlacht von Adrianopel, Anzeiger der Österr.AdW. phil.-hist.114, 1977, S. 227 ff.
746 Das Datum: Amm.XXXI 12,10; Chron.Min.I 243.
747 Den Vergleich zieht Ammian XXXI 13,9.

nach einer anderen hätte er, als [MH.III 218] alles verloren war, den Purpurmantel abgeworfen und den Tod gesucht.[748] Jedenfalls starb er einen ehrlichen Soldatentod. Ein Behaupten des Schlachtfeldes war nicht möglich, Thrakien ging bis auf die Städte verloren. Die Beute der Goten war gering, das Gepäck war in Adrianopel zurückgeblieben, und vor den Mauern richteten die Goten wieder nichts aus.

f) Von Theodosius zu Alarich (379–410)

Der Katastrophe des Ostreichs sah Gratian untätig zu. Er hätte wohl mit Aussicht auf Erfolg den Kampf aufnehmen können, aber er scheute davor zurück. Man sieht daraus, daß er zwar einen mäßigen Feldzug wie den gegen die Alamannen führen konnte, aber großen Aufgaben nicht gewachsen war. Er war ein junger, gebildeter und beliebter Mann, das derbe Metall jedoch fehlte in seinem Charakter. An Valens' Stelle gab er dem Osten den Sohn des in *Africa* hingerichteten Theodosius gleichen Namens zum Augustus, der nach seiner Heimat Spanien geschickt worden war.[749] Er war der einzige Offizier, der sich bewährt hatte, und, was stark ins Gewicht fiel, Römer. Auch jetzt noch scheute man davor zurück, einen Barbaren mit dem Purpur zu bekleiden. Von verwandtschaftlichen Rücksichten sah Gratian hierbei ganz ab. Übrigens hatte er außer seinem unmündigen Bruder[750] keine männlichen Verwandten.

Die Aufgabe des Theodosius war furchtbar. Den Goten Schach bieten mit den zertrümmerten Kräften des Orients, das konnte er nicht. Eine Kapitulation war nicht zu vermeiden. Vier Monate hatte das Interregnum nach Valens' Tod gedauert, am 19. Januar 379 [s. o.] wurde er eingesetzt. Da es nicht anging, den Goten ihre Eroberungen zu entreißen, so mußte [MH.III 219] ein leidliches Verhältnis mit ihnen angebahnt werden, und diese Aufgabe hat Theodosius gut gelöst. Allerdings wurde die Katastrophe damit ratifiziert. Wie sehr man um Mannschaften verlegen war, beweist, daß man die ägyptischen Truppen aufbot, die man bis dahin bei allen Verwicklungen nicht nötig gehabt hatte.[751] Man erlangte auch partielle Vorteile über die Goten. Nach dem großen Siege war bei diesen eine gewisse Zerfahrenheit eingerissen. Fritigern war nicht mehr Herrscher, mit dem Erfolg hatte er seine durch die Not geschaffene Machtstellung verloren. Die Scharen zerstreuten sich und liefen planlos auseinander. Einige zog Theodosius sogar auf die römische Seite, andere schlug er. Schließlich kam es zu einem Vertragsverhältnis, des-

[748] Beide Versionen sind überliefert, Amm.XXXI 13 ff.

[749] Zos.IV 24,4; Chron.Min.I 243: am 19. Januar 379.

[750] Valentinian II, seit 375 Augustus, war 7 Jahre alt, s. o.

[751] D. h. in Ägypten stationierte Truppen, die zum geringsten Teil aus Ägyptern bestanden: ND.or.XXVIII; Zos.IV 30 f.

sen Bedingungen uns nur sehr ungenau bekannt sind, denn Ammian versagt von da ab als Quelle, und die, welche wir haben, taugen nicht viel. Fritigern verschwindet, was aus ihm geworden, wissen wir nicht.⁷⁵² Dagegen ist plötzlich Athanarich, der alte Römerfeind, der geschworen hatte, keinen Fuß auf römisches Gebiet zu setzen, als *iudex regum*⁷⁵³ da, schließt einen Vertrag mit Theodosius und stirbt 381.⁷⁵⁴ Wir sehen im wesentlichen, daß der Donauschutz durchbrochen war und blieb. Thrakien und Mösien standen den Barbaren offen. Das rechte Donauufer wurde den Goten eingeräumt, dem Namen nach als Untertanen. Das ist ja auch formell richtig, sie erkannten den Kaiser als Oberhaupt an. Aber sonst steuerten⁷⁵⁵ und rekrutierten sie als Untertanen. Diese Goten lebten als innere *foederati* und waren in der Tat gleichberechtigte Verbündete, [MH.III 220] die zwar Zuzug stellten, aber gegen einen Jahressold. Das Reich war auf dem rechten Ufer offen für diese Föderierten. Noch wenige Jahrzehnte nur, und sie bedrohten Rom und Konstantinopel. Insofern war das der Anfang des Endes. Der Eindruck war auch ein schwerer auf die Zeitgenossen: Synesius, Bischof von Kyrene, schreibt ganz richtig – und er sah die Sache doch nur aus sicherer Ferne an: *Schande für uns, daß Fremde für uns kämpfen. Wir sind Weiber, die Goten sind Männer. Welches Unheil, wenn sie alle ihre überall angesiedelten Landsleute aufrufen, mit ihnen gemeinschaftliche Sache zu machen!*⁷⁵⁶ In der Tat war das ganze Reich schon so von Germanen durchsetzt, daß darin eine ungeheure Gefahr lag. Aber wie hätte es anders kommen können? Theodosius' Verfahren war traurig, aber notwendig und unabwendbar.

Auch auf die religiösen Verhältnisse hatte die Katastrophe des Valens bedeutenden Einfluß. Valens war eifriger Arianer, der Westen hingegen der athanasianischen Lehre zugetan. Valentinian war so gleichgültig (wenn auch selbst Arianer⁷⁵⁷), daß er Gratian in Mailand durch den Bischof Ambrosius im athanasianischen Glauben erziehen ließ.⁷⁵⁸ So gab es zwischen Onkel und Neffe auch auf diesem Gebiet Spannungen. Mit Valens stürzte der Arianismus. Theodosius war dem nicaenischen Glaubensbekenntnis völlig ergeben. Er im Osten und Gratian im Westen machten für dieses eifrig Propaganda.

---

⁷⁵² Möglicherweise verbirgt sich Fritigern hinter dem Gotenkönig, der sich 382 Rom unterwarf: Chron.Min.I 243. Fritigern wird bei Ammian mehrfach *rex* tituliert: XXXI 5,4; 6,5; 12,9.

⁷⁵³ Ein solcher Titel ist für Athanarich nicht belegt.

⁷⁵⁴ in Konstantinopel: Chron.Min.I 243.

⁷⁵⁵ Eine Steuerpflicht ist nicht be-

zeugt. Der entscheidende Vertrag fällt ins Jahr 382, Them. XVI.

⁷⁵⁶ Synes.de regno 21 ff.

⁷⁵⁷ Dies trifft nicht zu, s.o. MH.III 203.

⁷⁵⁸ Lehrer Gratians war der laue Christ Ausonius in Trier (Aus.XX), Ambrosius sandte Gratian jedoch im Jahre 380 eine Schrift «De fide ad Gratianum», die gegen den Arianismus gerichtet war.

Abgesehen von den Goten[759] war es seitdem mit den Arianern zu Ende. Man darf nicht vergessen, daß Arianer und [MH.III 221] Athanasianer sich reichlich so bitter haßten und verfolgten wie Christen und Heiden. Auch die letzten Zuckungen des Heidentums in Rom fielen in diese Zeit.[760] Die von Julian in der Curie wiederhergestellte Statue der Victoria wurde durch Gratian erneut entfernt[761], und als das Pontifikalkollegium ihn altem Gebrauch gemäß aufforderte, das Amt des *pontifex maximus* anzutreten, wies er dies als guter Christ zurück[762] und drückte damit das letzte Siegel auf das Todesurteil des Heidentums.

Mit dem Verlust der Donaugrenze war der Würfel über das Römerreich geworfen, und das weitere Verfolgen der Agonie ist unerfreulich und zwecklos. Der Schwerpunkt liegt jetzt in den germanischen Völkern. Das Schauspiel, wie Kaiser Honorius in seiner Sumpfburg Ravenna sitzt und nichts tut, als starr „Nein" sagen, ist überhaupt kläglich. Im Ostreich steht es nicht ganz so schlimm. Konstantinopel hatte den Vorzug, eine unverwüstliche Stadt zu sein, zugleich Residenz und Reichsmittelpunkt, in unvergleichlicher Lage. Das ist ein ungeheurer Unterschied gegen die Scheidung in Italien zwischen Rom und Ravenna. Konstantinopel zeitigte noch Blüten, Winterblüten freilich, aber der ewige Flor griechischer Kunst und Poesie war doch nicht zu ertöten. So etwas gab es in Rom nicht mehr. Das beiderseitige Geistesbild des Ostens und Westens ist durchaus verschieden, der Vergleich fällt ganz zu Gunsten des Ostens aus.

Auch hatte der Osten plötzlich mehr Glück: das Perserreich hielt Ruhe. Das war teilweise Verdienst des Theodosius, der mit derselben weisen Nachgiebigkeit wie den Goten so den Persern gegenüber verfuhr. Der Hauptgrund [MH.III 222] für die Untätigkeit der Perser wird aber der Tod Sapors II gewesen sein, der 379 starb, nachdem er fast 70 Jahre auf dem Thron gesessen und Constantin, Constantius II, Julian, Jovian und Valens bekriegt hatte. Dieser bedeutende Herrscher war antirömisch sein ganzes Leben hindurch. Nach seinem Tode legten Thronfolgestreitigkeiten, dieser ewige Fluch in der persischen Geschichte, die Politik nach außen lahm. 384 wurde von Theodosius unter Konzessionen Friede geschlossen, 390 verstand er sich freiwillig zur Teilung Armeniens und überließ die größere Hälfte den Persern.[763] Auch das war eine weise Resignation, jetzt, wo man um die vitalsten, naheliegendsten Interessen kämpfen mußte, einen solchen verhältnismäßig unwichtigen Außenposten aufzugeben. Der Friede zwischen Persien und Ostrom hielt auf den durch Theodosius aufgestellten Basen im wesentlichen das ganze 5. Jahrhundert hindurch. Erst im 6. be-

[759] und den Vandalen, Victor von Vita pass.
[760] J. Geffcken, Der Ausgang des griechisch-römischen Heidentums, 1929
[761] Symm.rel.3; Ambrosius ep.17f.
[762] Zos.IV 36

[763] Die Verhandlungen mit Armenien begannen 384 (Chron.Min.I 244; II 61) und wurden anscheinend 387 abgeschlossen (Liban.or.XIX 62; XX 47).

gannen wieder die Kriege, die denn auch schließlich zum Untergang Ostroms führten.⁷⁶⁴ Auch sonst hatte Theodosius Glück. Im Westreich brachte er die Reichseinheit – wenigstens den Schatten, der davon noch übriggeblieben war – zur Geltung. Gratian fiel im Jahr 383 einer Militärrevolte zum Opfer, die in Britannien ausbrach, das den Maximus zum Augustus ausrief.⁷⁶⁵ Valentinian II erkannte ihn an, so daß auf einige Zeit wieder drei *Augusti* da waren: Maximus in Britannien, Spanien und Gallien, Valentinian II in Italien und dem Rest des Westens, Theodosius im Osten. 387 brach Maximus den Vertrag, Valentinian floh hilfesuchend zu Theodosius.⁷⁶⁶ Dieser beseitigte Maximus 388 und setzte Valentinian wieder zum Kaiser des ganzen Westens ein.⁷⁶⁷ [MH.III 223] Dann entstand eine neue Krise: Arbogast, ein hochgestellter General, ließ Valentinian II 392 umbringen, und machte nicht sich selbst zum Kaiser, sondern ließ Eugenius ausrufen, den letzten Heiden, der auf dem römischen Thron gesessen hat.⁷⁶⁸ Theodosius zog 394 wieder über die Alpen und schlug den Eugenius bei Aquileia.⁷⁶⁹ Im Jahr 395 teilte er dann das Reich, da die Linie Valentinians ausgestorben war, zwischen seine eigenen Söhne Arcadius, der den Osten, und Honorius, der den Westen erhielt.⁷⁷⁰

Theodosius' Regierungszeit war die Ruhe vor dem Sturm, wenn auch der eigentlich vernichtende Schlag schon vor ihm gefallen war. Mit seinem Tode 395⁷⁷¹ aber hat diese Ruhe ein Ende. Die Kämpfe, als deren Prototyp der des Alarich⁷⁷² zu gelten hat, zeigen überall dasselbe Gesicht und dasselbe Resultat: sie sind rein persönlich. Ein tapferer Führer erlangt vorübergehend die Herrschaft, von Staatenbildung keine Spur. Jedes Regiment ist von Haus aus ephemer. Diese Völker, diese Heerführer haben am römischen Staat die Exekution vollzogen, aber nichts Bleibendes geschaffen, sie haben die Erbschaft nicht angetreten. *Universae gentes Gothorum*⁷⁷³ werden die Goten genannt. Von bedeutenden Herrschern ist nicht die Rede, dagegen von vielen Fürstengeschlechtern. Daher kommt es auch zu keiner Reichsgründung. In Thrakien und Mösien wurden sie zuerst angesiedelt, aber nicht von diesen Sitzen geht die weitere Geschichthe aus, sondern von Einzelführern, die man füglich den Condottieri im Mittelalter vergleichen kann. [MH.III 224] Alarich, einer der bedeutendsten unter diesen, war auf einer

---

⁷⁶⁴ Mommsen identifiziert wieder Perser, Araber und Türken, vgl. MH.III 151, anders 240.

⁷⁶⁵ Zos.IV 35

⁷⁶⁶ Zos.IV 43,1; Socr.HE.IV 11,11

⁷⁶⁷ Chron.Min.I 298; Zos.IV 46,2 f.

⁷⁶⁸ Nach den besseren Quellen (Seeck V S. 242 f.) endete Valentinian II durch Selbstmord in verzweifelter Lage; Eugenius war Christ (so Ambr.ep.57 gegen

⁷⁶⁹ Philostorg.HE.XI 2), tolerierte aber die Heiden.

⁷⁶⁹ Zos.IV 58, Philostorg.l.c.

⁷⁷⁰ Oros.VII 36,1; Chron.Min.II 64

⁷⁷¹ Chron.Min.II 64

⁷⁷² Schmidt 1941, S. 424 ff.; PLRE.II S. 43 ff.

⁷⁷³ *cunctam Gothorum gentem*: Oros. VII 38,2

Insel an der Donaumündung geboren[774], als den Barbaren noch der Weg über die Donau verlegt war. Zuerst begegnen wir ihm als römischem Offizier einer Gotenschar. Es scheint, daß er auf die Bahn der Feindseligkeit nur getrieben wurde, weil er 395 nach Theodosius' Tode eine Erweiterung seines Kommando verlangte, aber nicht erhielt.[775] Alarich war ein bedeutender Soldat, aber man kann ihn nicht unter einem eigentlich politischen Gesichtswinkel betrachten.[776] Durch solche Männer können wohl Einzelherrschaften aufgerichtet, aber keine Reiche gegründet werden. Orosius[777] sagt von Athaulf, dem Schwager und Nachfolger des Alarich, der wahrscheinlich mindestens ebenso bedeutend war, derselbe habe sich dahin geäußert, daß sein eigentlicher Wunsch gewesen sei, aus der *Romania* eine *Gothia* zu machen, aus dem Römerreich ein Gotenreich. Das sei aber unmöglich gewesen, weil die Goten undisziplinierbar, nicht Gesetzen gehorchend seien. Daher habe er nichts zu tun vermocht, als durch die gotischen Kräfte das Römische Reich zu stützen, die Goten in den römischen Staatsverband einzufügen. Die ganze Macht des Athaulf bestand aus 10.000 Mann. Damit kann man ein schwaches, morsches Reich unterwerfen, aber nicht ein nationales Reich gründen. Und wir sehen auch, daß die Goten z.B. in der Rechtspflege, Steuererhebung einfach nach der römischen Schablone arbeiteten. Sie verfielen dem Verhängnis, dem alle unzivilisierten Völker verfallen, wenn sie zivilisiertere Reiche erobern, [MH.III 225] demselben Verhängnis, dem bis zu einem gewissen Grade auch die Römer den Griechen gegenüber verfallen sind: Die warmen Bäder, die Villen, die gute Küche, überhaupt der Luxus, aber doch auch die Poesie und Rhetorik, Wissenschaft und Kunst taten es ihnen an, sie romanisierten sich. Die nationale Grundlage der ersten Generation versagte in der zweiten und dritten. Am deutlichsten zeigt sich das an den Vandalen, die am weitesten von ihren Stammsitzen entfernt sich 429 in *Africa* niederließen.[778] Frauen wanderten naturgemäß verhältnismäßig wenige mit in die neuen Sitze, so wurden die späteren Generationen in immer stärkerem Maß Mischlinge. Die einzigen, denen in dieser Zeit eine Staatenbildung gelang, waren die Franken.[779] Aber Nordgallien war auch schon zur Römerzeit ganz von Franken durchsetzt, und die neue Heimat, die sie gewannen, lag geographisch ganz nah bei ihrer alten. Es ist doch etwas anderes, ob man vom rechten auf das linke Rheinufer übersiedelt oder von der Donau, der Elbe und Weichsel nach Spanien und Nordafrika. Also, um es noch einmal zusammenzufassen, die Goten waren die Exekutoren, nicht die Erben der Römer.

---

[774] Claudian XXVIII 105: auf *Peuce*. Wolfram 1980, 160 ff.

[775] Zos. V 5,4

[776] Dennoch beginnt mit ihm die Folge der westgotischen Könige. *Halaricus creatus est rex*: Jord.Get.146 f. Mommsen, Ges.Schr.IV 516 f.

[777] Oros. VII 43,5 f.

[778] Chron.Min.I 472; 658; Victor von Vita I 2; Prok.I 5,18; L. Schmidt, Geschichte der Wandalen 1942, 27 ff.

[779] E. Zöllner, Geschichte der Franken, 1970

Das Verhältnis Alarichs zu Radagais[780] und andern Führern ist dunkel, am dunkelsten aber, wie die Römer zu allen diesen und speziell zu Alarich standen. Ein verzwicktes Intrigenspiel zwischen den Höfen des Arcadius und Honorius kam in Gang. Rätselhaft ist uns namentlich die Person des Stilicho[781], einer Art Wallenstein. Was wir an Quellen besitzen – Poeten und Prediger[782] – macht es uns unmöglich, hinter [MH.III 226] die historische Wahrheit zu kommen.

395 begann Alarich den Kampf und brach in Epirus und Griechenland ein.[783] Athen und Sparta, große Namen mit nichtiger Gegenwehr, übergaben sich ihm, und er machte ungeheure Beute. Man glaubte, er sei durch den Minister des Arcadius, Rufinus, angestiftet worden, sich zu diesem westlichen Raubzuge zu wenden. Stilicho, der aus Vandalenhalbblut entsprossen war, und dem die Nichte des Theodosius, Serena, von diesem zur Frau[784] und das Reich, namentlich aber der Westen zur Obhut übergeben war[785], Rufinus' großer Gegner Stilicho, sage ich, ging 395 nach Griechenland. Er hatte Erfolge gegen Alarich, ließ ihn dann aber entkommen.[786] Es scheint, er wollte ihn nicht gänzlich niederwerfen, wollte ihn vielleicht gegen Rufinus brauchen, wie dieser ihn gegen Stilicho gebraucht hatte. Hinter den militärischen Ereignissen dieser Zeit müssen wir immer dies Doppelspiel der Politik im Auge behalten. Alarich profitierte davon und erreichte jetzt seinen Zweck. Wir finden ihn plötzlich in hoher militärischer Stellung als *magister militum* von *Illyricum*.[787] So hatte er eine Position auf der Scheide beider Reiche und konnte in beiden eingreifen und beide angreifen. 400 ging er nach Italien, zur geheimen Freude des Ostreichs. In Norditalien kam es zum Krieg, Stilicho erfocht 402 einen Sieg in Piemont.[788] Aber die Folgen des Sieges glichen denen einer Niederlage, die Goten überschritten den Po und bedrohten Rom. Und abermals Intrigenspiel – Alarich zog ab; wie es scheint, wurde der Abzug erkauft.[789] [MH.III 227] Dies Kommen und Gehen, dies Einfallen und Abziehen – das sind die Allüren eines Räuberhauptmanns, aber keines glanzvollen Staatsmannes. Radagais machte es dem Alarich nach, fiel mit anderen Haufen in Italien ein, den aber schlug Stilicho 405 vollständig.[790]

In dem letzten Akt des großen Dramas der Auflösung des Römischen Reiches durch die Deutschen erregt eine Erscheinung mehr Teilnahme durch die Bedeutung in dieser tief gesunkenen Zeit: Stilicho. Die Zeitgenossen

[780] Auch er war *rex Gothorum*: Chron.Min.I 652 f.; Augustin CD.V 23

[781] S. Mazzarino, Stilicone, 1942

[782] Poeten: Claudian, Rutilius, Prudentius; Prediger: Augustin, Orosius, Philostorgius.

[783] Zos.V 5 f.; Philostorg.HE.XII 2; Claud.XXVI 164 ff.; Chron.Min.II 64

[784] Claudian XXIX 178 ff.; Zos.IV 57,2

[785] Claudian VII 142 ff.; Oros.VII 37,1

[786] Zos.V 7,2 f.

[787] Claud.XX 214 ff.; XXVI 535 ff.

[788] Claud.XXVI; Chron.Min.I 465. Die Schlacht fand bei *Pollentia* statt.

[789] Zos.V 29

[790] Oros.VII 37; Chron.Min.I 465; 652 ff.; Zos.V 26,3 f.

haben ihm ihre Liebe und ihren Haß im reichsten Maß zugewendet. Die einen[791] schilderten ihn als einen kaisertreuen Untertan, der mit starkem Arm, solange ein Atemzug in ihm war, das wankende Gebäude gestützt habe, die anderen[792] verurteilten ihn als Landesverräter und Verbrecher. Beide Auffassungen sind in gewissem Grade richtig, beiden liegt etwas Wahres zugrunde. Der Osten urteilt günstiger über ihn als der Westen. Das ist erklärlich. Der Okzident trug die Folgen seiner Schritte, und hier starb Stilicho als Kapitalverbrecher.[793] Seine Statuen wurden umgestürzt, sein Name geschändet[794], sein Andenken gebrandmarkt. Das sind Vorgänge, die das obenhin urteilende Publikum influenzieren. Daher urteilte der Osten relativ unbefangener und günstiger, mehr wie die Geschichte urteilen muß.

Auf Stilicho ruhte im wesentlichen das Regiment beider Reichsteile, ganz das des Westreichs.[795] Er war ein guter Soldat aus der Schule des Theodosius und stand dem Kaiserhaus, wie schon angeführt, nahe. Vielleicht hatte Theodosius ihm auf dem Sterbebette die faktische Vormundschaft über beide Reichsteile [MH.III 228] übertragen.[796] So war er durch seine persönlichen Verhältnisse als ein Glied des Kaiserhauses anzusehen. Er war der Schwager gewissermaßen beider Kaiser, denn Serena, die Nichte des Theodosius, welche er geheiratet hatte, stand dem Theodosius nahe wie eine Tochter und ersetzte ihm eine solche, die ihm nicht beschieden war.[797] Stilicho war der Schwiegervater des Honorius, der nacheinander zwei Töchter des Stilicho zu Frauen hatte.[798] Wäre diesen Ehen Nachkommenschaft entsprossen, so wäre er der Vater eines Kaisergeschlechtes gewesen. Aber nicht bloß Schwager und Schwiegervater von Kaisern war er, sondern seinen Sohn Eucherius hatte er zum Erben des Throns bestimmt.[799] Und in der Tat, da Honorius keine Kinder hatte, stand keiner dem Thron oder der Erbfolge näher. Für sich selbst den Thron begehrt zu haben, das haben ihm selbst seine bittersten Verleumder nicht nachgesagt. Dem erbärmlichen Honorius hat er die Treue unverbrüchlich bewahrt. Er hat das Reich als Soldat regiert, und hat in den militärischen Verhältnissen eine bezeichnende Reform eingeführt: die Konzentrierung des Oberbefehls in einer Hand.[800] Das sollte eigentlich die Funk-

[791] Zu Lebzeiten pries ihn Claudian, nach seinem Tode Olympiodor bei Zosimos V 34,6f.

[792] Eunap bei Zosimos V 1,1ff.; 12,1f.; Eunap fr.62; Oros.VII 38.

[793] Am 22. August 408: Chron.Min.I 300; am 23. August 408: Zos.V 34.

[794] Dessau 799; 1277f.; CTh.VII 16,1

[795] Mommsen hierzu 1866 (AG.5): *Im Okzident war der Reichsfeldherr der eigentliche Kaiser; deshalb hütete man sich im Orient, diese Einrichtung einzuführen.*

[796] Oros.VII 37,1; Ambros.de obitu Theod.5. Die Vormundschaft auch über Arcadius ruht nur auf dem zweifelhaften Zeugnis Claudians (VII 142f.).

[797] Zos.IV 57,2; Claud.XXI 69ff.

[798] Zos.V 4; 28.

[799] Dies wird als Vorwurf gebraucht von Zos.V 32; Oros.VII 38,1; Philostorg.HE.XI 3; XII 2.

[800] Zos.V 4,2; Demandt, RE.Suppl. XII 1970, S. 613ff.

tion des Kaisers sein. Da dieser sich aber nicht darum kümmerte, so blieb faktisch Stilicho nicht gut etwas anderes übrig, als die Oberoffiziere, die *magistri militum* zu beseitigen, und den *magister equitum et peditum in praesenti* in seiner eigenen Person zu vereinigen, als Generalissimus.[801] [MH.III 229] Das ist natürlich verfassungswidrig. Aber wären seine höchsten Militärchargen besetzt geblieben, so wäre eine einheitliche Leitung des Heeres unmöglich gewesen, da der Kaiser versagte. Ebenso gingen alle politischen, staatsmännischen Angelegenheiten durch seine Hand.

Stilicho fand eine heftige Gesinnungsopposition bei zwei Klassen, bei den Patrioten und bei den Orthodoxen. Die Patrioten warfen ihm vor, daß er ein Nichtrömer sei. Er war von dunkler Herkunft. Wahrscheinlich war sein Vater Vandale[802], seine Mutter Römerin. So sahen sie auch in ihm – denn die Vandalen gehörten der großen Gotenfamilie an – den Gotenstamm als Liquidator des Römerreiches, die allgemeine Signatur dieser Zeit. Wenn auch schon früh in den Dienst des Theodosius getreten, blieb er den römischen Patrioten doch ein Germane. Außerdem wurde der Gesinnung des Athaulf – daß es mit den Goten allein nicht gehe, daß eine Allianz der beiden Völker nötig sei – von römischer Seite vielfach Sympathie entgegengebracht und eine solche Allianz angestrebt. Hatte sich doch schon Theodosius durch ähnliche Erwägungen in seiner versöhnlichen Politik leiten lassen.[803] Wie gefährlich eine solche Bluttransfusion sein mußte, das war freilich evident, aber ebenso war klar, daß es eine sichere, leichte und gefahrlose Kur für das kranke Römerreich nicht gab. Gewaltkur oder sicherer Untergang, [MH.III 230] ein drittes gab es nicht. Stilicho selbst stützte sich nur auf Fremde, seine Umgebung bestand aus Barbaren. Eine Hunnenschar war seine eigentliche Leibwache[804], in ihnen fand er Treue; nicht mehr bei den Goten, die waren schon korrumpiert, zuviel mit den Römern in Verbindung gekommen. Unter den Goten hatte Stilicho Gegner[805], die eigentliche Soldatentreue war bei ihnen nicht mehr zu finden, dazu mußte er einen Grad weiter in die Barbarei greifen. Senat, Soldatei und Patrioten waren empört über diese Art einer Verteidigung Roms durch seine schlimmsten Feinde, die einer Kapitulation nur allzu ähnlich sei.[806] Das war sie auch. Die Stimmung des gemeinen Senators – wenn man so sagen darf – empfand wohl das Mißliche der Situation, aber die große Frage ist eben, wie wäre es besser zu machen gewesen? Es gab keinen anderen Weg. Was Silicho tat, mußte geschehen, und doch wurde er deswegen bitter gehaßt.

Dazu kamen die Orthodoxen. Sie nannten Stilicho einen Heiden[807], einen Arianer. Ihm waren diese religiösen Fragen freilich keine Herzensfragen. Andere Dinge lagen ihm näher; vor allem suchte er den in allen Fugen

[801] Dies trifft nicht zu. Die Stellen blieben erhalten, ihre Inhaber spielten jedoch neben Stilicho keine Rolle.
[802] Oros.VII 38,1
[803] Jord.Get.146

[804] Zos. V 34,1
[805] Sarus: Zos.a.O.
[806] Zos.V 29,9
[807] Oros.VII 38

krachenden Staat zu stützen und zu halten. Als leitender Staatsmann sah er diese Fragen anders an als der einzelne orthodoxe Bürger. Die Hunnen waren noch Heiden; die [MH.III 231] Goten, welche nicht mehr Heiden waren, waren Arianer. Stilicho nahm seine Leute, wo er sie fand und wie er sie brauchen konnte, ohne nach der Konfession viel zu fragen. Das verübelten ihm die Orthodoxen ganz gewaltig und erschwerten ihm dadurch seine schon so genügend schwierige Stellung. Als Stütze war er auf den höchst unzuverlässigen Honorius angewiesen. Die ungeheure Macht, welche die Legitimität in Rom erlangt hatte, ist durch nichts so gekennzeichnet wie durch die Schicksale dieses geringfügigsten aller Herrscher. Das Reich ging in Scherben, die Offiziere wurden von den meuterischen Soldaten bei der letzten Katastrophe Stilichos haufenweise erschlagen, Honorius indessen war ihnen heilig, ihm wurde kein Haar gekrümmt.[808] Und auf diesen Kaiser war Stilicho angewiesen, Honorius hat Stilichos Vertrauen in der letzten Not auf das schmählichste getäuscht. Aber daß Stilicho sich in solch hoffnungslosem Kampf 23 Jahre behaupten konnte, ist eine großartige Leistung.

Stilicho hat das Land den Germanen überliefert und doch dem Kaiser die Treue bewahrt. Mit Alarich wußte er sich ins Benehmen zu setzen. Alarich war in wesentlich derselben Lage wie Stilicho: auch römischer Offizier, auch Schüler des Theodosius; beide Deutsche in römischem Dienst – es ist sehr begreiflich, daß Stilicho den Alarich nicht vernichten wollte, was er gekonnt hätte. Wenn man nun einmal der Germanen bedurfte, dann war Alarich, [MH.III 232] der wenigstens auf römische Gedanken einging, besser als ein ganz roher Barbar. Die Nachsicht gegen Alarich, die dem Stilicho als Verrat angerechnet wurde, ist doch sehr begreiflich. Daß Stilicho nicht nur zu schlagen, sondern auch gründlich zu siegen verstand, wenn es sich lediglich um einen wüsten Barbarenhaufen handelte, hat er 405 dem Radagais gegenüber bewiesen.[809] Während dieser Zeit hielt Alarich sich ruhig. Das auf der Grenze von Ost- und Westrom liegende westliche Illyricum, das zu Westrom gehören sollte, hielt Stilicho durch Alarich. Dafür verlangte Alarich seinen Lohn, und das führte die Katastrophe Stilichos herbei.

Ehe wir diese betrachten, dürfen wir eine andere Seite nicht aus den Augen lassen. Die weströmische Herrschaft wurde in Britannien durch eine Militärrevolte eigentümlicher Art erschüttert. Die Legionen fielen ab, wesentlich aus Opposition gegen die Germanen, die hier am größten war. Hier empfand man am tiefsten die Schmach über die Art, wie Honorius – oder Stilicho – sich zu Alarich stellte. Persönlicher Ehrgeiz kam dazu, und 407 bekleidete sich Constantin III mit dem Purpur.[810] Der Aufstand griff nach Gallien hinüber, die dortigen Truppen fielen dem Constantin zu, und man hatte es mit einem ausgesprochenen Gegenkaisertum zu tun. Diesen Abfall mit den Truppen Italiens niederzuschlagen, war unmöglich, und Stilicho

---

[808] Zos.V 32
[809] s. o. MH.III 227

[810] Oros.VII 40,4; Zos.V 27,2

ergriff das verhängnisvolle Mittel, so wie früher die Donau preisgegeben [MH.III 233] worden war, jetzt den Rhein preiszugeben. Am letzten Tage des Jahres 406 überschritten die germanischen Völker, die Vandalen, die Alanen und die Sueven, alle die, welche in Pannonien gesessen hatten, das lange gehütete Bollwerk des Flusses und setzten sich im römischen Gallien fest.[811] Es ist die Frage, ob dies auf Veranlassung Stilichos geschehen? Direkt eingeladen hat er diese Invasion wohl nicht; daß er sie aber gewünscht habe, ist begreiflich. Gallien dem Honorius zu erhalten, das sah er, war unmöglich. Dann aber wollte er es lieber den Germanen gönnen als dem Constantin.

Das war ein Schritt, folgenreich für alle Zeiten. Sämtliche Völker, die sich dann den Westen aufteilten, erschienen hier. Auch die Franken, die bisher schon angesiedelt oder als unbequeme Nachbarn in Gallien gewesen waren, werden bestimmter genannt.[812] Wir erfahren ja im ganzen vom Norden Galliens wenig. Aber der heilige Hieronymus[813] sagt, Reims und Tournai seien kurz vor 406 von den Franken eingenommen worden. Es wird berichtet, daß die übertretenden Vandalen im Kampf mit den Franken Einbußen erlitten hätten; also muß schon ein fränkisches Reich dagewesen sein. Vielleicht war es damals noch nicht direkt von Rom abgefallen; aber etwas später finden wir es schon selbständig. Jetzt überschwemmten die Germanen Südfrankreich ebenfalls, überschritten 409 die Pyrenäen und gingen nach dem bisher verschont gebliebenen [MH.III 234] Spanien.[814] Später (429 n. Chr.) setzten die Vandalen nach *Africa* über. Das hat wohl alles Stilicho herbeigeführt.

Zugleich meldete sich Alarich wegen seiner Belohnung und erhob die ungeheure Forderung von 40 Zentnern Silber.[815] Stilicho riet, sie zu erfüllen, aber der Senat, von dem sonst nichts mehr zu hören gewesen war, machte plötzlich Opposition. Das Einwilligen mußte ja schwer werden, indes wurde es doch schließlich dem Senat abgerungen. Die Rücksicht auf Gallien wirkte wohl mit, und Stilicho wollte sich des Alarich gegen die abtrünnigen Gallier bedienen. Darauf weisen auch die jetzt erhobenen Landforderungen Alarichs in *Noricum* (dem heutigen Baiern und Vorderösterreich) hin; auch diese unterstützte Stilicho – es war seine letzte Tat. Das Heer in Pavia (*Ticinum*), wo das Hauptquartier lag, revoltierte. Der Kaiser befand sich dort, Stilicho nicht. Die Offiziere wurden erschlagen, die Revolte richtete sich gegen Stilicho und seine Offiziere, die für seine Kreaturen galten.[816] Der schimpfliche Vertrag gab den Vorwand ab, der Kaiser war sicher. Über Stilichos Verhalten haben wir schlechte Überlieferungen, für die aber doch die innere Wahrscheinlichkeit spricht. Danach beschloß er zu warten, wie

---

[811] Chron.Min.I 299; Zos.VI 3,1

[812] Oros.VII 40,3

[813] Hieron.ep.123,15

[814] Chron.Min.I 630

[815] Zosimos V 29,9 nennt 4000 Pfund

Gold, Alarich beanspruchte das Geld zur Entlöhnung seiner, für die Erwerbung Illyriens bereitgehaltenen Truppen.

[816] Zos.V 32

sich die Truppen gegen den Kaiser und wie dieser selbst sich benehmen würde. Wenn man sich am [MH.III 235] Kaiser vergriff, dann wollte er den Aufstand niederschlagen. Wenn ihm jedoch die Treue bewahrt wurde, dann sollte der Kaiser zwischen Stilicho und den Rebellen entscheiden. Das war also durchaus loyal, setzte dagegen voraus, daß der Kaiser ehrenhaft war. Die zweite Eventualität trat ein, und Stilicho begab sich nach Ravenna. Unterwegs traf ihn schon das Todesurteil, das der nichtswürdige Eunuch Olympius[817], sein Hauptgegner, dem König (sic) abgeschwatzt hatte. Stilicho fügte sich. Seine Hunnen blieben ihm treu und boten ihm an, ihn persönlich zu retten. Er verschmähte es und wurde hingerichtet.[818]

Nun schlugen die Wogen über dem Reich zusammen. Alarich wurde die Geldsumme nicht gezahlt, und diesem blieb nichts übrig, als einzurücken und gegen Rom zu ziehen. Die Stadt war wehrlos. Zwar hatte sie Mauern, und diese waren noch durch Stilicho in den Verteidigungszustand gesetzt worden.[819] Aber die noch immer ungeheure Bevölkerung war schlecht verproviantiert, und es hätte genügt, die Verbindung mit Ostia zu unterbrechen, um die Stadt zur schleunigen Übergabe zu zwingen. Alarich hatte guten Grund, der Deputation aus der Stadt, die sein Mitleid durch den Hinweis auf die große Masse der leidenden Einwohner erregen wollte, zu antworten: *Je dichter die Halme stehen, um so leichter ist das Mähen*[820]. Im Jahr 410 erfolgte die Einnahme.[821] [MH.III 236] Alarich hätte gern die Erbschaft des Stilicho in seinem politischen Verhältnis zum Kaiserthron angetreten, aber sein Versuch, Druck auf Honorius auszuüben, der in seinem sicheren Ravenna saß, ohne sich um das zu kümmern, was im übrigen Reich vorging, schlug fehl. Honorius überließ die Hauptstadt ihrem Schicksal.[822]

Auffallend ist es, daß Alarich eine römische Stellung neben der eines Gotenkönigs haben mußte, ein Beweis für die Lebhaftigkeit der Empfindung, daß nur in Verbindung mit Rom etwas Bleibendes zu schaffen sei. Honorius sagte immer einfach „Nein, auf solche Gedanken kann der legitime Herrscher nicht eingehen." Da machte Alarich einen sonderbaren Versuch.[823] Er erhob den Stadtpräfekten Priscus Attalus, einen altrömischen Aristokraten, zum Kaiser von Alarichs Gnaden, sich selbst ernannte er zum *magister militum*, den Athaulf zum *comes domesticorum*, um auf diese Weise Stilichos Stellung bei einem anderen Kaiser einzunehmen. Seine Gotenscharen ordnete er in das römische Heer ein. Aber der Versuch scheiterte an der Opposition der Römer. Attalus lehnte sich gegen seinen Schöpfer auf und

---

817 Daß Olympius Eunuch war, ist unzutreffend.

818 Zos.V 34

819 Dessau 797

820 Zos.V 40,3

821 Chron.Min.I 466; Philostorg.HE. XII 3 f.; Seeck V S. 599 f.

822 Hier folgt die Eintragung Hensels:

Letztes Colleg 30 July. Es erscheinen eine Menge noch nie gesehener Gesichter und werden sich testieren lassen, daß sie das Colleg gewissenhaft geschwänzt haben. Der amtliche Semesterschluß war der 15. August.

823 Zos.VI 7; Philostorg.HE.XII 3

wurde natürlich abgesetzt.[824] Abermals knüpfte Alarich mit Honorius an, [MH.III 237] dieser wiederholte sein monotones *Nein*. Die politischen Pläne Alarichs schlugen fehl, es erschien aussichtslos, etwas Dauerndes zu schaffen. Aber auch militärisch kam er von jetzt ab nicht recht vorwärts. Er machte einen Versuch, sich der begehrenswerten Provinz *Africa* zu bemächtigen, scheiterte aber an dem Widerstand des dortigen Statthalters und an der Ohnmacht der Goten zur See. Selbst ein Versuch, nach Sizilien hinüberzugehen und diese Insel zu erobern, mußte aufgegeben werden, da schon diese kleine Meerenge den Goten unüberwindlich war.[825] Da starb Alarich in *Cosentia* im Bruttierland. Die Erzählung ist bekannt, wie die Goten ihren Helden in dem trockengelegten Flußbett bestatteten und dann die Wogen wieder über die Grabstätte rauschen ließen, um die Überreste des großen Königs vor Entweihung durch die Römer zu schützen.[826]

Auf Alarich folgte der schon genannte Athaulf[827], der Fortsetzer seiner Bestrebungen, vielleicht der politisch bedeutendere von beiden. Nun trat ein plötzlicher Szenenwechsel ein. Alarich starb im Herbst 410, 412 finden wir Italien durch die Goten geräumt und diese im südlichen Gallien. Offenbar verzweifelte Athaulf an der italischen Schöpfung eines Gotenreichs. Italien war zu römisch und die Goten in zu geringer Anzahl. Es war eben eine marschierende Armee, kein wanderndes Volk. Dieselbe Opposition, an der Stilicho gescheitert war, vereitelte die Pläne des Alarich und des Athaulf in Italien. Letzterer herrschte nur einige Jahre, aber diese waren höchst interessant und erfolgreich. Die Überlieferung ist wieder sehr schlecht.

[MH.III 238] In Gallien wüteten Prätendentenkriege. Athaulf versuchte in diesen bald auf Seiten des Honorius, bald auf der des Prätendenten Jovinus aufzutreten.[828] Alle Vermittlung scheiterte an dem starren Eigensinn des urlegitimen ravennatischen Herrschers. Da griff Athaulf zu einem merkwürdigen Mittel. Bei der Einahme Roms war das kostbarste Beutestück, die Prinzessin Galla Placidia, die Tochter des Theodosius gewesen. Sie lebte seitdem als Gefangene im Gotenlager. Aber sie scheint politisch umsichtiger gewesen zu sein als ihre Brüder. Was Honorius beharrlich zurückwies, das Bündnis mit den Goten, ging sie für ihre Person ein und beförderte sie politisch. Im Jahr 414 wurde die Verheiratung des Athaulf in Narbonne, und zwar in römischer Weise und römischer Tracht gefeiert[829] und so die Anknüpfung an die Legitimität gesucht. Alles das änderte freilich nichts an dem starrköpfigen Eigensinn des Hofs in Ravenna. Allerdings hatte er nichts dagegen, daß die Goten sich eine Herrschaft in Gallien gründeten, wo durch den Abzug der Vandalen und anderer Völkerschaften um 409 nach Spanien ein leerer Platz entstanden war. Hier legte Athaulf den Grund zu dem später

---

[824] Olymp.fr.13 (Müller)
[825] Olymp.fr.15
[826] Jord.Get.158
[827] PLRE.II s.v.

[828] Olymp.fr.19
[829] Olymp.fr.24; Oros.VII 40,2; Philostorg.HE.XII 4.

so blühenden Toulouse-Reich. Bezeichnend ist, daß er seinem Sohn von der Placidia den Namen Theodosius beilegte; das deutet die Hoffnungen an, die sich an dieses Kind knüpften. Aber dasselbe starb noch vor dem Vater. Dieser fiel 415 durch Mörderhand.[830] Aber mit ihm starben seine Pläne nicht.

[MH.III 239] In den letzten Jahren des Honorius und unter Wallia, dem Nachfolger des Athaulf, bahnte sich ein besseres und hundert Jahre hindurch dauerndes Verhältnis an. Placidia wurde an den ravennatischen Hof zurückgeschickt.[831] Dafür wurden den Goten feste Sitze in Süd-Gallien angewiesen in der *Aquitania Secunda*, einem durch Reichtum und Bildung ausgezeichneten Land, blühender als Italien, mit den bedeutenden Städten *Tolosa* (Toulouse) und *Burdigala* (Bordeaux). Dies erhielten die Goten als erblichen Besitz, gewissermaßen als römische Untertanen, denn sie waren zur Heerfolge verpflichtet. Die Rückeroberung Spaniens z. B. war ihr Werk, die gefangenen Fürsten schickten sie nach Ravenna. Halb als Verbündete, halb als Vasallen, in stetiger Opposition und doch unter einem Vertrag, dauerte das Verhältnis ein Jahrhundert hindurch, und dieses Reich gab das Vorbild ab für alle auf den Trümmern des Römischen Westreichs gebildeten germanischen Reiche. So wurde das Königreich Burgund errichtet, so war das Vandalenreich in *Africa* zuerst eine Usurpation, dann bestand es unter ähnlichem Vertrage, etwa wie die numidischen Könige der römischen Republik gegenüber oder wie die Oberhoheit des deutschen Kaisertums über die Einzeldynastien.

Damit war die Verschmelzung angebahnt. Mit den Vandalen bekamen die Germanen auch die Seeherrschaft, [MH.III 240] und deutsche Flotten schwammen auf dem Mittelmeer. Genau besehen, kam das deutsche Element bei dieser Vermischung zu kurz. Die römische Bildung, der Rhetor hielt seinen Einzug, die Prinzen genossen die Erziehung der jungen vornehmen Römer, die Sprache war nicht germanisch, sondern lateinisch.[832] Bezeichnend ist das salische Gesetz: Die Franken besaßen das freieste und unabhängigste unter diesen Reichen, und doch geschah die Kodifikation auch hier in lateinischer Sprache.[833] Sidonius Apollinaris[834] nennt Syagrius den „Solon" der Burgunder. Die Elemente der Kultur der Römer nahmen alle diese Germanen von Haus aus an. Daher waren sie auch nicht bestrebt, sich von Rom zu lösen, suchten vielmehr die Verbindung mit Rom auf das eifrigste. So wurde durch die Einheit der römischen Bildung auf germanischem Grunde jene wunderbare Halbkultur geschaffen, die das letzte Resultat des Römertums war.

Ostrom hatte andere Schicksale. Die griechische Nationalität hat sich län-

[830] Olymp.fr.26
[831] Philostorg.HE.XII 4f.; Chron. Min.I 468
[832] Proc.bell.Got.I 2,6ff. zu Atalarich.

[833] K. A. Eckhardt (ed.), Die Gesetze des Karolingerreiches 714–911, I Lex Salica, 1953
[834] Sidon.ep.V 5,3

ger behauptet, aber schließlich ist sie – vertrocknet und zerschlagen – zugrunde gegangen. Araber und Türken, die dem oströmischen Reich ein Ende machten, ließen dem Griechentum oder vielmehr dem, was davon noch übrig war, keinen Spielraum. So wurde das Griechentum zerstört. [MH.III 241] Das Römertum ging zwar auch unter, aber neues Leben sproß aus den Ruinen. Die lateinische Rasse, das Römertum mit Germanentum durchsetzt, erschien. Gewandelt, aufgelöst bestand das Römertum so fort, und aus dem alten Stamm sproßten in glücklicherer Zeit frische Blüten. Aber dieser weltgeschichtliche Prozeß ist durch Alarich und Athaulf angefangen worden, und die staatsmännischen Gedanken des Stilicho, des Alarich und Athaulf haben Leben gewonnen, weit über das Leben ihrer Urheber hinaus, ja sie leben noch heute kräftig fort.

EXPLICIT LIBER FELICITER

REGISTER

Das Register umfaßt nur die Mommsen-Hensel-Texte, nicht die Einleitung und nicht das Akademie-Fragment, selten die Fußnoten. Verwiesen wird nicht auf Seitenzahlen dieses Buches, sondern auf die im Text angeführten Seitenzahlen der Hensel-Handschriften. So bedeutet z. B. MH.I 105 = Mommsen/Hensel I S. 105 (in diesem Buch S. 138).